Länderreport Frühkindliche Bildungssysteme 2021

Kathrin Bock-Famulla, Anne Münchow,
Felicitas Sander, Davin Patrick Akko, Julia Schütz

Länderreport Frühkindliche Bildungssysteme 2021

| Verlag BertelsmannStiftung

Bibliografische Information der Deutschen Nationalbibliothek
Die Deutsche Nationalbibliothek verzeichnet diese Publikation in der Deutschen Nationalbibliografie; detaillierte bibliografische Daten sind im Internet über http://dnb.dnb.de abrufbar.

www.bertelsmann-stiftung.de/verlag

ISBN 978-3-86793-936-2

Lektorat
Helga Berger, Gütersloh

Layout und Satz
Karin Justus, Bielefeld
www.lokbase.com

Umschlagabbildung
(Maskot) F1online

Bilder Innenteil
Frank Springer, www.frank-springer.de
Jan Voth, www.janvoth.com

Herstellung
Sabine Reimann

Druck
Lensing Druck GmbH & Co. KG,
Dortmund

Herausgeber
Bertelsmann Stiftung
Carl-Bertelsmann-Straße 256, 33311 Gütersloh
Tel.: 05241 81-81583, Fax: 05241 81-681583

Verantwortlich
Anette Stein
Director Wirksame Bildungsinvestitionen
E-Mail: anette.stein@bertelsmann-stiftung.de

Als E-Book (pdf) verfügbar
ISBN 978-3-86793-937-9

Inhalt

Vorwort | *Abstract*

Die gesamtgesellschaftliche Bedeutung der frühkindlichen Bildung, Betreuung und Erziehung (FBBE) ist unumstritten. Nicht zuletzt bewies die Corona-Pandemie eindrücklich, welch hohen Stellenwert sie für die Lebens- und Berufsplanung von Eltern einnimmt. Der seit mehr als ein Jahrzehnt andauernde *quantitative* KiTa-Ausbau zeigt, mit welch starkem Engagement die Kommunen, die Länder und der Bund dem wachsenden elterlichen Wunsch auf einen KiTa-Platz Rechnung tragen. Zugleich ist in den vergangenen Jahren zunehmend die notwendige *qualitative* Weiterentwicklung der FBBE in den Fokus der (fach)politischen Debatten gerückt. Sie ist die Voraussetzung für eine entwicklungsstimulierende und bildungsfördernde Pädagogik in den KiTas. Das 2019 verabschiedete KiTa-Qualitäts- und Teilhabeverbesserungsgesetz (KiQuTG) kann, trotz Entwicklungsbedarf, als bisheriger Höhepunkt dieses Prozesses betrachtet werden. Das gilt vor allem, da mit ihm erstmals der quantitative wie auch der qualitative KiTa-Ausbau bundesgesetzlich verankert wurde. Das könnte eine Basis für die Herstellung gleichwertiger Lebensverhältnisse aller Kinder bundesweit darstellen.

Dass eine solche Grundlage dringend notwendig ist, unterstreicht auch die 14. Ausgabe des Ländermonitorings Frühkindliche Bildungssysteme. Es zeigt, dass den Kindern in Deutschland trotz eines massiven Platz- und Qualitätsausbaus in allen Bundesländern noch immer keine vergleichbaren Teilhabe- und Bildungschancen gewährleistet werden können. Können im Osten dank einer höheren Anzahl an Plätzen deutlich mehr Krippenkinder (53 %) eine Betreuung in Anspruch nehmen als im Westen (31 %), ist wiederum im Westen die KiTa-Qualität höher, nimmt man den Personalschlüssel als Maßstab. Hier betreut eine Krippenfachkraft rechnerisch zwei Kinder weniger als im Osten. Auch wenn sich dieses doppelte Ost-West-Gefälle in den vergangenen Jahren nach und nach verkleinert hat, sind die aktuell noch zu verzeichnenden Unterschiede inakzeptabel. Der Ausbau muss weiter voranschreiten und zwei Ziele haben: Allen KiTa-Kindern in Deutschland können unabhängig von ihrem Wohnort ein bedarfs- und kindgerechtes Angebot der Kindertagesbetreuung zur Verfügung gestellt werden. KiTa-Fachkräfte haben die notwendigen strukturellen Rahmenbedingungen für eine qualitativ hochwertige Bildungsarbeit. Damit beides erreicht werden kann, fehlen laut unserem erstmals veröffentlichten *Fachkräfte-Radar für KiTa und Grundschule* bis 2030 mehr als 230.000 Fachkräfte.

Um diesem erheblichen Expansionsbedarf Rechnung zu tragen, müssen jetzt die Weichen gestellt werden! Auch angesichts des ab 2026 geltenden Rechtsanspruchs auf Ganztagsbetreuung für Schulkinder darf nicht lange gezögert werden.

State by State: Monitoring Early Childhood Education 2021

The importance of early childhood education and care (ECEC) for society as a whole is undisputed. Not least, the coronavirus pandemic has clearly demonstrated the major role ECEC plays for parents as they plan their personal and professional lives. The quantitative expansion of ECEC in Germany, which has been ongoing for more than a decade, shows how committed the country's local, state and federal authorities are to meeting the growing desire parents have for their children to attend an ECEC facility. At the same time, the qualitative development of ECEC has increasingly become a focus of the (educational) policy debate, since that is what is needed if pedagogic activities in ECEC centers are to truly help children develop and learn. The law passed in 2019 to improve ECEC quality and participation (KiTa-Qualitäts- und Teilhabeverbesserungsgesetz, KiQuTG) can, despite its need for improvement, be considered the high point in this process to date. This is especially true since it anchors both the quantitative and qualitative expansion of ECEC in Germany in federal law for the first time. This could serve as a basis for creating equal living conditions for all children nationwide.

The 14th edition of our State-by-State Monitoring underscores the urgent need for such a basis. Its findings reveal that, despite the massive increase in the number of slots and the quality of ECEC in all of Germany's states, the country has not yet succeeded in providing its children with equitable participatory and educational opportunities. While significantly more of the county's children under the age of three have been able to attend an ECEC facility in the eastern states (53%) than in the western ones (31%) due to the greater number of places available there, the quality of ECEC,

Provoziert er doch eine zusätzliche Nachfrage an Fachkräften. Wir brauchen mehr Ausbildungskapazitäten, Berufsschullehrkräfte, attraktive Beschäftigungs- sowie Ausbildungsbedingungen für pädagogische Fachkräfte. Notwendig sind jetzt vor allem auch Finanzmittel, um diese Schritte gegen den Fachkräftemangel einleiten zu können. Daher ist es unumgänglich, dass der Bund sein finanzielles Engagement im Rahmen des KiQuTG nach 2022 verstetigt. Länder, Kommunen und Träger können diese finanzielle Herkulesaufgabe nicht allein stemmen.

Der *Länderreport 2021* zeigt auf, welche weiteren Handlungsbedarfe im KiQuTG bestehen, soll das Bundesgesetz einen wirklichen Beitrag zur Herstellung gleichwertiger Lebensverhältnisse für alle KiTa-Kinder bundesweit leisten. Die umfangreichen Länderprofile stellen für Politik, Öffentlichkeit und Verwaltung aktuelle Daten und Fakten zu den 16 frühkindlichen Bildungssystemen zur Verfügung. Sie können als Grundlage für eine qualitätsorientierte Weiterentwicklung der Kindertagesbetreuung in Deutschland dienen. Zur Situation in der Kindertagespflege und in der Schulkinderbetreuung gibt es in diesem Jahr zusätzliche Auswertungen. Unser neu strukturiertes Onlineportal www.laendermonitor.de hält zudem eine Vielzahl weiterer Indikatoren für diese Bereiche bereit. Eine wertvolle Ergänzung in den Länderprofilen bieten schließlich die erwähnten, erstmals veröffentlichten Prognoseergebnisse des *Fachkräfte-Radars für KiTa und Grundschule.*

Ich freue mich, dass wir mit dem vorliegenden Länderreport Impulse für den weiteren Ausbau der FBBE in Deutschland setzen können, und wünsche eine anregende Lektüre.

Anette Stein

Director des Programms
Wirksame Bildungsinvestitionen der Bertelsmann Stiftung

as measured by the educator-to-child ratio, is higher in the west, where statistics show that one ECEC professional is responsible for two fewer children than in the east. Even if this dual gap between east and west has gradually narrowed in recent years, the persisting differences are unacceptable. The expansion of ECEC must continue and have two goals: First, all children in Germany must have access to needs-based, child-centered ECEC regardless of where they live. Second, the necessary structural conditions must be put in place so that the work ECEC professionals do is of high quality. According to a report which we recently published for the first time (Fachkräfte-Radar für KiTa und Grundschule), over 230,000 additional ECEC professionals will be needed by 2030 if both goals are to be achieved.

Planning must begin now if these considerably expanded needs are to be met! Any delay would also be detrimental in light of the right to all-day care that schoolchildren will have as of 2026 – since that, too, will increase the demand for educational professionals. We need more teacher-training slots, instructors for vocational schools, and attractive employment and training opportunities for educators. What we also need now, first and foremost, are the financial resources that would make it possible to begin taking the above steps, thereby reducing the shortfall in educational staff. It is thus imperative that Germany's federal government commit to extending its financial support within the KiQuTG framework beyond 2022. The country's states, municipalities and educational authorities cannot overcome this Herculean financial challenge on their own.

The 2021 State by State Report shows which further action is needed if KiQuTG is to truly help create equal living conditions nationwide for all children attending Germany's ECEC centers. Its comprehensive profiles of each state provide policy makers, public administrators and the interested public with up-to-date facts and figures on Germany's 16 ECEC systems. They can serve as the basis for further improving the quality of the child care offered in Germany. This year, there are additional evaluations of the care available to both preschoolers and school-aged children. Our redesigned portal www.laendermonitor.de also contains many supplementary indicators for these areas. Finally, the forecasts published for the first time in the above-mentioned Fachkräfte-Radar für KiTa und Grundschule are available as valuable additional information in the country profiles.

I am very pleased that this report allows us to provide impetus for the ongoing expansion of ECEC in Germany. I hope you find it both enlightening and engaging.

Anette Stein

Director of the Bertelsmann Stiftung's
Effective Investments in Education Program

Ungebremste Dynamik der frühkindlichen Bildungssysteme

Die frühkindlichen Bildungssysteme haben in allen Bundesländern eine beispiellose Entwicklung durchlaufen. Dennoch kann noch immer nicht jedem Kind, für das Eltern eine Betreuung wünschen, ein Platz in der Kindertagesbetreuung angeboten werden. Auch die Rahmenbedingungen in den KiTas sind oftmals weder kindgerecht, noch bieten sie professionelle Arbeitsbedingungen für die KiTa-Fachkräfte. Allerdings gibt es auf zwei Ebenen – im Vergleich der Bundesländer und innerhalb des jeweiligen Bundeslandes – deutliche Unterschiede. Tatsächlich hängen der Zugang zu Kindertagesbetreuung sowie die Qualität – gemessen an den strukturellen Rahmenbedingungen in den KiTas – stark vom Wohnort ab. Gleichwertige Bildungs- und Lebensverhältnisse für KiTa-Kinder sind vor diesem Hintergrund nicht gewährleistet. Die Analysen des vorliegenden Ländermonitorings 2021 zeigen, dass insbesondere für Kinder unter drei Jahren primär in West-, aber auch in Ostdeutschland weiterhin Plätze fehlen. Zudem ist die Bemessung des Personals nach den landesrechtlichen Regelungen in fast allen Bundesländern so gestaltet, dass eine Personalausstattung, die Empfehlungen auf der Grundlage von wissenschaftlichen Studien entspricht, nicht möglich ist; das bezieht sich sowohl auf das pädagogische Personal als auch die Kapazitäten für Leitungsaufgaben.

Die Expansion der institutionellen frühkindlichen Bildung, Betreuung und Erziehung zeigt sich in der enormen Steigerung der Zahl der Kinder, die bundesweit zwischen 2011 und 2020 in KiTas oder vorschulischen Einrichtungen betreut wurden: Sie erhöhte sich um 22 Prozent auf 2.870.111 Kinder im Alter von 0 bis unter 6 Jahren. 2020 besuchten zudem 136.011 Kinder dieser Altersgruppe eine Kindertagespflege, und 494.867 Schulkinder unter 11 Jahren nahmen eine KiTa- bzw. Hortbetreuung, 7.106 eine Kindertagespflege in Anspruch.

Vor dem Hintergrund dieser Zunahme der Zahl der betreuten Kinder ist auch die Ausweitung des pädagogischen Personals einzuordnen. Zwischen 2011 und 2020 erhöhte sich die Zahl der pädagogischen Fachkräfte sowie der Leitungskräfte um fast 54 Prozent auf insgesamt 675.645 Beschäftigte (inklusive der Tätigen in Horten und Hortgruppen); 2020 waren zudem 44.782 Personen in der Kindertagespflege tätig. Betrachtet man den Zeitraum zwischen 2006 und 2020, stieg die Zahl der pädagogischen Fachkräfte sowie der Leitungskräfte sogar um 91,5 Prozent (Ländermonitor Frühkindliche Bildungssysteme 2021).

Angesichts dieser Dynamik ist es wenig erstaunlich, dass die Bundesagentur für Arbeit den Beruf Erzieher:in als sogenannten „Engpassberuf“ einstuft (vgl. Bundesagentur für Arbeit 2020). Darin drückt sich eine deutliche Mangelsituation aus: 2020 standen bundesweit 100 gemeldeten sozialversicherungspflichtigen Arbeitsstellen durchschnittlich lediglich 70 arbeitslose Erzieher:innen gegenüber (ebd.: 18 f.). Anders stellt sich die Situation bei den Kinderpfleger:innen dar: Hier kommen 254 Arbeitslose auf 100 gemeldete Arbeitsstellen. Betrachtet man die Situation der Fachkräfte beider Berufsgruppen, stehen 100 gemeldeten Arbeitsstellen 141 Arbeitslose gegenüber (ebd.). Diese Daten kann man grundsätzlich als Hinweis auf fehlendes Personal in den KiTas interpretieren: Offene Stellen können nicht besetzt werden.

Der prinzipiell bereits hohe Beschäftigungsgrad von Erzieher:innen wirft die Frage auf, wie sich der Arbeitsmarkt für diese Berufsgruppe zukünftig entwickeln wird. Angesichts eines steigenden Platzbedarfs vor allem für Kinder unter drei Jahren sowie des zu erwartenden Personalbedarfs für Kinder im Grundschulalter – der Rechtsanspruch auf Ganztagsbetreuung für diese Altersgruppe gilt ab 2026 – ist anzunehmen, dass der Fachkräftebedarf weiterhin ansteigen wird. Hinzu kommt eine weitere Komponente: Trotz des qualitativen Ausbaus der frühkindlichen Bildungssysteme in den vergangenen Jahren besteht nach wie vor ein erheblicher Personalbedarf für die Realisierung von kindgerechter Qualität. Das Ländermonitoring weist aus einer kinderrechtsbasierten Perspektive nachhaltig auf diesen Handlungsbedarf hin – damit soll die Aufmerksamkeit vor allem darauf gelenkt werden, ob Kinder gegenwärtig eine Kindertagesbetreuung nutzen können, die förderlich für ihr Wohlbefinden und ihre Persönlichkeitsentwicklung sowie ihre Bildungsbiografie ist. Der Kindertagesbetreuung wird hier sowohl eine gegenwartsbezogene

(„Hier und Jetzt“) als auch eine zukunftsorientierte Funktion zugewiesen.

Weitere Anforderungen an die Kindertagesbetreuung, wie beispielsweise, die Vereinbarkeit von Familie und Beruf zu unterstützen, sollen zwar nicht unberücksichtigt bleiben: Das Ländermonitoring bietet auch Daten zu den Betreuungsumfängen der Kinder oder auch zu den Betreuungswünschen von Eltern. Zudem ist der Betreuungsauftrag zur Unterstützung der Vereinbarkeit von Familie und Beruf auch gesetzlicher Auftrag von Kindertagesbetreuung. Aus einer kinderrechtsbasierten Perspektive, wie sie hier eingenommen wird, werden diese Anforderungen allerdings als nachrangig gegenüber den Bedürfnissen und Interessen von Kindern bewertet. Im Ländermonitoring wird die Kindertagesbetreuung entsprechend prioritär hinsichtlich ihrer ‚kindgerechten‘ Ausstattung bzw. der Ausprägung ihrer Qualität betrachtet.

‚Qualität‘ wird in diesem Zusammenhang ausschließlich auf die Ausstattung der KiTas mit Personalkapazitäten für die pädagogische Praxis mit den Kindern sowie für Leitungsaufgaben bezogen. Diese wird als zentraler, notwendiger Bedingungsfaktor für eine professionelle Handlungspraxis der Fachkräfte eingeordnet, auch wenn sie noch nicht hinreichend für eine „gute“ Qualität ist. Hier ist auch zu betonen, dass das Konstrukt ‚Qualität‘ in der bundesdeutschen Debatte noch eher unbestimmt ist, auch „grundlagentheoretische und kritisch-analytische Perspektiven auf Qualität in der Pädagogik der frühen Kindheit [sind] noch wenig entwickelt“ (Bilgi et al. 2021b: 7). Das Monitoring kann nur die Voraussetzungen für eine kinderrechtsbasierte – eine kindgerechte – Ausgestaltung betrachten. Gegenstand ist hier der Möglichkeitsraum für eine professionelle Berufspraxis anhand von relevanten Merkmalen, die empirisch sowie vergleichend unter die Lupe genommen werden können.

Damit wird insbesondere eine einseitige Reduktion von Kindern auf ihr „Humankapital“ abgelehnt. „Der gesellschaftlichen Bereitschaft, in Kinder und Kindheit zu investieren, gilt es mit kinderpolitischen Forderungen entgegenzutreten, die den Bedürfnissen der Kinder, ihrem Recht auf Bildung, Betreuung und Erziehung und einem chancengerechten Aufwachsen im Hier und Jetzt gerecht werden. Dass damit heutige Kinder auch für ihre zukünftige Rolle in einer komplexen Wissens- und Dienstleistungsgesellschaft gestärkt werden, schließt diese Herangehensweise keinesfalls aus“ (Klinkhammer 2010: 225).

Nachhaltiger und konsequenter als bislang sind die „Kinderperspektiven“ in die Ausgestaltung von KiTas einzubeziehen (vgl. Nentwig-Gesemann et al. 2021). Eine entsprechende pädagogische Praxis benötigt allerdings dafür die entsprechenden Personalressourcen in den Einrichtungen.

Aus verschiedenen Perspektiven zeigt sich für den weiteren Um- und Ausbau der frühkindlichen Bildungssysteme, dass ein ausreichendes und auch qualifiziertes Fachkräfte-Angebot ein besonders relevanter Bedingungsfaktor für eine kindgerechte Praxis in den KiTas ist und sein wird. Deshalb hat die Bertelsmann Stiftung 2021 erstmalig den Fachkräfte-Radar für KiTa und Grundschule veröffentlicht, der die Entwicklung des Fachkräfte-Bedarfs und -angebots zunächst für KiTas bis zum Jahr 2030 in den Blick nimmt (Bock-Famulla et al. 2021). Mittels verschiedener Zielperspektiven bis 2030 werden in sieben Szenarien Entwicklungen des Fachkräftebedarfs in allen 16 Bundesländern prognostiziert. Grundsätzlich sind die jeweiligen Entwicklungsoptionen auf der Bundesländerebene zu betrachten, nicht zuletzt, weil die Ausgangsbedingungen sowie die demografische Entwicklung durchaus unterschiedlich ausgeprägt sind und deshalb auch unterschiedliche Handlungsoptionen bestehen. Die Ergebnisse der Prognosen: Insbesondere die Ausstattung aller KiTas bundesweit mit Personal nach wissenschaftlichen Empfehlungen ist bis 2030 in der Mehrzahl der Bundesländer kaum zu realisieren. Es wird deshalb für die meisten Bundesländer ein Etappenziel bis 2030 vorgeschlagen. Für die westdeutschen Bundesländer lautet das beispielsweise, die Betreuungsquoten aller Kinder bis 2030 auf das heutige Niveau in Ostdeutschland anzuheben, und für die ostdeutschen Bundesländer wiederum, die Personalschlüssel aller Betreuungsformen bis 2030 auf das Westniveau zu bringen. Entsprechend wird der jeweilige Fachkräfte-Bedarf prognostiziert. Die Prognoseergebnisse des Fachkräfte-Radars bieten eine zukunftsorientierte Perspektive für das nächste Jahrzehnt und verdeutlichen insbesondere mit Blick auf das Ziel einer kindgerechten Personalausstattung in allen KiTas bundesweit, dass in allen Bundesländern auch bei sinkenden Geburtenzahlen langfristiger Handlungsbedarf besteht – auch über das Jahr 2030 hinaus.

Das Ländermonitoring Frühkindliche Bildungssysteme wird zukünftig neben den KiTas auch die Kindertagespflege sowie die Schulkinderbetreuung stärker berücksichtigen. Das Online-Portal Ländermonitor Frühkindliche Bildungssysteme (www.laendermonitor.de) ist 2021 deshalb explizit nach diesen Handlungsfeldern umstrukturiert worden, mit dem Ziel, den betroffenen Akteuren auch jeweils den Zugang zu einem dieser Bereiche zu erleichtern. Gleichzeitig sind die Themen, zu denen Daten angeboten werden, erweitert worden. Damit soll auch der Entwicklung Rechnung getragen werden, dass sich die Felder der Kindertagesbetreuung weiter ausdifferenzieren – deshalb sind ihre individuellen Entwicklungen in den Blick zu nehmen. Gleichzeitig bedürfen aber auch die Bezüge zwischen den einzelnen Bereichen der Aufmerksamkeit: Insbesondere der erwartbar steigende Fachkräfte-Bedarf für die Schulkinderbetreuung könnte in hohem Maße problematisch für den ebenfalls im KiTa-Bereich zunehmenden Fachkräfte-Bedarf werden. Die Komplexität der Governance der frühkindlichen Bildungssysteme dürfte deshalb zukünftig größer werden und somit den Bedarf an Transparenz über den Status quo und die Entwicklungsverläufe erhöhen. Nicht zuletzt ist neben der Ebene der Bundesländer auch die Rolle des Bundes für die weiteren Reformschritte äußerst bedeutsam. Im nachfolgenden Abschnitt wird die bisherige Entwicklung im Kontext des „Gute-Kita-Gesetzes“ KiQuTG nachgezeichnet, ebenso werden Perspektiven für Reformschritte aufgezeigt.

Eine Bilanz nach fast drei Jahren KiQuTG

Nach einem langen, stark partizipativ geprägten Prozess zwischen Bund, Ländern, kommunalen Spitzen- und Wohlfahrtsverbänden trat am 1. Januar 2019 mit dem KiQuTG (Gesetz zur Weiterentwicklung der Qualität und zur Verbesserung der Teilhabe in Tageseinrichtungen und in der Kindertagespflege) erstmalig auf Bundesebene ein Gesetz in Kraft, welches zum einen die Weiterentwicklung der Qualität in der Frühkindlichen Bildung, Betreuung und Erziehung (FBBE) zum Ziel hat und zum anderen die Teilhabe an FBBE-Angeboten verbessern soll. So strebt das Gesetz an, einen Beitrag für die Herstellung gleichwertiger Lebensverhältnisse und eine bessere Vereinbarkeit von Familie und Beruf zu leisten.

Dass es sich bei diesen Zielen – insbesondere vor dem Hintergrund der äußerst heterogenen Ausgangslagen in den Ländern sowie dem Fachkräftemangel – um keinen „Kurzsprint" handeln kann, ist offensichtlich. Dennoch sind die finanziellen Mittel in Höhe von 5,5 Mrd. Euro, die der Bund den Ländern für die Bewältigung dieser Daueraufgaben zur Verfügung stellt, bis Ende 2022 befristet. Inwiefern der Qualitätsentwicklungsprozess im Rahmen des KiQuTG ab 2023 weitergeführt werden kann, ist zum jetzigen Zeitpunkt noch unklar. Seitens des Bundes steht lediglich die eher vage Aussage im Raum, dass dieser auch über 2022 hinaus seine Verantwortung „für die Weiterentwicklung der Qualität und zur Teilhabe in der Kindertagesbetreuung" (BMI 2019, S. 7) wahrnehmen werde. Ob dies im Rahmen des KiQuTG geschieht oder eine Bundesbeteiligung lediglich über Förderprogramme und Investitionszuschüsse ausgestaltet wird, bleibt offen.

Die FBBE besitzt, wie nicht zuletzt die Corona-Pandemie eindrücklich zeigte, unbestritten eine hohe gesamtgesellschaftliche Bedeutung. Eine dauerhafte finanzielle Unterstützung des Bundes ist für die Länder, Kommunen, Träger und KiTas unerlässlich, um die in den vergangenen Jahren angestoßenen Maßnahmen im Zusammenhang mit dem KiQuTG weiterfinanzieren zu können. Ansonsten besteht die Gefahr, dass bereits erreichte Verbesserungen aufgrund fehlender Mittel rückgängig gemacht werden müssen bzw. eingeführte Maßnahmen nicht fortgeführt werden können. Ähnlich sieht das auch die Bundesregierung: In ihrer Stellungnahme zu den Umsetzungs- und Wirkungsstudien zum KiQuTG kommt sie zu dem Ergebnis, dass die Mittelbefristung „der Implementierung langfristiger nachhaltiger Maßnahmen entgegensteht und daher zugunsten einer kontinuierlichen Finanzierung aufgehoben werden sollte" (BMFSFJ 2021a, S. 15). Dass eine dauerhafte Bundesbeteiligung möglich wäre, zeigt das jüngst beschlossene Ganztagsförderungsgesetz, welches eine unbefristete finanzielle Unterstützung des Bundes vorsieht (vgl. BMFSFJ 2021d).

Vor Inkrafttreten des KiQuTG wurden neben der Befristung der Bundesmittel weitere Punkte im Gesetz u. a. von Wohlfahrtsverbänden, Gewerkschaften und Interessenverbänden stark kritisiert; dazu gehörten die mögliche Verwendung der Mittel zur Ausweitung der Beitragsfreiheit oder das Fehlen bundeseinheitlicher Standards als Zielmarken (vgl. Diakonie Deutschland 2018; GEW 2018; IBEB und Hochschule Koblenz 2018). Die Debatte um die Ausgestaltung des KiQuTG nach 2022 muss dringend neu belebt werden, um eine Novellierung des Gesetzes anzustoßen. Nur so besteht die Möglichkeit, die intendierten Ziele zu erreichen.

Verbesserung der Personalsituation vs. Ausweitung der Beitragsfreiheit

Ein Blick auf die von den Bundesländern gewählten Handlungsfelder im Rahmen des KiQuTG zeigt eindrücklich, dass die Problemlagen vorrangig personelle Themen betreffen. So wurden am häufigsten (von jeweils elf Bundesländern) Maßnahmen gewählt, die die Verbesserung der pädagogischen Personalausstattung in den KiTas einerseits (Handlungsfeld 2: *Guter Betreuungsschlüssel*) und die Gewinnung sowie Qualifizierung neuen Personals andererseits (Handlungsfeld 3: *Qualifizierte Fachkräfte*) beinhalten (siehe Tab. 1). Auch der Ausbau der Personalausstattung auf Leitungsebene nimmt einen hohen Stellenwert ein: So wurden in acht Bundesländern Maßnahmen zur Stärkung der Leitungskräfte initiiert. Alle Bundesländer – abgesehen von Mecklenburg-Vorpommern – investieren in eines dieser drei Handlungsfelder.

Daneben nutzt ein Großteil der Bundesländer (ebenfalls elf) die Mittel zur Ausweitung der Beitragsfreiheit. Die Möglichkeit, in diesen Bereich zu investieren, kam im Verlauf der Gesetzesausgestaltung hinzu und wurde kontrovers diskutiert. Befürchtet wurde, dass die Erweiterung den Fokus auf den Qualitätsausbau schmälern würde. Die Verteilung der Bundesmittel auf die Handlungsfelder verdeutlicht, dass sich diese Befürchtung bewahrheitet hat. So fließt mit insgesamt 30 Prozent der größte Anteil der verplanten KiQuTG-Mittel in den Bereich *Weniger Gebühren* (vgl. BMFSFJ 2021b). Die nachträgliche Einbindung dieser Maßnahme ins Gesetz hatte zum Ziel, allen Kindern – auch aus einkommensschwachen Familien – die Teilhabe an FBBE-Angeboten zu ermöglichen und damit einen Beitrag zur Herstellung gleichwertiger Lebensverhältnisse zu leisten. Vernachlässigt wurde hierbei allerdings, dass durch die Änderung des § 90 Abs. 3 und 4 des SGB VIII die Bundesländer ohnehin dazu verpflichtet wurden, Familien, die Transferleistungen beziehen, von den KiTa-Gebühren zu befreien. Ebenso sollen die Beiträge gestaffelt werden; nach welchen Kriterien dies erfolgen soll, wurde jedoch nicht verpflichtend geregelt. Hätten die Länder eine Staffelung nach sozialen Kriterien, wie dem Familieneinkommen, vorgenommen, wäre dem intendierten Ziel Rechnung getragen worden. Stattdessen zeigt sich, dass lediglich in etwa einem Drittel aller Kommunen eine einkommensbezogene Staffelung existiert (vgl. BMFSFJ 2021c). Stattdessen entschied sich die Mehrzahl der Bundesländer (elf), die Mittel u. a. für die Ausweitung der Beitragsfreiheit zu verwenden. Damit werden nicht nur einkommensschwache Familien, sondern alle Familien bestimmter Alterskohorten entlastet. Das entspricht nicht den Zielen des Gesetzes und geht auf Kosten der dringenden Weiterentwicklung der KiTa-Qualität, für die die Mehrheit der Eltern – unabhängig von ihrem Einkommen – durchaus bereit wäre, mehr zu zahlen (vgl. Bertelsmann Stiftung 2018).

Tab. 1 | Vereinbarte Handlungsfelder zwischen Bund und Ländern im Rahmen des KiQuTG

Bundesland	Bedarfsgerechte Angebote	Guter Betreuungsschlüssel	Qualifizierte Fachkräfte	Starke KiTa-Leitung	Kindgerechte Räume	Gesundes Aufwachsen	Sprachliche Bildung	Starke Kindertagespflege	Netzwerke für mehr Qualität	Vielfältige pädagogische Arbeit/ bedarfsgerechter Ausbau	Weniger Gebühren
BW*			x	x			x	x		x	
BY*				x				x	x	x	x
BE	x		x	x	x			x	x		
BB*		x	x			x				x	x
HB		x	x				x		x		x
HH		x									
HE		x		x							
MV											x
NI		x	x	x				x	x		x
NW	x		x	x			x	x		x	x
RP		x	x	x	x		x		x	x	x
SL		x	x	x			x				x
SN*		x	x					x		x	
ST		x	x								x
SH		x									x
TH		x	x							x	x

x Maßnahmen im Handlungsfeld wurden im Vertrag zwischen Bund und Land festgeschrieben.

Quelle: Bund-Länder-Verträge zur Umsetzung des KiQuTG, eigene Zusammenstellung

* Zum Zeitpunkt der Veröffentlichung des Länderreports Frühkindliche Bildungssysteme 2019 hatten BW, BY, BB und SN ihre Handlungs- und Finanzierungskonzepte zunächst für die Jahre 2019 und 2020 abgeschlossen. Diese wurden derweil finalisiert, was zur Folge hat, dass die genannten Bundesländer in weitere Handlungsfelder investieren, die im Länderreport Frühkindliche Bildungssysteme 2019 nicht aufgeführt wurden.

Einführung bundeseinheitlicher Standards zur Gewährung der Kinderrechte

Laut Artikel 3 der Kinderrechtskonvention verpflichten sich die Vertragsstaaten, „dem Kind [...] den Schutz und die Fürsorge zu gewährleisten, die zu seinem Wohlergehen notwendig sind; zu diesem Zweck treffen sie alle geeigneten Gesetzgebungs- und Verwaltungsmaßnahmen." Wissenschaftlich begründete Studien aus dem In- und Ausland belegen, dass die Personalausstattung in KiTas zum einen mit der pädagogischen Qualität und zum anderen mit dem Wohlbefinden der Kinder in Zusammenhang steht. So zeigen die Untersuchungen unter anderem, dass entwicklungsangemessene Aktivitäten sowie die empathische und responsive Zuwendung und Pflege seitens der Fachkräfte abnehmen, je mehr Kinder sie betreuen; stattdessen nehmen ein kontrollierender Sprachgebrauch der Pädagog:innen sowie Ungeduld und Ablehnung den Kindern gegenüber zu (vgl. Viernickel und Fuchs-Rechlin 2015). Ebenso hat die professionelle Ausübung der Leitungsfunktion – für die ausreichend Zeit benötigt wird – einen positiven Einfluss auf die Qualität der KiTa (vgl. Siraj-Blatchford und Manni 2006; Sylva u. a. 2004), die wiederum das Wohlergehen der Kinder bedingt.

Fakt ist allerdings, dass in keinem der 16 Bundesländer eine gesetzliche Grundlage besteht, die eine kindgerechte Personal- oder Leitungsausstattung nach wissenschaftlichen Standards gewährleistet. Auch das KiQuTG bietet hierfür keine Basis. Die Architektur des Gesetzes sieht vielmehr vor, dass jedes Bundesland die Maßnahmen innerhalb der Handlungsfelder frei wählen kann; sie müssen weder dauerhaft durchgeführt werden noch in Gesetzen verankert sein. Darüber hinaus wird im KiQuTG keine Zielmarke genannt, durch die die Länder verpflichtet wären, sich mit Stufenplänen auf den Weg zu einer kindgerechten Personal- und Leitungsausstattung zu machen. Die Bundesländer haben demzufolge einen großen Handlungsspielraum, der sich auch in den gewählten Maßnahmen widerspiegelt. Diese reichen im Handlungsfeld 2 (*Guter Betreuungsschlüssel*) von einer Finanzierung von Zusatzkräften in Kindergartengruppen (NI) über verlängerte Betreuungszeiten (BB) oder zusätzlichem Personal in KiTas mit Entwicklungsbedarfen bzw. in sozial/wirtschaftlich benachteiligten Stadtteilen (HB, RP, SL, ST) bis hin zu Maßnahmen, die eine direkte Verbesserung der Personalausstattung im jeweiligen Landesgesetz vorsehen (HH, BB, SH, TH). Einige Bundesländer nutzen zudem die Mittel, um die Anteile der gesetzlich festgelegten Ausfallzeiten (HE, TH) oder mittelbaren pädagogischen Arbeitszeiten zu erhöhen (SN, TH), was indirekt zu einer Verbesserung der gesetzlichen Personalbemessung beiträgt. RP setzt die Mittel ein, um das gesamte Personalbemessungssystem von gruppenbezogen auf platzbezogen zu ändern. Ähnlich heterogen sind die Maßnahmen im Handlungsfeld 4 (*Starke KiTa-Leitung*). Während einige Bundesländer erst im Zuge des KiQuTG gesetzlich definierte Leitungsressourcen eingeführt haben (BW, HE, RP), nutzen andere die Gelder, um die landesrechtlich verankerten Leitungsschlüssel zu verbessern (BE, SL). Weitere Bundesländer wiederum verwenden die Mittel für zusätzliche Zuschüsse zur Ausweitung der Leitungsstunden (NW) oder dafür, dass Zusatzkräfte für die Entlastung von Leitungskräften eingesetzt werden können (BY, NI).

Die Heterogenität der Maßnahmen ist sicherlich auch auf die unterschiedlichen Ausgangslagen in den Bundesländern zurückzuführen. Zu hinterfragen ist allerdings, ob die Maßnahmen zur Herstellung gleichwertiger Lebensverhältnisse beitragen. Es braucht ein gemeinsames Narrativ, auf welches die Bundesländer durch Stufenpläne hinarbeiten, damit allen Kindern unabhängig von ihrem Wohnort gleiche und kindgerechte Bildungschancen ermöglicht werden können. In dem Prozess, der der Erstellung des KiQuTG vorgeschaltet war, wurden solche Zielmarken für die Personal- und Leitungsausstattung bereits diskutiert (vgl. BMFSFJ 2016). Sie sollten als bundeseinheitliche Standards genutzt und bei einer Novellierung im KiQuTG verankert werden. Eine Missachtung solcher auf empirischen Grundlagen erstellter Standards – die eine nicht zu widerlegende Bedeutung für das Wohl der Kinder haben – wäre eine Verletzung der Kinderrechte.

Novellierung des KiQuTG dringend notwendig

Um die intendierten Ziele des KiQuTG zu erreichen, braucht es eine Debatte über die Ausgestaltung des Gesetzes nach 2022. Empfohlen wird, folgende Inhalte in eine solche Diskussion mit einfließen zu lassen:

- Verankerung von bundeseinheitlichen Standards für die Personal- und Leitungsausstattung, die durch nachweisliche Stufenpläne von den Ländern bis zu einem gemeinschaftlich abgestimmten Zeitpunkt zu realisieren sind
- Priorisierung der Wahl von Maßnahmen in den Handlungsfeldern 2, 3 und 4, die einen Mehrwert für die Personalgewinnung sowie die Verbesserung der Personal- und Leitungsausstattung bieten
- Verankerung einer dauerhaften und auskömmlichen Finanzbeteiligung des Bundes
- Keine Verwendung der KiQuTG-Mittel für die Ausweitung der Beitragsfreiheit
- Änderung des § 90 Abs. 3 SGB VIII: verpflichtende Einführung einer sozialen Staffelung (z. B. nach dem Familieneinkommen)

Literatur

Bertelsmann Stiftung (2018): ElternZOOM 2018. Schwerpunkt: Elternbeteiligung an der KiTa-Finanzierung, Gütersloh. Online unter https://www.bertelsmann-stiftung.de/de/publikationen/publikation/did/elternzoom-2018 (abgerufen am 29.09.2021).

Bertelsmann Stiftung (2021): Ländermonitor Frühkindliche Bildungssysteme (2021). Gütersloh. Online unter www.laendermonitor.de (abgerufen am 29.09.2021).

Bilgi, Oktay; Blaschke-Nacak, Gerald; Durand, Judith; Schmidt, Thilo; Stenger, Ursula; Stieve, Claus (Hrsg.) (2021a): „Qualität" revisited. Theoretische und empirische Perspektiven der Pädagogik der frühen Kindheit. Weinheim, Basel.

Bilgi, Oktay; Blaschke-Nacak, Gerald; Durand, Judith; Schmidt, Thilo; Stenger, Ursula; Stieve, Claus (2021b): „Qualität" in der Pädagogik der frühen Kindheit – eine Einleitung, in: Bilgi, Oktay; Blaschke-Nacak, Gerald; Durand, Judith; Schmidt, Thilo; Stenger, Ursula; Stieve, Claus (Hrsg.) (2021): „Qualität" revisited. Theoretische und empirische Perspektiven der Pädagogik der frühen Kindheit. Weinheim, Basel, S. 7–17.

[BMI] Bundesministerium des Inneren, für Bau und Heimat (2019): Maßnahmen der Bundesregierung zur Umsetzung der Ergebnisse der Kommission „Gleichwertige Lebensverhältnisse", Berlin. Online unter https://www.bmi.bund.de/SharedDocs/downloads/DE/publikationen/themen/heimat-integration/kom-gl-massnahmen.pdf?__blob=publicationFile&v=2 (abgerufen am 29.09.2021).

[BMFSFJ] Bundesministerium für Familie, Senioren, Frauen und Jugend (2016): Frühe Bildung weiterentwickeln und finanziell sichern. Zwischenbericht 2016 von Bund und Ländern und Erklärung der Bund-Länder-Konferenz, Berlin. Online unter https://www.bmfsfj.de/resource/blob/114052/0ae3ed118f9acf5467bfa8758ba2174a/fruehe-bildung-weiterentwickeln-und-finanziell-sichern-zwischenbericht-2016-von-bund-und-laendern-data.pdf (abgerufen am 29.09.2021).

[BMFSFJ] Bundesministerium für Familie, Senioren, Frauen und Jugend (2021a): Stellungnahme der Bundesregierung zu den Zwischenberichten der Evaluationsstudien zur Umsetzung und Wirksamkeit des Gesetzes zur Weiterentwicklung der Qualität und zur Verbesserung der Teilhabe in Tageseinrichtungen und in der Kindertagespflege (KiQuTG), in: Bundesministerium für Familie, Senioren, Frauen und Jugend: Bericht der Bundesregierung zur Evaluation des Gesetzes zur Weiterentwicklung der Qualität und zur Verbesserung der Teilhabe in Tageseinrichtungen und in der Kindertagespflege (KiQuTG), Berlin, S. 3–20. Online unter https://www.bmfsfj.de/resource/blob/185910/39abf1c6fdb62f323d60444713633e4d/erster-evaluationsbericht-der-bundesregierung-zum-gute-kita-gesetz-data.pdf (abgerufen am 30.09.2021).

[BMFSFJ] Bundesministerium für Familie, Senioren, Frauen und Jugend (2021b): Zwischenbericht der Evaluationsstudie zur Umsetzung des Gesetzes zur Weiterentwicklung der Qualität und zur Verbesserung der Teilhabe in Tageseinrichtungen und in der Kindertagespflege (KiQuTG), in: Bundesministerium für Familie, Senioren, Frauen und Jugend: Bericht der Bundesregierung zur Evaluation des Gesetzes zur Weiterentwicklung der Qualität und zur Verbesserung der Teilhabe in Tageseinrichtungen und in der Kindertagespflege (KiQuTG), Berlin, S. 21–166. Online unter https://www.bmfsfj.de/resource/blob/185910/39abf1c6fdb62f323d60444713633e4d/erster-evaluationsbericht-der-bundesregierung-zum-gute-kita-gesetz-data.pdf (abgerufen am 30.09.2021).

[BMFSFJ] Bundesministerium für Familie, Senioren, Frauen und Jugend (2021c): Zwischenbericht der Evaluationsstudie zur Wirksamkeit des Gesetzes zur Weiterentwicklung der Qualität und zur Verbesserung der Teilhabe in Tageseinrichtungen und in der Kindertagespflege (KiQuTG), in: Bundesministerium für Familie, Senioren, Frauen und Jugend: Bericht der Bundesregierung zur Evaluation des Gesetzes zur Weiterentwicklung der Qualität und zur Verbesserung der Teilhabe in Tageseinrichtungen und in der Kindertagespflege (KiQuTG), Berlin, S. 167–314. Online unter https://www.bmfsfj.de/resource/blob/185910/39abf1c6fdb62f323d60444713633e4d/erster-evaluationsbericht-der-bundesregierung-zum-gute-kita-gesetz-data.pdf (abgerufen am 30.09.2021).

[BMFSFJ] Bundesministerium für Familie, Senioren, Frauen und Jugend (2021d): Rechtsanspruch auf Ganztagsbetreuung für ab 2026 beschlossen. Aktuelle Meldung, Berlin. Online unter https://www.bmfsfj.de/bmfsfj/aktuelles/alle-meldungen/rechtsanspruch-auf-ganztagsbetreuung-fuer-ab-2026-beschlossen-178826 (abgerufen am 29.09.2021).

Bock-Famulla, Kathrin; Girndt, Antje; Vetter, Tim; Kriechel, Ben (2021): Fachkräfte-Radar für KiTa und Grundschule. Bertelsmann Stiftung (Hrsg.), Gütersloh. Online unter DOI 10.11586/2021072 (abgerufen am 29.09.2021).

Bock-Famulla, Kathrin; Sander, Felicitas (2022): Wissenstransfer im Bildungsmonitoring: das Ländermonitoring Frühkindliche Bildungssysteme, in: Moll, Gerald; Schütz, Julia (Hrsg.) (2022): Wissenstransfer – Komplexitätsreduktion – Design. Bielefeld, S. 89–108. Online unter https://doi.org/10.3278/6004796w (abgerufen am 29.09.2021).

Bundesagentur für Arbeit (2020): Statistik. Berichte: Blickpunkt Arbeitsmarkt – Pädagogisches Personal in der Kinderbetreuung und -erziehung. Nürnberg.
Diakonie Deutschland (2018): Wohlfahrtsverbände und Gewerkschaften fordern Änderungen im Entwurf des Gute-KiTa-Gesetzes. Pressemeldung, Berlin. Online unter https://www.diakonie.de/pressemeldungen/wohlfahrtsverbaende-und-gewerkschaften-fordern-aenderungen-im-entwurf-des-gute-kita-gesetzes (abgerufen am 30.09.2021).

[GEW] Gewerkschaft Erziehung und Wissenschaft (2018): Stellungnahme der Gewerkschaft Erziehung und Wissenschaft zum Referentenentwurf des BMFSFJ „Entwurf eines Gesetzes zur Weiterentwicklung der Qualität in Kindertageseinrichtungen und Kindertagespflege (KiTa-Qualitätsentwicklungsgesetz – KiQuEG)", Frankfurt a. M. Online unter https://www.gew-rlp.de/index.php?eID=dumpFile&t=f&f=70526&token=41f8ca7967c5ee6284a3ff1e5b70c653567677c1&sdownload=&n=2018-08-03_GEW_Stellungnahme_Refentwurf_Gute-KiTa-Gesetz.pdf (abgerufen am 30.09.2021).

[IBEB] Institut für Bildung, Erziehung und Betreuung in der Kindheit Rheinland-Pfalz; Hochschule Koblenz (2018): Stellungnahme des Institutes für Bildung, Erziehung und Betreuung in der Kindheit | Rheinland-Pfalz (IBEB) zum Referentenentwurf des Bundesministeriums für Familien, Senioren, Frauen und Jugend „Gesetzentwurf zur Weiterentwicklung der Qualität der Kindertagesbetreuung", Koblenz. Online unter https://www.hs-koblenz.de/fileadmin/media/fb_sozialwissenschaften/IBEB/Aktuelles/IBEB-Stellungnahme_Gute_Kita-Gesetz_2018.pdf (abgerufen am 30.09.2021).

Klinkhammer, Nicole (2010): Frühkindliche Bildung und Betreuung im ‚Sozialinvestitionsstaat' – mehr Chancengleichheit durch investive Politikstrategien?, in: Bühler-Niederberger, Doris; Miehrendorff, Johanna; Lange, Andreas (Hrsg.): Kindheit zwischen fürsorglichem Zugriff und gesellschaftlicher Teilhabe. Wiesbaden, S. 205–228.

Nentwig-Gesemann, Iris; Walther, Bastian; Bakels, Elena; Munk, Lisa-Marie (2021): Kinder als Akteure der Qualitätsentwicklung und Forschung. Eine rekonstruktive Studie zu KiTa-Qualität aus der Perspektive von Kindern. Bertelsmann Stiftung (Hrsg.). Gütersloh.

Siraj-Blatchford, Iram; Manni, Laura (2006): Effective Leadership in the Early Years Sector (ELEYS) Study [Electronic Version]. London: Institute of Education, University of London.

Sylva, Kathy; Melhuish, Edward C.; Sammons, Pam; Siraj-Blatchford, Iram; Taggart, Brenda (2004): The Effective Provision of Pre-School Education (EPPE) Project: Final Report [Electronic Version]. London: DfES / Institute of Education, University of London.

Viernickel, Susanne; Fuchs-Rechlin, Kirsten (2015): Fachkraft-Kind-Relationen und Gruppengrößen in Kindertageseinrichtungen. Grundlagen, Analysen, Berechnungsmodell, in: Viernickel, Susanne; Fuchs-Rechlin, Kirsten; Strehmel, Petra; Preissing, Christa; Bensel, Joachim; Haug-Schnabel, Gabriele: Qualität für alle. Wissenschaftlich begründete Standards für die Kindertagesbetreuung. Freiburg, S. 11–130.

Baden-Württemberg

Allgemeine Basisdaten

Fläche in km² (2019)	35.673
Einwohner:innen (31.12.2019)	11.100.394
Geborene Kinder (2019)	108.985
Geburten pro Frau (2019)	1,568
Anzahl Kinder < 10 Jahren (31.12.2019)	1.048.157
Davon < 3 Jahren	328.592
Davon 3 bis < 6 Jahre	320.453
Davon 6 bis < 10 Jahre	399.112
Anteil der Kinder mit Migrationshintergrund (2019)	
... < 3 Jahren	48,5 %
... von 3 bis < 6 Jahren	46,3 %
Erwerbstätigenquote von Müttern mit (2019)	
... mindestens einem Kind < 3 Jahren	54,5 %
... mindestens einem Kind von 3 bis < 6 Jahren	66,8 %
Leistungsempfänger:innen nach SGB II (ALG II u. Sozialgeld, 2020)	454.068
Davon Kinder < 6 Jahren	53.348
Entspricht Anteil an allen Kindern < 6 Jahren	8,2 %

FBBE auf einen Blick 01.03.2020

Anteil der Kinder in FBBE	
... < 1 Jahr	2,0 %
... von 1 bis < 3 Jahren	43,8 %
... < 3 Jahren	30,0 %
... von 3 bis < 6 Jahren inkl. 1,2 % in [vor-]schulischen Einrichtungen	95,1 %
Schulkinder 6 bis < 11 Jahre	6,6 %
Tageseinrichtungen insgesamt	9.288
Davon Horte	410
Anteil der Einrichtungen mit	
... < 45 Kindern	50,3 %
... 45 bis 75 Kindern	32,5 %
... 76 Kindern und mehr	17,2 %
Pädagogisches Personal (inkl. Leitung) in KiTas (mit Horten) insgesamt	99.620
Davon in Horten	3.233
Kinder in KiTas (mit Horten) insgesamt	454.377
Davon < 3 Jahren	83.100
Davon 3 Jahre bis zum Schuleintritt	345.502
Davon Schulkinder < 11 Jahren	23.967
Tagespflegepersonen insgesamt	6.512
Kinder in Kindertagespflege insgesamt	22.041
Davon < 3 Jahren	15.655
Davon 3 Jahre bis zum Schuleintritt	3.721
Davon Schulkinder < 11 Jahren	2.665
Leitungspersonal in KiTas (mit Horten) insgesamt	9.307
Davon in Horten	417

Blitzlichter: Status quo der Kindertagesbetreuung in Baden-Württemberg

In den letzten zehn Jahren hat sich in BW die Zahl der unter 3-Jährigen, die eine KiTa oder Kindertagespflege besuchen, um 41.539 Kinder auf 98.546 erhöht. Somit stieg die Teilhabequote dieser Altersgruppe von 21% im Jahr 2011 auf 30% im Jahr 2020. Trotz des enormen Ausbaus ist BW noch weit entfernt von der durchschnittlichen ostdeutschen Teilhabequote (53%). Bei den 3- bis unter 6-Jährigen liegt der Wert bei 95% (bundesweit: 93%).

Für faire Bildungschancen ist nicht nur die Zahl an Plätzen entscheidend: Die Angebote müssen auch kindgerecht sein. Wichtige – auch wissenschaftlich untersuchte – Gradmesser für die strukturelle Qualität in KiTas sind der *Personalschlüssel*, die *Gruppengröße*, das *Qualifikationsniveau* des pädagogischen Personals und ausreichend *Leitungszeit.*

Der Personalschlüssel lässt sich mit den Daten der amtlichen Kinder- und Jugendhilfestatistik (KJH-Statistik) für verschiedene Gruppentypen berechnen. So wird 2020 in BW die Mehrheit der unter 3-Jährigen (58%) in Krippengruppen betreut. Mit einem rechnerischen Personalschlüssel von 1 zu 3,0 wird hier die Empfehlung der Bertelsmann Stiftung (1 zu 3,0) erreicht. Weitere 7% dieser Altersgruppe besuchen Gruppen mit Kindern unter 4 Jahren; der Personalschlüssel liegt hier mit 1 zu 3,3 bei einem beinahe kindgerechten Verhältnis. In Kindergartengruppen, die auch für 2-Jährige geöffnet sind, werden weitere 9% der unter 3-Jährigen zusammen mit 22% der über 3-Jährigen bei einem Personalschlüssel von 1 zu 6,7 betreut. Das ist ungünstiger als der wissenschaftlich empfohlene Wert von 1 zu 4,9.[1] Der größte Anteil der ab 3-Jährigen (49%) besucht Kindergartengruppen mit einem Personalschlüssel von 1 zu 6,7 (günstiger als die Empfehlung der Bertelsmann Stiftung mit 1 zu 7,5).

Trotz der im bundesweiten Vergleich günstigen Personalschlüssel in BW zeigen die Auswertungen, dass 2020 für 48% der Kinder in amtlich erfassten KiTa-Gruppen[2] nicht genügend Fachpersonal zur Verfügung steht; das ist bundesweit (73%) der geringste Anteil. Die nicht kindgerechte Personalausstattung betrifft die ab 3-Jährigen häufiger (51%) als die unter 3-Jährigen (41%).

Bei der Entwicklung der Personalschlüssel wird deutlich, dass sich in BW von 2013 bis 2020 die personelle Ausstattung in Krippengruppen von einem bereits guten Niveau geringfügig weiter verbessert hat (von 1 zu 3,3 auf 1 zu 3,0). In Kindergartengruppen kam es zu einem deutlich größeren Ausbau (von 1 zu 8,0 auf 1 zu 6,7).

Die Gruppengröße ist ein weiterer wichtiger Gradmesser für die Qualität in KiTas. Nach wissenschaftlichen Empfehlungen sollten Gruppen für jüngere Kinder maximal zwölf Kinder umfassen, für die Älteren maximal 18.[3] In BW werden diese Werte bei 43% der amtlich erfassten KiTa-Gruppen nicht erreicht (bundesweit: 54%). Insbesondere ein größerer Anteil der Kindergartengruppen und der auch für 2-Jährige geöffneten Kindergartengruppen ist zu groß (73% bzw. 72%). Demgegenüber entsprechen lediglich 1% der Krippengruppen und 4% der Gruppen mit Kindern unter 4 Jahren nicht den Empfehlungen. Insgesamt zeigt sich, dass in BW die ab 3-Jährigen mit 74% deutlich häufiger von nicht kindgerechten Gruppengrößen betroffen sind als die unter 3-Jährigen (8%).

Wesentliche Voraussetzung für eine „gute" KiTa-Qualität ist nicht nur *zahlenmäßig ausreichendes*, sondern auch *qualifiziertes* Personal. In BW verfügen 68% der 96.387 pädagogisch Tätigen in KiTas über einen fachlich einschlägigen Fachschulabschluss, etwa als Erzieher:in. Damit liegt BW im bundesweiten Durchschnitt (68%), allerdings unter dem Niveau der ostdeutschen Bundesländer (80%). Über den formal niedrigeren Berufsfachschulabschluss, bspw. als Sozialassistent:in, verfügen in BW 9% der pädagogisch Tätigen; in Ostdeutschland sind es nur knapp 3%. Weitere 5% besitzen einen fachlich einschlägigen Hochschulabschluss. Eine sonstige – nicht fachlich einschlägige – Ausbildung weisen 7% der pädagogisch Tätigen auf (bundesweit: 4,5%). Der Anteil des Personals ohne Abschluss liegt in BW mit knapp 3% leicht über dem bundesweiten Durchschnitt (2%). Weitere 9% schließlich befinden sich in Ausbildung; 2016 lag dieser Wert ebenfalls bei rund 9%. Mit Blick auf die gegenwärtig in vielen Bundesländern eingeführten praxisintegrierten Ausbildungsgänge bleibt abzuwarten, ob sich dieser Wert in den kommenden Jahren erhöht. Ebenso gilt es kontinuierlich zu beobachten, wie sich die neuen beruflichen Zugangsformen, etwa für Quereinsteiger:innen, zukünftig auf das formale Qualifikationsniveau des KiTa-Personals insgesamt auswirken werden.

Auch die Ausstattung der KiTas mit ausreichenden Leitungsressourcen nimmt eine Schlüsselfunktion für die KiTa-Qualität ein. Laut KJH-Statistik verfügen 8% der KiTas in BW über keine Zeit für Leitungsaufgaben; dies geben insbesondere die kleineren KiTas (weniger als 45 betreute Kinder) zu 10% an. Über die von der Bertelsmann Stiftung empfohlene Zeit für Leitungs- und Verwaltungsaufgaben[4] verfügen 2020 lediglich 11% der KiTas in BW (ohne Horte); bundesweit sind es 18%.

Qualitätsentwicklungen im Rahmen des KiQuTG

Im Rahmen des KiTa-Qualitäts- und Teilhabeverbesserungsgesetzes (KiQuTG) erhält jedes Bundesland zwischen 2019 und Ende 2022 vom Bund finanzielle Mittel für Maßnahmen zur Weiterentwicklung der KiTa-Qualität und zur Gebührenentlastung der Eltern. BW investiert diese Bundesmittel in fünf der insgesamt elf Handlungsfelder: *Qualifizierte Fach-*

kräfte, Starke KiTa-Leitung, Sprachliche Bildung, Starke Kindertagespflege und *Vielfältige pädagogische Arbeit.*

Mit rund 460 Mio. Euro fließt der größte Anteil der verplanten Mittel in die Stärkung der KiTa-Leitungskräfte. Sie werden vorrangig für die Finanzierung der gesetzlichen Veränderung der Leitungsbemessung genutzt. Konkret wird jeder KiTa seit Januar 2020 ein Leitungssockel von sechs Wochenstunden finanziert. Zusätzlich erhalten KiTas ab zwei Gruppen einen variablen Anteil, der je Gruppe zwei Wochenstunden umfasst. Die Daten der KJH-Statistik vom 1. März 2020 deuten auf erste Effekte der Maßnahme hin. So hat sich der Anteil der KiTas, die in der Statistik angaben, keine Zeit für Leitungsaufgaben zu haben, von etwas mehr als 11% im Jahr 2019 auf 8% im Jahr 2020 verringert; das ist bundesweit die stärkste Verbesserung nach HB. Vor dem Hintergrund, dass vor der gesetzlichen Verankerung von Leitungsressourcen in BW keine konkreten Stundenumfänge für Leitungskräfte festgeschrieben waren, kann die beschriebene Entwicklung einen Effekt der Maßnahme aus dem KiQuTG darstellen. Die Entwicklung der Leitungsausstattung in BW sollte in den nächsten Jahren weiter beobachtet werden, um sichere Aussagen hierzu treffen zu können.

Ausbau- und Reformbedarf: Empfehlungen für die Kindertagesbetreuung in Baden-Württemberg

Um allen Kindern unabhängig von ihrem Wohnort gleichwertige Teilhabe- und Bildungschancen zu ermöglichen, ist es unerlässlich, dass jedes Bundesland ein bedarfs- und kindgerechtes FBBE-Angebot zur Verfügung stellt. Trotz der im bundesweiten Vergleich günstigen Personalschlüssel in BW ist der Anteil der Kinder, die in KiTa-Gruppen mit einer nicht kindgerechten Personalausstattung betreut werden, noch immer zu hoch (48%). Darüber hinaus zeigt sich, dass auch nach Jahren des Platzausbaus die Teilhabechancen der unter 3-Jährigen in BW noch nicht auf dem Niveau der ostdeutschen Bundesländer sind.

Der *Fachkräfte-Radar für KiTa und Grundschule*[5] prognostiziert, dass für eine kindgerechte Betreuung und gleiche Teilhabechancen bis 2030 in BW mehr als 33.000 KiTa-Fachkräfte fehlen werden. Soll bis zum Ende dieses Jahrzehnts auch die Leitungsausstattung auf ein professionelles Niveau gemäß wissenschaftlichen Empfehlungen gehoben werden, erhöht sich die Zahl der fehlenden Fachkräfte auf mehr als 41.000. Damit diese Lücke geschlossen werden kann, müssten die Zahl der prognostizierten Neuzugänge um 114% gesteigert werden. Die Ausbildungskapazitäten in diesem Umfang in den nächsten Jahren aufzustocken sowie genügend Quereinsteiger:innen zu gewinnen und pädagogisch zu qualifizieren, wird nicht möglich sein – ein Etappenziel ist notwendig.

Um bundesweit für alle Kinder gleichwertige Lebensverhältnisse herzustellen, müssen zunächst die Teilhabe- und Bildungschancen in Ost- und Westdeutschland angeglichen werden. So fehlen in BW 20.000 Fachkräfte, wenn hier bis 2030 die Teilhabequoten auf das Ostniveau und die Personalschlüssel für alle Kinder auf das Westniveau[6] gehoben werden sollen; das wäre ein Plus von 55% der prognostizierten Neuzugänge. Es ist zu prüfen, ob dies durch eine zügige Aufstockung der Ausbildungskapazitäten und die Gewinnung sowie Qualifizierung von Quereinsteiger:innen erreicht werden kann.

Nach 2030 muss allerdings das Ziel lauten: kindgerechte und bedarfsgerechte FBBE-Angebote in ganz Deutschland. Um dies zu erreichen, müssen in BW schon jetzt die Weichen für den Ausbau der Plätze sowie der Ausbildungskapazitäten mit gleichzeitiger Qualifizierung zusätzlicher Berufsschullehrer:innen gestellt werden. Für die Verbesserung der Personalschlüssel ist zudem eine rechtliche Basis erforderlich. So sollte ein Stufenplan mit einer schrittweisen Verbesserung der Personalausstattung in das KiTaG integriert werden. Darüber hinaus braucht es Konzepte, um neues Personal zu gewinnen und – insbesondere durch attraktive Arbeitsbedingungen und Verdienstmöglichkeiten – die vorhandenen Fachkräfte zu binden. Damit BW diese Aufgaben bewältigen kann, ist es unumgänglich, dass der Bund auch nach 2022 sein finanzielles Engagement für den Qualitätsausbau fortsetzt und im KiQuTG verlässlich verankert. Die Mittel sollten in erster Linie für die Gewinnung neuer Fachkräfte und den Ausbau der Personal- und Leitungskapazitäten verwendet werden.

1 Haug-Schnabel, Gabriele; Bensel, Joachim (2016): Kinder unter 3 – Bildung, Erziehung und Betreuung von Kleinstkindern. Kindergarten heute – wissen kompakt. 12., überarb. Aufl. Freiburg.

2 Es werden nur die Gruppen in KiTas analysiert, die laut Angaben in der amtlichen KJH-Statistik mit einer Gruppenstruktur arbeiten. Die Zuordnung von Gruppen in KiTas zu einem bestimmten Gruppentyp wird nicht von den Einrichtungen selbst vorgenommen, sondern erfolgt im Rahmen der Auswertung der Daten der amtlichen KJH-Statistik. Dabei erfolgt die Zuordnung primär anhand der Alterszusammensetzung der Kinder in den Gruppen. Gruppen, in denen Kinder mit einer (drohenden) Behinderung betreut werden, werden in der Berechnung nicht berücksichtigt.

3 Viernickel, Susanne; Fuchs-Rechlin, Kirsten (2015): Fachkraft-Kind-Relationen und Gruppengrößen in Kindertageseinrichtungen. Grundlagen, Analysen, Berechnungsmodell, in: Viernickel, Susanne; Fuchs-Rechlin, Kirsten; Strehmel, Petra; Preissing, Christa; Bensel, Joachim; Haug-Schnabel, Gabriele: Qualität für alle. Wissenschaftlich begründete Standards für die Kindertagesbetreuung. Freiburg, S. 11–130.

4 Für eine professionelle Führung und Leitung von KiTas empfiehlt die Bertelsmann Stiftung jeder Einrichtung eine Grundausstattung von 20 Wochenstunden plus 0,35 Wochenstunden pro Ganztagsbetreuungsäquivalent. Die empfohlene Leitungsausstattung enthält auch die Zeiten für Verwaltungstätigkeiten (max. 20% der empfohlenen Leitungszeit).

5 Der Fachkräfte-Radar für KiTa und Grundschule prognostiziert bis 2030 den Fachkräftebedarf für die KiTa- und Grundschulbetreuung und stellt ihn dem voraussichtlich verfügbaren Personalangebot gegenüber. Weitere Informationen finden Sie unter: www.fachkraefte-radar-kita-grundschule.de

6 Sind die Personalschlüssel bereits günstiger als das Westniveau werden sie in den Berechnungen konstant gehalten.

Teilhabe sichern

Jedes Kind braucht einen gesicherten und einfachen Zugang zu „guter“ Kindertagesbetreuung, unabhängig von seinem Wohnort und seiner sozio-ökonomischen oder kulturellen Herkunft. Dazu sind ausreichend wohnortnahe Angebote notwendig. Um diesem Anspruch zu genügen, erfolgte in den vergangenen Jahren bundesweit ein enormer Ausbau der Betreuungsplätze. Fast ein Drittel der unter drei Jahre alten Kinder in BW (30 %) nimmt eine Kindertagesbetreuung in Anspruch (bundesweit: 35 %). Unterschiede gibt es vor allem zwischen den unter 1-Jährigen (2 %), 1-Jährigen (31 %) und 2-Jährigen (57 %). Von den Kindern ab 3 bis unter 6 sind in BW mit 95 % fast alle in einer KiTa oder Kindertagespflege. Darüber hinaus nutzen 46 % der 6-Jährigen (Stand: 1. März 2020) Angebote der Kindertagesbetreuung, bevor sie in den schulischen Bildungsbereich wechseln.

6 % der unter 11-jährigen Schulkinder besuchen einen Hort[1]; bundesweit sind es 17 %. Weitere 38 % nehmen Ganztagsschulangebote wahr (bundesweit: 45 %). 2.415 Schulkinder (0,6 %), die parallel kein Hort- oder Ganztagsschulangebot nutzen, besuchen eine Kindertagespflege.

2020 nutzen 98.546 unter 3-Jährige in BW ein FBBE-Angebot (30 %). Das sind 35.814 Kinder mehr als 2012, dem Jahr vor der Einführung des bundesweit geltenden Rechtsanspruchs auf einen Betreuungsplatz für Kinder ab dem ersten Geburtstag: ein Anstieg der Teilhabequote um 7 Prozentpunkte. Bedarfsgerecht ist das Angebot jedoch noch nicht: 2020 wünschen sich fast 46 % der Eltern von Kindern dieser Altersgruppe laut der „DJI-Kinderbetreuungsstudie“ einen Platz in einer KiTa oder Kindertagespflege. Vergleicht man die Entwicklung der elterlichen Betreuungswünsche mit der Bildungsbeteiligung für diese Altersgruppe zwischen 2012 und 2020, zeigt sich, dass der elterliche Bedarf stärker angestiegen ist als die Teilhabequote. Lag die Differenz 2012 noch bei fast 14 Prozentpunkten, hat sie sich innerhalb von acht Jahren auf knapp 16 erhöht.

1 Ist im Folgenden von Horten die Rede, sind in der Regel auch Hortgruppen in KiTas gemeint.

Bildungsbeteiligung an Kindertagesbetreuung | BW 01.03.2020 | Tab. 6–14; 41a1

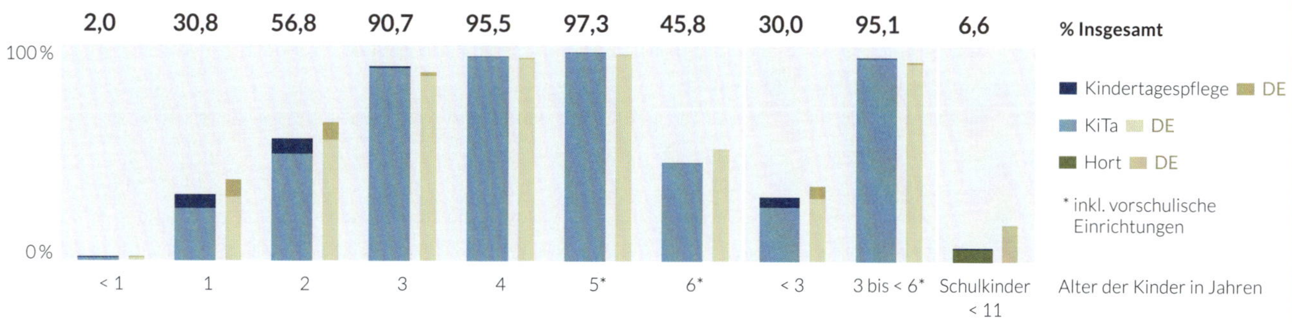

Betreuungsquote und Betreuungswunsch
BW 2012–2020, Stichtag 01.03. | Tab. 88a

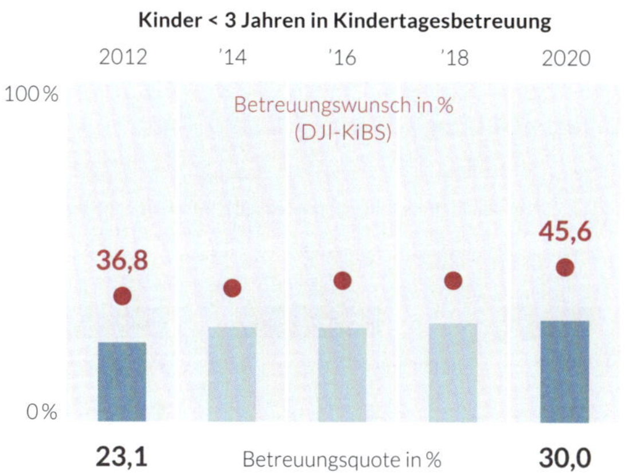

Bildungsbeteiligung von Schulkindern
BW 01.03.2020, Schulj. 2019/20 | Tab. 41a1; Tab. 71

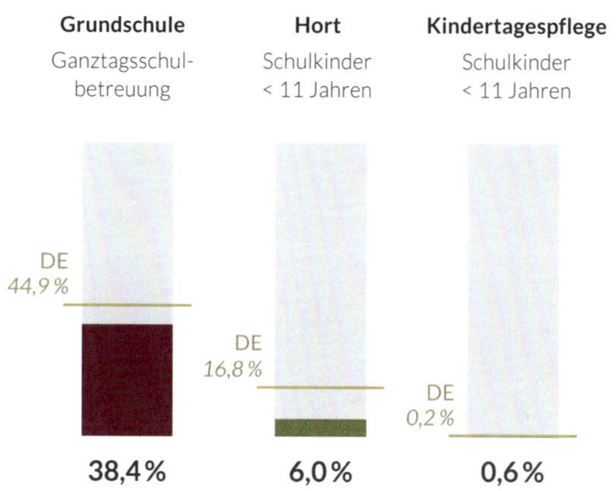

Vereinbarte Betreuungszeit in Horten: Ø **5,8 Stunden/Tag**

Regionale Daten zur Bildungsbeteiligung finden Sie auf www.laendermonitor.de unter FOKUS | Regionale Daten

Der größte Anteil (18 %) der Kinder, die am 01.03.2020 unter drei Jahre alt waren, wurde im September in der aktuell besuchten KiTa aufgenommen (vgl. S. 22). In den Monaten Dezember sowie April bis August zeigen sich die geringsten Aufnahmequoten (2 % bis 5 %). Ähnlich gestaltet es sich in der Kindertagespflege – hier erfolgen die Eingewöhnungen vorrangig im September (16 %). Im Oktober, Januar und Februar liegen die Aufnahmequoten darunter, bewegen sich aber auf einem etwas höheren Niveau (12 % bis 13 %).

Kinder mit einer Eingliederungshilfe werden in 36 % der KiTas (ohne Sondereinrichtungen) in BW betreut; bundesweit liegt dieser Wert etwas höher (40 %). Ein deutlich geringerer Anteil zeigt sich bei den Horten: Schulkinder mit einer Eingliederungshilfe besuchen 11 % der Horte (bundesweit: 17 %).

Werden die vertraglich vereinbarten wöchentlichen Betreuungszeiten betrachtet, zeigt sich das folgende Bild: In BW wird knapp die Hälfte der unter 3-jährigen KiTa-Kinder laut Vertrag mehr als 25 bis zu 35 Wochenstunden betreut. Auch in der Altersgruppe der ab 3-Jährigen werden diese Betreuungszeiten am häufigsten (70 %) gebucht. Diese Werte liegen deutlich über den durchschnittlichen Bundeswerten (31 % bzw. 38 %). In der Kindertagespflege wird der größte Anteil der Kinder bis zu 25 Stunden wöchentlich betreut: Das gilt für 58 % der unter 3-Jährigen und 86 % der ab 3-jährigen Nichtschulkinder. Das Gleiche gilt für 92 % der Schulkinder in der Kindertagespflege. Bei den Schulkindern, die in Horten betreut werden, liegt dieser Anteil niedriger, bei rund 45 %. Weitere 45 % sind etwas länger in der Hortbetreuung (mehr als 25 bis zu 35 Wochenstunden).

Aufnahmezeitpunkt von unter Dreijährigen in KiTas und Kindertagespflege | BW 01.03.2020 | Tab. 87; 87a

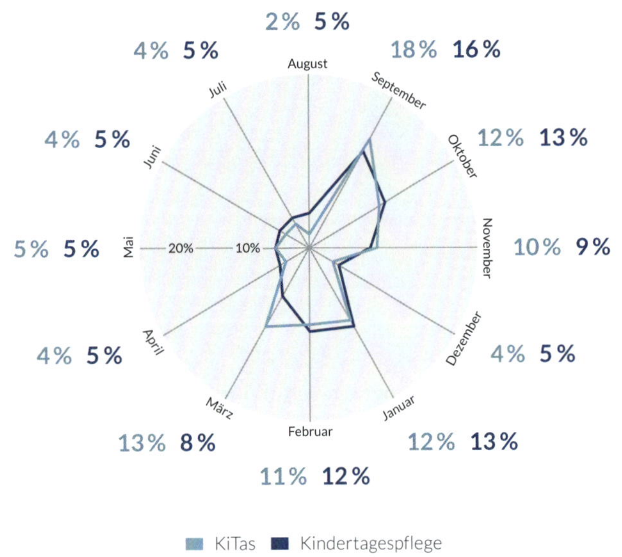

KiTas und Horte, die Kinder mit Eingliederungshilfe betreuen | BW 01.03.2020 | Tab. 59aoh; 59ah

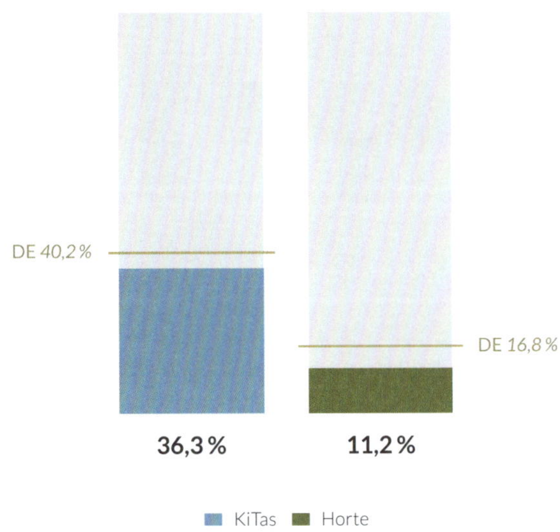

Vertraglich vereinbarte wöchentliche Betreuungszeiten in Kindertagesbetreuung | BW 01.03.2020 | Tab. 2–5; 3h; 138

	Kinder in KiTas und Horten			Kinder in öffentlich geförderter Kindertagespflege		
	< 3 Jahre: 83.100	≥ 3 Jahre bis Schuleintritt: 345.502	Schulkinder < 11 Jahren: 23.967	< 3 Jahre: 15.655	≥ 3 Jahre bis Schuleintritt: 3.721	Schulkinder < 11 Jahren: 2.665
Bis 25 Stunden (%)	12,5 / *11,3*	1,5 / *9,3*	45,3 / *61,1*	58,4 / *31,3*	85,7 / *47,0*	91,8 / *89,7*
> 25 bis 35 Stunden (%)	49,5 / *30,6*	70,4 / *37,8*	44,6 / *35,2*	27,5 / *34,2*	8,9 / *24,4*	6,4 / *7,4*
> 35 bis < 45 Stunden (%)	14,6 / *19,5*	11,4 / *17,5*	4,1 / *1,6*	10,4 / *19,3*	4,0 / *15,7*	1,2 / *1,8*
45 Stunden und mehr (%)	23,4 / *38,5*	16,7 / *35,4*	5,9 / *2,2*	3,8 / *15,2*	1,4 / *12,9*	0,6 / *1,1*

| = DE

Regionale Daten zum Betreuungsumfang finden Sie auf www.laendermonitor.de unter FOKUS | Regionale Daten

In BW nutzen 21 % der unter 3-Jährigen mit und 36 % ohne Migrationshintergrund (MH) ein FBBE-Angebot. Bei den älteren Kindern liegen die Quoten bei 95 % bzw. 94 %. 30 % der unter 3-jährigen KiTa-Kinder haben in BW einen MH; 13 % sprechen in ihrer Familie Deutsch und 17 % eine andere Sprache. Bei den älteren KiTa-Kindern (41 %) liegen die Werte für die Sprache bei 14 % bzw. 27 %. In der Kindertagespflege sind im Vergleich zu den KiTas die Anteile der Kinder mit MH in beiden Altersgruppen (19 % bzw. 24 %) geringer. Darüber hinaus sprechen hier – anders als in den KiTas – sowohl die Jüngeren als auch die Älteren mit MH anteilig beinahe genauso häufig Deutsch (10 % bzw. 12 %) wie eine andere Sprache (9 % bzw. 11 %).

51 % der unter 4-jährigen KiTa-Kinder ohne MH wurden vor ihrem zweiten Geburtstag in der aktuell besuchten KiTa aufgenommen. Bei den Kindern mit MH ist dieser Anteil geringer (39 %). In der Kindertagespflege hingegen startet die überwiegende Mehrheit der Kinder mit als auch ohne MH vor ihrem zweiten Geburtstag das Betreuungsangebot (85 % bzw. 91 %).

Kinder mit und ohne Migrationshintergrund

BW 01.03.2020

Regionale Daten zum Migrationshintergrund und zur Familiensprache finden Sie auf www.laendermonitor.de unter FOKUS | Regionale Daten

Bildungsbeteiligung in KiTas und Kindertagespflege

Tab. 38a, Tab. 39a

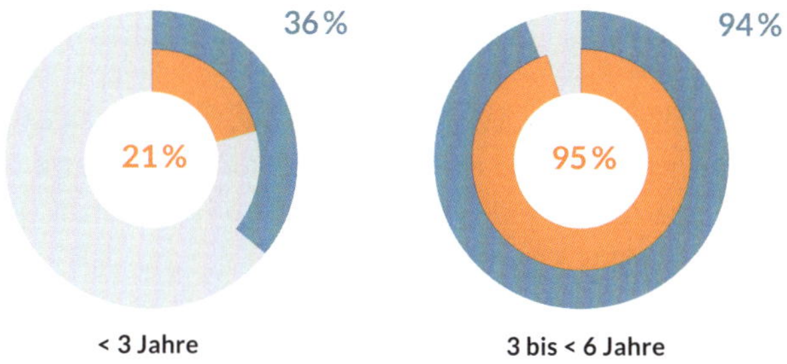

Quote der Inanspruchnahme von Kindern

mit Migrationshintergrund **ohne** Migrationshintergrund

KiTas (mit Horten) nach ihrem Anteil an Kindern mit nicht deutscher Familiensprache | Tab. 96

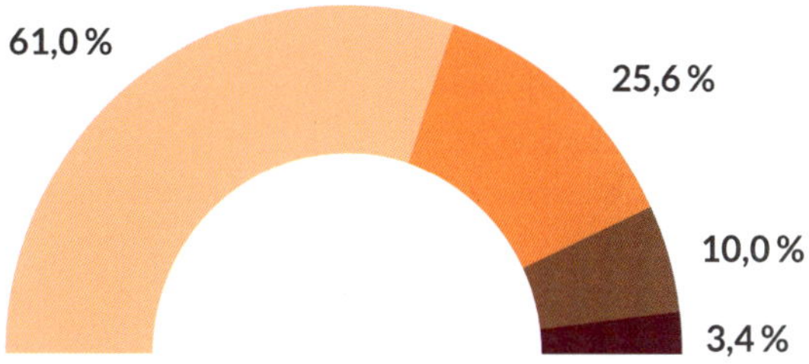

KiTas (mit Horten) mit einem Anteil an Kindern mit nicht deutscher Familiensprache von

< 25 % 25 bis < 50 % 50 bis < 75 % 75 % und mehr

Alter des Kindes zu Beginn der Betreuung in der aktuellen KiTa und Kindertagespflege | Tab. 92; 93

KiTa

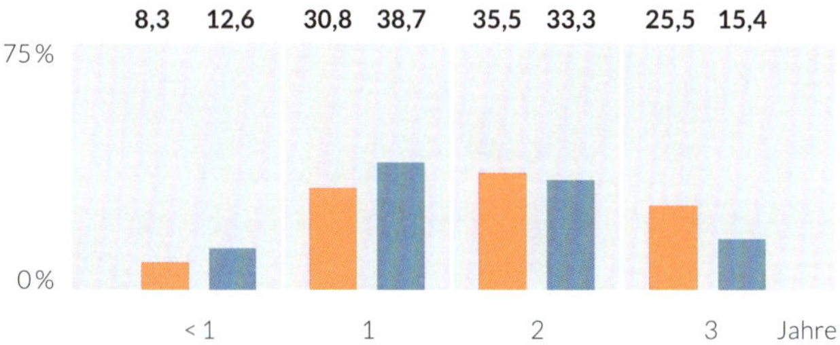

Kindertagespflege

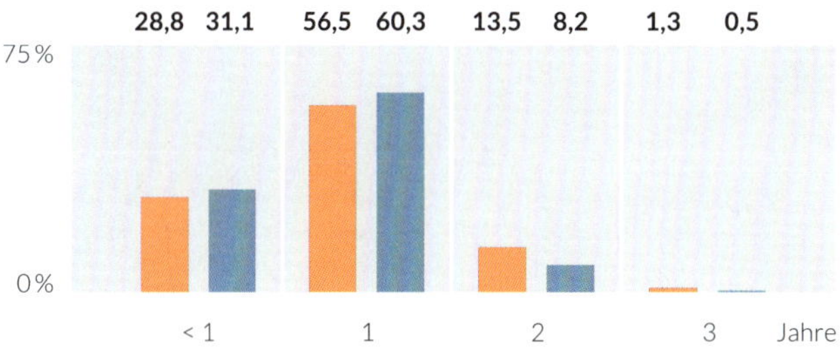

mit Migrationshintergrund **ohne** Migrationshintergrund

Familiäre Sprachpraxis der Kinder in KiTas (mit Horten) und Kindertagespflege | Tab. 15a-20a

KiTas (mit Horten)

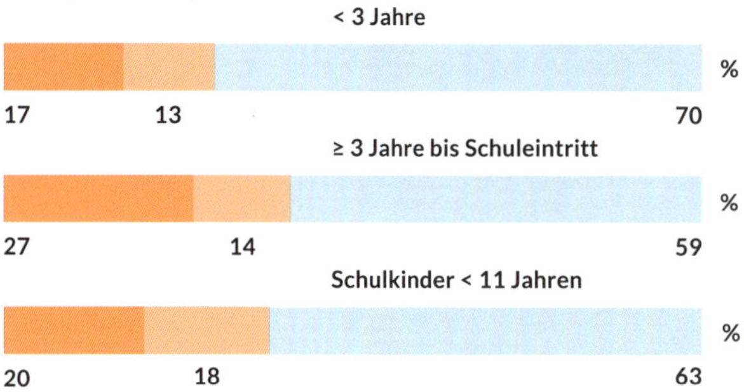

Kindertagespflege

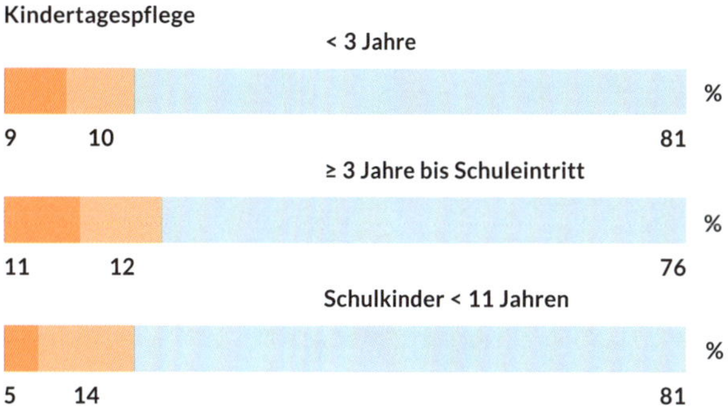

Kinder **mit** Migrationshintergrund:
Familiensprache nicht Deutsch Deutsch

Kinder **ohne** Migrationshintergrund

Bildung fördern – Qualität sichern

Die FBBE kann einen bedeutenden Beitrag für die Chancengerechtigkeit aller Kinder in Deutschland leisten. Voraussetzung dafür, dass die KiTas ihren Bildungsauftrag durchführen können, sind professionelle Rahmenbedingungen: insbesondere ausreichend Personal für die pädagogischen Aufgabenbereiche sowie für die Leitung und die Verwaltung. Weitere wichtige Gradmesser für die Qualität sind qualifizierte KiTa-Teams und kleine Kindergruppen. Schließlich spielt auch die Ausgestaltung der Arbeitsbedingungen durch die Träger eine Rolle. Der Status quo der KiTa-Landschaft wird im Folgenden anhand ausgewählter strukturell-qualitativer Dimensionen dargestellt.

58 % der unter 3-Jährigen in BW sind in Krippengruppen; 2020 ist hier eine Vollzeitkraft rechnerisch für 3 ganztags betreute Kinder zuständig. Weitere 9 % dieser Altersgruppe werden zusammen mit 22 % der ab 3-Jährigen in Kindergartengruppen betreut, die bereits für Kinder ab zwei Jahren geöffnet sind (Personalschlüssel: 1 zu 6,7). Der größte Anteil der Kinder ab drei (49 %) befindet sich in Kindergartengruppen (Personalschlüssel: 1 zu 6,7). Für ein kindgerechtes Betreuungsverhältnis empfiehlt die Bertelsmann Stiftung, dass eine Fachkraft rein rechnerisch für höchstens 3 unter 3-Jährige in Krippengruppen oder 7,5 Kinder ab drei Jahren in Kindergartengruppen zuständig ist. In BW entsprechen fast 70 % der Personalschlüssel in Kindergartengruppen dieser Empfehlung (inkl. ± 0,5 Toleranz) bzw. sind günstiger. Schlechter sind 30 % der Personalschlüssel, in Krippengruppen 31 %. Ein ungünstigeres Bild zeigt sich – abgesehen von den Hortgruppen – bei den weiteren Gruppenformen. So sind in 45 bis 77 % dieser Gruppen die Personalschlüssel ungünstiger als wissenschaftlich empfohlen.

Der Personalschlüssel ist eine rein rechnerische, im KiTa-Alltag nicht beobachtbare Größe, die die gesamte Arbeitszeit einer pädagogischen Fachkraft umfasst. Die annähernd reale Betreuungssituation beschreibt die Fachkraft-Kind-Relation, die das Verhältnis zwischen den Fachkräften und den Kindern während der unmittelbaren pädagogischen Arbeit darstellt.

Pädagogische Personalausstattung | BW 01.03.2020

Personalschlüssel

Tab. 43a2

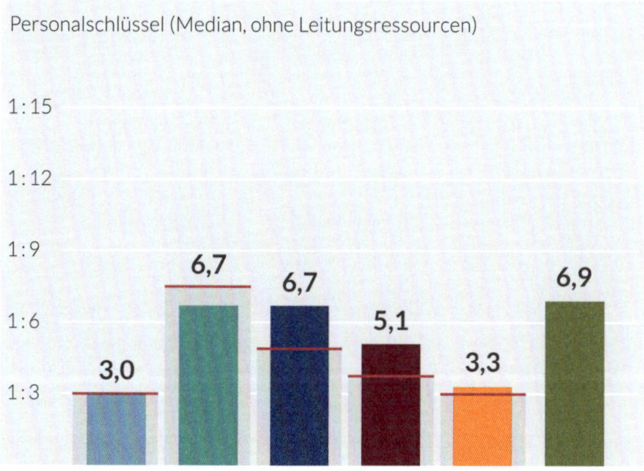

Verteilung der Kinder auf Gruppentypen

Tab. 36b; 36b1; 36b2

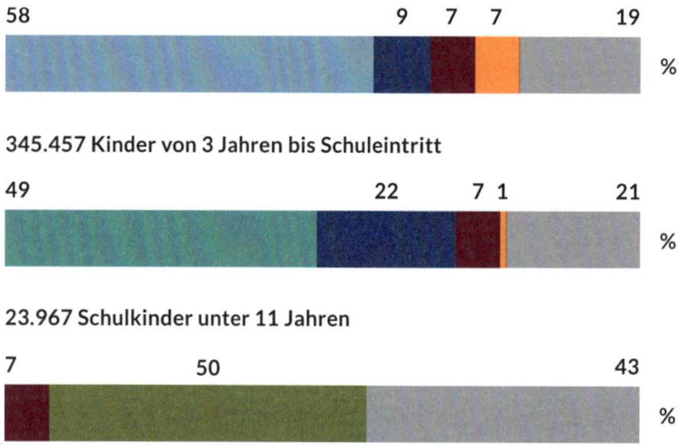

Gruppentyp

Krippe | Kindergarten | Kindergarten ab 2 Jahre | Altersübergreifend ab 0 Jahre | Krippe < 4 Jahren | Hort | Ohne feste Gruppenstruktur

Empfohlener Personalschlüssel (BSt = Bertelsmann Stiftung, H.-S. & B. = Haug-Schnabel & Bensel 2016):
Krippe 1 : 3,0 (BSt); Kindergarten 1 : 7,5 (BSt); Kindergarten ab 2 J. 1: 4,9 (H.-S. & B.); Altersübergreifend ab 0 J. 1 : 3,75 (H.-S. & B.); Krippe < 4 J. 1 : 3,0 (BSt)

Regionale Daten zum Personalschlüssel finden Sie auf www.laendermonitor.de unter FOKUS | Regionale Daten

Personalschlüssel im Vergleich | Tab. 94; 94a–e

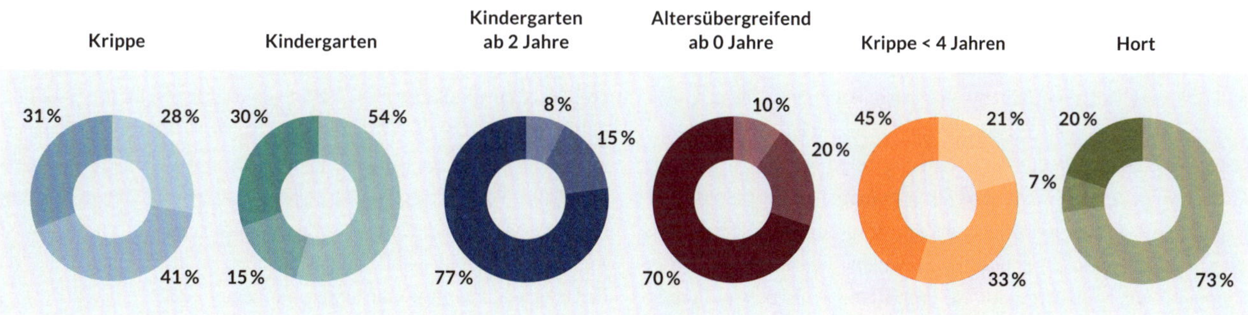

Personalschlüssel von

Krippe	Kindergarten	Kindergarten ab 2 Jahre	Altersübergreifend ab 0 Jahre	Krippe < 4 Jahren	Hort
< 1: 2,5 DE *10 %*	< 1: 7 DE *26 %*	< 1: 4,4 DE *2 %*	< 1: 3,25 DE *4 %*	< 1: 2,5 DE *5 %*	< 1: 9,5 DE *44 %*
1: 2,5 bis < 1: 3,5 DE *24 %*	1: 7 bis < 1: 8 DE *14 %*	1: 4,4 bis < 1: 5,4 DE *7 %*	1: 3,25 bis < 1: 4,25 DE *9 %*	1: 2,5 bis < 1: 3,5 DE *22 %*	1: 9,5 bis < 1: 10,5 DE *5 %*
1: 3,5 und mehr DE *66 %*	1: 8 und mehr DE *60 %*	1: 5,4 und mehr DE *91 %*	1: 4,25 und mehr DE *87 %*	1: 3,5 und mehr DE *72 %*	1: 10,5 und mehr DE *51 %*

Pädagogische Personalausstattung | BW 01.03.2020

Fachkraft-Kind-Relation – Szenarien der Bertelsmann Stiftung | Tab. 82

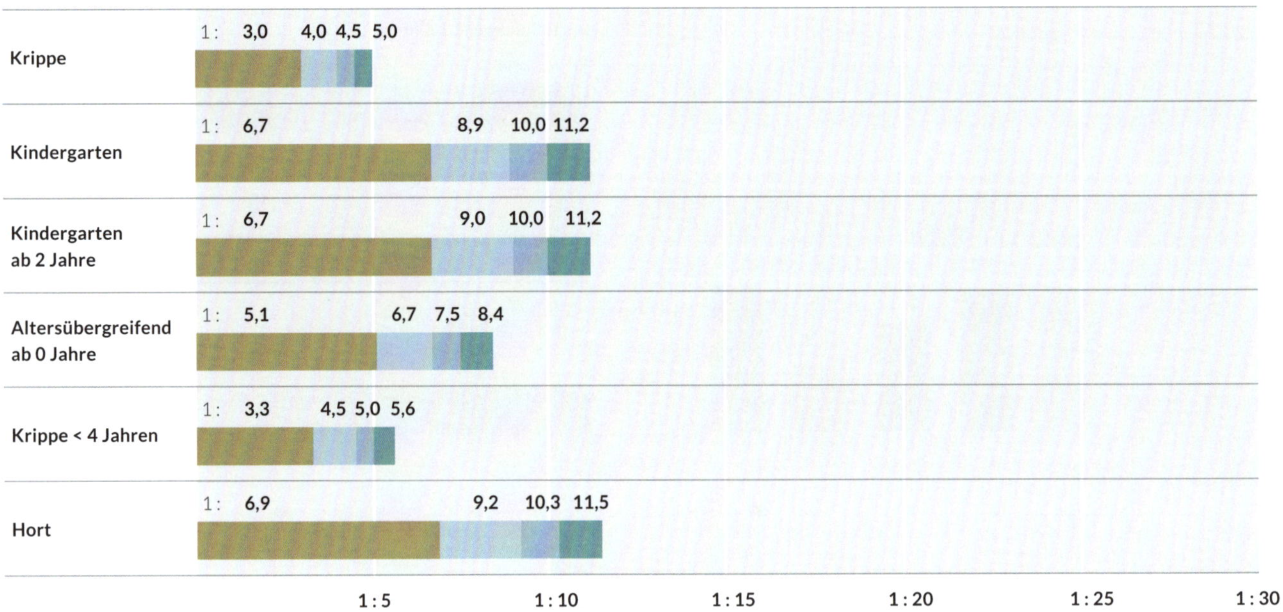

■ Personalschlüssel (Median, ohne Leitungsressourcen)

Fachkraft-Kind-Relation (Szenarien): Berechnet mit einem Arbeitszeitanteil für die unmittelbare pädagogische Arbeit (direkte Kontaktzeit mit Kindern) von …
■ 75% ■ 67% ■ 60%

Eine Annäherung an die Fachkraft-Kind-Relation kann nur durch Szenarien erfolgen, da die amtliche Kinder- und Jugendhilfestatistik keine Daten für Arbeitszeitanteile der mittelbaren pädagogischen Aufgabenbereiche sowie Ausfallzeiten erfasst. Die drei von der Bertelsmann Stiftung entwickelten Szenarien wurden auf Basis wissenschaftlicher Untersuchungen berechnet. Diese zeigen, dass 24% bis 41% der Gesamtarbeitszeit einer pädagogischen Fachkraft zum einen Ausfallzeiten sind (Urlaub, Krankheit, Fortbildungen) und zum anderen für Aufgaben außerhalb der pädagogischen Praxis benötigt werden, etwa für Elterngespräche, die Qualitätsentwicklung oder Bildungsdokumentationen.[1] In den Szenarien wird der Anteil für die unmittelbaren Arbeitsaufgaben, also den Kontakt mit den Kindern, mit 75%, 67% oder 60% der gesamten Arbeitszeit angesetzt.

Werden wie im Szenario 1 nur 25% der Arbeitszeit für Aufgaben ohne die Kinder verwendet, verbleiben 75% der Arbeitszeit für sie. In BW betreut dann eine Vollzeitkraft in Krippengruppen bei einem Personalschlüssel von 1 zu 3 in der pädagogischen Praxis rechnerisch 4 Kinder. Nimmt man einen höheren Anteil mittelbarer pädagogischer Arbeitszeit an, sinkt die Zeit für die Arbeit mit den Kindern, und die Fachkraft-Kind-Relationen verschlechtern sich (Szenarien 2 und 3).

Neben einer kindgerechten Personalausstattung ist die Gruppengröße ein weiterer Gradmesser für „gute" KiTas. Zu große Gruppen bedeuten für die Kinder und das Personal übermäßigen Stress, etwa durch die Lautstärke. So sollten Gruppen für jüngere Kinder nicht mehr als zwölf Kinder umfassen, Kindergartengruppen nicht mehr als 18.[1] In BW sind nur 1% der Krippengruppen zu groß, bei den Kindergartengruppen sind es hingegen 73%.

Im Median haben die KiTas in BW 9 Stunden und damit deutlich kürzer als die ostdeutschen Bundesländer (11 Stunden) ihre Türen geöffnet (bundesweit: 9,5 Std.). In 87% der KiTas startet der Tag zwischen 7:00 und 7:30 Uhr. Der Großteil der Horte (57%) beginnt den Tag dagegen erst nach 7:30 Uhr.

1 Vgl. Viernickel, Susanne; Fuchs-Rechlin, Kirsten (2015): Fachkraft-Kind-Relationen und Gruppengrößen in Kindertageseinrichtungen. Grundlagen, Analysen, Berechnungsmodell, in: Viernickel, Susanne; Fuchs-Rechlin, Kirsten; Strehmel, Petra; Preissing, Christa; Bensel, Joachim; Haug-Schnabel, Gabriele: Qualität für alle. Wissenschaftlich begründete Standards für die Kindertagesbetreuung. Freiburg, S. 11–130.

KiTa- und Hort-Strukturen | BW 01.03.2020

Gruppengrößen im Vergleich | Tab. 116a–e; 116h

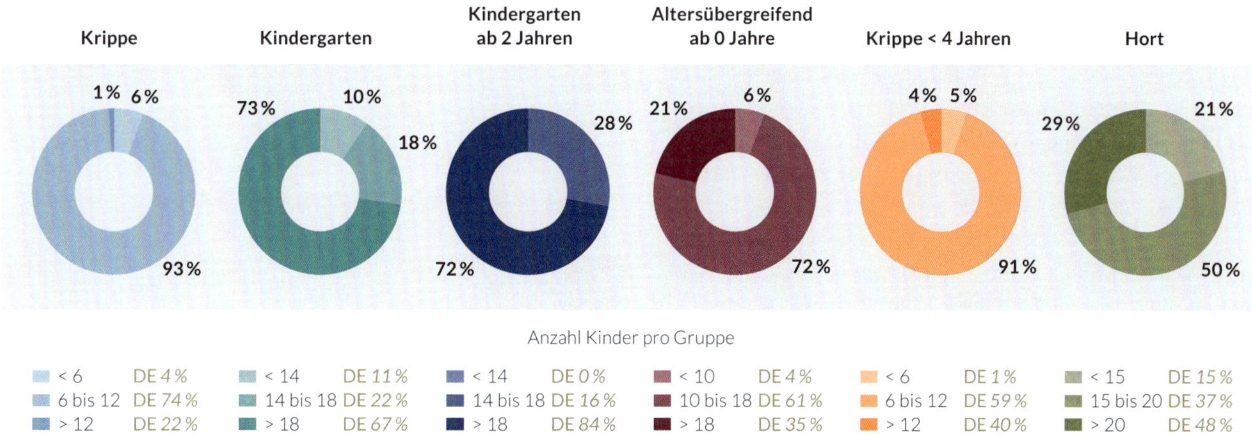

Öffnungszeiten von KiTas und Horten | Tab. 83oh; 83h; 117oh; 117h

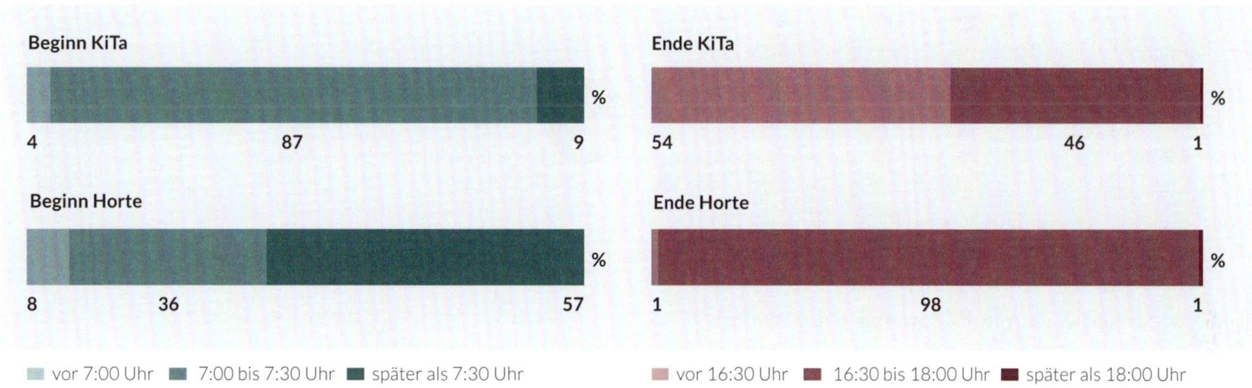

KiTa: Beginn nach 7:30 und Ende vor 16:30 Uhr

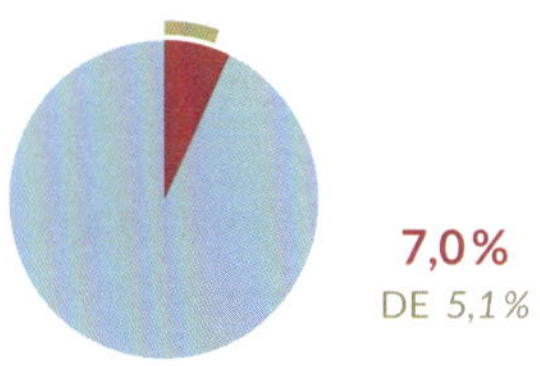

KiTa: Öffnungsdauer

Horte: Beginn nach 7:30 und Ende vor 16:30 Uhr

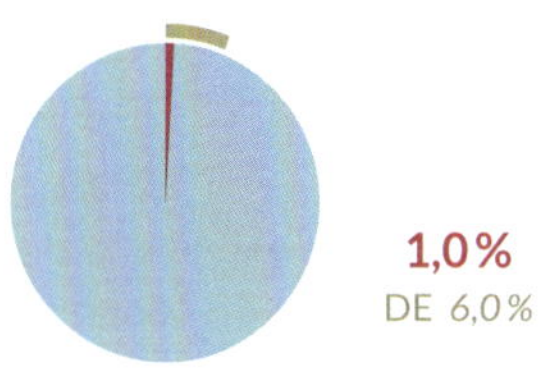

Horte: Öffnungsdauer

Regionale Daten zu den Öffnungszeiten von KiTas finden Sie auf www.laendermonitor.de unter FOKUS | Regionale Daten

Leitungsausstattung
BW 01.03.2020

2020 verfügen 8 % der 9.288 KiTas (mit Horten) in BW nach der amtlichen Kinder- und Jugendhilfestatistik über keine vertraglich vereinbarte Zeit für Leitungsaufgaben. Bundesweit sind es fast 9 %. Dies betrifft vor allem die kleinen Einrichtungen in BW: 10 % der KiTas (mit Horten) mit weniger als 45 betreuten Kindern haben keine zeitlichen Leitungsressourcen, während es in den größeren mit 76 und mehr Kindern nur 3 % sind.

In 23 % der KiTas (mit Horten) in BW, in denen es laut Arbeitsvertrag Leitungskapazitäten gibt, ist eine Person ausschließlich als Leiter:in tätig. Weitere 69 % werden ebenfalls von nur einer Person geleitet – diese ist allerdings neben ihrer Leitungstätigkeit noch als pädagogische Fachkraft zuständig. Hier ergibt sich das folgende Bild: In 52 % der KiTas (mit Horten) gibt es Leitungskräfte, denen weniger als 50 % ihrer Arbeitszeit für Leitungsaufgaben zur Verfügung stehen, während in 16 % der KiTas die Leitungskräfte mindestens die Hälfte ihrer Arbeitszeit für Leitungsaufgaben nutzen können. In den restlichen 8 % ist ein Leitungsteam zuständig, d. h., mindestens zwei Personen besitzen einen Leitungsanteil oder sind ausschließlich als Leitung tätig.

Welche dieser vier Leitungskonstellationen in einer Einrichtung zum Tragen kommt, ist die – bewusst zu treffende – Entscheidung des Trägers. Dieser Handlungsspielraum sollte es ermöglichen, den Teams sowie auch den Leitungsverantwortlichen mit ihren jeweiligen Leitungskompetenzen und Persönlichkeiten gerecht zu werden. Voraussetzung ist allerdings, dass den KiTas und Horten zeitliche Leitungsressourcen gewährt werden. Diese sind notwendig, um die Einrichtung professionell zu führen und zu leiten.

Um den Umfang der vertraglich zugesicherten Leitungszeit zwischen den KiTas unabhängig von ihrer Größe sowie auch zwischen den Bundesländern vergleichen zu können, wird die wöchentliche Leitungszeit auf die Anzahl der ganztags betreuten Kinder verteilt. In den KiTas mit Leitungskapazitäten ergeben sich in BW rechnerisch im Median 22 Minuten pro ganztags betreutem Kind für die Führung und Leitung der KiTa.

Darüber hinaus kann die wöchentliche Leitungszeit gruppiert dargestellt werden. Im Ergebnis zeigt sich, dass dem größten Anteil der KiTas in BW (31 %) eine wöchentliche Arbeitszeit von über 10 bis einschließlich 20 Minuten pro rechnerisch ganztags betreutem Kind zur Verfügung steht.

KiTas (mit Horten) ohne Zeit für Leitung | Tab. 85

8,0 % von 9.288 KiTas (mit Horten) verfügen über keine Zeit für Leitung

KiTas (mit Horten) ohne Zeit für Leitung nach KiTa-Größe

Anzahl betreuter Kinder
Kleine KiTas: < 45 Mittlere KiTas: 45 bis 75 Große KiTas: 76 und mehr

Regionale Daten zu KiTas ohne Leitungszeit finden Sie auf www.laendermonitor.de unter FOKUS | Regionale Daten

KiTas (mit Horten) mit Zeit für Leitung nach Leitungsprofil
Tab. 65

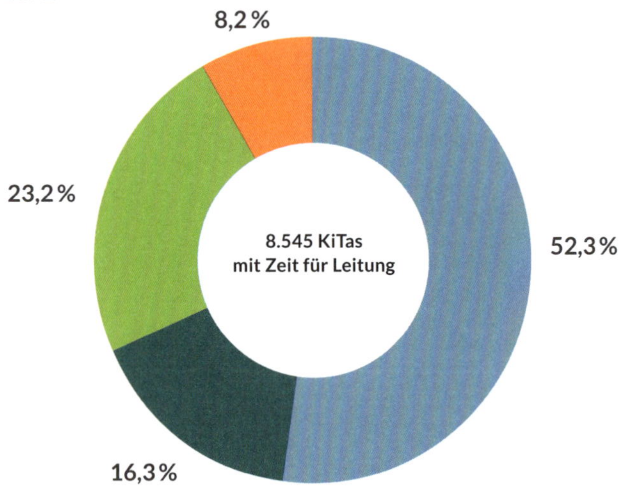

DE Eine Leitungskraft ...
32,8 % ... mit Leitung als nachrangigem Arbeitsbereich
17,1 % ... mit Leitung als überwiegendem Arbeitsbereich
36,1 % ... ohne weiteren Arbeitsbereich
14,0 % Leitungsteam

Leitungsausstattung | BW 01.03.2020

KiTas nach Leitungszeit* pro Kind

Tab. 66b; Tab. 108b

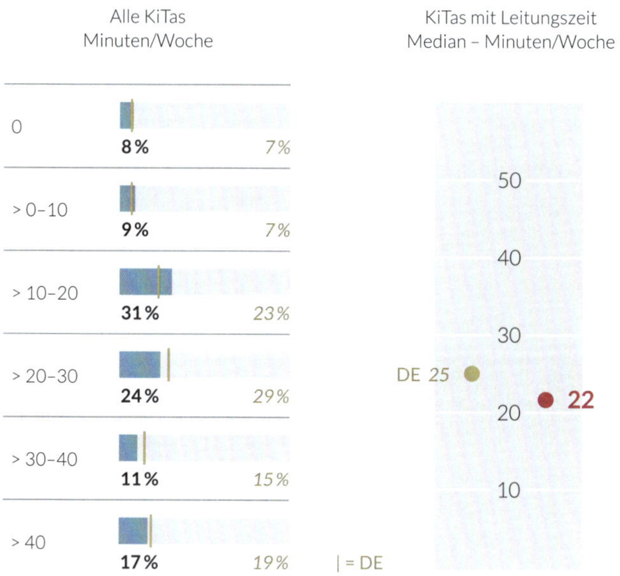

KiTas mit weniger als 20 Wochenstunden Leitungszeit* | Tab. 111

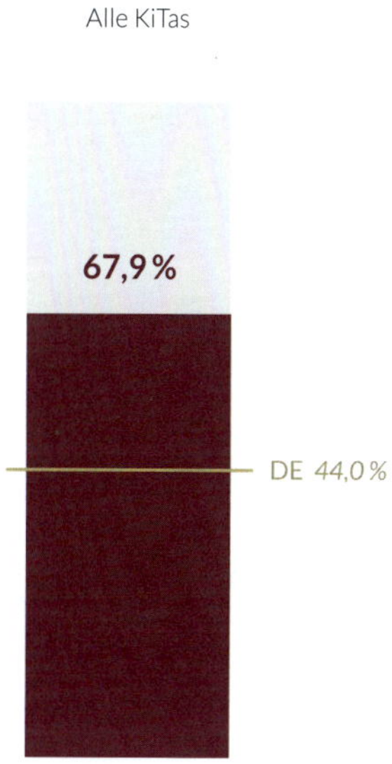

Bertelsmann Stiftung: Empfehlung zur Leitungsausstattung

KiTas mit der von der Bertelsmann Stiftung empfohlenen Leitungszeit* | Tab. 112

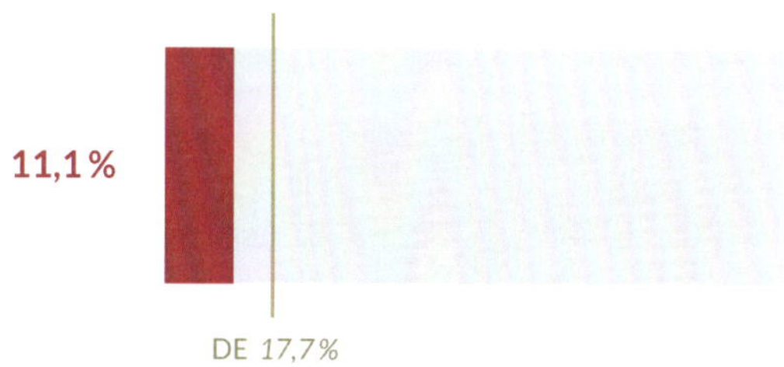

* Zeit für die Arbeitsbereiche Leitung UND Verwaltung

**Vertraglich vereinbarte Betreuungswochenstunden aller Kinder geteilt durch 40

Für eine professionelle Führung und Leitung von KiTas empfiehlt die Bertelsmann Stiftung jeder Einrichtung eine Grundausstattung von 20 Wochenstunden. Diese ist dringend notwendig, denn in jeder KiTa müssen – unabhängig von der Größe – Führungs- und Leitungsaufgaben erledigt werden. 2020 verfügen in BW 68 % der KiTas nicht über diese Grundausstattung, die als garantiertes Zeitbudget empfohlen wird.

Neben den 20 Wochenstunden sollte jeder KiTa ein variabler Anteil von 0,35 Wochenstunden pro Ganztagsbetreuungsäquivalent** zur Verfügung gestellt werden. Mit inbegriffen sind Verwaltungszeiten von max. 20 % der empfohlenen Leitungszeit. 2020 verfügen in BW 11 % der KiTas über diese Leitungsausstattung, bundesweit sind es mit 18 % mehr.

Pädagogisches Personal | BW 01.03.2020

Entwicklung des pädagogischen Personals

Tab. 118oh, 118h; 126

Jahr (Stichtag 01.03.)	KiTas	Kindertages-pflege	Horte
	Anzahl pädagogisch Tätiger		
2011	55.587	6.716	2.685
2012	59.821	6.727	2.612
2013	65.895	6.717	2.991
2014	73.279	6.934	2.902
2015	78.178	6.762	3.233
2016	81.879	6.620	3.133
2017	84.718	6.683	3.286
2018	89.397	6.574	3.035
2019	92.287	6.562	3.106
2020	96.387	6.512	3.233

Beschäftigungsumfang in KiTas und Horten

Tab. 29oh; 29h

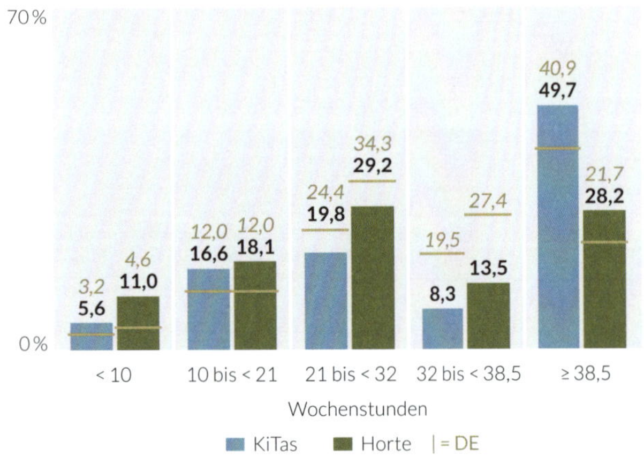

Qualifikationsniveaus | Tab. 27; 50a; 133

Abschluss	BW Anzahl	BW Anteil	DE Anteil
KiTas: 96.387 päd. Tätige			
Hochschule*	4.573	**4,7 %**	*5,6 %*
Fachschule*	65.430	**67,9 %**	*68,3 %*
Berufsfachschule*	8.522	**8,8 %**	*13,6 %*
Sonstige Ausbildungen	6.909	**7,2 %**	*4,5 %*
In Ausbildung	8.358	**8,7 %**	*5,9 %*
Ohne Abschluss	2.595	**2,7 %**	*2,2 %*
Kindertagespflege: 6.512 päd. Tätige			
Hochschule*	235	**3,6 %**	*3,2 %*
Fachschule*	1.002	**15,4 %**	*15,8 %*
Berufsfachschule*	469	**7,2 %**	*10,0 %*
Soziale/sozialpädagogische Kurzausbildung	39	**0,6 %**	*1,9 %*
Sonstige Ausbildungen	4.188	**64,3 %**	*60,1 %*
In Ausbildung	33	**0,5 %**	*0,5 %*
Ohne Abschluss	546	**8,4 %**	*8,6 %*
Horte: 3.233 päd. Tätige			
Hochschule*	293	**9,1 %**	*8,2 %*
Fachschule*	1.685	**52,1 %**	*68,8 %*
Berufsfachschule*	68	**2,1 %**	*8,8 %*
Sonstige Ausbildungen	849	**26,3 %**	*7,6 %*
In Ausbildung	212	**6,6 %**	*4,6 %*
Ohne Abschluss	126	**3,9 %**	*2,0 %*

* fachlich einschlägig

Regionale Daten zu den Qualifikationsniveaus finden Sie auf www.laendermonitor.de unter FOKUS | Regionale Daten

Die Zahl des pädagogischen Personals in KiTas ist in BW zwischen 2011 und 2020 erheblich gestiegen: um 73 % auf 96.387 Tätige. Auch in den Horten gab es einen Ausbau um 20 % auf 3.233 Personen. In der Kindertagespflege hingegen zeigt sich ein leichter Abbau: Hier arbeiten 2020 noch 6.512 Personen (2011: 6.716).

5 % der pädagogisch Tätigen in KiTas besitzen einen Hochschul-, 68 % einen Fachschulabschluss als Erzieher:in. 26 % des Hortpersonals haben einen nicht-fachpädagogischen Abschluss; bundesweit ist das der höchste Anteil nach HH. Einen fachlich einschlägigen Fachschulabschluss besitzt mit 52 % der größte Anteil des Hortpersonals. In der Kindertagespflege dagegen arbeiten anteilig deutlich weniger Personen mit diesem Abschluss (15 %); die meisten (64 %) sind nicht-fachpädagogisch ausgebildet.

50 % des KiTa-Personals arbeiten 38,5 Wochenstunden und mehr. In den Horten trifft dies nur auf 28 % zu. Hier arbeitet ein weiterer großer Anteil (29 %) 21 bis unter 32 Wochenstunden. Arbeitsverträge von jeweils weniger als 10 Wochenstunden sind in BW im bundesweiten Vergleich häufig vertreten.

Pädagogisches Personal | BW 01.03.2020

Altersstruktur in KiTas, Kindertagespflege und Horten | Tab. 42oh; 42h; 128

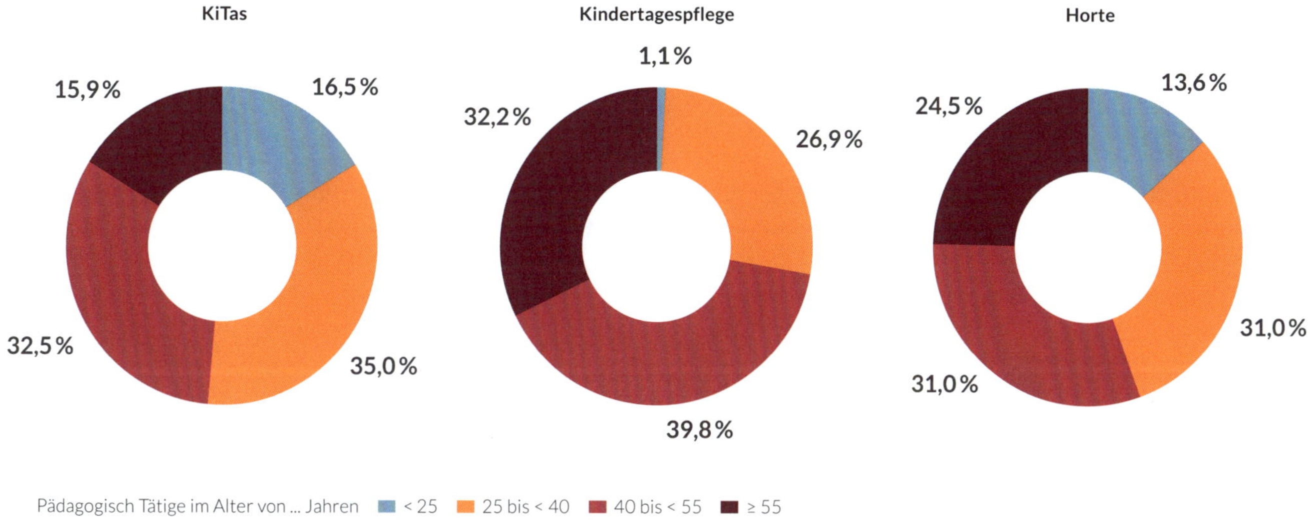

Befristete Arbeitsverhältnisse in KiTas (mit Horten) | Tab. 77

	Alter in Jahren	unter 30	30 bis unter 40	40 bis unter 50	50 bis unter 60	60 und älter
BW	pädagogisch Tätige insgesamt	24.658	20.491	21.329	19.496	6.789
	Anteil befristet Beschäftigter	**21,8 %**	**13,1 %**	**11,6 %**	**8,1 %**	**6,7 %**
DE	Anteil befristet Beschäftigter	*25,6 %*	*14,1 %*	*10,4 %*	*6,3 %*	*5,9 %*

Nur knapp 6 % des KiTa-Personals in BW sind männlich (bundesweit: 6 %). Dieser Anteil liegt in der Kindertagespflege mit 3 % auf einem niedrigeren Niveau (bundesweit: 4 %). In den Horten hingegen arbeitet ein deutlich höherer Anteil an Männern (21 %) als in den beiden zuvor genannten Betreuungsformen; bundesweit sind es 18 %.

Der Großteil des KiTa-Personals in BW ist 25 bis unter 40 Jahre (35 %) und 40 bis unter 55 Jahre alt (33 %); damit liegen die Werte annähernd auf dem bundesweiten Niveau (37 % bzw. 33 %). Zudem sind fast 17 % unter 25 Jahre alt, und wiederum 16 % sind 55 oder älter (bundesweit: 13 % bzw. 17 %). Für das Hortpersonal zeigt sich in BW eine ähnliche Altersverteilung. So ist auch hier der Großteil 25 bis unter 40 Jahre (31 %) bzw. 40 bis unter 55 Jahre (31 %) alt. Allerdings ist mit 25 % im Gegensatz zum KiTa-Personal ein höherer Anteil des Hortpersonals 55 Jahre und älter. In der Kindertagespflege liegt der Wert für diese Altersgruppe sogar bei 32 % (bundesweit: 27 %); die Kindertagespflegepersonen in BW sind also durchschnittlich älter als das KiTa- und das Hortpersonal. Den größten Anteil stellen hier die 40- bis unter 55-Jährigen (40 %; bundesweit: 43 %). Zur Altersgruppe 25 bis unter 40 Jahre zählen 27 % der Kindertagespflegepersonen (bundesweit: 29 %). Nur 1 % ist jünger als 25 (bundesweit: 1,5 %).

14 % des pädagogischen Personals in KiTas (mit Horten) sind in BW befristet beschäftigt. Dem bundesweiten Trend folgend, sind davon auch in BW vor allem jüngere Beschäftigte betroffen, nämlich 22 % der unter 30-Jährigen, aber nur 8 % der 50- bis unter 60-Jährigen und 7 % der ab 60-Jährigen.

Träger | BW 01.03.2020

Die insgesamt 8.878 KiTas und 410 Horte in BW werden von verschiedenen Trägern betrieben; das können solche der öffentlichen oder der freien Jugendhilfe sein. Innerhalb der freien Träger wird zwischen den privat-gemeinnützigen und den privat-nichtgemeinnützigen (auch Wirtschaftsunternehmen) unterschieden. Die privat-nichtgemeinnützigen werden den freien Trägern zugeordnet, da Gemeinnützigkeit kein konstitutives Merkmal ist.

42 % der KiTas in BW befinden sich in öffentlicher Trägerschaft (bundesweit: 32 %). Unter den KiTas in freier Trägerschaft sind in BW die des Deutschen Caritasverbandes oder sonstiger katholischer Träger sowie die der Diakonie am häufigsten vertreten (21 % bzw. 18 %). In der bundesweiten Gesamtschau sind in BW insbesondere KiTas der Arbeiterwohlfahrt (1 %), des Deutschen Paritätischen Wohlfahrtsverbandes (2 %) und des Deutschen Roten Kreuzes (0,2 %) unterrepräsentiert. Ebenso sind KiTas in der Trägerschaft von Elterninitiativen in BW mit 6 % weniger stark vertreten als im Bundesdurchschnitt (8 %). Auch bei den Horten befindet sich der größte Anteil in BW in öffentlicher Trägerschaft (55 %; bundesweit: 48 %). Mit 15 % wird der zweitgrößte Anteil von sonstigen freigemeinnützigen Trägern betrieben (bundesweit: 15 %).

Unterschiede in den Betreuungsquoten der unter 3-Jährigen und der Kinder ab 3 nach Art des Trägers sind in BW vorhanden. So werden unter Dreijährige häufiger in KiTas sonstiger freigemeinnütziger Träger betreut (13 %) als ab Dreijährige (5 %). Im Gegensatz dazu nutzen die jüngeren Kinder seltener KiTas in der Trägerschaft des Deutschen Caritasverbandes und sonstiger katholischer Träger (19 %) als die älteren (26 %).

Die Beschäftigungsumfänge der pädagogisch Tätigen unterscheiden sich in vielen Bundesländern nach Trägerschaft der KiTas und Horte. 2020 zeigt sich in BW das folgende Bild: Mit 72 % verfügt ein großer Anteil der pädagogisch Tätigen in KiTas (mit Horten) privat-nichtgemeinnütziger Trägerschaften über einen Arbeitsvertrag, der mindestens 32 Wochenstunden umfasst; das ist mehr als in Einrichtungen anderer Trägerschaften, insbesondere in KiTas (mit Horten) der Caritas und sonstiger katholischer Träger und in Elterninitiativen (jeweils 52 %). Hier arbeitet mit jeweils 26 % ein größerer Anteil als in den anderen Trägerschaften 21 Wochenstunden und weniger.

KiTas und Horte nach Träger | Tab. 78oh; 78h

8.878 KiTas und 410 Horte in BW	KiTas		Horte	
	Anzahl	Anteil	Anzahl	Anteil
Öffentliche Träger	3.755	**42,3 %**	227	**55,4 %**
Freie Träger/privat-gemeinnützig				
Arbeiterwohlfahrt (AWO)	89	**1,0 %**	12	**2,9 %**
Deutscher Paritätischer Wohlfahrtsverband (DPWV)	184	**2,1 %**	25	**6,1 %**
Deutsches Rotes Kreuz (DRK)	14	**0,2 %**	3	**0,7 %**
Diakonie Deutschland/sonstige der EKD angeschlossene Träger	1.565	**17,6 %**	19	**4,6 %**
Deutscher Caritasverband/sonstige katholische Träger	1.843	**20,8 %**	37	**9,0 %**
Sonstige	741	**8,3 %**	63	**15,4 %**
Freie Träger/privat-nichtgemeinnützig	179	**2,0 %**	3	**0,7 %**
Elterninitiativen	508	**5,7 %**	21	**5,1 %**

Träger | BW 01.03.2020

Kinder nach Alter und KiTa-Träger | Tab. 79, 80

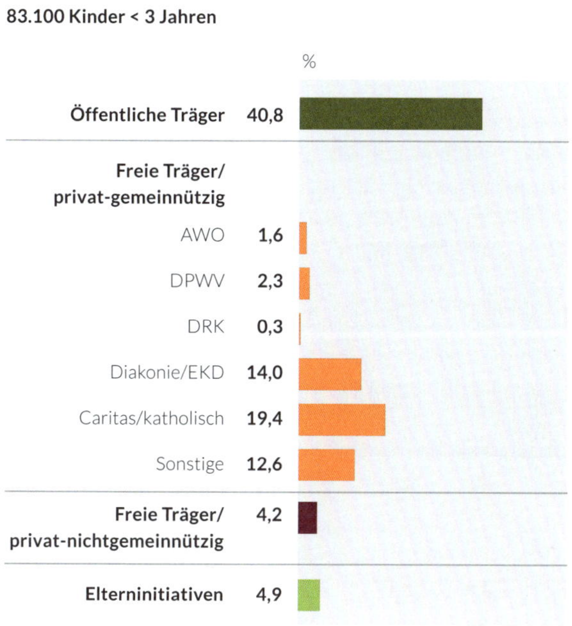

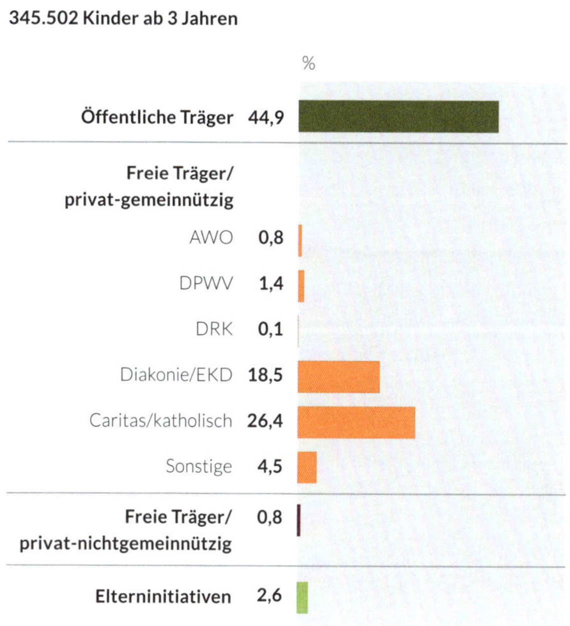

Pädagogisch Tätige nach KiTa-Träger (mit Horten) und Beschäftigungsumfang | Tab. 81

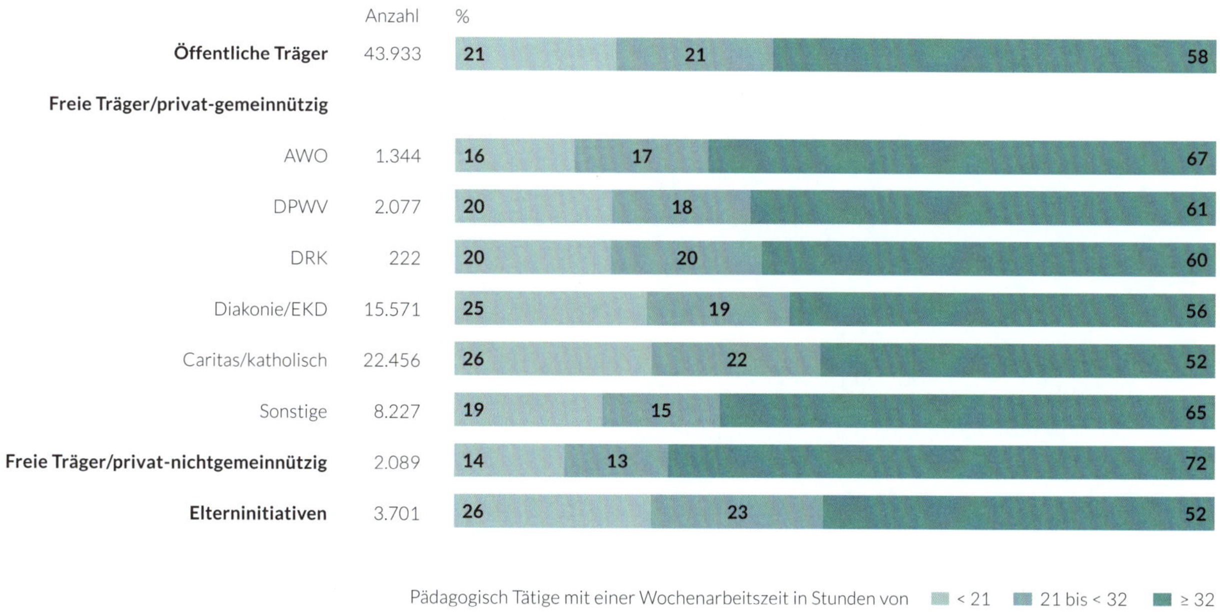

Investitionen wirkungsvoll einsetzen

Der qualitative Ausbau des frühkindlichen Bildungssystems, insbesondere die Verbesserung der Personalressourcen, erfordert gewaltige finanzielle Kraftanstrengungen aller Akteure. Um das System langfristig zu sichern, bedarf es einer dauerhaften finanziellen Unterstützung des Bundes. Daher sollte der Bund sein finanzielles Engagement im KiQuTG über 2022 hinaus verlässlich verankern.

In BW wurden 2018 für jedes Kind unter sechs Jahren in der Bevölkerung durchschnittlich 6.016 Euro für Angebote der Kindertagesbetreuung durch die öffentliche Hand, also Land und Kommunen, ausgegeben (ohne Elternbeiträge oder Zuschüsse anderer föderaler Ebenen). Das sind fast 2.200 Euro mehr als sechs Jahre zuvor. Im bundesweiten Durchschnitt lagen die Ausgaben im Jahr 2018 mit 6.007 Euro auf einem ähnlichen Niveau wie in BW.

Im Haushaltsjahr 2019 wurden in BW seitens der öffentlichen Haushalte Investitionsausgaben für die Kindertagesbetreuung in Höhe von 353 Mio. Euro getätigt. Dies sind Ausgaben, die zum Beispiel bei einem Neubau einer KiTa bzw. einem Umbau oder einer Sanierung einer bereits vorhandenen KiTa entstehen.

Im Rahmen des KiQuTG erhält jedes Bundesland zwischen 2019 und Ende 2022 Bundesmittel für Maßnahmen zur Weiterentwicklung der KiTa-Qualität und zur Gebührenentlastung der Eltern. BW investiert in fünf der insgesamt elf Handlungsfelder des Gesetzes. Der größte Anteil der Bundesmittel fließt mit rund 460 Mio. Euro in die Stärkung der KiTa-Leitungskräfte. Seit Januar 2020 wird mit diesen Mitteln ein Leitungssockel von sechs Wochenstunden pro KiTa finanziert; darüber hinaus erhält jede KiTa mit mindestens zwei Gruppen zusätzlich zwei Wochenstunden Leitungszeit pro Gruppe.[1]

1 Vgl. BMFSFJ und KM (2020): Vertrag zwischen der Bundesrepublik Deutschland, vertreten durch das Bundesministerium für Familie, Senioren, Frauen und Jugend, und dem Land Baden-Württemberg zur Umsetzung des Gesetzes zur Weiterentwicklung der Qualität und zur Verbesserung der Teilhabe in Tageseinrichtungen und in der Kindertagespflege (KiTa-Qualitäts- und Teilhabeverbesserungsgesetz – KiQuTG).

Investitionen pro unter sechsjährigem Kind

BW 2011–2018 | Tab. 21c

Grundmittel von Land und Kommunen

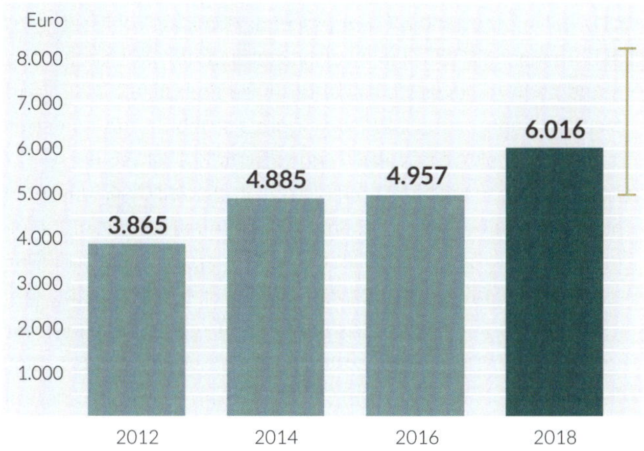

| = Alle Bundesländer 2018, Minimum: 4.965 €, Maximum: 8.232 €

Finanzierungsgemeinschaft für FBBE

BW 2018 | Tab. 23

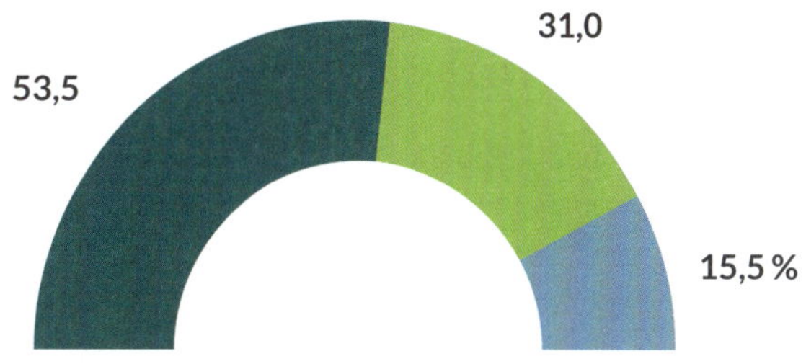

Ohne Eigenanteil der freien Träger und Zuschüsse des Bundes

Einmalige Investitionsausgaben für FBBE | BW 2009–2019 | Tab. 45

Ausgaben von Bund, Land und Kommunen

	2009	2010	2011	2012	2013	2014	2015	2016	2017	2018	2019
	Mio. Euro										
BW	**173,5**	**201,5**	**177,0**	**218,9**	**452,2**	**295,9**	**222,1**	**205,2**	**230,8**	**282,9**	**353,0**
DE	*947,3*	*1.334,1*	*1.357,5*	*1.408,8*	*2.188,8*	*1.649,4*	*1.137,7*	*1.080,7*	*1.345,8*	*1.686,1*	*2.012,3*

Für die Interpretation der hier ausgewiesenen Indikatoren sind einige methodische Grundlagen wichtig. Zusätzlich zu den Anmerkungen im Anhang des Länderprofils findet sich auf www.laendermonitor.de unter „Methodik" eine ausführliche Beschreibung der Datengrundlage sowie der Berechnungsmethodik.

Verteilung der Bundesmittel aus dem KiQuTG auf die Handlungsfelder | BW 2019–2022 | Tab. 119

	Bedarfsgerechtes Angebot	Guter Betreuungsschlüssel	**Qualifizierte Fachkräfte**	**Starke KiTa-Leitung**	Kindgerechte Räume	Gesundes Aufwachsen	**Sprachliche Bildung**	**Starke Kindertagespflege**	Netzwerke für mehr Qualität	**Vielfältige pädagogische Arbeit**	Weniger Gebühren	**Verplante Bundesmittel gesamt**
Anteil			11 %	71 %			1 %	2 %		15 %		100 %
Mio. Euro			73,5	460,4			6,0	10,5		97,8		648,2

Landesspezifische Anmerkungen

Bildungsbeteiligung an Kindertagesbetreuung
In Baden-Württemberg besuchen zu einem relevanten Anteil Drei- bzw. Vierjährige einen Schulkindergarten. Im Schuljahr 2019/2020 waren dies 698 dreijährige Kinder des Geburtsjahres 2016 bzw. 1.183 vierjährige Kinder des Geburtsjahres 2015. Diese Kinder werden hier nicht ausgewiesen.

Für Baden-Württemberg werden die Kinder in (vor-)schulischen Einrichtungen im Oktober 2019 auf Basis von Daten der Schulstatistik Baden-Württemberg ausgewiesen. Diese Daten weichen ab von den Daten des Statistischen Bundesamtes, da diese Daten in der Regel vier Wochen nach dem jeweiligen Schuljahresbeginn erhoben werden. Die unterschiedlichen Ferienordnungen der Länder führen wiederum zu unterschiedlichen Erhebungsstichtagen der Länder.

Bayern

Allgemeine Basisdaten

Fläche in km² (2019)	70.542
Einwohner:innen (31.12.2019)	13.124.737
Geborene Kinder (2019)	128.227
Geburten pro Frau (2019)	1,550
Anzahl Kinder < 10 Jahren (31.12.2019)	1.223.615
Davon < 3 Jahren	386.391
Davon 3 bis < 6 Jahre	374.117
Davon 6 bis < 10 Jahre	463.107
Anteil der Kinder mit Migrationshintergrund (2019)	
... < 3 Jahren	38,3 %
... von 3 bis < 6 Jahren	36,6 %
Erwerbstätigenquote von Müttern mit (2019)	
... mindestens einem Kind < 3 Jahren	57,6 %
... mindestens einem Kind von 3 bis < 6 Jahren	70,6 %
Leistungsempfänger:innen nach SGB II (ALG II u. Sozialgeld, 2020)	422.637
Davon Kinder < 6 Jahren	48.615
Entspricht Anteil an allen Kindern < 6 Jahren	6,4 %

FBBE auf einen Blick 01.03.2020

Anteil der Kinder in FBBE	
... < 1 Jahr	1,6 %
... von 1 bis < 3 Jahren	43,4 %
... < 3 Jahren	29,6 %
... von 3 bis < 6 Jahren inkl. 0,03 % in [vor-]schulischen Einrichtungen	92,3 %
Schulkinder 6 bis < 11 Jahre	19,3 %
Tageseinrichtungen insgesamt	9.645
Davon Horte	879
Anteil der Einrichtungen mit	
... < 45 Kindern	36,9 %
... 45 bis 75 Kindern	32,0 %
... 76 Kindern und mehr	31,1 %
Pädagogisches Personal (inkl. Leitung) in KiTas (mit Horten) insgesamt	106.499
Davon in Horten	9.533
Kinder in KiTas (mit Horten) insgesamt	599.803
Davon < 3 Jahren	104.949
Davon 3 Jahre bis zum Schuleintritt	403.930
Davon Schulkinder < 11 Jahren	88.299
Tagespflegepersonen insgesamt	3.425
Kinder in Kindertagespflege insgesamt	13.020
Davon < 3 Jahren	9.309
Davon 3 Jahre bis zum Schuleintritt	2.707
Davon Schulkinder < 11 Jahren	1.004
Leitungspersonal in KiTas (mit Horten) insgesamt	10.148
Davon in Horten	924

Blitzlichter: Status quo der Kindertagesbetreuung in Bayern

In den letzten zehn Jahren hat sich in BY die Zahl der unter 3-Jährigen, die eine KiTa oder Kindertagespflege besuchen, um 48.569 Kinder auf 114.186 erhöht. Somit stieg die Teilhabequote dieser Altersgruppe von knapp 21 % im Jahr 2011 auf fast 30 % im Jahr 2020. Trotz des enormen Ausbaus ist BY noch weit entfernt von der durchschnittlichen ostdeutschen Teilhabequote (53 %). Bei den 3- bis unter 6-Jährigen liegt der Wert bei 92 % (bundesweit: 93 %).

Für faire Bildungschancen ist nicht nur die Zahl an Plätzen entscheidend: Die Angebote müssen auch kindgerecht sein. Wichtige – auch wissenschaftlich untersuchte – Gradmesser für die strukturelle Qualität in KiTas sind der *Personalschlüssel*, die *Gruppengröße*, das *Qualifikationsniveau* des pädagogischen Personals und ausreichend *Leitungszeit*.

Der Personalschlüssel lässt sich mit den Daten der amtlichen Kinder- und Jugendhilfestatistik (KJH-Statistik) für verschiedene Gruppentypen berechnen. So werden 2020 in BY 37 % der unter 3-Jährigen in Krippengruppen betreut. Mit einem rechnerischen Personalschlüssel von 1 zu 3,7 wird hier noch nicht die Empfehlung der Bertelsmann Stiftung (1 zu 3,0) erreicht. Der größte Anteil dieser Altersgruppe (43 %) besucht Gruppen mit Kindern unter 4 Jahren; der Personalschlüssel liegt hier ähnlich wie bei den Krippengruppen bei 1 zu 3,8. In auch für 2-Jährige geöffneten Kindergartengruppen werden weitere 5 % der unter 3-Jährigen zusammen mit 16 % der über 3-Jährigen bei einem Personalschlüssel von 1 zu 8,1 betreut. Das ist deutlich ungünstiger als der wissenschaftlich empfohlene Wert von 1 zu 4,9.[1] Der überwiegende Anteil der ab 3-Jährigen (66 %) besucht Kindergartengruppen mit einem Personalschlüssel von 1 zu 8,2 (Empfehlung der Bertelsmann Stiftung: 1 zu 7,5).

Die Auswertungen zeigen, dass 2020 in BY für 65 % der Kinder in amtlich erfassten KiTa-Gruppen[2] nicht genügend Fachpersonal zur Verfügung steht; das sind weniger als bundesweit (73 %). Die nicht kindgerechte Personalausstattung betrifft die Kinder bis und ab 3 zu beinahe gleichen Anteilen (64 % bzw. 65 %).

Bei der Entwicklung der Personalschlüssel wird deutlich, dass sich in BY von 2013 bis 2020 der Wert in Krippengruppen nur geringfügig von 1 zu 3,9 auf 1 zu 3,7 verbessert hat. In Kindergartengruppen kam es zu einem größeren Ausbau (von 1 zu 9,1 auf 1 zu 8,2). Trotz dieser Entwicklungen müssen in BY jedoch rein rechnerisch 1,5 Kindergartenkinder mehr von einer Fachkraft betreut werden als in BW, dem Bundesland mit der günstigsten Personalausstattung.

Die Gruppengröße ist ein weiterer wichtiger Gradmesser für die Qualität in KiTas. Nach wissenschaftlichen Empfehlungen sollten Gruppen für jüngere Kinder maximal zwölf Kinder umfassen, für die Älteren maximal 18.[3] In BY werden diese Werte bei 64 % der amtlich erfassten KiTa-Gruppen nicht erreicht (bundesweit: 54 %). Mit 88 % ist insbesondere ein größerer Anteil der Kindergartengruppen zu groß; bei denen, die auch für 2-Jährige geöffnet sind, sind es gar 90 %. Demgegenüber entsprechen nur 26 % der Krippengruppen und 33 % der Gruppen mit Kindern unter 4 Jahren nicht den Empfehlungen. Insgesamt sind in BY die ab 3-Jährigen häufiger (89 %) von nicht kindgerechten Gruppengrößen betroffen als die unter 3-Jährigen (38 %).

Wesentliche Voraussetzung für eine „gute" KiTa-Qualität ist nicht nur zahlenmäßig ausreichendes, sondern auch qualifiziertes Personal. BY ist das Bundesland mit dem niedrigsten Anteil an pädagogischem Personal (ohne Horte) mit einem fachlich einschlägigen Fachschulabschluss, etwa als Erzieher:in (49 %). In den ostdeutschen Bundesländern liegt dieser Wert deutlich höher (80 %). Über den formal niedrigeren Berufsfachschulabschluss, bspw. als Sozialassistent:in, verfügt in BY hingegen im bundesweiten Vergleich der höchste Anteil (37 %); in Ostdeutschland sind es nur knapp 3 %. Weitere 4 % der insgesamt 96.966 pädagogischen KiTa-Kräfte besitzen einen fachlich einschlägigen Hochschulabschluss. Eine sonstige – nicht fachlich einschlägige – Ausbildung weisen 3 % der pädagogisch Tätigen auf (bundesweit: 4,5 %). Der Anteil des Personals ohne Abschluss (1 %) liegt in BY unter dem bundesweiten Durchschnitt (2 %). Weitere fast 7 % schließlich sind in Ausbildung; 2016 lag dieser Wert bei 5 %. Mit Blick auf die gegenwärtig in vielen Bundesländern eingeführten praxisintegrierten Ausbildungsgänge bleibt abzuwarten, ob sich dieser Wert in den kommenden Jahren weiter erhöht. Ebenso gilt es kontinuierlich zu beobachten, wie sich die neuen beruflichen Zugangsformen, etwa für Quereinsteiger:innen, zukünftig auf das formale Qualifikationsniveau des KiTa-Personals insgesamt auswirken werden.

Auch die Ausstattung der KiTas mit ausreichenden Leitungsressourcen nimmt eine Schlüsselfunktion für die KiTa-Qualität ein. Laut KJH-Statistik verfügen 5 % der KiTas in BY über keine Zeit für Leitungsaufgaben; dies geben insbesondere die kleineren KiTas (weniger als 45 betreute Kinder) zu 10 % an. Über die von der Bertelsmann Stiftung empfohlene Zeit für Leitungs- und Verwaltungsaufgaben[4] verfügen 2020 lediglich rund 9 % der KiTas in BY (ohne Horte); bundesweit sind es 18 %.

Qualitätsentwicklungen im Rahmen des KiQuTG

Im Rahmen des KiTa-Qualitäts- und Teilhabeverbesserungsgesetzes (KiQuTG) erhält jedes Bundesland zwischen 2019 und Ende 2022 vom Bund finanzielle Mittel für Maßnahmen zur Weiterentwicklung der KiTa-Qualität und zur Gebührenentlastung der Eltern. BY investiert diese Bundesmittel in fünf der insgesamt elf Handlungsfelder: *Starke KiTa-Leitung, Starke Kindertagespflege, Netzwerke für mehr Qualität, Vielfältige pädagogische Arbeit* und *Weniger Gebühren.*

Rund 175 Mio. Euro fließen in die Stärkung der KiTa-Leitungskräfte. Konkret wird durch die Mittel ein Leitungs- und Verwaltungsbonus finanziert. Wie dieser eingesetzt wird, ist die individuelle Entscheidung des Trägers. So ist bspw. denkbar, zusätzliches pädagogisches Personal einzustellen, wodurch die Leitungskräfte von unmittelbaren Aufgaben mit den Kindern entlastet werden und ihnen mehr Zeit für ihre Leitungsarbeit zur Verfügung steht. Die Gewährung des Bonus erfolgt über eine Förderrichtlinie. Inwiefern sich die Maßnahme auf die Leitungsressourcen in BY auswirken wird, kann mit den aktuell zur Verfügung stehenden Daten nicht beurteilt werden, da die Förderrichtlinie am Stichtag der Datenerhebung, am 1. März 2020, in Kraft trat. Somit bleibt abzuwarten, ob und wenn ja welche Effekte sie nach sich ziehen wird. Auf Grund der Tatsache, dass die Förderrichtlinie maximal bis zum 31. Dezember 2023 gültig ist, ist allerdings zu bezweifeln, dass die Maßnahme eine langfristige Verbesserung der Leitungsressourcen nach sich ziehen wird.

Ausbau- und Reformbedarf: Empfehlungen für die Kindertagesbetreuung in Bayern

Um allen Kindern unabhängig von ihrem Wohnort gleichwertige Teilhabe- und Bildungschancen zu ermöglichen, ist es unerlässlich, dass jedes Bundesland ein bedarfs- und kindgerechtes FBBE-Angebot zur Verfügung stellt. Trotz der Tatsache, dass die Personalschlüssel in BY günstiger sind als in Ostdeutschland, ist der Anteil der Kinder, die in KiTa-Gruppen mit einer nicht kindgerechten Personalausstattung betreut werden, noch immer zu hoch (65 %). Darüber hinaus zeigt sich, dass auch nach Jahren des Platzausbaus die Teilhabechancen der unter 3-Jährigen in BY weit entfernt von denen in den ostdeutschen Bundesländern sind.

Der *Fachkräfte-Radar für KiTa und Grundschule*[5] prognostiziert, dass für eine kindgerechte Betreuung und gleiche Teilhabechancen bis 2030 in BY mehr als 37.000 KiTa-Fachkräfte fehlen werden. Soll bis zum Ende dieses Jahrzehnts auch die Leitungsausstattung auf ein professionelles Niveau gemäß wissenschaftlichen Empfehlungen gehoben werden, erhöht sich die Zahl der fehlenden Fachkräfte auf fast 46.000. Damit diese Lücke geschlossen werden kann, müsste die Zahl der bis 2030 prognostizierten Neuzugänge noch zusätzlich um rund 134 % gesteigert werden. Die Ausbildungskapazitäten in diesem Umfang in den nächsten Jahren aufzustocken sowie genügend Quereinsteiger:innen zu gewinnen und pädagogisch zu qualifizieren, wird nicht möglich sein – ein Etappenziel ist notwendig.

Um bundesweit für alle Kinder gleichwertige Lebensverhältnisse herzustellen, müssen zunächst die Teilhabe- und Bildungschancen in Ost- und Westdeutschland angeglichen werden. So fehlen in BY rund 9.000 Fachkräfte, wenn hier bis 2030 die Teilhabequoten auf das Ostniveau gehoben werden sollen. Für eine zusätzliche Verbesserung der Personalschlüssel für alle Kinder auf das durchschnittliche Westniveau[6] steigt die Zahl der fehlenden Fachkräfte auf 11.000 das wäre ein Plus von 33 % der bis 2030 prognostizierten Neuzugänge. Es ist zu prüfen, ob dies durch eine zügige Aufstockung der Ausbildungskapazitäten und die Gewinnung sowie Qualifizierung von Quereinsteiger:innen erreicht werden kann.

Nach 2030 muss allerdings das Ziel lauten: kindgerechte und bedarfsgerechte FBBE-Angebote in ganz Deutschland. Um dies zu erreichen, müssen in BY schon jetzt die Weichen für den Ausbau der Plätze sowie der Ausbildungskapazitäten mit gleichzeitiger Qualifizierung zusätzlicher Berufsschullehrer:innen gestellt werden. Für die Verbesserung der Personalschlüssel ist zudem eine rechtliche Basis notwendig. So sollte ein Stufenplan mit einer schrittweisen Verbesserung der Personalausstattung in das BayKiBiG integriert werden. Darüber hinaus braucht es Konzepte, um neues Personal zu gewinnen und – insbesondere durch attraktive Arbeitsbedingungen und Verdienstmöglichkeiten – die vorhandenen Fachkräfte zu binden. Damit BY diese Aufgaben bewältigen kann, ist es unumgänglich, dass der Bund auch nach 2022 sein finanzielles Engagement für den Qualitätsausbau fortsetzt und im KiQuTG verlässlich verankert. Die Mittel sollten in erster Linie für die Gewinnung neuer Fachkräfte und den Ausbau der Personal- und Leitungskapazitäten verwendet werden.

1 Haug-Schnabel, Gabriele; Bensel, Joachim (2016): Kinder unter 3 – Bildung, Erziehung und Betreuung von Kleinstkindern. Kindergarten heute – wissen kompakt. 12., überarb. Aufl. Freiburg.

2 Es werden nur die Gruppen in KiTas analysiert, die laut Angaben in der amtlichen KJH-Statistik mit einer Gruppenstruktur arbeiten. Die Zuordnung von Gruppen in KiTas zu einem bestimmten Gruppentyp wird nicht von den Einrichtungen selbst vorgenommen, sondern erfolgt im Rahmen der Auswertung der Daten der amtlichen KJH-Statistik. Dabei erfolgt die Zuordnung primär anhand der Alterszusammensetzung der Kinder in den Gruppen. Gruppen, in denen Kinder mit einer (drohenden) Behinderung betreut werden, werden in der Berechnung nicht berücksichtigt.

3 Viernickel, Susanne; Fuchs-Rechlin, Kirsten (2015): Fachkraft-Kind-Relationen und Gruppengrößen in Kindertageseinrichtungen. Grundlagen, Analysen, Berechnungsmodell, in: Viernickel, Susanne; Fuchs-Rechlin, Kirsten; Strehmel, Petra; Preissing, Christa; Bensel, Joachim; Haug-Schnabel, Gabriele: Qualität für alle. Wissenschaftlich begründete Standards für die Kindertagesbetreuung. Freiburg, S. 11–130.

4 Für eine professionelle Führung und Leitung von KiTas empfiehlt die Bertelsmann Stiftung jeder Einrichtung eine Grundausstattung von 20 Wochenstunden plus 0,35 Wochenstunden pro Ganztagsbetreuungsäquivalent. Die empfohlene Leitungsausstattung enthält auch die Zeiten für Verwaltungstätigkeiten (max. 20 % der empfohlenen Leitungszeit).

5 Der Fachkräfte-Radar für KiTa und Grundschule prognostiziert bis 2030 den Fachkräftebedarf für die KiTa- und Grundschulbetreuung und stellt ihn dem voraussichtlich verfügbaren Personalangebot gegenüber. Weitere Informationen finden Sie unter: www.fachkraefte-radar-kita-grundschule.de

6 Sind die Personalschlüssel bereits günstiger als das Westniveau, werden sie in den Berechnungen konstant gehalten.

Teilhabe sichern

Jedes Kind braucht einen gesicherten und einfachen Zugang zu „guter“ Kindertagesbetreuung, unabhängig von seinem Wohnort und seiner sozio-ökonomischen oder kulturellen Herkunft. Dazu sind ausreichend wohnortnahe Angebote notwendig. Um diesem Anspruch zu genügen, erfolgte in den vergangenen Jahren bundesweit ein enormer Ausbau der Betreuungsplätze. Fast 30 % der unter drei Jahre alten Kinder in BY nehmen eine Kindertagesbetreuung in Anspruch (bundesweit: 35 %). Unterschiede gibt es vor allem zwischen den unter 1-Jährigen (2 %), 1-Jährigen (31 %) und 2-Jährigen (56 %). Von den Kindern ab 3 bis unter 6 sind in BY mit 92 % fast alle in einer KiTa oder Kindertagespflege. Darüber hinaus nutzen 51 % der 6-Jährigen (Stand: 1. März 2020) Angebote der Kindertagesbetreuung, bevor sie in den schulischen Bildungsbereich wechseln.

19 % der unter 11-jährigen Schulkinder besuchen einen Hort[1]; bundesweit sind es 17 %. Weitere fast 19 % nehmen Ganztagsschulangebote wahr (bundesweit: 45 %). 811 Kinder (0,2 %), die parallel kein Hort- oder Ganztagsschulangebot nutzen, besuchen eine Kindertagespflege.

2020 nutzen 114.186 unter 3-Jährige in BY ein FBBE-Angebot (30 %). Das sind 41.183 Kinder mehr als 2012, dem Jahr vor der Einführung des bundesweit geltenden Rechtsanspruchs auf einen Betreuungsplatz für Kinder ab dem ersten Geburtstag: ein Anstieg der Teilhabequote um fast 7 Prozentpunkte. Bedarfsgerecht ist das Angebot jedoch noch nicht: 2020 wünschen sich 41 % der Eltern von Kindern dieser Altersgruppe laut der „DJI-Kinderbetreuungsstudie“ einen Platz in einer KiTa oder Kindertagespflege. Vergleicht man die Entwicklung der elterlichen Betreuungswünsche mit der Bildungsbeteiligung für diese Altersgruppe zwischen 2012 und 2020, zeigt sich, dass der Bedarf stärker angestiegen ist als die Teilhabequote. Lag die Differenz 2012 noch bei fast 9 Prozentpunkten, hat sie sich innerhalb von acht Jahren auf knapp 12 erhöht.

1 Ist im Folgenden von Horten die Rede, sind in der Regel auch Hortgruppen in KiTas gemeint.

Bildungsbeteiligung an Kindertagesbetreuung | BY 01.03.2020 | Tab. 6–14; 41a1

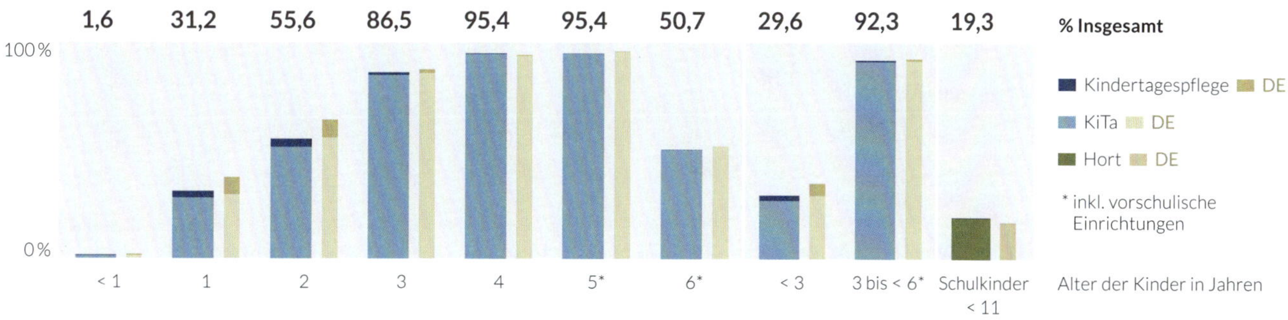

Betreuungsquote und Betreuungswunsch

BY 2012–2020, Stichtag 01.03. | Tab. 88a

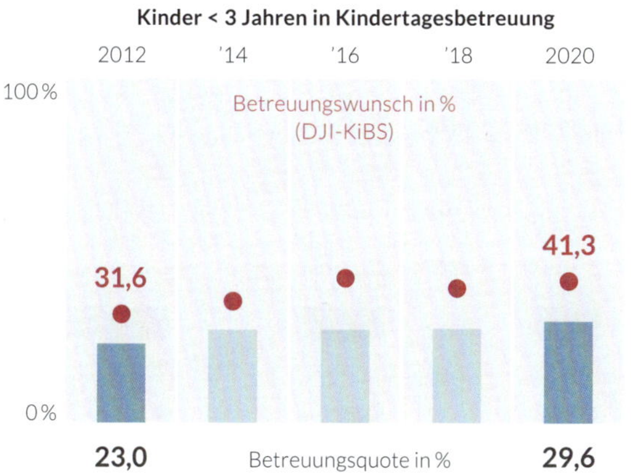

Bildungsbeteiligung von Schulkindern

BY 01.03.2020, Schulj. 2019/20 | Tab. 41a1; Tab. 71

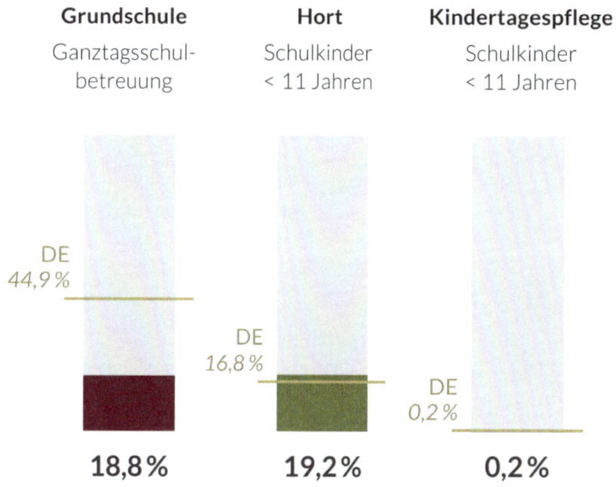

Vereinbarte Betreuungszeit in Horten: Ø **4,3 Stunden/Tag**

Regionale Daten zur Bildungsbeteiligung finden Sie auf www.laendermonitor.de unter FOKUS | Regionale Daten

42 % der Kinder, die am 01.03.2020 unter drei Jahre alt waren, wurden im September in der aktuell besuchten KiTa aufgenommen (vgl. S. 42). In den Monaten Dezember sowie April bis August zeigen sich die geringsten Aufnahmequoten (1 % bis 3 %). Ähnlich gestaltet es sich in der Kindertagespflege – hier erfolgen die Eingewöhnungen vorrangig im September (33 %). Im Oktober und Januar liegen die Aufnahmequoten darunter, bewegen sich aber auf einem etwas höheren Niveau (12 % bzw. 11 %).

Kinder mit einer Eingliederungshilfe werden in 34 % der KiTas (ohne Sondereinrichtungen) in BY betreut; bundesweit liegt dieser Wert höher (40 %). Ein geringerer Anteil zeigt sich bei den Horten: Schulkinder mit einer Eingliederungshilfe besuchen 22 % der Horte (bundesweit: 17 %).

Werden die vertraglich vereinbarten wöchentlichen Betreuungszeiten betrachtet, zeigt sich das folgende Bild: In BY wird mit 39 % der größte Anteil der unter 3-jährigen KiTa-Kinder laut Vertrag mehr als 25 bis unter 35 Wochenstunden betreut. Auch in der Altersgruppe der ab 3-Jährigen werden diese Betreuungszeiten am häufigsten (40 %) gebucht. Diese Werte liegen (etwas) über den durchschnittlichen Bundeswerten (31 % bzw. 38 %). In der Kindertagespflege zeigt sich ein geteiltes Bild: Während die unter 3-Jährigen zu beinahe gleichen Anteilen durchschnittlich bis zu 5 Stunden (37 %) oder mehr als 5 bis zu 7 Stunden (36 %) täglich betreut werden, ist der größte Anteil der ab 3-jährigen Nichtschulkinder (48 %) bis zu 5 Stunden täglich in der Kindertagespflege. Auch die Schulkinder nutzen die Betreuungszeiten bis zu 25 Wochenstunden sowohl in Horten als auch in der Kindertagespflege mit jeweils rund 87 % am häufigsten.

Aufnahmezeitpunkt von unter Dreijährigen in KiTas und Kindertagespflege | BY 01.03.2020 | Tab. 87; 87a

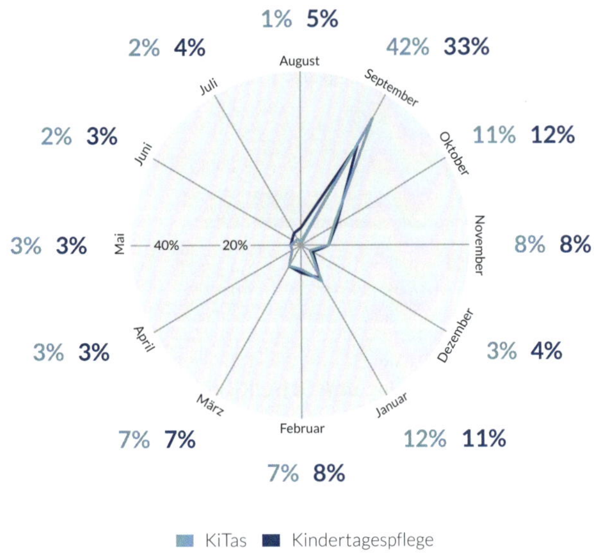

KiTas und Horte, die Kinder mit Eingliederungshilfe betreuen | BY 01.03.2020 | Tab. 59aoh; 59ah

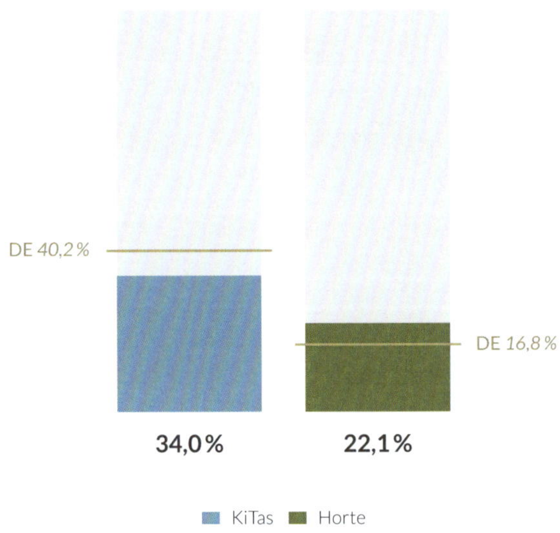

Vertraglich vereinbarte wöchentliche Betreuungszeiten in Kindertagesbetreuung | BY 01.03.2020 | Tab. 2–5; 3h; 138

	Kinder in KiTas und Horten			Kinder in öffentlich geförderter Kindertagespflege			
	< 3 Jahre: 104.949	≥ 3 Jahre bis Schuleintritt: 403.930	Schulkinder < 11 Jahren: 88.299	< 3 Jahre: 9.309	≥ 3 Jahre bis Schuleintritt: 2.707	Schulkinder < 11 Jahren: 1.004	
Bis 25 Stunden	25,7 *11,3*	18,5 *9,3*	87,0 *61,1*	37,0 *31,3*	47,5 *47,0*	86,5 *89,7*	%
> 25 bis 35 Stunden	38,9 *30,6*	40,3 *37,8*	12,2 *35,2*	36,0 *34,2*	27,6 *24,4*	10,0 *7,4*	%
> 35 bis < 45 Stunden	23,9 *19,5*	28,2 *17,5*	0,7 *1,6*	21,7 *19,3*	19,8 *15,7*	2,8 *1,8*	%
45 Stunden und mehr	11,6 *38,5*	13,0 *35,4*	0,1 *2,2*	5,4 *15,2*	5,1 *12,9*	0,8 *1,1*	%

| = DE

Regionale Daten zum Betreuungsumfang finden Sie auf www.laendermonitor.de unter FOKUS | Regionale Daten

In BY nutzen 21 % der unter 3-Jährigen mit und 34 % ohne Migrationshintergrund (MH) ein FBBE-Angebot. Bei den älteren Kindern liegen die Quoten bei 85 % bzw. 96 %. Fast 25 % der unter 3-jährigen KiTa-Kinder haben in BY einen MH; jeweils 12 % sprechen in ihren Familien Deutsch oder eine andere Sprache. Bei den älteren KiTa-Kindern (31 %) liegen die Werte für die Sprache bei 12 % bzw. 19 %. Der Anteil der unter 3-Jährigen mit MH liegt in der Kindertagespflege mit 26 % auf einem ähnlichen Niveau wie in KiTas. Bei den ab 3-Jährigen ist er mit 34 % etwas höher; hier sprechen 13 % Deutsch, 21 % eine andere Sprache. Bei den Jüngeren liegen diese Werte bei 11 % bzw. 15 %.

55 % der unter 4-jährigen KiTa-Kinder ohne MH wurden vor ihrem zweiten Geburtstag in der aktuell besuchten KiTa aufgenommen. Bei den Kindern mit MH ist dieser Anteil geringer (46 %). In der Kindertagespflege hingegen startet die überwiegende Mehrheit der Kinder mit als auch ohne MH vor ihrem zweiten Geburtstag das Betreuungsangebot (78 % bzw. 87 %).

Kinder mit und ohne Migrationshintergrund

BY 01.03.2020

Regionale Daten zum Migrationshintergrund und zur Familiensprache finden Sie auf www.laendermonitor.de unter FOKUS | Regionale Daten

Bildungsbeteiligung in KiTas und Kindertagespflege

Tab. 38a, Tab. 39a

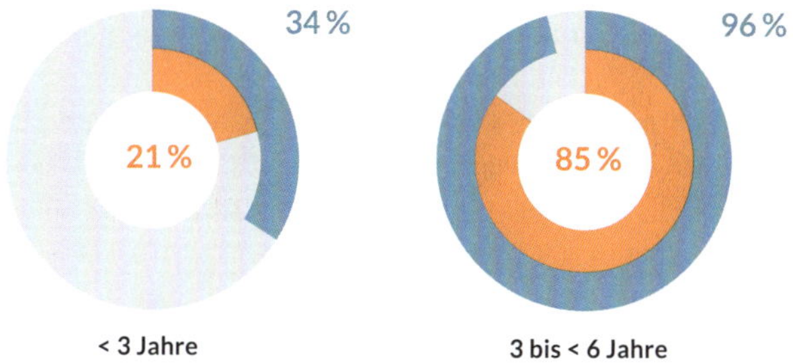

Quote der Inanspruchnahme von Kindern

mit Migrationshintergrund **ohne** Migrationshintergrund

KiTas (mit Horten) nach ihrem Anteil an Kindern mit nicht deutscher Familiensprache | Tab. 96

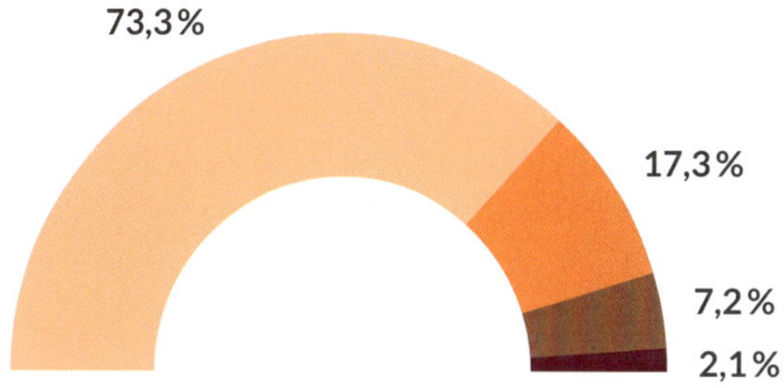

KiTas (mit Horten) mit einem Anteil an Kindern mit nicht deutscher Familiensprache von

< 25 % 25 bis < 50 % 50 bis < 75 % 75 % und mehr

Alter des Kindes zu Beginn der Betreuung in der aktuellen KiTa und Kindertagespflege | Tab. 92; 93

KiTa

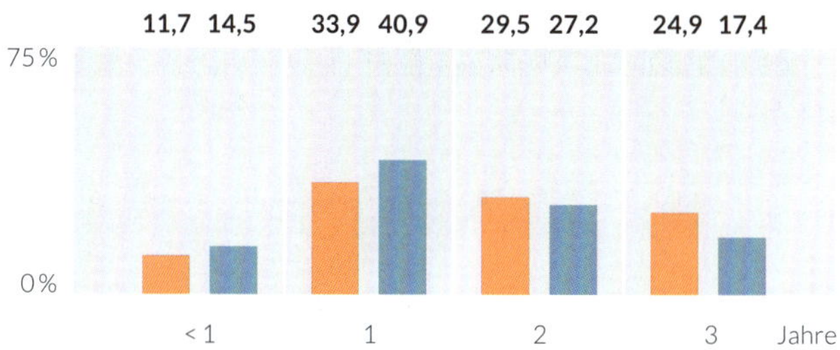

Kindertagespflege

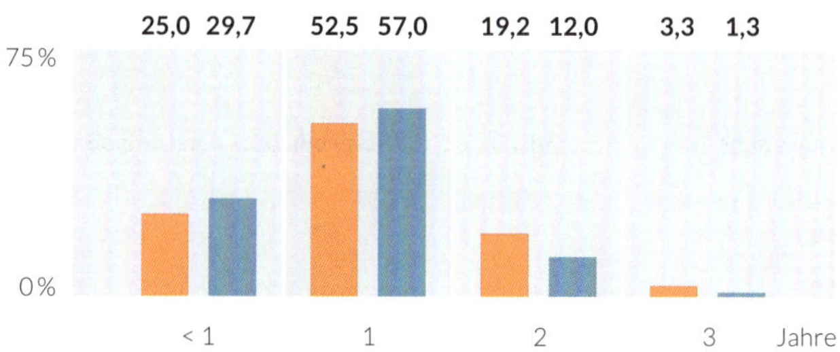

mit Migrationshintergrund **ohne** Migrationshintergrund

Familiäre Sprachpraxis der Kinder in KiTas (mit Horten) und Kindertagespflege | Tab. 15a-20a

KiTas (mit Horten)

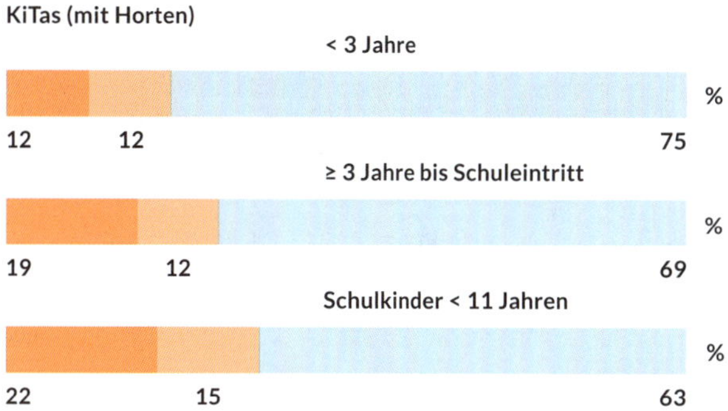

Kindertagespflege

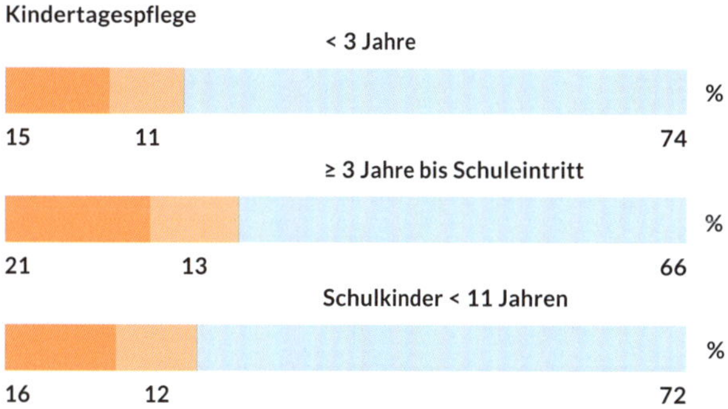

Kinder **mit** Migrationshintergrund:

Familiensprache nicht Deutsch Deutsch

Kinder **ohne** Migrationshintergrund

Bildung fördern – Qualität sichern

Die FBBE kann einen bedeutenden Beitrag für die Chancengerechtigkeit aller Kinder in Deutschland leisten. Voraussetzung dafür, dass die KiTas ihren Bildungsauftrag durchführen können, sind professionelle Rahmenbedingungen: insbesondere ausreichend Personal für die pädagogischen Aufgabenbereiche sowie für die Leitung und die Verwaltung. Weitere wichtige Gradmesser für die Qualität sind qualifizierte KiTa-Teams und kleine Kindergruppen. Schließlich spielt auch die Ausgestaltung der Arbeitsbedingungen durch die Träger eine Rolle. Der Status quo der KiTa-Landschaft wird im Folgenden anhand ausgewählter strukturell-qualitativer Dimensionen dargestellt.

37 % der unter 3-Jährigen in BY sind in Krippengruppen; 2020 ist hier eine Vollzeitkraft rechnerisch für 3,7 ganztags betreute Kinder zuständig. Der Großteil dieser Altersgruppe (43 %) wird zusammen mit 3 % der ab 3-Jährigen in Gruppen mit Kindern unter 4 Jahren betreut (Personalschlüssel: 1 zu 3,8). Der größte Anteil der Kinder ab drei Jahren (66 %) befindet sich in Kindergartengruppen (Personalschlüssel: 1 zu 8,2). Für ein kindgerechtes Betreuungsverhältnis empfiehlt die Bertelsmann Stiftung, dass eine Fachkraft rein rechnerisch für höchstens 3 Kinder unter drei Jahren in Krippengruppen oder 7,5 Kinder ab drei Jahren in Kindergartengruppen zuständig ist. In BY entsprechen 46 % der Personalschlüssel in Kindergartengruppen dieser Empfehlung (inkl. ± 0,5 Toleranz) bzw. sind günstiger. Schlechter sind 54 % der Personalschlüssel, in Krippengruppen 56 %. Ein ungünstigeres Bild zeigt sich – abgesehen von den Hortgruppen – bei den weiteren Gruppenformen. So sind in 63 bis 93 % dieser Gruppen die Personalschlüssel ungünstiger als wissenschaftlich empfohlen.

Der Personalschlüssel ist eine rein rechnerische, im KiTa-Alltag nicht beobachtbare Größe, die die gesamte Arbeitszeit einer pädagogischen Fachkraft umfasst. Die annähernd reale Betreuungssituation beschreibt die Fachkraft-Kind-Relation, die das Verhältnis zwischen den Fachkräften und den Kindern während der unmittelbaren pädagogischen Arbeit darstellt.

Pädagogische Personalausstattung | BY 01.03.2020

Personalschlüssel

Tab. 43a2

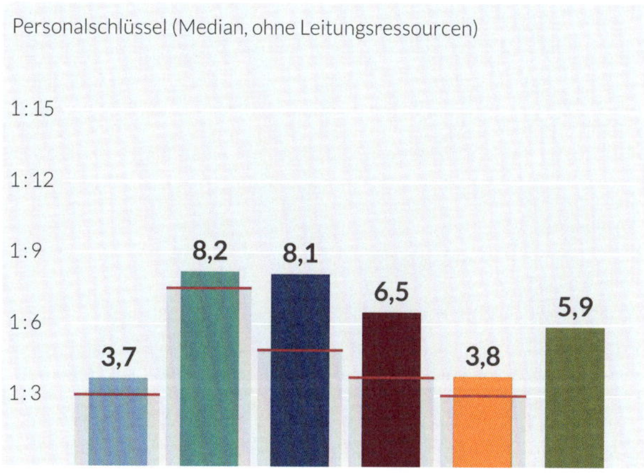

Verteilung der Kinder auf Gruppentypen

Tab. 36b; 36b1; 36b2

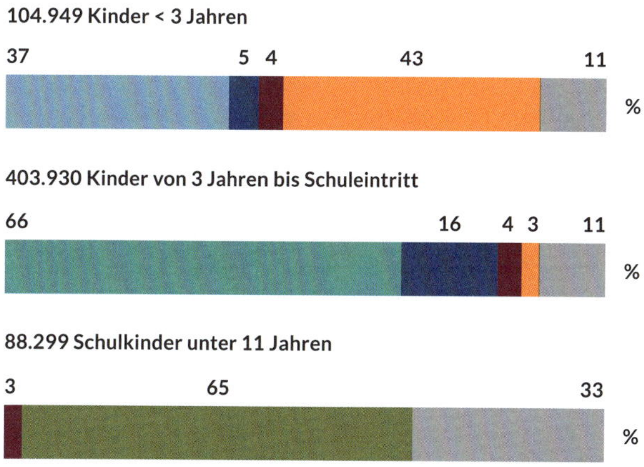

Gruppentyp

Krippe · Kindergarten · Kindergarten ab 2 Jahre · Altersübergreifend ab 0 Jahre · Krippe < 4 Jahren · Hort · Ohne feste Gruppenstruktur

Empfohlener Personalschlüssel (BSt = Bertelsmann Stiftung, H.-S. & B. = Haug-Schnabel & Bensel 2016):
Krippe 1 : 3,0 (BSt); Kindergarten 1 : 7,5 (BSt); Kindergarten ab 2 J. 1: 4,9 (H.-S. & B.); Altersübergreifend ab 0 J. 1 : 3,75 (H.-S. & B.); Krippe < 4 J. 1 : 3,0 (BSt)

Regionale Daten zum Personalschlüssel finden Sie auf www.laendermonitor.de unter FOKUS | Regionale Daten

Personalschlüssel im Vergleich | Tab. 94; 94a–e

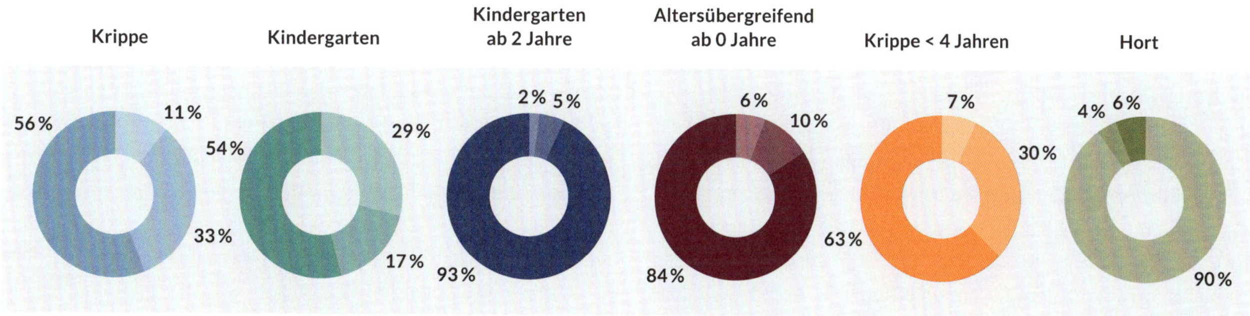

Personalschlüssel von

Krippe	Kindergarten	Kindergarten ab 2 Jahre	Altersübergreifend ab 0 Jahre	Krippe < 4 Jahren	Hort
< 1:2,5 DE *10 %*	< 1:7 DE *26 %*	< 1:4,4 DE *2 %*	< 1:3,25 DE *4 %*	< 1:2,5 DE *5 %*	< 1:9,5 DE *44 %*
1:2,5 bis < 1:3,5 DE *24 %*	1:7 bis < 1:8 DE *14 %*	1:4,4 bis < 1:5,4 DE *7 %*	1:3,25 bis < 1:4,25 DE *9 %*	1:2,5 bis < 1:3,5 DE *22 %*	1:9,5 bis < 1:10,5 DE *5 %*
1:3,5 und mehr DE *66 %*	1:8 und mehr DE *60 %*	1:5,4 und mehr DE *91 %*	1:4,25 und mehr DE *87 %*	1:3,5 und mehr DE *72 %*	1:10,5 und mehr DE *51 %*

Pädagogische Personalausstattung | BY 01.03.2020

Fachkraft-Kind-Relation – Szenarien der Bertelsmann Stiftung | Tab. 82

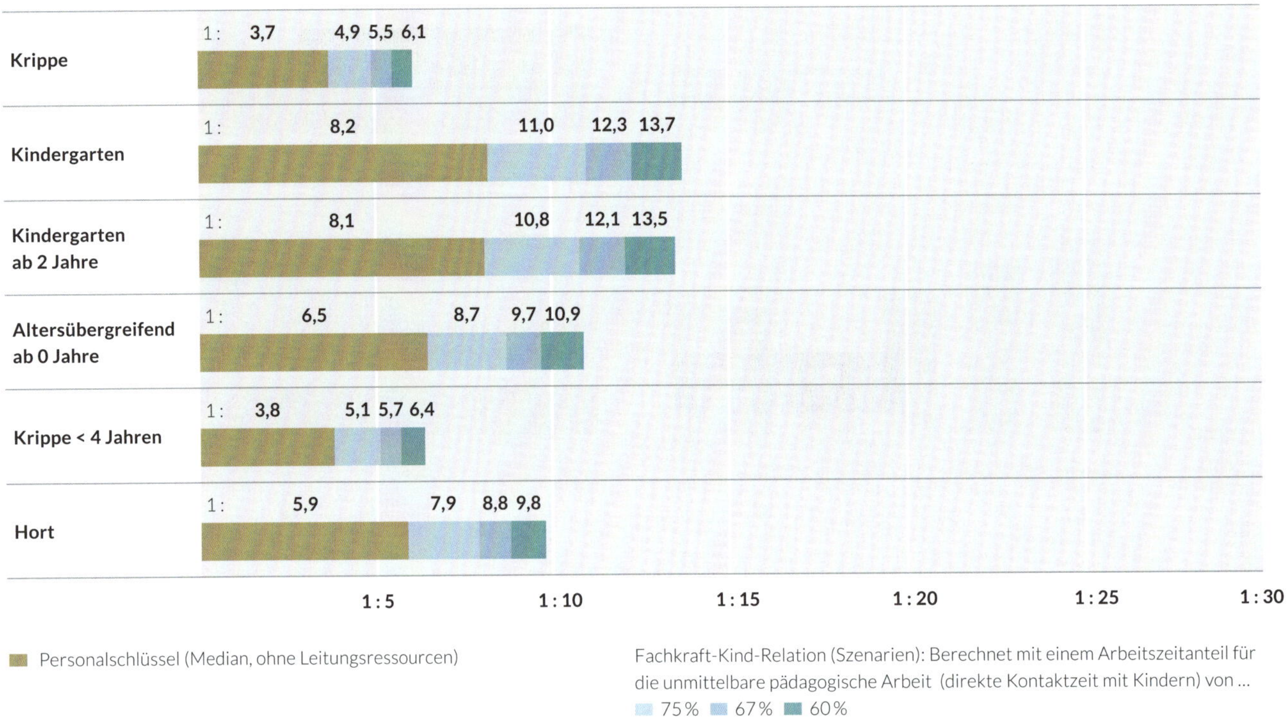

Eine Annäherung an die Fachkraft-Kind-Relation kann nur durch Szenarien erfolgen, da die amtliche Kinder- und Jugendhilfestatistik keine Daten für Arbeitszeitanteile der mittelbaren pädagogischen Aufgabenbereiche sowie Ausfallzeiten erfasst. Die drei von der Bertelsmann Stiftung entwickelten Szenarien wurden auf Basis wissenschaftlicher Untersuchungen berechnet. Diese zeigen, dass 24 % bis 41 % der Gesamtarbeitszeit einer pädagogischen Fachkraft zum einen Ausfallzeiten sind (Urlaub, Krankheit, Fortbildungen) und zum anderen für Aufgaben außerhalb der pädagogischen Praxis benötigt werden, etwa für Elterngespräche, die Qualitätsentwicklung oder Bildungsdokumentationen.[1] In den Szenarien wird der Anteil für die unmittelbaren Arbeitsaufgaben, also den Kontakt mit den Kindern, mit 75 %, 67 % oder 60 % der gesamten Arbeitszeit angesetzt.

Werden wie im Szenario 1 nur 25 % der Arbeitszeit für Aufgaben ohne die Kinder verwendet, verbleiben 75 % der Arbeitszeit für sie. In BY betreut dann eine Vollzeitkraft in Krippengruppen bei einem Personalschlüssel von 1 zu 3,7 in der pädagogischen Praxis rechnerisch 4,9 Kinder. Nimmt man einen höheren Anteil mittelbarer pädagogischer Arbeitszeit an, sinkt die Zeit für die Arbeit mit den Kindern, und die Fachkraft-Kind-Relationen verschlechtern sich (Szenarien 2 und 3).

Neben einer kindgerechten Personalausstattung ist die Gruppengröße ein weiterer Gradmesser für „gute" KiTas. Zu große Gruppen bedeuten für die Kinder und das Personal übermäßigen Stress, etwa durch die Lautstärke. So sollten Gruppen für jüngere Kinder nicht mehr als zwölf Kinder umfassen, Kindergartengruppen nicht mehr als 18.[1] In BY sind 26 % der Krippengruppen zu groß, bei den Kindergartengruppen sind es 88 %.

Im Median haben die KiTas in BY 9,5 Stunden und damit deutlich kürzer als die ostdeutschen Bundesländer (11 Stunden) ihre Türen geöffnet (bundesweit ebenfalls 9,5). In 88 % der KiTas startet der Tag zwischen 7:00 und 7:30 Uhr. Der Großteil der Horte (76 %) beginnt den Tag dagegen erst nach 7:30 Uhr.

1 Vgl. Viernickel, Susanne; Fuchs-Rechlin, Kirsten (2015): Fachkraft-Kind-Relationen und Gruppengrößen in Kindertageseinrichtungen. Grundlagen, Analysen, Berechnungsmodell, in: Viernickel, Susanne; Fuchs-Rechlin, Kirsten; Strehmel, Petra; Preissing, Christa; Bensel, Joachim; Haug-Schnabel, Gabriele: Qualität für alle. Wissenschaftlich begründete Standards für die Kindertagesbetreuung. Freiburg, S. 11–130.

KiTa- und Hort-Strukturen | BY 01.03.2020

Gruppengrößen im Vergleich | Tab. 116a–e; 116h

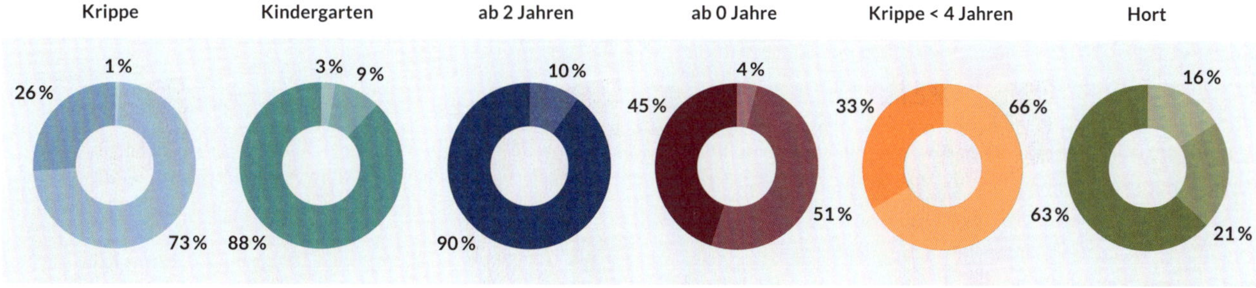

Anzahl Kinder pro Gruppe

Krippe		Kindergarten		Kindergarten ab 2 Jahren		Altersübergreifend ab 0 Jahre		Krippe < 4 Jahren		Hort	
< 6	DE 4 %	< 14	DE 11 %	< 14	DE 0 %	< 10	DE 4 %	< 6	DE 1 %	< 15	DE 15 %
6 bis 12	DE 74 %	14 bis 18	DE 22 %	14 bis 18	DE 16 %	10 bis 18	DE 61 %	6 bis 12	DE 59 %	15 bis 20	DE 37 %
> 12	DE 22 %	> 18	DE 67 %	> 18	DE 84 %	> 18	DE 35 %	> 12	DE 40 %	> 20	DE 48 %

Öffnungszeiten von KiTas und Horten | Tab. 83oh; 83h; 117oh; 117h

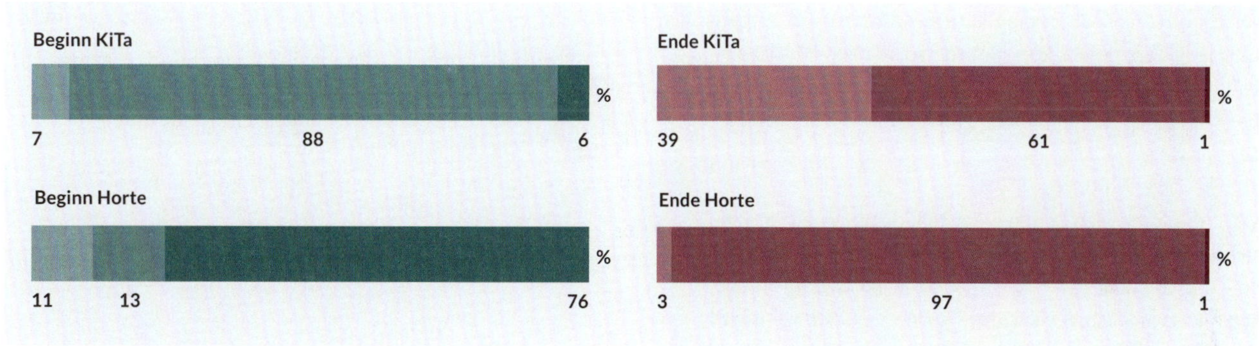

vor 7:00 Uhr · 7:00 bis 7:30 Uhr · später als 7:30 Uhr

vor 16:30 Uhr · 16:30 bis 18:00 Uhr · später als 18:00 Uhr

KiTa: Beginn nach 7:30 und Ende vor 16:30 Uhr

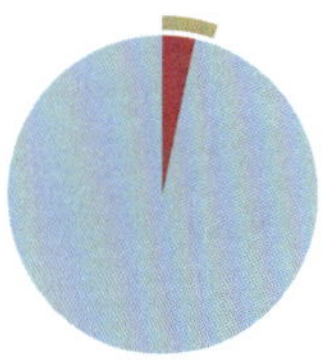

3,4 %
DE *5,1 %*

KiTa: Öffnungsdauer

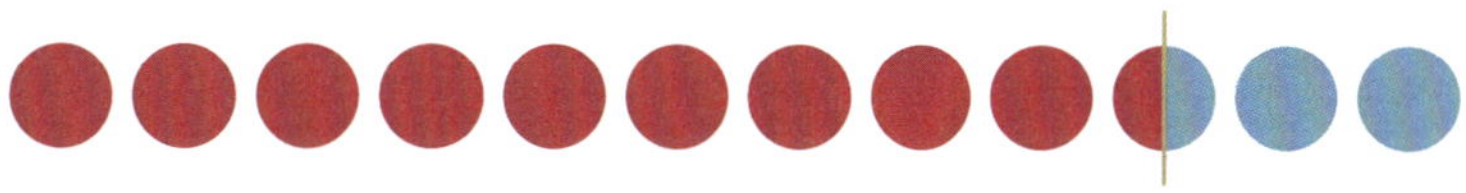

9,5 Stunden pro Tag (Median)
DE *9,5 Std.*

Horte: Beginn nach 7:30 und Ende vor 16:30 Uhr

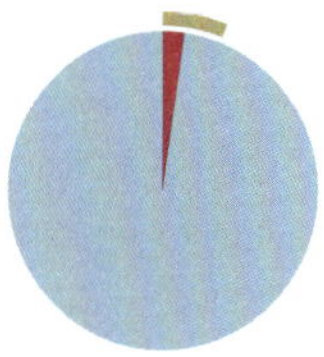

2,3 %
DE *6,0 %*

Horte: Öffnungsdauer

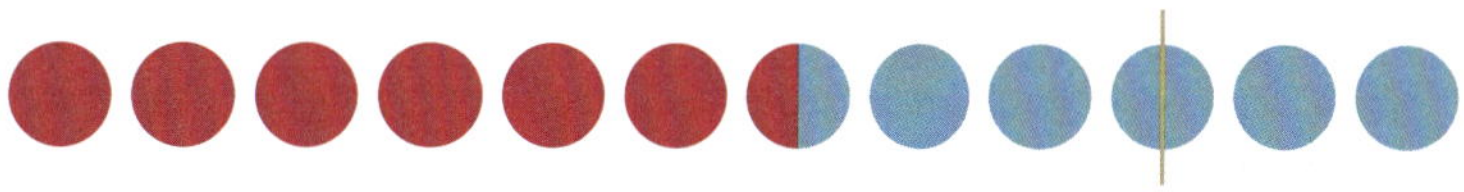

6,5 Stunden pro Tag (Median)
DE *9,5 Std.*

Regionale Daten zu den Öffnungszeiten von KiTas finden Sie auf www.laendermonitor.de unter FOKUS | Regionale Daten

Leitungsausstattung

BY 01.03.2020

2020 verfügen 5 % der 9.645 KiTas (mit Horten) in BY nach der amtlichen Kinder- und Jugendhilfestatistik über keine vertraglich vereinbarte Zeit für Leitungsaufgaben. Bundesweit sind es fast 9 %. Dies betrifft vor allem die kleinen Einrichtungen in BY: 10 % der KiTas (mit Horten) mit weniger als 45 betreuten Kindern haben keine zeitlichen Leitungsressourcen, während es in den größeren mit 76 und mehr Kindern nur fast 2 % sind.

In 17 % der KiTas (mit Horten) in BY, in denen es laut Arbeitsvertrag Leitungskapazitäten gibt, ist eine Person ausschließlich als Leiter:in tätig. Weitere 73 % werden ebenfalls von nur einer Person geleitet – diese ist allerdings neben ihrer Leitungstätigkeit noch als pädagogische Fachkraft zuständig. Hier ergibt sich das folgende Bild: In 53 % der KiTas (mit Horten) gibt es Leitungskräfte, denen weniger als 50 % ihrer Arbeitszeit für Leitungsaufgaben zur Verfügung stehen, während in 20 % der KiTas die Leitungskräfte mindestens die Hälfte ihrer Arbeitszeit für Leitungsaufgaben nutzen können. In den restlichen 10 % ist ein Leitungsteam zuständig, d. h., mindestens zwei Personen besitzen einen Leitungsanteil oder sind ausschließlich als Leitung tätig.

Welche dieser vier Leitungskonstellationen in einer Einrichtung zum Tragen kommt, ist die – bewusst zu treffende – Entscheidung des Trägers. Dieser Handlungsspielraum sollte es ermöglichen, den Teams sowie auch den Leitungsverantwortlichen mit ihren jeweiligen Leitungskompetenzen und Persönlichkeiten gerecht zu werden. Voraussetzung ist allerdings, dass den KiTas und Horten zeitliche Leitungsressourcen gewährt werden. Diese sind notwendig, um die Einrichtung professionell zu führen und zu leiten.

Um den Umfang der vertraglich zugesicherten Leitungszeit zwischen den KiTas unabhängig von ihrer Größe sowie auch zwischen den Bundesländern vergleichen zu können, wird die wöchentliche Leitungszeit auf die Anzahl der ganztags betreuten Kinder verteilt. In den KiTas mit Leitungskapazitäten ergeben sich in BY rechnerisch im Median 19 Minuten pro ganztags betreutem Kind für die Führung und Leitung der KiTa.

Darüber hinaus kann die wöchentliche Leitungszeit gruppiert dargestellt werden. Im Ergebnis zeigt sich, dass dem größten Anteil der KiTas in BY (32 %) eine wöchentliche Arbeitszeit von über 10 bis einschließlich 20 Minuten pro rechnerisch ganztags betreutem Kind zur Verfügung steht.

KiTas (mit Horten) ohne Zeit für Leitung | Tab. 85

KiTas (mit Horten) ohne Zeit für Leitung nach KiTa-Größe

Anzahl betreuter Kinder

Kleine KiTas: < 45 Mittlere KiTas: 45 bis 75 Große KiTas: 76 und mehr

Regionale Daten zu KiTas ohne Leitungszeit finden Sie auf www.laendermonitor.de unter FOKUS | Regionale Daten

KiTas (mit Horten) mit Zeit für Leitung nach Leitungsprofil

Tab. 65

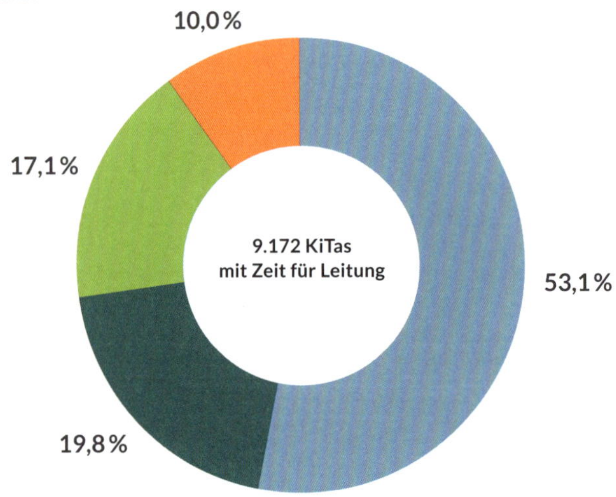

DE	Eine Leitungskraft ...
32,8 %	... mit Leitung als nachrangigem Arbeitsbereich
17,1 %	... mit Leitung als überwiegendem Arbeitsbereich
36,1 %	... ohne weiteren Arbeitsbereich
14,0 %	Leitungsteam

Leitungsausstattung | BY 01.03.2020

KiTas nach Leitungszeit* pro Kind

Tab. 66b; Tab. 108b

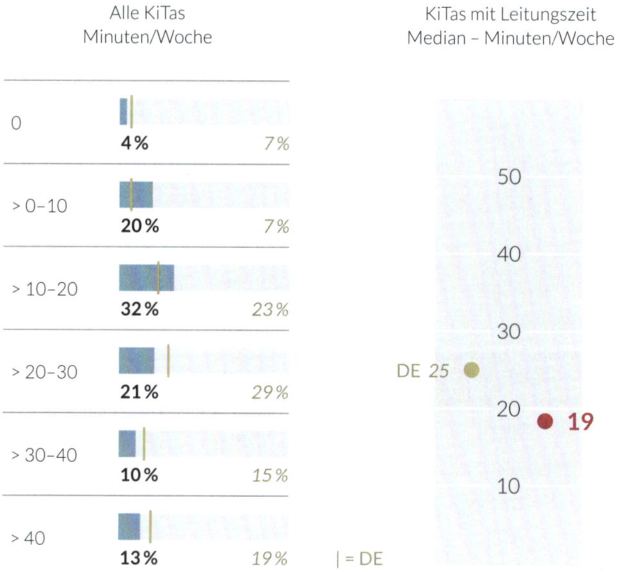

KiTas mit weniger als 20 Wochenstunden Leitungszeit* | Tab. 111

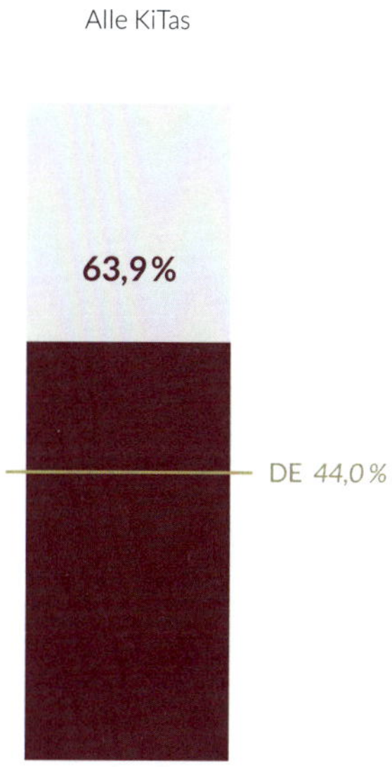

Bertelsmann Stiftung: Empfehlung zur Leitungsausstattung

KiTas mit der von der Bertelsmann Stiftung empfohlenen Leitungszeit* | Tab. 112

* Zeit für die Arbeitsbereiche Leitung UND Verwaltung

**Vertraglich vereinbarte Betreuungswochenstunden aller Kinder geteilt durch 40

Für eine professionelle Führung und Leitung von KiTas empfiehlt die Bertelsmann Stiftung jeder Einrichtung eine Grundausstattung von 20 Wochenstunden. Diese ist dringend notwendig, denn in jeder KiTa müssen – unabhängig von der Größe – Führungs- und Leitungsaufgaben erledigt werden. 2020 verfügen in BY 64 % der KiTas nicht über diese Grundausstattung, die als garantiertes Zeitbudget empfohlen wird.

Neben den 20 Wochenstunden sollte jeder KiTa ein variabler Anteil von 0,35 Wochenstunden pro Ganztagsbetreuungsäquivalent** zur Verfügung gestellt werden. Mit inbegriffen sind Verwaltungszeiten von max. 20 % der empfohlenen Leitungszeit. 2020 verfügen in BY mehr als 8 % der KiTas über diese Leitungsausstattung, bundesweit sind es mit 18 % mehr.

Pädagogisches Personal | BY 01.03.2020

Entwicklung des pädagogischen Personals

Tab. 118oh, 118h; 126

Jahr (Stichtag 01.03.)	KiTas	Kindertages-pflege	Horte
	Anzahl pädagogisch Tätiger		
2011	56.239	3.372	6.639
2012	59.861	3.371	7.155
2013	65.028	3.390	7.410
2014	70.717	3.258	7.802
2015	75.605	3.179	8.344
2016	79.343	3.093	8.783
2017	83.038	3.298	9.252
2018	87.390	3.385	9.471
2019	91.573	3.409	9.631
2020	96.966	3.425	9.533

Beschäftigungsumfang in KiTas und Horten

Tab. 29oh; 29h

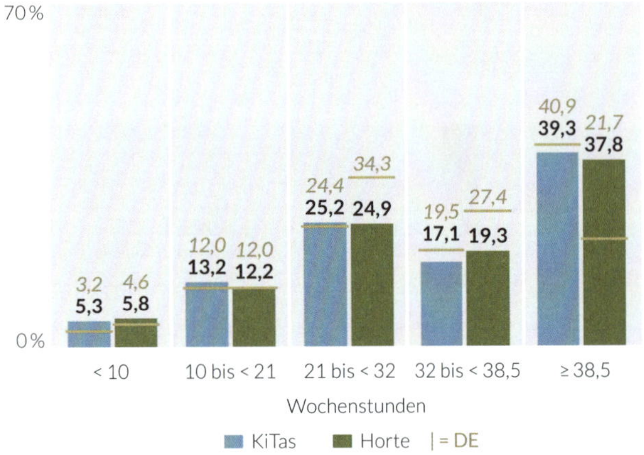

Qualifikationsniveaus | Tab. 27; 50a; 133

Abschluss	BY Anzahl	BY Anteil	DE Anteil
KiTas: 96.966 päd. Tätige			
Hochschule*	4.127	**4,3%**	5,6%
Fachschule*	46.995	**48,5%**	68,3%
Berufsfachschule*	35.508	**36,6%**	13,6%
Sonstige Ausbildungen	3.069	**3,2%**	4,5%
In Ausbildung	6.332	**6,5%**	5,9%
Ohne Abschluss	935	**1,0%**	2,2%
Kindertagespflege: 3.425 päd. Tätige			
Hochschule*	114	**3,3%**	3,2%
Fachschule*	629	**18,4%**	15,8%
Berufsfachschule*	459	**13,4%**	10,0%
Soziale/sozialpädagogische Kurzausbildung	94	**2,7%**	1,9%
Sonstige Ausbildungen	1.916	**55,9%**	60,1%
In Ausbildung	12	**0,4%**	0,5%
Ohne Abschluss	201	**5,9%**	8,6%
Horte: 9.533 päd. Tätige			
Hochschule*	615	**6,5%**	8,2%
Fachschule*	5.203	**54,6%**	68,8%
Berufsfachschule*	2.441	**25,6%**	8,8%
Sonstige Ausbildungen	507	**5,3%**	7,6%
In Ausbildung	684	**7,2%**	4,6%
Ohne Abschluss	83	**0,9%**	2,0%

* fachlich einschlägig

Regionale Daten zu den Qualifikationsniveaus finden Sie auf www.laendermonitor.de unter FOKUS | Regionale Daten

Die Zahl des pädagogischen Personals ist in BY zwischen 2011 und 2020 erheblich gestiegen: in den KiTas um 72% auf nunmehr 96.966 Tätige und in den Horten um 44% auf 9.533. In der Kindertagespflege ist im selben Zeitraum nur ein minimaler Ausbau zu verzeichnen: 2020 sind hier 3.425 Personen tätig (2011: 3.372).

4% der pädagogisch Tätigen in KiTas besitzen einen Hochschul-, mehr als 48% einen Fachschulabschluss als Erzieher:in. Im bundesweiten Vergleich ist der Anteil des an einer Berufsfachschule ausgebildeten KiTa-Personals in BY am höchsten (37%). Mit 55% verfügt der größte Anteil des Hortpersonals über einen fachlich einschlägigen Fachschulabschluss. In der Kindertagespflege arbeiten dagegen anteilig deutlich weniger Personen mit diesem Abschluss (18%); die meisten (56%) besitzen einen nicht-fachpädagogischen Abschluss.

Der größte Anteil des KiTa- und Hortpersonals arbeitet 38,5 Stunden pro Woche und mehr (39% bzw. 38%). Im bundesweiten Vergleich sind Arbeitsverträge von weniger als 10 Wochenstunden in den KiTas in BY (5%) nach BW (6%) am häufigsten vertreten.

Pädagogisches Personal | BY 01.03.2020

Altersstruktur in KiTas, Kindertagespflege und Horten | Tab. 42oh; 42h; 128

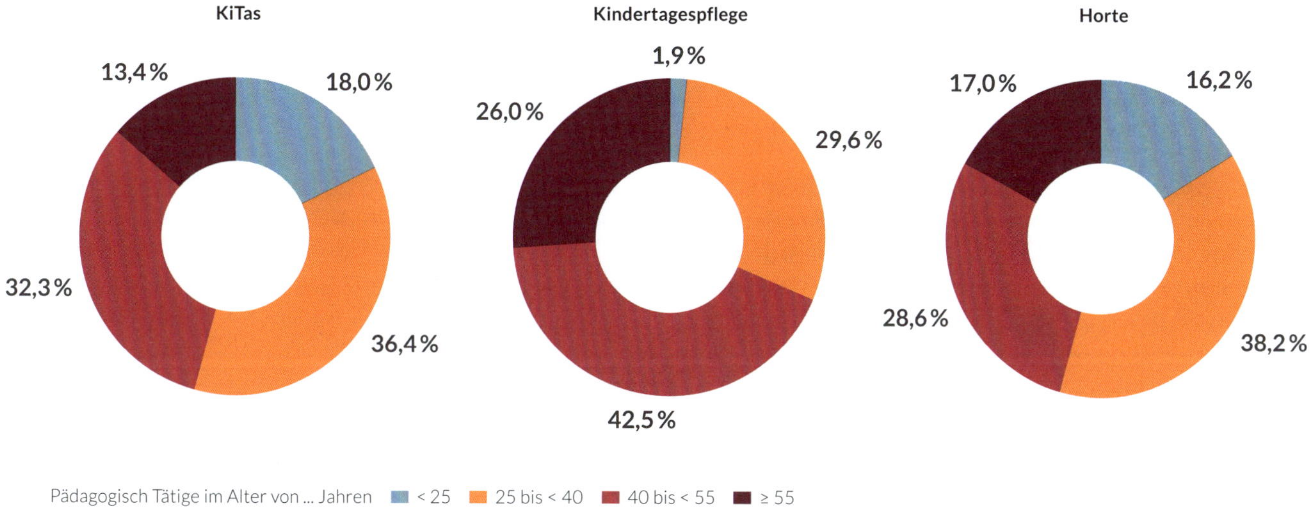

Befristete Arbeitsverhältnisse in KiTas (mit Horten) | Tab. 77

	Alter in Jahren	unter 30	30 bis unter 40	40 bis unter 50	50 bis unter 60	60 und älter
BY	pädagogisch Tätige insgesamt	25.795	23.777	23.327	17.213	6.317
	Anteil befristet Beschäftigter	**25,4 %**	**15,0 %**	**11,5 %**	**8,6 %**	**8,4 %**
DE	Anteil befristet Beschäftigter	*25,6 %*	*14,1 %*	*10,4 %*	*6,3 %*	*5,9 %*

Nur 4 % des KiTa-Personals in BY sind männlich (bundesweit: 6 %). Dieser Anteil liegt in der Kindertagespflege mit 3 % auf einem niedrigeren Niveau (bundesweit: 4 %). In den Horten hingegen arbeitet ein deutlich höherer Anteil an Männern (16 %) als in den beiden zuvor genannten Betreuungsformen; bundesweit sind es 18 %.

Der Großteil des KiTa-Personals in BY ist 25 bis unter 40 Jahre (36 %) und 40 bis unter 55 Jahre alt (32 %); damit liegen die Werte auf dem bundesweiten Niveau (37 % bzw. 33 %). Zudem sind 18 % unter 25 Jahre alt, und wiederum 13 % sind 55 oder älter: Diese beiden Altersgruppen weichen jeweils vom Bundesdurchschnitt (13 % bzw. 17 %) ab. Für das Hortpersonal zeigt sich in BY eine ähnliche Altersverteilung. So ist auch hier der Großteil 25 bis unter 40 Jahre (38 %) bzw. 40 bis unter 55 Jahre (29 %) alt. Ein anderes Bild zeigt sich dagegen in der Kindertagespflege, wo das Personal durchschnittlich älter ist als in den KiTas oder den Horten. Hier ist mit fast 43 % der größte Anteil aller Beschäftigten 40 bis unter 55 Jahre alt (bundesweit: 43 %). Weitere 26 % sind 55 Jahre und älter (bundesweit: 27 %). Zur Altersgruppe 25 bis unter 40 Jahre zählen knapp 30 % der Kindertagespflegepersonen. Nur 2 % sind jünger als 25 (bundesweit: 1,5 %).

15 % des pädagogischen Personals in KiTas (mit Horten) sind in BY befristet beschäftigt. Dem bundesweiten Trend folgend, sind davon auch in BY vor allem jüngere Beschäftigte betroffen, nämlich 25 % der unter 30-Jährigen, aber nur 9 % der 50- bis unter 60-Jährigen und 8 % der ab 60-Jährigen.

Träger | BY 01.03.2020

Die insgesamt 8.766 KiTas und 879 Horte in BY werden von verschiedenen Trägern betrieben; das können solche der öffentlichen oder der freien Jugendhilfe sein. Innerhalb der freien Träger wird zwischen den privat-gemeinnützigen und den privat-nichtgemeinnützigen (auch Wirtschaftsunternehmen) unterschieden. Die privat-nichtgemeinnützigen werden den freien Trägern zugeordnet, da Gemeinnützigkeit kein konstitutives Merkmal ist.

Rund 27 % der KiTas in BY befinden sich in öffentlicher Trägerschaft (bundesweit: 32 %). Mit 30 % wird der größte Anteil der KiTas vom Deutschen Caritasverband bzw. sonstigen katholischen Trägern betrieben. In der bundesweiten Gesamtschau sind in BY insbesondere KiTas des Deutschen Paritätischen Wohlfahrtsverbandes mit nicht einmal 4 % (bundesweit: 7 %) unterrepräsentiert. Ebenso sind KiTas in der Trägerschaft von Elterninitiativen in BY mit 6 % weniger stark vertreten als im Bundesdurchschnitt (8 %). Eine andere Verteilung auf die Trägerschaften zeigt sich bei den Horten in BY. So befindet sich mit 42 % der größte Anteil der Horte in öffentlicher Trägerschaft (bundesweit: 48 %). Mit 16 % und 15 % wird ein weiterer großer Teil von den konfessionellen Trägern betrieben.

Unterschiede in den Betreuungsquoten der unter 3-Jährigen und der Kinder ab 3 nach Art des Trägers sind in BY vorhanden. So werden unter Dreijährige insbesondere häufiger in KiTas privat-nichtgemeinnütziger Träger betreut (9 %) als ab Dreijährige (3 %). Im Gegensatz dazu nutzen die jüngeren Kinder seltener KiTas in der Trägerschaft des Deutschen Caritasverbandes und sonstiger katholischer Träger (27 %) als die älteren (37 %).

Die Beschäftigungsumfänge der pädagogisch Tätigen unterscheiden sich in vielen Bundesländern nach Trägerschaft der KiTas und Horte. 2020 zeigt sich in BY das folgende Bild: Mit 74 % verfügt ein großer Anteil der pädagogisch Tätigen in KiTas (mit Horten) privat-nichtgemeinnütziger Trägerschaften über einen Arbeitsvertrag, der mindestens 32 Wochenstunden umfasst; das ist mehr als in Einrichtungen anderer Trägerschaften, insbesondere in KiTas (mit Horten) der Caritas und sonstiger katholischer Träger (52 %). Arbeitsverträge von weniger als 21 Wochenstunden sind anteilig am häufigsten in Elterninitiativen (22 %) vertreten.

KiTas und Horte nach Träger | Tab. 78oh; 78h

8.766 KiTas und 879 Horte in BY	KiTas		Horte	
	Anzahl	Anteil	Anzahl	Anteil
Öffentliche Träger	2.333	**26,6 %**	368	**41,9 %**
Freie Träger/privat-gemeinnützig				
Arbeiterwohlfahrt (AWO)	354	**4,0 %**	95	**10,8 %**
Deutscher Paritätischer Wohlfahrtsverband (DPWV)	309	**3,5 %**	33	**3,8 %**
Deutsches Rotes Kreuz (DRK)	200	**2,3 %**	16	**1,8 %**
Diakonie Deutschland/sonstige der EKD angeschlossene Träger	1.366	**15,6 %**	131	**14,9 %**
Deutscher Caritasverband/sonstige katholische Träger	2.619	**29,9 %**	144	**16,4 %**
Sonstige	609	**6,9 %**	52	**5,9 %**
Freie Träger/privat-nichtgemeinnützig	441	**5,0 %**	9	**1,0 %**
Elterninitiativen	535	**6,1 %**	31	**3,5 %**

Träger | BY 01.03.2020

Kinder nach Alter und KiTa-Träger | Tab. 79, 80

104.949 Kinder < 3 Jahren

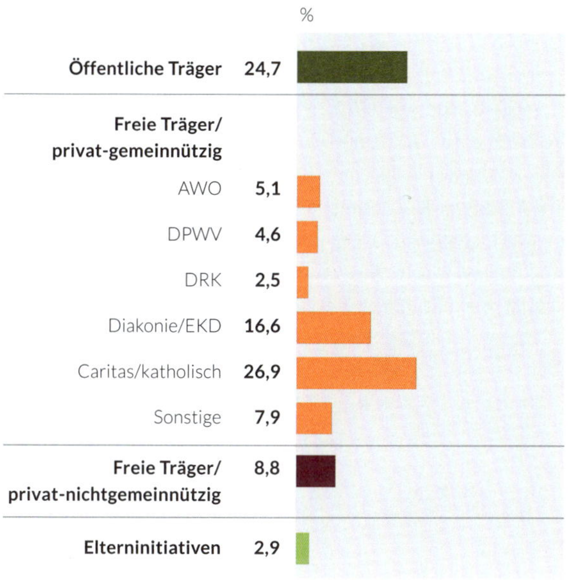

403.930 Kinder ab 3 Jahren

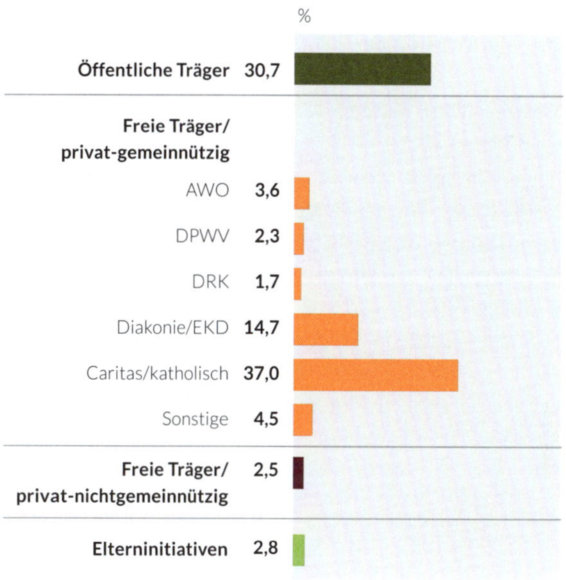

Pädagogisch Tätige nach KiTa-Träger (mit Horten) und Beschäftigungsumfang | Tab. 81

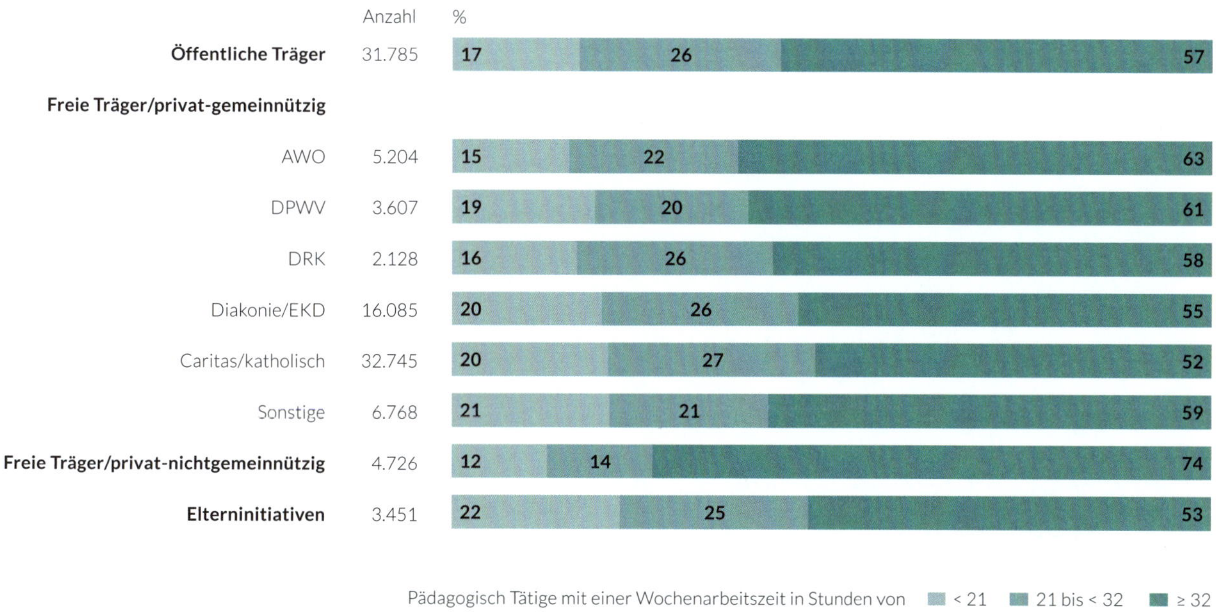

Investitionen wirkungsvoll einsetzen

Der qualitative Ausbau des frühkindlichen Bildungssystems, insbesondere die Verbesserung der Personalressourcen, erfordert gewaltige finanzielle Kraftanstrengungen aller Akteure. Um das System langfristig zu sichern, bedarf es einer dauerhaften finanziellen Unterstützung des Bundes. Daher sollte der Bund sein finanzielles Engagement im KiQuTG über 2022 hinaus verlässlich verankern.

In BY wurden 2018 für jedes Kind unter sechs Jahren in der Bevölkerung durchschnittlich 4.965 Euro für Angebote der Kindertagesbetreuung durch die öffentliche Hand, also Land und Kommunen, ausgegeben (ohne Elternbeiträge oder Zuschüsse anderer föderaler Ebenen). Das sind fast 1.500 Euro mehr als sechs Jahre zuvor. Im länderübergreifenden Vergleich lagen die Ausgaben in BY im Jahr 2018 auf dem niedrigsten Niveau (bundesweit: 6.007 Euro).

Im Haushaltsjahr 2019 wurden in BY seitens der öffentlichen Haushalte Investitionsausgaben für die Kindertagesbetreuung in Höhe von fast 596 Mio. Euro getätigt. Dies sind Ausgaben, die zum Beispiel bei einem Neubau einer KiTa bzw. einem Umbau oder einer Sanierung einer bereits vorhandenen KiTa entstehen.

Im Rahmen des KiQuTG erhält jedes Bundesland zwischen 2019 und Ende 2022 Bundesmittel für Maßnahmen zur Weiterentwicklung der KiTa-Qualität und zur Gebührenentlastung der Eltern. BY investiert in fünf der insgesamt elf Handlungsfelder des Gesetzes. Der größte Anteil der Bundesmittel fließt mit fast 334 Mio. Euro in das Handlungsfeld *Weniger Gebühren*. Mit diesen Mitteln finanziert BY die Ausweitung der Beitragszuschüsse von 100 Euro pro Monat auf alle Familien mit Kindern zwischen 3 und 6 Jahren.[1]

1 Vgl. BMFSFJ und StMAS (2020): Vertrag zwischen der Bundesrepublik Deutschland, vertreten durch das Bundesministerium für Familie, Senioren, Frauen und Jugend, und dem Freistaat Bayern zur Umsetzung des Gesetzes zur Weiterentwicklung der Qualität und zur Verbesserung der Teilhabe in Tageseinrichtungen und in der Kindertagespflege (KiTa-Qualitäts- und Teilhabeverbesserungsgesetz – KiQuTG).

Investitionen pro unter sechsjährigem Kind
BY 2011–2018 | Tab. 21c

Grundmittel von Land und Kommunen

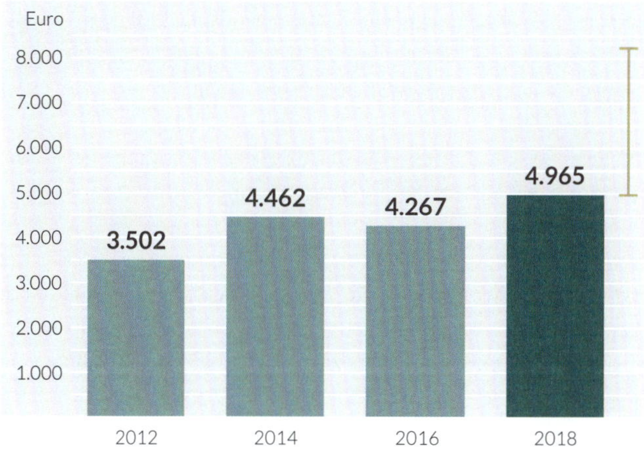

| = Alle Bundesländer 2018, Minimum: 4.965 €, Maximum: 8.232 €

Finanzierungsgemeinschaft für FBBE
BY 2018 | Tab. 23

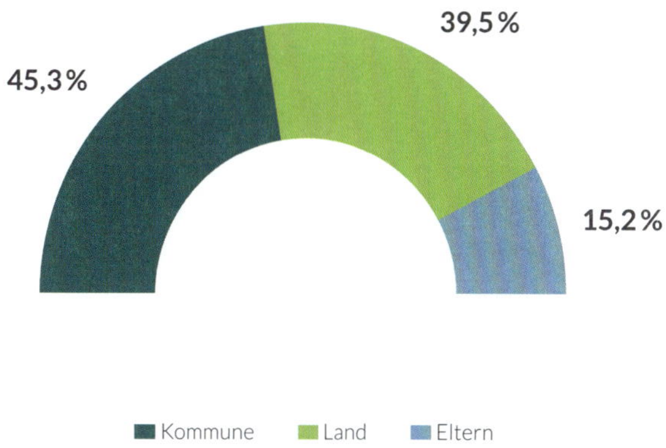

Ohne Eigenanteil der freien Träger und Zuschüsse des Bundes

Einmalige Investitionsausgaben für FBBE | BY 2009–2019 | Tab. 45

Ausgaben von Bund, Land und Kommunen

	2009	2010	2011	2012	2013	2014	2015	2016	2017	2018	2019
	Mio. Euro										
BY	**224,2**	**332,1**	**405,6**	**486,3**	**707,8**	**525,8**	**343,0**	**283,8**	**393,8**	**494,6**	**595,7**
DE	*947,3*	*1.334,1*	*1.357,5*	*1.408,8*	*2.188,8*	*1.649,4*	*1.137,7*	*1.080,7*	*1.345,8*	*1.686,1*	*2.012,3*

Für die Interpretation der hier ausgewiesenen Indikatoren sind einige methodische Grundlagen wichtig. Zusätzlich zu den Anmerkungen im Anhang des Länderprofils findet sich auf www.laendermonitor.de unter „Methodik" eine ausführliche Beschreibung der Datengrundlage sowie der Berechnungsmethodik.

Verteilung der Bundesmittel aus dem KiQuTG auf die Handlungsfelder | BY 2019–2022 | Tab. 119

Anteil

Bedarfs-gerechtes Angebot	Guter Betreuungs-schlüssel	Qualifizierte Fachkräfte	**Starke KiTa-Leitung**	Kind gerechte Räume	Gesundes Aufwachsen	Sprachliche Bildung	**Starke Kinder-tagespflege**	**Netzwerke für mehr Qualität**	**Vielfältige pädago-gische Arbeit**	**Weniger Gebühren**	**Verplante Bundesmit-tel gesamt**
			32 %				7 %	0,3 %	0,3 %	61 %	100 %
			174,6				**35,9**	**1,5**	**1,7**	**333,8**	**547,4**

Mio. Euro

Landesspezifische Anmerkungen

Einmalige Investitionsausgaben für FBBE
Seit Inkrafttreten des Bayerischen Kinderbildungs- und -betreuungsgesetzes am 01.09.2006 sind die investiven Zuschüsse für Kindergärten freier Träger im Ergebnis enthalten.

Berlin

Allgemeine Basisdaten

Fläche in km² (2019)	891
Einwohner:innen (31.12.2019)	3.669.491
Geborene Kinder (2019)	39.503
Geburten pro Frau (2019)	1,411
Anzahl Kinder < 10 Jahren (31.12.2019)	364.239
Davon < 3 Jahren	116.834
Davon 3 bis < 6 Jahre	112.940
Davon 6 bis < 10 Jahre	134.465
Anteil der Kinder mit Migrationshintergrund (2019)	
... < 3 Jahren	47,0%
... von 3 bis < 6 Jahren	46,7%
Erwerbstätigenquote von Müttern mit (2019)	
... mindestens einem Kind < 3 Jahren	57,4%
... mindestens einem Kind von 3 bis < 6 Jahren	67,3%
Leistungsempfänger:innen nach SGB II (ALG II u. Sozialgeld, 2020)	506.013
Davon Kinder < 6 Jahren	57.305
Entspricht Anteil an allen Kindern < 6 Jahren	24,9%

FBBE auf einen Blick 01.03.2020

Anteil der Kinder in FBBE	
... < 1 Jahr	1,6%
... von 1 bis < 3 Jahren	66,3%
... < 3 Jahren	44,9%
... von 3 bis < 6 Jahren inkl. 0,1% in [vor-]schulischen Einrichtungen	92,2%
Schulkinder 6 bis < 11 Jahre	0,01%
Tageseinrichtungen insgesamt	2.663
Davon Horte	-
Anteil der Einrichtungen mit	
... < 45 Kindern	50,0%
... 45 bis 75 Kindern	19,3%
... 76 Kindern und mehr	30,7%
Pädagogisches Personal (inkl. Leitung) in KiTas insgesamt	34.098
Davon in Horten	-
Kinder in KiTas insgesamt	167.104
Davon < 3 Jahren	48.329
Davon 3 Jahre bis zum Schuleintritt	118.775
Davon Schulkinder < 11 Jahren	-
Tagespflegepersonen insgesamt	1.601
Kinder in Kindertagespflege insgesamt	6.119
Davon < 3 Jahren	4.111
Davon 3 Jahre bis zum Schuleintritt	1.815
Davon Schulkinder < 11 Jahren	193
Leitungspersonal in KiTas insgesamt	2.520
Davon in Horten	-

Blitzlichter: Status quo der Kindertagesbetreuung in Berlin

In den letzten zehn Jahren hat sich in BE die Zahl der unter 3-Jährigen, die eine KiTa oder Kindertagespflege besuchen, um 11.724 Kinder auf 52.407 erhöht. Somit stieg die FBBE-Teilhabequote dieser Altersgruppe von 42 % im Jahr 2011 auf 45 % im Jahr 2020 und befindet sich im bundesweiten Vergleich auf einem mittleren Niveau (bundesweit: 35 %, Ostdeutschland: 53 %). Bei den 3- bis unter 6-Jährigen liegt der Wert bei 92 % (bundesweit: 93 %).

Für faire Bildungschancen ist nicht nur die Zahl an Plätzen entscheidend: Die Angebote müssen auch kindgerecht sein. Wichtige – auch wissenschaftlich untersuchte – Gradmesser für die strukturelle Qualität in KiTas sind der *Personalschlüssel*, die *Gruppengröße*, das *Qualifikationsniveau* des pädagogischen Personals und ausreichend *Leitungszeit*.

Der Personalschlüssel lässt sich mit den Daten der amtlichen Kinder- und Jugendhilfestatistik (KJH-Statistik) für verschiedene Gruppentypen berechnen. So werden 2020 in BE 23 % der unter 3-Jährigen in Krippengruppen betreut. Mit einem rechnerischen Personalschlüssel von 1 zu 5,2 wird hier bei weitem nicht die Empfehlung der Bertelsmann Stiftung (1 zu 3,0) erreicht. Weitere 18 % dieser Altersgruppe besuchen Gruppen mit Kindern unter 4 Jahren; der Personalschlüssel liegt hier bei 1 zu 5,8 – ebenfalls weit entfernt von einem kindgerechten Verhältnis. In altersübergreifenden Gruppen werden weitere 19 % der unter 3-Jährigen zusammen mit ebenfalls 19 % der über 3-Jährigen bei einem Personalschlüssel von 1 zu 7,2 betreut. Das ist deutlich ungünstiger als der wissenschaftlich empfohlene Wert von 1 zu 3,75.[1] Weitere 32 % der ab 3-Jährigen besuchen Kindergartengruppen mit einem Personalschlüssel von 1 zu 8,3 (Empfehlung der Bertelsmann Stiftung: 1 zu 7,5).

Die Auswertungen zeigen, dass im Jahr 2020 in BE für 82 % der Kinder in amtlich erfassten KiTa-Gruppen[2] nicht genügend Fachpersonal zur Verfügung steht. Dieser Anteil liegt über dem bundesweiten Wert von 73 %. Die nicht kindgerechte Personalausstattung betrifft häufiger die unter 3-Jährigen (94 %) als die ab 3-Jährigen (75 %).

Allerdings hat sich in BE von 2014 bis 2020 die personelle Ausstattung in Kindergartengruppen von 1 zu 8,8 auf 1 zu 8,3 verbessert. Auch in Krippengruppen kam es im bundesweiten Vergleich zu einem Ausbau (von 1 zu 5,9 auf 1 zu 5,2). Trotz dieser Entwicklungen müssen in BE jedoch rein rechnerisch 2,2 Krippenkinder mehr von einer Fachkraft betreut werden als in BW, dem Bundesland mit der günstigsten Personalausstattung.

Die Gruppengröße ist ein weiterer wichtiger Gradmesser für die Qualität in KiTas. Nach wissenschaftlichen Empfehlungen sollten Gruppen für jüngere Kinder maximal zwölf Kinder umfassen, für die Älteren maximal 18.[3] In BE werden diese Werte bei 30 % der amtlich erfassten KiTa-Gruppen nicht erreicht (bundesweit: 54 %). Mit 51 % ist insbesondere ein größerer Anteil der Kindergartengruppen, die auch für 2-Jährige geöffnet sind, zu groß; bei Kindergartengruppen sind es lediglich 15 %. Darüber hinaus entsprechen 45 % der Gruppen mit Kindern unter 4 Jahren und 35 % der Krippengruppen nicht der Empfehlung. Insgesamt zeigt sich, dass in BE die unter 3-Jährigen mit 51 % häufiger von nicht kindgerechten Gruppengrößen betroffen sind als die ab 3-Jährigen (35 %).

Wesentliche Voraussetzung für eine „gute" KiTa-Qualität ist nicht nur *zahlenmäßig ausreichendes*, sondern auch *qualifiziertes* Personal. In BE verfügen 70 % der 34.098 pädagogisch Tätigen in KiTas über einen fachlich einschlägigen Fachschulabschluss, etwa als Erzieher:in. Damit liegt BE etwas über dem bundesweiten Durchschnitt (68 %), allerdings unter dem Niveau der ostdeutschen Bundesländer (80 %). Über den formal niedrigeren Berufsfachschulabschluss, bspw. als Sozialassistent:in, verfügen in BE lediglich 3 % der pädagogisch Tätigen (in Westdeutschland 15 %). Weitere 6 % besitzen einen fachlich einschlägigen Hochschulabschluss. Eine sonstige – nicht fachlich einschlägige – Ausbildung weisen in BE ebenfalls 6 % der pädagogisch Tätigen auf (bundesweit: 4,5 %). Der Anteil des Personals ohne Abschluss liegt mit 2 % im bundesweiten Durchschnitt. Weitere 13 % schließlich befinden sich in Ausbildung; bundesweit (6 %) ist das der höchste Anteil. 2016 lag dieser Wert noch bei 8 %. Mit Blick auf die gegenwärtig in vielen Bundesländern eingeführten praxisintegrierten Ausbildungsgänge bleibt abzuwarten, ob sich dieser Wert in den kommenden Jahren weiter erhöht. Ebenso gilt es kontinuierlich zu beobachten, wie sich die neuen beruflichen Zugangsformen, etwa für Quereinsteiger:innen, zukünftig auf das formale Qualifikationsniveau des KiTa-Personals insgesamt auswirken werden.

Auch die Ausstattung der KiTas mit ausreichenden Leitungsressourcen nimmt eine Schlüsselfunktion für die KiTa-Qualität ein. Nach den Angaben in der KJH-Statistik verfügen 22 % der KiTas in BE über keine Zeit für Leitungsaufgaben. Insbesondere die kleineren KiTas (weniger als 45 betreute Kinder) geben zu 37 % an, keine entsprechenden Zeitressourcen zu besitzen. Über die von der Bertelsmann Stiftung empfohlene Zeit für Leitungs- und Verwaltungsaufgaben[4] verfügen 2020 in BE 23 % der KiTas (ohne Horte); bundesweit sind es 18 %.

Qualitätsentwicklungen im Rahmen des KiQuTG

Im Rahmen des KiTa-Qualitäts- und Teilhabeverbesserungsgesetzes (KiQuTG) erhält jedes Bundesland zwischen 2019 und Ende 2022 vom Bund finanzielle Mittel für Maßnahmen zur Weiterentwicklung der KiTa-Qualität und zur Gebührenentlastung der Eltern. BE investiert diese Bundesmittel in sechs der insgesamt elf Handlungsfelder: *Bedarfsgerechtes Angebot, Qualifizierte Fachkräfte, Starke KiTa-Leitung, Kindgerechte Räume, Starke Kindertagespflege* und *Netzwerke für mehr Qualität.*

60 Mio. Euro fließen in die Stärkung der KiTa-Leitungskräfte. Konkret wird mit diesen Mitteln die gesetzliche Verbesserung der Leitungsressourcen finanziert. Diese erfolgte in zwei Stufen. So erhält eine KiTa seit dem 1. August 2019 ab einer Größe von 90 Kindern eine volle Leitungsstelle. Davor lag der Leitungsschlüssel bei 1 zu 100. Ein Jahr später – ab dem 1. August 2020 – wurde der Leitungsschlüssel mit der zweiten Stufe auf 1 zu 85 verbessert.

Mit den Daten der KJH-Statistik vom 1. März 2020 lassen sich erste Effekte des stufenweisen Leitungsausbaus erkennen. So zeigt sich mit der ersten Senkung des Leitungsschlüssels von 1 zu 100 auf 1 zu 90 eine Erhöhung der wöchentlichen Leitungs- und Verwaltungszeit pro rechnerisch ganztags betreutem Kind. Lagen die Leitungsressourcen im Jahr 2019 noch bei 25,4 Minuten pro Kind, haben sie sich nach der gesetzlichen Verbesserung auf 27 Minuten im Jahr 2020 erhöht – bundesweit die stärkste Verbesserung in diesem Zeitraum. In welchem Ausmaß sich die zweite Stufe der Gesetzesänderung auf die Leitungsressourcen in BE auswirken wird, kann mit den aktuell zur Verfügung stehenden Daten nicht beurteilt werden, da das Gesetz erst nach der Datenerhebung in Kraft trat.

Ausbau- und Reformbedarf: Empfehlungen für die Kindertagesbetreuung in Berlin

Um allen Kindern unabhängig von ihrem Wohnort gleichwertige Teilhabe- und Bildungschancen zu ermöglichen, ist es unerlässlich, dass jedes Bundesland ein sowohl bedarfsgerechtes als auch kindgerechtes FBBE-Angebot zur Verfügung stellt. Trotz des Qualitätsausbaus in den vergangenen Jahren ist der Anteil der Kinder in BE, die in KiTa-Gruppen mit einer nicht kindgerechten Personalausstattung betreut werden, noch immer deutlich zu hoch (82 %). Darüber hinaus zeigt sich, dass die Teilhabechancen der unter 3-Jährigen in BE noch nicht auf dem Niveau der ostdeutschen Bundesländer sind.

Der *Fachkräfte-Radar für KiTa und Grundschule*[5] prognostiziert, dass für gleiche Teilhabechancen und eine kindgerechte Betreuung sowie eine professionelle Leitungsausstattung gemäß wissenschaftlichen Empfehlungen bis 2030 in BE rund 9.000 KiTa-Fachkräfte[6] fehlen werden. Damit diese Lücke geschlossen werden kann, muss die Zahl der prognostizierten Neuzugänge um 42 % gesteigert werden. Es ist zu prüfen, ob die Ausbildungskapazitäten so schnell aufgestockt und Quereinsteiger:innen gewonnen sowie pädagogisch qualifiziert werden können.

Falls dies nicht möglich sein wird, besteht in BE allerdings – auch infolge der rückläufigen Geburtenzahlen – die realistische Chance, bis 2030 die Teilhabequoten an das heutige Niveau der ostdeutschen Bundesländer und die Personalschlüssel an das durchschnittliche Westniveau anzugleichen. So werden laut Prognose bis 2030 genügend Fachkräfte vorhanden sein, um dieses Etappenziel zu erreichen, und es stehen noch 4.000 Fachkräfte[6] zur Verfügung, die für zusätzliche Verbesserungen, wie etwa bei der Leitungsausstattung, eingesetzt werden könnten.

Nach 2030 muss dann allerdings das Ziel lauten: kindgerechte und bedarfsgerechte FBBE-Angebote in ganz Deutschland. Um dies zu erreichen, müssen in BE schon jetzt die Weichen für den Ausbau der Plätze sowie der Ausbildungskapazitäten mit gleichzeitiger Qualifizierung zusätzlicher Berufsschullehrer:innen gestellt werden. Für die Verbesserung der Personalschlüssel ist zudem eine rechtliche Basis erforderlich. So sollte ein Stufenplan mit einer schrittweisen Verbesserung der Personalausstattung in das KitaFöG integriert werden. Darüber hinaus braucht es Konzepte, um neues Personal zu gewinnen und – insbesondere durch attraktive Arbeitsbedingungen und Verdienstmöglichkeiten – die vorhandenen Fachkräfte zu binden. Damit BE diese Aufgaben bewältigen kann, ist es unumgänglich, dass der Bund auch nach 2022 sein finanzielles Engagement für den Qualitätsausbau fortsetzt und im KiQuTG verlässlich verankert. Die Mittel sollten in erster Linie für die Gewinnung neuer Fachkräfte und den Ausbau der Personal- und Leitungskapazitäten verwendet werden.

1 Haug-Schnabel, Gabriele; Bensel, Joachim (2016): Kinder unter 3 – Bildung, Erziehung und Betreuung von Kleinstkindern. Kindergarten heute – wissen kompakt. 12., überarb. Aufl. Freiburg.

2 Es werden nur die Gruppen in KiTas analysiert, die laut Angaben in der amtlichen KJH-Statistik mit einer Gruppenstruktur arbeiten. Die Zuordnung von Gruppen in KiTas zu einem bestimmten Gruppentyp wird nicht von den Einrichtungen selbst vorgenommen, sondern erfolgt im Rahmen der Auswertung der Daten der amtlichen KJH-Statistik. Dabei erfolgt die Zuordnung primär anhand der Alterszusammensetzung der Kinder in den Gruppen. Gruppen, in denen Kinder mit einer (drohenden) Behinderung betreut werden, werden in der Berechnung nicht berücksichtigt.

3 Viernickel, Susanne; Fuchs-Rechlin, Kirsten (2015): Fachkraft-Kind-Relationen und Gruppengrößen in Kindertageseinrichtungen. Grundlagen, Analysen, Berechnungsmodell, in: Viernickel, Susanne; Fuchs-Rechlin, Kirsten; Strehmel, Petra; Preissing, Christa; Bensel, Joachim; Haug-Schnabel, Gabriele: Qualität für alle. Wissenschaftlich begründete Standards für die Kindertagesbetreuung. Freiburg, S. 11–130.

4 Für eine professionelle Führung und Leitung von KiTas empfiehlt die Bertelsmann Stiftung jeder Einrichtung eine Grundausstattung von 20 Wochenstunden plus 0,35 Wochenstunden pro Ganztagsbetreuungsäquivalent. Die empfohlene Leitungsausstattung enthält auch die Zeiten für Verwaltungstätigkeiten (max. 20 % der empfohlenen Leitungszeit).

5 Der Fachkräfte-Radar für KiTa und Grundschule prognostiziert bis 2030 den Fachkräftebedarf für die KiTa- und Grundschulbetreuung und stellt ihn dem voraussichtlich verfügbaren Personalangebot gegenüber. Weitere Informationen finden Sie unter: www.fachkraefte-radar-kita-grundschule.de

6 Für Berlin handelt es sich um eine Sonderauswertung des Fachkräfte-Radars, bei der angenommen wird, dass in Berlin die Teilhabequoten bis 2030 auf das durchschnittliche Ostniveau gehoben werden.

Teilhabe sichern

Jedes Kind braucht einen gesicherten und einfachen Zugang zu „guter“ Kindertagesbetreuung, unabhängig von seinem Wohnort und seiner sozio-ökonomischen oder kulturellen Herkunft. Dazu sind ausreichend wohnortnahe Angebote notwendig. Um diesem Anspruch zu genügen, erfolgte in den vergangenen Jahren bundesweit ein enormer Ausbau der Betreuungsplätze. 45 % der unter drei Jahre alten Kinder in BE nehmen eine Kindertagesbetreuung in Anspruch (bundesweit: 35 %). Unterschiede gibt es vor allem zwischen den unter 1-Jährigen (2 %), 1-Jährigen (54 %) und 2-Jährigen (79 %). Von den Kindern ab 3 bis unter 6 sind in BE mit 92 % fast alle in einer KiTa oder Kindertagespflege. Darüber hinaus nutzen 47 % der 6-Jährigen (Stand: 1. März 2020) Angebote der Kindertagesbetreuung, bevor sie in den schulischen Bildungsbereich wechseln.

73 % der unter 11-jährigen Schulkinder nehmen Ganztagsschulangebote wahr (bundesweit: 45 %). Nur 7 Kinder (0,01 %), die parallel kein Ganztagsschulangebot nutzen, besuchen eine Kindertagespflege.

2020 nutzen 52.407 unter 3-Jährige in BE ein FBBE-Angebot (45 %). Das sind 10.587 Kinder mehr als 2012, dem Jahr vor der Einführung des bundesweit geltenden Rechtsanspruchs auf einen Betreuungsplatz für Kinder ab dem ersten Geburtstag: ein Anstieg der Teilhabequote um 2 Prozentpunkte. Bedarfsgerecht ist das Angebot jedoch noch nicht: 2020 wünschen sich 59 % der Eltern von Kindern dieser Altersgruppe laut der „DJI-Kinderbetreuungsstudie“ einen Platz in einer KiTa oder Kindertagespflege. Vergleicht man die Entwicklung der elterlichen Betreuungswünsche mit der Bildungsbeteiligung für diese Altersgruppe zwischen 2012 und 2020, zeigt sich, dass der Bedarf etwas stärker angestiegen ist als die Teilhabequote. Lag die Differenz 2012 noch bei 13 Prozentpunkten, hat sie sich innerhalb von acht Jahren auf 14 erhöht.

Bildungsbeteiligung an Kindertagesbetreuung | BE 01.03.2020 | Tab. 6–14; 41a1

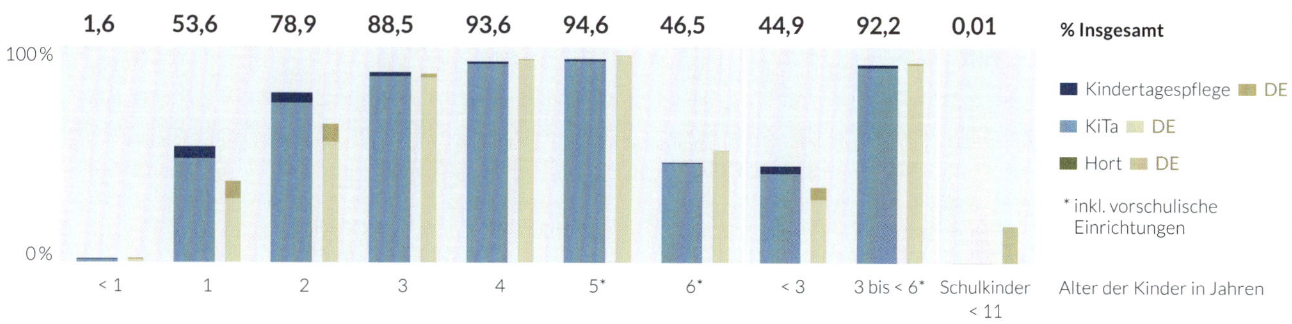

Betreuungsquote und Betreuungswunsch

BE 2012–2020, Stichtag 01.03. | Tab. 88a

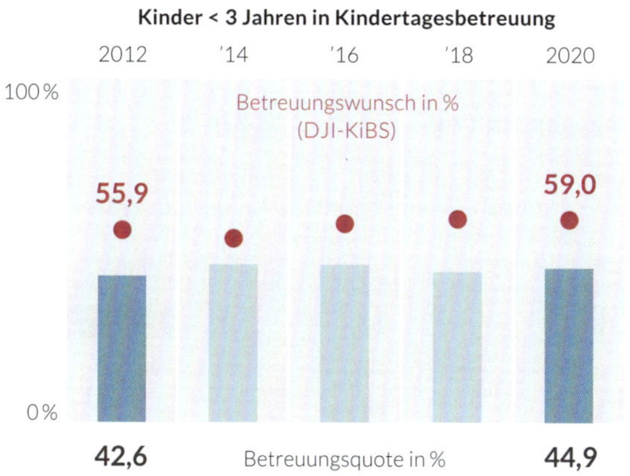

Bildungsbeteiligung von Schulkindern

BE 01.03.2020, Schulj. 2019/20 | Tab. 41a1; Tab. 71

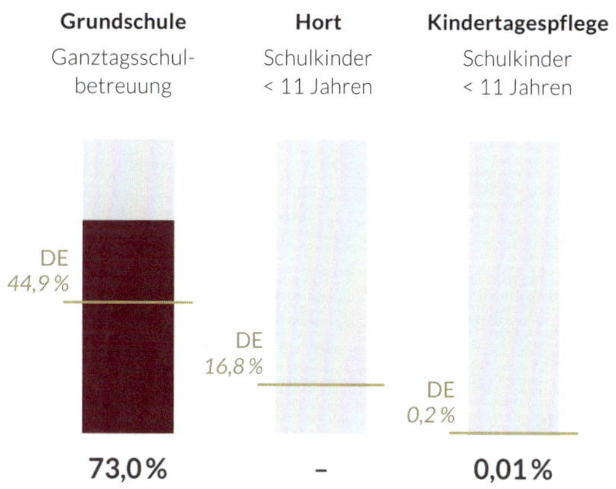

Vereinbarte Betreuungszeit in Horten: –

Regionale Daten zur Bildungsbeteiligung finden Sie auf www.laendermonitor.de unter FOKUS | Regionale Daten

38 % der Kinder, die am 01.03.2020 unter drei Jahre alt waren, wurden im August in der aktuell besuchten KiTa aufgenommen (vgl. S. 62). In den Monaten Dezember sowie April bis Juli zeigen sich die geringsten Aufnahmequoten (2 % bis 3 %). Ähnlich gestaltet es sich in der Kindertagespflege – hier erfolgen die Eingewöhnungen vorrangig im August (30 %). Im September und Oktober liegen die Aufnahmequoten darunter, bewegen sich aber auf einem etwas höheren Niveau (13 % bzw. 10 %).

Kinder mit einer Eingliederungshilfe werden in 63 % der KiTas (ohne Sondereinrichtungen) in BE betreut; bundesweit ist dieser Wert deutlich geringer (40 %).

Werden die vertraglich vereinbarten wöchentlichen Betreuungszeiten betrachtet, zeigt sich das folgende Bild: In BE wird mit 63 % der größte Anteil der unter 3-jährigen KiTa-Kinder laut Vertrag 45 Wochenstunden und mehr betreut. Auch in der Altersgruppe der ab 3-Jährigen werden diese Betreuungszeiten am häufigsten (63 %) gebucht. Diese Werte liegen deutlich über den durchschnittlichen Bundeswerten (39 % bzw. 35 %). Auch in der Kindertagespflege werden die durchschnittlichen täglichen Betreuungszeiten von 9 Stunden und mehr am häufigsten verzeichnet: Das gilt für 64 % der unter 3-Jährigen und 53 % der ab 3-jährigen Nichtschulkinder. KiTa- und Kindertagespflegeplätze bis zu 25 Wochenstunden werden in BE von den Nichtschulkindern eher selten in Anspruch genommen. Schulkinder in der Kindertagespflege hingegen nutzen diese am häufigsten (85 %).

Aufnahmezeitpunkt von unter Dreijährigen in KiTas und Kindertagespflege | BE 01.03.2020 | Tab. 87; 87a

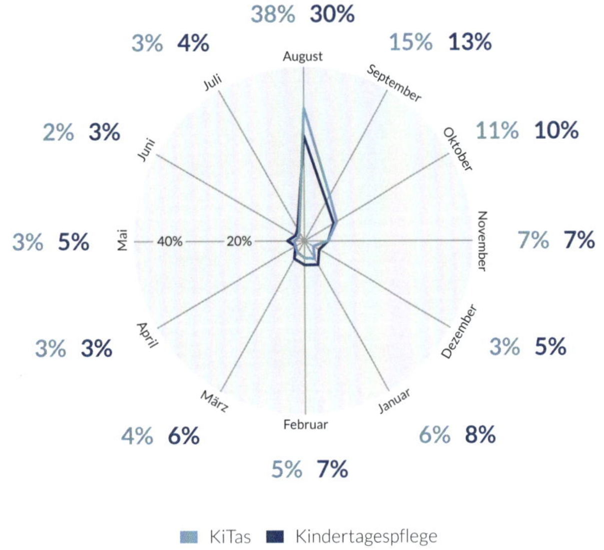

KiTas und Horte, die Kinder mit Eingliederungshilfe betreuen | BE 01.03.2020 | Tab. 59aoh; 59ah

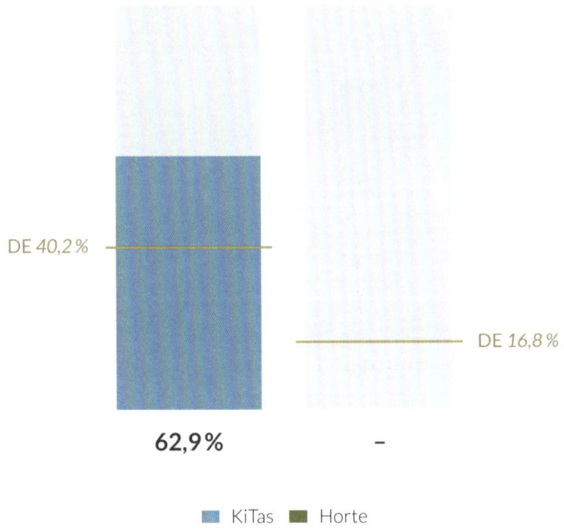

Vertraglich vereinbarte wöchentliche Betreuungszeiten in Kindertagesbetreuung | BE 01.03.2020 | Tab. 2–5; 3h; 138

	Kinder in KiTas und Horten						Kinder in öffentlich geförderter Kindertagespflege					
	< 3 Jahre: 48.329	DE	≥ 3 Jahre bis Schuleintritt: 118.775	DE	Schulkinder < 11 Jahren: 0	DE	< 3 Jahre: 4.111	DE	≥ 3 Jahre bis Schuleintritt: 1.815	DE	Schulkinder < 11 Jahren: 193	DE
Bis 25 Stunden	0,6	11,3	1,0	9,3	–	61,1	1,3	31,3	8,9	47,0	84,5	89,7
> 25 bis 35 Stunden	32,4	30,6	32,4	37,8	–	35,2	34,4	34,2	37,5	24,4	10,4	7,4
> 35 bis < 45 Stunden	3,6	19,5	3,8	17,5	–	1,6	0,1	19,3	0,3	15,7	3,1	1,8
45 Stunden und mehr	63,4	38,5	62,8	35,4	–	2,2	64,2	15,2	53,3	12,9	2,1	1,1

%

| = DE

Regionale Daten zum Betreuungsumfang finden Sie auf www.laendermonitor.de unter FOKUS | Regionale Daten

In BE liegt der Anteil der Kinder mit nicht deutscher Familiensprache in 49 % der KiTas unter 25 % (bundesweit: 69 %); hier spricht also die Mehrheit der Kinder zu Hause Deutsch. 29 % der unter 3-Jährigen in KiTas haben einen Migrationshintergrund (MH). Nur 5 % sprechen in ihrer Familie überwiegend Deutsch, 24 % eine andere Sprache. Bei den älteren KiTa-Kindern (38 %) liegen die Werte für die Sprache bei 5 % bzw. 33 %. Die Anteile der Kinder mit MH sind in der Kindertagespflege mit jeweils rund 22 % in beiden Altersgruppen geringer als in KiTas. Bei den jüngeren Kindern sprechen 11 % Deutsch und 12 % eine andere Sprache. Diese Werte liegen bei den ab 3-Jährigen bei 7 % bzw. 15 %.

Der größte Anteil der unter 4-Jährigen mit oder ohne MH wurde mit einem Jahr in ihrer aktuellen KiTa (52 % bzw. 56 %) oder Kindertagespflege (60 % bzw. 56 %) aufgenommen. Kinder mit MH besuchen seltener im Alter von unter einem Jahr zum ersten Mal eine KiTa (14 %) als Kinder ohne MH (28 %). In der Kindertagespflege sind diese Unterschiede geringer (27 % bzw. 34 %).

Kinder mit und ohne Migrationshintergrund

BE 01.03.2020

Regionale Daten zum Migrationshintergrund und zur Familiensprache finden Sie auf www.laendermonitor.de unter FOKUS | Regionale Daten

Bildungsbeteiligung in KiTas und Kindertagespflege

Tab. 38a, Tab. 39a

Zu den Teilhabequoten von Kindern mit und ohne Migrationshintergrund in BE können keine Angaben gemacht werden, da keine repräsentativen Daten über den Anteil der Kinder mit und ohne Migrationshintergrund in der Bevölkerung vorliegen.

Quote der Inanspruchnahme von Kindern

mit Migrationshintergrund **ohne** Migrationshintergrund

KiTas nach ihrem Anteil an Kindern mit nicht deutscher Familiensprache | Tab. 96

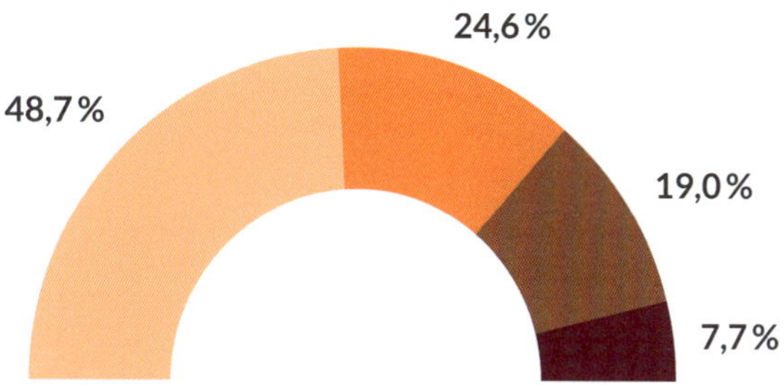

KiTas mit einem Anteil an Kindern mit nicht deutscher Familiensprache von

< 25 % 25 bis < 50 % 50 bis < 75 % 75 % und mehr

Alter des Kindes zu Beginn der Betreuung in der aktuellen KiTa und Kindertagespflege | Tab. 92; 93

KiTa

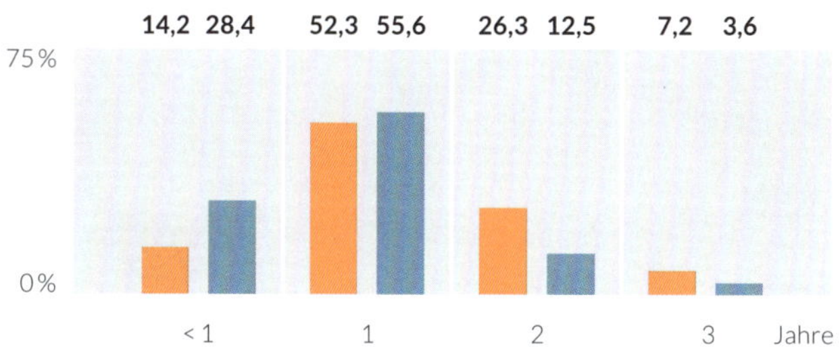

Kindertagespflege

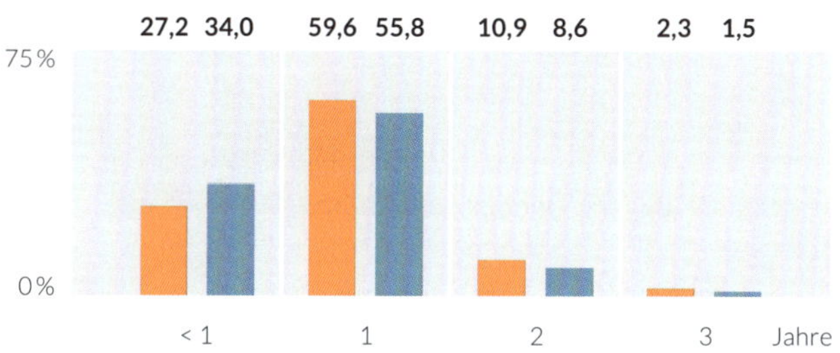

mit Migrationshintergrund **ohne** Migrationshintergrund

Familiäre Sprachpraxis der Kinder in KiTas und Kindertagespflege | Tab. 15a-20a

KiTas

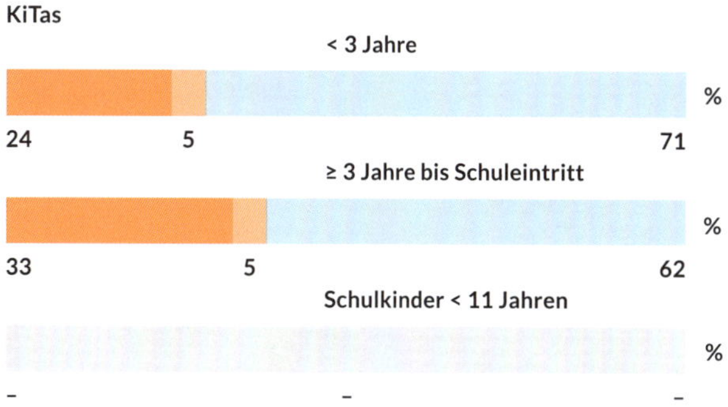

Kindertagespflege

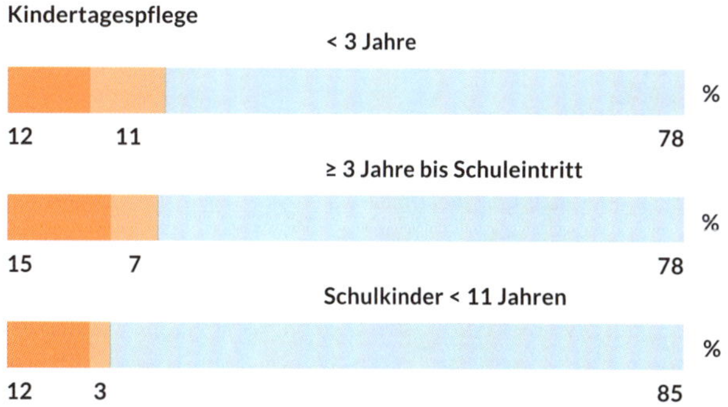

Kinder **mit** Migrationshintergrund:

Familiensprache nicht Deutsch Deutsch

Kinder **ohne** Migrationshintergrund

Bildung fördern – Qualität sichern

Die FBBE kann einen bedeutenden Beitrag für die Chancengerechtigkeit aller Kinder in Deutschland leisten. Voraussetzung dafür, dass die KiTas ihren Bildungsauftrag durchführen können, sind professionelle Rahmenbedingungen: insbesondere ausreichend Personal für die pädagogischen Aufgabenbereiche sowie für die Leitung und die Verwaltung. Weitere wichtige Gradmesser für die Qualität sind qualifizierte KiTa-Teams und kleine Kindergruppen. Schließlich spielt auch die Ausgestaltung der Arbeitsbedingungen durch die Träger eine Rolle. Der Status quo der KiTa-Landschaft wird im Folgenden anhand ausgewählter strukturell-qualitativer Dimensionen dargestellt.

23 % der unter 3-Jährigen in BE sind in Krippengruppen; 2020 ist hier eine Vollzeitkraft rechnerisch für 5,2 ganztags betreute Kinder zuständig. Weitere 19 % dieser Altersgruppe werden zusammen mit ebenfalls 19 % der ab 3-Jährigen in altersübergreifenden Gruppen betreut (Personalschlüssel: 1 zu 7,2). 32 % der Kinder ab drei Jahren (32 %) befindet sich in Kindergartengruppen (Personalschlüssel: 1 zu 8,3). Für ein kindgerechtes Betreuungsverhältnis empfiehlt die Bertelsmann Stiftung, dass eine Fachkraft rein rechnerisch für höchstens 3 Kinder unter drei Jahren in Krippengruppen oder 7,5 Kinder ab drei Jahren in Kindergartengruppen zuständig ist. In BE entsprechen 46 % der Personalschlüssel in Kindergartengruppen dieser Empfehlung bzw. sind günstiger (inkl. ± 0,5 Toleranz). Schlechter sind 54 % der Personalschlüssel, in Krippengruppen sogar 90 %. Ein ungünstigeres Bild zeigt sich bei den weiteren Gruppenformen. So sind in 93 bis 94 % dieser Gruppen die Personalschlüssel ungünstiger als wissenschaftlich empfohlen.

Der Personalschlüssel ist eine rein rechnerische, im KiTa-Alltag nicht beobachtbare Größe, die die gesamte Arbeitszeit einer pädagogischen Fachkraft umfasst. Die annähernd reale Betreuungssituation beschreibt die Fachkraft-Kind-Relation, die das Verhältnis zwischen den Fachkräften und den Kindern während der unmittelbaren pädagogischen Arbeit darstellt.

Pädagogische Personalausstattung | BE 01.03.2020

Personalschlüssel

Tab. 43a2

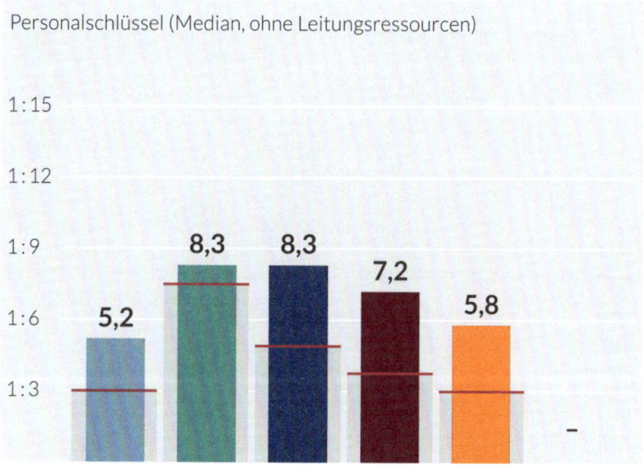

Verteilung der Kinder auf Gruppentypen

Tab. 36b; 36b1; 36b2

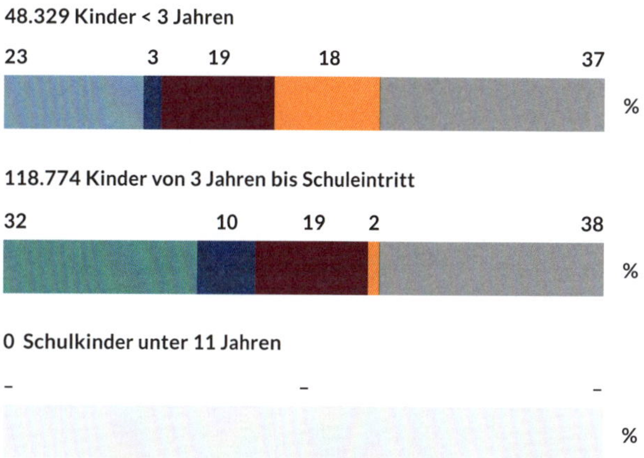

Gruppentyp
Krippe · Kindergarten · Kindergarten ab 2 Jahre · Altersübergreifend ab 0 Jahre · Krippe < 4 Jahren · Hort · Ohne feste Gruppenstruktur

Empfohlener Personalschlüssel (BSt = Bertelsmann Stiftung, H.-S. & B. = Haug-Schnabel & Bensel 2016):
Krippe 1 : 3,0 (BSt); Kindergarten 1 : 7,5 (BSt); Kindergarten ab 2 J. 1: 4,9 (H.-S. & B.); Altersübergreifend ab 0 J. 1 : 3,75 (H.-S. & B.); Krippe < 4 J. 1 : 3,0 (BSt)

Regionale Daten zum Personalschlüssel finden Sie auf www.laendermonitor.de unter FOKUS | Regionale Daten

Personalschlüssel im Vergleich | Tab. 94; 94a–e

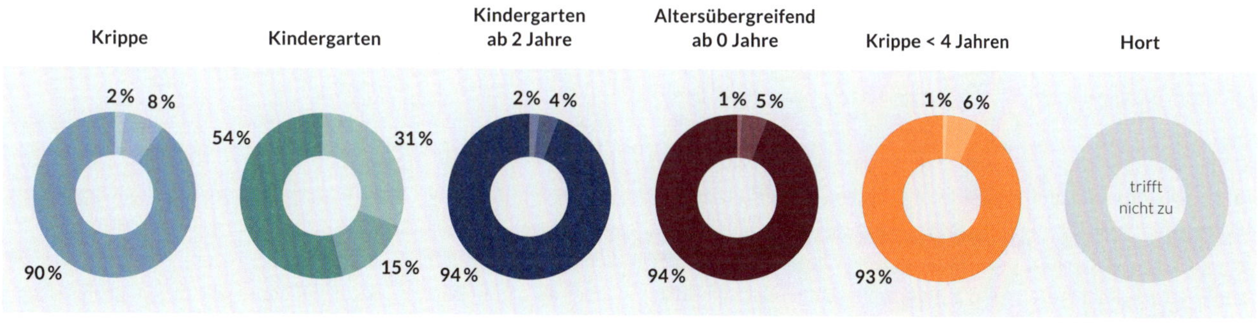

Personalschlüssel von

Krippe	Kindergarten	Kindergarten ab 2 Jahre	Altersübergreifend ab 0 Jahre	Krippe < 4 Jahren	Hort
<1: 2,5 DE 10 %	<1: 7 DE 26 %	<1: 4,4 DE 2 %	<1: 3,25 DE 4 %	<1: 2,5 DE 5 %	<1: 9,5 DE 44 %
1: 2,5 bis <1: 3,5 DE 24 %	1: 7 bis <1: 8 DE 14 %	1: 4,4 bis <1: 5,4 DE 7 %	1: 3,25 bis <1: 4,25 DE 9 %	1: 2,5 bis <1: 3,5 DE 22 %	1: 9,5 bis <1: 10,5 DE 5 %
1: 3,5 und mehr DE 66 %	1: 8 und mehr DE 60 %	1: 5,4 und mehr DE 91 %	1: 4,25 und mehr DE 87 %	1: 3,5 und mehr DE 72 %	1: 10,5 und mehr DE 51 %

Pädagogische Personalausstattung | BE 01.03.2020

Fachkraft-Kind-Relation – Szenarien der Bertelsmann Stiftung | Tab. 82

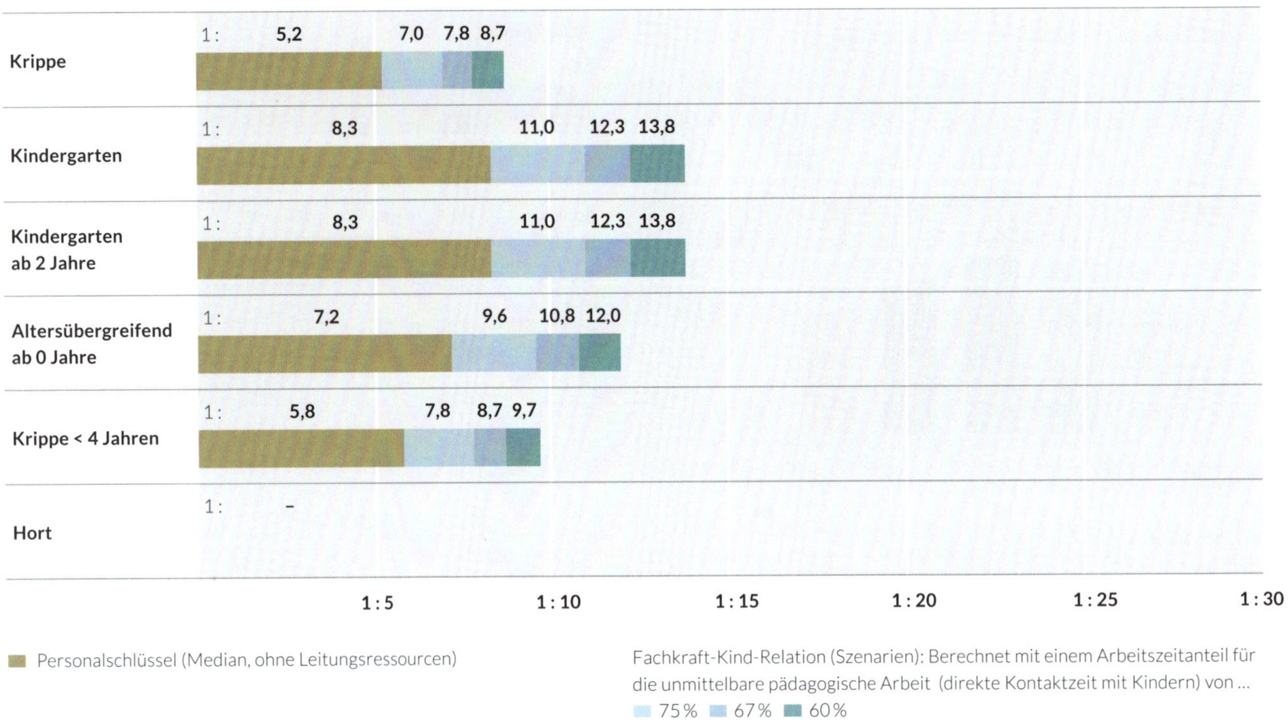

Eine Annäherung an die Fachkraft-Kind-Relation kann nur durch Szenarien erfolgen, da die amtliche Kinder- und Jugendhilfestatistik keine Daten für Arbeitszeitanteile der mittelbaren pädagogischen Aufgabenbereiche sowie Ausfallzeiten erfasst. Die drei von der Bertelsmann Stiftung entwickelten Szenarien wurden auf Basis wissenschaftlicher Untersuchungen berechnet. Diese zeigen, dass 24 % bis 41 % der Gesamtarbeitszeit einer pädagogischen Fachkraft zum einen Ausfallzeiten sind (Urlaub, Krankheit, Fortbildungen) und zum anderen für Aufgaben außerhalb der pädagogischen Praxis benötigt werden, etwa für Elterngespräche, die Qualitätsentwicklung oder Bildungsdokumentationen.[1] In den Szenarien wird der Anteil für die unmittelbaren Arbeitsaufgaben, also den Kontakt mit den Kindern, mit 75 %, 67 % oder 60 % der gesamten Arbeitszeit angesetzt.

Werden wie im Szenario 1 nur 25 % der Arbeitszeit für Aufgaben ohne die Kinder verwendet, verbleiben 75 % der Arbeitszeit für sie. In BE betreut dann eine Vollzeitkraft in Krippengruppen bei einem Personalschlüssel von 1 zu 5,2 in der pädagogischen Praxis rechnerisch 7 Kinder. Nimmt man einen höheren Anteil mittelbarer pädagogischer Arbeitszeit an, sinkt die Zeit für die Arbeit mit den Kindern, und die Fachkraft-Kind-Relationen verschlechtern sich (Szenarien 2 und 3).

Neben einer kindgerechten Personalausstattung ist die Gruppengröße ein weiterer Gradmesser für „gute" KiTas. Zu große Gruppen bedeuten für die Kinder und das Personal übermäßigen Stress, etwa durch die Lautstärke. So sollten Gruppen für jüngere Kinder nicht mehr als zwölf Kinder umfassen, Kindergartengruppen nicht mehr als 18.[1] In BE sind 35 % der Krippengruppen zu groß, bei den Kindergartengruppen sind es 15 %.

Im Median haben die KiTas in BE 10 Stunden und damit kürzer als die ostdeutschen Flächenländer (11 Stunden) ihre Türen geöffnet; bundesweit liegt die Öffnungsdauer bei 9,5 Stunden. Der Großteil der KiTas (43 %) startet den Tag zwischen 7:00 und 7:30 Uhr.

1 Vgl. Viernickel, Susanne; Fuchs-Rechlin, Kirsten (2015): Fachkraft-Kind-Relationen und Gruppengrößen in Kindertageseinrichtungen. Grundlagen, Analysen, Berechnungsmodell, in: Viernickel, Susanne; Fuchs-Rechlin, Kirsten; Strehmel, Petra; Preissing, Christa; Bensel, Joachim; Haug-Schnabel, Gabriele: Qualität für alle. Wissenschaftlich begründete Standards für die Kindertagesbetreuung. Freiburg, S. 11–130.

KiTa- und Hort-Strukturen | BE 01.03.2020

Gruppengrößen im Vergleich | Tab. 116a–e; 116h

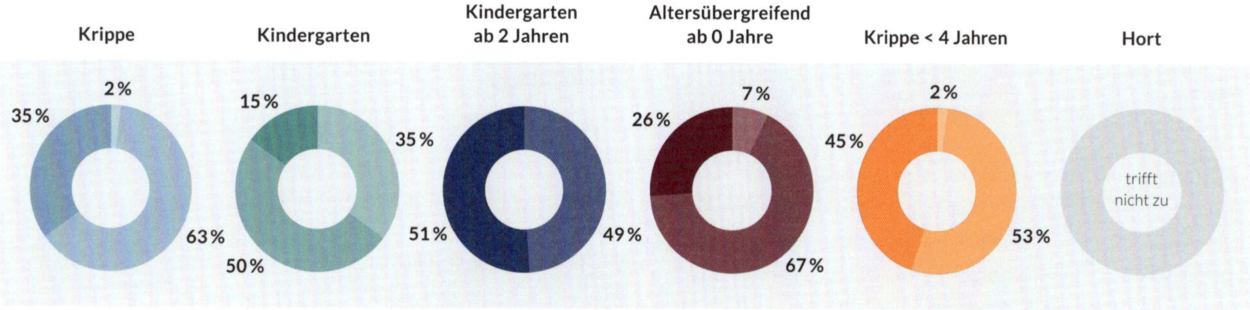

Anzahl Kinder pro Gruppe

Krippe		Kindergarten		Kindergarten ab 2 Jahren		Altersübergreifend ab 0 Jahre		Krippe < 4 Jahren		Hort	
< 6	DE 4 %	< 14	DE 11 %	< 14	DE 0 %	< 10	DE 4 %	< 6	DE 1 %	< 15	DE 15 %
6 bis 12	DE 74 %	14 bis 18	DE 22 %	14 bis 18	DE 16 %	10 bis 18	DE 61 %	6 bis 12	DE 59 %	15 bis 20	DE 37 %
> 12	DE 22 %	> 18	DE 67 %	> 18	DE 84 %	> 18	DE 35 %	> 12	DE 40 %	> 20	DE 48 %

Öffnungszeiten von KiTas und Horten | Tab. 83oh; 83h; 117oh; 117h

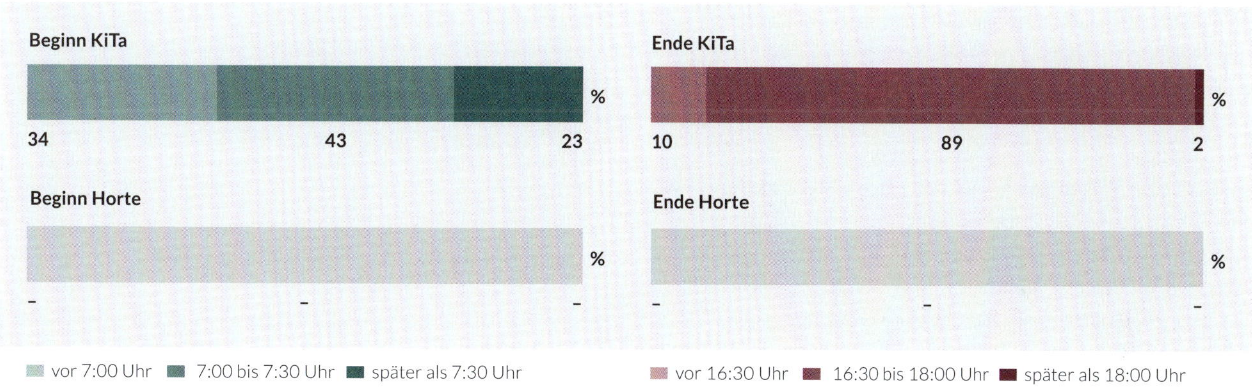

KiTa: Beginn nach 7:30 und Ende vor 16:30 Uhr

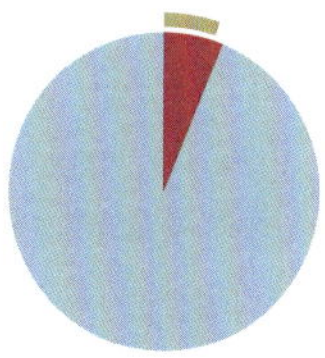

6,2 %
DE *5,1 %*

KiTa: Öffnungsdauer

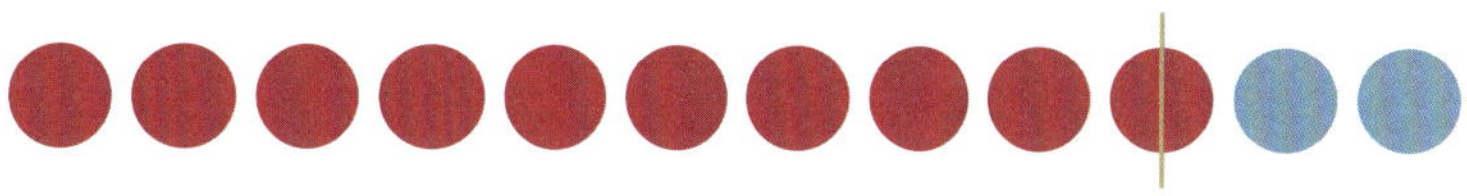

10 Stunden pro Tag (Median)
DE *9,5 Std.*

Horte: Beginn nach 7:30 und Ende vor 16:30 Uhr

–
DE *6,0 %*

Horte: Öffnungsdauer

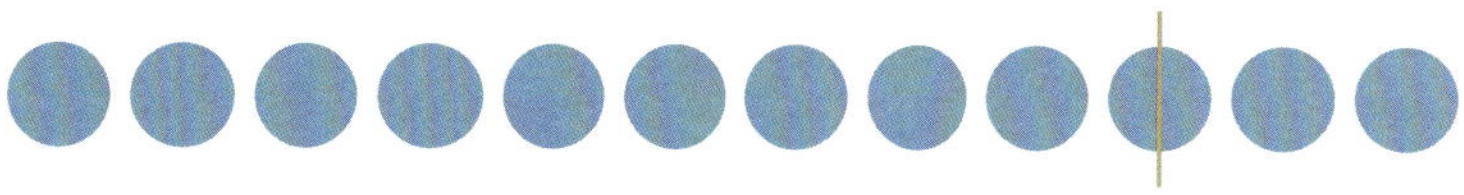

– Stunden pro Tag (Median)
DE *9,5 Std.*

Regionale Daten zu den Öffnungszeiten von KiTas finden Sie auf www.laendermonitor.de unter FOKUS | Regionale Daten

Leitungsausstattung

BE 01.03.2020

2020 verfügen 22 % der 2.663 KiTas in BE nach der amtlichen Kinder- und Jugendhilfestatistik über keine vertraglich vereinbarte Zeit für Leitungsaufgaben. Bundesweit sind es fast 9 %. Dies betrifft vor allem die kleinen Einrichtungen in BE: 37 % der KiTas mit weniger als 45 betreuten Kindern haben keine zeitlichen Leitungsressourcen, während es in den größeren mit 76 und mehr Kindern nur fast 5 % sind.

In 47 % der KiTas in BE, in denen es laut Arbeitsvertrag Leitungskapazitäten gibt, ist eine Person ausschließlich als Leiter:in tätig. Weitere 34 % werden ebenfalls von nur einer Person geleitet – diese ist allerdings neben ihrer Leitungstätigkeit noch als pädagogische Fachkraft zuständig. Hier ergibt sich das folgende Bild: In fast 19 % der KiTas gibt es Leitungskräfte, denen weniger als 50 % ihrer Arbeitszeit für Leitungsaufgaben zur Verfügung stehen, während in 15 % der KiTas die Leitungskräfte mindestens die Hälfte ihrer Arbeitszeit für Leitungsaufgaben nutzen können. In den restlichen 19 % ist ein Leitungsteam zuständig, d. h., mindestens zwei Personen besitzen einen Leitungsanteil oder sind ausschließlich als Leitung tätig.

Welche dieser vier Leitungskonstellationen in einer Einrichtung zum Tragen kommt, ist die – bewusst zu treffende – Entscheidung des Trägers. Dieser Handlungsspielraum sollte es ermöglichen, den Teams sowie auch den Leitungsverantwortlichen mit ihren jeweiligen Leitungskompetenzen und Persönlichkeiten gerecht zu werden. Voraussetzung ist allerdings, dass den KiTas und Horten zeitliche Leitungsressourcen gewährt werden. Diese sind notwendig, um die Einrichtung professionell zu führen und zu leiten.

Um den Umfang der vertraglich zugesicherten Leitungszeit zwischen den KiTas unabhängig von ihrer Größe sowie auch zwischen den Bundesländern vergleichen zu können, wird die wöchentliche Leitungszeit auf die Anzahl der ganztags betreuten Kinder verteilt. In den KiTas mit Leitungskapazitäten ergeben sich in BE rechnerisch im Median 27 Minuten pro ganztags betreutem Kind für die Führung und Leitung der KiTa.

Darüber hinaus kann die wöchentliche Leitungszeit gruppiert dargestellt werden. Im Ergebnis zeigt sich, dass dem größten Anteil der KiTas in BE (28 %) eine wöchentliche Arbeitszeit von über 20 bis einschließlich 30 Minuten pro rechnerisch ganztags betreutem Kind zur Verfügung steht.

KiTas ohne Zeit für Leitung | Tab. 85

21,8 % von 2.663 KiTas verfügen über keine Zeit für Leitung

KiTas ohne Zeit für Leitung nach KiTa-Größe

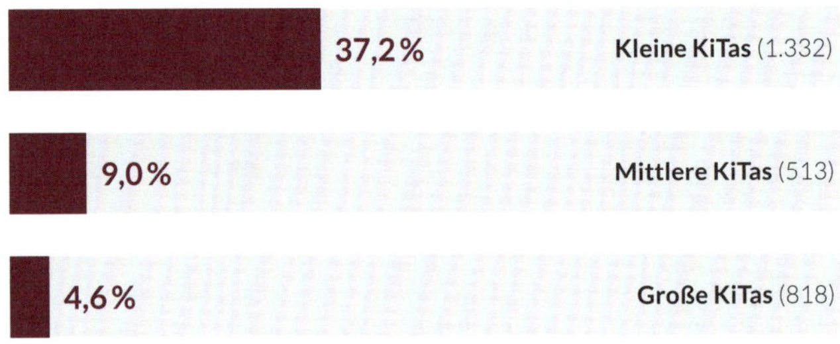

Anzahl betreuter Kinder

Kleine KiTas: < 45 Mittlere KiTas: 45 bis 75 Große KiTas: 76 und mehr

Regionale Daten zu KiTas ohne Leitungszeit finden Sie auf www.laendermonitor.de unter FOKUS | Regionale Daten

KiTas mit Zeit für Leitung nach Leitungsprofil

Tab. 65

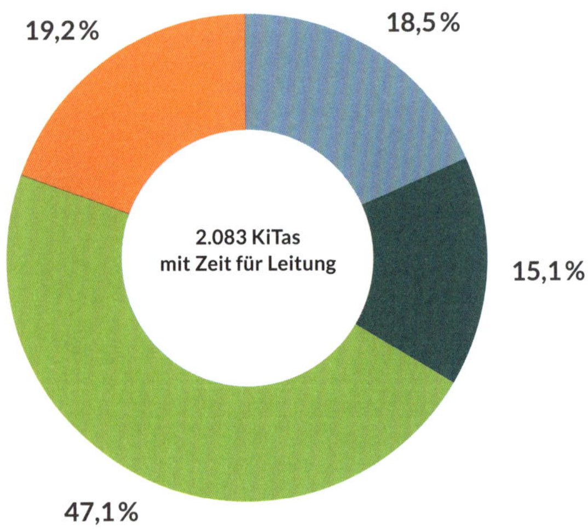

DE	Eine Leitungskraft ...
32,8 %	... mit Leitung als nachrangigem Arbeitsbereich
17,1 %	... mit Leitung als überwiegendem Arbeitsbereich
36,1 %	... ohne weiteren Arbeitsbereich
14,0 %	Leitungsteam

Leitungsausstattung | BE 01.03.2020

KiTas nach Leitungszeit* pro Kind

Tab. 66b; Tab. 108b

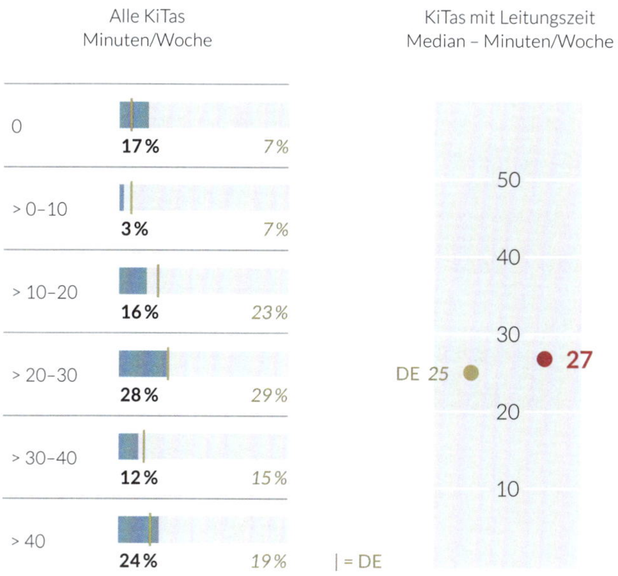

KiTas mit weniger als 20 Wochenstunden Leitungszeit* | Tab. 111

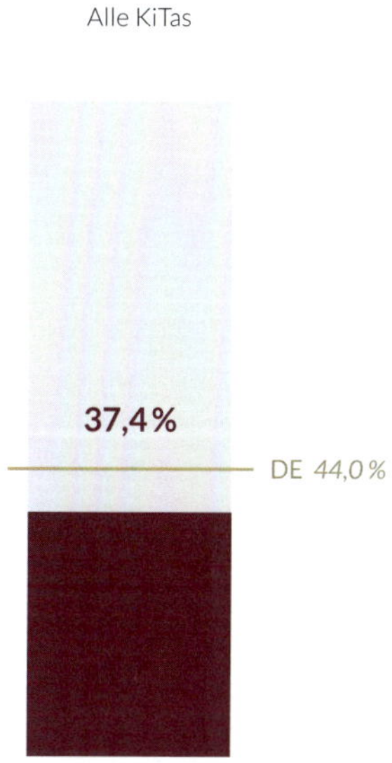

Bertelsmann Stiftung: Empfehlung zur Leitungsausstattung

KiTas mit der von der Bertelsmann Stiftung empfohlenen Leitungszeit* | Tab. 112

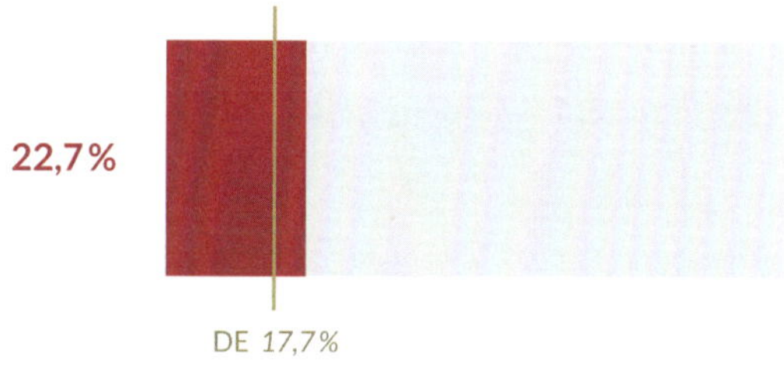

* Zeit für die Arbeitsbereiche Leitung UND Verwaltung

**Vertraglich vereinbarte Betreuungswochenstunden aller Kinder geteilt durch 40

Für eine professionelle Führung und Leitung von KiTas empfiehlt die Bertelsmann Stiftung jeder Einrichtung eine Grundausstattung von 20 Wochenstunden. Diese ist dringend notwendig, denn in jeder KiTa müssen – unabhängig von der Größe – Führungs- und Leitungsaufgaben erledigt werden. 2020 verfügen in BE 37 % der KiTas nicht über diese Grundausstattung, die als garantiertes Zeitbudget empfohlen wird.

Neben den 20 Wochenstunden sollte jeder KiTa ein variabler Anteil von 0,35 Wochenstunden pro Ganztagsbetreuungsäquivalent** zur Verfügung gestellt werden. Mit inbegriffen sind Verwaltungszeiten von max. 20 % der empfohlenen Leitungszeit. 2020 verfügen in BE 23 % der KiTas über diese Leitungsausstattung, bundesweit sind es 18 %.

Pädagogisches Personal | BE 01.03.2020

Entwicklung des pädagogischen Personals

Tab. 118oh, 118h; 126

Jahr (Stichtag 01.03.)	KiTas	Kindertagespflege	Horte
	Anzahl pädagogisch Tätiger		
2011	20.445	1.425	-
2012	22.106	1.602	-
2013	23.568	1.685	-
2014	25.031	1.703	-
2015	26.285	1.658	-
2016	27.190	1.589	-
2017	28.816	1.599	-
2018	30.545	1.621	-
2019	32.558	1.655	-
2020	34.098	1.601	-

Beschäftigungsumfang in KiTas und Horten

Tab. 29oh; 29h

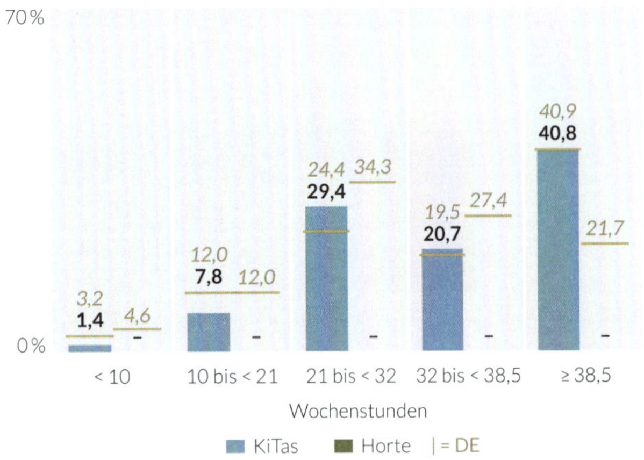

Qualifikationsniveaus | Tab. 27; 50a; 133

Abschluss	BE Anzahl	BE Anteil	DE Anteil
KiTas: 34.098 päd. Tätige			
Hochschule*	1.970	**5,8 %**	*5,6 %*
Fachschule*	23.828	**69,9 %**	*68,3 %*
Berufsfachschule*	980	**2,9 %**	*13,6 %*
Sonstige Ausbildungen	2.036	**6,0 %**	*4,5 %*
In Ausbildung	4.488	**13,2 %**	*5,9 %*
Ohne Abschluss	796	**2,3 %**	*2,2 %*
Kindertagespflege: 1.601 päd. Tätige			
Hochschule*	56	**3,5 %**	*3,2 %*
Fachschule*	502	**31,4 %**	*15,8 %*
Berufsfachschule*	115	**7,2 %**	*10,0 %*
Soziale/sozialpädagogische Kurzausbildung	43	**2,7 %**	*1,9 %*
Sonstige Ausbildungen	703	**43,9 %**	*60,1 %*
In Ausbildung	54	**3,4 %**	*0,5 %*
Ohne Abschluss	128	**8,0 %**	*8,6 %*
Horte: 0 päd. Tätige			
Hochschule*	-	-	*8,2 %*
Fachschule*	-	-	*68,8 %*
Berufsfachschule*	-	-	*8,8 %*
Sonstige Ausbildungen	-	-	*7,6 %*
In Ausbildung	-	-	*4,6 %*
Ohne Abschluss	-	-	*2,0 %*

* fachlich einschlägig

Regionale Daten zu den Qualifikationsniveaus finden Sie auf www.laendermonitor.de unter FOKUS | Regionale Daten

Die Zahl des pädagogischen Personals in KiTas ist in BE zwischen 2011 und 2020 erheblich gestiegen: um 67 % auf nunmehr 34.098 Tätige. In der Kindertagespflege ist im selben Zeitraum ein geringerer Ausbau zu verzeichnen: Gegenüber 2011 mit 1.425 Personen stieg die Zahl bis 2020 auf 1.601.

6 % der pädagogisch Tätigen in KiTas besitzen einen Hochschul-, 70 % einen Fachschulabschluss als Erzieher:in. In Ausbildung befinden sich 13 %; das ist bundesweit der höchste Anteil. In der Kindertagespflege arbeiten anteilig deutlich weniger Personen mit einem fachlich einschlägigen Fachschulabschluss (31 %); bundesweit ist dies allerdings der höchste Anteil (Bundesdurchschnitt: 16 %). Die meisten Kindertagespflegepersonen (44 %) besitzen einen nicht-fachpädagogischen Abschluss.

Der größte Anteil des KiTa-Personals arbeitet 38,5 Stunden pro Woche und mehr (41 %). Arbeitsverträge von unter 10 Wochenstunden sind in BE mit 1 % wie in den anderen Bundesländern am seltensten vertreten (bundesweit: 3 %).

Pädagogisches Personal | BE 01.03.2020

Altersstruktur in KiTas, Kindertagespflege und Horten | Tab. 42oh; 42h; 128

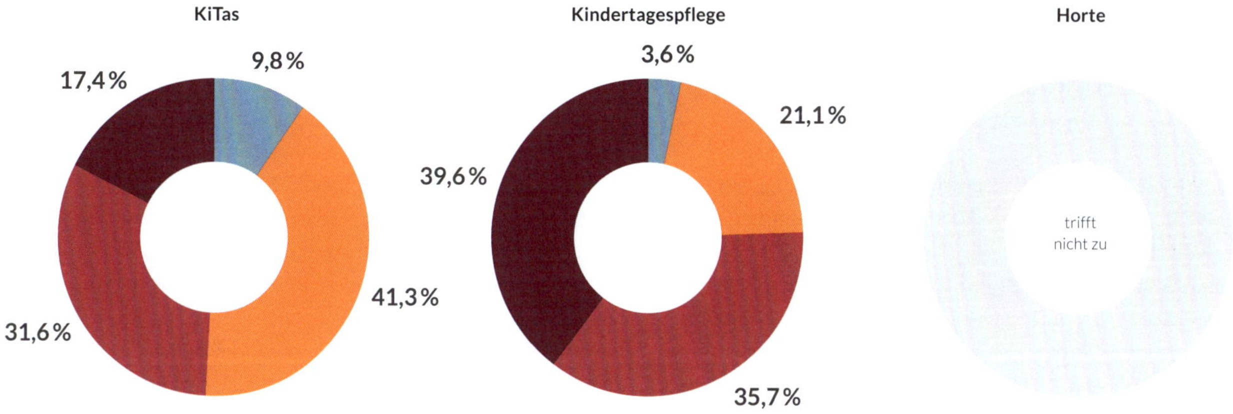

Pädagogisch Tätige im Alter von ... Jahren: < 25 | 25 bis < 40 | 40 bis < 55 | ≥ 55

Befristete Arbeitsverhältnisse in KiTas | Tab. 77

	Alter in Jahren	unter 30	30 bis unter 40	40 bis unter 50	50 bis unter 60	60 und älter
BE	pädagogisch Tätige insgesamt	6.764	9.739	6.734	7.436	2.250
	Anteil befristet Beschäftigter	**36,0 %**	**21,4 %**	**14,6 %**	**5,5 %**	**5,8 %**
DE	Anteil befristet Beschäftigter	*25,6 %*	*14,1 %*	*10,4 %*	*6,3 %*	*5,9 %*

12 % des KiTa-Personals in BE sind männlich (bundesweit: 6 %). Zwar liegt dieser Anteil in der Kindertagespflege mit 8 % auf einem niedrigeren Niveau (bundesweit: 4 %), aber dennoch zeigt sich im bundesweiten Vergleich in BE in beiden Betreuungsformen der höchste Anteil an Männern.

Der Großteil des KiTa-Personals in BE ist 25 bis unter 40 Jahre (41 %) und 40 bis unter 55 Jahre alt (32 %); bundesweit liegen diese Anteile bei 37 % und 33 %. Zudem sind 10 % der Fachkräfte unter 25 Jahre alt, und wiederum 17 % sind 55 oder älter (bundesweit: 13 % bzw. 17 %). Ein anderes Bild zeigt sich in der Kindertagespflege, wo das Personal durchschnittlich älter ist. So stellen in BE die Kindertagespflegepersonen, die 55 Jahre oder älter sind, mit 40 % den größten Anteil; das ist auch bundesweit der höchste Wert (Bundesdurchschnitt: 27 %). Weitere 36 % sind 40 bis unter 55 Jahre alt (bundesweit: 43 %). Zur Altersgruppe 25 bis unter 40 Jahre zählen lediglich 21 % (bundesweit: 29 %). Der Anteil an jüngeren Kindertagespflegepersonen unter 25 Jahren liegt in BE bei 4 %, was im bundesweiten Vergleich (1,5 %) den höchsten Anteil darstellt.

18 % des pädagogischen Personals in KiTas sind in BE befristet beschäftigt; das ist länderübergreifend der höchste Anteil. Dem bundesweiten Trend folgend, sind auch in BE vor allem jüngere Beschäftigte von einer Befristung betroffen, nämlich 36 % der unter 30-Jährigen, aber nur jeweils rund 6 % der 50- bis unter 60-Jährigen und der ab 60-Jährigen.

Träger | BE 01.03.2020

Die insgesamt 2.663 KiTas in BE werden von verschiedenen Trägern betrieben; das können solche der öffentlichen oder der freien Jugendhilfe sein. Innerhalb der freien Träger wird zwischen den privat-gemeinnützigen und den privat-nichtgemeinnützigen (auch Wirtschaftsunternehmen) unterschieden. Die privat-nichtgemeinnützigen werden den freien Trägern zugeordnet, da Gemeinnützigkeit kein konstitutives Merkmal ist.

Nur 11 % der KiTas in BE befinden sich in öffentlicher Trägerschaft (bundesweit: 32 %). Mit 36 % wird der größte Anteil der KiTas von den sonstigen freigemeinnützigen Trägern betrieben. In der bundesweiten Gesamtschau sind in BE insbesondere KiTas in konfessioneller Trägerschaft unterrepräsentiert (Diakonie: 9 %; Caritas: 2 %; bundesweit 16 % bzw. 17 %). KiTas in der Trägerschaft von Elterninitiativen sind in BE hingegen mit 21 % deutlich stärker vertreten als im Bundesdurchschnitt (8 %).

Unterschiede in den Betreuungsquoten der unter 3-Jährigen und der Kinder ab 3 nach Art des Trägers sind in BE kaum vorhanden. Mit 21 % bzw. 22 % nutzen sowohl die jüngeren als auch die älteren Kinder KiTas in öffentlicher Trägerschaft zu beinahe den gleichen Anteilen. Der größte Anteil wird jeweils in KiTas sonstiger freigemeinnütziger Träger betreut (unter 3-Jährige: 31 %; ab 3-Jährige: 29 %).

Die Beschäftigungsumfänge der pädagogisch Tätigen unterscheiden sich in vielen Bundesländern nach Trägerschaft der KiTas. 2020 zeigt sich in BE das folgende Bild: Mit 68 % verfügt ein großer Anteil der pädagogisch Tätigen in öffentlicher Trägerschaft über einen Arbeitsvertrag, der mindestens 32 Wochenstunden umfasst; das ist mehr als in Einrichtungen anderer Trägerschaften, insbesondere in Elterninitiativen (51 %). Hier arbeitet unter allen Trägern mit 16 % ein größerer Anteil weniger als 21 Wochenstunden. Arbeitsverträge von 21 bis unter 32 Wochenstunden sind anteilig am häufigsten in KiTas der Arbeiterwohlfahrt vertreten (37 %).

KiTas und Horte nach Träger | Tab. 78oh; 78h

2.663 KiTas und 0 Horte in BE	KiTas		Horte	
	Anzahl	Anteil	Anzahl	Anteil
Öffentliche Träger	293	**11,0 %**	–	–
Freie Träger/privat-gemeinnützig				
Arbeiterwohlfahrt (AWO)	50	**1,9 %**	–	–
Deutscher Paritätischer Wohlfahrtsverband (DPWV)	487	**18,3 %**	–	–
Deutsches Rotes Kreuz (DRK)	4	**0,2 %**	–	–
Diakonie Deutschland/sonstige der EKD angeschlossene Träger	247	**9,3 %**	–	–
Deutscher Caritasverband/sonstige katholische Träger	65	**2,4 %**	–	–
Sonstige	963	**36,2 %**	–	–
Freie Träger/privat-nichtgemeinnützig	3	**0,1 %**	–	–
Elterninitiativen	551	**20,7 %**	–	–

Träger | BE 01.03.2020

Kinder nach Alter und KiTa-Träger | Tab. 79, 80

48.329 Kinder < 3 Jahren

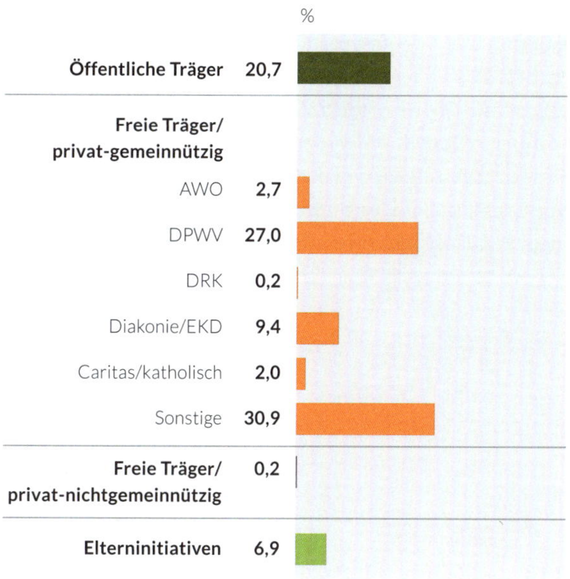

118.775 Kinder ab 3 Jahren

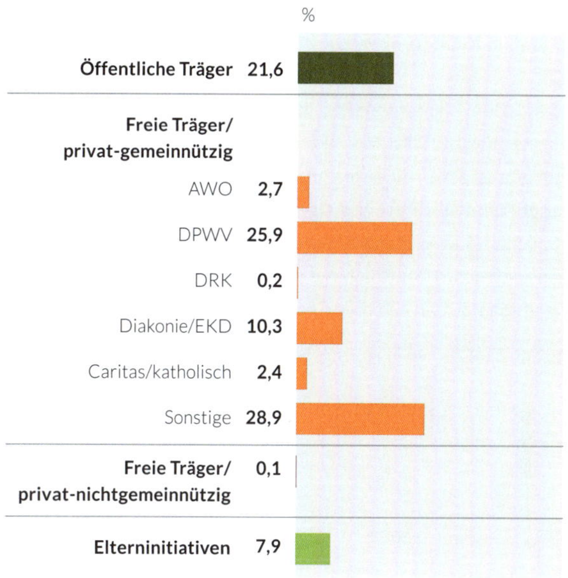

Pädagogisch Tätige nach KiTa-Träger und Beschäftigungsumfang | Tab. 81

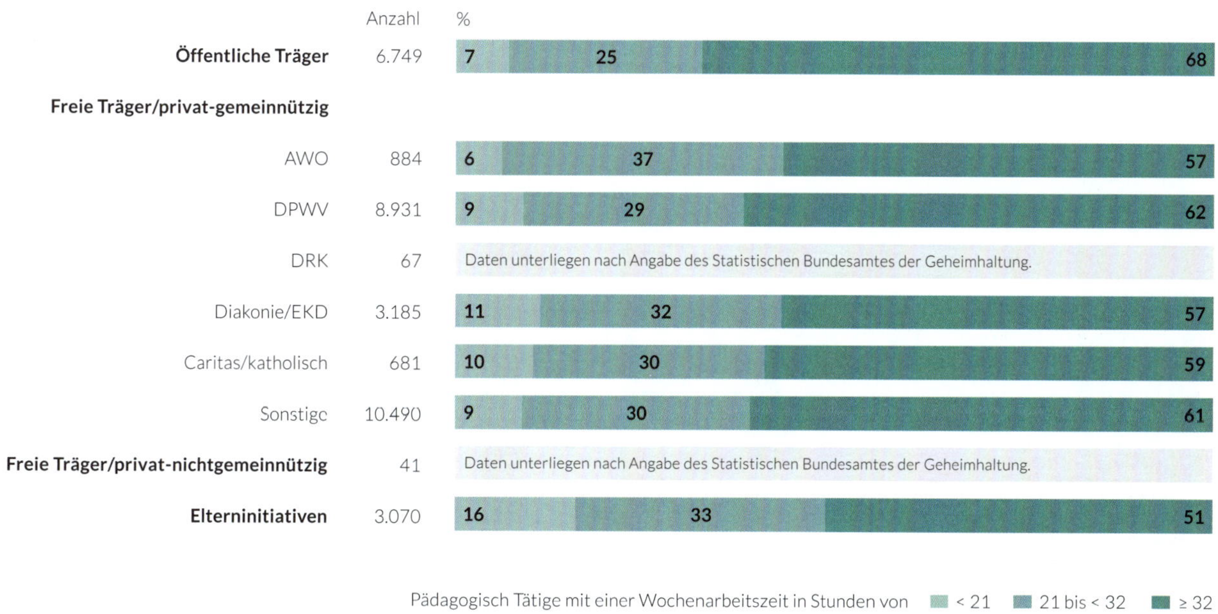

Investitionen wirkungsvoll einsetzen

Der qualitative Ausbau des frühkindlichen Bildungssystems, insbesondere die Verbesserung der Personalressourcen, erfordert gewaltige finanzielle Kraftanstrengungen aller Akteure. Um das System langfristig zu sichern, bedarf es einer dauerhaften finanziellen Unterstützung des Bundes. Daher sollte der Bund sein finanzielles Engagement im KiQuTG über 2022 hinaus verlässlich verankern.

In BE wurden 2018 für jedes Kind unter sechs Jahren in der Bevölkerung durchschnittlich 7.805 Euro für Angebote der Kindertagesbetreuung durch die öffentliche Hand, also Land und Kommunen, ausgegeben (ohne Elternbeiträge oder Zuschüsse anderer föderaler Ebenen). Das sind rund 2.300 Euro mehr als sechs Jahre zuvor. Im bundesweiten Durchschnitt lagen die Ausgaben im Jahr 2018 mit 6.007 Euro auf einem deutlich niedrigeren Niveau; BE hatte damit im länderübergreifenden Vergleich nach HH die zweithöchsten Ausgaben.

Im Rahmen des KiQuTG erhält jedes Bundesland zwischen 2019 und Ende 2022 Bundesmittel für Maßnahmen zur Weiterentwicklung der KiTa-Qualität und zur Gebührenentlastung der Eltern. BE investiert in sechs der insgesamt elf Handlungsfelder des Gesetzes. Der größte Anteil der Bundesmittel fließt mit 77 Mio. Euro in das Handlungsfeld *Qualifizierte Fachkräfte*. Die Mittel werden u. a. für die Stärkung der Quereinsteiger:innen genutzt. So werden zusätzlich zwei Anleitungsstunden und darüber hinaus zwei Stunden extra für die Vor- und Nachbereitung finanziert. Weitere 60 Mio. Euro fließen seit dem 1. August 2020 in die Umsetzung der gesetzlichen Verbesserung des Leitungsschlüssels (von 1 zu 90 auf 1 zu 85).[1]

1 Vgl. BMFSFJ und SenBJF (2020): Vertrag zwischen der Bundesrepublik Deutschland, vertreten durch das Bundesministerium für Familie, Senioren, Frauen und Jugend, und dem Land Berlin zur Umsetzung des Gesetzes zur Weiterentwicklung der Qualität und zur Verbesserung der Teilhabe in Tageseinrichtungen und in der Kindertagespflege (KiTa-Qualitäts- und Teilhabeverbesserungsgesetz – KiQuTG).

Investitionen pro unter sechsjährigem Kind

BE 2011–2018 | Tab. 21c

Grundmittel von Land und Kommunen

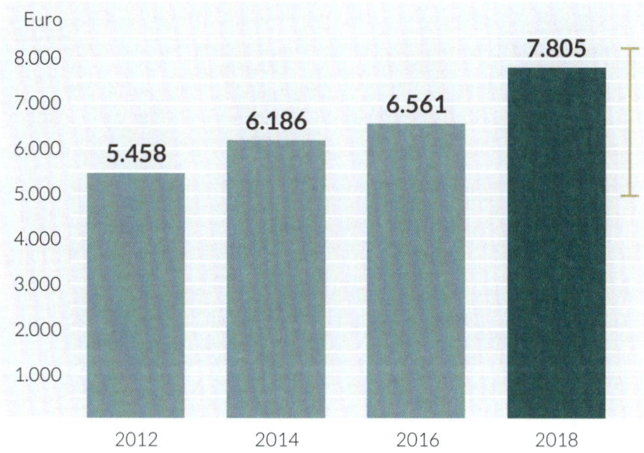

| = Alle Bundesländer 2018, Minimum: 4.965 €, Maximum: 8.232 €

Finanzierungsgemeinschaft für FBBE

BE 2018 | Tab. 23

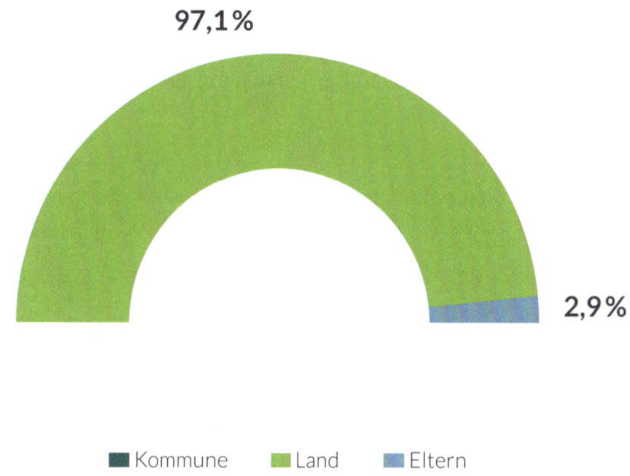

Ohne Eigenanteil der freien Träger und Zuschüsse des Bundes

Einmalige Investitionsausgaben für FBBE | BE 2009–2019 | Tab. 45

Ausgaben von Bund, Land und Kommunen

	2009	2010	2011	2012	2013	2014	2015	2016	2017	2018	2019
	Mio. Euro										
BE	Die im Land Berlin einmalig getätigten Investitionsausgaben sind in verschiedenen Kapiteln und Titeln des Landes- und der Bezirkshaushalte verbucht und werden nicht gesondert erfasst. Daher wird in Abstimmung mit dem Amt für Statistik Berlin-Brandenburg auf eine Darstellung der im Land Berlin getätigten einmaligen Investitionen verzichtet.										
DE	*947,3*	*1.334,1*	*1.357,5*	*1.408,8*	*2.188,8*	*1.649,4*	*1.137,7*	*1.080,7*	*1.345,8*	*1.686,1*	*2.012,3*

Für die Interpretation der hier ausgewiesenen Indikatoren sind einige methodische Grundlagen wichtig. Zusätzlich zu den Anmerkungen im Anhang des Länderprofils findet sich auf www.laendermonitor.de unter „Methodik" eine ausführliche Beschreibung der Datengrundlage sowie der Berechnungsmethodik.

Verteilung der Bundesmittel aus dem KiQuTG auf die Handlungsfelder | BE 2019–2022 | Tab. 119

	Bedarfsgerechtes Angebot	Guter Betreuungsschlüssel	Qualifizierte Fachkräfte	Starke KiTa-Leitung	Kindgerechte Räume	Gesundes Aufwachsen	Sprachliche Bildung	Starke Kindertagespflege	Netzwerke für mehr Qualität	Vielfältige pädagogische Arbeit	Weniger Gebühren	Verplante Bundesmittel gesamt
Anteil	6 %		32 %	25 %	9 %			27 %	0,4 %			100 %
Mio. Euro	14,9		77,3	60,0	21,5			64,7	1,0			239,3

Landesspezifische Anmerkungen

Kinder mit und ohne Migrationshintergrund

Aufgrund zu schwacher Besetzungszahlen in mindestens einer der beiden interessierenden Altersgruppen in Berlin werden migrationsspezifische Betreuungsquoten dort nicht nachgewiesen. Die hochgerechneten Werte liegen dort unter 10.000 und sind damit in ihrer Aussagekraft eingeschränkt. Grund hierfür ist, dass die Stichprobenbasis beim Mikrozensus Zufallsfehler bedingt und damit einen einfachen relativen Standardfehler, der umso größer wird, je schwächer ein Merkmal besetzt ist.

Qualifikationsniveaus von pädagogisch Tätigen in Horten

Für Berlin sind keine Daten vorhanden. In Berlin sind 2005 die Horte aus der Trägerschaft der Kinder- und Jugendhilfe in schulische Verantwortung übertragen worden. Entsprechend gibt es in Berlin keine Schulkinder, die ein Hortangebot der Kinder- und Jugendhilfe nutzen, und somit auch kein entsprechendes Personal, da hier ausschließlich das Qualifikationsniveau des Personals in Horten und Hortgruppen in Trägerschaft der Kinder- und Jugendhilfe ausgewiesen wird.

Investitionen pro unter sechsjährigem Kind

Die Ausgabenhöhe für FBBE basiert auf der durch die Senatsverwaltung für Finanzen i. d. R. im II. Quartal des Folgejahres durchgeführten Basiskorrektur und schreibt somit die IST-Ausgaben für die jeweiligen Haushaltsjahre fest. Die Basiskorrektur gleicht verwaltungsbezirksspezifische Unterschiede im Land Berlin aus. Differenzen zwischen der Jahresrechnungsstatistik des Statistischen Bundesamtes und den bereinigten – basiskorrigierten – Fachstatistiken sind aufgrund des unterschiedlichen Erhebungszeitpunktes nicht auszuräumen. Die basiskorrigierten Daten liegen regelmäßig zeitversetzt zu den Meldungen für die Jahresrechnungsstatistik vor. Die Daten für 2018 sind unter folgender URL abrufbar: https://www.parlament-berlin.de/adosservice/18/Haupt/vorgang/h18-0379.D-v.pdf. In der Basiskorrektur werden auch die Elternbeiträge nachgewiesen.

Finanzierungsgemeinschaft für FBBE

Siehe Anmerkung zu „Investitionen pro unter sechsjährigem Kind".

Einmalige Investitionsausgaben für FBBE

Die im Land Berlin einmalig getätigten Investitionsausgaben sind in verschiedenen Kapiteln und Titeln des Landes- und der Bezirkshaushalte verbucht und werden nicht gesondert erfasst. Daher wird in Abstimmung mit dem Amt für Statistik Berlin-Brandenburg auf eine Darstellung der im Land Berlin getätigten einmaligen Investitionen verzichtet.

Brandenburg

Allgemeine Basisdaten

Fläche in km² (2019)	29.654
Einwohner:innen (31.12.2019)	2.521.893
Geborene Kinder (2019)	19.329
Geburten pro Frau (2019)	1,593
Anzahl Kinder < 10 Jahren (31.12.2019)	223.323
Davon < 3 Jahren	62.959
Davon 3 bis < 6 Jahre	69.028
Davon 6 bis < 10 Jahre	91.336
Anteil der Kinder mit Migrationshintergrund (2019)	
... < 3 Jahren	16,4 %
... von 3 bis < 6 Jahren	14,9 %
Erwerbstätigenquote von Müttern mit (2019)	
... mindestens einem Kind < 3 Jahren	71,7 %
... mindestens einem Kind von 3 bis < 6 Jahren	81,8 %
Leistungsempfänger:innen nach SGB II (ALG II u. Sozialgeld, 2020)	165.188
Davon Kinder < 6 Jahren	15.736
Entspricht Anteil an allen Kindern < 6 Jahren	11,9 %

FBBE auf einen Blick 01.03.2020

Anteil der Kinder in FBBE	
... < 1 Jahr	3,3 %
... von 1 bis < 3 Jahren	82,3 %
... < 3 Jahren	57,7 %
... von 3 bis < 6 Jahren inkl. 0,03 % in [vor-]schulischen Einrichtungen	95,6 %
Schulkinder 6 bis < 11 Jahre	81,4 %
Tageseinrichtungen insgesamt	1.944
Davon Horte	379
Anteil der Einrichtungen mit	
... < 45 Kindern	27,0 %
... 45 bis 75 Kindern	22,7 %
... 76 Kindern und mehr	50,3 %
Pädagogisches Personal (inkl. Leitung) in KiTas (mit Horten) insgesamt	23.085
Davon in Horten	4.715
Kinder in KiTas (mit Horten) insgesamt	188.865
Davon < 3 Jahren	32.855
Davon 3 Jahre bis zum Schuleintritt	77.628
Davon Schulkinder < 11 Jahren	74.457
Tagespflegepersonen insgesamt	991
Kinder in Kindertagespflege insgesamt	4.121
Davon < 3 Jahren	3.451
Davon 3 Jahre bis zum Schuleintritt	649
Davon Schulkinder < 11 Jahren	21
Leitungspersonal in KiTas (mit Horten) insgesamt	2.016
Davon in Horten	371

Blitzlichter: Status quo der Kindertagesbetreuung in Brandenburg

Zum 1. März 2020 besuchen in BB 36.303 unter 3-Jährige eine KiTa oder Kindertagespflege, 223 Kinder weniger als im Jahr zuvor. Die Teilhabequote befindet sich im bundesweiten Vergleich mit 58 % auf dem höchsten Niveau (zusammen mit ST und MV). Bei den 3- bis unter 6-Jährigen bildet sie mit 96 % ebenfalls bundesweit den höchsten Wert (mit MV und TH).

Für faire Bildungschancen ist nicht nur die Zahl an Plätzen entscheidend: Die Angebote müssen auch kindgerecht sein. Wichtige – auch wissenschaftlich untersuchte – Gradmesser für die strukturelle Qualität in KiTas sind der *Personalschlüssel, die Gruppengröße, das Qualifikationsniveau* des pädagogischen Personals und ausreichend *Leitungszeit.*

Der Personalschlüssel lässt sich mit den Daten der amtlichen Kinder- und Jugendhilfestatistik (KJH-Statistik) für verschiedene Gruppentypen berechnen. So werden 2020 in BB 49 % der unter 3-Jährigen in Krippengruppen betreut. Mit einem rechnerischen Personalschlüssel von 1 zu 5,3 wird hier bei weitem nicht die Empfehlung der Bertelsmann Stiftung (1 zu 3,0) erreicht. Weitere 22 % dieser Altersgruppe besuchen Gruppen mit Kindern unter 4 Jahren; der Personalschlüssel liegt hier bei 1 zu 6,4 – ebenfalls weit entfernt von einem kindgerechten Verhältnis. In altersübergreifenden Gruppen werden weitere 11 % der unter 3-Jährigen zusammen mit 12 % der über 3-Jährigen bei einem Personalschlüssel von 1 zu 8,3 betreut. Das ist deutlich ungünstiger als der wissenschaftlich empfohlene Wert von 1 zu 3,75.[1] Der überwiegende Anteil der ab 3-Jährigen (59 %) besucht Kindergartengruppen mit einem Personalschlüssel von 1 zu 9,9 (Empfehlung der Bertelsmann Stiftung: 1 zu 7,5).

Die Auswertungen zeigen, dass im Jahr 2020 in BB für 90 % der Kinder in amtlich erfassten KiTa-Gruppen[2] nicht genügend Fachpersonal zur Verfügung steht. Dieser Anteil liegt deutlich über dem bundesweiten Wert von 73 %. Die nicht kindgerechte Personalausstattung betrifft etwas häufiger die unter 3-Jährigen (97 %) als die ab 3-Jährigen (87 %).

Allerdings hat sich in BB von 2013 bis 2020 die personelle Ausstattung in Krippengruppen neben HH bundesweit am stärksten verbessert (von 1 zu 6,5 auf 1 zu 5,3). Auch in Kindergartengruppen kam es im bundesweiten Vergleich zu einem erheblichen Ausbau (von 1 zu 11,5 auf 1 zu 9,9). Trotz dieser Entwicklungen müssen in BB jedoch rein rechnerisch 3,2 Kindergartenkinder mehr von einer Fachkraft betreut werden als in BW, dem Bundesland mit der günstigsten Personalausstattung.

Die Gruppengröße ist ein weiterer wichtiger Gradmesser für die Qualität in KiTas. Nach wissenschaftlichen Empfehlungen sollten Gruppen für jüngere Kinder maximal zwölf Kinder umfassen, für die Älteren maximal 18.[3] In BB werden diese Werte bei 31 % der amtlich erfassten KiTa-Gruppen nicht erreicht (bundesweit: 54 %). Mit 46 % ist insbesondere ein größerer Anteil der Gruppen mit Kindern unter 4 Jahren zu groß; Krippengruppen zu 31 %. Zudem entsprechen 23 % der Kindergartengruppen und 60 % solcher, die auch für 2-Jährige geöffnet sind, nicht den Empfehlungen. Insgesamt zeigt sich, dass in BB die unter 3-Jährigen mit 53 % häufiger von nicht kindgerechten Gruppengrößen betroffen sind als die ab 3-Jährigen (45 %).

Wesentliche Voraussetzung für eine „gute" KiTa-Qualität ist nicht nur *zahlenmäßig ausreichendes*, sondern auch *qualifiziertes* Personal. BB ist neben TH das Bundesland mit dem höchsten Anteil an pädagogischem Personal (ohne Horte) mit einem fachlich einschlägigen Fachschulabschluss, etwa als Erzieher:in (87 %). In den westdeutschen Bundesländern ist dieser Anteil im Durchschnitt deutlich geringer (65 %). Über den formal niedrigeren Berufsfachschulabschluss, bspw. als Sozialassistent:in, verfügt in BB lediglich 1 % der pädagogisch Tätigen (in Westdeutschland 15 %). Weitere 3 % der insgesamt 18.370 pädagogischen KiTa-Kräfte besitzen einen fachlich einschlägigen Hochschulabschluss. Eine sonstige – nicht fachlich einschlägige – Ausbildung weisen in BB ebenfalls 3 % der pädagogisch Tätigen auf (bundesweit: 4,5 %). Der Anteil des Personals ohne Abschluss (1 %) liegt in BB unter dem bundesweiten Durchschnitt (2 %). Weitere 5 % schließlich befinden sich in Ausbildung; 2016 lag dieser Wert noch bei 3 %. Mit Blick auf die gegenwärtig in vielen Bundesländern eingeführten praxisintegrierten Ausbildungsgänge bleibt abzuwarten, ob sich dieser Wert in den kommenden Jahren weiter erhöht. Ebenso gilt es kontinuierlich zu beobachten, wie sich die neuen beruflichen Zugangsformen, etwa für Quereinsteiger:innen, zukünftig auf das formale Qualifikationsniveau des KiTa-Personals insgesamt auswirken werden.

Auch die Ausstattung der KiTas mit ausreichenden Leitungsressourcen nimmt eine Schlüsselfunktion für die KiTa-Qualität ein. Nach den Angaben in der KJH-Statistik verfügen 6 % der KiTas in BB über keine Zeit für Leitungsaufgaben. Insbesondere die kleineren KiTas (weniger als 45 betreute Kinder) geben zu 11 % an, keine entsprechenden Zeitressourcen zu besitzen. Über die von der Bertelsmann Stiftung empfohlene Zeit für Leitungs- und Verwaltungsaufgaben[4] verfügen 2020 lediglich 14 % der KiTas in BB (ohne Horte); bundesweit sind es 18 %.

Qualitätsentwicklungen im Rahmen des KiQuTG

Im Rahmen des KiTa-Qualitäts- und Teilhabeverbesserungsgesetzes (KiQuTG) erhält jedes Bundesland zwischen 2019 und Ende 2022 vom Bund finanzielle Mittel für Maßnahmen zur Weiterentwicklung der KiTa-Qualität und zur Gebührenentlastung der Eltern. BB investiert diese Bundesmittel in fünf der insgesamt elf Handlungsfelder: *Guter Betreuungsschlüssel, Qualifizierte Fachkräfte, Gesundes Aufwachsen, Vielfältige pädagogische Arbeit und Weniger Gebühren.*

Mit rund 110 Mio. Euro fließt der größte Anteil der verplanten Mittel in die Verbesserung der Betreuungsschlüssel. Konkret werden in diesem Handlungsfeld zwei Maßnahmen umgesetzt: Über ein Förderprogramm werden bis einschließlich 2022 verlängerte Betreuungszeiten von Kindern im vorschulischen Bereich, die mehr als durchschnittlich 8 Stunden pro Tag umfassen, zusätzlich finanziert, sodass mehr Personal eingestellt werden kann. Darüber hinaus fand eine gesetzliche Änderung der Vorgaben für die Personalausstattung im Kindergartenbereich statt – die Personalbemessung liegt demnach seit dem 1. August 2020 für Kinder mit einer wöchentlichen Betreuungszeit von über 30 Std. bei 1 zu 10 (davor 1 zu 11).

Mit den Daten der KJH-Statistik vom 1. März 2020 lassen sich erste Effekte des Förderprogramms erkennen. So haben sich die Personalschlüssel in traditionellen Kindergartengruppen sowie in Kindergartengruppen, die bereits für 2-Jährige geöffnet sind, zwischen 2019 und 2020 um rechnerisch ein halbes Kind verbessert (von 1 zu 10,4 auf 1 zu 9,9 bzw. von 1 zu 9,8 auf 1 zu 9,3). Wie sich die gesetzliche Verbesserung der Personalbemessung auf die Personalausstattung auswirken wird, kann mit den aktuell zur Verfügung stehenden Daten nicht beurteilt werden, da die Gesetzesänderung erst nach der Datenerhebung in Kraft trat.

Mit Blick auf die in BB geplante KiTa-Rechtsreform, die voraussichtlich im Januar 2023 in Kraft tritt, sollte die Notwendigkeit einer zusätzlichen Finanzierung von Personal bei verlängerten Betreuungszeiten berücksichtigt werden. Denkbar wäre, weitere Stufen bei der Personalbemessung einzuführen, sodass längere Betreuungszeiten von 8 und 10 Stunden täglich mit mehr Personalkapazitäten ausgestattet werden.

Ausbau- und Reformbedarf: Empfehlungen für die Kindertagesbetreuung in Brandenburg

Um allen Kindern unabhängig von ihrem Wohnort gleichwertige Teilhabe- und Bildungschancen zu ermöglichen, ist es unerlässlich, dass jedes Bundesland ein bedarfs- und kindgerechtes FBBE-Angebot zur Verfügung stellt. Die sehr hohen Teilhabequoten in BB weisen darauf hin, dass in den brandenburgischen KiTas zwar ein weitestgehend bedarfsgerechtes Angebot vorhanden ist; allerdings ist die Qualität – gemessen an den Personalschlüsseln – noch immer nicht kindgerecht.

Der Fachkräfte-Radar für KiTa und Grundschule[5] prognostiziert, dass für eine kindgerechte Betreuung und professionelle Leitungsausstattung gemäß wissenschaftlichen Empfehlungen bis 2030 in BB fast 3.000 KiTa-Fachkräfte fehlen werden. Um diese Lücke zu schließen, muss die Zahl der prognostizierten Neuzugänge um 20% gesteigert werden. Es ist zu prüfen, ob die Ausbildungskapazitäten so schnell aufgestockt und Quereinsteiger:innen gewonnen sowie pädagogisch qualifiziert werden können.

Falls dies nicht möglich sein wird, besteht in BB allerdings – auch infolge der rückläufigen Geburtenzahlen – die realistische Chance, bis 2030 die Personalschlüssel an das durchschnittliche Niveau der westdeutschen Bundesländer anzugleichen, die günstiger sind als in BB. So werden laut Prognose bis 2030 genügend Fachkräfte vorhanden sein, um dieses Etappenziel zu erreichen, und es stehen noch gut 4.000 Fachkräfte zur Verfügung, die für zusätzliche Verbesserungen, wie etwa die Leitungsausstattung, eingesetzt werden könnten.

Die rückläufigen Geburtenzahlen wirken sich begünstigend dafür aus, dass die Personalschlüssel in BB auf ein deutlich besseres Niveau gehoben werden können. Diese Chance darf nicht vertan werden. So sollte BB im neu geplanten KiTa-Gesetz eine stufenweise Verbesserung der Personalbemessung für alle Altersgruppen verankern. Ein Abbau des freiwerdenden Personals muss dringend vermieden werden. Darüber hinaus steht BB vor der Aufgabe, die Ausbildungskapazitäten weiter auszubauen, neues Personal zu gewinnen und – insbesondere durch attraktive Arbeitsbedingungen und Verdienstmöglichkeiten – die vorhandenen Fachkräfte zu binden. Nur so können nach 2030 kindgerechte Personalschlüssel in BB realisiert werden. Damit BB diese Aufgaben bewältigen kann, ist es unumgänglich, dass der Bund auch nach 2022 sein finanzielles Engagement für den Qualitätsausbau fortsetzt und im KiQuTG verlässlich verankert. Die Mittel sollten in erster Linie für die Gewinnung neuer Fachkräfte und den Ausbau der Personal- und Leitungskapazitäten verwendet werden.

1 Haug-Schnabel, Gabriele; Bensel, Joachim (2016): Kinder unter 3 – Bildung, Erziehung und Betreuung von Kleinstkindern. Kindergarten heute – wissen kompakt. 12., überarb. Aufl. Freiburg.

2 Es werden nur die Gruppen in KiTas analysiert, die laut Angaben in der amtlichen KJH-Statistik mit einer Gruppenstruktur arbeiten. Die Zuordnung von Gruppen in KiTas zu einem bestimmten Gruppentyp wird nicht von den Einrichtungen selbst vorgenommen, sondern erfolgt im Rahmen der Auswertung der Daten der amtlichen KJH-Statistik. Dabei erfolgt die Zuordnung primär anhand der Alterszusammensetzung der Kinder in den Gruppen. Gruppen, in denen Kinder mit einer (drohenden) Behinderung betreut werden, werden in der Berechnung nicht berücksichtigt.

3 Viernickel, Susanne; Fuchs-Rechlin, Kirsten (2015): Fachkraft-Kind-Relationen und Gruppengrößen in Kindertageseinrichtungen. Grundlagen, Analysen, Berechnungsmodell, in: Viernickel, Susanne; Fuchs-Rechlin, Kirsten; Strehmel, Petra; Preissing, Christa; Bensel, Joachim; Haug-Schnabel, Gabriele: Qualität für alle. Wissenschaftlich begründete Standards für die Kindertagesbetreuung. Freiburg, S. 11–130.

4 Für eine professionelle Führung und Leitung von KiTas empfiehlt die Bertelsmann Stiftung, jeder Einrichtung eine Grundausstattung von 20 Wochenstunden plus 0,35 Wochenstunden pro Ganztagsbetreuungsäquivalent. Die empfohlene Leitungsausstattung enthält auch die Zeiten für Verwaltungstätigkeiten (max. 20 % der empfohlenen Leitungszeit).

5 Der Fachkräfte-Radar für KiTa und Grundschule prognostiziert bis 2030 den Fachkräftebedarf für die KiTa- und Grundschulbetreuung und stellt es dem voraussichtlich verfügbaren Personalangebot gegenüber. Weitere Informationen finden Sie unter: www.fachkraefte-radar-kita-grundschule.de

Teilhabe sichern

Jedes Kind braucht einen gesicherten und einfachen Zugang zu „guter" Kindertagesbetreuung, unabhängig von seinem Wohnort und seiner sozio-ökonomischen oder kulturellen Herkunft. Dazu sind ausreichend wohnortnahe Angebote notwendig. Um diesem Anspruch zu genügen, erfolgte in den vergangenen Jahren bundesweit ein enormer Ausbau der Betreuungsplätze. Mehr als die Hälfte der unter drei Jahre alten Kinder in BB (58 %) nimmt eine Kindertagesbetreuung in Anspruch (bundesweit: 35 %). Unterschiede gibt es vor allem zwischen den unter 1-Jährigen (3 %), 1-Jährigen (74 %) und 2-Jährigen (90 %). Von den Kindern ab 3 bis unter 6 sind in BB mit 96 % fast alle in einer KiTa oder Kindertagespflege. Darüber hinaus nutzen 53 % der 6-Jährigen (Stand: 1. März 2020) Angebote der Kindertagesbetreuung, bevor sie in den schulischen Bildungsbereich wechseln.

81 % der unter 11-jährigen Schulkinder besuchen einen Hort[1]; bundesweit sind es mit 17 % deutlich weniger. 43 % nehmen Ganztagsschulangebote wahr, dies entspricht in etwa dem Bundesdurchschnitt (45 %).[2] Nur 10 Schulkinder, die parallel kein Hort- oder Ganztagsschulangebot nutzen, besuchen eine Kindertagespflege.

2020 nutzen 36.303 unter 3-Jährige in BB ein FBBE-Angebot (58 %). Das sind 5.595 Kinder mehr als 2012, dem Jahr vor der Einführung des bundesweit geltenden Rechtsanspruchs auf einen Betreuungsplatz für Kinder ab dem ersten Geburtstag: ein Anstieg der Teilhabequote um 4 Prozentpunkte. Bedarfsgerecht ist das Angebot jedoch noch nicht: 2020 wünschen sich 64 % der Eltern von Kindern dieser Altersgruppe laut der „DJI-Kinderbetreuungsstudie" einen Platz in einer KiTa oder Kindertagespflege. Vergleicht man die Entwicklung der elterlichen Betreuungswünsche mit der Bildungsbeteiligung für diese Altersgruppe zwischen 2012 und 2020, zeigt sich, dass der Bedarf stärker angestiegen ist als die Teilhabequote. Lag die Differenz 2012 noch bei 4 Prozentpunkten, hat sie sich innerhalb von acht Jahren auf fast 7 erhöht.

1 Ist im Folgenden von Horten die Rede, sind in der Regel auch Hortgruppen in KiTas gemeint.

2 Eine Aufsummierung dieser beiden Anteile zu einer „Gesamtteilhabequote" ist aus methodischen Gründen nicht möglich, da Kinder, die beide Angebotsformen nutzen, sowohl in der Kinder- und Jugendhilfestatistik als auch in der Kultusministerkonferenzstatistik aufgeführt werden.

Bildungsbeteiligung an Kindertagesbetreuung | BB 01.03.2020 | Tab. 6–14; 41a1

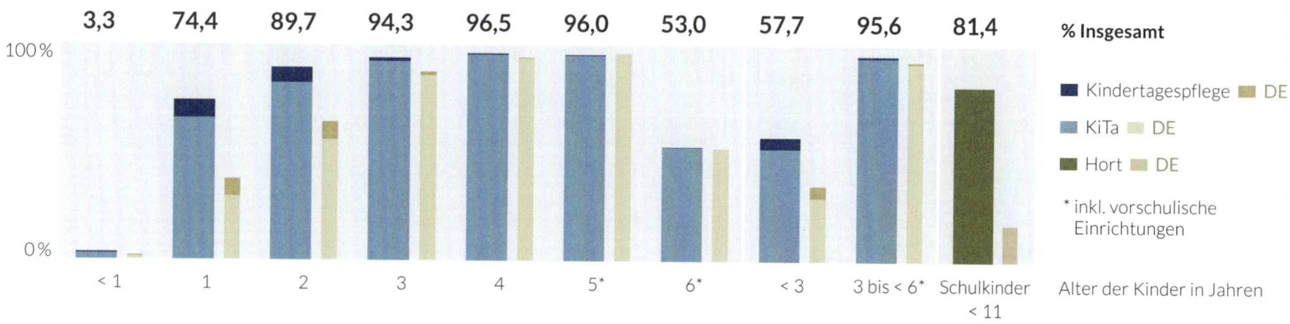

Betreuungsquote und Betreuungswunsch

BB 2012–2020, Stichtag 01.03. | Tab. 88a

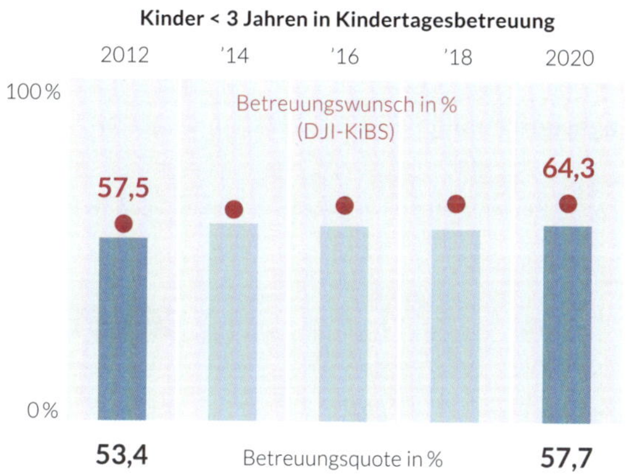

Bildungsbeteiligung von Schulkindern

BB 01.03.2020, Schulj. 2019/20 | Tab. 41a1; Tab. 71

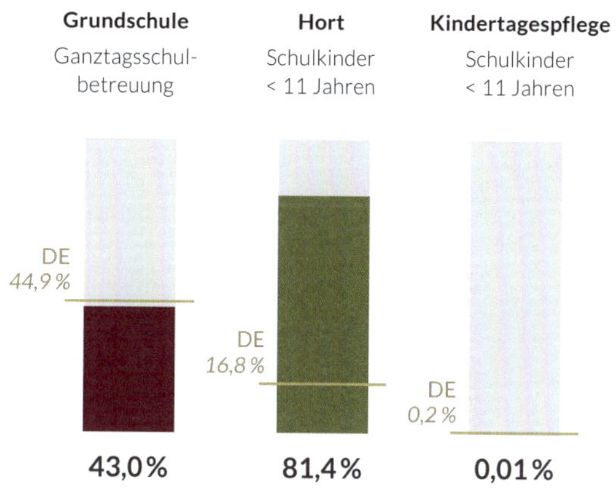

Vereinbarte Betreuungszeit in Horten: Ø **4,3 Stunden/Tag**

Regionale Daten zur Bildungsbeteiligung finden Sie auf www.laendermonitor.de unter FOKUS | Regionale Daten

Fast 40 % der Kinder, die am 01.03.2020 unter drei Jahre alt waren, wurden im August und September in der aktuell besuchten KiTa aufgenommen (vgl. S. 82). In den Monaten April bis Juli zeigen sich die geringsten Aufnahmequoten (4 % bis 5 %). Ähnlich gestaltet es sich in der Kindertagespflege – hier erfolgen die Eingewöhnungen vorrangig im August (18 %) und im September (20 %). Im Oktober und Januar liegen die Aufnahmequoten darunter, bewegen sich aber auf einem etwas höheren Niveau (10 % bzw. 11 %).

Kinder mit einer Eingliederungshilfe werden in 21 % der KiTas (ohne Sondereinrichtungen) in BB betreut; bundesweit liegt dieser Wert deutlich höher (40 %). Ein ähnlicher Anteil zeigt sich bei den Horten: Schulkinder mit einer Eingliederungshilfe besuchen 25 % der Horte (bundesweit: 17 %).

Werden die vertraglich vereinbarten wöchentlichen Betreuungszeiten betrachtet, zeigt sich das folgende Bild: In BB wird mit 37 % der größte Anteil der unter 3-jährigen KiTa-Kinder laut Vertrag mehr als 35 bis unter 45 Wochenstunden betreut. Auch in der Altersgruppe der ab 3-Jährigen werden diese Betreuungszeiten am häufigsten (35 %) gebucht. Diese Werte liegen deutlich über den durchschnittlichen Bundeswerten (20 % bzw. 18 %). Auch in der Kindertagespflege wird der größte Anteil der Kinder mehr als 35 bis unter 45 Stunden wöchentlich betreut: 43 % der unter 3-Jährigen und 39 % der ab 3-jährigen Nichtschulkinder. KiTa- und Kindertagespflegeplätze bis zu 25 Wochenstunden werden in BB von den Nichtschulkindern am geringsten in Anspruch genommen. Schulkinder hingegen nutzen die Betreuungszeiten bis zu 25 Wochenstunden sowohl in Horten (79 %) als auch in der Kindertagespflege (91 %) am häufigsten.

Aufnahmezeitpunkt von unter Dreijährigen in KiTas und Kindertagespflege | BB 01.03.2020 | Tab. 87; 87a

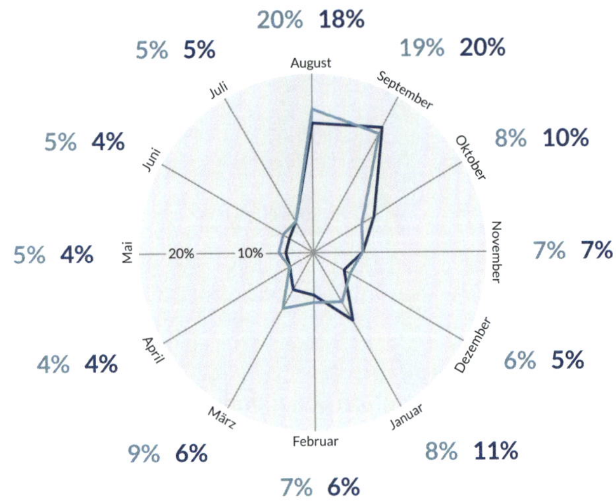

KiTas und Horte, die Kinder mit Eingliederungshilfe betreuen | BB 01.03.2020 | Tab. 59aoh; 59ah

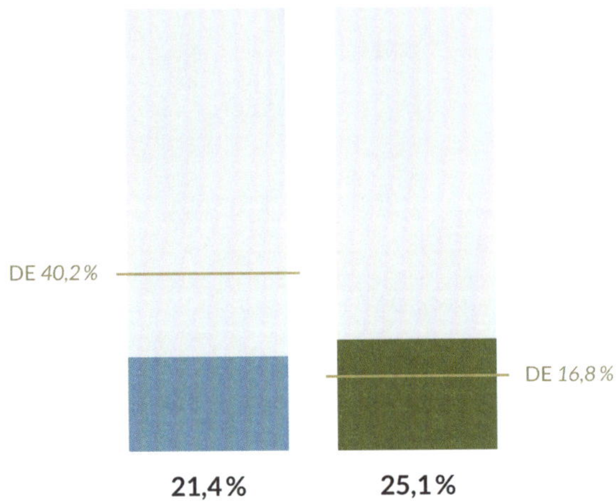

Vertraglich vereinbarte wöchentliche Betreuungszeiten in Kindertagesbetreuung | BB 01.03.2020 | Tab. 2-5; 3h; 138

	Kinder in KiTas und Horten						Kinder in öffentlich geförderter Kindertagespflege						
	< 3 Jahre: 32.855		≥ 3 Jahre bis Schuleintritt: 77.628		Schulkinder < 11 Jahren: 74.457		< 3 Jahre: 3.451		≥ 3 Jahre bis Schuleintritt: 649		Schulkinder < 11 Jahren: 21		
	BB	DE	BB	DE	BB	DE	BB	DE	BB	DE	BB	DE	
Bis 25 Stunden	0,9	11,3	0,7	9,3	79,4	61,1	0,9	31,3	2,8	47,0	90,5	89,7	%
> 25 bis 35 Stunden	29,5	30,6	30,7	37,8	18,3	35,2	29,6	34,2	20,5	24,4	9,5	7,4	%
> 35 bis < 45 Stunden	36,7	19,5	35,0	17,5	1,9	1,6	42,5	19,3	38,7	15,7	0	1,8	%
45 Stunden und mehr	32,9	38,5	33,6	35,4	0,4	2,2	27,0	15,2	38,1	12,9	0	1,1	%

| = DE

Regionale Daten zum Betreuungsumfang finden Sie auf www.laendermonitor.de unter FOKUS | Regionale Daten

In BB liegt der Anteil der Kinder mit nicht deutscher Familiensprache in 96 % der KiTas unter 25 % (bundesweit: 69 %); hier sprechen also die meisten Kinder zu Hause Deutsch. Fast 9 % der unter 3-Jährigen in KiTas haben einen Migrationshintergrund (MH). 3 % sprechen in ihrer Familie Deutsch, 5 % eine andere Sprache. Bei den älteren KiTa-Kindern (11 %) liegen die Werte für die Sprache bei 4 % bzw. 7 %. Die Anteile der Kinder mit MH sind in der Kindertagespflege in beiden Altersgruppen mit 6 % bzw. 2 % geringer als in KiTas. Bei den Jüngeren sprechen rund 2 % Deutsch, rund 3 % eine andere Sprache; bei den Älteren sind es jeweils 1 %.

Der größte Anteil der unter 4-Jährigen mit oder ohne MH wurde mit einem Jahr in ihrer aktuellen KiTa (50 % bzw. 51 %) oder Kindertagespflege (54 % bzw. 55 %) aufgenommen. Kinder mit MH besuchen seltener im Alter von unter einem Jahr zum ersten Mal eine KiTa (16 %) als Kinder ohne MH (35 %). In der Kindertagespflege sind die Werte für dieses Aufnahmealter annähernd gleich, wenn auch bei den Kindern ohne MH auf einem etwas höheren Niveau (39 % bzw. 37 %).

Kinder mit und ohne Migrationshintergrund

BB 01.03.2020

Regionale Daten zum Migrationshintergrund und zur Familiensprache finden Sie auf www.laendermonitor.de unter FOKUS | Regionale Daten

Bildungsbeteiligung in KiTas und Kindertagespflege

Tab. 38a, Tab. 39a

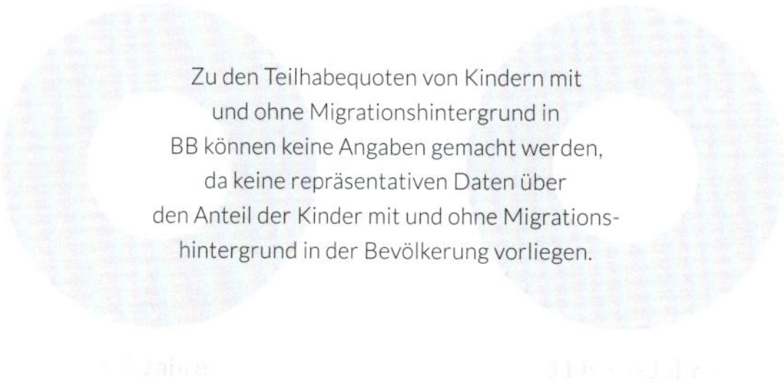

Quote der Inanspruchnahme von Kindern

mit Migrationshintergrund **ohne** Migrationshintergrund

KiTas (mit Horten) nach ihrem Anteil an Kindern mit nicht deutscher Familiensprache | Tab. 96

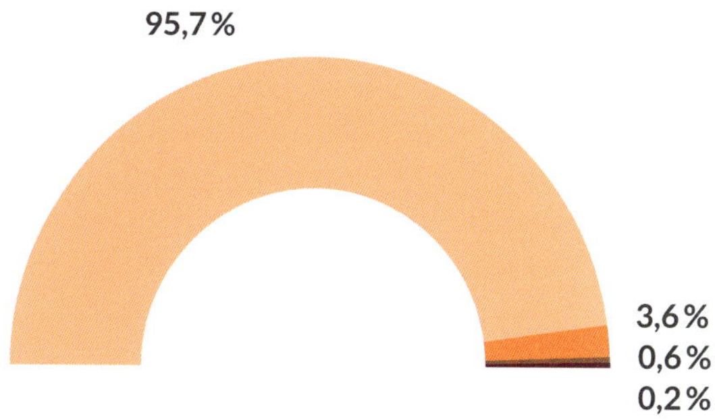

KiTas (mit Horten) mit einem Anteil an Kindern mit nicht deutscher Familiensprache von

< 25 % 25 bis < 50 % 50 bis < 75 % 75 % und mehr

Alter des Kindes zu Beginn der Betreuung in der aktuellen KiTa und Kindertagespflege | Tab. 92; 93

KiTa

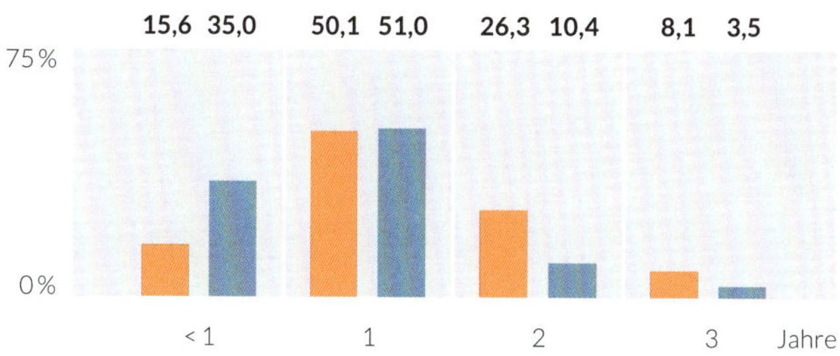

Kindertagespflege

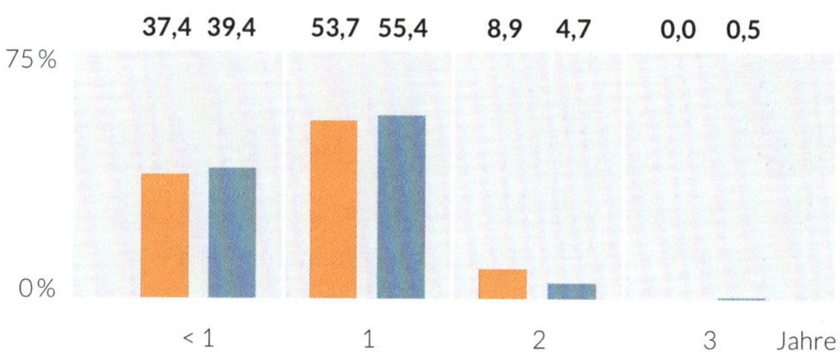

mit Migrationshintergrund **ohne** Migrationshintergrund

Familiäre Sprachpraxis der Kinder in KiTas (mit Horten) und Kindertagespflege | Tab. 15a-20a

KiTas (mit Horten)

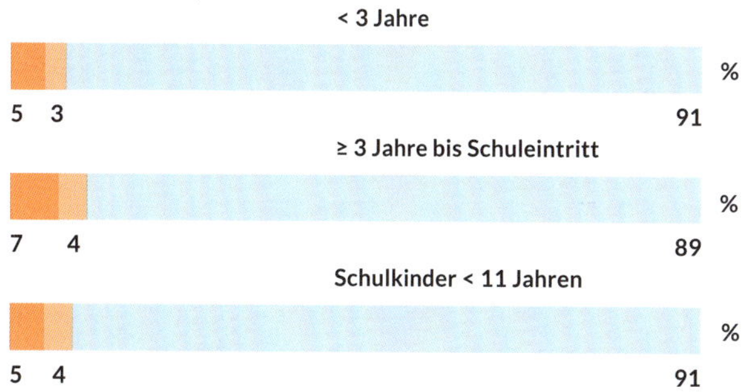

Kindertagespflege

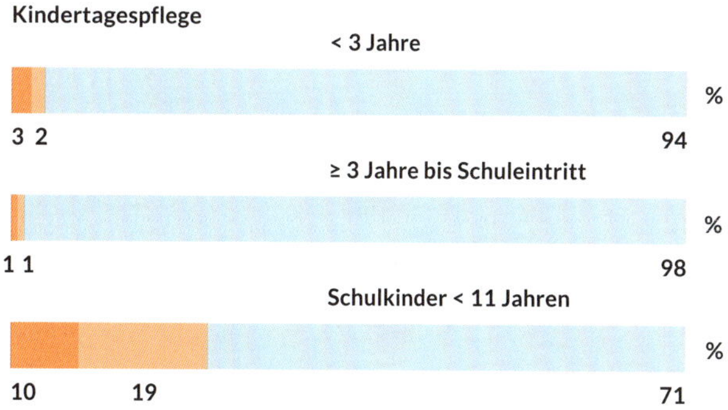

Kinder **mit** Migrationshintergrund: Familiensprache nicht Deutsch Deutsch

Kinder **ohne** Migrationshintergrund

Bildung fördern – Qualität sichern

Die FBBE kann einen bedeutenden Beitrag für die Chancengerechtigkeit aller Kinder in Deutschland leisten. Voraussetzung dafür, dass die KiTas ihren Bildungsauftrag durchführen können, sind professionelle Rahmenbedingungen: insbesondere ausreichend Personal für die pädagogischen Aufgabenbereiche sowie für die Leitung und die Verwaltung. Weitere wichtige Gradmesser für die Qualität sind qualifizierte KiTa-Teams und kleine Kindergruppen. Schließlich spielt auch die Ausgestaltung der Arbeitsbedingungen durch die Träger eine Rolle. Der Status quo der KiTa-Landschaft wird im Folgenden anhand ausgewählter strukturell-qualitativer Dimensionen dargestellt.

49 % der unter 3-Jährigen in BB sind in Krippengruppen; 2020 ist hier eine Vollzeitkraft rechnerisch für 5,3 ganztags betreute Kinder zuständig. Weitere 22 % dieser Altersgruppe werden zusammen mit 4 % der ab 3-Jährigen in Gruppen mit Kindern unter 4 Jahren betreut (Personalschlüssel: 1 zu 6,4). Der größte Anteil der Kinder ab drei Jahren (59 %) befindet sich in Kindergartengruppen (Personalschlüssel: 1 zu 9,9). Für ein kindgerechtes Betreuungsverhältnis empfiehlt die Bertelsmann Stiftung, dass eine Fachkraft rein rechnerisch für höchstens 3 Kinder unter drei Jahren in Krippengruppen oder 7,5 Kinder ab drei Jahren in Kindergartengruppen zuständig ist. In BB entsprechen 22 % der Personalschlüssel in Kindergartengruppen dieser Empfehlung (inkl. ± 0,5 Toleranz) bzw. sind günstiger. Schlechter sind 78 % der Personalschlüssel, in Krippengruppen sogar 94 %. Ein ähnlich ungünstiges Bild zeigt sich – abgesehen von den Hortgruppen – bei den weiteren Gruppenformen. So sind in 98 bis 99 % dieser Gruppen die Personalschlüssel ungünstiger als wissenschaftlich empfohlen.

Der Personalschlüssel ist eine rein rechnerische, im KiTa-Alltag nicht beobachtbare Größe, die die gesamte Arbeitszeit einer pädagogischen Fachkraft umfasst. Die annähernd reale Betreuungssituation beschreibt die Fachkraft-Kind-Relation, die das Verhältnis zwischen den Fachkräften und den Kindern während der unmittelbaren pädagogischen Arbeit darstellt.

Pädagogische Personalausstattung | BB 01.03.2020

Personalschlüssel

Tab. 43a2

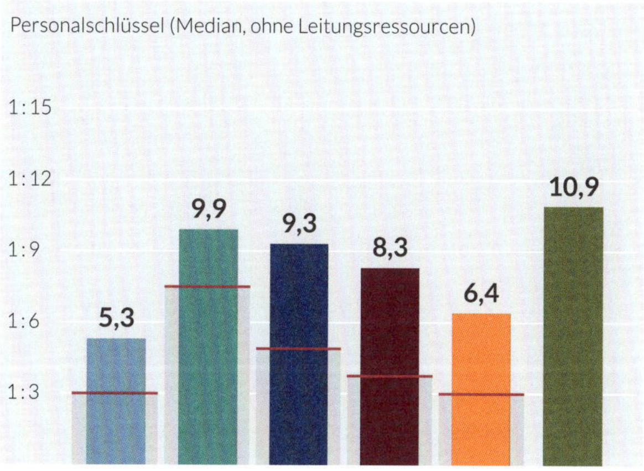

Verteilung der Kinder auf Gruppentypen

Tab. 36b; 36b1; 36b2

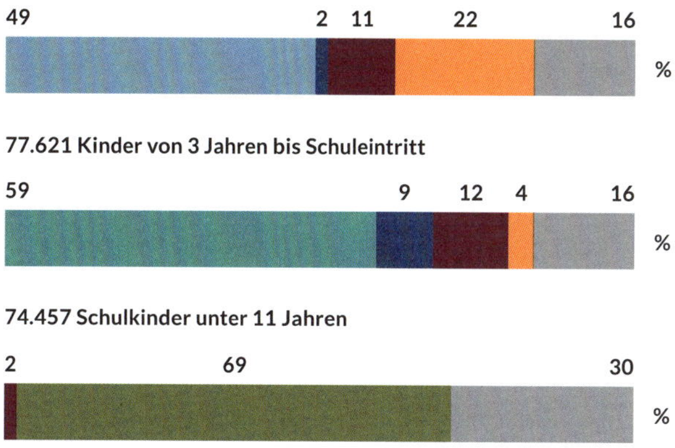

Gruppentyp

Krippe · Kindergarten · Kindergarten ab 2 Jahre · Altersübergreifend ab 0 Jahre · Krippe < 4 Jahren · Hort · Ohne feste Gruppenstruktur

Empfohlener Personalschlüssel (BSt = Bertelsmann Stiftung, H.-S. & B. = Haug-Schnabel & Bensel 2016):
Krippe 1 : 3,0 (BSt); Kindergarten 1 : 7,5 (BSt); Kindergarten ab 2 J. 1: 4,9 (H.-S. & B.); Altersübergreifend ab 0 J. 1 : 3,75 (H.-S. & B.); Krippe < 4 J. 1 : 3,0 (BSt)

Regionale Daten zum Personalschlüssel finden Sie auf www.laendermonitor.de unter FOKUS | Regionale Daten

Personalschlüssel im Vergleich | Tab. 94; 94a–e

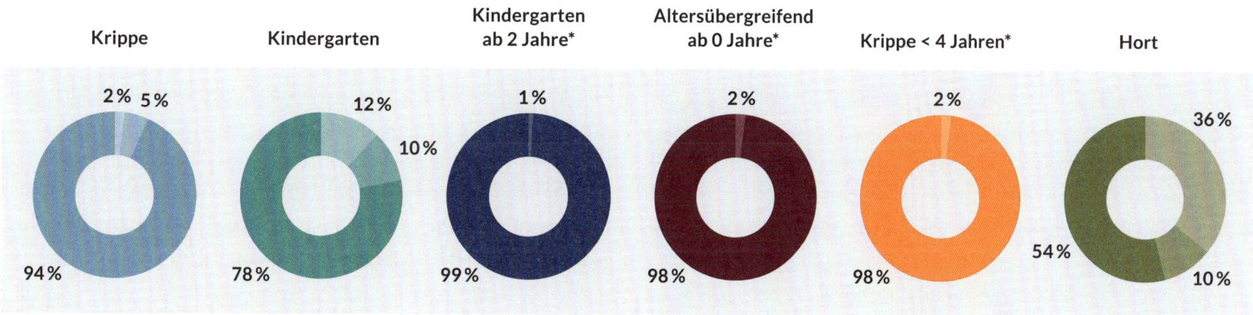

Personalschlüssel von

Krippe	Kindergarten	Kindergarten ab 2 Jahre*	Altersübergreifend ab 0 Jahre*	Krippe < 4 Jahren*	Hort
<1:2,5 DE 10 %	<1:7 DE 26 %	<1:4,4 DE 2 %	<1:3,25 DE 4 %	<1:2,5 DE 5 %	<1:9,5 DE 44 %
1:2,5 bis <1:3,5 DE 24 %	1:7 bis <1:8 DE 14 %	1:4,4 bis <1:5,4 DE 7 %	1:3,25 bis <1:4,25 DE 9 %	1:2,5 bis <1:3,5 DE 22 %	1:9,5 bis <1:10,5 DE 5 %
1:3,5 und mehr DE 66 %	1:8 und mehr DE 60 %	1:5,4 und mehr DE 91 %	1:4,25 und mehr DE 87 %	1:3,5 und mehr DE 72 %	1:10,5 und mehr DE 51 %

*siehe landesspezifische Anmerkungen am Ende des Profils

Pädagogische Personalausstattung | BB 01.03.2020

Fachkraft-Kind-Relation – Szenarien der Bertelsmann Stiftung | Tab. 82

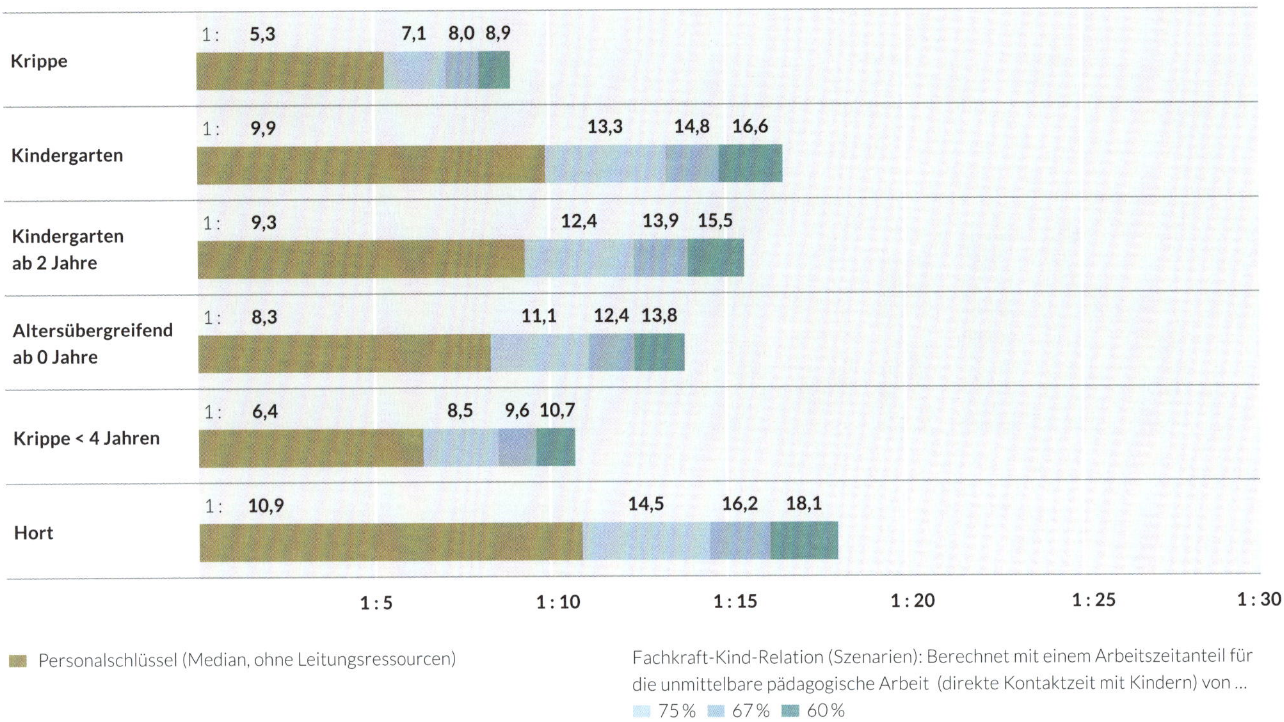

Eine Annäherung an die Fachkraft-Kind-Relation kann nur durch Szenarien erfolgen, da die amtliche Kinder- und Jugendhilfestatistik keine Daten für Arbeitszeitanteile der mittelbaren pädagogischen Aufgabenbereiche sowie Ausfallzeiten erfasst. Die drei von der Bertelsmann Stiftung entwickelten Szenarien wurden auf Basis wissenschaftlicher Untersuchungen berechnet. Diese zeigen, dass 24 % bis 41 % der Gesamtarbeitszeit einer pädagogischen Fachkraft zum einen Ausfallzeiten sind (Urlaub, Krankheit, Fortbildungen) und zum anderen für Aufgaben außerhalb der pädagogischen Praxis benötigt werden, etwa für Elterngespräche, die Qualitätsentwicklung oder Bildungsdokumentationen.[1] In den Szenarien wird der Anteil für die unmittelbaren Arbeitsaufgaben, also den Kontakt mit den Kindern, mit 75 %, 67 % oder 60 % der gesamten Arbeitszeit angesetzt.

Werden wie im Szenario 1 nur 25 % der Arbeitszeit für Aufgaben ohne die Kinder verwendet, verbleiben 75 % der Arbeitszeit für sie. In BB betreut dann eine Vollzeitkraft in Krippengruppen bei einem Personalschlüssel von 1 zu 5,3 in der pädagogischen Praxis rechnerisch 7,1 Kinder. Nimmt man einen höheren Anteil mittelbarer pädagogischer Arbeitszeit an, sinkt die Zeit für die Arbeit mit den Kindern, und die Fachkraft-Kind-Relationen verschlechtern sich (Szenarien 2 und 3).

Neben einer kindgerechten Personalausstattung ist die Gruppengröße ein weiterer Gradmesser für „gute" KiTas. Zu große Gruppen bedeuten für die Kinder und das Personal übermäßigen Stress, etwa durch die Lautstärke. So sollten Gruppen für jüngere Kinder nicht mehr als zwölf Kinder umfassen, Kindergartengruppen nicht mehr als 18.[1] In BB sind 31 % der Krippengruppen zu groß, bei den Kindergartengruppen sind es 23 %.

Im Median haben die KiTas in BB, ähnlich wie in allen anderen ostdeutschen Flächenländern, 11 Stunden ihre Türen geöffnet; bundesweit liegt die Öffnungsdauer bei 9,5 Stunden. In 89 % der KiTas startet der Tag bereits vor 7 Uhr. Dies trifft mit 75 % auch auf den Großteil der Horte zu.

1 Vgl. Viernickel, Susanne; Fuchs-Rechlin, Kirsten (2015): Fachkraft-Kind-Relationen und Gruppengrößen in Kindertageseinrichtungen. Grundlagen, Analysen, Berechnungsmodell, in: Viernickel, Susanne; Fuchs-Rechlin, Kirsten; Strehmel, Petra; Preissing, Christa; Bensel, Joachim; Haug-Schnabel, Gabriele: Qualität für alle. Wissenschaftlich begründete Standards für die Kindertagesbetreuung. Freiburg, S. 11–130.

KiTa- und Hort-Strukturen | BB 01.03.2020

Gruppengrößen im Vergleich | Tab. 116a–e; 116h

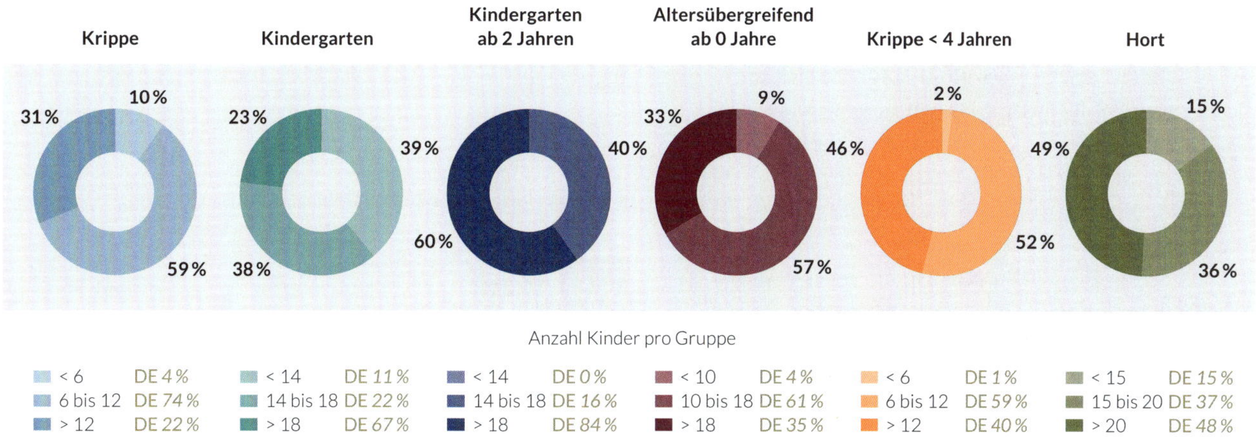

Öffnungszeiten von KiTas und Horten | Tab. 83oh; 83h; 117oh; 117h

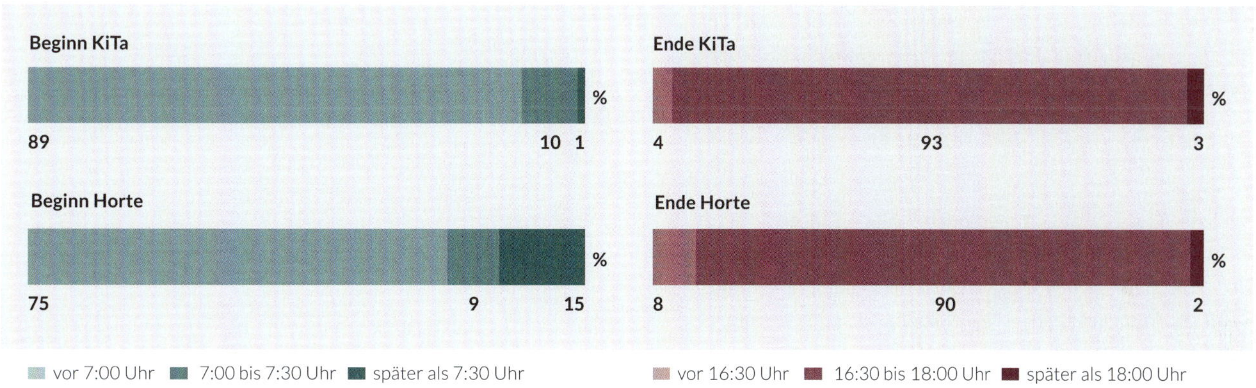

KiTa: Beginn nach 7:30 und Ende vor 16:30 Uhr

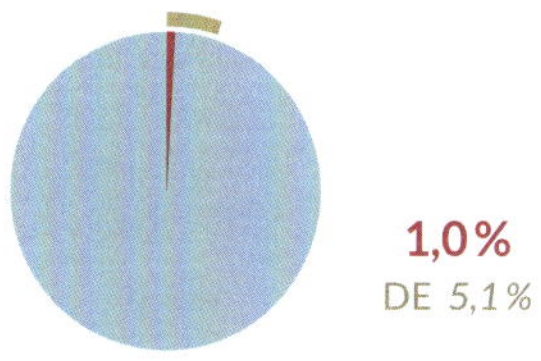

KiTa: Öffnungsdauer

Horte: Beginn nach 7:30 und Ende vor 16:30 Uhr

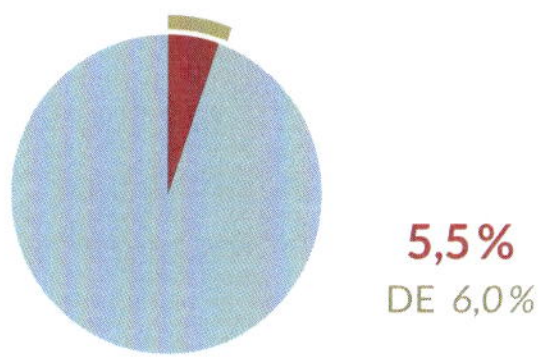

Horte: Öffnungsdauer

Regionale Daten zu den Öffnungszeiten von KiTas finden Sie auf www.laendermonitor.de unter FOKUS | Regionale Daten

Leitungsausstattung

BB 01.03.2020

2020 verfügen 6 % der 1.944 KiTas (mit Horten) in BB nach der amtlichen Kinder- und Jugendhilfestatistik über keine vertraglich vereinbarte Zeit für Leitungsaufgaben. Bundesweit sind es fast 9 %. Dies betrifft vor allem die kleinen Einrichtungen in BB: 11 % der KiTas (mit Horten) mit weniger als 45 betreuten Kindern haben keine zeitlichen Leitungsressourcen, während es in den größeren mit 76 und mehr Kindern nur 4 % sind.

In fast 38 % der KiTas (mit Horten) in BB, in denen es laut Arbeitsvertrag Leitungskapazitäten gibt, ist eine Person ausschließlich als Leiter:in tätig. Weitere 52 % werden ebenfalls von nur einer Person geleitet – diese ist allerdings neben ihrer Leitungstätigkeit noch als pädagogische Fachkraft zuständig. Hier ergibt sich das folgende Bild: In fast 40 % der KiTas (mit Horten) gibt es Leitungskräfte, denen weniger als 50 % ihrer Arbeitszeit für Leitungsaufgaben zur Verfügung stehen, während in 13 % der KiTas die Leitungskräfte mindestens die Hälfte ihrer Arbeitszeit für Leitungsaufgaben nutzen können. In den restlichen 10 % ist ein Leitungsteam zuständig, d. h., mindestens zwei Personen besitzen einen Leitungsanteil oder sind ausschließlich als Leitung tätig.

Welche dieser vier Leitungskonstellationen in einer Einrichtung zum Tragen kommt, ist die – bewusst zu treffende – Entscheidung des Trägers. Dieser Handlungsspielraum sollte es ermöglichen, den Teams sowie auch den Leitungsverantwortlichen mit ihren jeweiligen Leitungskompetenzen und Persönlichkeiten gerecht zu werden. Voraussetzung ist allerdings, dass den KiTas und Horten zeitliche Leitungsressourcen gewährt werden. Diese sind notwendig, um die Einrichtung professionell zu führen und zu leiten.

Um den Umfang der vertraglich zugesicherten Leitungszeit zwischen den KiTas unabhängig von ihrer Größe sowie auch zwischen den Bundesländern vergleichen zu können, wird die wöchentliche Leitungszeit auf die Anzahl der ganztags betreuten Kinder verteilt. In den KiTas mit Leitungskapazitäten ergeben sich in BB rechnerisch im Median 18 Minuten pro ganztags betreutem Kind für die Führung und Leitung der KiTa.

Darüber hinaus kann die wöchentliche Leitungszeit gruppiert dargestellt werden. Im Ergebnis zeigt sich, dass dem größten Anteil der KiTas in BB (40 %) eine wöchentliche Arbeitszeit von über 10 bis einschließlich 20 Minuten pro rechnerisch ganztags betreutem Kind zur Verfügung steht.

KiTas (mit Horten) ohne Zeit für Leitung | Tab. 85

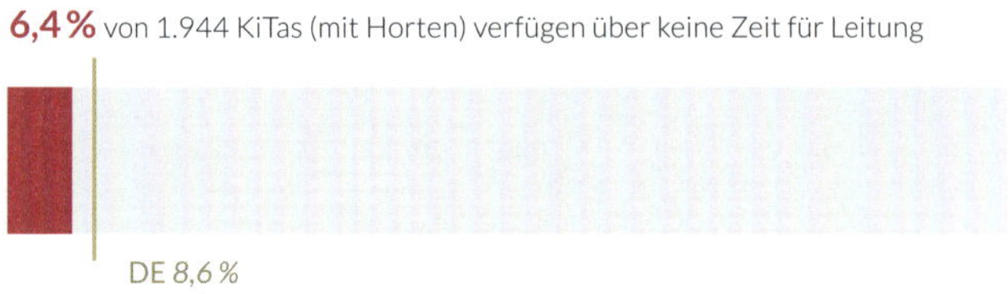

KiTas (mit Horten) ohne Zeit für Leitung nach KiTa-Größe

Anzahl betreuter Kinder

Kleine KiTas: < 45 Mittlere KiTas: 45 bis 75 Große KiTas: 76 und mehr

Regionale Daten zu KiTas ohne Leitungszeit finden Sie auf www.laendermonitor.de unter FOKUS | Regionale Daten

KiTas (mit Horten) mit Zeit für Leitung nach Leitungsprofil

Tab. 65

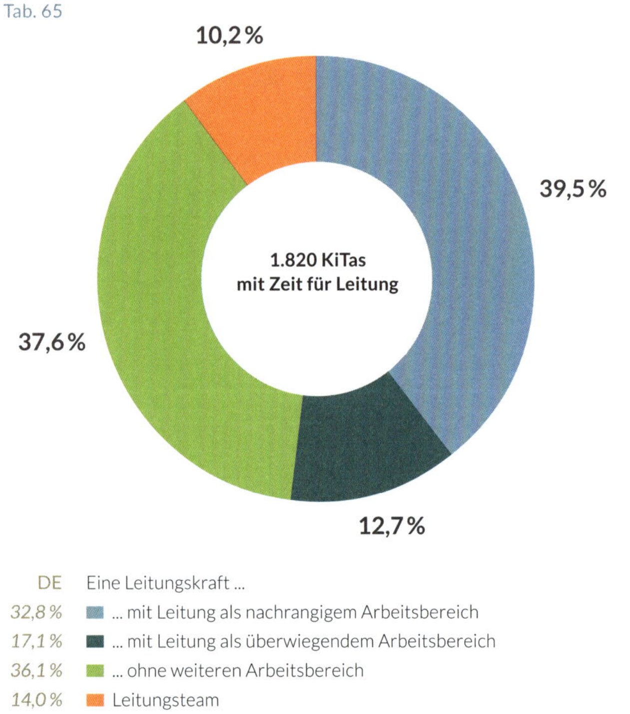

Leitungsausstattung | BB 01.03.2020

KiTas nach Leitungszeit* pro Kind

Tab. 66b; Tab. 108b

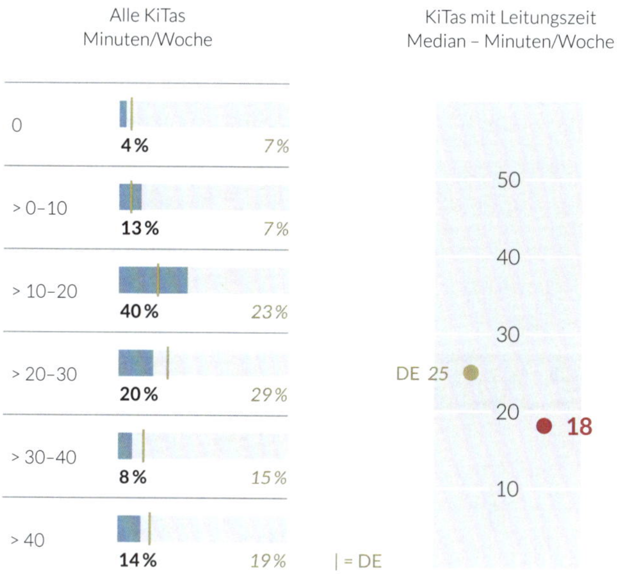

KiTas mit weniger als 20 Wochenstunden Leitungszeit* | Tab. 111

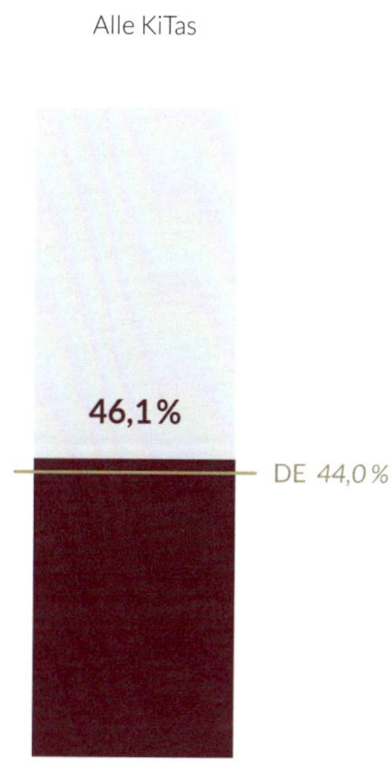

Bertelsmann Stiftung: Empfehlung zur Leitungsausstattung

KiTas mit der von der Bertelsmann Stiftung empfohlenen Leitungszeit* | Tab. 112

* Zeit für die Arbeitsbereiche Leitung UND Verwaltung

**Vertraglich vereinbarte Betreuungswochenstunden aller Kinder geteilt durch 40

Für eine professionelle Führung und Leitung von KiTas empfiehlt die Bertelsmann Stiftung jeder Einrichtung eine Grundausstattung von 20 Wochenstunden. Diese ist dringend notwendig, denn in jeder KiTa müssen – unabhängig von der Größe – Führungs- und Leitungsaufgaben erledigt werden. 2020 verfügen in BB 46 % der KiTas nicht über diese Grundausstattung, die als garantiertes Zeitbudget empfohlen wird.

Neben den 20 Wochenstunden sollte jeder KiTa ein variabler Anteil von 0,35 Wochenstunden pro Ganztagsbetreuungsäquivalent** zur Verfügung gestellt werden. Mit inbegriffen sind Verwaltungszeiten von max. 20 % der empfohlenen Leitungszeit. 2020 verfügen in BB 14 % der KiTas über diese Leitungsausstattung, bundesweit sind es mit 18 % etwas mehr.

Pädagogisches Personal | BB 01.03.2020

Entwicklung des pädagogischen Personals

Tab. 118oh, 118h; 126

	KiTas	Kindertages-pflege	Horte
Jahr (Stichtag 01.03.)	Anzahl pädagogisch Tätiger		
2011	12.100	1.283	3.603
2012	12.812	1.265	3.585
2013	13.330	1.206	3.706
2014	14.129	1.201	3.625
2015	14.263	1.158	3.971
2016	14.904	1.141	4.065
2017	15.648	1.101	4.274
2018	16.601	1.056	4.404
2019	17.360	1.014	4.564
2020	18.370	991	4.715

Beschäftigungsumfang in KiTas und Horten

Tab. 29oh; 29h

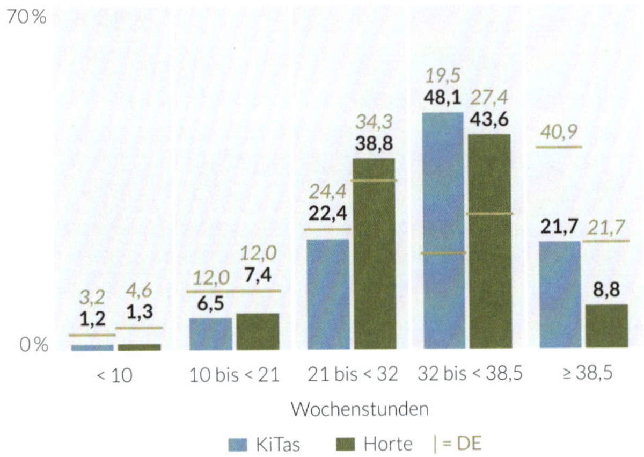

Qualifikationsniveaus | Tab. 27; 50a; 133

	BB		DE
Abschluss	Anzahl	Anteil	
KiTas: 18.370 päd. Tätige			
Hochschule*	543	**3,0 %**	5,6 %
Fachschule*	15.939	**86,8 %**	68,3 %
Berufsfachschule*	155	**0,8 %**	13,6 %
Sonstige Ausbildungen	560	**3,0 %**	4,5 %
In Ausbildung	1.005	**5,5 %**	5,9 %
Ohne Abschluss	168	**0,9 %**	2,2 %
Kindertagespflege: 991 päd. Tätige			
Hochschule*	16	**1,6 %**	3,2 %
Fachschule*	237	**23,9 %**	15,8 %
Berufsfachschule*	38	**3,8 %**	10,0 %
Soziale/sozialpädagogische Kurzausbildung	79	**8,0 %**	1,9 %
Sonstige Ausbildungen	605	**61,0 %**	60,1 %
In Ausbildung	1	**0,1 %**	0,5 %
Ohne Abschluss	15	**1,5 %**	8,6 %
Horte: 4.715 päd. Tätige			
Hochschule*	151	**3,2 %**	8,2 %
Fachschule*	4.176	**88,6 %**	68,8 %
Berufsfachschule*	13	**0,3 %**	8,8 %
Sonstige Ausbildungen	167	**3,5 %**	7,6 %
In Ausbildung	173	**3,7 %**	4,6 %
Ohne Abschluss	35	**0,7 %**	2,0 %

* fachlich einschlägig

Regionale Daten zu den Qualifikationsniveaus finden Sie auf www.laendermonitor.de unter FOKUS | Regionale Daten

Die Zahl des pädagogischen Personals ist in BB zwischen 2011 und 2020 deutlich gestiegen: in den KiTas um 52 % auf nunmehr 18.370 Tätige und in den Horten um 31 % auf 4.715. Im selben Zeitraum ist ein kontinuierlicher Abbau der Kindertagespflegepersonen zu verzeichnen: Hier arbeiten 2020 nur noch 991 Personen (2011: 1.283).

3 % der pädagogisch Tätigen in KiTas besitzen einen Hochschul-, 87 % einen Fachschulabschluss als Erzieher:in. In Ausbildung befinden sich 6 %. Das Qualifikationsniveau des Hortpersonals liegt auf einem ähnlichen Level. In der Kindertagespflege dagegen arbeiten anteilig deutlich weniger Personen mit einem fachlich einschlägigen Fachschulabschluss (24 %). Die meisten Kindertagespflegepersonen (61 %) besitzen einen nicht-fachpädagogischen Abschluss.

Der größte Anteil des KiTa- und Hortpersonals arbeitet 32 bis 38,5 Stunden pro Woche (48 % bzw. 44 %). Arbeitsverträge mit 38,5 Wochenstunden und mehr besitzen 22 % der KiTa-Beschäftigten, während dies nur auf 9 % des Hortpersonals zutrifft. Hier arbeiten 39 % zwischen 21 und 32 Stunden pro Woche.

Pädagogisches Personal | BB 01.03.2020

Altersstruktur in KiTas, Kindertagespflege und Horten | Tab. 42oh; 42h; 128

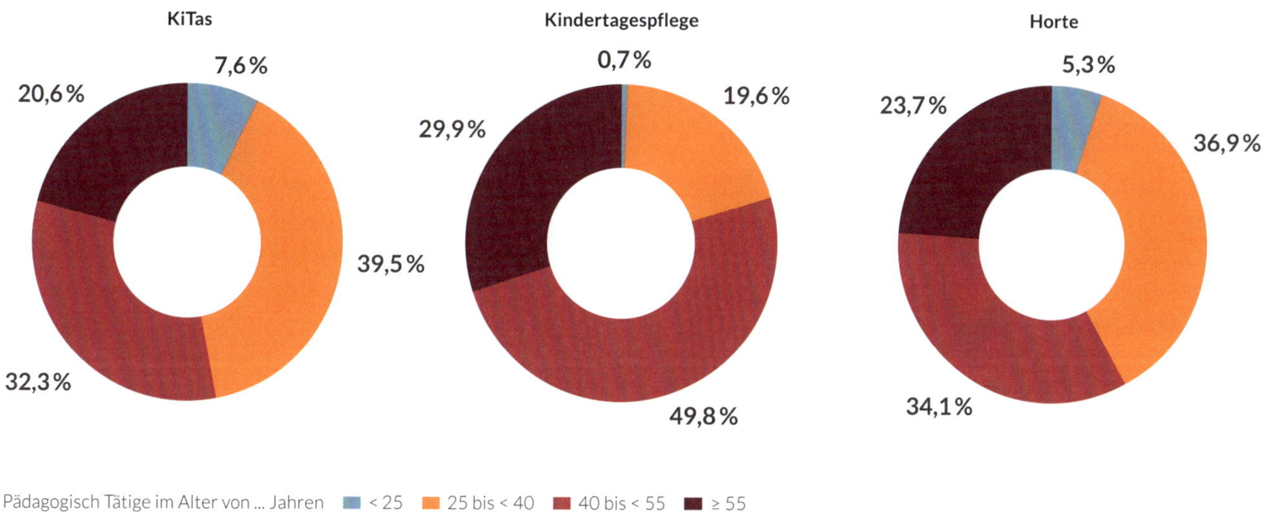

Befristete Arbeitsverhältnisse in KiTas (mit Horten) | Tab. 77

	Alter in Jahren	unter 30	30 bis unter 40	40 bis unter 50	50 bis unter 60	60 und älter
BB	pädagogisch Tätige insgesamt	3.626	6.510	4.466	5.736	2.021
	Anteil befristet Beschäftigter	**23,4 %**	**11,8 %**	**8,6 %**	**3,7 %**	**4,5 %**
DE	Anteil befristet Beschäftigter	*25,6 %*	*14,1 %*	*10,4 %*	*6,3 %*	*5,9 %*

Nur 7 % des KiTa-Personals in BB sind männlich (bundesweit: 6 %). Dieser Anteil liegt in der Kindertagespflege mit 6 % auf einem ähnlichen Niveau (bundesweit: 4 %). In den Horten hingegen arbeitet ein deutlich höherer Anteil an Männern (18 %) als in den beiden zuvor genannten Betreuungsformen; das entspricht dem Bundesdurchschnitt.

Der Großteil des KiTa-Personals in BB ist 25 bis unter 40 Jahre (40 %) und 40 bis unter 55 Jahre alt (32 %); damit liegen die Werte annähernd auf dem bundesweiten Niveau (37 % bzw. 33 %). Zudem sind 8 % unter 25 Jahre alt, und wiederum 21 % sind 55 oder älter: Diese beiden Altersgruppen weichen jeweils vom Bundesdurchschnitt (13 % bzw. 17 %) ab. Für das Hortpersonal zeigt sich in BB eine ähnliche Altersverteilung. So ist auch hier der Großteil 25 bis unter 40 Jahre (37 %) bzw. 40 bis unter 55 Jahre (34 %) alt. Ein anderes Bild zeigt sich dagegen in der Kindertagespflege, wo das Personal durchschnittlich älter ist. Hier ist die Hälfte aller Beschäftigten 40 bis unter 55 Jahre alt (bundesweit: 43 %). Weitere 30 % sind 55 Jahre und älter (bundesweit: 27 %). Zur Altersgruppe 25 bis unter 40 Jahre zählen lediglich 20 % der Kindertagespflegepersonen, was vom Bundesdurchschnitt abweicht (29 %). Nur knapp 1 % ist jünger als 25 (bundesweit: 1,5 %).

10 % des pädagogischen Personals in KiTas (mit Horten) sind in BB befristet beschäftigt. Dem bundesweiten Trend folgend, sind davon auch in BB vor allem jüngere Beschäftigte betroffen, nämlich 23 % der unter 30-Jährigen, aber nur 4 % der 50- bis unter 60-Jährigen und 5 % der ab 60-Jährigen.

Träger | BB 01.03.2020

Die insgesamt 1.565 KiTas und 379 Horte in BB werden von verschiedenen Trägern betrieben; das können solche der öffentlichen oder der freien Jugendhilfe sein. Innerhalb der freien Träger wird zwischen den privat-gemeinnützigen und den privat-nichtgemeinnützigen (auch Wirtschaftsunternehmen) unterschieden. Die privat-nichtgemeinnützigen werden den freien Trägern zugeordnet, da Gemeinnützigkeit kein konstitutives Merkmal ist.

Knapp die Hälfte der KiTas in BB befindet sich in öffentlicher Trägerschaft, was im länderübergreifenden Vergleich den höchsten Anteil nach ST (56 %) darstellt (bundesweit: 32 %). Unter den KiTas in freier, nicht-konfessioneller Trägerschaft sind in BB die der sonstigen freigemeinnützigen Träger (14 %) und des Deutschen Paritätischen Wohlfahrtsverbandes (9 %) häufiger vertreten. In der bundesweiten Gesamtschau sind in BB insbesondere KiTas des Deutschen Caritasverbandes oder sonstiger katholischer Träger (1 %; bundesweit: 17 %) unterrepräsentiert. Ebenso sind KiTas in der Trägerschaft von Elterninitiativen in BB mit 5 % weniger stark vertreten als im Bundesdurchschnitt (8 %). Eine ähnliche Verteilung auf die Trägerschaften zeigt sich bei den Horten in BB. So befindet sich mit 58 % der größte Anteil der Horte in öffentlicher Trägerschaft (bundesweit: 48 %). Horte in privat-nichtgemeinnütziger Trägerschaft sind nicht vorhanden; bundesweit sind es 1 %.

Unterschiede in den Betreuungsquoten der unter 3-Jährigen und der Kinder ab 3 nach Art des Trägers sind in BB kaum vorhanden. Fast die Hälfte der Kinder beider Altersgruppen (jeweils 49 %) besucht KiTas in öffentlicher Trägerschaft. Der zweitgrößte Anteil wird jeweils in KiTas sonstiger freigemeinnütziger Träger betreut (unter 3-Jährige: 15 %; ab 3-Jährige: 14 %).

Die Beschäftigungsumfänge der pädagogisch Tätigen unterscheiden sich in vielen Bundesländern nach Trägerschaft der KiTas und Horte. 2020 zeigt sich in BB das folgende Bild: Mit jeweils 75 % verfügt ein großer Anteil der pädagogisch Tätigen in KiTas (mit Horten) der Arbeiterwohlfahrt und des Deutschen Roten Kreuzes über einen Arbeitsvertrag, der mindestens 32 Wochenstunden umfasst; das ist mehr als in Einrichtungen anderer Trägerschaften, insbesondere in KiTas (mit Horten) der Caritas und sonstiger katholischer Träger (51 %). Arbeitsverträge von weniger als 21 Wochenstunden sind anteilig am häufigsten in Elterninitiativen (14 %) und bei der Diakonie und sonstigen der EKD angeschlossenen Trägern (13 %) vertreten.

KiTas und Horte nach Träger | Tab. 78oh; 78h

1.565 KiTas und 379 Horte in BB	KiTas		Horte	
	Anzahl	Anteil	Anzahl	Anteil
Öffentliche Träger	774	**49,5 %**	221	**58,3 %**
Freie Träger/privat-gemeinnützig				
Arbeiterwohlfahrt (AWO)	80	**5,1 %**	16	**4,2 %**
Deutscher Paritätischer Wohlfahrtsverband (DPWV)	139	**8,9 %**	37	**9,8 %**
Deutsches Rotes Kreuz (DRK)	53	**3,4 %**	5	**1,3 %**
Diakonie Deutschland/sonstige der EKD angeschlossene Träger	154	**9,8 %**	31	**8,2 %**
Deutscher Caritasverband/sonstige katholische Träger	16	**1,0 %**	4	**1,1 %**
Sonstige	211	**13,5 %**	55	**14,5 %**
Freie Träger/privat-nichtgemeinnützig	66	**4,2 %**	0	**0,0 %**
Elterninitiativen	72	**4,6 %**	10	**2,6 %**

Träger | BB 01.03.2020

Kinder nach Alter und KiTa-Träger | Tab. 79, 80

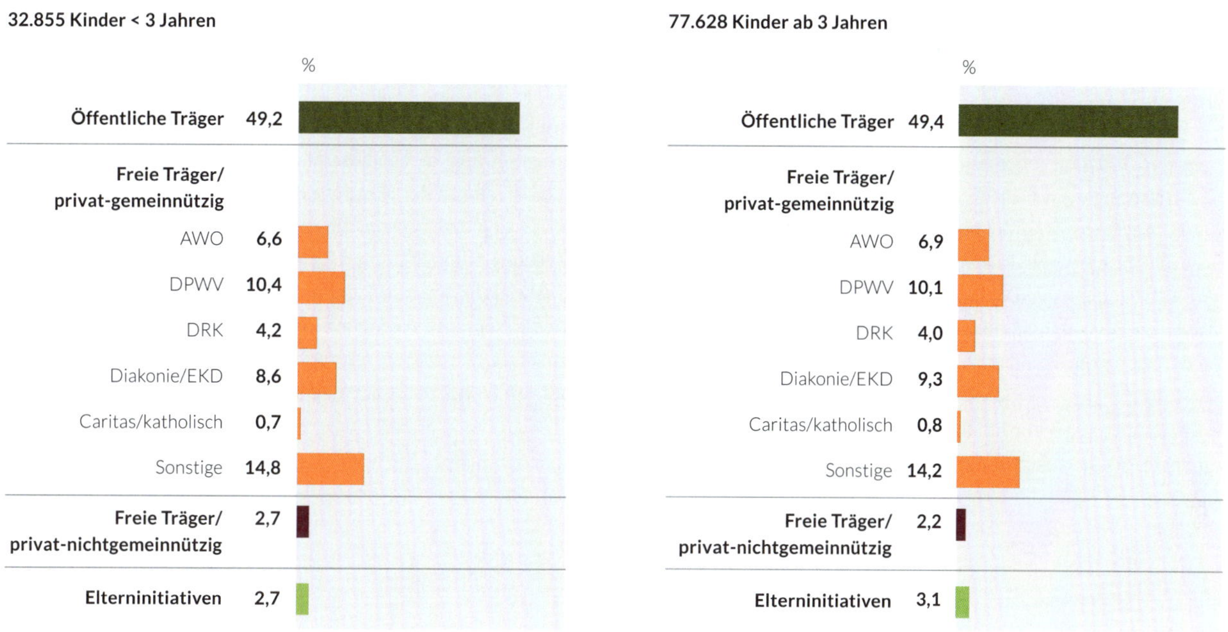

Pädagogisch Tätige nach KiTa-Träger (mit Horten) und Beschäftigungsumfang | Tab. 81

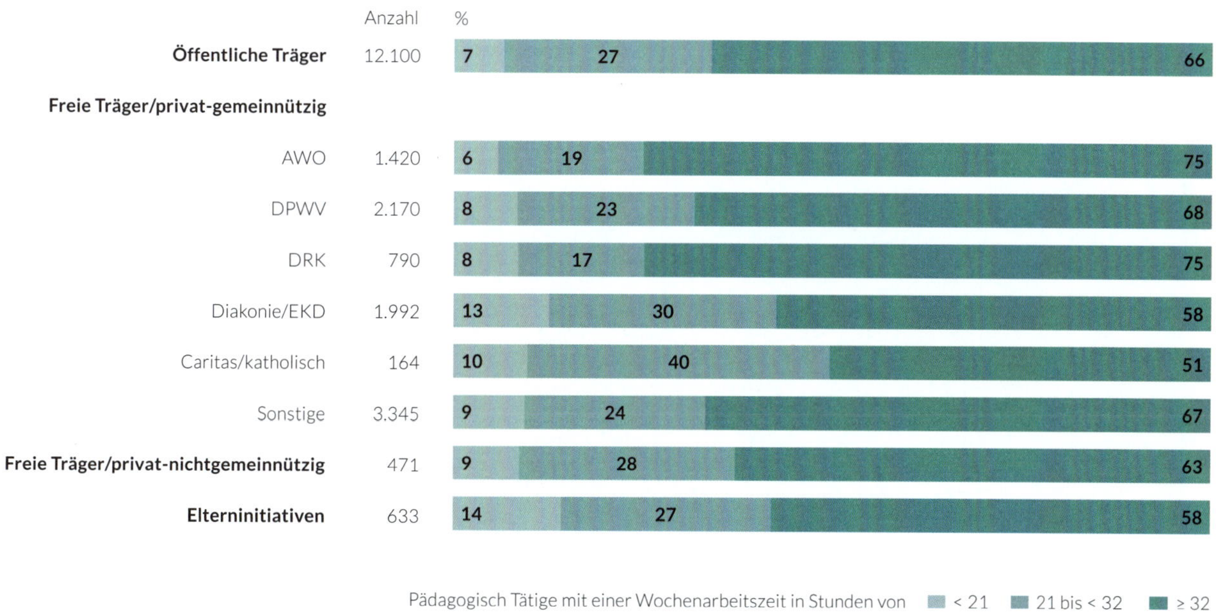

Investitionen wirkungsvoll einsetzen

Der qualitative Ausbau des frühkindlichen Bildungssystems, insbesondere die Verbesserung der Personalressourcen, erfordert gewaltige finanzielle Kraftanstrengungen aller Akteure. Um das System langfristig zu sichern, bedarf es einer dauerhaften finanziellen Unterstützung des Bundes. Daher sollte der Bund sein finanzielles Engagement im KiQuTG über 2022 hinaus verlässlich verankern.

In BB wurden 2018 für jedes Kind unter sechs Jahren in der Bevölkerung durchschnittlich 6.269 Euro für Angebote der Kindertagesbetreuung durch die öffentliche Hand, also Land und Kommunen, ausgegeben (ohne Elternbeiträge oder Zuschüsse anderer föderaler Ebenen). Das sind fast 2.100 Euro mehr als sechs Jahre zuvor. Im bundesweiten Durchschnitt lagen die Ausgaben im Jahr 2018 mit 6.007 Euro auf einem ähnlichen Niveau wie in BB.

Im Haushaltsjahr 2019 wurden in BB seitens der öffentlichen Haushalte Investitionsausgaben für die Kindertagesbetreuung in Höhe von fast 92 Mio. Euro getätigt. Dies sind Ausgaben, die zum Beispiel bei einem Neubau einer KiTa bzw. einem Umbau oder einer Sanierung einer bereits vorhandenen KiTa entstehen.

Im Rahmen des KiQuTG erhält jedes Bundesland zwischen 2019 und Ende 2022 Bundesmittel für Maßnahmen zur Weiterentwicklung der KiTa-Qualität und zur Gebührenentlastung der Eltern. BB investiert in fünf der insgesamt elf Handlungsfelder des Gesetzes. Der größte Anteil der Bundesmittel fließt mit 110 Mio. Euro in die Verbesserung der Betreuungsschlüssel. Mit diesen Mitteln werden zusätzliche Personalstunden für Kinder mit längeren Betreuungszeiten (mehr als 8 Stunden/Tag) finanziert; darüber hinaus wird mit den Bundesmitteln und zusätzlichen Landesmitteln die landesrechtlich festgesetzte Verbesserung der Personalbemessung im Kindergartenbereich (von 1 zu 11 auf 1 zu 10) finanziert.[1]

1 Vgl. BMFSFJ und Ministerin für Bildung, Jugend und Sport (2020): Vertrag zwischen der Bundesrepublik Deutschland, vertreten durch das Bundesministerium für Familie, Senioren, Frauen und Jugend, und dem Land Brandenburg zur Umsetzung des Gesetzes zur Weiterentwicklung der Qualität und zur Verbesserung der Teilhabe in Tageseinrichtungen und in der Kindertagespflege (KiTa-Qualitäts- und Teilhabeverbesserungsgesetz – KiQuTG).

Investitionen pro unter sechsjährigem Kind

BB 2011–2018 | Tab. 21c

Grundmittel von Land und Kommunen

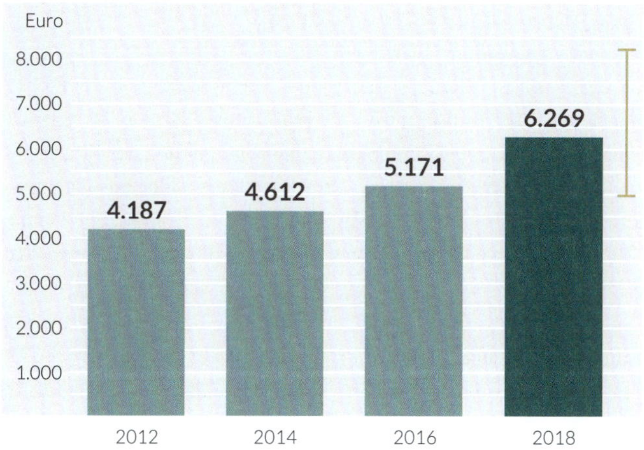

| = Alle Bundesländer 2018, Minimum: 4.965 €, Maximum: 8.232 €

Finanzierungsgemeinschaft für FBBE

BB 2018 | Tab. 23

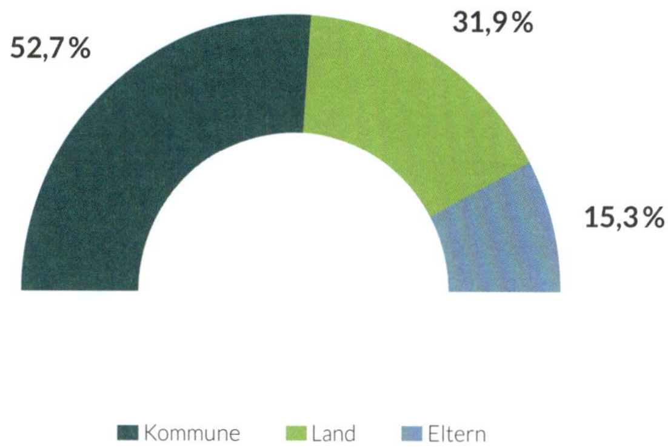

Ohne Eigenanteil der freien Träger und Zuschüsse des Bundes

Einmalige Investitionsausgaben für FBBE | BB 2009–2019 | Tab. 45

Ausgaben von Bund, Land und Kommunen

	2009	2010	2011	2012	2013	2014	2015	2016	2017	2018	2019
	Mio. Euro										
BB	**41,3**	**50,0**	**51,9**	**60,3**	**55,8**	**40,2**	**30,7**	**36,9**	**55,4**	**69,7**	**91,5**
DE	*947,3*	*1.334,1*	*1.357,5*	*1.408,8*	*2.188,8*	*1.649,4*	*1.137,7*	*1.080,7*	*1.345,8*	*1.686,1*	*2.012,3*

Für die Interpretation der hier ausgewiesenen Indikatoren sind einige methodische Grundlagen wichtig. Zusätzlich zu den Anmerkungen im Anhang des Länderprofils findet sich auf www.laendermonitor.de unter „Methodik" eine ausführliche Beschreibung der Datengrundlage sowie der Berechnungsmethodik.

Verteilung der Bundesmittel aus dem KiQuTG auf die Handlungsfelder | BB 2019–2022 | Tab. 119

	Bedarfsgerechtes Angebot	**Guter Betreuungsschlüssel**	**Qualifizierte Fachkräfte**	Starke KiTa-Leitung	Kindgerechte Räume	**Gesundes Aufwachsen**	Sprachliche Bildung	Starke Kindertagespflege	Netzwerke für mehr Qualität	**Vielfältige pädagogische Arbeit**	**Weniger Gebühren**	**Verplante Bundesmittel gesamt**
Anteil		75 %	11 %			0,3 %				1 %	14 %	100 %
Mio. Euro		110,0	16,0			0,4				0,9	20,0	147,4

Landesspezifische Anmerkungen

Kinder mit und ohne Migrationshintergrund

Aufgrund zu schwacher Besetzungszahlen in mindestens einer der beiden interessierenden Altersgruppen in Brandenburg werden migrationsspezifische Betreuungsquoten dort nicht nachgewiesen. Die hochgerechneten Werte liegen dort unter 10.000 und sind damit in ihrer Aussagekraft eingeschränkt. Grund hierfür ist, dass die Stichprobenbasis beim Mikrozensus Zufallsfehler bedingt und damit einen einfachen relativen Standardfehler, der umso größer wird, je schwächer ein Merkmal besetzt ist.

Personalschlüssel im Vergleich

Die Kategorie „unter 1:4,4" unterliegt in Kindergartengruppen, für 2-Jährige geöffnet, in Brandenburg der Geheimhaltung und wird zur Kategorie „1:4,4 bis unter 1:5,4" hinzugefügt.

Die Kategorie „unter 1:2,5" unterliegt in Gruppen mit Kindern unter 4 Jahren in Brandenburg der Geheimhaltung und wird zur Kategorie „1:2,5 bis unter 1:3,5" hinzugefügt.

Die Kategorie „unter 1:3,25" unterliegt in altersübergreifenden Gruppen in Brandenburg der Geheimhaltung und wird zur Kategorie „1:3,25 bis unter 1:4,25" hinzugefügt.

Bremen

Allgemeine Basisdaten

Fläche in km² (2019)	419
Einwohner:innen (31.12.2019)	681.202
Geborene Kinder (2019)	7.149
Geburten pro Frau (2019)	1,598
Anzahl Kinder < 10 Jahren (31.12.2019)	63.631
Davon < 3 Jahren	20.737
Davon 3 bis < 6 Jahre	19.639
Davon 6 bis < 10 Jahre	23.255
Anteil der Kinder mit Migrationshintergrund (2019)	
... < 3 Jahren	57,1 %
... von 3 bis < 6 Jahren	68,4 %
Erwerbstätigenquote von Müttern mit (2019)	
... mindestens einem Kind < 3 Jahren	42,1 %
... mindestens einem Kind von 3 bis < 6 Jahren	50,9 %
Leistungsempfänger:innen nach SGB II (ALG II u. Sozialgeld, 2020)	102.601
Davon Kinder < 6 Jahren	13.095
Entspricht Anteil an allen Kindern < 6 Jahren	32,4 %

FBBE auf einen Blick 01.03.2020

Anteil der Kinder in FBBE	
... < 1 Jahr	0,9 %
... von 1 bis < 3 Jahren	43,1 %
... < 3 Jahren	29,0 %
... von 3 bis < 6 Jahren inkl. 0,05 % in [vor-]schulischen Einrichtungen	85,4 %
Schulkinder 6 bis < 11 Jahre	13,2 %
Tageseinrichtungen insgesamt	461
Davon Horte	24
Anteil der Einrichtungen mit	
... < 45 Kindern	44,9 %
... 45 bis 75 Kindern	21,7 %
... 76 Kindern und mehr	33,4 %
Pädagogisches Personal (inkl. Leitung) in KiTas (mit Horten) insgesamt	5.949
Davon in Horten	254
Kinder in KiTas (mit Horten) insgesamt	28.118
Davon < 3 Jahren	5.102
Davon 3 Jahre bis zum Schuleintritt	19.961
Davon Schulkinder < 11 Jahren	3.008
Tagespflegepersonen insgesamt	264
Kinder in Kindertagespflege insgesamt	1.156
Davon < 3 Jahren	914
Davon 3 Jahre bis zum Schuleintritt	177
Davon Schulkinder < 11 Jahren	65
Leitungspersonal in KiTas (mit Horten) insgesamt	511
Davon in Horten	18

Blitzlichter: Status quo der Kindertagesbetreuung in Bremen

In den letzten zehn Jahren hat sich in HB die Zahl der unter 3-Jährigen, die eine KiTa oder Kindertagespflege besuchen, um 2.809 Kinder auf 6.007 erhöht. Somit stieg die FBBE-Teilhabequote dieser Altersgruppe von knapp 20 % im Jahr 2011 auf 29 % im Jahr 2020. Trotz des Ausbaus ist HB jedoch noch weit entfernt von der durchschnittlichen ostdeutschen Teilhabequote (53 %). Bei den 3- bis unter 6-Jährigen liegt der Wert bei 85 %; das ist bundesweit der geringste Anteil (93 %).

Für faire Bildungschancen ist nicht nur die Zahl an Plätzen entscheidend: Die Angebote müssen auch kindgerecht sein. Wichtige – auch wissenschaftlich untersuchte – Gradmesser für die strukturelle Qualität in KiTas sind der *Personalschlüssel*, die *Gruppengröße*, das *Qualifikationsniveau* des pädagogischen Personals und ausreichend *Leitungszeit*.

Der Personalschlüssel lässt sich mit den Daten der amtlichen Kinder- und Jugendhilfestatistik (KJH-Statistik) für verschiedene Gruppentypen berechnen. So werden 2020 in HB 33 % der unter 3-Jährigen in Krippengruppen betreut. Mit einem rechnerischen Personalschlüssel von 1 zu 3,1 wird hier beinahe die Empfehlung der Bertelsmann Stiftung (1 zu 3,0) erreicht. Der größte Anteil dieser Altersgruppe (55 %) besucht Gruppen mit Kindern unter 4 Jahren; der Personalschlüssel erreicht hier mit 1 zu 3,3 ebenfalls fast ein kindgerechtes Verhältnis. In altersübergreifenden Gruppen werden weitere 7 % der unter 3-Jährigen zusammen mit 14 % der über 3-Jährigen bei einem Personalschlüssel von 1 zu 6,1 betreut. Das ist ungünstiger als der wissenschaftlich empfohlene Wert von 1 zu 3,75.[1] Der überwiegende Anteil der ab 3-Jährigen (77 %) besucht Kindergartengruppen mit einem Personalschlüssel von 1 zu 7,9 (Empfehlung der Bertelsmann Stiftung: 1 zu 7,5).

Trotz der im bundesweiten Vergleich günstigen Personalschlüssel zeigen die Auswertungen, dass im Jahr 2020 in HB für 51 % der Kinder in amtlich erfassten KiTa-Gruppen[2] nicht genügend Fachpersonal zur Verfügung steht; das ist der geringste Anteil nach BW (48 %) und deutlich weniger als bundesweit (73 %). Die nicht kindgerechte Personalausstattung betrifft die ab 3-Jährigen häufiger (55 %) als die unter 3-Jährigen (39 %).

Betrachtet man die Entwicklung der Personalschlüssel, wird deutlich, dass sich in HB die personelle Ausstattung in Krippengruppen von 2013 bis 2020 von einem bereits günstigen Niveau kaum weiter verbessert hat (von 1 zu 3,2 auf 1 zu 3,1). In Kindergartengruppen zeigt sich gar eine leichte Verschlechterung (von 1 zu 7,7 auf 1 zu 7,9). So müssen in HB rein rechnerisch 1,2 Kindergartenkinder mehr von einer Fachkraft betreut werden als in BW, dem Bundesland mit der günstigsten Personalausstattung.

Die Gruppengröße ist ein weiterer wichtiger Gradmesser für die Qualität in KiTas. Nach wissenschaftlichen Empfehlungen sollten Gruppen für jüngere Kinder maximal zwölf Kinder umfassen, für die Älteren maximal 18.[3] In HB werden diese Werte bei 39 % der amtlich erfassten KiTa-Gruppen nicht erreicht (bundesweit: 54 %). Mit 77 % ist insbesondere ein größerer Anteil der Kindergartengruppen zu groß; bei auch für 2-Jährige geöffneten Kindergartengruppen sind es 61 %. Demgegenüber entsprechen lediglich 1 % der Gruppen mit Kindern unter 4 Jahren und keine einzige Krippengruppe nicht den Empfehlungen. Insgesamt zeigt sich, dass in HB die ab 3-Jährigen mit 74 % deutlich häufiger von nicht kindgerechten Gruppengrößen betroffen sind als die unter 3-Jährigen (2 %).

Wesentliche Voraussetzung für eine „gute" KiTa-Qualität ist nicht nur *zahlenmäßig ausreichendes*, sondern auch *qualifiziertes* Personal. In HB verfügen knapp 67 % der 5.695 pädagogisch Tätigen in KiTas über einen fachlich einschlägigen Fachschulabschluss, etwa als Erzieher:in. Damit liegt HB in etwa im bundesweiten Durchschnitt (68 %), allerdings unter dem Niveau der ostdeutschen Bundesländer (80 %). Über den formal niedrigeren Berufsfachschulabschluss, bspw. als Sozialassistent:in, verfügen in HB fast 15 % der pädagogisch Tätigen; in Ostdeutschland sind es nur knapp 3 %. Weitere 7 % besitzen einen fachlich einschlägigen Hochschulabschluss. Eine sonstige – nicht fachlich einschlägige – Ausbildung weisen in HB 4 % der pädagogisch Tätigen auf (bundesweit: 4,5 %). Der Anteil des Personals ohne Abschluss liegt in HB mit fast 5 % deutlich über dem bundesweiten Durchschnitt (2 %) und stellt im landesübergreifenden Vergleich den höchsten Anteil dar. Weitere 3 % schließlich befinden sich in Ausbildung; 2016 lag dieser Wert bei mehr als 4 %. Mit Blick auf die gegenwärtig in vielen Bundesländern eingeführten praxisintegrierten Ausbildungsgänge bleibt abzuwarten, ob sich dieser Wert in den kommenden Jahren erhöht. Ebenso gilt es kontinuierlich zu beobachten, wie sich die neuen beruflichen Zugangsformen, etwa für Quereinsteiger:innen, zukünftig auf das formale Qualifikationsniveau des KiTa-Personals insgesamt auswirken werden.

Auch die Ausstattung der KiTas mit ausreichenden Leitungsressourcen nimmt eine Schlüsselfunktion für die KiTa-Qualität ein. Nach den Angaben in der KJH-Statistik verfügen 25 % der KiTas in HB über keine Zeit für Leitungsaufgaben. Die von der Bertelsmann Stiftung empfohlene Zeit für Leitungs- und Verwaltungsaufgaben[4] besitzen 2020 in HB 30 % der KiTas (ohne Horte); bundesweit sind es 18 %.

Qualitätsentwicklungen im Rahmen des KiQuTG

Im Rahmen des KiTa-Qualitäts- und Teilhabeverbesserungsgesetzes (KiQuTG) erhält jedes Bundesland zwischen 2019 und Ende 2022 vom Bund finanzielle Mittel für Maßnahmen zur

Weiterentwicklung der KiTa-Qualität und zur Gebührenentlastung der Eltern. HB investiert diese Bundesmittel in fünf der insgesamt elf Handlungsfelder: *Guter Betreuungsschlüssel*, *Qualifizierte Fachkräfte*, *Sprachliche Bildung*, *Netzwerke für mehr Qualität* und *Weniger Gebühren*.

Mit rund 17,5 Mio. Euro fließt der zweitgrößte Anteil der verplanten Mittel in die Verbesserung der Betreuungsschlüssel. Konkret wird seit dem KiTa-Jahr 2020/2021 die Personalausstattung in KiTas in sozial und wirtschaftlich benachteiligten Stadtteilen durch eine zusätzliche Finanzierung von 0,35 Vollzeitstellen je ganztags geöffneter Kindergartengruppe verbessert. Inwiefern sich diese Maßnahme auf die Personalschlüssel in HB auswirkt, kann mit den aktuell zur Verfügung stehenden Daten nicht beurteilt werden, da die Maßnahme erst nach dem Stichtag der Datenerhebung finanziert wurde. Somit bleibt abzuwarten, ob und wenn ja welche Effekte sie nach sich ziehen wird. Allerdings steht bereits jetzt fest, dass sich diese dauerhaft zeigen werden, da die Maßnahme im neuen Bremischen Kita-Qualitäts- und Finanzierungsgesetz, welches voraussichtlich am 1. August 2021 in Kraft tritt, verankert wird. Hier werden u. a. die differenzierten Förderstandards in Bezug auf die Personalschlüssel festgeschrieben.

Ausbau- und Reformbedarf: Empfehlungen für die Kindertagesbetreuung in Bremen

Um allen Kindern unabhängig von ihrem Wohnort gleichwertige Teilhabe- und Bildungschancen zu ermöglichen, ist es unerlässlich, dass jedes Bundesland ein sowohl bedarfsgerechtes als auch kindgerechtes FBBE-Angebot zur Verfügung stellt. Trotz der im bundesweiten Vergleich günstigen Personalschlüssel in HB ist der Anteil der Kinder, die in KiTa-Gruppen mit einer nicht kindgerechten Personalausstattung betreut werden, noch immer zu hoch (51 %). Darüber hinaus zeigt sich, dass auch nach Jahren des Platzausbaus die Teilhabechancen der unter 3-Jährigen in HB noch nicht auf dem Niveau der ostdeutschen Bundesländer sind.

Der *Fachkräfte-Radar für KiTa und Grundschule*[5] prognostiziert, dass für gleiche Teilhabechancen und eine kindgerechte Betreuung sowie eine professionelle Leitungsausstattung gemäß wissenschaftlichen Empfehlungen bis 2030 in HB fast 2.000 KiTa-Fachkräfte fehlen werden. Damit diese Lücke geschlossen werden kann, müsste die Zahl der bis 2030 prognostizierten Neuzugänge um 66 % gesteigert werden. Die Ausbildungskapazitäten in diesem Umfang in den nächsten Jahren aufzustocken sowie genügend Quereinsteiger:innen zu gewinnen und pädagogisch zu qualifizieren, ist eher unwahrscheinlich – ein Etappenziel ist notwendig.

Um bundesweit für alle Kinder gleichwertige Lebensverhältnisse herzustellen, müssen zunächst die Teilhabe- und Bildungschancen in Ost- und Westdeutschland angeglichen werden. So fehlen in HB weniger als 1.000 Fachkräfte, wenn hier bis 2030 die Teilhabequoten auf das Ostniveau und die Personalschlüssel für alle Kinder auf das Westniveau[6] gehoben werden sollen; das wäre ein Plus von 24 % der bis 2030 prognostizierten Neuzugänge. Es ist zu prüfen, ob diese Lücke durch eine zügige Aufstockung der Ausbildungskapazitäten und die Gewinnung sowie Qualifizierung von Quereinsteiger:innen geschlossen werden kann.

Nach 2030 muss dann allerdings das Ziel lauten: kindgerechte und bedarfsgerechte FBBE-Angebote in ganz Deutschland. Um dies zu erreichen, müssen in HB schon jetzt die Weichen für den Ausbau der Plätze sowie der Ausbildungskapazitäten mit gleichzeitiger Qualifizierung zusätzlicher Berufsschullehrer:innen gestellt werden. Für die Verbesserung der Personalschlüssel braucht es zudem eine rechtliche Basis. So sollte ein Stufenplan mit einer schrittweisen Verbesserung der Personalausstattung in das BremKTG integriert werden. Darüber hinaus braucht es Konzepte, um neues Personal zu gewinnen und – insbesondere durch attraktive Arbeitsbedingungen und Verdienstmöglichkeiten – die vorhandenen Fachkräfte zu binden. Damit HB diese Aufgaben bewältigen kann, ist es unumgänglich, dass der Bund auch nach 2022 sein finanzielles Engagement für den Qualitätsausbau fortsetzt und im KiQuTG verlässlich verankert. Die Mittel sollten in erster Linie für die Gewinnung neuer Fachkräfte und den Ausbau der Personal- und Leitungskapazitäten verwendet werden.

1 Haug-Schnabel, Gabriele; Bensel, Joachim (2016): Kinder unter 3 – Bildung, Erziehung und Betreuung von Kleinstkindern. Kindergarten heute – wissen kompakt. 12., überarb. Aufl. Freiburg.

2 Es werden nur die Gruppen in KiTas analysiert, die laut Angaben in der amtlichen KJH-Statistik mit einer Gruppenstruktur arbeiten. Die Zuordnung von Gruppen in KiTas zu einem bestimmten Gruppentyp wird nicht von den Einrichtungen selbst vorgenommen, sondern erfolgt im Rahmen der Auswertung der Daten der amtlichen KJH-Statistik. Dabei erfolgt die Zuordnung primär anhand der Alterszusammensetzung der Kinder in den Gruppen. Gruppen, in denen Kinder mit einer (drohenden) Behinderung betreut werden, werden in der Berechnung nicht berücksichtigt.

3 Viernickel, Susanne; Fuchs-Rechlin, Kirsten (2015): Fachkraft-Kind-Relationen und Gruppengrößen in Kindertageseinrichtungen. Grundlagen, Analysen, Berechnungsmodell, in: Viernickel, Susanne; Fuchs-Rechlin, Kirsten; Strehmel, Petra; Preissing, Christa; Bensel, Joachim; Haug-Schnabel, Gabriele: Qualität für alle. Wissenschaftlich begründete Standards für die Kindertagesbetreuung. Freiburg, S. 11–130.

4 Für eine professionelle Führung und Leitung von KiTas empfiehlt die Bertelsmann Stiftung jeder Einrichtung eine Grundausstattung von 20 Wochenstunden plus 0,35 Wochenstunden pro Ganztagsbetreuungsäquivalent. Die empfohlene Leitungsausstattung enthält auch die Zeiten für Verwaltungstätigkeiten (max. 20 % der empfohlenen Leitungszeit).

5 Der Fachkräfte-Radar für KiTa und Grundschule prognostiziert bis 2030 den Fachkräftebedarf für die KiTa- und Grundschulbetreuung und stellt ihn dem voraussichtlich verfügbaren Personalangebot gegenüber. Weitere Informationen finden Sie unter: www.fachkraefte-radar-kita-grundschule.de

6 Sind die Personalschlüssel bereits günstiger als das Westniveau, werden sie in den Berechnungen konstant gehalten.

Teilhabe sichern

Jedes Kind braucht einen gesicherten und einfachen Zugang zu „guter“ Kindertagesbetreuung, unabhängig von seinem Wohnort und seiner sozio-ökonomischen oder kulturellen Herkunft. Dazu sind ausreichend wohnortnahe Angebote notwendig. Um diesem Anspruch zu genügen, erfolgte in den vergangenen Jahren bundesweit ein enormer Ausbau der Betreuungsplätze. 29 % der unter drei Jahre alten Kinder in HB nehmen eine Kindertagesbetreuung in Anspruch (bundesweit: 35 %). Unterschiede gibt es vor allem zwischen den unter 1-Jährigen (1 %), 1-Jährigen (30 %) und 2-Jährigen (57 %). Von den Kindern ab 3 bis unter 6 sind in HB mit 85 % fast alle in einer KiTa oder Kindertagespflege. Darüber hinaus nutzen 56 % der 6-Jährigen (Stand: 1. März 2020) Angebote der Kindertagesbetreuung, bevor sie in den schulischen Bildungsbereich wechseln.

13 % der unter 11-jährigen Schulkinder besuchen einen Hort[1]; bundesweit sind es 17 %. Weitere 45 % nehmen Ganztagsschulangebote wahr (bundesweit: 45 %). Nur 62 Kinder (0,3 %), die parallel kein Hort- oder Ganztagsschulangebot nutzen, besuchen eine Kindertagespflege.

2020 nutzen 6.007 unter 3-Jährige in HB ein FBBE-Angebot (29 %). Das sind 2.575 Kinder mehr als 2012, dem Jahr vor der Einführung des bundesweit geltenden Rechtsanspruchs auf einen Betreuungsplatz für Kinder ab dem ersten Geburtstag: ein Anstieg der Teilhabequote um 8 Prozentpunkte. Bedarfsgerecht ist das Angebot jedoch noch nicht: 2020 wünschen sich 46 % der Eltern von Kindern dieser Altersgruppe laut der „DJI-Kinderbetreuungsstudie“ einen Platz in einer KiTa oder Kindertagespflege. Vergleicht man die Entwicklung der elterlichen Betreuungswünsche mit der Bildungsbeteiligung für diese Altersgruppe zwischen 2012 und 2020, zeigt sich, dass der Bedarf geringer angestiegen ist als die Teilhabequote. Lag die Differenz 2012 noch bei knapp 20 Prozentpunkten, hat sie sich innerhalt von acht Jahren auf rund 17 verringert.

1 Ist im Folgenden von Horten die Rede, sind in der Regel auch Hortgruppen in KiTas gemeint.

Bildungsbeteiligung an Kindertagesbetreuung | HB 01.03.2020 | Tab. 6–14; 41a1

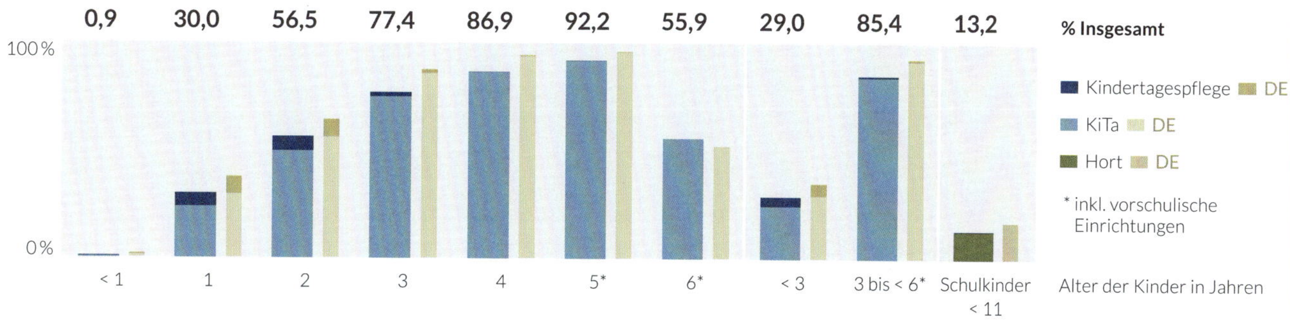

Betreuungsquote und Betreuungswunsch

HB 2012–2020, Stichtag 01.03. | Tab. 88a

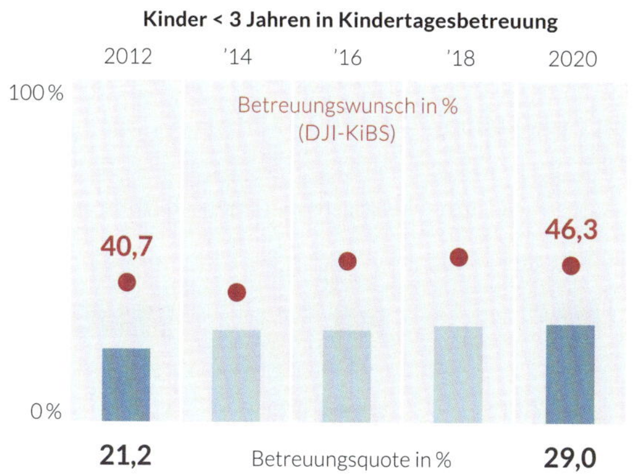

Bildungsbeteiligung von Schulkindern

HB 01.03.2020, Schulj. 2019/20 | Tab. 41a1; Tab. 71

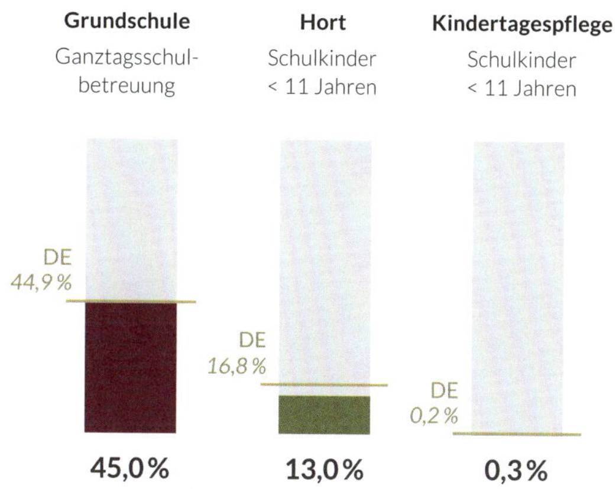

Vereinbarte Betreuungszeit in Horten: Ø **4,2 Stunden/Tag**

Regionale Daten zur Bildungsbeteiligung finden Sie auf www.laendermonitor.de unter FOKUS | Regionale Daten

77 % der Kinder, die am 01.03.2020 unter drei Jahre alt waren, wurden im August in der aktuell besuchten KiTa aufgenommen (vgl. S. 102). In allen anderen Monaten liegt die Aufnahmequote zwischen 0,3 und 4 %. Auch in der Kindertagespflege erfolgen die Eingewöhnungen vorrangig im August (54 %). In den Monaten April bis Juli zeigen sich die geringsten Aufnahmequoten (1 % bis 3 %)

Kinder mit einer Eingliederungshilfe werden in 46 % der KiTas (mit Horten, ohne Sondereinrichtungen) in HB betreut; bundesweit liegt dieser Wert bei 39 %.

Werden die vertraglich vereinbarten wöchentlichen Betreuungszeiten betrachtet, zeigt sich das folgende Bild: In HB wird mit 53 % der größte Anteil der unter 3-jährigen KiTa-Kinder laut Vertrag mehr als 35 bis unter 45 Wochenstunden betreut. Für die ab 3-Jährigen werden hingegen am häufigsten (49 %) kürzere Betreuungszeiten von mehr als 25 bis zu 35 Wochenstunden gebucht. Auch in der Kindertagespflege wird der größte Anteil der Kinder mehr als 25 bis unter 45 Stunden wöchentlich betreut: Das betrifft 40 % der unter 3-Jährigen und 42 % der ab 3-jährigen Nichtschulkinder. Schulkinder nutzen sowohl in Horten (80 %) als auch in der Kindertagespflege (92 %) die Betreuungszeiten bis zu 25 Wochenstunden am häufigsten.

Aufnahmezeitpunkt von unter Dreijährigen in KiTas und Kindertagespflege | HB 01.03.2020 | Tab. 87; 87a

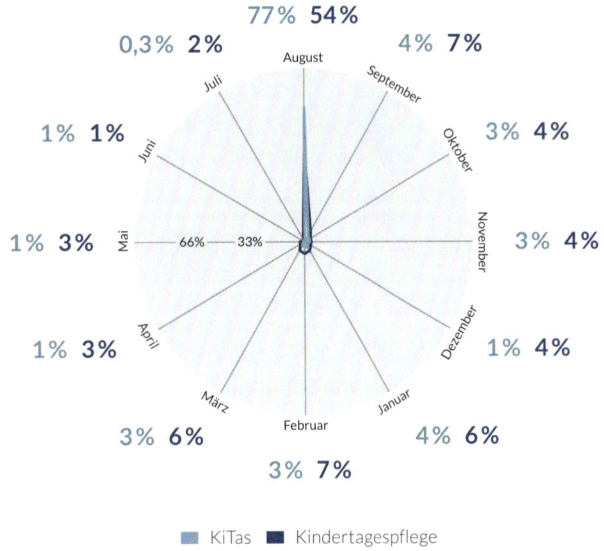

KiTas (mit Horten), die Kinder mit Eingliederungshilfe betreuen | HB 01.03.2020 | Tab. 59a

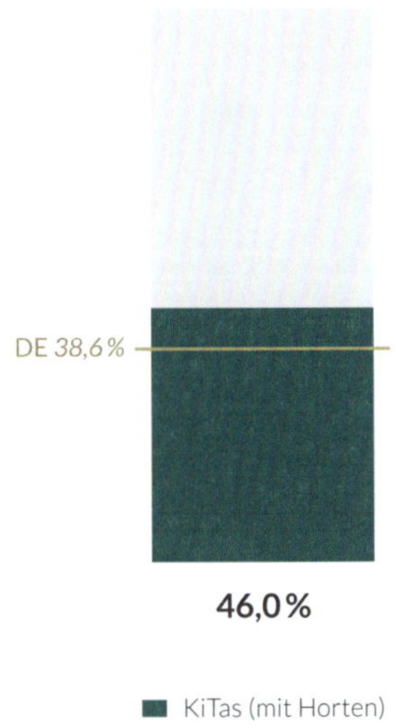

Vertraglich vereinbarte wöchentliche Betreuungszeiten in Kindertagesbetreuung | HB 01.03.2020 | Tab. 2–5; 3h; 138

	Kinder in KiTas und Horten						Kinder in öffentlich geförderter Kindertagespflege						
	< 3 Jahre: 5.102		≥ 3 Jahre bis Schuleintritt: 19.961		Schulkinder < 11 Jahren: 3.007		< 3 Jahre: 914		≥ 3 Jahre bis Schuleintritt: 177		Schulkinder < 11 Jahren: 65		
Bis 25 Stunden	10,1	*11,3*	4,2	*9,3*	79,6	*61,1*	29,1	*31,3*	30,5	*47,0*	92,3	*89,7*	%
> 25 bis 35 Stunden	31,6	*30,6*	49,1	*37,8*	15,1	*35,2*	39,5	*34,2*	41,8	*24,4*	7,7	*7,4*	%
> 35 bis < 45 Stunden	53,3	*19,5*	38,8	*17,5*	4,4	*1,6*	28,1	*19,3*	20,3	*15,7*	0	*1,8*	%
45 Stunden und mehr	5,0	*38,5*	7,8	*35,4*	0,8	*2,2*	3,3	*15,2*	7,3	*12,9*	0	*1,1*	%

| = DE

Regionale Daten zum Betreuungsumfang finden Sie auf www.laendermonitor.de unter FOKUS | Regionale Daten

In HB liegt der Anteil der Kinder mit nicht deutscher Familiensprache in fast 53 % der KiTas unter 25 % (bundesweit: 69 %); hier sprechen also die meisten Kinder zu Hause Deutsch. Fast 44 % der unter 3-Jährigen in KiTas haben einen Migrationshintergrund (MH). 15 % sprechen in ihrer Familie überwiegend Deutsch, 29 % eine andere Sprache. Bei den älteren KiTa-Kindern (52 %) liegen die Werte für die Sprache bei 13 % bzw. 39 %. Die Anteile der Kinder mit MH sind in der Kindertagespflege in beiden Altersgruppen mit 9 % bzw. 19 % geringer als in KiTas. Bei den Jüngeren sprechen 6 % Deutsch, 4 % eine andere Sprache; bei den Älteren sind es 9 % bzw. 10 %.

Der größte Anteil der unter 4-Jährigen mit oder ohne MH wurde mit einem Jahr in ihrer aktuellen KiTa (45 % bzw. 47 %) oder Kindertagespflege (54 % bzw. 55 %) aufgenommen. Kinder mit MH besuchen seltener im Alter von unter einem Jahr zum ersten Mal eine KiTa (8 %) als Kinder ohne MH (17 %). In der Kindertagespflege sind die Werte für dieses Aufnahmealter annähernd gleich, bewegen sich aber auf einem deutlich höheren Niveau (34 % bzw. 35 %).

Kinder mit und ohne Migrationshintergrund

HB 01.03.2020

Regionale Daten zum Migrationshintergrund und zur Familiensprache finden Sie auf www.laendermonitor.de unter FOKUS | Regionale Daten

Bildungsbeteiligung in KiTas und Kindertagespflege

Tab. 38a, Tab. 39a

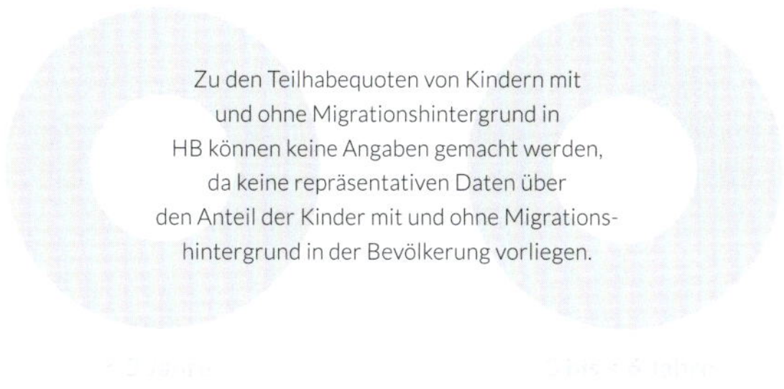

Quote der Inanspruchnahme von Kindern

mit Migrationshintergrund **ohne** Migrationshintergrund

KiTas (mit Horten) nach ihrem Anteil an Kindern mit nicht deutscher Familiensprache | Tab. 96

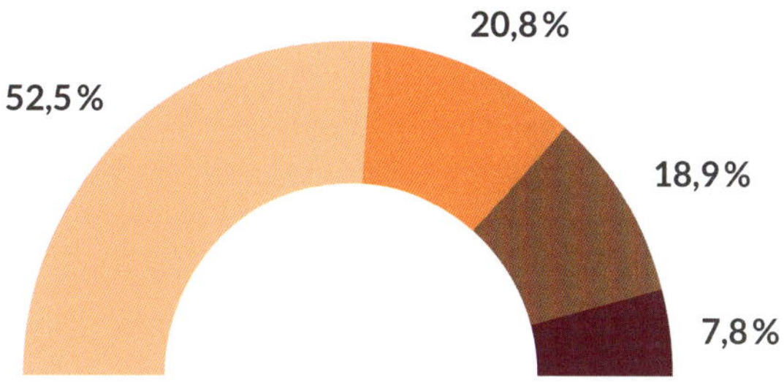

KiTas (mit Horten) mit einem Anteil an Kindern mit nicht deutscher Familiensprache von

< 25 % 25 bis < 50 % 50 bis < 75 % 75 % und mehr

Alter des Kindes zu Beginn der Betreuung in der aktuellen KiTa und Kindertagespflege | Tab. 92; 93

KiTa

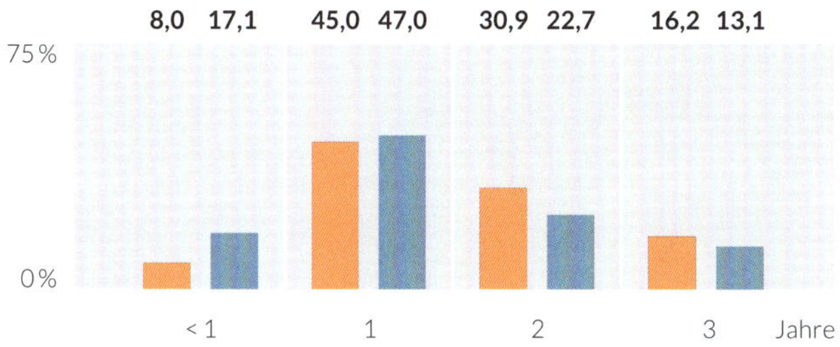

Kindertagespflege

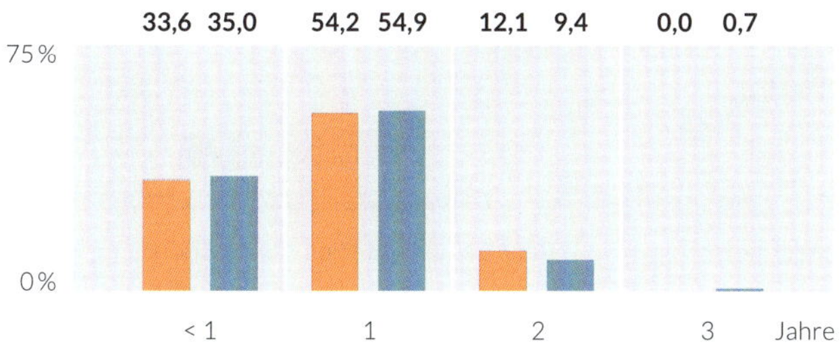

mit Migrationshintergrund **ohne** Migrationshintergrund

Familiäre Sprachpraxis der Kinder in KiTas (mit Horten) und Kindertagespflege | Tab. 15a-20a

KiTas (mit Horten)

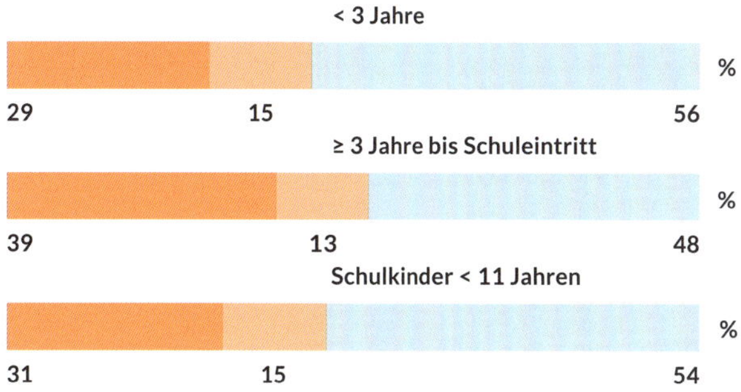

Kindertagespflege

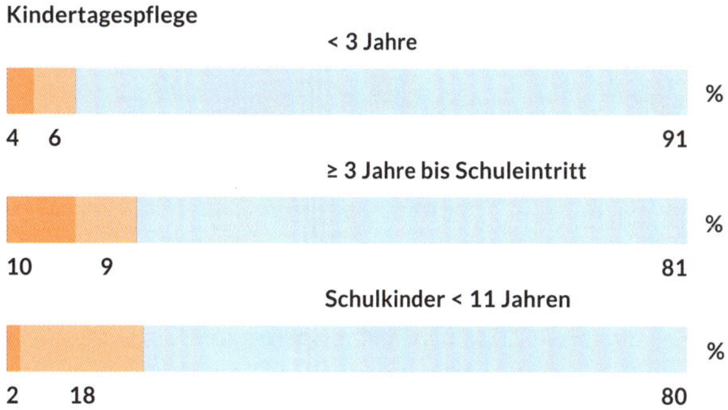

Kinder **mit** Migrationshintergrund:

Familiensprache nicht Deutsch Deutsch

Kinder **ohne** Migrationshintergrund

Bildung fördern – Qualität sichern

Die FBBE kann einen bedeutenden Beitrag für die Chancengerechtigkeit aller Kinder in Deutschland leisten. Voraussetzung dafür, dass die KiTas ihren Bildungsauftrag durchführen können, sind professionelle Rahmenbedingungen: insbesondere ausreichend Personal für die pädagogischen Aufgabenbereiche sowie für die Leitung und die Verwaltung. Weitere wichtige Gradmesser für die Qualität sind qualifizierte KiTa-Teams und kleine Kindergruppen. Schließlich spielt auch die Ausgestaltung der Arbeitsbedingungen durch die Träger eine Rolle. Der Status quo der KiTa-Landschaft wird im Folgenden anhand ausgewählter strukturell-qualitativer Dimensionen dargestellt.

33 % der unter 3-Jährigen in HB sind in Krippengruppen; 2020 ist hier eine Vollzeitkraft rechnerisch für 3,1 ganztags betreute Kinder zuständig. Der Großteil dieser Altersgruppe (55 %) wird zusammen mit 3 % der Kinder ab drei Jahren in Gruppen mit Kindern unter 4 Jahren betreut (Personalschlüssel: 1 zu 3,3). Der größte Anteil der Kinder ab drei Jahren (77 %) befindet sich in Kindergartengruppen (Personalschlüssel: 1 zu 7,9). Für ein kindgerechtes Betreuungsverhältnis empfiehlt die Bertelsmann Stiftung, dass eine Fachkraft rein rechnerisch für höchstens 3 Kinder unter drei Jahren in Krippengruppen oder 7,5 Kinder ab drei Jahren in Kindergartengruppen zuständig ist. In HB entsprechen rund 52 % der Personalschlüssel in Kindergartengruppen dieser Empfehlung (inkl. ± 0,5 Toleranz) bzw. sind günstiger. Schlechter sind 48 % der Personalschlüssel, in Krippengruppen 35 %. Ein ungünstigeres Bild zeigt sich bei den altersübergreifenden Gruppen. Hier sind in 81 % dieser Gruppen die Personalschlüssel ungünstiger als wissenschaftlich empfohlen.

Der Personalschlüssel ist eine rein rechnerische, im KiTa-Alltag nicht beobachtbare Größe, die die gesamte Arbeitszeit einer pädagogischen Fachkraft umfasst. Die annähernd reale Betreuungssituation beschreibt die Fachkraft-Kind-Relation, die das Verhältnis zwischen den Fachkräften und den Kindern während der unmittelbaren pädagogischen Arbeit darstellt.

Pädagogische Personalausstattung | HB 01.03.2020

Personalschlüssel

Tab. 43a2

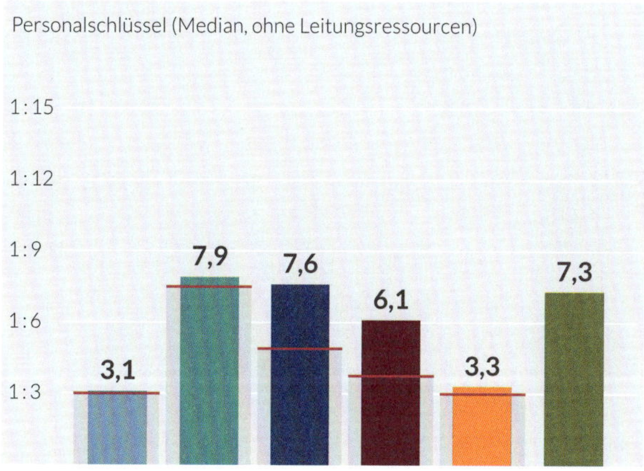

Verteilung der Kinder auf Gruppentypen

Tab. 36b; 36b1; 36b2

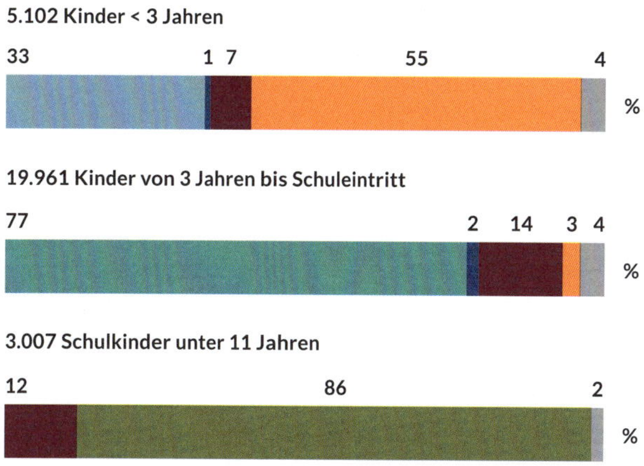

Gruppentyp

Krippe, Kindergarten, Kindergarten ab 2 Jahre, Altersübergreifend ab 0 Jahre, Krippe < 4 Jahren, Hort, Ohne feste Gruppenstruktur

Empfohlener Personalschlüssel (BSt = Bertelsmann Stiftung, H.-S. & B. = Haug-Schnabel & Bensel 2016):
Krippe 1 : 3,0 (BSt); Kindergarten 1 : 7,5 (BSt); Kindergarten ab 2 J. 1: 4,9 (H.-S. & B.); Altersübergreifend ab 0 J. 1 : 3,75 (H.-S. & B.); Krippe < 4 J. 1 : 3,0 (BSt)

Regionale Daten zum Personalschlüssel finden Sie auf www.laendermonitor.de unter FOKUS | Regionale Daten

Personalschlüssel im Vergleich | Tab. 94; 94a–e

Krippe	Kindergarten	Kindergarten ab 2 Jahre	Altersübergreifend ab 0 Jahre	Krippe < 4 Jahren	Hort*

Personalschlüssel von

Krippe	Kindergarten	Kindergarten ab 2 Jahre	Altersübergreifend ab 0 Jahre	Krippe < 4 Jahren	Hort*
< 1: 2,5 DE 10 %	< 1: 7 DE 26 %	< 1: 4,4 DE 2 %	< 1: 3,25 DE 4 %	< 1: 2,5 DE 5 %	< 1: 9,5 DE 44 %
1: 2,5 bis < 1: 3,5 DE 24 %	1: 7 bis < 1: 8 DE 14 %	1: 4,4 bis < 1: 5,4 DE 7 %	1: 3,25 bis < 1: 4,25 DE 9 %	1: 2,5 bis < 1: 3,5 DE 22 %	1: 9,5 bis < 1: 10,5 DE 5 %
1: 3,5 und mehr DE 66 %	1: 8 und mehr DE 60 %	1: 5,4 und mehr DE 91 %	1: 4,25 und mehr DE 87 %	1: 3,5 und mehr DE 72 %	1: 10,5 und mehr DE 51 %

* siehe landesspezifische Anmerkungen am Ende des Profils

Pädagogische Personalausstattung | HB 01.03.2020

Fachkraft-Kind-Relation – Szenarien der Bertelsmann Stiftung | Tab. 82

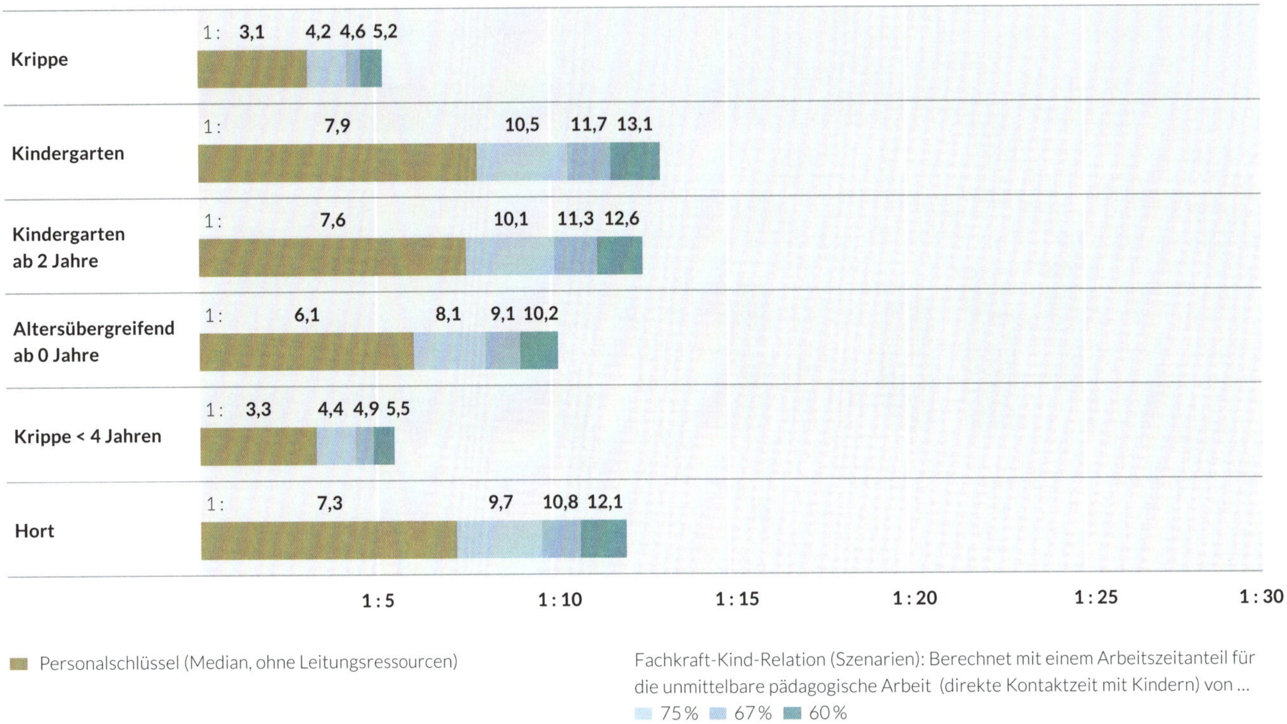

Eine Annäherung an die Fachkraft-Kind-Relation kann nur durch Szenarien erfolgen, da die amtliche Kinder- und Jugendhilfestatistik keine Daten für Arbeitszeitanteile der mittelbaren pädagogischen Aufgabenbereiche sowie Ausfallzeiten erfasst. Die drei von der Bertelsmann Stiftung entwickelten Szenarien wurden auf Basis wissenschaftlicher Untersuchungen berechnet. Diese zeigen, dass 24 % bis 41 % der Gesamtarbeitszeit einer pädagogischen Fachkraft zum einen Ausfallzeiten sind (Urlaub, Krankheit, Fortbildungen) und zum anderen für Aufgaben außerhalb der pädagogischen Praxis benötigt werden, etwa für Elterngespräche, die Qualitätsentwicklung oder Bildungsdokumentationen.[1] In den Szenarien wird der Anteil für die unmittelbaren Arbeitsaufgaben, also den Kontakt mit den Kindern, mit 75 %, 67 % oder 60 % der gesamten Arbeitszeit angesetzt.

Werden wie im Szenario 1 nur 25 % der Arbeitszeit für Aufgaben ohne die Kinder verwendet, verbleiben 75 % der Arbeitszeit für sie. In HB betreut dann eine Vollzeitkraft in Krippengruppen bei einem Personalschlüssel von 1 zu 3,1 in der pädagogischen Praxis rechnerisch 4,2 Kinder. Nimmt man einen höheren Anteil mittelbarer pädagogischer Arbeitszeit an, sinkt die Zeit für die Arbeit mit den Kindern, und die Fachkraft-Kind-Relationen verschlechtern sich (Szenarien 2 und 3).

Neben einer kindgerechten Personalausstattung ist die Gruppengröße ein weiterer Gradmesser für „gute“ KiTas. Zu große Gruppen bedeuten für die Kinder und das Personal übermäßigen Stress, etwa durch die Lautstärke. So sollten Gruppen für jüngere Kinder nicht mehr als zwölf Kinder umfassen, Kindergartengruppen nicht mehr als 18.[1] In HB sind 77 % der Kindergartengruppen zu groß. Die Krippengruppen hingegen entsprechen alle der Empfehlung.

Im Median haben die KiTas in HB 8,5 Stunden und damit deutlich kürzer als die ostdeutschen Bundesländer (11 Stunden) ihre Türen geöffnet (bundesweit: 9,5 Std.). In 56 % der KiTas startet der Tag zwischen 7:00 und 7:30 Uhr. Der Großteil der Horte (92 %) beginnt den Tag dagegen erst nach 7:30 Uhr.

1 Vgl. Viernickel, Susanne; Fuchs-Rechlin, Kirsten (2015): Fachkraft-Kind-Relationen und Gruppengrößen in Kindertageseinrichtungen. Grundlagen, Analysen, Berechnungsmodell, in: Viernickel, Susanne; Fuchs-Rechlin, Kirsten; Strehmel, Petra; Preissing, Christa; Bensel, Joachim; Haug-Schnabel, Gabriele: Qualität für alle. Wissenschaftlich begründete Standards für die Kindertagesbetreuung. Freiburg, S. 11–130.

KiTa- und Hort-Strukturen | HB 01.03.2020

Gruppengrößen im Vergleich | Tab. 116a–e; 116h

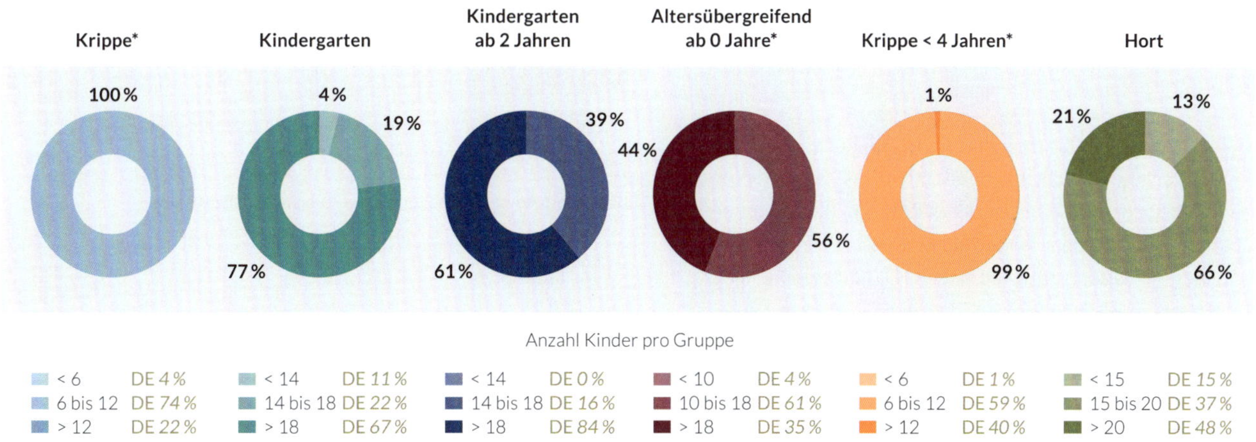

* siehe landesspezifische Anmerkungen am Ende des Profils

Öffnungszeiten von KiTas und Horten | Tab. 83oh; 83h; 117oh; 117h

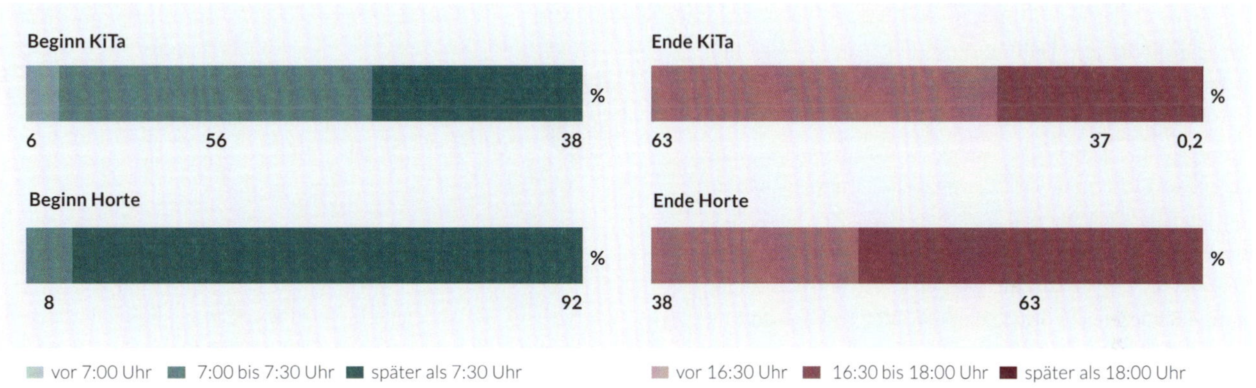

KiTa: Beginn nach 7:30 und Ende vor 16:30 Uhr

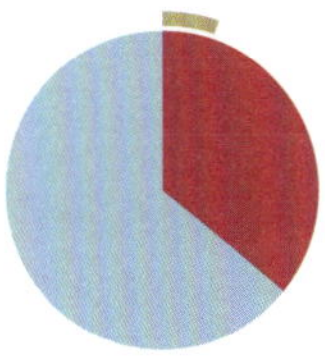

35,9 %
DE 5,1 %

KiTa: Öffnungsdauer

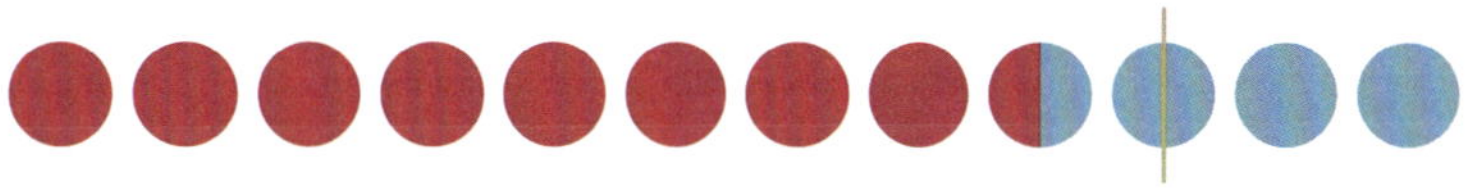

8,5 Stunden pro Tag (Median)
DE 9,5 Std.

Horte: Beginn nach 7:30 und Ende vor 16:30 Uhr

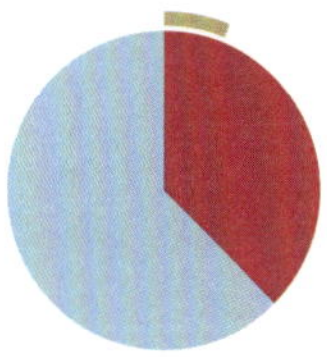

37,5 %
DE 6,0 %

Horte: Öffnungsdauer

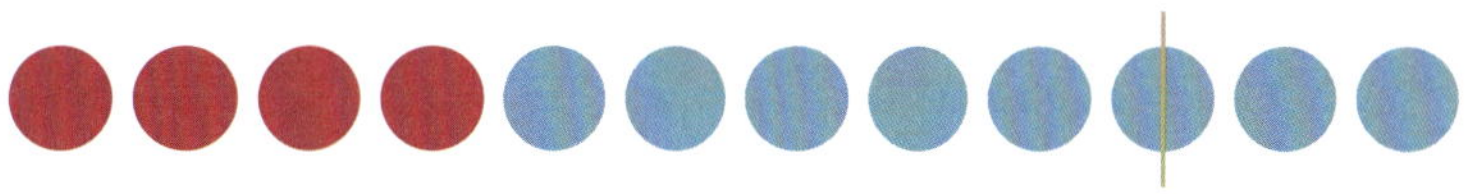

4 Stunden pro Tag (Median)
DE 9,5 Std.

Regionale Daten zu den Öffnungszeiten von KiTas finden Sie auf www.laendermonitor.de unter FOKUS | Regionale Daten

Leitungsausstattung

HB 01.03.2020

2020 verfügen 25 % der 461 KiTas (mit Horten) in HB nach der amtlichen Kinder- und Jugendhilfestatistik über keine vertraglich vereinbarte Zeit für Leitungsaufgaben. Bundesweit sind es fast 9 %.

In fast 38 % der KiTas (mit Horten) in HB, in denen es laut Arbeitsvertrag Leitungskapazitäten gibt, ist eine Person ausschließlich als Leiter:in tätig. Weitere 22 % werden ebenfalls von nur einer Person geleitet – diese ist allerdings neben ihrer Leitungstätigkeit noch als pädagogische Fachkraft zuständig. Hier ergibt sich das folgende Bild: In 7 % der KiTas (mit Horten) gibt es Leitungskräfte, denen weniger als 50 % ihrer Arbeitszeit für Leitungsaufgaben zur Verfügung stehen, während in rund 15 % der KiTas die Leitungskräfte mindestens die Hälfte ihrer Arbeitszeit für Leitungsaufgaben nutzen können. In den restlichen 40 % ist ein Leitungsteam zuständig, d. h., mindestens zwei Personen besitzen einen Leitungsanteil oder sind ausschließlich als Leitung tätig.

Welche dieser vier Leitungskonstellationen in einer Einrichtung zum Tragen kommt, ist die – bewusst zu treffende – Entscheidung des Trägers. Dieser Handlungsspielraum sollte es ermöglichen, den Teams sowie auch den Leitungsverantwortlichen mit ihren jeweiligen Leitungskompetenzen und Persönlichkeiten gerecht zu werden. Voraussetzung ist allerdings, dass den KiTas und Horten zeitliche Leitungsressourcen gewährt werden. Diese sind notwendig, um die Einrichtung professionell zu führen und zu leiten.

Um den Umfang der vertraglich zugesicherten Leitungszeit zwischen den KiTas unabhängig von ihrer Größe sowie auch zwischen den Bundesländern vergleichen zu können, wird die wöchentliche Leitungszeit auf die Anzahl der ganztags betreuten Kinder verteilt. In den KiTas mit Leitungskapazitäten ergeben sich in HB rechnerisch im Median 36 Minuten pro ganztags betreutem Kind für die Führung und Leitung der KiTa.

Darüber hinaus kann die wöchentliche Leitungszeit gruppiert dargestellt werden. Im Ergebnis zeigt sich, dass dem größten Anteil der KiTas in HB (31 %) eine wöchentliche Arbeitszeit von über 40 Minuten pro rechnerisch ganztags betreutem Kind zur Verfügung steht.

KiTas (mit Horten) ohne Zeit für Leitung | Tab. 85

25,4 % von 461 KiTas (mit Horten) verfügen über keine Zeit für Leitung

KiTas (mit Horten) ohne Zeit für Leitung nach KiTa-Größe

Daten unterliegen nach Angabe des Statistischen Bundesamtes der Geheimhaltung. — **Kleine KiTas** (207)

Daten unterliegen nach Angabe des Statistischen Bundesamtes der Geheimhaltung. — **Mittlere KiTas** (100)

Daten unterliegen nach Angabe des Statistischen Bundesamtes der Geheimhaltung. — **Große KiTas** (154)

Anzahl betreuter Kinder

Kleine KiTas: < 45 Mittlere KiTas: 45 bis 75 Große KiTas: 76 und mehr

Regionale Daten zu KiTas ohne Leitungszeit finden Sie auf www.laendermonitor.de unter FOKUS | Regionale Daten

KiTas (mit Horten) mit Zeit für Leitung nach Leitungsprofil

Tab. 65

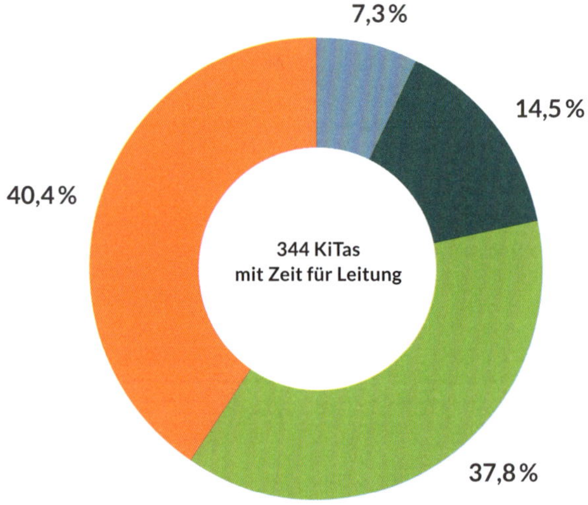

DE	Eine Leitungskraft ...
32,8 %	... mit Leitung als nachrangigem Arbeitsbereich
17,1 %	... mit Leitung als überwiegendem Arbeitsbereich
36,1 %	... ohne weiteren Arbeitsbereich
14,0 %	Leitungsteam

Leitungsausstattung | HB 01.03.2020

KiTas nach Leitungszeit* pro Kind

Tab. 66b; Tab. 108b

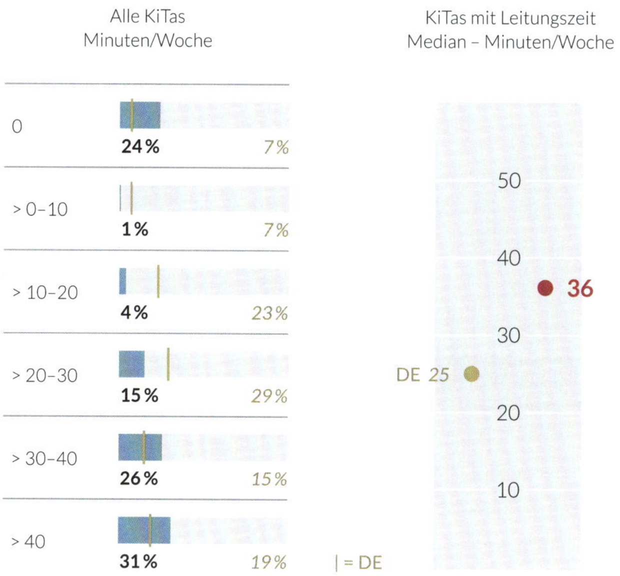

KiTas mit weniger als 20 Wochenstunden Leitungszeit* | Tab. 111

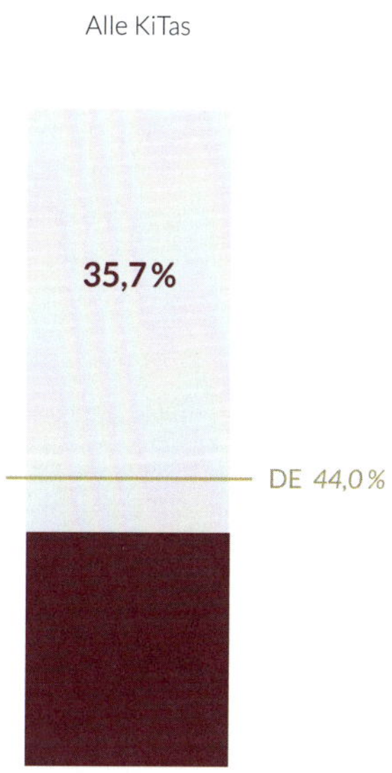

Bertelsmann Stiftung: Empfehlung zur Leitungsausstattung

KiTas mit der von der Bertelsmann Stiftung empfohlenen Leitungszeit* | Tab. 112

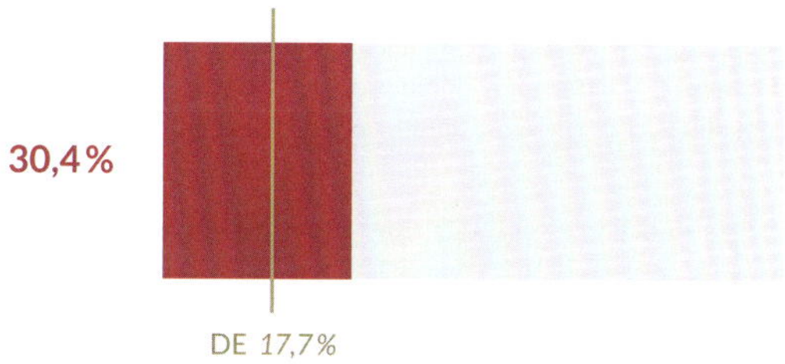

* Zeit für die Arbeitsbereiche Leitung UND Verwaltung

**Vertraglich vereinbarte Betreuungswochenstunden aller Kinder geteilt durch 40

Für eine professionelle Führung und Leitung von KiTas empfiehlt die Bertelsmann Stiftung jeder Einrichtung eine Grundausstattung von 20 Wochenstunden. Diese ist dringend notwendig, denn in jeder KiTa müssen – unabhängig von der Größe – Führungs- und Leitungsaufgaben erledigt werden. 2020 verfügen in HB 36 % der KiTas nicht über diese Grundausstattung, die als garantiertes Zeitbudget empfohlen wird.

Neben den 20 Wochenstunden sollte jeder KiTa ein variabler Anteil von 0,35 Wochenstunden pro Ganztagsbetreuungsäquivalent** zur Verfügung gestellt werden. Mit inbegriffen sind Verwaltungszeiten von max. 20 % der empfohlenen Leitungszeit. 2020 verfügen in HB 30 % der KiTas über diese Leitungsausstattung, bundesweit sind es 18 %.

Pädagogisches Personal | HB 01.03.2020

Entwicklung des pädagogischen Personals

Tab. 118oh, 118h; 126

	KiTas	Kindertages-pflege	Horte
Jahr (Stichtag 01.03.)	Anzahl pädagogisch Tätiger		
2011	3.747	349	341
2012	3.784	338	314
2013	3.985	337	341
2014	4.091	318	283
2015	4.215	316	292
2016	4.498	303	248
2017	4.566	302	176
2018	4.733	295	226
2019	5.290	278	246
2020	5.695	264	254

Beschäftigungsumfang in KiTas und Horten

Tab. 29oh; 29h

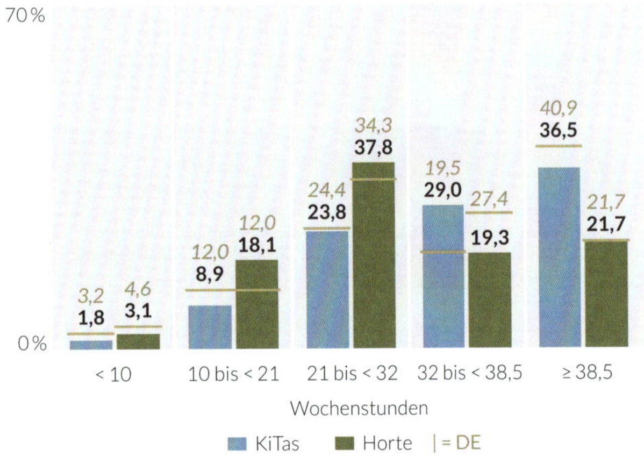

Qualifikationsniveaus | Tab. 27; 50a; 133

	HB		DE
Abschluss	Anzahl	Anteil	
KiTas: 5.695 päd. Tätige			
Hochschule*	390	**6,8%**	*5,6%*
Fachschule*	3.789	**66,5%**	*68,3%*
Berufsfachschule*	825	**14,5%**	*13,6%*
Sonstige Ausbildungen	250	**4,4%**	*4,5%*
In Ausbildung	181	**3,2%**	*5,9%*
Ohne Abschluss	260	**4,6%**	*2,2%*
Kindertagespflege: 264 päd. Tätige			
Hochschule*	9	**3,4%**	*3,2%*
Fachschule*	34	**12,9%**	*15,8%*
Berufsfachschule*	36	**13,6%**	*10,0%*
Soziale/sozialpädagogische Kurzausbildung	6	**2,3%**	*1,9%*
Sonstige Ausbildungen	141	**53,4%**	*60,1%*
In Ausbildung	0	**0,0%**	*0,5%*
Ohne Abschluss	38	**14,4%**	*8,6%*
Horte: 254 päd. Tätige			
Hochschule*	20	**7,9%**	*8,2%*
Fachschule*	174	**68,5%**	*68,8%*
Berufsfachschule*	9	**3,5%**	*8,8%*
Sonstige Ausbildungen	25	**9,8%**	*7,6%*
In Ausbildung	9	**3,5%**	*4,6%*
Ohne Abschluss	17	**6,7%**	*2,0%*

* fachlich einschlägig

Regionale Daten zu den Qualifikationsniveaus finden Sie auf www.laendermonitor.de unter FOKUS | Regionale Daten

Die Zahl des pädagogischen Personals in KiTas ist in HB zwischen 2011 und 2020 deutlich gestiegen: um 52% auf nunmehr 5.695 Tätige. Hingegen ist die Zahl des Hort- sowie des Kindertagespflegepersonals im selben Zeitraum gesunken. So arbeiten 2020 in der Hortbetreuung noch 254 Personen, in der Kindertagespflege 264 (2011 waren es 341 bzw. 349).

7% der pädagogisch Tätigen in KiTas besitzen einen Hochschul-, 67% einen Fachschulabschluss als Erzieher:in. In Ausbildung befinden sich 3%. In der Kindertagespflege arbeiten dagegen anteilig deutlich weniger Personen mit einem fachlich einschlägigen Fachschulabschluss (13%); die meisten Kindertagespflegepersonen (53%) besitzen einen nicht-fachpädagogischen Abschluss. In den Horten in HB ist der größte Anteil (69%) wiederum mit einem fachlich einschlägigen Fachschulabschluss tätig.

Der größte Anteil des KiTa-Personals arbeitet 38,5 Stunden pro Woche und mehr (37%). In den Horten trifft dies nur auf 22% zu; hier besitzt der größte Anteil der Beschäftigten (38%) Arbeitsverträge von 21 bis unter 32 Wochenstunden.

Pädagogisches Personal | HB 01.03.2020

Altersstruktur in KiTas, Kindertagespflege und Horten | Tab. 42oh; 42h; 128

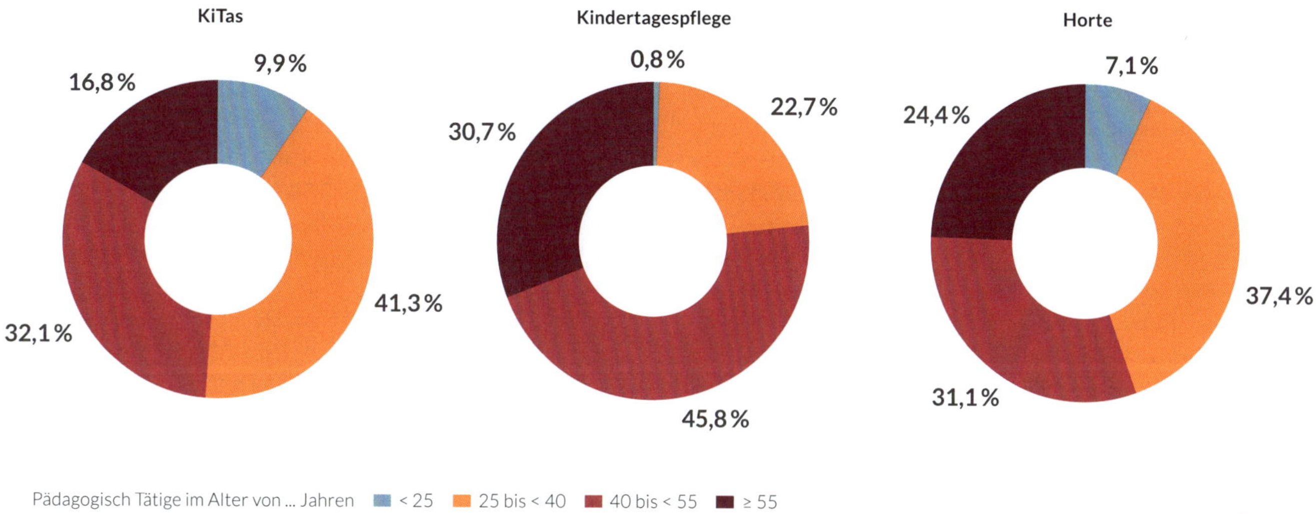

Befristete Arbeitsverhältnisse in KiTas (mit Horten) | Tab. 77

	Alter in Jahren	unter 30	30 bis unter 40	40 bis unter 50	50 bis unter 60	60 und älter
HB	pädagogisch Tätige insgesamt	1.160	1.513	1.225	1.181	458
	Anteil befristet Beschäftigter	**16,0 %**	**9,5 %**	**9,2 %**	**5,1 %**	**7,2 %**
DE	Anteil befristet Beschäftigter	*25,6 %*	*14,1 %*	*10,4 %*	*6,3 %*	*5,9 %*

Nur 10 % des KiTa-Personals in HB sind männlich (bundesweit: 6 %). Dieser Anteil liegt in der Kindertagespflege mit 4 % auf einem niedrigeren Niveau (bundesweit: 4 %). In den Horten hingegen arbeitet ein deutlich höherer Anteil an Männern (32 %) als in den beiden zuvor genannten Betreuungsformen; das ist bundesweit der höchste Anteil (Bundesdurchschnitt: 18 %).

Der Großteil des KiTa-Personals in HB ist 25 bis unter 40 Jahre (41 %) und 40 bis unter 55 Jahre alt (32 %); bundesweit liegen diese Anteile bei 37 % und 33 %. Zudem sind 10 % der Fachkräfte unter 25 Jahre alt, und wiederum 17 % sind 55 oder älter (bundesweit: 13 % bzw. 17 %). Auch beim Hortpersonal ist der Großteil 25 bis unter 40 Jahre (37 %) bzw. 40 bis unter 55 Jahre (31 %) alt. Allerdings ist im Gegensatz zum KiTa-Personal ein höherer Anteil der Fachkräfte 55 Jahre und älter (24 %). In der Kindertagespflege liegt der Wert für diese Altersgruppe sogar bei 31 % (bundesweit: 27 %). Die Kindertagespflegepersonen in HB sind also durchschnittlich älter als das KiTa- und das Hortpersonal. Der größte Anteil ist 40 bis unter 55 Jahre alt (46 %; bundesweit: 43 %). Zur Altersgruppe 25 bis unter 40 Jahre zählen 23 % der Kindertagespflegepersonen (bundesweit: 29 %). Nur 1 % ist jünger als 25 (bundesweit: 1,5 %).

10 % des pädagogischen Personals in KiTas (mit Horten) sind in HB befristet beschäftigt. Dem bundesweiten Trend folgend, sind davon auch in HB vor allem jüngere Beschäftigte betroffen, nämlich 16 % der unter 30-Jährigen, aber nur 5 % der 50- bis unter 60-Jährigen und 7 % der ab 60-Jährigen.

Träger | HB 01.03.2020

Die insgesamt 437 KiTas und 24 Horte in HB werden von verschiedenen Trägern betrieben; das können solche der öffentlichen oder der freien Jugendhilfe sein. Innerhalb der freien Träger wird zwischen den privat-gemeinnützigen und den privat-nichtgemeinnützigen (auch Wirtschaftsunternehmen) unterschieden. Die privat-nichtgemeinnützigen werden den freien Trägern zugeordnet, da Gemeinnützigkeit kein konstitutives Merkmal ist.

22 % der KiTas in HB befinden sich in öffentlicher Trägerschaft (bundesweit: 32 %). Mit 25 % wird der größte Anteil der KiTas in der Trägerschaft von Elterninitiativen betrieben; das ist länderübergreifend der höchste Wert. Unter den KiTas in konfessioneller Trägerschaft sind in HB die der Diakonie bzw. sonstiger evangelischer Träger (20 %) häufiger vertreten. Hingegen sind in der bundesweiten Gesamtschau insbesondere KiTas des Deutschen Caritasverbandes oder sonstiger katholischer Träger (4 %; bundesweit: 17 %) unterrepräsentiert. Eine andere Verteilung auf die Trägerschaften zeigt sich bei den Horten in HB. Hier befindet sich der größte Anteil in öffentlicher Trägerschaft (33 %; bundesweit: 48 %). Mit 25 % wird der zweitgrößte Anteil von sonstigen freigemeinnützigen Trägern betrieben (bundesweit: 15 %).

Unterschiede in den Betreuungsquoten der unter 3-Jährigen und der Kinder ab 3 nach Art des Trägers sind in HB vorhanden. So werden insbesondere unter Dreijährige häufiger in KiTas, die in Trägerschaft einer Elterninitiative sind, betreut (19 %) als ab Dreijährige (9 %). Im Gegensatz dazu nutzen die jüngeren Kinder seltener KiTas in öffentlicher Trägerschaft (24 %) als die älteren (41 %).

Die Beschäftigungsumfänge der pädagogisch Tätigen unterscheiden sich in vielen Bundesländern nach Trägerschaft der KiTas und Horte. 2020 zeigt sich in HB das folgende Bild: Mit jeweils 69 % verfügt ein großer Anteil der pädagogisch Tätigen in KiTas (mit Horten) in öffentlicher Trägerschaft und der Arbeiterwohlfahrt über einen Arbeitsvertrag, der mindestens 32 Wochenstunden umfasst; das ist mehr als in Einrichtungen anderer Trägerschaften, insbesondere im Caritasverband und sonstiger katholischer Träger (53 %). Hier arbeitet unter allen Trägern mit 37 % ein größerer Anteil 21 bis unter 32 Wochenstunden. Arbeitsverträge von weniger als 21 Wochenstunden sind anteilig am häufigsten in KiTas (mit Horten) der sonstigen freigemeinnützigen Träger vertreten (22 %).

KiTas und Horte nach Träger | Tab. 78oh; 78h

437 KiTas und 24 Horte in HB	KiTas		Horte	
	Anzahl	Anteil	Anzahl	Anteil
Öffentliche Träger	97	**22,2 %**	8	**33,3 %**
Freie Träger/privat-gemeinnützig				
Arbeiterwohlfahrt (AWO)	27	**6,2 %**	0	**0,0 %**
Deutscher Paritätischer Wohlfahrtsverband (DPWV)	44	**10,1 %**	3	**12,5 %**
Deutsches Rotes Kreuz (DRK)	12	**2,7 %**	1	**4,2 %**
Diakonie Deutschland/sonstige der EKD angeschlossene Träger	85	**19,5 %**	1	**4,2 %**
Deutscher Caritasverband/sonstige katholische Träger	18	**4,1 %**	0	**0,0 %**
Sonstige	39	**8,9 %**	6	**25,0 %**
Freie Träger/privat-nichtgemeinnützig	4	**0,9 %**	0	**0,0 %**
Elterninitiativen	111	**25,4 %**	5	**20,8 %**

Träger | HB 01.03.2020

Kinder nach Alter und KiTa-Träger | Tab. 79, 80

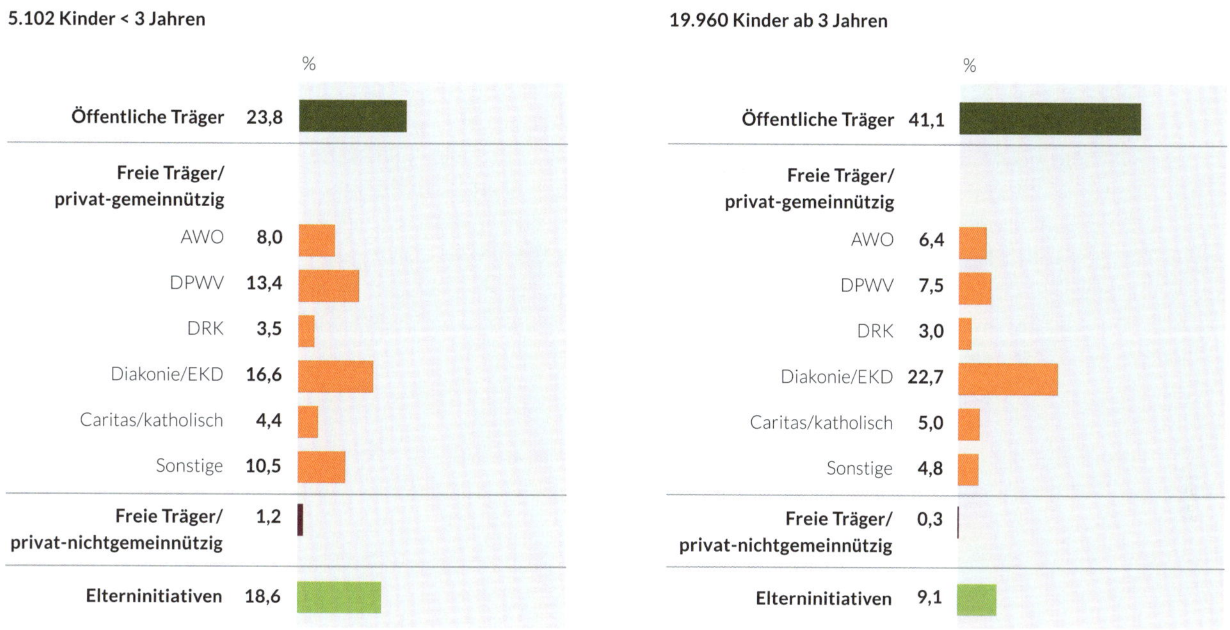

Pädagogisch Tätige nach KiTa-Träger (mit Horten) und Beschäftigungsumfang | Tab. 81

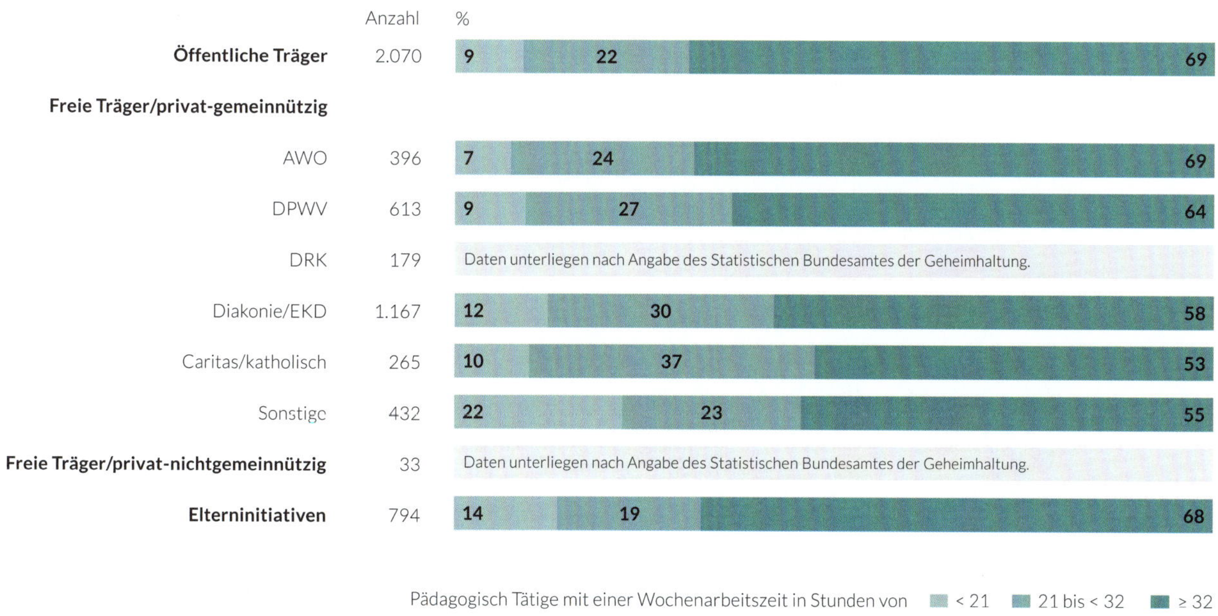

Investitionen wirkungsvoll einsetzen

Der qualitative Ausbau des frühkindlichen Bildungssystems, insbesondere die Verbesserung der Personalressourcen, erfordert gewaltige finanzielle Kraftanstrengungen aller Akteure. Um das System langfristig zu sichern, bedarf es einer dauerhaften finanziellen Unterstützung des Bundes. Daher sollte der Bund sein finanzielles Engagement im KiQuTG über 2022 hinaus verlässlich verankern.

In HB wurden 2018 für jedes Kind unter sechs Jahren in der Bevölkerung durchschnittlich 6.934 Euro für Angebote der Kindertagesbetreuung durch die öffentliche Hand, also Land und Kommunen, ausgegeben (ohne Elternbeiträge oder Zuschüsse anderer föderaler Ebenen). Das sind fast 2.600 Euro mehr als sechs Jahre zuvor. Im bundesweiten Durchschnitt lagen die Ausgaben im Jahr 2018 mit 6.007 Euro auf einem niedrigeren Niveau als in HB.

Im Rahmen des KiQuTG erhält jedes Bundesland zwischen 2019 und Ende 2022 Bundesmittel für Maßnahmen zur Weiterentwicklung der KiTa-Qualität und zur Gebührenentlastung der Eltern. HB investiert in fünf der insgesamt elf Handlungsfelder des Gesetzes. Der größte Anteil der Bundesmittel fließt mit 26 Mio. Euro in das Handlungsfeld *Weniger Gebühren*. Mit diesen Mitteln finanziert HB seit Sommer 2019 die vollständige Beitragsbefreiung von Familien mit Kindern ab dem vollendeten dritten Lebensjahr. Der zweitgrößte Anteil fließt mit fast 18 Mio. Euro in die Verbesserung der Betreuungsschlüssel; konkret erhalten vor allem Kindergartengruppen aus wirtschaftlich und sozial benachteiligten Stadtteilen in HB die Mittel, um zusätzliches Personal zu finanzieren (0,35 Vollzeitäquivalente pro Ü3-Ganztagsgruppe).[1]

1 Vgl. BMFSFJ und Senatorin für Kinder und Bildung (2020): Vertrag zwischen der Bundesrepublik Deutschland, vertreten durch das Bundesministerium für Familie, Senioren, Frauen und Jugend, und der Freien Hansestadt Bremen zur Umsetzung des Gesetzes zur Weiterentwicklung der Qualität und zur Verbesserung der Teilhabe in Tageseinrichtungen und in der Kindertagespflege (KiTa-Qualitäts- und Teilhabeverbesserungsgesetz – KiQuTG).

Investitionen pro unter sechsjährigem Kind
HB 2011–2018 | Tab. 21c

Grundmittel von Land und Kommunen

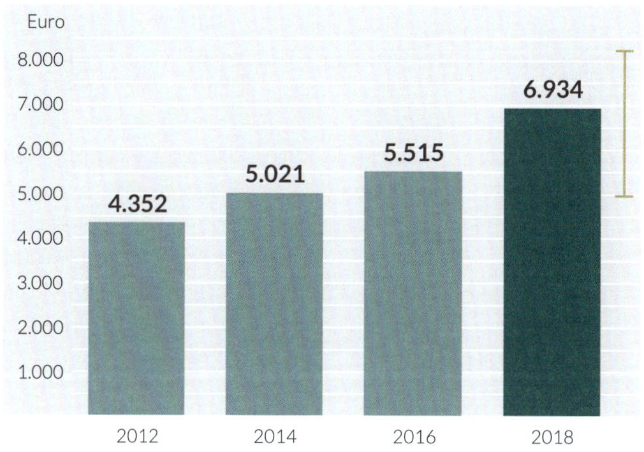

| = Alle Bundesländer 2018, Minimum: 4.965 €, Maximum: 8.232 €

Finanzierungsgemeinschaft für FBBE
HB 2018 | Tab. 23

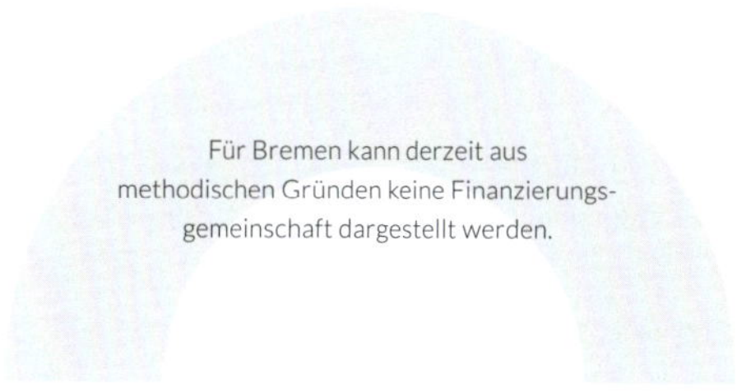

Kommune Land Eltern

Ohne Eigenanteil der freien Träger und Zuschüsse des Bundes

Einmalige Investitionsausgaben für FBBE | HB 2009–2019 | Tab. 45

Ausgaben von Bund, Land und Kommunen

	2009	2010	2011	2012	2013	2014	2015	2016	2017	2018	2019
	Mio. Euro										
HB	Bei einem Vergleich der Höhe der in der Statistik nachgewiesenen Investitionsausgaben zeigten sich schwerwiegende Abweichungen zu eigenen Aufstellungen der Senatorin. Aus diesem Grund wird auf die Ausweisung der Daten für Bremen verzichtet.										
DE	*947,3*	*1.334,1*	*1.357,5*	*1.408,8*	*2.188,8*	*1.649,4*	*1.137,7*	*1.080,7*	*1.345,8*	*1.686,1*	*2.012,3*

Für die Interpretation der hier ausgewiesenen Indikatoren sind einige methodische Grundlagen wichtig. Zusätzlich zu den Anmerkungen im Anhang des Länderprofils findet sich auf www.laendermonitor.de unter „Methodik" eine ausführliche Beschreibung der Datengrundlage sowie der Berechnungsmethodik.

Verteilung der Bundesmittel aus dem KiQuTG auf die Handlungsfelder | HB 2019–2022 | Tab. 119

	Bedarfsgerechtes Angebot	**Guter Betreuungsschlüssel**	**Qualifizierte Fachkräfte**	Starke KiTa-Leitung	Kindgerechte Räume	Gesundes Aufwachsen	**Sprachliche Bildung**	Starke Kindertagespflege	**Netzwerke für mehr Qualität**	Vielfältige pädagogische Arbeit	**Weniger Gebühren**	**Verplante Bundesmittel gesamt**
Anteil		31 %	20 %				1 %		2 %		46 %	100 %
Mio. Euro		17,5	11,5				0,7		1,0		26,3	57,1

Landesspezifische Anmerkungen

Kinder mit und ohne Migrationshintergrund
Aufgrund zu schwacher Besetzungszahlen in mindestens einer der beiden interessierenden Altersgruppen in Bremen werden migrationsspezifische Betreuungsquoten dort nicht nachgewiesen. Die hochgerechneten Werte liegen dort unter 10.000 und sind damit in ihrer Aussagekraft eingeschränkt. Grund hierfür ist, dass die Stichprobenbasis beim Mikrozensus Zufallsfehler bedingt und damit einen einfachen relativen Standardfehler, der umso größer wird, je schwächer ein Merkmal besetzt ist.

Personalschlüssel im Vergleich
Die Kategorie „unter 1:9,5" unterliegt in Hortgruppen in Bremen der Geheimhaltung und wird zur Kategorie „1:9,5 bis unter 1:10,5" Bundeslandes hinzugefügt.

Gruppengröße im Vergleich
Die Gruppengröße der Kategorie „unter 6 Kindern" unterliegt in Krippengruppen und in Gruppen mit Kindern unter 4 Jahren der Geheimhaltung und wird zur Kategorie „6 bis 12 Kindern" hinzugefügt.

Die Gruppengröße der Kategorie „unter 10 Kindern" unterliegt in altersübergreifenden Gruppen der Geheimhaltung und wird zur Kategorie „10 bis 18 Kindern" hinzugefügt.

Finanzierungsgemeinschaft für FBBE
Für Bremen liegen keine Angaben zur Höhe der Elternbeiträge vor.

Einmalige Investitionsausgaben für FBBE
Bei einem Vergleich der Höhe der in der Statistik nachgewiesenen Investitionsausgaben zeigten sich schwerwiegende Abweichungen zu eigenen Aufstellungen der Senatorin. Aus diesem Grund wird auf die Ausweisung der Daten für Bremen verzichtet.

Hamburg

Allgemeine Basisdaten

Fläche in km² (2019)	755
Einwohner:innen (31.12.2019)	1.847.253
Geborene Kinder (2019)	20.940
Geburten pro Frau (2019)	1,465
Anzahl Kinder < 10 Jahren (31.12.2019)	185.098
Davon < 3 Jahren	60.938
Davon 3 bis < 6 Jahre	57.337
Davon 6 bis < 10 Jahre	66.823
Anteil der Kinder mit Migrationshintergrund (2019)	
... < 3 Jahren	40,4 %
... von 3 bis < 6 Jahren	46,6 %
Erwerbstätigenquote von Müttern mit (2019)	
... mindestens einem Kind < 3 Jahren	59,5 %
... mindestens einem Kind von 3 bis < 6 Jahren	69,5 %
Leistungsempfänger:innen nach SGB II (ALG II u. Sozialgeld, 2020)	191.885
Davon Kinder < 6 Jahren	21.781
Entspricht Anteil an allen Kindern < 6 Jahren	18,4 %

x = Wert unterliegt nach Angaben des Statistischen Bundesamtes der Geheimhaltung

FBBE auf einen Blick 01.03.2020

Anteil der Kinder in FBBE	
... < 1 Jahr	2,1 %
... von 1 bis < 3 Jahren	69,0 %
... < 3 Jahren	46,7 %
... von 3 bis < 6 Jahren inkl. 5,6 % in [vor-]schulischen Einrichtungen	95,4 %
Schulkinder 6 bis < 11 Jahre	2,4 %
Tageseinrichtungen insgesamt	1.133
Davon Horte	7
Anteil der Einrichtungen mit	
... < 45 Kindern	33,8 %
... 45 bis 75 Kindern	26,6 %
... 76 Kindern und mehr	39,6 %
Pädagogisches Personal (inkl. Leitung) in KiTas (mit Horten) insgesamt	17.728
Davon in Horten	99
Kinder in KiTas (mit Horten) insgesamt	84.045
Davon < 3 Jahren	26.273
Davon 3 Jahre bis zum Schuleintritt	56.230
Davon Schulkinder < 11 Jahren	1.378
Tagespflegepersonen insgesamt	847
Kinder in Kindertagespflege insgesamt	3.283
Davon < 3 Jahren	2.192
Davon 3 Jahre bis zum Schuleintritt	855
Davon Schulkinder < 11 Jahren	236
Leitungspersonal in KiTas (mit Horten) insgesamt	1.496
Davon in Horten	x

Blitzlichter: Status quo der Kindertagesbetreuung in Hamburg

In den letzten zehn Jahren hat sich in HH die Zahl der unter 3-Jährigen, die eine KiTa oder Kindertagespflege besuchen, um 12.393 Kinder auf 28.429 erhöht. Somit stieg die FBBE-Teilhabequote dieser Altersgruppe von 32 % im Jahr 2011 auf 47 % im Jahr 2020. Trotz des enormen Ausbaus liegt HH jedoch noch unter der durchschnittlichen ostdeutschen Teilhabequote (53 %). Bei den 3- bis unter 6-Jährigen liegt der Wert bei 96 % (bundesweit: 93 %).

Für faire Bildungschancen ist nicht nur die Zahl an Plätzen entscheidend: Die Angebote müssen auch kindgerecht sein. Wichtige – auch wissenschaftlich untersuchte – Gradmesser für die strukturelle Qualität in KiTas sind der *Personalschlüssel*, die *Gruppengröße*, das *Qualifikationsniveau* des pädagogischen Personals und ausreichend *Leitungszeit*.

Der Personalschlüssel lässt sich mit den Daten der amtlichen Kinder- und Jugendhilfestatistik (KJH-Statistik) für verschiedene Gruppentypen berechnen. So werden 2020 in HH 60 % der unter 3-Jährigen in Krippengruppen betreut. Mit einem rechnerischen Personalschlüssel von 1 zu 4,3 wird hier nicht die Empfehlung der Bertelsmann Stiftung (1 zu 3,0) erreicht. Weitere 19 % dieser Altersgruppe besuchen Gruppen mit Kindern unter 4 Jahren; der Personalschlüssel liegt hier bei 1 zu 4,5 – das stellt noch kein kindgerechtes Verhältnis dar. In altersübergreifenden Gruppen werden weitere 9 % der unter 3-Jährigen zusammen mit 11 % der über 3-Jährigen bei einem Personalschlüssel von 1 zu 6,6 betreut. Das ist ungünstiger als der wissenschaftlich empfohlene Wert von 1 zu 3,75.[1] Der überwiegende Anteil der ab 3-Jährigen (58 %) besucht Kindergartengruppen mit einem Personalschlüssel von 1 zu 7,9 (Empfehlung der Bertelsmann Stiftung: 1 zu 7,5).

Die Auswertungen zeigen, dass im Jahr 2020 in HH für mehr als 71 % der Kinder in amtlich erfassten KiTa-Gruppen[2] nicht genügend Fachpersonal zur Verfügung steht. Dieser Anteil liegt im bundesweiten Durchschnitt von 73 %. Die nicht kindgerechte Personalausstattung betrifft die unter 3-Jährigen (78 %) häufiger als die ab 3-Jährigen (68 %).

Trotz der noch nicht kindgerechten Personalschlüssel hat sich in HH von 2013 bis 2020 die personelle Ausstattung in Krippengruppen neben BB bundesweit am stärksten verbessert (von 1 zu 5,4 auf 1 zu 4,3). Auch in Kindergartengruppen kam es zu einem im bundesweiten Vergleich größeren Ausbau (von 1 zu 9,3 auf 1 zu 7,9). Trotz dieser Entwicklungen müssen in HH jedoch rein rechnerisch 1,3 Krippenkinder mehr von einer Fachkraft betreut werden als in BW, dem Bundesland mit der günstigsten Personalausstattung.

Die Gruppengröße ist ein weiterer wichtiger Gradmesser für die Qualität in KiTas. Nach wissenschaftlichen Empfehlungen sollten Gruppen für jüngere Kinder maximal zwölf Kinder umfassen, für die Älteren maximal 18.[3] In HH werden diese Werte bei 65 % der amtlich erfassten KiTa-Gruppen nicht erreicht (bundesweit: 54 %). Mit 85 % ist insbesondere ein größerer Anteil der auch für 2-Jährige geöffneten Kindergartengruppen zu groß; bei den Kindergartengruppen sind es 66 %. Ebenso entspricht ein Großteil der Krippengruppen und der Gruppen mit Kindern unter 4 Jahren nicht den Empfehlungen (60 % bzw. 68 %). Insgesamt zeigt sich, dass in HH die ab 3-Jährigen mit 79 % etwas häufiger von nicht kindgerechten Gruppengrößen betroffen sind als die unter 3-Jährigen (73 %).

Wesentliche Voraussetzung für eine „gute" KiTa-Qualität ist nicht nur *zahlenmäßig ausreichendes*, sondern auch *qualifiziertes* Personal. In HH verfügen mehr als 56 % der 17.629 pädagogisch Tätigen in KiTas über einen fachlich einschlägigen Fachschulabschluss, etwa als Erzieher:in. Damit liegt HH sowohl unter dem bundesweiten Durchschnitt (68 %) als auch deutlich unter dem Niveau der ostdeutschen Bundesländer (80 %). Weitere 8 % besitzen einen fachlich einschlägigen Hochschulabschluss. Eine sonstige – nicht fachlich einschlägige – Ausbildung weisen in HH etwas mehr als 8 % der pädagogisch Tätigen auf; das ist bundesweit (4,5 %) der höchste Anteil. Die Anteile des Personals ohne Abschluss sowie mit einem fachlich einschlägigen Berufsfachschulabschluss unterliegen nach Angaben des Statistischen Bundesamtes der Geheimhaltung, sodass sie hier nicht dargestellt werden können. Weitere 4 % schließlich befinden sich in Ausbildung; 2016 lag dieser Wert bei fast 3 %. Mit Blick auf die gegenwärtig in vielen Bundesländern eingeführten praxisintegrierten Ausbildungsgänge bleibt abzuwarten, ob sich dieser Wert in den kommenden Jahren weiter erhöht. Ebenso gilt es kontinuierlich zu beobachten, wie sich die neuen beruflichen Zugangsformen, etwa für Quereinsteiger:innen, zukünftig auf das formale Qualifikationsniveau des KiTa-Personals insgesamt auswirken werden.

Auch die Ausstattung der KiTas mit ausreichenden Leitungsressourcen nimmt eine Schlüsselfunktion für die KiTa-Qualität ein. Nach den Angaben in der KJH-Statistik verfügen 11 % der KiTas in HH über keine Zeit für Leitungsaufgaben; insbesondere die kleineren KiTas (weniger als 45 betreute Kinder) geben dies zu 20 % an. Über die von der Bertelsmann Stiftung empfohlene Zeit für Leitungs- und Verwaltungsaufgaben[4] verfügen 2020 in HH 57 % der KiTas (ohne Horte); das ist länderübergreifend (bundesweit: 18 %) der höchste Anteil.

Qualitätsentwicklungen im Rahmen des KiQuTG

Im Rahmen des KiTa-Qualitäts- und Teilhabeverbesserungsgesetzes (KiQuTG) erhält jedes Bundesland zwischen 2019 und Ende 2022 vom Bund finanzielle Mittel für Maßnahmen zur

Weiterentwicklung der KiTa-Qualität und zur Gebührenentlastung der Eltern. HH investiert diese Bundesmittel in eins der insgesamt elf Handlungsfelder: *Guter Betreuungsschlüssel.*

Die rund 121 Mio. Euro fließen in die Verbesserung des Fachkraftschlüssels in Krippengruppen. Dieser Ausbau wurde bereits im Rahmen des „Gesetzes zur Verbesserung der Betreuungsqualität in Hamburger Kindertagesstätten" vom 4. Oktober 2018 beschlossen. In diesem ist festgeschrieben, dass bis Januar 2021 die Personalbemessung in Krippengruppen auf 1 zu 4 und in Kindergartengruppen auf 1 zu 10[5] bis Januar 2024 verbessert werden soll.

Im Rahmen des KiQuTG wird mit den Bundesmitteln in HH anteilig die Verbesserung der Krippenschlüssel finanziert. Mit den Daten der KJH-Statistik vom 1. März 2020 lassen sich leichte Effekte der Maßnahme erkennen. So zeigen sich zwischen 2019 und 2020 geringe Verbesserungen der Personalschlüssel in Krippengruppen (von 1 zu 4,5 auf 1 zu 4,3) und in Gruppen mit Kindern unter 4 Jahren (von 1 zu 4,7 auf 1 zu 4,5). Es bleibt abzuwarten, inwiefern die Daten vom 1. März 2021 weitere Verbesserungen zeigen können. Durch die gesetzliche Verankerung der Maßnahme ist zumindest sichergestellt, dass auch nach Auslaufen der Bundesmittel die Finanzierung durch Landesmittel gesichert ist.

Ausbau- und Reformbedarf: Empfehlungen für die Kindertagesbetreuung in Hamburg

Um allen Kindern unabhängig von ihrem Wohnort gleichwertige Teilhabe- und Bildungschancen zu ermöglichen, ist es unerlässlich, dass jedes Bundesland ein sowohl bedarfsgerechtes als auch kindgerechtes FBBE-Angebot zur Verfügung stellt. Trotz der Tatsache, dass die Personalschlüssel in HH günstiger sind als in den ostdeutschen Bundesländern, ist der Anteil der Kinder, die in KiTa-Gruppen mit einer nicht kindgerechten Personalausstattung betreut werden, noch immer zu hoch (71%). Darüber hinaus zeigt sich, dass die Teilhabechancen der unter 3-Jährigen in HH noch nicht das ostdeutsche Niveau erreichen.

Der *Fachkräfte-Radar für KiTa und Grundschule*[6] prognostiziert, dass für gleiche Teilhabechancen und eine kindgerechte Betreuung sowie eine professionelle Leitungsausstattung gemäß wissenschaftlichen Empfehlungen bis 2030 in HH fast 2.000 KiTa-Fachkräfte fehlen werden. Damit diese Lücke geschlossen werden kann, muss die Zahl der bis 2030 prognostizierten Neuzugänge um 16% gesteigert werden. Es ist zu prüfen, ob die Ausbildungskapazitäten so schnell aufgestockt und Quereinsteiger:innen gewonnen sowie pädagogisch qualifiziert werden können.

Falls dies nicht möglich sein wird, besteht in HH allerdings – auch infolge der rückläufigen Geburtenzahlen – die realistische Chance, bis 2030 die Teilhabequoten an das heutige Niveau der ostdeutschen Bundesländer und die Personalschlüssel an das durchschnittliche Westniveau[7] anzugleichen. So werden laut Prognose bis 2030 genügend Fachkräfte vorhanden sein, um dieses Etappenziel zu erreichen, und es stehen noch 3.000 Fachkräfte zur Verfügung, die für zusätzliche Verbesserungen, wie etwa die Leitungsausstattung, eingesetzt werden könnten.

Nach 2030 muss dann allerdings das Ziel lauten: kindgerechte und bedarfsgerechte FBBE-Angebote in ganz Deutschland. Um dies zu erreichen, müssen in HH schon jetzt die Weichen für den Ausbau der Plätze sowie der Ausbildungskapazitäten mit gleichzeitiger Qualifizierung zusätzlicher Berufsschullehrer:innen gestellt werden. Für die Verbesserung der Personalschlüssel ist zudem eine rechtliche Basis erforderlich. So sollte ein Stufenplan mit einer schrittweisen Verbesserung der Personalausstattung in das KibeG integriert werden. Darüber hinaus braucht es Konzepte, um neues Personal zu gewinnen und – insbesondere durch attraktive Arbeitsbedingungen und Verdienstmöglichkeiten – die vorhandenen Fachkräfte zu binden. Damit HH diese Aufgaben bewältigen kann, ist es unumgänglich, dass der Bund auch nach 2022 sein finanzielles Engagement für den Qualitätsausbau fortsetzt und im KiQuTG verlässlich verankert. Die Mittel sollten in erster Linie für die Gewinnung neuer Fachkräfte und den Ausbau der Personal- und Leitungskapazitäten verwendet werden.

1 Haug-Schnabel, Gabriele; Bensel, Joachim (2016): Kinder unter 3 – Bildung, Erziehung und Betreuung von Kleinstkindern. Kindergarten heute – wissen kompakt. 12., überarb. Aufl. Freiburg.

2 Es werden nur die Gruppen in KiTas analysiert, die laut Angaben in der amtlichen KJH-Statistik mit einer Gruppenstruktur arbeiten. Die Zuordnung von Gruppen in KiTas zu einem bestimmten Gruppentyp wird nicht von den Einrichtungen selbst vorgenommen, sondern erfolgt im Rahmen der Auswertung der Daten der amtlichen KJH-Statistik. Dabei erfolgt die Zuordnung primär anhand der Alterszusammensetzung der Kinder in den Gruppen. Gruppen, in denen Kinder mit einer (drohenden) Behinderung betreut werden, werden in der Berechnung nicht berücksichtigt.

3 Viernickel, Susanne; Fuchs-Rechlin, Kirsten (2015): Fachkraft-Kind-Relationen und Gruppengrößen in Kindertageseinrichtungen. Grundlagen, Analysen, Berechnungsmodell, in: Viernickel, Susanne; Fuchs-Rechlin, Kirsten; Strehmel, Petra; Preissing, Christa; Bensel, Joachim; Haug-Schnabel, Gabriele: Qualität für alle. Wissenschaftlich begründete Standards für die Kindertagesbetreuung. Freiburg, S. 11–130.

4 Für eine professionelle Führung und Leitung von KiTas empfiehlt die Bertelsmann Stiftung jeder Einrichtung eine Grundausstattung von 20 Wochenstunden plus 0,35 Wochenstunden pro Ganztagsbetreuungsäquivalent. Die empfohlene Leitungsausstattung enthält auch die Zeiten für Verwaltungstätigkeiten (max. 20% der empfohlenen Leitungszeit).

5 Ein direkter Vergleich mit den hier ausgewiesenen Personalschlüsseln, deren Grundlage die Daten der KJH-Statistik bildet, ist nicht möglich.

6 Der Fachkräfte-Radar für KiTa und Grundschule prognostiziert bis 2030 den Fachkräftebedarf für die KiTa- und Grundschulbetreuung und stellt ihn dem voraussichtlich verfügbaren Personalangebot gegenüber. Weitere Informationen finden Sie unter: www.fachkraefte-radar-kita-grundschule.de

7 Sind die Personalschlüssel bereits günstiger als das Westniveau, werden sie in den Berechnungen konstant gehalten.

Teilhabe sichern

Jedes Kind braucht einen gesicherten und einfachen Zugang zu „guter" Kindertagesbetreuung, unabhängig von seinem Wohnort und seiner sozio-ökonomischen oder kulturellen Herkunft. Dazu sind ausreichend wohnortnahe Angebote notwendig. Um diesem Anspruch zu genügen, erfolgte in den vergangenen Jahren bundesweit ein enormer Ausbau der Betreuungsplätze. Fast die Hälfte der unter drei Jahre alten Kinder (47 %) in HH nimmt eine Kindertagesbetreuung in Anspruch (bundesweit: 35 %). Unterschiede gibt es vor allem zwischen den unter 1-Jährigen (2 %), 1-Jährigen (57 %) und 2-Jährigen (81 %). Von den Kindern ab 3 bis unter 6 sind in HH mit 95 % fast alle in einer KiTa oder Kindertagespflege. Darüber hinaus nutzen 67 % der 6-Jährigen (Stand: 1. März 2020) Angebote der Kindertagesbetreuung, bevor sie in den schulischen Bildungsbereich wechseln.

Nur 2 % der unter 11-jährigen Schulkinder besuchen einen Hort[1]; bundesweit sind es mit 17 % deutlich mehr. Weitere 90 % nehmen Ganztagsschulangebote wahr (bundesweit: 45 %). Nur 182 Schulkinder (0,3 %), die parallel kein Hort- oder Ganztagsschulangebot nutzen, besuchen eine Kindertagespflege.

2020 nutzen 28.429 unter 3-Jährige in HH ein FBBE-Angebot (47 %). Das sind 10.691 Kinder mehr als 2012, dem Jahr vor der Einführung des bundesweit geltenden Rechtsanspruchs auf einen Betreuungsplatz für Kinder ab dem ersten Geburtstag: ein Anstieg der Teilhabequote um 11 Prozentpunkte. Bedarfsgerecht ist das Angebot jedoch noch nicht: 2020 wünschen sich fast 54 % der Eltern von Kindern dieser Altersgruppe laut der „DJI-Kinderbetreuungsstudie" einen Platz in einer KiTa oder Kindertagespflege. Vergleicht man die Entwicklung der elterlichen Betreuungswünsche mit der Bildungsbeteiligung für diese Altersgruppe zwischen 2012 und 2020, zeigt sich, dass der Bedarf geringer angestiegen ist als die Teilhabequote. Lag die Differenz 2012 bei mehr als 9 Prozentpunkten, hat sie sich innerhalb von acht Jahren auf 7 verringert.

1 Ist im Folgenden von Horten die Rede, sind in der Regel auch Hortgruppen in KiTas gemeint.

Bildungsbeteiligung an Kindertagesbetreuung | HH 01.03.2020 | Tab. 6–14; 41a1

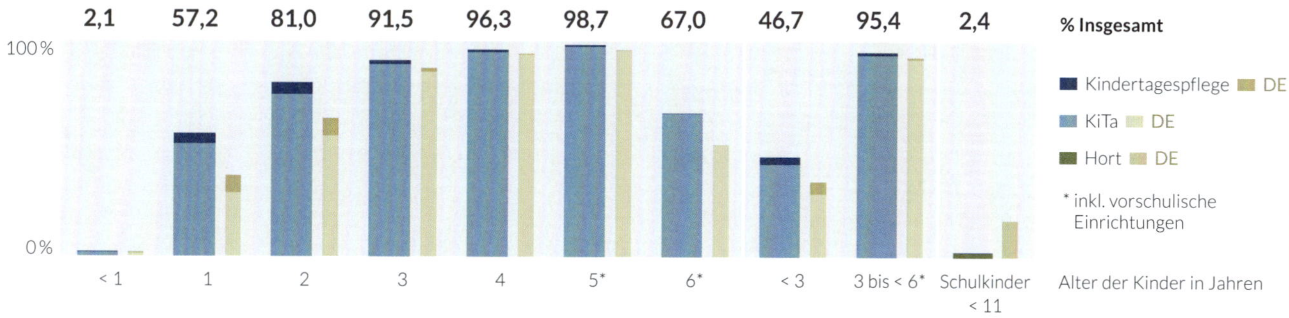

Betreuungsquote und Betreuungswunsch

HH 2012–2020, Stichtag 01.03. | Tab. 88a

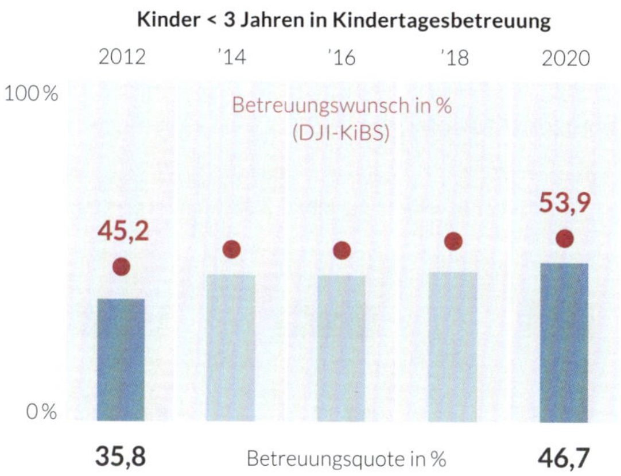

Bildungsbeteiligung von Schulkindern

HH 01.03.2020, Schulj. 2019/20 | Tab. 41a1; Tab. 71

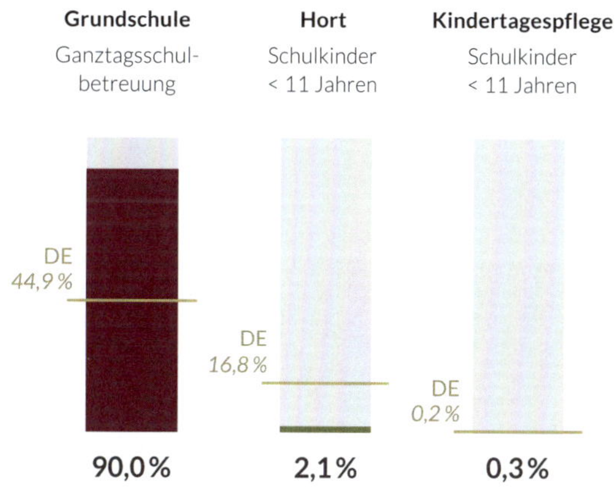

Vereinbarte Betreuungszeit in Horten: Ø **3,2 Stunden/Tag**

Regionale Daten zur Bildungsbeteiligung finden Sie auf www.laendermonitor.de unter FOKUS | Regionale Daten

Fast 36 % der Kinder, die am 01.03.2020 unter drei Jahre alt waren, wurden von August bis Oktober in der aktuell besuchten KiTa aufgenommen (vgl. S. 122). Im Dezember zeigen sich die geringsten Aufnahmequoten (4 %). In der Kindertagespflege erfolgen die meisten Eingewöhnungen im August (16 %). Im September bis November sowie Januar und Februar liegen die Aufnahmequoten darunter, bewegen sich aber auf einem etwas höheren Niveau (9 % bis 13 %).

Kinder mit einer Eingliederungshilfe werden in 32 % der KiTas (mit Horten, ohne Sondereinrichtungen) in HH betreut; bundesweit liegt dieser Wert bei 39 %.

Werden die vertraglich vereinbarten wöchentlichen Betreuungszeiten betrachtet, zeigt sich das folgende Bild: In HH wird mit knapp 42 % der größte Anteil der unter 3-jährigen KiTa-Kinder laut Vertrag mehr als 35 bis unter 45 Wochenstunden betreut. Auch in der Altersgruppe der ab 3-Jährigen werden diese Betreuungszeiten am häufigsten (41 %) gebucht. Diese Werte liegen deutlich über den durchschnittlichen Bundeswerten (20 % bzw. 18 %). In der Kindertagespflege hingegen wird der größte Anteil der Kinder bis zu 25 Stunden wöchentlich betreut: Das gilt für 46 % der unter 3-Jährigen und 61 % der ab 3-jährigen Nichtschulkinder. Auch Schulkinder nutzen diese Betreuungszeiten sowohl in Horten (93 %) als auch in der Kindertagespflege (79 %) am häufigsten.

Aufnahmezeitpunkt von unter Dreijährigen in KiTas und Kindertagespflege | HH 01.03.2020 | Tab. 87; 87a

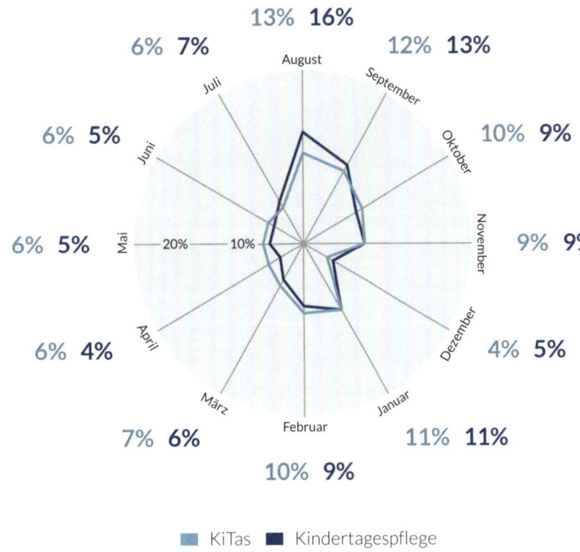

KiTas (mit Horten), die Kinder mit Eingliederungshilfe betreuen | HH 01.03.2020 | Tab. 59a

Vertraglich vereinbarte wöchentliche Betreuungszeiten in Kindertagesbetreuung | HH 01.03.2020 | Tab. 2–5; 3h; 138

	Kinder in KiTas und Horten			Kinder in öffentlich geförderter Kindertagespflege			
	< 3 Jahre: 26.273	≥ 3 Jahre bis Schuleintritt: 56.230	Schulkinder < 11 Jahren: 1.377	< 3 Jahre: 2.192	≥ 3 Jahre bis Schuleintritt: 855	Schulkinder < 11 Jahren: 236	
Bis 25 Stunden	28,4 *11,3*	29,6 *9,3*	93,3 *61,1*	45,8 *31,3*	61,4 *47,0*	78,8 *89,7*	%
> 25 bis 35 Stunden	10,4 *30,6*	11,3 *37,8*	1,6 *35,2*	26,2 *34,2*	19,8 *24,4*	13,6 *7,4*	%
> 35 bis < 45 Stunden	41,5 *19,5*	41,4 *17,5*	4,0 *1,6*	24,0 *19,3*	15,6 *15,7*	7,6 *1,8*	%
45 Stunden und mehr	19,8 *38,5*	17,8 *35,4*	1,1 *2,2*	4,0 *15,2*	3,3 *12,9*	0,0 *1,1*	%

| = DE

Regionale Daten zum Betreuungsumfang finden Sie auf www.laendermonitor.de unter FOKUS | Regionale Daten

In HH liegt der Anteil der Kinder mit nicht deutscher Familiensprache in 58 % der KiTas unter 25 % (bundesweit: 69 %); hier spricht also die Mehrheit der Kinder zu Hause Deutsch. 39 % der unter 3-Jährigen in KiTas haben einen Migrationshintergrund (MH). 14 % sprechen in ihrer Familie überwiegend Deutsch, 25 % eine andere Sprache. Bei den älteren KiTa-Kindern (44 %) liegen die Werte für die Sprache bei 14 % bzw. 30 %. Die Anteile der Kinder mit MH sind in der Kindertagespflege in beiden Altersgruppen mit 10 % bzw. 16 % geringer als in KiTas. Bei den jüngeren Kindern spricht nur 1 % Deutsch, 9 % sprechen eine andere Sprache. Bei den ab 3-Jährigen liegen diese Werte bei 1 % bzw. 16 %.

Der größte Anteil der unter 4-Jährigen mit oder ohne MH wurde mit einem Jahr in ihrer aktuellen KiTa (52 % bzw. 53 %) oder Kindertagespflege (49 % bzw. 57 %) aufgenommen. Kinder mit MH besuchen seltener im Alter von unter einem Jahr zum ersten Mal eine KiTa (18 %) als Kinder ohne MH (31 %). In der Kindertagespflege sind diese Unterschiede geringer (25 % bzw. 32 %).

Kinder mit und ohne Migrationshintergrund
HH 01.03.2020

Regionale Daten zum Migrationshintergrund und zur Familiensprache finden Sie auf www.laendermonitor.de unter FOKUS | Regionale Daten

Bildungsbeteiligung in KiTas und Kindertagespflege
Tab. 38a, Tab. 39a

Zu den Teilhabequoten von Kindern mit und ohne Migrationshintergrund in HH können keine Angaben gemacht werden, da keine repräsentativen Daten über den Anteil der Kinder mit und ohne Migrationshintergrund in der Bevölkerung vorliegen.

Quote der Inanspruchnahme von Kindern
mit Migrationshintergrund **ohne** Migrationshintergrund

KiTas (mit Horten) nach ihrem Anteil an Kindern mit nicht deutscher Familiensprache | Tab. 96

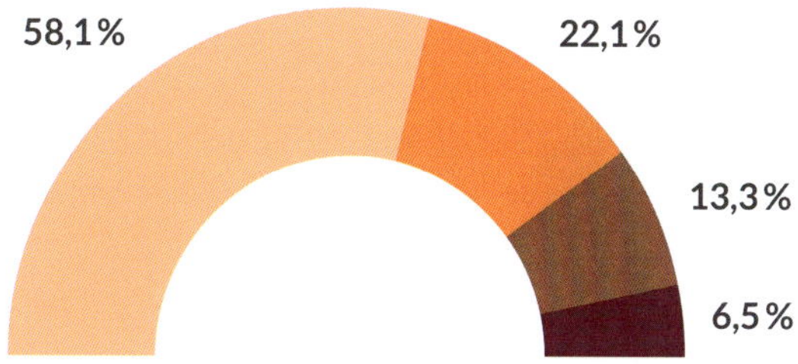

KiTas (mit Horten) mit einem Anteil an Kindern mit nicht deutscher Familiensprache von
< 25 % 25 bis < 50 % 50 bis < 75 % 75 % und mehr

Alter des Kindes zu Beginn der Betreuung in der aktuellen KiTa und Kindertagespflege | Tab. 92; 93

KiTa

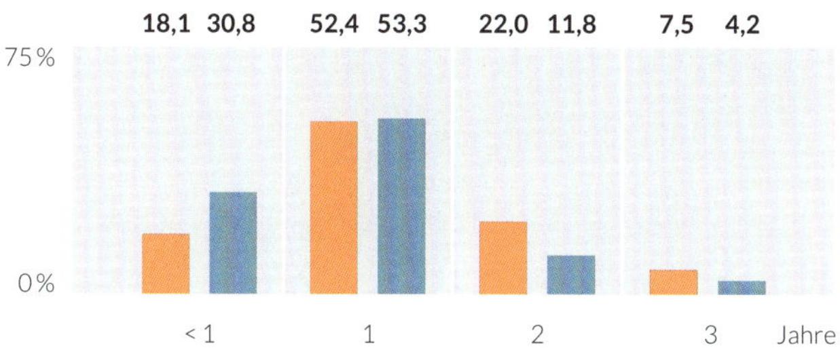

Kindertagespflege

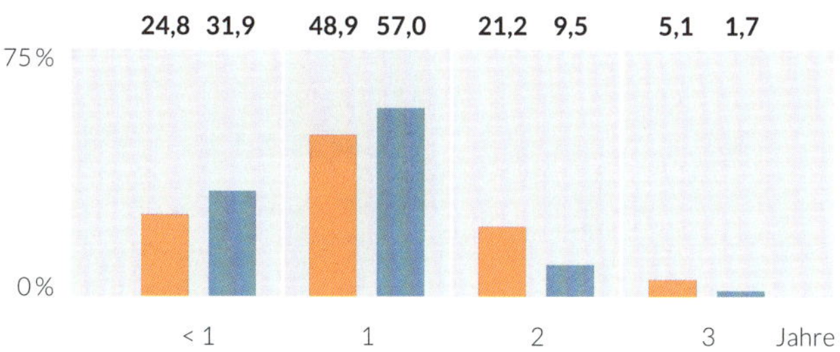

mit Migrationshintergrund **ohne** Migrationshintergrund

Familiäre Sprachpraxis der Kinder in KiTas (mit Horten) und Kindertagespflege | Tab. 15a-20a

KiTas (mit Horten)

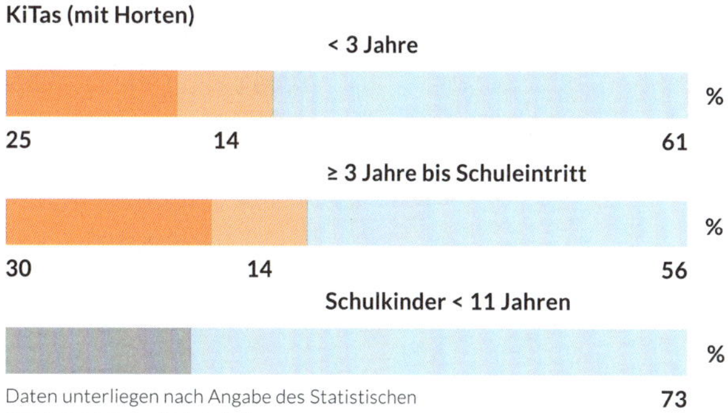

Kindertagespflege

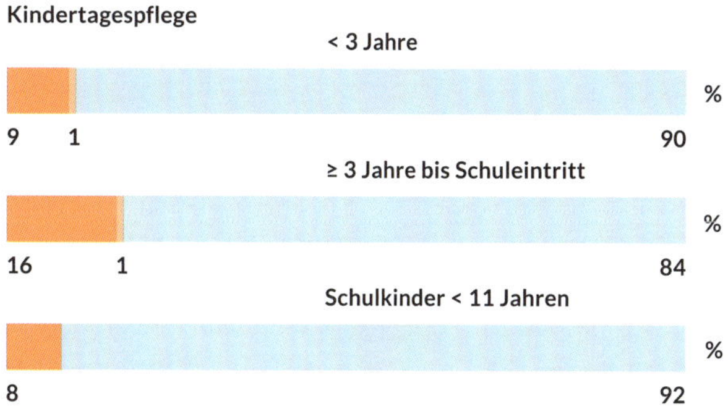

Kinder **mit** Migrationshintergrund:
Familiensprache nicht Deutsch Deutsch

Kinder **ohne** Migrationshintergrund

Bildung fördern – Qualität sichern

Die FBBE kann einen bedeutenden Beitrag für die Chancengerechtigkeit aller Kinder in Deutschland leisten. Voraussetzung dafür, dass die KiTas ihren Bildungsauftrag durchführen können, sind professionelle Rahmenbedingungen: insbesondere ausreichend Personal für die pädagogischen Aufgabenbereiche sowie für die Leitung und die Verwaltung. Weitere wichtige Gradmesser für die Qualität sind qualifizierte KiTa-Teams und kleine Kindergruppen. Schließlich spielt auch die Ausgestaltung der Arbeitsbedingungen durch die Träger eine Rolle. Der Status quo der KiTa-Landschaft wird im Folgenden anhand ausgewählter strukturell-qualitativer Dimensionen dargestellt.

60 % der unter 3-Jährigen in HH sind in Krippengruppen; 2020 ist hier eine Vollzeitkraft rechnerisch für 4,3 ganztags betreute Kinder zuständig. Weitere 19 % dieser Altersgruppe werden zusammen mit 2 % der ab 3-Jährigen in Gruppen mit Kindern unter 4 Jahren betreut (Personalschlüssel: 1 zu 4,5). Der größte Anteil der Kinder ab drei Jahren (58 %) befindet sich in Kindergartengruppen (Personalschlüssel: 1 zu 7,9). Für ein kindgerechtes Betreuungsverhältnis empfiehlt die Bertelsmann Stiftung, dass eine Fachkraft rein rechnerisch für höchstens 3 Kinder unter drei Jahren in Krippengruppen oder 7,5 Kinder ab drei Jahren in Kindergartengruppen zuständig ist. In HH entsprechen 51 % der Personalschlüssel in Kindergartengruppen dieser Empfehlung (inkl. ± 0,5 Toleranz) bzw. sind günstiger. Schlechter sind 49 % der Personalschlüssel, in Krippengruppen sogar 73 %. Ein ungünstigeres Bild zeigt sich bei den weiteren Gruppenformen. So sind in 77 bis 90 % dieser Gruppen die Personalschlüssel ungünstiger als wissenschaftlich empfohlen.

Der Personalschlüssel ist eine rein rechnerische, im KiTa-Alltag nicht beobachtbare Größe, die die gesamte Arbeitszeit einer pädagogischen Fachkraft umfasst. Die annähernd reale Betreuungssituation beschreibt die Fachkraft-Kind-Relation, die das Verhältnis zwischen den Fachkräften und den Kindern während der unmittelbaren pädagogischen Arbeit darstellt.

Pädagogische Personalausstattung | HH 01.03.2020

Personalschlüssel

Tab. 43a2

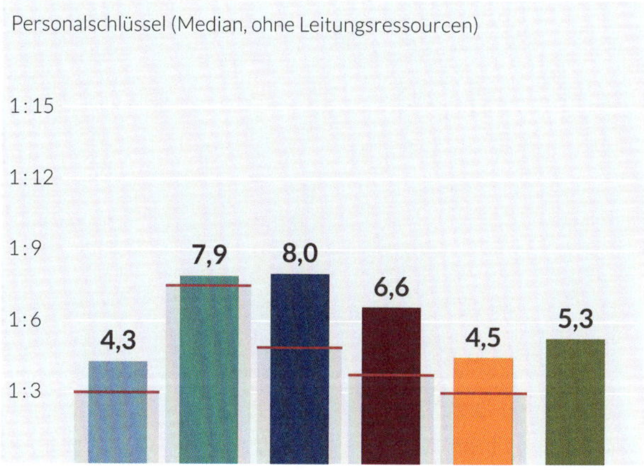

Verteilung der Kinder auf Gruppentypen

Tab. 36b; 36b1; 36b2

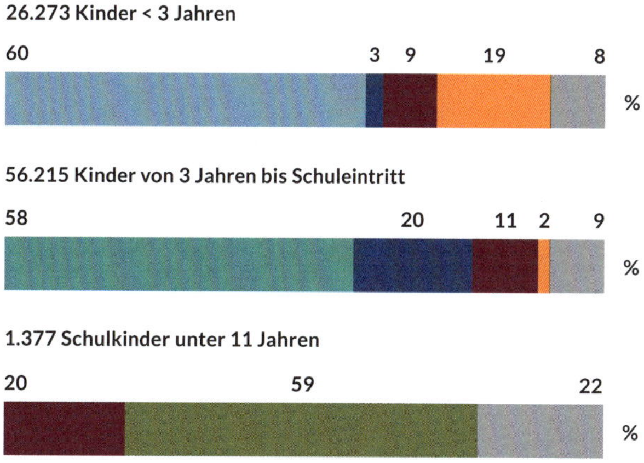

Gruppentyp

Krippe · Kindergarten · Kindergarten ab 2 Jahre · Altersübergreifend ab 0 Jahre · Krippe < 4 Jahren · Hort · Ohne feste Gruppenstruktur

Empfohlener Personalschlüssel (BSt = Bertelsmann Stiftung, H.-S. & B. = Haug-Schnabel & Bensel 2016):
Krippe 1 : 3,0 (BSt); Kindergarten 1 : 7,5 (BSt); Kindergarten ab 2 J. 1: 4,9 (H.-S. & B.); Altersübergreifend ab 0 J. 1 : 3,75 (H.-S. & B.); Krippe < 4 J. 1 : 3,0 (BSt)

Regionale Daten zum Personalschlüssel finden Sie auf www.laendermonitor.de unter FOKUS | Regionale Daten

Personalschlüssel im Vergleich | Tab. 94; 94a–e

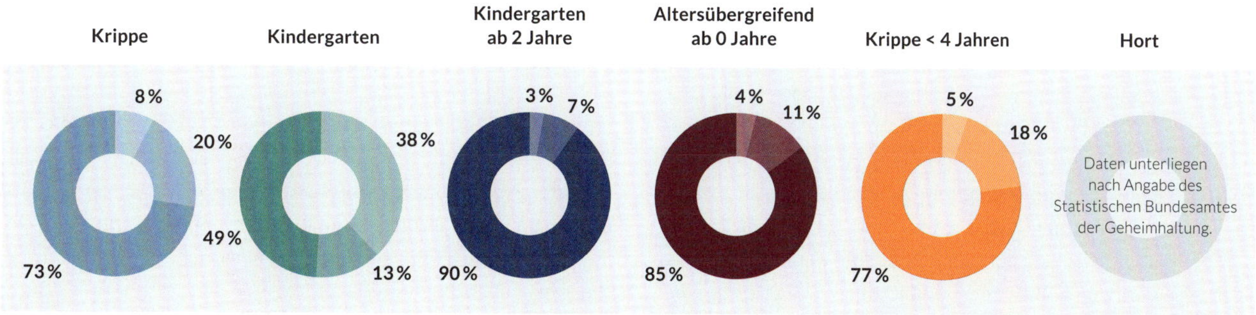

Personalschlüssel von

Krippe	Kindergarten	Kindergarten ab 2 Jahre	Altersübergreifend ab 0 Jahre	Krippe < 4 Jahren	Hort
<1:2,5 DE 10 %	<1:7 DE 26 %	<1:4,4 DE 2 %	<1:3,25 DE 4 %	<1:2,5 DE 5 %	<1:9,5 DE 44 %
1:2,5 bis <1:3,5 DE 24 %	1:7 bis <1:8 DE 14 %	1:4,4 bis <1:5,4 DE 7 %	1:3,25 bis <1:4,25 DE 9 %	1:2,5 bis <1:3,5 DE 22 %	1:9,5 bis <1:10,5 DE 5 %
1:3,5 und mehr DE 66 %	1:8 und mehr DE 60 %	1:5,4 und mehr DE 91 %	1:4,25 und mehr DE 87 %	1:3,5 und mehr DE 72 %	1:10,5 und mehr DE 51 %

Pädagogische Personalausstattung | HH 01.03.2020

Fachkraft-Kind-Relation – Szenarien der Bertelsmann Stiftung | Tab. 82

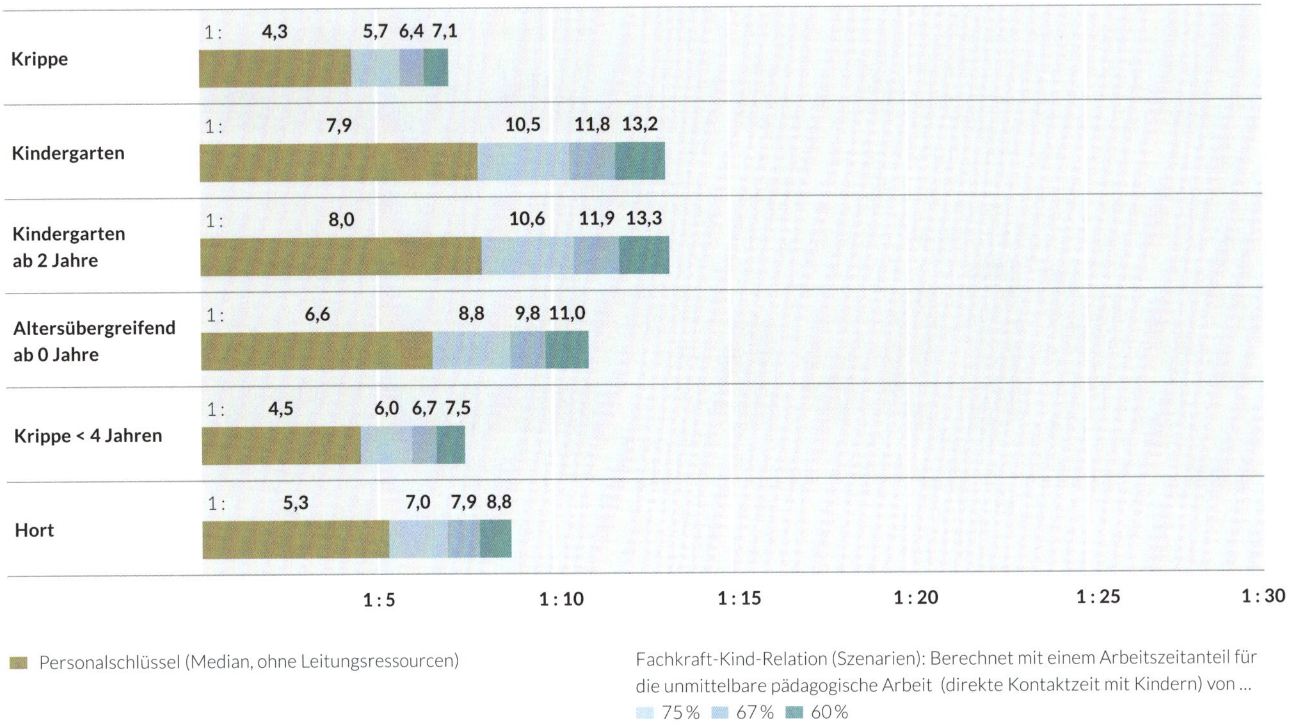

Eine Annäherung an die Fachkraft-Kind-Relation kann nur durch Szenarien erfolgen, da die amtliche Kinder- und Jugendhilfestatistik keine Daten für Arbeitszeitanteile der mittelbaren pädagogischen Aufgabenbereiche sowie Ausfallzeiten erfasst. Die drei von der Bertelsmann Stiftung entwickelten Szenarien wurden auf Basis wissenschaftlicher Untersuchungen berechnet. Diese zeigen, dass 24 % bis 41 % der Gesamtarbeitszeit einer pädagogischen Fachkraft zum einen Ausfallzeiten sind (Urlaub, Krankheit, Fortbildungen) und zum anderen für Aufgaben außerhalb der pädagogischen Praxis benötigt werden, etwa für Elterngespräche, die Qualitätsentwicklung oder Bildungsdokumentationen.[1] In den Szenarien wird der Anteil für die unmittelbaren Arbeitsaufgaben, also den Kontakt mit den Kindern, mit 75 %, 67 % oder 60 % der gesamten Arbeitszeit angesetzt.

Werden wie im Szenario 1 nur 25 % der Arbeitszeit für Aufgaben ohne die Kinder verwendet, verbleiben 75 % der Arbeitszeit für sie. In HH betreut dann eine Vollzeitkraft in Krippengruppen bei einem Personalschlüssel von 1 zu 4,3 in der pädagogischen Praxis rechnerisch 5,7 Kinder. Nimmt man einen höheren Anteil mittelbarer pädagogischer Arbeitszeit an, sinkt die Zeit für die Arbeit mit den Kindern, und die Fachkraft-Kind-Relationen verschlechtern sich (Szenarien 2 und 3).

Neben einer kindgerechten Personalausstattung ist die Gruppengröße ein weiterer Gradmesser für „gute" KiTas. Zu große Gruppen bedeuten für die Kinder und das Personal übermäßigen Stress, etwa durch die Lautstärke. So sollten Gruppen für jüngere Kinder nicht mehr als zwölf Kinder umfassen, Kindergartengruppen nicht mehr als 18.[1] In HH sind 60 % der Krippengruppen zu groß, bei den Kindergartengruppen sind es 66 %.

Im Median haben die KiTas in HH 10 Stunden und damit kürzer als die ostdeutschen Bundesländer (11 Stunden) ihre Türen geöffnet (bundesweit: 9,5 Std.). Der Großteil der KiTas (47 %) startet den Tag zwischen 7:00 und 7:30 Uhr. Die meisten Horte (86 %) beginnen den Tag dagegen erst nach 7:30 Uhr.

1 Vgl. Viernickel, Susanne; Fuchs-Rechlin, Kirsten (2015): Fachkraft-Kind-Relationen und Gruppengrößen in Kindertageseinrichtungen. Grundlagen, Analysen, Berechnungsmodell, in: Viernickel, Susanne; Fuchs-Rechlin, Kirsten; Strehmel, Petra; Preissing, Christa; Bensel, Joachim; Haug-Schnabel, Gabriele: Qualität für alle. Wissenschaftlich begründete Standards für die Kindertagesbetreuung. Freiburg, S. 11–130.

KiTa- und Hort-Strukturen | HH 01.03.2020

Gruppengrößen im Vergleich | Tab. 116a–e; 116h

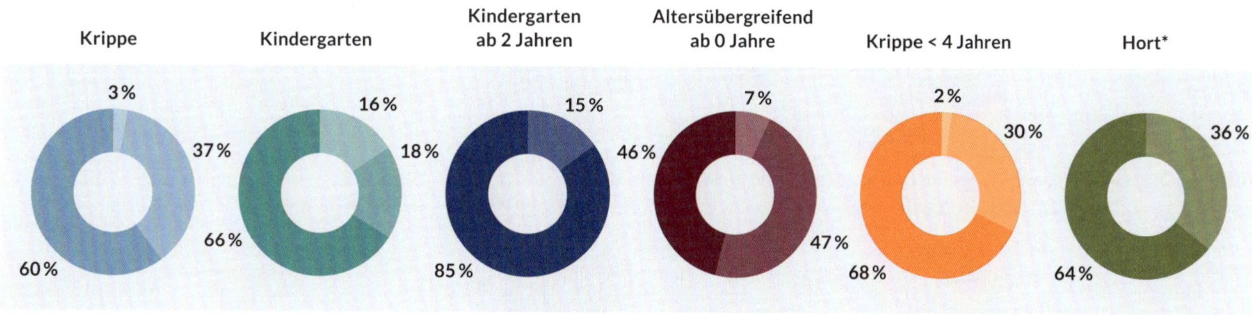

Anzahl Kinder pro Gruppe

Krippe		Kindergarten		Kindergarten ab 2 Jahren		Altersübergreifend ab 0 Jahre		Krippe < 4 Jahren		Hort*	
< 6	DE *4 %*	< 14	DE *11 %*	< 14	DE *0 %*	< 10	DE *4 %*	< 6	DE *1 %*	< 15	DE *15 %*
6 bis 12	DE *74 %*	14 bis 18	DE *22 %*	14 bis 18	DE *16 %*	10 bis 18	DE *61 %*	6 bis 12	DE *59 %*	15 bis 20	DE *37 %*
> 12	DE *22 %*	> 18	DE *67 %*	> 18	DE *84 %*	> 18	DE *35 %*	> 12	DE *40 %*	> 20	DE *48 %*

*siehe landesspezifische Anmerkungen am Ende des Profils

Öffnungszeiten von KiTas und Horten | Tab. 83oh; 83h; 117oh; 117h

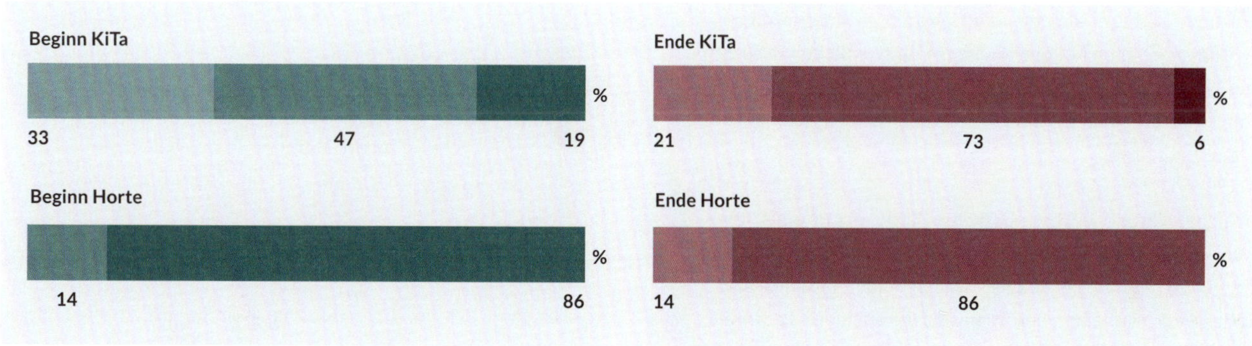

vor 7:00 Uhr · 7:00 bis 7:30 Uhr · später als 7:30 Uhr

vor 16:30 Uhr · 16:30 bis 18:00 Uhr · später als 18:00 Uhr

KiTa: Beginn nach 7:30 und Ende vor 16:30 Uhr

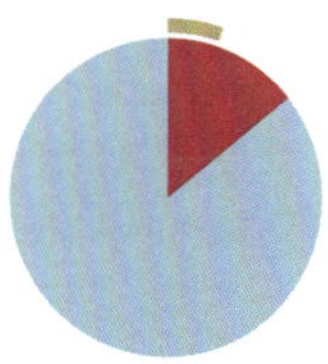

14,2 %
DE *5,1 %*

KiTa: Öffnungsdauer

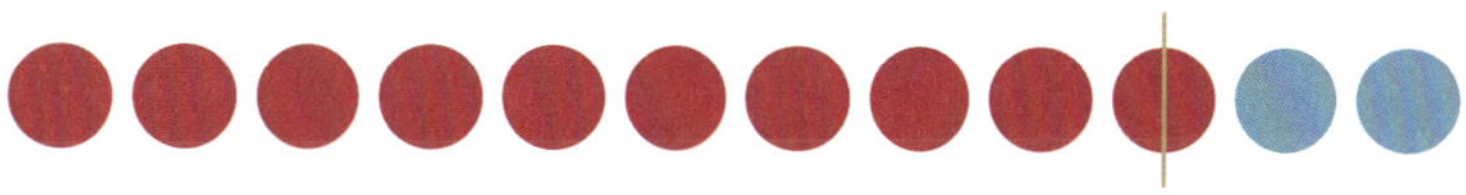

10 Stunden pro Tag (Median)
DE *9,5 Std.*

Horte: Beginn nach 7:30 und Ende vor 16:30 Uhr

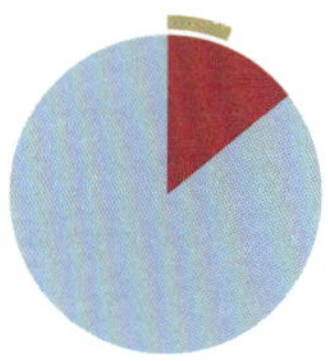

14,3 %
DE *6,0 %*

Horte: Öffnungsdauer

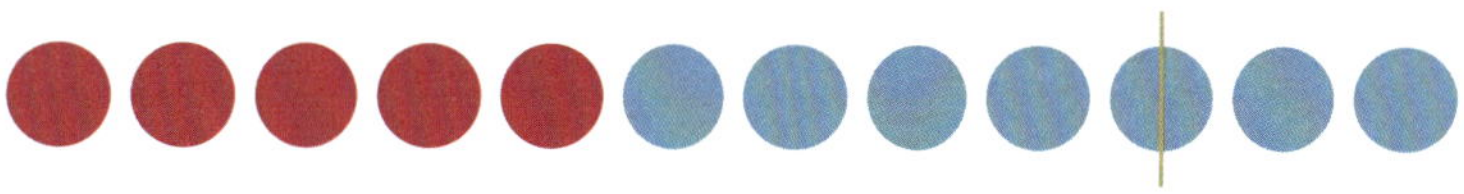

5 Stunden pro Tag (Median)
DE *9,5 Std.*

Regionale Daten zu den Öffnungszeiten von KiTas finden Sie auf www.laendermonitor.de unter FOKUS | Regionale Daten

Leitungsausstattung

HH 01.03.2020

2020 verfügen 11% der 1.133 KiTas (mit Horten) in HH nach der amtlichen Kinder- und Jugendhilfestatistik über keine vertraglich vereinbarte Zeit für Leitungsaufgaben. Bundesweit sind es fast 9%. Dies betrifft vor allem die kleinen Einrichtungen in HH: 20% der KiTas (mit Horten) mit weniger als 45 betreuten Kindern haben keine zeitlichen Leitungsressourcen, während es in den größeren mit 76 und mehr Kindern nur knapp 4% sind.

In 47% der KiTas (mit Horten) in HH, in denen es laut Arbeitsvertrag Leitungskapazitäten gibt, ist eine Person ausschließlich als Leiter:in tätig. Weitere 15% werden ebenfalls von nur einer Person geleitet – diese ist allerdings neben ihrer Leitungstätigkeit noch als pädagogische Fachkraft zuständig. Hier ergibt sich das folgende Bild: In 8% der KiTas (mit Horten) gibt es Leitungskräfte, denen weniger als 50% ihrer Arbeitszeit für Leitungsaufgaben zur Verfügung stehen, während in etwas mehr als 6% der KiTas die Leitungskräfte mindestens die Hälfte ihrer Arbeitszeit für Leitungsaufgaben nutzen können. In den restlichen 38% ist ein Leitungsteam zuständig, d. h., mindestens zwei Personen besitzen einen Leitungsanteil oder sind ausschließlich als Leitung tätig.

Welche dieser vier Leitungskonstellationen in einer Einrichtung zum Tragen kommt, ist die – bewusst zu treffende – Entscheidung des Trägers. Dieser Handlungsspielraum sollte es ermöglichen, den Teams sowie auch den Leitungsverantwortlichen mit ihren jeweiligen Leitungskompetenzen und Persönlichkeiten gerecht zu werden. Voraussetzung ist allerdings, dass den KiTas und Horten zeitliche Leitungsressourcen gewährt werden. Diese sind notwendig, um die Einrichtung professionell zu führen und zu leiten.

Um den Umfang der vertraglich zugesicherten Leitungszeit zwischen den KiTas unabhängig von ihrer Größe sowie auch zwischen den Bundesländern vergleichen zu können, wird die wöchentliche Leitungszeit auf die Anzahl der ganztags betreuten Kinder verteilt. In den KiTas mit Leitungskapazitäten ergeben sich in HH rechnerisch im Median 44 Minuten pro ganztags betreutem Kind für die Führung und Leitung der KiTa.

Darüber hinaus kann die wöchentliche Leitungszeit gruppiert dargestellt werden. Im Ergebnis zeigt sich, dass dem größten Anteil der KiTas in HH (54%) eine wöchentliche Arbeitszeit von über 40 Minuten pro rechnerisch ganztags betreutem Kind zur Verfügung steht.

KiTas (mit Horten) ohne Zeit für Leitung | Tab. 85

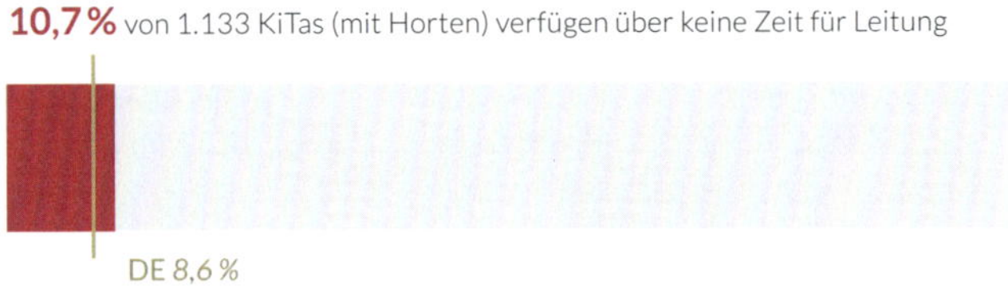

KiTas (mit Horten) ohne Zeit für Leitung nach KiTa-Größe

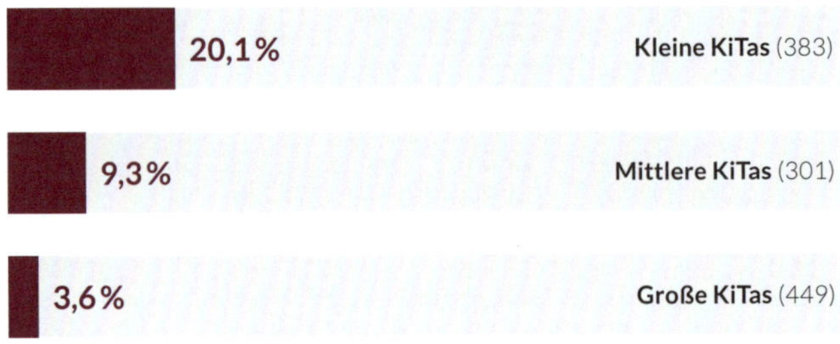

Anzahl betreuter Kinder

Kleine KiTas: < 45 Mittlere KiTas: 45 bis 75 Große KiTas: 76 und mehr

Regionale Daten zu KiTas ohne Leitungszeit finden Sie auf www.laendermonitor.de unter FOKUS | Regionale Daten

KiTas (mit Horten) mit Zeit für Leitung nach Leitungsprofil

Tab. 65

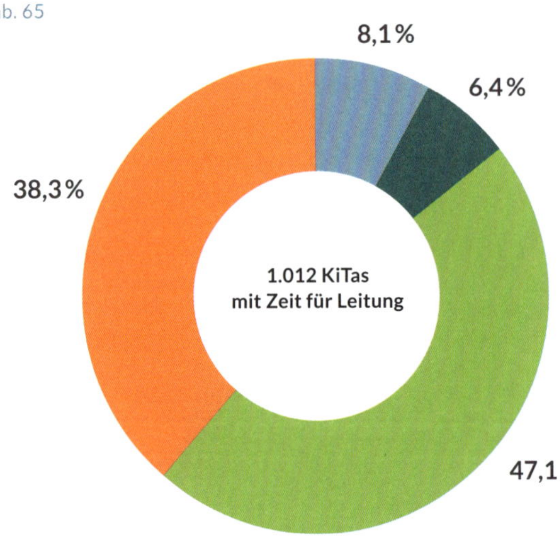

DE	Eine Leitungskraft ...
32,8 %	... mit Leitung als nachrangigem Arbeitsbereich
17,1 %	... mit Leitung als überwiegendem Arbeitsbereich
36,1 %	... ohne weiteren Arbeitsbereich
14,0 %	Leitungsteam

Leitungsausstattung | HH 01.03.2020

KiTas nach Leitungszeit* pro Kind

Tab. 66b; Tab. 108b

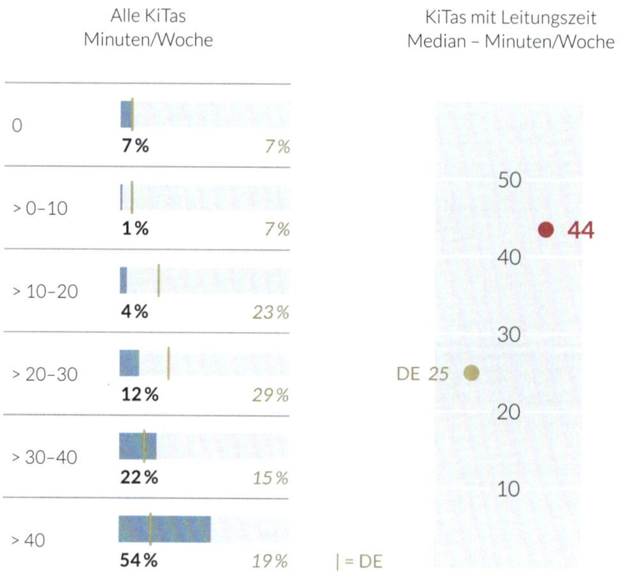

KiTas mit weniger als 20 Wochenstunden Leitungszeit* | Tab. 111

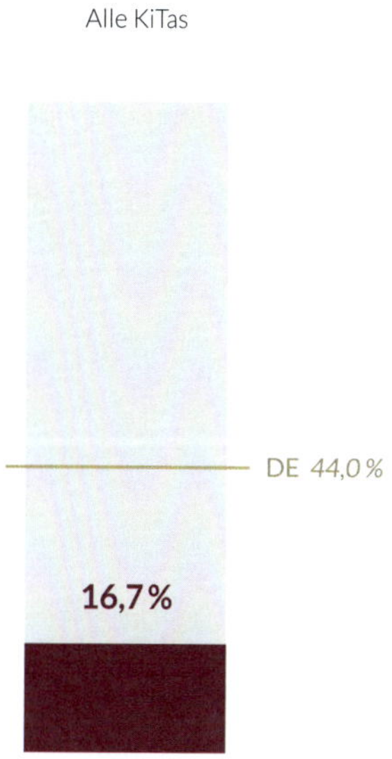

Bertelsmann Stiftung: Empfehlung zur Leitungsausstattung

KiTas mit der von der Bertelsmann Stiftung empfohlenen Leitungszeit* | Tab. 112

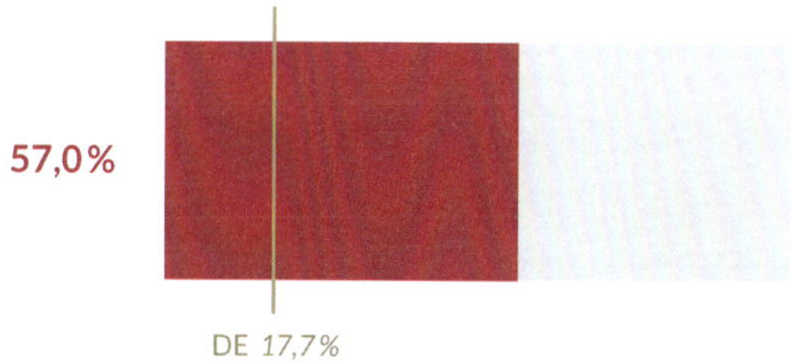

* Zeit für die Arbeitsbereiche Leitung UND Verwaltung

**Vertraglich vereinbarte Betreuungswochenstunden aller Kinder geteilt durch 40

Für eine professionelle Führung und Leitung von KiTas empfiehlt die Bertelsmann Stiftung jeder Einrichtung eine Grundausstattung von 20 Wochenstunden. Diese ist dringend notwendig, denn in jeder KiTa müssen – unabhängig von der Größe – Führungs- und Leitungsaufgaben erledigt werden. 2020 verfügen in HH 17 % der KiTas nicht über diese Grundausstattung, die als garantiertes Zeitbudget empfohlen wird.

Neben den 20 Wochenstunden sollte jeder KiTa ein variabler Anteil von 0,35 Wochenstunden pro Ganztagsbetreuungsäquivalent** zur Verfügung gestellt werden. Mit inbegriffen sind Verwaltungszeiten von max. 20 % der empfohlenen Leitungszeit. 2020 verfügen in HH 57 % der KiTas über diese Leitungsausstattung, bundesweit sind es 18 %.

Pädagogisches Personal | HH 01.03.2020

Entwicklung des pädagogischen Personals

Tab. 118oh, 118h; 126

Jahr (Stichtag 01.03.)	KiTas	Kindertagespflege	Horte
	Anzahl pädagogisch Tätiger		
2011	10.011	1.628	1.013
2012	10.533	1.528	1.171
2013	11.407	1.287	1.090
2014	12.060	1.117	303
2015	12.543	1.051	311
2016	13.129	1.004	316
2017	13.884	954	139
2018	15.216	920	110
2019	16.590	875	119
2020	17.629	847	99

Beschäftigungsumfang in KiTas (mit Horten)

Tab. 29

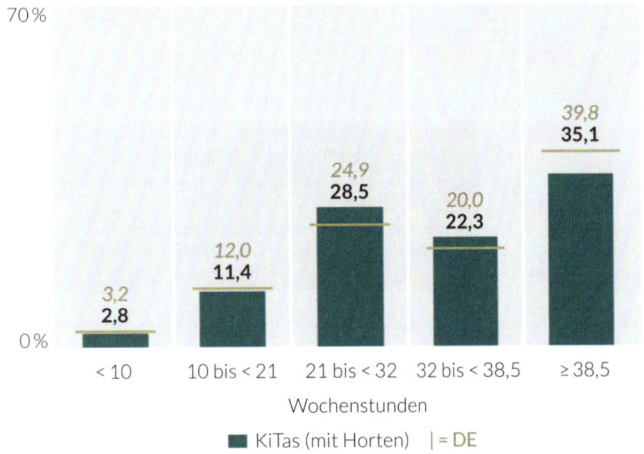

Qualifikationsniveaus | Tab. 27; 50a; 133

Abschluss	HH Anzahl	HH Anteil	DE Anteil
KiTas: 17.629 päd. Tätige			
Hochschule*	1.402	**8,0 %**	*5,6 %*
Fachschule*	9.941	**56,4 %**	*68,3 %*
Berufsfachschule*	x	**x**	*13,6 %*
Sonstige Ausbildungen	1.484	**8,4 %**	*4,5 %*
In Ausbildung	741	**4,2 %**	*5,9 %*
Ohne Abschluss	x	**x**	*2,2 %*
Kindertagespflege: 847 päd. Tätige			
Hochschule*	27	**3,2 %**	*3,2 %*
Fachschule*	138	**16,3 %**	*15,8 %*
Berufsfachschule*	149	**17,6 %**	*10,0 %*
Soziale/sozialpädagogische Kurzausbildung	15	**1,8 %**	*1,9 %*
Sonstige Ausbildungen	379	**44,7 %**	*60,1 %*
In Ausbildung	20	**2,4 %**	*0,5 %*
Ohne Abschluss	119	**14,0 %**	*8,6 %*
Horte: 99 päd. Tätige			
Hochschule*	14	**14,1 %**	*8,2 %*
Fachschule*	41	**41,4 %**	*68,8 %*
Berufsfachschule*	x	**x**	*8,8 %*
Sonstige Ausbildungen	27	**27,3 %**	*7,6 %*
In Ausbildung	10	**10,1 %**	*4,6 %*
Ohne Abschluss	x	**x**	*2,0 %*

x = Wert unterliegt nach Angaben des Statistischen Bundesamtes der Geheimhaltung

* fachlich einschlägig

Regionale Daten zu den Qualifikationsniveaus finden Sie auf www.laendermonitor.de unter FOKUS | Regionale Daten

Die Zahl des pädagogischen KiTa-Personals ist in HH zwischen 2011 und 2020 bundesweit am stärksten gestiegen: um 76 % auf 17.629 Tätige. Hingegen sank die Zahl des Hort- sowie Kindertagespflegepersonals im selben Zeitraum am stärksten. So arbeiten 2020 in der Hortbetreuung noch 99 Personen, in der Kindertagespflege 847, gegenüber noch 1.013 bzw. 1.628 im Jahr 2011.

8 % der pädagogisch Tätigen in KiTas besitzen einen Hochschul-, 56 % einen Fachschulabschluss als Erzieher:in. 27 % des Hortpersonals verfügen über einen nicht-fachpädagogischen Abschluss; das ist bundesweit der höchste Anteil. Einen fachlich einschlägigen Fachschulabschluss besitzen 41 % des Hortpersonals. In der Kindertagespflege arbeiten dagegen anteilig deutlich weniger Personen mit diesem Abschluss (16 %). Die meisten Kindertagespflegepersonen (45 %) besitzen einen nicht-fachpädagogischen Abschluss.

Der größte Anteil des Personals in KiTas (mit Horten) arbeitet 38,5 Stunden pro Woche und mehr (35 %). Arbeitsverträge von unter 10 Wochenstunden sind in HH mit 3 % wie in allen anderen Bundesländern am seltensten vertreten.

Pädagogisches Personal | HH 01.03.2020

Altersstruktur in KiTas, Kindertagespflege und Horten | Tab. 42oh; 42h; 128

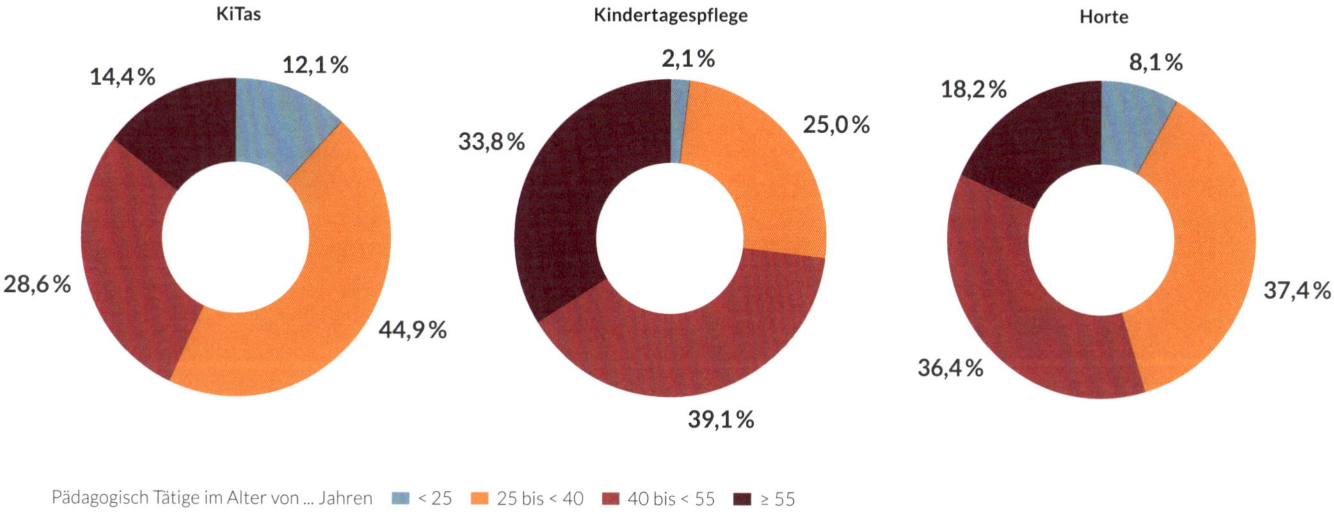

Befristete Arbeitsverhältnisse in KiTas (mit Horten) | Tab. 77

	Alter in Jahren	unter 30	30 bis unter 40	40 bis unter 50	50 bis unter 60	60 und älter
HH	pädagogisch Tätige insgesamt	4.236	5.013	3.502	2.931	1.061
	Anteil befristet Beschäftigter	**20,6 %**	**12,8 %**	**9,9 %**	**5,2 %**	**5,7 %**
DE	Anteil befristet Beschäftigter	*25,6 %*	*14,1 %*	*10,4 %*	*6,3 %*	*5,9 %*

13 % des KiTa- und Hortpersonals in HH sind männlich (bundesweit: 7 %). Dieser Anteil liegt in der Kindertagespflege mit 5 % auf einem niedrigeren Niveau (bundesweit: 4 %).

Mit 45 % ist der größte Anteil des KiTa-Personals in HH 25 bis unter 40 Jahre alt. In keinem anderen Bundesland ist dieser Anteil so hoch wie in HH (bundesweit: 37 %). Weitere fast 29 % der KiTa-Beschäftigten sind 40 bis unter 55 Jahre (bundesweit: 33 %). 12 % sind unter 25 Jahre alt, und wiederum 14 % sind 55 oder älter (bundesweit: 13 % bzw. 17 %). Auch für das Hortpersonal in HH zeigt sich, dass die jüngeren Fachkräfte unter 25 Jahren (8 %) und die älteren ab 55 Jahren (18 %) seltener vertreten sind als die anderen Altersgruppen. Hier ist wie in den KiTas der Großteil des Personals 25 bis unter 40 Jahre (37 %) und 40 bis unter 55 Jahre alt (36 %).

Ein anderes Bild zeigt sich dagegen in der Kindertagespflege, wo das Personal durchschnittlich älter ist. Hier sind 34 % aller Beschäftigten 55 Jahre und älter (bundesweit: 27 %). Weitere 40 % sind 40 bis unter 55 Jahre alt (bundesweit: 43 %). Zur Altersgruppe 25 bis unter 40 Jahre zählen lediglich 25 % der Kindertagespflegepersonen; bundesweit sind es 29 %. Nur 2 %, aber dennoch mehr als im Bundesdurchschnitt (1,5 %) sind jünger als 25.

12 % des pädagogischen Personals in KiTas (mit Horten) sind in HH befristet beschäftigt. Dem bundesweiten Trend folgend, sind davon auch in HH vor allem jüngere Beschäftigte betroffen, nämlich 21 % der unter 30-Jährigen, aber nur 5 % der 50- bis unter 60-Jährigen und 6 % der ab 60-Jährigen.

Träger | HH 01.03.2020

Die insgesamt 1.126 KiTas und 7 Horte in HH werden von verschiedenen Trägern betrieben; das können solche der öffentlichen oder der freien Jugendhilfe sein. Innerhalb der freien Träger wird zwischen den privat-gemeinnützigen und den privat-nichtgemeinnützigen (auch Wirtschaftsunternehmen) unterschieden. Die privat-nichtgemeinnützigen werden den freien Trägern zugeordnet, da Gemeinnützigkeit kein konstitutives Merkmal ist.

Nur 1% der KiTas in HH befindet sich in öffentlicher Trägerschaft, was im länderübergreifenden Vergleich den niedrigsten Anteil darstellt (bundesweit: 32%). Mit 30% wird der größte Anteil der KiTas von den sonstigen freigemeinnützigen Trägern betrieben. In der bundesweiten Gesamtschau sind in HH insbesondere KiTas in privat-nichtgemeinnütziger Trägerschaft (20%; bundesweit: 3%) überrepräsentiert. Ebenso sind KiTas des Deutschen Paritätischen Wohlfahrtsverbandes in HH mit fast 20% stärker vertreten als im Bundesdurchschnitt (7%). Horte werden in HH ausschließlich vom Paritätischen Wohlfahrtsverband sowie sonstigen freigemeinnützigen Trägern betrieben.

Unterschiede in den Betreuungsquoten der unter 3-Jährigen und der Kinder ab 3 nach Art des Trägers sind in HH kaum vorhanden. So besucht der Großteil der Kinder beider Altersgruppen (jeweils rund 40%) KiTas in sonstiger freigemeinnütziger Trägerschaft. Unter Dreijährige (18%) werden allerdings etwas häufiger in KiTas privat-nichtgemeinnütziger Träger betreut als ab Dreijährige (13%).

Die Beschäftigungsumfänge der pädagogisch Tätigen unterscheiden sich in vielen Bundesländern nach Trägerschaft der KiTas und Horte. 2020 zeigt sich in HH das folgende Bild: Mit 62% verfügt ein großer Anteil der pädagogisch Tätigen in KiTas (mit Horten) sonstiger freigemeinnütziger Träger über einen Arbeitsvertrag, der mindestens 32 Wochenstunden umfasst; das ist mehr als in Einrichtungen anderer Trägerschaften, insbesondere in Elterninitiativen (46%) und in KiTas (mit Horten) der Arbeiterwohlfahrt (47%). Arbeitsverträge von weniger als 21 Wochenstunden sind anteilig am häufigsten in Elterninitiativen (22%) vertreten.

KiTas und Horte nach Träger | Tab. 78oh; 78h

1.126 KiTas und 7 Horte in HH	KiTas		Horte	
	Anzahl	Anteil	Anzahl	Anteil
Öffentliche Träger	11	**1,0%**	0	**0,0%**
Freie Träger/privat-gemeinnützig				
Arbeiterwohlfahrt (AWO)	25	**2,2%**	0	**0,0%**
Deutscher Paritätischer Wohlfahrtsverband (DPWV)	221	**19,6%**	4	**57,1%**
Deutsches Rotes Kreuz (DRK)	42	**3,7%**	0	**0,0%**
Diakonie Deutschland/sonstige der EKD angeschlossene Träger	158	**14,0%**	0	**0,0%**
Deutscher Caritasverband/sonstige katholische Träger	28	**2,5%**	0	**0,0%**
Sonstige	342	**30,4%**	3	**42,9%**
Freie Träger/privat-nichtgemeinnützig	223	**19,8%**	0	**0,0%**
Elterninitiativen	76	**6,7%**	0	**0,0%**

Träger | HH 01.03.2020

Kinder nach Alter und KiTa-Träger | Tab. 79, 80

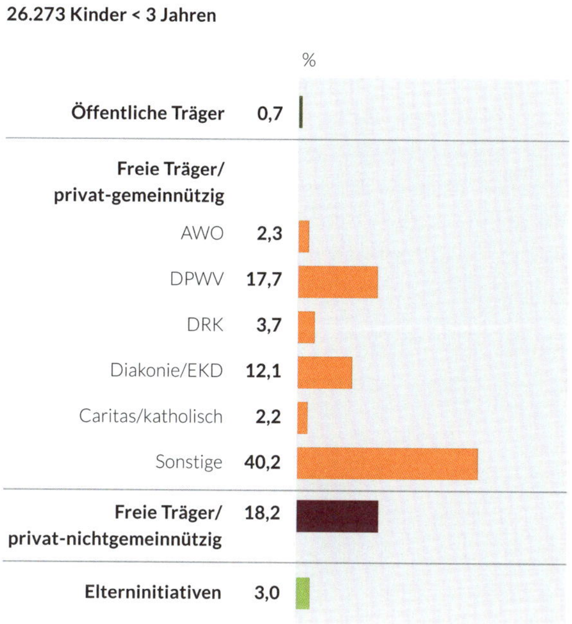

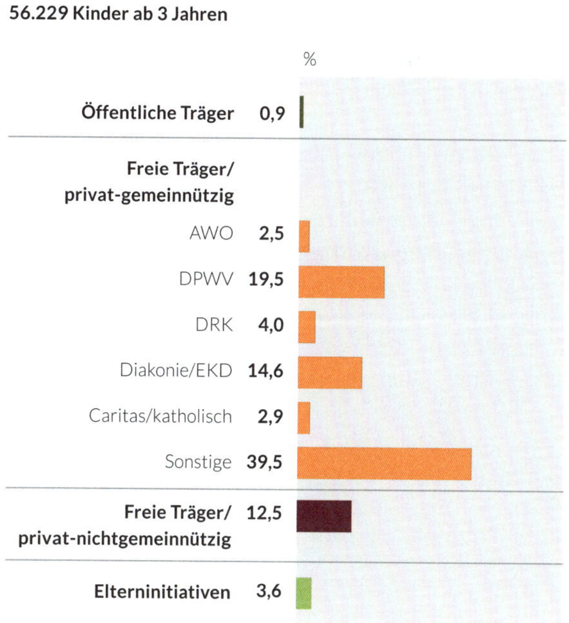

Pädagogisch Tätige nach KiTa-Träger (mit Horten) und Beschäftigungsumfang | Tab. 81

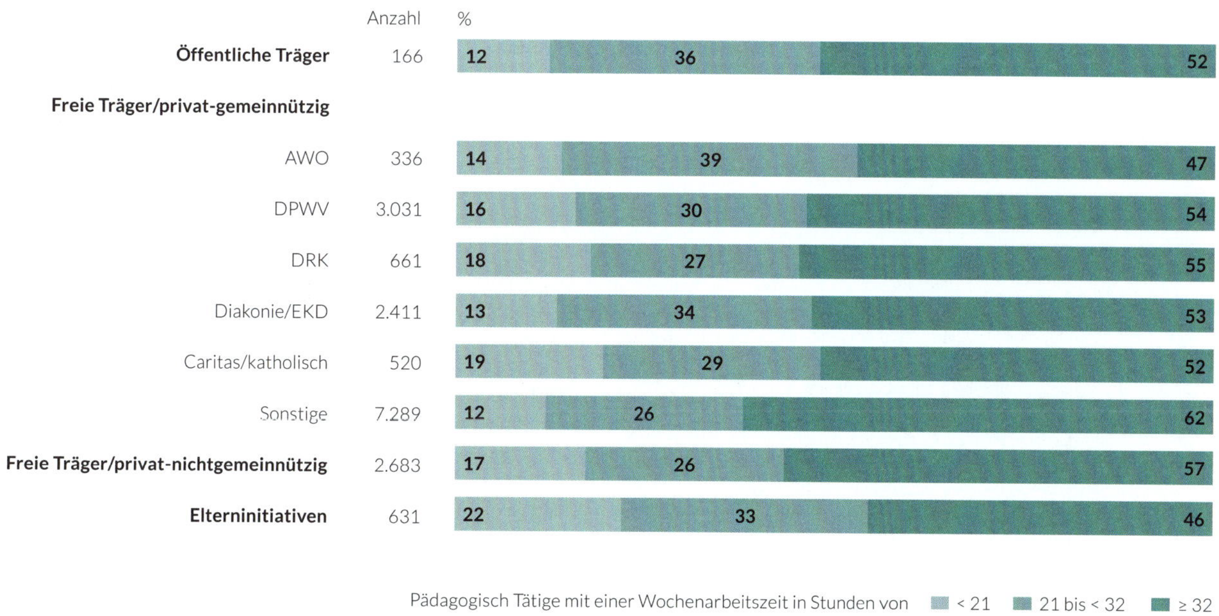

Investitionen wirkungsvoll einsetzen

Der qualitative Ausbau des frühkindlichen Bildungssystems, insbesondere die Verbesserung der Personalressourcen, erfordert gewaltige finanzielle Kraftanstrengungen aller Akteure. Um das System langfristig zu sichern, bedarf es einer dauerhaften finanziellen Unterstützung des Bundes. Daher sollte der Bund sein finanzielles Engagement im KiQuTG über 2022 hinaus verlässlich verankern.

In HH wurden 2018 für jedes Kind unter sechs Jahren in der Bevölkerung durchschnittlich 8.232 Euro für Angebote der Kindertagesbetreuung durch die öffentliche Hand, also Land und Kommunen, ausgegeben (ohne Elternbeiträge oder Zuschüsse anderer föderaler Ebenen). Das sind rund 3.000 Euro mehr als sechs Jahre zuvor. Im länderübergreifenden Vergleich lagen die Ausgaben in HH im Jahr 2018 auf dem höchsten Niveau (bundesweit: 6.007 Euro).

Im Rahmen des KiQuTG erhält jedes Bundesland zwischen 2019 und Ende 2022 Bundesmittel für Maßnahmen zur Weiterentwicklung der KiTa-Qualität und zur Gebührenentlastung der Eltern. HH investiert in eins der insgesamt elf Handlungsfelder des Gesetzes. 121 Mio. Euro fließen in die Verbesserung der Betreuungsschlüssel. Mit diesen Mitteln wird die gesetzliche Verbesserung des Fachkraftschlüssels auf 1 zu 4 im Krippenbereich anteilig mitfinanziert.[1]

1 Vgl. BMFSFJ und BAGSFI (2020): Vertrag zwischen der Bundesrepublik Deutschland, vertreten durch das Bundesministerium für Familie, Senioren, Frauen und Jugend, und der Freien und Hansestadt Hamburg zur Umsetzung des Gesetzes zur Weiterentwicklung der Qualität und zur Verbesserung der Teilhabe in Tageseinrichtungen und in der Kindertagespflege (KiTa-Qualitäts- und Teilhabeverbesserungsgesetz – KiQuTG).

Investitionen pro unter sechsjährigem Kind

HH 2011–2018 | Tab. 21c

Grundmittel von Land und Kommunen

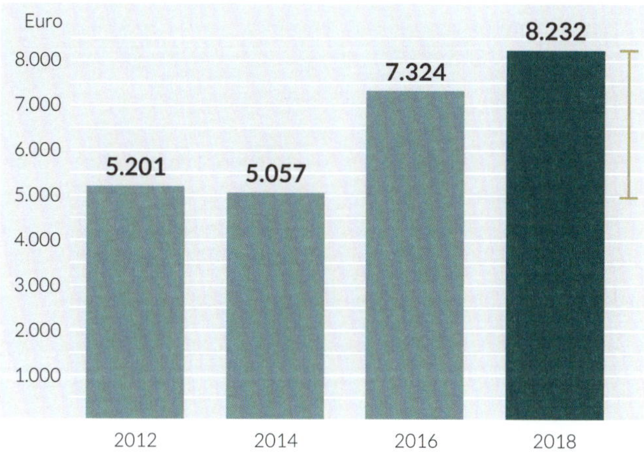

| = Alle Bundesländer 2018, Minimum: 4.965 €, Maximum: 8.232 €

Finanzierungsgemeinschaft für FBBE

HH 2018 | Tab. 23

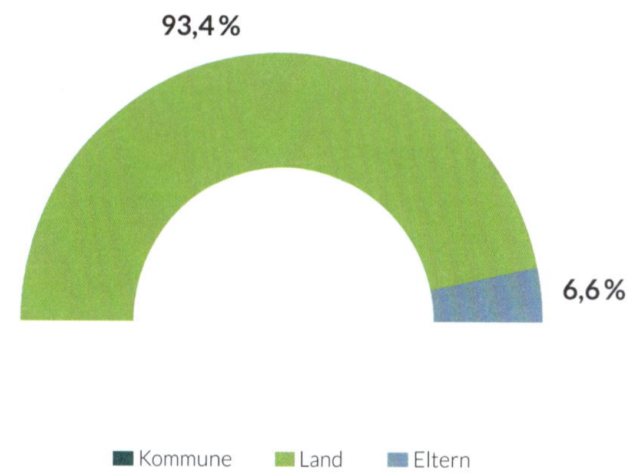

Ohne Eigenanteil der freien Träger und Zuschüsse des Bundes

Einmalige Investitionsausgaben für FBBE | HH 2009–2019 | Tab. 45

Ausgaben von Bund, Land und Kommunen

	2009	2010	2011	2012	2013	2014	2015	2016	2017	2018	2019
	Mio. Euro										
HH	Für Hamburg sind die in der Statistik nachweisbaren Investitionsausgaben nicht zu vergleichen mit den für andere Bundesländer ausgewiesenen Investitionsausgaben, weshalb auf die Ausweisung verzichtet wird.										
DE	*947,3*	*1.334,1*	*1.357,5*	*1.408,8*	*2.188,8*	*1.649,4*	*1.137,7*	*1.080,7*	*1.345,8*	*1.686,1*	*2.012,3*

Für die Interpretation der hier ausgewiesenen Indikatoren sind einige methodische Grundlagen wichtig. Zusätzlich zu den Anmerkungen im Anhang des Länderprofils findet sich auf www.laendermonitor.de unter „Methodik" eine ausführliche Beschreibung der Datengrundlage sowie der Berechnungsmethodik.

Verteilung der Bundesmittel aus dem KiQuTG auf die Handlungsfelder | HH 2019–2022 | Tab. 119

	Bedarfsgerechtes Angebot	**Guter Betreuungsschlüssel**	Qualifizierte Fachkräfte	Starke KiTa-Leitung	Kindgerechte Räume	Gesundes Aufwachsen	Sprachliche Bildung	Starke Kindertagespflege	Netzwerke für mehr Qualität	Vielfältige pädagogische Arbeit	Weniger Gebühren	**Verplante Bundesmittel gesamt**
Anteil		**100 %**										**100 %**
Mio. Euro		**121,1**										**121,1**

Landesspezifische Anmerkungen

Bildungsbeteiligung an Kindertagesbetreuung

Bei den Kindern in (vor-)schulischen Einrichtungen sind für Hamburg die Kinder zum Stichtag 01.03.2020 auf Basis von Daten der Schulstatistik bei der Behörde für Schule und Berufsbildung in Hamburg ausgewiesen. Diese Daten weichen ab von den Daten des Statistischen Bundesamtes, da diese Daten in der Regel vier Wochen nach dem jeweiligen Schuljahresbeginn erhoben werden. Die unterschiedlichen Ferienordnungen der Länder führen wiederum zu unterschiedlichen Erhebungsstichtagen der Länder.

In Hamburg besuchen zwei Kinder im Alter von unter 5 Jahren eine (vor-)schulische Einrichtung. Diese Kinder werden nicht bei den Vierjährigen in Kindertagesbetreuung ausgewiesen.

Kinder mit und ohne Migrationshintergrund

Aufgrund zu schwacher Besetzungszahlen in mindestens einer der beiden interessierenden Altersgruppen in Hamburg werden migrationsspezifische Betreuungsquoten dort nicht nachgewiesen. Die hochgerechneten Werte liegen dort unter 10.000 und sind damit in ihrer Aussagekraft eingeschränkt. Grund hierfür ist, dass die Stichprobenbasis beim Mikrozensus Zufallsfehler bedingt und damit einen einfachen relativen Standardfehler, der umso größer wird, je schwächer ein Merkmal besetzt ist.

Gruppengröße im Vergleich

Die Gruppengröße der Kategorie „unter 15 Kindern" unterliegt in Hortgruppen der Geheimhaltung und wird zur Kategorie „15 bis 20 Kindern" hinzugefügt.

Investitionen pro unter sechsjährigem Kind

Die Ausgabenhöhe ist nicht der Jahresrechnungsstatistik entnommen, sondern beruht auf einer Meldung der Behörde für Arbeit, Soziales, Familie und Integration der Freien und Hansestadt Hamburg vom 29.04.2019. Grund ist u. a., dass für Hamburg die Nettoausgaben für die in Vorschulklassen betreuten Kinder berücksichtigt werden. Ebenso basieren die Ausgaben pro unter sechsjährigem Kind nicht auf einer Abschätzung, sondern auf der gleichen Meldung der Behörde, da diese im Gegensatz zu anderen Bundesländern die exakte Höhe der Nettoausgaben für den vorschulischen Bereich beziffern kann.

Einmalige Investitionsausgaben für FBBE

Für Hamburg sind die in der Statistik nachweisbaren Investitionsausgaben nicht zu vergleichen mit den für andere Bundesländer ausgewiesenen Investitionsausgaben, weshalb auf die Ausweisung verzichtet wird.

Zum Hintergrund: Anders als in den übrigen Bundesländern werden in Hamburg im kindbezogenen KiTa-Gutscheinsystem sowohl die Betriebskosten als auch alle mit Investitionen zusammenhängenden Kosten mit den für die Betreuung der Kinder gezahlten Leistungsentgelten vollständig abgegolten. Dabei werden die gebäudebezogenen Kosten für die Kindertageseinrichtungen durch einen bestimmten pauschalierten Teil der Leistungsentgelte – das so genannte ‚Teilentgelt Gebäude' (TEG) – refinanziert. Mit dem TEG werden alle notwendigen Aufwendungen für Miete und Abschreibung, Kapitalkosten sowie Instandhaltung abgedeckt.

Die Hamburger Träger von Kindertageseinrichtungen können eigenständig Anmietungen und die notwendigen Investitionen in Gebäude und Grundstücke vornehmen. Einmalige Investitionszuschüsse zum Zeitpunkt des Kaufs bzw. der Errichtung des Gebäudes der Kindertageseinrichtung werden in Hamburg hingegen im Rahmen des KiTa-Gutscheinsystems systembedingt grundsätzlich nicht gewährt. Um die Investitionsvorhaben im Krippenausbauprogramm zu unterstützen, wurden in Hamburg die rechtlichen Voraussetzungen geschaffen, dass auch die Hamburger KiTa-Träger einmalige Zuwendungen für ihre Ausbauvorhaben erhalten konnten. Um eine unzulässige öffentliche Doppelfinanzierung zu vermeiden, ist in diesem Zusammenhang geregelt, dass bei Inanspruchnahme der Einmalfinanzierung des Krippenausbauvorhabens die fortlaufend gezahlten Leistungsentgelte der geförderten Träger entsprechend abgesenkt werden.

Nach einer Meldung der Behörde für Arbeit, Soziales, Familie und Integration der Freien und Hansestadt Hamburg vom 08.10.2020 sind für 2018 (einmalige) Investitionen in Höhe von 564 Tsd. Euro in die Netto-Ausgaben eingegangen, für 2017 waren es 575 Tsd. Euro, jeweils ohne Finanzhilfen des Bundes.

Hessen

Allgemeine Basisdaten

Fläche in km² (2019)	21.116
Einwohner:innen (31.12.2019)	6.288.080
Geborene Kinder (2019)	60.062
Geburten pro Frau (2019)	1,539
Anzahl Kinder < 10 Jahren (31.12.2019)	591.551
Davon < 3 Jahren	182.875
Davon 3 bis < 6 Jahre	181.351
Davon 6 bis < 10 Jahre	227.325
Anteil der Kinder mit Migrationshintergrund (2019)	
... < 3 Jahren	49,7 %
... von 3 bis < 6 Jahren	50,6 %
Erwerbstätigenquote von Müttern mit (2019)	
... mindestens einem Kind < 3 Jahren	54 %
... mindestens einem Kind von 3 bis < 6 Jahren	65 %
Leistungsempfänger:innen nach SGB II (ALG II u. Sozialgeld, 2020)	420.670
Davon Kinder < 6 Jahren	51.808
Entspricht Anteil an allen Kindern < 6 Jahren	14,2 %

FBBE auf einen Blick 01.03.2020

Anteil der Kinder in FBBE	
... < 1 Jahr	2,1 %
... von 1 bis < 3 Jahren	46,5 %
... < 3 Jahren	31,9 %
... von 3 bis < 6 Jahren inkl. 0,6 % in [vor-]schulischen Einrichtungen	92,2 %
Schulkinder 6 bis < 11 Jahre	10,5 %
Tageseinrichtungen insgesamt	4.326
Davon Horte	169
Anteil der Einrichtungen mit	
... < 45 Kindern	34,8 %
... 45 bis 75 Kindern	28,7 %
... 76 Kindern und mehr	36,5 %
Pädagogisches Personal (inkl. Leitung) in KiTas (mit Horten) insgesamt	53.580
Davon in Horten	2.481
Kinder in KiTas (mit Horten) insgesamt	272.982
Davon < 3 Jahren	48.934
Davon 3 Jahre bis zum Schuleintritt	199.700
Davon Schulkinder < 11 Jahren	23.675
Tagespflegepersonen insgesamt	2.870
Kinder in Kindertagespflege insgesamt	10.997
Davon < 3 Jahren	9.526
Davon 3 Jahre bis zum Schuleintritt	1.076
Davon Schulkinder < 11 Jahren	395
Leitungspersonal in KiTas (mit Horten) insgesamt	4.480
Davon in Horten	156

Blitzlichter: Status quo der Kindertagesbetreuung in Hessen

In den letzten zehn Jahren hat sich in HE die Zahl der unter 3-Jährigen, die eine KiTa oder Kindertagespflege besuchen, um 25.071 Kinder auf 58.423 erhöht. Somit stieg die Teilhabequote dieser Altersgruppe von rund 22 % im Jahr 2011 auf 32 % im Jahr 2020. Trotz des enormen Ausbaus ist HE jedoch noch weit entfernt von der durchschnittlichen ostdeutschen Teilhabequote (53 %). Bei den 3- bis unter 6-Jährigen liegt der Wert bei 92 % (bundesweit: 93 %).

Für faire Bildungschancen ist nicht nur die Zahl an Plätzen entscheidend: Die Angebote müssen auch kindgerecht sein. Wichtige – auch wissenschaftlich untersuchte – Gradmesser für die strukturelle Qualität in KiTas sind der *Personalschlüssel*, die *Gruppengröße*, das *Qualifikationsniveau* des pädagogischen Personals und ausreichend *Leitungszeit*.

Der Personalschlüssel lässt sich mit den Daten der amtlichen Kinder- und Jugendhilfestatistik (KJH-Statistik) für verschiedene Gruppentypen berechnen. So werden 2020 in HE 55 % der unter 3-Jährigen in Krippengruppen betreut. Mit einem rechnerischen Personalschlüssel von 1 zu 3,8 wird hier noch nicht die Empfehlung der Bertelsmann Stiftung (1 zu 3,0) erreicht. Weitere 19 % dieser Altersgruppe besuchen Gruppen mit Kindern unter 4 Jahren; der Personalschlüssel liegt hier bei 1 zu 4,0 – ähnlich wie bei den Krippengruppen. In Kindergartengruppen, die auch für 2-Jährige geöffnet sind, werden weitere 10 % der unter 3-Jährigen zusammen mit 23 % der über 3-Jährigen bei einem Personalschlüssel von 1 zu 8,9 betreut. Das ist deutlich ungünstiger als der wissenschaftlich empfohlene Wert von 1 zu 4,9.[1] Der überwiegende Anteil der ab 3-Jährigen (59 %) besucht Kindergartengruppen mit einem Personalschlüssel von 1 zu 9,5 (Empfehlung der Bertelsmann Stiftung: 1 zu 7,5).

Die Auswertungen zeigen, dass im Jahr 2020 in HE für 80 % der Kinder in amtlich erfassten KiTa-Gruppen[2] nicht genügend Fachpersonal zur Verfügung steht. Dieser Anteil liegt über dem bundesweiten Wert von 73 %. Die nicht kindgerechte Personalausstattung betrifft die ab 3-Jährigen (83 %) häufiger als die unter 3-Jährigen (72 %).

Bei der Entwicklung der Personalschlüssel wird deutlich, dass sich in HE von 2013 bis 2020 die personelle Ausstattung in Krippengruppen nur geringfügig verbessert hat (von 1 zu 4,0 auf 1 zu 3,8). Auch in Kindergartengruppen kam es im bundesweiten Vergleich nur zu einem geringen Ausbau (von 1 zu 9,8 auf 1 zu 9,5). So müssen in HE rein rechnerisch 2,8 Kindergartenkinder mehr von einer Fachkraft betreut werden als in BW, dem Bundesland mit der günstigsten Personalausstattung.

Die Gruppengröße ist ein weiterer wichtiger Gradmesser für die Qualität in KiTas. Nach wissenschaftlichen Empfehlungen sollten Gruppen für jüngere Kinder maximal zwölf Kinder umfassen, für die Älteren maximal 18.[3] In HE werden diese Werte bei 55 % der amtlich erfassten KiTa-Gruppen nicht erreicht (bundesweit: 54 %). Mit 86 % ist insbesondere ein größerer Anteil der Kindergartengruppen zu groß; bei auch für 2-Jährige geöffneten Kindergartengruppen sind es 87 %. Demgegenüber entsprechen lediglich 5 % der Krippengruppen und 13 % der Gruppen mit Kindern unter 4 Jahren nicht den Empfehlungen. Insgesamt zeigt sich, dass in HE die ab 3-Jährigen mit 86 % deutlich häufiger von nicht kindgerechten Gruppengrößen betroffen sind als die unter 3-Jährigen (19 %).

Wesentliche Voraussetzung für eine „gute" KiTa-Qualität ist nicht nur *zahlenmäßig ausreichendes*, sondern auch *qualifiziertes* Personal. In HE verfügen 68 % der 51.099 pädagogisch Tätigen in KiTas über einen fachlich einschlägigen Fachschulabschluss, etwa als Erzieher:in. Damit liegt HE im bundesweiten Durchschnitt, allerdings unter dem Niveau der ostdeutschen Bundesländer (80 %). Über den formal niedrigeren Berufsfachschulabschluss, bspw. als Sozialassistent:in, verfügen in HE 4 % der pädagogisch Tätigen, deutlich weniger als im westdeutschen Durchschnitt (15 %). Weitere 10 % besitzen einen fachlich einschlägigen Hochschulabschluss; das ist neben SN bundesweit der höchste Anteil. Eine sonstige – nicht fachlich einschlägige – Ausbildung weisen in HE 6 % der pädagogisch Tätigen auf (bundesweit: 4,5 %). Der Anteil des Personals ohne Abschluss liegt in HE mit 3 % über dem bundesweiten Durchschnitt (2 %). Weitere fast 9 % befinden sich in Ausbildung, wie auch 2016. Mit Blick auf die in vielen Bundesländern eingeführten praxisintegrierten Ausbildungsgänge bleibt abzuwarten, ob sich dieser Wert in den kommenden Jahren erhöht. Ebenso gilt es kontinuierlich zu beobachten, wie sich die neuen beruflichen Zugangsformen, etwa für Quereinsteiger:innen, zukünftig auf das formale Qualifikationsniveau des KiTa-Personals auswirken werden.

Auch die Ausstattung der KiTas mit ausreichenden Leitungsressourcen nimmt eine Schlüsselfunktion für die KiTa-Qualität ein. Nach den Angaben in der KJH-Statistik verfügen 13 % der KiTas in HE über keine Zeit für Leitungsaufgaben; insbesondere die kleineren KiTas (weniger als 45 betreute Kinder) geben dies zu 25 % an. Über die von der Bertelsmann Stiftung empfohlene Zeit für Leitungs- und Verwaltungsaufgaben[4] verfügen 2020 in HE 23 % der KiTas (ohne Horte); bundesweit sind es 18 %.

Qualitätsentwicklungen im Rahmen des KiQuTG

Im Rahmen des KiTa-Qualitäts- und Teilhabeverbesserungsgesetzes (KiQuTG) erhält jedes Bundesland zwischen 2019 und Ende 2022 vom Bund finanzielle Mittel für Maßnahmen zur Weiterentwicklung der KiTa-Qualität und zur Gebührenentlastung der Eltern. HE investiert diese Bundesmittel in zwei der insgesamt elf Handlungsfelder: *Guter Betreuungsschlüssel* und *Starke KiTa-Leitung*.

Mit rund 290 Mio. Euro fließt der größte Anteil der verplanten Mittel in die Verbesserung der Betreuungsschlüssel. Konkret wird mit diesen die Erhöhung der gesetzlich geregelten Ausfallzeiten von 15 % auf 22 % des Netto-Mindestpersonalschlüsselbedarfs finanziert. Weitere rund 123 Mio. Euro werden für die Stärkung der KiTa-Leitung in HE genutzt. In diesem Zuge wurde erstmalig eine Ressourcenbemessung für die Leitungskräfte gesetzlich verankert. So muss jede KiTa für die Leitung 20 % des Netto-Mindestpersonalschlüssels vorhalten. Beide Maßnahmen wurden im hessischen KiTa-Gesetz verankert und traten ab dem 1. August 2020 in Kraft. Mit welchen konkreten Effekten sich die Maßnahmen auf die pädagogische Personal- und Leitungsausstattung in HE auswirken werden, ist mit den aktuell zur Verfügung stehenden Daten noch nicht zu beurteilen, da die Maßnahmen erst nach der Datenerhebung umgesetzt wurden. Effekte dürften sich allerdings dauerhaft zeigen, da die Maßnahmen gesetzlich verankert sind. So werden diese auch nach dem Auslaufen der Bundesmittel durch Landesmittel weiter finanziert.

Ausbau- und Reformbedarf: Empfehlungen für die Kindertagesbetreuung in Hessen

Um allen Kindern unabhängig von ihrem Wohnort gleichwertige Teilhabe- und Bildungschancen zu ermöglichen, ist es unerlässlich, dass jedes Bundesland ein bedarfs- und kindgerechtes FBBE-Angebot zur Verfügung stellt. Trotz der Tatsache, dass die Personalschlüssel in HE günstiger sind als in den ostdeutschen Flächenländern, ist der Anteil der Kinder, die in KiTa-Gruppen mit einer nicht kindgerechten Personalausstattung betreut werden, noch immer deutlich zu hoch (80 %). Darüber hinaus zeigt sich, dass auch nach Jahren des Platzausbaus die Teilhabechancen der unter 3-Jährigen in HE noch nicht auf dem Niveau der ostdeutschen Bundesländer sind.

Der *Fachkräfte-Radar für KiTa und Grundschule*[5] prognostiziert, dass für gleiche Teilhabechancen und eine kindgerechte Betreuung sowie eine professionelle Leitungsausstattung gemäß wissenschaftlichen Empfehlungen bis 2030 in HE fast 27.000 KiTa-Fachkräfte fehlen werden. Damit diese Lücke geschlossen werden kann, müsste die Zahl der prognostizierten Neuzugänge um fast 133 % gesteigert werden. Die Ausbildungskapazitäten in diesem Umfang in den nächsten Jahren aufzustocken sowie genügend Quereinsteiger:innen zu gewinnen und pädagogisch zu qualifizieren, wird nicht möglich sein – ein Etappenziel ist notwendig.

Um bundesweit für alle Kinder gleichwertige Lebensverhältnisse herzustellen, müssen zunächst die Teilhabe- und Bildungschancen in Ost- und Westdeutschland angeglichen werden. So fehlen in HE 2.000 Fachkräfte, wenn hier bis 2030 die Teilhabequoten auf das Ostniveau gehoben werden sollen. Für eine zusätzliche Verbesserung der Personalschlüssel für alle Kinder auf das durchschnittliche Westniveau[6] steigt die Zahl der fehlenden Fachkräfte auf mehr als 9.000; das wäre ein Plus von fast 47 % der bis 2030 prognostizierten Neuzugänge. Es ist zu prüfen, ob diese Lücke durch eine zügige Aufstockung der Ausbildungskapazitäten und die Gewinnung sowie Qualifizierung von Quereinsteiger:innen geschlossen werden kann.

Nach 2030 muss dann allerdings das Ziel lauten: kindgerechte und bedarfsgerechte FBBE-Angebote in ganz Deutschland. Um dies zu erreichen, müssen in HE schon jetzt die Weichen für den Ausbau der Plätze sowie der Ausbildungskapazitäten mit gleichzeitiger Qualifizierung zusätzlicher Berufsschullehrer:innen gestellt werden. Für die Verbesserung der Personalschlüssel ist zudem eine rechtliche Basis erforderlich. So sollte ein Stufenplan mit einer schrittweisen Verbesserung der Personalausstattung in das HKJGB integriert werden. Darüber hinaus braucht es Konzepte, um neues Personal zu gewinnen und – insbesondere durch attraktive Arbeitsbedingungen und Verdienstmöglichkeiten – die vorhandenen Fachkräfte zu binden. Damit HE diese Aufgaben bewältigen kann, ist es unumgänglich, dass der Bund auch nach 2022 sein finanzielles Engagement für den Qualitätsausbau fortsetzt und im KiQuTG verlässlich verankert. Die Mittel sollten in erster Linie für die Gewinnung neuer Fachkräfte und den Ausbau der Personal- und Leitungskapazitäten verwendet werden.

1 Haug-Schnabel, Gabriele; Bensel, Joachim (2016): Kinder unter 3 – Bildung, Erziehung und Betreuung von Kleinstkindern. Kindergarten heute – wissen kompakt. 12., überarb. Aufl. Freiburg.

2 Es werden nur die Gruppen in KiTas analysiert, die laut Angaben in der amtlichen KJH-Statistik mit einer Gruppenstruktur arbeiten. Die Zuordnung von Gruppen in KiTas zu einem bestimmten Gruppentyp wird nicht von den Einrichtungen selbst vorgenommen, sondern erfolgt im Rahmen der Auswertung der Daten der amtlichen KJH-Statistik. Dabei erfolgt die Zuordnung primär anhand der Alterszusammensetzung der Kinder in den Gruppen. Gruppen, in denen Kinder mit einer (drohenden) Behinderung betreut werden, werden in der Berechnung nicht berücksichtigt.

3 Viernickel, Susanne; Fuchs-Rechlin, Kirsten (2015): Fachkraft-Kind-Relationen und Gruppengrößen in Kindertageseinrichtungen. Grundlagen, Analysen, Berechnungsmodell, in: Viernickel, Susanne; Fuchs-Rechlin, Kirsten; Strehmel, Petra; Preissing, Christa; Bensel, Joachim; Haug-Schnabel, Gabriele: Qualität für alle. Wissenschaftlich begründete Standards für die Kindertagesbetreuung. Freiburg, S. 11–130.

4 Für eine professionelle Führung und Leitung von KiTas empfiehlt die Bertelsmann Stiftung jeder Einrichtung eine Grundausstattung von 20 Wochenstunden plus 0,35 Wochenstunden pro Ganztagsbetreuungsäquivalent. Die empfohlene Leitungsausstattung enthält auch die Zeiten für Verwaltungstätigkeiten (max. 20 % der empfohlenen Leitungszeit).

5 Der Fachkräfte-Radar für KiTa und Grundschule prognostiziert bis 2030 den Fachkräftebedarf für die KiTa- und Grundschulbetreuung und stellt ihn dem voraussichtlich verfügbaren Personalangebot gegenüber. Weitere Informationen finden Sie unter: www.fachkraefte-radar-kita-grundschule.de

6 Sind die Personalschlüssel bereits günstiger als das Westniveau, werden sie in den Berechnungen konstant gehalten.

Teilhabe sichern

Jedes Kind braucht einen gesicherten und einfachen Zugang zu „guter" Kindertagesbetreuung, unabhängig von seinem Wohnort und seiner sozio-ökonomischen oder kulturellen Herkunft. Dazu sind ausreichend wohnortnahe Angebote notwendig. Um diesem Anspruch zu genügen, erfolgte in den vergangenen Jahren bundesweit ein enormer Ausbau der Betreuungsplätze. Knapp ein Drittel der unter drei Jahre alten Kinder in HE (32 %) nimmt eine Kindertagesbetreuung in Anspruch (bundesweit: 35 %). Unterschiede gibt es vor allem zwischen den unter 1-Jährigen (2 %), 1-Jährigen (35 %) und 2-Jährigen (58 %). Von den Kindern ab 3 bis unter 6 sind in HE mit 92 % fast alle in einer KiTa oder Kindertagespflege. Darüber hinaus nutzen 65 % der 6-Jährigen (Stand: 1. März 2020) Angebote der Kindertagesbetreuung, bevor sie in den schulischen Bildungsbereich wechseln.

10 % der unter 11-jährigen Schulkinder besuchen einen Hort[1]; bundesweit sind es 17 %. Weitere 41 % nehmen Ganztagsschulangebote wahr (bundesweit: 45 %). Nur 262 Schulkinder (0,1 %), die parallel kein Hort- oder Ganztagsschulangebot nutzen, besuchen eine Kindertagespflege.

2020 nutzen 58.423 unter 3-Jährige in HE ein FBBE-Angebot (32 %). Das sind 21.694 Kinder mehr als 2012, dem Jahr vor der Einführung des bundesweit geltenden Rechtsanspruchs auf einen Betreuungsplatz für Kinder ab dem ersten Geburtstag: ein Anstieg der Teilhabequote um 8 Prozentpunkte. Bedarfsgerecht ist das Angebot jedoch noch nicht: 2020 wünschen sich mehr als 48 % der Eltern von Kindern dieser Altersgruppe laut der „DJI-Kinderbetreuungsstudie" einen Platz in einer KiTa oder Kindertagespflege. Vergleicht man die Entwicklung der elterlichen Betreuungswünsche mit der Bildungsbeteiligung für diese Altersgruppe zwischen 2012 und 2020, zeigt sich, dass der Bedarf stärker angestiegen ist als die Teilhabequote. Lag die Differenz 2012 bei 14 Prozentpunkten, hat sie sich innerhalb von acht Jahren auf fast 17 erhöht.

1 Ist im Folgenden von Horten die Rede, sind in der Regel auch Hortgruppen in KiTas gemeint.

Bildungsbeteiligung an Kindertagesbetreuung | HE 01.03.2020 | Tab. 6–14; 41a1

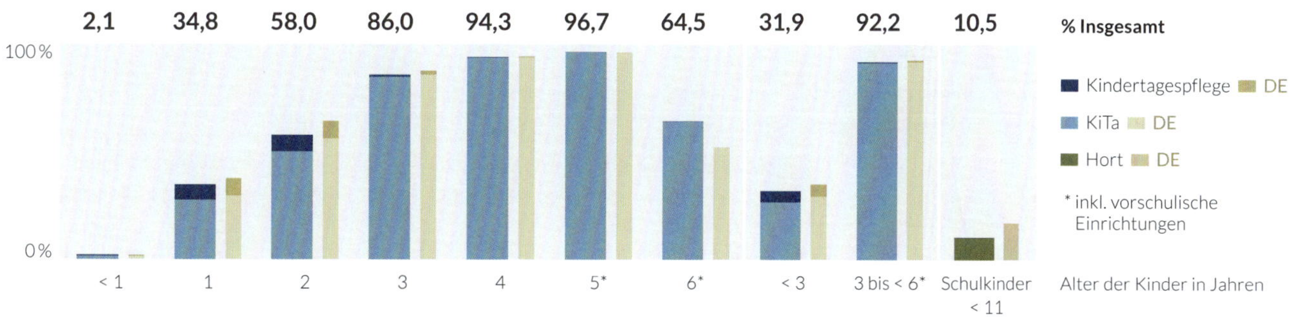

Betreuungsquote und Betreuungswunsch

HE 2012–2020, Stichtag 01.03. | Tab. 88a

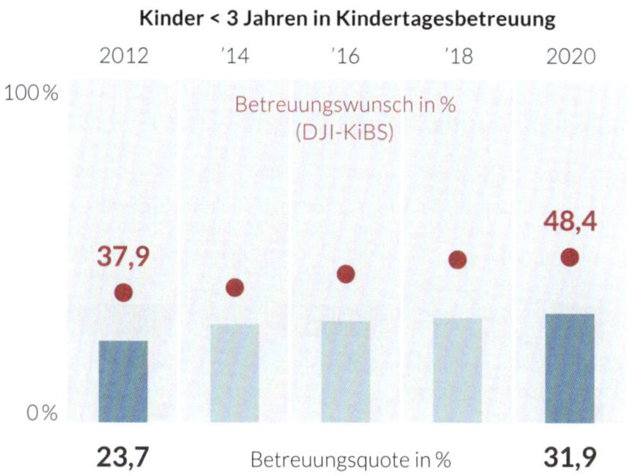

Bildungsbeteiligung von Schulkindern

HE 01.03.2020, Schulj. 2019/20 | Tab. 41a1; Tab. 71

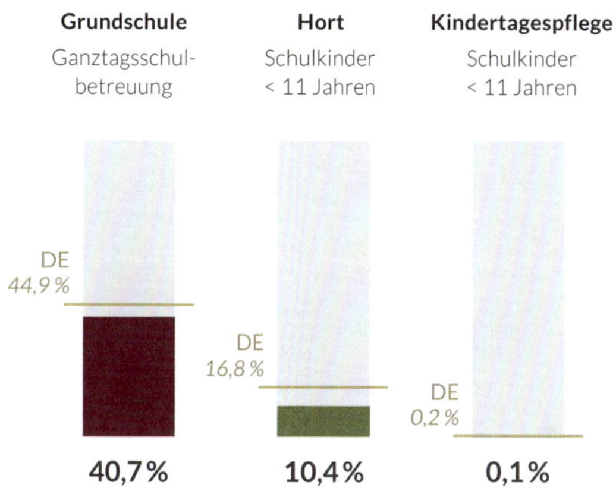

Vereinbarte Betreuungszeit in Horten: Ø **6,7 Stunden/Tag**

Regionale Daten zur Bildungsbeteiligung finden Sie auf www.laendermonitor.de unter FOKUS | Regionale Daten

19 % der Kinder, die am 01.03.2020 unter drei Jahre alt waren, wurden im August in der aktuell besuchten KiTa aufgenommen (vgl. S. 142). In den Monaten Dezember sowie April bis Juli zeigen sich die geringsten Aufnahmequoten (2 % bis 4 %). Auch in der Kindertagespflege erfolgen die Eingewöhnungen vorrangig im August (15 %). Im September bis November sowie Januar und Februar liegen die Aufnahmequoten darunter, bewegen sich aber auf einem etwas höheren Niveau (10 % bis 12 %).

Kinder mit einer Eingliederungshilfe werden in 53 % der KiTas (ohne Sondereinrichtungen) in HE betreut; bundesweit sind es weniger (40 %). Ein deutlich geringerer Anteil zeigt sich bei den Horten: Schulkinder mit einer Eingliederungshilfe besuchen 27 % der Horte (bundesweit: 17 %).

Werden die vertraglich vereinbarten wöchentlichen Betreuungszeiten betrachtet, zeigt sich das folgende Bild: In HE wird mit 40 % der größte Anteil der unter 3-jährigen KiTa-Kinder laut Vertrag 45 Wochenstunden und mehr betreut. Auch bei den ab 3-Jährigen werden diese Betreuungszeiten am häufigsten (37 %) gebucht. Diese Werte liegen in etwa im Bundesdurchschnitt (39 % bzw. 35 %). In der Kindertagespflege zeigen sich eher kürzere Buchungszeiten. Während die unter 3-Jährigen zu beinahe gleichen Anteilen durchschnittlich bis zu 5 Stunden (32 %) oder mehr als 5 bis zu 7 Stunden (35 %) täglich betreut werden, sind es beim größten Anteil der ab 3-jährigen Nichtschulkinder (49 %) bis zu 5 Stunden täglich. Auch die Schulkinder in der Kindertagespflege nutzen die Betreuungszeiten bis zu 25 Wochenstunden am häufigsten (74 %); bei den Schulkindern in Horten sind es am häufigsten durchschnittlich mehr als 5 bis 7 Stunden täglich (52 %).

Aufnahmezeitpunkt von unter Dreijährigen in KiTas und Kindertagespflege | HE 01.03.2020 | Tab. 87; 87a

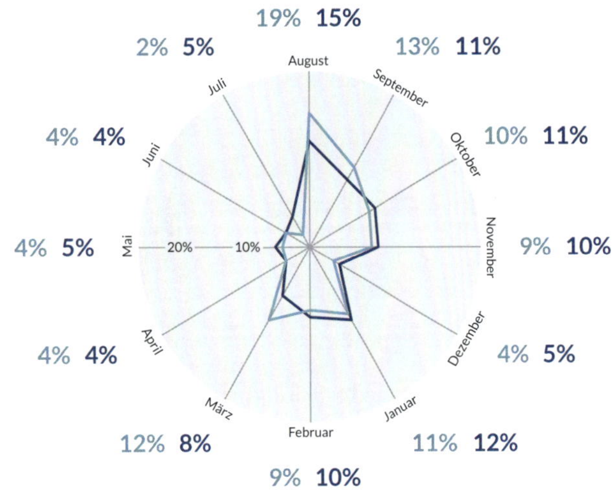

■ KiTas ■ Kindertagespflege

KiTas und Horte, die Kinder mit Eingliederungshilfe betreuen | HE 01.03.2020 | Tab. 59aoh; 59ah

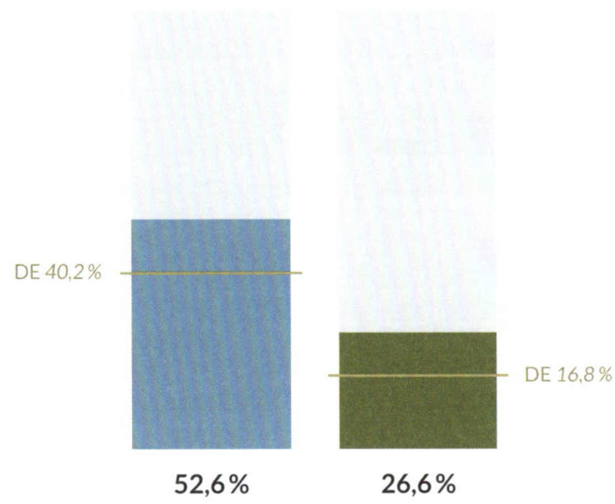

■ KiTas ■ Horte

Vertraglich vereinbarte wöchentliche Betreuungszeiten in Kindertagesbetreuung | HE 01.03.2020 | Tab. 2-5; 3h; 138

	Kinder in KiTas und Horten			Kinder in öffentlich geförderter Kindertagespflege			
	< 3 Jahre: 48.934	≥ 3 Jahre bis Schuleintritt: 199.700	Schulkinder < 11 Jahren: 23.668	< 3 Jahre: 9.526	≥ 3 Jahre bis Schuleintritt: 1.076	Schulkinder < 11 Jahren: 395	
Bis 25 Stunden	7,9 *11,3*	7,1 *9,3*	19,1 *61,1*	32,1 *31,3*	48,5 *47,0*	74,4 *89,7*	%
> 25 bis 35 Stunden	26,1 *30,6*	32,4 *37,8*	52,2 *35,2*	35,1 *34,2*	25,5 *24,4*	14,4 *7,4*	%
> 35 bis < 45 Stunden	26,1 *19,5*	23,8 *17,5*	5,8 *1,6*	20,2 *19,3*	14,1 *15,7*	4,1 *1,8*	%
45 Stunden und mehr	39,9 *38,5*	36,7 *35,4*	22,9 *2,2*	12,6 *15,2*	11,9 *12,9*	7,1 *1,1*	%

| = DE

Regionale Daten zum Betreuungsumfang finden Sie auf www.laendermonitor.de unter FOKUS | Regionale Daten

In HE nutzen 24 % der unter 3-Jährigen mit und 38 % ohne Migrationshintergrund (MH) ein FBBE-Angebot. Bei den älteren Kindern liegen die Quoten bei 87 % bzw. 96 %. Mehr als 34 % der unter 3-jährigen KiTa-Kinder haben in HE einen MH; 11 % sprechen in ihrer Familie Deutsch und fast 24 % eine andere Sprache. Bei den älteren KiTa-Kindern (45 %) liegen die Werte für die Sprache bei 12 % bzw. 34 %. Die Anteile der Kinder mit MH sind in der Kindertagespflege in beiden Altersgruppen mit 23 % bzw. 29 % geringer als in KiTas. Bei den jüngeren Kindern sprechen rund 13 % Deutsch und rund 11 % eine andere Sprache. Bei den ab 3-Jährigen liegen die Werte bei 12 % bzw. 17 %.

Der Großteil der unter 4-jährigen KiTa-Kinder ohne MH (56 %) wurde vor dem zweiten Geburtstag in der aktuell besuchten KiTa aufgenommen. Bei den Kindern mit MH ist dieser Anteil geringer (45 %). In der Kindertagespflege hingegen startet die überwiegende Mehrheit der Kinder mit als auch ohne MH vor ihrem zweiten Geburtstag das Betreuungsangebot (86 % bzw. 94 %).

Kinder mit und ohne Migrationshintergrund

HE 01.03.2020

Regionale Daten zum Migrationshintergrund und zur Familiensprache finden Sie auf www.laendermonitor.de unter FOKUS | Regionale Daten

Bildungsbeteiligung in KiTas und Kindertagespflege

Tab. 38a, Tab. 39a

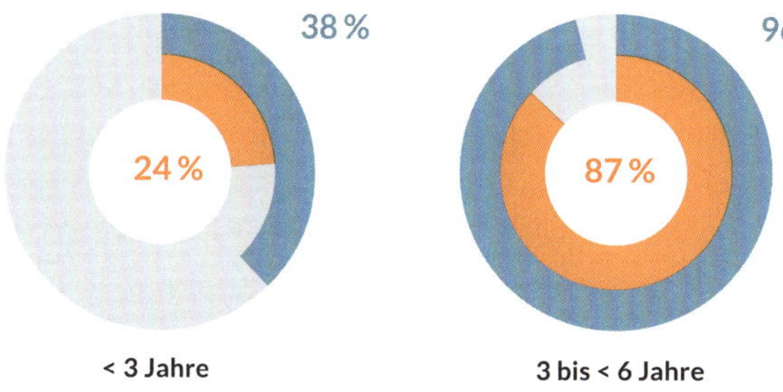

Quote der Inanspruchnahme von Kindern

mit Migrationshintergrund **ohne** Migrationshintergrund

KiTas (mit Horten) nach ihrem Anteil an Kindern mit nicht deutscher Familiensprache | Tab. 96

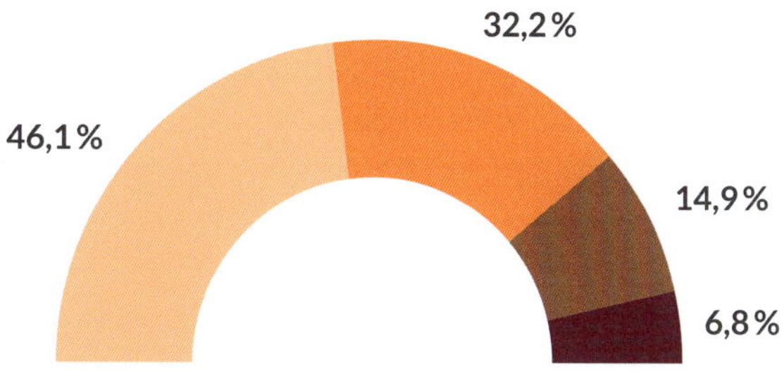

KiTas (mit Horten) mit einem Anteil an Kindern mit nicht deutscher Familiensprache von

< 25 % 25 bis < 50 % 50 bis < 75 % 75 % und mehr

Alter des Kindes zu Beginn der Betreuung in der aktuellen KiTa und Kindertagespflege | Tab. 92; 93

KiTa

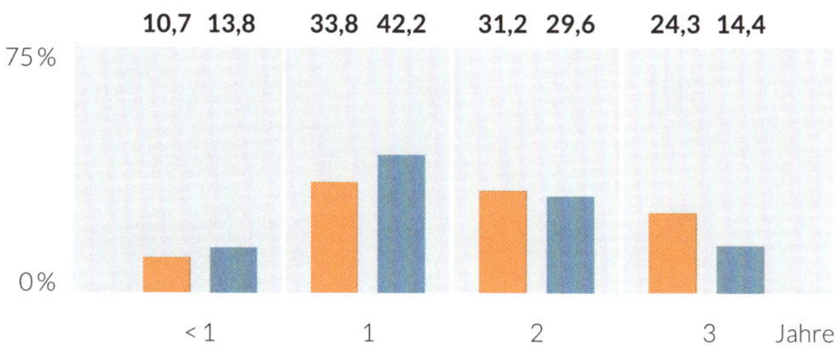

Kindertagespflege

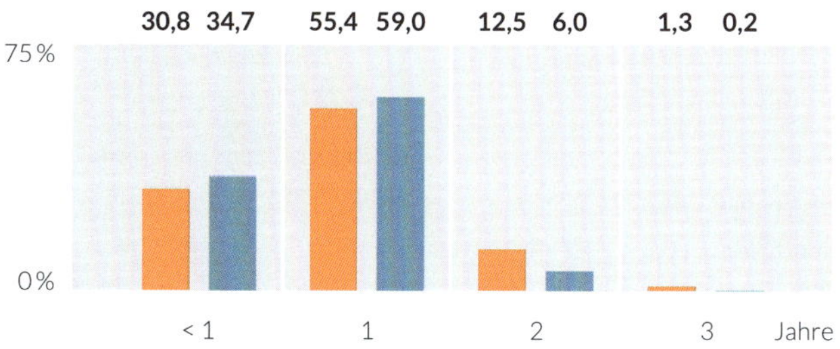

mit Migrationshintergrund **ohne** Migrationshintergrund

Familiäre Sprachpraxis der Kinder in KiTas (mit Horten) und Kindertagespflege | Tab. 15a-20a

KiTas (mit Horten)

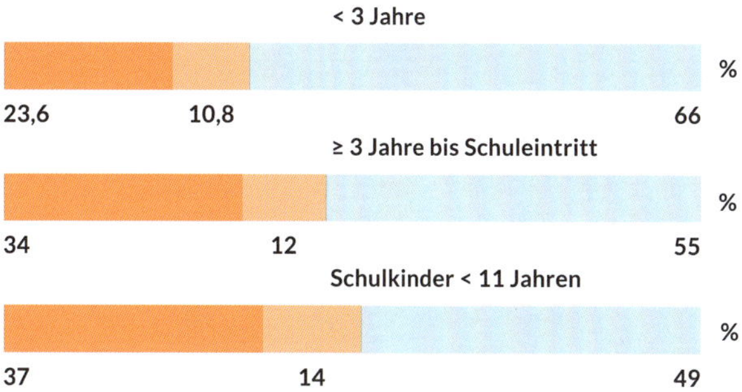

Kindertagespflege

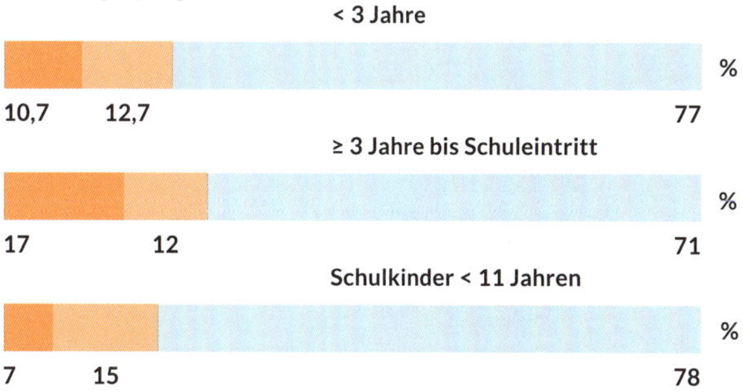

Kinder **mit** Migrationshintergrund:
Familiensprache nicht Deutsch Deutsch

Kinder **ohne** Migrationshintergrund

Bildung fördern – Qualität sichern

Die FBBE kann einen bedeutenden Beitrag für die Chancengerechtigkeit aller Kinder in Deutschland leisten. Voraussetzung dafür, dass die KiTas ihren Bildungsauftrag durchführen können, sind professionelle Rahmenbedingungen: insbesondere ausreichend Personal für die pädagogischen Aufgabenbereiche sowie für die Leitung und die Verwaltung. Weitere wichtige Gradmesser für die Qualität sind qualifizierte KiTa-Teams und kleine Kindergruppen. Schließlich spielt auch die Ausgestaltung der Arbeitsbedingungen durch die Träger eine Rolle. Der Status quo der KiTa-Landschaft wird im Folgenden anhand ausgewählter strukturell-qualitativer Dimensionen dargestellt.

55 % der unter 3-Jährigen in HE sind in Krippengruppen; 2020 ist hier eine Vollzeitkraft rechnerisch für 3,8 ganztags betreute Kinder zuständig. Weitere 19 % dieser Altersgruppe werden zusammen mit 1 % der ab 3-Jährigen in Gruppen mit Kindern unter 4 Jahren betreut (Personalschlüssel: 1 zu 4,0). Der größte Anteil der Kinder ab drei Jahren (59 %) befindet sich in Kindergartengruppen (Personalschlüssel: 1 zu 9,5). Für ein kindgerechtes Betreuungsverhältnis empfiehlt die Bertelsmann Stiftung, dass eine Fachkraft rein rechnerisch für höchstens 3 Kinder unter drei Jahren in Krippengruppen oder 7,5 Kinder ab drei Jahren in Kindergartengruppen zuständig ist. In HE entsprechen 28 % der Personalschlüssel in Kindergartengruppen dieser Empfehlung (inkl. ± 0,5 Toleranz) bzw. sind günstiger. Schlechter sind 72 % der Personalschlüssel, in Krippengruppen 65 %. Ein teilweise ungünstigeres Bild zeigt sich – abgesehen von den Hortgruppen – bei den weiteren Gruppenformen. So sind in 70 bis 96 % dieser Gruppen die Personalschlüssel ungünstiger als wissenschaftlich empfohlen.

Der Personalschlüssel ist eine rein rechnerische, im KiTa-Alltag nicht beobachtbare Größe, die die gesamte Arbeitszeit einer pädagogischen Fachkraft umfasst. Die annähernd reale Betreuungssituation beschreibt die Fachkraft-Kind-Relation, die das Verhältnis zwischen den Fachkräften und den Kindern während der unmittelbaren pädagogischen Arbeit darstellt.

Pädagogische Personalausstattung | HE 01.03.2020

Personalschlüssel

Tab. 43a2

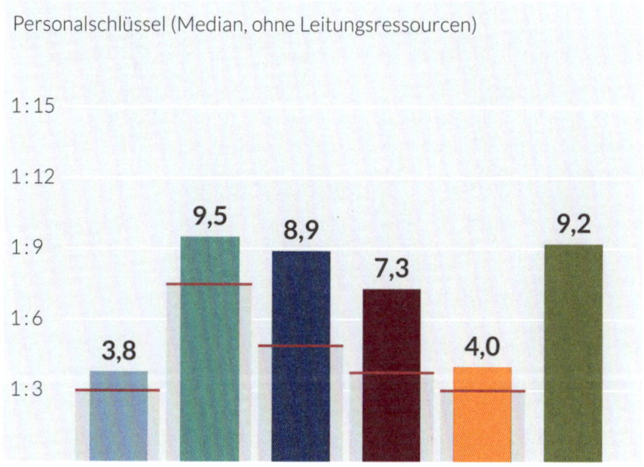

Verteilung der Kinder auf Gruppentypen

Tab. 36b; 36b1; 36b2

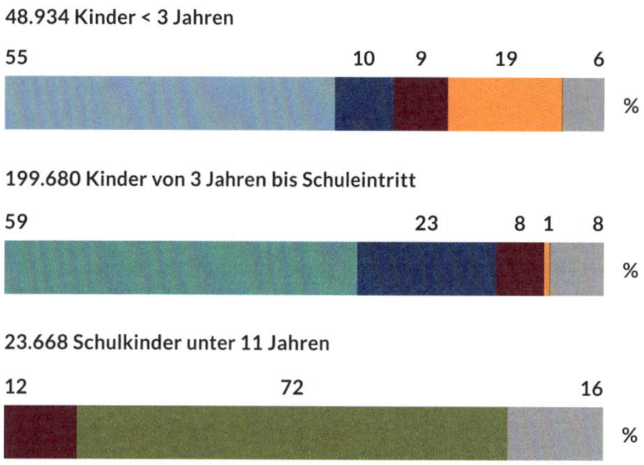

Gruppentyp

■ Krippe ■ Kindergarten ■ Kindergarten ab 2 Jahre ■ Altersübergreifend ab 0 Jahre ■ Krippe < 4 Jahren ■ Hort
■ Ohne feste Gruppenstruktur

— Empfohlener Personalschlüssel (BSt = Bertelsmann Stiftung, H.-S. & B. = Haug-Schnabel & Bensel 2016):
Krippe 1 : 3,0 (BSt); Kindergarten 1 : 7,5 (BSt); Kindergarten ab 2 J. 1: 4,9 (H.-S. & B.); Altersübergreifend ab 0 J. 1 : 3,75 (H.-S. & B.); Krippe < 4 J. 1 : 3,0 (BSt)

Regionale Daten zum Personalschlüssel finden Sie auf www.laendermonitor.de unter FOKUS | Regionale Daten

Personalschlüssel im Vergleich | Tab. 94; 94a–e

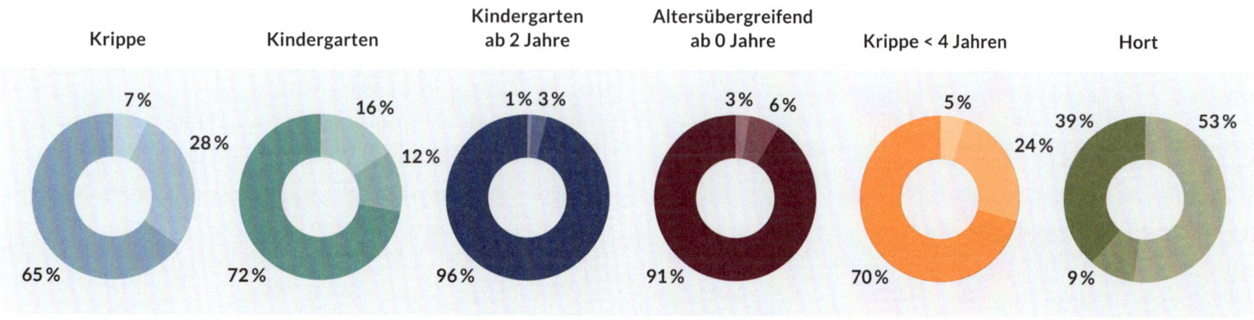

Personalschlüssel von

Krippe	Kindergarten	Kindergarten ab 2 Jahre	Altersübergreifend ab 0 Jahre	Krippe < 4 Jahren	Hort
■ < 1: 2,5 DE 10 %	■ < 1: 7 DE 26 %	■ < 1: 4,4 DE 2 %	■ < 1: 3,25 DE 4 %	■ < 1: 2,5 DE 5 %	■ < 1: 9,5 DE 44 %
■ 1: 2,5 bis < 1: 3,5 DE 24 %	■ 1: 7 bis < 1: 8 DE 14 %	■ 1: 4,4 bis < 1: 5,4 DE 7 %	■ 1: 3,25 bis < 1: 4,25 DE 9 %	■ 1: 2,5 bis < 1: 3,5 DE 22 %	■ 1: 9,5 bis < 1: 10,5 DE 5 %
■ 1: 3,5 und mehr DE 66 %	■ 1: 8 und mehr DE 60 %	■ 1: 5,4 und mehr DE 91 %	■ 1: 4,25 und mehr DE 87 %	■ 1: 3,5 und mehr DE 72 %	■ 1: 10,5 und mehr DE 51 %

Pädagogische Personalausstattung | HE 01.03.2020

Fachkraft-Kind-Relation – Szenarien der Bertelsmann Stiftung | Tab. 82

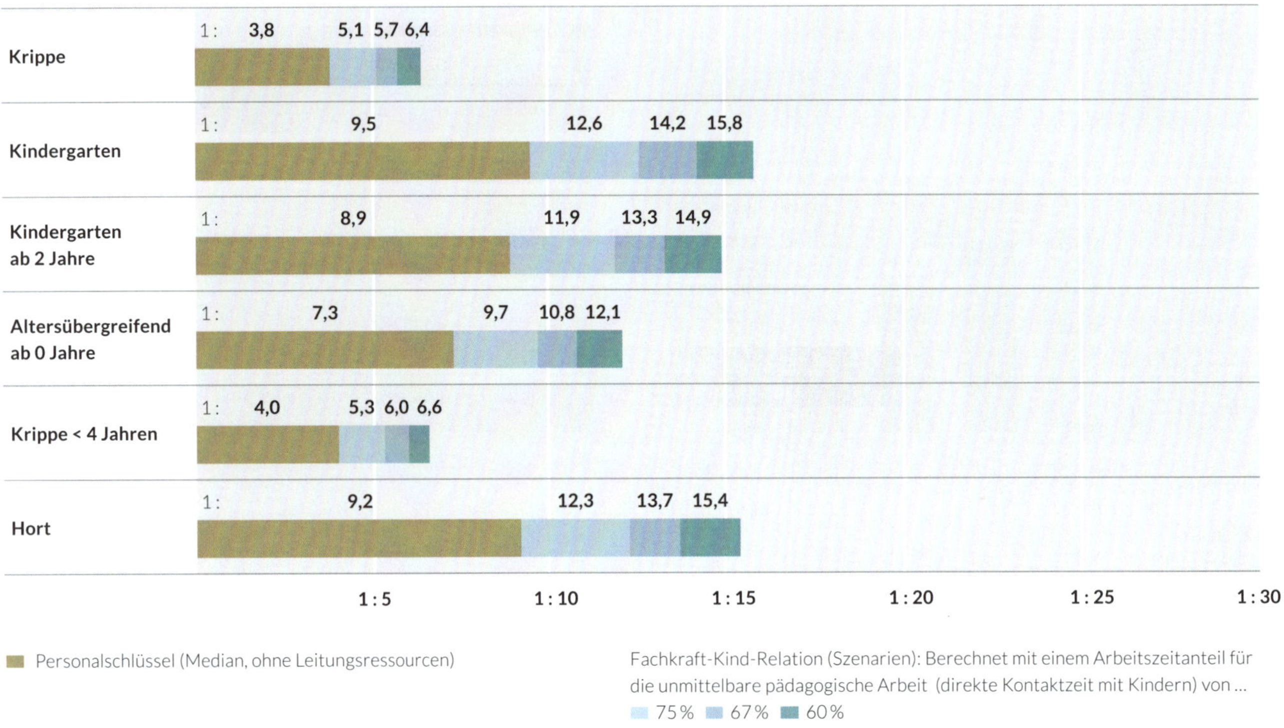

Eine Annäherung an die Fachkraft-Kind-Relation kann nur durch Szenarien erfolgen, da die amtliche Kinder- und Jugendhilfestatistik keine Daten für Arbeitszeitanteile der mittelbaren pädagogischen Aufgabenbereiche sowie Ausfallzeiten erfasst. Die drei von der Bertelsmann Stiftung entwickelten Szenarien wurden auf Basis wissenschaftlicher Untersuchungen berechnet. Diese zeigen, dass 24 % bis 41 % der Gesamtarbeitszeit einer pädagogischen Fachkraft zum einen Ausfallzeiten sind (Urlaub, Krankheit, Fortbildungen) und zum anderen für Aufgaben außerhalb der pädagogischen Praxis benötigt werden, etwa für Elterngespräche, die Qualitätsentwicklung oder Bildungsdokumentationen.[1] In den Szenarien wird der Anteil für die unmittelbaren Arbeitsaufgaben, also den Kontakt mit den Kindern, mit 75 %, 67 % oder 60 % der gesamten Arbeitszeit angesetzt.

Werden wie im Szenario 1 nur 25 % der Arbeitszeit für Aufgaben ohne die Kinder verwendet, verbleiben 75 % der Arbeitszeit für sie. In HE betreut dann eine Vollzeitkraft in Krippengruppen bei einem Personalschlüssel von 1 zu 3,8 in der pädagogischen Praxis rechnerisch 5,1 Kinder. Nimmt man einen höheren Anteil mittelbarer pädagogischer Arbeitszeit an, sinkt die Zeit für die Arbeit mit den Kindern, und die Fachkraft-Kind-Relationen verschlechtern sich (Szenarien 2 und 3).

Neben einer kindgerechten Personalausstattung ist die Gruppengröße ein weiterer Gradmesser für „gute" KiTas. Zu große Gruppen bedeuten für die Kinder und das Personal übermäßigen Stress, etwa durch die Lautstärke. So sollten Gruppen für jüngere Kinder nicht mehr als zwölf Kinder umfassen, Kindergartengruppen nicht mehr als 18.[1] In HE sind nur 5 % der Krippengruppen zu groß, bei den Kindergartengruppen sind es 86 %.

Im Median haben die KiTas in HE 9,5 Stunden und damit deutlich kürzer als die ostdeutschen Bundesländer (11 Stunden) ihre Türen geöffnet (bundesweit: 9,5 Std.). In 92 % der KiTas startet der Tag zwischen 7:00 und 7:30 Uhr. Der Großteil der Horte (60 %) beginnt den Tag dagegen erst nach 7:30 Uhr.

1 Vgl. Viernickel, Susanne; Fuchs-Rechlin, Kirsten (2015): Fachkraft-Kind-Relationen und Gruppengrößen in Kindertageseinrichtungen. Grundlagen, Analysen, Berechnungsmodell, in: Viernickel, Susanne; Fuchs-Rechlin, Kirsten; Strehmel, Petra; Preissing, Christa; Bensel, Joachim; Haug-Schnabel, Gabriele: Qualität für alle. Wissenschaftlich begründete Standards für die Kindertagesbetreuung. Freiburg, S. 11–130.

KiTa- und Hort-Strukturen | HE 01.03.2020

Gruppengrößen im Vergleich | Tab. 116a–e; 116h

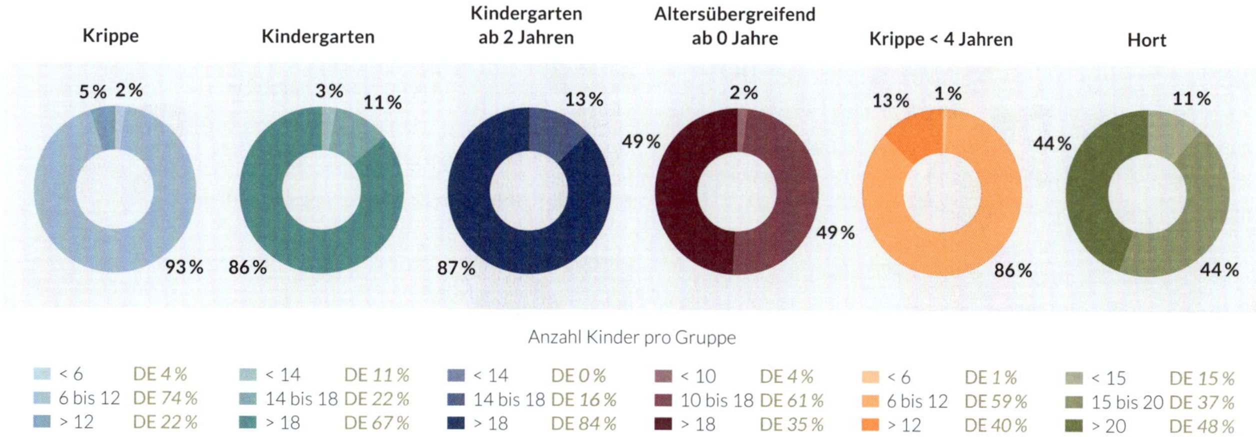

Öffnungszeiten von KiTas und Horten | Tab. 83oh; 83h; 117oh; 117h

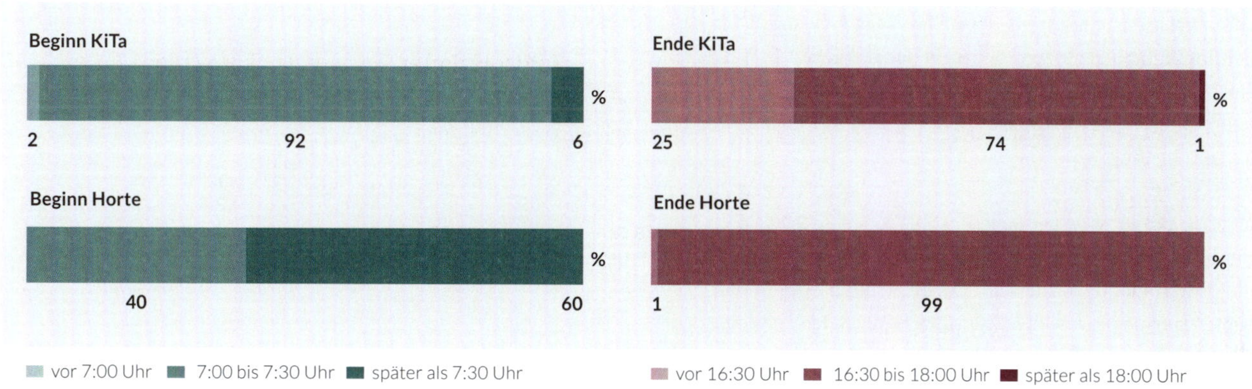

KiTa: Beginn nach 7:30 und Ende vor 16:30 Uhr

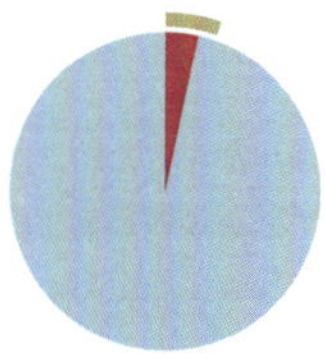

3,5 %
DE 5,1 %

KiTa: Öffnungsdauer

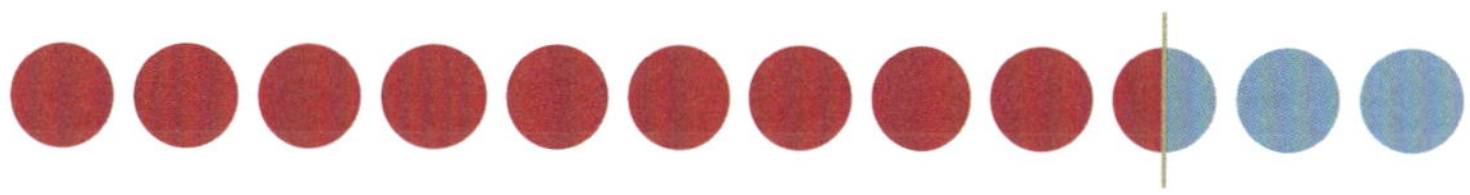

9,5 Stunden pro Tag (Median)
DE 9,5 Std.

Horte: Beginn nach 7:30 und Ende vor 16:30 Uhr

0,0 %
DE 6,0 %

Horte: Öffnungsdauer

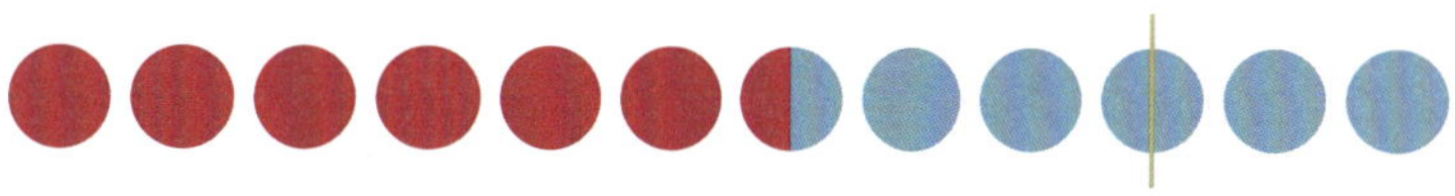

6,5 Stunden pro Tag (Median)
DE 9,5 Std.

Regionale Daten zu den Öffnungszeiten von KiTas finden Sie auf www.laendermonitor.de unter FOKUS | Regionale Daten

Leitungsausstattung

HE 01.03.2020

2020 verfügen 13 % der 4.326 KiTas (mit Horten) in HE nach der amtlichen Kinder- und Jugendhilfestatistik über keine vertraglich vereinbarte Zeit für Leitungsaufgaben. Bundesweit sind es fast 9 %. Dies betrifft vor allem die kleinen Einrichtungen in HE: 25 % der KiTas (mit Horten) mit weniger als 45 betreuten Kindern haben keine zeitlichen Leitungsressourcen, während es in den größeren mit 76 und mehr Kindern nur 6 % sind.

In etwas mehr als 46 % der KiTas (mit Horten) in HE, in denen es laut Arbeitsvertrag Leitungskapazitäten gibt, ist eine Person ausschließlich als Leiter:in tätig. Weitere 36 % werden ebenfalls von nur einer Person geleitet – diese ist allerdings neben ihrer Leitungstätigkeit noch als pädagogische Fachkraft zuständig. Hier ergibt sich das folgende Bild: In 19 % der KiTas (mit Horten) gibt es Leitungskräfte, denen weniger als 50 % ihrer Arbeitszeit für Leitungsaufgaben zur Verfügung stehen, während in 17 % der KiTas die Leitungskräfte mindestens die Hälfte ihrer Arbeitszeit für Leitungsaufgaben nutzen können. In den restlichen 18 % ist ein Leitungsteam zuständig, d. h., mindestens zwei Personen besitzen einen Leitungsanteil oder sind ausschließlich als Leitung tätig.

Welche dieser vier Leitungskonstellationen in einer Einrichtung zum Tragen kommt, ist die – bewusst zu treffende – Entscheidung des Trägers. Dieser Handlungsspielraum sollte es ermöglichen, den Teams sowie auch den Leitungsverantwortlichen mit ihren jeweiligen Leitungskompetenzen und Persönlichkeiten gerecht zu werden. Voraussetzung ist allerdings, dass den KiTas und Horten zeitliche Leitungsressourcen gewährt werden. Diese sind notwendig, um die Einrichtung professionell zu führen und zu leiten.

Um den Umfang der vertraglich zugesicherten Leitungszeit zwischen den KiTas unabhängig von ihrer Größe sowie auch zwischen den Bundesländern vergleichen zu können, wird die wöchentliche Leitungszeit auf die Anzahl der ganztags betreuten Kinder verteilt. In den KiTas mit Leitungskapazitäten ergeben sich in HE rechnerisch im Median 29 Minuten pro ganztags betreutem Kind für die Führung und Leitung der KiTa.

Darüber hinaus kann die wöchentliche Leitungszeit gruppiert dargestellt werden. Im Ergebnis zeigt sich, dass dem größten Anteil der KiTas in HE (27 %) eine wöchentliche Arbeitszeit von über 20 bis einschließlich 30 Minuten pro rechnerisch ganztags betreutem Kind zur Verfügung steht.

KiTas (mit Horten) ohne Zeit für Leitung | Tab. 85

13,3 % von 4.326 KiTas (mit Horten) verfügen über keine Zeit für Leitung

KiTas (mit Horten) ohne Zeit für Leitung nach KiTa-Größe

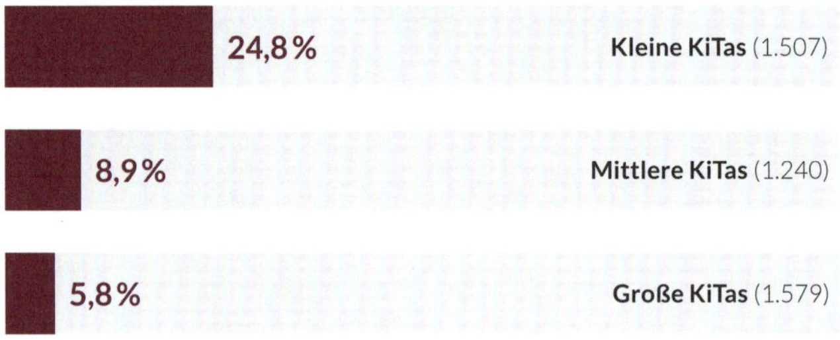

Anzahl betreuter Kinder

Kleine KiTas: < 45 Mittlere KiTas: 45 bis 75 Große KiTas: 76 und mehr

Regionale Daten zu KiTas ohne Leitungszeit finden Sie auf www.laendermonitor.de unter FOKUS | Regionale Daten

KiTas (mit Horten) mit Zeit für Leitung nach Leitungsprofil

Tab. 65

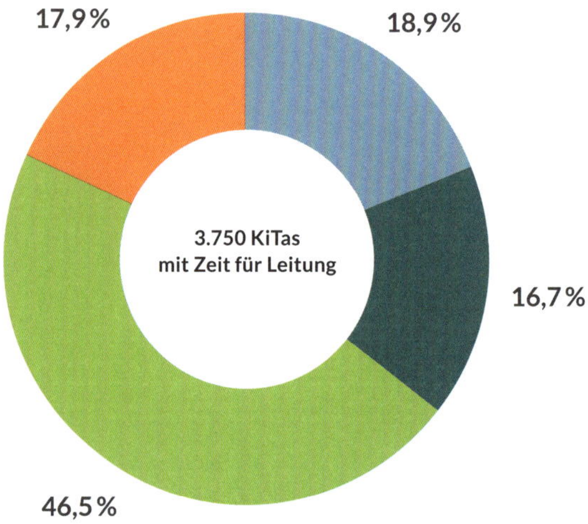

DE	Eine Leitungskraft ...
32,8 %	... mit Leitung als nachrangigem Arbeitsbereich
17,1 %	... mit Leitung als überwiegendem Arbeitsbereich
36,1 %	... ohne weiteren Arbeitsbereich
14,0 %	Leitungsteam

Leitungsausstattung | HE 01.03.2020

KiTas nach Leitungszeit* pro Kind

Tab. 66b; Tab. 108b

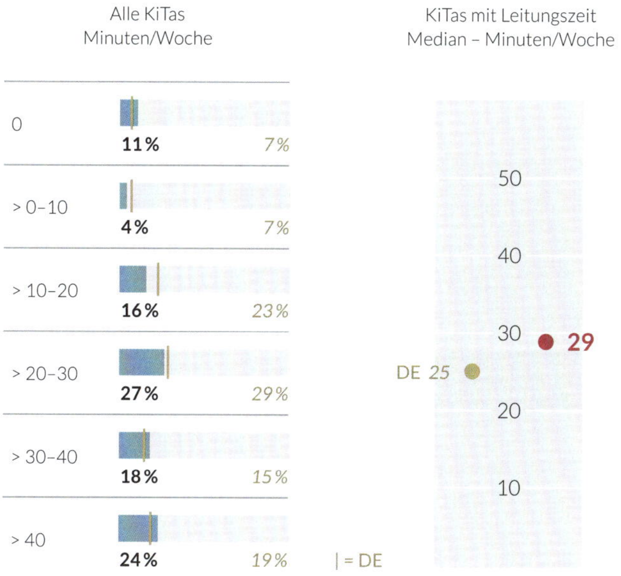

KiTas mit weniger als 20 Wochenstunden Leitungszeit* | Tab. 111

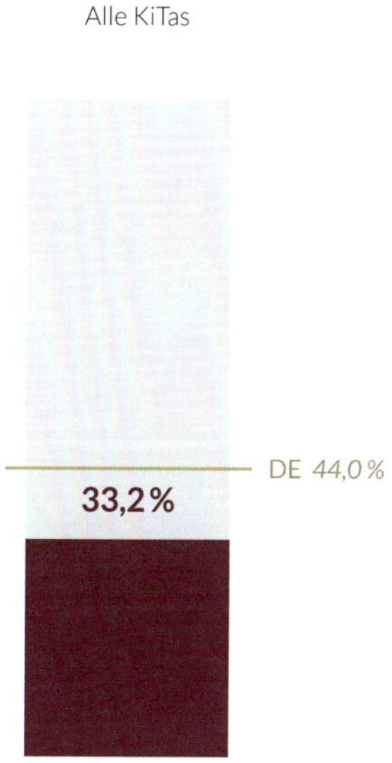

Bertelsmann Stiftung: Empfehlung zur Leitungsausstattung

KiTas mit der von der Bertelsmann Stiftung empfohlenen Leitungszeit* | Tab. 112

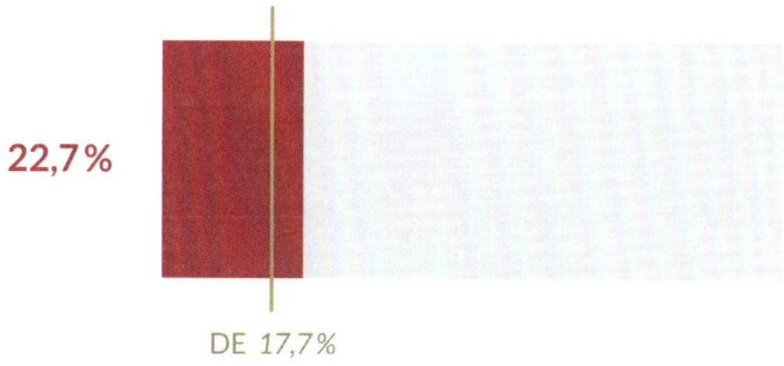

* Zeit für die Arbeitsbereiche Leitung UND Verwaltung

**Vertraglich vereinbarte Betreuungswochenstunden aller Kinder geteilt durch 40

Für eine professionelle Führung und Leitung von KiTas empfiehlt die Bertelsmann Stiftung jeder Einrichtung eine Grundausstattung von 20 Wochenstunden. Diese ist dringend notwendig, denn in jeder KiTa müssen – unabhängig von der Größe – Führungs- und Leitungsaufgaben erledigt werden. 2020 verfügen in HE 33 % der KiTas nicht über diese Grundausstattung, die als garantiertes Zeitbudget empfohlen wird.

Neben den 20 Wochenstunden sollte jeder KiTa ein variabler Anteil von 0,35 Wochenstunden pro Ganztagsbetreuungsäquivalent** zur Verfügung gestellt werden. Mit inbegriffen sind Verwaltungszeiten von max. 20 % der empfohlenen Leitungszeit. 2020 verfügen in HE 23 % der KiTas über diese Leitungsausstattung, bundesweit sind es 18 %.

Pädagogisches Personal | HE 01.03.2020

Entwicklung des pädagogischen Personals

Tab. 118oh, 118h; 126

Jahr (Stichtag 01.03.)	KiTas	Kindertagespflege	Horte
	Anzahl pädagogisch Tätiger		
2011	34.930	3.094	2.635
2012	36.863	3.092	2.837
2013	38.847	3.106	2.837
2014	41.278	3.161	2.579
2015	42.911	2.970	2.758
2016	44.436	2.930	2.705
2017	45.954	2.966	2.751
2018	47.388	2.817	2.634
2019	49.284	2.874	2.524
2020	51.099	2.870	2.481

Beschäftigungsumfang in KiTas und Horten

Tab. 29oh; 29h

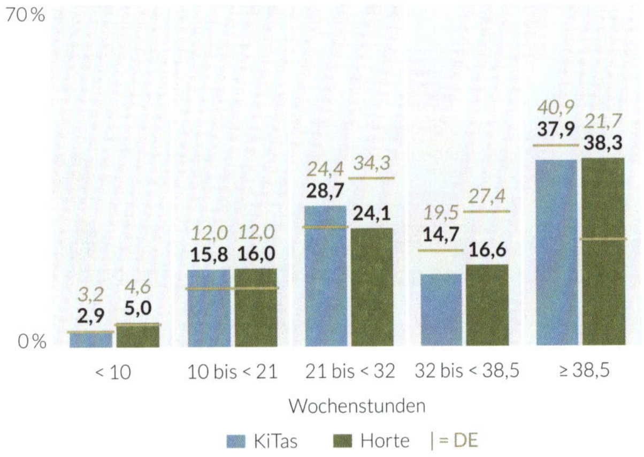

Qualifikationsniveaus | Tab. 27; 50a; 133

Abschluss	HE Anzahl	HE Anteil	DE Anteil
KiTas: 51.099 päd. Tätige			
Hochschule*	5.121	**10,0 %**	5,6 %
Fachschule*	34.943	**68,4 %**	68,3 %
Berufsfachschule*	1.987	**3,9 %**	13,6 %
Sonstige Ausbildungen	2.962	**5,8 %**	4,5 %
In Ausbildung	4.381	**8,6 %**	5,9 %
Ohne Abschluss	1.705	**3,3 %**	2,2 %
Kindertagespflege: 2.870 päd. Tätige			
Hochschule*	100	**3,5 %**	3,2 %
Fachschule*	333	**11,6 %**	15,8 %
Berufsfachschule*	187	**6,5 %**	10,0 %
Soziale/sozialpädagogische Kurzausbildung	32	**1,1 %**	1,9 %
Sonstige Ausbildungen	1.896	**66,1 %**	60,1 %
In Ausbildung	7	**0,2 %**	0,5 %
Ohne Abschluss	315	**11,0 %**	8,6 %
Horte: 2.481 päd. Tätige			
Hochschule*	435	**17,5 %**	8,2 %
Fachschule*	1.368	**55,1 %**	68,8 %
Berufsfachschule*	32	**1,3 %**	8,8 %
Sonstige Ausbildungen	261	**10,5 %**	7,6 %
In Ausbildung	260	**10,5 %**	4,6 %
Ohne Abschluss	125	**5,0 %**	2,0 %

* fachlich einschlägig

Regionale Daten zu den Qualifikationsniveaus finden Sie auf www.laendermonitor.de unter FOKUS | Regionale Daten

Die Zahl des pädagogischen KiTa-Personals ist in HE zwischen 2011 und 2020 gestiegen: um 46 % auf nunmehr 51.099 Tätige. Hingegen ist die Zahl des Hort- sowie des Kindertagespflegepersonals im selben Zeitraum gesunken. So arbeiten 2020 in der Hortbetreuung noch 2.481 Personen, in der Kindertagespflege 2.870; 2011 waren es 2.635 bzw. 3.094.

10 % der pädagogisch Tätigen in KiTas besitzen einen Hochschul-, 68 % einen Fachschulabschluss als Erzieher:in. In Ausbildung befinden sich fast 9 %. Mit einem Anteil von knapp 18 % gibt es in den Horten einen höheren Anteil an Hochschulabsolvent:innen als in den KiTas. In der Kindertagespflege arbeiten anteilig deutlich weniger Personen mit einem fachlich einschlägigen Fachschulabschluss (12 %); die meisten Kindertagespflegepersonen (66 %) besitzen einen nicht-fachpädagogischen Abschluss.

Der größte Anteil des KiTa- und Hortpersonals arbeitet 38,5 Stunden pro Woche und mehr (jeweils 38 %). Arbeitsverträge von 21 bis unter 32 Wochenstunden sind in den KiTas mit 29 % und den Horten mit 24 % am zweithäufigsten vertreten.

Pädagogisches Personal | HE 01.03.2020

Altersstruktur in KiTas, Kindertagespflege und Horten | Tab. 42oh; 42h; 128

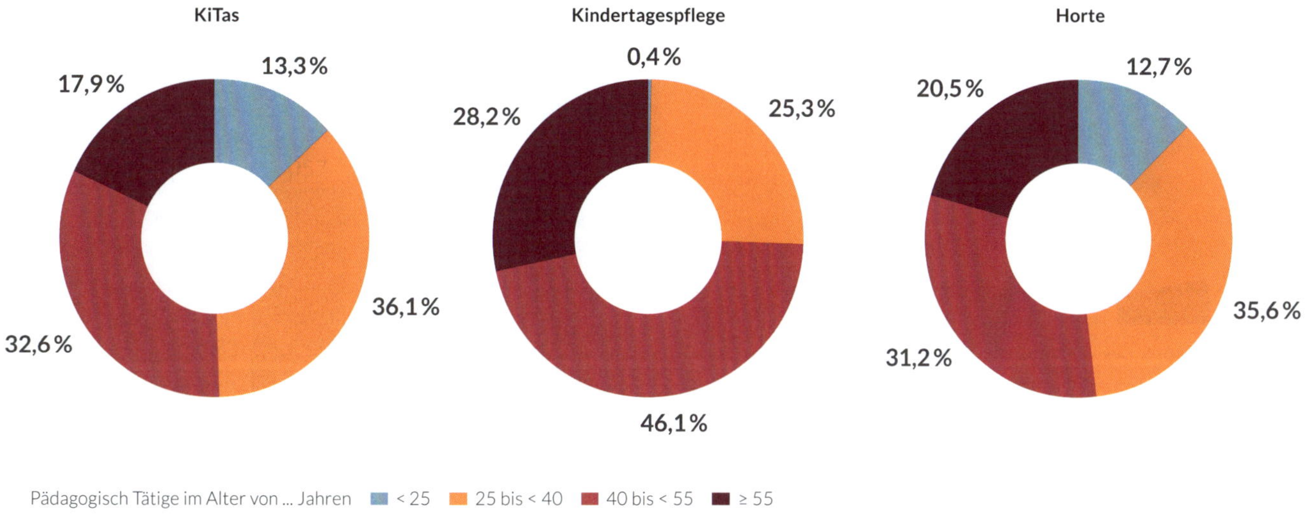

Befristete Arbeitsverhältnisse in KiTas (mit Horten) | Tab. 77

	Alter in Jahren	unter 30	30 bis unter 40	40 bis unter 50	50 bis unter 60	60 und älter
HE	pädagogisch Tätige insgesamt	10.555	11.738	11.415	10.935	4.088
HE	Anteil befristet Beschäftigter	**31,7 %**	**14,6 %**	**10,6 %**	**6,8 %**	**7,4 %**
DE	Anteil befristet Beschäftigter	*25,6 %*	*14,1 %*	*10,4 %*	*6,3 %*	*5,9 %*

Nur 8 % des KiTa-Personals in HE sind männlich (bundesweit: 6 %). Dieser Anteil liegt in der Kindertagespflege mit 2 % auf einem niedrigeren Niveau (bundesweit: 4 %). In den Horten hingegen arbeitet ein deutlich höherer Anteil an Männern (29 %) als in den beiden zuvor genannten Betreuungsformen; das ist bundesweit der zweithöchste Anteil (Bundesdurchschnitt: 18 %).

Der Großteil des KiTa-Personals in HE ist 25 bis unter 40 Jahre (36 %) und 40 bis unter 55 Jahre alt (33 %); damit liegen die Werte auf dem bundesweiten Niveau (37 % bzw. 33 %). Zudem sind 13 % unter 25 Jahre alt, und wiederum 18 % sind 55 oder älter (bundesweit: 13 % bzw. 17 %). Für das Hortpersonal zeigt sich in HE eine ähnliche Altersverteilung. So sind auch hier die jüngeren Fachkräfte unter 25 Jahren (13 %) und die älteren ab 55 Jahren (21 %) seltener vertreten als die anderen Altersgruppen. Ein abweichendes Bild zeigt sich dagegen in der Kindertagespflege, wo der Altersdurchschnitt des Personals höher ist. Hier sind 28 % aller Beschäftigten 55 Jahre und älter (bundesweit: 27 %). Mit 46 % ist der größte Anteil 40 bis unter 55 Jahre alt (bundesweit: 43 %). Zur Altersgruppe 25 bis unter 40 Jahre zählen lediglich 25 % der Kindertagespflegepersonen (bundesweit: 29 %), und noch nicht einmal 1 % ist jünger als 25 (bundesweit: 1,5 %).

15 % des pädagogischen Personals in KiTas (mit Horten) sind in HE befristet beschäftigt. Dem bundesweiten Trend folgend, sind davon auch in HE vor allem jüngere Beschäftigte betroffen, nämlich 32 % der unter 30-Jährigen, aber nur jeweils rund 7 % der 50- bis unter 60-Jährigen und der ab 60-Jährigen.

Träger | HE 01.03.2020

Die insgesamt 4.157 KiTas und 169 Horte in HE werden von verschiedenen Trägern betrieben; das können solche der öffentlichen oder der freien Jugendhilfe sein. Innerhalb der freien Träger wird zwischen den privat-gemeinnützigen und den privat-nichtgemeinnützigen (auch Wirtschaftsunternehmen) unterschieden. Die privat-nichtgemeinnützigen werden den freien Trägern zugeordnet, da Gemeinnützigkeit kein konstitutives Merkmal ist.

Mit 41% befindet sich der größte Anteil der KiTas in HE in öffentlicher Trägerschaft (bundesweit: 32%). Unter den KiTas in freier, nicht-konfessioneller Trägerschaft sind die der sonstigen freigemeinnützigen Träger (15%) häufiger vertreten. In der bundesweiten Gesamtschau zeigt sich, dass in HE insbesondere KiTas des Deutschen Caritasverbandes bzw. sonstiger katholischer Träger (11%; bundesweit: 17%) unterrepräsentiert sind. Ebenso sind KiTas in der Trägerschaft von Elterninitiativen in HE mit knapp 6% weniger stark vertreten als im Bundesdurchschnitt (8%). Auch bei den Horten befindet sich der größte Anteil in HE in öffentlicher Trägerschaft (40%; bundesweit: 48%). Mit 34% wird der zweitgrößte Anteil von sonstigen freigemeinnützigen Trägern betrieben (bundesweit: 15%).

Unterschiede in den Betreuungsquoten der unter 3-Jährigen und der Kinder ab 3 nach Art des Trägers sind in HE vorhanden. So werden unter Dreijährige häufiger in KiTas sonstiger freigemeinnütziger Träger betreut (20%) als ab Dreijährige (8%). Im Gegensatz dazu nutzen die jüngeren Kinder seltener KiTas in öffentlicher Trägerschaft (38%) als die älteren (50%).

Die Beschäftigungsumfänge der pädagogisch Tätigen unterscheiden sich in vielen Bundesländern nach Trägerschaft der KiTas und Horte. 2020 zeigt sich in HE das folgende Bild: Mit jeweils 59% verfügt ein großer Anteil der pädagogisch Tätigen in KiTas (mit Horten) der Arbeiterwohlfahrt und privat-nichtgemeinnütziger Trägerschaften über einen Arbeitsvertrag, der mindestens 32 Wochenstunden umfasst; das ist mehr als in Einrichtungen anderer Trägerschaften, insbesondere in Elterninitiativen (47%). Hier sind mit 24% Arbeitsverträge von weniger als 21 Wochenstunden unter allen Trägern anteilig am häufigsten vertreten.

KiTas und Horte nach Träger | Tab. 78oh; 78h

4.157 KiTas und 169 Horte in HE	**KiTas**		**Horte**	
	Anzahl	Anteil	Anzahl	Anteil
Öffentliche Träger	1.702	**40,9%**	68	**40,2%**
Freie Träger/privat-gemeinnützig				
Arbeiterwohlfahrt (AWO)	97	**2,3%**	1	**0,6%**
Deutscher Paritätischer Wohlfahrtsverband (DPWV)	204	**4,9%**	11	**6,5%**
Deutsches Rotes Kreuz (DRK)	39	**0,9%**	0	**0,0%**
Diakonie Deutschland/sonstige der EKD angeschlossene Träger	710	**17,1%**	9	**5,3%**
Deutscher Caritasverband/sonstige katholische Träger	459	**11,0%**	6	**3,6%**
Sonstige	632	**15,2%**	57	**33,7%**
Freie Träger/privat-nichtgemeinnützig	78	**1,9%**	3	**1,8%**
Elterninitiativen	236	**5,7%**	14	**8,3%**

Träger | HE 01.03.2020

Kinder nach Alter und KiTa-Träger | Tab. 79, 80

48.934 Kinder < 3 Jahren

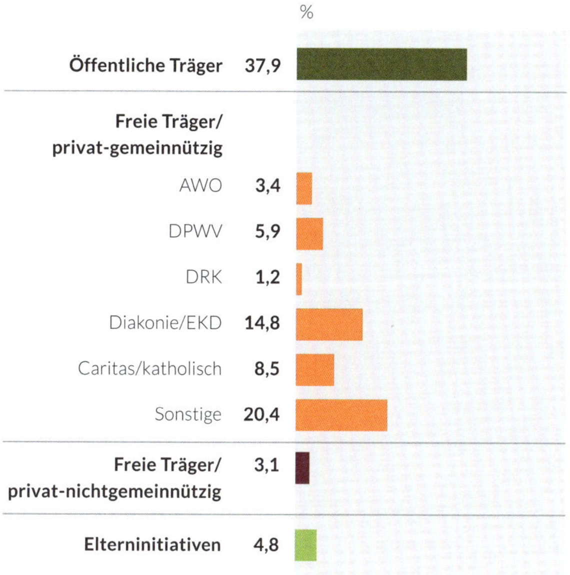

199.693 Kinder ab 3 Jahren

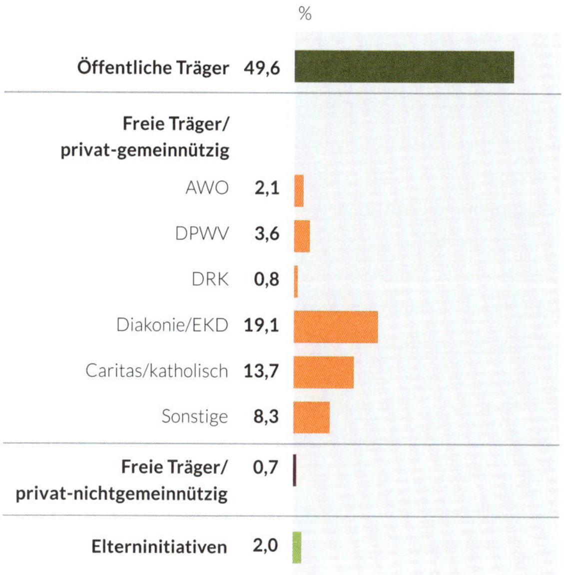

Pädagogisch Tätige nach KiTa-Träger (mit Horten) und Beschäftigungsumfang | Tab. 81

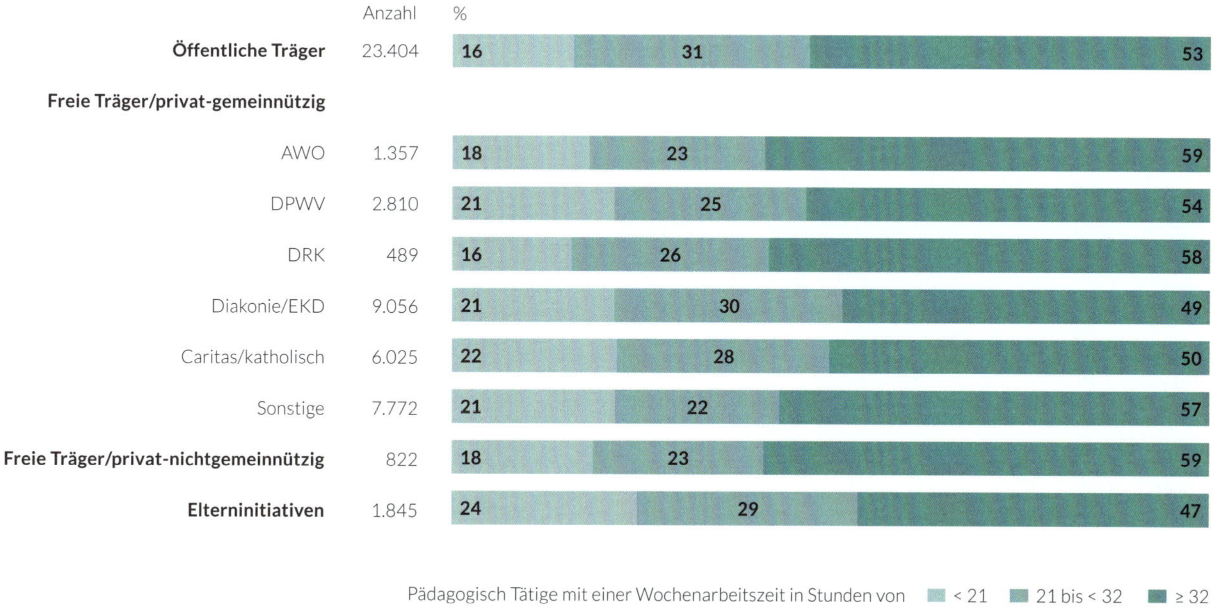

Investitionen wirkungsvoll einsetzen

Der qualitative Ausbau des frühkindlichen Bildungssystems, insbesondere die Verbesserung der Personalressourcen, erfordert gewaltige finanzielle Kraftanstrengungen aller Akteure. Um das System langfristig zu sichern, bedarf es einer dauerhaften finanziellen Unterstützung des Bundes. Daher sollte der Bund sein finanzielles Engagement im KiQuTG über 2022 hinaus verlässlich verankern.

In HE wurden 2018 für jedes Kind unter sechs Jahren in der Bevölkerung durchschnittlich 6.428 Euro für Angebote der Kindertagesbetreuung durch die öffentliche Hand, also Land und Kommunen, ausgegeben (ohne Elternbeiträge oder Zuschüsse anderer föderaler Ebenen). Das sind fast 2.300 Euro mehr als sechs Jahre zuvor. Im bundesweiten Durchschnitt lagen die Ausgaben im Jahr 2018 mit 6.007 Euro auf einem etwas niedrigeren Niveau als in HE.

Im Haushaltsjahr 2019 wurden in HE seitens der öffentlichen Haushalte Investitionsausgaben für die Kindertagesbetreuung in Höhe von 152 Mio. Euro getätigt. Dies sind Ausgaben, die zum Beispiel bei einem Neubau einer KiTa bzw. einem Umbau oder einer Sanierung einer bereits vorhandenen KiTa entstehen.

Im Rahmen des KiQuTG erhält jedes Bundesland zwischen 2019 und Ende 2022 Bundesmittel für Maßnahmen zur Weiterentwicklung der KiTa-Qualität und zur Gebührenentlastung der Eltern. HE investiert in zwei der insgesamt elf Handlungsfelder des Gesetzes. Der größte Anteil der Bundesmittel fließt mit 290 Mio. Euro in die Verbesserung der Betreuungsschlüssel. Seit dem 1. August 2020 wird mit diesen Mitteln die Erhöhung der gesetzlich geregelten Ausfallzeiten von 15 % auf 22 % finanziert.[1]

1 Vgl. BMFSFJ und HMSI (2020): Vertrag zwischen der Bundesrepublik Deutschland, vertreten durch das Bundesministerium für Familie, Senioren, Frauen und Jugend, und dem Land Hessen zur Umsetzung des Gesetzes zur Weiterentwicklung der Qualität und zur Verbesserung der Teilhabe in Tageseinrichtungen und in der Kindertagespflege (KiTa-Qualitäts- und Teilhabeverbesserungsgesetz – KiQuTG).

Investitionen pro unter sechsjährigem Kind
HE 2011–2018 | Tab. 21c

Grundmittel von Land und Kommunen

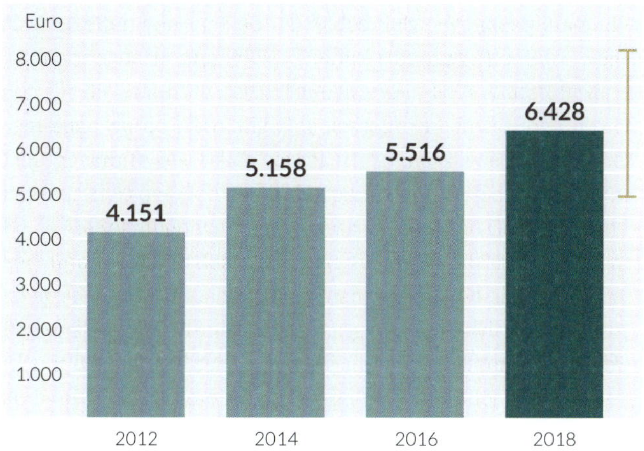

| = Alle Bundesländer 2018, Minimum: 4.965 €, Maximum: 8.232 €

Finanzierungsgemeinschaft für FBBE
HE 2018 | Tab. 23

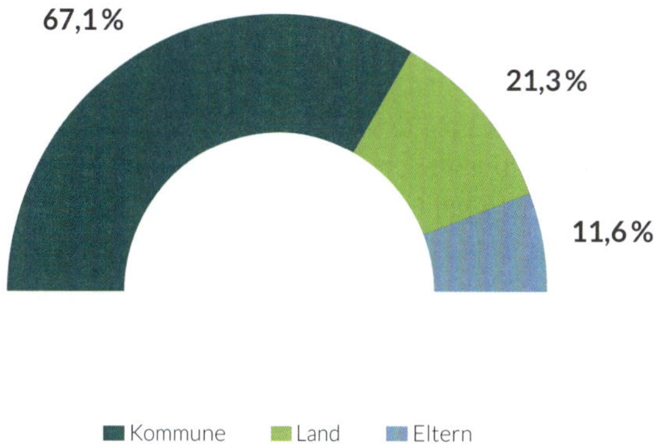

Ohne Eigenanteil der freien Träger und Zuschüsse des Bundes

Einmalige Investitionsausgaben für FBBE | HE 2009–2019 | Tab. 45

Ausgaben von Bund, Land und Kommunen

	2009	2010	2011	2012	2013	2014	2015	2016	2017	2018	2019
	Mio. Euro										
HE	**68,6**	**101,6**	**110,4**	**111,8**	**198,1**	**165,0**	**113,2**	**103,3**	**109,9**	**116,2**	**152,1**
DE	*947,3*	*1.334,1*	*1.357,5*	*1.408,8*	*2.188,8*	*1.649,4*	*1.137,7*	*1.080,7*	*1.345,8*	*1.686,1*	*2.012,3*

Für die Interpretation der hier ausgewiesenen Indikatoren sind einige methodische Grundlagen wichtig. Zusätzlich zu den Anmerkungen im Anhang des Länderprofils findet sich auf www.laendermonitor.de unter „Methodik" eine ausführliche Beschreibung der Datengrundlage sowie der Berechnungsmethodik.

Verteilung der Bundesmittel aus dem KiQuTG auf die Handlungsfelder | HE 2019–2022 | Tab. 119

	Bedarfsgerechtes Angebot	**Guter Betreuungsschlüssel**	Qualifizierte Fachkräfte	**Starke KiTa-Leitung**	Kindgerechte Räume	Gesundes Aufwachsen	Sprachliche Bildung	Starke Kindertagespflege	Netzwerke für mehr Qualität	Vielfältige pädagogische Arbeit	Weniger Gebühren	**Verplante Bundesmittel gesamt**
Anteil		**70 %**		**30 %**								**100 %**
Mio. Euro		**290,1**		**123,4**								**413,5**

Landesspezifische Anmerkungen

Für HE gibt es für die aktuellen Auswertungen keine spezifischen Anmerkungen.

Mecklenburg-Vorpommern

Allgemeine Basisdaten

Fläche in km² (2019)	23.294
Einwohner:innen (31.12.2019)	1.608.138
Geborene Kinder (2019)	12.630
Geburten pro Frau (2019)	1,540
Anzahl Kinder < 10 Jahren (31.12.2019)	137.545
Davon < 3 Jahren	39.337
Davon 3 bis < 6 Jahre	42.154
Davon 6 bis < 10 Jahre	56.054
Anteil der Kinder mit Migrationshintergrund (2019)	
... < 3 Jahren	15,4 %
... von 3 bis < 6 Jahren	17,1 %
Erwerbstätigenquote von Müttern mit (2019)	
... mindestens einem Kind < 3 Jahren	73,3 %
... mindestens einem Kind von 3 bis < 6 Jahren	82,1 %
Leistungsempfänger:innen nach SGB II (ALG II u. Sozialgeld, 2020)	124.770
Davon Kinder < 6 Jahren	11.217
Entspricht Anteil an allen Kindern < 6 Jahren	13,8 %

FBBE auf einen Blick 01.03.2020

Anteil der Kinder in FBBE	
... < 1 Jahr	3,5 %
... von 1 bis < 3 Jahren	83,4 %
... < 3 Jahren	57,6 %
... von 3 bis < 6 Jahren inkl. 0,03 % in [vor-]schulischen Einrichtungen	95,7 %
Schulkinder 6 bis < 11 Jahre	71,6 %
Tageseinrichtungen insgesamt	1.111
Davon Horte	159
Anteil der Einrichtungen mit	
... < 45 Kindern	25,7 %
... 45 bis 75 Kindern	25,3 %
... 76 Kindern und mehr	49,1 %
Pädagogisches Personal (inkl. Leitung) in KiTas (mit Horten) insgesamt	13.137
Davon in Horten	2.090
Kinder in KiTas (mit Horten) insgesamt	109.642
Davon < 3 Jahren	19.480
Davon 3 Jahre bis zum Schuleintritt	49.402
Davon Schulkinder < 11 Jahren	40.190
Tagespflegepersonen insgesamt	906
Kinder in Kindertagespflege insgesamt	3.770
Davon < 3 Jahren	3.194
Davon 3 Jahre bis zum Schuleintritt	554
Davon Schulkinder < 11 Jahren	22
Leitungspersonal in KiTas (mit Horten) insgesamt	1.319
Davon in Horten	187

Blitzlichter: Status quo der Kindertagesbetreuung in Mecklenburg-Vorpommern

Am 1. März 2020 besuchten in MV 22.674 unter 3-Jährige eine KiTa oder Kindertagespflege, 151 Kinder weniger als im Jahr zuvor. Die Teilhabequote befindet sich im bundesweiten Vergleich mit 58 % auf dem höchsten Niveau (zusammen mit ST und BB). Bei den 3- bis unter 6-Jährigen bildet sie mit 96 % ebenfalls bundesweit den höchsten Wert (mit BB und TH).

Für faire Bildungschancen ist nicht nur die Zahl an Plätzen entscheidend: Die Angebote müssen auch kindgerecht sein. Wichtige – auch wissenschaftlich untersuchte – Gradmesser für die strukturelle Qualität in KiTas sind der *Personalschlüssel*, die *Gruppengröße*, das *Qualifikationsniveau* des pädagogischen Personals und ausreichend *Leitungszeit.*

Der Personalschlüssel lässt sich mit den Daten der amtlichen Kinder- und Jugendhilfestatistik (KJH-Statistik) für verschiedene Gruppentypen berechnen. So werden 2020 in MV 72 % der unter 3-Jährigen in Krippengruppen betreut. Mit einem rechnerischen Personalschlüssel von 1 zu 5,9 zeigen sich hier die bundesweit ungünstigsten Werte (Empfehlung der Bertelsmann Stiftung: 1 zu 3,0). Weitere 15 % dieser Altersgruppe besuchen Gruppen mit Kindern unter 4 Jahren; der Personalschlüssel liegt hier bei 1 zu 7,0 – weit entfernt von einem kindgerechten Verhältnis. In altersübergreifenden Gruppen werden weitere 7 % der unter 3-Jährigen zusammen mit 10 % der über 3-Jährigen bei einem Personalschlüssel von 1 zu 10,8 betreut. Das ist deutlich ungünstiger als der wissenschaftlich empfohlene Wert von 1 zu 3,75.[1] Der überwiegende Anteil der ab 3-Jährigen (74 %) besucht Kindergartengruppen mit einem Personalschlüssel von 1 zu 12,9; das ist bundesweit der ungünstigste Wert (Empfehlung der Bertelsmann Stiftung: 1 zu 7,5).

Die Auswertungen zeigen, dass im Jahr 2020 in MV für 96 % der Kinder in amtlich erfassten KiTa-Gruppen[2] nicht genügend Fachpersonal zur Verfügung steht. Das ist bundesweit (73 %) der höchste Anteil. Die nicht kindgerechte Personalausstattung betrifft die unter und ab 3-Jährigen zu beinahe gleichen Anteilen (98 % bzw. 96 %).

Allerdings hat sich in MV von 2013 bis 2020 die personelle Ausstattung in den Kindergartengruppen bundesweit am stärksten verbessert (von 1 zu 14,9 auf 1 zu 12,9). Trotz dieser Entwicklung müssen in MV jedoch rein rechnerisch 6,2 Kindergartenkinder mehr von einer Fachkraft betreut werden als in BW, dem Bundesland mit der günstigsten Personalausstattung. In den Krippengruppen kam es zwischen 2013 und 2020 nur zu einem geringfügigen Ausbau (von 1 zu 6,1 auf 1 zu 5,9).

Die Gruppengröße ist ein weiterer wichtiger Gradmesser für die Qualität in KiTas. Nach wissenschaftlichen Empfehlungen sollten Gruppen für jüngere Kinder maximal zwölf Kinder umfassen, für die Älteren maximal 18.[3] In MV werden diese Werte bei 19 % der amtlich erfassten KiTa-Gruppen nicht erreicht; das stellt bundesweit (54 %) den geringsten Anteil dar. Mit 43 % ist insbesondere ein größerer Anteil der Gruppen mit Kindern unter 4 Jahren zu groß; bei den Krippengruppen sind es 23 %. Demgegenüber entsprechen lediglich 10 % der Kindergartengruppen nicht den Empfehlungen. Insgesamt zeigt sich, dass in MV die unter 3-Jährigen mit 40 % häufiger von nicht kindgerechten Gruppengrößen betroffen sind als die ab 3-Jährigen (22 %).

Wesentliche Voraussetzung für eine „gute" KiTa-Qualität ist nicht nur *zahlenmäßig ausreichendes*, sondern auch *qualifiziertes* Personal. In MV verfügen 85 % der 11.047 pädagogisch Tätigen in KiTas über einen fachlich einschlägigen Fachschulabschluss, etwa als Erzieher:in. In den westdeutschen Bundesländern ist dieser Anteil im Durchschnitt mit 65 % deutlich geringer). Über den formal niedrigeren Berufsfachschulabschluss, bspw. als Sozialassistent:in, verfügen in MV lediglich 4 % der pädagogisch Tätigen (in Westdeutschland dagegen 15 %). Weitere 4 % besitzen einen fachlich einschlägigen Hochschulabschluss. Eine sonstige – nicht fachlich einschlägige – Ausbildung weisen in MV 2 % der pädagogisch Tätigen auf (bundesweit: 4,5 %). Der Anteil des Personals ohne Abschluss liegt mit fast 2 % in etwa im bundesweiten Durchschnitt (2 %). Weitere 3 % schließlich befinden sich in Ausbildung; 2016 lag dieser Wert noch bei 0,5 %. Mit Blick auf die gegenwärtig in vielen Bundesländern eingeführten praxisintegrierten Ausbildungsgänge bleibt abzuwarten, ob sich dieser Wert in den kommenden Jahren weiter erhöht. Ebenso gilt es kontinuierlich zu beobachten, wie sich die neuen beruflichen Zugangsformen, etwa für Quereinsteiger:innen, zukünftig auf das formale Qualifikationsniveau des KiTa-Personals insgesamt auswirken werden.

Auch die Ausstattung der KiTas mit ausreichenden Leitungsressourcen nimmt eine Schlüsselfunktion für die KiTa-Qualität ein. Nach den Angaben in der KJH-Statistik verfügen knapp 4 % der KiTas in MV über keine Zeit für Leitungsaufgaben; insbesondere die kleineren KiTas (weniger als 45 betreute Kinder) geben dies zu 6 % an. Über die von der Bertelsmann Stiftung empfohlene Zeit für Leitungs- und Verwaltungsaufgaben[4] verfügen 2020 lediglich rund 4 % der KiTas in MV (ohne Horte); bundesweit sind es 18 %.

Qualitätsentwicklungen im Rahmen des KiQuTG

Im Rahmen des KiTa-Qualitäts- und Teilhabeverbesserungsgesetzes (KiQuTG) erhält jedes Bundesland zwischen 2019 und Ende 2022 vom Bund finanzielle Mittel für Maßnahmen zur Weiterentwicklung der KiTa-Qualität und zur Gebührenentlastung der Eltern. MV investiert diese Bundesmittel in eins der insgesamt elf Handlungsfelder: *Weniger Gebühren.*

Damit ist MV das einzige Bundesland, das die Mittel weder für die Verbesserung der pädagogischen Personal- noch für die der Leitungsausstattung nutzt. Alle anderen Bundesländer investieren diese in mindestens eines dieser beiden Handlungsfelder und setzen somit Maßnahmen um, die die Personalsituation und damit auch die Qualität in den KiTas verbessern.

Ausbau- und Reformbedarf: Empfehlungen für die Kindertagesbetreuung in Mecklenburg-Vorpommern

Um allen Kindern unabhängig von ihrem Wohnort gleichwertige Teilhabe- und Bildungschancen zu ermöglichen, ist es unerlässlich, dass jedes Bundesland ein sowohl bedarfsgerechtes als auch kindgerechtes FBBE-Angebot zur Verfügung stellt. Die sehr hohen Teilhabequoten in MV weisen darauf hin, dass in den mecklenburg-vorpommerischen KiTas zwar ein weitestgehend bedarfsgerechtes Angebot vorhanden ist; allerdings ist die Qualität – gemessen an den Personalschlüsseln – noch längst nicht kindgerecht.

Der *Fachkräfte-Radar für KiTa und Grundschule*[5] prognostiziert, dass für eine kindgerechte Betreuung und eine professionelle Leitungsausstattung gemäß wissenschaftlichen Empfehlungen bis 2030 in MV fast 6.000 KiTa-Fachkräfte fehlen werden. Damit diese Lücke geschlossen werden kann, müsste die Zahl der prognostizierten Neuzugänge um 81 % gesteigert werden. Es ist eher unwahrscheinlich, dass bis zum Ende des Jahrzehnts die Ausbildungskapazitäten in diesem Umfang aufgestockt und genügend Quereinsteiger:innen gewonnen sowie pädagogisch qualifiziert werden können.

Allerdings besteht in MV – auch infolge der rückläufigen Geburtenzahlen – die Chance, bis 2030 die Personalschlüssel an das durchschnittliche Niveau der westdeutschen Bundesländer anzugleichen, die deutlich günstiger sind als in MV. Für dieses Etappenziel fehlen laut Prognose fast 2.000 Fachkräfte, was ein Plus von 22 % der prognostizierten Neuzugänge darstellen würde. Es ist zu prüfen, ob diese Lücke durch eine Aufstockung der Ausbildungskapazitäten und die Gewinnung sowie Qualifizierung von Quereinsteiger:innen geschlossen werden kann.

Die rückläufigen Geburtenzahlen wirken sich begünstigend darauf aus, dass die Personalschlüssel in MV auf ein deutlich besseres Niveau gehoben werden können. Um das freiwerdende Personal für die Verbesserung zu nutzen, muss MV jetzt eine rechtliche Basis hierfür schaffen. So sollte ein Stufenplan mit einer schrittweisen Verbesserung der Personalausstattung in das KiföG M-V integriert werden. Die Chance auf kindgerechtere Bedingungen in den KiTas darf nicht ungenutzt verstreichen. Darüber hinaus steht MV vor der Aufgabe, die Ausbildungskapazitäten weiter auszubauen, neues Personal zu gewinnen und – insbesondere durch attraktive Arbeitsbedingungen und Verdienstmöglichkeiten – die vorhandenen Fachkräfte zu binden. Nur so können nach 2030 kindgerechte Personalschlüssel realisiert werden. Damit MV diese Aufgaben bewältigen kann, ist es unumgänglich, dass der Bund auch nach 2022 sein finanzielles Engagement für den Qualitätsausbau fortsetzt und im KiQuTG verlässlich verankert. Die Mittel sollten in erster Linie für die Gewinnung neuer Fachkräfte und den Ausbau der Personal- und Leitungskapazitäten verwendet werden.

1 Haug-Schnabel, Gabriele; Bensel, Joachim (2016): Kinder unter 3 – Bildung, Erziehung und Betreuung von Kleinstkindern. Kindergarten heute – wissen kompakt. 12., überarb. Aufl. Freiburg.

2 Es werden nur die Gruppen in KiTas analysiert, die laut Angaben in der amtlichen KJH-Statistik mit einer Gruppenstruktur arbeiten. Die Zuordnung von Gruppen in KiTas zu einem bestimmten Gruppentyp wird nicht von den Einrichtungen selbst vorgenommen, sondern erfolgt im Rahmen der Auswertung der Daten der amtlichen KJH-Statistik. Dabei erfolgt die Zuordnung primär anhand der Alterszusammensetzung der Kinder in den Gruppen. Gruppen, in denen Kinder mit einer (drohenden) Behinderung betreut werden, werden in der Berechnung nicht berücksichtigt.

3 Viernickel, Susanne; Fuchs-Rechlin, Kirsten (2015): Fachkraft-Kind-Relationen und Gruppengrößen in Kindertageseinrichtungen. Grundlagen, Analysen, Berechnungsmodell, in: Viernickel, Susanne; Fuchs-Rechlin, Kirsten; Strehmel, Petra; Preissing, Christa; Bensel, Joachim; Haug-Schnabel, Gabriele: Qualität für alle. Wissenschaftlich begründete Standards für die Kindertagesbetreuung. Freiburg, S. 11–130.

4 Für eine professionelle Führung und Leitung von KiTas empfiehlt die Bertelsmann Stiftung jeder Einrichtung eine Grundausstattung von 20 Wochenstunden plus 0,35 Wochenstunden pro Ganztagsbetreuungsäquivalent. Die empfohlene Leitungsausstattung enthält auch die Zeiten für Verwaltungstätigkeiten (max. 20 % der empfohlenen Leitungszeit).

5 Der Fachkräfte-Radar für KiTa und Grundschule prognostiziert bis 2030 den Fachkräftebedarf für die KiTa- und Grundschulbetreuung und stellt ihn dem voraussichtlich verfügbaren Personalangebot gegenüber. Weitere Informationen finden Sie unter: www.fachkraefte-radar-kita-grundschule.de

Teilhabe sichern

Jedes Kind braucht einen gesicherten und einfachen Zugang zu „guter“ Kindertagesbetreuung, unabhängig von seinem Wohnort und seiner sozio-ökonomischen oder kulturellen Herkunft. Dazu sind ausreichend wohnortnahe Angebote notwendig. Um diesem Anspruch zu genügen, erfolgte in den vergangenen Jahren bundesweit ein enormer Ausbau der Betreuungsplätze. Mehr als die Hälfte der unter drei Jahre alten Kinder in MV (58 %) nimmt eine Kindertagesbetreuung in Anspruch (bundesweit: 35 %). Unterschiede gibt es vor allem zwischen den unter 1-Jährigen (4 %), 1-Jährigen (77 %) und 2-Jährigen (90 %). Von den Kindern ab 3 bis unter 6 sind in MV mit 96 % fast alle in einer KiTa oder Kindertagespflege. Darüber hinaus nutzen 68 % der 6-Jährigen (Stand: 1. März 2020) Angebote der Kindertagesbetreuung, bevor sie in den schulischen Bildungsbereich wechseln.

Fast 72 % der unter 11-jährigen Schulkinder besuchen einen Hort[1]; bundesweit sind es mit 17 % deutlich weniger. 43 % der Kinder nehmen Ganztagsschulangebote wahr, dies entspricht in etwa dem Bundesdurchschnitt (45 %).[2] Nur 22 Schulkinder (0,04 %), die parallel kein Hort- oder Ganztagsschulangebot nutzen, besuchen eine Kindertagespflege.

2020 nutzen 22.674 unter 3-Jährige in MV ein FBBE-Angebot (58 %). Das sind 1.649 Kinder mehr als 2012, dem Jahr vor der Einführung des bundesweit geltenden Rechtsanspruchs auf einen Betreuungsplatz für Kinder ab dem ersten Geburtstag: ein Anstieg der Teilhabequote um 4 Prozentpunkte. Bedarfsgerecht ist das Angebot jedoch noch nicht: 2020 wünschen sich 63 % der Eltern von Kindern dieser Altersgruppe laut der „DJI-Kinderbetreuungsstudie“ einen Platz in einer KiTa oder Kindertagespflege. Vergleicht man die Entwicklung der elterlichen Betreuungswünsche mit der Bildungsbeteiligung für diese Altersgruppe zwischen 2012 und 2020, zeigt sich, dass der Bedarf in etwas geringerem Maße angestiegen ist als die Teilhabequote. Lag die Differenz 2012 noch bei 7 Prozentpunkten, hat sie sich innerhalb von acht Jahren auf fast 6 verringert.

1 Ist im Folgenden von Horten die Rede, sind in der Regel auch Hortgruppen in KiTas gemeint.

2 Eine Aufsummierung dieser beiden Anteile zu einer „Gesamtteilhabequote“ ist aus methodischen Gründen nicht möglich, da Kinder, die beide Angebotsformen nutzen, sowohl in der Kinder- und Jugendhilfestatistik als auch in der Kultusministerkonferenzstatistik aufgeführt werden.

Bildungsbeteiligung an Kindertagesbetreuung | MV 01.03.2020 | Tab. 6–14; 41a1

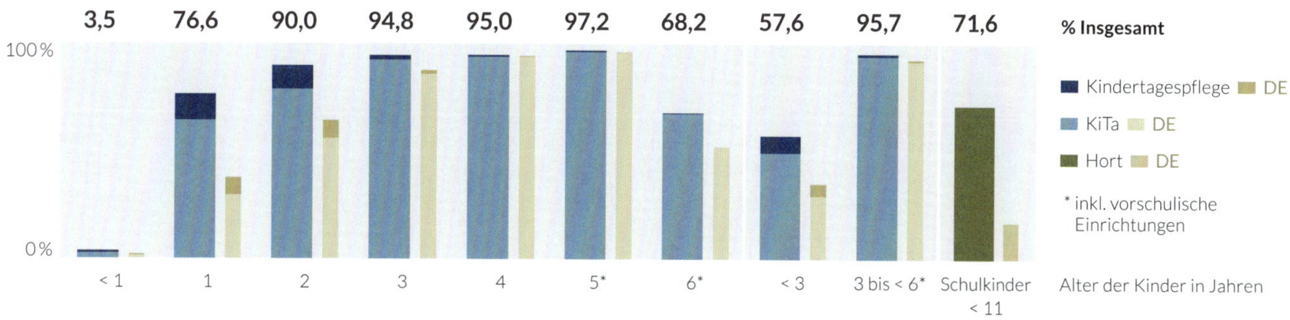

Betreuungsquote und Betreuungswunsch

MV 2012–2020, Stichtag 01.03. | Tab. 88a

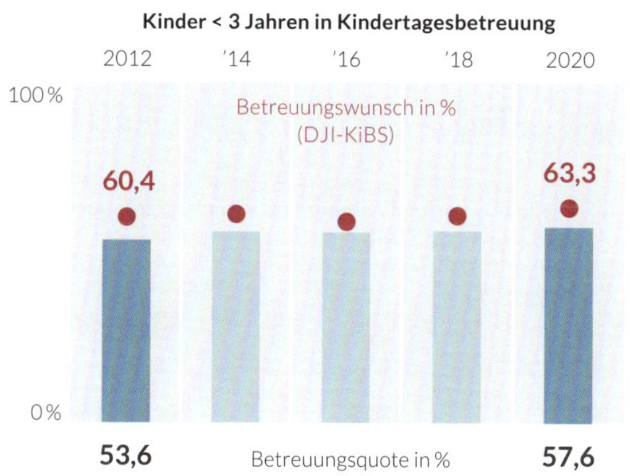

Bildungsbeteiligung von Schulkindern

MV 01.03.2020, Schulj. 2019/20 | Tab. 41a1; Tab. 71

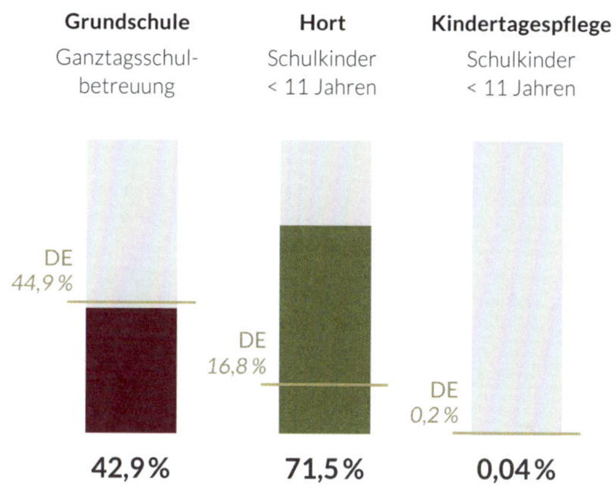

Vereinbarte Betreuungszeit in Horten: Ø **5,1 Stunden/Tag**

Regionale Daten zur Bildungsbeteiligung finden Sie auf www.laendermonitor.de unter FOKUS | Regionale Daten

30 % der Kinder, die am 01.03.2020 unter drei Jahre alt waren, wurden im August und September in der aktuell besuchten KiTa aufgenommen (vgl. S. 162). In den Monaten Dezember sowie April bis Juli zeigen sich die geringsten Aufnahmequoten (5 % bis 6 %). In der Kindertagespflege erfolgen die Eingewöhnungen vorrangig im September (16 %). Im August und Januar liegen die Aufnahmequoten darunter, bewegen sich aber auf einem etwas höheren Niveau (11 %).

Kinder mit einer Eingliederungshilfe werden in 28 % der KiTas (ohne Sondereinrichtungen) in MV betreut; bundesweit liegt dieser Wert höher (40 %). Ein deutlich geringerer Anteil zeigt sich bei den Horten: Schulkinder mit einer Eingliederungshilfe besuchen nur 5 % der Horte (bundesweit: 17 %).

Werden die vertraglich vereinbarten wöchentlichen Betreuungszeiten betrachtet, zeigt sich das folgende Bild: In MV wird mit mehr als 79 % der größte Anteil der unter 3-jährigen KiTa-Kinder laut Vertrag 45 Wochenstunden und mehr betreut. Auch in der Altersgruppe der ab 3-Jährigen werden diese Betreuungszeiten am häufigsten (77 %) gebucht. Diese Werte liegen deutlich über den durchschnittlichen Bundeswerten (39 % bzw. 35 %). Auch in der Kindertagespflege wird der größte Anteil der Kinder wöchentlich 45 Stunden und mehr betreut: Das betrifft 81 % der unter 3-Jährigen und 74 % der ab 3-jährigen Nichtschulkinder. KiTa- und Kindertagespflegeplätze bis zu 25 Wochenstunden werden in MV von den Nichtschulkindern kaum in Anspruch genommen. Schulkinder nutzen die Betreuungszeiten von mehr als 25 bis zu 35 Wochenstunden sowohl in Horten (72 %) als auch in der Kindertagespflege (77 %) am häufigsten.

Aufnahmezeitpunkt von unter Dreijährigen in KiTas und Kindertagespflege | MV 01.03.2020 | Tab. 87; 87a

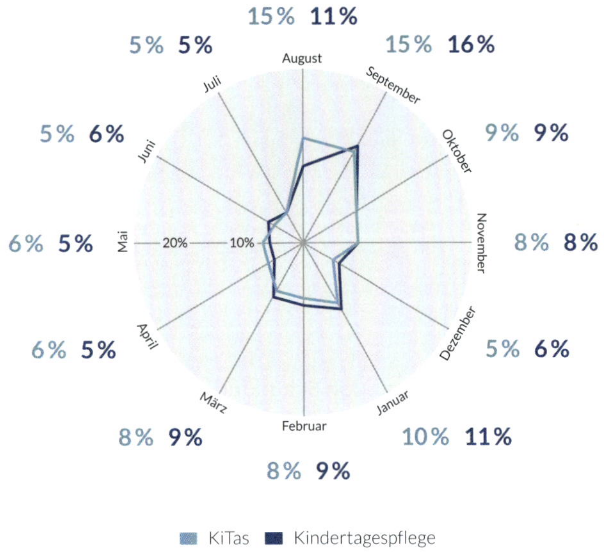

KiTas und Horte, die Kinder mit Eingliederungshilfe betreuen | MV 01.03.2020 | Tab. 59aoh; 59ah

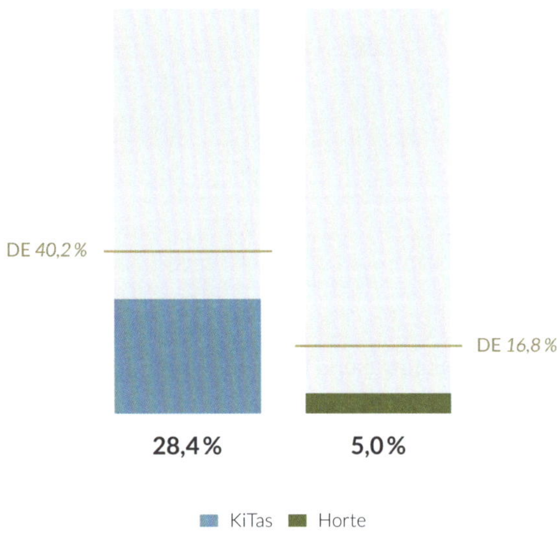

Vertraglich vereinbarte wöchentliche Betreuungszeiten in Kindertagesbetreuung | MV 01.03.2020 | Tab. 2-5; 3h; 138

	Kinder in KiTas und Horten			Kinder in öffentlich geförderter Kindertagespflege			
	< 3 Jahre: 19.480	≥ 3 Jahre bis Schuleintritt: 49.402	Schulkinder < 11 Jahren: 40.190	< 3 Jahre: 3.194	≥ 3 Jahre bis Schuleintritt: 554	Schulkinder < 11 Jahren: 22	
Bis 25 Stunden	0,4 *11,3*	0,7 *9,3*	28,4 *61,1*	0,2 *31,3*	0,4 *47,0*	22,7 *89,7*	%
> 25 bis 35 Stunden	20,1 *30,6*	21,8 *37,8*	71,6 *35,2*	18,7 *34,2*	26,0 *24,4*	77,3 *7,4*	%
> 35 bis < 45 Stunden	0,0 *19,5*	0,1 *17,5*	0,0 *1,6*	0,0 *19,3*	0,0 *15,7*	0,0 *1,8*	%
45 Stunden und mehr	79,5 *38,5*	77,4 *35,4*	0,0 *2,2*	81,2 *15,2*	73,6 *12,9*	0,0 *1,1*	%

| = DE

Regionale Daten zum Betreuungsumfang finden Sie auf www.laendermonitor.de unter FOKUS | Regionale Daten

In MV liegt der Anteil der Kinder mit nicht deutscher Familiensprache in 97 % der KiTas unter 25 % (bundesweit: 69 %); hier sprechen also die meisten Kinder zu Hause Deutsch. Fast 8 % der unter 3-Jährigen in KiTas haben einen Migrationshintergrund (MH). 3 % sprechen in ihrer Familie überwiegend Deutsch, 5 % eine andere Sprache. Bei den älteren KiTa-Kindern (9 %) liegen die Werte für die Sprache bei 3 % bzw. 6 %. Die Anteile der Kinder mit MH sind in der Kindertagespflege in beiden Altersgruppen (7 % bzw. 9 %) ähnlich. Hier sprechen bei den Jüngeren 3 % Deutsch, 4 % eine andere Sprache. Bei den Älteren sind es 3 % bzw. 6 %.

Der Großteil der unter 4-Jährigen mit oder ohne MH wurde mit einem Jahr in ihrer aktuellen KiTa (jeweils rund 50 %) oder Kindertagespflege (59 % bzw. 52 %) aufgenommen. Kinder mit MH besuchen seltener im Alter von unter einem Jahr zum ersten Mal eine KiTa (16 %) als Kinder ohne MH (34 %). Auch in der Kindertagespflege bleibt diese Differenz bestehen; hier startet jedoch ein höherer Anteil als in KiTas bereits vor einem Jahr das Betreuungsangebot (27 % bzw. 43 %).

Kinder mit und ohne Migrationshintergrund

MV 01.03.2020

Regionale Daten zum Migrationshintergrund und zur Familiensprache finden Sie auf www.laendermonitor.de unter FOKUS | Regionale Daten

Bildungsbeteiligung in KiTas und Kindertagespflege

Tab. 38a, Tab. 39a

Quote der Inanspruchnahme von Kindern

mit Migrationshintergrund **ohne** Migrationshintergrund

KiTas (mit Horten) nach ihrem Anteil an Kindern mit nicht deutscher Familiensprache | Tab. 96

KiTas (mit Horten) mit einem Anteil an Kindern mit nicht deutscher Familiensprache von

< 25 % 25 bis < 50 % 50 bis < 75 % 75 % und mehr

Alter des Kindes zu Beginn der Betreuung in der aktuellen KiTa und Kindertagespflege | Tab. 92; 93

KiTa

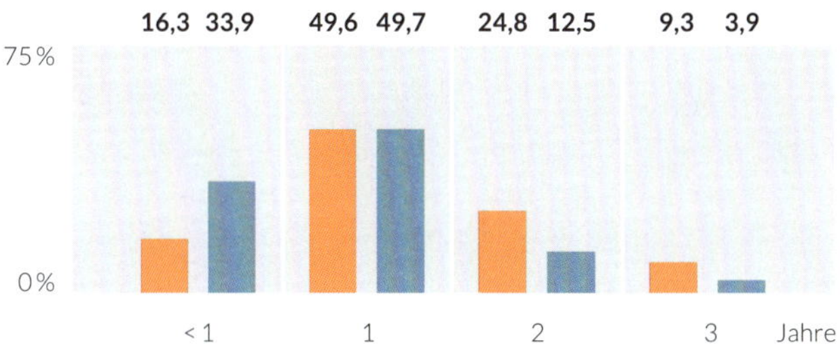

Kindertagespflege

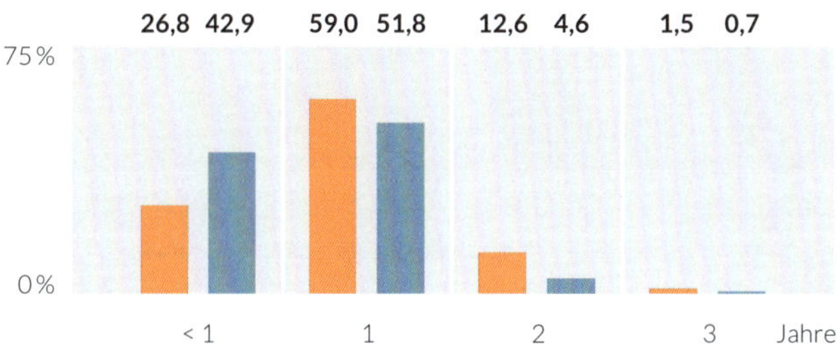

mit Migrationshintergrund **ohne** Migrationshintergrund

Familiäre Sprachpraxis der Kinder in KiTas (mit Horten) und Kindertagespflege | Tab. 15a-20a

KiTas (mit Horten)

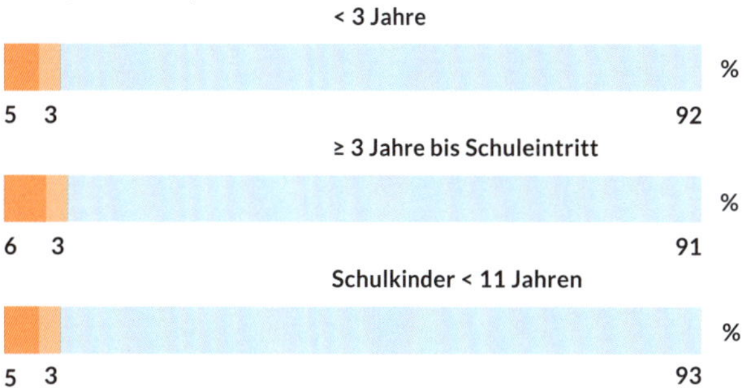

Kindertagespflege

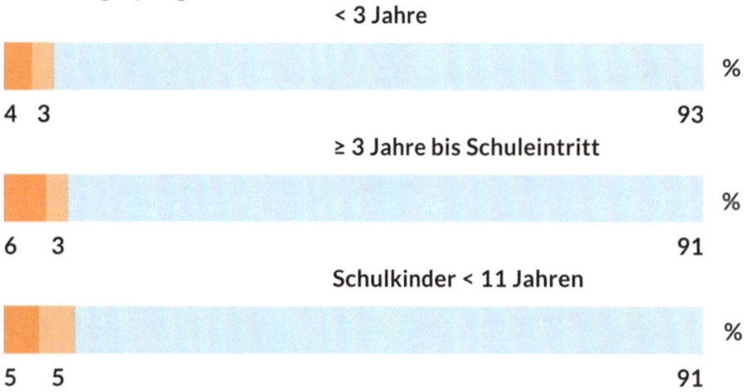

Kinder **mit** Migrationshintergrund:
Familiensprache nicht Deutsch Deutsch

Kinder **ohne** Migrationshintergrund

Bildung fördern – Qualität sichern

Die FBBE kann einen bedeutenden Beitrag für die Chancengerechtigkeit aller Kinder in Deutschland leisten. Voraussetzung dafür, dass die KiTas ihren Bildungsauftrag durchführen können, sind professionelle Rahmenbedingungen: insbesondere ausreichend Personal für die pädagogischen Aufgabenbereiche sowie für die Leitung und die Verwaltung. Weitere wichtige Gradmesser für die Qualität sind qualifizierte KiTa-Teams und kleine Kindergruppen. Schließlich spielt auch die Ausgestaltung der Arbeitsbedingungen durch die Träger eine Rolle. Der Status quo der KiTa-Landschaft wird im Folgenden anhand ausgewählter strukturell-qualitativer Dimensionen dargestellt.

72 % der unter 3-Jährigen in MV sind in Krippengruppen; 2020 ist hier eine Vollzeitkraft rechnerisch für 5,9 ganztags betreute Kinder zuständig. Weitere 15 % dieser Altersgruppe werden zusammen mit 3 % der ab 3-Jährigen in Gruppen mit Kindern unter 4 Jahren betreut (Personalschlüssel: 1 zu 7,0). Der größte Anteil der Kinder ab drei Jahren (74 %) befindet sich in Kindergartengruppen (Personalschlüssel: 1 zu 12,9). Für ein kindgerechtes Betreuungsverhältnis empfiehlt die Bertelsmann Stiftung, dass eine Fachkraft rein rechnerisch für höchstens 3 unter 3-Jährige in Krippengruppen oder 7,5 Kinder ab drei Jahren in Kindergartengruppen zuständig ist. In MV entsprechen nur 7 % der Personalschlüssel in Kindergartengruppen dieser Empfehlung (inkl. ± 0,5 Toleranz) bzw. sind günstiger. Schlechter sind 93 % der Personalschlüssel, in Krippengruppen sogar 95 %. Ein ähnlich ungünstiges Bild zeigt sich in Gruppen mit Kindern unter 4 Jahren sowie in Hortgruppen. Hier sind in 98 % bzw. 83 % der Gruppen die Personalschlüssel ungünstiger als wissenschaftlich empfohlen.

Der Personalschlüssel ist eine rein rechnerische, im KiTa-Alltag nicht beobachtbare Größe, die die gesamte Arbeitszeit einer pädagogischen Fachkraft umfasst. Die annähernd reale Betreuungssituation beschreibt die Fachkraft-Kind-Relation, die das Verhältnis zwischen den Fachkräften und den Kindern während der unmittelbaren pädagogischen Arbeit darstellt.

Pädagogische Personalausstattung | MV 01.03.2020

Personalschlüssel

Tab. 43a2

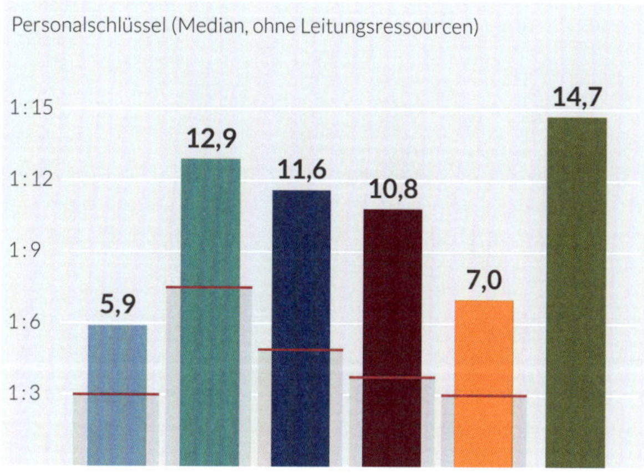

Verteilung der Kinder auf Gruppentypen

Tab. 36b; 36b1; 36b2

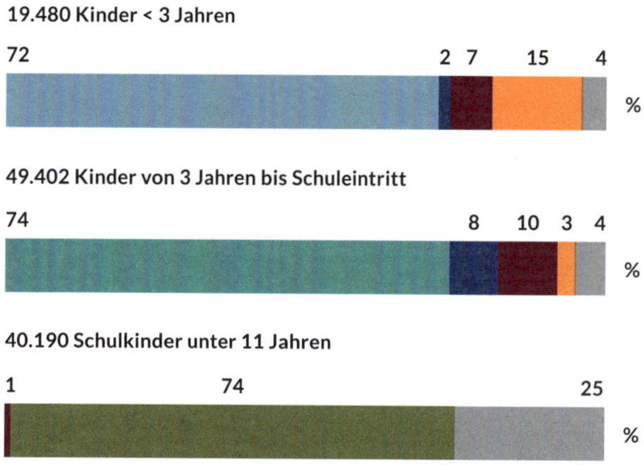

Gruppentyp

Krippe, Kindergarten, Kindergarten ab 2 Jahre, Altersübergreifend ab 0 Jahre, Krippe < 4 Jahren, Hort, Ohne feste Gruppenstruktur

Empfohlener Personalschlüssel (BSt = Bertelsmann Stiftung, H.-S. & B. = Haug-Schnabel & Bensel 2016):
Krippe 1 : 3,0 (BSt); Kindergarten 1 : 7,5 (BSt); Kindergarten ab 2 J. 1: 4,9 (H.-S. & B.); Altersübergreifend ab 0 J. 1 : 3,75 (H.-S. & B.); Krippe < 4 J. 1 : 3,0 (BSt)

Regionale Daten zum Personalschlüssel finden Sie auf www.laendermonitor.de unter FOKUS | Regionale Daten

Personalschlüssel im Vergleich | Tab. 94; 94a–e

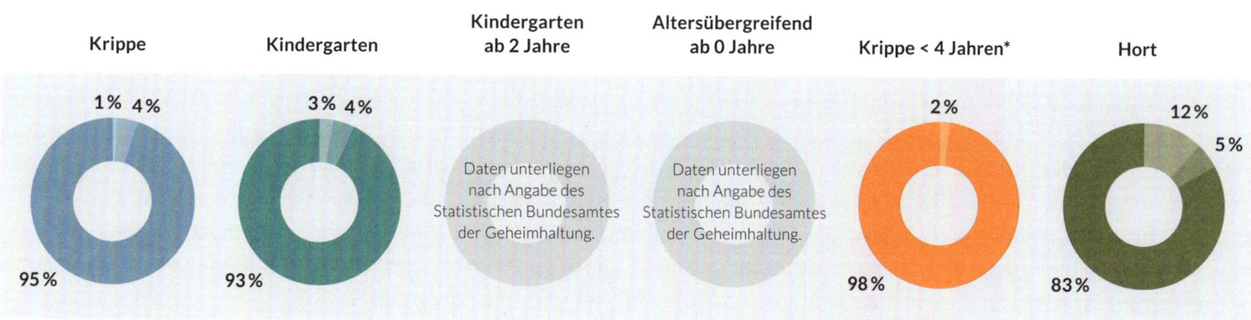

Personalschlüssel von

Krippe	Kindergarten	Kindergarten ab 2 Jahre	Altersübergreifend ab 0 Jahre	Krippe < 4 Jahren*	Hort
< 1:2,5 DE *10 %*	< 1:7 DE *26 %*	< 1:4,4 DE *2 %*	< 1:3,25 DE *4 %*	< 1:2,5 DE *5 %*	< 1:9,5 DE *44 %*
1:2,5 bis < 1:3,5 DE *24 %*	1:7 bis < 1:8 DE *14 %*	1:4,4 bis < 1:5,4 DE *7 %*	1:3,25 bis < 1:4,25 DE *9 %*	1:2,5 bis < 1:3,5 DE *22 %*	1:9,5 bis < 1:10,5 DE *5 %*
1:3,5 und mehr DE *66 %*	1:8 und mehr DE *60 %*	1:5,4 und mehr DE *91 %*	1:4,25 und mehr DE *87 %*	1:3,5 und mehr DE *72 %*	1:10,5 und mehr DE *51 %*

* siehe landesspezifische Anmerkungen am Ende des Profils

Pädagogische Personalausstattung | MV 01.03.2020

Fachkraft-Kind-Relation – Szenarien der Bertelsmann Stiftung | Tab. 82

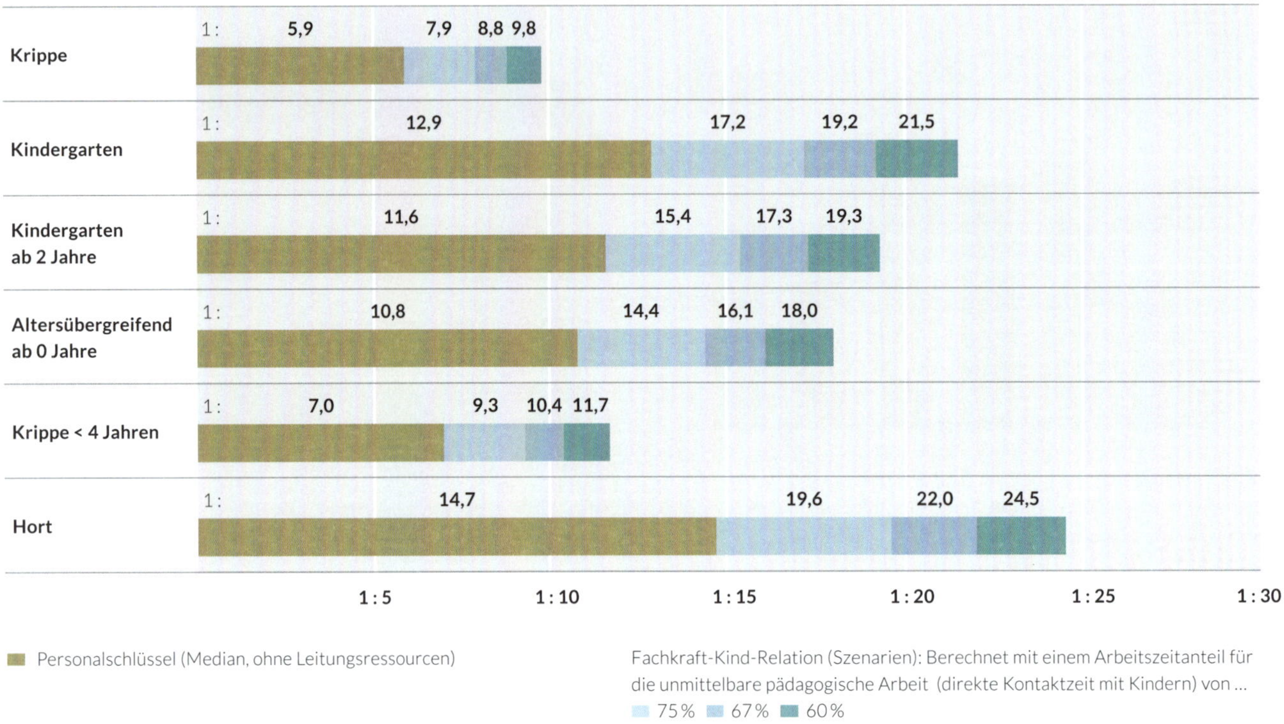

Eine Annäherung an die Fachkraft-Kind-Relation kann nur durch Szenarien erfolgen, da die amtliche Kinder- und Jugendhilfestatistik keine Daten für Arbeitszeitanteile der mittelbaren pädagogischen Aufgabenbereiche sowie Ausfallzeiten erfasst. Die drei von der Bertelsmann Stiftung entwickelten Szenarien wurden auf Basis wissenschaftlicher Untersuchungen berechnet. Diese zeigen, dass 24 % bis 41 % der Gesamtarbeitszeit einer pädagogischen Fachkraft zum einen Ausfallzeiten sind (Urlaub, Krankheit, Fortbildungen) und zum anderen für Aufgaben außerhalb der pädagogischen Praxis benötigt werden, etwa für Elterngespräche, die Qualitätsentwicklung oder Bildungsdokumentationen.[1] In den Szenarien wird der Anteil für die unmittelbaren Arbeitsaufgaben, also den Kontakt mit den Kindern, mit 75 %, 67 % oder 60 % der gesamten Arbeitszeit angesetzt.

Werden wie im Szenario 1 nur 25 % der Arbeitszeit für Aufgaben ohne die Kinder verwendet, verbleiben 75 % der Arbeitszeit für sie. In MV betreut dann eine Vollzeitkraft in Krippengruppen bei einem Personalschlüssel von 1 zu 5,9 in der pädagogischen Praxis rechnerisch 7,9 Kinder. Nimmt man einen höheren Anteil mittelbarer pädagogischer Arbeitszeit an, sinkt die Zeit für die Arbeit mit den Kindern, und die Fachkraft-Kind-Relationen verschlechtern sich (Szenarien 2 und 3).

Neben einer kindgerechten Personalausstattung ist die Gruppengröße ein weiterer Gradmesser für „gute" KiTas. Zu große Gruppen bedeuten für die Kinder und das Personal übermäßigen Stress, etwa durch die Lautstärke. So sollten Gruppen für jüngere Kinder nicht mehr als zwölf Kinder umfassen, Kindergartengruppen nicht mehr als 18.[1] In MV sind 23 % der Krippengruppen zu groß, bei den Kindergartengruppen sind es 10 %.

Im Median haben die KiTas in MV, ähnlich wie in allen anderen ostdeutschen Flächenländern, 11 Stunden ihre Türen geöffnet; bundesweit liegt die Öffnungsdauer bei 9,5 Stunden. In 95 % der KiTas startet der Tag bereits vor 7 Uhr. Dies trifft mit 68 % auch auf den Großteil der Horte zu.

1 Vgl. Viernickel, Susanne; Fuchs-Rechlin, Kirsten (2015): Fachkraft-Kind-Relationen und Gruppengrößen in Kindertageseinrichtungen. Grundlagen, Analysen, Berechnungsmodell, in: Viernickel, Susanne; Fuchs-Rechlin, Kirsten; Strehmel, Petra; Preissing, Christa; Bensel, Joachim; Haug-Schnabel, Gabriele: Qualität für alle. Wissenschaftlich begründete Standards für die Kindertagesbetreuung. Freiburg, S. 11–130.

KiTa- und Hort-Strukturen | MV 01.03.2020

Gruppengrößen im Vergleich | Tab. 116a–e; 116h

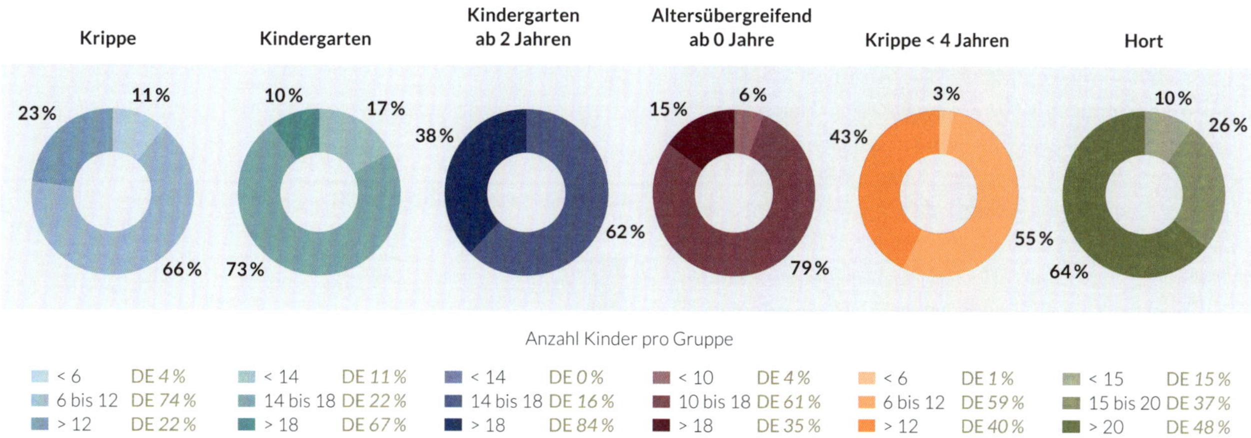

Öffnungszeiten von KiTas und Horten | Tab. 83oh; 83h; 117oh; 117h

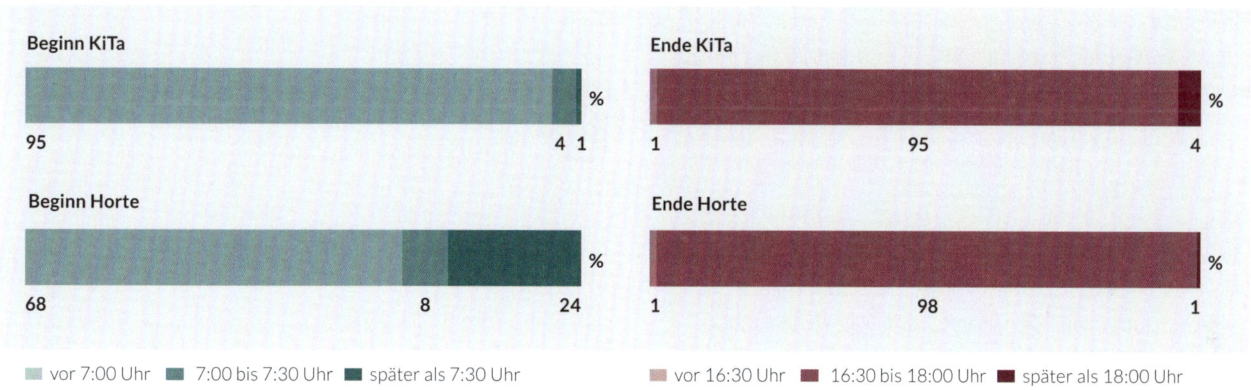

KiTa: Beginn nach 7:30 und Ende vor 16:30 Uhr

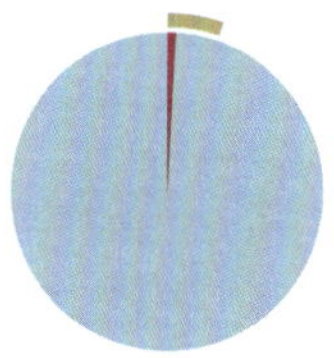

0,9 %
DE *5,1 %*

KiTa: Öffnungsdauer

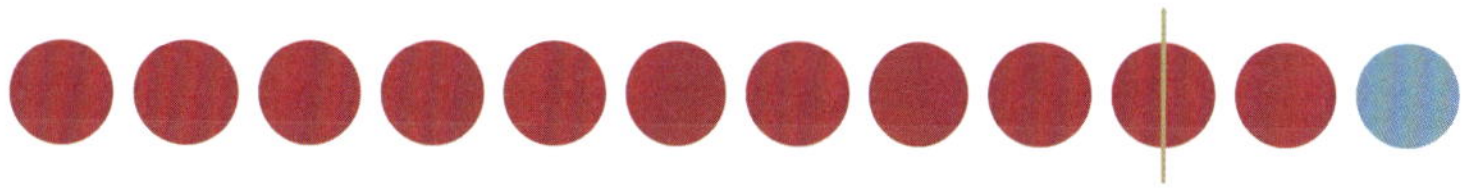

11 Stunden pro Tag (Median)
DE *9,5 Std.*

Horte: Beginn nach 7:30 und Ende vor 16:30 Uhr

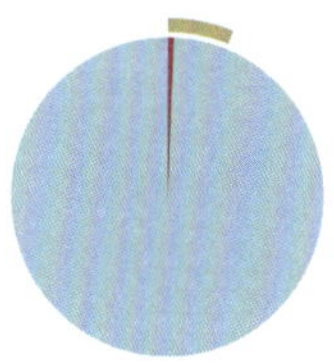

0,6 %
DE *6,0 %*

Horte: Öffnungsdauer

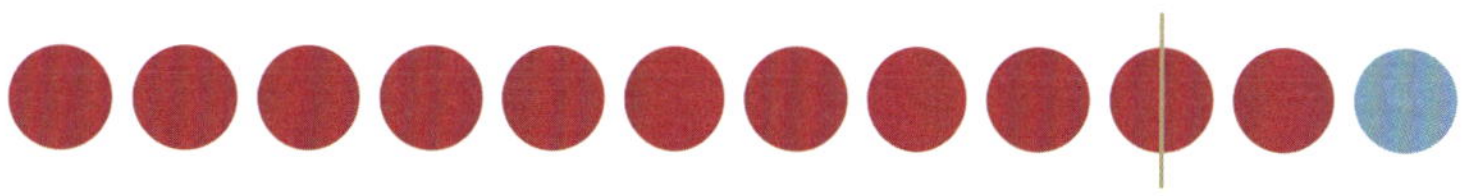

11 Stunden pro Tag (Median)
DE *9,5 Std.*

Regionale Daten zu den Öffnungszeiten von KiTas finden Sie auf www.laendermonitor.de unter FOKUS | Regionale Daten

Leitungsausstattung

MV 01.03.2020

2020 verfügen knapp 4 % der 1.111 KiTas (mit Horten) in MV nach der amtlichen Kinder- und Jugendhilfestatistik über keine vertraglich vereinbarte Zeit für Leitungsaufgaben. Bundesweit sind es fast 9 %. Dies betrifft vor allem die kleinen Einrichtungen in MV: 6 % der KiTas (mit Horten) mit weniger als 45 betreuten Kindern haben keine zeitlichen Leitungsressourcen, während es in den größeren mit 76 und mehr Kindern nur 2 % sind.

In fast 21 % der KiTas (mit Horten) in MV, in denen es laut Arbeitsvertrag Leitungskapazitäten gibt, ist eine Person ausschließlich als Leiter:in tätig. Weitere 59 % werden ebenfalls von nur einer Person geleitet – diese ist allerdings neben ihrer Leitungstätigkeit noch als pädagogische Fachkraft zuständig. Hier ergibt sich das folgende Bild: In rund 35 % der KiTas (mit Horten) gibt es Leitungskräfte, denen weniger als 50 % ihrer Arbeitszeit für Leitungsaufgaben zur Verfügung stehen, während in 24 % der KiTas die Leitungskräfte mindestens die Hälfte ihrer Arbeitszeit für Leitungsaufgaben nutzen können. In den restlichen 20 % ist ein Leitungsteam zuständig, d. h., mindestens zwei Personen besitzen einen Leitungsanteil oder sind ausschließlich als Leitung tätig.

Welche dieser vier Leitungskonstellationen in einer Einrichtung zum Tragen kommt, ist die – bewusst zu treffende – Entscheidung des Trägers. Dieser Handlungsspielraum sollte es ermöglichen, den Teams sowie auch den Leitungsverantwortlichen mit ihren jeweiligen Leitungskompetenzen und Persönlichkeiten gerecht zu werden. Voraussetzung ist allerdings, dass den KiTas und Horten zeitliche Leitungsressourcen gewährt werden. Diese sind notwendig, um die Einrichtung professionell zu führen und zu leiten.

Um den Umfang der vertraglich zugesicherten Leitungszeit zwischen den KiTas unabhängig von ihrer Größe sowie auch zwischen den Bundesländern vergleichen zu können, wird die wöchentliche Leitungszeit auf die Anzahl der ganztags betreuten Kinder verteilt. In den KiTas mit Leitungskapazitäten ergeben sich in MV rechnerisch im Median 15 Minuten pro ganztags betreutem Kind für die Führung und Leitung der KiTa.

Darüber hinaus kann die wöchentliche Leitungszeit gruppiert dargestellt werden. Im Ergebnis zeigt sich, dass dem größten Anteil der KiTas in MV (69 %) eine wöchentliche Arbeitszeit von über 10 bis einschließlich 20 Minuten pro rechnerisch ganztags betreutem Kind zur Verfügung steht.

KiTas (mit Horten) ohne Zeit für Leitung | Tab. 85

3,5 % von 1.111 KiTas (mit Horten) verfügen über keine Zeit für Leitung

KiTas (mit Horten) ohne Zeit für Leitung nach KiTa-Größe

Anzahl betreuter Kinder

Kleine KiTas: < 45 Mittlere KiTas: 45 bis 75 Große KiTas: 76 und mehr

Regionale Daten zu KiTas ohne Leitungszeit finden Sie auf www.laendermonitor.de unter FOKUS | Regionale Daten

KiTas (mit Horten) mit Zeit für Leitung nach Leitungsprofil

Tab. 65

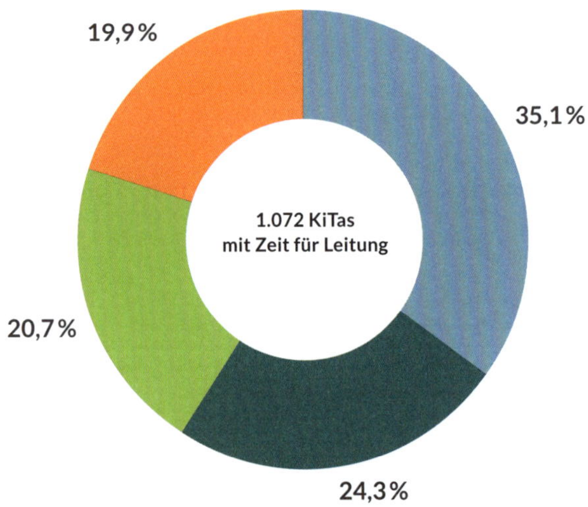

DE	Eine Leitungskraft ...
32,8 %	... mit Leitung als nachrangigem Arbeitsbereich
17,1 %	... mit Leitung als überwiegendem Arbeitsbereich
36,1 %	... ohne weiteren Arbeitsbereich
14,0 %	Leitungsteam

Leitungsausstattung | MV 01.03.2020

KiTas nach Leitungszeit* pro Kind

Tab. 66b; Tab. 108b

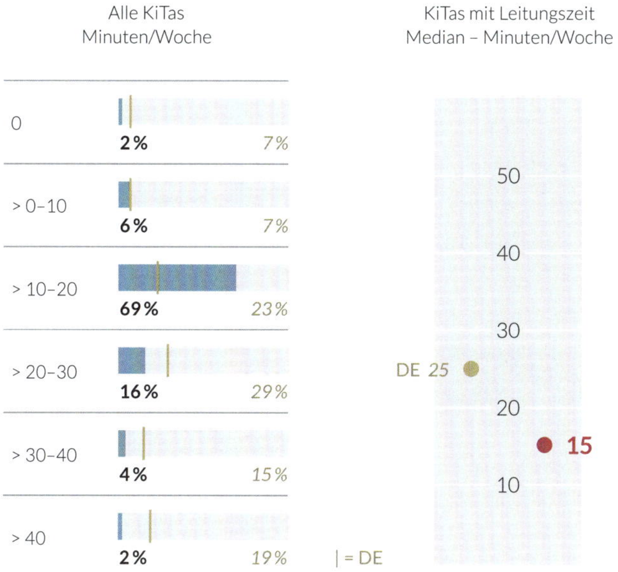

KiTas mit weniger als 20 Wochenstunden Leitungszeit* | Tab. 111

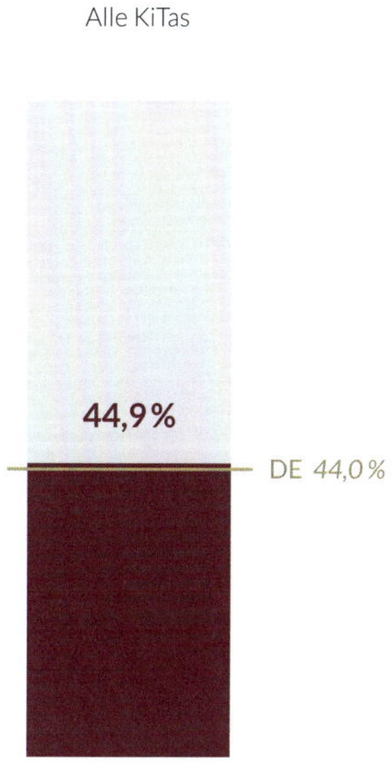

Bertelsmann Stiftung: Empfehlung zur Leitungsausstattung

KiTas mit der von der Bertelsmann Stiftung empfohlenen Leitungszeit* | Tab. 112

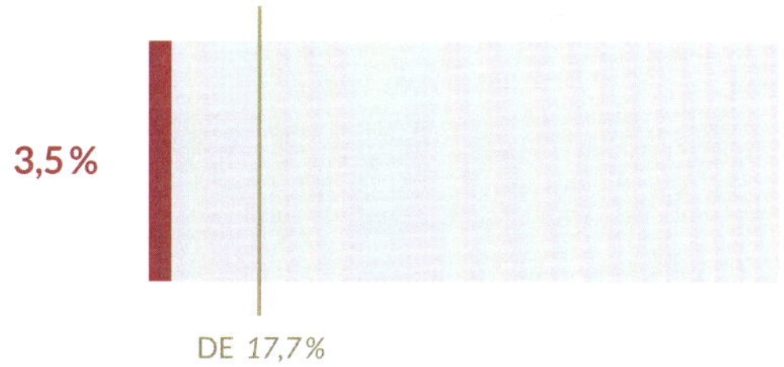

* Zeit für die Arbeitsbereiche Leitung UND Verwaltung

**Vertraglich vereinbarte Betreuungswochenstunden aller Kinder geteilt durch 40

Für eine professionelle Führung und Leitung von KiTas empfiehlt die Bertelsmann Stiftung jeder Einrichtung eine Grundausstattung von 20 Wochenstunden. Diese ist dringend notwendig, denn in jeder KiTa müssen – unabhängig von der Größe – Führungs- und Leitungsaufgaben erledigt werden. 2020 verfügen in MV 45 % der KiTas nicht über diese Grundausstattung, die als garantiertes Zeitbudget empfohlen wird.

Neben den 20 Wochenstunden sollte jeder KiTa ein variabler Anteil von 0,35 Wochenstunden pro Ganztagsbetreuungsäquivalent** zur Verfügung stehen. Mit inbegriffen sind Verwaltungszeiten von max. 20 % der empfohlenen Leitungszeit. 2020 verfügen in MV mehr als 3 % der KiTas über diese Leitungsausstattung, bundesweit sind es mit 18 % deutlich mehr.

Pädagogisches Personal | MV 01.03.2020

Entwicklung des pädagogischen Personals

Tab. 118oh, 118h; 126

Jahr (Stichtag 01.03.)	KiTas	Kindertagespflege	Horte
	Anzahl pädagogisch Tätiger		
2011	7.990	1.505	1.652
2012	8.467	1.467	1.720
2013	8.774	1.439	1.750
2014	9.138	1.375	1.777
2015	9.430	1.327	1.854
2016	9.693	1.249	1.891
2017	10.095	1.168	1.961
2018	10.424	1.073	2.069
2019	10.696	990	2.028
2020	11.047	906	2.090

Beschäftigungsumfang in KiTas und Horten

Tab. 29oh; 29h

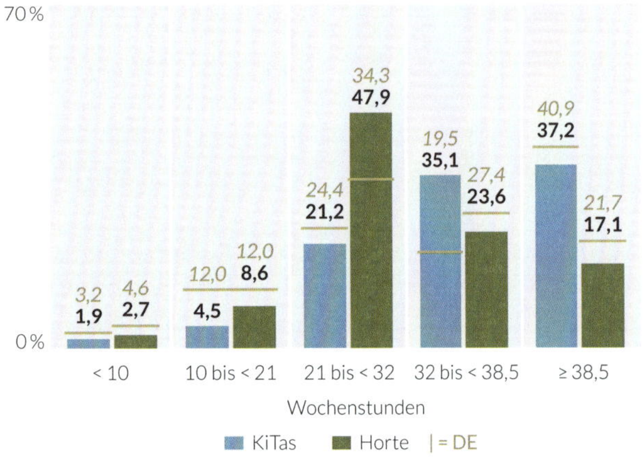

Qualifikationsniveaus | Tab. 27; 50a; 133

Abschluss	MV Anzahl	MV Anteil	DE Anteil
KiTas: 11.047 päd. Tätige			
Hochschule*	490	**4,4 %**	*5,6 %*
Fachschule*	9.386	**85,0 %**	*68,3 %*
Berufsfachschule*	412	**3,7 %**	*13,6 %*
Sonstige Ausbildungen	252	**2,3 %**	*4,5 %*
In Ausbildung	322	**2,9 %**	*5,9 %*
Ohne Abschluss	185	**1,7 %**	*2,2 %*
Kindertagespflege: 906 päd. Tätige			
Hochschule*	10	**1,1 %**	*3,2 %*
Fachschule*	178	**19,6 %**	*15,8 %*
Berufsfachschule*	77	**8,5 %**	*10,0 %*
Soziale/sozialpädagogische Kurzausbildung	48	**5,3 %**	*1,9 %*
Sonstige Ausbildungen	580	**64,0 %**	*60,1 %*
In Ausbildung	0	**0,0 %**	*0,5 %*
Ohne Abschluss	13	**1,4 %**	*8,6 %*
Horte: 2.090 päd. Tätige			
Hochschule*	96	**4,6 %**	*8,2 %*
Fachschule*	1.842	**88,1 %**	*68,8 %*
Berufsfachschule*	49	**2,3 %**	*8,8 %*
Sonstige Ausbildungen	56	**2,7 %**	*7,6 %*
In Ausbildung	27	**1,3 %**	*4,6 %*
Ohne Abschluss	20	**1,0 %**	*2,0 %*

* fachlich einschlägig

Regionale Daten zu den Qualifikationsniveaus finden Sie auf www.laendermonitor.de unter FOKUS | Regionale Daten

Die Zahl des pädagogischen Personals ist in MV zwischen 2011 und 2020 gestiegen: in den KiTas um 38 % auf nunmehr 11.047 Tätige und in den Horten um fast 27 % auf 2.090. In der Kindertagespflege zeigt sich hingegen im selben Zeitraum ein starker Abbau. Hier arbeiten 2020 nur noch 906 Personen gegenüber 1.505 im Jahr 2011.

4 % der pädagogisch Tätigen in KiTas besitzen einen Hochschul-, 85 % einen Fachschulabschluss als Erzieher:in. In Ausbildung befinden sich 3 %. Das Qualifikationsniveau des Hortpersonals liegt auf einem annähernd ähnlichen Level wie in den KiTas. In der Kindertagespflege arbeiten anteilig deutlich weniger Personen mit einem fachlich einschlägigen Fachschulabschluss (20 %); die meisten Kindertagespflegepersonen (64 %) besitzen einen nicht-fachpädagogischen Abschluss.

Der größte Anteil des KiTa-Personals arbeitet 38,5 Stunden pro Woche und mehr (37 %). In den Horten trifft dies nur auf 17 % zu. Hier besitzt mit 48 % der größte Anteil der Beschäftigten Arbeitsverträge von 21 bis unter 32 Wochenstunden, bundesweit der zweithöchste Anteil.

Pädagogisches Personal | MV 01.03.2020

Altersstruktur in KiTas, Kindertagespflege und Horten | Tab. 42oh; 42h; 128

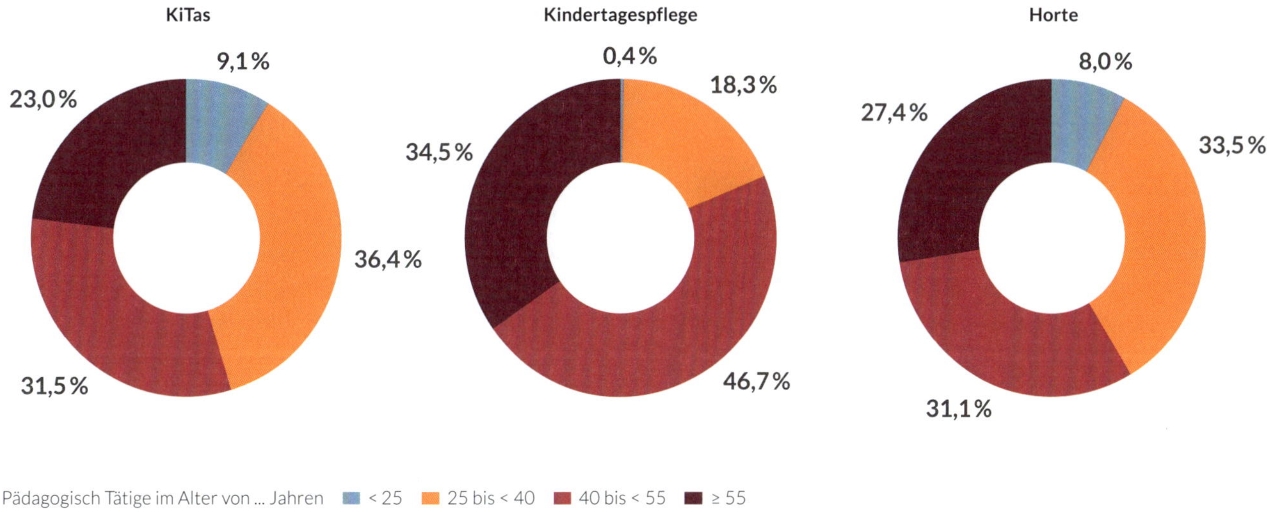

Befristete Arbeitsverhältnisse in KiTas (mit Horten) | Tab. 77

	Alter in Jahren	unter 30	30 bis unter 40	40 bis unter 50	50 bis unter 60	60 und älter
MV	pädagogisch Tätige insgesamt	2.143	3.347	2.372	3.397	1.361
	Anteil befristet Beschäftigter	**12,7 %**	**6,9 %**	**4,7 %**	**2,2 %**	**3,8 %**
DE	Anteil befristet Beschäftigter	*25,6 %*	*14,1 %*	*10,4 %*	*6,3 %*	*5,9 %*

Nur 6 % des KiTa-Personals in MV sind männlich (bundesweit: 6 %). Dieser Anteil liegt in der Kindertagespflege mit fast 4 % auf einem niedrigeren Niveau (bundesweit: 4 %). In den Horten hingegen arbeitet ein deutlich höherer Anteil an Männern (fast 16 %) als in den beiden zuvor genannten Betreuungsformen; bundesweit sind es 18 %.

Mit 36 % ist der größte Anteil des KiTa-Personals in MV 25 bis unter 40 Jahre alt (bundesweit: 37 %). Weitere fast 32 % der Beschäftigten sind 40 bis unter 55 Jahre (bundesweit: 33 %). 9 % sind unter 25 Jahre alt, und wiederum 23 % sind 55 oder älter (bundesweit: 13 % bzw. 17 %). Auch für das Hortpersonal in MV zeigt sich, dass die jüngeren Fachkräfte unter 25 Jahren (8 %) und die älteren ab 55 Jahren (27 %) seltener vertreten sind als die anderen Altersgruppen. Hier ist wie in den KiTas der Großteil des Personals 25 bis unter 40 Jahre (34 %) und 40 bis unter 55 Jahre alt (31 %). Ein anderes Bild zeigt sich dagegen in der Kindertagespflege, wo das Personal durchschnittlich älter ist. Hier sind fast 35 % aller Beschäftigten 55 Jahre und älter (bundesweit: 27 %). Weitere 47 % sind 40 bis unter 55 Jahre alt (bundesweit: 43 %). Zur Altersgruppe 25 bis unter 40 Jahre zählen lediglich 18 % der Kindertagespflegepersonen (bundesweit: 29 %), und noch nicht einmal 1 % ist jünger als 25 (bundesweit: 1,5 %).

6 % des pädagogischen Personals in KiTas (mit Horten) sind in MV befristet beschäftigt; das ist bundesweit der niedrigste Anteil. Dem bundesweiten Trend folgend, sind auch in MV vor allem jüngere Beschäftigte von einer Befristung betroffen, nämlich 13 % der unter 30-Jährigen, aber nur 2 % der 50- bis unter 60-Jährigen und 4 % der ab 60-Jährigen.

Träger | MV 01.03.2020

Die insgesamt 952 KiTas und 159 Horte in MV werden von verschiedenen Trägern betrieben; das können solche der öffentlichen oder der freien Jugendhilfe sein. Innerhalb der freien Träger wird zwischen den privat-gemeinnützigen und den privat-nichtgemeinnützigen (auch Wirtschaftsunternehmen) unterschieden. Die privat-nichtgemeinnützigen werden den freien Trägern zugeordnet, da Gemeinnützigkeit kein konstitutives Merkmal ist.

Nur 13 % der KiTas in MV befinden sich in öffentlicher Trägerschaft (bundesweit: 32 %). Mit 27 % wird der größte Anteil der KiTas vom Deutschen Paritätischen Wohlfahrtsverband betrieben. KiTas in sonstiger freigemeinnütziger Trägerschaft sind ebenfalls häufiger vertreten (16 %). In der bundesweiten Gesamtschau sind in MV insbesondere KiTas des Deutschen Caritasverbandes oder sonstiger katholischer Träger (2 %; bundesweit: 17 %) unterrepräsentiert. Ebenso sind KiTas in der Trägerschaft von Elterninitiativen in MV mit 5 % weniger stark vertreten als im Bundesdurchschnitt (8 %). Eine andere Verteilung auf die Trägerschaften zeigt sich bei den Horten in MV. So befindet sich mit 26 % der größte Anteil der Horte in öffentlicher Trägerschaft (bundesweit: 48 %). Mit 23 % wird der zweitgrößte Anteil wiederum vom Deutschen Paritätischen Wohlfahrtsverband betrieben (bundesweit: 9 %).

Unterschiede in den Betreuungsquoten der unter 3-Jährigen und der Kinder ab 3 nach Art des Trägers sind in MV kaum vorhanden. So besuchen rund 12 % der Kinder beider Altersgruppen KiTas in öffentlicher Trägerschaft. Der größte Anteil wird jeweils in KiTas des Deutschen Paritätischen Wohlfahrtsverbandes betreut (unter 3-Jährige: 31 %; ab 3-Jährige: 30 %).

Die Beschäftigungsumfänge der pädagogisch Tätigen unterscheiden sich in vielen Bundesländern nach Trägerschaft der KiTas und Horte. 2020 zeigt sich in MV das folgende Bild: Mit jeweils 74 % verfügt ein großer Anteil der pädagogisch Tätigen in KiTas (mit Horten) des Deutschen Paritätischen Wohlfahrtsverbandes und privat-nichtgemeinnütziger Trägerschaften über einen Arbeitsvertrag, der mindestens 32 Wochenstunden umfasst; das ist mehr als in Einrichtungen anderer Trägerschaften, insbesondere in KiTas (mit Horten) in öffentlicher Trägerschaft (49 %). Arbeitsverträge von weniger als 21 Wochenstunden sind anteilig am häufigsten in KiTas (mit Horten) sonstiger freigemeinnütziger Träger (11 %) vertreten.

KiTas und Horte nach Träger | Tab. 78oh; 78h

952 KiTas und 159 Horte in MV	KiTas		Horte	
	Anzahl	Anteil	Anzahl	Anteil
Öffentliche Träger	124	**13,0 %**	41	**25,8 %**
Freie Träger/privat-gemeinnützig				
Arbeiterwohlfahrt (AWO)	92	**9,7 %**	8	**5,0 %**
Deutscher Paritätischer Wohlfahrtsverband (DPWV)	253	**26,6 %**	37	**23,3 %**
Deutsches Rotes Kreuz (DRK)	85	**8,9 %**	11	**6,9 %**
Diakonie Deutschland/sonstige der EKD angeschlossene Träger	116	**12,2 %**	23	**14,5 %**
Deutscher Caritasverband/sonstige katholische Träger	16	**1,7 %**	2	**1,3 %**
Sonstige	156	**16,4 %**	33	**20,8 %**
Freie Träger/privat-nichtgemeinnützig	62	**6,5 %**	1	**0,6 %**
Elterninitiativen	48	**5,0 %**	3	**1,9 %**

Träger | MV 01.03.2020

Kinder nach Alter und KiTa-Träger | Tab. 79, 80

Pädagogisch Tätige nach KiTa-Träger (mit Horten) und Beschäftigungsumfang | Tab. 81

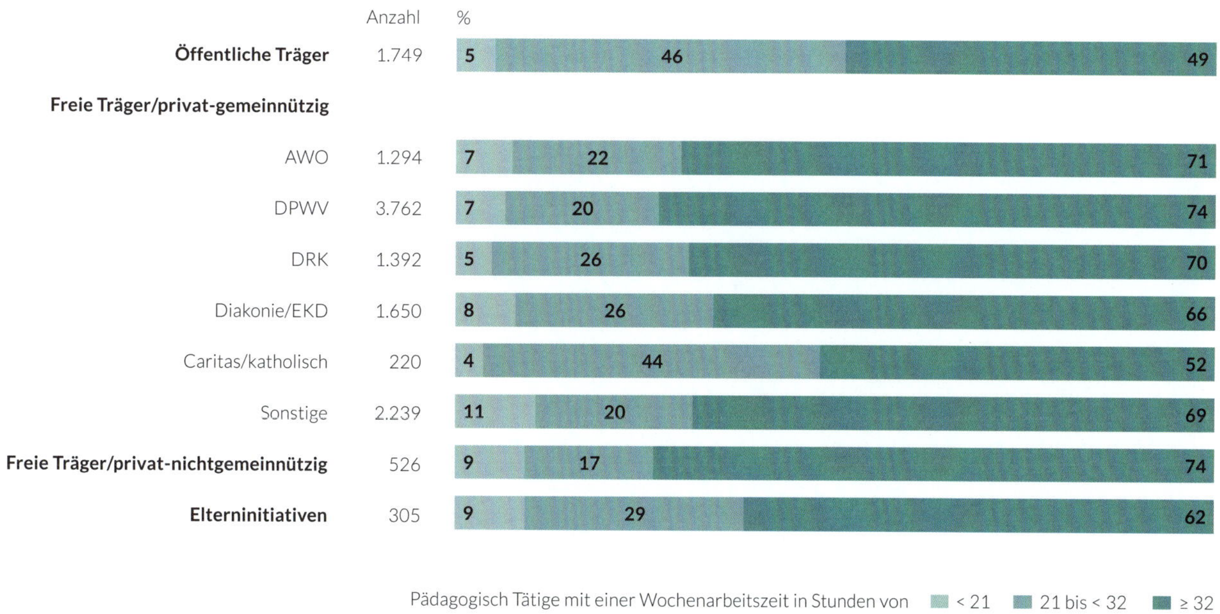

Investitionen wirkungsvoll einsetzen

Der qualitative Ausbau des frühkindlichen Bildungssystems, insbesondere die Verbesserung der Personalressourcen, erfordert gewaltige finanzielle Kraftanstrengungen aller Akteure. Um das System langfristig zu sichern, bedarf es einer dauerhaften finanziellen Unterstützung des Bundes. Daher sollte der Bund sein finanzielles Engagement im KiQuTG über 2022 hinaus verlässlich verankern.

In MV wurden 2018 für jedes Kind unter sechs Jahren in der Bevölkerung durchschnittlich 5.073 Euro für Angebote der Kindertagesbetreuung durch die öffentliche Hand, also Land und Kommunen, ausgegeben (ohne Elternbeiträge oder Zuschüsse anderer föderaler Ebenen). Das sind fast 1.700 Euro mehr als sechs Jahre zuvor. Im bundesweiten Durchschnitt lagen die Ausgaben im Jahr 2018 mit 6.007 Euro auf einem höheren Niveau als in MV.

Im Haushaltsjahr 2019 wurden in MV seitens der öffentlichen Haushalte Investitionsausgaben für die Kindertagesbetreuung in Höhe von fast 24 Mio. Euro getätigt. Dies sind Ausgaben, die zum Beispiel bei einem Neubau einer KiTa bzw. einem Umbau oder einer Sanierung einer bereits vorhandenen KiTa entstehen.

Im Rahmen des KiQuTG erhält jedes Bundesland zwischen 2019 und Ende 2022 Bundesmittel für Maßnahmen zur Weiterentwicklung der KiTa-Qualität und zur Gebührenentlastung der Eltern. MV investiert in eins der insgesamt elf Handlungsfelder des Gesetzes. So fließen fast 95 Mio. Euro in das Handlungsfeld *Weniger Gebühren*. Mit diesen Mitteln wird die seit 2020 vollständig in Kraft getretene Elternbeitragsfreiheit in MV mitfinanziert.[1]

1 Vgl. BMFSFJ und Ministerpräsidentin von MV (2020): Vertrag zwischen der Bundesrepublik Deutschland, vertreten durch das Bundesministerium für Familie, Senioren, Frauen und Jugend, und dem Land Mecklenburg-Vorpommern zur Umsetzung des Gesetzes zur Weiterentwicklung der Qualität und zur Verbesserung der Teilhabe in Tageseinrichtungen und in der Kindertagespflege (KiTa-Qualitäts- und Teilhabeverbesserungsgesetz – KiQuTG).

Investitionen pro unter sechsjährigem Kind
MV 2011–2018 | Tab. 21c

Grundmittel von Land und Kommunen

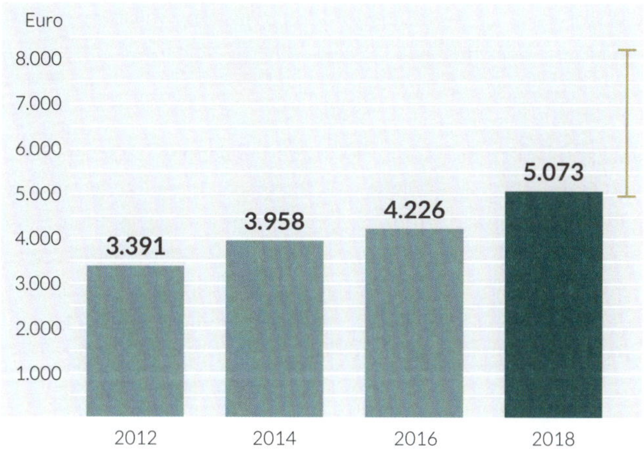

| = Alle Bundesländer 2018, Minimum: 4.965 €, Maximum: 8.232 €

Finanzierungsgemeinschaft für FBBE
MV 2018 | Tab. 23

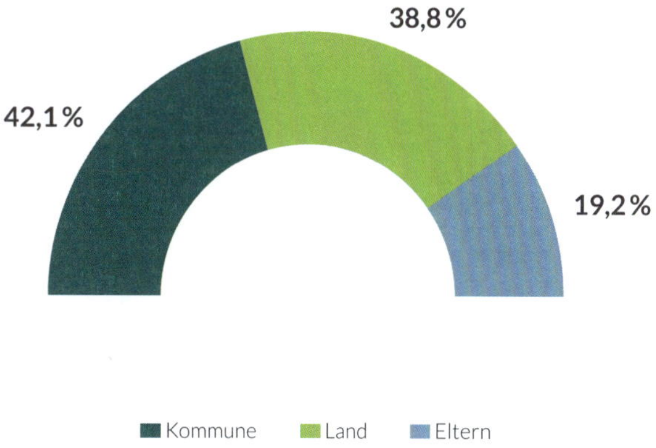

Ohne Eigenanteil der freien Träger und Zuschüsse des Bundes

Einmalige Investitionsausgaben für FBBE | MV 2009–2019 | Tab. 45

Ausgaben von Bund, Land und Kommunen

	2009	2010	2011	2012	2013	2014	2015	2016	2017	2018	2019
	Mio. Euro										
MV	**10,4**	**10,1**	**10,7**	**4,3**	**9,3**	**12,2**	**8,9**	**10,7**	**15,5**	**19,0**	**23,6**
DE	*947,3*	*1.334,1*	*1.357,5*	*1.408,8*	*2.188,8*	*1.649,4*	*1.137,7*	*1.080,7*	*1.345,8*	*1.686,1*	*2.012,3*

Für die Interpretation der hier ausgewiesenen Indikatoren sind einige methodische Grundlagen wichtig. Zusätzlich zu den Anmerkungen im Anhang des Länderprofils findet sich auf www.laendermonitor.de unter „Methodik" eine ausführliche Beschreibung der Datengrundlage sowie der Berechnungsmethodik.

Verteilung der Bundesmittel aus dem KiQuTG auf die Handlungsfelder | MV 2019–2022 | Tab. 119

	Bedarfsgerechtes Angebot	Guter Betreuungsschlüssel	Qualifizierte Fachkräfte	Starke KiTa-Leitung	Kindgerechte Räume	Gesundes Aufwachsen	Sprachliche Bildung	Starke Kindertagespflege	Netzwerke für mehr Qualität	Vielfältige pädagogische Arbeit	**Weniger Gebühren**	**Verplante Bundesmittel gesamt**
Anteil											**100 %**	**100 %**
Mio. Euro											**94,6**	**94,6**

Landesspezifische Anmerkungen

Kinder mit und ohne Migrationshintergrund
Aufgrund zu schwacher Besetzungszahlen in mindestens einer der beiden interessierenden Altersgruppen in Mecklenburg-Vorpommern werden migrationsspezifische Betreuungsquoten dort nicht nachgewiesen. Die hochgerechneten Werte liegen dort unter 10.000 und sind damit in ihrer Aussagekraft eingeschränkt. Grund hierfür ist, dass die Stichprobenbasis beim Mikrozensus Zufallsfehler bedingt und damit einen einfachen relativen Standardfehler, der umso größer wird, je schwächer ein Merkmal besetzt ist.

Personalschlüssel im Vergleich
Die Kategorie „unter 1:2,5" unterliegt in Gruppen mit Kindern unter 4 Jahren in Mecklenburg-Vorpommern der Geheimhaltung und wird zur Kategorie „1:2,5 bis unter 1:3,5" hinzugefügt.

Niedersachsen

Allgemeine Basisdaten

Fläche in km² (2019)	47.710
Einwohner:innen (31.12.2019)	7.993.608
Geborene Kinder (2019)	73.286
Geburten pro Frau (2019)	1,603
Anzahl Kinder < 10 Jahren (31.12.2019)	731.804
Davon < 3 Jahren	224.293
Davon 3 bis < 6 Jahre	224.695
Davon 6 bis < 10 Jahre	282.816
Anteil der Kinder mit Migrationshintergrund (2019)	
... < 3 Jahren	38,3 %
... von 3 bis < 6 Jahren	33,6 %
Erwerbstätigenquote von Müttern mit (2019)	
... mindestens einem Kind < 3 Jahren	53,6 %
... mindestens einem Kind von 3 bis < 6 Jahren	67,8 %
Leistungsempfänger:innen nach SGB II (ALG II u. Sozialgeld, 2020)	561.228
Davon Kinder < 6 Jahren	63.830
Entspricht Anteil an allen Kindern < 6 Jahren	14,2 %

FBBE auf einen Blick 01.03.2020

Anteil der Kinder in FBBE	
... < 1 Jahr	1,3 %
... von 1 bis < 3 Jahren	48,3 %
... < 3 Jahren	32,9 %
... von 3 bis < 6 Jahren inkl. 0,1 % in [vor-]schulischen Einrichtungen	92,0 %
Schulkinder 6 bis < 11 Jahre	12,2 %
Tageseinrichtungen insgesamt	5.594
Davon Horte	549
Anteil der Einrichtungen mit	
... < 45 Kindern	43,5 %
... 45 bis 75 Kindern	23,3 %
... 76 Kindern und mehr	33,2 %
Pädagogisches Personal (inkl. Leitung) in KiTas (mit Horten) insgesamt	62.148
Davon in Horten	3.959
Kinder in KiTas (mit Horten) insgesamt	331.703
Davon < 3 Jahren	57.616
Davon 3 Jahre bis zum Schuleintritt	240.469
Davon Schulkinder < 11 Jahren	32.788
Tagespflegepersonen insgesamt	6.038
Kinder in Kindertagespflege insgesamt	23.322
Davon < 3 Jahren	16.387
Davon 3 Jahre bis zum Schuleintritt	4.534
Davon Schulkinder < 11 Jahren	2.401
Leitungspersonal in KiTas (mit Horten) insgesamt	6.034
Davon in Horten	342

Blitzlichter: Status quo der Kindertagesbetreuung in Niedersachsen

In den letzten zehn Jahren hat sich in NI die Zahl der unter 3-Jährigen, die eine KiTa oder Kindertagespflege besuchen, mehr als verdoppelt (2011: 35.669; 2020: 73.853). Somit stieg die FBBE-Teilhabequote dieser Altersgruppe von fast 19 % im Jahr 2011 auf 33 % im Jahr 2020. Trotz des enormen Ausbaus ist NI aber noch weit entfernt von der durchschnittlichen ostdeutschen Teilhabequote (53 %). Bei den 3- bis unter 6-Jährigen liegt der Wert bei 92 % (bundesweit: 93 %).

Für faire Bildungschancen ist nicht nur die Zahl an Plätzen entscheidend: Die Angebote müssen auch kindgerecht sein. Wichtige – auch wissenschaftlich untersuchte – Gradmesser für die strukturelle Qualität in KiTas sind der *Personalschlüssel*, die *Gruppengröße*, das *Qualifikationsniveau* des pädagogischen Personals und ausreichend *Leitungszeit*.

Der Personalschlüssel lässt sich mit den Daten der amtlichen Kinder- und Jugendhilfestatistik (KJH-Statistik) für verschiedene Gruppentypen berechnen. So werden 2020 in NI 30 % der unter 3-Jährigen in Krippengruppen betreut. Mit einem rechnerischen Personalschlüssel von 1 zu 3,7 wird hier noch nicht die Empfehlung der Bertelsmann Stiftung (1 zu 3,0) erreicht. Der größte Anteil dieser Altersgruppe (59 %) besucht Gruppen mit Kindern unter 4 Jahren; der Personalschlüssel liegt hier bei 1 zu 3,9 – das stellt noch kein kindgerechtes Verhältnis dar. In Kindergartengruppen, die auch für 2-Jährige geöffnet sind, werden weitere 4 % der unter 3-Jährigen zusammen mit 11 % der über 3-Jährigen bei einem Personalschlüssel von 1 zu 7,7 betreut. Das ist ungünstiger als der wissenschaftlich empfohlene Wert von 1 zu 4,9.[1] Der überwiegende Anteil der ab 3-Jährigen (78 %) besucht Kindergartengruppen mit einem Personalschlüssel von 1 zu 8,0 (Empfehlung der Bertelsmann Stiftung: 1 zu 7,5).

Die Auswertungen zeigen, dass im Jahr 2020 in NI für fast 63 % der Kinder in amtlich erfassten KiTa-Gruppen[2] nicht genügend Fachpersonal zur Verfügung steht. Dieser Anteil liegt unter dem bundesweiten Wert von 73 %. Die nicht kindgerechte Personalausstattung betrifft etwas häufiger die unter 3-Jährigen (68 %) als die ab 3-Jährigen (61 %).

Betrachtet man die Entwicklung der Personalschlüssel, wird deutlich, dass sich in NI von 2013 bis 2020 die personelle Ausstattung in Krippengruppen von 1 zu 4,2 auf 1 zu 3,7 verbessert hat. Auch in Kindergartengruppen kam es zu einem Ausbau (von 1 zu 8,7 auf 1 zu 8,0). Trotz dieser Entwicklungen müssen in NI jedoch rein rechnerisch 1,3 Kindergartenkinder mehr von einer Fachkraft betreut werden als in BW, dem Bundesland mit der günstigsten Personalausstattung.

Die Gruppengröße ist ein weiterer wichtiger Gradmesser für die Qualität in KiTas. Nach wissenschaftlichen Empfehlungen sollten Gruppen für jüngere Kinder maximal zwölf Kinder umfassen, für die Älteren maximal 18.[3] In NI werden diese Werte bei 78 % der amtlich erfassten KiTa-Gruppen nicht erreicht; das ist bundesweit (54 %) der höchste Anteil. Mit 83 % ist insbesondere ein größerer Anteil der Kindergartengruppen zu groß; bei Kindergartengruppen, die auch für 2-Jährige geöffnet sind, sind es gar 87 %. Darüber hinaus entsprechen 80 % der Gruppen mit Kindern unter 4 Jahren und 59 % der Krippengruppen nicht den Empfehlungen. Insgesamt zeigt sich, dass in NI die ab 3-Jährigen mit 89 % häufiger von nicht kindgerechten Gruppengrößen betroffen sind als die unter 3-Jährigen (77 %).

Wesentliche Voraussetzung für eine „gute" KiTa-Qualität ist nicht nur *zahlenmäßig ausreichendes*, sondern auch *qualifiziertes* Personal. In NI verfügen 70 % der 58.189 pädagogisch Tätigen in KiTas über einen fachlich einschlägigen Fachschulabschluss, etwa als Erzieher:in. Damit liegt NI etwas über dem bundesweiten Durchschnitt (68 %), allerdings noch unter dem Niveau der ostdeutschen Bundesländer (80 %). Über den formal niedrigeren Berufsfachschulabschluss, bspw. als Sozialassistent:in, verfügen in NI fast 20 % der pädagogisch Tätigen; in Ostdeutschland sind es nur knapp 3 %. Weitere 4 % besitzen einen fachlich einschlägigen Hochschulabschluss. Eine sonstige – nicht fachlich einschlägige – Ausbildung weisen in NI 3 % der pädagogisch Tätigen auf (bundesweit: 4,5 %). Der Anteil des Personals ohne Abschluss liegt in NI mit mehr als 2 % im bundesweiten Durchschnitt (2 %). Weitere rund 1 % schließlich befinden sich in Ausbildung; 2016 lag dieser Wert bei etwas weniger als 1 %. Mit Blick auf die gegenwärtig in vielen Bundesländern eingeführten praxisintegrierten Ausbildungsgänge bleibt abzuwarten, ob sich dieser Wert in den kommenden Jahren erhöht. Ebenso gilt es kontinuierlich zu beobachten, wie sich die neuen beruflichen Zugangsformen, etwa für Quereinsteiger:innen, zukünftig auf das formale Qualifikationsniveau des KiTa-Personals insgesamt auswirken werden.

Auch die Ausstattung der KiTas mit ausreichenden Leitungsressourcen nimmt eine Schlüsselfunktion für die KiTa-Qualität ein. Nach den Angaben in der KJH-Statistik verfügen 14 % der KiTas in NI über keine Zeit für Leitungsaufgaben. Insbesondere die kleineren KiTas (weniger als 45 betreute Kinder) geben zu 26 % an, keine entsprechenden Zeitressourcen zu besitzen. Über die von der Bertelsmann Stiftung empfohlene Zeit für Leitungs- und Verwaltungsaufgaben[4] verfügen 2020 in NI 18 % der KiTas (ohne Horte); bundesweit sind es ebenfalls rund 18 %.

Qualitätsentwicklungen im Rahmen des KiQuTG

Im Rahmen des KiTa-Qualitäts- und Teilhabeverbesserungsgesetzes (KiQuTG) erhält jedes Bundesland zwischen 2019 und Ende 2022 vom Bund finanzielle Mittel für Maßnahmen zur Weiterentwicklung der KiTa-Qualität und zur Gebührenentlastung der Eltern. NI investiert diese Bundesmittel in sechs der insgesamt elf Handlungsfelder: *Guter Betreuungsschlüssel*, *Qualifizierte Fachkräfte*, *Starke KiTa-Leitung*, *Starke Kindertagespflege*, *Netzwerke für mehr Qualität* und *Weniger Gebühren*.

Um die Personalsituation sowohl in Kindergartengruppen als auch auf Leitungsebene zu verbessern, können in NI seit Januar 2020 mit Hilfe der Bundesmittel Zusatzkräfte eingestellt werden. Die Finanzierung erfolgt über eine Förderrichtlinie, die bis zum 31. Juli 2023 gilt. Vor dem Hintergrund, dass die Förderung erst ab Januar 2020 beantragt werden konnte und die Datenerhebung im Rahmen der KJH-Statistik bereits zwei Monate später stattfand, können bisher keine Effekte der Fördermaßnahmen beobachtet werden. So zeigen die Auswertungen, dass es zwischen 2019 und 2020 zu keinen wesentlichen Verbesserungen der Personalschlüssel kam. Ebenso hat sich auch die wöchentliche Leitungs- und Verwaltungszeit pro rechnerisch ganztags betreutem Kind in diesem Zeitraum kaum verändert (von 27,5 auf 27,8 Minuten). Es bleibt abzuwarten, ob sich mit den Daten vom 1. März 2021 Effekte dieser Fördermaßnahmen zeigen lassen.

Ausbau- und Reformbedarf: Empfehlungen für die Kindertagesbetreuung in Niedersachsen

Um allen Kindern unabhängig von ihrem Wohnort gleichwertige Teilhabe- und Bildungschancen zu ermöglichen, ist es unerlässlich, dass jedes Bundesland ein sowohl bedarfsgerechtes als auch kindgerechtes FBBE-Angebot zur Verfügung stellt. Trotz der Tatsache, dass die Personalschlüssel in NI günstiger sind als in den ostdeutschen Bundesländern, ist der Anteil der Kinder, die in KiTa-Gruppen mit einer nicht kindgerechten Personalausstattung betreut werden, noch immer zu hoch (63 %). Darüber hinaus zeigt sich, dass auch nach Jahren des Platzausbaus die Teilhabechancen der unter 3-Jährigen in NI noch nicht auf dem Niveau der ostdeutschen Bundesländer sind.

Der *Fachkräfte-Radar für KiTa und Grundschule*[5] prognostiziert, dass für gleiche Teilhabechancen und eine kindgerechte Betreuung sowie eine professionelle Leitungsausstattung gemäß wissenschaftlichen Empfehlungen bis 2030 in NI fast 17.000 KiTa-Fachkräfte fehlen werden. Damit diese Lücke geschlossen werden kann, muss die Zahl der prognostizierten Neuzugänge um knapp 69 % gesteigert werden. Es ist eher unwahrscheinlich, dass bis dahin die Ausbildungskapazitäten in diesem Umfang aufgestockt und genügend Quereinsteiger:innen gewonnen sowie pädagogisch qualifiziert werden können.

Allerdings besteht in NI – auch infolge der rückläufigen Geburtenzahlen – die Chance, bis 2030 die Teilhabequoten an das heutige Niveau der ostdeutschen Bundesländer und die Personalschlüssel an das durchschnittliche Westniveau[6] anzugleichen. Für dieses Etappenziel fehlen laut Prognose weniger als 1.000 Fachkräfte, was ein Plus von nur rund 2 % der prognostizierten Neuzugänge darstellen würde. Es ist zu prüfen, ob diese Lücke durch eine zügige Aufstockung der Ausbildungskapazitäten und die Gewinnung sowie Qualifizierung von Quereinsteiger:innen geschlossen werden kann.

Nach 2030 muss dann allerdings das Ziel lauten: kindgerechte und bedarfsgerechte FBBE-Angebote in ganz Deutschland. Um dies zu erreichen, müssen in NI schon jetzt die Weichen für den Ausbau der Plätze sowie der Ausbildungskapazitäten mit gleichzeitiger Qualifizierung zusätzlicher Berufsschullehrer:innen gestellt werden. Für die Verbesserung der Personalschlüssel braucht es zudem eine rechtliche Basis. So sollte ein Stufenplan mit einer schrittweisen Verbesserung der Personalausstattung in das niedersächsische KiTaG integriert werden. Darüber hinaus braucht es Konzepte, um neues Personal zu gewinnen und – insbesondere durch attraktive Arbeitsbedingungen und Verdienstmöglichkeiten – die vorhandenen Fachkräfte zu binden. Damit NI diese Aufgaben bewältigen kann, ist es unumgänglich, dass der Bund auch nach 2022 sein finanzielles Engagement für den Qualitätsausbau fortsetzt und im KiQuTG verlässlich verankert. Die Mittel sollten in erster Linie für die Gewinnung neuer Fachkräfte und den Ausbau der Personal- und Leitungskapazitäten verwendet werden.

1 Haug-Schnabel, Gabriele; Bensel, Joachim (2016): Kinder unter 3 – Bildung, Erziehung und Betreuung von Kleinstkindern. Kindergarten heute – wissen kompakt. 12., überarb. Aufl. Freiburg.

2 Es werden nur die Gruppen in KiTas analysiert, die laut Angaben in der amtlichen KJH-Statistik mit einer Gruppenstruktur arbeiten. Die Zuordnung von Gruppen in KiTas zu einem bestimmten Gruppentyp wird nicht von den Einrichtungen selbst vorgenommen, sondern erfolgt im Rahmen der Auswertung der Daten der amtlichen KJH-Statistik. Dabei erfolgt die Zuordnung primär anhand der Alterszusammensetzung der Kinder in den Gruppen. Gruppen, in denen Kinder mit einer (drohenden) Behinderung betreut werden, werden in der Berechnung nicht berücksichtigt.

3 Viernickel, Susanne; Fuchs-Rechlin, Kirsten (2015): Fachkraft-Kind-Relationen und Gruppengrößen in Kindertageseinrichtungen. Grundlagen, Analysen, Berechnungsmodell, in: Viernickel, Susanne; Fuchs-Rechlin, Kirsten; Strehmel, Petra; Preissing, Christa; Bensel, Joachim; Haug-Schnabel, Gabriele: Qualität für alle. Wissenschaftlich begründete Standards für die Kindertagesbetreuung. Freiburg, S. 11–130.

4 Für eine professionelle Führung und Leitung von KiTas empfiehlt die Bertelsmann Stiftung jeder Einrichtung eine Grundausstattung von 20 Wochenstunden plus 0,35 Wochenstunden pro Ganztagsbetreuungsäquivalent. Die empfohlene Leitungsausstattung enthält auch die Zeiten für Verwaltungstätigkeiten (max. 20 % der empfohlenen Leitungszeit).

5 Der Fachkräfte-Radar für KiTa und Grundschule prognostiziert bis 2030 den Fachkräftebedarf für die KiTa- und Grundschulbetreuung und stellt ihn dem voraussichtlich verfügbaren Personalangebot gegenüber. Weitere Informationen finden Sie unter: www.fachkraefte-radar-kita-grundschule.de

6 Sind die Personalschlüssel bereits günstiger als das Westniveau, werden sie in den Berechnungen konstant gehalten.

Teilhabe sichern

Jedes Kind braucht einen gesicherten und einfachen Zugang zu „guter“ Kindertagesbetreuung, unabhängig von seinem Wohnort und seiner sozio-ökonomischen oder kulturellen Herkunft. Dazu sind ausreichend wohnortnahe Angebote notwendig. Um diesem Anspruch zu genügen, erfolgte in den vergangenen Jahren bundesweit ein enormer Ausbau der Betreuungsplätze. Knapp ein Drittel der unter drei Jahre alten Kinder in NI (33%) nimmt eine Kindertagesbetreuung in Anspruch (bundesweit: 35%). Unterschiede gibt es vor allem zwischen den unter 1-Jährigen (1%), 1-Jährigen (36%) und 2-Jährigen (60%). Von den Kindern ab 3 bis unter 6 sind in NI mit 92% fast alle in einer KiTa oder Kindertagespflege. Darüber hinaus nutzen 55% der 6-Jährigen (Stand: 1. März 2020) Angebote der Kindertagesbetreuung, bevor sie in den schulischen Bildungsbereich wechseln.

Knapp 12% der unter 11-jährigen Schulkinder besuchen einen Hort[1]; bundesweit sind es 17%. Weitere 39% nehmen Ganztagsschulangebote wahr (bundesweit: 45%). 1.815 Schulkinder (0,6%), die parallel kein Hort- oder Ganztagsschulangebot nutzen, besuchen eine Kindertagespflege.

2020 nutzen 73.853 unter 3-Jährige in NI ein FBBE-Angebot (33%). Das sind 32.081 Kinder mehr als 2012, dem Jahr vor der Einführung des bundesweit geltenden Rechtsanspruchs auf einen Betreuungsplatz für Kinder ab dem ersten Geburtstag: ein Anstieg der Teilhabequote um 11 Prozentpunkte. Bedarfsgerecht ist das Angebot jedoch noch nicht: 2020 wünschen sich 47% der Eltern von Kindern dieser Altersgruppe laut der „DJI-Kinderbetreuungsstudie“ einen Platz in einer KiTa oder Kindertagespflege. Vergleicht man die Entwicklung der elterlichen Betreuungswünsche mit der Bildungsbeteiligung für diese Altersgruppe zwischen 2012 und 2020, zeigt sich, dass der Bedarf etwas stärker angestiegen ist als die Teilhabequote. Lag die Differenz 2012 bei 13 Prozentpunkten, hat sie sich innerhalb von acht Jahren auf mehr als 14 erhöht.

1 Ist im Folgenden von Horten die Rede, sind in der Regel auch Hortgruppen in KiTas gemeint.

Bildungsbeteiligung an Kindertagesbetreuung | NI 01.03.2020 | Tab. 6–14; 41a1

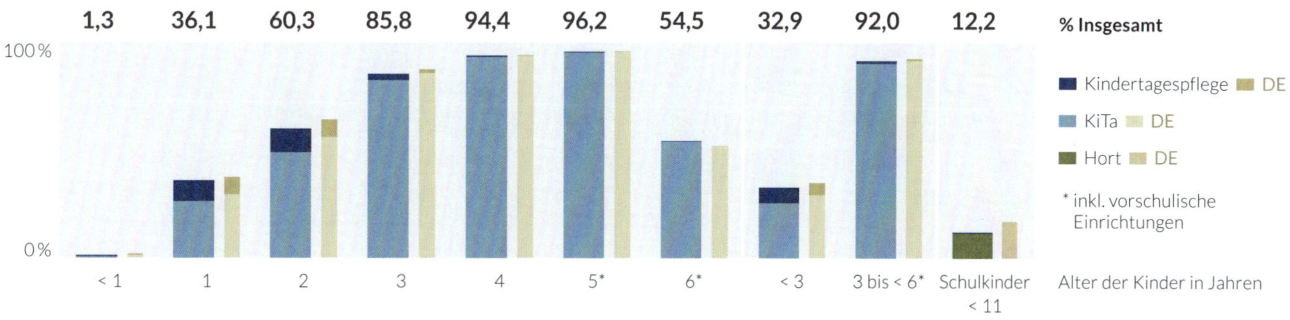

Betreuungsquote und Betreuungswunsch

NI 2012–2020, Stichtag 01.03. | Tab. 88a

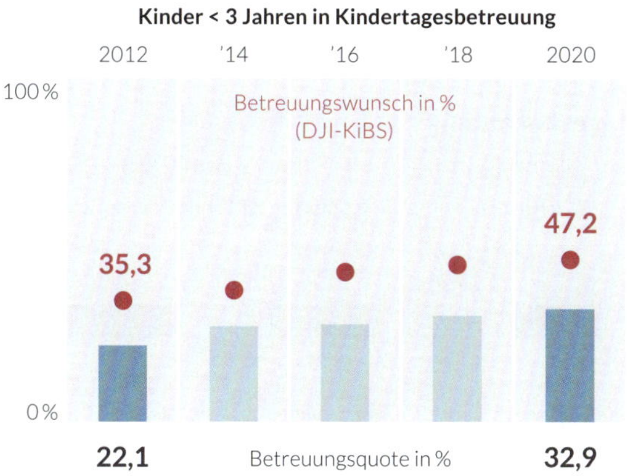

Bildungsbeteiligung von Schulkindern

NI 01.03.2020, Schulj. 2019/20 | Tab. 41a1; Tab. 71

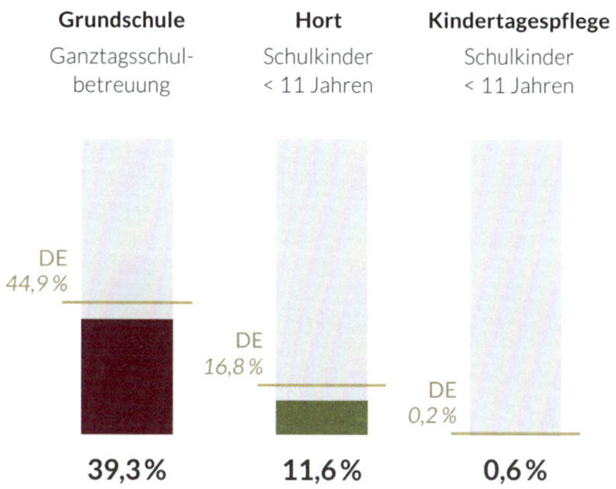

Vereinbarte Betreuungszeit in Horten: Ø **4,1 Stunden/Tag**

Regionale Daten zur Bildungsbeteiligung finden Sie auf www.laendermonitor.de unter FOKUS | Regionale Daten

42 % der Kinder, die am 01.03.2020 unter drei Jahre alt waren, wurden im August in der aktuell besuchten KiTa aufgenommen (vgl. S. 182). In den Monaten Dezember sowie April bis Juli sind die geringsten Aufnahmequoten zu verzeichnen (1 % bis 3 %). Ähnlich gestaltet es sich in der Kindertagespflege – hier erfolgen die Eingewöhnungen vorrangig im August (26 %). Im September und Januar liegen die Aufnahmequoten darunter, bewegen sich aber auf einem etwas höheren Niveau (11 % bzw. 12 %).

Kinder mit einer Eingliederungshilfe werden in 30 % der KiTas (ohne Sondereinrichtungen) in NI betreut; bundesweit liegt dieser Wert höher (40 %). Ein deutlich geringerer Anteil zeigt sich bei den Horten: Schulkinder mit einer Eingliederungshilfe besuchen nur knapp 5 % der Horte (bundesweit: 17 %).

Werden die vertraglich vereinbarten wöchentlichen Betreuungszeiten betrachtet, zeigt sich das folgende Bild: In NI werden die größten Anteile der unter 3-jährigen KiTa-Kinder laut Vertrag entweder mehr als 25 bis zu 35 Wochenstunden (34 %) oder mehr als 35 bis unter 45 Wochenstunden (37 %) betreut. Auch in der Altersgruppe der ab 3-Jährigen werden diese Betreuungszeiten am häufigsten (jeweils 32 %) gebucht. In der Kindertagespflege hingegen wird der größte Anteil der Kinder kürzer – bis zu 25 Stunden wöchentlich – betreut: Das gilt für 50 % der unter 3-Jährigen und 68 % der ab 3-jährigen Nichtschulkinder. Auch Schulkinder nutzen diese Betreuungszeiten sowohl in Horten (85 %) als auch in der Kindertagespflege (94 %) am häufigsten.

Aufnahmezeitpunkt von unter Dreijährigen in KiTas und Kindertagespflege | NI 01.03.2020 | Tab. 87; 87a

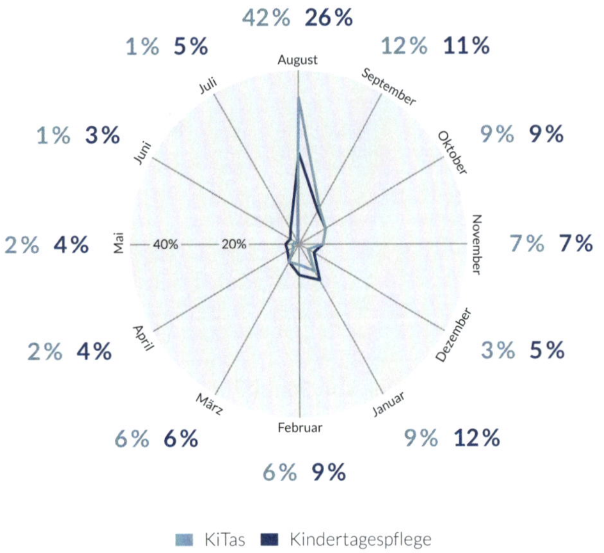

KiTas und Horte, die Kinder mit Eingliederungshilfe betreuen | NI 01.03.2020 | Tab. 59aoh; 59ah

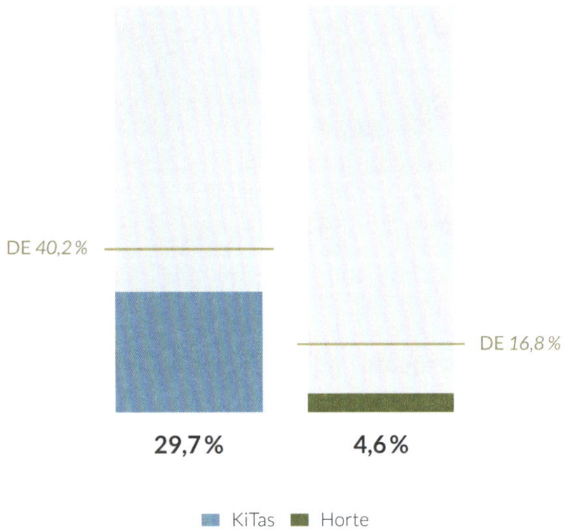

Vertraglich vereinbarte wöchentliche Betreuungszeiten in Kindertagesbetreuung | NI 01.03.2020 | Tab. 2–5; 3h; 138

	Kinder in KiTas und Horten			Kinder in öffentlich geförderter Kindertagespflege			
	< 3 Jahre: 57.616	≥ 3 Jahre bis Schuleintritt: 240.469	Schulkinder < 11 Jahren: 32.788	< 3 Jahre: 16.387	≥ 3 Jahre bis Schuleintritt: 4.534	Schulkinder < 11 Jahren: 2.401	
Bis 25 Stunden	19,3 *11,3*	27,5 *9,3*	84,6 *61,1*	50,1 *31,3*	67,6 *47,0*	94,1 *89,7*	%
> 25 bis 35 Stunden	33,7 *30,6*	31,9 *37,8*	10,4 *35,2*	30,2 *34,2*	18,2 *24,4*	4,4 *7,4*	%
> 35 bis < 45 Stunden	37,1 *19,5*	31,9 *17,5*	2,9 *1,6*	16,6 *19,3*	10,9 *15,7*	1,0 *1,8*	%
45 Stunden und mehr	10,0 *38,5*	8,8 *35,4*	2,0 *2,2*	3,1 *15,2*	3,2 *12,9*	0,5 *1,1*	%

| = DE

Regionale Daten zum Betreuungsumfang finden Sie auf www.laendermonitor.de unter FOKUS | Regionale Daten

In NI nutzen 17 % der unter 3-Jährigen mit und 42 % ohne Migrationshintergrund (MH) ein FBBE-Angebot. Bei den älteren Kindern liegen die Quoten bei 75 % bzw. 101 %. 19 % der unter 3-jährigen KiTa-Kinder haben in NI einen MH; 8 % sprechen in ihrer Familie Deutsch und fast 11 % eine andere Sprache. Bei den älteren KiTa-Kindern (27 %) liegen die Werte für die Sprache bei 9 % bzw. 18 %. In der Kindertagespflege sind im Vergleich zu den KiTas die Anteile der Kinder mit MH in beiden Altersgruppen mit 11 % bzw. 16 % geringer. Darüber hinaus sprechen hier – anders als in den KiTas – sowohl die Jüngeren als auch die Älteren mit MH anteilig mehr Deutsch (7 % bzw. 9 %) als eine andere Sprache (4 % bzw. 7 %).

58 % der unter 4-jährigen KiTa-Kinder ohne MH wurden vor ihrem zweiten Geburtstag in der aktuell besuchten KiTa aufgenommen. Bei den Kindern mit MH ist dieser Anteil mit 45 % geringer. In der Kindertagespflege hingegen startet die überwiegende Mehrheit der Kinder mit als auch ohne MH vor ihrem zweiten Geburtstag das Betreuungsangebot (80 % bzw. 89 %).

Kinder mit und ohne Migrationshintergrund

NI 01.03.2020

Regionale Daten zum Migrationshintergrund und zur Familiensprache finden Sie auf www.laendermonitor.de unter FOKUS | Regionale Daten

Bildungsbeteiligung in KiTas und Kindertagespflege

Tab. 38a, Tab. 39a

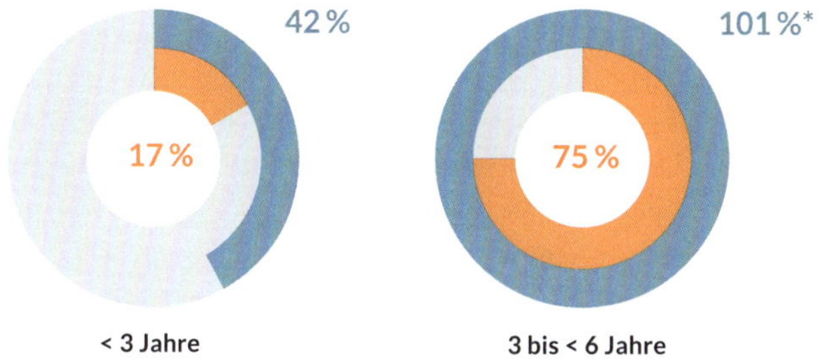

Quote der Inanspruchnahme von Kindern

mit Migrationshintergrund **ohne** Migrationshintergrund

* siehe landesspezifische Anmerkungen am Ende des Profils

KiTas (mit Horten) nach ihrem Anteil an Kindern mit nicht deutscher Familiensprache | Tab. 96

KiTas (mit Horten) mit einem Anteil an Kindern mit nicht deutscher Familiensprache von

< 25 % 25 bis < 50 % 50 bis < 75 % 75 % und mehr

Alter des Kindes zu Beginn der Betreuung in der aktuellen KiTa und Kindertagespflege | Tab. 92; 93

KiTa

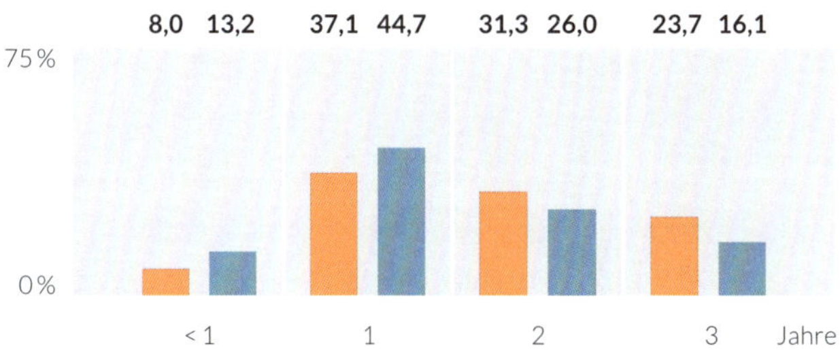

Kindertagespflege

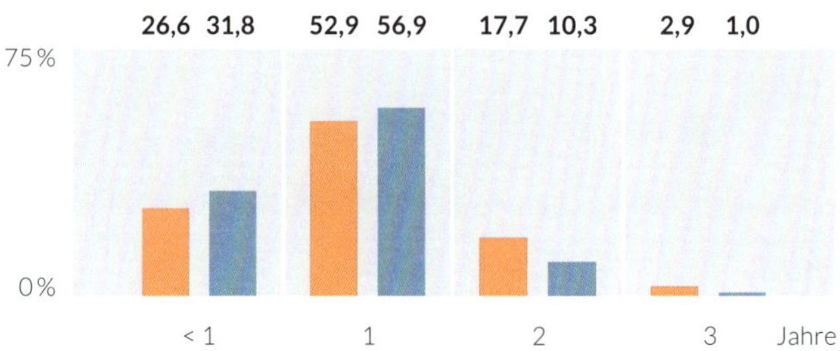

mit Migrationshintergrund **ohne** Migrationshintergrund

Familiäre Sprachpraxis der Kinder in KiTas (mit Horten) und Kindertagespflege | Tab. 15a-20a

KiTas (mit Horten)

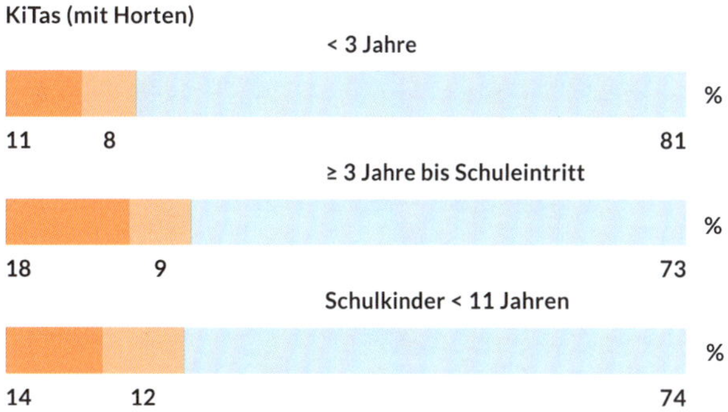

Kindertagespflege

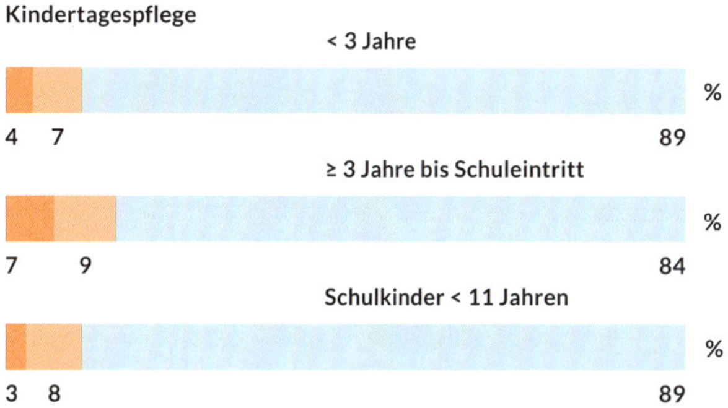

Kinder **mit** Migrationshintergrund:

Familiensprache nicht Deutsch Deutsch

Kinder **ohne** Migrationshintergrund

Bildung fördern – Qualität sichern

Die FBBE kann einen bedeutenden Beitrag für die Chancengerechtigkeit aller Kinder in Deutschland leisten. Voraussetzung dafür, dass die KiTas ihren Bildungsauftrag durchführen können, sind professionelle Rahmenbedingungen: insbesondere ausreichend Personal für die pädagogischen Aufgabenbereiche sowie für die Leitung und die Verwaltung. Weitere wichtige Gradmesser für die Qualität sind qualifizierte KiTa-Teams und kleine Kindergruppen. Schließlich spielt auch die Ausgestaltung der Arbeitsbedingungen durch die Träger eine Rolle. Der Status quo der KiTa-Landschaft wird im Folgenden anhand ausgewählter strukturell-qualitativer Dimensionen dargestellt.

30% der unter 3-Jährigen in NI sind in Krippengruppen; 2020 ist hier eine Vollzeitkraft rechnerisch für 3,7 ganztags betreute Kinder zuständig. Der Großteil dieser Altersgruppe (59%) wird zusammen mit 4% der ab 3-Jährigen in Gruppen mit Kindern unter 4 Jahren betreut (Personalschlüssel: 1 zu 3,9). Der größte Anteil der Kinder ab drei Jahren (78%) befindet sich in Kindergartengruppen (Personalschlüssel: 1 zu 8,0). Für ein kindgerechtes Betreuungsverhältnis empfiehlt die Bertelsmann Stiftung, dass eine Fachkraft rein rechnerisch für höchstens 3 Kinder unter drei Jahren in Krippengruppen oder 7,5 Kinder ab drei Jahren in Kindergartengruppen zuständig ist. In NI entsprechen rund 51% der Personalschlüssel in Kindergartengruppen dieser Empfehlung (inkl. ± 0,5 Toleranz) bzw. sind günstiger. Schlechter sind 49% der Personalschlüssel, in Krippengruppen sogar 58%. Ein ungünstigeres Bild zeigt sich – abgesehen von den Hortgruppen – bei den weiteren Gruppenformen. So sind in 67 bis 89% dieser Gruppen die Personalschlüssel ungünstiger als wissenschaftlich empfohlen.

Der Personalschlüssel ist eine rein rechnerische, im KiTa-Alltag nicht beobachtbare Größe, die die gesamte Arbeitszeit einer pädagogischen Fachkraft umfasst. Die annähernd reale Betreuungssituation beschreibt die Fachkraft-Kind-Relation, die das Verhältnis zwischen den Fachkräften und den Kindern während der unmittelbaren pädagogischen Arbeit darstellt.

Pädagogische Personalausstattung | NI 01.03.2020

Personalschlüssel

Tab. 43a2

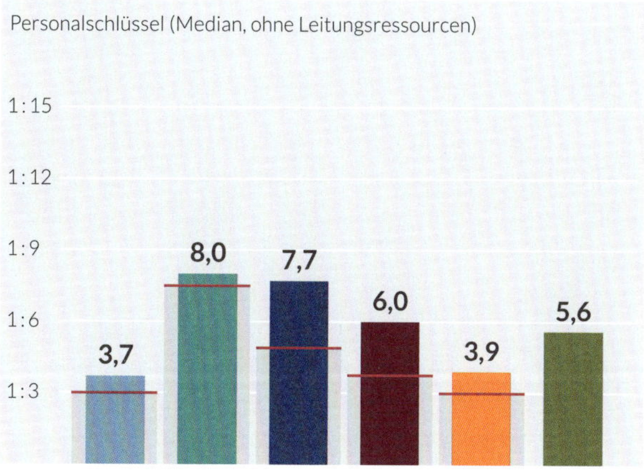

Verteilung der Kinder auf Gruppentypen

Tab. 36b; 36b1; 36b2

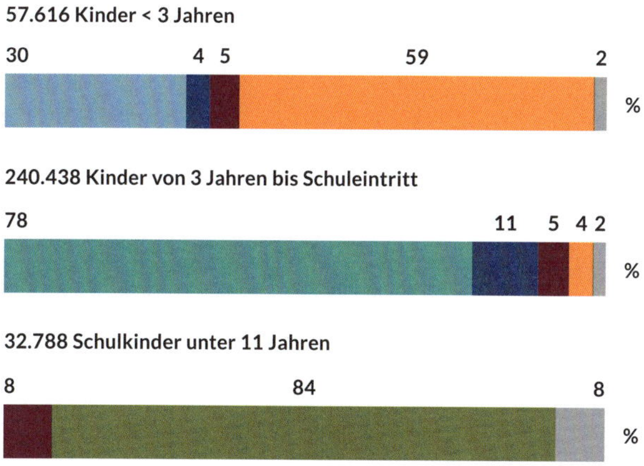

Gruppentyp

Krippe · Kindergarten · Kindergarten ab 2 Jahre · Altersübergreifend ab 0 Jahre · Krippe < 4 Jahren · Hort · Ohne feste Gruppenstruktur

Empfohlener Personalschlüssel (BSt = Bertelsmann Stiftung, H.-S. & B. = Haug-Schnabel & Bensel 2016):
Krippe 1 : 3,0 (BSt); Kindergarten 1 : 7,5 (BSt); Kindergarten ab 2 J. 1: 4,9 (H.-S. & B.); Altersübergreifend ab 0 J. 1 : 3,75 (H.-S. & B.); Krippe < 4 J. 1 : 3,0 (BSt)

Regionale Daten zum Personalschlüssel finden Sie auf www.laendermonitor.de unter FOKUS | Regionale Daten

Personalschlüssel im Vergleich | Tab. 94; 94a–e

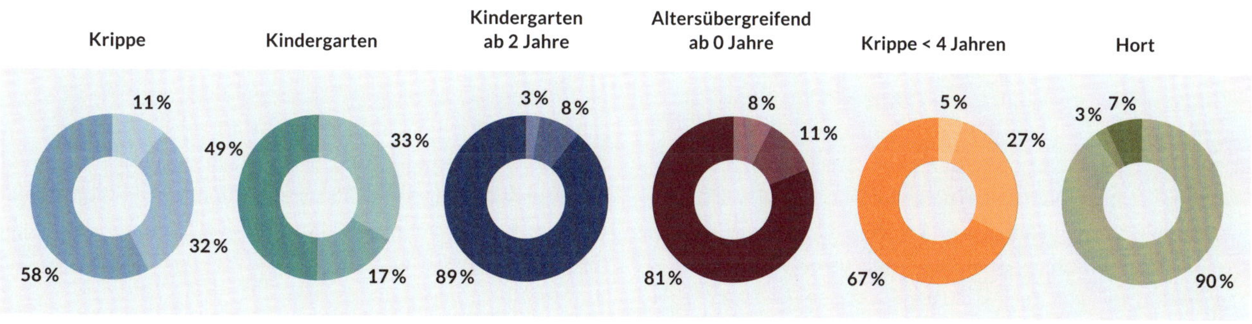

Personalschlüssel von

Krippe	Kindergarten	Kindergarten ab 2 Jahre	Altersübergreifend ab 0 Jahre	Krippe < 4 Jahren	Hort
< 1: 2,5 DE 10 %	< 1: 7 DE 26 %	< 1: 4,4 DE 2 %	< 1: 3,25 DE 4 %	< 1: 2,5 DE 5 %	< 1: 9,5 DE 44 %
1: 2,5 bis < 1: 3,5 DE 24 %	1: 7 bis < 1: 8 DE 14 %	1: 4,4 bis < 1: 5,4 DE 7 %	1: 3,25 bis < 1: 4,25 DE 9 %	1: 2,5 bis < 1: 3,5 DE 22 %	1: 9,5 bis < 1: 10,5 DE 5 %
1: 3,5 und mehr DE 66 %	1: 8 und mehr DE 60 %	1: 5,4 und mehr DE 91 %	1: 4,25 und mehr DE 87 %	1: 3,5 und mehr DE 72 %	1: 10,5 und mehr DE 51 %

Pädagogische Personalausstattung | NI 01.03.2020

Fachkraft-Kind-Relation – Szenarien der Bertelsmann Stiftung | Tab. 82

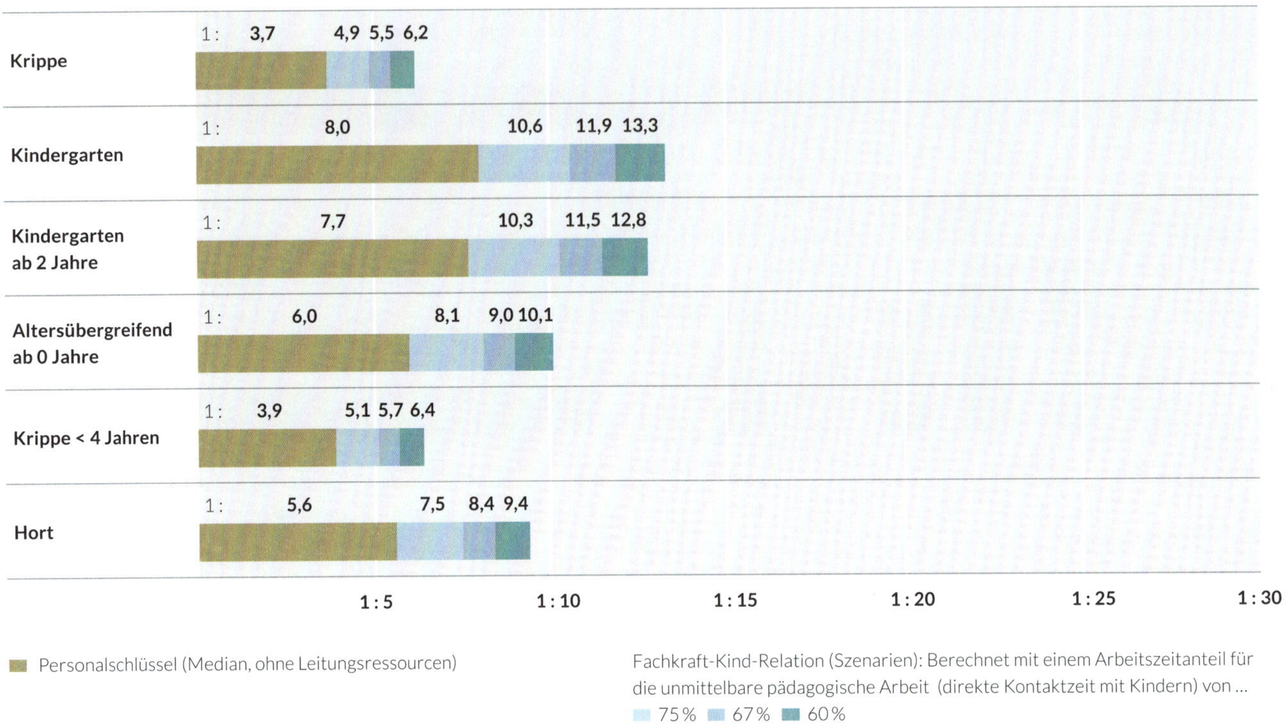

Eine Annäherung an die Fachkraft-Kind-Relation kann nur durch Szenarien erfolgen, da die amtliche Kinder- und Jugendhilfestatistik keine Daten für Arbeitszeitanteile der mittelbaren pädagogischen Aufgabenbereiche sowie Ausfallzeiten erfasst. Die drei von der Bertelsmann Stiftung entwickelten Szenarien wurden auf Basis wissenschaftlicher Untersuchungen berechnet. Diese zeigen, dass 24 % bis 41 % der Gesamtarbeitszeit einer pädagogischen Fachkraft zum einen Ausfallzeiten sind (Urlaub, Krankheit, Fortbildungen) und zum anderen für Aufgaben außerhalb der pädagogischen Praxis benötigt werden, etwa für Elterngespräche, die Qualitätsentwicklung oder Bildungsdokumentationen.[1] In den Szenarien wird der Anteil für die unmittelbaren Arbeitsaufgaben, also den Kontakt mit den Kindern, mit 75 %, 67 % oder 60 % der gesamten Arbeitszeit angesetzt.

Werden wie im Szenario 1 nur 25 % der Arbeitszeit für Aufgaben ohne die Kinder verwendet, verbleiben 75 % der Arbeitszeit für sie. In NI betreut dann eine Vollzeitkraft in Krippengruppen bei einem Personalschlüssel von 1 zu 3,7 in der pädagogischen Praxis rechnerisch 4,9 Kinder. Nimmt man einen höheren Anteil mittelbarer pädagogischer Arbeitszeit an, sinkt die Zeit für die Arbeit mit den Kindern, und die Fachkraft-Kind-Relationen verschlechtern sich (Szenarien 2 und 3).

Neben einer kindgerechten Personalausstattung ist die Gruppengröße ein weiterer Gradmesser für „gute" KiTas. Zu große Gruppen bedeuten für die Kinder und das Personal übermäßigen Stress, etwa durch die Lautstärke. So sollten Gruppen für jüngere Kinder nicht mehr als zwölf Kinder umfassen, Kindergartengruppen nicht mehr als 18.[1] In NI sind 59 % der Krippengruppen zu groß, bei den Kindergartengruppen sind es 83 %.

Im Median haben die KiTas in NI 9 Stunden und damit deutlich kürzer als die ostdeutschen Bundesländer (11 Stunden) ihre Türen geöffnet (bundesweit: 9,5 Std.). In 82 % der KiTas startet der Tag zwischen 7:00 und 7:30 Uhr. Der Großteil der Horte (88 %) beginnt den Tag dagegen erst nach 7:30 Uhr.

1 Vgl. Viernickel, Susanne; Fuchs-Rechlin, Kirsten (2015): Fachkraft-Kind-Relationen und Gruppengrößen in Kindertageseinrichtungen. Grundlagen, Analysen, Berechnungsmodell, in: Viernickel, Susanne; Fuchs-Rechlin, Kirsten; Strehmel, Petra; Preissing, Christa; Bensel, Joachim; Haug-Schnabel, Gabriele: Qualität für alle. Wissenschaftlich begründete Standards für die Kindertagesbetreuung. Freiburg, S. 11–130.

KiTa- und Hort-Strukturen | NI 01.03.2020

Gruppengrößen im Vergleich | Tab. 116a–e; 116h

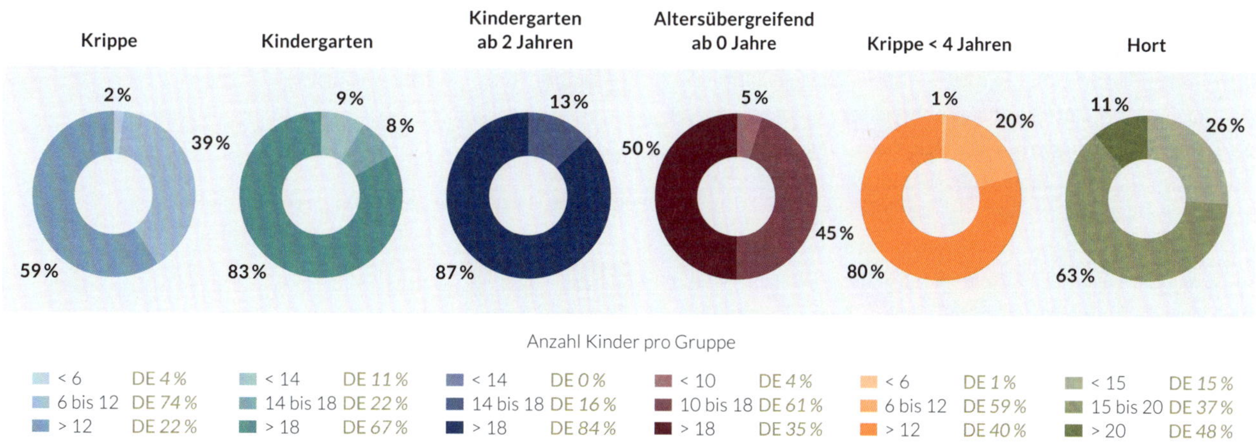

Öffnungszeiten von KiTas und Horten | Tab. 83oh; 83h; 117oh; 117h

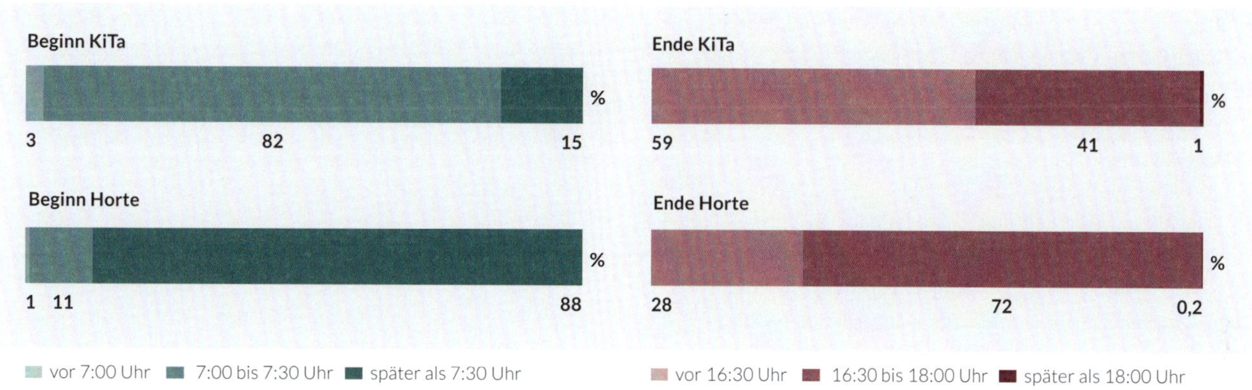

KiTa: Beginn nach 7:30 und Ende vor 16:30 Uhr

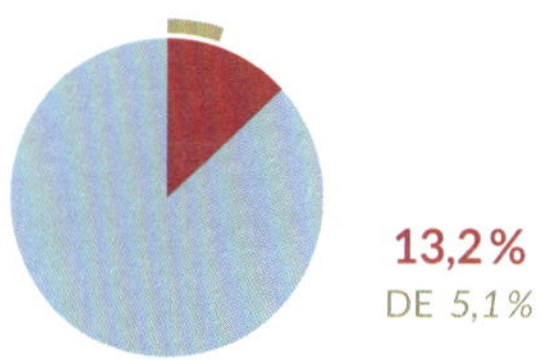

KiTa: Öffnungsdauer

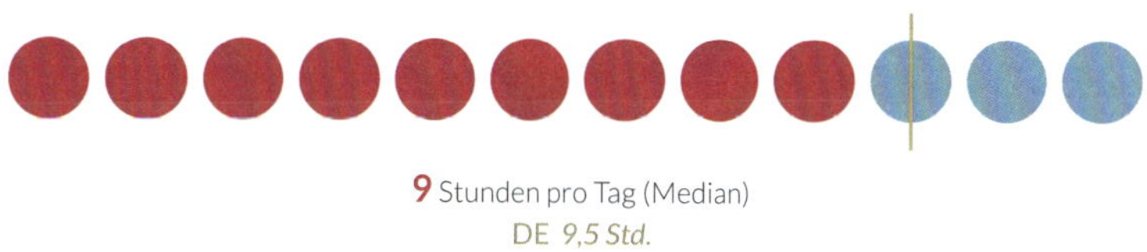

Horte: Beginn nach 7:30 und Ende vor 16:30 Uhr

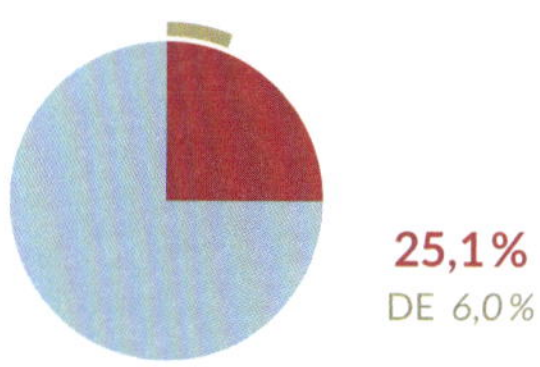

Horte: Öffnungsdauer

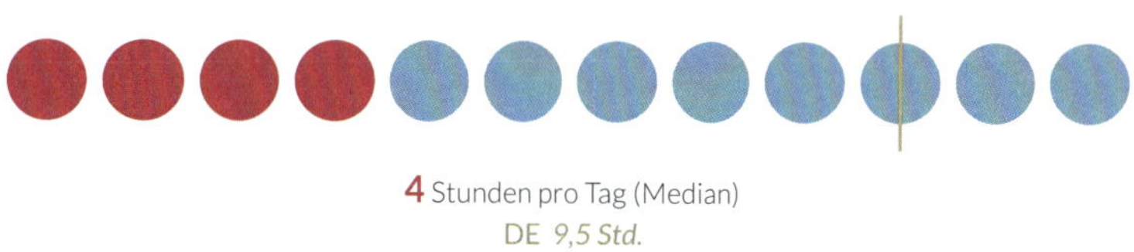

Regionale Daten zu den Öffnungszeiten von KiTas finden Sie auf www.laendermonitor.de unter FOKUS | Regionale Daten

Leitungsausstattung

NI 01.03.2020

2020 verfügen 14 % der 5.594 KiTas (mit Horten) in NI nach der amtlichen Kinder- und Jugendhilfestatistik über keine vertraglich vereinbarte Zeit für Leitungsaufgaben. Bundesweit sind es fast 9 %. Dies betrifft vor allem die kleinen Einrichtungen in NI: 26 % der KiTas (mit Horten) mit weniger als 45 betreuten Kindern haben keine zeitlichen Leitungsressourcen, während es in den größeren mit 76 und mehr Kindern nur 4 % sind.

In 35 % der KiTas (mit Horten) in NI, in denen es laut Arbeitsvertrag Leitungskapazitäten gibt, ist eine Person ausschließlich als Leiter:in tätig. Weitere 42 % werden ebenfalls von nur einer Person geleitet – diese ist allerdings neben ihrer Leitungstätigkeit noch als pädagogische Fachkraft zuständig. Hier ergibt sich das folgende Bild: In 28 % der KiTas (mit Horten) gibt es Leitungskräfte, denen weniger als 50 % ihrer Arbeitszeit für Leitungsaufgaben zur Verfügung stehen, während in 14 % der KiTas die Leitungskräfte mindestens die Hälfte ihrer Arbeitszeit für Leitungsaufgaben nutzen können. In den restlichen knapp 23 % ist ein Leitungsteam zuständig, d. h., mindestens zwei Personen besitzen einen Leitungsanteil oder sind ausschließlich als Leitung tätig.

Welche dieser vier Leitungskonstellationen in einer Einrichtung zum Tragen kommt, ist die – bewusst zu treffende – Entscheidung des Trägers. Dieser Handlungsspielraum sollte es ermöglichen, den Teams sowie auch den Leitungsverantwortlichen mit ihren jeweiligen Leitungskompetenzen und Persönlichkeiten gerecht zu werden. Voraussetzung ist allerdings, dass den KiTas und Horten zeitliche Leitungsressourcen gewährt werden. Diese sind notwendig, um die Einrichtung professionell zu führen und zu leiten.

Um den Umfang der vertraglich zugesicherten Leitungszeit zwischen den KiTas unabhängig von ihrer Größe sowie auch zwischen den Bundesländern vergleichen zu können, wird die wöchentliche Leitungszeit auf die Anzahl der ganztags betreuten Kinder verteilt. In den KiTas mit Leitungskapazitäten ergeben sich in NI rechnerisch im Median 28 Minuten pro ganztags betreutem Kind für die Führung und Leitung der KiTa.

Darüber hinaus kann die wöchentliche Leitungszeit gruppiert dargestellt werden. Im Ergebnis zeigt sich, dass dem größten Anteil der KiTas in NI (37 %) eine wöchentliche Arbeitszeit von über 20 bis einschließlich 30 Minuten pro rechnerisch ganztags betreutem Kind zur Verfügung steht.

KiTas (mit Horten) ohne Zeit für Leitung | Tab. 85

14,0 % von 5.594 KiTas (mit Horten) verfügen über keine Zeit für Leitung

KiTas (mit Horten) ohne Zeit für Leitung nach KiTa-Größe

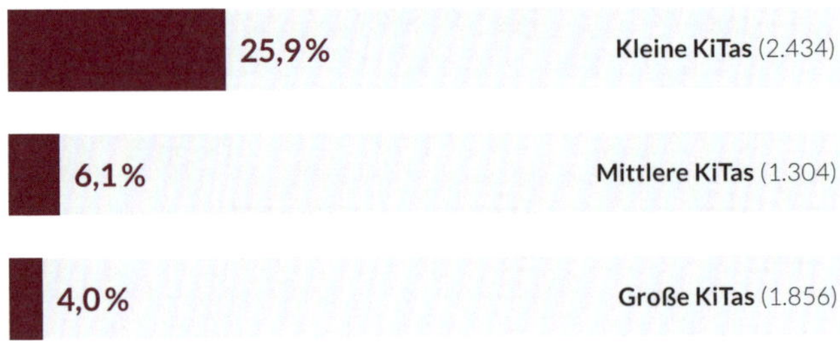

Anzahl betreuter Kinder

Kleine KiTas: < 45 Mittlere KiTas: 45 bis 75 Große KiTas: 76 und mehr

Regionale Daten zu KiTas ohne Leitungszeit finden Sie auf www.laendermonitor.de unter FOKUS | Regionale Daten

KiTas (mit Horten) mit Zeit für Leitung nach Leitungsprofil

Tab. 65

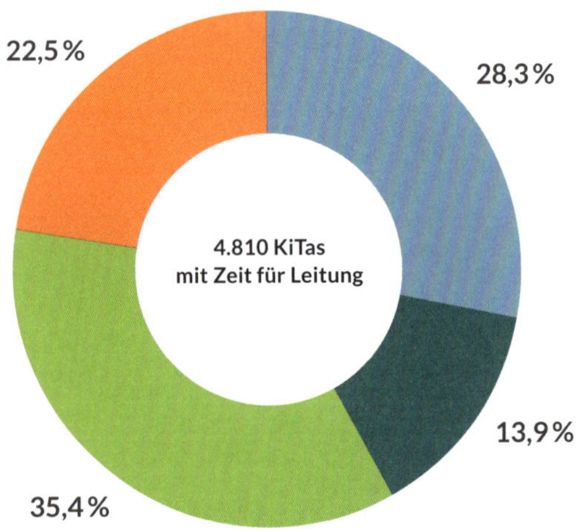

DE	Eine Leitungskraft ...
32,8 %	... mit Leitung als nachrangigem Arbeitsbereich
17,1 %	... mit Leitung als überwiegendem Arbeitsbereich
36,1 %	... ohne weiteren Arbeitsbereich
14,0 %	Leitungsteam

Leitungsausstattung | NI 01.03.2020

KiTas nach Leitungszeit* pro Kind

Tab. 66b; Tab. 108b

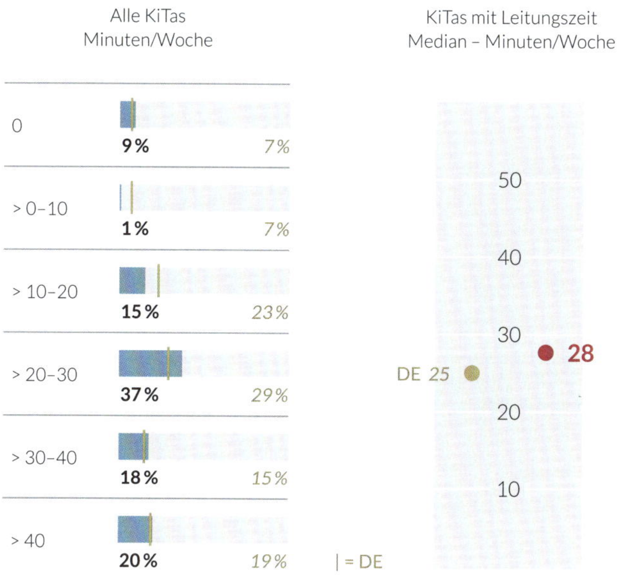

KiTas mit weniger als 20 Wochenstunden Leitungszeit* | Tab. 111

Bertelsmann Stiftung: Empfehlung zur Leitungsausstattung

KiTas mit der von der Bertelsmann Stiftung empfohlenen Leitungszeit* | Tab. 112

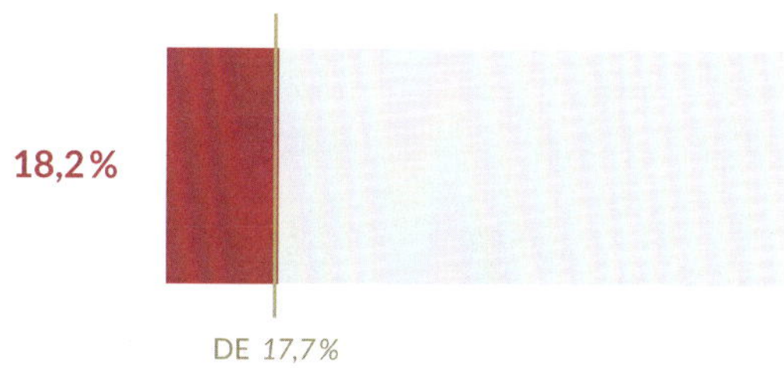

* Zeit für die Arbeitsbereiche Leitung UND Verwaltung

**Vertraglich vereinbarte Betreuungswochenstunden aller Kinder geteilt durch 40

Für eine professionelle Führung und Leitung von KiTas empfiehlt die Bertelsmann Stiftung jeder Einrichtung eine Grundausstattung von 20 Wochenstunden. Diese ist dringend notwendig, denn in jeder KiTa müssen – unabhängig von der Größe – Führungs- und Leitungsaufgaben erledigt werden. 2020 verfügen in NI 43 % der KiTas nicht über diese Grundausstattung, die als garantiertes Zeitbudget empfohlen wird.

Neben den 20 Wochenstunden sollte jeder KiTa ein variabler Anteil von 0,35 Wochenstunden pro Ganztagsbetreuungsäquivalent** zur Verfügung gestellt werden. Mit inbegriffen sind Verwaltungszeiten von max. 20 % der empfohlenen Leitungszeit. 2020 verfügen in NI 18 % der KiTas über diese Leitungsausstattung, bundesweit sind es mit 18 % ebenso viele.

Pädagogisches Personal | NI 01.03.2020

Entwicklung des pädagogischen Personals

Tab. 118oh, 118h; 126

Jahr (Stichtag 01.03.)	KiTas	Kindertages-pflege	Horte
	Anzahl pädagogisch Tätiger		
2011	36.202	5.793	2.666
2012	37.584	5.812	2.753
2013	39.548	6.097	2.848
2014	42.009	6.353	3.107
2015	44.068	6.460	3.482
2016	46.238	6.260	3.535
2017	48.878	6.027	3.631
2018	52.106	6.050	3.819
2019	54.727	6.021	3.956
2020	58.189	6.038	3.959

Beschäftigungsumfang in KiTas und Horten

Tab. 29oh; 29h

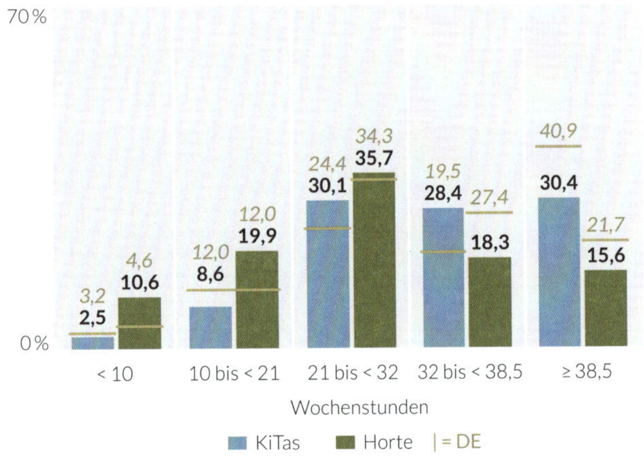

Qualifikationsniveaus | Tab. 27; 50a; 133

Abschluss	NI Anzahl	NI Anteil	DE Anteil
KiTas: 58.189 päd. Tätige			
Hochschule*	2.214	**3,8 %**	*5,6 %*
Fachschule*	40.607	**69,8 %**	*68,3 %*
Berufsfachschule*	11.323	**19,5 %**	*13,6 %*
Sonstige Ausbildungen	1.877	**3,2 %**	*4,5 %*
In Ausbildung	776	**1,3 %**	*5,9 %*
Ohne Abschluss	1.392	**2,4 %**	*2,2 %*
Kindertagespflege: 6.038 päd. Tätige			
Hochschule*	247	**4,1 %**	*3,2 %*
Fachschule*	854	**14,1 %**	*15,8 %*
Berufsfachschule*	671	**11,1 %**	*10,0 %*
Soziale/sozialpädagogische Kurzausbildung	147	**2,4 %**	*1,9 %*
Sonstige Ausbildungen	3.632	**60,2 %**	*60,1 %*
In Ausbildung	16	**0,3 %**	*0,5 %*
Ohne Abschluss	471	**7,8 %**	*8,6 %*
Horte: 3.959 päd. Tätige			
Hochschule*	319	**8,1 %**	*8,2 %*
Fachschule*	2.276	**57,5 %**	*68,8 %*
Berufsfachschule*	551	**13,9 %**	*8,8 %*
Sonstige Ausbildungen	595	**15,0 %**	*7,6 %*
In Ausbildung	53	**1,3 %**	*4,6 %*
Ohne Abschluss	165	**4,2 %**	*2,0 %*

* fachlich einschlägig

Regionale Daten zu den Qualifikationsniveaus finden Sie auf www.laendermonitor.de unter FOKUS | Regionale Daten

Die Zahl des pädagogischen Personals ist in NI zwischen 2011 und 2020 deutlich gestiegen: in den KiTas um 61 % auf 58.189 Tätige und in den Horten um rund 48 % auf 3.959. In der Kindertagespflege zeigt sich im selben Zeitraum ein minimaler Ausbau: 2020 arbeiten hier 6.038 Personen (2011: 5.793).

4 % der pädagogisch Tätigen in KiTas besitzen einen Hochschul-, 70 % einen Fachschulabschluss als Erzieher:in. In Ausbildung befinden sich nur 1 % (bundesweit: 6 %). In der Kindertagespflege arbeiten anteilig deutlich weniger Personen mit einem fachlich einschlägigen Fachschulabschluss (14 %); die meisten (60 %) haben einen nicht-fachpädagogischen Abschluss. In den Horten in NI besitzt der größte Anteil (58 %) einen einschlägigen Fachschulabschluss.

Der größte Anteil des KiTa-Personals arbeitet entweder 38,5 Wochenstunden und mehr (30 %) oder 21 bis unter 32 Stunden pro Woche (ebenfalls 30 %). In den Horten besitzen die meisten Beschäftigten (36 %) einen Arbeitsvertrag mit 21 bis unter 32 Wochenstunden; hier arbeitet ein im bundesweiten Vergleich hoher Anteil (11 %) unter 10 Wochenstunden.

Pädagogisches Personal | NI 01.03.2020

Altersstruktur in KiTas, Kindertagespflege und Horten | Tab. 42oh; 42h; 128

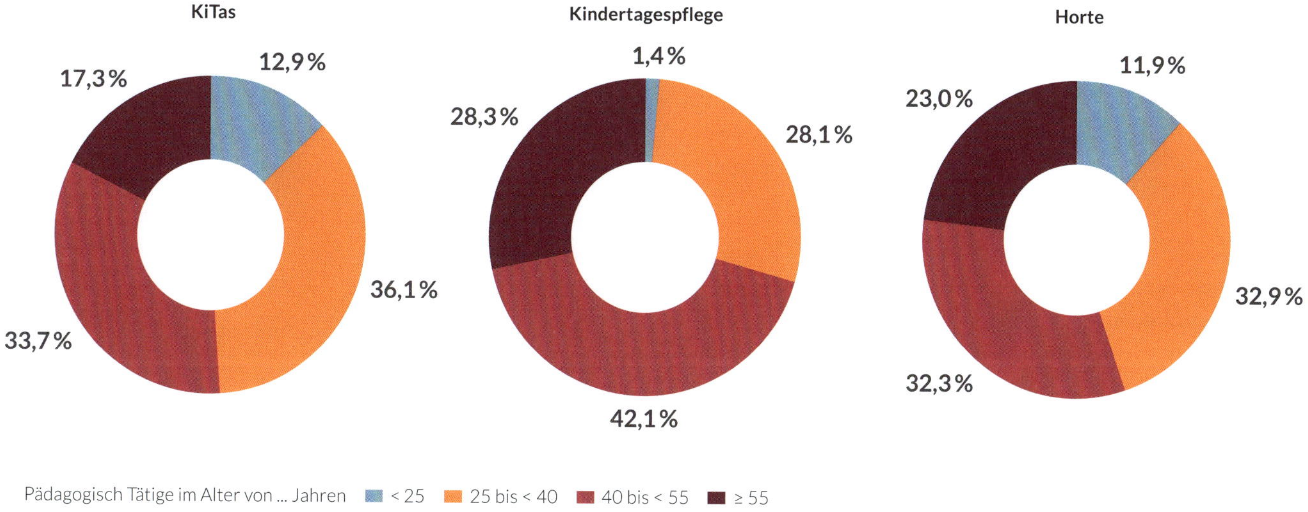

Befristete Arbeitsverhältnisse in KiTas (mit Horten) | Tab. 77

	Alter in Jahren	unter 30	30 bis unter 40	40 bis unter 50	50 bis unter 60	60 und älter
NI	pädagogisch Tätige insgesamt	14.574	13.805	13.636	13.434	4.505
NI	Anteil befristet Beschäftigter	**19,3 %**	**12,0 %**	**8,8 %**	**5,6 %**	**4,6 %**
DE	Anteil befristet Beschäftigter	*25,6 %*	*14,1 %*	*10,4 %*	*6,3 %*	*5,9 %*

Nur 6 % des KiTa-Personals in NI sind männlich (bundesweit: 6 %). Dieser Anteil liegt in der Kindertagespflege mit 3 % auf einem niedrigeren Niveau (bundesweit: 4 %). In den Horten hingegen arbeitet ein deutlich höherer Anteil an Männern (19 %) als in den beiden zuvor genannten Betreuungsformen; bundesweit sind es 18 %.

Mit 36 % ist der größte Anteil des KiTa-Personals in NI 25 bis unter 40 Jahre alt (bundesweit: 37 %). Weitere 34 % der Beschäftigten sind 40 bis unter 55 Jahre (bundesweit: 33 %). Zudem sind 13 % unter 25 Jahre alt, und wiederum 17 % sind 55 oder älter (bundesweit: 13 % bzw. 17 %). Auch für das Hortpersonal in NI zeigt sich, dass die jüngeren Fachkräfte unter 25 Jahren (12 %) und die älteren ab 55 Jahren (23 %) seltener vertreten sind als die anderen Altersgruppen. Hier ist wie in den KiTas der Großteil des Personals 25 bis unter 40 Jahre (33 %) und 40 bis unter 55 Jahre alt (32 %). Ein anderes Bild zeigt sich dagegen in der Kindertagespflege, wo das Personal durchschnittlich älter ist. Hier sind 28 % aller Beschäftigten 55 Jahre und älter (bundesweit: 27 %). Mit 42 % ist der größte Anteil 40 bis unter 55 Jahre alt (bundesweit: 43 %). Zur Altersgruppe 25 bis unter 40 Jahre zählen 28 % der Kindertagespflegepersonen (bundesweit: 29 %). Nur rund 1 % ist jünger als 25 (bundesweit: 1,5 %).

11 % des pädagogischen Personals in KiTas (mit Horten) sind in NI befristet beschäftigt. Dem bundesweiten Trend folgend, sind davon auch in NI vor allem jüngere Beschäftigte betroffen, nämlich 19 % der unter 30-Jährigen, aber nur 6 % der 50- bis unter 60-Jährigen und 5 % der ab 60-Jährigen.

Träger | NI 01.03.2020

Die insgesamt 5.045 KiTas und 549 Horte in NI werden von verschiedenen Trägern betrieben; das können solche der öffentlichen oder der freien Jugendhilfe sein. Innerhalb der freien Träger wird zwischen den privat-gemeinnützigen und den privat-nichtgemeinnützigen (auch Wirtschaftsunternehmen) unterschieden. Die privat-nichtgemeinnützigen werden den freien Trägern zugeordnet, da Gemeinnützigkeit kein konstitutives Merkmal ist.

Mit 32 % befindet sich der größte Anteil der KiTas in NI in öffentlicher Trägerschaft; das entspricht dem bundesweiten Niveau von ebenfalls 32 %. Unter den KiTas in freier Trägerschaft sind die der Diakonie bzw. anderer evangelischer Träger (21 %) häufiger vertreten. In der bundesweiten Gesamtschau zeigt sich, dass in NI insbesondere KiTas des Deutschen Caritasverbandes oder sonstiger katholischer Träger (11 %; bundesweit: 17 %) unterrepräsentiert sind. KiTas in der Trägerschaft von Elterninitiativen sind in NI mit 8 % vertreten. Auch bei den Horten befindet sich der größte Anteil in NI in öffentlicher Trägerschaft (37 %; bundesweit: 48 %). Mit 17 % wird der zweitgrößte Anteil von sonstigen freigemeinnützigen Trägern betrieben (bundesweit: 15 %).

Unterschiede in den Betreuungsquoten der unter 3-Jährigen und der Kinder ab 3 nach Art des Trägers sind in NI vorhanden. So werden unter Dreijährige häufiger in KiTas sonstiger freigemeinnütziger Träger betreut (8 %) als ab Dreijährige (4 %). Im Gegensatz dazu nutzen die jüngeren Kinder etwas seltener KiTas, die der Diakonie oder sonstigen evangelischen Trägern angehören (21 %), als die älteren (25 %).

Die Beschäftigungsumfänge der pädagogisch Tätigen unterscheiden sich in vielen Bundesländern nach Trägerschaft der KiTas und Horte. 2020 zeigt sich in NI das folgende Bild: Mit 64 % verfügt ein großer Anteil der pädagogisch Tätigen in KiTas (mit Horten) privat-nichtgemeinnütziger Trägerschaften über einen Arbeitsvertrag, der mindestens 32 Wochenstunden umfasst; das ist mehr als in Einrichtungen anderer Trägerschaften, insbesondere in Elterninitiativen (52 %). Hier arbeitet im Trägervergleich mit 18 % ein größerer Anteil weniger als 21 Wochenstunden. Arbeitsverträge von 21 bis unter 32 Wochenstunden sind mit jeweils 32 % anteilig am häufigsten in KiTas (mit Horten) in öffentlicher Trägerschaft, der Diakonie und sonstiger der EKD angeschlossener Träger sowie der Caritas einschließlich sonstiger katholischer Träger vertreten.

KiTas und Horte nach Träger | Tab. 78oh; 78h

5.045 KiTas und 549 Horte in NI	KiTas		Horte	
	Anzahl	Anteil	Anzahl	Anteil
Öffentliche Träger	1.623	**32,2 %**	205	**37,3 %**
Freie Träger/privat-gemeinnützig				
Arbeiterwohlfahrt (AWO)	207	**4,1 %**	33	**6,0 %**
Deutscher Paritätischer Wohlfahrtsverband (DPWV)	336	**6,7 %**	68	**12,4 %**
Deutsches Rotes Kreuz (DRK)	407	**8,1 %**	24	**4,4 %**
Diakonie Deutschland/sonstige der EKD angeschlossene Träger	1.051	**20,8 %**	57	**10,4 %**
Deutscher Caritasverband/sonstige katholische Träger	550	**10,9 %**	8	**1,5 %**
Sonstige	369	**7,3 %**	92	**16,8 %**
Freie Träger/privat-nichtgemeinnützig	81	**1,6 %**	9	**1,6 %**
Elterninitiativen	421	**8,3 %**	53	**9,7 %**

Träger | NI 01.03.2020

Kinder nach Alter und KiTa-Träger | Tab. 79, 80

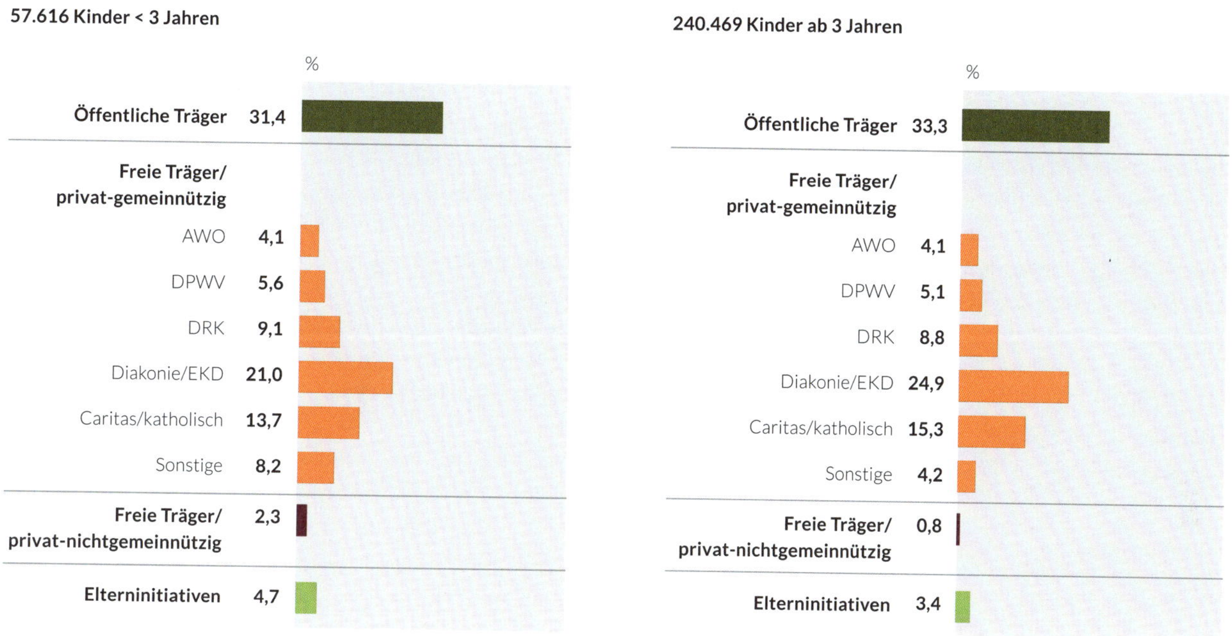

Pädagogisch Tätige nach KiTa-Träger (mit Horten) und Beschäftigungsumfang | Tab. 81

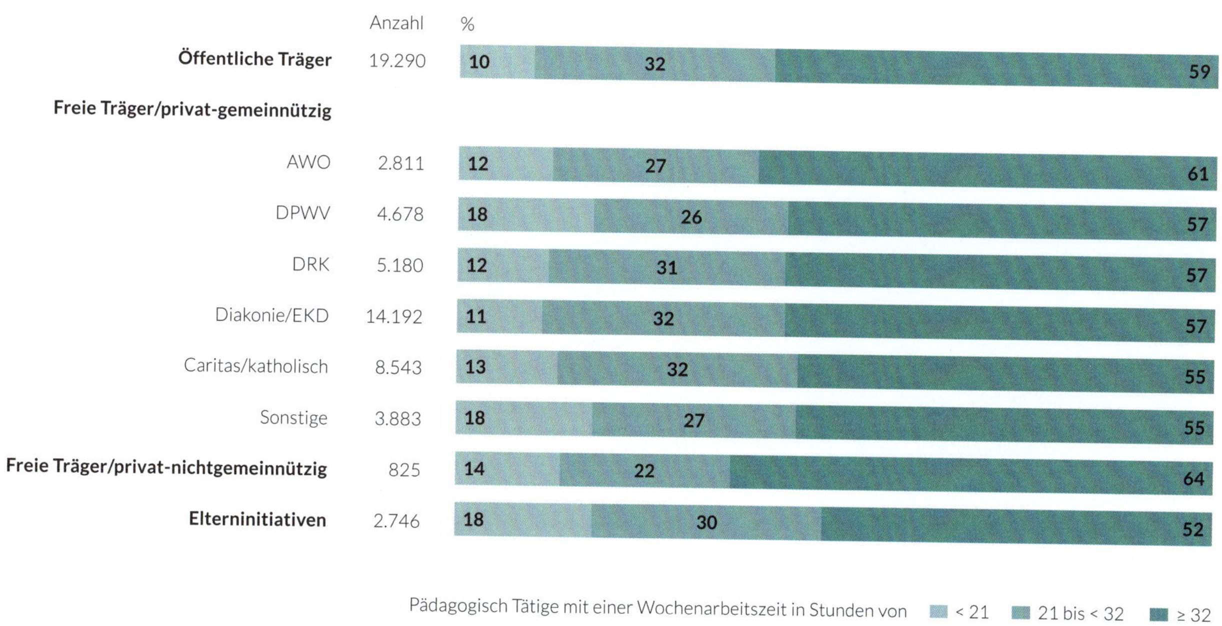

Investitionen wirkungsvoll einsetzen

Der qualitative Ausbau des frühkindlichen Bildungssystems, insbesondere die Verbesserung der Personalressourcen, erfordert gewaltige finanzielle Kraftanstrengungen aller Akteure. Um das System langfristig zu sichern, bedarf es einer dauerhaften finanziellen Unterstützung des Bundes. Daher sollte der Bund sein finanzielles Engagement im KiQuTG über 2022 hinaus verlässlich verankern.

In NI wurden 2018 für jedes Kind unter sechs Jahren in der Bevölkerung durchschnittlich 5.629 Euro für Angebote der Kindertagesbetreuung durch die öffentliche Hand, also Land und Kommunen, ausgegeben (ohne Elternbeiträge oder Zuschüsse anderer föderaler Ebenen). Das sind fast 2.200 Euro mehr als sechs Jahre zuvor. Im bundesweiten Durchschnitt lagen die Ausgaben im Jahr 2018 mit 6.007 Euro auf einem etwas höheren Niveau als in NI.

Im Haushaltsjahr 2019 wurden in NI seitens der öffentlichen Haushalte Investitionsausgaben für die Kindertagesbetreuung in Höhe von 222 Mio. Euro getätigt. Dies sind Ausgaben, die zum Beispiel bei einem Neubau einer KiTa bzw. einem Umbau oder einer Sanierung einer bereits vorhandenen KiTa entstehen.

Im Rahmen des KiQuTG erhält jedes Bundesland zwischen 2019 und Ende 2022 Bundesmittel für Maßnahmen zur Weiterentwicklung der KiTa-Qualität und zur Gebührenentlastung der Eltern. NI investiert in sechs der insgesamt elf Handlungsfelder des Gesetzes. Der größte Anteil der Bundesmittel fließt mit insgesamt 301 Mio. Euro in die Handlungsfelder *Guter Betreuungsschlüssel*, *Qualifizierte Fachkräfte* und *Starke KiTa-Leitung*. Zur Entlastung der Leitungskräfte können mit den Mitteln Zusatzkräfte finanziert werden. Dies gilt ebenso für die Verbesserung der Personalsituation im Kindergartenbereich. Beide Maßnahmen laufen über eine Förderrichtlinie im Zeitraum von Januar 2020 bis Juli 2023.[1]

1 Vgl. BMFSFJ und MK (2020): Vertrag zwischen der Bundesrepublik Deutschland, vertreten durch das Bundesministerium für Familie, Senioren, Frauen und Jugend, und dem Land Niedersachsen zur Umsetzung des Gesetzes zur Weiterentwicklung der Qualität und zur Verbesserung der Teilhabe in Tageseinrichtungen und in der Kindertagespflege (KiTa-Qualitäts- und Teilhabeverbesserungsgesetz – KiQuTG).

Investitionen pro unter sechsjährigem Kind

NI 2011–2018 | Tab. 21c

Grundmittel von Land und Kommunen

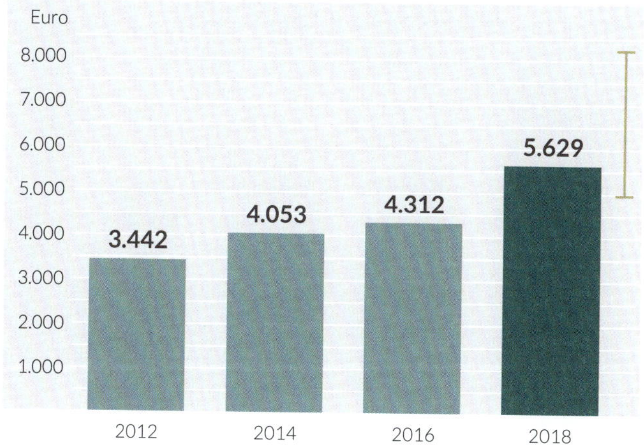

| = Alle Bundesländer 2018, Minimum: 4.965 €, Maximum: 8.232 €

Finanzierungsgemeinschaft für FBBE

NI 2018 | Tab. 23

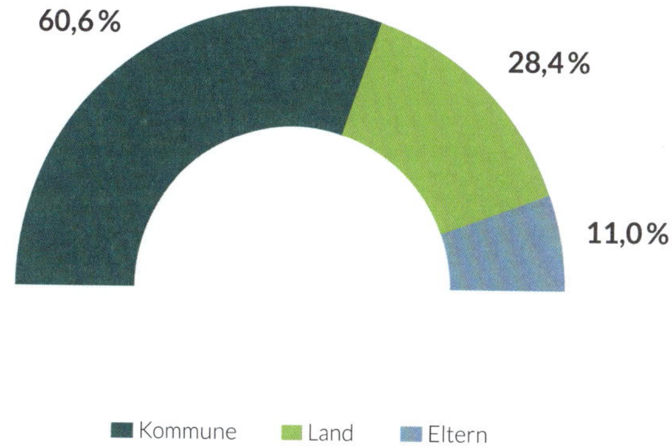

Ohne Eigenanteil der freien Träger und Zuschüsse des Bundes

Einmalige Investitionsausgaben für FBBE | NI 2009–2019 | Tab. 45

Ausgaben von Bund, Land und Kommunen

	2009	2010	2011	2012	2013	2014	2015	2016	2017	2018	2019
	Mio. Euro										
NI	**75,7**	**90,1**	**97,8**	**88,7**	**131,3**	**96,9**	**85,6**	**97,0**	**129,8**	**152,5**	**222,2**
DE	*947,3*	*1.334,1*	*1.357,5*	*1.408,8*	*2.188,8*	*1.649,4*	*1.137,7*	*1.080,7*	*1.345,8*	*1.686,1*	*2.012,3*

Für die Interpretation der hier ausgewiesenen Indikatoren sind einige methodische Grundlagen wichtig. Zusätzlich zu den Anmerkungen im Anhang des Länderprofils findet sich auf www.laendermonitor.de unter „Methodik" eine ausführliche Beschreibung der Datengrundlage sowie der Berechnungsmethodik.

Verteilung der Bundesmittel aus dem KiQuTG auf die Handlungsfelder | NI 2019–2022 | Tab. 119

	Bedarfsgerechtes Angebot	**Guter Betreuungsschlüssel**	**Qualifizierte Fachkräfte**	**Starke KiTa-Leitung**	Kindgerechte Räume	Gesundes Aufwachsen	Sprachliche Bildung	**Starke Kindertagespflege**	**Netzwerke für mehr Qualität**	Vielfältige pädagogische Arbeit	**Weniger Gebühren**	**Verplante Bundesmittel gesamt**
Anteil		64 %						32 %	0,2 %		4 %	100 %
Mio. Euro		301,0						149,2	0,9		17,9	469,0

Landesspezifische Anmerkungen

Bildungsbeteiligung in KiTas und Kindertagespflege
Da in der Statistik zur Kindertagesbetreuung die Anzahl der betreuten Kinder im jeweiligen Kreis ermittelt wird und keine Zuordnung der Kinder zu ihrem Wohnort erfolgt, kann die Betreuungsquote in einzelnen Kreisen oder evtl. auch in einem Bundesland in Ausnahmefällen über 100 % liegen.

Nordrhein-Westfalen

Allgemeine Basisdaten

Fläche in km² (2019)	34.112
Einwohner:innen (31.12.2019)	17.947.221
Geborene Kinder (2019)	170.391
Geburten pro Frau (2019)	1,562
Anzahl Kinder < 10 Jahren (31.12.2019)	1.674.962
Davon < 3 Jahren	519.351
Davon 3 bis < 6 Jahre	514.771
Davon 6 bis < 10 Jahre	640.840
Anteil der Kinder mit Migrationshintergrund (2019)	
... < 3 Jahren	46,7 %
... von 3 bis < 6 Jahren	46,9 %
Erwerbstätigenquote von Müttern mit (2019)	
... mindestens einem Kind < 3 Jahren	51,2 %
... mindestens einem Kind von 3 bis < 6 Jahren	60,7 %
Leistungsempfänger:innen nach SGB II (ALG II u. Sozialgeld, 2020)	1.647.318
Davon Kinder < 6 Jahren	189.305
Entspricht Anteil an allen Kindern < 6 Jahren	18,3 %

FBBE auf einen Blick 01.03.2020

Anteil der Kinder in FBBE	
... < 1 Jahr	1,1 %
... von 1 bis < 3 Jahren	42,8 %
... < 3 Jahren	29,2 %
... von 3 bis < 6 Jahren inkl. 0,4 % in [vor-]schulischen Einrichtungen	91,5 %
Schulkinder 6 bis < 11 Jahre	0,6 %
Tageseinrichtungen insgesamt	10.398
Davon Horte	51
Anteil der Einrichtungen mit	
... < 45 Kindern	28,7 %
... 45 bis 75 Kindern	43,6 %
... 76 Kindern und mehr	27,7 %
Pädagogisches Personal (inkl. Leitung) in KiTas (mit Horten) insgesamt	124.562
Davon in Horten	305
Kinder in KiTas (mit Horten) insgesamt	631.800
Davon < 3 Jahren	100.653
Davon 3 Jahre bis zum Schuleintritt	528.134
Davon Schulkinder < 11 Jahren	2.726
Tagespflegepersonen insgesamt	15.586
Kinder in Kindertagespflege insgesamt	60.555
Davon < 3 Jahren	51.180
Davon 3 Jahre bis zum Schuleintritt	7.346
Davon Schulkinder < 11 Jahren	2.029
Leitungspersonal in KiTas (mit Horten) insgesamt	10.632
Davon in Horten	27

Blitzlichter: Status quo der Kindertagesbetreuung in Nordrhein-Westfalen

In den letzten zehn Jahren hat sich in NW die Zahl der unter 3-Jährigen, die eine KiTa oder Kindertagespflege besuchen, mehr als verdoppelt (2011: 70.395; 2020: 151.736). Somit stieg die FBBE-Teilhabequote dieser Altersgruppe von 16 % im Jahr 2011 auf 29 % im Jahr 2020. Trotz des enormen Ausbaus ist NW noch weit entfernt von der durchschnittlichen ostdeutschen Teilhabequote (53 %). Bei den 3- bis unter 6-Jährigen sind es knapp 92 % (bundesweit: 93 %).

Für faire Bildungschancen ist nicht nur die Zahl an Plätzen entscheidend: Die Angebote müssen auch kindgerecht sein. Wichtige – auch wissenschaftlich untersuchte – Gradmesser für die strukturelle Qualität in KiTas sind der *Personalschlüssel*, die *Gruppengröße*, das *Qualifikationsniveau* des pädagogischen Personals und ausreichend *Leitungszeit*.

Der Personalschlüssel lässt sich mit den Daten der amtlichen Kinder- und Jugendhilfestatistik (KJH-Statistik) für verschiedene Gruppentypen berechnen. So werden 2020 in NW 17 % der unter 3-Jährigen in Krippengruppen betreut. Mit einem rechnerischen Personalschlüssel von 1 zu 3,7 wird hier noch nicht die Empfehlung der Bertelsmann Stiftung (1 zu 3,0) erreicht. Weitere 31 % dieser Altersgruppe besuchen Gruppen mit Kindern unter 4 Jahren; der Personalschlüssel liegt hier bei 1 zu 3,9 – noch kein kindgerechtes Verhältnis. In Kindergartengruppen, die auch für 2-Jährige geöffnet sind, werden weitere 31 % der unter 3-Jährigen zusammen mit 36 % der über 3-Jährigen bei einem Personalschlüssel von 1 zu 7,5 betreut. Das ist ungünstiger als der wissenschaftlich empfohlene Wert von 1 zu 4,9.[1] Die Hälfte der ab 3-Jährigen besucht Kindergartengruppen (Personalschlüssel: 1 zu 8,5 – Empfehlung der Bertelsmann Stiftung: 1 zu 7,5).

Die Auswertungen zeigen, dass im Jahr 2020 in NW für 77 % der Kinder in amtlich erfassten KiTa-Gruppen[2] nicht genügend Fachpersonal zur Verfügung steht. Dieser Anteil liegt etwas über dem bundesweiten Wert von 73 %. Die nicht kindgerechte Personalausstattung betrifft die Kinder unter und ab 3 zu beinahe gleichen Anteilen (76 % bzw. 77 %).

Bei der Entwicklung der Personalschlüssel wird deutlich, dass sich in NW von 2013 bis 2020 die personelle Ausstattung in Krippengruppen nicht verbessert hat (von 1 zu 3,6 auf 1 zu 3,7). In Kindergartengruppen hingegen kam es zu einem im bundesweiten Vergleich größeren Ausbau (von 1 zu 9,6 auf 1 zu 8,5). Dennoch müssen in NW rein rechnerisch 1,8 Kindergartenkinder mehr von einer Fachkraft betreut werden als in BW, dem Bundesland mit der günstigsten Personalausstattung.

Die Gruppengröße ist ein weiterer wichtiger Gradmesser für die Qualität in KiTas. Nach wissenschaftlichen Empfehlungen sollten Gruppen für jüngere Kinder maximal zwölf Kinder umfassen, für die Älteren maximal 18.[3] In NW werden diese Werte bei 69 % der amtlich erfassten KiTa-Gruppen nicht erreicht (bundesweit: 54 %). Mit 94 % ist insbesondere ein größerer Anteil der auch für 2-Jährige geöffneten Kindergartengruppen zu groß; bei den Kindergartengruppen sind es 90 %. Demgegenüber entsprechen lediglich 19 % der Gruppen mit Kindern unter 4 Jahren und 7 % der Krippengruppen nicht den Empfehlungen. Insgesamt zeigt sich, dass in NW die ab 3-Jährigen mit 89 % häufiger von nicht kindgerechten Gruppengrößen betroffen sind als die unter 3-Jährigen (42 %).

Wesentliche Voraussetzung für eine „gute" KiTa-Qualität ist nicht nur *zahlenmäßig ausreichendes*, sondern auch *qualifiziertes* Personal. In NW verfügen fast 73 % der 124.257 pädagogisch Tätigen in KiTas über einen fachlich einschlägigen Fachschulabschluss, etwa als Erzieher:in. Damit liegt NW über dem bundesweiten Durchschnitt (68 %), allerdings unter dem Niveau der ostdeutschen Bundesländer (80 %). Den formal niedrigeren Berufsfachschulabschluss, bspw. als Sozialassistent:in, besitzen in NW 10 % der pädagogisch Tätigen; in Ostdeutschland sind es nur knapp 3 %. Weitere 5 % haben einen fachlich einschlägigen Hochschulabschluss. Eine sonstige – nicht fachlich einschlägige – Ausbildung weisen 4 % auf (bundesweit: 4,5 %). Der Anteil des Personals ohne Abschluss liegt in NW mit mehr als 2 % im bundesweiten Durchschnitt (2 %). Weitere fast 6 % schließlich befinden sich in Ausbildung; 2016 lag dieser Wert bei 5 %. Mit Blick auf die gegenwärtig in vielen Bundesländern eingeführten praxisintegrierten Ausbildungsgänge bleibt abzuwarten, ob sich dieser Wert in den kommenden Jahren weiter erhöht. Ebenso gilt es kontinuierlich zu beobachten, wie sich die neuen beruflichen Zugangsformen, etwa für Quereinsteiger:innen, zukünftig auf das formale Qualifikationsniveau des KiTa-Personals insgesamt auswirken werden.

Auch die Ausstattung der KiTas mit ausreichenden Leitungsressourcen nimmt eine Schlüsselfunktion für die KiTa-Qualität ein. Laut KJH-Statistik verfügen 7 % der KiTas in NW über keine Zeit für Leitungsaufgaben; insbesondere die kleineren KiTas (weniger als 45 betreute Kinder) geben dies zu rund 15 % an. Über die von der Bertelsmann Stiftung empfohlene Zeit für Leitungs- und Verwaltungsaufgaben[4] verfügen 2020 rund 26 % der KiTas in NW (ohne Horte); bundesweit sind es 18 %.

Qualitätsentwicklungen im Rahmen des KiQuTG

Im Rahmen des KiTa-Qualitäts- und Teilhabeverbesserungsgesetzes (KiQuTG) erhält jedes Bundesland zwischen 2019 und Ende 2022 vom Bund finanzielle Mittel für Maßnahmen zur Weiterentwicklung der KiTa-Qualität und zur Gebührenentlastung der Eltern. NW investiert diese Bundesmittel in sieben der insgesamt elf Handlungsfelder: *Bedarfsgerechtes Angebot*, *Qualifizierte Fachkräfte*, *Starke*

KiTa-Leitung, Sprachliche Bildung, Starke Kindertagespflege, Vielfältige pädagogische Arbeit und *Weniger Gebühren.*

Rund 107 Mio. Euro fließen in die Stärkung der KiTa-Leitungskräfte. Konkret wurden mit diesen Mitteln für das KiTa-Jahr 2019/2020 zusätzliche Jahrespersonalstunden für den Arbeitsbereich der KiTa-Leitung finanziert. Die Träger erhielten die zusätzlichen Zuschüsse im Rahmen des KiBiz-Übergangsgesetzes mit Auszahlung der monatlichen Kindpauschalen. Diese Maßnahme galt als Vorbereitung im Übergang zur gesetzlichen Verankerung der Leitungsfreistellung im neuen KiBiz, welches am 1. August 2020 in Kraft trat. Seitdem werden die Kosten aus Landesmitteln finanziert. Mit den Daten der KJH-Statistik lässt sich bisher kein Effekt der Maßnahme beobachten. So haben sich die wöchentlichen Leitungs- und Verwaltungszeiten pro rechnerisch ganztags betreutem Kind zwischen 2019 und 2020 von 29,5 auf 29,6 Minuten kaum verändert. Diese Entwicklung ist eher auf jährliche Schwankungen in der Statistik zurückzuführen. Es bleibt abzuwarten, ob die gesetzliche Verankerung der Leitungsressourcen und deren Finanzierung über die Kindpauschale eine tatsächliche Verbesserung für die Leitungskräfte mit sich bringen wird.

Ausbau- und Reformbedarf: Empfehlungen für die Kindertagesbetreuung in Nordrhein-Westfalen

Um allen Kindern unabhängig von ihrem Wohnort gleichwertige Teilhabe- und Bildungschancen zu ermöglichen, ist es unerlässlich, dass jedes Bundesland ein bedarfs- und kindgerechtes FBBE-Angebot zur Verfügung stellt. Obwohl die Personalschlüssel in NW günstiger sind als in den ostdeutschen Flächenländern, ist der Anteil der Kinder, die in KiTa-Gruppen mit einer nicht kindgerechten Personalausstattung betreut werden, noch immer deutlich zu hoch (77 %). Ebenso erreichen auch nach Jahren des Platzausbaus die Teilhabechancen der unter 3-Jährigen in NW noch nicht das Niveau der ostdeutschen Bundesländer.

Der *Fachkräfte-Radar für KiTa und Grundschule*[5] prognostiziert, dass für gleiche Teilhabechancen und eine kindgerechte Betreuung sowie eine professionelle Leitungsausstattung gemäß wissenschaftlichen Empfehlungen bis 2030 in NW mehr als 67.000 KiTa-Fachkräfte fehlen werden. Damit diese Lücke geschlossen werden kann, müsste die Zahl der prognostizierten Neuzugänge um fast 128 % gesteigert werden. Die Ausbildungskapazitäten in diesem Umfang in den nächsten Jahren aufzustocken sowie genügend Quereinsteiger:innen zu gewinnen und pädagogisch zu qualifizieren, wird nicht möglich sein – ein Etappenziel ist notwendig.

Um bundesweit für alle Kinder gleichwertige Lebensverhältnisse herzustellen, müssen zunächst die Teilhabe- und Bildungschancen in Ost- und Westdeutschland angeglichen werden. So fehlen in NW rund 10.000 Fachkräfte, wenn bis 2030 die Teilhabequoten auf das Ostniveau gehoben werden sollen. Für eine zusätzliche Verbesserung der Personalschlüssel für alle Kinder auf das durchschnittliche Westniveau[6] steigt die Zahl der fehlenden Fachkräfte auf 15.000; das wäre ein Plus von 29 % der prognostizierten Neuzugänge. Es ist zu prüfen, ob das durch eine zügige Aufstockung der Ausbildungskapazitäten und die Gewinnung sowie Qualifizierung von Quereinsteiger:innen erreicht werden kann.

Nach 2030 muss dann allerdings das Ziel lauten: kindgerechte und bedarfsgerechte FBBE-Angebote in ganz Deutschland. Um dies zu erreichen, müssen in NW schon jetzt die Weichen für den Ausbau der Plätze sowie der Ausbildungskapazitäten mit gleichzeitiger Qualifizierung zusätzlicher Berufsschullehrer:innen gestellt werden. Für die Verbesserung der Personalschlüssel ist zudem eine rechtliche Basis erforderlich. So sollte ein Stufenplan mit einer schrittweisen Verbesserung der Personalausstattung in das KiBiz integriert werden. Darüber hinaus braucht es Konzepte, um neues Personal zu gewinnen und – insbesondere durch attraktive Arbeitsbedingungen und Verdienstmöglichkeiten – die vorhandenen Fachkräfte zu binden. Damit NW diese Aufgaben bewältigen kann, ist es unumgänglich, dass der Bund auch nach 2022 sein finanzielles Engagement für den Qualitätsausbau fortsetzt und im KiQuTG verlässlich verankert. Die Mittel sollten in erster Linie für die Gewinnung neuer Fachkräfte und den Ausbau der Personal- und Leitungskapazitäten verwendet werden.

1 Haug-Schnabel, Gabriele; Bensel, Joachim (2016): Kinder unter 3 – Bildung, Erziehung und Betreuung von Kleinstkindern. Kindergarten heute – wissen kompakt. 12., überarb. Aufl. Freiburg.

2 Es werden nur die Gruppen in KiTas analysiert, die laut Angaben in der amtlichen KJH-Statistik mit einer Gruppenstruktur arbeiten. Die Zuordnung von Gruppen in KiTas zu einem bestimmten Gruppentyp wird nicht von den Einrichtungen selbst vorgenommen, sondern erfolgt im Rahmen der Auswertung der Daten der amtlichen KJH-Statistik. Dabei erfolgt die Zuordnung primär anhand der Alterszusammensetzung der Kinder in den Gruppen. Gruppen, in denen Kinder mit einer (drohenden) Behinderung betreut werden, werden in der Berechnung nicht berücksichtigt.

3 Viernickel, Susanne; Fuchs-Rechlin, Kirsten (2015): Fachkraft-Kind-Relationen und Gruppengrößen in Kindertageseinrichtungen. Grundlagen, Analysen, Berechnungsmodell, in: Viernickel, Susanne; Fuchs-Rechlin, Kirsten; Strehmel, Petra; Preissing, Christa; Bensel, Joachim; Haug-Schnabel, Gabriele: Qualität für alle. Wissenschaftlich begründete Standards für die Kindertagesbetreuung. Freiburg, S. 11–130.

4 Für eine professionelle Führung und Leitung von KiTas empfiehlt die Bertelsmann Stiftung jeder Einrichtung eine Grundausstattung von 20 Wochenstunden plus 0,35 Wochenstunden pro Ganztagsbetreuungsäquivalent. Die empfohlene Leitungsausstattung enthält auch die Zeiten für Verwaltungstätigkeiten (max. 20 % der empfohlenen Leitungszeit).

5 Der Fachkräfte-Radar für KiTa und Grundschule prognostiziert bis 2030 den Fachkräftebedarf für die KiTa- und Grundschulbetreuung und stellt ihn dem voraussichtlich verfügbaren Personalangebot gegenüber. Weitere Informationen finden Sie unter: www.fachkraefte-radar-kita-grundschule.de

6 Sind die Personalschlüssel bereits günstiger als das Westniveau, werden sie in den Berechnungen konstant gehalten.

Teilhabe sichern

Jedes Kind braucht einen gesicherten und einfachen Zugang zu „guter“ Kindertagesbetreuung, unabhängig von seinem Wohnort und seiner sozio-ökonomischen oder kulturellen Herkunft. Dazu sind ausreichend wohnortnahe Angebote notwendig. Um diesem Anspruch zu genügen, erfolgte in den vergangenen Jahren bundesweit ein enormer Ausbau der Betreuungsplätze. 29 % der unter drei Jahre alten Kinder in NW nehmen eine Kindertagesbetreuung in Anspruch (bundesweit: 35 %). Unterschiede gibt es vor allem zwischen den unter 1-Jährigen (1 %), 1-Jährigen (26 %) und 2-Jährigen (60 %). Von den Kindern ab 3 bis unter 6 sind in NW mit 92 % fast alle in einer KiTa oder Kindertagespflege. Darüber hinaus nutzen 41 % der 6-Jährigen (Stand: 1. März 2020) Angebote der Kindertagesbetreuung, bevor sie in den schulischen Bildungsbereich wechseln.

Nur 0,4 % der unter 11-jährigen Schulkinder besuchen einen Hort[1]; bundesweit sind es mit 17 % deutlich mehr. Weitere 48 % nehmen Ganztagsschulangebote wahr (bundesweit: 45 %). 909 Schulkinder (0,1 %), die parallel kein Hort- oder Ganztagsschulangebot nutzen, besuchen eine Kindertagespflege.

2020 nutzen 151.736 unter 3-Jährige in NW ein FBBE-Angebot (29 %). Das sind 72.618 Kinder mehr als 2012, dem Jahr vor der Einführung des bundesweit geltenden Rechtsanspruchs auf einen Betreuungsplatz für Kinder ab dem ersten Geburtstag: ein Anstieg der Teilhabequote um 11 Prozentpunkte. Bedarfsgerecht ist das Angebot jedoch noch nicht: 2020 wünschen sich 46 % der Eltern von Kindern dieser Altersgruppe laut der „DJI-Kinderbetreuungsstudie“ einen Platz in einer KiTa oder Kindertagespflege. Vergleicht man die Entwicklung der elterlichen Betreuungswünsche mit der Bildungsbeteiligung für diese Altersgruppe zwischen 2012 und 2020, zeigt sich, dass der Bedarf etwas stärker angestiegen ist als die Teilhabequote. Lag die Differenz 2012 bei 16 Prozentpunkten, hat sie sich innerhalb von acht Jahren auf 17 erhöht.

1 Ist im Folgenden von Horten die Rede, sind in der Regel auch Hortgruppen in KiTas gemeint.

Bildungsbeteiligung an Kindertagesbetreuung | NW 01.03.2020 | Tab. 6–14; 41a1

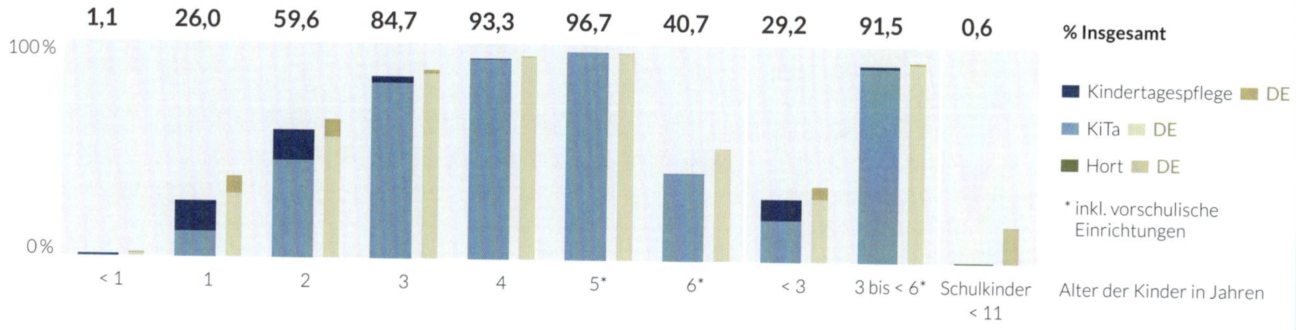

Betreuungsquote und Betreuungswunsch
NW 2012–2020, Stichtag 01.03. | Tab. 88a

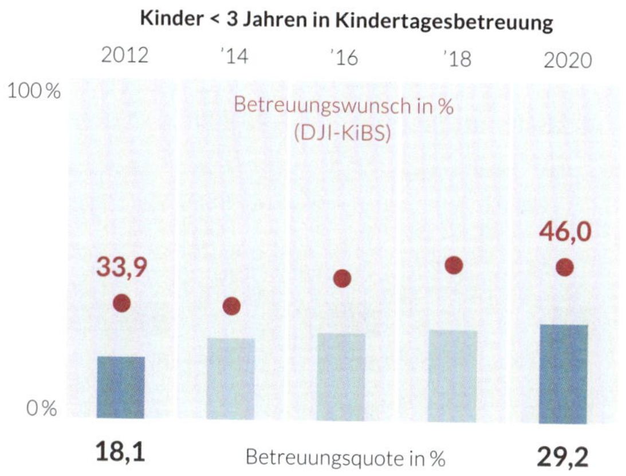

Bildungsbeteiligung von Schulkindern
NW 01.03.2020, Schulj. 2019/20 | Tab. 41a1; Tab. 71

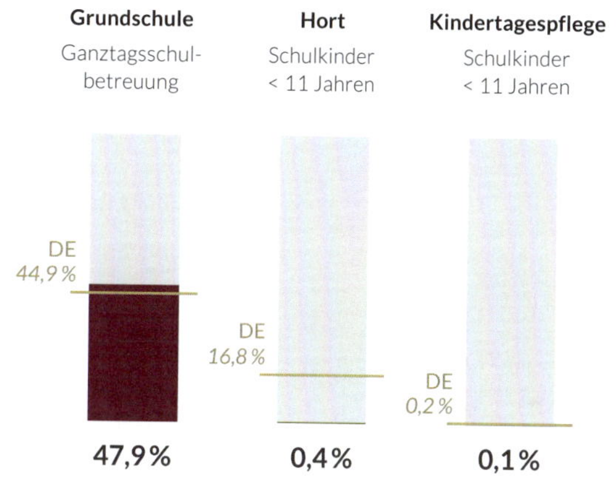

Regionale Daten zur Bildungsbeteiligung finden Sie auf www.laendermonitor.de unter FOKUS | Regionale Daten

81 % der Kinder, die am 01.03.2020 unter drei Jahre alt waren, wurden im August in der aktuell besuchten KiTa aufgenommen (vgl. S. 202). In allen anderen Monaten liegt die Aufnahmequote zwischen 0,4 und 4 %. Auch in der Kindertagespflege erfolgen die Eingewöhnungen vorrangig im August (36 %). Im September liegen die Aufnahmequoten darunter, bewegen sich aber auf einem etwas höheren Niveau (14 %).

Kinder mit einer Eingliederungshilfe werden in 53 % der KiTas (ohne Sondereinrichtungen) in NW betreut; bundesweit ist dieser Wert geringer (40 %). Ein deutlich niedrigerer Anteil zeigt sich bei den Horten: Schulkinder mit einer Eingliederungshilfe besuchen nur 6 % der Horte (n = 3) (bundesweit: 17 %).

Werden die vertraglich vereinbarten wöchentlichen Betreuungszeiten betrachtet, zeigt sich das folgende Bild: In NW wird mit 54 % der größte Anteil der unter 3-jährigen KiTa-Kinder laut Vertrag 45 Wochenstunden und mehr betreut. Auch in der Altersgruppe der ab 3-Jährigen werden diese Betreuungszeiten am häufigsten (53 %) gebucht. Diese Anteile liegen über den durchschnittlichen Bundeswerten (39 % bzw. 35 %). In der Kindertagespflege hingegen werden diese langen Betreuungszeiten am seltensten genutzt. Hier wird der größte Anteil der Kinder mehr als 25 bis zu 35 Stunden wöchentlich betreut: Das gilt für 43 % der unter 3-Jährigen und 32 % der ab 3-jährigen Nichtschulkinder. Auch Schulkinder in der Hortbetreuung nutzen diese Buchungszeiten am häufigsten (47 %). Schulkinder in der Kindertagespflege hingegen werden zum größten Teil kürzer – bis zu 25 Stunden wöchentlich – betreut (88 %).

Aufnahmezeitpunkt von unter Dreijährigen in KiTas und Kindertagespflege | NW 01.03.2020 | Tab. 87; 87a

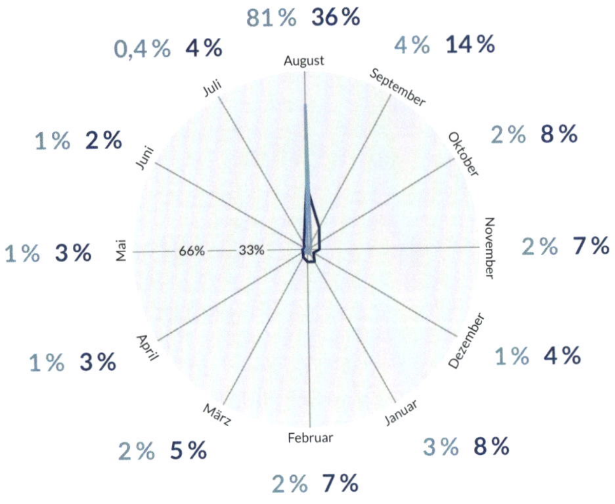

KiTas ■ Kindertagespflege

KiTas und Horte, die Kinder mit Eingliederungshilfe betreuen | NW 01.03.2020 | Tab. 59aoh; 59ah

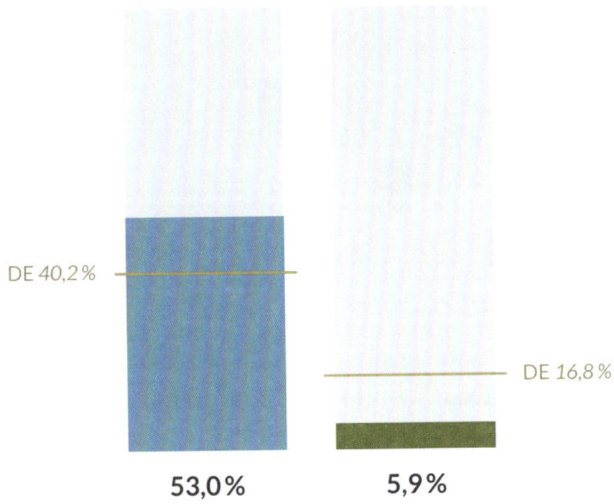

KiTas ■ Horte

Vertraglich vereinbarte wöchentliche Betreuungszeiten in Kindertagesbetreuung | NW 01.03.2020 | Tab. 2–5; 3h; 138

	Kinder in KiTas und Horten			Kinder in öffentlich geförderter Kindertagespflege			
	< 3 Jahre: 100.653	≥ 3 Jahre bis Schuleintritt: 528.134	Schulkinder < 11 Jahren: 2.726	< 3 Jahre: 51.180	≥ 3 Jahre bis Schuleintritt: 7.346	Schulkinder < 11 Jahren: 2.029	
Bis 25 Stunden	8,4 *11,3*	4,9 *9,3*	40,2 *61,1*	24,8 *31,3*	31,3 *47,0*	87,9 *89,7*	%
> 25 bis 35 Stunden	37,2 *30,6*	41,9 *37,8*	46,5 *35,2*	42,6 *34,2*	31,9 *24,4*	8,8 *7,4*	%
> 35 bis < 45 Stunden	0,2 *19,5*	0,2 *17,5*	2,7 *1,6*	21,5 *19,3*	25,6 *15,7*	1,9 *1,8*	%
45 Stunden und mehr	54,2 *38,5*	53,0 *35,4*	10,6 *2,2*	11,1 *15,2*	11,1 *12,9*	1,4 *1,1*	%

| = DE

Regionale Daten zum Betreuungsumfang finden Sie auf www.laendermonitor.de unter FOKUS | Regionale Daten

In NW nutzen 17 % der unter 3-Jährigen mit und 37 % ohne Migrationshintergrund (MH) ein FBBE-Angebot. Bei den älteren Kindern liegen die Quoten bei 73 % bzw. 104 %. 24 % der unter 3-jährigen KiTa-Kinder haben in NW einen MH; 9 % sprechen in ihrer Familie Deutsch und fast 15 % eine andere Sprache. Bei den älteren KiTa-Kindern (33 %) liegen die Werte für die Sprache bei 10 % bzw. 23 %. Die Anteile der Kinder mit MH liegen in der Kindertagespflege bei den unter 3-Jährigen bei 22 % und den älteren Kindern bei rund 38 %. Hier sprechen nur 10 % der Jüngeren Deutsch und 12 % eine andere Sprache. Bei den Älteren liegen diese Werte bei 12 % bzw. 26 %.

46 % der unter 4-jährigen KiTa-Kinder ohne MH wurden vor ihrem zweiten Geburtstag in der aktuell besuchten KiTa aufgenommen. Bei den Kindern mit MH ist dieser Anteil geringer (37 %). In der Kindertagespflege hingegen startet die überwiegende Mehrheit der Kinder mit als auch ohne MH vor ihrem zweiten Geburtstag das Betreuungsangebot (80 % bzw. 91 %).

Kinder mit und ohne Migrationshintergrund

NW 01.03.2020

Regionale Daten zum Migrationshintergrund und zur Familiensprache finden Sie auf www.laendermonitor.de unter FOKUS | Regionale Daten

Bildungsbeteiligung in KiTas und Kindertagespflege

Tab. 38a, Tab. 39a

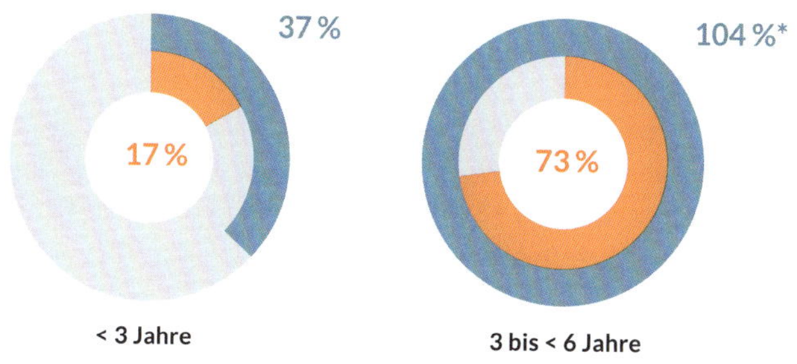

Quote der Inanspruchnahme von Kindern

mit Migrationshintergrund **ohne** Migrationshintergrund

* siehe landesspezifische Anmerkungen am Ende des Profils

KiTas (mit Horten) nach ihrem Anteil an Kindern mit nicht deutscher Familiensprache | Tab. 96

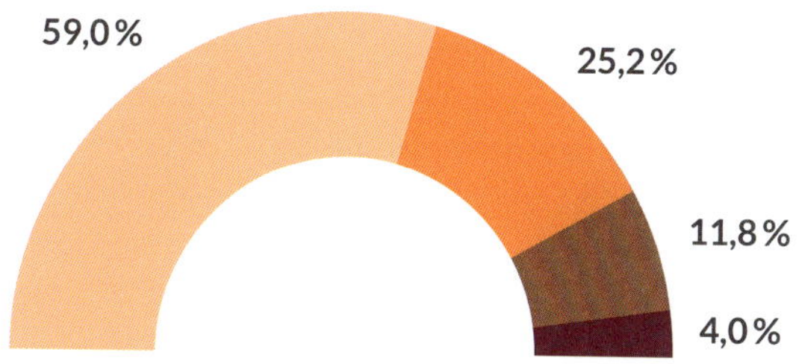

KiTas (mit Horten) mit einem Anteil an Kindern mit nicht deutscher Familiensprache von

< 25 % 25 bis < 50 % 50 bis < 75 % 75 % und mehr

Alter des Kindes zu Beginn der Betreuung in der aktuellen KiTa und Kindertagespflege | Tab. 92; 93

KiTa

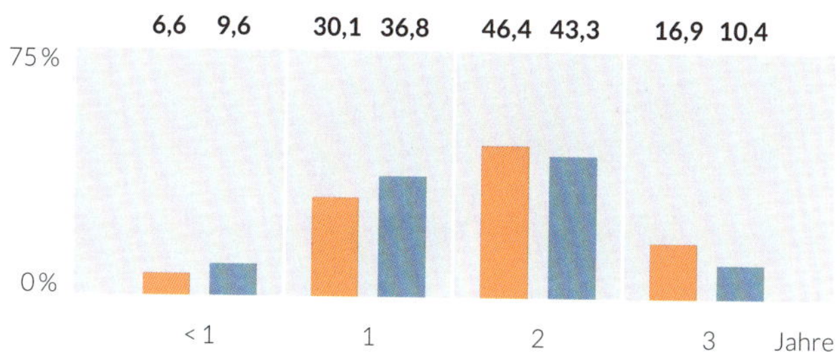

Kindertagespflege

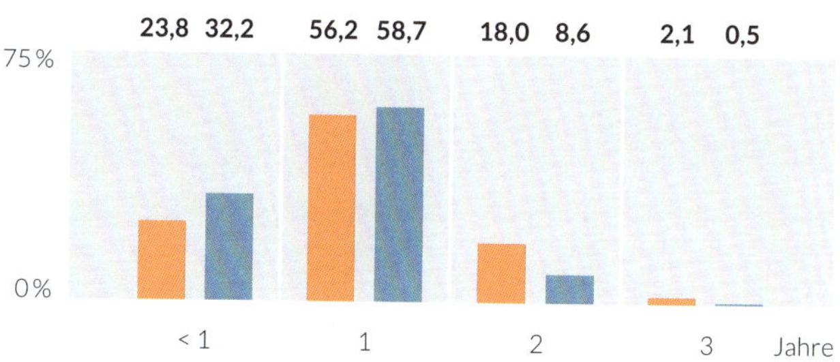

mit Migrationshintergrund **ohne** Migrationshintergrund

Familiäre Sprachpraxis der Kinder in KiTas (mit Horten) und Kindertagespflege | Tab. 15a-20a

KiTas (mit Horten)

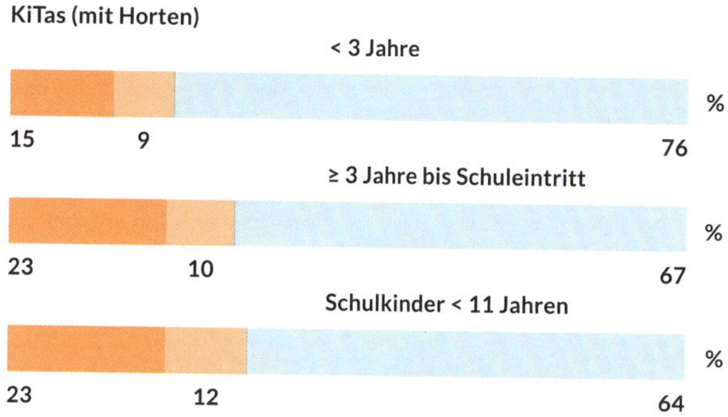

Kindertagespflege

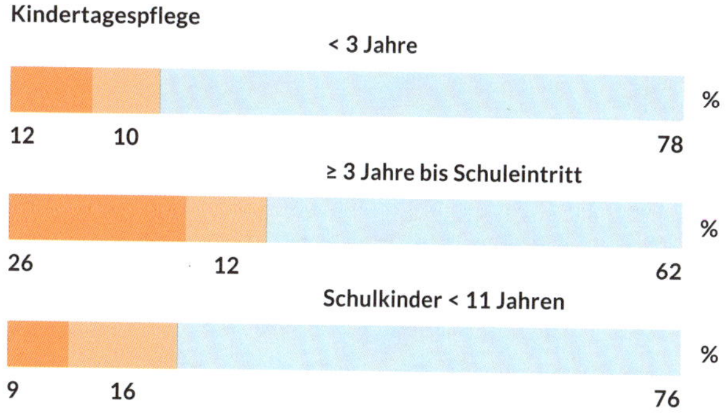

Kinder **mit** Migrationshintergrund:

Familiensprache nicht Deutsch Deutsch

Kinder **ohne** Migrationshintergrund

Bildung fördern – Qualität sichern

Die FBBE kann einen bedeutenden Beitrag für die Chancengerechtigkeit aller Kinder in Deutschland leisten. Voraussetzung dafür, dass die KiTas ihren Bildungsauftrag durchführen können, sind professionelle Rahmenbedingungen: insbesondere ausreichend Personal für die pädagogischen Aufgabenbereiche sowie für die Leitung und die Verwaltung. Weitere wichtige Gradmesser für die Qualität sind qualifizierte KiTa-Teams und kleine Kindergruppen. Schließlich spielt auch die Ausgestaltung der Arbeitsbedingungen durch die Träger eine Rolle. Der Status quo der KiTa-Landschaft wird im Folgenden anhand ausgewählter strukturell-qualitativer Dimensionen dargestellt.

31 % der unter 3-Jährigen in NW werden zusammen mit 36 % der ab 3-Jährigen in Kindergartengruppen, die für Kinder ab zwei Jahren geöffnet sind, betreut; ebenfalls 31 % sind in Gruppen mit Kindern ab 4 Jahren (Personalschlüssel: 1 zu 7,5 bzw. 1 zu 3,9). In Krippengruppen sind nur 17 %; 2020 ist hier eine Vollzeitkraft rechnerisch für 3,7 ganztags betreute Kinder zuständig. Der größte Anteil der ab 3-Jährigen (50 %) besucht Kindergartengruppen (Personalschlüssel: 1 zu 8,5). Für ein kindgerechtes Betreuungsverhältnis empfiehlt die Bertelsmann Stiftung, dass eine Fachkraft rein rechnerisch für höchstens 3 unter 3-Jährige in Krippengruppen oder 7,5 ab 3-Jährige in Kindergartengruppen zuständig ist. In NW entsprechen 41 % der Personalschlüssel in Kindergartengruppen dieser Empfehlung (inkl. ± 0,5 Toleranz) bzw. sind günstiger. Schlechter sind 59 %, in Krippengruppen ebenfalls 59 %. Ein ungünstigeres Bild zeigt sich – abgesehen von den Hortgruppen – bei den weiteren Gruppenformen. Hier sind zu 68 bis 92 % die Personalschlüssel ungünstiger als wissenschaftlich empfohlen.

Der Personalschlüssel ist eine rein rechnerische, im KiTa-Alltag nicht beobachtbare Größe, die die gesamte Arbeitszeit einer pädagogischen Fachkraft umfasst. Die annähernd reale Betreuungssituation beschreibt die Fachkraft-Kind-Relation, die das Verhältnis zwischen den Fachkräften und den Kindern während der unmittelbaren pädagogischen Arbeit darstellt.

Pädagogische Personalausstattung | NW 01.03.2020

Personalschlüssel

Tab. 43a2

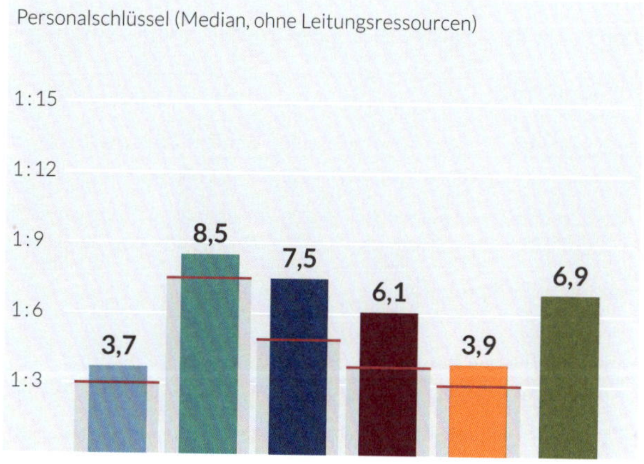

Verteilung der Kinder auf Gruppentypen

Tab. 36b; 36b1; 36b2

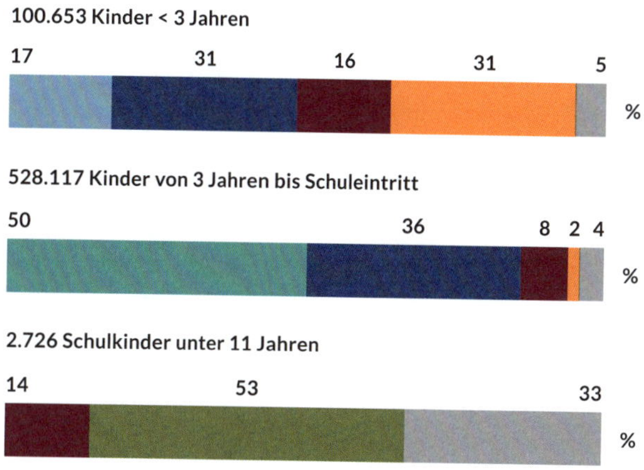

Gruppentyp

- Krippe
- Kindergarten
- Kindergarten ab 2 Jahre
- Altersübergreifend ab 0 Jahre
- Krippe < 4 Jahren
- Hort
- Ohne feste Gruppenstruktur

Empfohlener Personalschlüssel (BSt = Bertelsmann Stiftung, H.-S. & B. = Haug-Schnabel & Bensel 2016):
Krippe 1 : 3,0 (BSt); Kindergarten 1 : 7,5 (BSt); Kindergarten ab 2 J. 1: 4,9 (H.-S. & B.); Altersübergreifend ab 0 J. 1 : 3,75 (H.-S. & B.); Krippe < 4 J. 1 : 3,0 (BSt)

Regionale Daten zum Personalschlüssel finden Sie auf www.laendermonitor.de unter FOKUS | Regionale Daten

Personalschlüssel im Vergleich | Tab. 94; 94a–e

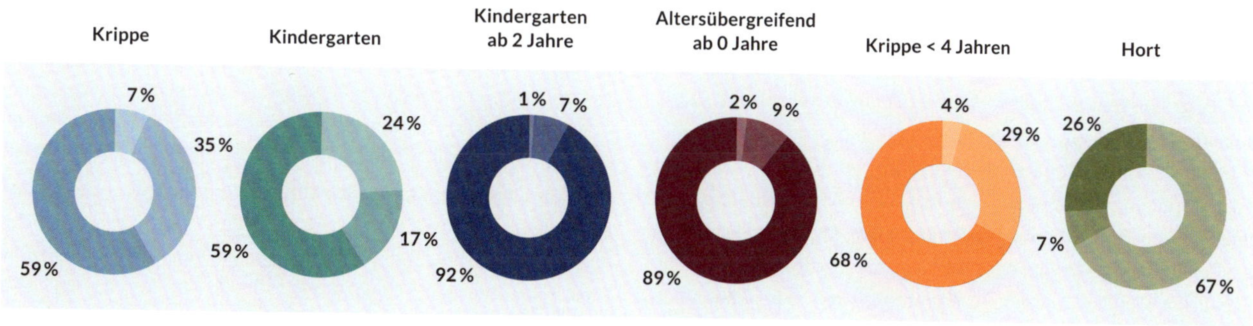

Personalschlüssel von

Krippe	Kindergarten	Kindergarten ab 2 Jahre	Altersübergreifend ab 0 Jahre	Krippe < 4 Jahren	Hort
< 1:2,5 DE 10 %	< 1:7 DE 26 %	< 1:4,4 DE 2 %	< 1:3,25 DE 4 %	< 1:2,5 DE 5 %	< 1:9,5 DE 44 %
1:2,5 bis < 1:3,5 DE 24 %	1:7 bis < 1:8 DE 14 %	1:4,4 bis < 1:5,4 DE 7 %	1:3,25 bis < 1:4,25 DE 9 %	1:2,5 bis < 1:3,5 DE 22 %	1:9,5 bis < 1:10,5 DE 5 %
1:3,5 und mehr DE 66 %	1:8 und mehr DE 60 %	1:5,4 und mehr DE 91 %	1:4,25 und mehr DE 87 %	1:3,5 und mehr DE 72 %	1:10,5 und mehr DE 51 %

Pädagogische Personalausstattung | NW 01.03.2020

Fachkraft-Kind-Relation – Szenarien der Bertelsmann Stiftung | Tab. 82

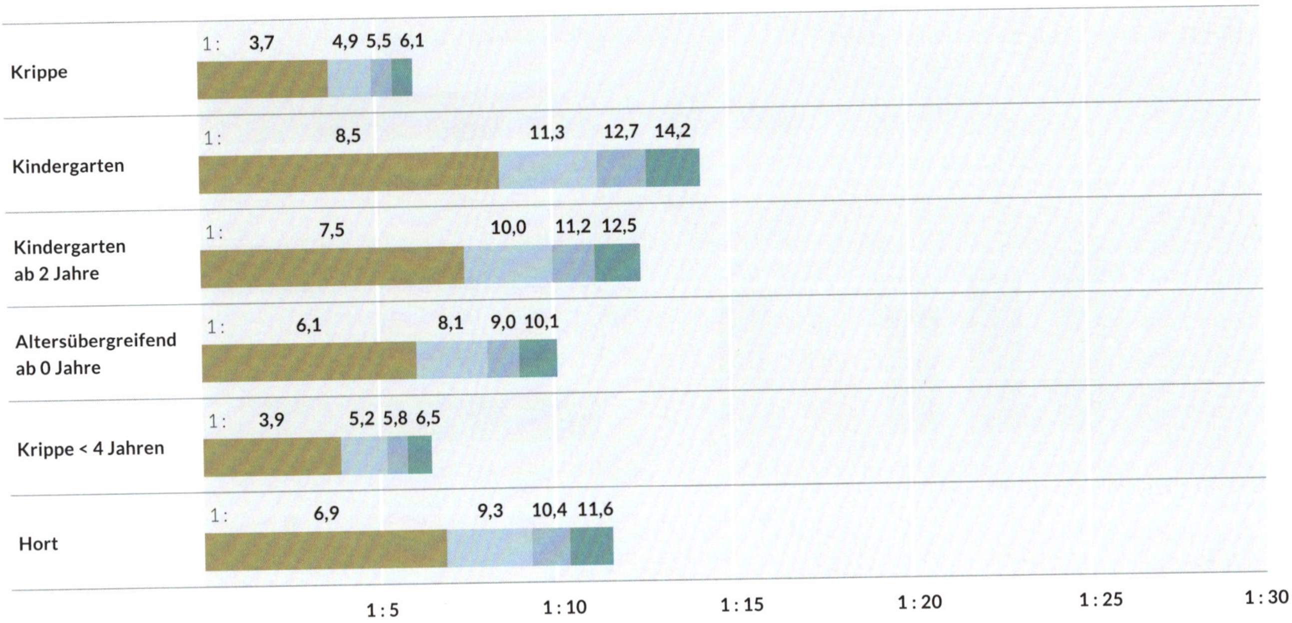

Personalschlüssel (Median, ohne Leitungsressourcen)

Fachkraft-Kind-Relation (Szenarien): Berechnet mit einem Arbeitszeitanteil für die unmittelbare pädagogische Arbeit (direkte Kontaktzeit mit Kindern) von …
75 % 67 % 60 %

Eine Annäherung an die Fachkraft-Kind-Relation kann nur durch Szenarien erfolgen, da die amtliche Kinder- und Jugendhilfestatistik keine Daten für Arbeitszeitanteile der mittelbaren pädagogischen Aufgabenbereiche sowie Ausfallzeiten erfasst. Die drei von der Bertelsmann Stiftung entwickelten Szenarien wurden auf Basis wissenschaftlicher Untersuchungen berechnet. Diese zeigen, dass 24 % bis 41 % der Gesamtarbeitszeit einer pädagogischen Fachkraft zum einen Ausfallzeiten sind (Urlaub, Krankheit, Fortbildungen) und zum anderen für Aufgaben außerhalb der pädagogischen Praxis benötigt werden, etwa für Elterngespräche, die Qualitätsentwicklung oder Bildungsdokumentationen.[1] In den Szenarien wird der Anteil für die unmittelbaren Arbeitsaufgaben, also den Kontakt mit den Kindern, mit 75 %, 67 % oder 60 % der gesamten Arbeitszeit angesetzt.

Werden wie im Szenario 1 nur 25 % der Arbeitszeit für Aufgaben ohne die Kinder verwendet, verbleiben 75 % der Arbeitszeit für sie. In NW betreut dann eine Vollzeitkraft in Krippengruppen bei einem Personalschlüssel von 1 zu 3,7 in der pädagogischen Praxis rechnerisch 4,9 Kinder. Nimmt man einen höheren Anteil mittelbarer pädagogischer Arbeitszeit an, sinkt die Zeit für die Arbeit mit den Kindern, und die Fachkraft-Kind-Relationen verschlechtern sich (Szenarien 2 und 3).

Neben einer kindgerechten Personalausstattung ist die Gruppengröße ein weiterer Gradmesser für „gute" KiTas. Zu große Gruppen bedeuten für die Kinder und das Personal übermäßigen Stress, etwa durch die Lautstärke. So sollten Gruppen für jüngere Kinder nicht mehr als zwölf Kinder umfassen, Kindergartengruppen nicht mehr als 18.[1] In NW sind 7 % der Krippengruppen zu groß, bei den Kindergartengruppen sogar 90 %.

Im Median haben die KiTas in NW 9 Stunden und damit deutlich kürzer als die ostdeutschen Bundesländer (11 Stunden) ihre Türen geöffnet (bundesweit: 9,5 Std.). In 93 % der KiTas startet der Tag zwischen 7:00 und 7:30 Uhr. Der Großteil der Horte (84 %) beginnt den Tag dagegen erst nach 7:30 Uhr.

1 Vgl. Viernickel, Susanne; Fuchs-Rechlin, Kirsten (2015): Fachkraft-Kind-Relationen und Gruppengrößen in Kindertageseinrichtungen. Grundlagen, Analysen, Berechnungsmodell, in: Viernickel, Susanne; Fuchs-Rechlin, Kirsten; Strehmel, Petra; Preissing, Christa; Bensel, Joachim; Haug-Schnabel, Gabriele: Qualität für alle. Wissenschaftlich begründete Standards für die Kindertagesbetreuung. Freiburg, S. 11–130.

KiTa- und Hort-Strukturen | NW 01.03.2020

Gruppengrößen im Vergleich | Tab. 116a–e; 116h

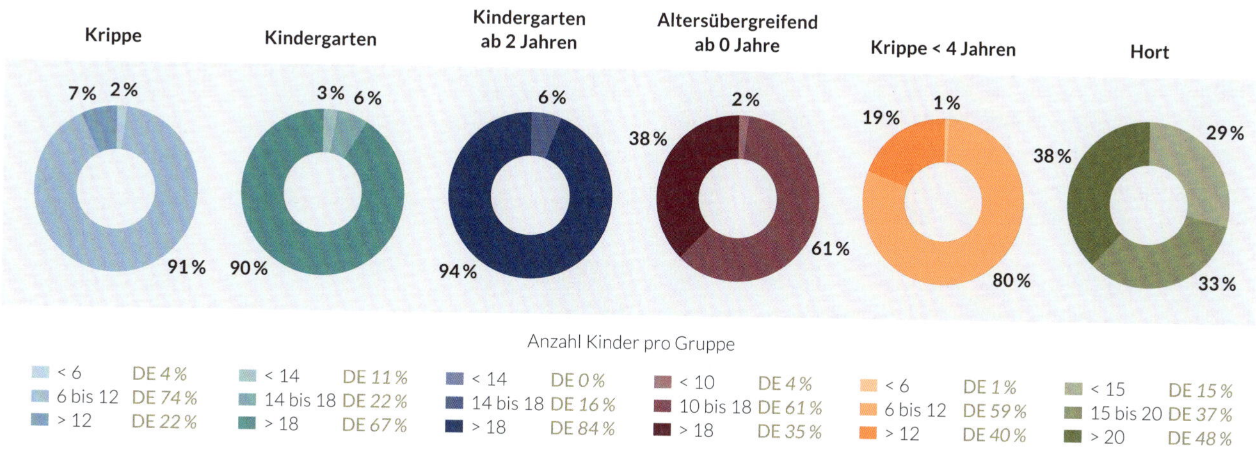

Öffnungszeiten von KiTas und Horten | Tab. 83oh; 83h; 117oh; 117h

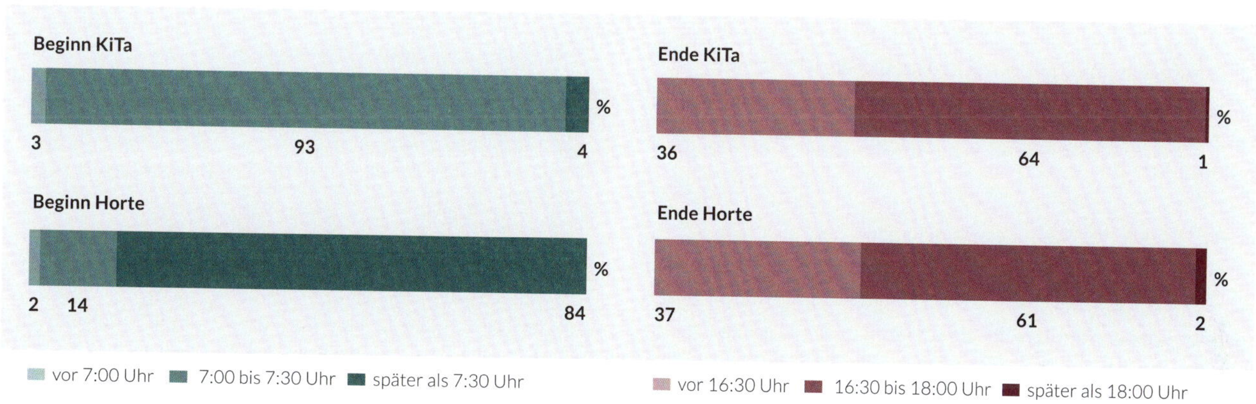

KiTa: Beginn nach 7:30 und Ende vor 16:30 Uhr

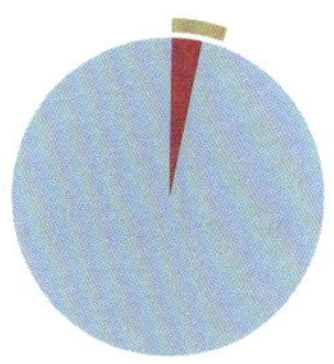

3,2 %
DE *5,1 %*

KiTa: Öffnungsdauer

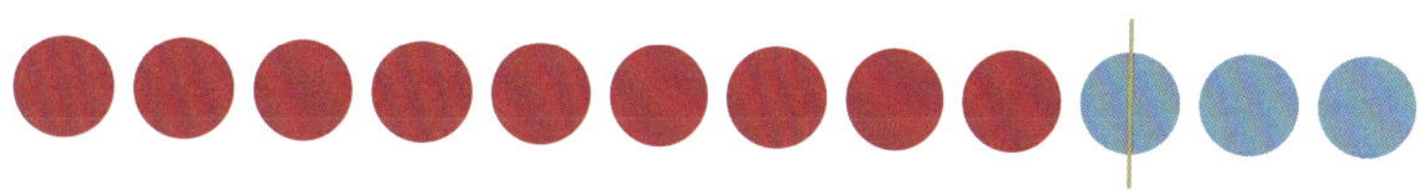

9 Stunden pro Tag (Median)
DE *9,5 Std.*

Horte: Beginn nach 7:30 und Ende vor 16:30 Uhr

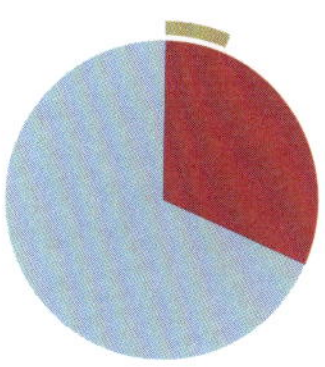

31,4 %
DE *6,0 %*

Horte: Öffnungsdauer

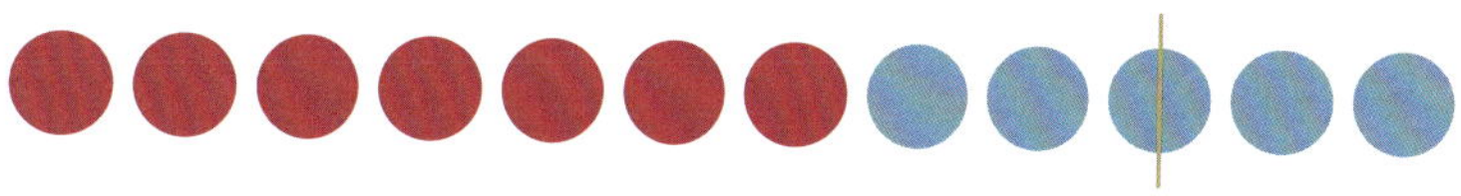

7 Stunden pro Tag (Median)
DE *9,5 Std.*

Regionale Daten zu den Öffnungszeiten von KiTas finden Sie auf www.laendermonitor.de unter FOKUS | Regionale Daten

Leitungsausstattung

NW 01.03.2020

2020 verfügen 7 % der 10.398 KiTas (mit Horten) in NW nach der amtlichen Kinder- und Jugendhilfestatistik über keine vertraglich vereinbarte Zeit für Leitungsaufgaben. Bundesweit sind es fast 9 %. Dies betrifft vor allem die kleinen Einrichtungen in NW: Knapp 15 % der KiTas (mit Horten) mit weniger als 45 betreuten Kindern haben keine zeitlichen Leitungsressourcen, während es in den größeren mit 76 und mehr Kindern nur 3 % sind.

In 56 % der KiTas (mit Horten) in NW, in denen es laut Arbeitsvertrag Leitungskapazitäten gibt, ist eine Person ausschließlich als Leiter:in tätig. Weitere 34 % werden ebenfalls von nur einer Person geleitet – diese ist allerdings neben ihrer Leitungstätigkeit noch als pädagogische Fachkraft zuständig. Hier ergibt sich das folgende Bild: In fast 17 % der KiTas (mit Horten) gibt es Leitungskräfte, denen weniger als 50 % ihrer Arbeitszeit für Leitungsaufgaben zur Verfügung stehen, und ebenfalls in 17 % der KiTas können die Leitungskräfte mindestens die Hälfte ihrer Arbeitszeit für Leitungsaufgaben nutzen. In den restlichen 10 % ist ein Leitungsteam zuständig, d. h., mindestens zwei Personen besitzen einen Leitungsanteil oder sind ausschließlich als Leitung tätig.

Welche dieser vier Leitungskonstellationen in einer Einrichtung zum Tragen kommt, ist die – bewusst zu treffende – Entscheidung des Trägers. Dieser Handlungsspielraum sollte es ermöglichen, den Teams sowie auch den Leitungsverantwortlichen mit ihren jeweiligen Leitungskompetenzen und Persönlichkeiten gerecht zu werden. Voraussetzung ist allerdings, dass den KiTas und Horten zeitliche Leitungsressourcen gewährt werden. Diese sind notwendig, um die Einrichtung professionell zu führen und zu leiten.

Um den Umfang der vertraglich zugesicherten Leitungszeit zwischen den KiTas unabhängig von ihrer Größe sowie auch zwischen den Bundesländern vergleichen zu können, wird die wöchentliche Leitungszeit auf die Anzahl der ganztags betreuten Kinder verteilt. In den KiTas mit Leitungskapazitäten ergeben sich in NW rechnerisch im Median 30 Minuten pro ganztags betreutem Kind für die Führung und Leitung der KiTa.

Darüber hinaus kann die wöchentliche Leitungszeit gruppiert dargestellt werden. Im Ergebnis zeigt sich, dass dem größten Anteil der KiTas in NW (36 %) eine wöchentliche Arbeitszeit von über 20 bis einschließlich 30 Minuten pro rechnerisch ganztags betreutem Kind zur Verfügung steht.

KiTas (mit Horten) ohne Zeit für Leitung | Tab. 85

7,3 % von 10.398 KiTas (mit Horten) verfügen über keine Zeit für Leitung

KiTas (mit Horten) ohne Zeit für Leitung nach KiTa-Größe

Anzahl betreuter Kinder
Kleine KiTas: < 45 Mittlere KiTas: 45 bis 75 Große KiTas: 76 und mehr

Regionale Daten zu KiTas ohne Leitungszeit finden Sie auf www.laendermonitor.de unter FOKUS | Regionale Daten

KiTas (mit Horten) mit Zeit für Leitung nach Leitungsprofil

Tab. 65

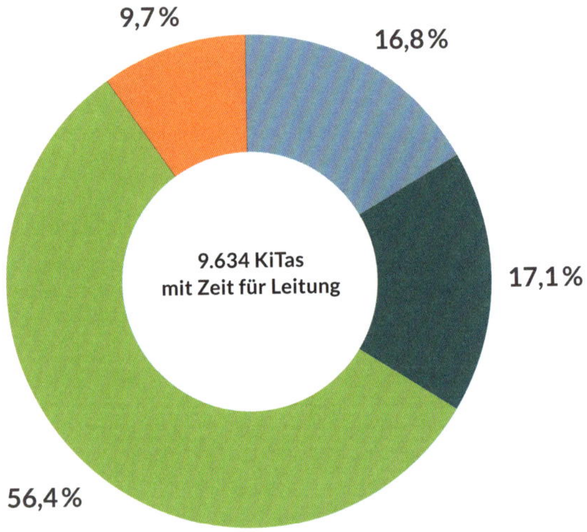

DE	Eine Leitungskraft ...
32,8 %	... mit Leitung als nachrangigem Arbeitsbereich
17,1 %	... mit Leitung als überwiegendem Arbeitsbereich
36,1 %	... ohne weiteren Arbeitsbereich
14,0 %	Leitungsteam

Leitungsausstattung | NW 01.03.2020

KiTas nach Leitungszeit* pro Kind

Tab. 66b; Tab. 108b

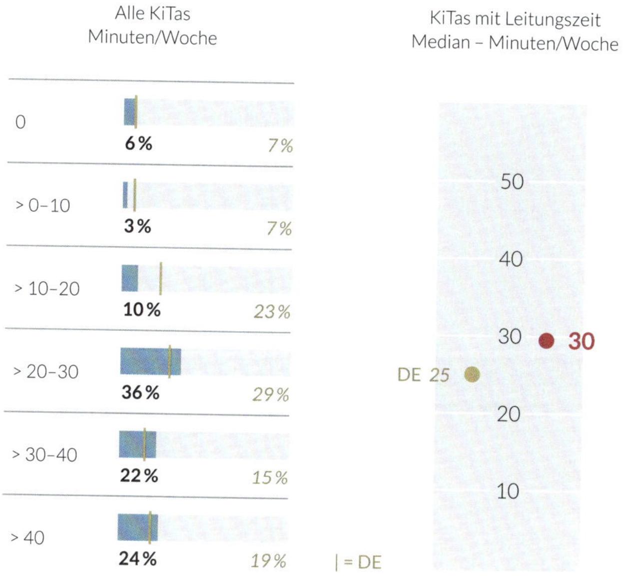

KiTas mit weniger als 20 Wochenstunden Leitungszeit* | Tab. 111

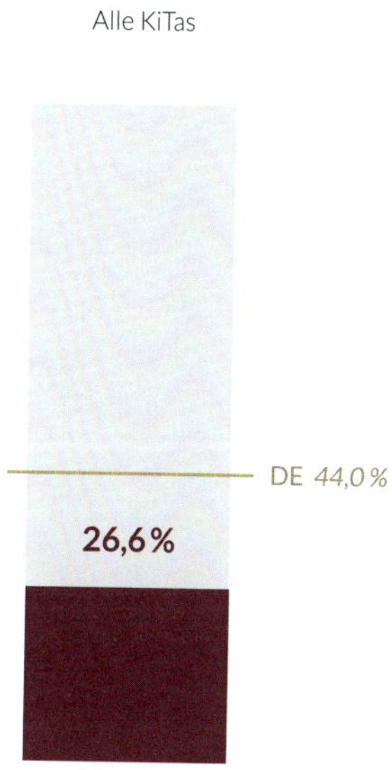

Bertelsmann Stiftung: Empfehlung zur Leitungsausstattung

KiTas mit der von der Bertelsmann Stiftung empfohlenen Leitungszeit* | Tab. 112

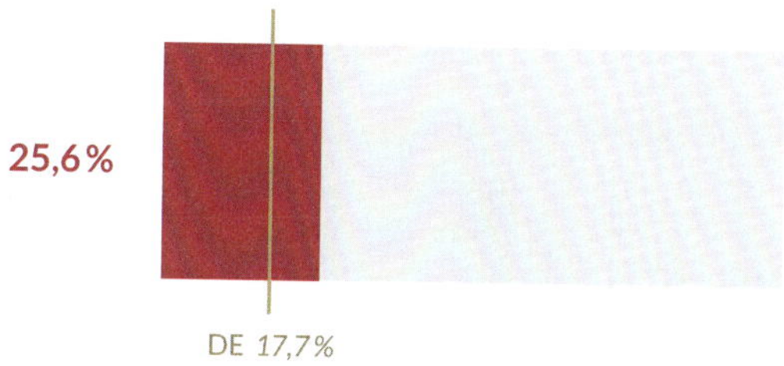

* Zeit für die Arbeitsbereiche Leitung UND Verwaltung

**Vertraglich vereinbarte Betreuungswochenstunden aller Kinder geteilt durch 40

Für eine professionelle Führung und Leitung von KiTas empfiehlt die Bertelsmann Stiftung jeder Einrichtung eine Grundausstattung von 20 Wochenstunden. Diese ist dringend notwendig, denn in jeder KiTa müssen – unabhängig von der Größe – Führungs- und Leitungsaufgaben erledigt werden. 2020 verfügen in NW 27 % der KiTas nicht über diese Grundausstattung, die als garantiertes Zeitbudget empfohlen wird.

Neben den 20 Wochenstunden sollte jeder KiTa ein variabler Anteil von 0,35 Wochenstunden pro Ganztagsbetreuungsäquivalent** zur Verfügung gestellt werden. Mit inbegriffen sind Verwaltungszeiten von max. 20 % der empfohlenen Leitungszeit. 2020 verfügen in NW 26 % der KiTas über diese Leitungsausstattung, bundesweit sind es 18 %.

Pädagogisches Personal | NW 01.03.2020

Entwicklung des pädagogischen Personals

Tab. 118oh, 118h; 126

Jahr (Stichtag 01.03.)	KiTas	Kindertages-pflege	Horte
	Anzahl pädagogisch Tätiger		
2011	84.765	11.486	553
2012	89.430	12.192	528
2013	92.996	12.569	450
2014	97.728	13.235	420
2015	x	13.148	x
2016	106.483	13.524	362
2017	110.095	14.271	345
2018	114.219	14.697	342
2019	119.256	15.237	327
2020	124.257	15.586	305

x = Daten unterliegen nach Angabe des Statistischen Bundesamtes der Geheimhaltung.

Beschäftigungsumfang in KiTas und Horten

Tab. 29oh; 29h

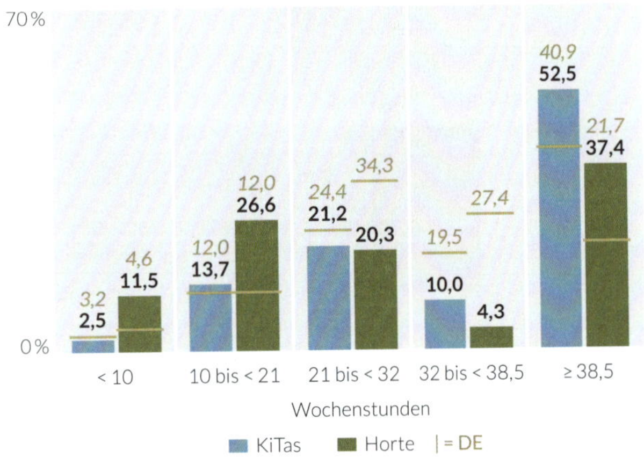

Qualifikationsniveaus | Tab. 27; 50a; 133

Abschluss	NW Anzahl	NW Anteil	DE Anteil
KiTas: 124.257 päd. Tätige			
Hochschule*	6.524	**5,3 %**	*5,6 %*
Fachschule*	90.204	**72,6 %**	*68,3 %*
Berufsfachschule*	12.457	**10,0 %**	*13,6 %*
Sonstige Ausbildungen	5.079	**4,1 %**	*4,5 %*
In Ausbildung	6.965	**5,6 %**	*5,9 %*
Ohne Abschluss	3.028	**2,4 %**	*2,2 %*
Kindertagespflege: 15.586 päd. Tätige			
Hochschule*	447	**2,9 %**	*3,2 %*
Fachschule*	2.374	**15,2 %**	*15,8 %*
Berufsfachschule*	1.847	**11,9 %**	*10,0 %*
Soziale/sozialpädagogische Kurzausbildung	242	**1,6 %**	*1,9 %*
Sonstige Ausbildungen	8.998	**57,7 %**	*60,1 %*
In Ausbildung	47	**0,3 %**	*0,5 %*
Ohne Abschluss	1.631	**10,5 %**	*8,6 %*
Horte: 305 päd. Tätige			
Hochschule*	59	**19,3 %**	*8,2 %*
Fachschule*	148	**48,5 %**	*68,8 %*
Berufsfachschule*	12	**3,9 %**	*8,8 %*
Sonstige Ausbildungen	47	**15,4 %**	*7,6 %*
In Ausbildung	19	**6,2 %**	*4,6 %*
Ohne Abschluss	20	**6,6 %**	*2,0 %*

* fachlich einschlägig

Regionale Daten zu den Qualifikationsniveaus finden Sie auf www.laendermonitor.de unter FOKUS | Regionale Daten

Die Zahl des KiTa-Personals ist in NW zwischen 2011 und 2020 um 47 % auf nunmehr 124.257 Tätige gestiegen. Auch in der Kindertagespflege gab es nach ST mit 36 % den stärksten Ausbau; 2020 arbeiten hier 15.586 Personen. Die Zahl des Hortpersonals hingegen ist von 553 auf 305 gesunken.

5 % der pädagogisch Tätigen in KiTas besitzen einen Hochschul-, 73 % einen Fachschulabschluss als Erzieher:in. In Ausbildung befinden sich fast 6 %. In der Kindertagespflege arbeiten anteilig deutlich weniger Personen mit einem fachlich einschlägigen Fachschulabschluss (15 %). Die meisten Kindertagespflegepersonen (58 %) besitzen einen nicht-fachpädagogischen Abschluss. In den Horten in NW ist der größte Anteil (49 %) wiederum mit einem einschlägigen Fachschulabschluss tätig.

Der größte Anteil des KiTa- und Hortpersonals arbeitet 38,5 Stunden pro Woche und mehr (53 % bzw. 37 %). Im bundesweiten Vergleich zeigen sich für die Hort-Beschäftigten in NW die höchsten Anteile an Arbeitsverträgen mit 10 bis unter 21 Wochenstunden (27 %) sowie mit unter 10 Wochenstunden (12 %).

Pädagogisches Personal | NW 01.03.2020

Altersstruktur in KiTas, Kindertagespflege und Horten | Tab. 42oh; 42h; 128

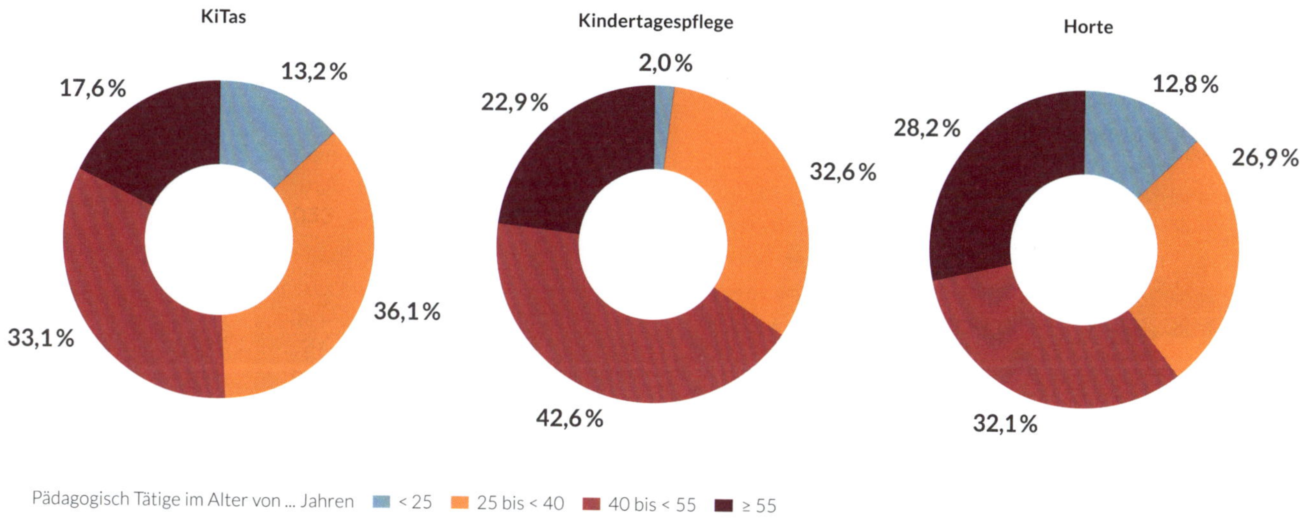

Befristete Arbeitsverhältnisse in KiTas (mit Horten) | Tab. 77

	Alter in Jahren	unter 30	30 bis unter 40	40 bis unter 50	50 bis unter 60	60 und älter
NW	pädagogisch Tätige insgesamt	26.553	26.692	27.921	25.025	9.281
NW	Anteil befristet Beschäftigter	**32,0 %**	**16,8 %**	**11,3 %**	**7,5 %**	**6,2 %**
DE	Anteil befristet Beschäftigter	*25,6 %*	*14,1 %*	*10,4 %*	*6,3 %*	*5,9 %*

Nur 6 % des KiTa-Personals in NW sind männlich (bundesweit: 6 %). Dieser Anteil liegt in der Kindertagespflege mit 4 % auf einem niedrigeren Niveau (bundesweit: 4 %). In den Horten hingegen arbeitet ein deutlich höherer Anteil an Männern (20 %) als in den beiden zuvor genannten Betreuungsformen; bundesweit sind es 18 %.

Mit 36 % ist der größte Anteil des KiTa-Personals in NW 25 bis unter 40 Jahre alt (bundesweit: 37 %). Weitere 33 % der Beschäftigten sind 40 bis unter 55 Jahre (bundesweit: 33 %). Zudem sind 13 % unter 25 Jahre alt, und wiederum fast 18 % sind 55 oder älter; das entspricht annähernd dem bundesweiten Niveau von 13 % bzw. 17 %. Auch für das Hortpersonal in NW zeigt sich, dass das jüngere Personal unter 25 Jahren (13 %) gegenüber den anderen Altersgruppen seltener vertreten ist. Im bundesweiten Vergleich fällt auf, dass es in NW nach TH den größten Anteil an Hort-Beschäftigten gibt, die 55 Jahre und älter sind (28 %; bundesweit: 22 %). Mit 32 % ist der Großteil der Fachkräfte im Hort 40 bis unter 55 Jahre alt. Weitere 27 % zählen zur Altersgruppe 25 bis unter 40 Jahre. Die Kindertagespflegepersonen in NW sind durchschnittlich noch etwas älter als das Hortpersonal: Hier ist mit fast 43 % der größte Anteil aller Beschäftigten 40 bis unter 55 Jahre alt (bundesweit: ebenfalls 43 %). Weitere 23 % sind 55 Jahre und älter (bundesweit: 27 %). Zur Altersgruppe 25 bis unter 40 Jahre zählen fast 33 % der Kindertagespflegepersonen (bundesweit: 29 %). Immerhin 2 % sind jünger als 25 (bundesweit: 1,5 %).

16 % des pädagogischen Personals in KiTas (mit Horten) sind in NW befristet beschäftigt. Dem bundesweiten Trend folgend, sind davon auch in NW vor allem jüngere Beschäftigte betroffen, nämlich 32 % der unter 30-Jährigen, aber nur fast 8 % der 50- bis unter 60-Jährigen und 6 % der ab 60-Jährigen.

Träger | NW 01.03.2020

Die insgesamt 10.347 KiTas und 51 Horte in NW werden von verschiedenen Trägern betrieben; das können solche der öffentlichen oder der freien Jugendhilfe sein. Innerhalb der freien Träger wird zwischen den privat-gemeinnützigen und den privat-nichtgemeinnützigen (auch Wirtschaftsunternehmen) unterschieden. Die privat-nichtgemeinnützigen werden den freien Trägern zugeordnet, da Gemeinnützigkeit kein konstitutives Merkmal ist.

Fast 24 % der KiTas in NW befinden sich in öffentlicher Trägerschaft (bundesweit: 32 %). Unter den KiTas in freier Trägerschaft sind in NW die konfessionellen Träger am häufigsten vertreten (Diakonie: 16 %; Caritas: 24 %). In der bundesweiten Gesamtschau zeigt sich, dass in NW insbesondere KiTas der Arbeiterwohlfahrt (8 %; bundesweit: 4 %) überrepräsentiert sind. Ebenso sind KiTas in der Trägerschaft von Elterninitiativen in NW mit 11 % stärker vertreten als im Bundesdurchschnitt (8 %). Auch bei den Horten liegt der Anteil in öffentlicher Trägerschaft bei fast 24 % (bundesweit: 48 %). Mit 20 % wird der zweitgrößte Anteil von sonstigen freigemeinnützigen Trägern betrieben (bundesweit: 15 %).

Unterschiede in den Betreuungsquoten der unter 3-Jährigen und der Kinder ab 3 nach Art des Trägers sind in NW in geringem Maße vorhanden. So werden unter Dreijährige etwas häufiger in KiTas sonstiger freigemeinnütziger Träger betreut (8 %) als ab Dreijährige (5 %). Im Gegensatz dazu nutzen die jüngeren Kinder etwas seltener KiTas in öffentlicher Trägerschaft (23 %) als die älteren (29 %).

Die Beschäftigungsumfänge der pädagogisch Tätigen unterscheiden sich in vielen Bundesländern nach Trägerschaft der KiTas und Horte. 2020 zeigt sich in NW das folgende Bild: Mit jeweils rund 65 % verfügt ein großer Anteil der pädagogisch Tätigen in KiTas (mit Horten) der Arbeiterwohlfahrt, des DPWV, des Deutschen Roten Kreuzes, der sonstigen freigemeinnützigen Träger sowie der privat-nichtgemeinnützigen über einen Arbeitsvertrag, der mindestens 32 Wochenstunden umfasst; das ist mehr als in Einrichtungen anderer Trägerschaften, insbesondere in KiTas (mit Horten) der Caritas und sonstiger katholischer Trägerschaft (59 %). Hier arbeiten die pädagogisch Tätigen unter allen Trägern anteilig am meisten weniger als 21 Wochenstunden (19 %). Arbeitsverträge von 21 bis unter 32 Wochenstunden sind anteilig am häufigsten in KiTas (mit Horten) der Diakonie und sonstiger der EKD angeschlossener Träger (24 %) vertreten.

KiTas und Horte nach Träger | Tab. 78oh; 78h

10.347 KiTas und 51 Horte in NW	KiTas		Horte	
	Anzahl	Anteil	Anzahl	Anteil
Öffentliche Träger	2.428	**23,5 %**	12	**23,5 %**
Freie Träger/privat-gemeinnützig				
Arbeiterwohlfahrt (AWO)	825	**8,0 %**	1	**2,0 %**
Deutscher Paritätischer Wohlfahrtsverband (DPWV)	577	**5,6 %**	9	**17,6 %**
Deutsches Rotes Kreuz (DRK)	419	**4,0 %**	0	**0,0 %**
Diakonie Deutschland/sonstige der EKD angeschlossene Träger	1.606	**15,5 %**	1	**2,0 %**
Deutscher Caritasverband/sonstige katholische Träger	2.526	**24,4 %**	8	**15,7 %**
Sonstige	619	**6,0 %**	10	**19,6 %**
Freie Träger/privat-nichtgemeinnützig	192	**1,9 %**	2	**3,9 %**
Elterninitiativen	1.155	**11,2 %**	8	**15,7 %**

Träger | NW 01.03.2020

Kinder nach Alter und KiTa-Träger | Tab. 79, 80

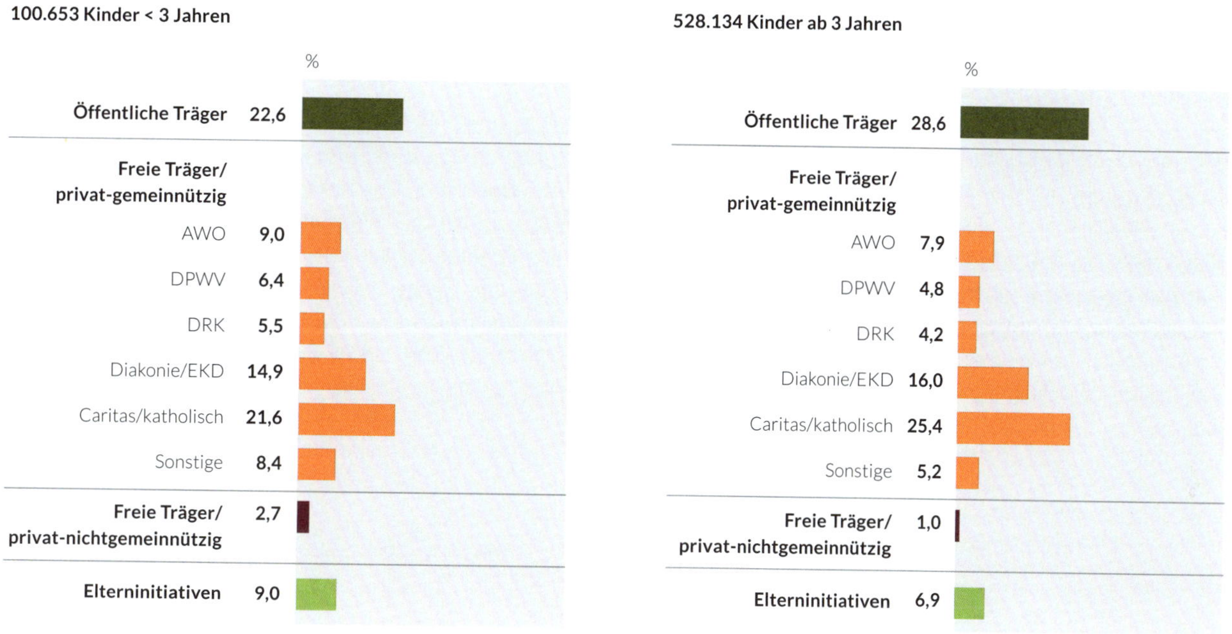

Pädagogisch Tätige nach KiTa-Träger (mit Horten) und Beschäftigungsumfang | Tab. 81

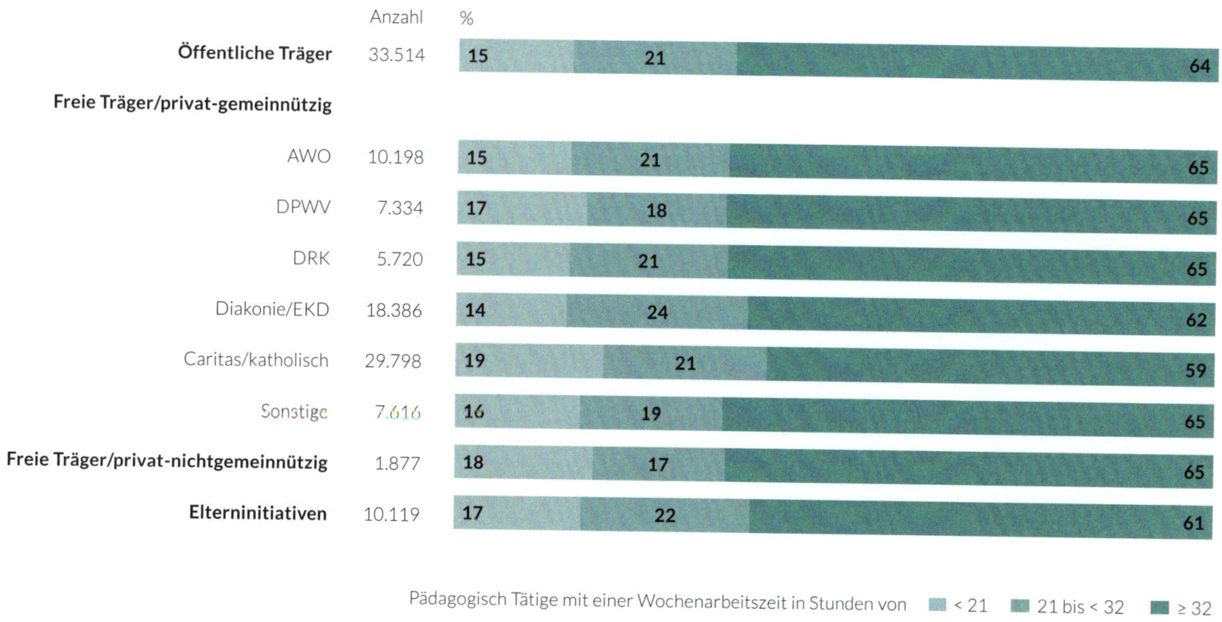

Investitionen wirkungsvoll einsetzen

Der qualitative Ausbau des frühkindlichen Bildungssystems, insbesondere die Verbesserung der Personalressourcen, erfordert gewaltige finanzielle Kraftanstrengungen aller Akteure. Um das System langfristig zu sichern, bedarf es einer dauerhaften finanziellen Unterstützung des Bundes. Daher sollte der Bund sein finanzielles Engagement im KiQuTG über 2022 hinaus verlässlich verankern.

In NW wurden 2018 für jedes Kind unter sechs Jahren in der Bevölkerung durchschnittlich 5.991 Euro für Angebote der Kindertagesbetreuung durch die öffentliche Hand, also Land und Kommunen, ausgegeben (ohne Elternbeiträge oder Zuschüsse anderer föderaler Ebenen). Das sind rund 1.500 Euro mehr als sechs Jahre zuvor. Im bundesweiten Durchschnitt lagen die Ausgaben im Jahr 2018 mit 6.007 Euro auf einem ähnlichen Niveau wie in NW.

Im Haushaltsjahr 2019 wurden in NW seitens der öffentlichen Haushalte Investitionsausgaben für die Kindertagesbetreuung in Höhe von 167 Mio. Euro getätigt. Dies sind Ausgaben, die zum Beispiel bei einem Neubau einer KiTa bzw. einem Umbau oder einer Sanierung einer bereits vorhandenen KiTa entstehen.

Im Rahmen des KiQuTG erhält jedes Bundesland zwischen 2019 und Ende 2022 Bundesmittel für Maßnahmen zur Weiterentwicklung der KiTa-Qualität und zur Gebührenentlastung der Eltern. NW investiert in sieben der insgesamt elf Handlungsfelder des Gesetzes. Der größte Anteil der Bundesmittel fließt mit 517 Mio. Euro in das Handlungsfeld *Weniger Gebühren*. Mit diesen Mitteln finanziert NW seit dem Kindergartenjahr 2020/21 die Erweiterung der Beitragsfreiheit auf das vorletzte KiTajahr.[1]

1 Vgl. BMFSFJ und MKFFI (2020): Vertrag zwischen der Bundesrepublik Deutschland, vertreten durch das Bundesministerium für Familie, Senioren, Frauen und Jugend, und dem Land Nordrhein-Westfalen zur Umsetzung des Gesetzes zur Weiterentwicklung der Qualität und zur Verbesserung der Teilhabe in Tageseinrichtungen und in der Kindertagespflege (KiTa-Qualitäts- und Teilhabeverbesserungsgesetz – KiQuTG).

Investitionen pro unter sechsjährigem Kind
NW 2011–2018 | Tab. 21c

Grundmittel von Land und Kommunen

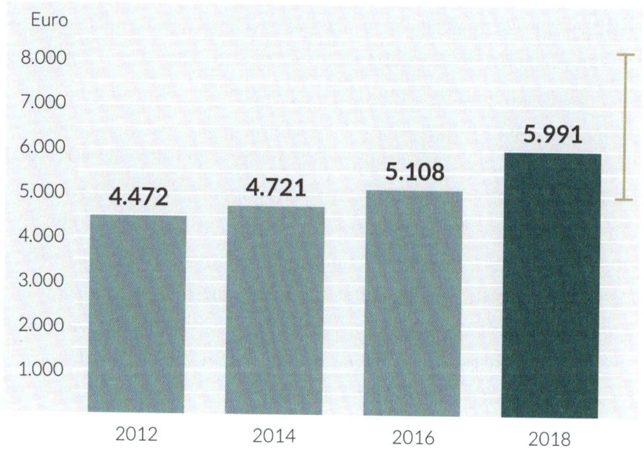

| = Alle Bundesländer 2018, Minimum: 4.965 €, Maximum: 8.232 €

Finanzierungsgemeinschaft für FBBE
NW 2018 | Tab. 23

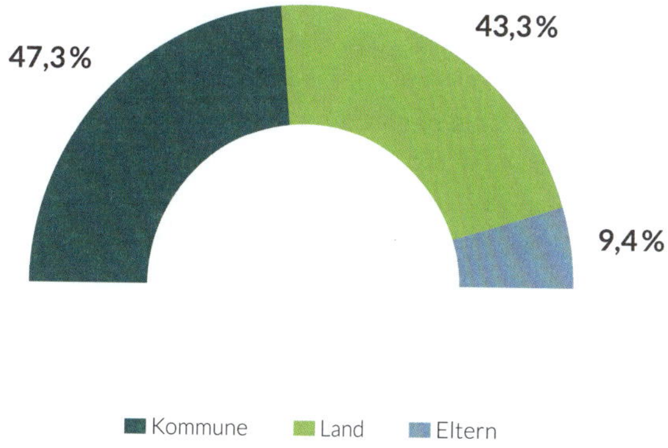

Ohne Eigenanteil der freien Träger und Zuschüsse des Bundes

Einmalige Investitionsausgaben für FBBE | NW 2009–2019 | Tab. 45

Ausgaben von Bund, Land und Kommunen

	2009	2010	2011	2012	2013	2014	2015	2016	2017	2018	2019
	Mio. Euro										
NW	**72,8**	**151,0**	**170,0**	**127,1**	**208,2**	**142,6**	**99,9**	**110,2**	**121,1**	**169,6**	**166,9**
DE	*947,3*	*1.334,1*	*1.357,5*	*1.408,8*	*2.188,8*	*1.649,4*	*1.137,7*	*1.080,7*	*1.345,8*	*1.686,1*	*2.012,3*

Für die Interpretation der hier ausgewiesenen Indikatoren sind einige methodische Grundlagen wichtig. Zusätzlich zu den Anmerkungen im Anhang des Länderprofils findet sich auf www.laendermonitor.de unter „Methodik" eine ausführliche Beschreibung der Datengrundlage sowie der Berechnungsmethodik.

Verteilung der Bundesmittel aus dem KiQuTG auf die Handlungsfelder | NW 2019–2022 | Tab. 119

	Bedarfsgerechtes Angebot	Guter Betreuungsschlüssel	Qualifizierte Fachkräfte	Starke KiTa-Leitung	Kindgerechte Räume	Gesundes Aufwachsen	Sprachliche Bildung	Starke Kindertagespflege	Netzwerke für mehr Qualität	Vielfältige pädagogische Arbeit	Weniger Gebühren	Verplante Bundesmittel gesamt
Anteil	12		15	9			7	7		5	45	100
Mio. Euro	140,0		170,2	106,6			78,0	81,3		54,8	517,3	1.148,2

Landesspezifische Anmerkungen

Kinder und Personal in Kindertageseinrichtungen
Aufgrund der zeitweiligen Schließung bzw. des eingeschränkten Betriebs der Kindertageseinrichtungen in Nordrhein-Westfalen durch die Corona-Pandemie konnten einige Einrichtungen ihre Daten nicht rechtzeitig übermitteln. Bei den vorliegenden Daten muss von einer Untererfassung von ca. 50 KiTas mit ca. 2.000 betreuten Kindern und dem jeweiligen Personal ausgegangen werden.

Bildungsbeteiligung in KiTas und Kindertagespflege
Da in der Statistik zur Kindertagesbetreuung die Anzahl der betreuten Kinder im jeweiligen Kreis ermittelt wird und keine Zuordnung der Kinder zu ihrem Wohnort erfolgt, kann die Betreuungsquote in einzelnen Kreisen oder evtl. auch in einem Bundesland in Ausnahmefällen über 100 % liegen.

Rheinland-Pfalz

Allgemeine Basisdaten

Fläche in km² (2019)	19.858
Einwohner:innen (31.12.2019)	4.093.903
Geborene Kinder (2019)	37.173
Geburten pro Frau (2019)	1,560
Anzahl Kinder < 10 Jahren (31.12.2019)	372.174
Davon < 3 Jahren	114.890
Davon 3 bis < 6 Jahre	114.758
Davon 6 bis < 10 Jahre	142.526
Anteil der Kinder mit Migrationshintergrund (2019)	
... < 3 Jahren	41,9 %
... von 3 bis < 6 Jahren	40,7 %
Erwerbstätigenquote von Müttern mit (2019)	
... mindestens einem Kind < 3 Jahren	50,8 %
... mindestens einem Kind von 3 bis < 6 Jahren	68,1 %
Leistungsempfänger:innen nach SGB II (ALG II u. Sozialgeld, 2020)	229.291
Davon Kinder < 6 Jahren	26.932
Entspricht Anteil an allen Kindern < 6 Jahren	11,7 %

FBBE auf einen Blick 01.03.2020

Anteil der Kinder in FBBE	
... < 1 Jahr	1,1 %
... von 1 bis < 3 Jahren	45,6 %
... < 3 Jahren	31,2 %
... von 3 bis < 6 Jahren inkl. 0,05 % in [vor-]schulischen Einrichtungen	94,5 %
Schulkinder 6 bis < 11 Jahre	5,8 %
Tageseinrichtungen insgesamt	2.572
Davon Horte	102
Anteil der Einrichtungen mit	
... < 45 Kindern	29,4 %
... 45 bis 75 Kindern	36,9 %
... 76 Kindern und mehr	33,7 %
Pädagogisches Personal (inkl. Leitung) in KiTas (mit Horten) insgesamt	33.803
Davon in Horten	904
Kinder in KiTas (mit Horten) insgesamt	167.217
Davon < 3 Jahren	32.829
Davon 3 Jahre bis zum Schuleintritt	126.050
Davon Schulkinder < 11 Jahren	7.839
Tagespflegepersonen insgesamt	1.505
Kinder in Kindertagespflege insgesamt	4.618
Davon < 3 Jahren	3.125
Davon 3 Jahre bis zum Schuleintritt	788
Davon Schulkinder < 11 Jahren	705
Leitungspersonal in KiTas (mit Horten) insgesamt	2.545
Davon in Horten	62

Blitzlichter: Status quo der Kindertagesbetreuung in Rheinland-Pfalz

In den letzten zehn Jahren hat sich in RP die Zahl der unter 3-Jährigen, die eine KiTa oder Kindertagespflege besuchen, um 12.282 Kinder auf 35.831 erhöht; die Teilhabequote dieser Altersgruppe stieg von 25 % im Jahr 2011 auf 31 % im Jahr 2020. Dennoch ist RP noch weit entfernt von der durchschnittlichen ostdeutschen Teilhabequote (53 %). Bei den ab 3-Jährigen sind es fast 95 % (bundesweit: 93 %).

Für faire Bildungschancen ist nicht nur die Zahl an Plätzen entscheidend: Die Angebote müssen auch kindgerecht sein. Wichtige – auch wissenschaftlich untersuchte – Gradmesser für die strukturelle Qualität in KiTas sind der *Personalschlüssel*, die *Gruppengröße*, das *Qualifikationsniveau* des pädagogischen Personals und ausreichend *Leitungszeit*.

Der Personalschlüssel lässt sich mit den Daten der amtlichen Kinder- und Jugendhilfestatistik (KJH-Statistik) für verschiedene Gruppentypen berechnen. So werden 2020 in RP 26 % der unter 3-Jährigen in Krippengruppen betreut. Mit einem rechnerischen Personalschlüssel von 1 zu 3,7 wird hier noch nicht die Empfehlung der Bertelsmann Stiftung (1 zu 3,0) erreicht. Weitere 21 % dieser Altersgruppe besuchen Gruppen mit Kindern unter 4 Jahren; der Personalschlüssel ist hier mit 1 zu 4,7 ungünstiger als in Krippengruppen und stellt kein kindgerechtes Verhältnis dar. In auch für 2-Jährige geöffneten Kindergartengruppen werden weitere 18 % der unter 3-Jährigen zusammen mit 33 % der über 3-Jährigen bei einem Personalschlüssel von 1 zu 7,9 betreut. Das ist deutlich ungünstiger als der wissenschaftlich empfohlene Wert von 1 zu 4,9.[1] Der größte Anteil der ab 3-Jährigen (38 %) besucht Kindergartengruppen (Personalschlüssel: 1 zu 8,4 – Empfehlung der Bertelsmann Stiftung: 1 zu 7,5).

2020 steht in RP für 80 % der Kinder in amtlich erfassten KiTa-Gruppen[2] nicht genügend Fachpersonal zur Verfügung, das sind mehr als bundesweit (73 %). Die nicht kindgerechte Personalausstattung betrifft die Kinder unter und ab 3 mit jeweils rund 80 %.

Die Personalschlüssel haben sich in Krippengruppen in RP von 2013 bis 2020 kaum verbessert (von 1 zu 3,8 auf 1 zu 3,7). In Kindergartengruppen hingegen kam es zu einem Ausbau (von 1 zu 9,3 auf 1 zu 8,4). Dennoch müssen in RP rein rechnerisch 1,7 Kindergartenkinder mehr von einer Fachkraft betreut werden als in BW, dem Bundesland mit der günstigsten Personalausstattung.

Die Gruppengröße ist ein weiterer wichtiger Gradmesser für die Qualität in KiTas. Nach wissenschaftlichen Empfehlungen sollten Gruppen für jüngere Kinder maximal zwölf Kinder umfassen, für die Älteren maximal 18.[3] In RP werden diese Werte bei 64 % der amtlich erfassten KiTa-Gruppen nicht erreicht (bundesweit: 54 %). Mit 89 % ist insbesondere ein größerer Anteil der auch für 2-Jährige geöffneten Kindergartengruppen zu groß; bei den Kindergartengruppen sind es 77 %. Darüber hinaus entsprechen 55 % der Gruppen mit Kindern unter 4 Jahren und 14 % der Krippengruppen nicht den Empfehlungen. Insgesamt sind in RP die ab 3-Jährigen mit 83 % häufiger von nicht kindgerechten Gruppengrößen betroffen als die unter 3-Jährigen (52 %).

Wesentliche Voraussetzung für eine „gute" KiTa-Qualität ist nicht nur *zahlenmäßig ausreichendes*, sondern auch *qualifiziertes* Personal. In RP verfügen 74 % der 32.899 pädagogisch Tätigen in KiTas über einen fachlich einschlägigen Fachschulabschluss, etwa als Erzieher:in. Damit liegt RP über dem bundesweiten, aber noch unter dem ostdeutschen Durchschnitt (68 % bzw. 80 %). Den formal niedrigeren Berufsfachschulabschluss, bspw. als Sozialassistent:in, besitzen 8 % der pädagogisch Tätigen (Ostdeutschland: knapp 3 %). Weitere 4 % haben einen fachlich einschlägigen Hochschulabschluss und 5 % eine sonstige – nicht fachlich einschlägige – Ausbildung (bundesweit: 4,5 %). Der Anteil des Personals ohne Abschluss liegt in RP mit 3 % höher als bundesweit (2 %). Weitere 6 % schließlich befinden sich wie schon 2016 (ebenfalls rund 6 %) in Ausbildung. Mit Blick auf die gegenwärtig in vielen Bundesländern eingeführten praxisintegrierten Ausbildungsgänge bleibt abzuwarten, ob sich dieser Wert in den kommenden Jahren erhöht. Ebenso gilt es kontinuierlich zu beobachten, wie sich die neuen beruflichen Zugangsformen, etwa für Quereinsteiger:innen, zukünftig auf das formale Qualifikationsniveau des KiTa-Personals insgesamt auswirken werden.

Auch die Ausstattung mit ausreichenden Leitungsressourcen nimmt eine Schlüsselfunktion für die KiTa-Qualität ein. Laut KJH-Statistik verfügen 7 % der KiTas in RP über keine Zeit für Leitungsaufgaben; insbesondere die kleineren KiTas (weniger als 45 betreute Kinder) geben dies zu 14 % an. Über die von der Bertelsmann Stiftung empfohlene Zeit für Leitungs- und Verwaltungsaufgaben[4] verfügen 2020 rund 17 % der KiTas in RP (ohne Horte); bundesweit sind es 18 %.

Qualitätsentwicklungen im Rahmen des KiQuTG

Im Rahmen des KiTa-Qualitäts- und Teilhabeverbesserungsgesetzes (KiQuTG) erhält jedes Bundesland zwischen 2019 und Ende 2022 vom Bund finanzielle Mittel für Maßnahmen zur Weiterentwicklung der KiTa-Qualität und zur Gebührenentlastung der Eltern. RP investiert diese Bundesmittel in acht der insgesamt elf Handlungsfelder: *Guter Betreuungsschlüssel, Qualifizierte Fachkräfte, Starke KiTa-Leitung, Kindgerechte Räume, Sprachliche Bildung, Netzwerke für mehr Qualität, Vielfältige pädagogische Arbeit* und *Weniger Gebühren.*

Um die Personalsituation zu verbessern, hat RP verschiedene Maßnahmen entwickelt und im Rahmen einer Gesetzesreform im neuen KiTaG, welches am 1. Juli 2021 in Kraft getreten ist, verankert. Mit einem Sozialraumbudget soll die strukturelle Benachteiligung spezifischer Sozialräume bei der Personalbemessung berücksichtigt werden. Die Mittel dafür sind bereits vor Inkrafttreten des Gesetzes an die Träger der öffentlichen Jugendhilfe in RP geflossen. Sie können für die Aufstockung des KiTa-Personals und für Honorarkräfte verwendet werden. Mit den Daten der KJH-Statistik lassen sich zwischen 2019 und 2020 nur in Kindergartengruppen nennenswerte Entwicklungen erkennen, die ggf. mit dieser Maßnahme in Verbindung gebracht werden können. So zeigt sich hier eine geringe Verbesserung der Personalschlüssel von 1 zu 8,6 auf 1 zu 8,4; zwischen 2016 und 2019 hielt er sich konstant auf 1 zu 8,6. Mit Inkrafttreten des neuen KiTaG wurde in RP zusätzlich ein einheitliches platzbezogenes Personalbemessungssystem für KiTas eingerichtet, mit dem Ziel einer Verbesserung der Personalschlüssel. Welchen Effekt das neue Bemessungssystem auf die Personalausstattung haben wird, bleibt abzuwarten. Zudem wurden im neuen Gesetz erstmalig Leitungsressourcen verankert, die sich aus einer Grundausstattung von 0,128 VZÄ (5 Wochenstunden) und einem variablen Anteil von 0,005 VZÄ je 40 Stunden wöchentliche Betreuungszeit zusammensetzen. Für eine KiTa mit rechnerisch 40 ganztags betreuten Kindern wären das rund 13 Wochenstunden Leitungszeit. Bei der Entwicklung der wöchentlichen Leitungs- und Verwaltungszeit pro Kind zwischen 2016 und 2020 fällt auf, dass sich diese um 2,6 Minuten (von 24,2 auf 21,6 Minuten) verschlechtert hat. Da auch diese Maßnahme erst 2021 umgesetzt wurde, bleibt hier ebenfalls abzuwarten, welche Wirkung die neuen Leitungsdeputate zeigen werden.

Ausbau- und Reformbedarf: Empfehlungen für die Kindertagesbetreuung in Rheinland-Pfalz

Um allen Kindern unabhängig von ihrem Wohnort gleichwertige Teilhabe- und Bildungschancen zu ermöglichen, ist es unerlässlich, dass ein bedarfs- und kindgerechtes FBBE-Angebot zur Verfügung steht. Der Anteil der Kinder, die in RP in KiTa-Gruppen mit einer nicht kindgerechten Personalausstattung betreut werden, ist noch immer deutlich zu hoch (80 %). Zudem erreichen nach wie vor die Teilhabechancen der unter 3-Jährigen in RP noch nicht das Niveau der ostdeutschen Bundesländer.

Der *Fachkräfte-Radar für KiTa und Grundschule*[5] prognostiziert, dass für gleiche Teilhabechancen und eine kindgerechte Betreuung sowie eine professionelle Leitungsausstattung gemäß wissenschaftlichen Empfehlungen bis 2030 in RP 18.000 KiTa-Fachkräfte fehlen werden. Um diese Lücke zu schließen, muss die Zahl der prognostizierten Neuzugänge um fast 116 % gesteigert werden. Die Ausbildungskapazitäten in diesem Umfang in den nächsten Jahren aufzustocken sowie genügend Quereinsteiger:innen zu gewinnen und pädagogisch zu qualifizieren, wird nicht möglich sein.

Allerdings besteht in RP – auch infolge der rückläufigen Geburtenzahlen – die Chance, bis 2030 die Teilhabequoten an das heutige Niveau der ostdeutschen Bundesländer und die Personalschlüssel an das durchschnittliche Westniveau[6] anzugleichen. Für dieses Etappenziel fehlen laut Prognose fast 2.000 Fachkräfte, ein Plus von 10 % der prognostizierten Neuzugänge. Es ist zu prüfen, ob dies durch eine zügige Aufstockung der Ausbildungskapazitäten und die Gewinnung sowie Qualifizierung von Quereinsteiger:innen erreicht werden kann.

Nach 2030 muss allerdings das Ziel lauten: kindgerechte und bedarfsgerechte FBBE-Angebote in ganz Deutschland. Um dies zu erreichen, müssen in RP schon jetzt die Weichen für den Ausbau der Plätze sowie der Ausbildungskapazitäten mit gleichzeitiger Qualifizierung zusätzlicher Berufsschullehrer:innen gestellt werden. Für die Verbesserung der Personalschlüssel ist zudem die rechtliche Basis erforderlich. So sollte ein Stufenplan mit einer schrittweisen Verbesserung der Personalausstattung in das KiTaG integriert werden. Zudem braucht es Konzepte, um neues Personal zu gewinnen und – insbesondere durch attraktive Arbeitsbedingungen und Verdienstmöglichkeiten – die vorhandenen Fachkräfte zu binden. Damit RP diese Aufgaben bewältigen kann, ist es unumgänglich, dass der Bund auch nach 2022 sein finanzielles Engagement für den Qualitätsausbau fortsetzt und im KiQuTG verlässlich verankert. Die Mittel sollten in erster Linie für die Gewinnung neuer Fachkräfte und den Ausbau der Personal- und Leitungskapazitäten verwendet werden.

1 Haug-Schnabel, Gabriele; Bensel, Joachim (2016): Kinder unter 3 – Bildung, Erziehung und Betreuung von Kleinstkindern. Kindergarten heute – wissen kompakt. 12., überarb. Aufl. Freiburg.

2 Es werden nur die Gruppen in KiTas analysiert, die laut Angaben in der amtlichen KJH-Statistik mit einer Gruppenstruktur arbeiten. Die Zuordnung von Gruppen in KiTas zu einem bestimmten Gruppentyp wird nicht von den Einrichtungen selbst vorgenommen, sondern erfolgt im Rahmen der Auswertung der Daten der amtlichen KJH-Statistik. Dabei erfolgt die Zuordnung primär anhand der Alterszusammensetzung der Kinder in den Gruppen. Gruppen, in denen Kinder mit einer (drohenden) Behinderung betreut werden, werden in der Berechnung nicht berücksichtigt.

3 Viernickel, Susanne; Fuchs-Rechlin, Kirsten (2015): Fachkraft-Kind-Relationen und Gruppengrößen in Kindertageseinrichtungen. Grundlagen, Analysen, Berechnungsmodell, in: Viernickel, Susanne; Fuchs-Rechlin, Kirsten; Strehmel, Petra; Preissing, Christa; Bensel, Joachim; Haug-Schnabel, Gabriele: Qualität für alle. Wissenschaftlich begründete Standards für die Kindertagesbetreuung. Freiburg, S. 11–130.

4 Für eine professionelle Führung und Leitung von KiTas empfiehlt die Bertelsmann Stiftung jeder Einrichtung eine Grundausstattung von 20 Wochenstunden plus 0,35 Wochenstunden pro Ganztagsbetreuungsäquivalent. Die empfohlene Leitungsausstattung enthält auch die Zeiten für Verwaltungstätigkeiten (max. 20 % der empfohlenen Leitungszeit).

5 Der Fachkräfte-Radar für KiTa und Grundschule prognostiziert bis 2030 den Fachkräftebedarf für die KiTa- und Grundschulbetreuung und stellt ihn dem voraussichtlich verfügbaren Personalangebot gegenüber. Weitere Informationen finden Sie unter: www.fachkraefte-radar-kita-grundschule.de

6 Sind die Personalschlüssel bereits günstiger als das Westniveau, werden sie in den Berechnungen konstant gehalten.

Teilhabe sichern

Jedes Kind braucht einen gesicherten und einfachen Zugang zu „guter“ Kindertagesbetreuung, unabhängig von seinem Wohnort und seiner sozio-ökonomischen oder kulturellen Herkunft. Dazu sind ausreichend wohnortnahe Angebote notwendig. Um diesem Anspruch zu genügen, erfolgte in den vergangenen Jahren bundesweit ein enormer Ausbau der Betreuungsplätze. Fast ein Drittel der unter drei Jahre alten Kinder in RP (31 %) nimmt eine Kindertagesbetreuung in Anspruch (bundesweit: 35 %). Unterschiede gibt es vor allem zwischen den unter 1-Jährigen (1 %), 1-Jährigen (20 %) und 2-Jährigen (71 %). Von den Kindern ab 3 bis unter 6 sind in RP mit 95 % fast alle in einer KiTa oder Kindertagespflege. Darüber hinaus nutzen 50 % der 6-Jährigen (Stand: 1. März 2020) Angebote der Kindertagesbetreuung, bevor sie in den schulischen Bildungsbereich wechseln.

Knapp 6 % der unter 11-jährigen Schulkinder besuchen einen Hort[1]; bundesweit sind es 17 %. Weitere 49 % nehmen Ganztagsschulangebote wahr (bundesweit: 45 %). Nur 393 Schulkinder (0,3 %), die parallel kein Hort- oder Ganztagsschulangebot nutzen, besuchen eine Kindertagespflege.

2020 nutzen 35.831 unter 3-Jährige in RP ein FBBE-Angebot (31 %). Das sind 10.242 Kinder mehr als 2012, dem Jahr vor der Einführung des bundesweit geltenden Rechtsanspruchs auf einen Betreuungsplatz für Kinder ab dem ersten Geburtstag: ein Anstieg der Teilhabequote um 4 Prozentpunkte. Bedarfsgerecht ist das Angebot jedoch noch nicht: 2020 wünschen mehr als 48 % der Eltern von Kindern dieser Altersgruppe laut der „DJI-Kinderbetreuungsstudie“ einen Platz in einer KiTa oder Kindertagespflege. Vergleicht man die Entwicklung der elterlichen Betreuungswünsche mit der Bildungsbeteiligung für diese Altersgruppe zwischen 2012 und 2020, zeigt sich, dass der Bedarf stärker angestiegen ist als die Teilhabequote. Lag die Differenz 2012 bei 13 Prozentpunkten, hat sie sich innerhalb von acht Jahren auf 17 erhöht.

1 Ist im Folgenden von Horten die Rede, sind in der Regel auch Hortgruppen in KiTas gemeint.

Bildungsbeteiligung an Kindertagesbetreuung | RP 01.03.2020 | Tab. 6–14; 41a1

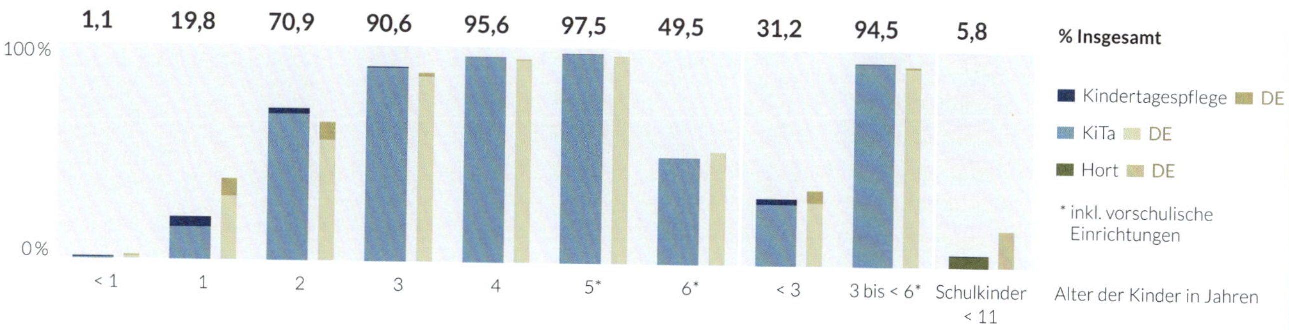

Betreuungsquote und Betreuungswunsch
RP 2012–2020, Stichtag 01.03. | Tab. 88a

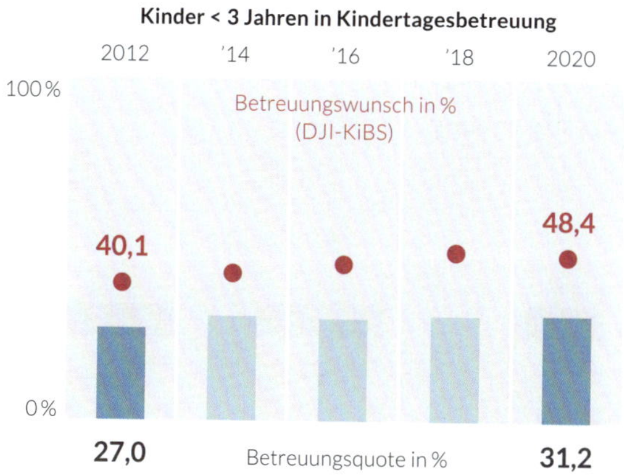

Bildungsbeteiligung von Schulkindern
RP 01.03.2020, Schulj. 2019/20 | Tab. 41a1; Tab. 71

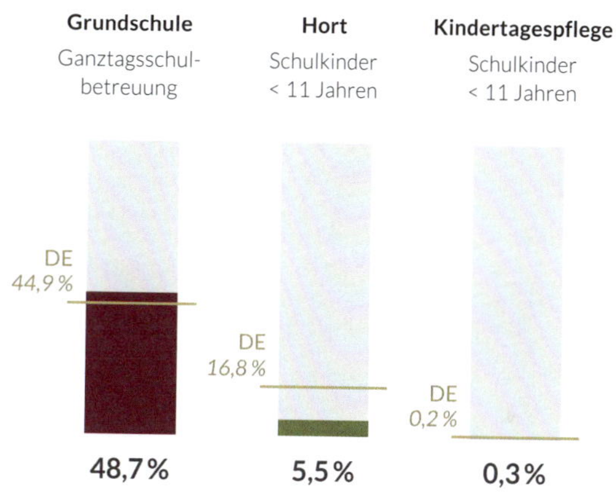

Vereinbarte Betreuungszeit in Horten: Ø **6,7 Stunden/Tag**

Regionale Daten zur Bildungsbeteiligung finden Sie auf www.laendermonitor.de unter FOKUS | Regionale Daten

Fast 49 % der Kinder, die am 01.03.2020 unter drei Jahre alt waren, wurden zwischen August und November in der aktuell besuchten KiTa aufgenommen (vgl. S. 222). In den Monaten Dezember sowie April bis Juli zeigen sich die geringsten Aufnahmequoten (2 % bis 6 %). Ähnlich gestaltet es sich in der Kindertagespflege – hier erfolgen die Eingewöhnungen vorrangig zwischen August (12 %) und November (10 %) sowie Januar (14 %) und Februar (11 %).

Kinder mit einer Eingliederungshilfe werden in 24 % der KiTas (ohne Sondereinrichtungen) in RP betreut; bundesweit liegt dieser Wert deutlich höher (40 %). Ein geringerer Anteil zeigt sich bei den Horten: Schulkinder mit einer Eingliederungshilfe besuchen 9 % der Horte (bundesweit: 17 %).

Werden die vertraglich vereinbarten wöchentlichen Betreuungszeiten betrachtet, zeigt sich das folgende Bild: In RP wird mit mehr als 40 % der größte Anteil der unter 3-jährigen KiTa-Kinder laut Vertrag 45 Wochenstunden und mehr betreut. Auch in der Altersgruppe der ab 3-Jährigen werden diese Betreuungszeiten am häufigsten (41 %) gebucht. In der Kindertagespflege dagegen zeigen sich deutlich kürzere Betreuungszeiten: Hier wird der größte Anteil der Kinder bis zu 25 Stunden wöchentlich betreut: Das betrifft 44 % der unter 3-Jährigen und 78 % der ab 3-jährigen Nichtschulkinder. Auch Schulkinder in der Kindertagespflege nutzen diese Buchungszeiten am häufigsten (95 %). Ein größerer Anteil (37 %) der Schulkinder in der Hortbetreuung hingegen wird länger – mehr als 25 bis zu 35 Stunden wöchentlich – betreut als in der Kindertagespflege (4 %).

Aufnahmezeitpunkt von unter Dreijährigen in KiTas und Kindertagespflege | RP 01.03.2020 | Tab. 87; 87a

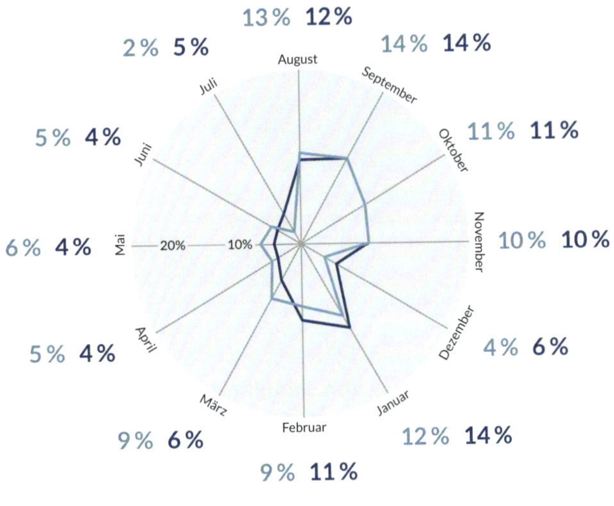

KiTas und Horte, die Kinder mit Eingliederungshilfe betreuen | RP 01.03.2020 | Tab. 59aoh; 59ah

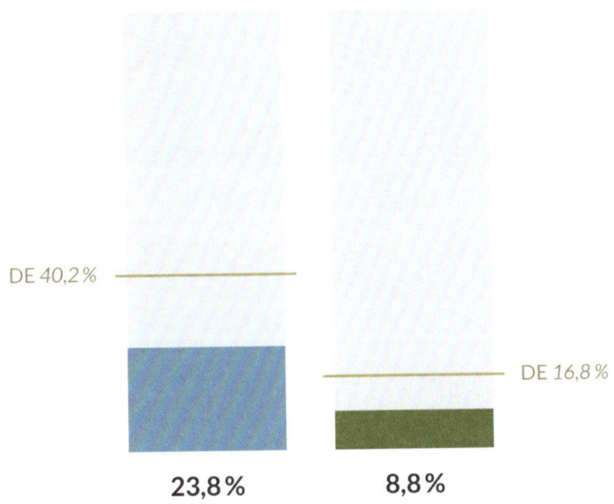

Vertraglich vereinbarte wöchentliche Betreuungszeiten in Kindertagesbetreuung | RP 01.03.2020 | Tab. 2–5; 3h; 138

	Kinder in KiTas und Horten			Kinder in öffentlich geförderter Kindertagespflege			
	< 3 Jahre: 32.829	≥ 3 Jahre bis Schuleintritt: 126.050	Schulkinder < 11 Jahren: 7.839	< 3 Jahre: 3.125	≥ 3 Jahre bis Schuleintritt: 788	Schulkinder < 11 Jahren: 705	
Bis 25 Stunden	5,3 *11,3*	3,5 *9,3*	37,8 *61,1*	44,3 *31,3*	77,8 *47,0*	94,6 *89,7*	%
> 25 bis 35 Stunden	31,7 *30,6*	33,4 *37,8*	36,6 *35,2*	37,5 *34,2*	13,8 *24,4*	3,5 *7,4*	%
> 35 bis < 45 Stunden	22,5 *19,5*	22,0 *17,5*	4,5 *1,6*	15,1 *19,3*	6,0 *15,7*	1,4 *1,8*	%
45 Stunden und mehr	40,5 *38,5*	41,1 *35,4*	21,1 *2,2*	3,1 *15,2*	2,4 *12,9*	0,4 *1,1*	%

| = DE

Regionale Daten zum Betreuungsumfang finden Sie auf www.laendermonitor.de unter FOKUS | Regionale Daten

In RP nutzen 21 % der unter 3-Jährigen mit und 37 % ohne Migrationshintergrund (MH) ein FBBE-Angebot. Bei den älteren Kindern liegen die Quoten bei 84 % bzw. 101 %. 26 % der unter 3-jährigen KiTa-Kinder haben in RP einen MH; 11 % sprechen in ihrer Familie Deutsch und 15 % eine andere Sprache. Bei den älteren KiTa-Kindern (34 %) liegen die Werte für die Sprache bei 12 % bzw. 22 %. In der Kindertagespflege sind im Vergleich zu den KiTas die Anteile der Kinder mit MH in beiden Altersgruppen mit 20 % bzw. 28 % geringer. Darüber hinaus sprechen hier – anders als in den KiTas – sowohl die Jüngeren als auch die Älteren mit MH anteilig mehr Deutsch (11 % bzw. 17 %) als eine andere Sprache (9 % bzw. 12 %).

51 % der unter 4-jährigen KiTa-Kinder ohne MH wurden vor ihrem zweiten Geburtstag in der aktuell besuchten KiTa aufgenommen. Bei den Kindern mit MH ist dieser Anteil geringer (36 %). In der Kindertagespflege hingegen startet die überwiegende Mehrheit der Kinder mit als auch ohne MH vor ihrem zweiten Geburtstag das Betreuungsangebot (79 % bzw. 93 %).

Kinder mit und ohne Migrationshintergrund

RP 01.03.2020

Regionale Daten zum Migrationshintergrund und zur Familiensprache finden Sie auf www.laendermonitor.de unter FOKUS | Regionale Daten

Bildungsbeteiligung in KiTas und Kindertagespflege

Tab. 38a, Tab. 39a

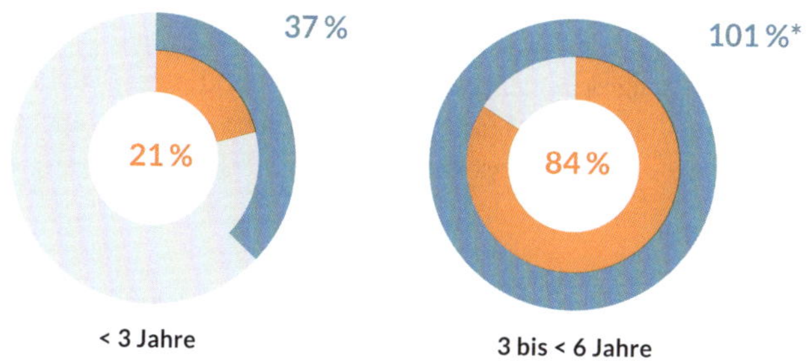

Quote der Inanspruchnahme von Kindern

mit Migrationshintergrund **ohne** Migrationshintergrund

* siehe landesspezifische Anmerkungen am Ende des Profils

KiTas (mit Horten) nach ihrem Anteil an Kindern mit nicht deutscher Familiensprache | Tab. 96

KiTas (mit Horten) mit einem Anteil an Kindern mit nicht deutscher Familiensprache von

< 25 % 25 bis < 50 % 50 bis < 75 % 75 % und mehr

Alter des Kindes zu Beginn der Betreuung in der aktuellen KiTa und Kindertagespflege | Tab. 92; 93

KiTa

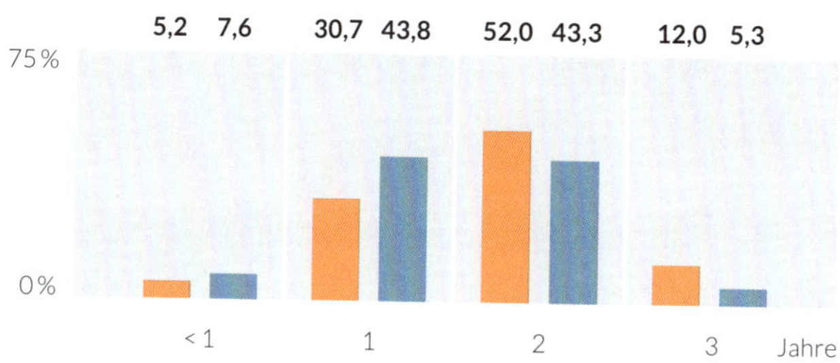

Kindertagespflege

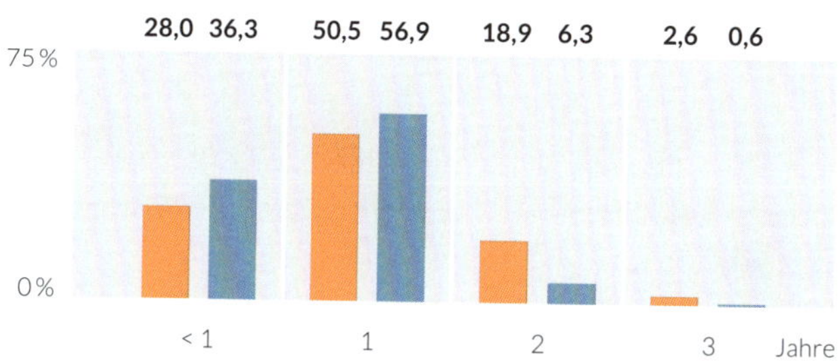

mit Migrationshintergrund **ohne** Migrationshintergrund

Familiäre Sprachpraxis der Kinder in KiTas (mit Horten) und Kindertagespflege | Tab. 15a-20a

KiTas (mit Horten)

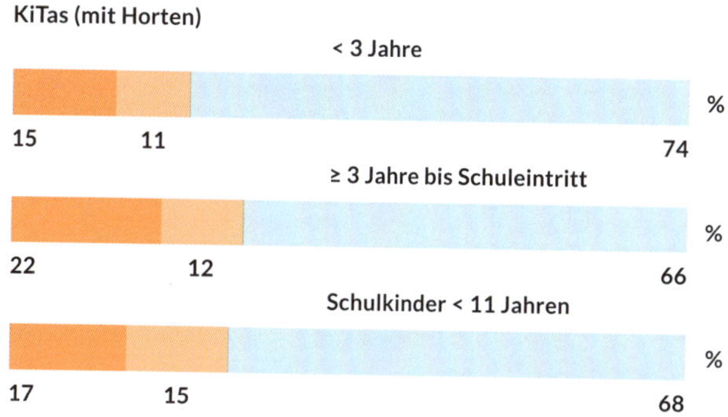

Kindertagespflege

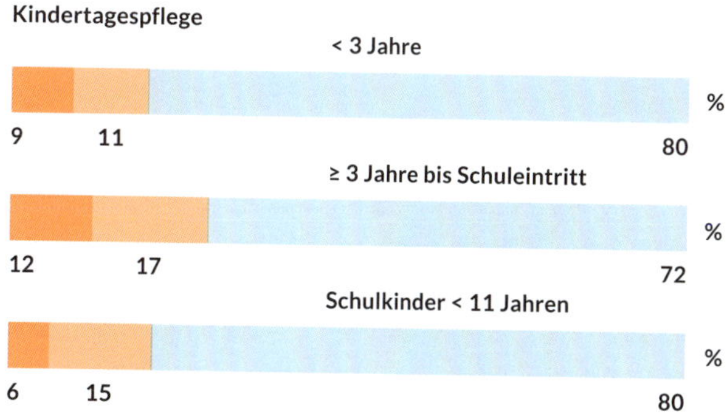

Kinder **mit** Migrationshintergrund:
Familiensprache nicht Deutsch Deutsch

Kinder **ohne** Migrationshintergrund

Bildung fördern – Qualität sichern

Die FBBE kann einen bedeutenden Beitrag für die Chancengerechtigkeit aller Kinder in Deutschland leisten. Voraussetzung dafür, dass die KiTas ihren Bildungsauftrag durchführen können, sind professionelle Rahmenbedingungen: insbesondere ausreichend Personal für die pädagogischen Aufgabenbereiche sowie für die Leitung und die Verwaltung. Weitere wichtige Gradmesser für die Qualität sind qualifizierte KiTa-Teams und kleine Kindergruppen. Schließlich spielt auch die Ausgestaltung der Arbeitsbedingungen durch die Träger eine Rolle. Der Status quo der KiTa-Landschaft wird im Folgenden anhand ausgewählter strukturell-qualitativer Dimensionen dargestellt.

26 % der unter 3-Jährigen in RP sind in Krippengruppen; 2020 ist hier eine Vollzeitkraft rechnerisch für 3,7 ganztags betreute Kinder zuständig. Weitere 21 % dieser Altersgruppe werden zusammen mit 14 % der ab 3-Jährigen in altersübergreifenden Gruppen betreut; ebenfalls 21 % sind in Gruppen mit Kindern unter 4 Jahren (Personalschlüssel: 1 zu 6,6 bzw. 1 zu 4,7). Der größte Anteil der ab 3-Jährigen (38 %) besucht Kindergartengruppen (Personalschlüssel: 1 zu 8,4). Für ein kindgerechtes Betreuungsverhältnis empfiehlt die Bertelsmann Stiftung, dass eine Fachkraft rein rechnerisch für höchstens 3 unter 3-Jährige in Krippengruppen oder 7,5 Kinder ab drei Jahren in Kindergartengruppen zuständig ist. In RP entsprechen fast 44 % der Personalschlüssel in Kindergartengruppen dieser Empfehlung (inkl. ± 0,5 Toleranz) bzw. sind günstiger. Schlechter sind 56 %, in Krippengruppen ebenfalls 56 %. Ein ungünstigeres Bild zeigt sich – abgesehen von den Hortgruppen – bei den weiteren Gruppenformen. Hier sind zu 82 bis 93 % die Personalschlüssel ungünstiger als wissenschaftlich empfohlen.

Der Personalschlüssel ist eine rein rechnerische, im KiTa-Alltag nicht beobachtbare Größe, die die gesamte Arbeitszeit einer pädagogischen Fachkraft umfasst. Die annähernd reale Betreuungssituation beschreibt die Fachkraft-Kind-Relation, die das Verhältnis zwischen den Fachkräften und den Kindern während der unmittelbaren pädagogischen Arbeit darstellt.

Pädagogische Personalausstattung | RP 01.03.2020

Personalschlüssel

Tab. 43a2

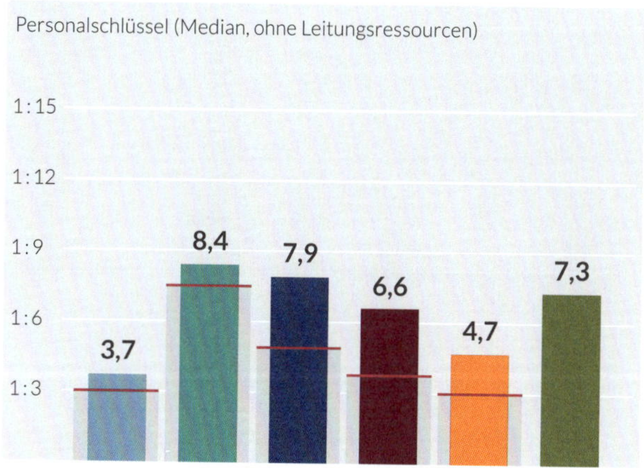

Verteilung der Kinder auf Gruppentypen

Tab. 36b; 36b1; 36b2

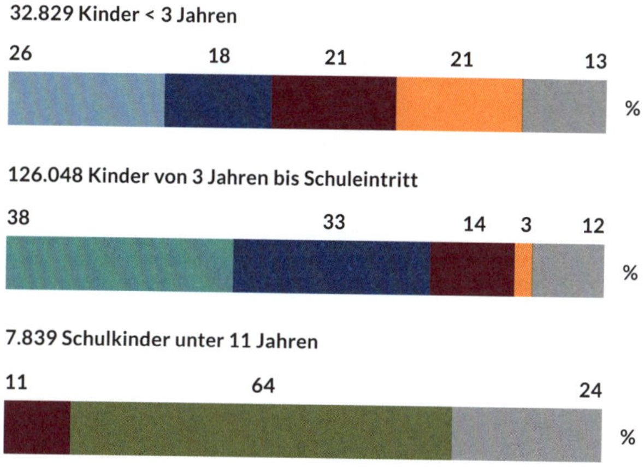

Gruppentyp

Krippe | Kindergarten | Kindergarten ab 2 Jahre | Altersübergreifend ab 0 Jahre | Krippe < 4 Jahren | Hort | Ohne feste Gruppenstruktur

Empfohlener Personalschlüssel (BSt = Bertelsmann Stiftung, H.-S. & B. = Haug-Schnabel & Bensel 2016):
Krippe 1 : 3,0 (BSt); Kindergarten 1 : 7,5 (BSt); Kindergarten ab 2 J. 1: 4,9 (H.-S. & B.); Altersübergreifend ab 0 J. 1 : 3,75 (H.-S. & B.); Krippe < 4 J. 1 : 3,0 (BSt)

Regionale Daten zum Personalschlüssel finden Sie auf www.laendermonitor.de unter FOKUS | Regionale Daten

Personalschlüssel im Vergleich | Tab. 94; 94a–e

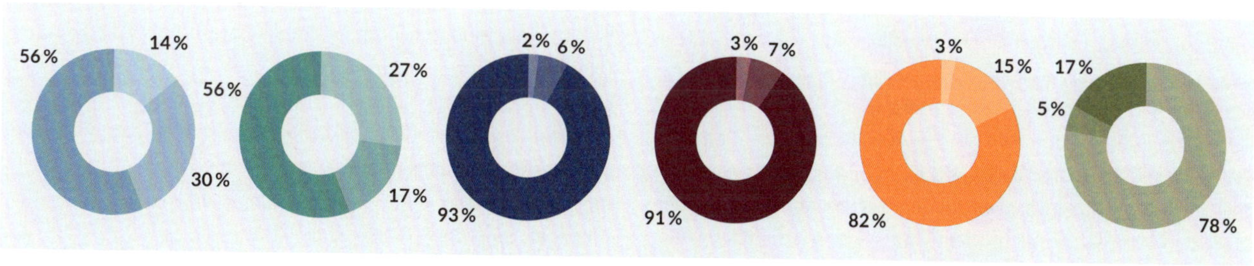

Personalschlüssel von

Krippe	Kindergarten	Kindergarten ab 2 Jahre	Altersübergreifend ab 0 Jahre	Krippe < 4 Jahren	Hort
< 1: 2,5 DE 10 %	< 1: 7 DE 26 %	< 1: 4,4 DE 2 %	< 1: 3,25 DE 4 %	< 1: 2,5 DE 5 %	< 1: 9,5 DE 44 %
1: 2,5 bis < 1: 3,5 DE 24 %	1: 7 bis < 1: 8 DE 14 %	1: 4,4 bis < 1: 5,4 DE 7 %	1: 3,25 bis < 1: 4,25 DE 9 %	1: 2,5 bis < 1: 3,5 DE 22 %	1: 9,5 bis < 1: 10,5 DE 5 %
1: 3,5 und mehr DE 66 %	1: 8 und mehr DE 60 %	1: 5,4 und mehr DE 91 %	1: 4,25 und mehr DE 87 %	1: 3,5 und mehr DE 72 %	1: 10,5 und mehr DE 51 %

Pädagogische Personalausstattung | RP 01.03.2020

Fachkraft-Kind-Relation – Szenarien der Bertelsmann Stiftung | Tab. 82

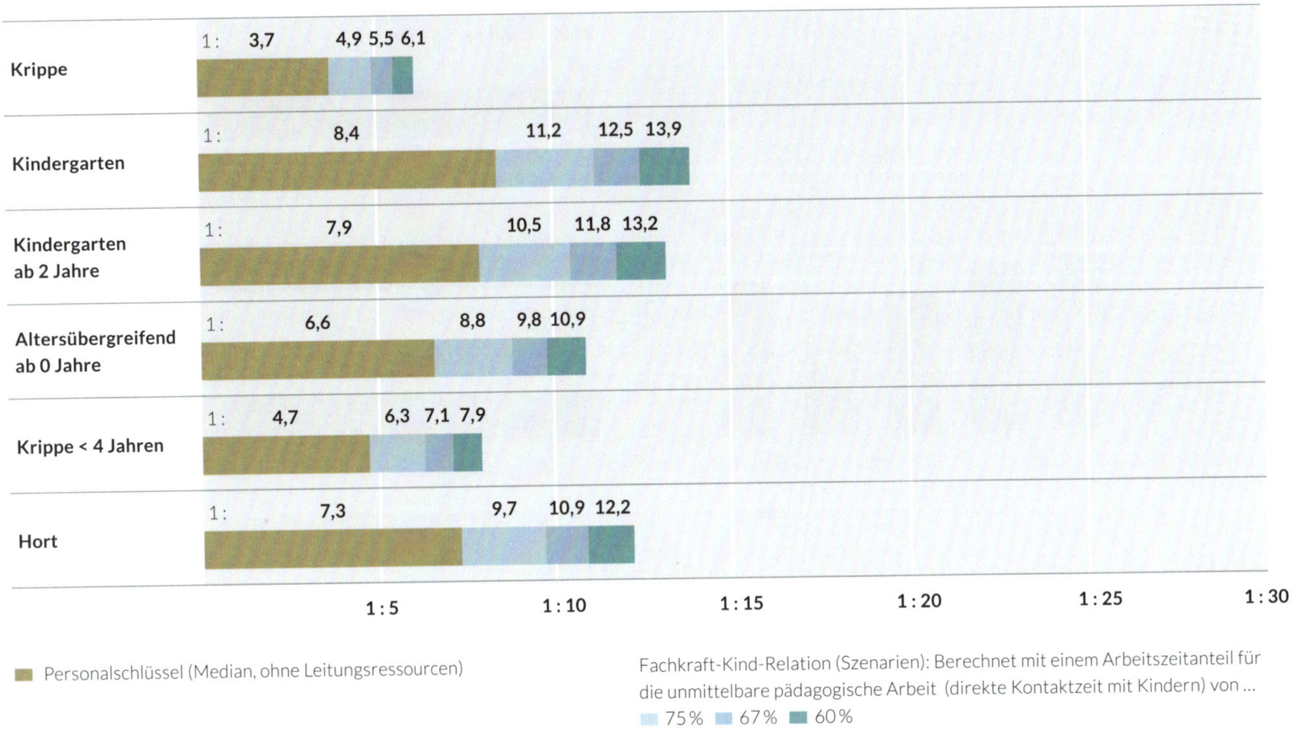

Eine Annäherung an die Fachkraft-Kind-Relation kann nur durch Szenarien erfolgen, da die amtliche Kinder- und Jugendhilfestatistik keine Daten für Arbeitszeitanteile der mittelbaren pädagogischen Aufgabenbereiche sowie Ausfallzeiten erfasst. Die drei von der Bertelsmann Stiftung entwickelten Szenarien wurden auf Basis wissenschaftlicher Untersuchungen berechnet. Diese zeigen, dass 24 % bis 41 % der Gesamtarbeitszeit einer pädagogischen Fachkraft zum einen Ausfallzeiten sind (Urlaub, Krankheit, Fortbildungen) und zum anderen für Aufgaben außerhalb der pädagogischen Praxis benötigt werden, etwa für Elterngespräche, die Qualitätsentwicklung oder Bildungsdokumentationen.[1] In den Szenarien wird der Anteil für die unmittelbaren Arbeitsaufgaben, also den Kontakt mit den Kindern, mit 75 %, 67 % oder 60 % der gesamten Arbeitszeit angesetzt.

Werden wie im Szenario 1 nur 25 % der Arbeitszeit für Aufgaben ohne die Kinder verwendet, verbleiben 75 % der Arbeitszeit für sie. In RP betreut dann eine Vollzeitkraft in Krippengruppen bei einem Personalschlüssel von 1 zu 3,7 in der pädagogischen Praxis rechnerisch 4,9 Kinder. Nimmt man einen höheren Anteil mittelbarer pädagogischer Arbeitszeit an, sinkt die Zeit für die Arbeit mit den Kindern, und die Fachkraft-Kind-Relationen verschlechtern sich (Szenarien 2 und 3).

Neben einer kindgerechten Personalausstattung ist die Gruppengröße ein weiterer Gradmesser für „gute" KiTas. Zu große Gruppen bedeuten für die Kinder und das Personal übermäßigen Stress, etwa durch die Lautstärke. So sollten Gruppen für jüngere Kinder nicht mehr als zwölf Kinder umfassen, Kindergartengruppen nicht mehr als 18.[1] In RP sind 14 % der Krippengruppen zu groß, bei den Kindergartengruppen sogar 77 %.

Im Median haben die KiTas in RP 9,25 Stunden und damit deutlich kürzer als die ostdeutschen Bundesländer (11 Stunden) ihre Türen geöffnet (bundesweit: 9,5 Std.). In 95 % der KiTas startet der Tag zwischen 7:00 und 7:30 Uhr. Der Großteil der Horte (73 %) beginnt den Tag dagegen erst nach 7:30 Uhr.

1 Vgl. Viernickel, Susanne; Fuchs-Rechlin, Kirsten (2015): Fachkraft-Kind-Relationen und Gruppengrößen in Kindertageseinrichtungen. Grundlagen, Analysen, Berechnungsmodell, in: Viernickel, Susanne; Fuchs-Rechlin, Kirsten; Strehmel, Petra; Preissing, Christa; Bensel, Joachim; Haug-Schnabel, Gabriele: Qualität für alle. Wissenschaftlich begründete Standards für die Kindertagesbetreuung. Freiburg, S. 11–130.

KiTa- und Hort-Strukturen | RP 01.03.2020

Gruppengrößen im Vergleich | Tab. 116a–e; 116h

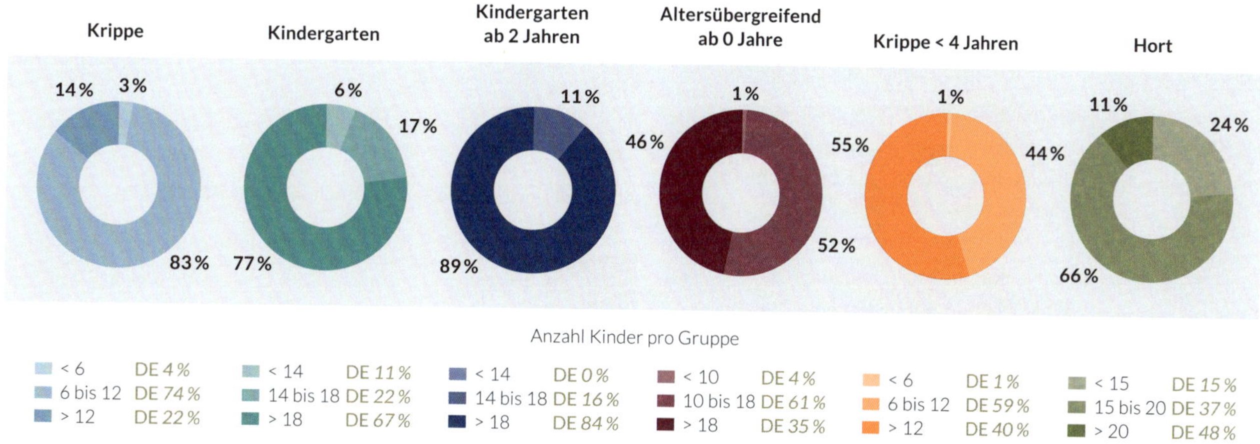

Öffnungszeiten von KiTas und Horten | Tab. 83oh; 83h; 117oh; 117h

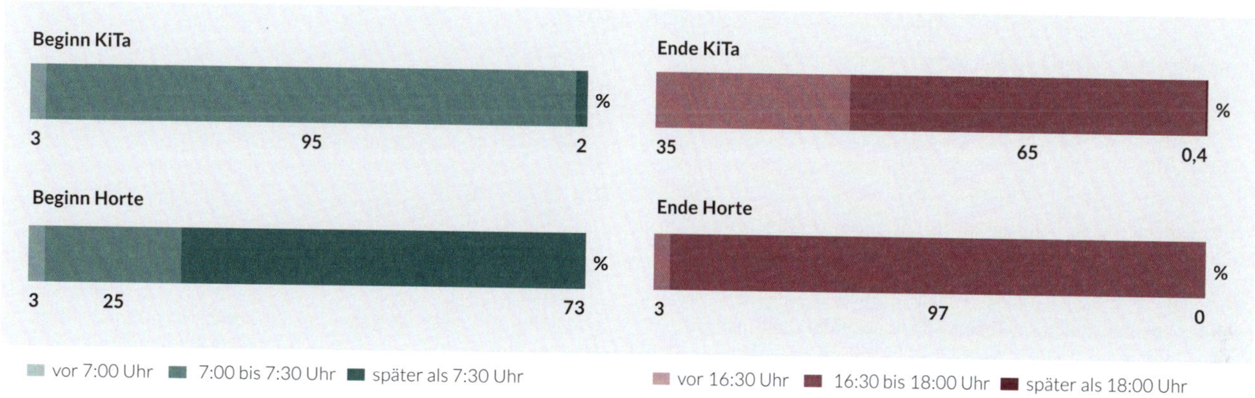

KiTa: Beginn nach 7:30 und Ende vor 16:30 Uhr

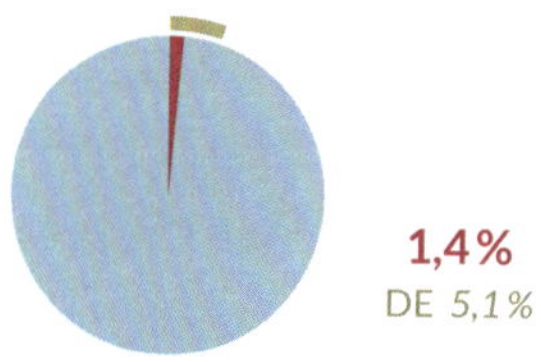

KiTa: Öffnungsdauer

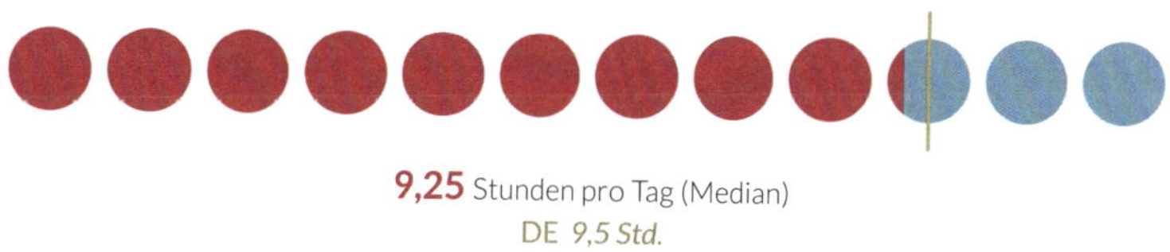

Horte: Beginn nach 7:30 und Ende vor 16:30 Uhr

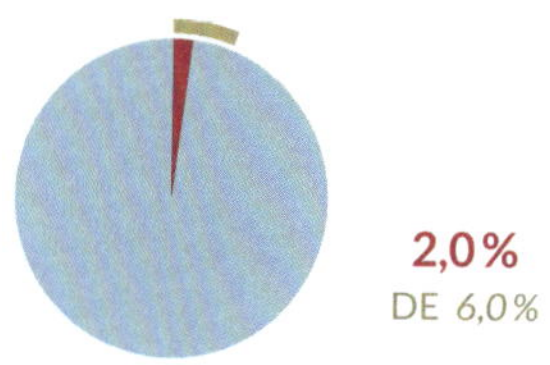

Horte: Öffnungsdauer

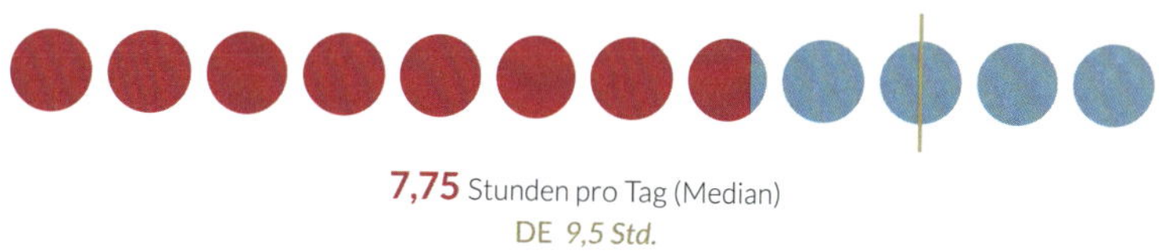

Regionale Daten zu den Öffnungszeiten von KiTas finden Sie auf www.laendermonitor.de unter FOKUS | Regionale Daten

Leitungsausstattung

RP 01.03.2020

2020 verfügen 7 % der 2.572 KiTas (mit Horten) in RP nach der amtlichen Kinder- und Jugendhilfestatistik über keine vertraglich vereinbarte Zeit für Leitungsaufgaben. Bundesweit sind es fast 9 %. Dies betrifft vor allem die kleinen Einrichtungen in RP: 14 % der KiTas (mit Horten) mit weniger als 45 betreuten Kindern haben keine zeitlichen Leitungsressourcen, während es in den größeren mit 76 und mehr Kindern nur 4 % sind.

In 44 % der KiTas (mit Horten) in RP, in denen es laut Arbeitsvertrag Leitungskapazitäten gibt, ist eine Person ausschließlich als Leiter:in tätig. Weitere 49 % werden ebenfalls von nur einer Person geleitet – diese ist allerdings neben ihrer Leitungstätigkeit noch als pädagogische Fachkraft zuständig. Hier ergibt sich das folgende Bild: In 33 % der KiTas (mit Horten) gibt es Leitungskräfte, denen weniger als 50 % ihrer Arbeitszeit für Leitungsaufgaben zur Verfügung stehen, während in 16 % der KiTas die Leitungskräfte mindestens die Hälfte ihrer Arbeitszeit für Leitungsaufgaben nutzen können. In den restlichen 6 % ist ein Leitungsteam zuständig, d. h., mindestens zwei Personen besitzen einen Leitungsanteil oder sind ausschließlich als Leitung tätig.

Welche dieser vier Leitungskonstellationen in einer Einrichtung zum Tragen kommt, ist die – bewusst zu treffende – Entscheidung des Trägers. Dieser Handlungsspielraum sollte es ermöglichen, den Teams sowie auch den Leitungsverantwortlichen mit ihren jeweiligen Leitungskompetenzen und Persönlichkeiten gerecht zu werden. Voraussetzung ist allerdings, dass den KiTas und Horten zeitliche Leitungsressourcen gewährt werden. Diese sind notwendig, um die Einrichtung professionell zu führen und zu leiten.

Um den Umfang der vertraglich zugesicherten Leitungszeit zwischen den KiTas unabhängig von ihrer Größe sowie auch zwischen den Bundesländern vergleichen zu können, wird die wöchentliche Leitungszeit auf die Anzahl der ganztags betreuten Kinder verteilt. In den KiTas mit Leitungskapazitäten ergeben sich in RP rechnerisch im Median 22 Minuten pro ganztags betreutem Kind für die Führung und Leitung der KiTa.

Darüber hinaus kann die wöchentliche Leitungszeit gruppiert dargestellt werden. Im Ergebnis zeigt sich, dass dem größten Anteil der KiTas in RP (36 %) eine wöchentliche Arbeitszeit von über 10 bis einschließlich 20 Minuten pro rechnerisch ganztags betreutem Kind zur Verfügung steht.

KiTas (mit Horten) ohne Zeit für Leitung | Tab. 85

7,2 % von 2.572 KiTas (mit Horten) verfügen über keine Zeit für Leitung

KiTas (mit Horten) ohne Zeit für Leitung nach KiTa-Größe

Regionale Daten zu KiTas ohne Leitungszeit finden Sie auf www.laendermonitor.de unter FOKUS | Regionale Daten

KiTas (mit Horten) mit Zeit für Leitung nach Leitungsprofil

Tab. 65

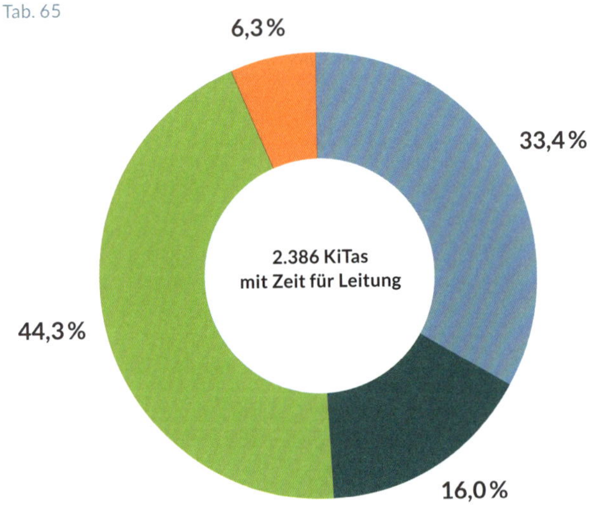

DE	Eine Leitungskraft ...
32,8 %	... mit Leitung als nachrangigem Arbeitsbereich
17,1 %	... mit Leitung als überwiegendem Arbeitsbereich
36,1 %	... ohne weiteren Arbeitsbereich
14,0 %	Leitungsteam

Leitungsausstattung | RP 01.03.2020

KiTas nach Leitungszeit* pro Kind

Tab. 66b; Tab. 108b

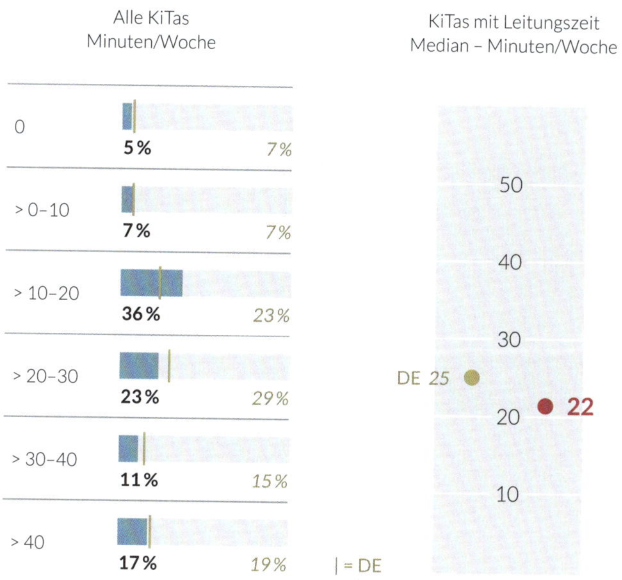

KiTas mit weniger als 20 Wochenstunden Leitungszeit* | Tab. 111

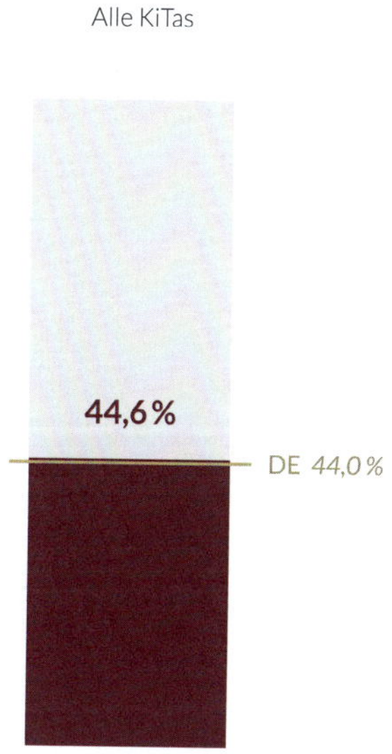

Bertelsmann Stiftung: Empfehlung zur Leitungsausstattung

KiTas mit der von der Bertelsmann Stiftung empfohlenen Leitungszeit* | Tab. 112

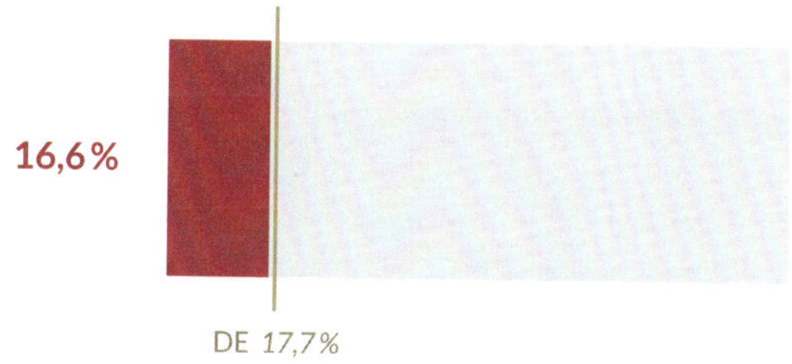

* Zeit für die Arbeitsbereiche Leitung UND Verwaltung

**Vertraglich vereinbarte Betreuungswochenstunden aller Kinder geteilt durch 40

Für eine professionelle Führung und Leitung von KiTas empfiehlt die Bertelsmann Stiftung jeder Einrichtung eine Grundausstattung von 20 Wochenstunden. Diese ist dringend notwendig, denn in jeder KiTa müssen – unabhängig von der Größe – Führungs- und Leitungsaufgaben erledigt werden. 2020 verfügen in RP 45 % der KiTas nicht über diese Grundausstattung, die als garantiertes Zeitbudget empfohlen wird.

Neben den 20 Wochenstunden sollte jeder KiTa ein variabler Anteil von 0,35 Wochenstunden pro Ganztagsbetreuungsäquivalent** zur Verfügung gestellt werden. Mit inbegriffen sind Verwaltungszeiten von max. 20 % der empfohlenen Leitungszeit. 2020 verfügen in RP 17 % der KiTas über diese Leitungsausstattung, bundesweit sind es 18 %.

Pädagogisches Personal | RP 01.03.2020

Entwicklung des pädagogischen Personals

Tab. 118oh, 118h; 126

Jahr (Stichtag 01.03.)	KiTas	Kindertages-pflege	Horte
	Anzahl pädagogisch Tätiger		
2011	22.707	1.866	923
2012	23.897	1.896	897
2013	25.258	1.802	900
2014	26.728	1.793	918
2015	27.904	1.800	927
2016	28.853	1.556	919
2017	29.920	1.519	829
2018	30.617	1.524	912
2019	31.703	1.535	890
2020	32.899	1.505	904

Beschäftigungsumfang in KiTas und Horten

Tab. 29oh; 29h

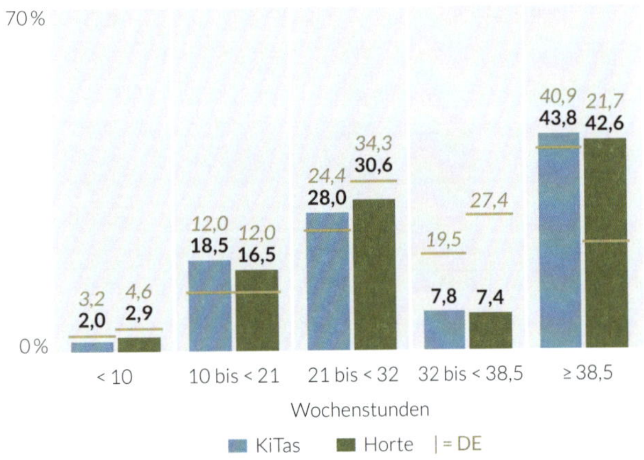

Qualifikationsniveaus | Tab. 27; 50a; 133

Abschluss	RP Anzahl	RP Anteil	DE Anteil
KiTas: 32.899 päd. Tätige			
Hochschule*	1.431	**4,3%**	5,6%
Fachschule*	24.231	**73,7%**	68,3%
Berufsfachschule*	2.742	**8,3%**	13,6%
Sonstige Ausbildungen	1.530	**4,7%**	4,5%
In Ausbildung	2.023	**6,1%**	5,9%
Ohne Abschluss	942	**2,9%**	2,2%
Kindertagespflege: 1.505 päd. Tätige			
Hochschule*	59	**3,9%**	3,2%
Fachschule*	203	**13,5%**	15,8%
Berufsfachschule*	129	**8,6%**	10,0%
Soziale/sozialpädagogische Kurzausbildung	24	**1,6%**	1,9%
Sonstige Ausbildungen	930	**61,8%**	60,1%
In Ausbildung	6	**0,4%**	0,5%
Ohne Abschluss	154	**10,2%**	8,6%
Horte: 904 päd. Tätige			
Hochschule*	79	**8,7%**	8,2%
Fachschule*	628	**69,5%**	68,8%
Berufsfachschule*	42	**4,6%**	8,8%
Sonstige Ausbildungen	40	**4,4%**	7,6%
In Ausbildung	87	**9,6%**	4,6%
Ohne Abschluss	28	**3,1%**	2,0%

* fachlich einschlägig

Regionale Daten zu den Qualifikationsniveaus finden Sie auf www.laendermonitor.de unter FOKUS | Regionale Daten

Die Zahl des pädagogischen KiTa-Personals ist in RP zwischen 2011 und 2020 gestiegen: um 45% auf nunmehr 32.899 Tätige. Hingegen ist die Zahl des Hort- sowie Kindertagespflegepersonals im selben Zeitraum gesunken. So arbeiten 2020 in der Hortbetreuung 904 Personen und in der Kindertagespflege 1.505; 2011 waren es noch 923 bzw. 1.866.

4% der pädagogisch Tätigen in KiTas besitzen einen Hochschul-, 74% einen Fachschulabschluss als Erzieher:in. In Ausbildung befinden sich 6%. In den Horten ist der Anteil der Hochschulabsolvent:innen mit fast 9% doppelt so hoch wie in KiTas. In der Kindertagespflege arbeiten anteilig deutlich weniger Personen mit einem fachlich einschlägigen Fachschulabschluss (13%). Die meisten Kindertagespflegepersonen (62%) sind nicht-fachpädagogisch ausgebildet.

Der größte Anteil des KiTa- und Hortpersonals arbeitet 38,5 Stunden pro Woche und mehr (44% bzw. 43%). Arbeitsverträge von 21 bis unter 32 Wochenstunden sind in den KiTas (28%) und den Horten (31%) von RP am zweithäufigsten vertreten.

Pädagogisches Personal | RP 01.03.2020

Altersstruktur in KiTas, Kindertagespflege und Horten | Tab. 42oh; 42h; 128

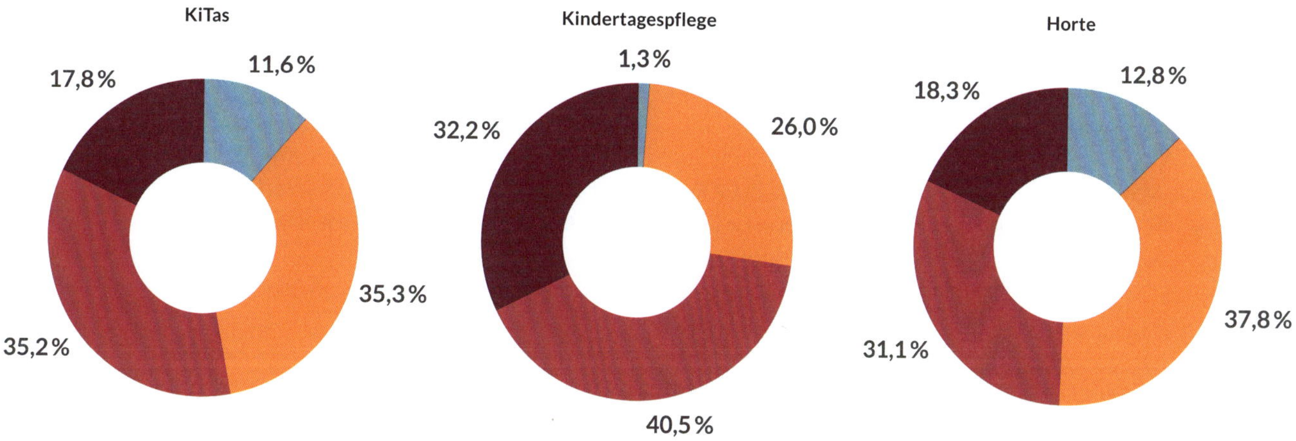

Befristete Arbeitsverhältnisse in KiTas (mit Horten) | Tab. 77

	Alter in Jahren	unter 30	30 bis unter 40	40 bis unter 50	50 bis unter 60	60 und älter
RP	pädagogisch Tätige insgesamt	5.857	7.347	7.869	6.929	2.439
	Anteil befristet Beschäftigter	**33,1 %**	**16,6 %**	**12,3 %**	**7,4 %**	**6,8 %**
DE	Anteil befristet Beschäftigter	*25,6 %*	*14,1 %*	*10,4 %*	*6,3 %*	*5,9 %*

Nur 5 % des KiTa-Personals in RP sind männlich (bundesweit: 6 %). Dieser Anteil liegt in der Kindertagespflege mit 3 % auf einem niedrigeren Niveau (bundesweit: 4 %). In den Horten hingegen arbeitet ein deutlich höherer Anteil an Männern (21 %) als in den beiden zuvor genannten Betreuungsformen; bundesweit sind es 18 %.

Mit jeweils einem Anteil von rund 35 % ist der Großteil des KiTa-Personals in RP 25 bis unter 40 Jahre oder 40 bis unter 55 Jahre alt (bundesweit: 37 % bzw. 33 %). Fast 12 % sind unter 25 Jahre alt, und wiederum 18 % sind 55 oder älter (bundesweit: 13 % bzw. 17 %). Auch für das Hortpersonal in RP zeigt sich, dass die jüngeren Fachkräfte unter 25 Jahren (13 %) und die älteren ab 55 Jahren (18 %) seltener vertreten sind als die anderen Altersgruppen. Hier ist wie in den KiTas der Großteil des Personals 25 bis unter 40 Jahre (38 %) und 40 bis unter 55 Jahre alt (31 %). Ein anderes Bild zeigt sich dagegen in der Kindertagespflege, wo das Personal durchschnittlich älter ist. Hier sind 32 % aller Beschäftigten 55 Jahre und älter (bundesweit: 27 %). Weitere fast 41 % sind 40 bis unter 55 Jahre alt (bundesweit: 43 %). Zur Altersgruppe 25 bis unter 40 Jahre zählen lediglich 26 % der Kindertagespflegepersonen (bundesweit: 29 %). Nur rund 1 % ist jünger als 25 (bundesweit: 1,5 %).

16 % des pädagogischen Personals in KiTas (mit Horten) sind in RP befristet beschäftigt. Dem bundesweiten Trend folgend, sind davon auch in RP vor allem jüngere Beschäftigte betroffen, nämlich 33 % der unter 30-Jährigen, aber nur jeweils rund 7 % der 50- bis unter 60-Jährigen und der ab 60-Jährigen.

Träger | RP 01.03.2020

Die insgesamt 2.470 KiTas und 102 Horte in RP werden von verschiedenen Trägern betrieben; das können solche der öffentlichen oder der freien Jugendhilfe sein. Innerhalb der freien Träger wird zwischen den privat-gemeinnützigen und den privat-nichtgemeinnützigen (auch Wirtschaftsunternehmen) unterschieden. Die privat-nichtgemeinnützigen werden den freien Trägern zugeordnet, da Gemeinnützigkeit kein konstitutives Merkmal ist.

Mit fast 49 % befindet sich der größte Anteil der KiTas in RP in öffentlicher Trägerschaft (bundesweit: 32 %). Unter den KiTas in freier Trägerschaft sind in RP die konfessionellen Träger am häufigsten vertreten (Diakonie: 17 %; Caritas: 26 %). In der bundesweiten Gesamtschau zeigt sich, dass in RP insbesondere KiTas sonstiger freigemeinnütziger Träger (2 %; bundesweit: 10 %) unterrepräsentiert sind. Ebenso sind KiTas in der Trägerschaft von Elterninitiativen in RP mit 2 % weniger stark vertreten als im Bundesdurchschnitt (8 %). Auch bei den Horten befindet sich der größte Anteil in RP in öffentlicher Trägerschaft (53 %; bundesweit: 48 %). Mit 14 % wird der zweitgrößte Anteil vom Deutschen Caritasverband oder sonstigen katholischen Trägern betrieben (bundesweit: 6 %).

Unterschiede in den Betreuungsquoten der unter 3-Jährigen und der Kinder ab 3 nach Art des Trägers sind in RP in geringem Maße vorhanden. So werden unter Dreijährige etwas häufiger in KiTas öffentlicher Träger betreut (51 %) als ab Dreijährige (48 %). Im Gegensatz dazu nutzen die jüngeren Kinder etwas seltener KiTas der Caritas oder sonstiger katholischer Träger (27 %) als die älteren (29 %).

Die Beschäftigungsumfänge der pädagogisch Tätigen unterscheiden sich in vielen Bundesländern nach Trägerschaft der KiTas und Horte. 2020 zeigt sich in RP das folgende Bild: Mit 73 % verfügt ein großer Anteil der pädagogisch Tätigen in KiTas (mit Horten) der Arbeiterwohlfahrt über einen Arbeitsvertrag, der mindestens 32 Wochenstunden umfasst; das ist deutlich mehr als in Einrichtungen anderer Trägerschaften, insbesondere in KiTas (mit Horten) der Caritas und sonstiger katholischer Trägerschaft (50 %). Arbeitsverträge von weniger als 21 Wochenstunden sind anteilig am häufigsten in KiTas (mit Horten) des Deutschen Roten Kreuzes (26 %) vertreten.

KiTas und Horte nach Träger | Tab. 78oh; 78h

2.470 KiTas und 102 Horte in RP	KiTas		Horte	
	Anzahl	Anteil	Anzahl	Anteil
Öffentliche Träger	1.197	**48,5 %**	54	**52,9 %**
Freie Träger/privat-gemeinnützig				
Arbeiterwohlfahrt (AWO)	6	**0,2 %**	0	**0,0 %**
Deutscher Paritätischer Wohlfahrtsverband (DPWV)	64	**2,6 %**	6	**5,9 %**
Deutsches Rotes Kreuz (DRK)	8	**0,3 %**	1	**1,0 %**
Diakonie Deutschland/sonstige der EKD angeschlossene Träger	412	**16,7 %**	10	**9,8 %**
Deutscher Caritasverband/sonstige katholische Träger	653	**26,4 %**	14	**13,7 %**
Sonstige	60	**2,4 %**	11	**10,8 %**
Freie Träger/privat-nichtgemeinnützig	25	**1,0 %**	4	**3,9 %**
Elterninitiativen	45	**1,8 %**	2	**2,0 %**

Träger | RP 01.03.2020

Kinder nach Alter und KiTa-Träger (mit Horten) | Tab. 79, 80

32.829 Kinder < 3 Jahren — **126.050 Kinder ab 3 Jahren**

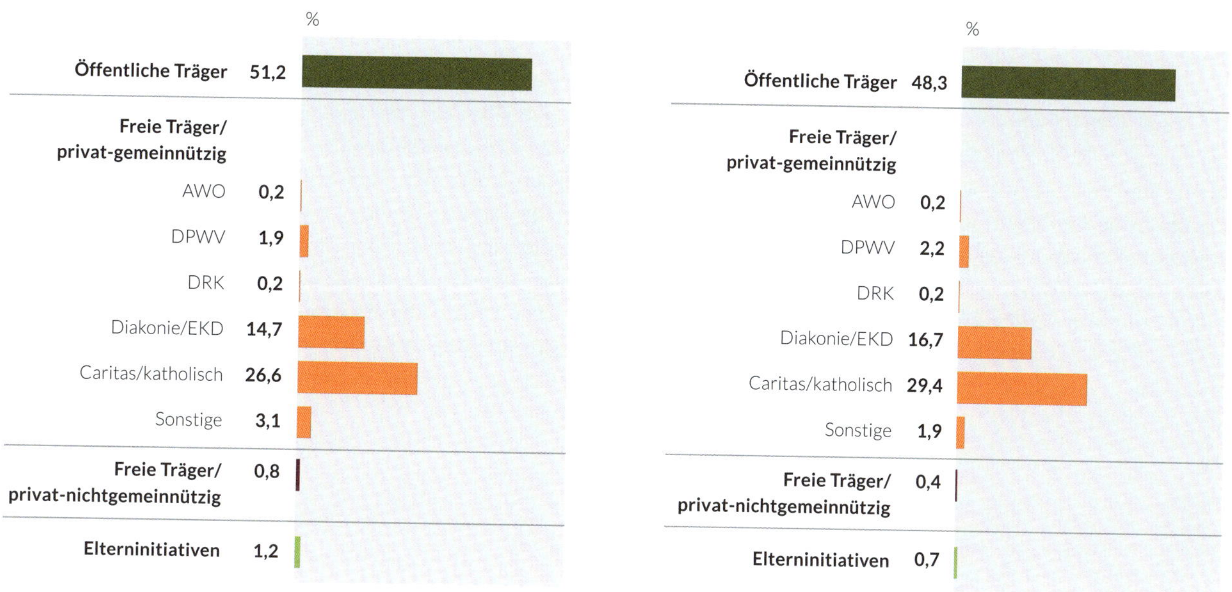

Pädagogisch Tätige nach KiTa-Träger (mit Horten) und Beschäftigungsumfang | Tab. 81

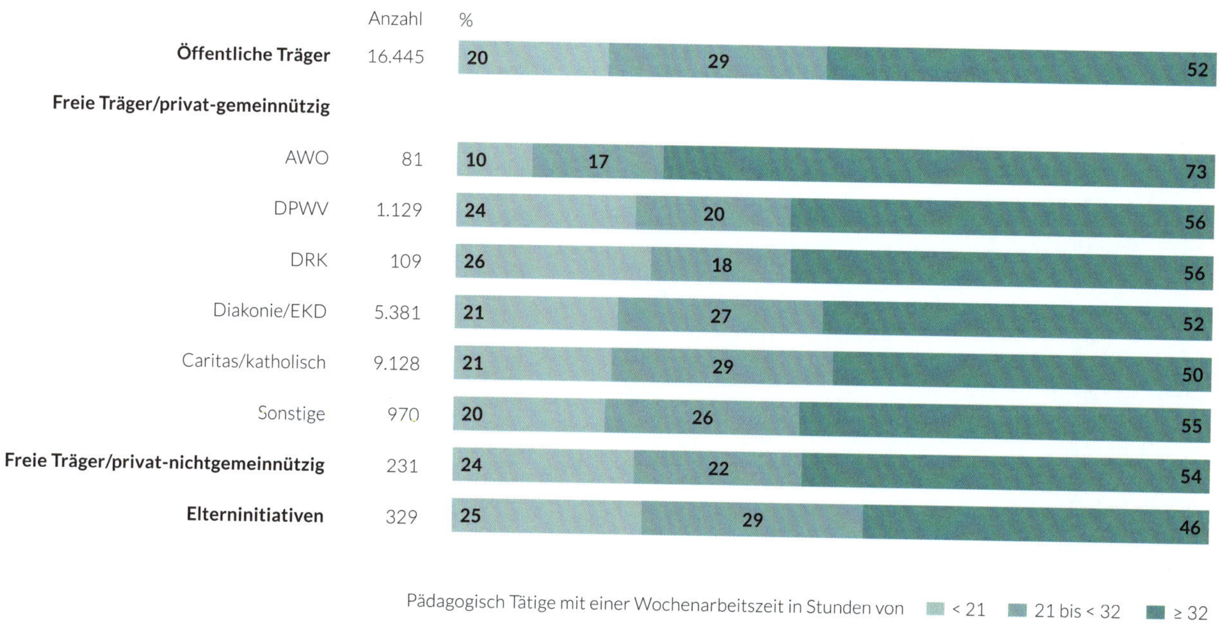

Investitionen wirkungsvoll einsetzen

Der qualitative Ausbau des frühkindlichen Bildungssystems, insbesondere die Verbesserung der Personalressourcen, erfordert gewaltige finanzielle Kraftanstrengungen aller Akteure. Um das System langfristig zu sichern, bedarf es einer dauerhaften finanziellen Unterstützung des Bundes. Daher sollte der Bund sein finanzielles Engagement im KiQuTG über 2022 hinaus verlässlich verankern.

In RP wurden 2018 für jedes Kind unter sechs Jahren in der Bevölkerung durchschnittlich 6.842 Euro für Angebote der Kindertagesbetreuung durch die öffentliche Hand, also Land und Kommunen, ausgegeben (ohne Elternbeiträge oder Zuschüsse anderer föderaler Ebenen). Das sind fast 1.800 Euro mehr als sechs Jahre zuvor. Im bundesweiten Durchschnitt lagen die Ausgaben im Jahr 2018 mit 6.007 Euro auf einem niedrigeren Niveau als in RP.

Im Haushaltsjahr 2019 wurden in RP seitens der öffentlichen Haushalte Investitionsausgaben für die Kindertagesbetreuung in Höhe von 118 Mio. Euro getätigt. Dies sind Ausgaben, die zum Beispiel bei einem Neubau einer KiTa bzw. einem Umbau oder einer Sanierung einer bereits vorhandenen KiTa entstehen.

Im Rahmen des KiQuTG erhält jedes Bundesland zwischen 2019 und Ende 2022 Bundesmittel für Maßnahmen zur Weiterentwicklung der KiTa-Qualität und zur Gebührenentlastung der Eltern. RP investiert in acht der insgesamt elf Handlungsfelder des Gesetzes. Fast 169 Mio. Euro werden aus den Bundes- und zusätzlichen Landesmitteln in die Verbesserung der Betreuungsschlüssel fließen. Im Rahmen dieser Maßnahme ist ab dem 1. Juli 2021 zum einen ein einheitliches Personalbemessungssystem installiert worden. Zum anderen wird durch die Mittel ein Sozialraumbudget finanziert, das dabei hilft, bei der Personalbemessung strukturelle Benachteiligungen zu überwinden.[1]

1 Vgl. BMFSFJ und Ministerpräsidentin von RP (2020): Vertrag zwischen der Bundesrepublik Deutschland, vertreten durch das Bundesministerium für Familie, Senioren, Frauen und Jugend, und dem Land Rheinland-Pfalz zur Umsetzung des Gesetzes zur Weiterentwicklung der Qualität und zur Verbesserung der Teilhabe in Tageseinrichtungen und in der Kindertagespflege (KiTa-Qualitäts- und Teilhabeverbesserungsgesetz – KiQuTG).

Investitionen pro unter sechsjährigem Kind

RP 2011–2018 | Tab. 21c

Grundmittel von Land und Kommunen

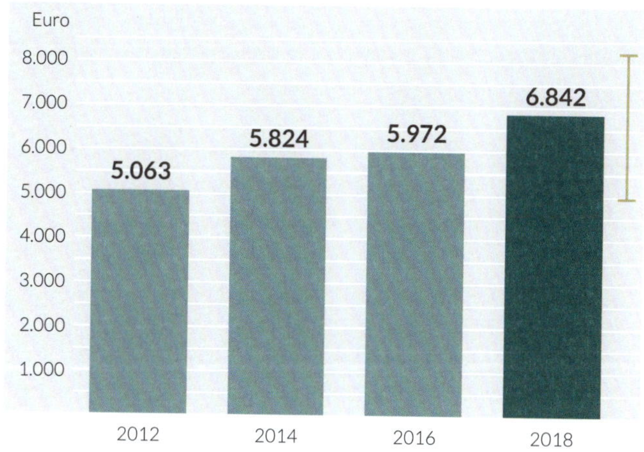

| = Alle Bundesländer 2018, Minimum: 4.965 €, Maximum: 8.232 €

Finanzierungsgemeinschaft für FBBE

RP 2018 | Tab. 23

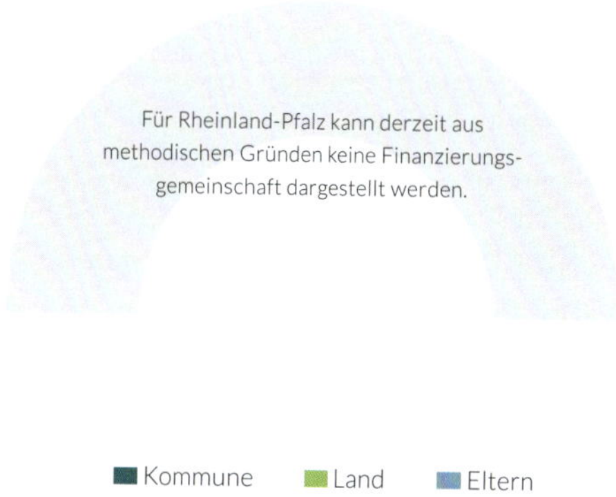

Ohne Eigenanteil der freien Träger und Zuschüsse des Bundes

Einmalige Investitionsausgaben für FBBE | RP 2009–2019 | Tab. 45

Ausgaben von Bund, Land und Kommunen

	2009	2010	2011	2012	2013	2014	2015	2016	2017	2018	2019
	Mio. Euro										
RP	**47,3**	**102,2**	**106,6**	**91,1**	**112,6**	**102,7**	**69,7**	**57,4**	**96,8**	**108,5**	**118,0**
DE	*947,3*	*1.334,1*	*1.357,5*	*1.408,8*	*2.188,8*	*1.649,4*	*1.137,7*	*1.080,7*	*1.345,8*	*1.686,1*	*2.012,3*

Für die Interpretation der hier ausgewiesenen Indikatoren sind einige methodische Grundlagen wichtig. Zusätzlich zu den Anmerkungen im Anhang des Länderprofils findet sich auf www.laendermonitor.de unter „Methodik" eine ausführliche Beschreibung der Datengrundlage sowie der Berechnungsmethodik.

Verteilung der Bundesmittel aus dem KiQuTG auf die Handlungsfelder | RP 2019–2022 | Tab. 119

	Bedarfsgerechtes Angebot	Guter Betreuungsschlüssel	Qualifizierte Fachkräfte	Starke KiTa-Leitung	Kindgerechte Räume	Gesundes Aufwachsen	Sprachliche Bildung	Starke Kindertagespflege	Netzwerke für mehr Qualität	Vielfältige pädagogische Arbeit	Weniger Gebühren	Verplante Bundesmittel gesamt
Anteil		*	*	*	*		*		*	*	11 %	100 %
Mio. Euro		*	*	*	*		*		*	*	30,0	269,2

* Für RP ist keine differenzierte Verteilung der Bundesmittel auf die Handlungsfelder möglich. 239,2 Mio. Euro fließen in die Handlungsfelder „Guter Betreuungsschlüssel", „Qualifizierte Fachkräfte", „Starke KiTa-Leitung", „Kindgerechte Räume", „Sprachliche Bildung", „Netzwerk für mehr Qualität" und „Vielfältige pädagogische Arbeit".

Landesspezifische Anmerkungen

Bildungsbeteiligung in KiTas und Kindertagespflege
Da in der Statistik zur Kindertagesbetreuung die Anzahl der betreuten Kinder im jeweiligen Kreis ermittelt wird und keine Zuordnung der Kinder zu ihrem Wohnort erfolgt, kann die Betreuungsquote in einzelnen Kreisen oder evtl. auch in einem Bundesland in Ausnahmefällen über 100 % liegen.

Finanzierungsgemeinschaft für FBBE
Für Rheinland-Pfalz kann derzeit aus methodischen Gründen keine Finanzierungsgemeinschaft dargestellt werden.

Verteilung der Bundesmittel aus dem KiQuTG auf die Handlungsfelder
Für Rheinland-Pfalz ist keine differenzierte Verteilung der Bundesmittel auf die Handlungsfelder möglich. 239,2 Mio. Euro fließen in die Handlungsfelder „Guter Betreuungsschlüssel", „Qualifizierte Fachkräfte", „Starke KiTa-Leitung", „Kindgerechte Räume", „Sprachliche Bildung", „Netzwerk für mehr Qualität" und „Vielfältige pädagogische Arbeit".

Saarland

Allgemeine Basisdaten

Fläche in km² (2019)	2.571
Einwohner:innen (31.12.2019)	986.887
Geborene Kinder (2019)	8.006
Geburten pro Frau (2019)	1,449
Anzahl Kinder < 10 Jahren (31.12.2019)	80.309
Davon < 3 Jahren	24.549
Davon 3 bis < 6 Jahre	24.580
Davon 6 bis < 10 Jahre	31.180
Anteil der Kinder mit Migrationshintergrund (2019)	
... < 3 Jahren	40,9 %
... von 3 bis < 6 Jahren	43,5 %
Erwerbstätigenquote von Müttern mit (2019)	
... mindestens einem Kind < 3 Jahren	55,4 %
... mindestens einem Kind von 3 bis < 6 Jahren	71,9 %
Leistungsempfänger:innen nach SGB II (ALG II u. Sozialgeld, 2020)	84.746
Davon Kinder < 6 Jahren	9.666
Entspricht Anteil an allen Kindern < 6 Jahren	19,7 %

x = Wert unterliegt der Geheimhaltung

FBBE auf einen Blick 01.03.2020

Anteil der Kinder in FBBE	
... < 1 Jahr	2,5 %
... von 1 bis < 3 Jahren	43,0 %
... < 3 Jahren	29,8 %
... von 3 bis < 6 Jahren inkl. 0,0 % in [vor-]schulischen Einrichtungen	91,6 %
Schulkinder 6 bis < 11 Jahre	8,1 %
Tageseinrichtungen insgesamt	488
Davon Horte	18
Anteil der Einrichtungen mit	
... < 45 Kindern	20,7 %
... 45 bis 75 Kindern	35,7 %
... 76 Kindern und mehr	43,6 %
Pädagogisches Personal (inkl. Leitung) in KiTas (mit Horten) insgesamt	6.919
Davon in Horten	222
Kinder in KiTas (mit Horten) insgesamt	36.347
Davon < 3 Jahren	6.584
Davon 3 Jahre bis zum Schuleintritt	27.224
Davon Schulkinder < 11 Jahren	2.457
Tagespflegepersonen insgesamt	270
Kinder in Kindertagespflege insgesamt	1.057
Davon < 3 Jahren	742
Davon 3 Jahre bis zum Schuleintritt	211
Davon Schulkinder < 11 Jahren	104
Leitungspersonal in KiTas (mit Horten) insgesamt	499
Davon in Horten	x

Blitzlichter: Status quo der Kindertagesbetreuung im Saarland

In den letzten zehn Jahren hat sich im SL die Zahl der unter 3-Jährigen, die eine KiTa oder Kindertagespflege besuchen, um 3.028 Kinder auf 7.321 erhöht. Somit stieg die FBBE-Teilhabequote dieser Altersgruppe von 20 % im Jahr 2011 auf 30 % im Jahr 2020. Trotz des enormen Ausbaus ist das SL noch weit entfernt von der durchschnittlichen ostdeutschen Teilhabequote (53 %). Bei den 3- bis unter 6-Jährigen liegt der Wert bei fast 92 % (bundesweit: 93 %).

Für faire Bildungschancen ist nicht nur die Zahl an Plätzen entscheidend: Die Angebote müssen auch kindgerecht sein. Wichtige – auch wissenschaftlich untersuchte – Gradmesser für die strukturelle Qualität in KiTas sind der *Personalschlüssel*, die *Gruppengröße*, das *Qualifikationsniveau* des pädagogischen Personals und ausreichend *Leitungszeit*.

Der Personalschlüssel lässt sich mit den Daten der amtlichen Kinder- und Jugendhilfestatistik (KJH-Statistik) für verschiedene Gruppentypen berechnen. So werden 2020 im SL 66 % der unter 3-Jährigen in Krippengruppen betreut. Mit einem rechnerischen Personalschlüssel von 1 zu 3,7 wird hier noch nicht die Empfehlung der Bertelsmann Stiftung (1 zu 3,0) erreicht. Weitere 8 % dieser Altersgruppe besuchen Gruppen mit Kindern unter 4 Jahren; der Personalschlüssel liegt hier mit 1 zu 4,2 etwas ungünstiger als in Krippengruppen und stellt noch kein kindgerechtes Verhältnis dar. In altersübergreifenden Gruppen werden weitere 12 % der unter 3-Jährigen zusammen mit 8 % der über 3-Jährigen bei einem Personalschlüssel von 1 zu 6,4 betreut. Das ist ungünstiger als der wissenschaftlich empfohlene Wert von 1 zu 3,75.[1] Der überwiegende Anteil der ab 3-Jährigen (62 %) besucht Kindergartengruppen mit einem Personalschlüssel von 1 zu 9,8 (Empfehlung der Bertelsmann Stiftung: 1 zu 7,5).

Die Auswertungen zeigen, dass im Jahr 2020 im SL für 81 % der Kinder in amtlich erfassten KiTa-Gruppen[2] nicht genügend Fachpersonal zur Verfügung steht. Dieser Anteil liegt über dem bundesweiten Wert von 73 %. Die nicht kindgerechte Personalausstattung betrifft die ab 3-Jährigen mit 84 % stärker als die unter 3-Jährigen mit 70 %.

Betrachtet man die Entwicklung der Personalschlüssel, wird deutlich, dass sich im SL von 2013 bis 2020 die personelle Ausstattung in Krippengruppen nicht verbessert hat (jeweils 1 zu 3,7). In Kindergartengruppen kam es lediglich zu einem geringfügigen Ausbau (von 1 zu 10,1 auf 1 zu 9,8). So müssen im SL rein rechnerisch 3,1 Kindergartenkinder mehr von einer Fachkraft betreut werden als in BW, dem Bundesland mit der günstigsten Personalausstattung.

Die Gruppengröße ist ein weiterer wichtiger Gradmesser für die Qualität in KiTas. Nach wissenschaftlichen Empfehlungen sollten Gruppen für jüngere Kinder maximal zwölf Kinder umfassen, für die Älteren maximal 18.[3] Im SL werden diese Werte bei 51 % der amtlich erfassten KiTa-Gruppen nicht erreicht (bundesweit: 54 %). Mit 91 % bzw. 90 % ist ein größerer Anteil der Kindergartengruppen und derjenigen, die auch für 2-Jährige geöffnet sind, zu groß. Demgegenüber entsprechen lediglich 2 % der Krippengruppen und 21 % der Gruppen mit Kindern unter 4 Jahren nicht den Empfehlungen. Insgesamt zeigt sich, dass im SL die unter 3-Jährigen mit 10 % deutlich seltener von nicht kindgerechten Gruppengrößen betroffen sind als die ab 3-Jährigen (86 %).

Wesentliche Voraussetzung für eine „gute" KiTa-Qualität ist nicht nur *zahlenmäßig ausreichendes*, sondern auch *qualifiziertes* Personal. Im SL verfügen 70 % der 6.697 pädagogisch Tätigen in KiTas über einen fachlich einschlägigen Fachschulabschluss, etwa als Erzieher:in. Damit liegt das SL etwas über dem bundesweiten Durchschnitt (68 %), allerdings unter dem Niveau der ostdeutschen Bundesländer (80 %). Weitere fast 4 % besitzen einen fachlich einschlägigen Hochschulabschluss. Eine sonstige – nicht fachlich einschlägige – Ausbildung weisen im SL 3 % der pädagogisch Tätigen auf (bundesweit: 4,5 %). Die Anteile des Personals ohne Abschluss sowie mit einem fachlich einschlägigen Berufsfachschulabschluss unterliegen nach Angaben des Statistischen Bundesamtes der Geheimhaltung, sodass sie nicht dargestellt werden können. Weitere 5 % schließlich befinden sich in Ausbildung; 2016 lag dieser Wert auf demselben Niveau. Mit Blick auf die gegenwärtig in vielen Bundesländern eingeführten praxisintegrierten Ausbildungsgänge bleibt abzuwarten, ob sich dieser Wert in den kommenden Jahren erhöht. Ebenso gilt es kontinuierlich zu beobachten, wie sich die neuen beruflichen Zugangsformen, etwa für Quereinsteiger:innen, zukünftig auf das formale Qualifikationsniveau des KiTa-Personals insgesamt auswirken werden.

Auch die Ausstattung der KiTas mit ausreichenden Leitungsressourcen nimmt eine Schlüsselfunktion für die KiTa-Qualität ein. Nach den Angaben in der KJH-Statistik verfügen 7 % der KiTas im SL über keine Zeit für Leitungsaufgaben; insbesondere die kleineren KiTas (weniger als 45 betreute Kinder) geben dies zu 11 % an. Über die von der Bertelsmann Stiftung empfohlene Zeit für Leitungs- und Verwaltungsaufgaben[4] verfügen 2020 fast 21 % der KiTas im SL (ohne Horte); bundesweit sind es 18 %.

Qualitätsentwicklungen im Rahmen des KiQuTG

Im Rahmen des KiTa-Qualitäts- und Teilhabeverbesserungsgesetzes (KiQuTG) erhält jedes Bundesland zwischen 2019 und Ende 2022 vom Bund finanzielle Mittel für Maßnahmen zur Weiterentwicklung der KiTa-Qualität und zur Gebührenentlastung der Eltern. Das SL investiert diese Bundesmittel in fünf der insgesamt elf Handlungsfelder: *Guter Betreuungsschlüssel, Qualifizierte Fachkräfte, Starke KiTa-Leitung, Sprachliche Bildung* und *Weniger Gebühren.*

Fast 6 Mio. Euro fließen in die Verbesserung der pädagogischen Personalausstattung für KiTas mit besonderen Herausforderungen. Konkret können mit den Mitteln ca. 30 KiTas mit einer Viertel-Fachkraftstelle je Gruppe (max. 1,5 Fachkraftstellen) finanziert werden. Weitere rund 9 Mio. Euro werden für die Erhöhung der Leitungsressourcen um eine Stunde auf sieben Stunden je Gruppe verwendet. Die Finanzierung beider Maßnahmen läuft über eine neue Förderrichtlinie, die ab dem 1. Februar 2020 bis 21. Dezember 2022 gilt. Vor dem Hintergrund, dass die Förderung erst einen Monat vor Erhebung der Daten im Rahmen der KJH-Statistik beantragt werden konnte, ist unwahrscheinlich, dass sich bereits Effekte der Fördermaßnahmen beobachten lassen. Daher bleibt abzuwarten, ob sich mit den Daten vom 1. März 2021 entsprechende Effekte zeigen werden. Zu bezweifeln ist allerdings, dass sie dauerhaft wirken werden, da sie lediglich bis Ende 2022 gefördert werden.

Ausbau- und Reformbedarf: Empfehlungen für die Kindertagesbetreuung im Saarland

Um allen Kindern unabhängig von ihrem Wohnort gleichwertige Teilhabe- und Bildungschancen zu ermöglichen, ist es unerlässlich, dass jedes Bundesland ein sowohl bedarfsgerechtes als auch kindgerechtes FBBE-Angebot zur Verfügung stellt. Trotz der Tatsache, dass die Personalschlüssel im SL günstiger sind als in den meisten ostdeutschen Flächenländern, ist der Anteil der Kinder, die in KiTa-Gruppen mit einer nicht kindgerechten Personalausstattung betreut werden, noch immer deutlich zu hoch (81%). Darüber hinaus zeigt sich, dass auch nach Jahren des Platzausbaus die Teilhabechancen der unter 3-Jährigen im SL noch nicht das Niveau der ostdeutschen Bundesländer erreichen.

Der *Fachkräfte-Radar für KiTa und Grundschule*[5] prognostiziert, dass für gleiche Teilhabechancen und eine kindgerechte Betreuung sowie eine professionelle Leitungsausstattung gemäß wissenschaftlichen Empfehlungen bis 2030 im SL 5.000 KiTa-Fachkräfte fehlen werden. Damit diese Lücke geschlossen werden kann, müsste die Zahl der prognostizierten Neuzugänge um 182% gesteigert werden. Die Ausbildungskapazitäten in diesem Umfang in den nächsten Jahren aufzustocken sowie genügend Quereinsteiger:innen zu gewinnen und pädagogisch zu qualifizieren, wird nicht möglich sein – ein Etappenziel ist notwendig.

Um bundesweit für alle Kinder gleichwertige Lebensverhältnisse herzustellen, müssen zunächst die Teilhabe- und Bildungschancen in Ost- und Westdeutschland angeglichen werden. So fehlen im SL 1.000 Fachkräfte, wenn hier bis 2030 die Teilhabequoten auf das Ostniveau gehoben werden sollen; das wäre ein Plus von 38% der prognostizierten Neuzugänge. Es ist zu prüfen, ob diese Lücke durch eine zügige Aufstockung der Ausbildungskapazitäten und die Gewinnung sowie Qualifizierung von Quereinsteiger:innen geschlossen werden kann. Für eine zusätzliche Anhebung der Personalschlüssel für alle Kinder auf das durchschnittliche Westniveau[6] steigt die Zahl der fehlenden Fachkräfte auf mehr als 2.000. Dieser Ausbau würde eine Aufstockung der prognostizierten Neuzugänge um 83% bedeuten.

Nach 2030 muss dann allerdings das Ziel lauten: kindgerechte und bedarfsgerechte FBBE-Angebote in ganz Deutschland. Um dies zu erreichen, müssen im SL schon jetzt die Weichen für den Ausbau der Plätze sowie der Ausbildungskapazitäten mit gleichzeitiger Qualifizierung zusätzlicher Berufsschullehrer:innen gestellt werden. Für die Verbesserung der Personalschlüssel ist zudem eine rechtliche Basis erforderlich. So sollte ein Stufenplan mit einer schrittweisen Verbesserung der Personalausstattung in das SKBBG integriert werden. Darüber hinaus braucht es Konzepte, um neues Personal zu gewinnen und – insbesondere durch attraktive Arbeitsbedingungen und Verdienstmöglichkeiten – die vorhandenen Fachkräfte zu binden. Damit das SL diese Aufgaben bewältigen kann, ist es unumgänglich, dass der Bund auch nach 2022 sein finanzielles Engagement für den Qualitätsausbau fortsetzt und im KiQuTG verlässlich verankert. Die Mittel sollten in erster Linie für die Gewinnung neuer Fachkräfte und den Ausbau der Personal- und Leitungskapazitäten verwendet werden.

1 Haug-Schnabel, Gabriele; Bensel, Joachim (2016): Kinder unter 3 – Bildung, Erziehung und Betreuung von Kleinstkindern. Kindergarten heute – wissen kompakt. 12., überarb. Aufl. Freiburg.

2 Es werden nur die Gruppen in KiTas analysiert, die laut Angaben in der amtlichen KJH-Statistik mit einer Gruppenstruktur arbeiten. Die Zuordnung von Gruppen in KiTas zu einem bestimmten Gruppentyp wird nicht von den Einrichtungen selbst vorgenommen, sondern erfolgt im Rahmen der Auswertung der Daten der amtlichen KJH-Statistik. Dabei erfolgt die Zuordnung primär anhand der Alterszusammensetzung der Kinder in den Gruppen. Gruppen, in denen Kinder mit einer (drohenden) Behinderung betreut werden, werden in der Berechnung nicht berücksichtigt.

3 Viernickel, Susanne; Fuchs-Rechlin, Kirsten (2015): Fachkraft-Kind-Relationen und Gruppengrößen in Kindertageseinrichtungen. Grundlagen, Analysen, Berechnungsmodell, in: Viernickel, Susanne; Fuchs-Rechlin, Kirsten; Strehmel, Petra; Preissing, Christa; Bensel, Joachim; Haug-Schnabel, Gabriele: Qualität für alle. Wissenschaftlich begründete Standards für die Kindertagesbetreuung. Freiburg, S. 11–130.

4 Für eine professionelle Führung und Leitung von KiTas empfiehlt die Bertelsmann Stiftung jeder Einrichtung eine Grundausstattung von 20 Wochenstunden plus 0,35 Wochenstunden pro Ganztagsbetreuungsäquivalent. Die empfohlene Leitungsausstattung enthält auch die Zeiten für Verwaltungstätigkeiten (max. 20% der empfohlenen Leitungszeit).

5 Der Fachkräfte-Radar für KiTa und Grundschule prognostiziert bis 2030 den Fachkräftebedarf für die KiTa- und Grundschulbetreuung und stellt ihn dem voraussichtlich verfügbaren Personalangebot gegenüber. Weitere Informationen finden Sie unter: www.fachkraefte-radar-kita-grundschule.de

6 Sind die Personalschlüssel bereits günstiger als das Westniveau, werden sie in den Berechnungen konstant gehalten.

Teilhabe sichern

Jedes Kind braucht einen gesicherten und einfachen Zugang zu „guter" Kindertagesbetreuung, unabhängig von seinem Wohnort und seiner sozio-ökonomischen oder kulturellen Herkunft. Dazu sind ausreichend wohnortnahe Angebote notwendig. Um diesem Anspruch zu genügen, erfolgte in den vergangenen Jahren bundesweit ein enormer Ausbau der Betreuungsplätze. 30 % der unter drei Jahre alten Kinder im SL nehmen eine Kindertagesbetreuung in Anspruch (bundesweit: 35 %). Unterschiede gibt es vor allem zwischen den unter 1-Jährigen (3 %), 1-Jährigen (33 %) und 2-Jährigen (53 %). Von den Kindern ab 3 bis unter 6 sind im SL mit 92 % fast alle in einer KiTa oder Kindertagespflege. Darüber hinaus nutzen 63 % der 6-Jährigen (Stand: 1. März 2020) Angebote der Kindertagesbetreuung, bevor sie in den schulischen Bildungsbereich wechseln.

8 % der unter 11-jährigen Schulkinder besuchen einen Hort[1]; bundesweit sind es 17 %. Weitere 55 % nehmen Ganztagsschulangebote wahr (bundesweit: 45 %). Nur 63 Schulkinder (0,2 %), die parallel kein Hort- oder Ganztagsschulangebot nutzen, besuchen eine Kindertagespflege.

2020 nutzen 7.321 unter 3-Jährige im SL ein FBBE-Angebot (30 %). Das sind 2.651 Kinder mehr als 2012, dem Jahr vor der Einführung des bundesweit geltenden Rechtsanspruchs auf einen Betreuungsplatz für Kinder ab dem ersten Geburtstag: ein Anstieg der Teilhabequote um 8 Prozentpunkte. Bedarfsgerecht ist das Angebot jedoch noch nicht: 2020 wünschen sich fast 47 % der Eltern von Kindern dieser Altersgruppe laut der „DJI-Kinderbetreuungsstudie" einen Platz in einer KiTa oder Kindertagespflege. Vergleicht man die Entwicklung der elterlichen Betreuungswünsche mit der Bildungsbeteiligung für diese Altersgruppe zwischen 2012 und 2020, zeigt sich, dass der Bedarf stärker angestiegen ist als die Teilhabequote. Lag die Differenz 2012 noch bei 13 Prozentpunkten, hat sie sich innerhalb von acht Jahren auf 17 erhöht.

1 Ist im Folgenden von Horten die Rede, sind in der Regel auch Hortgruppen in KiTas gemeint.

Bildungsbeteiligung an Kindertagesbetreuung | SL 01.03.2020 | Tab. 6–14; 41a1

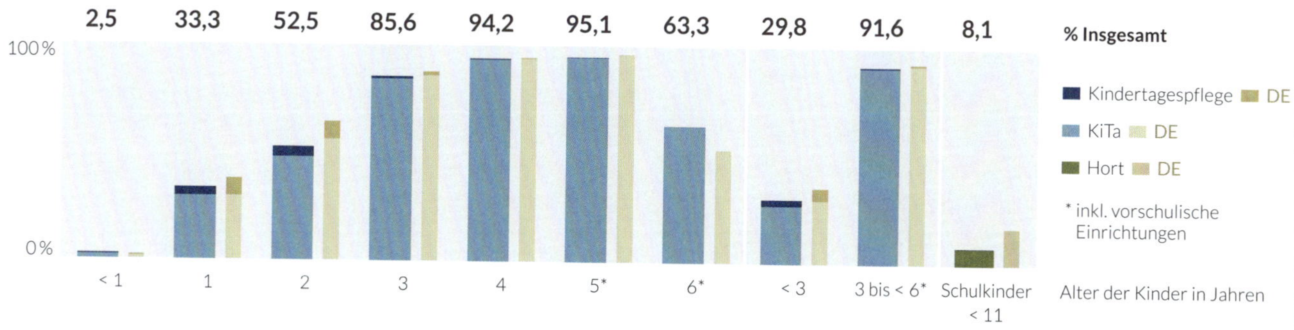

Betreuungsquote und Betreuungswunsch

SL 2012–2020, Stichtag 01.03. | Tab. 88a

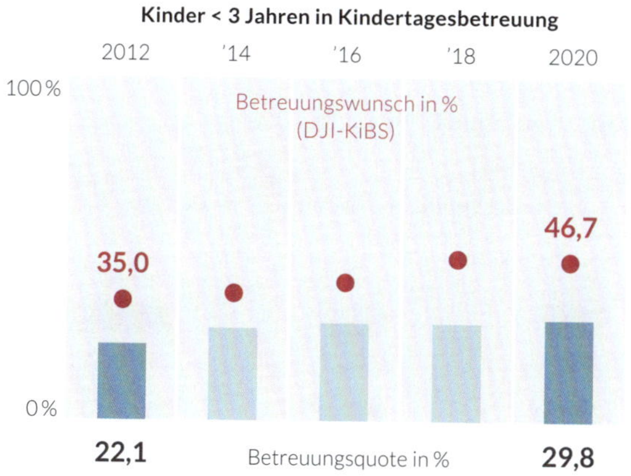

Bildungsbeteiligung von Schulkindern

SL 01.03.2020, Schulj. 2019/20 | Tab. 41a1; Tab. 71

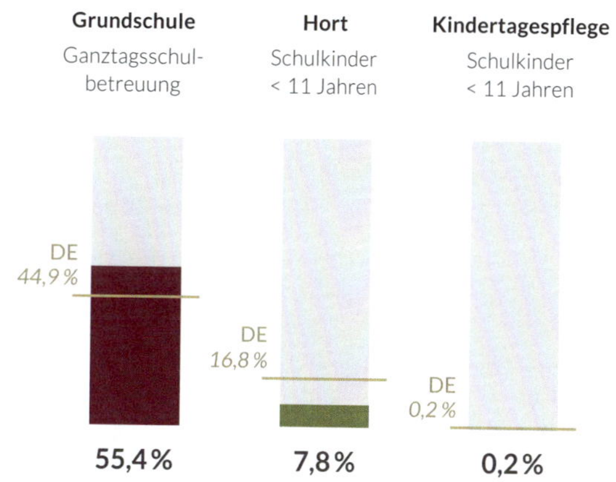

Vereinbarte Betreuungszeit in Horten: Ø **4,8 Stunden/Tag**

Regionale Daten zur Bildungsbeteiligung finden Sie auf www.laendermonitor.de unter FOKUS | Regionale Daten

Fast 25 % der Kinder, die am 01.03.2020 unter drei Jahre alt waren, wurden im August und September in der aktuell besuchten KiTa aufgenommen (vgl. S. 242). In den Monaten Dezember sowie April bis Juli zeigen sich die geringsten Aufnahmequoten (3 % bis 6 %). Ähnlich gestaltet es sich in der Kindertagespflege – hier erfolgen die Eingewöhnungen vorrangig im August (12 %) und September (10 %) sowie Januar (14 %) und Februar (10 %).

Kinder mit einer Eingliederungshilfe werden in 50 % der KiTas (ohne Sondereinrichtungen) im SL betreut; bundesweit ist dieser Wert niedriger (40 %). Ein geringerer Anteil zeigt sich bei den Horten: Schulkinder mit einer Eingliederungshilfe besuchen 39 % der Horte (n = 7) (bundesweit: 17 %).

Werden die vertraglich vereinbarten wöchentlichen Betreuungszeiten betrachtet, zeigt sich das folgende Bild: Im SL wird mit 80 % der größte Anteil der unter 3-jährigen KiTa-Kinder laut Vertrag 45 Wochenstunden und mehr betreut. Auch in der Altersgruppe der ab 3-Jährigen werden diese Betreuungszeiten am häufigsten (56 %) gebucht. Diese Werte liegen deutlich über den durchschnittlichen Bundeswerten (39 % bzw. 35 %). In der Kindertagespflege zeigen sich kürzere Betreuungszeiten: Hier wird der größte Anteil der Kinder mehr als 25 bis 35 Stunden wöchentlich betreut: je 44 % der unter 3-Jährigen und der ab 3-jährigen Nichtschulkinder. Schulkinder hingegen nutzen die Betreuungszeiten bis zu 25 Wochenstunden sowohl in Horten (74 %) als auch in der Kindertagespflege (ebenfalls 74 %) am häufigsten.

Aufnahmezeitpunkt von unter Dreijährigen in KiTas und Kindertagespflege | SL 01.03.2020 | Tab. 87; 87a

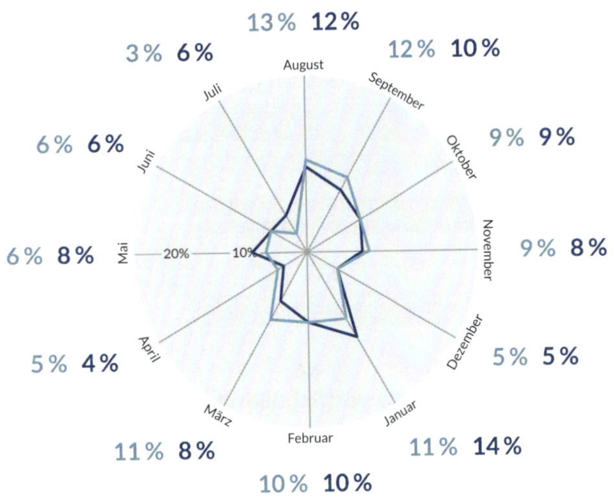

KiTas und Horte, die Kinder mit Eingliederungshilfe betreuen | SL 01.03.2020 | Tab. 59aoh; 59ah

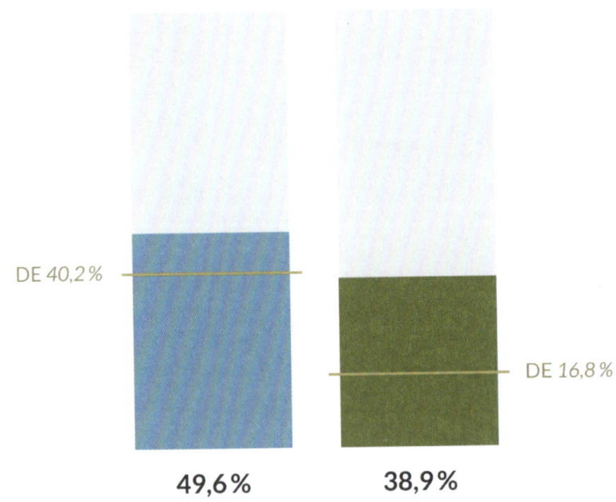

Vertraglich vereinbarte wöchentliche Betreuungszeiten in Kindertagesbetreuung | SL 01.03.2020 | Tab. 2-5; 3h; 138

	Kinder in KiTas und Horten			Kinder in öffentlich geförderter Kindertagespflege		
	< 3 Jahre: 6.584	≥ 3 Jahre bis Schuleintritt: 27.224	Schulkinder < 11 Jahren: 2.457	< 3 Jahre: 742	≥ 3 Jahre bis Schuleintritt: 211	Schulkinder < 11 Jahren: 104
Bis 25 Stunden	1,3 *11,3*	0,9 *9,3*	73,7 *61,1*	35,3 *31,3*	39,8 *47,0*	74,0 *89,7* %
> 25 bis 35 Stunden	12,2 *30,6*	37,3 *37,8*	10,0 *35,2*	43,9 *34,2*	44,1 *24,4*	16,3 *7,4* %
> 35 bis < 45 Stunden	6,7 *19,5*	5,5 *17,5*	2,7 *1,6*	15,2 *19,3*	8,5 *15,7*	6,7 *1,8* %
45 Stunden und mehr	79,8 *38,5*	56,3 *35,4*	13,6 *2,2*	5,5 *15,2*	7,6 *12,9*	2,9 *1,1* %

| = DE

Regionale Daten zum Betreuungsumfang finden Sie auf www.laendermonitor.de unter FOKUS | Regionale Daten

Im SL liegt der Anteil der Kinder mit nicht deutscher Familiensprache in 72 % der KiTas unter 25 % (bundesweit: 69 %); hier sprechen also die meisten Kinder zu Hause Deutsch. 22 % der unter 3-Jährigen in KiTas haben einen Migrationshintergrund (MH). 10 % sprechen in ihrer Familie Deutsch, 12 % eine andere Sprache. Bei den älteren KiTa-Kindern (29 %) liegen die Werte für die Sprache bei 11 % bzw. 18 %. Der Anteil der unter 3-Jährigen mit MH bewegt sich in der Kindertagespflege mit 21 % auf einem ähnlichen Niveau wie in KiTas. Bei den ab 3-Jährigen ist er mit 48 % deutlich höher. Hier sprechen 23 % Deutsch, 25 % eine andere Sprache.

Der Großteil der unter 4-Jährigen mit oder ohne MH wurde mit einem Jahr in der aktuellen KiTa (35 % bzw. 43 %) oder Kindertagespflege (42 % bzw. 53 %) aufgenommen. Kinder mit MH besuchen seltener im Alter von unter einem Jahr zum ersten Mal eine KiTa (16 %) als Kinder ohne MH (21 %). Auch in der Kindertagespflege zeigt sich diese Differenz; allerdings startet hier ein höherer Anteil bereits vor einem Jahr das Betreuungsangebot (26 % bzw. 38 %) als in KiTas.

Kinder mit und ohne Migrationshintergrund

SL 01.03.2020

Regionale Daten zum Migrationshintergrund und zur Familiensprache finden Sie auf www.laendermonitor.de unter FOKUS | Regionale Daten

Bildungsbeteiligung in KiTas und Kindertagespflege

Tab. 38a, Tab. 39a

Zu den Teilhabequoten von Kindern mit und ohne Migrationshintergrund in SL können keine Angaben gemacht werden, da keine repräsentativen Daten über den Anteil der Kinder mit und ohne Migrationshintergrund in der Bevölkerung vorliegen.

Quote der Inanspruchnahme von Kindern

mit Migrationshintergrund **ohne** Migrationshintergrund

KiTas (mit Horten) nach ihrem Anteil an Kindern mit nicht deutscher Familiensprache | Tab. 96

KiTas (mit Horten) mit einem Anteil an Kindern mit nicht deutscher Familiensprache von

< 25 % 25 bis < 50 % 50 bis < 75 % 75 % und mehr

Alter des Kindes zu Beginn der Betreuung in der aktuellen KiTa und Kindertagespflege | Tab. 92; 93

KiTa

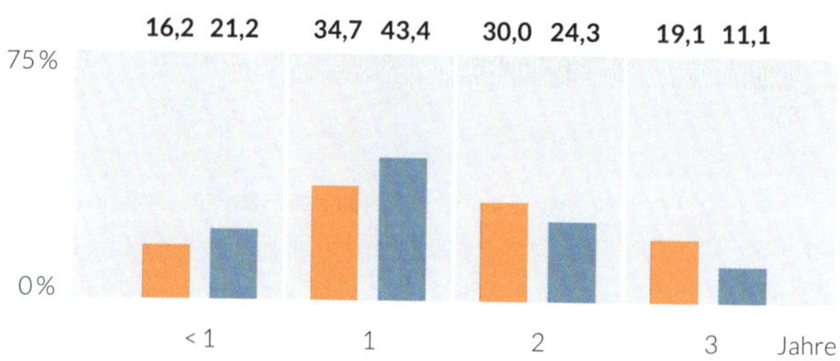

Kindertagespflege

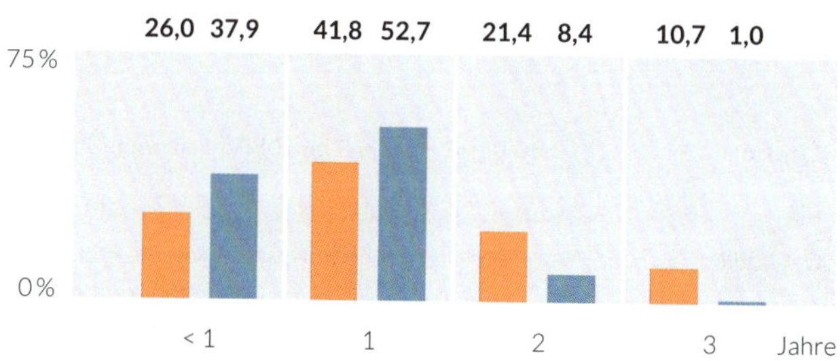

mit Migrationshintergrund **ohne** Migrationshintergrund

Familiäre Sprachpraxis der Kinder in KiTas (mit Horten) und Kindertagespflege | Tab. 15a-20a

KiTas (mit Horten)

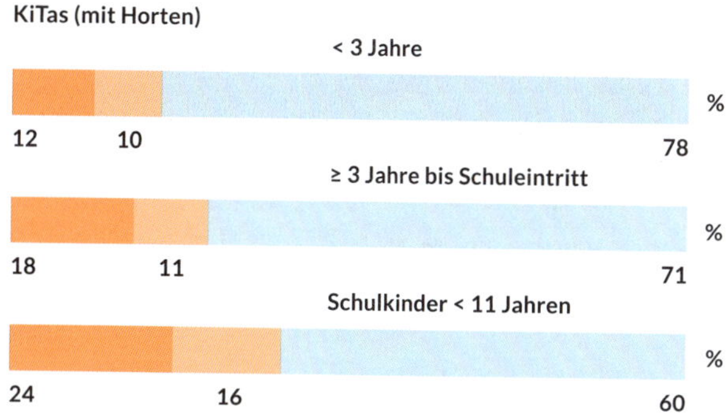

Kindertagespflege

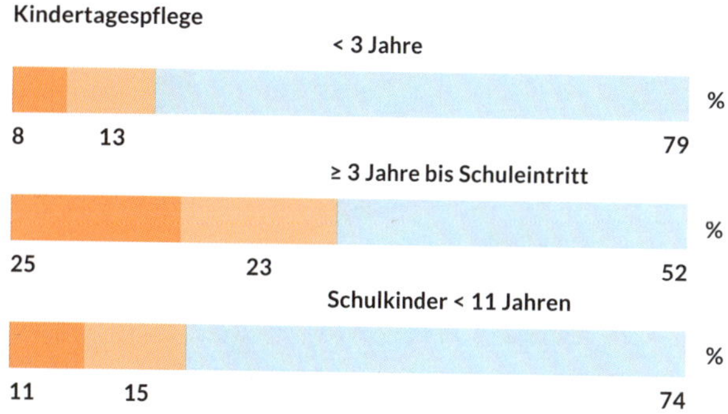

Kinder **mit** Migrationshintergrund:

Familiensprache nicht Deutsch Deutsch

Kinder **ohne** Migrationshintergrund

Bildung fördern – Qualität sichern

Die FBBE kann einen bedeutenden Beitrag für die Chancengerechtigkeit aller Kinder in Deutschland leisten. Voraussetzung dafür, dass die KiTas ihren Bildungsauftrag durchführen können, sind professionelle Rahmenbedingungen: insbesondere ausreichend Personal für die pädagogischen Aufgabenbereiche sowie für die Leitung und die Verwaltung. Weitere wichtige Gradmesser für die Qualität sind qualifizierte KiTa-Teams und kleine Kindergruppen. Schließlich spielt auch die Ausgestaltung der Arbeitsbedingungen durch die Träger eine Rolle. Der Status quo der KiTa-Landschaft wird im Folgenden anhand ausgewählter strukturell-qualitativer Dimensionen dargestellt.

66 % der unter 3-Jährigen im SL sind in Krippengruppen; 2020 ist hier eine Vollzeitkraft rechnerisch für 3,7 ganztags betreute Kinder zuständig. Weitere 8 % dieser Altersgruppe werden zusammen mit 0,5 % der ab 3-Jährigen in Gruppen mit Kindern unter 4 Jahren betreut (Personalschlüssel: 1 zu 4,2). Der größte Anteil der Kinder ab drei Jahren (62 %) befindet sich in Kindergartengruppen (Personalschlüssel: 1 zu 9,8). Für ein kindgerechtes Betreuungsverhältnis empfiehlt die Bertelsmann Stiftung, dass eine Fachkraft rein rechnerisch für höchstens 3 Kinder unter drei Jahren in Krippengruppen oder 7,5 Kinder ab drei Jahren in Kindergartengruppen zuständig ist. Im SL entsprechen 24 % der Personalschlüssel in Kindergartengruppen dieser Empfehlung (inkl. ± 0,5 Toleranz) bzw. sind günstiger. Schlechter sind 76 % der Personalschlüssel, in Krippengruppen 61 %. Ein teilweise ungünstigeres Bild zeigt sich – abgesehen von den Hortgruppen – bei den weiteren Gruppenformen. So sind in 74 bis 97 % dieser Gruppen die Personalschlüssel ungünstiger als wissenschaftlich empfohlen.

Der Personalschlüssel ist eine rein rechnerische, im KiTa-Alltag nicht beobachtbare Größe, die die gesamte Arbeitszeit einer pädagogischen Fachkraft umfasst. Die annähernd reale Betreuungssituation beschreibt die Fachkraft-Kind-Relation, die das Verhältnis zwischen den Fachkräften und den Kindern während der unmittelbaren pädagogischen Arbeit darstellt.

Pädagogische Personalausstattung | SL 01.03.2020

Personalschlüssel

Tab. 43a2

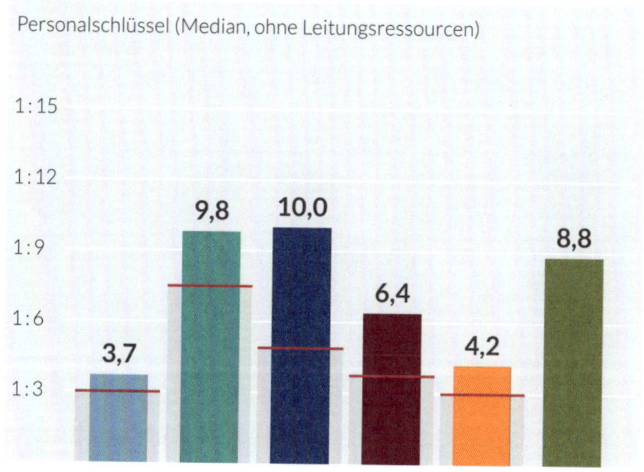

Verteilung der Kinder auf Gruppentypen

Tab. 36b; 36b1; 36b2

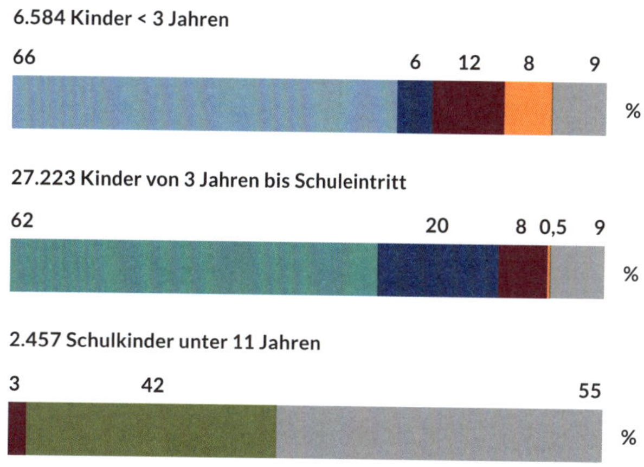

Gruppentyp

- Krippe
- Kindergarten
- Kindergarten ab 2 Jahre
- Altersübergreifend ab 0 Jahre
- Krippe < 4 Jahren
- Hort
- Ohne feste Gruppenstruktur

Empfohlener Personalschlüssel (BSt = Bertelsmann Stiftung, H.-S. & B. = Haug-Schnabel & Bensel 2016):
Krippe 1 : 3,0 (BSt); Kindergarten 1 : 7,5 (BSt); Kindergarten ab 2 J. 1: 4,9 (H.-S. & B.); Altersübergreifend ab 0 J. 1 : 3,75 (H.-S. & B.); Krippe < 4 J. 1 : 3,0 (BSt)

Regionale Daten zum Personalschlüssel finden Sie auf www.laendermonitor.de unter FOKUS | Regionale Daten

Personalschlüssel im Vergleich | Tab. 94; 94a–e

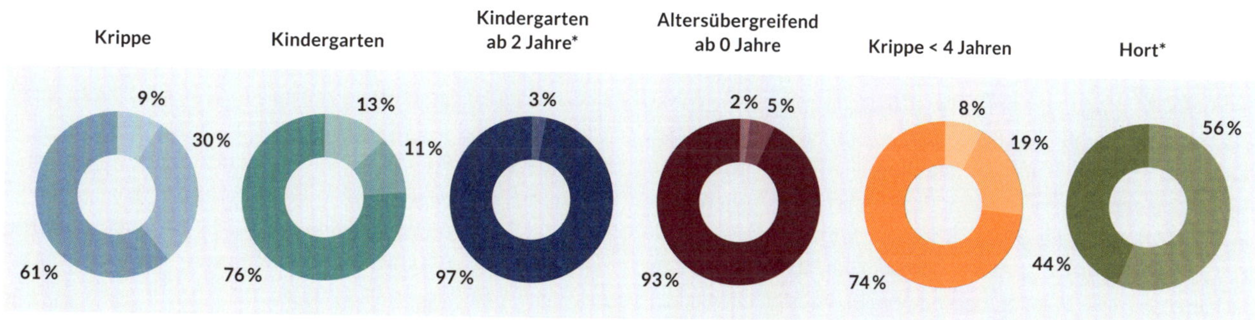

Personalschlüssel von

Krippe	Kindergarten	Kindergarten ab 2 Jahre*	Altersübergreifend ab 0 Jahre	Krippe < 4 Jahren	Hort*
< 1: 2,5 DE 10 %	< 1: 7 DE 26 %	< 1: 4,4 DE 2 %	< 1: 3,25 DE 4 %	< 1: 2,5 DE 5 %	< 1: 9,5 DE 44 %
1: 2,5 bis < 1: 3,5 DE 24 %	1: 7 bis < 1: 8 DE 14 %	1: 4,4 bis < 1: 5,4 DE 7 %	1: 3,25 bis < 1: 4,25 DE 9 %	1: 2,5 bis < 1: 3,5 DE 22 %	1: 9,5 bis < 1: 10,5 DE 5 %
1: 3,5 und mehr DE 66 %	1: 8 und mehr DE 60 %	1: 5,4 und mehr DE 91 %	1: 4,25 und mehr DE 87 %	1: 3,5 und mehr DE 72 %	1: 10,5 und mehr DE 51 %

* siehe landesspezifische Anmerkungen am Ende des Profils

Pädagogische Personalausstattung | SL 01.03.2020

Fachkraft-Kind-Relation – Szenarien der Bertelsmann Stiftung | Tab. 82

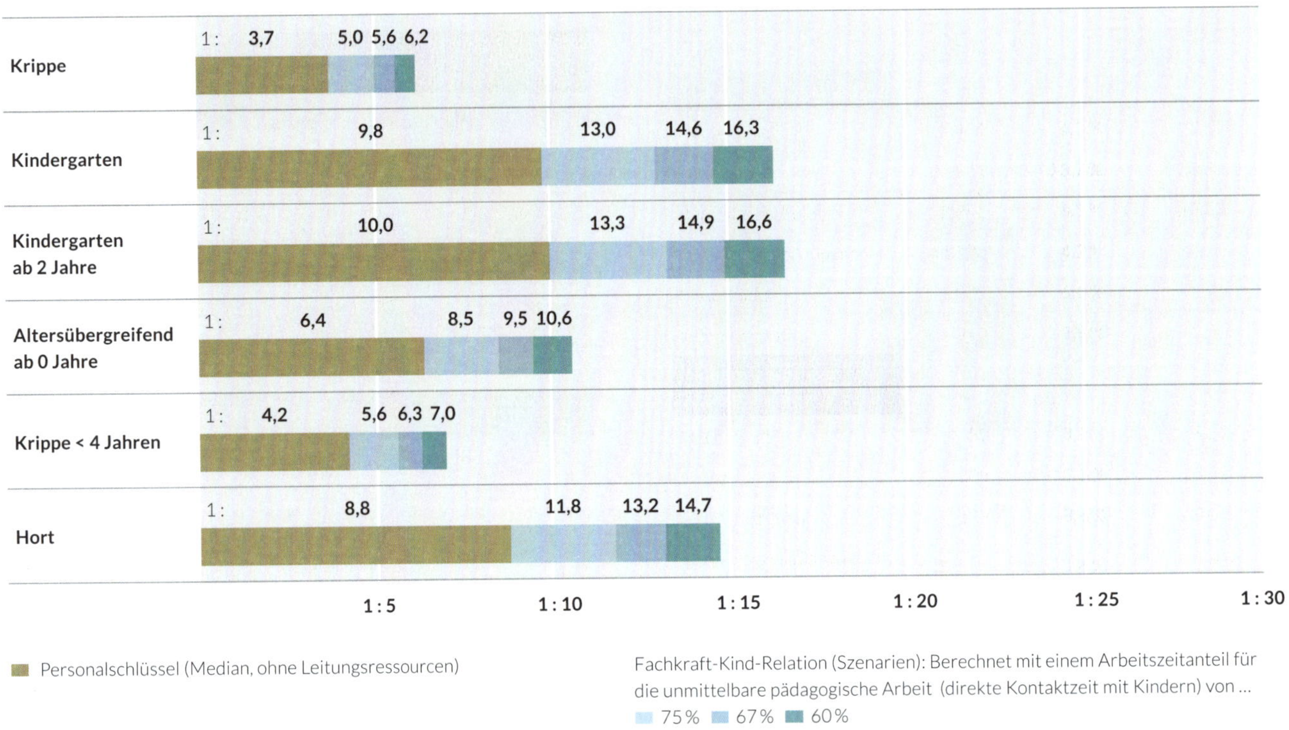

Eine Annäherung an die Fachkraft-Kind-Relation kann nur durch Szenarien erfolgen, da die amtliche Kinder- und Jugendhilfestatistik keine Daten für Arbeitszeitanteile der mittelbaren pädagogischen Aufgabenbereiche sowie Ausfallzeiten erfasst. Die drei von der Bertelsmann Stiftung entwickelten Szenarien wurden auf Basis wissenschaftlicher Untersuchungen berechnet. Diese zeigen, dass 24 % bis 41 % der Gesamtarbeitszeit einer pädagogischen Fachkraft zum einen Ausfallzeiten sind (Urlaub, Krankheit, Fortbildungen) und zum anderen für Aufgaben außerhalb der pädagogischen Praxis benötigt werden, etwa für Elterngespräche, die Qualitätsentwicklung oder Bildungsdokumentationen.[1] In den Szenarien wird der Anteil für die unmittelbaren Arbeitsaufgaben, also den Kontakt mit den Kindern, mit 75 %, 67 % oder 60 % der gesamten Arbeitszeit angesetzt.

Werden wie im Szenario 1 nur 25 % der Arbeitszeit für Aufgaben ohne die Kinder verwendet, verbleiben 75 % der Arbeitszeit für sie. Im SL betreut dann eine Vollzeitkraft in Krippengruppen bei einem Personalschlüssel von 1 zu 3,7 in der pädagogischen Praxis rechnerisch 5 Kinder. Nimmt man einen höheren Anteil mittelbarer pädagogischer Arbeitszeit an, sinkt die Zeit für die Arbeit mit den Kindern, und die Fachkraft-Kind-Relationen verschlechtern sich (Szenarien 2 und 3).

Neben einer kindgerechten Personalausstattung ist die Gruppengröße ein weiterer Gradmesser für „gute“ KiTas. Zu große Gruppen bedeuten für die Kinder und das Personal übermäßigen Stress, etwa durch die Lautstärke. So sollten Gruppen für jüngere Kinder nicht mehr als zwölf Kinder umfassen, Kindergartengruppen nicht mehr als 18.[1] Im SL sind nur 2 % der Krippengruppen zu groß, bei den Kindergartengruppen allerdings 91 %.

Im Median haben die KiTas im SL 10 Stunden und damit kürzer als die ostdeutschen Bundesländer (11 Stunden) ihre Türen geöffnet (bundesweit: 9,5 Std.). In 94 % der KiTas startet der Tag zwischen 7:00 und 7:30 Uhr. Der Großteil der Horte (83 %) beginnt den Tag dagegen erst nach 7:30 Uhr.

1 Vgl. Viernickel, Susanne; Fuchs-Rechlin, Kirsten (2015): Fachkraft-Kind-Relationen und Gruppengrößen in Kindertageseinrichtungen. Grundlagen, Analysen, Berechnungsmodell, in: Viernickel, Susanne; Fuchs-Rechlin, Kirsten; Strehmel, Petra; Preissing, Christa; Bensel, Joachim; Haug-Schnabel, Gabriele: Qualität für alle. Wissenschaftlich begründete Standards für die Kindertagesbetreuung. Freiburg, S. 11–130.

KiTa- und Hort-Strukturen | SL 01.03.2020

Gruppengrößen im Vergleich | Tab. 116a–e; 116h

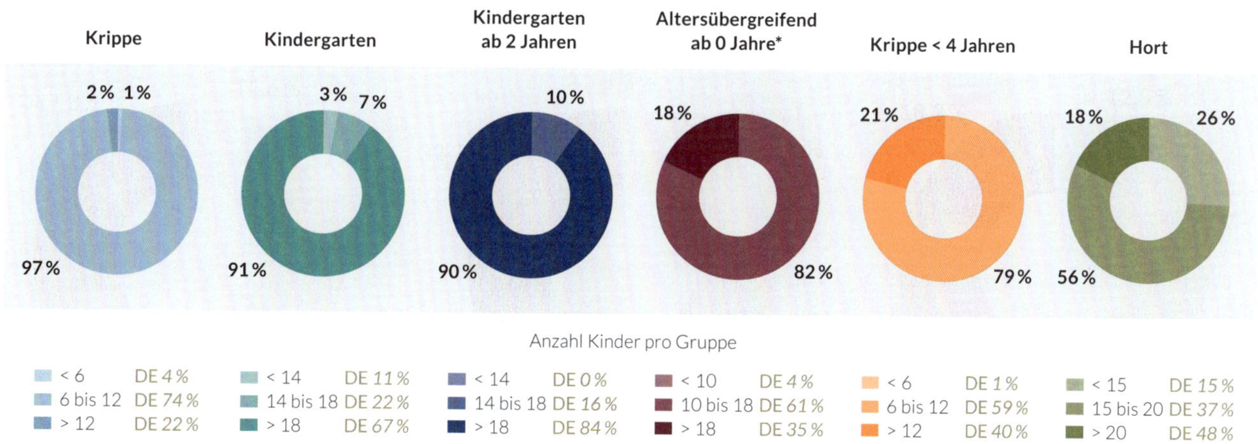

* siehe landesspezifische Anmerkungen am Ende des Profils

Öffnungszeiten von KiTas und Horten | Tab. 83oh; 83h; 117oh; 117h

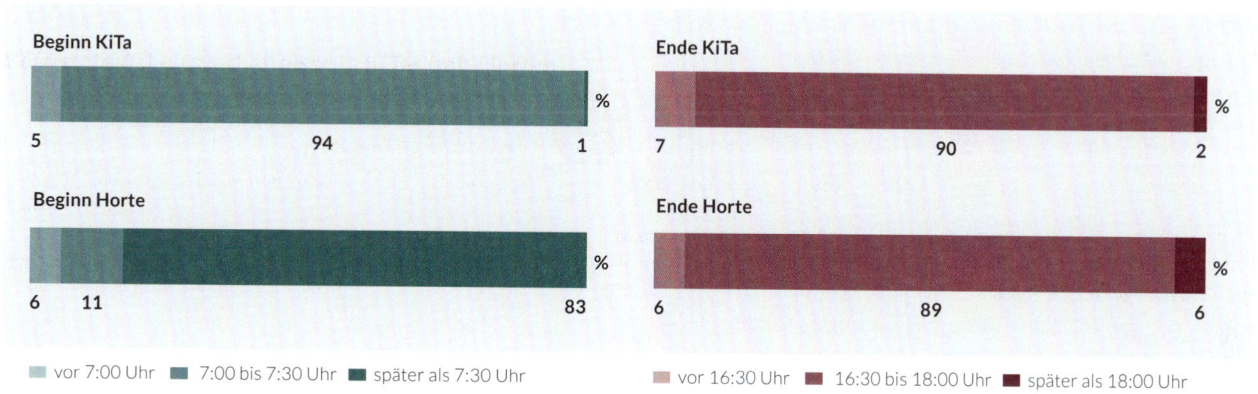

KiTa: Beginn nach 7:30 und Ende vor 16:30 Uhr

0,2 %
DE 5,1 %

KiTa: Öffnungsdauer

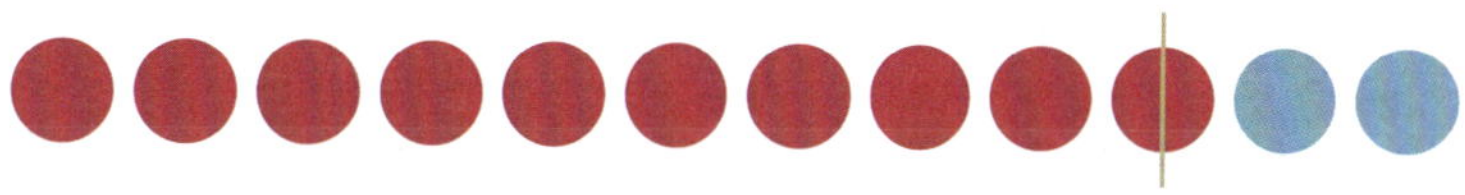

10 Stunden pro Tag (Median)
DE 9,5 Std.

Horte: Beginn nach 7:30 und Ende vor 16:30 Uhr

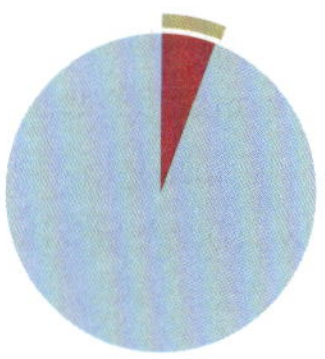

5,6 %
DE 6,0 %

Horte: Öffnungsdauer

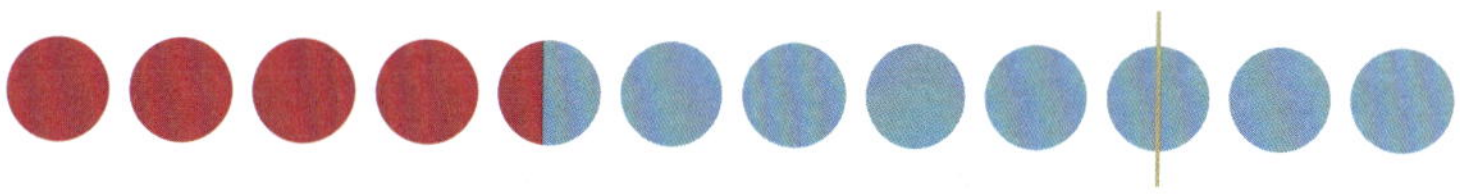

4,45 Stunden pro Tag (Median)
DE 9,5 Std.

Regionale Daten zu den Öffnungszeiten von KiTas finden Sie auf www.laendermonitor.de unter FOKUS | Regionale Daten

Leitungsausstattung

SL 01.03.2020

2020 verfügen 7 % der 488 KiTas (mit Horten) im SL nach der amtlichen Kinder- und Jugendhilfestatistik über keine vertraglich vereinbarte Zeit für Leitungsaufgaben. Bundesweit sind es fast 9 %. Dies betrifft vor allem die kleinen Einrichtungen im SL: 11 % der KiTas (mit Horten) mit weniger als 45 betreuten Kindern haben keine zeitlichen Leitungsressourcen, während es in den größeren mit 76 und mehr Kindern nur 5 % sind.

In 66 % der KiTas (mit Horten) im SL, in denen es laut Arbeitsvertrag Leitungskapazitäten gibt, ist eine Person ausschließlich als Leiter:in tätig. Weitere 24 % werden ebenfalls von nur einer Person geleitet – diese ist allerdings neben ihrer Leitungstätigkeit noch als pädagogische Fachkraft zuständig. Hier ergibt sich das folgende Bild: In 16 % der KiTas (mit Horten) gibt es Leitungskräfte, denen weniger als 50 % ihrer Arbeitszeit für Leitungsaufgaben zur Verfügung stehen, während in 8 % der KiTas die Leitungskräfte mindestens die Hälfte ihrer Arbeitszeit für Leitungsaufgaben nutzen können. In den restlichen knapp 10 % ist ein Leitungsteam zuständig, d. h., mindestens zwei Personen besitzen einen Leitungsanteil oder sind ausschließlich als Leitung tätig.

Welche dieser vier Leitungskonstellationen in einer Einrichtung zum Tragen kommt, ist die – bewusst zu treffende – Entscheidung des Trägers. Dieser Handlungsspielraum sollte es ermöglichen, den Teams sowie auch den Leitungsverantwortlichen mit ihren jeweiligen Leitungskompetenzen und Persönlichkeiten gerecht zu werden. Voraussetzung ist allerdings, dass den KiTas und Horten zeitliche Leitungsressourcen gewährt werden. Diese sind notwendig, um die Einrichtung professionell zu führen und zu leiten.

Um den Umfang der vertraglich zugesicherten Leitungszeit zwischen den KiTas unabhängig von ihrer Größe sowie auch zwischen den Bundesländern vergleichen zu können, wird die wöchentliche Leitungszeit auf die Anzahl der ganztags betreuten Kinder verteilt. In den KiTas mit Leitungskapazitäten ergeben sich im SL rechnerisch im Median 25 Minuten pro ganztags betreutem Kind für die Führung und Leitung der KiTa.

Darüber hinaus kann die wöchentliche Leitungszeit gruppiert dargestellt werden. Im Ergebnis zeigt sich, dass dem größten Anteil der KiTas im SL (35 %) eine wöchentliche Arbeitszeit von über 20 bis einschließlich 30 Minuten pro rechnerisch ganztags betreutem Kind zur Verfügung steht.

KiTas (mit Horten) ohne Zeit für Leitung | Tab. 85

7,2 % von 488 KiTas (mit Horten) verfügen über keine Zeit für Leitung

KiTas (mit Horten) ohne Zeit für Leitung nach KiTa-Größe

Anzahl betreuter Kinder

Kleine KiTas: < 45 Mittlere KiTas: 45 bis 75 Große KiTas: 76 und mehr

Regionale Daten zu KiTas ohne Leitungszeit finden Sie auf www.laendermonitor.de unter FOKUS | Regionale Daten

KiTas (mit Horten) mit Zeit für Leitung nach Leitungsprofil

Tab. 65

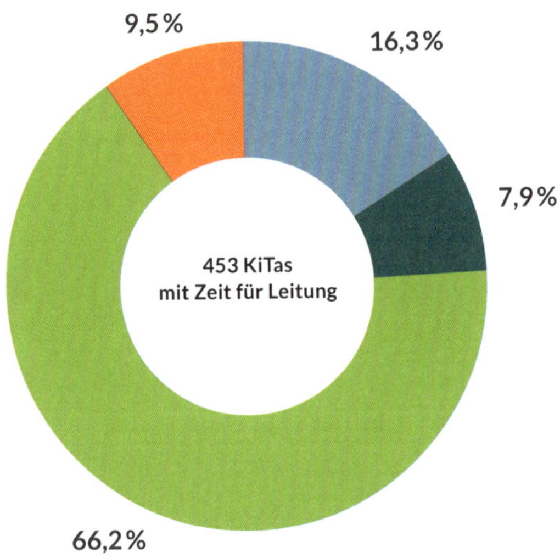

DE	Eine Leitungskraft ...
32,8 %	... mit Leitung als nachrangigem Arbeitsbereich
17,1 %	... mit Leitung als überwiegendem Arbeitsbereich
36,1 %	... ohne weiteren Arbeitsbereich
14,0 %	Leitungsteam

Leitungsausstattung | SL 01.03.2020

KiTas nach Leitungszeit* pro Kind

Tab. 66b; Tab. 108b

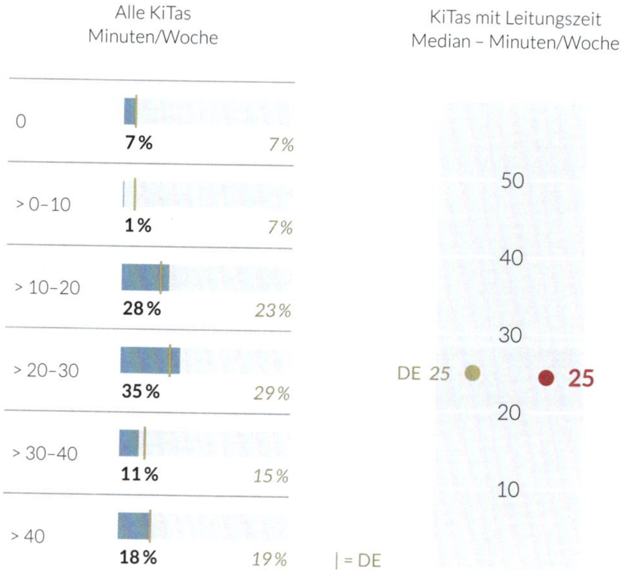

KiTas mit weniger als 20 Wochenstunden Leitungszeit* | Tab. 111

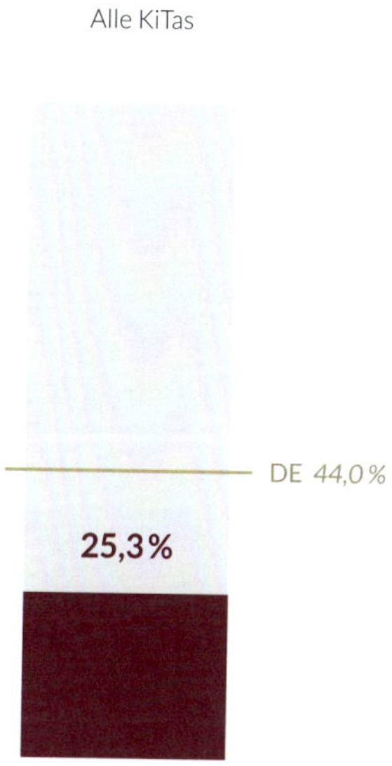

Bertelsmann Stiftung: Empfehlung zur Leitungsausstattung

KiTas mit der von der Bertelsmann Stiftung empfohlenen Leitungszeit* | Tab. 112

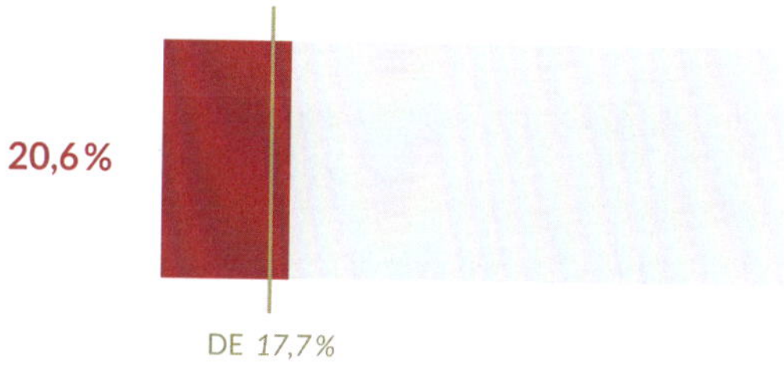

* Zeit für die Arbeitsbereiche Leitung UND Verwaltung

**Vertraglich vereinbarte Betreuungswochenstunden aller Kinder geteilt durch 40

Für eine professionelle Führung und Leitung von KiTas empfiehlt die Bertelsmann Stiftung jeder Einrichtung eine Grundausstattung von 20 Wochenstunden. Diese ist dringend notwendig, denn in jeder KiTa müssen – unabhängig von der Größe – Führungs- und Leitungsaufgaben erledigt werden. 2020 verfügen im SL 25 % der KiTas nicht über diese Grundausstattung, die als garantiertes Zeitbudget empfohlen wird.

Neben den 20 Wochenstunden sollte jeder KiTa ein variabler Anteil von 0,35 Wochenstunden pro Ganztagsbetreuungsäquivalent** zur Verfügung gestellt werden. Mit inbegriffen sind Verwaltungszeiten von max. 20 % der empfohlenen Leitungszeit. 2020 verfügen im SL 21 % der KiTas über diese Leitungsausstattung, bundesweit sind es mit 18 % etwas weniger.

Pädagogisches Personal | SL 01.03.2020

Entwicklung des pädagogischen Personals

Tab. 118oh, 118h; 126

Jahr (Stichtag 01.03.)	KiTas	Kindertagespflege	Horte
	Anzahl pädagogisch Tätiger		
2011	4.580	305	167
2012	4.828	318	173
2013	5.285	296	199
2014	5.728	290	191
2015	5.912	293	206
2016	6.005	249	234
2017	6.212	236	261
2018	6.385	239	220
2019	6.536	247	189
2020	6.697	270	222

Beschäftigungsumfang in KiTas und Horten

Tab. 29oh; 29h

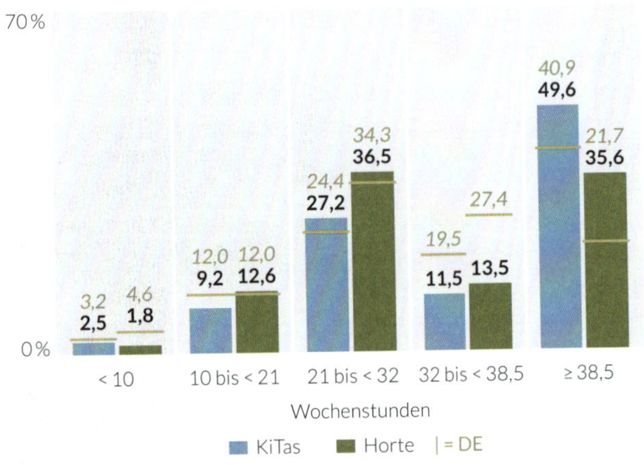

Qualifikationsniveaus | Tab. 27; 50a; 133

Abschluss	SL Anzahl	SL Anteil	DE Anteil
KiTas: 6.697 päd. Tätige			
Hochschule*	234	**3,5 %**	5,6 %
Fachschule*	4.709	**70,3 %**	68,3 %
Berufsfachschule*	x	**x**	13,6 %
Sonstige Ausbildungen	184	**2,7 %**	4,5 %
In Ausbildung	364	**5,4 %**	5,9 %
Ohne Abschluss	x	**x**	2,2 %
Kindertagespflege: 270 päd. Tätige			
Hochschule*	2	**0,7 %**	3,2 %
Fachschule*	28	**10,4 %**	15,8 %
Berufsfachschule*	19	**7,0 %**	10,0 %
Soziale/sozialpädagogische Kurzausbildung	2	**0,7 %**	1,9 %
Sonstige Ausbildungen	181	**67,0 %**	60,1 %
In Ausbildung	0	**0,0 %**	0,5 %
Ohne Abschluss	38	**14,1 %**	8,6 %
Horte: 222 päd. Tätige			
Hochschule*	24	**10,8 %**	8,2 %
Fachschule*	169	**76,1 %**	68,8 %
Berufsfachschule*	x	**x**	8,8 %
Sonstige Ausbildungen	11	**5,0 %**	7,6 %
In Ausbildung	7	**3,2 %**	4,6 %
Ohne Abschluss	x	**x**	2,0 %

x = Wert unterliegt nach Angaben des Statistischen Bundesamtes der Geheimhaltung

* fachlich einschlägig

Regionale Daten zu den Qualifikationsniveaus finden Sie auf www.laendermonitor.de unter FOKUS | Regionale Daten

Die Zahl des pädagogischen Personals ist in SL zwischen 2011 und 2020 gestiegen: in den KiTas um 46 % auf nunmehr 6.697 Tätige und in den Horten um 33 % auf 222. Im selben Zeitraum ist ein Abbau der Kindertagespflegepersonen zu verzeichnen: Hier arbeiten 2020 noch 270 Personen (2011: 305).

4 % der pädagogisch Tätigen in den KiTas besitzen einen Hochschul-, 70 % einen Fachschulabschluss als Erzieher:in. In Ausbildung befinden sich 5 %. In den Horten ist der Anteil der Hochschul- (11 %) und Fachschulabsolvent:innen (76 %) höher als in den KiTas. In der Kindertagespflege arbeiten anteilig deutlich weniger Personen mit einem fachlich einschlägigen Fachschulabschluss (10 %); das ist bundesweit der niedrigste Anteil. Die meisten Kindertagespflegepersonen (67 %) besitzen einen nicht-fachpädagogischen Abschluss.

Der größte Anteil des KiTa- und Hortpersonals arbeitet 38,5 Stunden pro Woche und mehr (50 % bzw. 36 %). Arbeitsverträge von 21 bis unter 32 Wochenstunden sind in den KiTas (27 %) und den Horten (37 %) im SL am zweithäufigsten vertreten.

Pädagogisches Personal | SL 01.03.2020

Altersstruktur in KiTas, Kindertagespflege und Horten | Tab. 42oh; 42h; 128

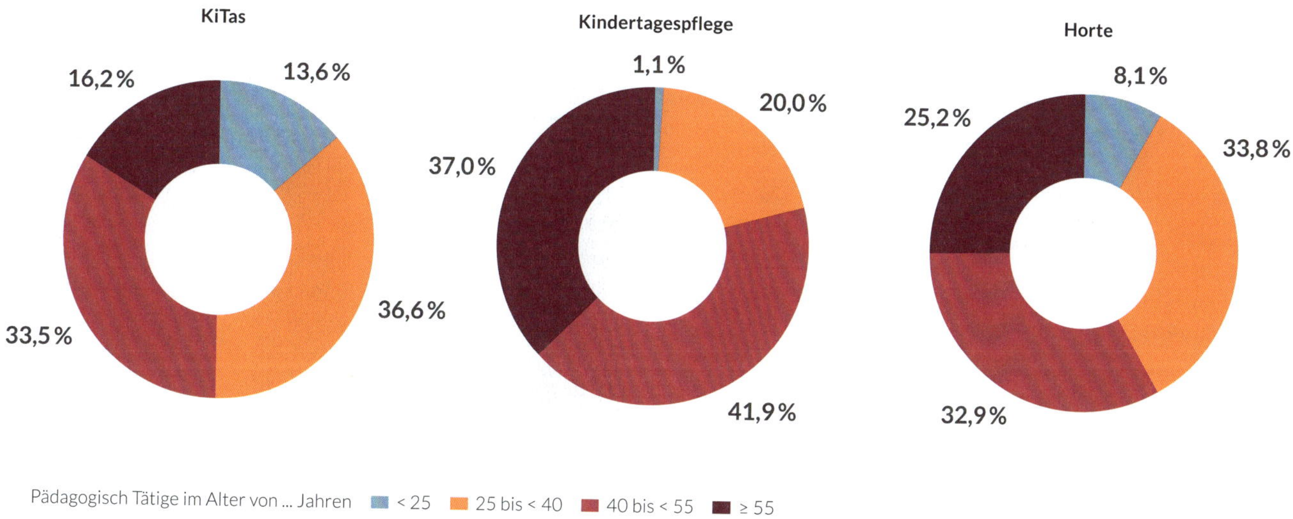

Befristete Arbeitsverhältnisse in KiTas (mit Horten) | Tab. 77

	Alter in Jahren	unter 30	30 bis unter 40	40 bis unter 50	50 bis unter 60	60 und älter
SL	pädagogisch Tätige insgesamt	1.630	1.405	1.539	1.254	497
	Anteil befristet Beschäftigter	**26,9 %**	**10,2 %**	**6,2 %**	**5,3 %**	**4,8 %**
DE	Anteil befristet Beschäftigter	*25,6 %*	*14,1 %*	*10,4 %*	*6,3 %*	*5,9 %*

Nur 5 % des KiTa-Personals im SL sind männlich (bundesweit: 6 %). Dieser Anteil liegt in der Kindertagespflege mit 4 % auf einem ähnlichen Niveau (bundesweit: 4 %). In den Horten hingegen arbeitet ein deutlich höherer Anteil an Männern (21 %) als in den beiden zuvor genannten Betreuungsformen; bundesweit sind es 18 %.

Mit fast 37 % ist der größte Anteil des KiTa-Personals im SL 25 bis unter 40 Jahre alt; das entspricht nahezu dem bundesweiten Durchschnitt von ebenfalls rund 37 %. Weitere knapp 34 % der Beschäftigten sind 40 bis unter 55 Jahre alt (bundesweit: 33 %). Fast 14 % sind unter 25 Jahre alt, und wiederum 16 % sind 55 oder älter (bundesweit: 13 % bzw. 17 %). Auch für das Hortpersonal im SL zeigt sich, dass die jüngeren Fachkräfte unter 25 Jahren (8 %) und die älteren ab 55 Jahren (25 %) seltener vertreten sind als die anderen Altersgruppen. Hier ist wie in den KiTas der Großteil des Personals 25 bis unter 40 Jahre (34 %) und 40 bis unter 55 Jahre alt (33 %). Ein anderes Bild zeigt sich dagegen in der Kindertagespflege, wo das Personal durchschnittlich älter ist. Hier sind 37 % aller Beschäftigten 55 Jahre und älter (bundesweit: 27 %). Weitere 42 % sind 40 bis unter 55 Jahre alt (bundesweit: 43 %). Zur Altersgruppe 25 bis unter 40 Jahre zählen lediglich 20 % der Kindertagespflegepersonen (bundesweit: 29 %). Nur 1 % ist jünger als 25 (bundesweit: 1,5 %).

12 % des pädagogischen Personals in KiTas (mit Horten) sind im SL befristet beschäftigt. Dem bundesweiten Trend folgend, sind davon auch im SL vor allem jüngere Beschäftigte betroffen, nämlich 27 % der unter 30-Jährigen, aber nur jeweils rund 5 % der 50- bis unter 60-Jährigen und der ab 60-Jährigen.

Träger | SL 01.03.2020

Die insgesamt 470 KiTas und 18 Horte im SL werden von verschiedenen Trägern betrieben; das können solche der öffentlichen oder der freien Jugendhilfe sein. Innerhalb der freien Träger wird zwischen den privat-gemeinnützigen und den privat-nichtgemeinnützigen (auch Wirtschaftsunternehmen) unterschieden. Die privat-nichtgemeinnützigen werden den freien Trägern zugeordnet, da Gemeinnützigkeit kein konstitutives Merkmal ist.

28 % der KiTas im SL befinden sich in öffentlicher Trägerschaft (bundesweit: 32 %). Mit 43 % wird der größte Anteil der KiTas vom Deutschen Caritasverband oder sonstigen katholischen Trägern betrieben. In der bundesweiten Gesamtschau sind im SL insbesondere KiTas in der Trägerschaft von Elterninitiativen (2 %; bundesweit: 8 %) unterrepräsentiert. KiTas vom Deutschen Roten Kreuz existieren im SL nicht. Eine andere Verteilung auf die Trägerschaften zeigt sich bei den Horten im SL. So befindet sich mit 67 % der größte Anteil der Horte in öffentlicher Trägerschaft (bundesweit: 48 %). Mit 17 % wird der zweitgrößte Anteil vom Deutschen Caritasverband oder sonstigen katholischen Trägern betrieben (bundesweit: 6 %).

Unterschiede in den Betreuungsquoten der unter 3-Jährigen und der Kinder ab 3 nach Art des Trägers sind im SL vorhanden. So werden unter Dreijährige seltener in KiTas der Caritas oder sonstiger katholischer Träger betreut (40 %) als ab Dreijährige (47 %). Im Gegensatz dazu nutzen die jüngeren Kinder etwas häufiger insbesondere KiTas der Arbeiterwohlfahrt (6 %) als die älteren (4 %).

Die Beschäftigungsumfänge der pädagogisch Tätigen unterscheiden sich in vielen Bundesländern nach Trägerschaft der KiTas und Horte. 2020 zeigt sich im SL das folgende Bild: Mit 70 % verfügt ein großer Anteil der pädagogisch Tätigen in KiTas (mit Horten) der Arbeiterwohlfahrt über einen Arbeitsvertrag, der mindestens 32 Wochenstunden umfasst; das ist mehr als in Einrichtungen anderer Trägerschaften, insbesondere in KiTas (mit Horten) der Caritas und sonstiger katholischer Trägerschaft (58 %). Arbeitsverträge von weniger als 21 Wochenstunden sind anteilig am häufigsten in KiTas (mit Horten) des Deutschen Paritätischen Wohlfahrtsverbandes (17 %) vertreten.

KiTas und Horte nach Träger | Tab. 78oh; 78h

470 KiTas und 18 Horte in SL	KiTas		Horte	
	Anzahl	Anteil	Anzahl	Anteil
Öffentliche Träger	133	**28,3 %**	12	**66,7 %**
Freie Träger/privat-gemeinnützig				
Arbeiterwohlfahrt (AWO)	23	**4,9 %**	1	**5,6 %**
Deutscher Paritätischer Wohlfahrtsverband (DPWV)	26	**5,5 %**	2	**11,1 %**
Deutsches Rotes Kreuz (DRK)	0	**0,0 %**	0	**0,0 %**
Diakonie Deutschland/sonstige der EKD angeschlossene Träger	55	**11,7 %**	0	**0,0 %**
Deutscher Caritasverband/sonstige katholische Träger	201	**42,8 %**	3	**16,7 %**
Sonstige	18	**3,8 %**	0	**0,0 %**
Freie Träger/privat-nichtgemeinnützig	4	**0,9 %**	0	**0,0 %**
Elterninitiativen	10	**2,1 %**	0	**0,0 %**

Träger | SL 01.03.2020

Kinder nach Alter und KiTa-Träger | Tab. 79, 80

6.584 Kinder < 3 Jahren

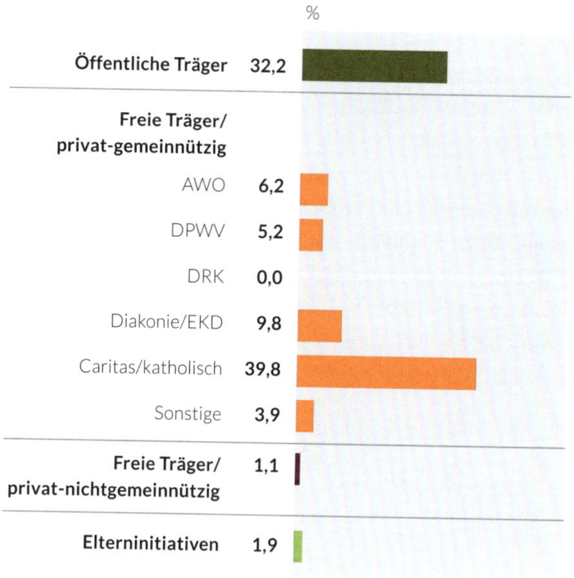

27.224 Kinder ab 3 Jahren

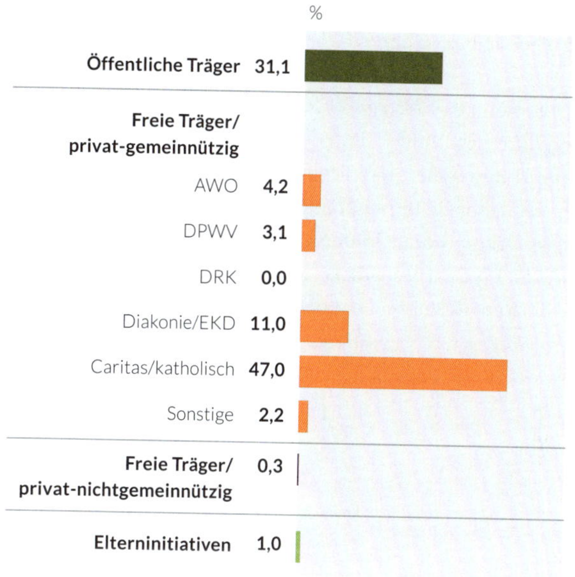

Pädagogisch Tätige nach KiTa-Träger (mit Horten) und Beschäftigungsumfang | Tab. 81

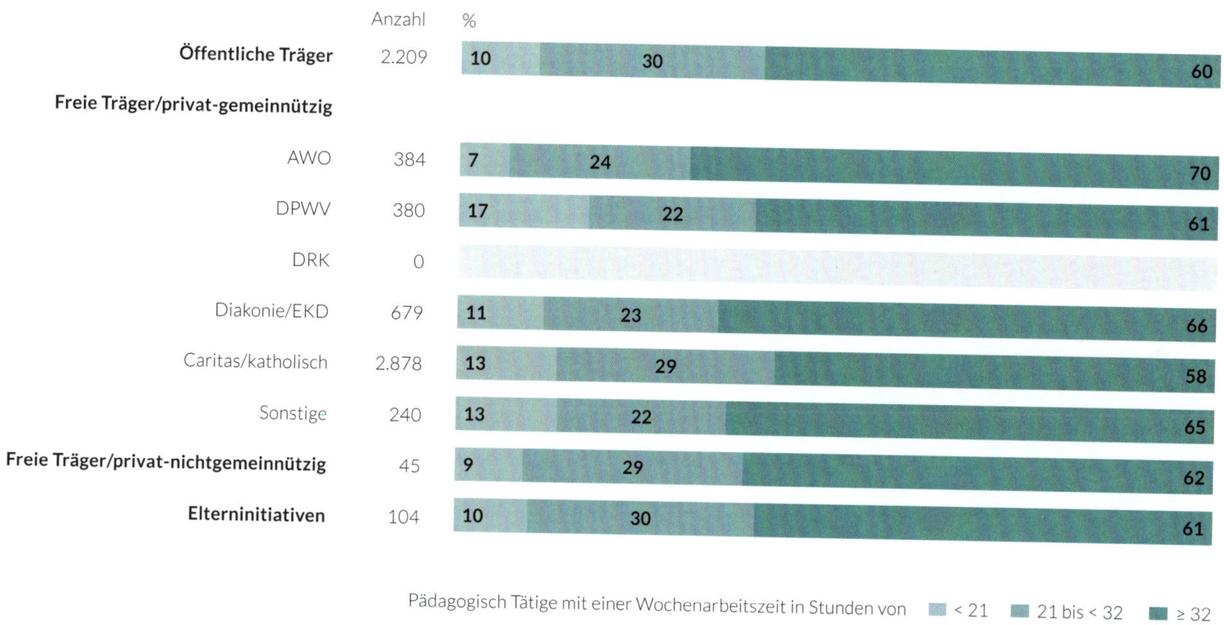

Investitionen wirkungsvoll einsetzen

Der qualitative Ausbau des frühkindlichen Bildungssystems, insbesondere die Verbesserung der Personalressourcen, erfordert gewaltige finanzielle Kraftanstrengungen aller Akteure. Um das System langfristig zu sichern, bedarf es einer dauerhaften finanziellen Unterstützung des Bundes. Daher sollte der Bund sein finanzielles Engagement im KiQuTG über 2022 hinaus verlässlich verankern.

Im SL wurden 2018 für jedes Kind unter sechs Jahren in der Bevölkerung durchschnittlich 5.884 Euro für Angebote der Kindertagesbetreuung durch die öffentliche Hand, also Land und Kommunen, ausgegeben (ohne Elternbeiträge oder Zuschüsse anderer föderaler Ebenen). Das sind rund 1.000 Euro mehr als sechs Jahre zuvor. Im bundesweiten Durchschnitt lagen die Ausgaben im Jahr 2018 mit 6.007 Euro auf einem ähnlichen Niveau wie im SL.

Im Haushaltsjahr 2019 wurden im SL seitens der öffentlichen Haushalte Investitionsausgaben für die Kindertagesbetreuung in Höhe von fast 29 Mio. Euro getätigt. Dies sind Ausgaben, die zum Beispiel bei einem Neubau einer KiTa bzw. einem Umbau oder einer Sanierung einer bereits vorhandenen KiTa entstehen.

Im Rahmen des KiQuTG erhält jedes Bundesland zwischen 2019 und Ende 2022 Bundesmittel für Maßnahmen zur Weiterentwicklung der KiTa-Qualität und zur Gebührenentlastung der Eltern. Das SL investiert in fünf der insgesamt elf Handlungsfelder des Gesetzes. Der größte Anteil der Bundesmittel fließt mit 47 Mio. Euro in das Handlungsfeld *Weniger Gebühren*. Mit diesen Mitteln werden die Elternbeiträge für Familien, die ihre Kinder in KiTas betreuen lassen, bis 2022 um die Hälfte reduziert; darüber hinaus wurde die Landesförderung für die Kindertagespflege erhöht, sodass Eltern mit Kindern in der Kindertagespflege ebenso finanziell entlastet werden.[1]

1 Vgl. BMFSFJ und MBK (2020): Vertrag zwischen der Bundesrepublik Deutschland, vertreten durch das Bundesministerium für Familie, Senioren, Frauen und Jugend, und dem Saarland zur Umsetzung des Gesetzes zur Weiterentwicklung der Qualität und zur Verbesserung der Teilhabe in Tageseinrichtungen und in der Kindertagespflege (KiTa-Qualitäts- und Teilhabeverbesserungsgesetz – KiQuTG).

Investitionen pro unter sechsjährigem Kind
SL 2011–2018 | Tab. 21c

Grundmittel von Land und Kommunen

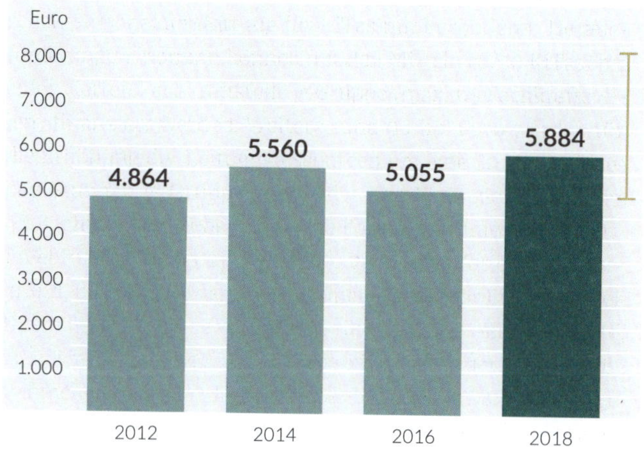

| = Alle Bundesländer 2018, Minimum: 4.965 €, Maximum: 8.232 €

Finanzierungsgemeinschaft für FBBE
SL 2018 | Tab. 23

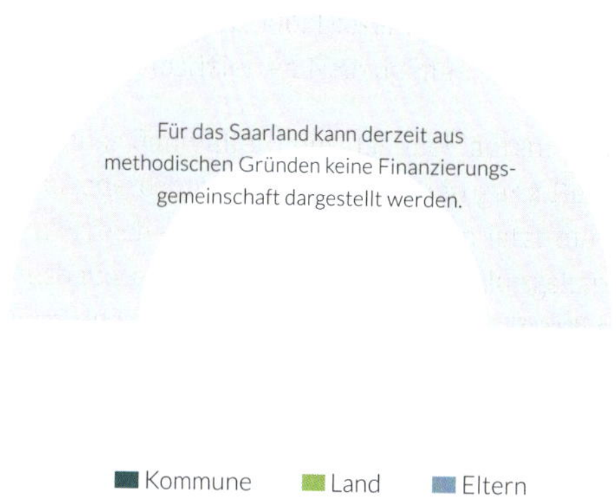

Ohne Eigenanteil der freien Träger und Zuschüsse des Bundes

Einmalige Investitionsausgaben für FBBE | SL 2009–2019 | Tab. 45

Ausgaben von Bund, Land und Kommunen

	2009	2010	2011	2012	2013	2014	2015	2016	2017	2018	2019
	Mio. Euro										
SL	**17,9**	**32,7**	**34,5**	**42,5**	**46,9**	**39,3**	**20,6**	**20,1**	**21,7**	**28,1**	**28,6**
DE	*947,3*	*1.334,1*	*1.357,5*	*1.408,8*	*2.188,8*	*1.649,4*	*1.137,7*	*1.080,7*	*1.345,8*	*1.686,1*	*2.012,3*

Für die Interpretation der hier ausgewiesenen Indikatoren sind einige methodische Grundlagen wichtig. Zusätzlich zu den Anmerkungen im Anhang des Länderprofils findet sich auf www.laendermonitor.de unter „Methodik" eine ausführliche Beschreibung der Datengrundlage sowie der Berechnungsmethodik.

Verteilung der Bundesmittel aus dem KiQuTG auf die Handlungsfelder | SL 2019–2022 | Tab. 119

	Bedarfs-gerechtes Angebot	**Guter Be-treuungs-schlüssel**	**Quali-fizierte Fachkräfte**	**Starke KiTa-Leitung**	Kind-gerechte Räume	Gesundes Aufwachsen	**Sprachliche Bildung**	Starke Kinder-tagespflege	Netzwerke für mehr Qualität	Vielfältige pädago-gische Arbeit	**Weniger Gebühren**	**Verplante Bundesmit-tel gesamt**
Anteil		9 %	2 %	14 %			0,1 %				75 %	100 %
Mio. Euro		5,7	1,0	8,9			0,1				46,8	62,5

Landesspezifische Anmerkungen

Kinder mit und ohne Migrationshintergrund

Aufgrund zu schwacher Besetzungszahlen in mindestens einer der beiden interessierenden Altersgruppen im Saarland werden migrationsspezifische Betreuungsquoten dort nicht nachgewiesen. Die hochgerechneten Werte liegen dort unter 10.000 und sind damit in ihrer Aussagekraft eingeschränkt. Grund hierfür ist, dass die Stichprobenbasis beim Mikrozensus Zufallsfehler bedingt und damit einen einfachen relativen Standardfehler, der umso größer wird, je schwächer ein Merkmal besetzt ist.

Personalschlüssel im Vergleich

Die Kategorie „unter 1:4,4" unterliegt in Kindergartengruppen, für 2-Jährige geöffnet, im Saarland der Geheimhaltung und wird zur Kategorie „1:4,4 bis unter 1:5,4" hinzugefügt.

Die Kategorie „unter 1:9,5" unterliegt in Hortgruppen im Saarland der Geheimhaltung und wird zur Kategorie „1:9,5 bis unter 1:10,5" Bundeslandes hinzugefügt.

Gruppengröße im Vergleich

Die Gruppengröße der Kategorie „unter 10 Kindern" unterliegt in altersübergreifenden Gruppen der Geheimhaltung und wird zur Kategorie „10 bis 18 Kindern" hinzugefügt.

Finanzierungsgemeinschaft für FBBE

Für das Saarland kann derzeit aus methodischen Gründen keine Finanzierungsgemeinschaft dargestellt werden.

Sachsen

Allgemeine Basisdaten

Fläche in km² (2019)	18.450
Einwohner:innen (31.12.2019)	4.071.971
Geborene Kinder (2019)	34.491
Geburten pro Frau (2019)	1,560
Anzahl Kinder < 10 Jahren (31.12.2019)	369.831
Davon < 3 Jahren	107.915
Davon 3 bis < 6 Jahre	114.446
Davon 6 bis < 10 Jahre	147.470
Anteil der Kinder mit Migrationshintergrund (2019)	
... < 3 Jahren	16,8 %
... von 3 bis < 6 Jahren	15,6 %
Erwerbstätigenquote von Müttern mit (2019)	
... mindestens einem Kind < 3 Jahren	67,1 %
... mindestens einem Kind von 3 bis < 6 Jahren	77,0 %
Leistungsempfänger:innen nach SGB II (ALG II u. Sozialgeld, 2020)	262.305
Davon Kinder < 6 Jahren	25.504
Entspricht Anteil an allen Kindern < 6 Jahren	11,5 %

FBBE auf einen Blick 01.03.2020

Anteil der Kinder in FBBE	
... < 1 Jahr	2,6 %
... von 1 bis < 3 Jahren	76,3 %
... < 3 Jahren	52,8 %
... von 3 bis < 6 Jahren inkl. 0,01 % in [vor-]schulischen Einrichtungen	94,7 %
Schulkinder 6 bis < 11 Jahre	88,6 %
Tageseinrichtungen insgesamt	3.025
Davon Horte	677
Anteil der Einrichtungen mit	
... < 45 Kindern	16,6 %
... 45 bis 75 Kindern	24,1 %
... 76 Kindern und mehr	59,3 %
Pädagogisches Personal (inkl. Leitung) in KiTas (mit Horten) insgesamt	38.009
Davon in Horten	8.095
Kinder in KiTas (mit Horten) insgesamt	318.907
Davon < 3 Jahren	50.036
Davon 3 Jahre bis zum Schuleintritt	135.214
Davon Schulkinder < 11 Jahren	130.107
Tagespflegepersonen insgesamt	1.660
Kinder in Kindertagespflege insgesamt	7.327
Davon < 3 Jahren	6.983
Davon 3 Jahre bis zum Schuleintritt	340
Davon Schulkinder < 11 Jahren	4
Leitungspersonal in KiTas (mit Horten) insgesamt	3.685
Davon in Horten	735

Blitzlichter: Status quo der Kindertagesbetreuung in Sachsen

Am 1. März 2020 besuchten in SN 57.015 unter 3-Jährige eine KiTa oder Kindertagespflege, 1.171 Kinder weniger als im Jahr zuvor. Die Teilhabequote befindet sich im bundesweiten Vergleich mit 53 % auf einem hohen Niveau (bundesweit: 35 %). Bei den 3- bis unter 6-Jährigen liegt sie bei 95 % (bundesweit: 93 %).

Für faire Bildungschancen ist nicht nur die Zahl an Plätzen entscheidend: Die Angebote müssen auch kindgerecht sein. Wichtige – auch wissenschaftlich untersuchte – Gradmesser für die strukturelle Qualität in KiTas sind der *Personalschlüssel*, die *Gruppengröße*, das *Qualifikationsniveau* des pädagogischen Personals und ausreichend *Leitungszeit*.

Der Personalschlüssel lässt sich mit den Daten der amtlichen Kinder- und Jugendhilfestatistik (KJH-Statistik) für verschiedene Gruppentypen berechnen. So werden 2020 in SN 62 % der unter 3-Jährigen in Krippengruppen betreut. Mit einem rechnerischen Personalschlüssel von 1 zu 5,5 wird hier bei weitem nicht die Empfehlung der Bertelsmann Stiftung (1 zu 3,0) erreicht. Weitere 20 % dieser Altersgruppe besuchen Gruppen mit Kindern unter 4 Jahren; der Personalschlüssel liegt hier bei 1 zu 6,9 – ebenfalls weit entfernt von einem kindgerechten Verhältnis. In altersübergreifenden Gruppen werden weitere 7 % der unter 3-Jährigen zusammen mit 8 % der über 3-Jährigen bei einem Personalschlüssel von 1 zu 9,7 betreut. Das ist deutlich ungünstiger als der wissenschaftlich empfohlene Wert von 1 zu 3,75.[1] Der überwiegende Anteil der ab 3-Jährigen (70 %) besucht Kindergartengruppen mit einem Personalschlüssel von 1 zu 11,7 (Empfehlung der Bertelsmann Stiftung: 1 zu 7,5).

Die Auswertungen zeigen, dass im Jahr 2020 in SN für 95 % der Kinder in amtlich erfassten KiTa-Gruppen[2] nicht genügend Fachpersonal zur Verfügung steht. Das ist bundesweit (73 %) nach MV (96 %) der zweithöchste Anteil. Die nicht kindgerechte Personalausstattung betrifft etwas häufiger die unter 3-Jährigen (98 %) als die ab 3-Jährigen (94 %).

Allerdings hat sich in SN von 2013 bis 2020 die personelle Ausstattung in Krippengruppen von 1 zu 6,6 auf 1 zu 5,5 stark verbessert. Auch in Kindergartengruppen kam es zu einem im bundesweiten Vergleich erheblichen Ausbau (von 1 zu 13,5 auf 1 zu 11,7). Trotz dieser Entwicklungen müssen in SN jedoch rein rechnerisch 5 Kindergartenkinder mehr von einer Fachkraft betreut werden als in BW, dem Bundesland mit der günstigsten Personalausstattung.

Die Gruppengröße ist ein weiterer wichtiger Gradmesser für die Qualität in KiTas. Nach wissenschaftlichen Empfehlungen sollten Gruppen für jüngere Kinder maximal zwölf Kinder umfassen, für die Älteren maximal 18.[3] In SN werden diese Werte bei 31 % der amtlich erfassten KiTa-Gruppen nicht erreicht (bundesweit: 54 %). Mit 57 % ist insbesondere ein größerer Anteil der Gruppen mit Kindern unter 4 Jahren zu groß; bei Krippengruppen sind es 39 %. Demgegenüber entsprechen lediglich 20 % der Kindergartengruppen und 42 % derjenigen, die auch für 2-Jährige geöffnet sind, nicht den Empfehlungen. Insgesamt zeigt sich, dass in SN die unter 3-Jährigen mit 55 % häufiger von nicht kindgerechten Gruppengrößen betroffen sind als die ab 3-Jährigen (34 %).

Wesentliche Voraussetzung für eine „gute“ KiTa-Qualität ist nicht nur *zahlenmäßig ausreichendes*, sondern auch *qualifiziertes* Personal. In SN verfügen 80 % der 29.914 pädagogisch Tätigen in KiTas über einen fachlich einschlägigen Fachschulabschluss, etwa als Erzieher:in. In den westdeutschen Bundesländern ist dieser Anteil im Durchschnitt deutlich geringer (65 %). Über den formal niedrigeren Berufsfachschulabschluss, bspw. als Sozialassistent:in, verfügen in SN lediglich 2 % der pädagogisch Tätigen (in Westdeutschland 15 %). Weitere 10 % besitzen einen fachlich einschlägigen Hochschulabschluss; das ist neben HE bundesweit der höchste Anteil. Eine sonstige – nicht fachlich einschlägige – Ausbildung weisen in SN fast 3 % der pädagogisch Tätigen auf (bundesweit: 4,5 %). Der Anteil des Personals ohne Abschluss (1 %) liegt in SN unter dem bundesweiten Durchschnitt (2 %). Etwas mehr als 3 % schließlich befinden sich in Ausbildung; 2016 lag dieser Wert bei 2 %. Mit Blick auf die gegenwärtig in vielen Bundesländern eingeführten praxisintegrierten Ausbildungsgänge bleibt abzuwarten, ob sich dieser Wert in den kommenden Jahren weiter erhöht. Ebenso gilt es kontinuierlich zu beobachten, wie sich die neuen beruflichen Zugangsformen, etwa für Quereinsteiger:innen, zukünftig auf das formale Qualifikationsniveau des KiTa-Personals insgesamt auswirken werden.

Auch die Ausstattung der KiTas mit ausreichenden Leitungsressourcen nimmt eine Schlüsselfunktion für die KiTa-Qualität ein. Nach den Angaben in der KJH-Statistik verfügen 5 % der KiTas in SN über keine Zeit für Leitungsaufgaben; insbesondere die kleineren KiTas (weniger als 45 betreute Kinder) geben dies zu knapp 14 % an. Über die von der Bertelsmann Stiftung empfohlene Zeit für Leitungs- und Verwaltungsaufgaben[4] verfügen 2020 in SN 18 % der KiTas (ohne Horte); bundesweit sind es ebenfalls 18 %.

Qualitätsentwicklungen im Rahmen des KiQuTG

Im Rahmen des KiTa-Qualitäts- und Teilhabeverbesserungsgesetzes (KiQuTG) erhält jedes Bundesland zwischen 2019 und Ende 2022 vom Bund finanzielle Mittel für Maßnahmen zur Weiterentwicklung der KiTa-Qualität und zur Gebührenentlastung der Eltern. SN investiert diese Bundesmittel in vier der insgesamt elf Handlungsfelder: *Guter Betreuungsschlüssel*, *Qualifizierte Fachkräfte*, *Starke Kindertagespfleg*, und *Vielfältige pädagogische Arbeit*.

Mit 188 Mio. Euro fließt der größte Anteil der Bundesmittel in die Verbesserung der pädagogischen Personalausstattung. Konkret wird mit den Mitteln die gesetzliche Erhöhung der mittelbaren pädagogischen Arbeitszeiten finanziert. So erhält seit Mitte 2019 jede Fachkraft mit einem Beschäftigungsumfang von mindestens 22 Std. eine Stunde für die Arbeiten ohne Kinder; für Fachkräfte mit einem Arbeitsvertrag ab 34 Std. werden zwei Wochenstunden hierfür finanziert. Durch diese Maßnahme kann in den KiTas in SN laut Aussage des Landes 5,4 % mehr Personal eingestellt werden.

Die Auswertungen der KJH-Statistik deuten auf Effekte dieser Maßnahme hin. So zeigen sich im Zeitraum zwischen 2019 und 2020 über fast alle Gruppentypen hinweg Verbesserungen der Personalschlüssel: in Kindergartengruppen von 1 zu 12,2 auf 1 zu 11,7, in altersübergreifenden Gruppen von 1 zu 10,2 auf 1 zu 9,7, in Kindergartengruppen, die auch für 2-Jährige geöffnet sind, von 1 zu 11,2 auf 1 zu 10,8 und in Krippengruppen von 1 zu 5,8 auf 1 zu 5,5. Lediglich in Gruppen mit Kindern unter 4 Jahren lässt sich kaum eine Entwicklung erkennen (von 1 zu 7,0 auf 1 zu 6,9). Ob sich die Wirkung der Maßnahme in den nächsten Jahren bestätigen wird, bleibt abzuwarten.

Ausbau- und Reformbedarf: Empfehlungen für die Kindertagesbetreuung in Sachsen

Um allen Kindern unabhängig von ihrem Wohnort gleichwertige Teilhabe- und Bildungschancen zu ermöglichen, ist es unerlässlich, dass jedes Bundesland ein sowohl bedarfsgerechtes als auch kindgerechtes FBBE-Angebot zur Verfügung stellt. Die hohen Teilhabequoten in SN weisen darauf hin, dass in den sächsischen KiTas zwar ein weitestgehend bedarfsgerechtes Angebot vorhanden ist; allerdings ist die Qualität – gemessen an den Personalschlüsseln – noch längst nicht kindgerecht.

Der *Fachkräfte-Radar für KiTa und Grundschule*[5] prognostiziert, dass für eine kindgerechte Betreuung und eine professionelle Leitungsausstattung gemäß wissenschaftlichen Empfehlungen bis 2030 in SN 12.000 KiTa-Fachkräfte fehlen werden. Damit diese Lücke geschlossen werden kann, müsste die Zahl der prognostizierten Neuzugänge um 61 % gesteigert werden. Es ist eher unwahrscheinlich, dass bis dahin die Ausbildungskapazitäten in diesem Umfang aufgestockt und genügend Quereinsteiger:innen gewonnen sowie pädagogisch qualifiziert werden können.

Allerdings besteht in SN – auch infolge der rückläufigen Geburtenzahlen – die Chance, bis 2030 die Personalschlüssel an das durchschnittliche Niveau der westdeutschen Bundesländer anzugleichen, die deutlich günstiger sind als in SN. Für dieses Etappenziel fehlen laut Prognose fast 3.000 Fachkräfte, was ein Plus von 14 % der prognostizierten Neuzugänge darstellen würde. Es ist zu prüfen, ob diese Lücke durch eine Aufstockung der Ausbildungskapazitäten und die Gewinnung sowie Qualifizierung von Quereinsteiger:innen geschlossen werden kann.

Die rückläufigen Geburtenzahlen wirken sich begünstigend darauf aus, dass die Personalschlüssel in SN auf ein deutlich besseres Niveau gehoben werden können. Um das freiwerdende Personal für die Verbesserung zu nutzen, muss SN jetzt eine rechtliche Basis hierfür schaffen. So sollte ein Stufenplan mit einer schrittweisen Verbesserung der Personalausstattung in das SächsKitaG integriert werden. Die Chance auf kindgerechtere Bedingungen in den KiTas darf nicht ungenutzt verstreichen. Darüber hinaus steht SN vor der Aufgabe, die Ausbildungskapazitäten weiter auszubauen, neues Personal zu gewinnen und – insbesondere durch attraktive Arbeitsbedingungen und Verdienstmöglichkeiten – die vorhandenen Fachkräfte zu binden. Nur so können nach 2030 kindgerechte Personalschlüssel in SN realisiert werden. Damit SN diese Aufgaben bewältigen kann, ist es unumgänglich, dass der Bund auch nach 2022 sein finanzielles Engagement für den Qualitätsausbau fortsetzt und im KiQuTG verlässlich verankert. Die Mittel sollten in erster Linie für die Gewinnung neuer Fachkräfte und den Ausbau der Personal- und Leitungskapazitäten verwendet werden.

1 Haug-Schnabel, Gabriele; Bensel, Joachim (2016): Kinder unter 3 – Bildung, Erziehung und Betreuung von Kleinstkindern. Kindergarten heute – wissen kompakt. 12., überarb. Aufl. Freiburg.

2 Es werden nur die Gruppen in KiTas analysiert, die laut Angaben in der amtlichen KJH-Statistik mit einer Gruppenstruktur arbeiten. Die Zuordnung von Gruppen in KiTas zu einem bestimmten Gruppentyp wird nicht von den Einrichtungen selbst vorgenommen, sondern erfolgt im Rahmen der Auswertung der Daten der amtlichen KJH-Statistik. Dabei erfolgt die Zuordnung primär anhand der Alterszusammensetzung der Kinder in den Gruppen. Gruppen, in denen Kinder mit einer (drohenden) Behinderung betreut werden, werden in der Berechnung nicht berücksichtigt.

3 Viernickel, Susanne; Fuchs-Rechlin, Kirsten (2015): Fachkraft-Kind-Relationen und Gruppengrößen in Kindertageseinrichtungen. Grundlagen, Analysen, Berechnungsmodell, in: Viernickel, Susanne; Fuchs-Rechlin, Kirsten; Strehmel, Petra; Preissing, Christa; Bensel, Joachim; Haug-Schnabel, Gabriele: Qualität für alle. Wissenschaftlich begründete Standards für die Kindertagesbetreuung. Freiburg, S. 11–130.

4 Für eine professionelle Führung und Leitung von KiTas empfiehlt die Bertelsmann Stiftung jeder Einrichtung eine Grundausstattung von 20 Wochenstunden plus 0,35 Wochenstunden pro Ganztagsbetreuungsäquivalent. Die empfohlene Leitungsausstattung enthält auch die Zeiten für Verwaltungstätigkeiten (max. 20 % der empfohlenen Leitungszeit).

5 Der Fachkräfte-Radar für KiTa und Grundschule prognostiziert bis 2030 den Fachkräftebedarf für die KiTa- und Grundschulbetreuung und stellt ihn dem voraussichtlich verfügbaren Personalangebot gegenüber. Weitere Informationen finden Sie unter: www.fachkraefte-radar-kita-grundschule.de

Teilhabe sichern

Jedes Kind braucht einen gesicherten und einfachen Zugang zu „guter" Kindertagesbetreuung, unabhängig von seinem Wohnort und seiner sozio-ökonomischen oder kulturellen Herkunft. Dazu sind ausreichend wohnortnahe Angebote notwendig. Um diesem Anspruch zu genügen, erfolgte in den vergangenen Jahren bundesweit ein enormer Ausbau der Betreuungsplätze. Mehr als die Hälfte der unter drei Jahre alten Kinder in SN (53 %) nimmt eine Kindertagesbetreuung in Anspruch (bundesweit: 35 %). Unterschiede gibt es vor allem zwischen den unter 1-Jährigen (3 %), 1-Jährigen (67 %) und 2-Jährigen (86 %). Von den Kindern ab 3 bis unter 6 sind in SN mit 95 % fast alle in einer KiTa oder Kindertagespflege. Darüber hinaus nutzen 72 % der 6-Jährigen (Stand: 1. März 2020) Angebote der Kindertagesbetreuung, bevor sie in den schulischen Bildungsbereich wechseln.

89 % der unter 11-jährigen Schulkinder besuchen einen Hort[1]; bundesweit sind es mit 17 % deutlich weniger. 87 % der Kinder nehmen Ganztagsschulangebote wahr (bundesweit: 45 %).[2] Angebote der Kindertagespflege werden in SN von Schulkindern parallel zur Hort- und Ganztagsschulbetreuung nicht genutzt.

2020 nutzen 57.015 unter 3-Jährige in SN ein FBBE-Angebot (53 %). Das sind 8.771 Kinder mehr als 2012, dem Jahr vor der Einführung des bundesweit geltenden Rechtsanspruchs auf einen Betreuungsplatz für Kinder ab dem ersten Geburtstag: ein Anstieg der Teilhabequote um 6 Prozentpunkte. Bedarfsgerecht ist das Angebot jedoch noch nicht: 2020 wünschen sich mehr als 58 % der Eltern von Kindern dieser Altersgruppe laut der „DJI-Kinderbetreuungsstudie" einen Platz in einer KiTa oder Kindertagespflege. Vergleicht man die Entwicklung der elterlichen Betreuungswünsche mit der Bildungsbeteiligung für diese Altersgruppe zwischen 2012 und 2020, zeigt sich, dass der Bedarf minimal geringfügiger angestiegen ist als die Teilhabequote. Lag die Differenz 2012 bei rund 6 Prozentpunkten, hat sie sich innerhalb von acht Jahren auf etwas weniger als 6 verringert.

1 Ist im Folgenden von Horten die Rede, sind in der Regel auch Hortgruppen in KiTas gemeint.

2 Eine Aufsummierung dieser beiden Anteile zu einer „Gesamtteilhabequote" ist aus methodischen Gründen nicht möglich, da Kinder, die beide Angebotsformen nutzen, sowohl in der Kinder- und Jugendhilfestatistik als auch in der Kultusministerkonferenzstatistik aufgeführt werden.

Bildungsbeteiligung an Kindertagesbetreuung | SN 01.03.2020 | Tab. 6–14; 41a1

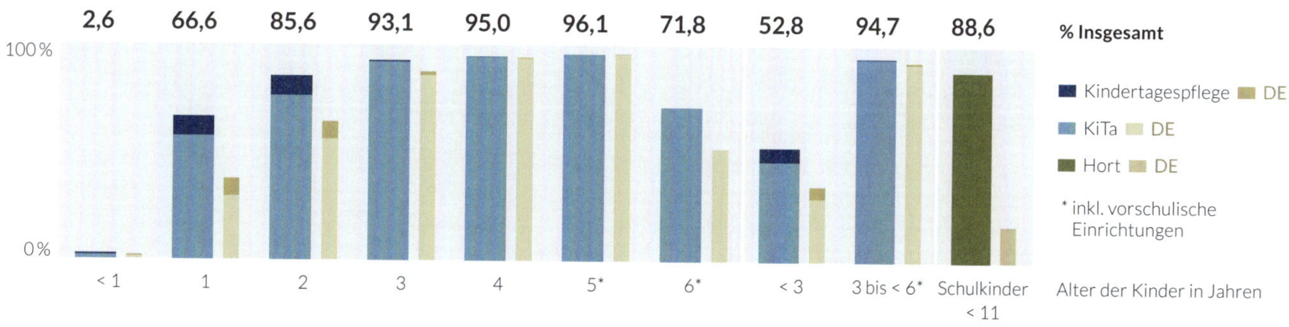

Betreuungsquote und Betreuungswunsch

SN 2012–2020, Stichtag 01.03. | Tab. 88a

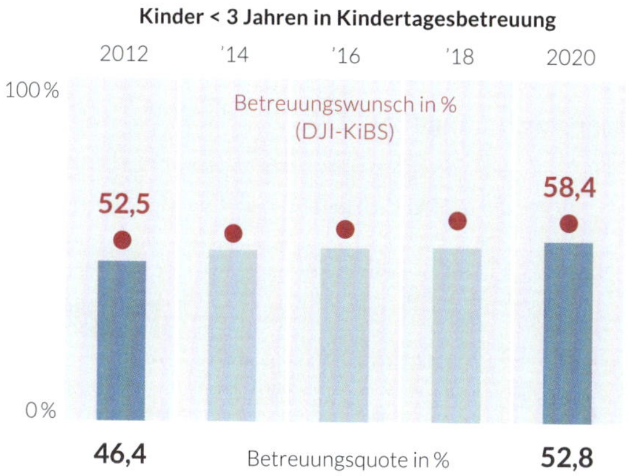

Bildungsbeteiligung von Schulkindern

SN 01.03.2020, Schulj. 2019/20 | Tab. 41a1; Tab. 71

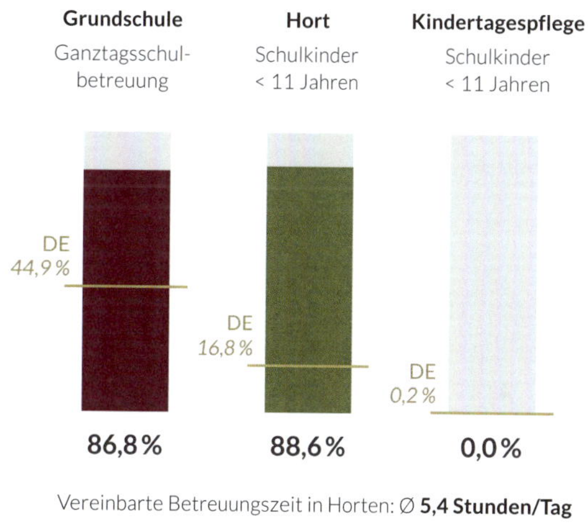

Regionale Daten zur Bildungsbeteiligung finden Sie auf www.laendermonitor.de unter FOKUS | Regionale Daten

31 % der Kinder, die am 01.03.2020 unter drei Jahre alt waren, wurden im August und September in der aktuell besuchten KiTa aufgenommen (vgl. S. 262). In den Monaten Dezember sowie April bis Juli zeigen sich die geringsten Aufnahmequoten (4 % bis 5 %). Ähnlich gestaltet es sich in der Kindertagespflege – hier erfolgen die Eingewöhnungen vorrangig im August (14 %) und im September (17 %). Im Oktober und Januar liegen die Aufnahmequoten darunter, bewegen sich aber auf einem etwas höheren Niveau (11 % bzw. 12 %).

Kinder mit einer Eingliederungshilfe werden in 44 % der KiTas (ohne Sondereinrichtungen) in SN betreut; bundesweit liegt dieser Wert etwas niedriger (40 %). Ein deutlich geringerer Anteil zeigt sich bei den Horten: Schulkinder mit einer Eingliederungshilfe besuchen 19 % der Horte (bundesweit: 17 %).

Werden die vertraglich vereinbarten wöchentlichen Betreuungszeiten betrachtet, zeigt sich das folgende Bild: In SN wird mit 73 % der größte Anteil der unter 3-jährigen KiTa-Kinder laut Vertrag 45 Wochenstunden und mehr betreut. Auch in der Altersgruppe der ab 3-Jährigen werden diese Betreuungszeiten am häufigsten (76 %) gebucht. Diese Werte liegen deutlich über den durchschnittlichen Bundeswerten (39 % bzw. 35 %). Auch in der Kindertagespflege wird der größte Anteil der Kinder 45 Stunden und mehr wöchentlich betreut: Das betrifft 66 % der unter 3-Jährigen und 72 % der ab 3-jährigen Nichtschulkinder. KiTa- und Kindertagespflegeplätze bis zu 25 Wochenstunden werden in SN von den Nichtschulkindern am geringsten in Anspruch genommen. Schulkinder hingegen nutzen diese Betreuungszeiten sowohl in Horten (54 %) als auch in der Kindertagespflege (75 %) am häufigsten.

Aufnahmezeitpunkt von unter Dreijährigen in KiTas und Kindertagespflege | SN 01.03.2020 | Tab. 87; 87a

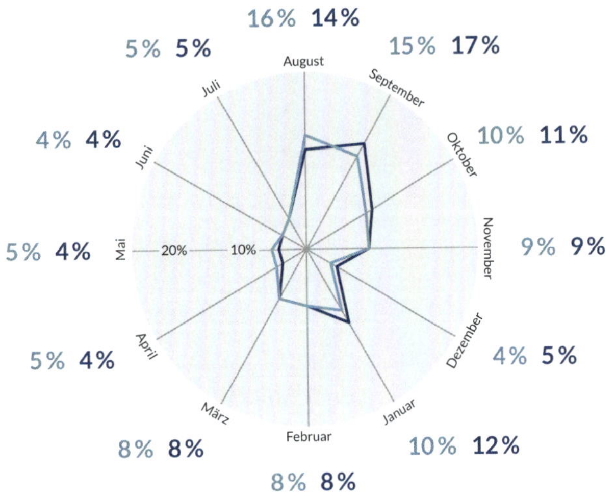

KiTas und Horte, die Kinder mit Eingliederungshilfe betreuen | SN 01.03.2020 | Tab. 59aoh; 59ah

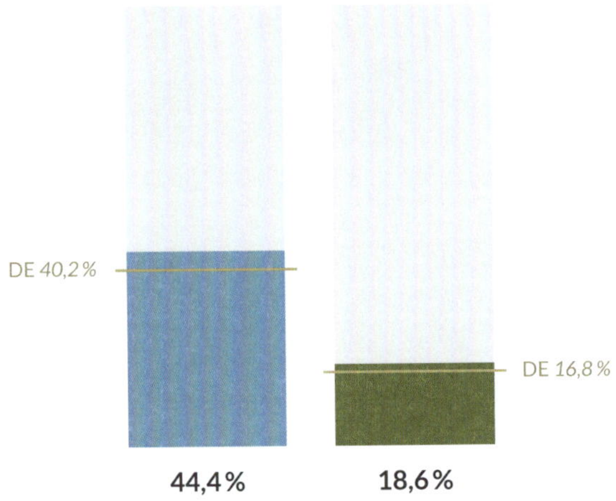

Vertraglich vereinbarte wöchentliche Betreuungszeiten in Kindertagesbetreuung | SN 01.03.2020 | Tab. 2–5; 3h; 138

	Kinder in KiTas und Horten			Kinder in öffentlich geförderter Kindertagespflege			
	< 3 Jahre: 50.036	≥ 3 Jahre bis Schuleintritt: 135.214	Schulkinder < 11 Jahren: 130.107	< 3 Jahre: 6.983	≥ 3 Jahre bis Schuleintritt: 340	Schulkinder < 11 Jahren: 4	
Bis 25 Stunden	3,0 *11,3*	1,9 *9,3*	53,7 *61,1*	0,8 *31,3*	0,9 *47,0*	75 *89,7*	%
> 25 bis 35 Stunden	12,0 *30,6*	10,2 *37,8*	45,7 *35,2*	5,3 *34,2*	6,5 *24,4*	25 *7,4*	%
> 35 bis < 45 Stunden	12,4 *19,5*	11,8 *17,5*	0,4 *1,6*	27,6 *19,3*	20,6 *15,7*	0 *1,8*	%
45 Stunden und mehr	72,6 *38,5*	76,0 *35,4*	0,1 *2,2*	66,4 *15,2*	72,1 *12,9*	0 *1,1*	%

| = DE

Regionale Daten zum Betreuungsumfang finden Sie auf www.laendermonitor.de unter FOKUS | Regionale Daten

In SN liegt der Anteil der Kinder mit nicht deutscher Familiensprache in fast 95 % der KiTas unter 25 % (bundesweit: 69 %). 8 % der unter 3-Jährigen in KiTas haben einen Migrationshintergrund (MH). 3 % sprechen in ihrer Familie überwiegend Deutsch, 5 % eine andere Sprache. Bei den älteren KiTa-Kindern (11 %) liegen die Werte für die Sprache bei 4 % bzw. 8 %. Die Anteile der Kinder mit MH sind in der Kindertagespflege in beiden Altersgruppen mit 7 % bzw. 13 % ähnlich wie in KiTas. Hier sprechen bei den jüngeren Kindern fast 4 % Deutsch, 4 % eine andere Sprache. Bei den ab 3-Jährigen liegen diese Werte bei 4 % bzw. 9 %.

Der Großteil der unter 4-Jährigen mit oder ohne MH wurde mit einem Jahr in ihrer aktuellen KiTa (48 % bzw. 59 %) oder Kindertagespflege (jeweils 62 %) aufgenommen. Kinder mit MH besuchen seltener im Alter von unter einem Jahr zum ersten Mal eine KiTa (11 %) als Kinder ohne MH (24 %). Auch in der Kindertagespflege bleibt diese Differenz bestehen; allerdings startet hier ein höherer Anteil als in KiTas bereits vor einem Jahr das Betreuungsangebot (24 % bzw. 34 %).

Kinder mit und ohne Migrationshintergrund

SN 01.03.2020

Regionale Daten zum Migrationshintergrund und zur Familiensprache finden Sie auf www.laendermonitor.de unter FOKUS | Regionale Daten

Bildungsbeteiligung in KiTas und Kindertagespflege

Tab. 38a, Tab. 39a

Quote der Inanspruchnahme von Kindern

mit Migrationshintergrund **ohne** Migrationshintergrund

KiTas (mit Horten) nach ihrem Anteil an Kindern mit nicht deutscher Familiensprache | Tab. 96

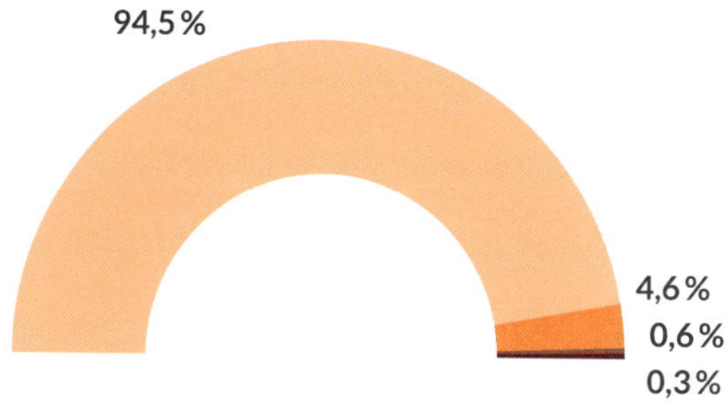

KiTas (mit Horten) mit einem Anteil an Kindern mit nicht deutscher Familiensprache von

< 25 % 25 bis < 50 % 50 bis < 75 % 75 % und mehr

Alter des Kindes zu Beginn der Betreuung in der aktuellen KiTa und Kindertagespflege | Tab. 92; 93

KiTa

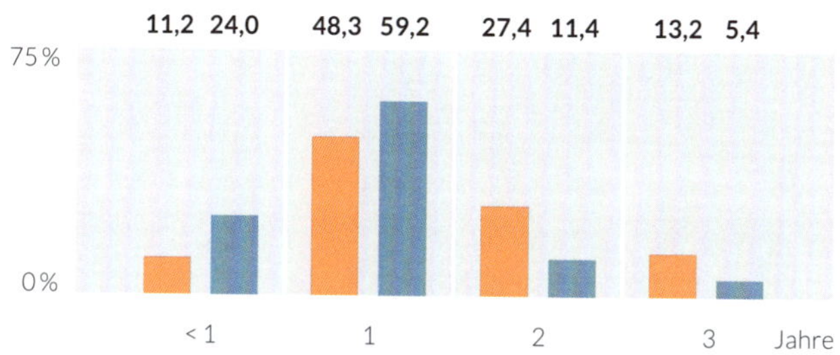

Kindertagespflege

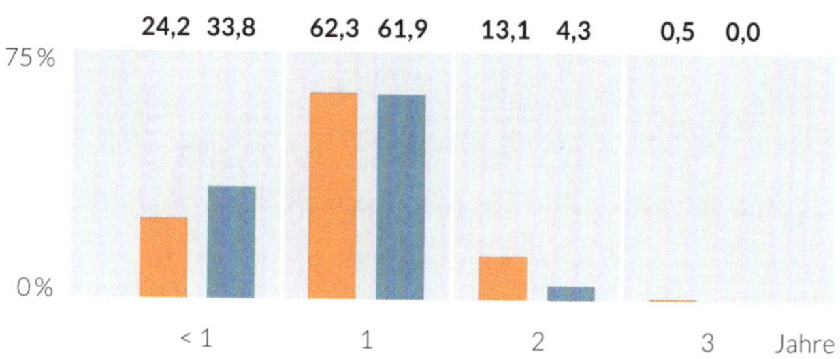

mit Migrationshintergrund **ohne** Migrationshintergrund

Familiäre Sprachpraxis der Kinder in KiTas (mit Horten) und Kindertagespflege | Tab. 15a-20a

KiTas (mit Horten)

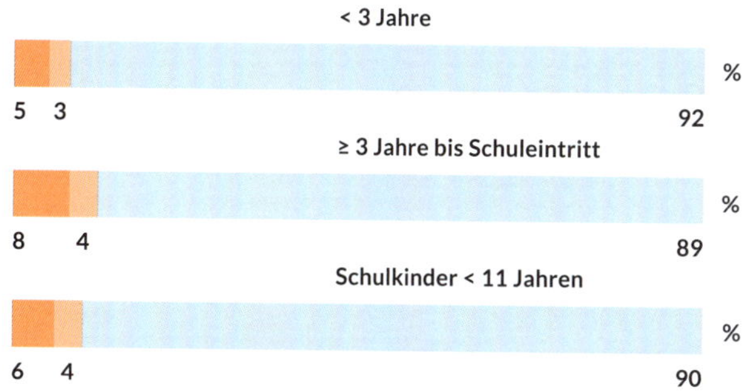

Kindertagespflege

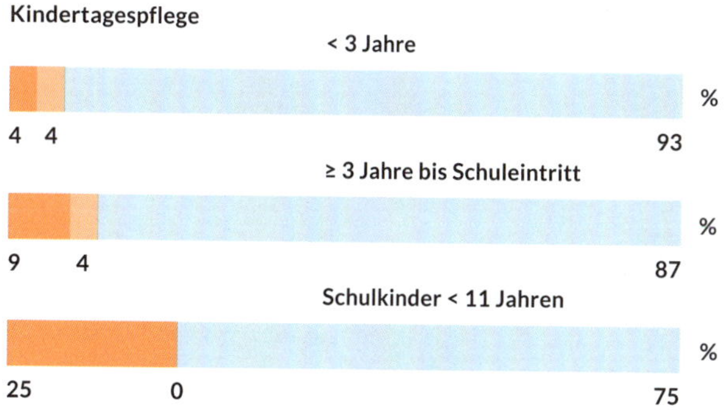

Kinder **mit** Migrationshintergrund:
Familiensprache nicht Deutsch Deutsch

Kinder **ohne** Migrationshintergrund

Bildung fördern – Qualität sichern

Die FBBE kann einen bedeutenden Beitrag für die Chancengerechtigkeit aller Kinder in Deutschland leisten. Voraussetzung dafür, dass die KiTas ihren Bildungsauftrag durchführen können, sind professionelle Rahmenbedingungen: insbesondere ausreichend Personal für die pädagogischen Aufgabenbereiche sowie für die Leitung und die Verwaltung. Weitere wichtige Gradmesser für die Qualität sind qualifizierte KiTa-Teams und kleine Kindergruppen. Schließlich spielt auch die Ausgestaltung der Arbeitsbedingungen durch die Träger eine Rolle. Der Status quo der KiTa-Landschaft wird im Folgenden anhand ausgewählter strukturell-qualitativer Dimensionen dargestellt.

62 % der unter 3-Jährigen in SN sind in Krippengruppen; 2020 ist hier eine Vollzeitkraft rechnerisch für 5,5 ganztags betreute Kinder zuständig. Weitere 20 % dieser Altersgruppe werden zusammen mit 4 % der ab 3-Jährigen in Gruppen mit Kindern unter 4 Jahren betreut (Personalschlüssel: 1 zu 6,9). Der größte Anteil der Kinder ab drei Jahren (70 %) befindet sich in Kindergartengruppen (Personalschlüssel: 1 zu 11,7). Für ein kindgerechtes Betreuungsverhältnis empfiehlt die Bertelsmann Stiftung, dass eine Fachkraft rein rechnerisch für höchstens 3 Kinder unter drei Jahren in Krippengruppen oder 7,5 Kinder ab drei Jahren in Kindergartengruppen zuständig ist. In SN entsprechen nur 10 % der Personalschlüssel in Kindergartengruppen dieser Empfehlung (inkl. ± 0,5 Toleranz) bzw. sind günstiger. Schlechter sind 90 % der Personalschlüssel, in Krippengruppen sogar 95 %. Ein ähnlich ungünstiges Bild zeigt sich bei den weiteren Gruppenformen. So sind in 87 bis 98 % dieser Gruppen die Personalschlüssel ungünstiger als wissenschaftlich empfohlen.

Der Personalschlüssel ist eine rein rechnerische, im KiTa-Alltag nicht beobachtbare Größe, die die gesamte Arbeitszeit einer pädagogischen Fachkraft umfasst. Die annähernd reale Betreuungssituation beschreibt die Fachkraft-Kind-Relation, die das Verhältnis zwischen den Fachkräften und den Kindern während der unmittelbaren pädagogischen Arbeit darstellt.

Pädagogische Personalausstattung | SN 01.03.2020

Personalschlüssel

Tab. 43a2

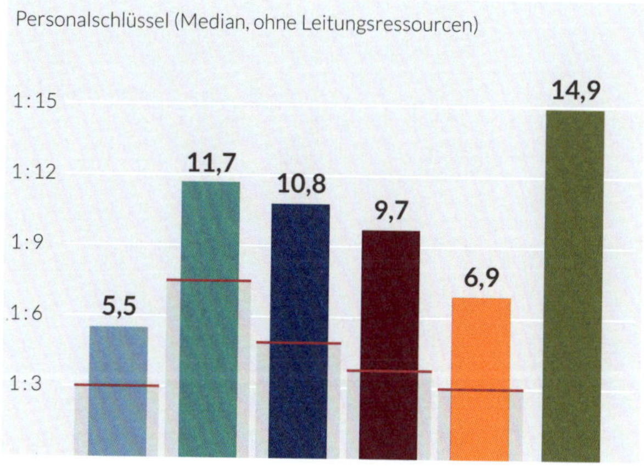

Verteilung der Kinder auf Gruppentypen

Tab. 36b; 36b1; 36b2

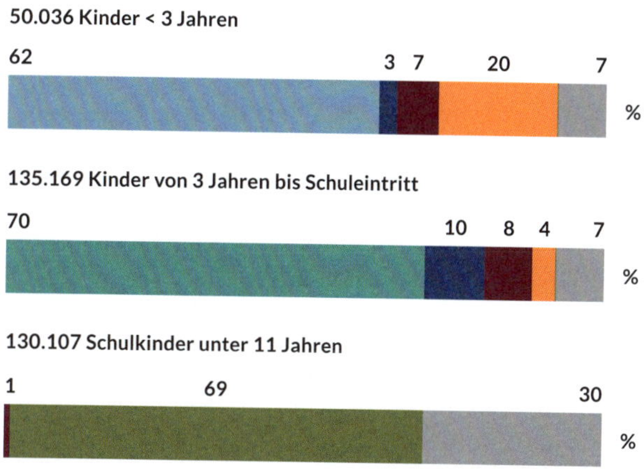

Gruppentyp

Krippe | Kindergarten | Kindergarten ab 2 Jahre | Altersübergreifend ab 0 Jahre | Krippe < 4 Jahren | Hort | Ohne feste Gruppenstruktur

Empfohlener Personalschlüssel (BSt = Bertelsmann Stiftung, H.-S. & B. = Haug-Schnabel & Bensel 2016):
Krippe 1 : 3,0 (BSt); Kindergarten 1 : 7,5 (BSt); Kindergarten ab 2 J. 1: 4,9 (H.-S. & B.); Altersübergreifend ab 0 J. 1 : 3,75 (H.-S. & B.); Krippe < 4 J. 1 : 3,0 (BSt)

Regionale Daten zum Personalschlüssel finden Sie auf www.laendermonitor.de unter FOKUS | Regionale Daten

Personalschlüssel im Vergleich | Tab. 94; 94a–e

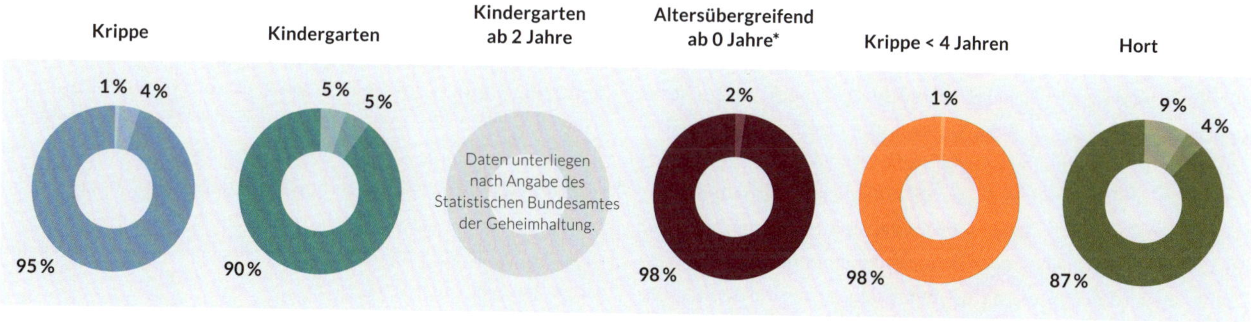

Personalschlüssel von

Krippe	Kindergarten	Kindergarten ab 2 Jahre	Altersübergreifend ab 0 Jahre	Krippe < 4 Jahren	Hort
<1:2,5 DE *10 %*	<1:7 DE *26 %*	<1:4,4 DE *2 %*	<1:3,25 DE *4 %*	<1:2,5 DE *5 %*	<1:9,5 DE *44 %*
1:2,5 bis <1:3,5 DE *24 %*	1:7 bis <1:8 DE *14 %*	1:4,4 bis <1:5,4 DE *7 %*	1:3,25 bis <1:4,25 DE *9 %*	1:2,5 bis <1:3,5 DE *22 %*	1:9,5 bis <1:10,5 DE *5 %*
1:3,5 und mehr DE *66 %*	1:8 und mehr DE *60 %*	1:5,4 und mehr DE *91 %*	1:4,25 und mehr DE *87 %*	1:3,5 und mehr DE *72 %*	1:10,5 und mehr DE *51 %*

* siehe landesspezifische Anmerkungen am Ende des Profils

Pädagogische Personalausstattung | SN 01.03.2020

Fachkraft-Kind-Relation – Szenarien der Bertelsmann Stiftung | Tab. 82

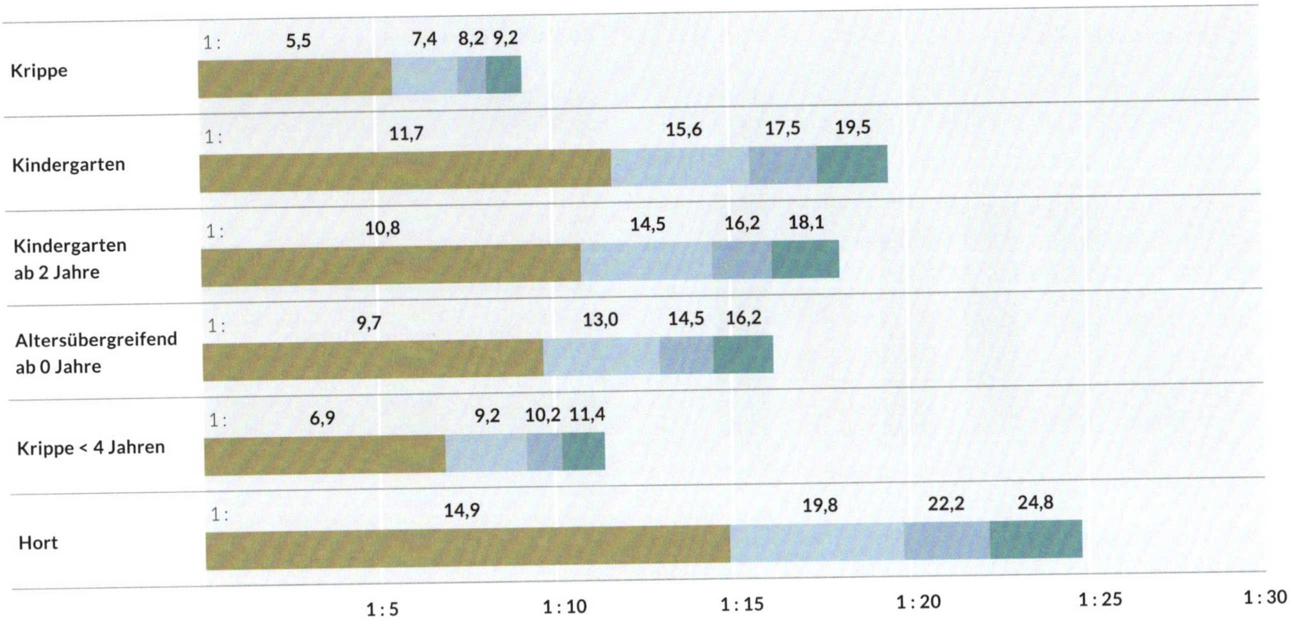

Personalschlüssel (Median, ohne Leitungsressourcen)

Fachkraft-Kind-Relation (Szenarien): Berechnet mit einem Arbeitszeitanteil für die unmittelbare pädagogische Arbeit (direkte Kontaktzeit mit Kindern) von ... 75 % 67 % 60 %

Eine Annäherung an die Fachkraft-Kind-Relation kann nur durch Szenarien erfolgen, da die amtliche Kinder- und Jugendhilfestatistik keine Daten für Arbeitszeitanteile der mittelbaren pädagogischen Aufgabenbereiche sowie Ausfallzeiten erfasst. Die drei von der Bertelsmann Stiftung entwickelten Szenarien wurden auf Basis wissenschaftlicher Untersuchungen berechnet. Diese zeigen, dass 24 % bis 41 % der Gesamtarbeitszeit einer pädagogischen Fachkraft zum einen Ausfallzeiten sind (Urlaub, Krankheit, Fortbildungen) und zum anderen für Aufgaben außerhalb der pädagogischen Praxis benötigt werden, etwa für Elterngespräche, die Qualitätsentwicklung oder Bildungsdokumentationen.[1] In den Szenarien wird der Anteil für die unmittelbaren Arbeitsaufgaben, also den Kontakt mit den Kindern, mit 75 %, 67 % oder 60 % der gesamten Arbeitszeit angesetzt.

Werden wie im Szenario 1 nur 25 % der Arbeitszeit für Aufgaben ohne die Kinder verwendet, verbleiben 75 % der Arbeitszeit für sie. In SN betreut dann eine Vollzeitkraft in Krippengruppen bei einem Personalschlüssel von 1 zu 5,5 in der pädagogischen Praxis rechnerisch 7,4 Kinder. Nimmt man einen höheren Anteil mittelbarer pädagogischer Arbeitszeit an, sinkt die Zeit für die Arbeit mit den Kindern, und die Fachkraft-Kind-Relationen verschlechtern sich (Szenarien 2 und 3).

Neben einer kindgerechten Personalausstattung ist die Gruppengröße ein weiterer Gradmesser für „gute" KiTas. Zu große Gruppen bedeuten für die Kinder und das Personal übermäßigen Stress, etwa durch die Lautstärke. So sollten Gruppen für jüngere Kinder nicht mehr als zwölf Kinder umfassen, Kindergartengruppen nicht mehr als 18.[1] In SN sind 39 % der Krippengruppen zu groß, bei den Kindergartengruppen sind es 20 %.

Im Median haben die KiTas in SN, ähnlich wie in allen anderen ostdeutschen Flächenländern, 11 Stunden ihre Türen geöffnet; bundesweit liegt die Öffnungsdauer bei 9,5 Stunden. In 92 % der KiTas startet der Tag bereits vor 7 Uhr. Dies trifft mit 88 % auch auf den Großteil der Horte zu.

1 Vgl. Viernickel, Susanne; Fuchs-Rechlin, Kirsten (2015): Fachkraft-Kind-Relationen und Gruppengrößen in Kindertageseinrichtungen. Grundlagen, Analysen, Berechnungsmodell, in: Viernickel, Susanne; Fuchs-Rechlin, Kirsten; Strehmel, Petra; Preissing, Christa; Bensel, Joachim; Haug-Schnabel, Gabriele: Qualität für alle. Wissenschaftlich begründete Standards für die Kindertagesbetreuung. Freiburg, S. 11–130.

KiTa- und Hort-Strukturen | SN 01.03.2020

Gruppengrößen im Vergleich | Tab. 116a–e; 116h

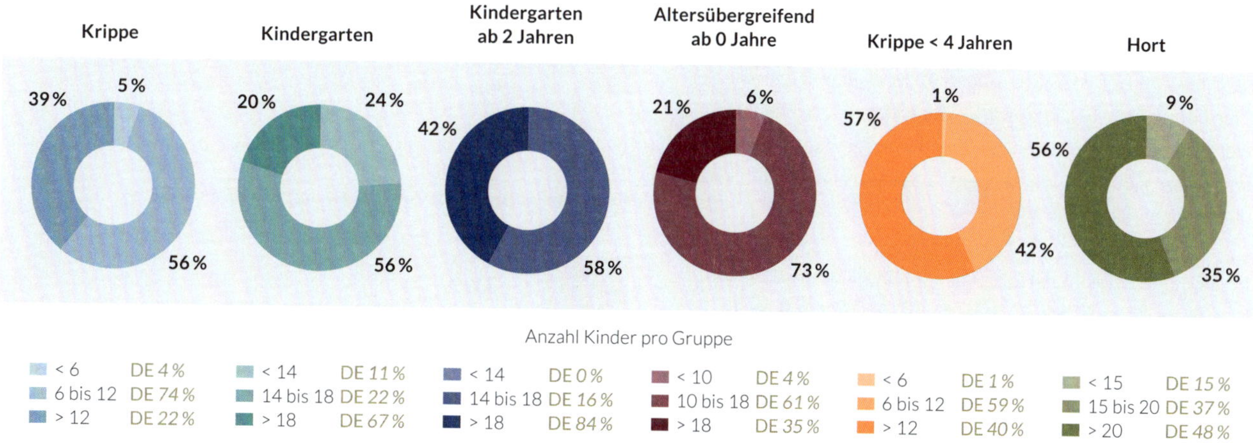

Öffnungszeiten von KiTas und Horten | Tab. 83oh; 83h; 117oh; 117h

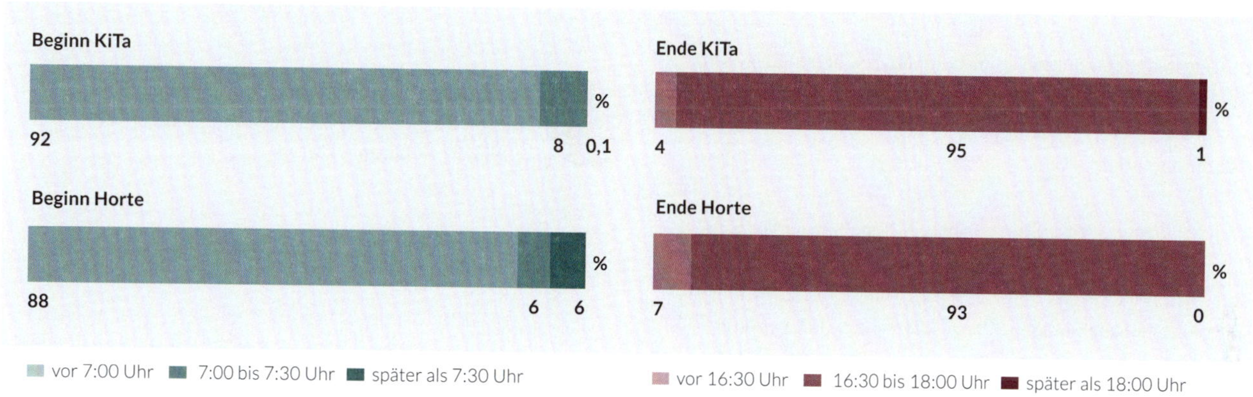

KiTa: Beginn nach 7:30 und Ende vor 16:30 Uhr

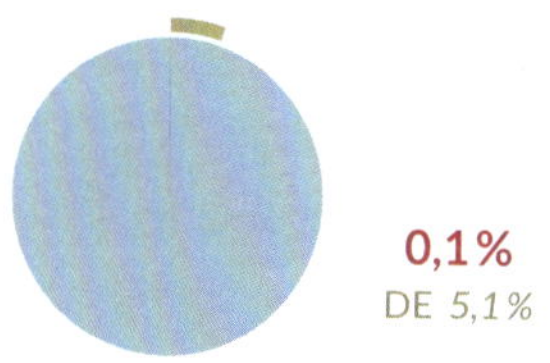

KiTa: Öffnungsdauer

Horte: Beginn nach 7:30 und Ende vor 16:30 Uhr

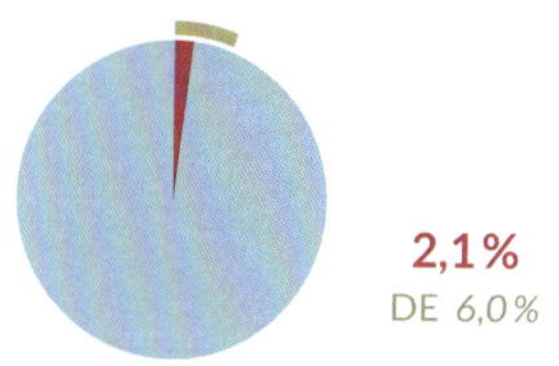

Horte: Öffnungsdauer

Regionale Daten zu den Öffnungszeiten von KiTas finden Sie auf www.laendermonitor.de unter FOKUS | Regionale Daten

Leitungsausstattung

SN 01.03.2020

2020 verfügen 5 % der 3.025 KiTas (mit Horten) in SN nach der amtlichen Kinder- und Jugendhilfestatistik über keine vertraglich vereinbarte Zeit für Leitungsaufgaben. Bundesweit sind es fast 9 %. Dies betrifft vor allem die kleinen Einrichtungen in SN: knapp 14 % der KiTas (mit Horten) mit weniger als 45 betreuten Kindern haben keine zeitlichen Leitungsressourcen, während es in den größeren mit 76 und mehr Kindern nur 3 % sind.

In 44 % der KiTas (mit Horten) in SN, in denen es laut Arbeitsvertrag Leitungskapazitäten gibt, ist eine Person ausschließlich als Leiter:in tätig. Weitere 31 % werden ebenfalls von nur einer Person geleitet – diese ist allerdings neben ihrer Leitungstätigkeit noch als pädagogische Fachkraft zuständig. Hier ergibt sich das folgende Bild: In etwas über 12 % der KiTas (mit Horten) gibt es Leitungskräfte, denen weniger als 50 % ihrer Arbeitszeit für Leitungsaufgaben zur Verfügung stehen, während in gut 18 % der KiTas die Leitungskräfte mindestens die Hälfte ihrer Arbeitszeit für Leitungsaufgaben nutzen können. In den restlichen 25 % ist ein Leitungsteam zuständig, d. h., mindestens zwei Personen besitzen einen Leitungsanteil oder sind ausschließlich als Leitung tätig.

Welche dieser vier Leitungskonstellationen in einer Einrichtung zum Tragen kommt, ist die – bewusst zu treffende – Entscheidung des Trägers. Dieser Handlungsspielraum sollte es ermöglichen, den Teams sowie auch den Leitungsverantwortlichen mit ihren jeweiligen Leitungskompetenzen und Persönlichkeiten gerecht zu werden. Voraussetzung ist allerdings, dass den KiTas und Horten zeitliche Leitungsressourcen gewährt werden. Diese sind notwendig, um die Einrichtung professionell zu führen und zu leiten.

Um den Umfang der vertraglich zugesicherten Leitungszeit zwischen den KiTas unabhängig von ihrer Größe sowie auch zwischen den Bundesländern vergleichen zu können, wird die wöchentliche Leitungszeit auf die Anzahl der ganztags betreuten Kinder verteilt. In den KiTas mit Leitungskapazitäten ergeben sich in SN rechnerisch im Median 25 Minuten pro ganztags betreutem Kind für die Führung und Leitung der KiTa.

Darüber hinaus kann die wöchentliche Leitungszeit gruppiert dargestellt werden. Im Ergebnis zeigt sich, dass dem größten Anteil der KiTas in SN (49 %) eine wöchentliche Arbeitszeit von über 20 bis einschließlich 30 Minuten pro rechnerisch ganztags betreutem Kind zur Verfügung steht.

KiTas (mit Horten) ohne Zeit für Leitung | Tab. 85

5,3 % von 3.025 KiTas (mit Horten) verfügen über keine Zeit für Leitung

KiTas (mit Horten) ohne Zeit für Leitung nach KiTa-Größe

Anzahl betreuter Kinder
Kleine KiTas: < 45 Mittlere KiTas: 45 bis 75 Große KiTas: 76 und mehr

Regionale Daten zu KiTas ohne Leitungszeit finden Sie auf www.laendermonitor.de unter FOKUS | Regionale Daten

KiTas (mit Horten) mit Zeit für Leitung nach Leitungsprofil

Tab. 65

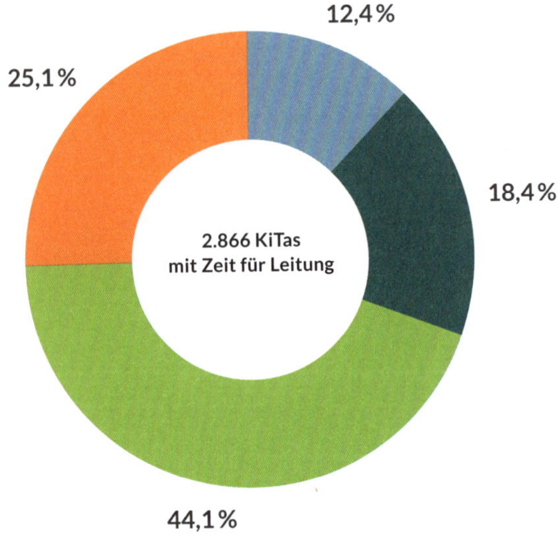

DE	Eine Leitungskraft ...
32,8 %	... mit Leitung als nachrangigem Arbeitsbereich
17,1 %	... mit Leitung als überwiegendem Arbeitsbereich
36,1 %	... ohne weiteren Arbeitsbereich
14,0 %	Leitungsteam

Leitungsausstattung | SN 01.03.2020

KiTas nach Leitungszeit* pro Kind

Tab. 66b; Tab. 108b

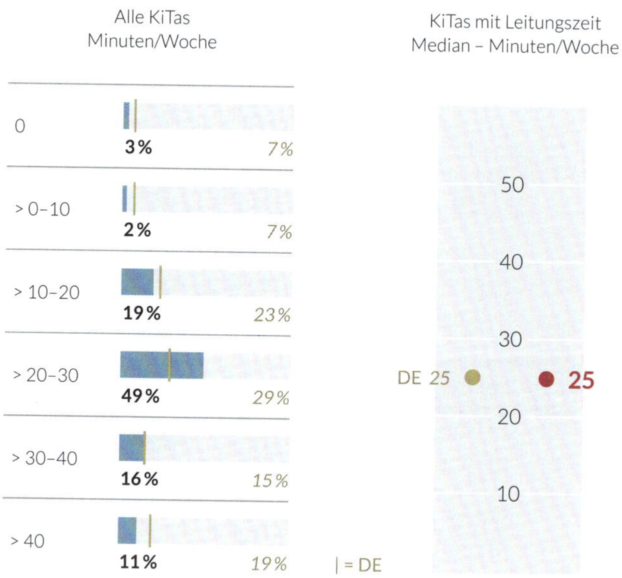

KiTas mit weniger als 20 Wochenstunden Leitungszeit* | Tab. 111

Bertelsmann Stiftung: Empfehlung zur Leitungsausstattung

KiTas mit der von der Bertelsmann Stiftung empfohlenen Leitungszeit* | Tab. 112

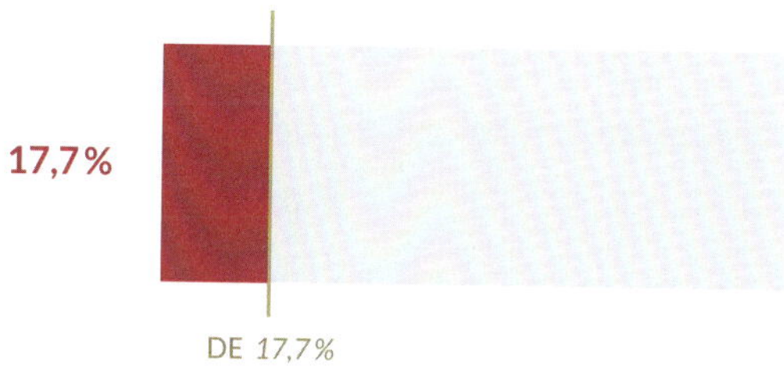

* Zeit für die Arbeitsbereiche Leitung UND Verwaltung

**Vertraglich vereinbarte Betreuungswochenstunden aller Kinder geteilt durch 40

Für eine professionelle Führung und Leitung von KiTas empfiehlt die Bertelsmann Stiftung jeder Einrichtung eine Grundausstattung von 20 Wochenstunden. Diese ist dringend notwendig, denn in jeder KiTa müssen – unabhängig von der Größe – Führungs- und Leitungsaufgaben erledigt werden. 2020 verfügen in SN 17 % der KiTas nicht über diese Grundausstattung, die als garantiertes Zeitbudget empfohlen wird.

Neben den 20 Wochenstunden sollte jeder KiTa ein variabler Anteil von 0,35 Wochenstunden pro Ganztagsbetreuungsäquivalent** zur Verfügung gestellt werden. Mit inbegriffen sind Verwaltungszeiten von max. 20 % der empfohlenen Leitungszeit. 2020 verfügen in SN 18 % der KiTas über diese Leitungsausstattung, bundesweit sind es mit 18 % ebenso viele.

Pädagogisches Personal | SN 01.03.2020

Entwicklung des pädagogischen Personals

Tab. 118oh, 118h; 126

Jahr (Stichtag 01.03.)	KiTas	Kindertagespflege	Horte
	Anzahl pädagogisch Tätiger		
2011	20.642	1.461	5.885
2012	21.746	1.472	6.080
2013	22.544	1.619	6.267
2014	23.564	1.761	6.428
2015	24.054	1.718	6.669
2016	24.981	1.699	6.916
2017	25.988	1.657	7.125
2018	27.186	1.716	7.420
2019	28.530	1.697	7.596
2020	29.914	1.660	8.095

Beschäftigungsumfang in KiTas und Horten

Tab. 29oh; 29h

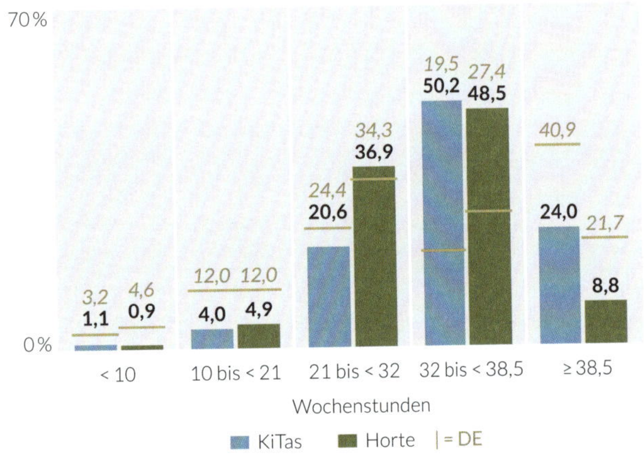

Qualifikationsniveaus | Tab. 27; 50a; 133

Abschluss	SN Anzahl	SN Anteil	DE Anteil
KiTas: 29.914 päd. Tätige			
Hochschule*	3.119	**10,4 %**	*5,6 %*
Fachschule*	23.941	**80,0 %**	*68,3 %*
Berufsfachschule*	635	**2,1 %**	*13,6 %*
Sonstige Ausbildungen	784	**2,6 %**	*4,5 %*
In Ausbildung	1.020	**3,4 %**	*5,9 %*
Ohne Abschluss	415	**1,4 %**	*2,2 %*
Kindertagespflege: 1.660 päd. Tätige			
Hochschule*	38	**2,3 %**	*3,2 %*
Fachschule*	227	**13,7 %**	*15,8 %*
Berufsfachschule*	89	**5,4 %**	*10,0 %*
Soziale/sozialpädagogische Kurzausbildung	26	**1,6 %**	*1,9 %*
Sonstige Ausbildungen	1.246	**75,1 %**	*60,1 %*
In Ausbildung	3	**0,2 %**	*0,5 %*
Ohne Abschluss	31	**1,9 %**	*8,6 %*
Horte: 8.095 päd. Tätige			
Hochschule*	929	**11,5 %**	*8,2 %*
Fachschule*	6.612	**81,7 %**	*68,8 %*
Berufsfachschule*	46	**0,6 %**	*8,8 %*
Sonstige Ausbildungen	208	**2,6 %**	*7,6 %*
In Ausbildung	210	**2,6 %**	*4,6 %*
Ohne Abschluss	90	**1,1 %**	*2,0 %*

* fachlich einschlägig

Regionale Daten zu den Qualifikationsniveaus finden Sie auf www.laendermonitor.de unter FOKUS | Regionale Daten

Die Zahl des pädagogischen Personals ist in SN zwischen 2011 und 2020 gestiegen: in den KiTas um 45 % auf nunmehr 29.914 Tätige, in den Horten um 38 % auf 8.095 und in der Kindertagespflege um 14 % auf 1.660.

10 % der pädagogisch Tätigen in KiTas besitzen einen Hochschul-, 80 % einen Fachschulabschluss als Erzieher:in. In Ausbildung befinden sich 3 %. Das Qualifikationsniveau des Hortpersonals liegt auf einem ähnlichen Level wie in den KiTas. In der Kindertagespflege arbeiten anteilig deutlich weniger Personen mit einem fachlich einschlägigen Fachschulabschluss (14 %); die meisten Kindertagespflegepersonen (75 %) besitzen einen nicht-fachpädagogischen Abschluss.

Der größte Anteil des KiTa- und Hortpersonals in SN arbeitet 32 bis 38,5 Stunden pro Woche (50 % bzw. 49 %). 24 % der KiTa-Beschäftigten besitzen Arbeitsverträge mit 38 Wochenstunden und mehr, während dies nur auf 9 % des Hortpersonals zutrifft. Hier arbeiten 37 % zwischen 21 und 32 Stunden pro Woche.

Pädagogisches Personal | SN 01.03.2020

Altersstruktur in KiTas, Kindertagespflege und Horten | Tab. 42oh; 42h; 128

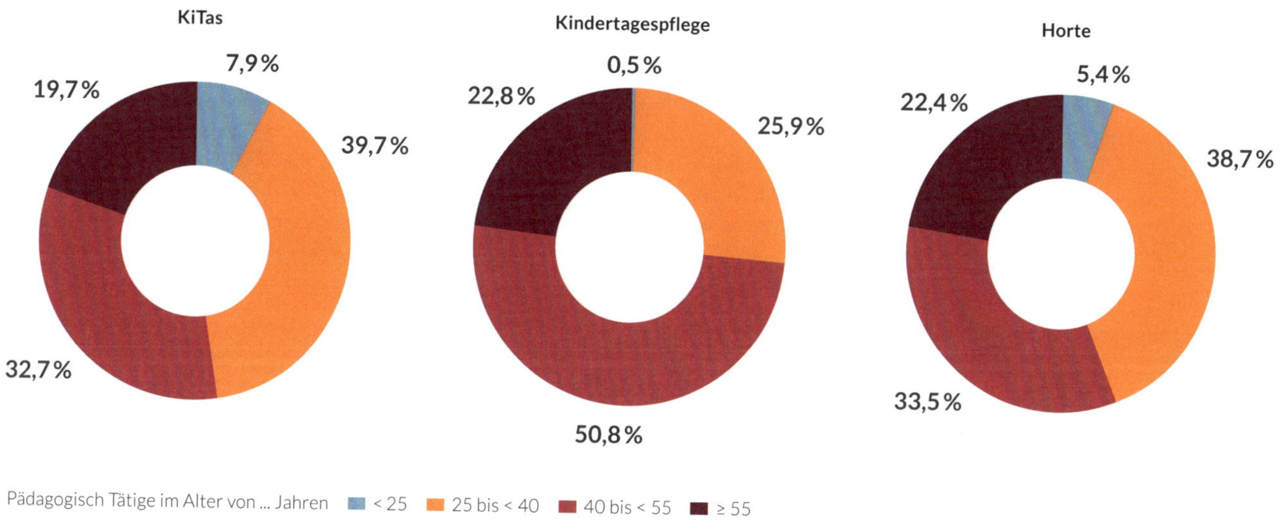

Befristete Arbeitsverhältnisse in KiTas (mit Horten) | Tab. 77

	Alter in Jahren	unter 30	30 bis unter 40	40 bis unter 50	50 bis unter 60	60 und älter
SN	pädagogisch Tätige insgesamt	6.228	10.673	7.569	9.024	3.363
SN	Anteil befristet Beschäftigter	**19,3%**	**11,7%**	**7,5%**	**3,4%**	**3,2%**
DE	Anteil befristet Beschäftigter	*25,6 %*	*14,1 %*	*10,4 %*	*6,3 %*	*5,9 %*

Nur rund 7% des KiTa-Personals in SN sind männlich (bundesweit: 6%). Dieser Anteil liegt in der Kindertagespflege mit 7% auf dem gleichen Niveau (bundesweit: 4%). In den Horten hingegen arbeitet ein deutlich höherer Anteil an Männern (17%) als in den beiden zuvor genannten Betreuungsformen; bundesweit sind es 18%.

Mit 40% ist der größte Anteil des KiTa-Personals in SN 25 bis unter 40 Jahre alt (bundesweit: 37%). Weitere 33% der Beschäftigten sind 40 bis unter 55 Jahre alt; das entspricht dem bundesweiten Niveau (ebenfalls 33%). 8% sind unter 25 Jahre alt, und wiederum 20% sind 55 oder älter (bundesweit: 13% bzw. 17%). Auch für das Hortpersonal in SN zeigt sich, dass die jüngeren Fachkräfte unter 25 Jahren (5%) und die älteren ab 55 Jahren (22%) seltener vertreten sind als die anderen Altersgruppen. Hier ist wie in den KiTas der Großteil des Personals 25 bis unter 40 Jahre (39%) und 40 bis unter 55 Jahre alt (34%). Ein anderes Bild zeigt sich dagegen in der Kindertagespflege, wo das Personal durchschnittlich älter ist. Hier ist mehr als die Hälfte (51%) aller Beschäftigten 40 bis unter 55 Jahre alt (bundesweit: 43%). Weitere 23% sind 55 Jahre und älter (bundesweit: 27%). Zur Altersgruppe 25 bis unter 40 Jahre zählen lediglich 26% der Kindertagespflegepersonen (bundesweit: 29%). Noch nicht einmal 1% ist jünger als 25 (bundesweit: 1,5%).

9% des pädagogischen Personals in KiTas (mit Horten) sind in SN befristet beschäftigt. Dem bundesweiten Trend folgend, sind davon auch in SN vor allem jüngere Beschäftigte betroffen, nämlich 19% der unter 30-Jährigen, aber nur jeweils rund 3% der 50- bis unter 60-Jährigen und der ab 60-Jährigen.

Träger | SN 01.03.2020

Die insgesamt 2.348 KiTas und 677 Horte in SN werden von verschiedenen Trägern betrieben; das können solche der öffentlichen oder der freien Jugendhilfe sein. Innerhalb der freien Träger wird zwischen den privat-gemeinnützigen und den privat-nichtgemeinnützigen (auch Wirtschaftsunternehmen) unterschieden. Die privat-nichtgemeinnützigen werden den freien Trägern zugeordnet, da Gemeinnützigkeit kein konstitutives Merkmal ist.

Mit 38 % befindet sich der größte Anteil der KiTas in SN in öffentlicher Trägerschaft (bundesweit: 32 %). Unter den KiTas in freier Trägerschaft sind die des Deutschen Paritätischen Wohlfahrtsverbandes (17 %) und sonstiger freigemeinnütziger Träger (14 %) am häufigsten vertreten. In der bundesweiten Gesamtschau zeigt sich, dass in SN insbesondere KiTas des Deutschen Caritasverbandes oder sonstiger katholischer Träger (2 %; bundesweit: 17 %) unterrepräsentiert sind. Ebenso sind KiTas in der Trägerschaft von Elterninitiativen in SN mit 3 % weniger stark vertreten als im Bundesdurchschnitt (8 %). Auch bei den Horten befindet sich der größte Anteil in SN in öffentlicher Trägerschaft (60 %; bundesweit: 48 %). Mit 15 % wird der zweitgrößte Anteil von sonstigen freigemeinnützigen Trägern betrieben (bundesweit: 15 %).

Unterschiede in den Betreuungsquoten der unter 3-Jährigen und der Kinder ab 3 nach Art des Trägers sind in SN kaum vorhanden. So besuchen rund 37 % der Kinder beider Altersgruppen KiTas in öffentlicher Trägerschaft. Der zweitgrößte Anteil wird jeweils in KiTas des Paritätischen Wohlfahrtsverbandes betreut (jeweils rund 19 %).

Die Beschäftigungsumfänge der pädagogisch Tätigen unterscheiden sich in vielen Bundesländern nach Trägerschaft der KiTas und Horte. 2020 zeigt sich in SN das folgende Bild: Mit 75 % verfügt ein großer Anteil der pädagogisch Tätigen in KiTas (mit Horten) des Paritätischen Wohlfahrtsverbandes über einen Arbeitsvertrag, der mindestens 32 Wochenstunden umfasst; das ist mehr als in Einrichtungen anderer Trägerschaften, insbesondere in KiTas (mit Horten) der Diakonie und sonstiger der EKD angeschlossener Träger (61 %). Arbeitsverträge von 21 bis unter 32 Wochenstunden sind anteilig am häufigsten in KiTas (mit Horten) der Diakonie und sonstigen der EKD angeschlossen Trägern (32 %) vertreten. Nur 4 % der pädagogisch Tätigen in öffentlicher Trägerschaft arbeiten weniger als 21 Wochenstunden; das ist unter allen Trägern der geringste Anteil.

KiTas und Horte nach Träger | Tab. 78oh; 78h

2.348 KiTas und 677 Horte in SN	KiTas		Horte	
	Anzahl	Anteil	Anzahl	Anteil
Öffentliche Träger	891	**37,9 %**	404	**59,7 %**
Freie Träger/privat-gemeinnützig				
Arbeiterwohlfahrt (AWO)	180	**7,7 %**	32	**4,7 %**
Deutscher Paritätischer Wohlfahrtsverband (DPWV)	396	**16,9 %**	72	**10,6 %**
Deutsches Rotes Kreuz (DRK)	117	**5,0 %**	17	**2,5 %**
Diakonie Deutschland/sonstige der EKD angeschlossene Träger	276	**11,8 %**	27	**4,0 %**
Deutscher Caritasverband/sonstige katholische Träger	39	**1,7 %**	1	**0,1 %**
Sonstige	329	**14,0 %**	100	**14,8 %**
Freie Träger/privat-nichtgemeinnützig	48	**2,0 %**	9	**1,3 %**
Elterninitiativen	72	**3,1 %**	15	**2,2 %**

Träger | SN 01.03.2020

Kinder nach Alter und KiTa-Träger | Tab. 79, 80

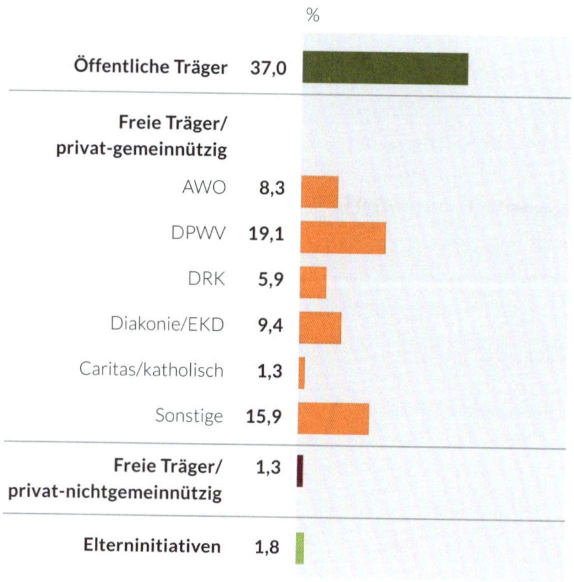

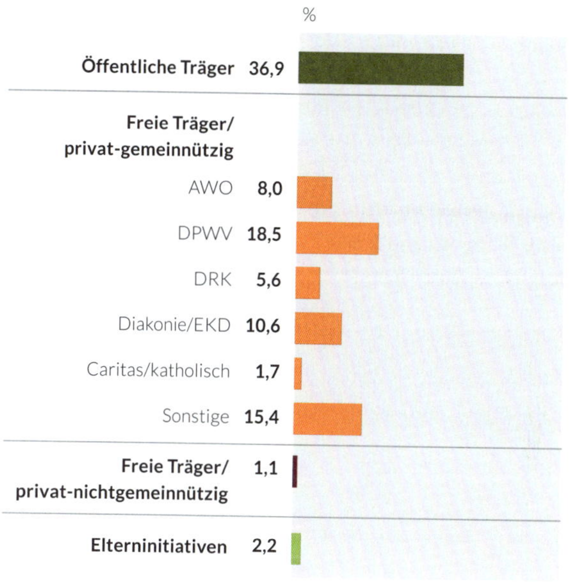

Pädagogisch Tätige nach KiTa-Träger (mit Horten) und Beschäftigungsumfang | Tab. 81

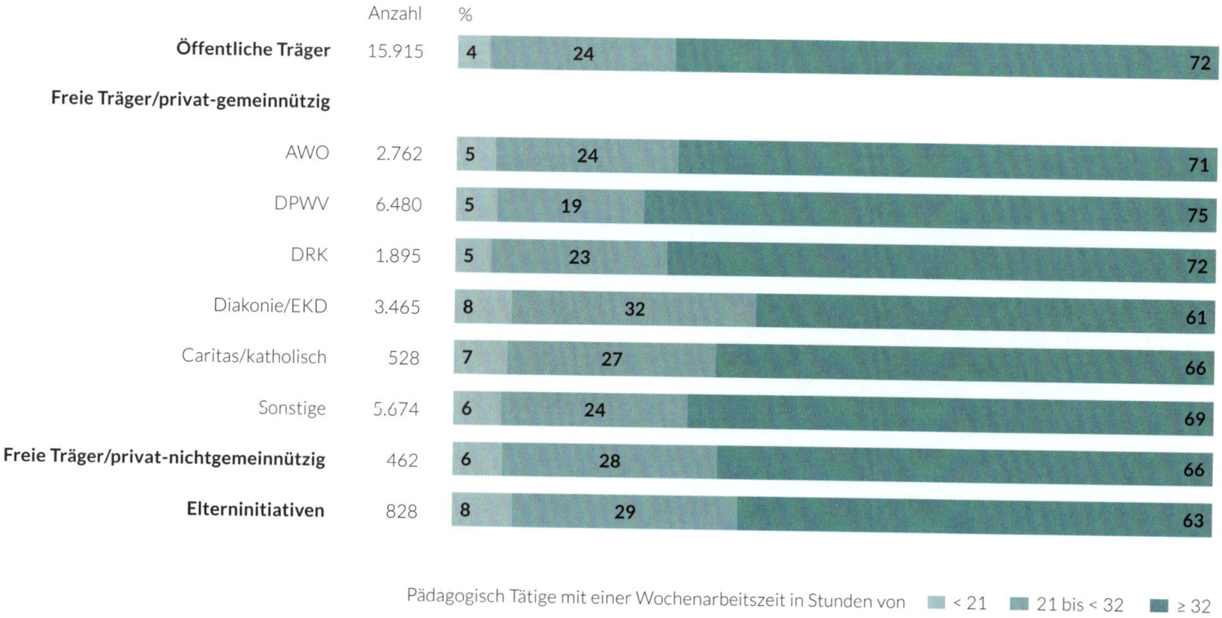

Investitionen wirkungsvoll einsetzen

Der qualitative Ausbau des frühkindlichen Bildungssystems, insbesondere die Verbesserung der Personalressourcen, erfordert gewaltige finanzielle Kraftanstrengungen aller Akteure. Um das System langfristig zu sichern, bedarf es einer dauerhaften finanziellen Unterstützung des Bundes. Daher sollte der Bund sein finanzielles Engagement im KiQuTG über 2022 hinaus verlässlich verankern.

In SN wurden 2018 für jedes Kind unter sechs Jahren in der Bevölkerung durchschnittlich 5.566 Euro für Angebote der Kindertagesbetreuung durch die öffentliche Hand, also Land und Kommunen, ausgegeben (ohne Elternbeiträge oder Zuschüsse anderer föderaler Ebenen). Das sind rund 1.600 Euro mehr als sechs Jahre zuvor. Im bundesweiten Durchschnitt lagen die Ausgaben im Jahr 2018 mit 6.007 Euro auf einem etwas höheren Niveau als in SN.

Im Haushaltsjahr 2019 wurden in SN seitens der öffentlichen Haushalte Investitionsausgaben für die Kindertagesbetreuung in Höhe von 107 Mio. Euro getätigt. Dies sind Ausgaben, die zum Beispiel bei einem Neubau einer KiTa bzw. einem Umbau oder einer Sanierung einer bereits vorhandenen KiTa entstehen.

Im Rahmen des KiQuTG erhält jedes Bundesland zwischen 2019 und Ende 2022 Bundesmittel für Maßnahmen zur Weiterentwicklung der KiTa-Qualität und zur Gebührenentlastung der Eltern. SN investiert in vier der insgesamt elf Handlungsfelder des Gesetzes. Der größte Anteil der Bundesmittel fließt mit 188 Mio. Euro in die Verbesserung der Betreuungsschlüssel. Seit Sommer 2019 werden mit diesen Mitteln zusätzliche Stunden für mittelbare pädagogische Tätigkeiten finanziert: für Personal mit einer Arbeitszeit von 22 Wochenstunden mindestens eine Stunde extra und für Beschäftigte mit einem Arbeitsvertrag ab 34 Stunden pro Woche mindestens zwei Stunden zusätzlich.[1]

1 Vgl. BMFSFJ und SMK (2020): Vertrag zwischen der Bundesrepublik Deutschland, vertreten durch das Bundesministerium für Familie, Senioren, Frauen und Jugend, und dem Freistaat Sachsen zur Umsetzung des Gesetzes zur Weiterentwicklung der Qualität und zur Verbesserung der Teilhabe in Tageseinrichtungen und in der Kindertagespflege (KiTa-Qualitäts- und Teilhabeverbesserungsgesetz – KiQuTG).

Investitionen pro unter sechsjährigem Kind
SN 2011–2018 | Tab. 21c

Grundmittel von Land und Kommunen

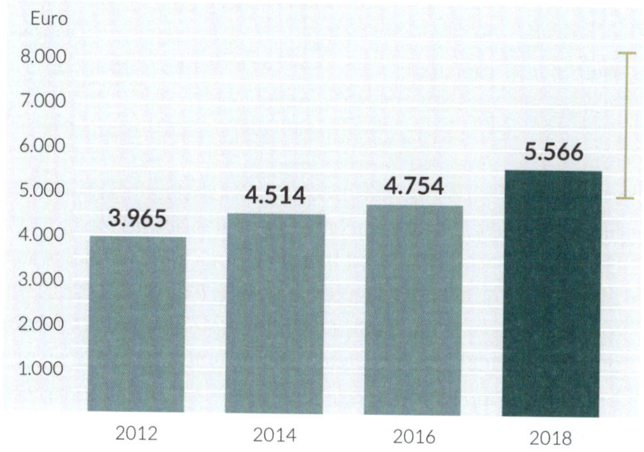

| = Alle Bundesländer 2018, Minimum: 4.965 €, Maximum: 8.232 €

Finanzierungsgemeinschaft für FBBE
SN 2018 | Tab. 23

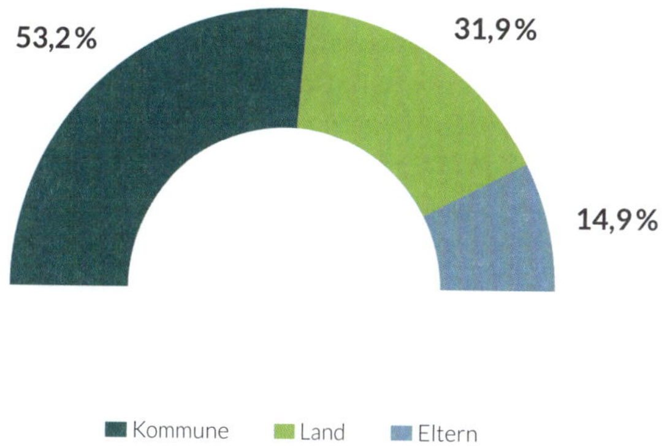

Ohne Eigenanteil der freien Träger und Zuschüsse des Bundes

Einmalige Investitionsausgaben für FBBE | SN 2009–2019 | Tab. 45

Ausgaben von Bund, Land und Kommunen

	2009	2010	2011	2012	2013	2014	2015	2016	2017	2018	2019
	Mio. Euro										
SN	**132,6**	**136,7**	**91,5**	**93,8**	**136,3**	**124,7**	**75,7**	**74,2**	**69,4**	**99,6**	**106,9**
DE	*947,3*	*1.334,1*	*1.357,5*	*1.408,8*	*2.188,8*	*1.649,4*	*1.137,7*	*1.080,7*	*1.345,8*	*1.686,1*	*2.012,3*

Für die Interpretation der hier ausgewiesenen Indikatoren sind einige methodische Grundlagen wichtig. Zusätzlich zu den Anmerkungen im Anhang des Länderprofils findet sich auf www.laendermonitor.de unter „Methodik" eine ausführliche Beschreibung der Datengrundlage sowie der Berechnungsmethodik.

Verteilung der Bundesmittel aus dem KiQuTG auf die Handlungsfelder | SN 2019–2022 | Tab. 119

	Bedarfsgerechtes Angebot	**Guter Betreuungsschlüssel**	**Qualifizierte Fachkräfte**	Starke KiTa-Leitung	Kindgerechte Räume	Gesundes Aufwachsen	Sprachliche Bildung	**Starke Kindertagespflege**	Netzwerke für mehr Qualität	**Vielfältige pädagogische Arbeit**	Weniger Gebühren	**Verplante Bundesmittel gesamt**
Anteil		70 %	19 %					6 %		5 %		100 %
Mio. Euro		**188,0**	**50,9**					**16,0**		**14,1**		**269,0**

Landesspezifische Anmerkungen

Kinder mit und ohne Migrationshintergrund
Aufgrund zu schwacher Besetzungszahlen in mindestens einer der beiden interessierenden Altersgruppen in Sachsen werden migrationsspezifische Betreuungsquoten dort nicht nachgewiesen. Die hochgerechneten Werte liegen dort unter 10.000 und sind damit in ihrer Aussagekraft eingeschränkt. Grund hierfür ist, dass die Stichprobenbasis beim Mikrozensus Zufallsfehler bedingt und damit einen einfachen relativen Standardfehler, der umso größer wird, je schwächer ein Merkmal besetzt ist.

Personalschlüssel im Vergleich
Die Kategorie „unter 1:3,25" unterliegt in altersübergreifenden Gruppen in Sachsen der Geheimhaltung und wird zur Kategorie „1:3,25 bis unter 1:4,25" hinzugefügt.

Sachsen-Anhalt

Allgemeine Basisdaten

Fläche in km² (2019)	20.457
Einwohner:innen (31.12.2019)	2.194.782
Geborene Kinder (2019)	16.618
Geburten pro Frau (2019)	1,563
Anzahl Kinder < 10 Jahren (31.12.2019)	181.411
Davon < 3 Jahren	52.535
Davon 3 bis < 6 Jahre	55.881
Davon 6 bis < 10 Jahre	72.995
Anteil der Kinder mit Migrationshintergrund (2019)	
... < 3 Jahren	17,0 %
... von 3 bis < 6 Jahren	15,8 %
Erwerbstätigenquote von Müttern mit (2019)	
... mindestens einem Kind < 3 Jahren	66,7 %
... mindestens einem Kind von 3 bis < 6 Jahren	76 %
Leistungsempfänger:innen nach SGB II (ALG II u. Sozialgeld, 2020)	195.982
Davon Kinder < 6 Jahren	18.737
Entspricht Anteil an allen Kindern < 6 Jahren	17,3 %

FBBE auf einen Blick 01.03.2020

Anteil der Kinder in FBBE	
... < 1 Jahr	7,1 %
... von 1 bis < 3 Jahren	81,9 %
... < 3 Jahren	58,3 %
... von 3 bis < 6 Jahren inkl. 0,01 % in [vor-]schulischen Einrichtungen	93,9 %
Schulkinder 6 bis < 11 Jahre	74,4 %
Tageseinrichtungen insgesamt	1.800
Davon Horte	386
Anteil der Einrichtungen mit	
... < 45 Kindern	24,0 %
... 45 bis 75 Kindern	30,1 %
... 76 Kindern und mehr	45,9 %
Pädagogisches Personal (inkl. Leitung) in KiTas (mit Horten) insgesamt	19.108
Davon in Horten	3.150
Kinder in KiTas (mit Horten) insgesamt	151.234
Davon < 3 Jahren	29.950
Davon 3 Jahre bis zum Schuleintritt	64.535
Davon Schulkinder < 11 Jahren	54.248
Tagespflegepersonen insgesamt	190
Kinder in Kindertagespflege insgesamt	854
Davon < 3 Jahren	654
Davon 3 Jahre bis zum Schuleintritt	195
Davon Schulkinder < 11 Jahren	5
Leitungspersonal in KiTas (mit Horten) insgesamt	1.940
Davon in Horten	400

Blitzlichter: Status quo der Kindertagesbetreuung in Sachsen-Anhalt

Am 1. März 2020 besuchten in ST 30.603 unter 3-Jährige eine KiTa oder Kindertagespflege, 885 Kinder weniger als im Jahr zuvor. Die Teilhabequote befindet sich im bundesweiten Vergleich mit 58 % auf dem höchsten Niveau (zusammen mit BB und MV). Bei den 3- bis unter 6-Jährigen liegt sie bei 94 % (bundesweit: 93 %).

Für faire Bildungschancen ist nicht nur die Zahl an Plätzen entscheidend: Die Angebote müssen auch kindgerecht sein. Wichtige – auch wissenschaftlich untersuchte – Gradmesser für die strukturelle Qualität in KiTas sind der *Personalschlüssel*, die *Gruppengröße*, das *Qualifikationsniveau* des pädagogischen Personals und ausreichend *Leitungszeit*.

Der Personalschlüssel lässt sich mit den Daten der amtlichen Kinder- und Jugendhilfestatistik (KJH-Statistik) für verschiedene Gruppentypen berechnen. So werden 2020 in ST 60 % der unter 3-Jährigen in Krippengruppen betreut. Mit einem rechnerischen Personalschlüssel von 1 zu 5,6 wird hier bei weitem nicht die Empfehlung der Bertelsmann Stiftung (1 zu 3,0) erreicht. Weitere 18 % dieser Altersgruppe besuchen Gruppen mit Kindern unter 4 Jahren; der Personalschlüssel liegt hier bei 1 zu 6,8 – ebenfalls weit entfernt von einem kindgerechten Verhältnis. In altersübergreifenden Gruppen werden weitere 9 % der unter 3-Jährigen zusammen mit ebenso 9 % der über 3-Jährigen bei einem Personalschlüssel von 1 zu 8,3 betreut. Das ist deutlich ungünstiger als der wissenschaftlich empfohlene Wert von 1 zu 3,75.[1] Der überwiegende Anteil der ab 3-Jährigen (66 %) besucht Kindergartengruppen mit einem Personalschlüssel von 1 zu 10,7 (Empfehlung der Bertelsmann Stiftung: 1 zu 7,5).

Die Auswertungen zeigen, dass im Jahr 2020 in ST für 93 % der Kinder in amtlich erfassten KiTa-Gruppen[2] nicht genügend Fachpersonal zur Verfügung steht. Dieser Anteil liegt deutlich über dem bundesweiten Wert von 73 %. Die nicht kindgerechte Personalausstattung betrifft etwas häufiger die unter 3-Jährigen (98 %) als die ab 3-Jährigen (91 %).

Allerdings hat sich in ST von 2013 bis 2020 der Personalschlüssel in Krippengruppen von 1 zu 6,7 auf 1 zu 5,6 stark verbessert. Auch in Kindergartengruppen kam es zu einem im bundesweiten Vergleich erheblichen Ausbau (von 1 zu 12,6 auf 1 zu 10,7). Trotz dieser Entwicklungen müssen in ST jedoch rein rechnerisch 4 Kindergartenkinder mehr von einer Fachkraft betreut werden als in BW, dem Bundesland mit der günstigsten Personalausstattung.

Die Gruppengröße ist ein weiterer wichtiger Gradmesser für die Qualität in KiTas. Nach wissenschaftlichen Empfehlungen sollten Gruppen für jüngere Kinder maximal zwölf Kinder umfassen, für die Älteren maximal 18.[3] In ST werden diese Werte bei 45 % der amtlich erfassten KiTa-Gruppen nicht erreicht (bundesweit: 54 %). Mit 63 % ist insbesondere ein größerer Anteil der Gruppen mit Kindern unter 4 Jahren zu groß; bei den Krippengruppen sind es 49 %. Darüber hinaus entsprechen 36 % der Kindergartengruppen und 69 % derjenigen, die auch für 2-Jährige geöffnet sind, nicht den Empfehlungen. Insgesamt zeigt sich, dass in ST die unter 3-Jährigen mit 67 % häufiger von nicht kindgerechten Gruppengrößen betroffen sind als die ab 3-Jährigen (55 %).

Wesentliche Voraussetzung für eine „gute" KiTa-Qualität ist nicht nur *zahlenmäßig ausreichendes*, sondern auch *qualifiziertes* Personal. In ST verfügen 85 % der 15.958 pädagogisch Tätigen in KiTas über einen fachlich einschlägigen Fachschulabschluss, etwa als Erzieher:in. In den westdeutschen Bundesländern ist dieser Anteil im Durchschnitt deutlich geringer (65 %). Über den formal niedrigeren Berufsfachschulabschluss, bspw. als Sozialassistent:in, verfügen in ST 5 % der pädagogisch Tätigen (in Westdeutschland 15 %). Weitere fast 5 % besitzen einen fachlich einschlägigen Hochschulabschluss. Eine sonstige – nicht fachlich einschlägige – Ausbildung weisen in ST 2 % der pädagogisch Tätigen auf (bundesweit: 4,5 %). Der Anteil des Personals ohne Abschluss (1 %) liegt in ST unter dem bundesweiten Durchschnitt (2 %). Weitere 2 % schließlich befinden sich in Ausbildung; 2016 lag dieser Wert ebenfalls bei 2 %. Mit Blick auf die gegenwärtig in vielen Bundesländern eingeführten praxisintegrierten Ausbildungsgänge bleibt abzuwarten, ob sich dieser Wert in den kommenden Jahren erhöht. Ebenso gilt es kontinuierlich zu beobachten, wie sich die neuen beruflichen Zugangsformen, etwa für Quereinsteiger:innen, zukünftig auf das formale Qualifikationsniveau des KiTa-Personals insgesamt auswirken werden.

Auch die Ausstattung der KiTas mit ausreichenden Leitungsressourcen nimmt eine Schlüsselfunktion für die KiTa-Qualität ein. Nach den Angaben in der KJH-Statistik verfügen 4 % der KiTas in ST über keine Zeit für Leitungsaufgaben; insbesondere die kleineren KiTas (weniger als 45 betreute Kinder) geben dies zu knapp 8 % an. Über die von der Bertelsmann Stiftung empfohlene Zeit für Leitungs- und Verwaltungsaufgaben[4] verfügen 2020 lediglich 6 % der KiTas in ST (ohne Horte); bundesweit sind es 18 %.

Qualitätsentwicklungen im Rahmen des KiQuTG

Im Rahmen des KiTa-Qualitäts- und Teilhabeverbesserungsgesetzes (KiQuTG) erhält jedes Bundesland zwischen 2019 und Ende 2022 vom Bund finanzielle Mittel für Maßnahmen zur Weiterentwicklung der KiTa-Qualität und zur Gebührenentlastung der Eltern. ST investiert diese Bundesmittel in drei der insgesamt elf Handlungsfelder: *Guter Betreuungsschlüssel*, *Qualifizierte Fachkräfte* und *Weniger Gebühren*.

Rund 26 Mio. Euro der Bundesmittel fließen in die Verbesserung der pädagogischen Personalausstattung. Konkret wird mit den Mitteln die Beschäftigung von 137 zusätzlichen Fachkräften für KiTas mit besonderen Entwicklungsbedarfen finanziert. Die Auswahl der KiTas erfolgt über den örtlichen Träger der öffentlichen Jugendhilfe. Durch die gesetzliche Verankerung der Maßnahme im § 23 KiFöG wird diese auch nach dem Auslaufen der Bundesmittel langfristig wirken. Dauerhaft gefördert werden seit dem 1. August 2019 insgesamt 100 Fachkräfte, im Zeitraum zwischen dem 1. Januar 2020 bis zum 31. Dezember 2022 zusätzlich 37 weitere Fachkräfte.

Die Auswertungen der KJH-Statistik deuten auf Effekte dieser Maßnahme hin. So zeigen sich im Zeitraum zwischen 2019 und 2020 über einige Gruppentypen hinweg Verbesserungen der Personalschlüssel: in Kindergartengruppen von 1 zu 11,0 auf 1 zu 10,7, in altersübergreifenden Gruppen von 1 zu 8,6 auf 1 zu 8,3 und in Kindergartengruppen, die auch für 2-Jährige geöffnet sind, von 1 zu 10,1 auf 1 zu 9,9. In Krippengruppen und Gruppen mit Kindern unter 4 Jahren hingegen sind die Entwicklungen kaum erwähnenswert (von 1 zu 5,7 auf 1 zu 5,6 bzw. von 1 zu 6,9 auf 1 zu 6,8). Ob diese Veränderungen tatsächlich Effekte der Maßnahme sind, kann zum jetzigen Zeitpunkt nicht abschließend bestätigt werden; das gilt es in den nächsten Jahren weiter zu beobachten.

Ausbau- und Reformbedarf: Empfehlungen für die Kindertagesbetreuung in Sachsen-Anhalt

Um allen Kindern unabhängig von ihrem Wohnort gleichwertige Teilhabe- und Bildungschancen zu ermöglichen, ist es unerlässlich, dass jedes Bundesland ein sowohl bedarfsgerechtes als auch kindgerechtes FBBE-Angebot zur Verfügung stellt. Die sehr hohen Teilhabequoten in ST weisen darauf hin, dass in den dortigen KiTas zwar ein weitestgehend bedarfsgerechtes Angebot vorhanden ist; allerdings ist die Qualität – gemessen an den Personalschlüsseln – noch längst nicht kindgerecht.

Der *Fachkräfte-Radar für KiTa und Grundschule*[5] prognostiziert, dass für eine kindgerechte Betreuung und professionelle Leitungsausstattung gemäß wissenschaftlichen Empfehlungen bis 2030 in ST rund 4.000 KiTa-Fachkräfte fehlen werden. Damit diese Lücke geschlossen werden kann, muss die Zahl der prognostizierten Neuzugänge um fast 38 % gesteigert werden. Es ist zu prüfen, ob die Ausbildungskapazitäten so schnell aufgestockt und Quereinsteiger:innen gewonnen sowie pädagogisch qualifiziert werden können.

Falls dies nicht möglich sein wird, besteht in ST allerdings – auch infolge der rückläufigen Geburtenzahlen – die realistische Chance, bis 2030 die Personalschlüssel an das durchschnittliche Niveau der westdeutschen Bundesländer anzugleichen, die deutlich günstiger sind als in ST. So werden laut Prognose bis 2030 genügend Fachkräfte vorhanden sein, um dieses Etappenziel zu erreichen, und es stehen noch gut 1.000 Fachkräfte zur Verfügung, die für zusätzliche Verbesserungen, wie etwa die Leitungsausstattung, eingesetzt werden könnten.

Die rückläufigen Geburtenzahlen wirken sich begünstigend darauf aus, dass die Personalschlüssel in ST auf ein deutlich besseres Niveau gehoben werden können. Um das freiwerdende Personal für die Verbesserung zu nutzen, muss ST jetzt eine rechtliche Basis hierfür schaffen. So sollte ein Stufenplan mit einer schrittweisen Verbesserung der Personalausstattung in das KiFöG integriert werden. Die Chance auf kindgerechtere Bedingungen in den KiTas darf nicht ungenutzt verstreichen. Darüber hinaus steht ST vor der Aufgabe, die Ausbildungskapazitäten weiter auszubauen, neues Personal zu gewinnen und – insbesondere durch attraktive Arbeitsbedingungen und Verdienstmöglichkeiten – die vorhandenen Fachkräfte zu binden. Nur so können nach 2030 kindgerechte Personalschlüssel in ST realisiert werden. Damit ST diese Aufgaben bewältigen kann, ist es unumgänglich, dass der Bund auch nach 2022 sein finanzielles Engagement für den Qualitätsausbau fortsetzt und im KiQuTG verlässlich verankert. Die Mittel sollten in erster Linie für die Gewinnung neuer Fachkräfte und den Ausbau der Personal- und Leitungskapazitäten verwendet werden.

1 Haug-Schnabel, Gabriele; Bensel, Joachim (2016): Kinder unter 3 – Bildung, Erziehung und Betreuung von Kleinstkindern. Kindergarten heute – wissen kompakt. 12., überarb. Aufl. Freiburg.

2 Es werden nur die Gruppen in KiTas analysiert, die laut Angaben in der amtlichen KJH-Statistik mit einer Gruppenstruktur arbeiten. Die Zuordnung von Gruppen in KiTas zu einem bestimmten Gruppentyp wird nicht von den Einrichtungen selbst vorgenommen, sondern erfolgt im Rahmen der Auswertung der Daten der amtlichen KJH-Statistik. Dabei erfolgt die Zuordnung primär anhand der Alterszusammensetzung der Kinder in den Gruppen. Gruppen, in denen Kinder mit einer (drohenden) Behinderung betreut werden, werden in der Berechnung nicht berücksichtigt.

3 Viernickel, Susanne; Fuchs-Rechlin, Kirsten (2015): Fachkraft-Kind-Relationen und Gruppengrößen in Kindertageseinrichtungen. Grundlagen, Analysen, Berechnungsmodell, in: Viernickel, Susanne; Fuchs-Rechlin, Kirsten; Strehmel, Petra; Preissing, Christa; Bensel, Joachim; Haug-Schnabel, Gabriele: Qualität für alle. Wissenschaftlich begründete Standards für die Kindertagesbetreuung. Freiburg, S. 11–130.

4 Für eine professionelle Führung und Leitung von KiTas empfiehlt die Bertelsmann Stiftung jeder Einrichtung eine Grundausstattung von 20 Wochenstunden plus 0,35 Wochenstunden pro Ganztagsbetreuungsäquivalent. Die empfohlene Leitungsausstattung enthält auch die Zeiten für Verwaltungstätigkeiten (max. 20 % der empfohlenen Leitungszeit).

5 Der Fachkräfte-Radar für KiTa und Grundschule prognostiziert bis 2030 den Fachkräftebedarf für die KiTa- und Grundschulbetreuung und stellt ihn dem voraussichtlich verfügbaren Personalangebot gegenüber. Weitere Informationen finden Sie unter: www.fachkraefte-radar-kita-grundschule.de

Teilhabe sichern

Jedes Kind braucht einen gesicherten und einfachen Zugang zu „guter“ Kindertagesbetreuung, unabhängig von seinem Wohnort und seiner sozio-ökonomischen oder kulturellen Herkunft. Dazu sind ausreichend wohnortnahe Angebote notwendig. Um diesem Anspruch zu genügen, erfolgte in den vergangenen Jahren bundesweit ein enormer Ausbau der Betreuungsplätze. Mehr als die Hälfte der unter drei Jahre alten Kinder in ST (58 %) nimmt eine Kindertagesbetreuung in Anspruch (bundesweit: 35 %). Unterschiede gibt es vor allem zwischen den unter 1-Jährigen (7 %), 1-Jährigen (75 %) und 2-Jährigen (88 %). Von den Kindern ab 3 bis unter 6 sind in ST mit 94 % fast alle in einer KiTa oder Kindertagespflege. Darüber hinaus nutzen 66 % der 6-Jährigen (Stand: 1. März 2020) Angebote der Kindertagesbetreuung, bevor sie in den schulischen Bildungsbereich wechseln.

74 % der unter 11-jährigen Schulkinder besuchen einen Hort[1]; bundesweit sind es mit 17 % deutlich weniger. 64 % der Kinder nehmen Ganztagsschulangebote wahr (bundesweit: 45 %).[2] Nur 1 Schulkind (0,001 %), das parallel kein Hort- oder Ganztagsschulangebot nutzt, besucht eine Kindertagespflege.

2020 nutzen 30.603 unter 3-Jährige in ST ein FBBE-Angebot (58 %). Das sind 1.044 Kinder mehr als 2012, dem Jahr vor der Einführung des bundesweit geltenden Rechtsanspruchs auf einen Betreuungsplatz für Kinder ab dem ersten Geburtstag: ein Anstieg der Teilhabequote um 1 Prozentpunkt. Bedarfsgerecht ist das Angebot jedoch noch nicht: 2020 wünschen sich 64 % der Eltern von Kindern dieser Altersgruppe laut der „DJI-Kinderbetreuungsstudie“ einen Platz in einer KiTa oder Kindertagespflege. Vergleicht man die Entwicklung der elterlichen Betreuungswünsche mit der Bildungsbeteiligung für diese Altersgruppe zwischen 2012 und 2020, zeigt sich, dass der Bedarf stärker angestiegen ist als die Teilhabequote. Lag die Differenz 2012 noch bei mehr als 3 Prozentpunkten, hat sie sich innerhalb von acht Jahren auf knapp 6 erhöht.

1 Ist im Folgenden von Horten die Rede, sind in der Regel auch Hortgruppen in KiTas gemeint.

2 Eine Aufsummierung dieser beiden Anteile zu einer „Gesamtteilhabequote“ ist aus methodischen Gründen nicht möglich, da Kinder, die beide Angebotsformen nutzen, sowohl in der Kinder- und Jugendhilfestatistik als auch in der Kultusministerkonferenzstatistik aufgeführt werden.

Bildungsbeteiligung an Kindertagesbetreuung | ST 01.03.2020 | Tab. 6–14; 41a1

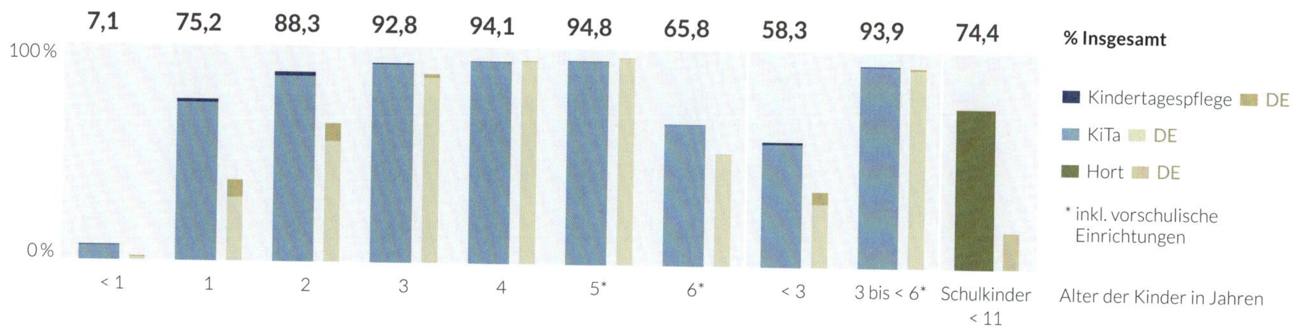

Betreuungsquote und Betreuungswunsch

ST 2012–2020, Stichtag 01.03. | Tab. 88a

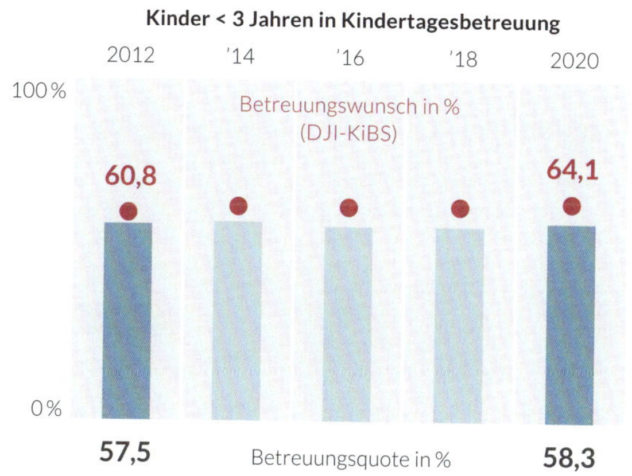

Bildungsbeteiligung von Schulkindern

ST 01.03.2020, Schulj. 2019/20 | Tab. 41a1; Tab. 71

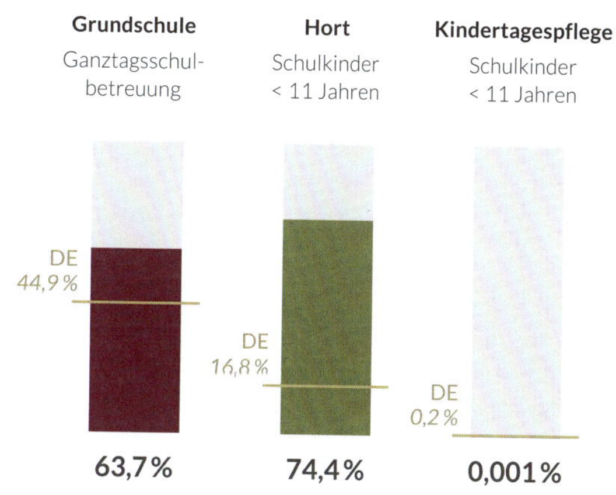

Vereinbarte Betreuungszeit in Horten: Ø **5,1 Stunden/Tag**

Regionale Daten zur Bildungsbeteiligung finden Sie auf www.laendermonitor.de unter FOKUS | Regionale Daten

Der größte Anteil (19 %) der Kinder, die am 01.03.2020 unter drei Jahre alt waren, wurde im August in der aktuell besuchten KiTa aufgenommen (vgl. S. 282). In den Monaten Dezember sowie April bis Juli zeigen sich die geringsten Aufnahmequoten (5 % bis 6 %). Ähnlich gestaltet es sich in der Kindertagespflege – hier erfolgen die Eingewöhnungen vorrangig im August (20 %). Im September bis November sowie Januar bis März liegen die Aufnahmequoten darunter, bewegen sich aber auf einem etwas höheren Niveau (8 % bis 12 %).

Kinder mit einer Eingliederungshilfe werden in 23 % der KiTas (ohne Sondereinrichtungen) in ST betreut; bundesweit liegt dieser Wert deutlich höher (40 %). Ein etwas geringerer Anteil zeigt sich bei den Horten: Schulkinder mit einer Eingliederungshilfe besuchen 17 % der Horte (bundesweit ebenfalls 17 %).

Werden die vertraglich vereinbarten wöchentlichen Betreuungszeiten betrachtet, zeigt sich das folgende Bild: In ST wird der größte Anteil der unter 3-jährigen KiTa-Kinder (50 %) und der ab 3-Jährigen (53 %) laut Vertrag 45 Wochenstunden und mehr betreut. Auch in der Kindertagespflege werden diese Betreuungszeiten am häufigsten gebucht: Das gilt für 52 % der unter 3-Jährigen und 50 % der ab 3-jährigen Nichtschulkinder. KiTa- und Kindertagespflegeplätze bis zu 25 Wochenstunden werden in ST von den Nichtschulkindern am geringsten in Anspruch genommen. Demgegenüber nutzen alle Schulkinder in der Kindertagespflege diese Betreuungszeiten. Sie werden auch von Schulkindern in der Hortbetreuung häufig (47 %) gebucht. Mit 52 % wird allerdings ein etwas größerer Anteil länger – mehr als 25 bis zu 35 Stunden wöchentlich – betreut.

Aufnahmezeitpunkt von unter Dreijährigen in KiTas und Kindertagespflege | ST 01.03.2020 | Tab. 87; 87a

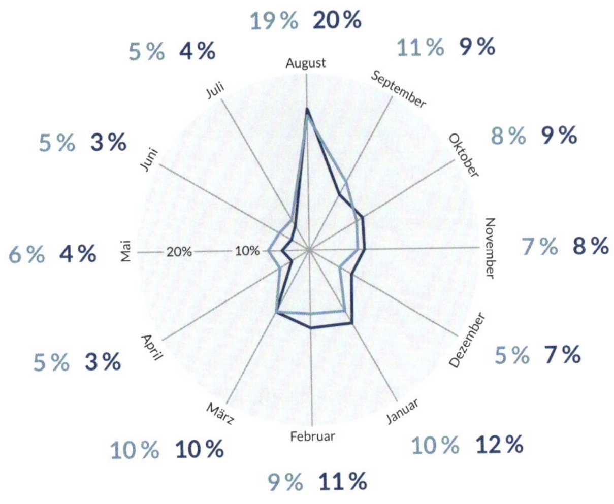

KiTas und Horte, die Kinder mit Eingliederungshilfe betreuen | ST 01.03.2020 | Tab. 59aoh; 59ah

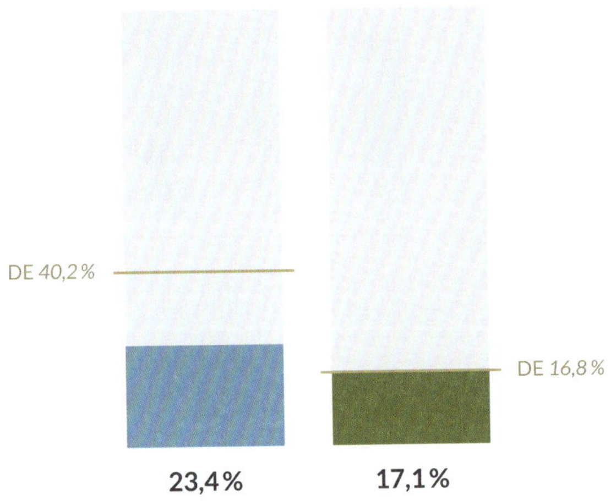

Vertraglich vereinbarte wöchentliche Betreuungszeiten in Kindertagesbetreuung | ST 01.03.2020 | Tab. 2–5; 3h; 138

	Kinder in KiTas und Horten						Kinder in öffentlich geförderter Kindertagespflege						
	< 3 Jahre: 29.950		≥ 3 Jahre bis Schuleintritt: 64.535		Schulkinder < 11 Jahren: 54.248		< 3 Jahre: 654		≥ 3 Jahre bis Schuleintritt: 195		Schulkinder < 11 Jahren: 5		
Bis 25 Stunden	7,7	11,3	4,2	9,3	47,2	61,1	2,1	31,3	4,1	47,0	100	89,7	%
> 25 bis 35 Stunden	9,3	30,6	8,1	37,8	51,8	35,2	5,5	34,2	6,7	24,4	0	7,4	%
> 35 bis < 45 Stunden	33,3	19,5	34,7	17,5	0,9	1,6	40,5	19,3	39,0	15,7	0	1,8	%
45 Stunden und mehr	49,7	38,5	53,0	35,4	0	2,2	51,8	15,2	50,3	12,9	0	1,1	%

| = DE

Regionale Daten zum Betreuungsumfang finden Sie auf www.laendermonitor.de unter FOKUS | Regionale Daten

In ST liegt der Anteil der Kinder mit nicht deutscher Familiensprache in 96 % der KiTas unter 25 % (bundesweit: 69 %); hier spricht also die Mehrheit der Kinder zu Hause Deutsch. 8 % der unter 3-Jährigen in KiTas haben einen Migrationshintergrund (MH). 3 % sprechen in ihrer Familie überwiegend Deutsch, 5 % eine andere Sprache. Bei den älteren KiTa-Kindern (10 %) liegen die Werte für die Sprache bei 3 % bzw. 7 %. Die Anteile der Kinder mit MH liegen in der Kindertagespflege bei den unter 3-Jährigen bei 11 % und den älteren Kindern bei rund 6 %. Hier sprechen nur 2 % der Jüngeren Deutsch und 9 % eine andere Sprache. Bei den Älteren liegen diese Werte bei 2 % bzw. 4 %.

Der größte Anteil der unter 4-Jährigen ohne MH wurde vor ihrem ersten Geburtstag in ihrer aktuellen KiTa (50 %) oder Kindertagespflege (49 %) aufgenommen. Für die Kinder mit MH trifft dies nur auf knapp 20 % bzw. 33 % zu. Sie besuchen am häufigsten mit einem Jahr zum ersten Mal eine KiTa (47 %) oder Kindertagespflege (49 %).

Kinder mit und ohne Migrationshintergrund

ST 01.03.2020

Regionale Daten zum Migrationshintergrund und zur Familiensprache finden Sie auf www.laendermonitor.de unter FOKUS | Regionale Daten

Bildungsbeteiligung in KiTas und Kindertagespflege

Tab. 38a, Tab. 39a

Zu den Teilhabequoten von Kindern mit und ohne Migrationshintergrund in ST können keine Angaben gemacht werden, da keine repräsentativen Daten über den Anteil der Kinder mit und ohne Migrationshintergrund in der Bevölkerung vorliegen.

Quote der Inanspruchnahme von Kindern

mit Migrationshintergrund **ohne** Migrationshintergrund

KiTas (mit Horten) nach ihrem Anteil an Kindern mit nicht deutscher Familiensprache | Tab. 96

KiTas (mit Horten) mit einem Anteil an Kindern mit nicht deutscher Familiensprache von

< 25 % 25 bis < 50 % 50 bis < 75 % 75 % und mehr

Alter des Kindes zu Beginn der Betreuung in der aktuellen KiTa und Kindertagespflege | Tab. 92; 93

KiTa

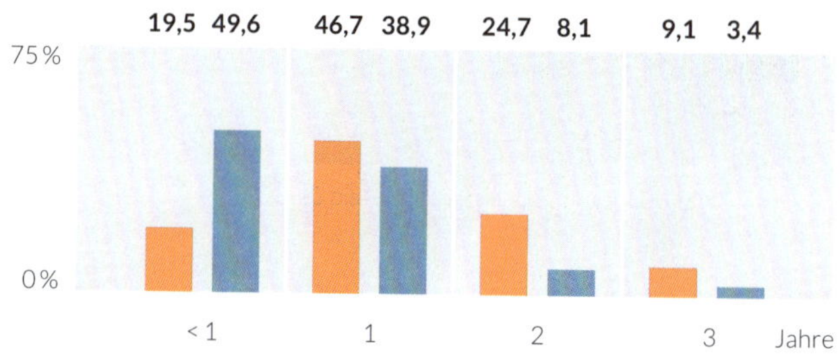

Kindertagespflege

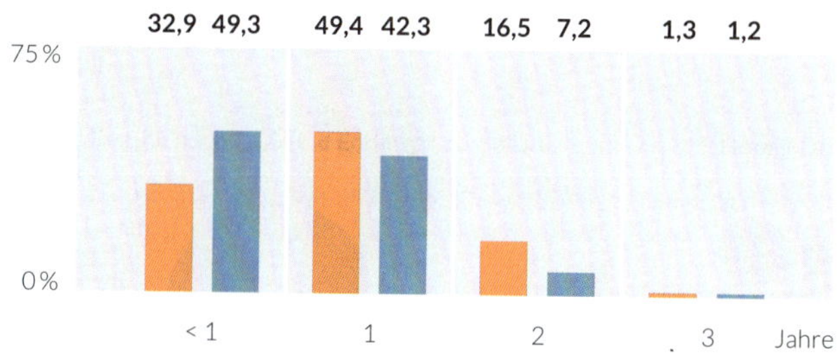

mit Migrationshintergrund **ohne** Migrationshintergrund

Familiäre Sprachpraxis der Kinder in KiTas (mit Horten) und Kindertagespflege | Tab. 15a-20a

KiTas (mit Horten)

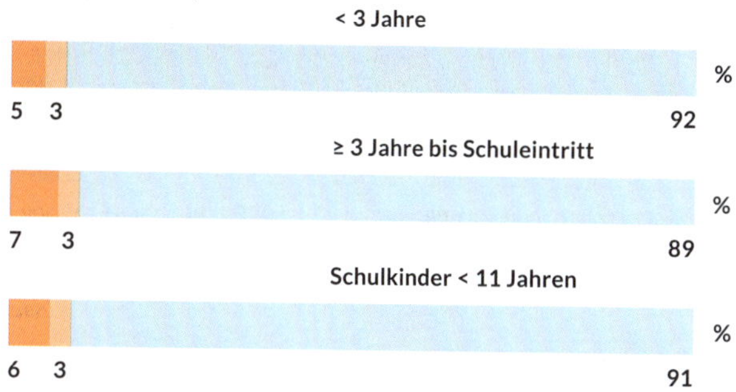

Kindertagespflege

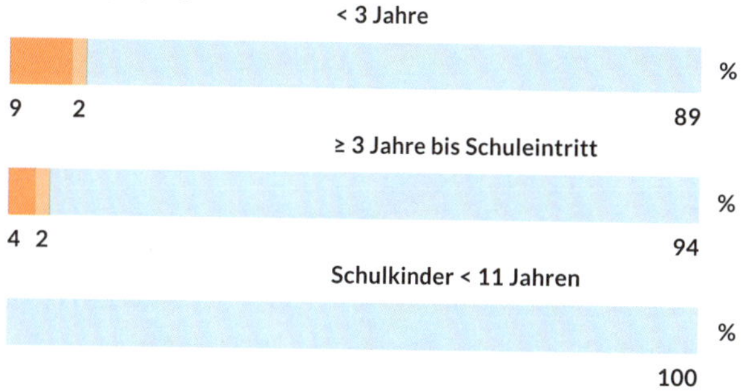

Kinder **mit** Migrationshintergrund:
Familiensprache nicht Deutsch Deutsch

Kinder **ohne** Migrationshintergrund

Bildung fördern – Qualität sichern

Die FBBE kann einen bedeutenden Beitrag für die Chancengerechtigkeit aller Kinder in Deutschland leisten. Voraussetzung dafür, dass die KiTas ihren Bildungsauftrag durchführen können, sind professionelle Rahmenbedingungen: insbesondere ausreichend Personal für die pädagogischen Aufgabenbereiche sowie für die Leitung und die Verwaltung. Weitere wichtige Gradmesser für die Qualität sind qualifizierte KiTa-Teams und kleine Kindergruppen. Schließlich spielt auch die Ausgestaltung der Arbeitsbedingungen durch die Träger eine Rolle. Der Status quo der KiTa-Landschaft wird im Folgenden anhand ausgewählter strukturell-qualitativer Dimensionen dargestellt.

60 % der unter 3-Jährigen in ST sind in Krippengruppen; 2020 ist hier eine Vollzeitkraft rechnerisch für 5,6 ganztags betreute Kinder zuständig. Weitere 18 % dieser Altersgruppe werden zusammen mit 4 % der ab 3-Jährigen in Gruppen mit Kindern unter 4 Jahren betreut (Personalschlüssel: 1 zu 6,8). Der größte Anteil der Kinder ab drei Jahren (66 %) befindet sich in Kindergartengruppen (Personalschlüssel: 1 zu 10,7). Für ein kindgerechtes Betreuungsverhältnis empfiehlt die Bertelsmann Stiftung, dass eine Fachkraft rein rechnerisch für höchstens 3 Kinder unter drei Jahren in Krippengruppen oder 7,5 Kinder ab drei Jahren in Kindergartengruppen zuständig ist. In ST entsprechen rund 15 % der Personalschlüssel in Kindergartengruppen dieser Empfehlung (inkl. ± 0,5 Toleranz) bzw. sind günstiger. Schlechter sind 85 % der Personalschlüssel, in Krippengruppen sogar 95 %. Ein ähnlich ungünstiges Bild zeigt sich bei den weiteren Gruppenformen. So sind in 84 bis 98 % dieser Gruppen die Personalschlüssel ungünstiger als wissenschaftlich empfohlen.

Der Personalschlüssel ist eine rein rechnerische, im KiTa-Alltag nicht beobachtbare Größe, die die gesamte Arbeitszeit einer pädagogischen Fachkraft umfasst. Die annähernd reale Betreuungssituation beschreibt die Fachkraft-Kind-Relation, die das Verhältnis zwischen den Fachkräften und den Kindern während der unmittelbaren pädagogischen Arbeit darstellt.

Pädagogische Personalausstattung | ST 01.03.2020

Personalschlüssel

Tab. 43a2

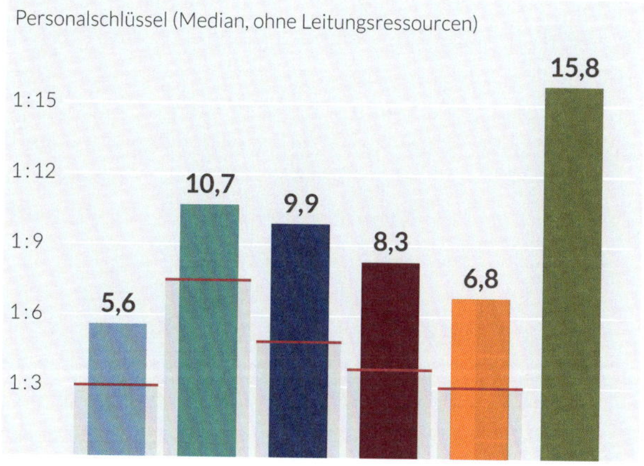

Verteilung der Kinder auf Gruppentypen

Tab. 36b; 36b1; 36b2

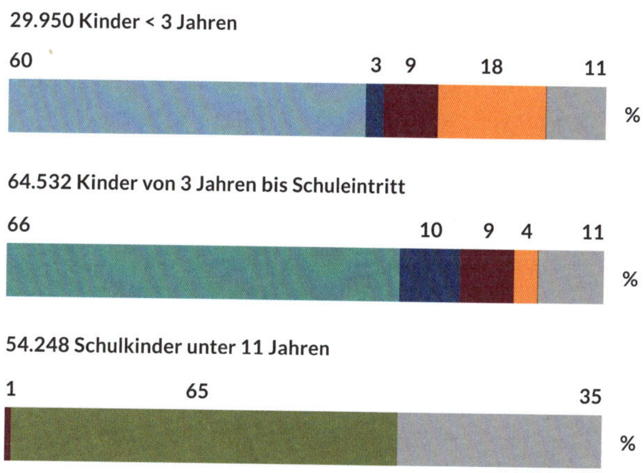

Gruppentyp

Krippe | Kindergarten | Kindergarten ab 2 Jahre | Altersübergreifend ab 0 Jahre | Krippe < 4 Jahren | Hort | Ohne feste Gruppenstruktur

Empfohlener Personalschlüssel (BSt = Bertelsmann Stiftung, H.-S. & B. = Haug-Schnabel & Bensel 2016):
Krippe 1 : 3,0 (BSt); Kindergarten 1 : 7,5 (BSt); Kindergarten ab 2 J. 1: 4,9 (H.-S. & B.); Altersübergreifend ab 0 J. 1 : 3,75 (H.-S. & B.); Krippe < 4 J. 1 : 3,0 (BSt)

Regionale Daten zum Personalschlüssel finden Sie auf www.laendermonitor.de unter FOKUS | Regionale Daten

Personalschlüssel im Vergleich | Tab. 94; 94a–e

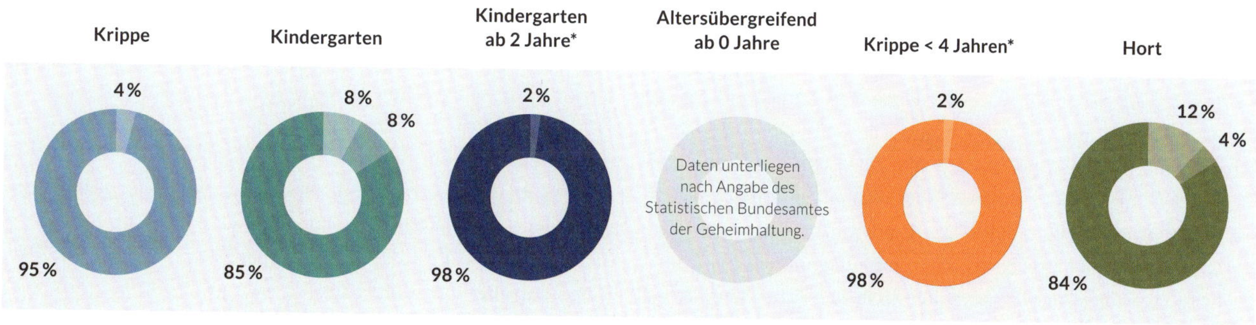

Personalschlüssel von

Krippe	Kindergarten	Kindergarten ab 2 Jahre*	Altersübergreifend ab 0 Jahre	Krippe < 4 Jahren*	Hort
< 1: 2,5 DE 10 %	< 1: 7 DE 26 %	< 1: 4,4 DE 2 %	< 1: 3,25 DE 4 %	< 1: 2,5 DE 5 %	< 1: 9,5 DE 44 %
1: 2,5 bis < 1: 3,5 DE 24 %	1: 7 bis < 1: 8 DE 14 %	1: 4,4 bis < 1: 5,4 DE 7 %	1: 3,25 bis < 1: 4,25 DE 9 %	1: 2,5 bis < 1: 3,5 DE 22 %	1: 9,5 bis < 1: 10,5 DE 5 %
1: 3,5 und mehr DE 66 %	1: 8 und mehr DE 60 %	1: 5,4 und mehr DE 91 %	1: 4,25 und mehr DE 87 %	1: 3,5 und mehr DE 72 %	1: 10,5 und mehr DE 51 %

* siehe landesspezifische Anmerkungen am Ende des Profils

Pädagogische Personalausstattung | ST 01.03.2020

Fachkraft-Kind-Relation – Szenarien der Bertelsmann Stiftung | Tab. 82

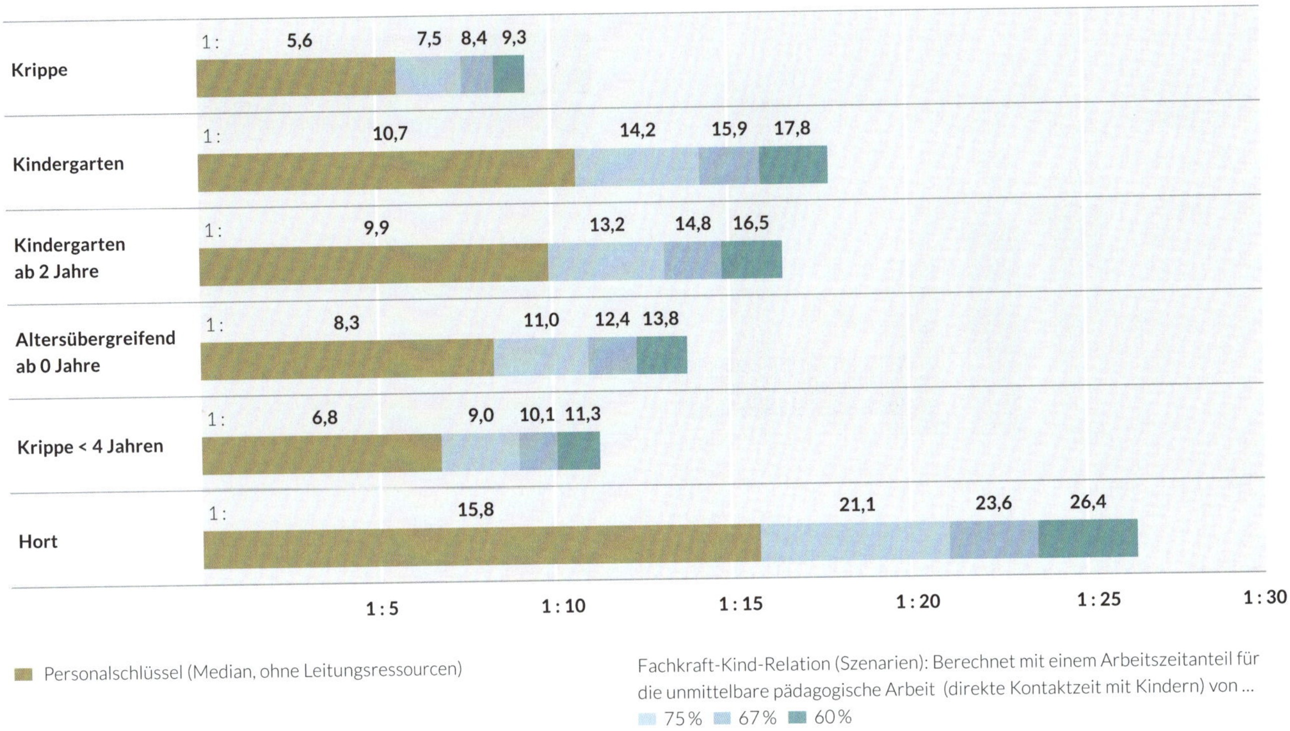

Eine Annäherung an die Fachkraft-Kind-Relation kann nur durch Szenarien erfolgen, da die amtliche Kinder- und Jugendhilfestatistik keine Daten für Arbeitszeitanteile der mittelbaren pädagogischen Aufgabenbereiche sowie Ausfallzeiten erfasst. Die drei von der Bertelsmann Stiftung entwickelten Szenarien wurden auf Basis wissenschaftlicher Untersuchungen berechnet. Diese zeigen, dass 24 % bis 41 % der Gesamtarbeitszeit einer pädagogischen Fachkraft zum einen Ausfallzeiten sind (Urlaub, Krankheit, Fortbildungen) und zum anderen für Aufgaben außerhalb der pädagogischen Praxis benötigt werden, etwa für Elterngespräche, die Qualitätsentwicklung oder Bildungsdokumentationen.[1] In den Szenarien wird der Anteil für die unmittelbaren Arbeitsaufgaben, also den Kontakt mit den Kindern, mit 75 %, 67 % oder 60 % der gesamten Arbeitszeit angesetzt.

Werden wie im Szenario 1 nur 25 % der Arbeitszeit für Aufgaben ohne die Kinder verwendet, verbleiben 75 % der Arbeitszeit für sie. In ST betreut dann eine Vollzeitkraft in Krippengruppen bei einem Personalschlüssel von 1 zu 5,6 in der pädagogischen Praxis rechnerisch 7,5 Kinder. Nimmt man einen höheren Anteil mittelbarer pädagogischer Arbeitszeit an, sinkt die Zeit für die Arbeit mit den Kindern, und die Fachkraft-Kind-Relationen verschlechtern sich (Szenarien 2 und 3).

Neben einer kindgerechten Personalausstattung ist die Gruppengröße ein weiterer Gradmesser für „gute" KiTas. Zu große Gruppen bedeuten für die Kinder und das Personal übermäßigen Stress, etwa durch die Lautstärke. So sollten Gruppen für jüngere Kinder nicht mehr als zwölf Kinder umfassen, Kindergartengruppen nicht mehr als 18.[1] In ST sind 49 % der Krippengruppen zu groß, bei den Kindergartengruppen sind es 36 %.

Im Median haben die KiTas in ST, ähnlich wie in allen anderen ostdeutschen Flächenländern, 11 Stunden ihre Türen geöffnet; bundesweit liegt die Öffnungsdauer bei 9,5 Stunden. In 97 % der KiTas startet der Tag bereits vor 7 Uhr. Dies trifft mit 93 % auch auf den Großteil der Horte zu.

1 Vgl. Viernickel, Susanne; Fuchs-Rechlin, Kirsten (2015): Fachkraft-Kind-Relationen und Gruppengrößen in Kindertageseinrichtungen. Grundlagen, Analysen, Berechnungsmodell, in: Viernickel, Susanne; Fuchs-Rechlin, Kirsten; Strehmel, Petra; Preissing, Christa; Bensel, Joachim; Haug-Schnabel, Gabriele: Qualität für alle. Wissenschaftlich begründete Standards für die Kindertagesbetreuung. Freiburg, S. 11–130.

KiTa- und Hort-Strukturen | ST 01.03.2020

Gruppengrößen im Vergleich | Tab. 116a–e; 116h

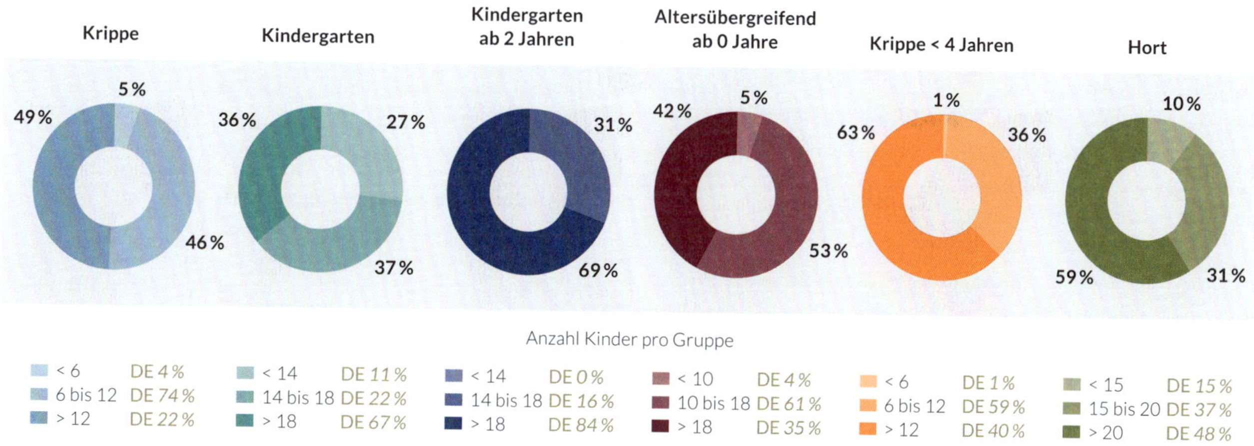

Öffnungszeiten von KiTas und Horten | Tab. 83oh; 83h; 117oh; 117h

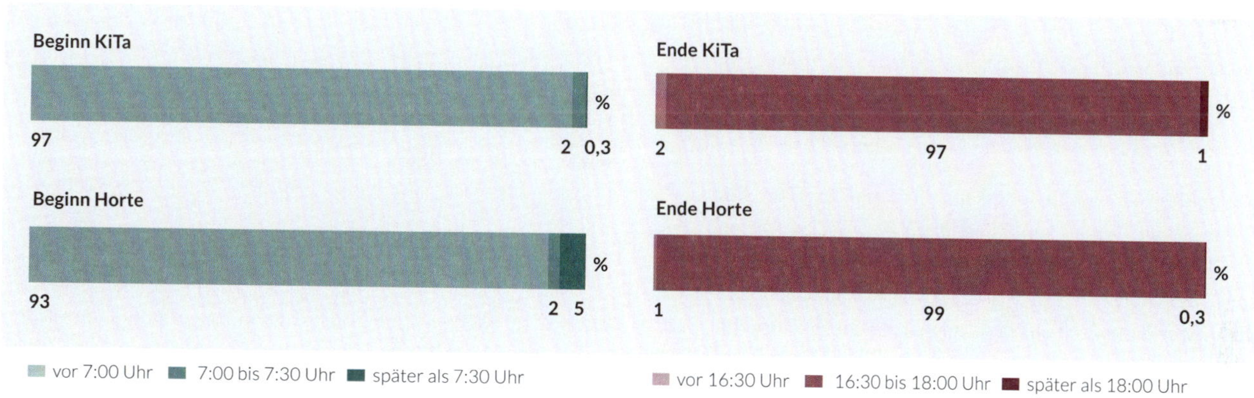

KiTa: Beginn nach 7:30 und Ende vor 16:30 Uhr

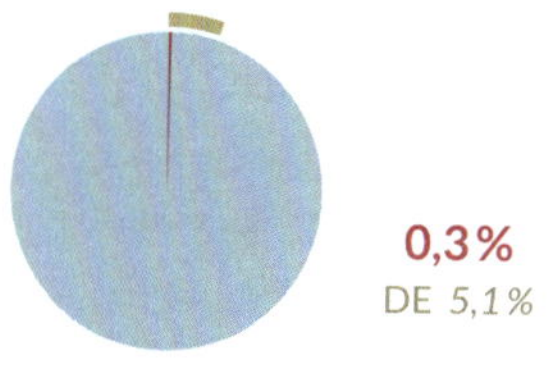

KiTa: Öffnungsdauer

Horte: Beginn nach 7:30 und Ende vor 16:30 Uhr

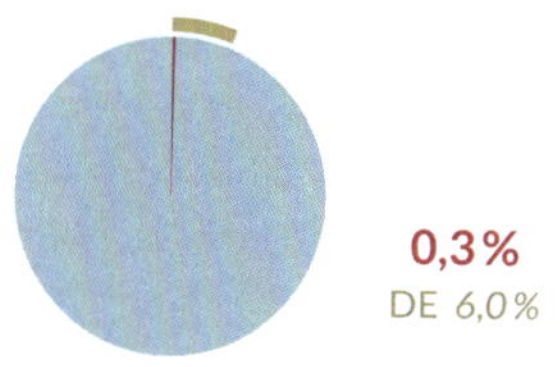

Horte: Öffnungsdauer

Regionale Daten zu den Öffnungszeiten von KiTas finden Sie auf www.laendermonitor.de unter FOKUS | Regionale Daten

Leitungsausstattung

ST 01.03.2020

2020 verfügen 4 % der 1.800 KiTas (mit Horten) in ST nach der amtlichen Kinder- und Jugendhilfestatistik über keine vertraglich vereinbarte Zeit für Leitungsaufgaben. Bundesweit sind es fast 9 %. Dies betrifft vor allem die kleinen Einrichtungen in ST: knapp 8 % der KiTas (mit Horten) mit weniger als 45 betreuten Kindern haben keine zeitlichen Leitungsressourcen, während es in den größeren mit 76 und mehr Kindern nur 3 % sind.

In 23 % der KiTas (mit Horten) in ST, in denen es laut Arbeitsvertrag Leitungskapazitäten gibt, ist eine Person ausschließlich als Leiter:in tätig. Weitere 65 % werden ebenfalls von nur einer Person geleitet – diese ist allerdings neben ihrer Leitungstätigkeit noch als pädagogische Fachkraft zuständig. Hier ergibt sich das folgende Bild: In fast 44 % der KiTas (mit Horten) gibt es Leitungskräfte, denen weniger als 50 % ihrer Arbeitszeit für Leitungsaufgaben zur Verfügung stehen, während in 21 % der KiTas die Leitungskräfte mindestens die Hälfte ihrer Arbeitszeit für Leitungsaufgaben nutzen können. In den restlichen 12 % ist ein Leitungsteam zuständig, d. h., mindestens zwei Personen besitzen einen Leitungsanteil oder sind ausschließlich als Leitung tätig.

Welche dieser vier Leitungskonstellationen in einer Einrichtung zum Tragen kommt, ist die – bewusst zu treffende – Entscheidung des Trägers. Dieser Handlungsspielraum sollte es ermöglichen, den Teams sowie auch den Leitungsverantwortlichen mit ihren jeweiligen Leitungskompetenzen und Persönlichkeiten gerecht zu werden. Voraussetzung ist allerdings, dass den KiTas und Horten zeitliche Leitungsressourcen gewährt werden. Diese sind notwendig, um die Einrichtung professionell zu führen und zu leiten.

Um den Umfang der vertraglich zugesicherten Leitungszeit zwischen den KiTas unabhängig von ihrer Größe sowie auch zwischen den Bundesländern vergleichen zu können, wird die wöchentliche Leitungszeit auf die Anzahl der ganztags betreuten Kinder verteilt. In den KiTas mit Leitungskapazitäten ergeben sich in ST rechnerisch im Median 17 Minuten pro ganztags betreutem Kind für die Führung und Leitung der KiTa.

Darüber hinaus kann die wöchentliche Leitungszeit gruppiert dargestellt werden. Im Ergebnis zeigt sich, dass dem größten Anteil der KiTas in ST (47 %) eine wöchentliche Arbeitszeit von über 10 bis einschließlich 20 Minuten pro rechnerisch ganztags betreutem Kind zur Verfügung steht.

KiTas (mit Horten) ohne Zeit für Leitung | Tab. 85

4,3 % von 1.800 KiTas (mit Horten) verfügen über keine Zeit für Leitung

KiTas (mit Horten) ohne Zeit für Leitung nach KiTa-Größe

Anzahl betreuter Kinder
Kleine KiTas: < 45 Mittlere KiTas: 45 bis 75 Große KiTas: 76 und mehr

Regionale Daten zu KiTas ohne Leitungszeit finden Sie auf www.laendermonitor.de unter FOKUS | Regionale Daten

KiTas (mit Horten) mit Zeit für Leitung nach Leitungsprofil

Tab. 65

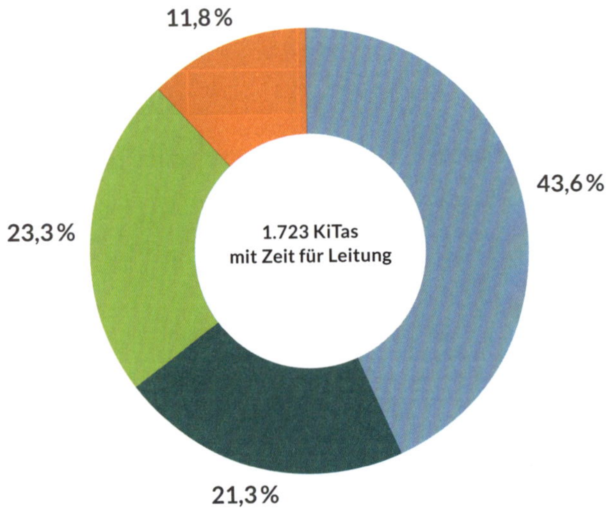

DE	Eine Leitungskraft ...
32,8 %	... mit Leitung als nachrangigem Arbeitsbereich
17,1 %	... mit Leitung als überwiegendem Arbeitsbereich
36,1 %	... ohne weiteren Arbeitsbereich
14,0 %	Leitungsteam

Leitungsausstattung | ST 01.03.2020

KiTas nach Leitungszeit* pro Kind

Tab. 66b; Tab. 108b

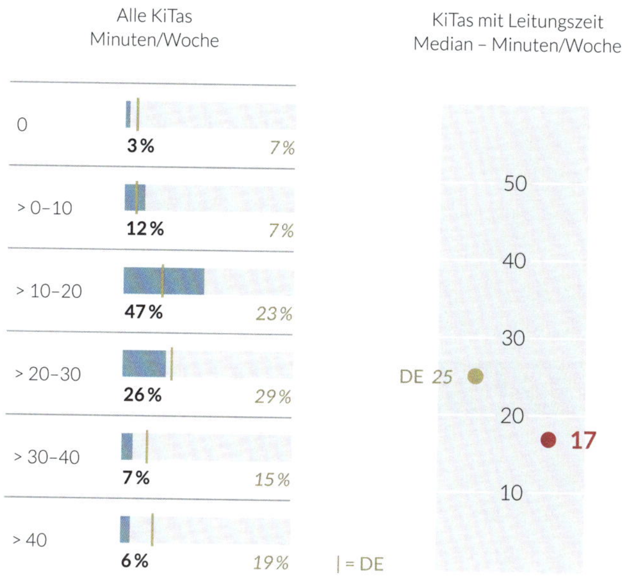

KiTas mit weniger als 20 Wochenstunden Leitungszeit* | Tab. 111

Bertelsmann Stiftung: Empfehlung zur Leitungsausstattung

KiTas mit der von der Bertelsmann Stiftung empfohlenen Leitungszeit* | Tab. 112

* Zeit für die Arbeitsbereiche Leitung UND Verwaltung

**Vertraglich vereinbarte Betreuungswochenstunden aller Kinder geteilt durch 40

Für eine professionelle Führung und Leitung von KiTas empfiehlt die Bertelsmann Stiftung jeder Einrichtung eine Grundausstattung von 20 Wochenstunden. Diese ist dringend notwendig, denn in jeder KiTa müssen – unabhängig von der Größe – Führungs- und Leitungsaufgaben erledigt werden. 2020 verfügen in ST 48 % der KiTas nicht über diese Grundausstattung, die als garantiertes Zeitbudget empfohlen wird.

Neben den 20 Wochenstunden sollte jeder KiTa ein variabler Anteil von 0,35 Wochenstunden pro Ganztagsbetreuungsäquivalent** zur Verfügung gestellt werden. Mit inbegriffen sind Verwaltungszeiten von max. 20 % der empfohlenen Leitungszeit. 2020 verfügen in ST 6 % der KiTas über diese Leitungsausstattung, bundesweit sind es mit 18 % deutlich mehr.

Pädagogisches Personal | ST 01.03.2020

Entwicklung des pädagogischen Personals

Tab. 118oh, 118h; 126

Jahr (Stichtag 01.03.)	KiTas	Kindertagespflege	Horte
	Anzahl pädagogisch Tätiger		
2011	11.928	126	2.293
2012	12.278	133	2.398
2013	12.674	147	2.422
2014	13.503	158	2.509
2015	13.947	180	2.650
2016	14.679	185	2.736
2017	15.120	186	2.848
2018	15.492	189	3.031
2019	15.817	183	3.098
2020	15.958	190	3.150

Beschäftigungsumfang in KiTas und Horten

Tab. 29oh; 29h

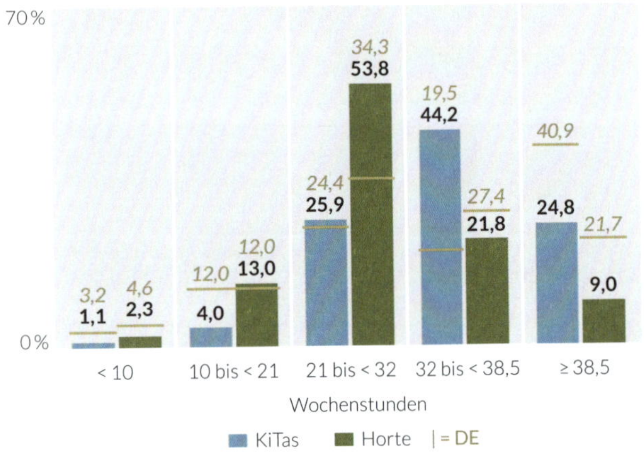

Qualifikationsniveaus | Tab. 27; 50a; 133

Abschluss	ST Anzahl	ST Anteil	DE Anteil
KiTas: 15.958 päd. Tätige			
Hochschule*	724	**4,5 %**	*5,6 %*
Fachschule*	13.564	**85,0 %**	*68,3 %*
Berufsfachschule*	760	**4,8 %**	*13,6 %*
Sonstige Ausbildungen	363	**2,3 %**	*4,5 %*
In Ausbildung	359	**2,2 %**	*5,9 %*
Ohne Abschluss	188	**1,2 %**	*2,2 %*
Kindertagespflege: 190 päd. Tätige			
Hochschule*	9	**4,7 %**	*3,2 %*
Fachschule*	51	**26,8 %**	*15,8 %*
Berufsfachschule*	15	**7,9 %**	*10,0 %*
Soziale/sozialpädagogische Kurzausbildung	10	**5,3 %**	*1,9 %*
Sonstige Ausbildungen	103	**54,2 %**	*60,1 %*
In Ausbildung	0	**0,0 %**	*0,5 %*
Ohne Abschluss	2	**1,1 %**	*8,6 %*
Horte: 3.150 päd. Tätige			
Hochschule*	175	**5,6 %**	*8,2 %*
Fachschule*	2.670	**84,8 %**	*68,8 %*
Berufsfachschule*	85	**2,7 %**	*8,8 %*
Sonstige Ausbildungen	94	**3,0 %**	*7,6 %*
In Ausbildung	78	**2,5 %**	*4,6 %*
Ohne Abschluss	48	**1,5 %**	*2,0 %*

* fachlich einschlägig

Regionale Daten zu den Qualifikationsniveaus finden Sie auf www.laendermonitor.de unter FOKUS | Regionale Daten

Die Zahl des pädagogischen Personals ist in ST zwischen 2011 und 2020 gestiegen: in den KiTas um 34 % auf nunmehr 15.958 Tätige, in den Horten um 37 % auf 3.150 und in der Kindertagespflege um 51 % auf 190. Fast 5 % der pädagogisch Tätigen in KiTas besitzen einen Hochschul-, 85 % einen Fachschulabschluss als Erzieher:in. In Ausbildung befinden sich 2 %. Das Qualifikationsniveau des Hortpersonals liegt auf einem ähnlichen Level wie in den KiTas. In der Kindertagespflege arbeiten anteilig deutlich weniger Personen mit einem fachlich einschlägigen Fachschulabschluss (27 %); bundesweit ist dies allerdings der höchste Anteil nach Berlin (31 %). Die meisten Kindertagespflegepersonen (54 %) besitzen einen nicht-fachpädagogischen Abschluss.

Der größte Anteil des KiTa-Personals in ST arbeitet 32 bis unter 38,5 Stunden pro Woche (44 %). In den Horten trifft dies auf 22 % zu; hier besitzt der größte Anteil (54 %) Arbeitsverträge von 21 bis unter 32 Wochenstunden. 38 Wochenstunden und mehr arbeiten in den KiTas 25 % des Personals, während dies nur auf 9 % in den Horten zutrifft.

Pädagogisches Personal | ST 01.03.2020

Altersstruktur in KiTas, Kindertagespflege und Horten | Tab. 42oh; 42h; 128

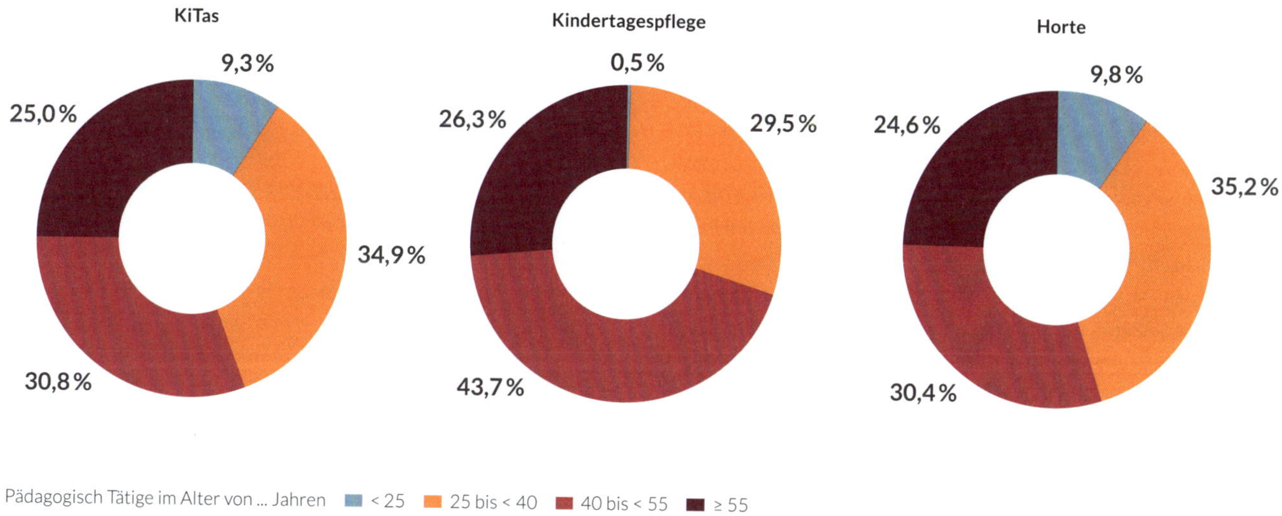

Befristete Arbeitsverhältnisse in KiTas (mit Horten) | Tab. 77

	Alter in Jahren	unter 30	30 bis unter 40	40 bis unter 50	50 bis unter 60	60 und älter
ST	pädagogisch Tätige insgesamt	3.499	4.420	3.090	5.401	2.064
	Anteil befristet Beschäftigter	**20,1 %**	**11,4 %**	**5,4 %**	**2,3 %**	**2,5 %**
DE	Anteil befristet Beschäftigter	*25,6 %*	*14,1 %*	*10,4 %*	*6,3 %*	*5,9 %*

Nur 5 % des KiTa-Personals in ST sind männlich (bundesweit: 6 %). Dieser Anteil liegt in der Kindertagespflege mit 6 % auf einem etwas höheren Niveau (bundesweit: 4 %). In den Horten arbeitet ein deutlich höherer Anteil an Männern (14 %) als in den beiden zuvor genannten Betreuungsformen; bundesweit sind es 18 %.

Mit 35 % ist der größte Anteil des KiTa-Personals in ST 25 bis unter 40 Jahre alt (bundesweit: 37 %). Weitere fast 31 % der Beschäftigten sind 40 bis unter 55 Jahre alt (bundesweit: 33 %). 9 % sind unter 25 Jahre alt, und wiederum 25 % sind 55 oder älter (bundesweit: 13 % bzw. 17 %). Auch für das Hortpersonal in ST zeigt sich, dass die jüngeren Fachkräfte unter 25 Jahren (10 %) und die älteren ab 55 Jahren (25 %) seltener vertreten sind als die anderen Altersgruppen. Hier ist wie in den KiTas der Großteil des Personals 25 bis unter 40 Jahre (35 %) und 40 bis unter 55 Jahre alt (30 %). Ein anderes Bild zeigt sich dagegen in der Kindertagespflege, wo das Personal durchschnittlich älter ist. Mit 44 % ist hier der größte Anteil aller Beschäftigten 40 bis unter 55 Jahre alt (bundesweit: 43 %). Weitere 26 % sind 55 Jahre und älter (bundesweit: 27 %). Zur Altersgruppe 25 bis unter 40 Jahre zählen fast 30 % der Kindertagespflegepersonen (bundesweit: 29 %). Noch nicht einmal 1 % ist jünger als 25 (bundesweit: 1,5 %).

8 % des pädagogischen Personals in KiTas (mit Horten) sind in ST befristet beschäftigt. Dem bundesweiten Trend folgend, sind davon auch in ST vor allem jüngere Beschäftigte betroffen, nämlich 20 % der unter 30-Jährigen, aber nur 2 % der 50- bis unter 60-Jährigen und fast 3 % der ab 60-Jährigen.

Träger | ST 01.03.2020

Die insgesamt 1.414 KiTas und 386 Horte in ST werden von verschiedenen Trägern betrieben; das können solche der öffentlichen oder der freien Jugendhilfe sein. Innerhalb der freien Träger wird zwischen den privat-gemeinnützigen und den privat-nichtgemeinnützigen (auch Wirtschaftsunternehmen) unterschieden. Die privat-nichtgemeinnützigen werden den freien Trägern zugeordnet, da Gemeinnützigkeit kein konstitutives Merkmal ist.

56 % der KiTas in ST befinden sich in öffentlicher Trägerschaft, was im länderübergreifenden Vergleich den höchsten Anteil darstellt (bundesweit: 32 %). Unter den KiTas in freier Trägerschaft sind in ST die des Deutschen Paritätischen Wohlfahrtsverbandes (13 %) und der sonstigen freigemeinnützigen Träger (12 %) häufiger vertreten. In der bundesweiten Gesamtschau zeigt sich, dass in ST insbesondere KiTas des Deutschen Caritasverbandes oder sonstiger katholischer Träger (2 %; bundesweit: 17 %) unterrepräsentiert sind. Ebenso sind KiTas in der Trägerschaft von Elterninitiativen in ST mit 1 % weniger stark vertreten als im Bundesdurchschnitt (8 %). Eine ähnliche Verteilung auf die Trägerschaften zeigt sich bei den Horten in ST. So befindet sich mit 55 % der größte Anteil der Horte in öffentlicher Trägerschaft (bundesweit: 48 %). Mit 16 % wird der zweitgrößte Anteil von sonstigen freigemeinnützigen Trägern betrieben (bundesweit: 15 %).

Unterschiede in den Betreuungsquoten der unter 3-Jährigen und der Kinder ab 3 nach Art des Trägers sind in ST kaum vorhanden. So besuchen rund 15 % der Kinder beider Altersgruppen KiTas des Paritätischen Wohlfahrtsverbandes. Der größte Anteil wird jeweils in KiTas öffentlicher Träger betreut (unter 3-Jährige: 52 %; ab 3-Jährige: 51 %).

Die Beschäftigungsumfänge der pädagogisch Tätigen unterscheiden sich in vielen Bundesländern nach Trägerschaft der KiTas und Horte. 2020 zeigt sich in ST das folgende Bild: Mit 68 % verfügt ein großer Anteil der pädagogisch Tätigen in KiTas (mit Horten) des Deutschen Paritätischen Wohlfahrtsverbandes über einen Arbeitsvertrag, der mindestens 32 Wochenstunden umfasst; das ist mehr als in Einrichtungen anderer Trägerschaften, insbesondere in KiTas (mit Horten) des Deutschen Roten Kreuzes (55 %). Hier arbeitet unter allen Trägern mit 40 % ein größerer Anteil 21 bis unter 32 Wochenstunden. Nur jeweils 5 % der pädagogisch Tätigen des Deutschen Roten Kreuzes sowie der Caritas und sonstiger katholischer Träger arbeiten weniger als 21 Wochenstunden; das ist unter allen Trägern der geringste Anteil.

KiTas und Horte nach Träger | Tab. 78oh; 78h

1.414 KiTas und 386 Horte in ST	KiTas		Horte	
	Anzahl	Anteil	Anzahl	Anteil
Öffentliche Träger	790	**55,9 %**	211	**54,7 %**
Freie Träger/privat-gemeinnützig				
Arbeiterwohlfahrt (AWO)	58	**4,1 %**	16	**4,1 %**
Deutscher Paritätischer Wohlfahrtsverband (DPWV)	178	**12,6 %**	37	**9,6 %**
Deutsches Rotes Kreuz (DRK)	26	**1,8 %**	11	**2,8 %**
Diakonie Deutschland/sonstige der EKD angeschlossene Träger	144	**10,2 %**	39	**10,1 %**
Deutscher Caritasverband/sonstige katholische Träger	31	**2,2 %**	5	**1,3 %**
Sonstige	167	**11,8 %**	61	**15,8 %**
Freie Träger/privat-nichtgemeinnützig	1	**0,1 %**	0	**0,0 %**
Elterninitiativen	19	**1,3 %**	6	**1,6 %**

Träger | ST 01.03.2020

Kinder nach Alter und KiTa-Träger | Tab. 79, 80

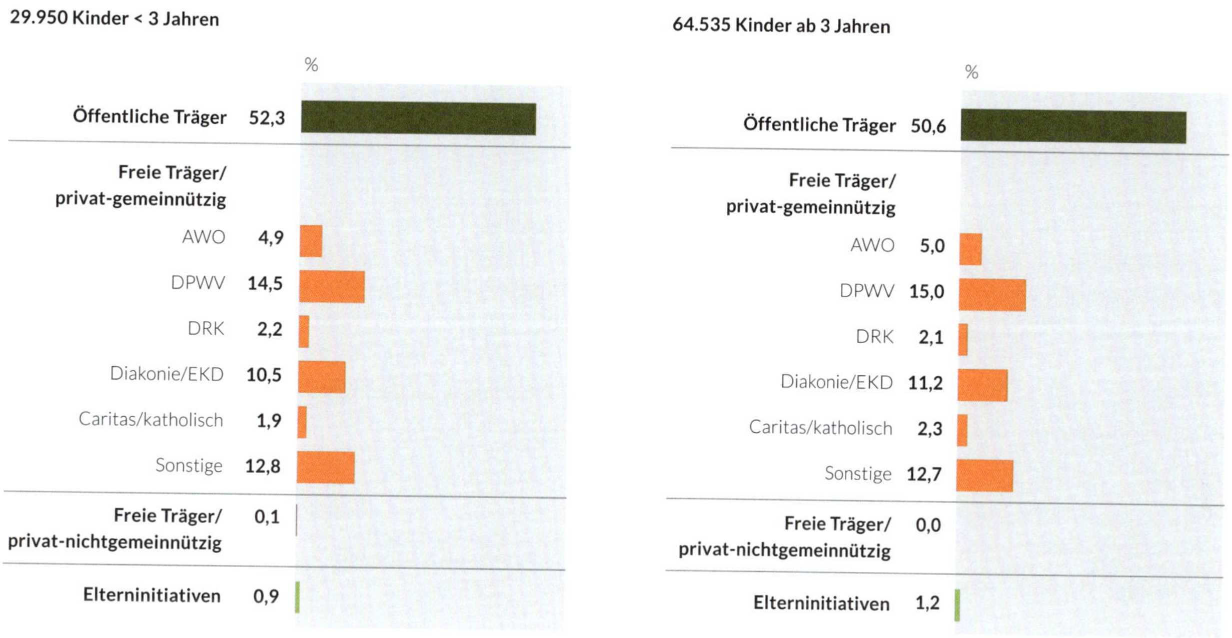

Pädagogisch Tätige nach KiTa-Träger (mit Horten) und Beschäftigungsumfang | Tab. 81

Investitionen wirkungsvoll einsetzen

Der qualitative Ausbau des frühkindlichen Bildungssystems, insbesondere die Verbesserung der Personalressourcen, erfordert gewaltige finanzielle Kraftanstrengungen aller Akteure. Um das System langfristig zu sichern, bedarf es einer dauerhaften finanziellen Unterstützung des Bundes. Daher sollte der Bund sein finanzielles Engagement im KiQuTG über 2022 hinaus verlässlich verankern.

In ST wurden 2018 für jedes Kind unter sechs Jahren in der Bevölkerung durchschnittlich 6.345 Euro für Angebote der Kindertagesbetreuung durch die öffentliche Hand, also Land und Kommunen, ausgegeben (ohne Elternbeiträge oder Zuschüsse anderer föderaler Ebenen). Das sind rund 2.200 Euro mehr als sechs Jahre zuvor. Im bundesweiten Durchschnitt lagen die Ausgaben im Jahr 2018 mit 6.007 Euro auf einem etwas niedrigeren Niveau als in ST.

Im Haushaltsjahr 2019 wurden in ST seitens der öffentlichen Haushalte Investitionsausgaben für die Kindertagesbetreuung in Höhe von 41 Mio. Euro getätigt. Dies sind Ausgaben, die zum Beispiel bei einem Neubau einer KiTa bzw. einem Umbau oder einer Sanierung einer bereits vorhandenen KiTa entstehen.

Im Rahmen des KiQuTG erhält jedes Bundesland zwischen 2019 und Ende 2022 Bundesmittel für Maßnahmen zur Weiterentwicklung der KiTa-Qualität und zur Gebührenentlastung der Eltern. ST investiert in drei der insgesamt elf Handlungsfelder des Gesetzes. Der größte Anteil der Bundesmittel fließt mit fast 72 Mio. Euro in das Handlungsfeld *Weniger Gebühren*. Mit diesen Mitteln finanziert ST die Ausweitung der Gebührenbefreiung. Im ersten Schritt musste ab 2019 jede Familie nur noch für das älteste KiTa-Kind einen Beitrag zahlen; die Beiträge für die jüngeren Kinder entfielen demnach. Seit 2020 schließt die Regelung auch Geschwisterkinder ein, die einen Hort besuchen, sodass nur noch für das Hortkind gezahlt werden muss.[1]

1 Vgl. BMFSFJ und MS (2020): Vertrag zwischen der Bundesrepublik Deutschland, vertreten durch das Bundesministerium für Familie, Senioren, Frauen und Jugend, und dem Land Sachsen-Anhalt zur Umsetzung des Gesetzes zur Weiterentwicklung der Qualität und zur Verbesserung der Teilhabe in Tageseinrichtungen und in der Kindertagespflege (KiTa-Qualitäts- und Teilhabeverbesserungsgesetz – KiQuTG).

Investitionen pro unter sechsjährigem Kind
ST 2011–2018 | Tab. 21c

Grundmittel von Land und Kommunen

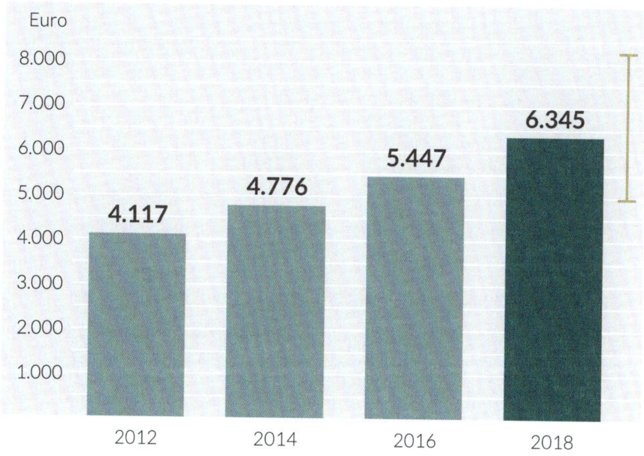

| = Alle Bundesländer 2018, Minimum: 4.965 €, Maximum: 8.232 €

Finanzierungsgemeinschaft für FBBE
ST 2018 | Tab. 23

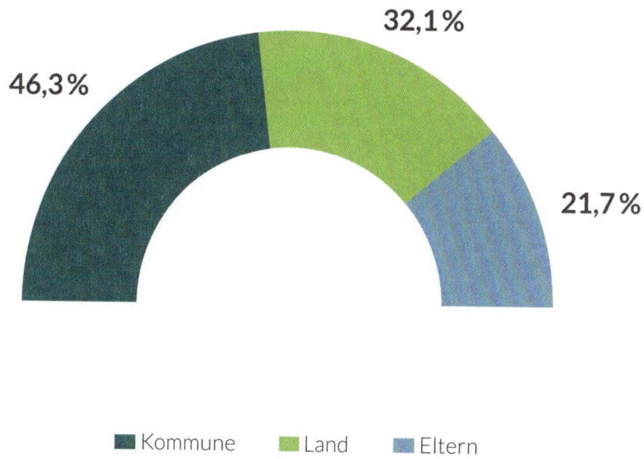

Ohne Eigenanteil der freien Träger und Zuschüsse des Bundes

Einmalige Investitionsausgaben für FBBE | ST 2009–2019 | Tab. 45

Ausgaben von Bund, Land und Kommunen

	2009	2010	2011	2012	2013	2014	2015	2016	2017	2018	2019
	Mio. Euro										
ST	**20,0**	**33,7**	**25,9**	**15,4**	**21,3**	**34,3**	**13,1**	**23,3**	**25,8**	**60,9**	**41,3**
DE	*947,3*	*1.334,1*	*1.357,5*	*1.408,8*	*2.188,8*	*1.649,4*	*1.137,7*	*1.080,7*	*1.345,8*	*1.686,1*	*2.012,3*

Für die Interpretation der hier ausgewiesenen Indikatoren sind einige methodische Grundlagen wichtig. Zusätzlich zu den Anmerkungen im Anhang des Länderprofils findet sich auf www.laendermonitor.de unter „Methodik" eine ausführliche Beschreibung der Datengrundlage sowie der Berechnungsmethodik.

Verteilung der Bundesmittel aus dem KiQuTG auf die Handlungsfelder | ST 2019–2022 | Tab. 119

	Bedarfsgerechtes Angebot	**Guter Betreuungsschlüssel**	**Qualifizierte Fachkräfte**	Starke KiTa-Leitung	Kindgerechte Räume	Gesundes Aufwachsen	Sprachliche Bildung	Starke Kindertagespflege	Netzwerke für mehr Qualität	Vielfältige pädagogische Arbeit	**Weniger Gebühren**	**Verplante Bundesmittel gesamt**
Anteil		**21 %**	**21 %**								**58 %**	**100 %**
Mio. Euro		**26,4**	**25,9**								**71,5**	**123,8**

Landesspezifische Anmerkungen

Kinder mit und ohne Migrationshintergrund
Aufgrund zu schwacher Besetzungszahlen in mindestens einer der beiden interessierenden Altersgruppen in Sachsen-Anhalt werden migrationsspezifische Betreuungsquoten dort nicht nachgewiesen. Die hochgerechneten Werte liegen dort unter 10.000 und sind damit in ihrer Aussagekraft eingeschränkt. Grund hierfür ist, dass die Stichprobenbasis beim Mikrozensus Zufallsfehler bedingt und damit einen einfachen relativen Standardfehler, der umso größer wird, je schwächer ein Merkmal besetzt ist.

Personalschlüssel im Vergleich
Die Kategorie „unter 1:4,4" unterliegt in Kindergartengruppen, für 2-Jährige geöffnet, in Sachsen-Anhalt der Geheimhaltung und wird zur Kategorie „1:4,4 bis unter 1:5,4" hinzugefügt.

Die Kategorie „unter 1:2,5" unterliegt in Gruppen mit Kindern unter 4 Jahren in Sachsen-Anhalt der Geheimhaltung und wird zur Kategorie „1:2,5 bis unter 1:3,5" hinzugefügt.

Schleswig-Holstein

Allgemeine Basisdaten

Fläche in km² (2019)	15.801
Einwohner:innen (31.12.2019)	2.903.773
Geborene Kinder (2019)	24.653
Geburten pro Frau (2019)	1,535
Anzahl Kinder < 10 Jahren (31.12.2019)	256.722
Davon < 3 Jahren	76.706
Davon 3 bis < 6 Jahre	78.346
Davon 6 bis < 10 Jahre	101.670
Anteil der Kinder mit Migrationshintergrund (2019)	
... < 3 Jahren	32,4 %
... von 3 bis < 6 Jahren	28,0 %
Erwerbstätigenquote von Müttern mit (2019)	
... mindestens einem Kind < 3 Jahren	60,6 %
... mindestens einem Kind von 3 bis < 6 Jahren	71,7 %
Leistungsempfänger:innen nach SGB II (ALG II u. Sozialgeld, 2020)	212.496
Davon Kinder < 6 Jahren	23.998
Entspricht Anteil an allen Kindern < 6 Jahren	15,5 %

FBBE auf einen Blick 01.03.2020

Anteil der Kinder in FBBE	
... < 1 Jahr	1,7 %
... von 1 bis < 3 Jahren	51,3 %
... < 3 Jahren	35,2 %
... von 3 bis < 6 Jahren inkl. 0,01 % in [vor-]schulischen Einrichtungen	90,3 %
Schulkinder 6 bis < 11 Jahre	9,3 %
Tageseinrichtungen insgesamt	1.816
Davon Horte	42
Anteil der Einrichtungen mit	
... < 45 Kindern	36,7 %
... 45 bis 75 Kindern	29,6 %
... 76 Kindern und mehr	33,7 %
Pädagogisches Personal (inkl. Leitung) in KiTas (mit Horten) insgesamt	21.780
Davon in Horten	818
Kinder in KiTas (mit Horten) insgesamt	115.835
Davon < 3 Jahren	20.569
Davon 3 Jahre bis zum Schuleintritt	85.603
Davon Schulkinder < 11 Jahren	9.323
Tagespflegepersonen insgesamt	1.837
Kinder in Kindertagespflege insgesamt	8.207
Davon < 3 Jahren	6.509
Davon 3 Jahre bis zum Schuleintritt	1.507
Davon Schulkinder < 11 Jahren	191
Leitungspersonal in KiTas (mit Horten) insgesamt	2.026
Davon in Horten	49

Blitzlichter: Status quo der Kindertagesbetreuung in Schleswig-Holstein

In den letzten zehn Jahren hat sich in SH die Zahl der unter 3-Jährigen, die eine KiTa oder Kindertagespflege besuchen, um 12.219 Kinder auf 27.038 erhöht. Somit stieg die FBBE-Teilhabequote dieser Altersgruppe von fast 22 % im Jahr 2011 auf 35 % im Jahr 2020. Trotz des enormen Ausbaus ist SH jedoch noch weit entfernt von der durchschnittlichen ostdeutschen Teilhabequote (53 %). Bei den 3- bis unter 6-Jährigen liegt der Wert bei 90 % (bundesweit: 93 %).

Für faire Bildungschancen ist nicht nur die Zahl an Plätzen entscheidend: Die Angebote müssen auch kindgerecht sein. Wichtige – auch wissenschaftlich untersuchte – Gradmesser für die strukturelle Qualität in KiTas sind der *Personalschlüssel*, die *Gruppengröße*, das *Qualifikationsniveau* des pädagogischen Personals und ausreichend *Leitungszeit*.

Der Personalschlüssel lässt sich mit den Daten der amtlichen Kinder- und Jugendhilfestatistik (KJH-Statistik) für verschiedene Gruppentypen berechnen. So werden 2020 in SH 46 % der unter 3-Jährigen in Krippengruppen betreut. Mit einem rechnerischen Personalschlüssel von 1 zu 3,6 wird hier noch nicht die Empfehlung der Bertelsmann Stiftung (1 zu 3,0) erreicht. Weitere 31 % dieser Altersgruppe besuchen Gruppen mit Kindern unter 4 Jahren; der Personalschlüssel liegt hier ähnlich wie bei den Krippengruppen bei 1 zu 3,7 – noch entfernt von einem kindgerechten Verhältnis. In altersübergreifenden Gruppen werden weitere 15 % der unter 3-Jährigen zusammen mit 14 % der über 3-Jährigen bei einem Personalschlüssel von 1 zu 5,7 betreut. Das ist ungünstiger als der wissenschaftlich empfohlene Wert von 1 zu 3,75.[1] Der überwiegende Anteil der ab 3-Jährigen (70 %) besucht Kindergartengruppen mit einem Personalschlüssel von 1 zu 7,8 (Empfehlung der Bertelsmann Stiftung: 1 zu 7,5).

Die Auswertungen zeigen, dass im Jahr 2020 in SH für 62 % der Kinder in amtlich erfassten KiTa-Gruppen[2] nicht genügend Fachpersonal zur Verfügung steht. Dieser Anteil liegt unter dem bundesweiten Wert von 73 %. Die nicht kindgerechte Personalausstattung betrifft die Kinder unter und ab 3 zu beinahe gleichen Anteilen (64 % bzw. 62 %).

Allerdings hat sich in SH von 2013 bis 2020 die personelle Ausstattung in Kindergartengruppen im bundesweiten Vergleich stark verbessert (von 1 zu 9,0 auf 1 zu 7,8). Trotz dieser Entwicklung müssen in SH jedoch rein rechnerisch 1,1 Kindergartenkinder mehr von einer Fachkraft betreut werden als in BW, dem Bundesland mit der günstigsten Personalausstattung. In Krippengruppen kam es im selben Zeitraum nur zu einem geringfügigen Ausbau (von 1 zu 3,9 auf 1 zu 3,6).

Die Gruppengröße ist ein weiterer wichtiger Gradmesser für die Qualität in KiTas. Nach wissenschaftlichen Empfehlungen sollten Gruppen für jüngere Kinder maximal zwölf Kinder umfassen, für die Älteren maximal 18.[3] In SH werden diese Werte bei 38 % der amtlich erfassten KiTa-Gruppen nicht erreicht (bundesweit: 54 %). Mit 71 % ist insbesondere ein größerer Anteil der Kindergartengruppen zu groß; bei Kindergartengruppen, die auch für 2-Jährige geöffnet sind, sind es 57 %. Demgegenüber entsprechen lediglich 1 % der Krippengruppen und 7 % der Gruppen mit Kindern unter 4 Jahren nicht den Empfehlungen. Insgesamt zeigt sich, dass in SH die unter 3-Jährigen mit 7 % seltener von nicht kindgerechten Gruppengrößen betroffen sind als die ab 3-Jährigen (66 %).

Wesentliche Voraussetzung für eine „gute" KiTa-Qualität ist nicht nur *zahlenmäßig ausreichendes*, sondern auch *qualifiziertes* Personal. In SH verfügen fast 63 % der 20.962 pädagogisch Tätigen in KiTas über einen fachlich einschlägigen Fachschulabschluss, etwa als Erzieher:in. Damit liegt SH sowohl unter dem bundesweiten Durchschnitt (68 %) als auch deutlich unter dem Niveau der ostdeutschen Bundesländer (80 %). Über den formal niedrigeren Berufsfachschulabschluss, bspw. als Sozialassistent:in, verfügen in SH 24 % der pädagogisch Tätigen; in Ostdeutschland sind es nur knapp 3 %. Weitere 5 % besitzen einen fachlich einschlägigen Hochschulabschluss. Eine sonstige – nicht fachlich einschlägige – Ausbildung weisen in SH 4 % der pädagogisch Tätigen auf (bundesweit: 4,5 %). Der Anteil des Personals ohne Abschluss liegt in SH mit 3 % über dem bundesweiten Durchschnitt (2 %). Weitere 1 % schließlich befinden sich in Ausbildung; 2016 lag dieser Wert ebenfalls bei rund 1 %. Mit Blick auf die gegenwärtig in vielen Bundesländern eingeführten praxisintegrierten Ausbildungsgänge bleibt abzuwarten, ob sich dieser Wert in den kommenden Jahren erhöht. Ebenso gilt es kontinuierlich zu beobachten, wie sich die neuen beruflichen Zugangsformen, etwa für Quereinsteiger:innen, zukünftig auf das formale Qualifikationsniveau des KiTa-Personals insgesamt auswirken werden.

Auch die Ausstattung der KiTas mit ausreichenden Leitungsressourcen nimmt eine Schlüsselfunktion für die KiTa-Qualität ein. Nach den Angaben in der KJH-Statistik verfügen mehr als 9 % der KiTas in SH über keine Zeit für Leitungsaufgaben; insbesondere die kleineren KiTas (weniger als 45 betreute Kinder) geben dies zu knapp 20 % an. Über die von der Bertelsmann Stiftung empfohlene Zeit für Leitungs- und Verwaltungsaufgaben[4] verfügen 2020 fast 35 % der KiTas in SH (ohne Horte); bundesweit sind es 18 %.

Qualitätsentwicklungen im Rahmen des KiQuTG

Im Rahmen des KiTa-Qualitäts- und Teilhabeverbesserungsgesetzes (KiQuTG) erhält jedes Bundesland zwischen 2019 und Ende 2022 vom Bund finanzielle Mittel für Maßnahmen zur Weiterentwicklung der KiTa-Qualität und zur Gebührenentlastung der Eltern. SH investiert diese Bundesmittel in zwei der insgesamt elf Handlungsfelder: *Guter Betreuungsschlüssel* und *Weniger Gebühren*.

Mit 102 Mio. Euro fließt der größte Anteil der Bundesmittel in die Verbesserung der pädagogischen Personalausstattung. Konkret wird damit die gesetzliche Verbesserung der Betreuungsschlüssel in Kindergartengruppen finanziert. So gilt mit dem neuen KiTa-Gesetz in SH, welches am 1. August 2020 in Kraft trat, dass in Kindergartengruppen mit 20 Kindern durchgängig zwei Fachkräfte anwesend sein müssen. Inwiefern sich das auf die pädagogische Personalausstattung in SH auswirken wird, ist mit den aktuell zur Verfügung stehenden Daten noch nicht zu beurteilen, da die Maßnahme erst nach der Datenerhebung umgesetzt wurde. Somit bleibt abzuwarten, welche konkreten Effekte sie nach sich ziehen wird. Diese dürften sich allerdings dauerhaft zeigen, da die Maßnahme gesetzlich verankert ist. So wird sie auch nach Auslaufen der Bundesmittel durch Landesmittel weiter finanziert.

Ausbau- und Reformbedarf: Empfehlungen für die Kindertagesbetreuung in Schleswig-Holstein

Um allen Kindern unabhängig von ihrem Wohnort gleichwertige Teilhabe- und Bildungschancen zu ermöglichen, ist es unerlässlich, dass jedes Bundesland ein sowohl bedarfsgerechtes als auch kindgerechtes FBBE-Angebot zur Verfügung stellt. Trotz der Tatsache, dass die Personalschlüssel in SH günstiger sind als in den ostdeutschen Bundesländern, ist der Anteil der Kinder, die in KiTa-Gruppen mit einer nicht kindgerechten Personalausstattung betreut werden, mit 62 % noch immer zu hoch. Darüber hinaus zeigt sich, dass auch nach Jahren des Platzausbaus die Teilhabechancen der unter 3-Jährigen in SH noch nicht das Niveau der ostdeutschen Bundesländer erreichen.

Der *Fachkräfte-Radar für KiTa und Grundschule*[5] prognostiziert, dass für gleiche Teilhabechancen und eine kindgerechte Betreuung sowie eine professionelle Leitungsausstattung gemäß wissenschaftlichen Empfehlungen bis 2030 in SH fast 3.000 KiTa-Fachkräfte fehlen werden. Damit diese Lücke geschlossen werden kann, muss die Zahl der prognostizierten Neuzugänge um 24 % gesteigert werden. Es ist zu prüfen, ob die Ausbildungskapazitäten so schnell aufgestockt und Quereinsteiger:innen gewonnen sowie pädagogisch qualifiziert werden können.

Falls dies nicht möglich sein wird, besteht in SH allerdings – auch infolge der rückläufigen Geburtenzahlen – die realistische Chance, bis 2030 die Teilhabequoten an das heutige Niveau der ostdeutschen Bundesländer und die Personalschlüssel an das durchschnittliche Westniveau[6] anzugleichen. So werden laut Prognose bis 2030 genügend Fachkräfte vorhanden sein, um dieses Etappenziel zu erreichen, und es stehen fast 3.000 Fachkräfte zur Verfügung, die für zusätzliche Verbesserungen, wie etwa die Leitungsausstattung, eingesetzt werden könnten.

Nach 2030 muss dann allerdings das Ziel lauten: kindgerechte und bedarfsgerechte FBBE-Angebote in ganz Deutschland. Um dies zu erreichen, müssen in SH schon jetzt die Weichen für den Ausbau der Plätze sowie der Ausbildungskapazitäten mit gleichzeitiger Qualifizierung zusätzlicher Berufsschullehrer:innen gestellt werden. Für die Verbesserung der Personalschlüssel ist zudem eine rechtliche Basis erforderlich. So sollte ein Stufenplan mit einer schrittweisen Verbesserung der Personalausstattung in das KiTaG integriert werden. Darüber hinaus braucht es Konzepte, um neues Personal zu gewinnen und – insbesondere durch attraktive Arbeitsbedingungen und Verdienstmöglichkeiten – die vorhandenen Fachkräfte zu binden. Damit SH diese Aufgaben bewältigen kann, ist es unumgänglich, dass der Bund auch nach 2022 sein finanzielles Engagement für den Qualitätsausbau fortsetzt und im KiQuTG verlässlich verankert. Die Mittel sollten in erster Linie für die Gewinnung neuer Fachkräfte und den Ausbau der Personal- und Leitungskapazitäten verwendet werden.

1 Haug-Schnabel, Gabriele; Bensel, Joachim (2016): Kinder unter 3 – Bildung, Erziehung und Betreuung von Kleinstkindern. Kindergarten heute – wissen kompakt. 12., überarb. Aufl. Freiburg.

2 Es werden nur die Gruppen in KiTas analysiert, die laut Angaben in der amtlichen KJH-Statistik mit einer Gruppenstruktur arbeiten. Die Zuordnung von Gruppen in KiTas zu einem bestimmten Gruppentyp wird nicht von den Einrichtungen selbst vorgenommen, sondern erfolgt im Rahmen der Auswertung der Daten der amtlichen KJH-Statistik. Dabei erfolgt die Zuordnung primär anhand der Alterszusammensetzung der Kinder in den Gruppen. Gruppen, in denen Kinder mit einer (drohenden) Behinderung betreut werden, werden in der Berechnung nicht berücksichtigt.

3 Viernickel, Susanne; Fuchs-Rechlin, Kirsten (2015): Fachkraft-Kind-Relationen und Gruppengrößen in Kindertageseinrichtungen. Grundlagen, Analysen, Berechnungsmodell, in: Viernickel, Susanne; Fuchs-Rechlin, Kirsten; Strehmel, Petra; Preissing, Christa; Bensel, Joachim; Haug-Schnabel, Gabriele: Qualität für alle. Wissenschaftlich begründete Standards für die Kindertagesbetreuung. Freiburg, S. 11–130.

4 Für eine professionelle Führung und Leitung von KiTas empfiehlt die Bertelsmann Stiftung jeder Einrichtung eine Grundausstattung von 20 Wochenstunden plus 0,35 Wochenstunden pro Ganztagsbetreuungsäquivalent. Die empfohlene Leitungsausstattung enthält auch die Zeiten für Verwaltungstätigkeiten (max. 20 % der empfohlenen Leitungszeit).

5 Der Fachkräfte-Radar für KiTa und Grundschule prognostiziert bis 2030 den Fachkräftebedarf für die KiTa- und Grundschulbetreuung und stellt ihn dem voraussichtlich verfügbaren Personalangebot gegenüber. Weitere Informationen finden Sie unter: www.fachkraefte-radar-kita-grundschule.de

6 Sind die Personalschlüssel bereits günstiger als das Westniveau, werden sie in den Berechnungen konstant gehalten.

Teilhabe sichern

Jedes Kind braucht einen gesicherten und einfachen Zugang zu „guter“ Kindertagesbetreuung, unabhängig von seinem Wohnort und seiner sozio-ökonomischen oder kulturellen Herkunft. Dazu sind ausreichend wohnortnahe Angebote notwendig. Um diesem Anspruch zu genügen, erfolgte in den vergangenen Jahren bundesweit ein enormer Ausbau der Betreuungsplätze. Mehr als ein Drittel der unter drei Jahre alten Kinder in SH (35 %) nimmt eine Kindertagesbetreuung in Anspruch (bundesweit ebenfalls 35 %). Unterschiede gibt es vor allem zwischen den unter 1-Jährigen (2 %), 1-Jährigen (39 %) und 2-Jährigen (63 %). Von den Kindern ab 3 bis unter 6 sind in SH mit 90 % fast alle in einer KiTa oder Kindertagespflege. Darüber hinaus nutzen 63 % der 6-Jährigen (Stand: 1. März 2020) Angebote der Kindertagesbetreuung, bevor sie in den schulischen Bildungsbereich wechseln.

9 % der unter 11-jährigen Schulkinder besuchen einen Hort[1]; bundesweit sind es 17 %. Weitere 22 % der Kinder nehmen Ganztagsschulangebote wahr (bundesweit: 45 %). Nur 154 Schulkinder (0,2 %), die parallel kein Hort- oder Ganztagsschulangebot nutzen, besuchen eine Kindertagespflege.

2020 nutzen 27.038 unter 3-Jährige in SH ein FBBE-Angebot (35 %). Das sind 10.743 Kinder mehr als 2012, dem Jahr vor der Einführung des bundesweit geltenden Rechtsanspruchs auf einen Betreuungsplatz für Kinder ab dem ersten Geburtstag: ein Anstieg der Teilhabequote um 11 Prozentpunkte. Bedarfsgerecht ist das Angebot jedoch noch nicht: 2020 wünschen sich 51 % der Eltern von Kindern dieser Altersgruppe laut der „DJI-Kinderbetreuungsstudie“ einen Platz in einer KiTa oder Kindertagespflege. Vergleicht man die Entwicklung der elterlichen Betreuungswünsche mit der Bildungsbeteiligung für diese Altersgruppe zwischen 2012 und 2020, zeigt sich, dass der Bedarf stärker angestiegen ist als die Teilhabequote. Lag die Differenz 2012 bei fast 11 Prozentpunkten, hat sie sich innerhalb von acht Jahren auf 16 erhöht.

1 Ist im Folgenden von Horten die Rede, sind in der Regel auch Hortgruppen in KiTas gemeint.

Bildungsbeteiligung an Kindertagesbetreuung | SH 01.03.2020 | Tab. 6–14; 41a1

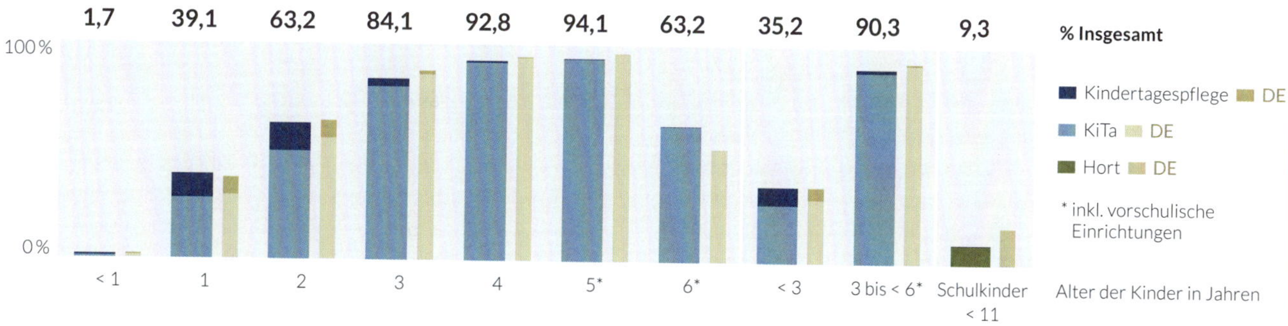

Betreuungsquote und Betreuungswunsch

SH 2012–2020, Stichtag 01.03. | Tab. 88a

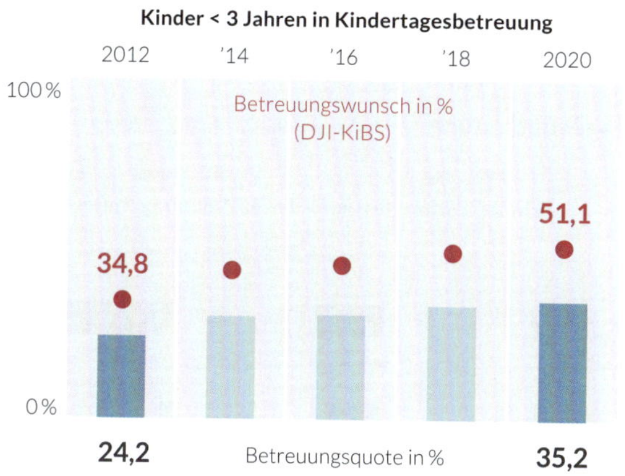

Bildungsbeteiligung von Schulkindern

SH 01.03.2020, Schulj. 2019/20 | Tab. 41a1; Tab. 71

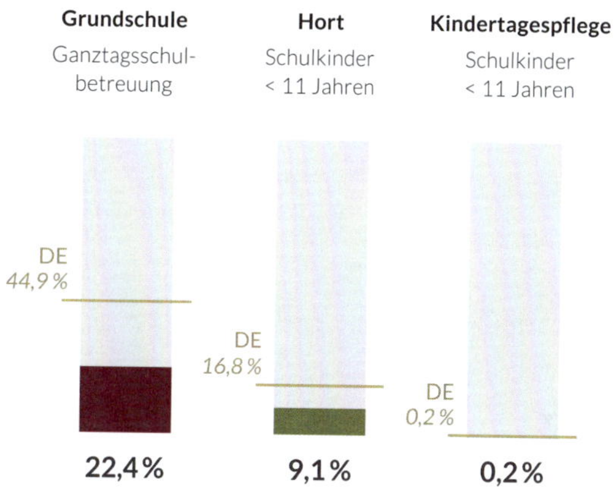

Vereinbarte Betreuungszeit in Horten: Ø **5,1 Stunden/Tag**

Regionale Daten zur Bildungsbeteiligung finden Sie auf www.laendermonitor.de unter FOKUS | Regionale Daten

36 % der Kinder, die am 01.03.2020 unter drei Jahre alt waren, wurden im August in der aktuell besuchten KiTa aufgenommen (vgl. S. 302). In den Monaten Dezember sowie April bis Juli zeigen sich die geringsten Aufnahmequoten (2 % bis 4 %). Auch in der Kindertagespflege erfolgen die Eingewöhnungen vorrangig im August (22 %). Im September und Januar liegen die Aufnahmequoten darunter, bewegen sich aber auf einem etwas höheren Niveau (13 % bzw. 11 %).

Kinder mit einer Eingliederungshilfe werden in 45 % der KiTas (ohne Sondereinrichtungen) in SH betreut; bundesweit liegt dieser Wert etwas niedriger (40 %). Ein deutlich geringerer Anteil zeigt sich bei den Horten: Schulkinder mit einer Eingliederungshilfe besuchen 24 % der Horte (n = 10) (bundesweit: 17 %).

Werden die vertraglich vereinbarten wöchentlichen Betreuungszeiten betrachtet, zeigt sich das folgende Bild: In SH wird der größte Anteil der unter 3-jährigen KiTa-Kinder laut Vertrag entweder mehr als 25 bis zu 35 Wochenstunden (34 %) oder mehr als 35 bis unter 45 Stunden pro Woche (37 %) betreut. In der Altersgruppe der ab 3-Jährigen zeigen sich etwas häufiger die Betreuungszeiten von durchschnittlich mehr als 5 bis 7 Stunden täglich (35 %). In der Kindertagespflege wird der größte Anteil der Kinder bis zu 25 Stunden wöchentlich betreut: 39 % der unter 3-Jährigen und 41 % der ab 3-jährigen Nichtschulkinder. Auch Schulkinder nutzen diese Betreuungszeiten sowohl in Horten (66 %) als auch in der Kindertagespflege (88 %) am häufigsten.

Aufnahmezeitpunkt von unter Dreijährigen in KiTas und Kindertagespflege | SH 01.03.2020 | Tab. 87; 87a

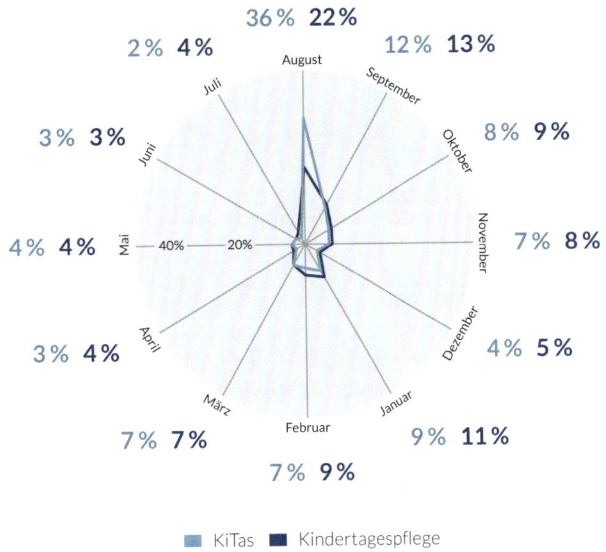

KiTas und Horte, die Kinder mit Eingliederungshilfe betreuen | SH 01.03.2020 | Tab. 59aoh; 59ah

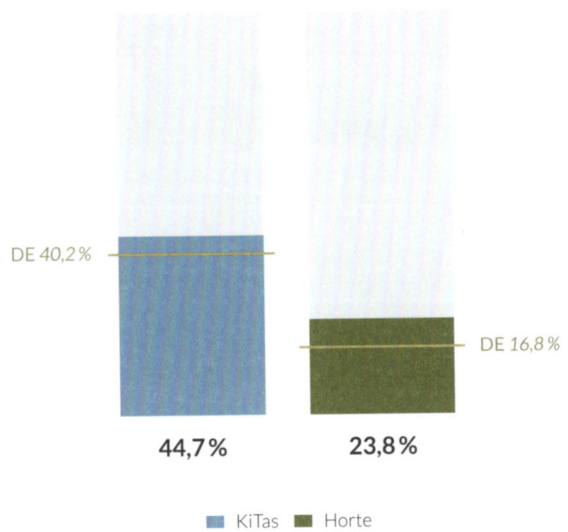

Vertraglich vereinbarte wöchentliche Betreuungszeiten in Kindertagesbetreuung | SH 01.03.2020 | Tab. 2–5; 3h; 138

	Kinder in KiTas und Horten			Kinder in öffentlich geförderter Kindertagespflege		
	< 3 Jahre: 20.569	≥ 3 Jahre bis Schuleintritt: 85.603	Schulkinder < 11 Jahren: 9.319	< 3 Jahre: 6.509	≥ 3 Jahre bis Schuleintritt: 1.507	Schulkinder < 11 Jahren: 191
Bis 25 Stunden	15,9 *11,3*	23,2 *9,3*	65,6 *61,1*	38,8 *31,3*	40,5 *47,0*	88,0 *89,7* %
> 25 bis 35 Stunden	33,6 *30,6*	35,0 *37,8*	21,4 *35,2*	37,0 *34,2*	34,0 *24,4*	7,3 *7,4* %
> 35 bis < 45 Stunden	36,5 *19,5*	29,3 *17,5*	7,9 *1,6*	21,6 *19,3*	20,8 *15,7*	3,1 *1,8* %
45 Stunden und mehr	14,0 *38,5*	12,5 *35,4*	5,0 *2,2*	2,6 *15,2*	4,6 *12,9*	1,6 *1,1* %

| = DE

Regionale Daten zum Betreuungsumfang finden Sie auf www.laendermonitor.de unter FOKUS | Regionale Daten

In SH nutzen 19 % der unter 3-Jährigen mit und 42 % ohne Migrationshintergrund (MH) ein FBBE-Angebot. Bei den älteren Kindern liegen die Quoten bei 76 % bzw. 96 %. 17 % der unter 3-jährigen KiTa-Kinder haben einen MH; 7 % sprechen in ihrer Familie Deutsch, 10 % eine andere Sprache. Bei den älteren KiTa-Kindern (22 %) sind es bei der Sprache 7 % bzw. 15 %. Die Anteile der Kinder mit MH sind in der Kindertagespflege bei den unter 3-Jährigen mit 13 % geringer als in KiTas. Bei den Älteren liegen sie mit 24 % etwas über dem KiTa-Niveau; 7 % sprechen Deutsch, 17 % eine andere Sprache. Bei den Jüngeren sind es 5 % bzw. 8 %.

Der größte Anteil der unter 4-Jährigen mit oder ohne MH wurde mit einem Jahr in ihrer aktuellen KiTa (40 % bzw. 48 %) oder Kindertagespflege (56 % bzw. 59 %) aufgenommen. Kinder mit MH besuchen seltener im Alter von unter einem Jahr zum ersten Mal eine KiTa (10 %) als Kinder ohne MH (17 %). Auch in der Kindertagespflege bleibt diese Differenz bestehen; allerdings startet hier ein höherer Anteil als in KiTas bereits vor einem Jahr das Betreuungsangebot (22 % bzw. 31 %).

Kinder mit und ohne Migrationshintergrund

SH 01.03.2020

Regionale Daten zum Migrationshintergrund und zur Familiensprache finden Sie auf www.laendermonitor.de unter FOKUS | Regionale Daten

Bildungsbeteiligung in KiTas und Kindertagespflege

Tab. 38a, Tab. 39a

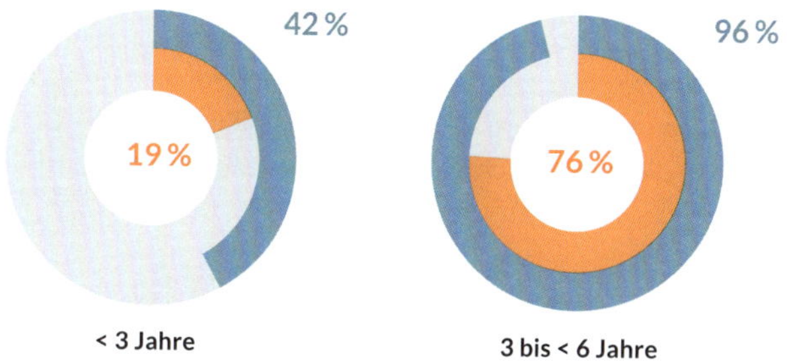

Quote der Inanspruchnahme von Kindern

mit Migrationshintergrund **ohne** Migrationshintergrund

KiTas (mit Horten) nach ihrem Anteil an Kindern mit nicht deutscher Familiensprache | Tab. 96

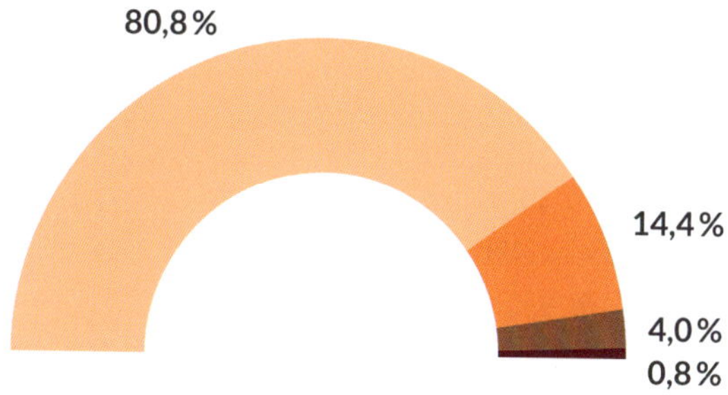

KiTas (mit Horten) mit einem Anteil an Kindern mit nicht deutscher Familiensprache von

< 25 % 25 bis < 50 % 50 bis < 75 % 75 % und mehr

Alter des Kindes zu Beginn der Betreuung in der aktuellen KiTa und Kindertagespflege | Tab. 92; 93

KiTa

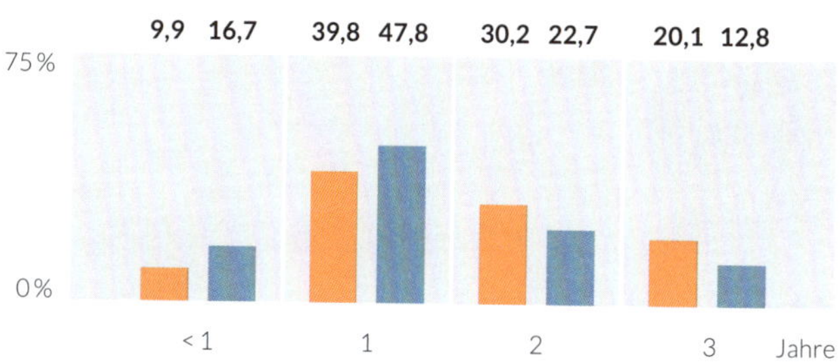

Kindertagespflege

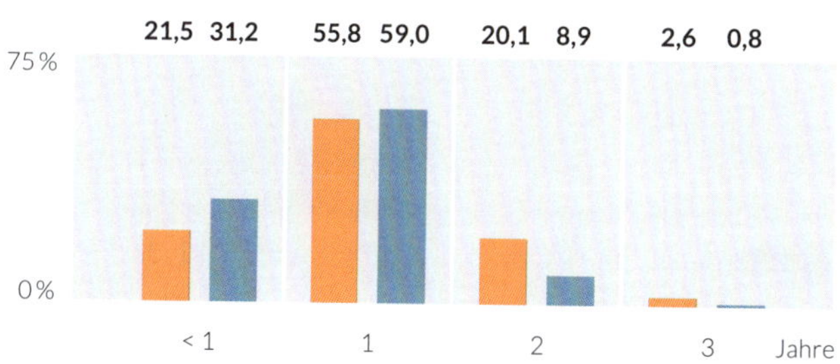

mit Migrationshintergrund **ohne** Migrationshintergrund

Familiäre Sprachpraxis der Kinder in KiTas (mit Horten) und Kindertagespflege | Tab. 15a-20a

KiTas (mit Horten)

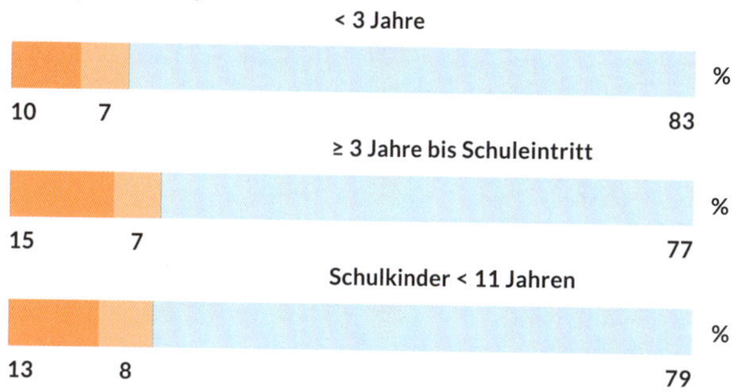

Kindertagespflege

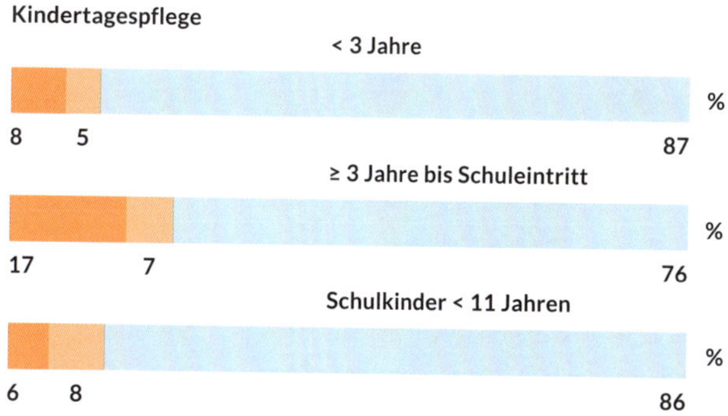

Kinder **mit** Migrationshintergrund:

Familiensprache nicht Deutsch Deutsch

Kinder **ohne** Migrationshintergrund

Bildung fördern – Qualität sichern

Die FBBE kann einen bedeutenden Beitrag für die Chancengerechtigkeit aller Kinder in Deutschland leisten. Voraussetzung dafür, dass die KiTas ihren Bildungsauftrag durchführen können, sind professionelle Rahmenbedingungen: insbesondere ausreichend Personal für die pädagogischen Aufgabenbereiche sowie für die Leitung und die Verwaltung. Weitere wichtige Gradmesser für die Qualität sind qualifizierte KiTa-Teams und kleine Kindergruppen. Schließlich spielt auch die Ausgestaltung der Arbeitsbedingungen durch die Träger eine Rolle. Der Status quo der KiTa-Landschaft wird im Folgenden anhand ausgewählter strukturell-qualitativer Dimensionen dargestellt.

46 % der unter 3-Jährigen in SH sind in Krippengruppen; 2020 ist hier eine Vollzeitkraft rechnerisch für 3,6 ganztags betreute Kinder zuständig. Weitere 31 % dieser Altersgruppe werden zusammen mit 2 % der ab 3-Jährigen in Gruppen mit Kindern unter 4 Jahren betreut (Personalschlüssel: 1 zu 3,7). Der größte Anteil der Kinder ab drei Jahren (70 %) befindet sich in Kindergartengruppen (Personalschlüssel: 1 zu 7,8). Für ein kindgerechtes Betreuungsverhältnis empfiehlt die Bertelsmann Stiftung, dass eine Fachkraft rein rechnerisch für höchstens 3 Kinder unter drei Jahren in Krippengruppen oder 7,5 Kinder ab drei Jahren in Kindergartengruppen zuständig ist. In SH entsprechen 52 % der Personalschlüssel in Kindergartengruppen dieser Empfehlung (inkl. ± 0,5 Toleranz) bzw. sind günstiger. Schlechter sind 48 % der Personalschlüssel, in Krippengruppen sogar 57 %. Ein ungünstigeres Bild zeigt sich – abgesehen von den Hortgruppen – bei den weiteren Gruppenformen. So sind in 61 bis 89 % dieser Gruppen die Personalschlüssel ungünstiger als wissenschaftlich empfohlen.

Der Personalschlüssel ist eine rein rechnerische, im KiTa-Alltag nicht beobachtbare Größe, die die gesamte Arbeitszeit einer pädagogischen Fachkraft umfasst. Die annähernd reale Betreuungssituation beschreibt die Fachkraft-Kind-Relation, die das Verhältnis zwischen den Fachkräften und den Kindern während der unmittelbaren pädagogischen Arbeit darstellt.

Pädagogische Personalausstattung | SH 01.03.2020

Personalschlüssel

Tab. 43a2

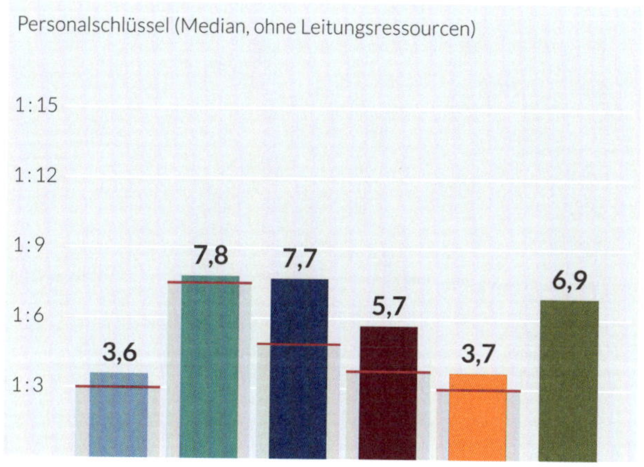

Verteilung der Kinder auf Gruppentypen

Tab. 36b; 36b1; 36b2

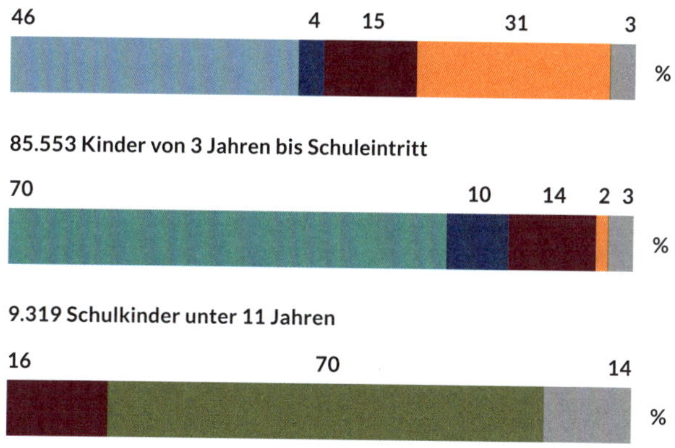

Gruppentyp

Krippe · Kindergarten · Kindergarten ab 2 Jahre · Altersübergreifend ab 0 Jahre · Krippe < 4 Jahren · Hort · Ohne feste Gruppenstruktur

Empfohlener Personalschlüssel (BSt = Bertelsmann Stiftung, H.-S. & B. = Haug-Schnabel & Bensel 2016):
Krippe 1 : 3,0 (BSt); Kindergarten 1 : 7,5 (BSt); Kindergarten ab 2 J. 1: 4,9 (H.-S. & B.); Altersübergreifend ab 0 J. 1 : 3,75 (H.-S. & B.); Krippe < 4 J. 1 : 3,0 (BSt)

Regionale Daten zum Personalschlüssel finden Sie auf www.laendermonitor.de unter FOKUS | Regionale Daten

Personalschlüssel im Vergleich | Tab. 94; 94a–e

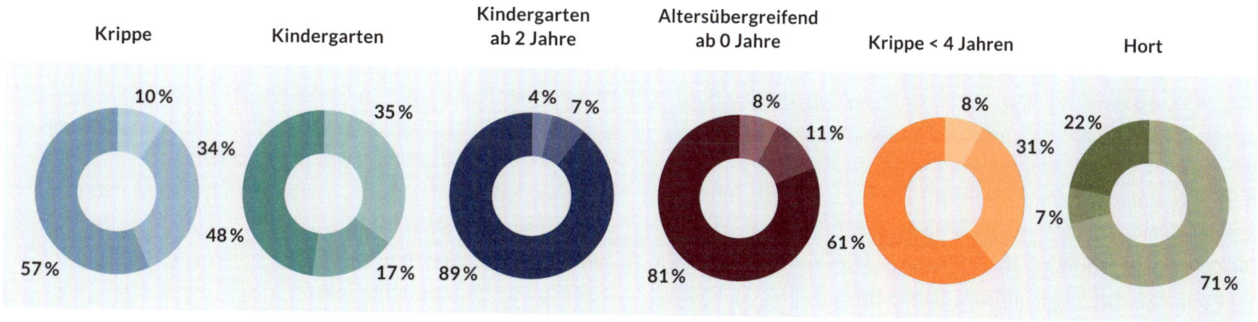

Personalschlüssel von

Krippe	Kindergarten	Kindergarten ab 2 Jahre	Altersübergreifend ab 0 Jahre	Krippe < 4 Jahren	Hort
< 1:2,5 DE *10 %*	< 1:7 DE *26 %*	< 1:4,4 DE *2 %*	< 1:3,25 DE *4 %*	< 1:2,5 DE *5 %*	< 1:9,5 DE *44 %*
1:2,5 bis < 1:3,5 DE *24 %*	1:7 bis < 1:8 DE *14 %*	1:4,4 bis < 1:5,4 DE *7 %*	1:3,25 bis < 1:4,25 DE *9 %*	1:2,5 bis < 1:3,5 DE *22 %*	1:9,5 bis < 1:10,5 DE *5 %*
1:3,5 und mehr DE *66 %*	1:8 und mehr DE *60 %*	1:5,4 und mehr DE *91 %*	1:4,25 und mehr DE *87 %*	1:3,5 und mehr DE *72 %*	1:10,5 und mehr DE *51 %*

Pädagogische Personalausstattung | SH 01.03.2020

Fachkraft-Kind-Relation – Szenarien der Bertelsmann Stiftung | Tab. 82

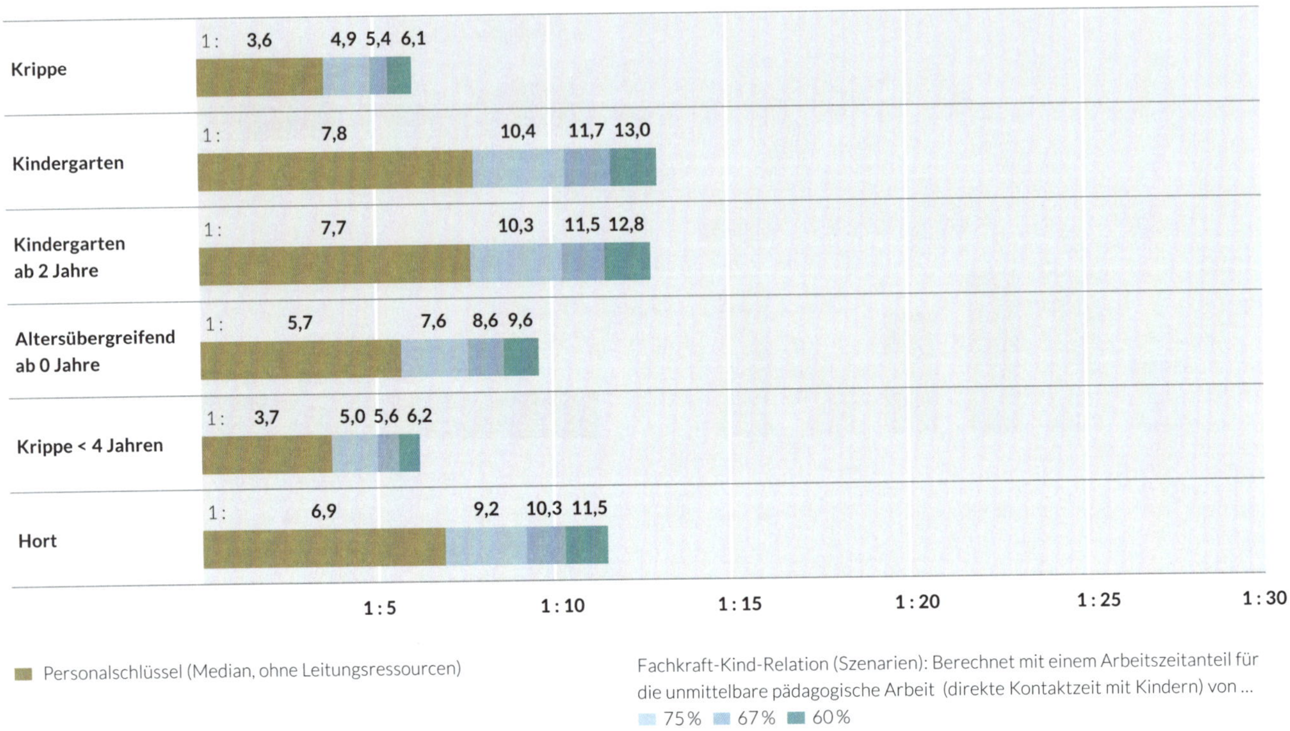

Eine Annäherung an die Fachkraft-Kind-Relation kann nur durch Szenarien erfolgen, da die amtliche Kinder- und Jugendhilfestatistik keine Daten für Arbeitszeitanteile der mittelbaren pädagogischen Aufgabenbereiche sowie Ausfallzeiten erfasst. Die drei von der Bertelsmann Stiftung entwickelten Szenarien wurden auf Basis wissenschaftlicher Untersuchungen berechnet. Diese zeigen, dass 24 % bis 41 % der Gesamtarbeitszeit einer pädagogischen Fachkraft zum einen Ausfallzeiten sind (Urlaub, Krankheit, Fortbildungen) und zum anderen für Aufgaben außerhalb der pädagogischen Praxis benötigt werden, etwa für Elterngespräche, die Qualitätsentwicklung oder Bildungsdokumentationen.[1] In den Szenarien wird der Anteil für die unmittelbaren Arbeitsaufgaben, also den Kontakt mit den Kindern, mit 75 %, 67 % oder 60 % der gesamten Arbeitszeit angesetzt.

Werden wie im Szenario 1 nur 25 % der Arbeitszeit für Aufgaben ohne die Kinder verwendet, verbleiben 75 % der Arbeitszeit für sie. In SH betreut dann eine Vollzeitkraft in Krippengruppen bei einem Personalschlüssel von 1 zu 3,6 in der pädagogischen Praxis rechnerisch 4,9 Kinder. Nimmt man einen höheren Anteil mittelbarer pädagogischer Arbeitszeit an, sinkt die Zeit für die Arbeit mit den Kindern, und die Fachkraft-Kind-Relationen verschlechtern sich (Szenarien 2 und 3).

Neben einer kindgerechten Personalausstattung ist die Gruppengröße ein weiterer Gradmesser für „gute" KiTas. Zu große Gruppen bedeuten für die Kinder und das Personal übermäßigen Stress, etwa durch die Lautstärke. So sollten Gruppen für jüngere Kinder nicht mehr als zwölf Kinder umfassen, Kindergartengruppen nicht mehr als 18.[1] In SH ist nur 1 % der Krippengruppen zu groß, bei den Kindergartengruppen allerdings 71 %.

Im Median haben die KiTas in SH 9 Stunden und damit deutlich kürzer als die ostdeutschen Bundesländer (11 Stunden) ihre Türen geöffnet (bundesweit: 9,5 Std.). In 82 % der KiTas startet der Tag zwischen 7:00 und 7:30 Uhr. Die meisten Horte (50 %) beginnen den Tag dagegen erst nach 7:30 Uhr.

1 Vgl. Viernickel, Susanne; Fuchs-Rechlin, Kirsten (2015): Fachkraft-Kind-Relationen und Gruppengrößen in Kindertageseinrichtungen. Grundlagen, Analysen, Berechnungsmodell, in: Viernickel, Susanne; Fuchs-Rechlin, Kirsten; Strehmel, Petra; Preissing, Christa; Bensel, Joachim; Haug-Schnabel, Gabriele: Qualität für alle. Wissenschaftlich begründete Standards für die Kindertagesbetreuung. Freiburg, S. 11–130.

KiTa- und Hort-Strukturen | SH 01.03.2020

Gruppengrößen im Vergleich | Tab. 116a–e; 116h

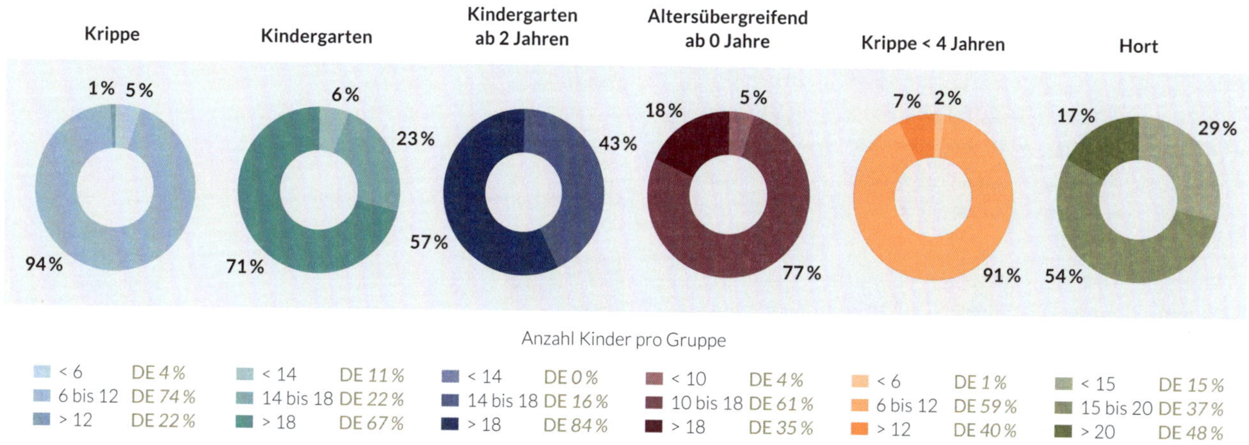

Öffnungszeiten von KiTas und Horten | Tab. 83oh; 83h; 117oh; 117h

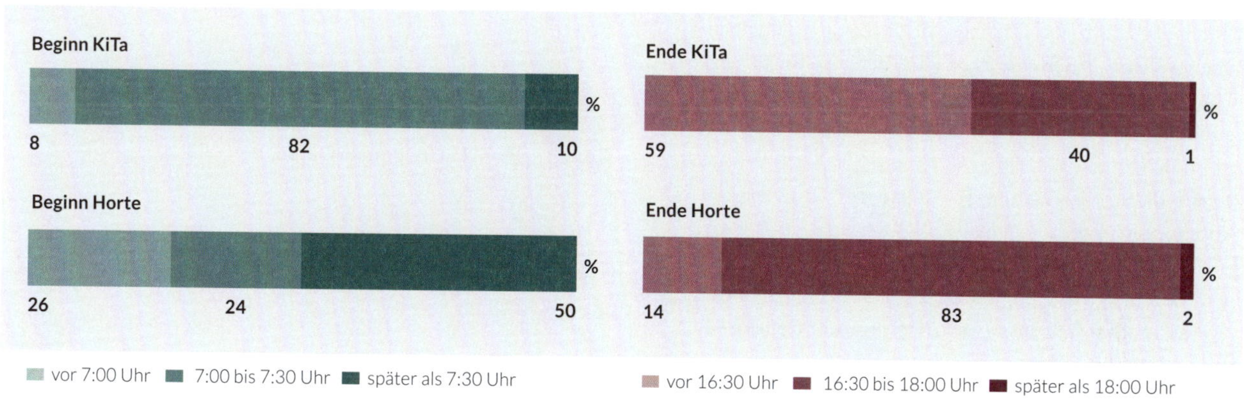

KiTa: Beginn nach 7:30 und Ende vor 16:30 Uhr

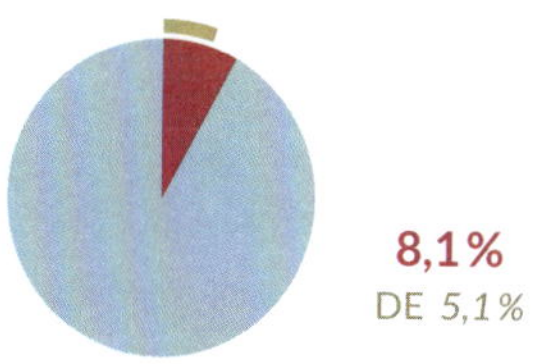

KiTa: Öffnungsdauer

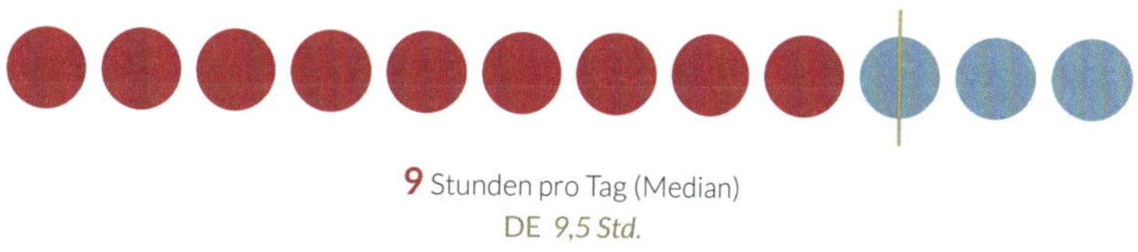

Horte: Beginn nach 7:30 und Ende vor 16:30 Uhr

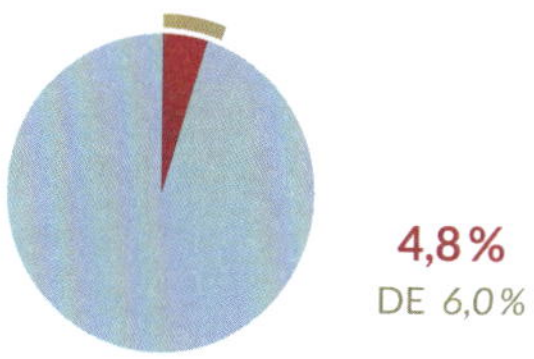

Horte: Öffnungsdauer

Regionale Daten zu den Öffnungszeiten von KiTas finden Sie auf www.laendermonitor.de unter FOKUS | Regionale Daten

Leitungsausstattung

SH 01.03.2020

2020 verfügen 9 % der 1.816 KiTas (mit Horten) in SH nach der amtlichen Kinder- und Jugendhilfestatistik über keine vertraglich vereinbarte Zeit für Leitungsaufgaben. Bundesweit sind es fast 9 %. Dies betrifft vor allem die kleinen Einrichtungen in SH: 20 % der KiTas (mit Horten) mit weniger als 45 betreuten Kindern haben keine zeitlichen Leitungsressourcen, während es in den größeren mit 76 und mehr Kindern nur etwas über 2 % sind.

In 48 % der KiTas (mit Horten) in SH, in denen es laut Arbeitsvertrag Leitungskapazitäten gibt, ist eine Person ausschließlich als Leiter:in tätig. Weitere 31 % werden ebenfalls von nur einer Person geleitet – diese ist allerdings neben ihrer Leitungstätigkeit noch als pädagogische Fachkraft zuständig. Hier ergibt sich das folgende Bild: In 18 % der KiTas (mit Horten) gibt es Leitungskräfte, denen weniger als 50 % ihrer Arbeitszeit für Leitungsaufgaben zur Verfügung stehen, während in 13 % der KiTas die Leitungskräfte mindestens die Hälfte ihrer Arbeitszeit für Leitungsaufgaben nutzen können. In den restlichen 21 % ist ein Leitungsteam zuständig, d. h., mindestens zwei Personen besitzen einen Leitungsanteil oder sind ausschließlich als Leitung tätig.

Welche dieser vier Leitungskonstellationen in einer Einrichtung zum Tragen kommt, ist die – bewusst zu treffende – Entscheidung des Trägers. Dieser Handlungsspielraum sollte es ermöglichen, den Teams sowie auch den Leitungsverantwortlichen mit ihren jeweiligen Leitungskompetenzen und Persönlichkeiten gerecht zu werden. Voraussetzung ist allerdings, dass den KiTas und Horten zeitliche Leitungsressourcen gewährt werden. Diese sind notwendig, um die Einrichtung professionell zu führen und zu leiten.

Um den Umfang der vertraglich zugesicherten Leitungszeit zwischen den KiTas unabhängig von ihrer Größe sowie auch zwischen den Bundesländern vergleichen zu können, wird die wöchentliche Leitungszeit auf die Anzahl der ganztags betreuten Kinder verteilt. In den KiTas mit Leitungskapazitäten ergeben sich in SH rechnerisch im Median 35 Minuten pro ganztags betreutem Kind für die Führung und Leitung der KiTa.

Darüber hinaus kann die wöchentliche Leitungszeit gruppiert dargestellt werden. Im Ergebnis zeigt sich, dass dem größten Anteil der KiTas in SH (36 %) eine wöchentliche Arbeitszeit von über 40 Minuten pro rechnerisch ganztags betreutem Kind zur Verfügung steht.

KiTas (mit Horten) ohne Zeit für Leitung | Tab. 85

9,4 % von 1.816 KiTas (mit Horten) verfügen über keine Zeit für Leitung

KiTas (mit Horten) ohne Zeit für Leitung nach KiTa-Größe

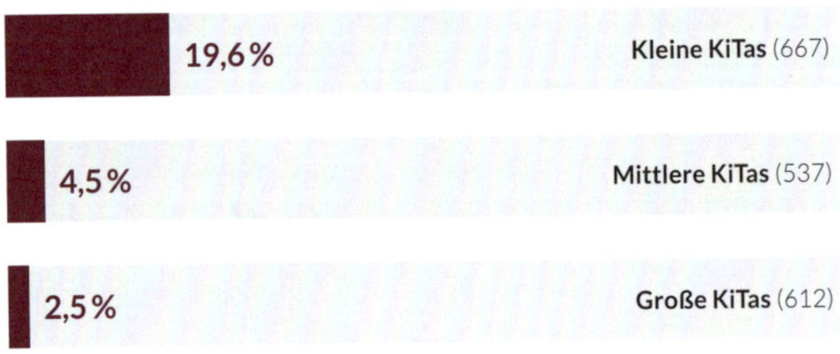

Anzahl betreuter Kinder
Kleine KiTas: < 45 Mittlere KiTas: 45 bis 75 Große KiTas: 76 und mehr

Regionale Daten zu KiTas ohne Leitungszeit finden Sie auf www.laendermonitor.de unter FOKUS | Regionale Daten

KiTas (mit Horten) mit Zeit für Leitung nach Leitungsprofil

Tab. 65

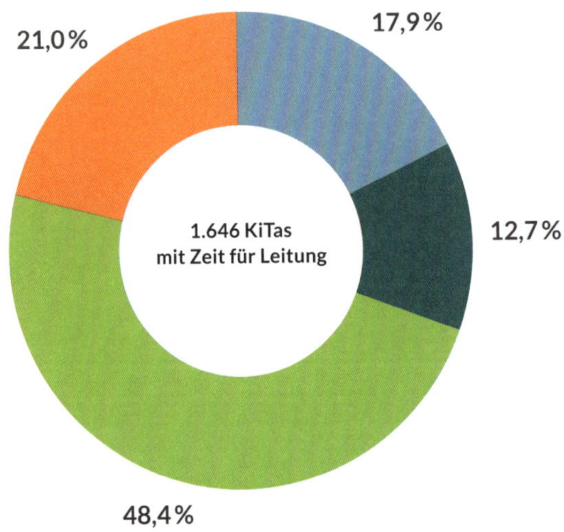

DE	Eine Leitungskraft ...
32,8 %	... mit Leitung als nachrangigem Arbeitsbereich
17,1 %	... mit Leitung als überwiegendem Arbeitsbereich
36,1 %	... ohne weiteren Arbeitsbereich
14,0 %	Leitungsteam

Leitungsausstattung | SH 01.03.2020

KiTas nach Leitungszeit* pro Kind

Tab. 66b; Tab. 108b

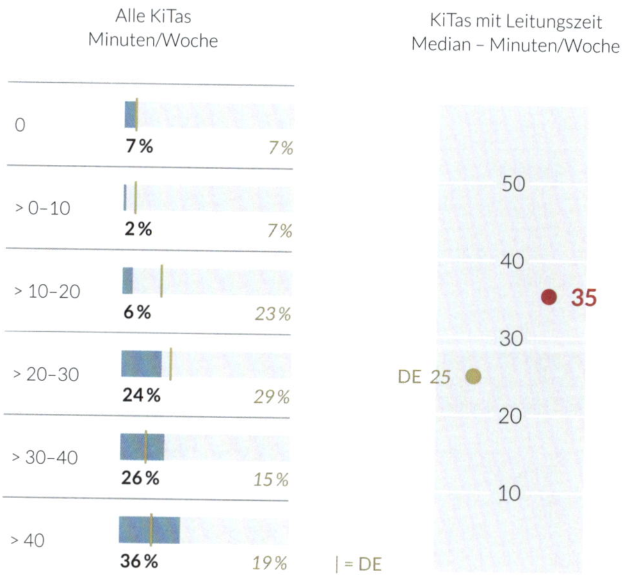

KiTas mit weniger als 20 Wochenstunden Leitungszeit* | Tab. 111

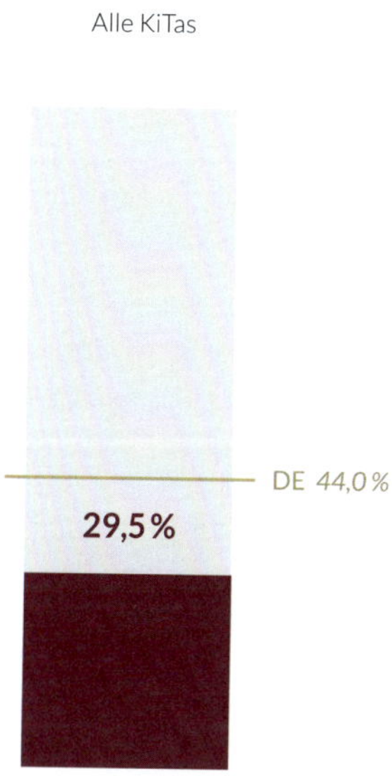

Bertelsmann Stiftung: Empfehlung zur Leitungsausstattung

KiTas mit der von der Bertelsmann Stiftung empfohlenen Leitungszeit* | Tab. 112

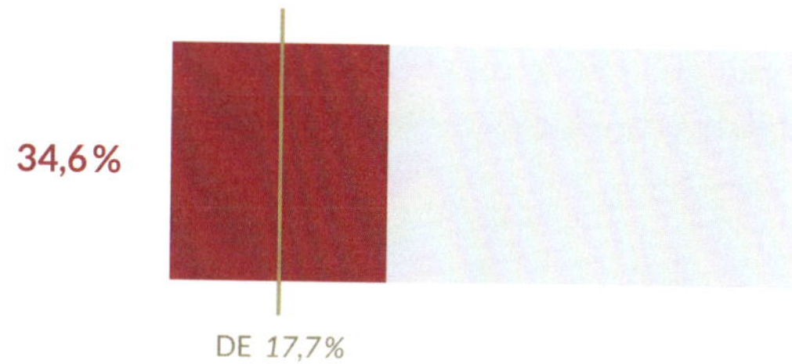

* Zeit für die Arbeitsbereiche Leitung UND Verwaltung

**Vertraglich vereinbarte Betreuungswochenstunden aller Kinder geteilt durch 40

Für eine professionelle Führung und Leitung von KiTas empfiehlt die Bertelsmann Stiftung jeder Einrichtung eine Grundausstattung von 20 Wochenstunden. Diese ist dringend notwendig, denn in jeder KiTa müssen – unabhängig von der Größe – Führungs- und Leitungsaufgaben erledigt werden. 2020 verfügen in SH knapp 30 % der KiTas nicht über diese Grundausstattung, die als garantiertes Zeitbudget empfohlen wird.

Neben den 20 Wochenstunden sollte jeder KiTa ein variabler Anteil von 0,35 Wochenstunden pro Ganztagsbetreuungsäquivalent** zur Verfügung gestellt werden. Mit inbegriffen sind Verwaltungszeiten von max. 20 % der empfohlenen Leitungszeit. 2020 verfügen in SH 35 % der KiTas über diese Leitungsausstattung, bundesweit sind es 18 %.

Pädagogisches Personal | SH 01.03.2020

Entwicklung des pädagogischen Personals

Tab. 118oh, 118h; 126

Jahr (Stichtag 01.03.)	KiTas	Kindertagespflege	Horte
	Anzahl pädagogisch Tätiger		
2011	13.225	1.982	696
2012	14.083	1.884	673
2013	14.966	1.895	712
2014	15.835	1.838	747
2015	16.709	1.735	769
2016	17.179	1.721	779
2017	18.220	1.653	788
2018	19.238	1.719	810
2019	20.220	1.840	817
2020	20.962	1.837	818

Beschäftigungsumfang in KiTas und Horten

Tab. 29oh; 29h

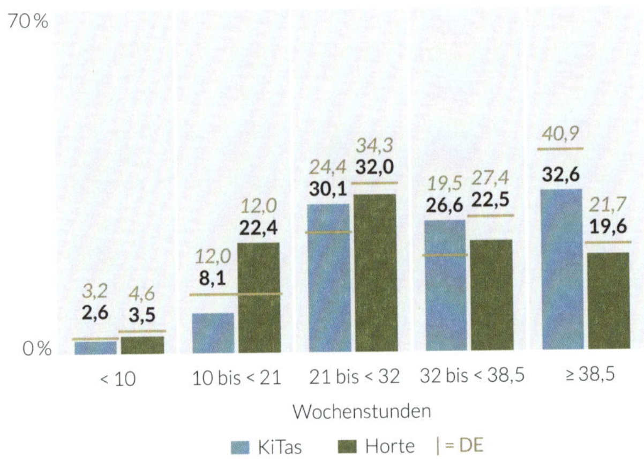

Qualifikationsniveaus | Tab. 27; 50a; 133

Abschluss	SH Anzahl	SH Anteil	DE Anteil
KiTas: 20.962 päd. Tätige			
Hochschule*	1.094	**5,2 %**	5,6 %
Fachschule*	13.096	**62,5 %**	68,3 %
Berufsfachschule*	5.077	**24,2 %**	13,6 %
Sonstige Ausbildungen	888	**4,2 %**	4,5 %
In Ausbildung	202	**1,0 %**	5,9 %
Ohne Abschluss	605	**2,9 %**	2,2 %
Kindertagespflege: 1.837 päd. Tätige			
Hochschule*	34	**1,9 %**	3,2 %
Fachschule*	246	**13,4 %**	15,8 %
Berufsfachschule*	188	**10,2 %**	10,0 %
Soziale/sozialpädagogische Kurzausbildung	36	**2,0 %**	1,9 %
Sonstige Ausbildungen	1.203	**65,5 %**	60,1 %
In Ausbildung	4	**0,2 %**	0,5 %
Ohne Abschluss	126	**6,9 %**	8,6 %
Horte: 818 päd. Tätige			
Hochschule*	66	**8,1 %**	8,2 %
Fachschule*	430	**52,6 %**	68,8 %
Berufsfachschule*	156	**19,1 %**	8,8 %
Sonstige Ausbildungen	125	**15,3 %**	7,6 %
In Ausbildung	8	**1,0 %**	4,6 %
Ohne Abschluss	33	**4,0 %**	2,0 %

* fachlich einschlägig

Regionale Daten zu den Qualifikationsniveaus finden Sie auf www.laendermonitor.de unter FOKUS | Regionale Daten

Die Zahl des pädagogischen KiTa-Personals ist in SH zwischen 2011 und 2020 deutlich gestiegen: um fast 59 % auf nunmehr 20.962 Tätige. Das Hortpersonal wurde nur um knapp 18 % auf 818 Personen ausgebaut. Die Zahl der Kindertagespflegepersonen hingegen ist geringfügig auf 1.837 gesunken (2011: 1.982).

5 % der pädagogisch Tätigen in KiTas besitzen einen Hochschul-, 63 % einen Fachschulabschluss als Erzieher:in. In Ausbildung befindet sich 1 %. In der Kindertagespflege arbeiten anteilig deutlich weniger Personen mit einem fachlich einschlägigen Fachschulabschluss (13 %); die meisten Kindertagespflegepersonen (66 %) sind nicht-fachpädagogisch ausgebildet. In den Horten besitzt der größte Anteil (53 %) einen einschlägigen Fachschulabschluss.

Der größte Anteil des KiTa-Personals arbeitet 38,5 Wochenstunden und mehr (33 %). In den Horten trifft dies auf 20 % zu; hier besitzt der größte Anteil (32 %) Arbeitsverträge von 21 bis unter 32 Wochenstunden. Im bundesweiten Vergleich zeigt sich für die Hort-Beschäftigten in SH der zweithöchste Anteil an Arbeitsverträgen mit 10 bis unter 21 Wochenstunden (22 %).

Pädagogisches Personal | SH 01.03.2020

Altersstruktur in KiTas, Kindertagespflege und Horten | Tab. 42oh; 42h; 128

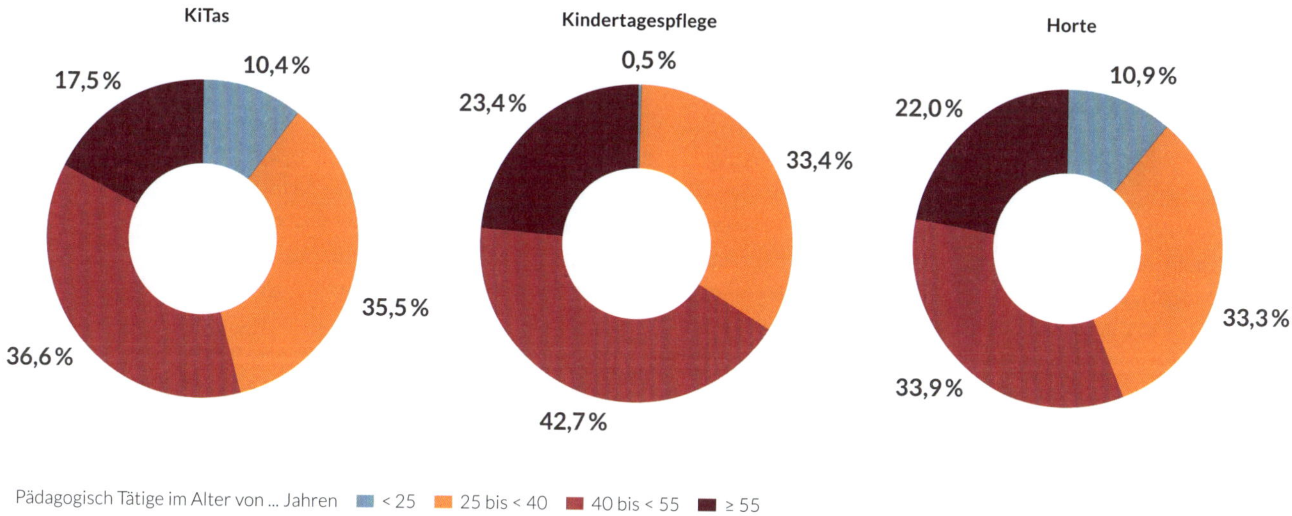

Befristete Arbeitsverhältnisse in KiTas (mit Horten) | Tab. 77

	Alter in Jahren	unter 30	30 bis unter 40	40 bis unter 50	50 bis unter 60	60 und älter
SH	pädagogisch Tätige insgesamt	4.427	4.819	5.192	4.907	1.505
	Anteil befristet Beschäftigter	**20,6 %**	**10,9 %**	**6,9 %**	**5,1 %**	**5,2 %**
DE	Anteil befristet Beschäftigter	*25,6 %*	*14,1 %*	*10,4 %*	*6,3 %*	*5,9 %*

Nur 9 % des KiTa-Personals in SH sind männlich (bundesweit: 6 %). Dieser Anteil liegt in der Kindertagespflege mit 4 % auf einem niedrigeren Niveau (bundesweit: 4 %). In den Horten hingegen arbeitet ein deutlich höherer Anteil an Männern (25 %) als in den beiden zuvor genannten Betreuungsformen; bundesweit sind es 18 %.

Der Großteil des KiTa-Personals in SH ist 25 bis unter 40 Jahre (36 %) und 40 bis unter 55 Jahre alt (37 %); bundesweit liegen diese Anteile bei 37 % bzw. 33 %. Zudem sind 10 % unter 25 Jahre alt, und wiederum fast 18 % sind 55 oder älter (bundesweit: 13 % bzw. 17 %). Auch für das Hortpersonal in SH zeigt sich, dass die jüngeren Fachkräfte unter 25 Jahren (11 %) und die älteren ab 55 Jahren (22 %) seltener vertreten sind als die anderen Altersgruppen. Hier ist wie in den KiTas der Großteil des Personals 25 bis unter 40 Jahre (33 %) und 40 bis unter 55 Jahre alt (34 %). Ein anderes Bild zeigt sich dagegen in der Kindertagespflege, wo das Personal durchschnittlich älter ist. Mit 43 % ist hier der größte Anteil aller Beschäftigten 40 bis unter 55 Jahre alt (bundesweit: 43 %). Weitere 23 % sind 55 Jahre und älter (bundesweit: 27 %). Zur Altersgruppe 25 bis unter 40 Jahre zählen 33 % der Kindertagespflegepersonen (bundesweit: 29 %). Noch nicht einmal 1 % ist jünger als 25 (bundesweit: 1,5 %).

10 % des pädagogischen Personals in KiTas (mit Horten) sind in SH befristet beschäftigt. Dem bundesweiten Trend folgend, sind davon auch in SH vor allem jüngere Beschäftigte betroffen, nämlich 21 % der unter 30-Jährigen, aber nur jeweils rund 5 % der 50- bis unter 60-Jährigen und der ab 60-Jährigen.

Träger | SH 01.03.2020

Die insgesamt 1.774 KiTas und 42 Horte in SH werden von verschiedenen Trägern betrieben; das können solche der öffentlichen oder der freien Jugendhilfe sein. Innerhalb der freien Träger wird zwischen den privat-gemeinnützigen und den privat-nichtgemeinnützigen (auch Wirtschaftsunternehmen) unterschieden. Die privat-nichtgemeinnützigen werden den freien Trägern zugeordnet, da Gemeinnützigkeit kein konstitutives Merkmal ist.

22 % der KiTas in SH befinden sich in öffentlicher Trägerschaft (bundesweit: 32 %). Mit 33 % wird der größte Anteil der KiTas von der Diakonie oder sonstigen evangelischen Trägern betrieben. In der bundesweiten Gesamtschau zeigt sich, dass in SH insbesondere KiTas des Deutschen Caritasverbandes oder sonstiger katholischer Träger (1 %; bundesweit: 17 %) unterrepräsentiert sind. KiTas in der Trägerschaft von Elterninitiativen sind in SH mit etwas mehr als 8 % vertreten; das entspricht annähernd dem bundesweiten Niveau (8 %). Eine andere Verteilung auf die Trägerschaften zeigt sich bei den Horten in SH. So befindet sich mit 52 % der größte Anteil der Horte in Trägerschaft von sonstigen freigemeinnützigen Trägern (bundesweit: 15 %). Horte in öffentlicher Trägerschaft sind mit 14 % vertreten (bundesweit: 48 %).

Unterschiede in den Betreuungsquoten der unter 3-Jährigen und der Kinder ab 3 nach Art des Trägers sind in SH in geringem Maße vorhanden. So werden unter Dreijährige etwas seltener in KiTas der Diakonie oder sonstiger evangelischer Träger betreut (33 %) als ab Dreijährige (36 %). Im Gegensatz dazu nutzen die jüngeren Kinder etwas häufiger KiTas des Paritätischen Wohlfahrtsverbandes (11 %) als die älteren (9 %).

Die Beschäftigungsumfänge der pädagogisch Tätigen unterscheiden sich in vielen Bundesländern nach Trägerschaft der KiTas und Horte. 2020 zeigt sich in SH das folgende Bild: Mit 73 % verfügt ein großer Anteil der pädagogisch Tätigen in KiTas (mit Horten) der Caritas und sonstiger katholischer Träger über einen Arbeitsvertrag, der mindestens 32 Wochenstunden umfasst; das ist mehr als in Einrichtungen anderer Trägerschaften, insbesondere in Elterninitiativen (55 %). Hier arbeitet mit 16 % ein im Trägervergleich höherer Anteil weniger als 21 Wochenstunden. Arbeitsverträge von 21 bis unter 32 Wochenstunden sind anteilig am häufigsten in KiTas (mit Horten) der Diakonie und sonstiger der EKD angeschlossener Träger (33 %) vertreten.

KiTas und Horte nach Träger | Tab. 78oh; 78h

1.774 KiTas und 42 Horte in SH	KiTas		Horte	
	Anzahl	Anteil	Anzahl	Anteil
Öffentliche Träger	394	**22,2 %**	6	**14,3 %**
Freie Träger/privat-gemeinnützig				
Arbeiterwohlfahrt (AWO)	94	**5,3 %**	4	**9,5 %**
Deutscher Paritätischer Wohlfahrtsverband (DPWV)	184	**10,4 %**	5	**11,9 %**
Deutsches Rotes Kreuz (DRK)	91	**5,1 %**	1	**2,4 %**
Diakonie Deutschland/sonstige der EKD angeschlossene Träger	584	**32,9 %**	2	**4,8 %**
Deutscher Caritasverband/sonstige katholische Träger	25	**1,4 %**	0	**0,0 %**
Sonstige	227	**12,8 %**	22	**52,4 %**
Freie Träger/privat-nichtgemeinnützig	30	**1,7 %**	0	**0,0 %**
Elterninitiativen	145	**8,2 %**	2	**4,8 %**

Träger | SH 01.03.2020

Kinder nach Alter und KiTa-Träger | Tab. 79, 80

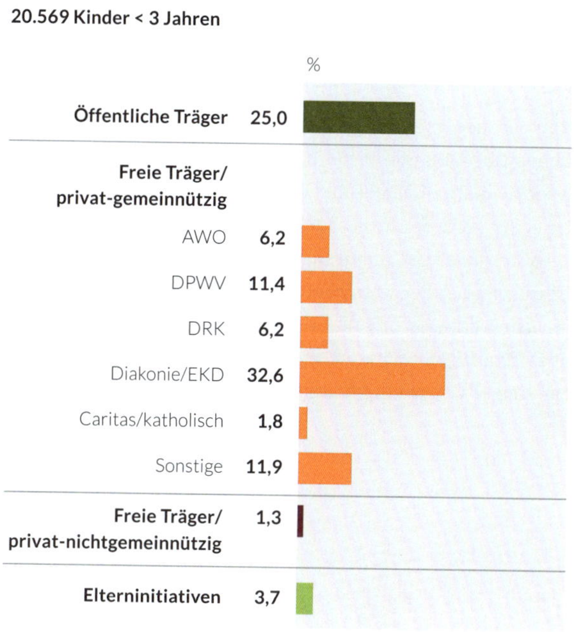

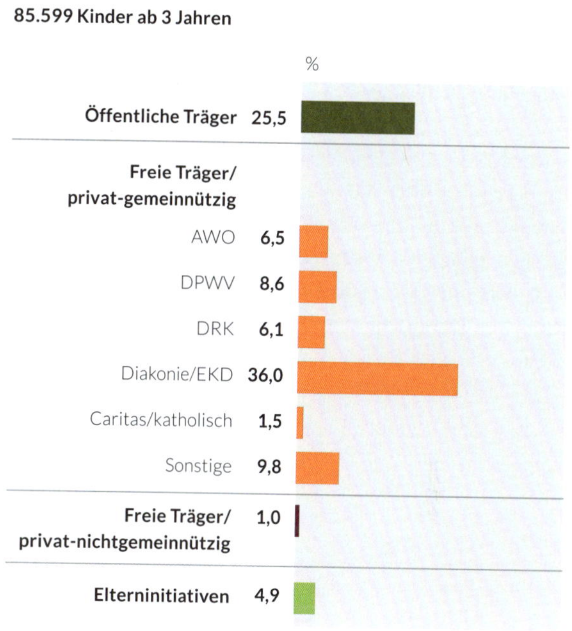

Pädagogisch Tätige nach KiTa-Träger (mit Horten) und Beschäftigungsumfang | Tab. 81

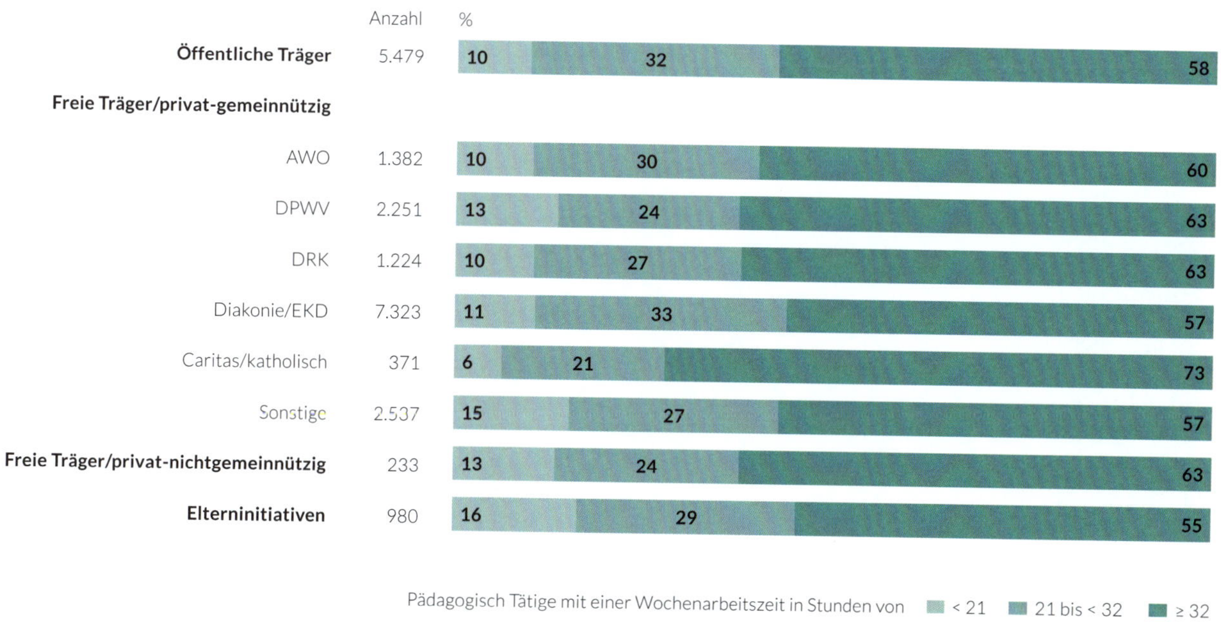

Investitionen wirkungsvoll einsetzen

Der qualitative Ausbau des frühkindlichen Bildungssystems, insbesondere die Verbesserung der Personalressourcen, erfordert gewaltige finanzielle Kraftanstrengungen aller Akteure. Um das System langfristig zu sichern, bedarf es einer dauerhaften finanziellen Unterstützung des Bundes. Daher sollte der Bund sein finanzielles Engagement im KiQuTG über 2022 hinaus verlässlich verankern.

In SH wurden 2018 für jedes Kind unter sechs Jahren in der Bevölkerung durchschnittlich 6.006 Euro für Angebote der Kindertagesbetreuung durch die öffentliche Hand, also Land und Kommunen, ausgegeben (ohne Elternbeiträge oder Zuschüsse anderer föderaler Ebenen). Das sind fast 2.600 Euro mehr als sechs Jahre zuvor. Im bundesweiten Durchschnitt lagen die Ausgaben im Jahr 2018 mit 6.007 Euro auf dem gleichen Niveau wie in SH.

Im Haushaltsjahr 2019 wurden in SH seitens der öffentlichen Haushalte Investitionsausgaben für die Kindertagesbetreuung in Höhe von 79 Mio. Euro getätigt. Dies sind Ausgaben, die zum Beispiel bei einem Neubau einer KiTa bzw. einem Umbau oder einer Sanierung einer bereits vorhandenen KiTa entstehen.

Im Rahmen des KiQuTG erhält jedes Bundesland zwischen 2019 und Ende 2022 Bundesmittel für Maßnahmen zur Weiterentwicklung der KiTa-Qualität und zur Gebührenentlastung der Eltern. SH investiert in zwei der insgesamt elf Handlungsfelder des Gesetzes. Der größte Anteil der Bundesmittel fließt mit 102 Mio. Euro in die Verbesserung der Betreuungsschlüssel. Mit diesen Mitteln wird die gesetzliche Verbesserung der Personalausstattung in Kindergartengruppen finanziert. So müssen seit dem 1. August 2020 zwei Fachkräfte in einer Gruppe mit 20 Kindergartenkindern tätig sein.[1]

1 Vgl. BMFSFJ und Minister für Soziales, Gesundheit, Jugend, Familie und Senioren des Landes Schleswig-Holstein (2020): Vertrag zwischen der Bundesrepublik Deutschland, vertreten durch das Bundesministerium für Familie, Senioren, Frauen und Jugend, und dem Land Schleswig-Holstein zur Umsetzung des Gesetzes zur Weiterentwicklung der Qualität und zur Verbesserung der Teilhabe in Tageseinrichtungen und in der Kindertagespflege (KiTa-Qualitäts- und Teilhabeverbesserungsgesetz – KiQuTG).

Investitionen pro unter sechsjährigem Kind
SH 2011–2018 | Tab. 21c

Grundmittel von Land und Kommunen

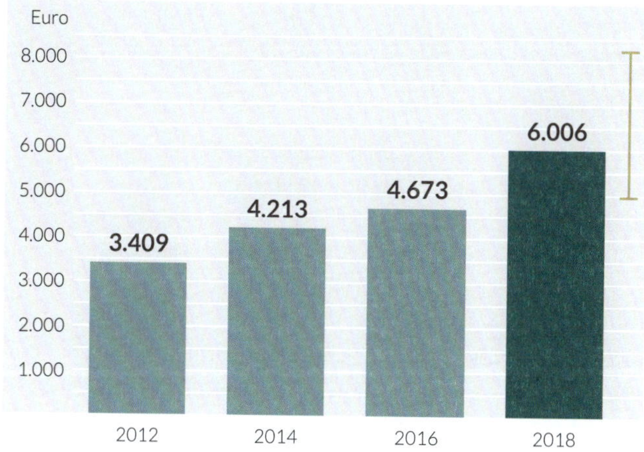

| = Alle Bundesländer 2018, Minimum: 4.965 €, Maximum: 8.232 €

Finanzierungsgemeinschaft für FBBE
SH 2018 | Tab. 23

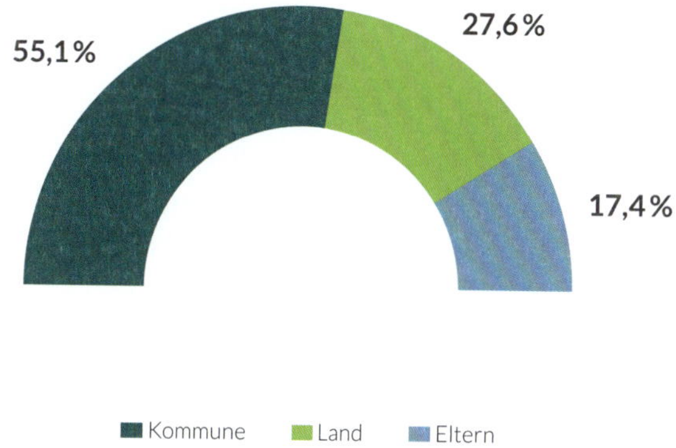

Ohne Eigenanteil der freien Träger und Zuschüsse des Bundes

Einmalige Investitionsausgaben für FBBE | SH 2009–2019 | Tab. 45

Ausgaben von Bund, Land und Kommunen

	2009	2010	2011	2012	2013	2014	2015	2016	2017	2018	2019
	Mio. Euro										
SH	**20,5**	**35,0**	**33,9**	**35,0**	**54,2**	**39,9**	**29,9**	**33,3**	**47,3**	**53,1**	**79,0**
DE	*947,3*	*1.334,1*	*1.357,5*	*1.408,8*	*2.188,8*	*1.649,4*	*1.137,7*	*1.080,7*	*1.345,8*	*1.686,1*	*2.012,3*

Für die Interpretation der hier ausgewiesenen Indikatoren sind einige methodische Grundlagen wichtig. Zusätzlich zu den Anmerkungen im Anhang des Länderprofils findet sich auf www.laendermonitor.de unter „Methodik" eine ausführliche Beschreibung der Datengrundlage sowie der Berechnungsmethodik.

Verteilung der Bundesmittel aus dem KiQuTG auf die Handlungsfelder | SH 2019–2022 | Tab. 119

	Bedarfsgerechtes Angebot	**Guter Betreuungsschlüssel**	Qualifizierte Fachkräfte	Starke KiTa-Leitung	Kindgerechte Räume	Gesundes Aufwachsen	Sprachliche Bildung	Starke Kindertagespflege	Netzwerke für mehr Qualität	Vielfältige pädagogische Arbeit	**Weniger Gebühren**	**Verplante Bundesmittel gesamt**
Anteil		53 %									47 %	100 %
Mio. Euro		102,0									89,0	191,0

Landesspezifische Anmerkungen

Für SH gibt es für die aktuellen Auswertungen keine spezifischen Anmerkungen.

Thüringen

Allgemeine Basisdaten

Fläche in km² (2019)	16.202
Einwohner:innen (31.12.2019)	2.133.378
Geborene Kinder (2019)	16.647
Geburten pro Frau (2019)	1,558
Anzahl Kinder < 10 Jahren (31.12.2019)	183.974
Davon < 3 Jahren	52.515
Davon 3 bis < 6 Jahre	56.942
Davon 6 bis < 10 Jahre	74.517
Anteil der Kinder mit Migrationshintergrund (2019)	
... < 3 Jahren	19,1 %
... von 3 bis < 6 Jahren	14,3 %
Erwerbstätigenquote von Müttern mit (2019)	
... mindestens einem Kind < 3 Jahren	66,1 %
... mindestens einem Kind von 3 bis < 6 Jahren	78,2 %
Leistungsempfänger:innen nach SGB II (ALG II u. Sozialgeld, 2020)	128.632
Davon Kinder < 6 Jahren	13.343
Entspricht Anteil an allen Kindern < 6 Jahren	12,2 %

FBBE auf einen Blick 01.03.2020

Anteil der Kinder in FBBE	
... < 1 Jahr	2,3 %
... von 1 bis < 3 Jahren	79,1 %
... < 3 Jahren	54,8 %
... von 3 bis < 6 Jahren inkl. 0,02 % in [vor-]schulischen Einrichtungen	95,7 %
Schulkinder 6 bis < 11 Jahre	0,5 %
Tageseinrichtungen insgesamt	1.330
Davon Horte	–
Anteil der Einrichtungen mit	
... < 45 Kindern	32,9 %
... 45 bis 75 Kindern	32,3 %
... 76 Kindern und mehr	34,7 %
Pädagogisches Personal (inkl. Leitung) in KiTas (mit Horten) insgesamt	15.620
Davon in Horten	18
Kinder in KiTas (mit Horten) insgesamt	94.443
Davon < 3 Jahren	27.789
Davon 3 Jahre bis zum Schuleintritt	66.243
Davon Schulkinder < 11 Jahren	405
Tagespflegepersonen insgesamt	280
Kinder in Kindertagespflege insgesamt	1.030
Davon < 3 Jahren	1.002
Davon 3 Jahre bis zum Schuleintritt	23
Davon Schulkinder < 11 Jahren	5
Leitungspersonal in KiTas (mit Horten) insgesamt	1.590
Davon in Horten	–

Blitzlichter: Status quo der Kindertagesbetreuung in Thüringen

Am 1. März 2020 besuchten in TH 28.791 unter 3-Jährige eine KiTa oder Kindertagespflege, 954 Kinder weniger als im Jahr zuvor. Die Teilhabequote befindet sich im bundesweiten Vergleich mit 55% auf einem hohen Niveau (bundesweit: 35%). Bei den ab 3- bis unter 6-Jährigen bildet sie mit 96% sogar bundesweit den höchsten Wert (mit MV und BB).

Für faire Bildungschancen ist nicht nur die Zahl an Plätzen entscheidend: Die Angebote müssen auch kindgerecht sein. Wichtige – auch wissenschaftlich untersuchte – Gradmesser für die strukturelle Qualität in KiTas sind der *Personalschlüssel*, die *Gruppengröße*, das *Qualifikationsniveau* des pädagogischen Personals und ausreichend *Leitungszeit*.

Der Personalschlüssel lässt sich mit den Daten der amtlichen Kinder- und Jugendhilfestatistik (KJH-Statistik) für verschiedene Gruppentypen berechnen. So werden 2020 in TH 57% der unter 3-Jährigen in Krippengruppen betreut. Mit einem rechnerischen Personalschlüssel von 1 zu 5,4 wird hier bei weitem nicht die Empfehlung der Bertelsmann Stiftung (1 zu 3,0) erreicht. Weitere 25% dieser Altersgruppe besuchen Gruppen mit Kindern unter 4 Jahren; der Personalschlüssel liegt hier bei 1 zu 7,0 – ebenfalls weit entfernt von einem kindgerechten Verhältnis. In altersübergreifenden Gruppen werden weitere 9% der unter 3-Jährigen zusammen mit ebenso 9% der über 3-Jährigen bei einem Personalschlüssel von 1 zu 9,1 betreut. Das ist deutlich ungünstiger als der wissenschaftlich empfohlene Wert von 1 zu 3,75.[1] Der überwiegende Anteil der ab 3-Jährigen (67%) besucht Kindergartengruppen mit einem Personalschlüssel von 1 zu 11,1 (Empfehlung der Bertelsmann Stiftung: 1 zu 7,5).

Die Auswertungen zeigen, dass im Jahr 2020 in TH für 94% der Kinder in amtlich erfassten KiTa-Gruppen[2] nicht genügend Fachpersonal zur Verfügung steht. Dieser Anteil liegt deutlich über dem bundesweiten Wert von 73%. Die nicht kindgerechte Personalausstattung betrifft etwas häufiger die unter 3-Jährigen (97%) als die ab 3-Jährigen (92%).

Betrachtet man die Entwicklung der Personalschlüssel zwischen 2013 und 2020, wird deutlich, dass in TH weder in Krippen- (jeweils 1 zu 5,4) noch in Kindergartengruppen (von 1 zu 11,2 auf 1 zu 11,1) ein mehr als geringfügiger Ausbau der personellen Ausstattung stattgefunden hat. So müssen in TH noch immer rein rechnerisch 4,4 Kindergartenkinder mehr von einer Fachkraft betreut werden als in BW, dem Bundesland mit der günstigsten Personalausstattung.

Die Gruppengröße ist ein weiterer wichtiger Gradmesser für die Qualität in KiTas. Nach wissenschaftlichen Empfehlungen sollten Gruppen für jüngere Kinder maximal zwölf Kinder umfassen, für die Älteren maximal 18.[3] In TH werden diese Werte bei 32% der amtlich erfassten KiTa-Gruppen nicht erreicht (bundesweit: 54%). Mit 52% ist insbesondere ein größerer Anteil der Gruppen mit Kindern unter 4 Jahren zu groß; bei Krippengruppen sind es 27%. Darüber hinaus entsprechen 27% der Kindergartengruppen und 46% der auch für 2-Jährige geöffneten Gruppen nicht den Empfehlungen. Insgesamt zeigt sich, dass in TH die unter 3-Jährigen mit 45% etwas häufiger von nicht kindgerechten Gruppengrößen betroffen sind als die ab 3-Jährigen (41%).

Wesentliche Voraussetzung für eine „gute" KiTa-Qualität ist nicht nur *zahlenmäßig ausreichendes*, sondern auch *qualifiziertes* Personal. TH ist neben BB das Bundesland mit dem höchsten Anteil an pädagogischem Personal (ohne Horte) mit einem fachlich einschlägigen Fachschulabschluss, etwa als Erzieher:in (87%). In den westdeutschen Bundesländern ist dieser Anteil im Durchschnitt deutlich geringer (65%). Über den formal niedrigeren Berufsfachschulabschluss, bspw. als Sozialassistent:in, verfügen in TH lediglich 2% der pädagogisch Tätigen (in Westdeutschland: 15%). Weitere 9% der insgesamt 15.602 pädagogischen KiTa-Kräfte besitzen einen fachlich einschlägigen Hochschulabschluss. Eine sonstige – nicht fachlich einschlägige – Ausbildung weisen in TH nur 1% der pädagogisch Tätigen auf; das ist länderübergreifend (bundesweit: 4,5%) der geringste Wert. Der Anteil des Personals ohne Abschluss liegt ebenfalls bei 1% und damit unter dem bundesweiten Durchschnitt (2%). Nur 0,2% schließlich befinden sich in Ausbildung (bundesweit: 6%); 2016 lag dieser Wert bei 0,1% (bundesweit: 5%). Mit Blick auf die gegenwärtig in vielen Bundesländern eingeführten praxisintegrierten Ausbildungsgänge bleibt abzuwarten, ob sich dieser Wert in den kommenden Jahren erhöht. Ebenso gilt es kontinuierlich zu beobachten, wie sich die neuen beruflichen Zugangsformen, etwa für Quereinsteiger:innen, zukünftig auf das formale Qualifikationsniveau des KiTa-Personals insgesamt auswirken werden.

Auch die Ausstattung der KiTas mit ausreichenden Leitungsressourcen nimmt eine Schlüsselfunktion für die KiTa-Qualität ein. Nach den Angaben in der KJH-Statistik verfügen noch nicht einmal 1% der KiTas in TH über keine Zeit für Leitungsaufgaben – bundesweit (9%) der günstigste Wert. Die von der Bertelsmann Stiftung empfohlene Zeit für Leitungs- und Verwaltungsaufgaben[4] besitzen 2020 lediglich 3% der KiTas in TH (ohne Horte); das ist bundesweit (18%) der geringste Anteil.

Qualitätsentwicklungen im Rahmen des KiQuTG

Im Rahmen des KiTa-Qualitäts- und Teilhabeverbesserungsgesetzes (KiQuTG) erhält jedes Bundesland zwischen 2019 und Ende 2022 vom Bund finanzielle Mittel für Maßnahmen zur Weiterentwicklung der KiTa-Qualität und zur Gebührenentlastung der Eltern. TH investiert diese Bundesmittel in vier der insgesamt elf Handlungsfelder: *Guter Betreuungsschlüssel, Qualifizierte Fachkräfte, Vielfältige pädagogische Arbeit* und *Weniger Gebühren*.

Mit rund 62 Mio. Euro fließt der größte Anteil der Bundesmittel in die Verbesserung der pädagogischen Personalausstattung. Konkret wird mit diesen Mitteln die gesetzliche Verbesserung der Fachkraft-Kind-Relation für Kinder zwischen 4 und 5 Jahren finanziert. War vor Inkrafttreten dieser Maßnahme eine Fachkraft laut Gesetz für 16 Kinder dieser Altersgruppe verantwortlich, sind es seit dem 1. August 2020 noch 14. Darüber hinaus wurde ebenfalls zum 1. August 2020 der gesetzlich festgelegte Anteil für Ausfallzeiten (Urlaub und Krankheit) von 15 % auf 18 % angehoben, sodass sich der gesamte Anteil für mittelbare pädagogische Arbeiten und Ausfallzeiten auf 28 % erhöht hat.

Inwiefern sich die Maßnahmen auf die pädagogische Personalausstattung in TH auswirken werden, ist mit den aktuell zur Verfügung stehenden Daten noch nicht zu beurteilen, da die Maßnahmen erst nach der Datenerhebung umgesetzt wurden. Somit bleibt abzuwarten, welche konkreten Effekte sie nach sich ziehen werden. Sie dürften sich allerdings dauerhaft zeigen, da die Maßnahmen gesetzlich verankert sind. So werden sie auch nach dem Auslaufen der Bundesmittel durch Landesmittel weiter finanziert.

Ausbau- und Reformbedarf: Empfehlungen für die Kindertagesbetreuung in Thüringen

Um allen Kindern unabhängig von ihrem Wohnort gleichwertige Teilhabe- und Bildungschancen zu ermöglichen, ist es unerlässlich, dass jedes Bundesland ein sowohl bedarfsgerechtes als auch kindgerechtes FBBE-Angebot zur Verfügung stellt. Die hohen Teilhabequoten in TH weisen darauf hin, dass in den thüringischen KiTas zwar ein weitestgehend bedarfsgerechtes Angebot vorhanden ist; allerdings ist die Qualität – gemessen an den Personalschlüsseln – noch längst nicht kindgerecht.

Der *Fachkräfte-Radar für KiTa und Grundschule*[5] prognostiziert, dass für eine kindgerechte Betreuung und professionelle Leitungsausstattung gemäß wissenschaftlichen Empfehlungen bis 2030 in TH knapp 7.000 KiTa-Fachkräfte fehlen werden. Damit diese Lücke geschlossen werden kann, müsste die Zahl der prognostizierten Neuzugänge um fast 78 % gesteigert werden. Es ist eher unwahrscheinlich, dass bis dahin die Ausbildungskapazitäten in diesem Umfang aufgestockt und genügend Quereinsteiger:innen gewonnen sowie pädagogisch qualifiziert werden können.

Allerdings besteht in TH – auch infolge der rückläufigen Geburtenzahlen – die Chance, bis 2030 die Personalschlüssel an das durchschnittliche Niveau der westdeutschen Bundesländer anzugleichen, die deutlich günstiger sind als in TH. Für dieses Etappenziel fehlen laut Prognose rund 1.000 Fachkräfte, was ein Plus von 15 % der prognostizierten Neuzugänge darstellen würde. Es ist zu prüfen, ob diese Lücke durch eine Aufstockung der Ausbildungskapazitäten und die Gewinnung sowie Qualifizierung von Quereinsteiger:innen geschlossen werden kann.

Die rückläufigen Geburtenzahlen begünstigen die Anstrengungen, die Personalschlüssel in TH auf ein deutlich besseres Niveau anzuheben. Um das freiwerdende Personal für die Verbesserung zu nutzen, muss TH jetzt eine rechtliche Basis hierfür schaffen. So sollte ein Stufenplan mit einer schrittweisen Verbesserung der Personalausstattung in das ThürKigaG integriert werden. Die Chance auf kindgerechtere Bedingungen in den KiTas darf nicht ungenutzt verstreichen. Darüber hinaus steht TH vor der Aufgabe, die Ausbildungskapazitäten weiter auszubauen, neues Personal zu gewinnen und – insbesondere durch attraktive Arbeitsbedingungen und Verdienstmöglichkeiten – die vorhandenen Fachkräfte zu binden. Nur so können nach 2030 kindgerechte Personalschlüssel in TH realisiert werden. Damit TH diese Aufgaben bewältigen kann, ist es unumgänglich, dass der Bund auch nach 2022 sein finanzielles Engagement für den Qualitätsausbau fortsetzt und im KiQuTG verlässlich verankert. Die Mittel sollten in erster Linie für die Gewinnung neuer Fachkräfte und den Ausbau der Personal- und Leitungskapazitäten verwendet werden.

1 Haug-Schnabel, Gabriele; Bensel, Joachim (2016): Kinder unter 3 – Bildung, Erziehung und Betreuung von Kleinstkindern. Kindergarten heute – wissen kompakt. 12., überarb. Aufl. Freiburg.

2 Es werden nur die Gruppen in KiTas analysiert, die laut Angaben in der amtlichen KJH-Statistik mit einer Gruppenstruktur arbeiten. Die Zuordnung von Gruppen in KiTas zu einem bestimmten Gruppentyp wird nicht von den Einrichtungen selbst vorgenommen, sondern erfolgt im Rahmen der Auswertung der Daten der amtlichen KJH-Statistik. Dabei erfolgt die Zuordnung primär anhand der Alterszusammensetzung der Kinder in den Gruppen. Gruppen, in denen Kinder mit einer (drohenden) Behinderung betreut werden, werden in der Berechnung nicht berücksichtigt.

3 Viernickel, Susanne; Fuchs-Rechlin, Kirsten (2015): Fachkraft-Kind-Relationen und Gruppengrößen in Kindertageseinrichtungen. Grundlagen, Analysen, Berechnungsmodell, in: Viernickel, Susanne; Fuchs-Rechlin, Kirsten; Strehmel, Petra; Preissing, Christa; Bensel, Joachim; Haug-Schnabel, Gabriele: Qualität für alle. Wissenschaftlich begründete Standards für die Kindertagesbetreuung. Freiburg, S. 11–130.

4 Für eine professionelle Führung und Leitung von KiTas empfiehlt die Bertelsmann Stiftung jeder Einrichtung eine Grundausstattung von 20 Wochenstunden plus 0,35 Wochenstunden pro Ganztagsbetreuungsäquivalent. Die empfohlene Leitungsausstattung enthält auch die Zeiten für Verwaltungstätigkeiten (max. 20 % der empfohlenen Leitungszeit).

5 Der Fachkräfte-Radar für KiTa und Grundschule prognostiziert bis 2030 den Fachkräftebedarf für die KiTa- und Grundschulbetreuung und stellt ihn dem voraussichtlich verfügbaren Personalangebot gegenüber. Weitere Informationen finden Sie unter: www.fachkraefte-radar-kita-grundschule.de

Teilhabe sichern

Jedes Kind braucht einen gesicherten und einfachen Zugang zu „guter" Kindertagesbetreuung, unabhängig von seinem Wohnort und seiner sozio-ökonomischen oder kulturellen Herkunft. Dazu sind ausreichend wohnortnahe Angebote notwendig. Um diesem Anspruch zu genügen, erfolgte in den vergangenen Jahren bundesweit ein enormer Ausbau der Betreuungsplätze. Mehr als die Hälfte der unter drei Jahre alten Kinder in TH (55 %) nimmt eine Kindertagesbetreuung in Anspruch (bundesweit: 35 %). Unterschiede gibt es vor allem zwischen den unter 1-Jährigen (2 %), 1-Jährigen (68 %) und 2-Jährigen (90 %). Von den Kindern ab 3 bis unter 6 sind in TH mit 96 % fast alle in einer KiTa oder Kindertagespflege. Darüber hinaus nutzen 61 % der 6-Jährigen (Stand: 1. März 2020) Angebote der Kindertagesbetreuung, bevor sie in den schulischen Bildungsbereich wechseln.

Knapp 1 % der unter 11-jährigen Schulkinder besuchen einen Hort[1]; bundesweit sind es 17 %. Weitere 82 % der Kinder nehmen Ganztagsschulangebote wahr (bundesweit: 45 %). Angebote der Kindertagespflege werden in TH von Schulkindern parallel zur Hort- und Ganztagsschulbetreuung nicht genutzt.

2020 nutzen 28.791 unter 3-Jährige in TH ein FBBE-Angebot (55 %). Das sind 3.017 Kinder mehr als 2012, dem Jahr vor der Einführung des bundesweit geltenden Rechtsanspruchs auf einen Betreuungsplatz für Kinder ab dem ersten Geburtstag: ein Anstieg der Teilhabequote um 5 Prozentpunkte. Bedarfsgerecht ist das Angebot jedoch noch nicht: 2020 wünschen sich mehr als 61 % der Eltern von Kindern dieser Altersgruppe laut der „DJI-Kinderbetreuungsstudie" einen Platz in einer KiTa oder Kindertagespflege. Vergleicht man die Entwicklung der elterlichen Betreuungswünsche mit der Bildungsbeteiligung für diese Altersgruppe zwischen 2012 und 2020, zeigt sich, dass der Bedarf stärker angestiegen ist als die Teilhabequote. Lag die Differenz 2012 noch bei 4 Prozentpunkten, hat sie sich innerhalb von acht Jahren auf fast 7 erhöht.

1 Ist im Folgenden von Horten die Rede, sind in der Regel auch Hortgruppen in KiTas gemeint.

Bildungsbeteiligung an Kindertagesbetreuung | TH 01.03.2020 | Tab. 6–14; 41a1

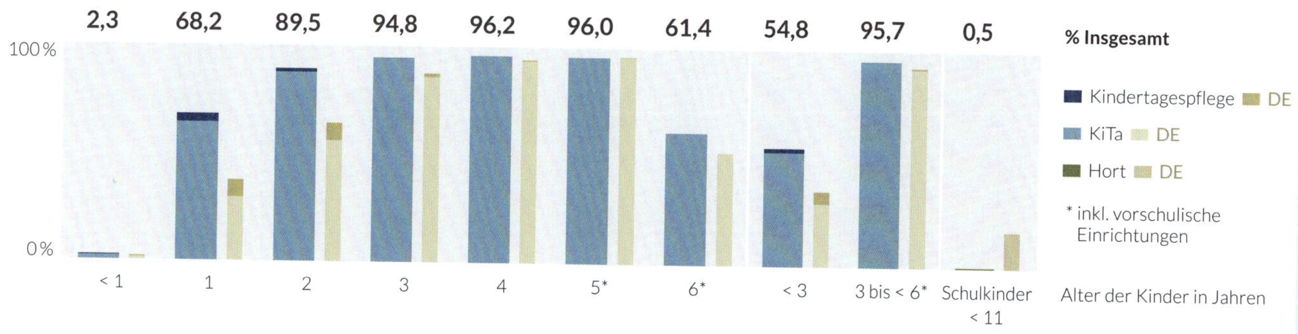

Betreuungsquote und Betreuungswunsch

TH 2012–2020, Stichtag 01.03. | Tab. 88a

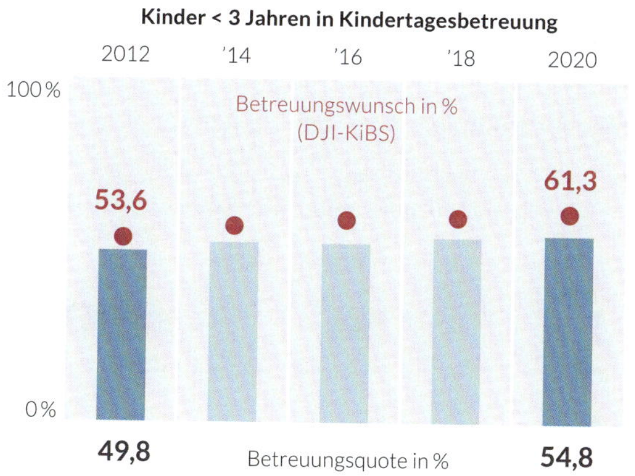

Bildungsbeteiligung von Schulkindern

TH 01.03.2020, Schulj. 2019/20 | Tab. 41a1; Tab. 71

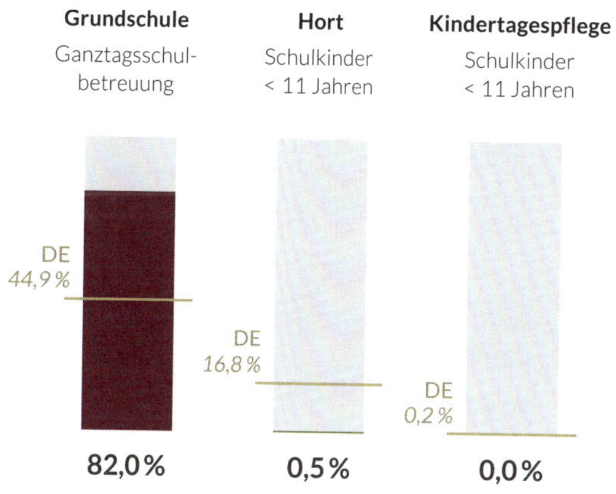

Vereinbarte Betreuungszeit in Horten: Ø **4,6 Stunden/Tag**

Regionale Daten zur Bildungsbeteiligung finden Sie auf www.laendermonitor.de unter FOKUS | Regionale Daten

Der größte Anteil (17 %) der Kinder, die am 01.03.2020 unter drei Jahre alt waren, wurde im September in der aktuell besuchten KiTa aufgenommen (vgl. S. 322). In den Monaten Dezember sowie April bis Juli zeigen sich die geringsten Aufnahmequoten (4 % bis 5 %). Auch in der Kindertagespflege erfolgen die Eingewöhnungen vorrangig im September (ebenfalls 17 %). Im August, Oktober und Januar liegen die Aufnahmequoten darunter, bewegen sich aber auf einem etwas höheren Niveau (je 12 %).

Kinder mit einer Eingliederungshilfe werden in 29 % der KiTas (ohne Sondereinrichtungen) in TH betreut; bundesweit liegt dieser Wert höher (40 %).

Werden die vertraglich vereinbarten wöchentlichen Betreuungszeiten betrachtet, zeigt sich das folgende Bild: In TH wird mit 77 % der größte Anteil der unter 3-jährigen KiTa-Kinder laut Vertrag 45 Wochenstunden und mehr betreut. Auch in der Altersgruppe der ab 3-Jährigen werden diese Betreuungszeiten am häufigsten (78 %) gebucht. Diese Werte liegen deutlich über den durchschnittlichen Bundeswerten (39 % bzw. 35 %). In der Kindertagespflege wird der größte Anteil der Kinder ebenfalls wöchentlich 45 Stunden und mehr betreut: Das gilt für 47 % der unter 3-Jährigen und für mehr als 43 % der ab 3-jährigen Nichtschulkinder. Schulkinder hingegen nutzen die Betreuungszeiten bis zu 25 Wochenstunden sowohl in Horten (93 %) als auch in der Kindertagespflege (100 %) am häufigsten.

Aufnahmezeitpunkt von unter Dreijährigen in KiTas und Kindertagespflege | TH 01.03.2020 | Tab. 87; 87a

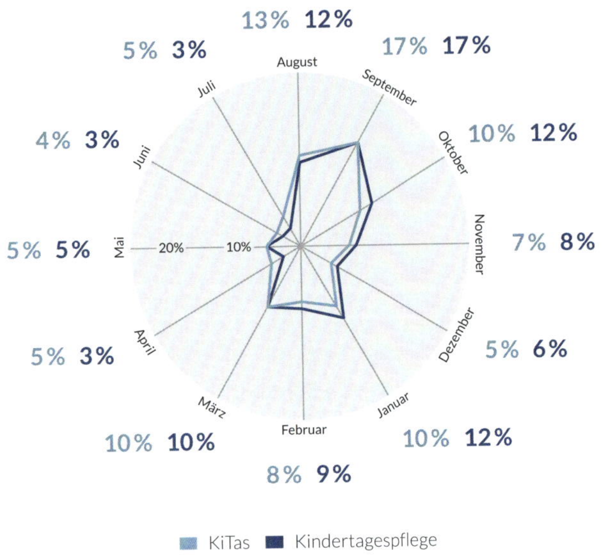

KiTas und Horte, die Kinder mit Eingliederungshilfe betreuen | TH 01.03.2020 | Tab. 59aoh; 59ah

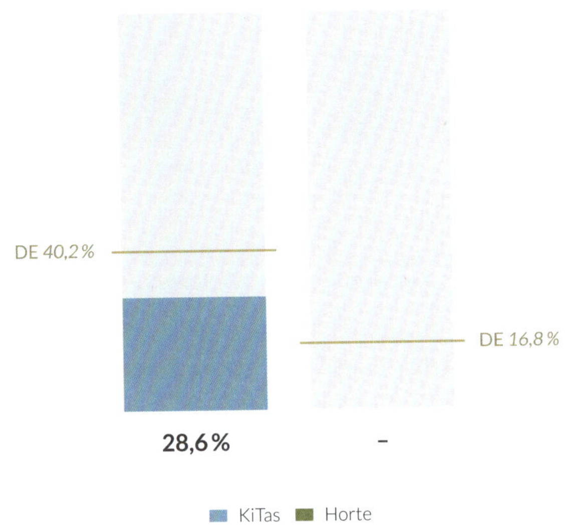

Vertraglich vereinbarte wöchentliche Betreuungszeiten in Kindertagesbetreuung | TH 01.03.2020 | Tab. 2–5; 3h; 138

	Kinder in KiTas und Horten						Kinder in öffentlich geförderter Kindertagespflege						
	< 3 Jahre: 27.789		≥ 3 Jahre bis Schuleintritt: 66.243		Schulkinder < 11 Jahren: 405		< 3 Jahre: 1.002		≥ 3 Jahre bis Schuleintritt: 23		Schulkinder < 11 Jahren: 5		
Bis 25 Stunden	1,9	11,3	1,2	9,3	93	61,1	4,2	31,3	34,8	47,0	100	89,7	%
> 25 bis 35 Stunden	3,0	30,6	2,5	37,8	6	35,2	10,6	34,2	13,0	24,4	0	7,4	%
> 35 bis < 45 Stunden	18,5	19,5	17,9	17,5	0	1,6	37,9	19,3	8,7	15,7	0	1,8	%
45 Stunden und mehr	76,5	38,5	78,4	35,4	1,0	2,2	47,3	15,2	43,5	12,9	0	1,1	%

| = DE

Regionale Daten zum Betreuungsumfang finden Sie auf www.laendermonitor.de unter FOKUS | Regionale Daten

In TH liegt der Anteil der Kinder mit nicht deutscher Familiensprache in 95 % der KiTas unter 25 % (bundesweit: 69 %); hier sprechen also die meisten Kinder zu Hause Deutsch. Fast 9 % der unter 3-Jährigen in KiTas haben einen Migrationshintergrund (MH). 3 % sprechen in ihrer Familie Deutsch, 6 % eine andere Sprache. Bei den älteren KiTa-Kindern (11 %) liegen die Werte für die Sprache bei 3 % bzw. 8 %. In der Kindertagespflege liegt der Anteil der Jüngeren mit MH auf einem ähnlichen Niveau wie in KiTas (8 %). Bei den ab 3-Jährigen ist er mit 17 % deutlich höher; allerdings besuchen in TH auch nur 23 ab 3-Jährige eine Kindertagespflege.

Der größte Anteil der unter 4-Jährigen mit oder ohne MH wurde mit einem Jahr in der aktuellen KiTa (48 % bzw. 62 %) oder Kindertagespflege (70 % bzw. 64 %) aufgenommen. Kinder mit MH besuchen seltener im Alter von unter einem Jahr zum ersten Mal eine KiTa (10 %) als Kinder ohne MH (23 %). Auch in der Kindertagespflege bleibt diese Differenz bestehen; allerdings startet hier ein höherer Anteil bereits vor einem Jahr das Betreuungsangebot (22 % bzw. 33 %).

Kinder mit und ohne Migrationshintergrund
TH 01.03.2020

Regionale Daten zum Migrationshintergrund und zur Familiensprache finden Sie auf www.laendermonitor.de unter FOKUS | Regionale Daten

Bildungsbeteiligung in KiTas und Kindertagespflege
Tab. 38a, Tab. 39a

Zu den Teilhabequoten von Kindern mit und ohne Migrationshintergrund in TH können keine Angaben gemacht werden, da keine repräsentativen Daten über den Anteil der Kinder mit und ohne Migrationshintergrund in der Bevölkerung vorliegen.

Quote der Inanspruchnahme von Kindern
mit Migrationshintergrund **ohne** Migrationshintergrund

KiTas (mit Horten) nach ihrem Anteil an Kindern mit nicht deutscher Familiensprache | Tab. 96

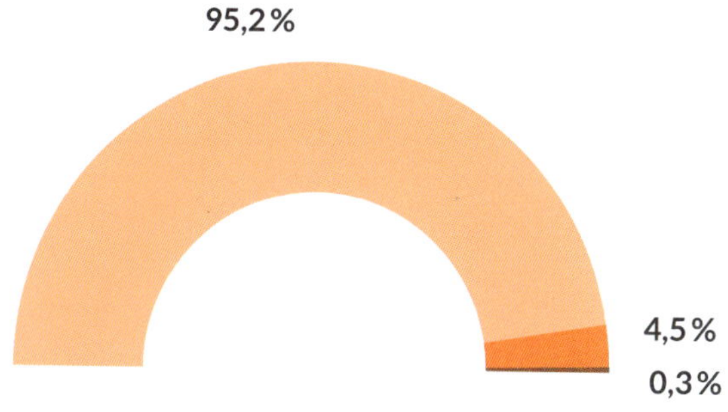

KiTas (mit Horten) mit einem Anteil an Kindern mit nicht deutscher Familiensprache von
< 25 % 25 bis < 50 % 50 bis < 75 % 75 % und mehr

Alter des Kindes zu Beginn der Betreuung in der aktuellen KiTa und Kindertagespflege | Tab. 92; 93

KiTa

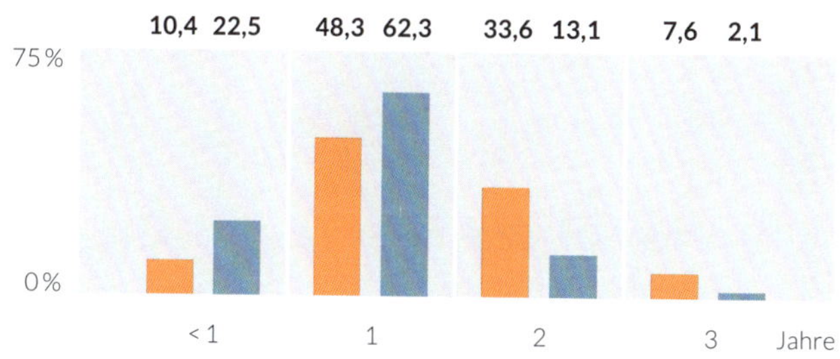

Kindertagespflege

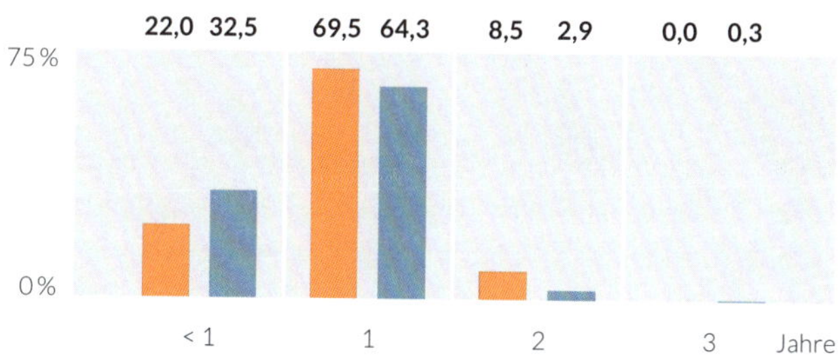

mit Migrationshintergrund **ohne** Migrationshintergrund

Familiäre Sprachpraxis der Kinder in KiTas (mit Horten) und Kindertagespflege | Tab. 15a-20a

KiTas (mit Horten)

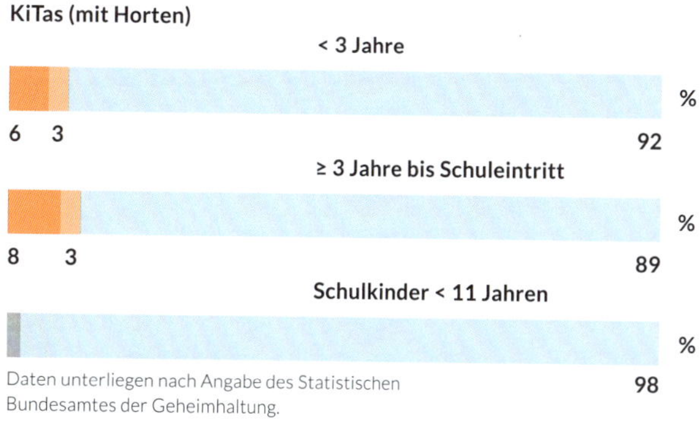

Daten unterliegen nach Angabe des Statistischen Bundesamtes der Geheimhaltung.

Kindertagespflege

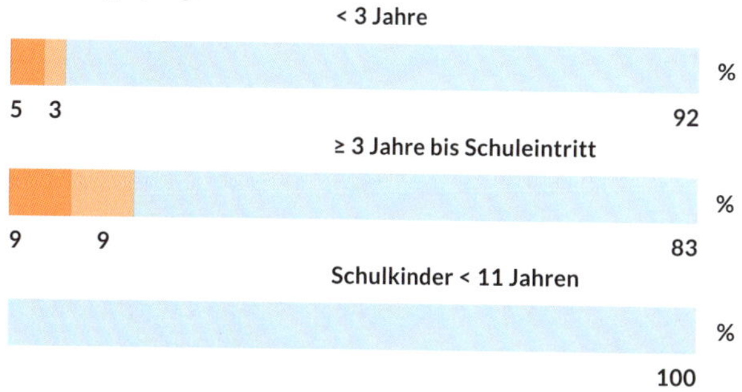

Kinder **mit** Migrationshintergrund:
Familiensprache nicht Deutsch Deutsch
Kinder **ohne** Migrationshintergrund

Bildung fördern – Qualität sichern

Die FBBE kann einen bedeutenden Beitrag für die Chancengerechtigkeit aller Kinder in Deutschland leisten. Voraussetzung dafür, dass die KiTas ihren Bildungsauftrag durchführen können, sind professionelle Rahmenbedingungen: insbesondere ausreichend Personal für die pädagogischen Aufgabenbereiche sowie für die Leitung und die Verwaltung. Weitere wichtige Gradmesser für die Qualität sind qualifizierte KiTa-Teams und kleine Kindergruppen. Schließlich spielt auch die Ausgestaltung der Arbeitsbedingungen durch die Träger eine Rolle. Der Status quo der KiTa-Landschaft wird im Folgenden anhand ausgewählter strukturell-qualitativer Dimensionen dargestellt.

57 % der unter 3-Jährigen in TH sind in Krippengruppen; 2020 ist hier eine Vollzeitkraft rechnerisch für 5,4 ganztags betreute Kinder zuständig. Weitere 25 % dieser Altersgruppe werden zusammen mit 6 % der ab 3-Jährigen in Gruppen mit Kindern unter 4 Jahren betreut (Personalschlüssel: 1 zu 7,0). Der größte Anteil der Kinder ab drei Jahren (67 %) befindet sich in Kindergartengruppen (Personalschlüssel: 1 zu 11,1). Für ein kindgerechtes Betreuungsverhältnis empfiehlt die Bertelsmann Stiftung, dass eine Fachkraft rein rechnerisch für höchstens 3 unter 3-Jährige in Krippengruppen oder 7,5 Kinder ab drei Jahren in Kindergartengruppen zuständig ist. In TH entsprechen fast 13 % der Personalschlüssel in Kindergartengruppen dieser Empfehlung (inkl. ± 0,5 Toleranz) bzw. sind günstiger. Schlechter sind knapp 88 % der Personalschlüssel, in Krippengruppen sogar 93 %. Ein ähnlich ungünstiges Bild zeigt sich in Gruppen mit Kindern unter 4 Jahren sowie in altersübergreifenden Gruppen. Hier sind zu jeweils 98 % die Personalschlüssel ungünstiger als wissenschaftlich empfohlen.

Der Personalschlüssel ist eine rein rechnerische, im KiTa-Alltag nicht beobachtbare Größe, die die gesamte Arbeitszeit einer pädagogischen Fachkraft umfasst. Die annähernd reale Betreuungssituation beschreibt die Fachkraft-Kind-Relation, die das Verhältnis zwischen den Fachkräften und den Kindern während der unmittelbaren pädagogischen Arbeit darstellt.

Pädagogische Personalausstattung | TH 01.03.2020

Personalschlüssel
Tab. 43a2

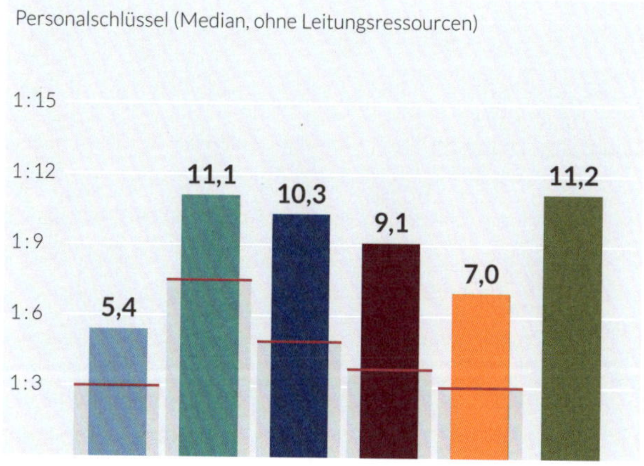

Verteilung der Kinder auf Gruppentypen
Tab. 36b; 36b1; 36b2

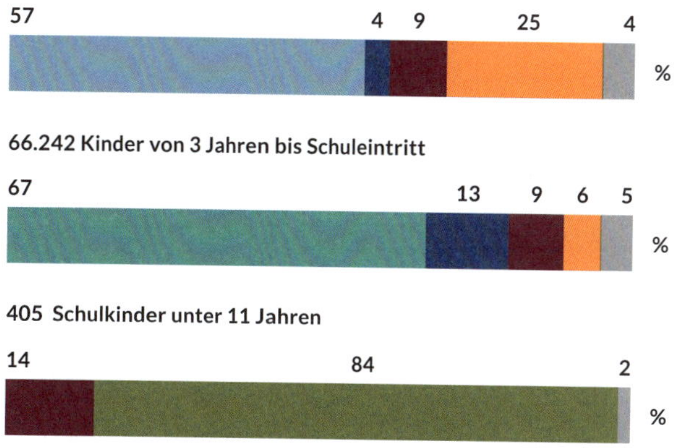

Gruppentyp
Krippe · Kindergarten · Kindergarten ab 2 Jahre · Altersübergreifend ab 0 Jahre · Krippe < 4 Jahren · Hort · Ohne feste Gruppenstruktur

Empfohlener Personalschlüssel (BSt = Bertelsmann Stiftung, H.-S. & B. = Haug-Schnabel & Bensel 2016):
Krippe 1 : 3,0 (BSt); Kindergarten 1 : 7,5 (BSt); Kindergarten ab 2 J. 1: 4,9 (H.-S. & B.); Altersübergreifend ab 0 J. 1 : 3,75 (H.-S. & B.); Krippe < 4 J. 1 : 3,0 (BSt)

Regionale Daten zum Personalschlüssel finden Sie auf www.laendermonitor.de unter FOKUS | Regionale Daten

Personalschlüssel im Vergleich | Tab. 94; 94a–e

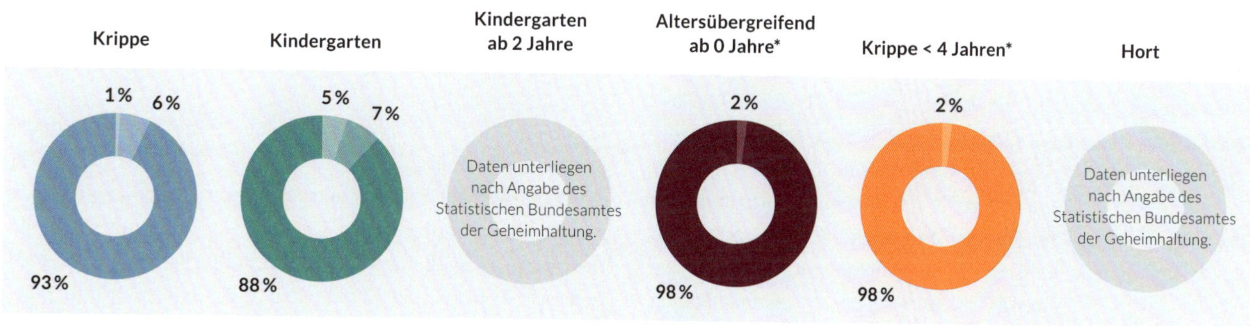

Personalschlüssel von

Krippe	Kindergarten	Kindergarten ab 2 Jahre	Altersübergreifend ab 0 Jahre*	Krippe < 4 Jahren*	Hort
< 1: 2,5 DE 10 %	< 1: 7 DE 26 %	< 1: 4,4 DE 2 %	< 1: 3,25 DE 4 %	< 1: 2,5 DE 5 %	< 1: 9,5 DE 44 %
1: 2,5 bis < 1: 3,5 DE 24 %	1: 7 bis < 1: 8 DE 14 %	1: 4,4 bis < 1: 5,4 DE 7 %	1: 3,25 bis < 1: 4,25 DE 9 %	1: 2,5 bis < 1: 3,5 DE 22 %	1: 9,5 bis < 1: 10,5 DE 5 %
1: 3,5 und mehr DE 66 %	1: 8 und mehr DE 60 %	1: 5,4 und mehr DE 91 %	1: 4,25 und mehr DE 87 %	1: 3,5 und mehr DE 72 %	1: 10,5 und mehr DE 51 %

* siehe landesspezifische Anmerkungen am Ende des Profils

Fachkraft-Kind-Relation – Szenarien der Bertelsmann Stiftung | Tab. 82

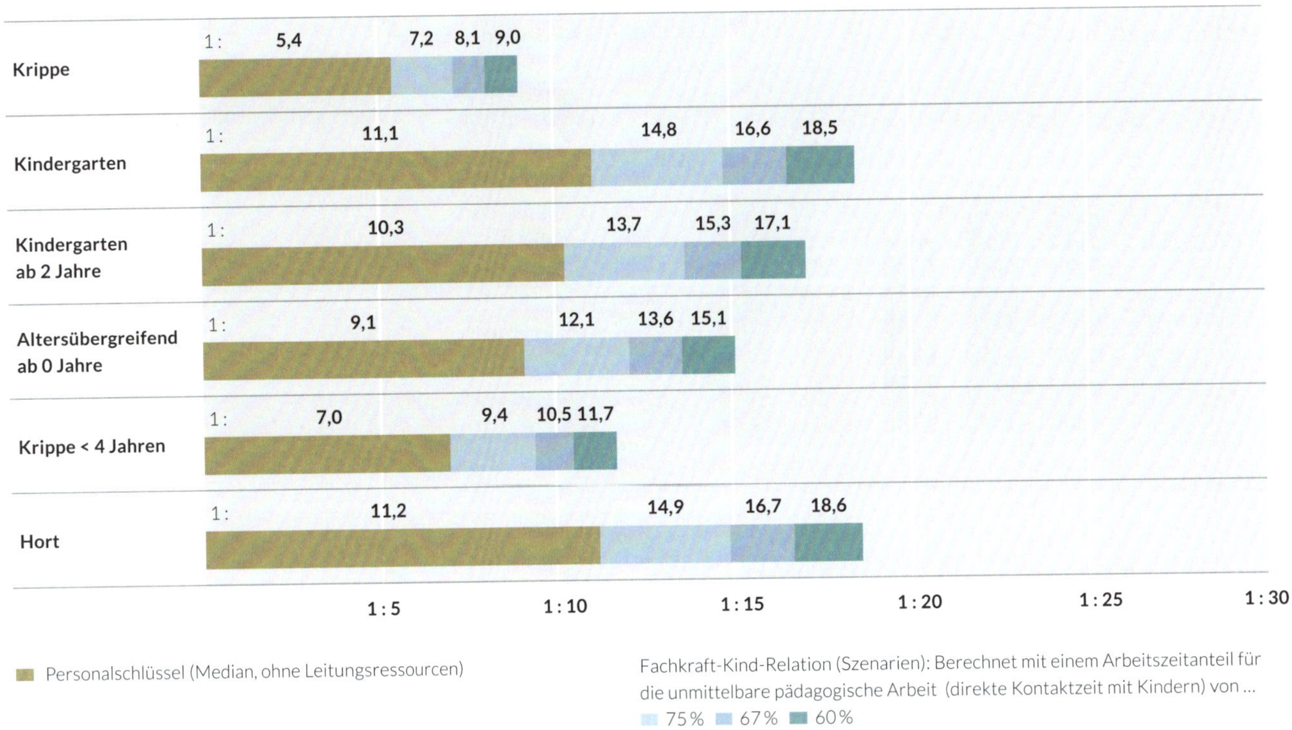

Eine Annäherung an die Fachkraft-Kind-Relation kann nur durch Szenarien erfolgen, da die amtliche Kinder- und Jugendhilfestatistik keine Daten für Arbeitszeitanteile der mittelbaren pädagogischen Aufgabenbereiche sowie Ausfallzeiten erfasst. Die drei von der Bertelsmann Stiftung entwickelten Szenarien wurden auf Basis wissenschaftlicher Untersuchungen berechnet. Diese zeigen, dass 24 % bis 41 % der Gesamtarbeitszeit einer pädagogischen Fachkraft zum einen Ausfallzeiten sind (Urlaub, Krankheit, Fortbildungen) und zum anderen für Aufgaben außerhalb der pädagogischen Praxis benötigt werden, etwa für Elterngespräche, die Qualitätsentwicklung oder Bildungsdokumentationen.[1] In den Szenarien wird der Anteil für die unmittelbaren Arbeitsaufgaben, also den Kontakt mit den Kindern, mit 75 %, 67 % oder 60 % der gesamten Arbeitszeit angesetzt.

Werden wie im Szenario 1 nur 25 % der Arbeitszeit für Aufgaben ohne die Kinder verwendet, verbleiben 75 % der Arbeitszeit für sie. In TH betreut dann eine Vollzeitkraft in Krippengruppen bei einem Personalschlüssel von 1 zu 5,4 in der pädagogischen Praxis rechnerisch 7,2 Kinder. Nimmt man einen höheren Anteil mittelbarer pädagogischer Arbeitszeit an, sinkt die Zeit für die Arbeit mit den Kindern, und die Fachkraft-Kind-Relationen verschlechtern sich (Szenarien 2 und 3).

Neben einer kindgerechten Personalausstattung ist die Gruppengröße ein weiterer Gradmesser für „gute" KiTas. Zu große Gruppen bedeuten für die Kinder und das Personal übermäßigen Stress, etwa durch die Lautstärke. So sollten Gruppen für jüngere Kinder nicht mehr als zwölf Kinder umfassen, Kindergartengruppen nicht mehr als 18.[1] In TH sind 27 % der Krippengruppen zu groß, bei den Kindergartengruppen sind es ebenfalls 27 %.

Im Median haben die KiTas in TH, ähnlich wie in allen anderen ostdeutschen Flächenländern, 11 Stunden ihre Türen geöffnet; bundesweit liegt die Öffnungsdauer bei 9,5 Stunden. In 95 % der KiTas startet der Tag bereits vor 7 Uhr.

1 Vgl. Viernickel, Susanne; Fuchs-Rechlin, Kirsten (2015): Fachkraft-Kind-Relationen und Gruppengrößen in Kindertageseinrichtungen. Grundlagen, Analysen, Berechnungsmodell, in: Viernickel, Susanne; Fuchs-Rechlin, Kirsten; Strehmel, Petra; Preissing, Christa; Bensel, Joachim; Haug-Schnabel, Gabriele: Qualität für alle. Wissenschaftlich begründete Standards für die Kindertagesbetreuung. Freiburg, S. 11–130.

KiTa- und Hort-Strukturen | TH 01.03.2020

Gruppengrößen im Vergleich | Tab. 116a–e; 116h

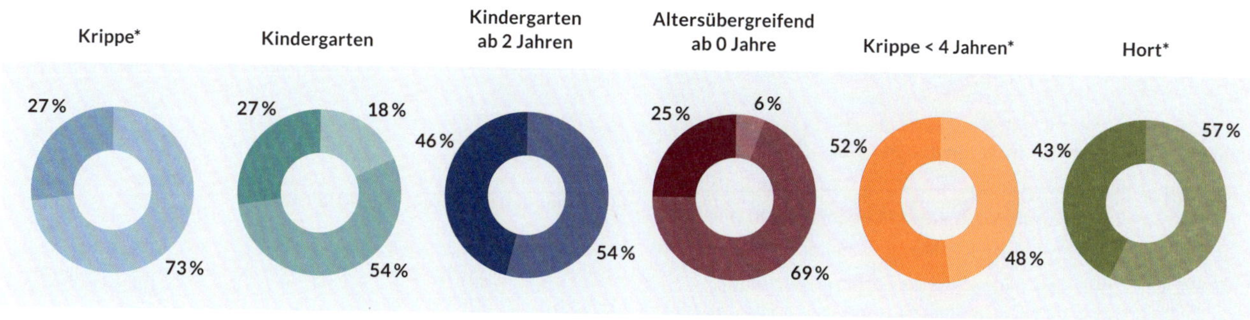

Anzahl Kinder pro Gruppe

Krippe*		Kindergarten		Kindergarten ab 2 Jahren		Altersübergreifend ab 0 Jahre		Krippe < 4 Jahren*		Hort*	
< 6	DE 4 %	< 14	DE 11 %	< 14	DE 0 %	< 10	DE 4 %	< 6	DE 1 %	< 15	DE 15 %
6 bis 12	DE 74 %	14 bis 18	DE 22 %	14 bis 18	DE 16 %	10 bis 18	DE 61 %	6 bis 12	DE 59 %	15 bis 20	DE 37 %
> 12	DE 22 %	> 18	DE 67 %	> 18	DE 84 %	> 18	DE 35 %	> 12	DE 40 %	> 20	DE 48 %

* siehe landesspezifische Anmerkungen am Ende des Profils

Öffnungszeiten von KiTas und Horten | Tab. 83oh; 83h; 117oh; 117h

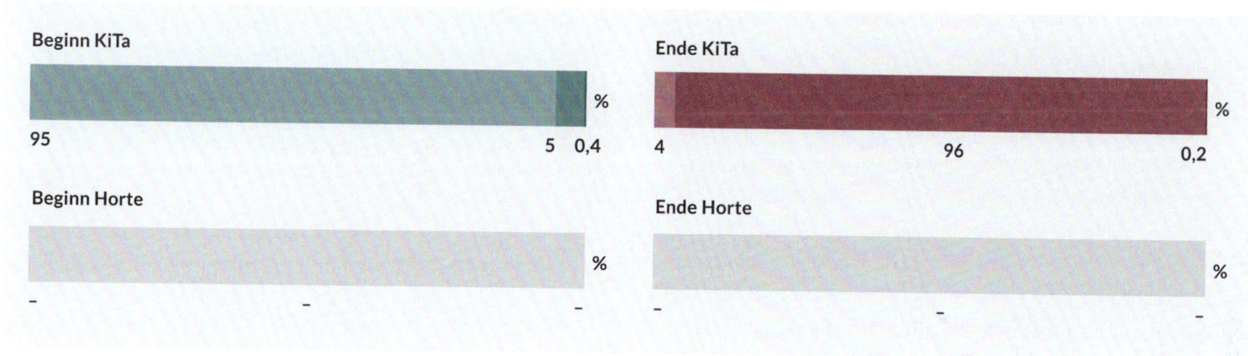

vor 7:00 Uhr | 7:00 bis 7:30 Uhr | später als 7:30 Uhr

vor 16:30 Uhr | 16:30 bis 18:00 Uhr | später als 18:00 Uhr

KiTa: Beginn nach 7:30 und Ende vor 16:30 Uhr

0,2 %
DE 5,1 %

KiTa: Öffnungsdauer

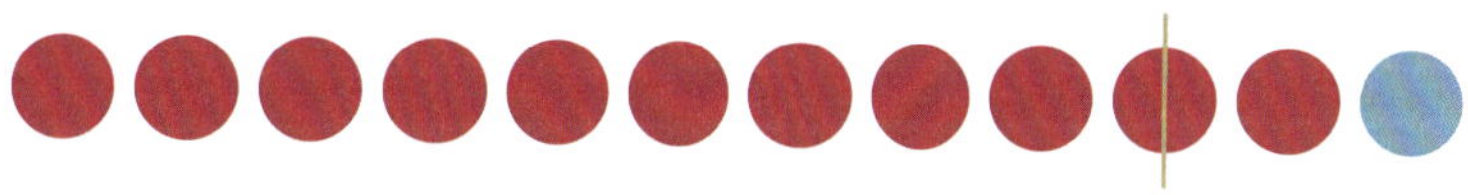

11 Stunden pro Tag (Median)
DE 9,5 Std.

Horte: Beginn nach 7:30 und Ende vor 16:30 Uhr

–
DE 6,0 %

Horte: Öffnungsdauer

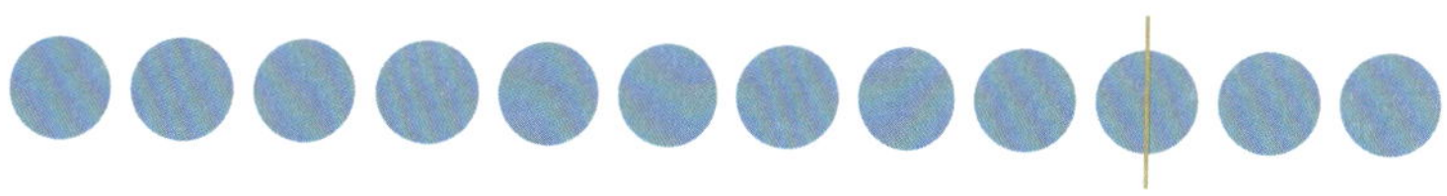

– Stunden pro Tag (Median)
DE 9,5 Std.

Regionale Daten zu den Öffnungszeiten von KiTas finden Sie auf www.laendermonitor.de unter FOKUS | Regionale Daten

Leitungsausstattung

TH 01.03.2020

2020 verfügen nur 0,5 % der 1.330 KiTas in TH nach der amtlichen Kinder- und Jugendhilfestatistik über keine vertraglich vereinbarte Zeit für Leitungsaufgaben. Bundesweit sind es fast 9 %.

In knapp 21 % der KiTas in TH, in denen es laut Arbeitsvertrag Leitungskapazitäten gibt, ist eine Person ausschließlich als Leiter:in tätig. Weitere 61 % werden ebenfalls von nur einer Person geleitet – diese ist allerdings neben ihrer Leitungstätigkeit noch als pädagogische Fachkraft zuständig. Hier ergibt sich das folgende Bild: In fast 29 % der KiTas gibt es Leitungskräfte, denen weniger als 50 % ihrer Arbeitszeit für Leitungsaufgaben zur Verfügung stehen, während in 32 % der KiTas die Leitungskräfte mindestens die Hälfte ihrer Arbeitszeit für Leitungsaufgaben nutzen können. In den restlichen knapp 19 % ist ein Leitungsteam zuständig, d. h., mindestens zwei Personen besitzen einen Leitungsanteil oder sind ausschließlich als Leitung tätig.

Welche dieser vier Leitungskonstellationen in einer Einrichtung zum Tragen kommt, ist die – bewusst zu treffende – Entscheidung des Trägers. Dieser Handlungsspielraum sollte es ermöglichen, den Teams sowie auch den Leitungsverantwortlichen mit ihren jeweiligen Leitungskompetenzen und Persönlichkeiten gerecht zu werden. Voraussetzung ist allerdings, dass den KiTas und Horten zeitliche Leitungsressourcen gewährt werden. Diese sind notwendig, um die Einrichtung professionell zu führen und zu leiten.

Um den Umfang der vertraglich zugesicherten Leitungszeit zwischen den KiTas unabhängig von ihrer Größe sowie auch zwischen den Bundesländern vergleichen zu können, wird die wöchentliche Leitungszeit auf die Anzahl der ganztags betreuten Kinder verteilt. In den KiTas mit Leitungskapazitäten ergeben sich in TH rechnerisch im Median 21 Minuten pro ganztags betreutem Kind für die Führung und Leitung der KiTa.

Darüber hinaus kann die wöchentliche Leitungszeit gruppiert dargestellt werden. Im Ergebnis zeigt sich, dass dem größten Anteil der KiTas in TH (57 %) eine wöchentliche Arbeitszeit von über 20 bis einschließlich 30 Minuten pro rechnerisch ganztags betreutem Kind zur Verfügung steht.

KiTas ohne Zeit für Leitung | Tab. 85

0,5 % von 1.330 KiTas verfügen über keine Zeit für Leitung

KiTas ohne Zeit für Leitung nach KiTa-Größe

Daten unterliegen nach Angabe des Statistischen Bundesamtes der Geheimhaltung.	**Kleine KiTas** (438)
Daten unterliegen nach Angabe des Statistischen Bundesamtes der Geheimhaltung.	**Mittlere KiTas** (430)
Daten unterliegen nach Angabe des Statistischen Bundesamtes der Geheimhaltung.	**Große KiTas** (462)

Anzahl betreuter Kinder

Kleine KiTas: < 45 Mittlere KiTas: 45 bis 75 Große KiTas: 76 und mehr

Regionale Daten zu KiTas ohne Leitungszeit finden Sie auf www.laendermonitor.de unter FOKUS | Regionale Daten

KiTas mit Zeit für Leitung nach Leitungsprofil

Tab. 65

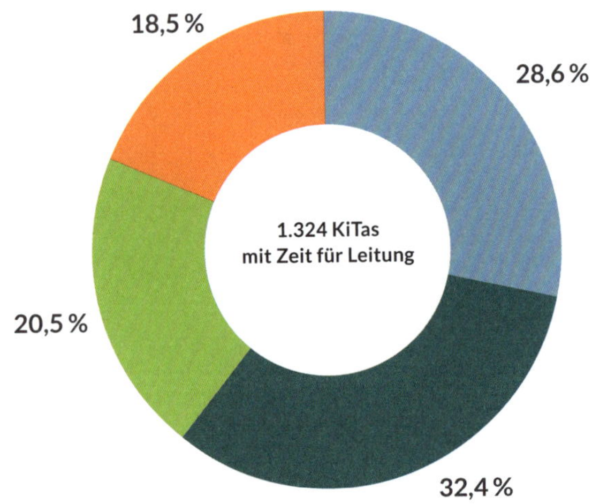

DE	Eine Leitungskraft ...
32,8 %	... mit Leitung als nachrangigem Arbeitsbereich
17,1 %	... mit Leitung als überwiegendem Arbeitsbereich
36,1 %	... ohne weiteren Arbeitsbereich
14,0 %	Leitungsteam

Leitungsausstattung | TH 01.03.2020

KiTas nach Leitungszeit* pro Kind

Tab. 66b; Tab. 108b

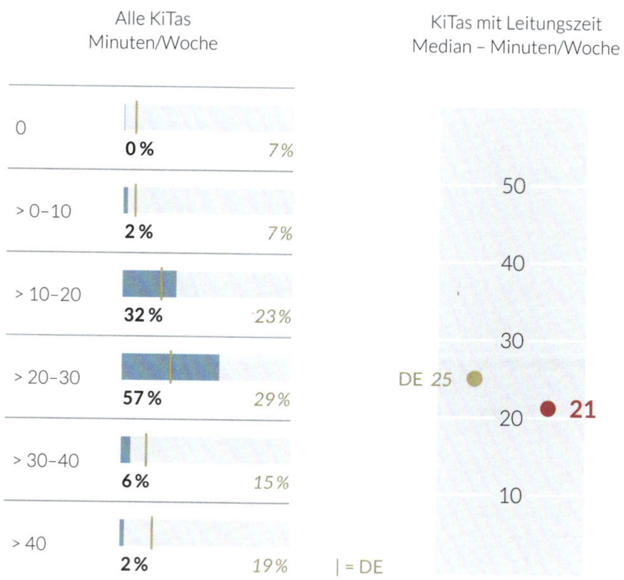

KiTas mit weniger als 20 Wochenstunden Leitungszeit* | Tab. 111

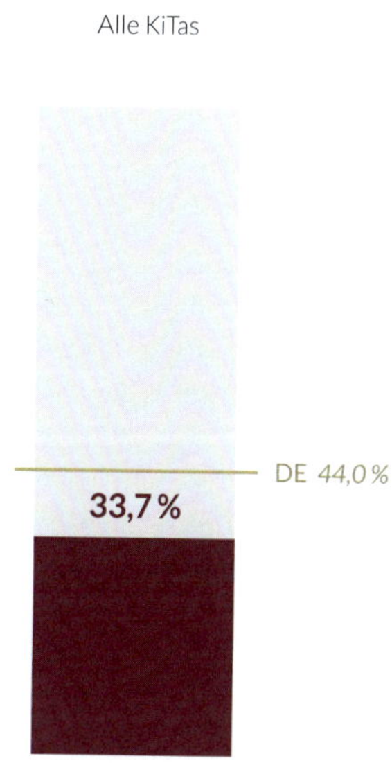

Bertelsmann Stiftung: Empfehlung zur Leitungsausstattung

KiTas mit der von der Bertelsmann Stiftung empfohlenen Leitungszeit* | Tab. 112

* Zeit für die Arbeitsbereiche Leitung UND Verwaltung

**Vertraglich vereinbarte Betreuungswochenstunden aller Kinder geteilt durch 40

Für eine professionelle Führung und Leitung von KiTas empfiehlt die Bertelsmann Stiftung jeder Einrichtung eine Grundausstattung von 20 Wochenstunden. Diese ist dringend notwendig, denn in jeder KiTa müssen – unabhängig von der Größe – Führungs- und Leitungsaufgaben erledigt werden. 2020 verfügen in TH 34 % der KiTas nicht über diese Grundausstattung, die als garantiertes Zeitbudget empfohlen wird.

Neben den 20 Wochenstunden sollte jeder KiTa ein variabler Anteil von 0,35 Wochenstunden pro Ganztagsbetreuungsäquivalent** zur Verfügung gestellt werden. Mit inbegriffen sind Verwaltungszeiten von max. 20 % der empfohlenen Leitungszeit. 2020 verfügen in TH nur 3 % der KiTas über diese Leitungsausstattung, bundesweit sind es mit 18 % deutlich mehr.

Pädagogisches Personal | TH 01.03.2020

Entwicklung des pädagogischen Personals

Tab. 118oh, 118h; 126

Jahr (Stichtag 01.03.)	KiTas	Kindertagespflege	Horte
	Anzahl pädagogisch Tätiger		
2011	Daten unterliegen nach Angabe des Statistischen Bundesamtes der Geheimhaltung.	323	Daten unterliegen nach Angabe des Statistischen Bundesamtes der Geheimhaltung.
2012		338	
2013		361	
2014		365	
2015		352	
2016	14.511	347	40
2017	14.839	335	26
2018	15.188	306	25
2019	15.403	305	24
2020	15.602	280	18

Beschäftigungsumfang in KiTas (mit Horten)

Tab. 29

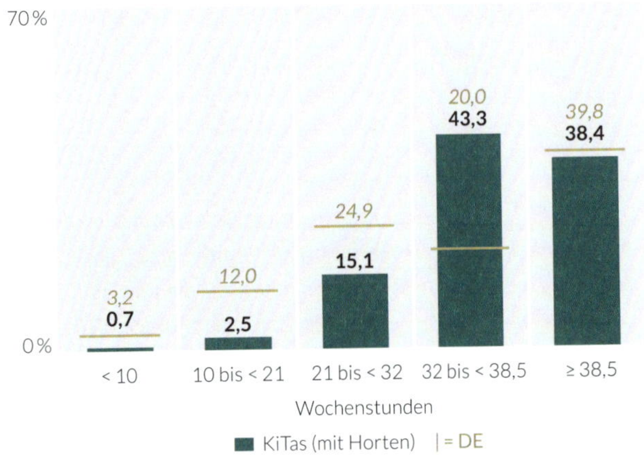

Qualifikationsniveaus | Tab. 27; 50a; 133

Abschluss	TH Anzahl	TH Anteil	DE Anteil
KiTas: 15.602 päd. Tätige			
Hochschule*	1.397	**9,0 %**	5,6 %
Fachschule*	13.551	**86,9 %**	68,3 %
Berufsfachschule*	280	**1,8 %**	13,6 %
Sonstige Ausbildungen	184	**1,2 %**	4,5 %
In Ausbildung	39	**0,2 %**	5,9 %
Ohne Abschluss	151	**1,0 %**	2,2 %
Kindertagespflege: 280 päd. Tätige			
Hochschule*	9	**3,2 %**	3,2 %
Fachschule*	61	**21,8 %**	15,8 %
Berufsfachschule*	9	**3,2 %**	10,0 %
Soziale/sozialpädagogische Kurzausbildung	2	**0,7 %**	1,9 %
Sonstige Ausbildungen	195	**69,6 %**	60,1 %
In Ausbildung	0	**0,0 %**	0,5 %
Ohne Abschluss	4	**1,4 %**	8,6 %
Horte: 18 päd. Tätige			
Hochschule*	Daten unterliegen nach Angabe des Statistischen Bundesamtes der Geheimhaltung.		8,2 %
Fachschule*			68,8 %
Berufsfachschule*			8,8 %
Sonstige Ausbildungen			7,6 %
In Ausbildung			4,6 %
Ohne Abschluss			2,0 %

* fachlich einschlägig

Regionale Daten zu den Qualifikationsniveaus finden Sie auf www.laendermonitor.de unter FOKUS | Regionale Daten

Die Zahl des pädagogischen Personals ist in TH zwischen 2016 und 2020 auf nunmehr 15.602 Tätige gestiegen. Im selben Zeitraum sank die Zahl des Hortpersonals auf einem bereits sehr niedrigen Niveau um 60 % auf 18. In der Kindertagespflege hat sich das Personal von 2011 bis 2020 auf 280 Personen reduziert (2011: 323).

9 % der pädagogisch Tätigen in KiTas besitzen einen Hochschul-, 87 % einen Fachschulabschluss als Erzieher:in. In Ausbildung befinden sich 0,2 %; das ist bundesweit der niedrigste Anteil.

In der Kindertagespflege arbeiten anteilig deutlich weniger Personen mit einem fachlich einschlägigen Fachschulabschluss (22 %). Die meisten Kindertagespflegepersonen (70 %) besitzen einen nicht-fachpädagogischen Abschluss.

Mit 43 % arbeitet der größte Anteil des pädagogischen Personals in KiTas (mit Horten) 32 bis unter 38,5 Stunden pro Woche. Arbeitsverträge von 38,5 Wochenstunden und mehr besitzen in TH 38 % der KiTa-Beschäftigten (mit Horten).

Pädagogisches Personal | TH 01.03.2020

Altersstruktur in KiTas, Kindertagespflege und Horten | Tab. 42oh; 42h; 128

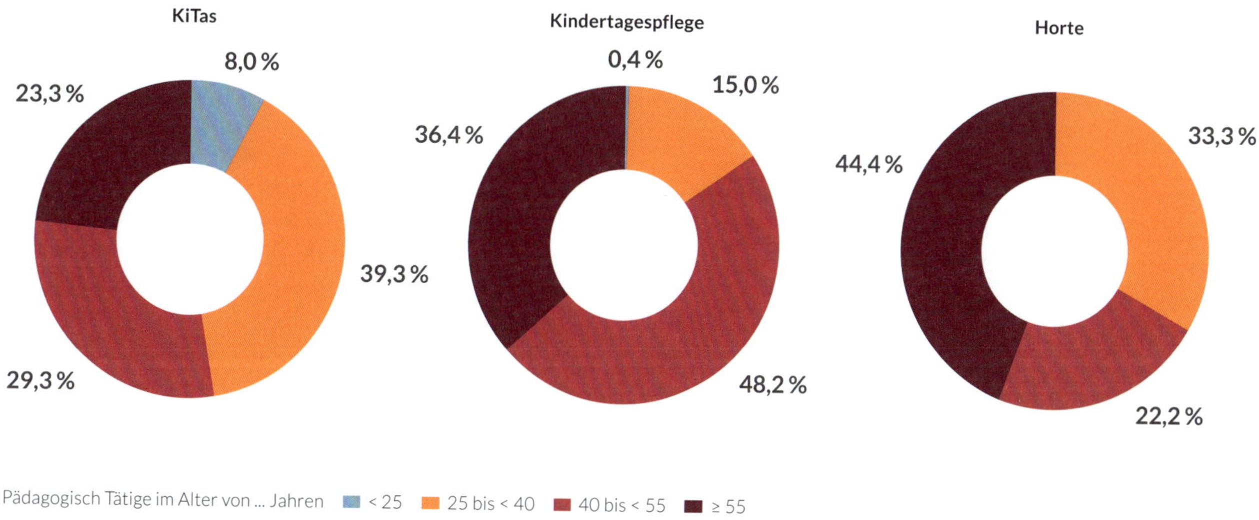

Befristete Arbeitsverhältnisse in KiTas (mit Horten) | Tab. 77

	Alter in Jahren	unter 30	30 bis unter 40	40 bis unter 50	50 bis unter 60	60 und älter
TH	pädagogisch Tätige insgesamt	2.717	4.252	2.501	4.215	1.476
	Anteil befristet Beschäftigter	**21,8 %**	**8,7 %**	**6,0 %**	**2,8 %**	**3,5 %**
DE	Anteil befristet Beschäftigter	*25,6 %*	*14,1 %*	*10,4 %*	*6,3 %*	*5,9 %*

6 % des KiTa- und Hortpersonals in TH sind männlich (bundesweit: 7 %). Dieser Anteil liegt in der Kindertagespflege mit 2 % auf einem niedrigeren Niveau (bundesweit: 4 %).

Mit 39 % ist der größte Anteil des KiTa-Personals in TH 25 bis unter 40 Jahre alt (bundesweit: 37 %). Weitere 29 % der Beschäftigten sind 40 bis unter 55 Jahre alt (bundesweit: 33 %). Zudem sind 8 % unter 25 Jahre alt, und wiederum 23 % sind 55 oder älter (bundesweit: 13 % bzw. 17 %). Für das Hortpersonal in TH (n = 18) zeigt sich, dass dieses im bundesweiten Vergleich am ältesten ist. So ist mit 44 % der größte Anteil 55 Jahre oder älter (bundesweit: 22 %). Jüngeres Hortpersonal unter 25 Jahren gibt es in TH nicht. Auch in der Kindertagespflege sind nur sehr selten Personen unter 25 anzutreffen; dieser Anteil liegt bei noch nicht einmal 1 % (bundesweit: 1,5 %). Mit 48 % ist hier der größte Anteil aller Beschäftigten 40 bis unter 55 Jahre alt (bundesweit: 43 %). Weitere 36 % sind 55 Jahre und älter (bundesweit: 27 %). Zur Altersgruppe 25 bis unter 40 Jahre zählen lediglich 15 % der Kindertagespflegepersonen (bundesweit: 29 %).

8 % des pädagogischen Personals in KiTas (mit Horten) sind in TH befristet beschäftigt. Dem bundesweiten Trend folgend, sind davon auch in TH vor allem jüngere Beschäftigte betroffen, nämlich 22 % der unter 30-Jährigen, aber nur 3 % der 50- bis unter 60-Jährigen und fast 4 % der ab 60-Jährigen.

Träger | TH 01.03.2020

Die insgesamt 1.330 KiTas in TH werden von verschiedenen Trägern betrieben; das können solche der öffentlichen oder der freien Jugendhilfe sein. Innerhalb der freien Träger wird zwischen den privat-gemeinnützigen und den privat-nichtgemeinnützigen (auch Wirtschaftsunternehmen) unterschieden. Die privat-nichtgemeinnützigen werden den freien Trägern zugeordnet, da Gemeinnützigkeit kein konstitutives Merkmal ist.

Mit 38 % befindet sich der größte Anteil der KiTas in TH in öffentlicher Trägerschaft (bundesweit: 32 %). Unter den KiTas in freier Trägerschaft sind die des Deutschen Paritätischen Wohlfahrtsverbandes (18 %) und die der Diakonie und sonstiger evangelischer Träger (14 %) am häufigsten vertreten. In der bundesweiten Gesamtschau zeigt sich, dass in TH insbesondere KiTas des Deutschen Caritasverbandes oder sonstiger katholischer Träger (5 %; bundesweit: 17 %) unterrepräsentiert sind. Ebenso sind KiTas in der Trägerschaft von Elterninitiativen in TH mit 1 % nicht nur weniger stark vertreten als im Bundesdurchschnitt (8 %): Bundesweit ist das sogar der niedrigste Wert.

Unterschiede in den Betreuungsquoten der unter 3-Jährigen und der Kinder ab 3 nach Art des Trägers sind in TH kaum vorhanden. So besuchen rund 19 % der Kinder beider Altersgruppen KiTas des Paritätischen Wohlfahrtsverbandes. Der größte Anteil wird jeweils in KiTas öffentlicher Träger betreut (unter 3-Jährige: 35 %; ab 3-Jährige: 34 %).

Die Beschäftigungsumfänge der pädagogisch Tätigen unterscheiden sich in vielen Bundesländern nach Trägerschaft der KiTas und Horte. 2020 zeigt sich in TH das folgende Bild: Mit 88 % verfügt ein großer Anteil der pädagogisch Tätigen in KiTas (mit Horten) der Arbeiterwohlfahrt über einen Arbeitsvertrag, der mindestens 32 Wochenstunden umfasst; das ist mehr als in Einrichtungen anderer Trägerschaften, insbesondere in KiTas (mit Horten) der Caritas und sonstiger katholischer Träger (66 %). Hier arbeitet mit 6 % ein größerer Anteil als in den anderen Trägerschaften 21 Wochenstunden und weniger.

KiTas und Horte nach Träger | Tab. 78oh; 78h

1.330 KiTas und 0 Horte in TH	KiTas		Horte	
	Anzahl	Anteil	Anzahl	Anteil
Öffentliche Träger	502	**37,7 %**	–	-
Freie Träger/privat-gemeinnützig				
Arbeiterwohlfahrt (AWO)	156	**11,7 %**	–	-
Deutscher Paritätischer Wohlfahrtsverband (DPWV)	233	**17,5 %**	–	-
Deutsches Rotes Kreuz (DRK)	93	**7,0 %**	–	-
Diakonie Deutschland/sonstige der EKD angeschlossene Träger	187	**14,1 %**	–	-
Deutscher Caritasverband/sonstige katholische Träger	72	**5,4 %**	–	-
Sonstige	58	**4,4 %**	–	-
Freie Träger/privat-nichtgemeinnützig	15	**1,1 %**	–	-
Elterninitiativen	14	**1,1 %**	–	-

Träger | TH 01.03.2020

Kinder nach Alter und KiTa-Träger | Tab. 79, 80

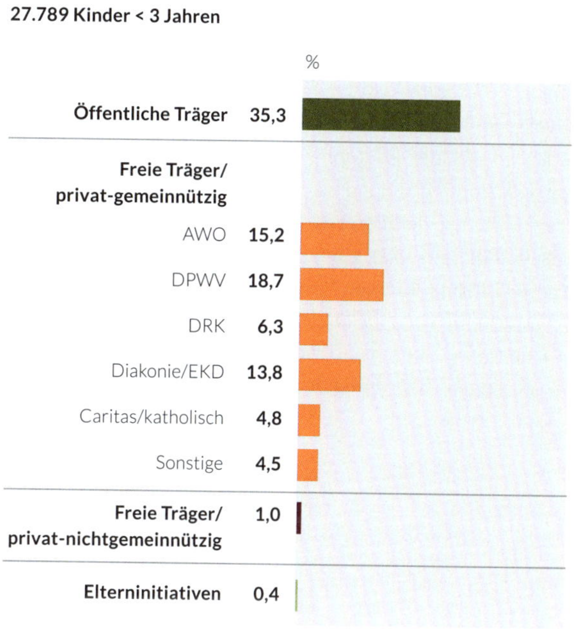

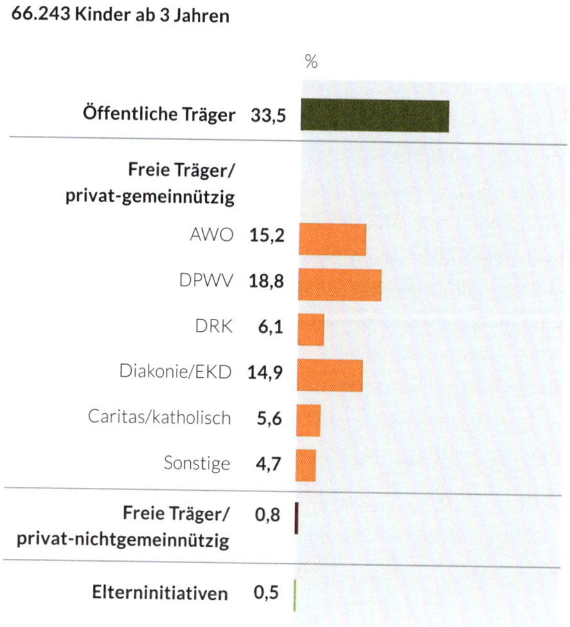

Pädagogisch Tätige nach KiTa-Träger (mit Horten) und Beschäftigungsumfang | Tab. 81

Investitionen wirkungsvoll einsetzen

Der qualitative Ausbau des frühkindlichen Bildungssystems, insbesondere die Verbesserung der Personalressourcen, erfordert gewaltige finanzielle Kraftanstrengungen aller Akteure. Um das System langfristig zu sichern, bedarf es einer dauerhaften finanziellen Unterstützung des Bundes. Daher sollte der Bund sein finanzielles Engagement im KiQuTG über 2022 hinaus verlässlich verankern.

In TH wurden 2018 für jedes Kind unter sechs Jahren in der Bevölkerung durchschnittlich 6.176 Euro für Angebote der Kindertagesbetreuung durch die öffentliche Hand, also Land und Kommunen, ausgegeben (ohne Elternbeiträge oder Zuschüsse anderer föderaler Ebenen). Das sind rund 1.400 Euro mehr als sechs Jahre zuvor. Im bundesweiten Durchschnitt lagen die Ausgaben im Jahr 2018 mit 6.007 Euro auf einem ähnlichen Niveau wie in TH.

Im Haushaltsjahr 2019 wurden in TH seitens der öffentlichen Haushalte Investitionsausgaben für die Kindertagesbetreuung in Höhe von fast 34 Mio. Euro getätigt. Dies sind Ausgaben, die zum Beispiel bei einem Neubau einer KiTa bzw. einem Umbau oder einer Sanierung einer bereits vorhandenen KiTa entstehen.

Im Rahmen des KiQuTG erhält jedes Bundesland zwischen 2019 und Ende 2022 Bundesmittel für Maßnahmen zur Weiterentwicklung der KiTa-Qualität und zur Gebührenentlastung der Eltern. TH investiert in vier der insgesamt elf Handlungsfelder des Gesetzes. Der größte Anteil der Bundesmittel fließt mit fast 62 Mio. Euro in die Verbesserung der Betreuungsschlüssel. Diese Mittel werden zum einen dafür eingesetzt, um die gesetzlich verankerte Erhöhung der Fachkraft-Kind-Relation für Vier- bis Fünfjährige zu finanzieren (von 1 zu 16 auf 1 zu 12). Zum anderen wurde der gesetzliche Anteil der Ausfallzeiten von 15 % auf 18 % erhöht, was ebenfalls durch die Bundesmittel getragen wird.[1]

1 Vgl. BMFSFJ und TMBJS (2020): Vertrag zwischen der Bundesrepublik Deutschland, vertreten durch das Bundesministerium für Familie, Senioren, Frauen und Jugend, und dem Freistaat Thüringen zur Umsetzung des Gesetzes zur Weiterentwicklung der Qualität und zur Verbesserung der Teilhabe in Tageseinrichtungen und in der Kindertagespflege (KiTa-Qualitäts- und Teilhabeverbesserungsgesetz – KiQuTG).

Investitionen pro unter sechsjährigem Kind

TH 2011–2018 | Tab. 21c

Grundmittel von Land und Kommunen

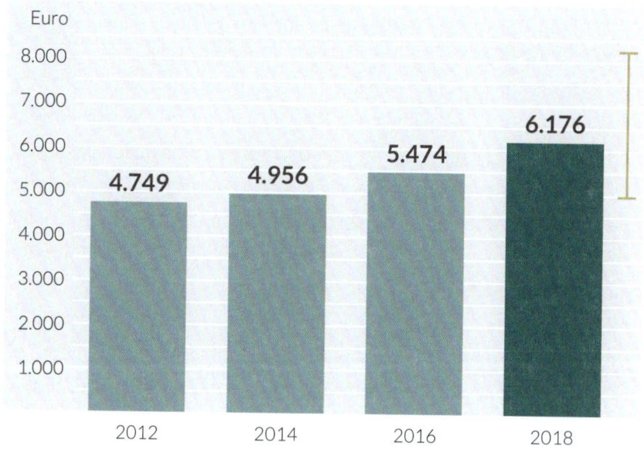

| = Alle Bundesländer 2018, Minimum: 4.965 €, Maximum: 8.232 €

Finanzierungsgemeinschaft für FBBE

TH 2018 | Tab. 23

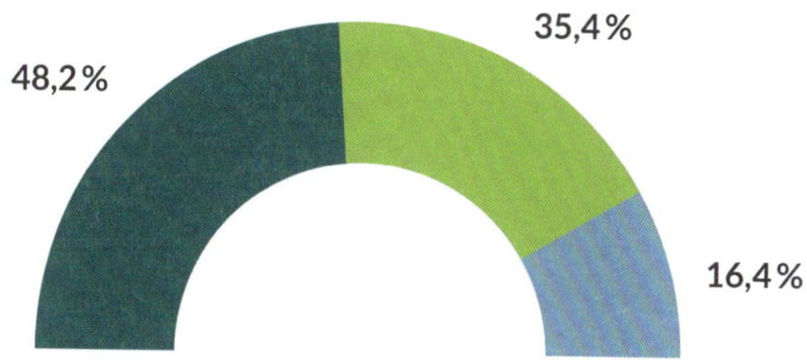

Ohne Eigenanteil der freien Träger und Zuschüsse des Bundes

Einmalige Investitionsausgaben für FBBE | TH 2009–2019 | Tab. 45

Ausgaben von Bund, Land und Kommunen

	2009	2010	2011	2012	2013	2014	2015	2016	2017	2018	2019
	Mio. Euro										
TH	**42,4**	**57,4**	**41,6**	**33,7**	**54,8**	**29,9**	**25,3**	**25,4**	**28,6**	**31,3**	**33,6**
DE	*947,3*	*1.334,1*	*1.357,5*	*1.408,8*	*2.188,8*	*1.649,4*	*1.137,7*	*1.080,7*	*1.345,8*	*1.686,1*	*2.012,3*

Für die Interpretation der hier ausgewiesenen Indikatoren sind einige methodische Grundlagen wichtig. Zusätzlich zu den Anmerkungen im Anhang des Länderprofils findet sich auf www.laendermonitor.de unter „Methodik" eine ausführliche Beschreibung der Datengrundlage sowie der Berechnungsmethodik.

Verteilung der Bundesmittel aus dem KiQuTG auf die Handlungsfelder | TH 2019–2022 | Tab. 119

	Bedarfsgerechtes Angebot	**Guter Betreuungsschlüssel**	**Qualifizierte Fachkräfte**	Starke KiTa-Leitung	Kindgerechte Räume	Gesundes Aufwachsen	Sprachliche Bildung	Starke Kindertagespflege	Netzwerke für mehr Qualität	**Vielfältige pädagogische Arbeit**	**Weniger Gebühren**	**Verplante Bundesmittel gesamt**
Anteil		44 %	1 %							12 %	43 %	100 %
Mio. Euro		61,8	1,9							17,0	61,0	141,6

Landesspezifische Anmerkungen

Kinder mit und ohne Migrationshintergrund
Aufgrund zu schwacher Besetzungszahlen in mindestens einer der beiden interessierenden Altersgruppen in Thüringen werden migrationsspezifische Betreuungsquoten dort nicht nachgewiesen. Die hochgerechneten Werte liegen dort unter 10.000 und sind damit in ihrer Aussagekraft eingeschränkt. Grund hierfür ist, dass die Stichprobenbasis beim Mikrozensus Zufallsfehler bedingt und damit einen einfachen relativen Standardfehler, der umso größer wird, je schwächer ein Merkmal besetzt ist.

Personalschlüssel im Vergleich
Die Kategorie „unter 1:2,5" unterliegt in Gruppen mit Kindern unter 4 Jahren in Thüringen der Geheimhaltung und wird zur Kategorie „1:2,5 bis unter 1:3,5" hinzugefügt.

Die Kategorie „unter 1:3,25" unterliegt in altersübergreifenden Gruppen in Thüringen der Geheimhaltung und wird zur Kategorie „1:3,25 bis unter 1:4,25" hinzugefügt.

Gruppengröße im Vergleich
Die Gruppengröße der Kategorie „unter 6 Kindern" unterliegt in Krippengruppen und in Gruppen mit Kindern unter 4 Jahren der Geheimhaltung und wird zur Kategorie „6 bis 12 Kindern" hinzugefügt.

Die Gruppengröße der Kategorie „unter 15 Kindern" unterliegt in Hortgruppen der Geheimhaltung und wird zur Kategorie „15 bis 20 Kindern" hinzugefügt.

Anhang | Tabellen

Tab. 2 | **Kinder im Alter von unter 3 Jahren in Kindertageseinrichtungen nach vertraglich vereinbarter wöchentlicher Betreuungszeit in den Bundesländern am 01.03.2020 (Anzahl; Anteil in %)**

	Kinder im Alter von unter 3 Jahren in KiTas insgesamt	Vertraglich vereinbarte Betreuungszeit von Kinder im Alter von unter 3 Jahren in KiTas in Stunden pro Woche							
		bis 25 Stunden	> 25 bis 35 Stunden	> 35 bis < 45 Stunden	45 und mehr Stunden	bis 25 Stunden	> 25 bis 35 Stunden	> 35 bis < 45 Stunden	45 und mehr Stunden
Bundesland	Anzahl	Anzahl				In %			
BW	83.100	10.380	41.160	12.094	19.466	12,5	49,5	14,6	23,4
BY	104.949	26.945	40.774	25.084	12.146	25,7	38,9	23,9	11,6
BE	48.329	308	15.666	1.722	30.633	0,6	32,4	3,6	63,4
BB	32.855	305	9.683	12.070	10.797	0,9	29,5	36,7	32,9
HB	5.102	515	1.613	2.721	253	10,1	31,6	53,3	5,0
HH	26.273	7.450	2.721	10.906	5.196	28,4	10,4	41,5	19,8
HE	48.934	3.878	12.765	12.790	19.501	7,9	26,1	26,1	39,9
MV	19.480	80	3.920	0	15.480	0,4	20,1	0,0	79,5
NI	57.616	11.118	19.396	21.363	5.739	19,3	33,7	37,1	10,0
NW*	100.653	8.479	37.415	209	54.550	8,4	37,2	0,2	54,2
RP	32.829	1.742	10.418	7.384	13.285	5,3	31,7	22,5	40,5
SL	6.584	85	804	440	5.255	1,3	12,2	6,7	79,8
SN	50.036	1.479	6.025	6.220	36.312	3,0	12,0	12,4	72,6
ST	29.950	2.313	2.773	9.983	14.881	7,7	9,3	33,3	49,7
SH	20.569	3.278	6.901	7.504	2.886	15,9	33,6	36,5	14,0
TH	27.789	526	843	5.149	21.271	1,9	3,0	18,5	76,5
O (m. BE)	208.439	5.011	38.910	35.144	129.374	2,4	18,7	16,9	62,1
W (o. BE)	486.609	73.870	173.967	100.495	138.277	15,2	35,8	20,7	28,4
DE	695.048	78.881	212.877	135.639	267.651	11,3	30,6	19,5	38,5

Tab. 3 | **Kinder im Alter von 3 Jahren bis zum Schuleintritt in Kindertageseinrichtungen nach vertraglich vereinbarter wöchentlicher Betreuungszeit in den Bundesländern am 01.03.2020 (Anzahl; Anteil in %)**

	Kinder im Alter von 3 Jahren bis zum Schuleintritt in KiTas insgesamt	Vertraglich vereinbarte Betreuungszeit von Kinder im Alter von 3 Jahren bis zum Schuleintritt in KiTas in Stunden pro Woche							
		bis 25 Stunden	> 25 bis 35 Stunden	> 35 bis < 45 Stunden	45 und mehr Stunden	bis 25 Stunden	> 25 bis 35 Stunden	> 35 bis < 45 Stunden	45 und mehr Stunden
Bundesland	Anzahl	Anzahl				In %			
BW	345.502	5.144	243.211	39.550	57.597	1,5	70,4	11,4	16,7
BY	403.930	74.544	162.854	114.078	52.454	18,5	40,3	28,2	13,0
BE	118.775	1.169	38.464	4.541	74.601	1,0	32,4	3,8	62,8
BB	77.628	522	23.835	27.163	26.108	0,7	30,7	35,0	33,6
HB	19.961	847	9.807	7.748	1.559	4,2	49,1	38,8	7,8
HH	56.230	16.626	6.330	23.281	9.993	29,6	11,3	41,4	17,8
HE	199.700	14.257	64.692	47.537	73.214	7,1	32,4	23,8	36,7
MV	49.402	362	10.750	56	38.234	0,7	21,8	0,1	77,4
NI	240.469	66.014	76.719	76.603	21.133	27,5	31,9	31,9	8,8
NW*	528.134	25.936	221.370	820	280.008	4,9	41,9	0,2	53,0
RP	126.050	4.441	42.080	27.748	51.781	3,5	33,4	22,0	41,1
SL	27.224	248	10.151	1.492	15.333	0,9	37,3	5,5	56,3
SN	135.214	2.631	13.836	15.946	102.801	1,9	10,2	11,8	76,0
ST	64.535	2.685	5.223	22.394	34.233	4,2	8,1	34,7	53,0
SH	85.603	19.824	29.928	25.123	10.728	23,2	35,0	29,3	12,5
TH	66.243	793	1.644	11.875	51.931	1,2	2,5	17,9	78,4
O (m. BE)	511.797	8.162	93.752	81.975	327.908	1,6	18,3	16,0	64,1
W (o. BE)	2.032.803	227.881	867.142	363.980	573.800	11,2	42,7	17,9	28,2
DE	2.544.600	236.043	960.894	445.955	901.708	9,3	37,8	17,5	35,4

Quelle
FDZ der Statistischen Ämter des Bundes und der Länder sowie Statistisches Bundesamt, Kinder und tätige Personen in Tageseinrichtungen und in öffentlich geförderter Kindertagespflege 2020; berechnet vom LG Empirische Bildungsforschung der FernUniversität in Hagen, 2021.

Anmerkung
* Aufgrund der zeitweiligen Schließung bzw. des eingeschränkten Betriebs der Kindertageseinrichtungen in Nordrhein-Westfalen durch die Corona-Pandemie konnten einige Einrichtungen ihre Daten nicht rechtzeitig übermitteln. Bei den vorliegenden Daten muss von einer Untererfassung von ca. 2000 betreuten Kindern ausgegangen werden.

Tab. 3h | **Schulkinder im Alter von unter 11 Jahren in Kindertageseinrichtungen nach vertraglich vereinbarter wöchentlicher Betreuungszeit in den Bundesländern am 01.03.2020 (Anzahl; Anteil in %)**

Bundesland	Schulkinder im Alter von unter 11 Jahren in KiTas und Horten insgesamt	Vertraglich vereinbarte Betreuungszeit von Schulkinder im Alter von unter 11 Jahren in KiTas in Stunden pro Woche							
		bis 25 Stunden	> 25 bis 35 Stunden	> 35 bis < 45 Stunden	45 und mehr Stunden	bis 25 Stunden	> 25 bis 35 Stunden	> 35 bis < 45 Stunden	45 und mehr Stunden
	Anzahl	Anzahl				In %			
BW	23.967	10.869	10.693	981	1.424	45,3	44,6	4,1	5,9
BY	88.299	76.816	10.771	595	117	87,0	12,2	0,7	0,1
BE	-	-	-	-	-	-	-	-	-
BB	74.457	59.148	13.629	1.397	283	79,4	18,3	1,9	0,4
HB	3.007	2.395	454	133	25	79,6	15,1	4,4	0,8
HH	1.377	1.285	22	55	15	93,3	1,6	4,0	1,1
HE	23.668	4.532	12.344	1.375	5.417	19,1	52,2	5,8	22,9
MV	40.190	11.428	28.762	0	0	28,4	71,6	0,0	0,0
NI	32.788	27.751	3.423	943	671	84,6	10,4	2,9	2,0
NW*	2.726	1.096	1.268	73	289	40,2	46,5	2,7	10,6
RP	7.839	2.966	2.868	352	1.653	37,8	36,6	4,5	21,1
SL	2.457	1.812	246	66	333	73,7	10,0	2,7	13,6
SN	130.107	69.889	59.497	542	179	53,7	45,7	0,4	0,1
ST	54.248	25.632	28.107	509	0	47,2	51,8	0,9	0,0
SH	9.319	6.116	1.996	737	470	65,6	21,4	7,9	5,0
TH	405	378	23	0	4	93,3	5,7	0,0	1,0
O (m. BE)	299.407	166.475	130.018	2.448	466	55,6	43,4	0,8	0,2
W (o. BE)	195.447	135.638	44.085	5.310	10.414	69,4	22,6	2,7	5,3
DE	494.854	302.113	174.103	7.758	10.880	61,1	35,2	1,6	2,2

Tab. 4 | **Kinder im Alter von unter 3 Jahren in öffentlich geförderter Kindertagespflege nach vertraglich vereinbarter wöchentlicher Betreuungszeit in den Bundesländern am 01.03.2020 (Anzahl; Anteil in %)**

Bundesland	Kinder im Alter von unter 3 Jahren in Kindertages-pflege insgesamt	Vertraglich vereinbarte Betreuungszeit von Kinder im Alter von unter 3 Jahren in Kindertagespflege in Stunden pro Woche							
		bis 25 Stunden	> 25 bis 35 Stunden	> 35 bis < 45 Stunden	45 und mehr Stunden	bis 25 Stunden	> 25 bis 35 Stunden	> 35 bis < 45 Stunden	45 und mehr Stunden
	Anzahl	Anzahl				In %			
BW	15.655	9.138	4.305	1.622	590	58,4	27,5	10,4	3,8
BY	9.309	3.441	3.348	2.019	501	37,0	36,0	21,7	5,4
BE	4.111	54	1.414	3	2.640	1,3	34,4	0,1	64,2
BB	3.451	32	1.022	1.466	931	0,9	29,6	42,5	27,0
HB	914	266	361	257	30	29,1	39,5	28,1	3,3
HH	2.192	1.003	575	527	87	45,8	26,2	24,0	4,0
HE	9.526	3.060	3.345	1.925	1.196	32,1	35,1	20,2	12,6
MV	3.194	6	596	0	2.592	0,2	18,7	0,0	81,2
NI	16.387	8.208	4.956	2.721	502	50,1	30,2	16,6	3,1
NW*	51.180	12.718	21.778	10.994	5.690	24,8	42,6	21,5	11,1
RP	3.125	1.384	1.173	471	97	44,3	37,5	15,1	3,1
SL	742	262	326	113	41	35,3	43,9	15,2	5,5
SN	6.983	55	367	1.924	4.637	0,8	5,3	27,6	66,4
ST	654	14	36	265	339	2,1	5,5	40,5	51,8
SH	6.509	2.526	2.409	1.403	171	38,8	37,0	21,6	2,6
TH	1.002	42	106	380	474	4,2	10,6	37,9	47,3
O (m. BE)	19.395	203	3.541	4.038	11.613	1,0	18,3	20,8	59,9
W (o. BE)	115.539	42.006	42.576	22.052	8.905	36,4	36,8	19,1	7,7
DE	134.934	42.209	46.117	26.090	20.518	31,3	34,2	19,3	15,2

Quelle
FDZ der Statistischen Ämter des Bundes und der Länder sowie Statistisches Bundesamt, Kinder und tätige Personen in Tageseinrichtungen und in öffentlich geförderter Kindertagespflege 2020; berechnet vom LG Empirische Bildungsforschung der FernUniversität in Hagen, 2021.

Anmerkung
* Aufgrund der zeitweiligen Schließung bzw. des eingeschränkten Betriebs der Kindertageseinrichtungen in Nordrhein-Westfalen durch die Corona-Pandemie konnten einige Einrichtungen ihre Daten nicht rechtzeitig übermitteln. Bei den vorliegenden Daten muss von einer Untererfassung von ca. 2000 betreuten Kindern ausgegangen werden.

Tab. 5 | **Kinder im Alter von 3 Jahren bis zum Schuleintritt in öffentlich geförderter Kindertagespflege nach vertraglich vereinbarter wöchentlicher Betreuungszeit in den Bundesländern am 01.03.2020 (Anzahl; Anteil in %)**

	Kinder im Alter von 3 Jahren bis zum Schuleintritt in Kindertagespflege insgesamt	Vertraglich vereinbarte Betreuungszeit von Kinder im Alter von 3 Jahren bis zum Schuleintritt in Kindertagespflege in Stunden pro Woche							
		bis 25 Stunden	> 25 bis 35 Stunden	> 35 bis < 45 Stunden	45 und mehr Stunden	bis 25 Stunden	> 25 bis 35 Stunden	> 35 bis < 45 Stunden	45 und mehr Stunden
Bundesland	Anzahl	Anzahl				In %			
BW	3.721	3.189	332	147	53	85,7	8,9	4,0	1,4
BY	2.707	1.285	748	535	139	47,5	27,6	19,8	5,1
BE	1.815	162	680	5	968	8,9	37,5	0,3	53,3
BB	649	18	133	251	247	2,8	20,5	38,7	38,1
HB	177	54	74	36	13	30,5	41,8	20,3	7,3
HH	855	525	169	133	28	61,4	19,8	15,6	3,3
HE	1.076	522	274	152	128	48,5	25,5	14,1	11,9
MV	554	2	144	0	408	0,4	26,0	0,0	73,6
NI	4.534	3.067	825	496	146	67,6	18,2	10,9	3,2
NW*	7.346	2.301	2.344	1.882	819	31,3	31,9	25,6	11,1
RP	788	613	109	47	19	77,8	13,8	6,0	2,4
SL	211	84	93	18	16	39,8	44,1	8,5	7,6
SN	340	3	22	70	245	0,9	6,5	20,6	72,1
ST	195	8	13	76	98	4,1	6,7	39,0	50,3
SH	1.507	611	513	314	69	40,5	34,0	20,8	4,6
TH	23	8	3	2	10	34,8	13,0	8,7	43,5
O (m. BE)	3.576	201	995	404	1.976	5,6	27,8	11,3	55,3
W (o. BE)	22.922	12.251	5.481	3.760	1.430	53,4	23,9	16,4	6,2
DE	26.498	12.452	6.476	4.164	3.406	47,0	24,4	15,7	12,9

Quelle
FDZ der Statistischen Ämter des Bundes und der Länder sowie Statistisches Bundesamt, Kinder und tätige Personen in Tageseinrichtungen und in öffentlich geförderter Kindertagespflege 2020; berechnet vom LG Empirische Bildungsforschung der FernUniversität in Hagen, 2021.

Anmerkung
* Aufgrund der zeitweiligen Schließung bzw. des eingeschränkten Betriebs der Kindertageseinrichtungen in Nordrhein-Westfalen durch die Corona-Pandemie konnten einige Einrichtungen ihre Daten nicht rechtzeitig übermitteln. Bei den vorliegenden Daten muss von einer Untererfassung von ca. 2000 betreuten Kindern ausgegangen werden.

Tab. 6 | Kinder im Alter von unter 3 Jahren in Kindertagesbetreuung* (Kindertageseinrichtungen und Kindertagespflege) sowie Quote der Inanspruchnahme nach Art der Betreuung in den Bundesländern am 01.03.2020 (Anzahl; Quote in %)

	Kinder im Alter von unter 3 Jahren am 31.12.2019 in der Bevölkerung	Kinder Kinder im Alter von unter 3 Jahren am 01.03.2020 in					
		Kindertages-betreuung	KiTas	Kinder-tagespflege	Kindertages-betreuung	KiTas	Kinder-tagespflege
Bundesland	Anzahl	Anzahl			Quote in %		
BW	328.592	98.546	83.100	15.446	30,0	25,3	4,7
BY	386.391	114.186	104.949	9.237	29,6	27,2	2,4
BE	116.834	52.407	48.329	4.078	44,9	41,4	3,5
BB	62.959	36.303	32.855	3.448	57,7	52,2	5,5
HB	20.737	6.007	5.102	905	29,0	24,6	4,4
HH	60.938	28.429	26.273	2.156	46,7	43,1	3,5
HE	182.875	58.423	48.934	9.489	31,9	26,8	5,2
MV	39.337	22.674	19.480	3.194	57,6	49,5	8,1
NI	224.293	73.853	57.616	16.237	32,9	25,7	7,2
NW**	519.351	151.736	100.653	51.083	29,2	19,4	9,8
RP	114.890	35.831	32.829	3.002	31,2	28,6	2,6
SL	24.549	7.321	6.584	737	29,8	26,8	3,0
SN	107.915	57.015	50.036	6.979	52,8	46,4	6,5
ST	52.535	30.603	29.950	653	58,3	57,0	1,2
SH	76.706	27.038	20.569	6.469	35,2	26,8	8,4
TH	52.515	28.791	27.789	1.002	54,8	52,9	1,9
O (m. BE)	432.095	227.793	208.439	19.354	52,7	48,2	4,5
W (o. BE)	1.939.322	601.370	486.609	114.761	31,0	25,1	5,9
DE	2.371.417	829.163	695.048	134.115	35,0	29,3	5,7

Quelle
FDZ der Statistischen Ämter des Bundes und der Länder sowie Statistisches Bundesamt, Kinder und tätige Personen in Tageseinrichtungen und in öffentlich geförderter Kindertagespflege 2020; Statistische Ämter des Bundes und der Länder, Berichtsjahr ab 2011: Ergebnisse auf Grundlage des Zensus; zusammengestellt und berechnet vom LG Empirische Bildungsforschung der FernUniversität in Hagen, 2021.

Anmerkung
* Kinder, die sowohl Kindertageseinrichtungen als auch Kindertagespflege nutzen, werden nur unter Kindertageseinrichtungen ausgewiesen und nicht doppelt gezählt.
** Aufgrund der zeitweiligen Schließung bzw. des eingeschränkten Betriebs der Kindertageseinrichtungen in Nordrhein-Westfalen durch die Corona-Pandemie konnten einige Einrichtungen ihre Daten nicht rechtzeitig übermitteln. Bei den vorliegenden Daten muss von einer Untererfassung von ca. 2000 betreuten Kindern ausgegangen werden.

Tab. 7 | Kinder im Alter von 3 bis unter 6 Jahren bis zum Schulbesuch in Kindertagesbetreuung* (Kindertageseinrichtungen und Kindertagespflege) und Kinder im Alter von unter 6 Jahren in (vor-)schulischen Einrichtungen sowie Quote der Inanspruchnahme nach Art der Betreuung in den Bundesländern am 01.03.2020 (Anzahl; Quote in %)

	Kinder im Alter von 3 bis unter 6 Jahren bis zum Schulbesuch am 31.12.2019 in der Bevölkerung	Kinder im Alter von 3 bis unter 6 Jahren bis zum Schulbesuch am 01.03.2020 in							
		Kindertages-betreuung und (vor-)schulischen Einrichtungen	KiTas	Kinder-tagespflege	(vor-) schulischen Einrichtungen	Kindertages-betreuung und (vor-)schulischen Einrichtungen	KiTas	Kinder-tagespflege	(vor-) schulischen Einrichtungen
Bundesland	Anzahl	Anzahl				Quote in %			
BW	320.453	304.661	299.611	1.284	3.766	95,1	93,5	0,4	1,2
BY	374.117	345.446	343.281	2.069	96	92,3	91,8	0,6	0,0
BE	112.940	104.079	102.414	1.511	154	92,2	90,7	1,3	0,1
BB	69.028	65.973	65.354	596	23	95,6	94,7	0,9	0,0
HB	19.639	16.762	16.605	148	9	85,4	84,6	0,8	0,0
HH**	57.337	54.695	50.771	719	3.205	95,4	88,5	1,3	5,6
HE	181.351	167.241	165.470	701	1.070	92,2	91,2	0,4	0,6
MV	42.154	40.328	39.809	506	13	95,7	94,4	1,2	0,0
NI	224.695	206.820	203.670	3.019	131	92,0	90,6	1,3	0,1
NW***	514.771	470.901	462.782	6.166	1.953	91,5	89,9	1,2	0,4
RP	114.758	108.439	108.126	257	56	94,5	94,2	0,2	0,0
SL	24.580	22.510	22.361	149	0	91,6	91,0	0,6	0,0
SN	114.446	108.431	108.089	331	11	94,7	94,4	0,3	0,0
ST	55.881	52.462	52.283	173	6	93,9	93,6	0,3	0,0
SH	78.346	70.747	69.462	1.274	11	90,3	88,7	1,6	0,0
TH	56.942	54.484	54.462	13	9	95,7	95,6	0,0	0,0
O (m. BE)	451.391	425.757	422.411	3.130	216	94,3	93,6	0,7	0,0
W (o. BE)	1.910.047	1.768.222	1.742.139	15.786	10.297	92,6	91,2	0,8	0,5
DE	2.361.438	2.193.979	2.164.550	18.916	10.513	92,9	91,7	0,8	0,4

Quelle
FDZ der Statistischen Ämter des Bundes und der Länder sowie Statistisches Bundesamt, Kinder und tätige Personen in Tageseinrichtungen und in öffentlich geförderter Kindertagespflege 2020; Statistische Ämter des Bundes und der Länder, Berichtsjahr ab 2011: Ergebnisse auf Grundlage des Zensus; Bildung und Kultur: Allgemeinbildende Schulen 2019/2020; Behörde für Arbeit, Soziales, Familie und Integration der Freien und Hansestadt Hamburg; zusammengestellt und berechnet vom LG Empirische Bildungsforschung der FernUniversität in Hagen, 2021.

Anmerkungen
* Kinder, die sowohl Kindertageseinrichtungen als auch Kindertagespflege nutzen, werden nur unter Kindertageseinrichtungen ausgewiesen und nicht doppelt gezählt.
** Bei den Kindern in (vor-)schulischen Einrichtungen sind für Hamburg die Kinder zum Stichtag 28.02.2020 auf Basis von Daten der Schulstatistik bei der Behörde für Schule und Berufsbildung in Hamburg ausgewiesen. Diese Daten weichen ab von den Daten des Statistischen Bundesamtes, da diese Daten in der Regel vier Wochen nach dem jeweiligen Schuljahresbeginn erhoben werden. Die unterschiedlichen Ferienordnungen der Länder führen wiederum zu unterschiedlichen Erhebungsstichtagen der Länder.
*** Aufgrund der zeitweiligen Schließung bzw. des eingeschränkten Betriebs der Kindertageseinrichtungen in Nordrhein-Westfalen durch die Corona-Pandemie konnten einige Einrichtungen ihre Daten nicht rechtzeitig übermitteln. Bei den vorliegenden Daten muss von einer Untererfassung von ca. 2000 betreuten Kindern ausgegangen werden.

Tab. 8 | Kinder im Alter von unter 1 Jahr in Kindertagesbetreuung* (Kindertageseinrichtungen und Kindertagespflege) sowie Quote der Inanspruchnahme nach Art der Betreuung in den Bundesländern am 01.03.2020 (Anzahl; Quote in %)

	Kinder im Alter von unter 1 Jahr am 31.12.2019 in der Bevölkerung	Kinder im Alter von unter 1 Jahr am 01.03.2020 in					
		Kindertages-betreuung	KiTas	Kinder-tagespflege	Kindertages-betreuung	KiTas	Kinder-tagespflege
Bundesland	Anzahl	Anzahl			Quote in %		
BW	108.303	2.132	1.550	582	2,0	1,4	0,5
BY	128.036	2.020	1.681	339	1,6	1,3	0,3
BE	38.659	604	497	107	1,6	1,3	0,3
BB	19.629	649	540	109	3,3	2,8	0,6
HB	6.956	64	42	22	0,9	0,6	0,3
HH	20.371	432	366	66	2,1	1,8	0,3
HE	59.873	1.274	945	329	2,1	1,6	0,5
MV	12.662	438	315	123	3,5	2,5	1,0
NI	73.347	931	526	405	1,3	0,7	0,6
NW**	169.509	1.909	645	1.264	1,1	0,4	0,7
RP	37.208	408	264	144	1,1	0,7	0,4
SL	7.990	198	161	37	2,5	2,0	0,5
SN	34.376	895	667	228	2,6	1,9	0,7
ST	16.598	1.178	1.128	50	7,1	6,8	0,3
SH	24.767	414	224	190	1,7	0,9	0,8
TH	16.586	382	334	48	2,3	2,0	0,3
O (m. BE)	138.510	4.146	3.481	665	3,0	2,5	0,5
W (o. BE)	636.360	9.782	6.404	3.378	1,5	1,0	0,5
DE	774.870	13.928	9.885	4.043	1,8	1,3	0,5

Quelle
FDZ der Statistischen Ämter des Bundes und der Länder sowie Statistisches Bundesamt, Kinder und tätige Personen in Tageseinrichtungen und in öffentlich geförderter Kindertagespflege 2020; Statistische Ämter des Bundes und der Länder, Berichtsjahr ab 2011: Ergebnisse auf Grundlage des Zensus; zusammengestellt und berechnet vom LG Empirische Bildungsforschung der FernUniversität in Hagen, 2021.

Anmerkungen
* Kinder, die sowohl Kindertageseinrichtungen als auch Kindertagespflege nutzen, werden nur unter Kindertageseinrichtungen ausgewiesen und nicht doppelt gezählt.
** Aufgrund der zeitweiligen Schließung bzw. des eingeschränkten Betriebs der Kindertageseinrichtungen in Nordrhein-Westfalen durch die Corona-Pandemie konnten einige Einrichtungen ihre Daten nicht rechtzeitig übermitteln. Bei den vorliegenden Daten muss von einer Untererfassung von ca. 2000 betreuten Kindern ausgegangen werden.

Tab. 9 | Kinder im Alter von 1 Jahr in Kindertagesbetreuung* (Kindertageseinrichtungen und Kindertagespflege) sowie Quote der Inanspruchnahme nach Art der Betreuung in den Bundesländern am 01.03.2020 (Anzahl; Quote in %)

	Kinder im Alter von 1 Jahr am 31.12.2019 in der Bevölkerung	Kinder im Alter von 1 Jahr am 01.03.2020 in					
		Kindertages-betreuung	KiTas	Kinder-tagespflege	Kindertages-betreuung	KiTas	Kinder-tagespflege
Bundesland	Anzahl	Anzahl			Quote in %		
BW	110.182	33.924	26.835	7.089	30,8	24,4	6,4
BY	129.004	40.206	36.370	3.836	31,2	28,2	3,0
BE	39.023	20.928	18.794	2.134	53,6	48,2	5,5
BB	21.068	15.675	13.921	1.754	74,4	66,1	8,3
HB	6.968	2.093	1.665	428	30,0	23,9	6,1
HH	20.366	11.644	10.657	987	57,2	52,3	4,8
HE	61.182	21.279	16.926	4.353	34,8	27,7	7,1
MV	13.184	10.100	8.508	1.592	76,6	64,5	12,1
NI	75.062	27.131	19.831	7.300	36,1	26,4	9,7
NW**	174.584	45.459	20.774	24.685	26,0	11,9	14,1
RP	38.432	7.604	5.785	1.819	19,8	15,1	4,7
SL	8.152	2.711	2.404	307	33,3	29,5	3,8
SN	36.009	23.977	20.656	3.321	66,6	57,4	9,2
ST	17.556	13.200	12.933	267	75,2	73,7	1,5
SH	25.787	10.095	7.235	2.860	39,1	28,1	11,1
TH	17.573	11.980	11.317	663	68,2	64,4	3,8
O (m. BE)	144.413	95.860	86.129	9.731	66,4	59,6	6,7
W (o. BE)	649.719	202.146	148.482	53.664	31,1	22,9	8,3
DE	794.132	298.006	234.611	63.395	37,5	29,5	8,0

Quelle
FDZ der Statistischen Ämter des Bundes und der Länder sowie Statistisches Bundesamt, Kinder und tätige Personen in Tageseinrichtungen und in öffentlich geförderter Kindertagespflege 2020; Statistische Ämter des Bundes und der Länder, Berichtsjahr ab 2011: Ergebnisse auf Grundlage des Zensus; zusammengestellt und berechnet vom LG Empirische Bildungsforschung der FernUniversität in Hagen, 2021.

Anmerkungen
* Kinder, die sowohl Kindertageseinrichtungen als auch Kindertagespflege nutzen, werden nur unter Kindertageseinrichtungen ausgewiesen und nicht doppelt gezählt.
** Aufgrund der zeitweiligen Schließung bzw. des eingeschränkten Betriebs der Kindertageseinrichtungen in Nordrhein-Westfalen durch die Corona-Pandemie konnten einige Einrichtungen ihre Daten nicht rechtzeitig übermitteln. Bei den vorliegenden Daten muss von einer Untererfassung von ca. 2000 betreuten Kindern ausgegangen werden.

Tab. 10 | Kinder im Alter von 2 Jahren in Kindertagesbetreuung* (Kindertageseinrichtungen und Kindertagespflege) sowie Quote der Inanspruchnahme nach Art der Betreuung in den Bundesländern am 01.03.2020 (Anzahl; Quote in %)

	Kinder im Alter von 2 Jahren am 31.12.2019 in der Bevölkerung	Kinder im Alter von 2 Jahren am 01.03.2020 in					
		Kindertages-betreuung	KiTas	Kinder-tagespflege	Kindertages-betreuung	KiTas	Kinder-tagespflege
Bundesland	Anzahl	Anzahl			Quote in %		
BW	110.107	62.490	54.715	7.775	56,8	49,7	7,1
BY	129.351	71.960	66.898	5.062	55,6	51,7	3,9
BE	39.152	30.875	29.038	1.837	78,9	74,2	4,7
BB	22.262	19.979	18.394	1.585	89,7	82,6	7,1
HB	6.813	3.850	3.395	455	56,5	49,8	6,7
HH	20.201	16.353	15.250	1.103	81,0	75,5	5,5
HE	61.820	35.870	31.063	4.807	58,0	50,2	7,8
MV	13.491	12.136	10.657	1.479	90,0	79,0	11,0
NI	75.884	45.791	37.259	8.532	60,3	49,1	11,2
NW**	175.258	104.368	79.234	25.134	59,6	45,2	14,3
RP	39.250	27.819	26.780	1.039	70,9	68,2	2,6
SL	8.407	4.412	4.019	393	52,5	47,8	4,7
SN	37.530	32.143	28.713	3.430	85,6	76,5	9,1
ST	18.381	16.225	15.889	336	88,3	86,4	1,8
SH	26.152	16.529	13.110	3.419	63,2	50,1	13,1
TH	18.356	16.429	16.138	291	89,5	87,9	1,6
O (m. BE)	149.172	127.787	118.829	8.958	85,7	79,7	6,0
W (o. BE)	653.243	389.442	331.723	57.719	59,6	50,8	8,8
DE	802.415	517.229	450.552	66.677	64,5	56,1	8,3

Quelle
FDZ der Statistischen Ämter des Bundes und der Länder sowie Statistisches Bundesamt, Kinder und tätige Personen in Tageseinrichtungen und in öffentlich geförderter Kindertagespflege 2020; Statistische Ämter des Bundes und der Länder, Berichtsjahr ab 2011: Ergebnisse auf Grundlage des Zensus; zusammengestellt und berechnet vom LG Empirische Bildungsforschung der FernUniversität in Hagen, 2021.

Anmerkungen
* Kinder, die sowohl Kindertageseinrichtungen als auch Kindertagespflege nutzen, werden nur unter Kindertageseinrichtungen ausgewiesen und nicht doppelt gezählt.
** Aufgrund der zeitweiligen Schließung bzw. des eingeschränkten Betriebs der Kindertageseinrichtungen in Nordrhein-Westfalen durch die Corona-Pandemie konnten einige Einrichtungen ihre Daten nicht rechtzeitig übermitteln. Bei den vorliegenden Daten muss von einer Untererfassung von ca. 2000 betreuten Kindern ausgegangen werden.

Tab. 11 | Kinder im Alter von 3 Jahren in Kindertagesbetreuung* (Kindertageseinrichtungen und Kindertagespflege) sowie Quote der Inanspruchnahme nach Art der Betreuung in den Bundesländern am 01.03.2020 (Anzahl; Quote in %)

	Kinder im Alter von 3 Jahren am 31.12.2019 in der Bevölkerung	Kinder im Alter von 3 Jahren am 01.03.2020 in					
		Kindertages-betreuung	KiTas	Kinder-tagespflege	Kindertages-betreuung	KiTas	Kinder-tagespflege
Bundesland	Anzahl	Anzahl			Quote in %		
BW	109.920	99.664	98.797	867	90,7	89,9	0,8
BY	128.468	111.106	109.545	1.561	86,5	85,3	1,2
BE	39.212	34.711	33.954	757	88,5	86,6	1,9
BB	23.203	21.869	21.501	368	94,3	92,7	1,6
HB	6.702	5.184	5.047	137	77,4	75,3	2,0
HH	20.159	18.440	18.069	371	91,5	89,6	1,8
HE	62.265	53.519	52.981	538	86,0	85,1	0,9
MV	13.924	13.202	12.911	291	94,8	92,7	2,1
NI	76.701	65.784	63.573	2.211	85,8	82,9	2,9
NW**	176.773	149.768	144.450	5.318	84,7	81,7	3,0
RP	39.386	35.679	35.496	183	90,6	90,1	0,5
SL	8.391	7.182	7.093	89	85,6	84,5	1,1
SN	38.442	35.792	35.506	286	93,1	92,4	0,7
ST	18.725	17.374	17.277	97	92,8	92,3	0,5
SH	26.634	22.411	21.441	970	84,1	80,5	3,6
TH	18.911	17.931	17.922	9	94,8	94,8	0,0
O (m. BE)	152.417	140.879	139.071	1.808	92,4	91,2	1,2
W (o. BE)	655.399	568.737	556.492	12.245	86,8	84,9	1,9
DE	807.816	709.616	695.563	14.053	87,8	86,1	1,7

Quelle
FDZ der Statistischen Ämter des Bundes und der Länder sowie Statistisches Bundesamt, Kinder und tätige Personen in Tageseinrichtungen und in öffentlich geförderter Kindertagespflege 2020; Statistische Ämter des Bundes und der Länder, Berichtsjahr ab 2011: Ergebnisse auf Grundlage des Zensus; Statistisches Landesamt Baden-Württemberg; zusammengestellt und berechnet vom LG Empirische Bildungsforschung der FernUniversität in Hagen, 2021.

Anmerkungen
* Kinder, die sowohl Kindertageseinrichtungen als auch Kindertagespflege nutzen, werden nur unter Kindertageseinrichtungen ausgewiesen und nicht doppelt gezählt.
** Aufgrund der zeitweiligen Schließung bzw. des eingeschränkten Betriebs der Kindertageseinrichtungen in Nordrhein-Westfalen durch die Corona-Pandemie konnten einige Einrichtungen ihre Daten nicht rechtzeitig übermitteln. Bei den vorliegenden Daten muss von einer Untererfassung von ca. 2000 betreuten Kindern ausgegangen werden.

Baden-Württemberg
In Baden-Württemberg besuchen zu einem relevanten Anteil 3-Jährige einen Schulkindergarten. Im Schuljahr 2019/20 waren dies 698 Kinder des Geburtsjahres 2016. Diese Kinder werden hier nicht ausgewiesen.

Tab. 12 | Kinder im Alter von 4 Jahren in Kindertagesbetreuung* (Kindertageseinrichtungen und Kindertagespflege) sowie Quote der Inanspruchnahme nach Art der Betreuung in den Bundesländern am 01.03.2020 (Anzahl; Quote in %)

Bundesland	Kinder im Alter von 4 Jahren am 31.12.2019 in der Bevölkerung	Kinder im Alter von 4 Jahren am 01.03.2020 in					
		Kindertages-betreuung	KiTas	Kinder-tagespflege	Kindertages-betreuung	KiTas	Kinder-tagespflege
	Anzahl	Anzahl			Quote in %		
BW	106.552	101.719	101.463	256	95,5	95,2	0,2
BY	124.081	118.324	117.975	349	95,4	95,1	0,3
BE	37.188	34.795	34.369	426	93,6	92,4	1,1
BB	22.551	21.757	21.618	139	96,5	95,9	0,6
HB	6.589	5.723	5.716	7	86,9	86,8	0,1
HH	18.850	18.159	17.958	201	96,3	95,3	1,1
HE	60.365	56.916	56.812	104	94,3	94,1	0,2
MV	14.230	13.520	13.401	119	95,0	94,2	0,8
NI	73.973	69.844	69.338	506	94,4	93,7	0,7
NW**	170.311	158.965	158.334	631	93,3	93,0	0,4
RP	37.989	36.319	36.274	45	95,6	95,5	0,1
SL	8.094	7.627	7.585	42	94,2	93,7	0,5
SN	38.065	36.167	36.133	34	95,0	94,9	0,1
ST	18.496	17.403	17.366	37	94,1	93,9	0,2
SH	25.897	24.034	23.812	222	92,8	91,9	0,9
TH	18.912	18.194	18.190	4	96,2	96,2	0,0
O (m. BE)	149.442	141.836	141.077	759	94,9	94,4	0,5
W (o. BE)	632.701	597.630	595.267	2.363	94,5	94,1	0,4
DE	782.143	739.466	736.344	3.122	94,5	94,1	0,4

Quelle
FDZ der Statistischen Ämter des Bundes und der Länder sowie Statistisches Bundesamt, Kinder und tätige Personen in Tageseinrichtungen und in öffentlich geförderter Kindertagespflege 2020; Statistische Ämter des Bundes und der Länder, Berichtsjahr ab 2011: Ergebnisse auf Grundlage des Zensus; Statistisches Landesamt Baden-Württemberg; zusammengestellt und berechnet vom LG Empirische Bildungsforschung der FernUniversität in Hagen, 2021.

Anmerkungen
* Kinder, die sowohl Kindertageseinrichtungen als auch Kindertagespflege nutzen, werden nur unter Kindertageseinrichtungen ausgewiesen und nicht doppelt gezählt.
** Aufgrund der zeitweiligen Schließung bzw. des eingeschränkten Betriebs der Kindertageseinrichtungen in Nordrhein-Westfalen durch die Corona-Pandemie konnten einige Einrichtungen ihre Daten nicht rechtzeitig übermitteln. Bei den vorliegenden Daten muss von einer Untererfassung von ca. 2000 betreuten Kindern ausgegangen werden.

Baden-Württemberg
In Baden-Württemberg besuchen zu einem relevanten Anteil 4-Jährige einen Schulkindergarten. Im Schuljahr 2019/20 waren dies 1.183 Kinder des Geburtsjahres 2015. Diese Kinder werden hier nicht ausgewiesen.

Hamburg
In Hamburg besuchen zwei Kinder im Alter von unter 5 Jahren eine (vor-)schulische Einrichtung. Diese Kinder werden hier nicht ausgewiesen.

Tab. 13 | Kinder im Alter von 5 Jahren (ohne Schulkinder) in Kindertagesbetreuung* (Kindertageseinrichtungen und Kindertagespflege) und Kinder im Alter von 5 Jahren in (vor-)schulischen Einrichtungen sowie Quote der Inanspruchnahme nach Art der Betreuung in den Bundesländern am 01.03.2020 (Anzahl; Quote in %)

	Kinder im Alter von 5 Jahren (ohne Schulkinder) am 31.12.2019 in der Bevölkerung	Kinder im Alter von 5 Jahren (ohne Schulkinder) am 01.03.2020 in							
		Kindertagesbetreuung und (vor-)schulischen Einrichtungen	KiTas	Kindertagespflege	(vor-)schulischen Einrichtungen	Kindertagesbetreuung und (vor-)schulischen Einrichtungen	KiTas	Kindertagespflege	(vor-)schulischen Einrichtungen
Bundesland	Anzahl	Anzahl				Quote in %			
BW**	103.981	101.135	99.351	161	1.623	97,3	95,5	0,2	1,6
BY	121.568	116.016	115.761	159	96	95,4	95,2	0,1	0,1
BE	36.540	34.573	34.091	328	154	94,6	93,3	0,9	0,4
BB	23.274	22.347	22.235	89	23	96,0	95,5	0,4	0,1
HB	6.348	5.855	5.842	4	9	92,2	92,0	0,1	0,1
HH***	18.328	18.096	14.744	147	3.205	98,7	80,4	0,8	17,5
HE	58.721	56.806	55.677	59	1.070	96,7	94,8	0,1	1,8
MV	14.000	13.606	13.497	96	13	97,2	96,4	0,7	0,1
NI	74.021	71.192	70.759	302	131	96,2	95,6	0,4	0,2
NW****	167.687	162.168	159.998	217	1.953	96,7	95,4	0,1	1,2
RP	37.383	36.441	36.356	29	56	97,5	97,3	0,1	0,1
SL	8.095	7.701	7.683	18	0	95,1	94,9	0,2	0,0
SN	37.939	36.472	36.450	11	11	96,1	96,1	0,0	0,0
ST	18.660	17.685	17.640	39	6	94,8	94,5	0,2	0,0
SH	25.815	24.302	24.209	82	11	94,1	93,8	0,3	0,0
TH	19.119	18.359	18.350	0	9	96,0	96,0	0,0	0,0
O (m. BE)	149.532	143.042	142.263	563	216	95,7	95,1	0,4	0,1
W (o. BE)	621.947	599.712	590.380	1.178	8.154	96,4	94,9	0,2	1,3
DE	771.479	742.754	732.643	1.741	8.370	96,3	95,0	0,2	1,1

Quelle
FDZ der Statistischen Ämter des Bundes und der Länder sowie Statistisches Bundesamt, Kinder und tätige Personen in Tageseinrichtungen und in öffentlich geförderter Kindertagespflege 2020; Statistische Ämter des Bundes und der Länder, Berichtsjahr ab 2011: Ergebnisse auf Grundlage des Zensus; Bildung und Kultur: Allgemeinbildende Schulen 2019/2020; Behörde für Arbeit, Soziales, Familie und Integration der Freien und Hansestadt Hamburg; Statistisches Landesamt Baden-Württemberg; zusammengestellt und berechnet vom LG Empirische Bildungsforschung der FernUniversität in Hagen, 2021.

Anmerkungen
* Kinder, die sowohl Kindertageseinrichtungen als auch Kindertagespflege nutzen, werden nur unter Kindertageseinrichtungen ausgewiesen und nicht doppelt gezählt.
** Für Baden-Württemberg werden die Kinder in (vor-)schulischen Einrichtungen im Oktober 2019 auf Basis von Daten der Schulstatistik Baden-Württemberg ausgewiesen. Diese Daten weichen ab von den Daten des Statistischen Bundesamtes, da diese Daten in der Regel vier Wochen nach dem jeweiligen Schuljahresbeginn erhoben werden. Die unterschiedlichen Ferienordnungen der Länder führen wiederum zu unterschiedlichen Erhebungsstichtagen der Länder.
*** Für Hamburg werden die Kinder in (vor-)schulischen Einrichtungen zum Stichtag 01.03.2020 auf Basis von Daten der Schulstatistik bei der Behörde für Schule und Berufsbildung in Hamburg ausgewiesen. Diese Daten weichen ab von den Daten des Statistischen Bundesamtes, da diese Daten in der Regel vier Wochen nach dem jeweiligen Schuljahresbeginn erhoben werden. Die unterschiedlichen Ferienordnungen der Länder führen wiederum zu unterschiedlichen Erhebungsstichtagen der Länder.
**** Aufgrund der zeitweiligen Schließung bzw. des eingeschränkten Betriebs der Kindertageseinrichtungen in Nordrhein-Westfalen durch die Corona-Pandemie konnten einige Einrichtungen ihre Daten nicht rechtzeitig übermitteln. Bei den vorliegenden Daten muss von einer Untererfassung von ca. 2000 betreuten Kindern ausgegangen werden.

Tab. 14 | Kinder im Alter von 6 Jahren (ohne Schulkinder) in Kindertagesbetreuung* (Kindertageseinrichtungen und Kindertagespflege) und Kinder im Alter von 6 Jahren in (vor-)schulischen Einrichtungen sowie Quote der Inanspruchnahme nach Art der Betreuung in den Bundesländern am 01.03.2020 (Anzahl; Quote in %)

Bundesland	Kinder im Alter von 6 Jahren (ohne Schulkinder) am 31.12.2019 in der Bevölkerung	Kinder im Alter von 6 Jahren (ohne Schulkinder) am 01.03.2020 in							
		Kindertagesbetreuung und (vor-)schulischen Einrichtungen	KiTas	Kindertagespflege	(vor-)schulischen Einrichtungen	Kindertagesbetreuung und (vor-)schulischen Einrichtungen	KiTas	Kindertagespflege	(vor-)schulischen Einrichtungen
	Anzahl	Anzahl				Quote in %			
BW**	100.887	46.249	45.329	68	852	45,8	44,9	0,1	0,8
BY	118.088	59.881	59.803	78	0	50,7	50,6	0,1	0,0
BE	34.432	16.014	15.875	139	0	46,5	46,1	0,4	0,0
BB	22.411	11.870	11.835	35	0	53,0	52,8	0,2	0,0
HB	5.968	3.336	3.324	1	11	55,9	55,7	0,0	0,2
HH***	17.422	11.667	5.366	28	6.273	67,0	30,8	0,2	36,0
HE	56.810	36.646	33.983	59	2.604	64,5	59,8	0,1	4,6
MV	13.829	9.432	9.389	43	0	68,2	67,9	0,3	0,0
NI	70.914	38.670	36.154	224	2.292	54,5	51,0	0,3	3,2
NW****	160.484	65.253	64.912	95	246	40,7	40,4	0,1	0,2
RP	35.961	17.802	17.709	29	64	49,5	49,2	0,1	0,2
SL	7.608	4.818	4.763	5	50	63,3	62,6	0,1	0,7
SN	36.940	26.513	26.504	9	0	71,8	71,7	0,0	0,0
ST	18.248	12.015	11.999	16	0	65,8	65,8	0,1	0,0
SH	25.169	15.900	15.839	61	0	63,2	62,9	0,2	0,0
TH	18.783	11.527	11.527	0	0	61,4	61,4	0,0	0,0
O (m. BE)	144.643	87.371	87.129	242	0	60,4	60,2	0,2	0,0
W (o. BE)	599.311	300.222	287.182	648	12.392	50,1	47,9	0,1	2,1
DE	743.954	387.593	374.311	890	12.392	52,1	50,3	0,1	1,7

Quelle

FDZ der Statistischen Ämter des Bundes und der Länder sowie Statistisches Bundesamt, Kinder und tätige Personen in Tageseinrichtungen und in öffentlich geförderter Kindertagespflege 2020; Statistische Ämter des Bundes und der Länder, Berichtsjahr ab 2011: Ergebnisse auf Grundlage des Zensus; Bildung und Kultur: Allgemeinbildende Schulen 2019/2020; Behörde für Arbeit, Soziales, Familie und Integration der Freien und Hansestadt Hamburg; Statistisches Landesamt Baden-Württemberg; zusammengestellt und berechnet vom LG Empirische Bildungsforschung der FernUniversität in Hagen, 2021.

Anmerkungen

* Kinder, die sowohl Kindertageseinrichtungen als auch Kindertagespflege nutzen, werden nur unter Kindertageseinrichtungen ausgewiesen und nicht doppelt gezählt.

** Für Baden-Württemberg werden die Kinder in (vor-)schulischen Einrichtungen im Oktober 2019 auf Basis von Daten der Schulstatistik Baden-Württemberg ausgewiesen. Diese Daten weichen ab von den Daten des Statistischen Bundesamtes, da diese Daten in der Regel vier Wochen nach dem jeweiligen Schuljahresbeginn erhoben werden. Die unterschiedlichen Ferienordnungen der Länder führen wiederum zu unterschiedlichen Erhebungsstichtagen der Länder.

*** Für Hamburg werden die Kinder in (vor-)schulischen Einrichtungen zum Stichtag 01.03.2020 auf Basis von Daten der Schulstatistik bei der Behörde für Schule und Berufsbildung in Hamburg ausgewiesen. Diese Daten weichen ab von den Daten des Statistischen Bundesamtes, da diese Daten in der Regel vier Wochen nach dem jeweiligen Schuljahresbeginn erhoben werden. Die unterschiedlichen Ferienordnungen der Länder führen wiederum zu unterschiedlichen Erhebungsstichtagen der Länder.

**** Aufgrund der zeitweiligen Schließung bzw. des eingeschränkten Betriebs der Kindertageseinrichtungen in Nordrhein-Westfalen durch die Corona-Pandemie konnten einige Einrichtungen ihre Daten nicht rechtzeitig übermitteln. Bei den vorliegenden Daten muss von einer Untererfassung von ca. 2000 betreuten Kindern ausgegangen werden.

Tab. 15a | Kinder im Alter von unter 3 Jahren in Kindertageseinrichtungen mit und ohne Migrationshintergrund (mindestens ein Elternteil ausländischer Herkunft) und vorwiegend gesprochene Sprache der Kinder mit Migrationshintergrund in den Bundesländern am 01.03.2020 (Anzahl; Anteil in %)

Bundesland	Kinder unter 3 Jahren in KiTas insgesamt	Kinder unter 3 Jahren in KiTas, deren Eltern beide in Deutschland geboren wurden	Kinder unter 3 Jahren in KiTas, von denen mindestens ein Elternteil ausländischer Herkunft ist			Kinder unter 3 Jahren in KiTas, deren Eltern beide in Deutschland geboren wurden	Kinder unter 3 Jahren in KiTas, von denen mindestens ein Elternteil ausländischer Herkunft ist		
			Insgesamt	davon vorwiegend im Elternhaus gesprochene Sprache: Deutsch	davon vorwiegend im Elternhaus gesprochene Sprache: nicht Deutsch		Insgesamt	davon vorwiegend im Elternhaus gesprochene Sprache: Deutsch	davon vorwiegend im Elternhaus gesprochene Sprache: nicht Deutsch
	Anzahl	Anzahl				In %			
BW	83.100	57.882	25.218	10.878	14.340	69,7	30,3	13,1	17,3
BY	104.949	79.129	25.820	12.724	13.096	75,4	24,6	12,1	12,5
BE	48.329	34.170	14.159	2.600	11.559	70,7	29,3	5,4	23,9
BB	32.855	29.975	2.880	1.129	1.751	91,2	8,8	3,4	5,3
HB	5.102	2.878	2.224	766	1.458	56,4	43,6	15,0	28,6
HH	26.273	16.048	10.225	3.638	6.587	61,1	38,9	13,8	25,1
HE	48.934	32.137	16.797	5.261	11.536	65,7	34,3	10,8	23,6
MV	19.480	18.017	1.463	561	902	92,5	7,5	2,9	4,6
NI	57.616	46.562	11.054	4.779	6.275	80,8	19,2	8,3	10,9
NW*	100.653	76.280	24.373	9.107	15.266	75,8	24,2	9,0	15,2
RP	32.829	24.194	8.635	3.607	5.028	73,7	26,3	11,0	15,3
SL	6.584	5.127	1.457	644	813	77,9	22,1	9,8	12,3
SN	50.036	45.972	4.064	1.569	2.495	91,9	8,1	3,1	5,0
ST	29.950	27.451	2.499	925	1.574	91,7	8,3	3,1	5,3
SH	20.569	17.083	3.486	1.373	2.113	83,1	16,9	6,7	10,3
TH	27.789	25.432	2.357	755	1.602	91,5	8,5	2,7	5,8
O (m. BE)	208.439	181.017	27.422	7.539	19.883	86,8	13,2	3,6	9,5
W (o. BE)	486.609	357.320	129.289	52.777	76.512	73,4	26,6	10,8	15,7
DE	695.048	538.337	156.711	60.316	96.395	77,5	22,5	8,7	13,9

Quelle
FDZ der Statistischen Ämter des Bundes und der Länder sowie Statistisches Bundesamt, Kinder und tätige Personen in Tageseinrichtungen und in öffentlich geförderter Kindertagespflege 2020; berechnet vom LG Empirische Bildungsforschung der FernUniversität in Hagen, 2021.

Anmerkungen
* Aufgrund der zeitweiligen Schließung bzw. des eingeschränkten Betriebs der Kindertageseinrichtungen in Nordrhein-Westfalen durch die Corona-Pandemie konnten einige Einrichtungen ihre Daten nicht rechtzeitig übermitteln. Bei den vorliegenden Daten muss von einer Untererfassung von ca. 2000 betreuten Kindern ausgegangen werden.

Tab. 16a | **Kinder im Alter von 3 Jahren bis zum Schuleintritt in Kindertageseinrichtungen mit und ohne Migrationshintergrund (mindestens ein Elternteil ausländischer Herkunft) und vorwiegend gesprochene Sprache der Kinder mit Migrationshintergrund in den Bundesländern am 01.03.2020 (Anzahl; Anteil in %)**

	Kinder ab 3 Jahren bis Schuleintritt in KiTas insgesamt	Kinder ab 3 Jahren bis Schuleintritt in KiTas, deren Eltern beide in Deutschland geboren wurden	Kinder ab 3 Jahren bis Schuleintritt in KiTas, von denen mindestens ein Elternteil ausländischer Herkunft ist			Kinder ab 3 Jahren bis Schuleintritt in KiTas, deren Eltern beide in Deutschland geboren wurden	Kinder ab 3 Jahren bis Schuleintritt in KiTas, von denen mindestens ein Elternteil ausländischer Herkunft ist		
			Insgesamt	davon vorwiegend im Elternhaus gesprochene Sprache			Insgesamt	davon vorwiegend im Elternhaus gesprochene Sprache	
				Deutsch	nicht Deutsch			Deutsch	nicht Deutsch
Bundesland	Anzahl	Anzahl				In %			
BW	345.502	204.967	140.535	47.960	92.575	59,3	40,7	13,9	26,8
BY	403.930	278.405	125.525	50.210	75.315	68,9	31,1	12,4	18,6
BE	118.775	73.414	45.361	6.368	38.993	61,8	38,2	5,4	32,8
BB	77.628	69.147	8.481	2.972	5.509	89,1	10,9	3,8	7,1
HB	19.961	9.589	10.372	2.667	7.705	48,0	52,0	13,4	38,6
HH	56.230	31.654	24.576	7.957	16.619	56,3	43,7	14,2	29,6
HE	199.700	109.336	90.364	23.132	67.232	54,8	45,2	11,6	33,7
MV	49.402	44.748	4.654	1.577	3.077	90,6	9,4	3,2	6,2
NI	240.469	174.734	65.735	22.601	43.134	72,7	27,3	9,4	17,9
NW*	528.134	353.391	174.743	52.969	121.774	66,9	33,1	10,0	23,1
RP	126.050	83.708	42.342	15.008	27.334	66,4	33,6	11,9	21,7
SL	27.224	19.308	7.916	2.972	4.944	70,9	29,1	10,9	18,2
SN	135.214	120.244	14.970	4.811	10.159	88,9	11,1	3,6	7,5
ST	64.535	57.735	6.800	2.197	4.603	89,5	10,5	3,4	7,1
SH	85.603	66.337	19.266	6.125	13.141	77,5	22,5	7,2	15,4
TH	66.243	58.983	7.260	2.161	5.099	89,0	11,0	3,3	7,7
O (m. BE)	511.797	424.271	87.526	20.086	67.440	82,9	17,1	3,9	13,2
W (o. BE)	2.032.803	1.331.429	701.374	231.601	469.773	65,5	34,5	11,4	23,1
DE	2.544.600	1.755.700	788.900	251.687	537.213	69,0	31,0	9,9	21,1

Quelle
FDZ der Statistischen Ämter des Bundes und der Länder sowie Statistisches Bundesamt, Kinder und tätige Personen in Tageseinrichtungen und in öffentlich geförderter Kindertagespflege 2020; berechnet vom LG Empirische Bildungsforschung der FernUniversität in Hagen, 2021.

Anmerkungen
* Aufgrund der zeitweiligen Schließung bzw. des eingeschränkten Betriebs der Kindertageseinrichtungen in Nordrhein-Westfalen durch die Corona-Pandemie konnten einige Einrichtungen ihre Daten nicht rechtzeitig übermitteln. Bei den vorliegenden Daten muss von einer Untererfassung von ca. 2000 betreuten Kindern ausgegangen werden.

Tab. 17a | Schulkinder im Alter von unter 11 Jahren in Kindertageseinrichtungen mit und ohne Migrationshintergrund (mindestens ein Elternteil ausländischer Herkunft) und vorwiegend gesprochene Sprache der Kinder mit Migrationshintergrund in den Bundesländern am 01.03.2020 (Anzahl; Anteil in %)

Bundesland	Schulkinder unter 11 Jahren in KiTas und Horten insgesamt	Schulkinder unter 11 Jahren in KiTas und Horten, deren Eltern beide in Deutschland geboren wurden	Schulkinder unter 11 Jahren in KiTas und Horten, von denen mindestens ein Elternteil ausländischer Herkunft ist			Schulkinder unter 11 Jahren in KiTas und Horten, deren Eltern beide in Deutschland geboren wurden	Schulkinder unter 11 Jahren in KiTas und Horten, von denen mindestens ein Elternteil ausländischer Herkunft ist		
			Insgesamt	davon vorwiegend im Elternhaus gesprochene Sprache			Insgesamt	davon vorwiegend im Elternhaus gesprochene Sprache	
				Deutsch	nicht Deutsch			Deutsch	nicht Deutsch
	Anzahl	Anzahl				In %			
BW	23.967	15.026	8.941	4.203	4.738	62,7	37,3	17,5	19,8
BY	88.299	55.351	32.948	13.448	19.500	62,7	37,3	15,2	22,1
BE	-	-	-	-	-	-	-	-	-
BB	74.457	67.551	6.906	2.823	4.083	90,7	9,3	3,8	5,5
HB	3.007	1.621	1.386	442	944	53,9	46,1	14,7	31,4
HH	1.377	1.001	376	x	x	72,7	27,3	x	x
HE	23.668	11.670	11.998	3.348	8.650	49,3	50,7	14,1	36,5
MV	40.190	37.207	2.983	1.113	1.870	92,6	7,4	2,8	4,7
NI	32.788	24.334	8.454	3.848	4.606	74,2	25,8	11,7	14,0
NW	2.726	1.753	973	339	634	64,3	35,7	12,4	23,3
RP	7.839	5.329	2.510	1.176	1.334	68,0	32,0	15,0	17,0
SL	2.457	1.486	971	386	585	60,5	39,5	15,7	23,8
SN	130.107	117.101	13.006	4.870	8.136	90,0	10,0	3,7	6,3
ST	54.248	49.188	5.060	1.852	3.208	90,7	9,3	3,4	5,9
SH	9.319	7.370	1.949	748	1.201	79,1	20,9	8,0	12,9
TH	405	396	9	x	x	97,8	2,2	x	x
O (m. BE)*	299.002	271.047	27.955	10.658	17.297	90,7	9,3	3,6	5,8
W (o. BE)*	194.070	123.940	70.130	27.938	42.192	63,9	36,1	14,4	21,7
DE	494.854	396.384	98.470	38.831	59.639	80,1	19,9	7,8	12,1

Quelle
FDZ der Statistischen Ämter des Bundes und der Länder sowie Statistisches Bundesamt, Kinder und tätige Personen in Tageseinrichtungen und in öffentlich geförderter Kindertagespflege 2020; berechnet vom LG Empirische Bildungsforschung der FernUniversität in Hagen, 2021.

Anmerkungen
* Exklusive der Werte, die nach Angabe des Statistischen Bundesamtes der Geheimhaltung unterliegen.

Tab. 18a | Kinder im Alter von unter 3 Jahren in Kindertagespflege mit und ohne Migrationshintergrund (mindestens ein Elternteil ausländischer Herkunft) und vorwiegend gesprochene Sprache der Kinder mit Migrationshintergrund in den Bundesländern am 01.03.2020 (Anzahl; Anteil in % von insgesamt)

	Kinder unter 3 Jahren in Kindertagespflege insgesamt	Kinder unter 3 Jahren in Kindertagespflege, deren Eltern beide in Deutschland geboren wurden	Kinder unter 3 Jahren in Kindertagespflege, von denen mindestens ein Elternteil ausländischer Herkunft ist			Kinder unter 3 Jahren in Kindertagespflege, deren Eltern beide in Deutschland geboren wurden	Kinder unter 3 Jahren in Kindertagespflege, von denen mindestens ein Elternteil ausländischer Herkunft ist		
			Insgesamt	davon vorwiegend im Elternhaus gesprochene Sprache			Insgesamt	davon vorwiegend im Elternhaus gesprochene Sprache	
				Deutsch	nicht Deutsch			Deutsch	nicht Deutsch
Bundesland	Anzahl	Anzahl				In %			
BW	15.655	12.655	3.000	1.637	1.363	80,8	19,2	10,5	8,7
BY	9.309	6.891	2.418	1.043	1.375	74,0	26,0	11,2	14,8
BE	4.111	3.198	913	433	480	77,8	22,2	10,5	11,7
BB	3.451	3.259	192	81	111	94,4	5,6	2,3	3,2
HB	914	828	86	54	32	90,6	9,4	5,9	3,5
HH	2.192	1.973	219	16	203	90,0	10,0	0,7	9,3
HE	9.526	7.297	2.229	1.206	1.023	76,6	23,4	12,7	10,7
MV	3.194	2.955	239	101	138	92,5	7,5	3,2	4,3
NI	16.387	14.517	1.870	1.215	655	88,6	11,4	7,4	4,0
NW	51.180	39.675	11.505	5.264	6.241	77,5	22,5	10,3	12,2
RP	3.125	2.506	619	339	280	80,2	19,8	10,8	9,0
SL	742	586	156	96	60	79,0	21,0	12,9	8,1
SN	6.983	6.461	522	251	271	92,5	7,5	3,6	3,9
ST	654	583	71	11	60	89,1	10,9	1,7	9,2
SH	6.509	5.651	858	346	512	86,8	13,2	5,3	7,9
TH	1.002	922	80	33	47	92,0	8,0	3,3	4,7
O (m. BE)	19.395	17.378	2.017	910	1.107	89,6	10,4	4,7	5,7
W (o. BE)	115.539	92.579	22.960	11.216	11.744	80,1	19,9	9,7	10,2
DE	134.934	109.957	24.977	12.126	12.851	81,5	18,5	9,0	9,5

Quelle
FDZ der Statistischen Ämter des Bundes und der Länder, Kinder und tätige Personen in Tageseinrichtungen und in öffentlich geförderter Kindertagespflege, 2020; berechnet vom LG Empirische Bildungsforschung der FernUniversität in Hagen, 2021.

Tab. 19a | Kinder im Alter von 3 Jahren bis zum Schuleintritt in Kindertagespflege mit und ohne Migrationshintergrund (mindestens ein Elternteil ausländischer Herkunft) und vorwiegend gesprochene Sprache der Kinder mit Migrationshintergrund in den Bundesländern am 01.03.2020 (Anzahl; Anteil in % von insgesamt)

	Kinder ab 3 Jahren bis Schuleintritt in Kindertagespflege insgesamt	Kinder ab 3 Jahren bis Schuleintritt in Kindertagespflege, deren Eltern beide in Deutschland geboren wurden	Kinder ab 3 Jahren bis Schuleintritt in Kindertagespflege, von denen mindestens ein Elternteil ausländischer Herkunft ist			Kinder ab 3 Jahren bis Schuleintritt in Kindertagespflege, deren Eltern beide in Deutschland geboren wurden	Kinder ab 3 Jahren bis Schuleintritt in Kindertagespflege, von denen mindestens ein Elternteil ausländischer Herkunft ist		
			Insgesamt	davon vorwiegend im Elternhaus gesprochene Sprache			Insgesamt	davon vorwiegend im Elternhaus gesprochene Sprache	
				Deutsch	nicht Deutsch			Deutsch	nicht Deutsch
Bundesland	Anzahl	Anzahl				In %			
BW	3.721	2.838	883	460	423	76,3	23,7	12,4	11,4
BY	2.707	1.776	931	351	580	65,6	34,4	13,0	21,4
BE	1.815	1.412	403	122	281	77,8	22,2	6,7	15,5
BB	649	634	15	6	9	97,7	2,3	0,9	1,4
HB	177	143	34	16	18	80,8	19,2	9,0	10,2
HH	855	716	139	6	133	83,7	16,3	0,7	15,6
HE	1.076	764	312	133	179	71,0	29,0	12,4	16,6
MV	554	505	49	16	33	91,2	8,8	2,9	6,0
NI	4.534	3.817	717	390	327	84,2	15,8	8,6	7,2
NW	7.346	4.523	2.823	918	1.905	61,6	38,4	12,5	25,9
RP	788	565	223	132	91	71,7	28,3	16,8	11,5
SL	211	110	101	49	52	52,1	47,9	23,2	24,6
SN	340	296	44	13	31	87,1	12,9	3,8	9,1
ST	195	184	11	3	8	94,4	5,6	1,5	4,1
SH	1.507	1.139	368	110	258	75,6	24,4	7,3	17,1
TH	23	19	4	2	2	82,6	17,4	8,7	8,7
O (m. BE)	3.576	3.050	526	162	364	85,3	14,7	4,5	10,2
W (o. BE)	22.922	16.391	6.531	2.565	3.966	71,5	28,5	11,2	17,3
DE	26.498	19.441	7.057	2.727	4.330	73,4	26,6	10,3	16,3

Quelle
FDZ der Statistischen Ämter des Bundes und der Länder, Kinder und tätige Personen in Tageseinrichtungen und in öffentlich geförderter Kindertagespflege, 2020; berechnet vom LG Empirische Bildungsforschung der FernUniversität in Hagen, 2021.

Tab. 20a | Schulkinder im Alter von unter 11 Jahren in Kindertagespflege mit und ohne Migrationshintergrund (mindestens ein Elternteil ausländischer Herkunft) und vorwiegend gesprochene Sprache der Kinder mit Migrationshintergrund in den Bundesländern am 01.03.2020 (Anzahl; Anteil in % von insgesamt)

Bundesland	Schulkinder unter 11 Jahren in Kindertagespflege insgesamt	Schulkinder unter 11 Jahren in Kindertagespflege, deren Eltern beide in Deutschland geboren wurden	Schulkinder unter 11 Jahren in Kindertagespflege, von denen mindestens ein Elternteil ausländischer Herkunft ist			Schulkinder unter 11 Jahren in Kindertagespflege, deren Eltern beide in Deutschland geboren wurden	Schulkinder unter 11 Jahren in Kindertagespflege, von denen mindestens ein Elternteil ausländischer Herkunft ist		
			Insgesamt	davon vorwiegend im Elternhaus gesprochene Sprache			Insgesamt	davon vorwiegend im Elternhaus gesprochene Sprache	
				Deutsch	nicht Deutsch			Deutsch	nicht Deutsch
	Anzahl	Anzahl				In %			
BW	2.665	2.154	511	366	145	80,8	19,2	13,7	5,4
BY	1.004	721	283	118	165	71,8	28,2	11,8	16,4
BE	193	164	29	5	24	85,0	15,0	2,6	12,4
BB	21	15	6	4	2	71,4	28,6	19,0	9,5
HB	65	52	13	12	1	80,0	20,0	18,5	1,5
HH	236	217	19	1	18	91,9	8,1	0,4	7,6
HE	395	309	86	59	27	78,2	21,8	14,9	6,8
MV	22	20	2	1	1	90,9	9,1	4,5	4,5
NI	2.401	2.146	255	181	74	89,4	10,6	7,5	3,1
NW	2.029	1.533	496	316	180	75,6	24,4	15,6	8,9
RP	705	561	144	103	41	79,6	20,4	14,6	5,8
SL	104	77	27	16	11	74,0	26,0	15,4	10,6
SN	4	3	1	0	1	75,0	25,0	0,0	25,0
ST	5	5	0	0	0	100,0	0,0	0,0	0,0
SH	191	164	27	16	11	85,9	14,1	8,4	5,8
TH	5	5	0	0	0	100,0	0,0	0,0	0,0
O (m. BE)	250	212	38	10	28	84,8	15,2	4,0	11,2
W (o. BE)	9.795	7.934	1.861	1.188	673	81,0	19,0	12,1	6,9
DE	10.045	8.146	1.899	1.198	701	81,1	18,9	11,9	7,0

Quelle
FDZ der Statistischen Ämter des Bundes und der Länder, Kinder und tätige Personen in Tageseinrichtungen und in öffentlich geförderter Kindertagespflege, 2020; berechnet vom LG Empirische Bildungsforschung der FernUniversität in Hagen, 2021.

Tab. 21c | Grundmittel der öffentlichen Hand (Land und Kommunen) für FBBE in 2018, Schätzfaktor (Personalanteil, der auf die Betreuung von Krippen- und Kindergartenkindern entfällt, von allem Personal in Kindertageseinrichtungen) 2018, geschätzte Grundmittel der öffentlichen Hand (Land und Kommune) für FBBE 2018 ohne Ausgaben für Schulkinderbetreuung, Kinder unter 6 Jahren in der Bevölkerung am 31.12.2018; Grundmittel pro unter 6-jährigem Kind in der Bevölkerung 2018 (Schätzung)

2018	Grundmittel für FBBE	Schätzfaktor	Grundmittel für FBBE für Kinder unter 6 Jahren in der Bevölkerung	Kinder unter 6 Jahren in der Bevölkerung	Grundmittel für FBBE pro Kind unter 6 Jahren in der Bevölkerung
Bundesland	In 1.000 Euro	In %	In 1.000 Euro	Anzahl	In Euro
BW	3.989.000	96,0	3.831.150	636.809	6.016
BY	4.226.000	87,6	3.702.686	745.684	4.965
BE	1.779.442	100,0	1.779.442	227.990	7.805
BB	1.098.000	74,6	818.763	130.599	6.269
HB	297.000	92,4	274.359	39.569	6.934
HH	960.187	-	960.187	116.637	8.232
HE	2.499.000	92,3	2.307.590	358.974	6.428
MV	521.000	79,7	415.321	81.870	5.073
NI	2.676.000	92,7	2.479.428	440.508	5.629
NW	6.120.000	99,5	6.091.818	1.016.816	5.991
RP	1.606.000	95,8	1.538.955	224.916	6.842
SL	297.000	95,9	284.857	48.409	5.884
SN	1.631.000	76,4	1.246.077	223.859	5.566
ST	848.000	81,8	693.651	109.326	6.345
SH	980.000	93,9	920.083	153.199	6.006
TH	687.000	99,8	685.340	110.961	6.176
O (m. BE)	6.564.442	85,5	5.638.594	884.605	6.374
W (o. BE)	23.650.187	94,4	22.391.113	3.781.521	5.921
DE	30.214.629	92,4	28.029.707	4.666.126	6.007

Quelle
Statistisches Bundesamt: Bildungsfinanzbericht 2020, Wiesbaden 2020; Statistisches Bundesamt: Bevölkerungsfortschreibung 2018, Wiesbaden 2020; Statistisches Bundesamt: Kinder und tätige Personen in Tageseinrichtungen und öffentlich geförderter Kindertagespflege 2018, Wiesbaden 2020; Angaben Behörde für Arbeit, Soziales, Familie und Integration der Freien und Hansestadt Hamburg; Senatsverwaltung für Finanzen, Berlin; zusammengestellt und berechnet vom LG Empirische Bildungsforschung der FernUniversität in Hagen, 2021.

Hinweis
Die im Bildungsfinanzbericht 2020 als vorläufig gekennzeichneten Zahlen, werden in dieser Tabelle nicht für vergangende Jahre aktualisiert. Ausführliche methodische Erläuterungen sind auf www.laendermonitor.de unter „Methodik" zu finden bzw. in der Erläuterung der Indikatoren im Länderreport.

Anmerkungen
Sofern nicht anders vermerkt, wurde als Datengrundlage der Bildungsfinanzbericht 2020 des Statistischen Bundesamtes verwendet. Dadurch sind die Daten nur eingeschränkt mit den Daten der Vorjahre zu vergleichen: In den Jahren bis 2010 wurden die Daten direkt den Funktionen zur Kindertagesbetreuung der Jahresrechnungsstatistik entnommen (s. Anmerkungen zu den Daten der Vorjahre). Die Daten aus dem Bildungsfinanzbericht basieren auf der gleichen Datenquelle. Da es sich aber um eine spezielle Zusammenstellung für den Bildungsfinanzbericht handelt, kann es insbesondere, was die Zahlungsströme zwischen den Ebenen (Land und Kommune) anbelangt, zu Abweichungen zu den Daten aus der Jahresrechnungsstatistik kommen. Weiterhin ist zu beachten, dass in den Jahren bis 2012 die Bevölkerungszahlen der Bevölkerungsfortschreibung der Volkszählung 1987 entnommen wurden. Ab dem Jahr 2013 stammen die Bevölkerungsdaten aus der Bevölkerungsfortschreibung auf Basis des Zensus 2011. Dadurch sind die Daten ab 2013 nur eingeschränkt mit denen der Vorjahre zu vergleichen. Ausführliche methodische Erläuterungen sind auf www.laendermonitor.de unter „Methodik" zu finden bzw. in der Erläuterung der Indikatoren im Länderreport. Diese Erläuterungen sind bei der Interpretation der Daten zu beachten.

Berlin
Die Ausgabenhöhe für FBBE basiert auf der durch die Senatsverwaltung für Finanzen i. d. R. im II. Quartal des Folgejahres durchgeführten Basiskorrektur und schreibt somit die IST-Ausgaben für die jeweiligen Haushaltsjahre fest. Die Basiskorrektur gleicht verwaltungsbezirksspezifische Unterschiede im Land Berlin aus. Differenzen zwischen der Jahresrechnungsstatistik des Statistischen Bundesamtes und den bereinigten – basiskorrigierten – Fachstatistiken sind aufgrund des unterschiedlichen Erhebungszeitpunktes nicht auszuräumen. Die basiskorrigierten Daten liegen regelmäßig zeitversetzt zu den Meldungen für die Jahresrechnungsstatistik vor. Die Daten für 2018 sind unter folgender URL abrufbar: https://www.parlament-berlin.de/adosservice/18/Haupt/vorgang/h18-0379.D-v.pdf. In der Basiskorrektur werden auch die Elternbeiträge nachgewiesen.

Hamburg
Die Ausgabenhöhe ist nicht der Jahresrechnungsstatistik entnommen, sondern beruht auf einer Meldung der Behörde für Arbeit, Soziales, Familie und Integration der Freien und Hansestadt Hamburg vom 08.10.2020. Grund ist u. a., dass für Hamburg die Nettoausgaben für die in Vorschulklassen betreuten Kinder berücksichtigt werden. Ebenso basieren die Ausgaben pro unter sechsjährigem Kind nicht auf einer Abschätzung, sondern auf der gleichen Meldung der Behörde, da diese im Gegensatz zu anderen Bundesländern die exakte Höhe der Nettoausgaben für den vorschulischen Bereich beziffern kann.

Tab. 23 | Finanzierungsanteil der staatlichen und nicht-staatlichen Ebenen an den Gesamt-Kosten ohne Eigenanteil der freien Träger* und Ausgaben des Bundes aus dem Investitionsprogramm „Kinderbetreuungsfinanzierung“ für FBBE in den Bundesländern 2018 (Anteil in %)

	Insgesamt (ohne Eigenanteil der freien Träger und Zuschüsse des Bundes)	Kommune***	Land***	Eltern**
Bundesland	In %	In %		
Baden-Württemberg	100,0	53,5	31,0	15,5
Bayern	100,0	45,3	39,5	15,2
Berlin	100,0	0,0	97,1	2,9
Brandenburg	100,0	52,7	31,9	15,3
Bremen	/	/	/	/
Hamburg	100,0	0,0	93,4	6,6
Hessen	100,0	67,1	21,3	11,6
Mecklenburg-Vorpommern	100,0	42,1	38,8	19,2
Niedersachsen	100,0	60,6	28,4	11,0
Nordrhein-Westfalen	100,0	47,3	43,3	9,4
Rheinland-Pfalz	/	/	/	/
Saarland	/	/	/	/
Sachsen	100,0	53,2	31,9	14,9
Sachsen-Anhalt	100,0	46,3	32,1	21,7
Schleswig-Holstein	100,0	55,1	27,6	17,4
Thüringen	100,0	48,2	35,4	16,4

Quelle
Statistisches Bundesamt: Bildungsfinanzbericht 2020, Wiesbaden 2020; Statistisches Bundesamt: Finanzen und Steuern. Rechnungsergebnisse der kommunalen Kern- und Extrahaushalte. Sonderauswertung der Dreisteller der Produktgruppen 361 und 365 durch das Statistische Bundesamt nach dem Schema der Tabelle 4 der Fachserie 14, Reihe 3.3; Angaben Behörde für Arbeit, Soziales, Familie und Integration der Freien und Hansestadt Hamburg; Senatsverwaltung für Finanzen, Berlin; zusammengestellt und berechnet vom LG Empirische Bildungsforschung FernUniversität in Hagen, 2021.

Anmerkungen
Die methodischen Grundlagen der Berechnung sowie Anmerkungen zu einzelnen Bundesländern sind detailliert unter „Methodik“ auf der Website www.laendermonitor.de aufgeführt.

* Für 2010 und die Folgejahre kann der Eigenanteil der freien Träger nicht mehr flächendeckend ausgewiesen werden, weshalb darauf verzichtet wird, den entsprechenden Anteil in der Tabelle darzustellen. Dadurch sind die Anteile von Kommune, Land und Eltern in dieser Darstellung tendenziell überhöht.

** Der Anteil der Eltern kann, was die Elternbeiträge bei freien Trägern angeht, nur abgeschätzt werden. Ab 2012 können auch Elternbeiträge berücksichtigt werden, die unter dem Haushaltsunterabschnitt 361 (Förderung von Kindern in Kindertageseinrichtungen und in Tagespflege) verbucht werden. Dadurch ist der Vergleich insbesondere mit Blick auf den Anteil der Elternbeiträge mit den Jahren vor 2012 nur eingeschränkt möglich.

*** Für die Berechnung des Finanzierungsanteils von Kommunen und Ländern werden die öffentlichen Ausgaben für die Kindertagesbetreuung dem Bildungsfinanzbericht 2020 entnommen. Die in dem Bildungsfinanzbericht enthaltenen Zahlen sind vorläufig, werden hier jedoch nicht für vergangene Jahre aktualisiert. Ausführliche methodische Erläuterungen sind auf www.laendermonitor.de unter „Methodik“ zu finden bzw. in der Erläuterung der Indikatoren im Länderreport.

Zu berücksichtigen sind hinsichtlich der Nettoausgaben für FBBE auch die Anmerkungen zum Indikator „Investitionen pro Kind“. Keine Anmerkungen zu hier nicht aufgeführten Ländern.

Bremen
Für Bremen liegen keine Angaben zur Höhe der Elternbeiträge vor.

Rheinland-Pfalz
Für Rheinland-Pfalz kann derzeit aus methodischen Gründen keine Finanzierungsgemeinschaft dargestellt werden.

Saarland
Für das Saarland kann derzeit aus methodischen Gründen keine Finanzierungsgemeinschaft dargestellt werden.

Tab. 27 | Pädagogisch tätige Personen* in Kindertageseinrichtungen (ohne Horte und Hortgruppen) nach Qualifikationsniveaus in den Bundesländern am 01.03.2020 (Anzahl; Anteil in %)*****

Bundesland	Insgesamt	(Einschlägiger) Hochschulabschluss – Insgesamt	Darunter: staatl. anerkannte Kindheitspädagog:innen	(Einschlägiger) Fachschulabschluss	(Einschlägiger) Berufsfachschulabschluss	Sonstige Ausbildungen	In Ausbildung	Ohne Abschluss
	Anzahl	Anzahl						
BW	96.387	4.573	1.666	65.430	8.522	6.909	8.358	2.595
BY	96.966	4.127	794	46.995	35.508	3.069	6.332	935
BE	34.098	1.970	527	23.828	980	2.036	4.488	796
BB	18.370	543	168	15.939	155	560	1.005	168
HB	5.695	390	38	3.789	825	250	181	260
HH	17.629	1.402	338	9.941	x	1.484	741	x
HE	51.099	5.121	737	34.943	1.987	2.962	4.381	1.705
MV	11.047	490	181	9.386	412	252	322	185
NI	58.189	2.214	360	40.607w	11.323	1.877	776	1.392
NW*****	124.257	6.524	1.355	90.204	12.457	5.079	6.965	3.028
RP	32.899	1.431	225	24.231	2.742	1.530	2.023	942
SL	6.697	234	53	4.709	x	184	364	x
SN	29.914	3.119	601	23.941	635	784	1.020	415
ST	15.958	724	241	13.564	760	363	359	188
SH	20.962	1.094	168	13.096	5.077	888	202	605
TH	15.602	1.397	362	13.551	280	184	39	151
O (m. BE)	124.989	8.243	2.080	100.209	3.222	4.179	7.233	1.903
W (o. BE)****	511.247	27.110	5.734	333.945	78.441	24.232	30.323	11.462
DE	635.769	35.353	7.814	434.154	86.151	28.411	37.556	14.144

Bundesland	(Einschlägiger) Hochschulabschluss – Insgesamt	Darunter: staatl. anerkannte Kindheitspädagog:innen	(Einschlägiger) Fachschulabschluss	(Einschlägiger) Berufsfachschulabschluss	Sonstige Ausbildungen	In Ausbildung	Ohne Abschluss
	In %						
BW	4,7	1,7	67,9	8,8	7,2	8,7	2,7
BY	4,3	0,8	48,5	36,6	3,2	6,5	1,0
BE	5,8	1,5	69,9	2,9	6,0	13,2	2,3
BB	3,0	0,9	86,8	0,8	3,0	5,5	0,9
HB	6,8	0,7	66,5	14,5	4,4	3,2	4,6
HH	8,0	1,9	56,4	x	8,4	4,2	x
HE	10,0	1,4	68,4	3,9	5,8	8,6	3,3
MV	4,4	1,6	85,0	3,7	2,3	2,9	1,7
NI	3,8	0,6	69,8	19,5	3,2	1,3	2,4
NW*****	5,3	1,1	72,6	10,0	4,1	5,6	2,4
RP	4,3	0,7	73,7	8,3	4,7	6,1	2,9
SL	3,5	0,8	70,3	x	2,7	5,4	x
SN	10,4	2,0	80,0	2,1	2,6	3,4	1,4
ST	4,5	1,5	85,0	4,8	2,3	2,2	1,2
SH	5,2	0,8	62,5	24,2	4,2	1,0	2,9
TH	9,0	2,3	86,9	1,8	1,2	0,2	1,0
O (m. BE)	6,6	1,7	80,2	2,6	3,3	5,8	1,5
W (o. BE)****	5,3	1,1	65,3	15,3	4,7	5,9	2,2
DE	5,6	1,2	68,3	13,6	4,5	5,9	2,2

Quelle
FDZ der Statistischen Ämter des Bundes und der Länder, Kinder und tätige Personen in Tageseinrichtungen und in öffentlich geförderter Kindertagespflege, 2020; berechnet vom LG Empirische Bildungsforschung der FernUniversität in Hagen, 2021.

Anmerkungen

* Berücksichtigt werden auch diejenigen, die als ersten Arbeitsbereich Leitungstätigkeiten angegeben haben. Unberücksichtigt bleiben hingegen Tätige, die überwiegend Verwaltungsaufgaben wahrnehmen, Tätige im hauswirtschaftlich-technischen Bereich und pädagogisch Tätige in Horten und Hortgruppen. Dadurch wird nicht das gesamte pädagogische Personal, das in Kindertageseinrichtungen mit Schulkindern arbeitet, ausgeschlossen. So wird das pädagogische Personal berücksichtigt, das gruppenübergreifend in Kindertageseinrichtungen tätig ist, in denen neben Schulkindergruppen noch andere Gruppen sind. Ebenso wird das pädagogische Personal berücksichtigt, das nicht überwiegend in seiner Arbeitszeit in Schulkindergruppen tätig ist, sowie das pädagogische Personal, das in altersgemischten Gruppen tätig ist, in denen neben Schulkindern auch Kinder ohne Schulbesuch betreut werden.

** Den Qualifikationsniveaus wurden folgende Berufsausbildungsabschlüsse zugeordnet:
(Einschlägiger) Hochschulabschluss: Dipl.Sozialpädagog:in, Dipl.-Sozialarbeiter:in (FH oder vergleichbarer Abschluss), Dipl.-Pädagog:in, Dipl.-Sozialpädagog:in, Dipl.-Erziehungswissenschaftler:in (Universität oder vergleichbarer Abschluss), Dipl.-Heilpädagog:in (FH oder vergleichbarer Abschluss), staatlich anerkannte Kindheitspädagog:innen Bachelor- und Masterabschlüsse
Staatl. anerkannte Kindheitspädagog:innen: Bachelor- und Masterabschlüsse
(Einschlägiger) Fachschulabschluss: Erzieher:in, Heilpädagog:in (Fachschule), Heilerzieher:in, Heilerziehungspfleger:in
(Einschlägiger) Berufsfachschulabschluss: Kinderpfleger:in, Familienpfleger:in, Assistent:in im Sozialwesen, soziale und medizinische Helfer:innenberufe
Sonstige Ausbildungen: sonstige soziale/sozialpädagogische Kurzausbildung, Kinder- und Jugendlichenpsychotherapeut:in, Psychologische:r Psychotherapeut:in, Psycholog:in mit Hochschulabschluss, Beschäftigungs- und Arbeitstherapeut:in (Ergotherapeut:in), Bewegungspädagog:in, Bewegungstherapeut:in (Motopäd:in), Arzt:Ärztin, (Fach-)Kinderkrankenpfleger:in, Krankenpfleger:in, Altenpfleger:in, Krankengymnast:in, Masseur:in, med. Bademeister:in/Masseur:in, Logopäd:in, Sonderschullehrer:in, und sonstige Berufsausbildungsabschlüsse
In Ausbildung: Praktikant:in im Anerkennungsjahr, anderweitig noch in Ausbildung
Ohne Abschluss: Ohne abgeschlossene Ausbildung

*** Ab dem Datenjahr 2016 werden in dieser Tabelle pädagogisch Tätige in Horten und Hortgruppen nicht berücksichtigt. Dies kann zum einen zu Differenzen in der Anzahl der ausgewiesenen pädagogisch Tätigen in anderen Tabellen führen, und zum anderen sind die Tabellen aus dem Jahr 2016 und 2017 nicht direkt mit Tabellen früherer Jahrgänge vergleichbar.

**** Exklusive der Werte, die nach Angabe des Statistischen Bundesamtes der Geheimhaltung unterliegen.

***** Aufgrund der zeitweiligen Schließung bzw. des eingeschränkten Betriebs der Kindertageseinrichtungen in Nordrhein-Westfalen durch die Corona-Pandemie konnten einige Einrichtungen ihre Daten nicht rechtzeitig übermitteln. Bei den vorliegenden Daten muss von einer Untererfassung von ca. 50 KiTas mit ca. 2.000 betreuten Kindern und dem jeweiligen Personal ausgegangen werden.

Tab. 29 | Pädagogisch tätige Personen* in Kindertageseinrichtungen (mit Horten und Hortgruppen) nach Beschäftigungsumfang in den Bundesländern am 01.03.2020 (Anzahl; Anteil in %)

	Insgesamt	Vertraglich vereinbarte Wochenarbeitszeit in Stunden				
		38,5 und mehr	32 bis unter 38,5	21 bis unter 32	10 bis unter 21	unter 10
Bundesland	Anzahl	Anzahl				
BW	99.620	48.822	8.460	19.996	16.628	5.714
BY	106.499	41.666	18.406	26.766	13.925	5.736
BE	34.098	13.909	7.046	10.023	2.658	462
BB	23.085	4.407	10.896	5.946	1.548	288
HB	5.949	2.136	1.700	1.451	551	111
HH	17.728	6.214	3.951	5.045	2.028	490
HE	53.580	20.329	7.926	15.262	8.446	1.617
MV	13.137	4.467	4.376	3.347	677	270
NI	62.148	18.293	17.222	18.942	5.802	1.889
NW**	124.562	65.368	12.494	26.440	17.128	3.132
RP	33.803	14.780	2.637	9.475	6.222	689
SL	6.919	3.400	799	1.901	645	174
SN	38.009	7.882	18.954	9.162	1.595	416
ST	19.108	4.245	7.738	5.823	1.050	252
SH	21.780	6.996	5.754	6.570	1.883	577
TH	15.620	6.004	6.759	2.355	387	115
O (m. BE)	143.057	40.914	55.769	36.656	7.915	1.803
W (o. BE)	532.588	228.004	79.349	131.848	73.258	20.129
DE	675.645	268.918	135.118	168.504	81.173	21.932

Bundesland	In %				
BW	49,0	8,5	20,1	16,7	5,7
BY	39,1	17,3	25,1	13,1	5,4
BE	40,8	20,7	29,4	7,8	1,4
BB	19,1	47,2	25,8	6,7	1,2
HB	35,9	28,6	24,4	9,3	1,9
HH	35,1	22,3	28,5	11,4	2,8
HE	37,9	14,8	28,5	15,8	3,0
MV	34,0	33,3	25,5	5,2	2,1
NI	29,4	27,7	30,5	9,3	3,0
NW**	52,5	10,0	21,2	13,8	2,5
RP	43,7	7,8	28,0	18,4	2,0
SL	49,1	11,5	27,5	9,3	2,5
SN	20,7	49,9	24,1	4,2	1,1
ST	22,2	40,5	30,5	5,5	1,3
SH	32,1	26,4	30,2	8,6	2,6
TH	38,4	43,3	15,1	2,5	0,7
O (m. BE)	28,6	39,0	25,6	5,5	1,3
W (o. BE)	42,8	14,9	24,8	13,8	3,8
DE	39,8	20,0	24,9	12,0	3,2

Quelle
FDZ der Statistischen Ämter des Bundes und der Länder, Kinder und tätige Personen in Tageseinrichtungen und in öffentlich geförderter Kindertagespflege, 2020; berechnet vom LG Empirische Bildungsforschung der FernUniversität in Hagen, 2021.

Anmerkungen
* Berücksichtigt werden auch diejenigen, die als ersten Arbeitsbereich Leitungstätigkeiten angegeben haben. Unberücksichtigt bleiben hingegen Tätige, die überwiegend Verwaltungsaufgaben wahrnehmen und Tätige im hauswirtschaftlich-technischen Bereich.
** Aufgrund der zeitweiligen Schließung bzw. des eingeschränkten Betriebs der Kindertageseinrichtungen in Nordrhein-Westfalen durch die Corona-Pandemie konnten einige Einrichtungen ihre Daten nicht rechtzeitig übermitteln. Bei den vorliegenden Daten muss von einer Untererfassung von ca. 50 KiTas mit ca. 2.000 betreuten Kindern und dem jeweiligen Personal ausgegangen werden.

Tab. 29oh | Pädagogisch tätige Personen* in Kindertageseinrichtungen (ohne Horte und Hortgruppen) nach Beschäftigungsumfang in den Bundesländern am 01.03.2020 (Anzahl; Anteil in %)

	Insgesamt	Vertraglich vereinbarte Wochenarbeitszeit in Stunden				
		38,5 und mehr	32 bis unter 38,5	21 bis unter 32	10 bis unter 21	unter 10
Bundesland	Anzahl	Anzahl				
BW	96.387	47.911	8.022	19.053	16.044	5.357
BY	96.966	38.060	16.568	24.391	12.763	5.184
BE	34.098	13.909	7.046	10.023	2.658	462
BB	18.370	3.990	8.842	4.115	1.198	225
HB	5.695	2.081	1.651	1.355	505	103
HH	17.629	x	x	x	x	x
HE	51.099	19.378	7.515	14.663	8.049	1.494
MV	11.047	4.110	3.882	2.345	497	213
NI	58.189	17.676	16.498	17.529	5.016	1.470
NW***	124.257	65.254	12.481	26.378	17.047	3.097
RP	32.899	14.395	2.570	9.198	6.073	663
SL	6.697	3.321	769	1.820	617	170
SN	29.914	7.168	15.030	6.174	1.201	341
ST	15.958	3.960	7.051	4.128	641	178
SH	20.962	6.836	5.570	6.308	1.700	548
TH	15.602	x	x	x	x	x
O (m. BE)**	109.387	33.137	41.851	26.785	6.195	1.419
W (o. BE)**	493.151	214.912	71.644	120.695	67.814	18.086
DE	635.769	260.247	124.194	154.831	76.398	20.099

Bundesland	In %				
BW	49,7	8,3	19,8	16,6	5,6
BY	39,3	17,1	25,2	13,2	5,3
BE	40,8	20,7	29,4	7,8	1,4
BB	21,7	48,1	22,4	6,5	1,2
HB	36,5	29,0	23,8	8,9	1,8
HH	x	x	x	x	x
HE	37,9	14,7	28,7	15,8	2,9
MV	37,2	35,1	21,2	4,5	1,9
NI	30,4	28,4	30,1	8,6	2,5
NW***	52,5	10,0	21,2	13,7	2,5
RP	43,8	7,8	28,0	18,5	2,0
SL	49,6	11,5	27,2	9,2	2,5
SN	24,0	50,2	20,6	4,0	1,1
ST	24,8	44,2	25,9	4,0	1,1
SH	32,6	26,6	30,1	8,1	2,6
TH	x	x	x	x	x
O (m. BE)**	30,3	38,3	24,5	5,7	1,3
W (o. BE)**	43,6	14,5	24,5	13,8	3,7
DE	40,9	19,5	24,4	12,0	3,2

Quelle

FDZ der Statistischen Ämter des Bundes und der Länder, Kinder und tätige Personen in Tageseinrichtungen und in öffentlich geförderter Kindertagespflege, 2020; berechnet vom LG Empirische Bildungsforschung der FernUniversität in Hagen, 2021.

Anmerkung

* Berücksichtigt werden auch diejenigen, die als ersten Arbeitsbereich Leitungstätigkeiten angegeben haben. Unberücksichtigt bleiben hingegen Tätige, die überwiegend Verwaltungsaufgaben wahrnehmen, Tätige im hauswirtschaftlich-technischen Bereich und pädagogisch Tätige in Horten und Hortgruppen. Dadurch wird nicht das gesamte pädagogische Personal, das in Kindertageseinrichtungen mit Schulkindern arbeitet, ausgeschlossen. So wird das pädagogische Personal berücksichtigt, das gruppenübergreifend in Kindertageseinrichtungen tätig ist, in denen neben Schulkindergruppen noch andere Gruppen sind. Ebenso wird das pädagogische Personal berücksichtigt, das nicht überwiegend in seiner Arbeitszeit in Schulkindergruppen tätig ist, sowie das pädagogische Personal, das in altersgemischten Gruppen tätig ist, in denen neben Schulkindern auch Kinder ohne Schulbesuch betreut werden.

** Exklusive der Werte, die nach Angabe des Statistischen Bundesamtes der Geheimhaltung unterliegen.

*** Aufgrund der zeitweiligen Schließung bzw. des eingeschränkten Betriebs der Kindertageseinrichtungen in Nordrhein-Westfalen durch die Corona-Pandemie konnten einige Einrichtungen ihre Daten nicht rechtzeitig übermitteln. Bei den vorliegenden Daten muss von einer Untererfassung von ca. 50 KiTas mit ca. 2.000 betreuten Kindern und dem jeweiligen Personal ausgegangen werden.

Tab. 29h | Pädagogisch tätige Personen* in Horten und Hortgruppen nach Beschäftigungsumfang in den Bundesländern am 01.03.2020 (Anzahl; Anteil in %)**

Bundesland	Insgesamt	Vertraglich vereinbarte Wochenarbeitszeit in Stunden				
		38,5 und mehr	32 bis unter 38,5	21 bis unter 32	10 bis unter 21	unter 10
	Anzahl	Anzahl				
BW	3.233	911	438	943	584	357
BY	9.533	3.606	1.838	2.375	1.162	552
BE	-	-	-	-	-	-
BB	4.715	417	2.054	1.831	350	63
HB	254	55	49	96	46	8
HH	99	x	x	x	x	x
HE	2.481	951	411	599	397	123
MV	2.090	357	494	1.002	180	57
NI	3.959	617	724	1.413	786	419
NW****	305	114	13	62	81	35
RP	904	385	67	277	149	26
SL	222	79	30	81	28	4
SN	8.095	714	3.924	2.988	394	75
ST	3.150	285	687	1.695	409	74
SH	818	160	184	262	183	29
TH	18	x	x	x	x	x
O (m. BE)***	18.050	1.773	7.159	7.516	1.333	269
W (o. BE)***	21.709	6.878	3.754	6.108	3.416	1.553
DE	39.876	8.671	10.924	13.673	4.775	1.833

Bundesland	38,5 und mehr	32 bis unter 38,5	21 bis unter 32	10 bis unter 21	unter 10
	In %				
BW	28,2	13,5	29,2	18,1	11,0
BY	37,8	19,3	24,9	12,2	5,8
BE	-	-	-	-	-
BB	8,8	43,6	38,8	7,4	1,3
HB	21,7	19,3	37,8	18,1	3,1
HH	x	x	x	x	x
HE	38,3	16,6	24,1	16,0	5,0
MV	17,1	23,6	47,9	8,6	2,7
NI	15,6	18,3	35,7	19,9	10,6
NW****	37,4	4,3	20,3	26,6	11,5
RP	42,6	7,4	30,6	16,5	2,9
SL	35,6	13,5	36,5	12,6	1,8
SN	8,8	48,5	36,9	4,9	0,9
ST	9,0	21,8	53,8	13,0	2,3
SH	19,6	22,5	32,0	22,4	3,5
TH	x	x	x	x	x
O (m. BE)***	9,8	39,7	41,6	7,4	1,5
W (o. BE)***	31,7	17,3	28,1	15,7	7,2
DE	21,7	27,4	34,3	12,0	4,6

Quelle
FDZ der Statistischen Ämter des Bundes und der Länder, Kinder und tätige Personen in Tageseinrichtungen und in öffentlich geförderter Kindertagespflege, 2020; berechnet vom LG Empirische Bildungsforschung der FernUniversität in Hagen, 2021..

Anmerkung
* Berücksichtigt werden auch diejenigen, die als ersten Arbeitsbereich Leitungstätigkeiten angegeben haben. Unberücksichtigt bleiben hingegen Tätige, die überwiegend Verwaltungsaufgaben wahrnehmen und Tätige im hauswirtschaftlich-technischen Bereich.
** Berücksichtigt werden pädagogisch Tätige in Horten und in reinen Hortgruppen (Schulkindergruppen). Dadurch wird nicht das gesamte pädagogische Personal, das in Kindertageseinrichtungen mit Schulkindern arbeitet, ausgewiesen. So bleibt das pädagogische Personal unberücksichtigt, das gruppenübergreifend in Kindertageseinrichtungen tätig ist, in denen neben Schulkindergruppen noch andere Gruppen sind. Ebenso unberücksichtigt bleibt dadurch das pädagogische Personal, das nicht überwiegend in seiner Arbeitszeit in Schulkindergruppen tätig ist, sowie das pädagogische Personal, das in altersgemischten Gruppen tätig ist, in denen neben Schulkindern auch Kinder ohne Schulbesuch betreut werden.
*** Exklusive der Werte, die nach Angabe des Statistischen Bundesamtes der Geheimhaltung unterliegen.
**** Aufgrund der zeitweiligen Schließung bzw. des eingeschränkten Betriebs der Kindertageseinrichtungen in Nordrhein-Westfalen durch die Corona-Pandemie konnten einige Einrichtungen ihre Daten nicht rechtzeitig übermitteln. Bei den vorliegenden Daten muss von einer Untererfassung von ca. 50 KiTas mit ca. 2.000 betreuten Kindern und dem jeweiligen Personal ausgegangen werden.

Tab. 36b | Kinder unter 3 Jahren in Kindertageseinrichtungen nach Gruppentyp* in den Bundesländern am 01.03.2020 (Anzahl; Anteil in %)

Bundesland	Kinder unter 3 Jahren in KiTas insgesamt	Kinder unter 3 Jahren in				
		Einrichtungen ohne feste Gruppenstruktur	Krippengruppen	für 2-Jährige geöffneten Kindergartengruppen	Gruppen mit Kindern unter 4 Jahren	altersübergreifenden Gruppen
	Anzahl	Anzahl				
BW	83.100	15.579	48.365	7.360	6.017	5.779
BY	104.949	11.905	38.401	4.940	45.646	4.057
BE	48.329	17.753	11.326	1.510	8.608	9.132
BB	32.855	5.297	16.234	710	7.074	3.540
HB	5.102	194	1.678	46	2.823	361
HH	26.273	2.210	15.795	919	5.069	2.280
HE	48.934	2.939	27.055	5.016	9.358	4.566
MV	19.480	775	14.093	411	2.875	1.326
NI	57.616	1.189	17.062	2.393	34.131	2.841
NW**	100.653	5.020	17.382	30.834	31.285	16.132
RP	32.829	4.274	8.574	6.049	7.045	6.887
SL	6.584	567	4.333	369	495	820
SN	50.036	3.682	31.227	1.542	10.066	3.519
ST	29.950	3.169	17.950	810	5.423	2.598
SH	20.569	669	9.540	829	6.359	3.172
TH	27.789	1.138	15.945	1.198	6.950	2.558
O (m. BE)	208.439	31.814	106.775	6.181	40.996	22.673
W (o. BE)	486.609	44.546	188.185	58.755	148.228	46.895
DE	695.048	76.360	294.960	64.936	189.224	69.568

Bundesland	In %				
BW	18,7	58,2	8,9	7,2	7,0
BY	11,3	36,6	4,7	43,5	3,9
BE	36,7	23,4	3,1	17,8	18,9
BB	16,1	49,4	2,2	21,5	10,8
HB	3,8	32,9	0,9	55,3	7,1
HH	8,4	60,1	3,5	19,3	8,7
HE	6,0	55,3	10,3	19,1	9,3
MV	4,0	72,3	2,1	14,8	6,8
NI	2,1	29,6	4,2	59,2	4,9
NW**	5,0	17,3	30,6	31,1	16,0
RP	13,0	26,1	18,4	21,5	21,0
SL	8,6	65,8	5,6	7,5	12,5
SN	7,4	62,4	3,1	20,1	7,0
ST	10,6	59,9	2,7	18,1	8,7
SH	3,3	46,4	4,0	30,9	15,4
TH	4,1	57,4	4,3	25,0	9,2
O (m. BE)	15,3	51,2	3,0	19,7	10,9
W (o. BE)	9,2	38,7	12,1	30,5	9,6
DE	11,0	42,4	9,3	27,2	10,0

Quelle
FDZ der Statistischen Ämter des Bundes und der Länder, Kinder und tätige Personen in Tageseinrichtungen und in öffentlich geförderter Kindertagespflege, 2020; berechnet vom LG Empirische Bildungsforschung der FernUniversität in Hagen, 2021.

Anmerkung
* Die Gruppentypen wurden anhand der im Folgenden erläuterten Merkmale gebildet:

Krippengruppe:
Dies sind alle Gruppen, in denen ausschließlich Kinder unter 3 Jahren sind.

Für 2-Jährige geöffnete Kindergartengruppe:
Dies sind Gruppen mit 15 und mehr Kindern, in denen neben Kindern ab einem Alter von 3 Jahren bis zum Schulbesuch auch bis zu fünf 2-jährige Kinder betreut werden.

Gruppe mit Kindern unter 4 Jahren:
Dies sind alle Gruppen, die nicht dem Gruppentyp „Krippengruppe" zugeordnet wurden und in denen ausschließlich Kinder unter 4 Jahren sind.

Altersübergreifende Gruppe:
Hierunter fallen diejenigen Gruppen, die nicht den vorangegangenen Gruppentypen zugeordnet wurden. Diese Gruppe setzt sich aus altersgruppenübergreifenden Gruppen mit Kindern von 0 Jahren bis zum Schuleintritt und altersgruppenübergreifenden Gruppen mit Schulkindern zusammen. Sprachlich exakt müsste diese Gruppenform „altersgruppenübergreifende Gruppen" heißen. Unberücksichtigt bleiben Gruppen, in denen nur Schulkinder sind.

** Aufgrund der zeitweiligen Schließung bzw. des eingeschränkten Betriebs der Kindertageseinrichtungen in Nordrhein-Westfalen durch die Corona-Pandemie konnten einige Einrichtungen ihre Daten nicht rechtzeitig übermitteln. Bei den vorliegenden Daten muss von einer Untererfassung von ca. 50 KiTas mit ca. 2.000 betreuten Kindern und dem jeweiligen Personal ausgegangen werden.

Tab. 36b1 | Kinder ab 3 Jahren bis zum Schuleintritt in Kindertageseinrichtungen nach Gruppentyp* in den Bundesländern am 01.03.2020 (Anzahl; Anteil in %)**

	Kinder ab 3 Jahren bis zum Schuleintritt insgesamt	Kinder ab 3 Jahren bis zum Schuleintritt in				
		Einrichtungen ohne feste Gruppenstruktur	Kindergartengruppen	für 2-Jährige geöffneten Kindergartengruppen	Gruppen mit Kindern unter 4 Jahren	altersübergreifenden Gruppen
Bundesland	Anzahl	Anzahl				
BW	345.457	71.392	170.753	76.166	1.901	25.245
BY	403.930	43.989	266.882	64.109	11.743	17.207
BE	118.774	44.575	37.714	11.421	2.769	22.295
BB	77.621	12.561	45.828	6.685	3.484	9.063
HB	19.961	745	15.299	419	646	2.852
HH	56.215	5.007	32.684	11.362	1.192	5.970
HE	199.680	16.833	117.751	46.686	2.314	16.096
MV	49.402	2.154	36.417	4.007	1.641	5.183
NI	240.438	4.928	188.151	26.473	8.720	12.166
NW***	528.117	22.739	266.268	189.272	10.017	39.821
RP	126.048	15.535	47.464	41.409	3.529	18.111
SL	27.223	2.504	16.780	5.523	136	2.280
SN	135.169	9.791	94.892	14.119	5.726	10.641
ST	64.532	6.908	42.514	6.742	2.795	5.573
SH	85.553	2.459	59.932	8.811	1.981	12.370
TH	66.242	3.072	44.686	8.401	3.823	6.260
O (m. BE)	511.740	79.061	302.051	51.375	20.238	59.015
W (o. BE)	2.032.622	186.131	1.181.964	470.230	42.179	152.118
DE	2.544.362	265.192	1.484.015	521.605	62.417	211.133

Bundesland	In %				
BW	20,7	49,4	22,0	0,6	7,3
BY	10,9	66,1	15,9	2,9	4,3
BE	37,5	31,8	9,6	2,3	18,8
BB	16,2	59,0	8,6	4,5	11,7
HB	3,7	76,6	2,1	3,2	14,3
HH	8,9	58,1	20,2	2,1	10,6
HE	8,4	59,0	23,4	1,2	8,1
MV	4,4	73,7	8,1	3,3	10,5
NI	2,0	78,3	11,0	3,6	5,1
NW***	4,3	50,4	35,8	1,9	7,5
RP	12,3	37,7	32,9	2,8	14,4
SL	9,2	61,6	20,3	0,5	8,4
SN	7,2	70,2	10,4	4,2	7,9
ST	10,7	65,9	10,4	4,3	8,6
SH	2,9	70,1	10,3	2,3	14,5
TH	4,6	67,5	12,7	5,8	9,5
O (m. BE)	15,4	59,0	10,0	4,0	11,5
W (o. BE)	9,2	58,1	23,1	2,1	7,5
DE	10,4	58,3	20,5	2,5	8,3

Quelle

FDZ der Statistischen Ämter des Bundes und der Länder, Kinder und tätige Personen in Tageseinrichtungen und in öffentlich geförderter Kindertagespflege, 2020; berechnet vom LG Empirische Bildungsforschung der FernUniversität in Hagen, 2021.

Anmerkungen

* Die Gruppentypen wurden anhand der im Folgenden erläuterten Merkmale gebildet:

Für 2-Jährige geöffnete Kindergartengruppe:
Dies sind Gruppen mit 15 und mehr Kindern, in denen neben Kindern ab einem Alter von 3 Jahren bis zum Schulbesuch auch bis zu fünf 2-jährige Kinder betreut werden.

Altersübergreifende Gruppe:
Hierunter fallen diejenigen Gruppen, die nicht den vorangegangenen Gruppentypen zugeordnet wurden. Diese Gruppe setzt sich aus altersgruppenübergreifenden Gruppen mit Kindern von 0 Jahren bis zum Schuleintritt und altersgruppenübergreifenden Gruppen mit Schulkindern zusammen. Sprachlich exakt müsste diese Gruppenform „altersgruppenübergreifende Gruppen" heißen. Unberücksichtigt bleiben Gruppen, in denen nur Schulkinder sind.

Gruppe mit Kindern unter 4 Jahren:
Dies sind alle Gruppen, die nicht dem Gruppentyp „Krippengruppe" zugeordnet wurden und in denen ausschließlich Kinder unter 4 Jahren sind.

Kindergartengruppe:
Dies sind alle Gruppen, in denen ausschließlich Kinder ab 3 Jahren bis zum Schuleintritt sind.

** In dieser Tabelle bleiben Kinder unberücksichtigt, die 8 Jahre und älter sind, aber laut amtlicher Statistik noch nicht die Schule besuchen. Dies kann zu geringfügigen Differenzen in der Anzahl der ausgewiesenen Kinder in anderen Tabellen führen.

*** Aufgrund der zeitweiligen Schließung bzw. des eingeschränkten Betriebs der Kindertageseinrichtungen in Nordrhein-Westfalen durch die Corona-Pandemie konnten einige Einrichtungen ihre Daten nicht rechtzeitig übermitteln. Bei den vorliegenden Daten muss von einer Untererfassung von ca. 50 KiTas mit ca. 2.000 betreuten Kindern und dem jeweiligen Personal ausgegangen werden.

Tab. 36b2 | Schulkinder im Alter von unter 11 Jahren in Kindertageseinrichtungen nach Gruppentyp* in den Bundesländern am 01.03.2020 (Anzahl; Anteil in %)

	Schulkinder im Alter von unter 11 Jahren in KiTas und Horten insgesamt	Schulkinder im Alter von unter 11 Jahren in					
		Einrichtungen ohne feste Gruppenstruktur	altersübergreifenden Gruppen	Hortgruppen	Einrichtungen ohne feste Gruppenstruktur	altersübergreifenden Gruppen	Hortgruppen
Bundesland	Anzahl	Anzahl			In %		
BW	23.967	10.280	1.677	12.010	42,9	7,0	50,1
BY	88.299	28.776	2.243	57.280	32,6	2,5	64,9
BE	-	-	-	-	-	-	-
BB	74.457	22.126	1.285	51.046	29,7	1,7	68,6
HB	3.007	55	368	2.584	1,8	12,2	85,9
HH	1.377	299	270	808	21,7	19,6	58,7
HE	23.668	3.681	2.889	17.098	15,6	12,2	72,2
MV	40.190	9.970	320	29.900	24,8	0,8	74,4
NI	32.788	2.773	2.551	27.464	8,5	7,8	83,8
NW**	2.726	890	394	1.442	32,6	14,5	52,9
RP	7.839	1.916	880	5.043	24,4	11,2	64,3
SL	2.457	1.360	73	1.024	55,4	3,0	41,7
SN	130.107	39.074	992	90.041	30,0	0,8	69,2
ST	54.248	18.716	337	35.195	34,5	0,6	64,9
SH	9.319	1.337	1.473	6.509	14,3	15,8	69,8
TH	405	8	57	340	2,0	14,1	84,0
O (m. BE)	299.407	89.894	2.991	206.522	30,0	1,0	69,0
W (o. BE)	195.447	51.367	12.818	131.262	26,3	6,6	67,2
DE	494.854	141.261	15.809	337.784	28,5	3,2	68,3

Quelle
FDZ der Statistischen Ämter des Bundes und der Länder, Kinder und tätige Personen in Tageseinrichtungen und in öffentlich geförderter Kindertagespflege, 2020; berechnet vom LG Empirische Bildungsforschung der FernUniversität in Hagen, 2021.

Anmerkung
* Die Gruppentypen wurden anhand der im Folgenden erläuterten Merkmale gebildet:

Altersübergreifende Gruppe:
Hierunter fallen diejenigen Gruppen, die nicht den vorangegangenen Gruppentypen zugeordnet wurden. Diese Gruppe setzt sich aus altersgruppenübergreifenden Gruppen mit Kindern von 0 Jahren bis zum Schuleintritt und altersgruppenübergreifenden Gruppen mit Schulkindern zusammen. Sprachlich exakt müsste diese Gruppenform „altersgruppenübergreifende Gruppen" heißen. Unberücksichtigt bleiben Gruppen, in denen nur Schulkinder sind.

Hortgruppen:
Hierunter fallen diejenigen Gruppen, in denen sich ausschließlich Schulkinder befinden.

** Aufgrund der zeitweiligen Schließung bzw. des eingeschränkten Betriebs der Kindertageseinrichtungen in Nordrhein-Westfalen durch die Corona-Pandemie konnten einige Einrichtungen ihre Daten nicht rechtzeitig übermitteln. Bei den vorliegenden Daten muss von einer Untererfassung von ca. 50 KiTas mit ca. 2.000 betreuten Kindern und dem jeweiligen Personal ausgegangen werden.

Tab. 38a | Quote der Inanspruchnahme von Angeboten der Kindertagesbetreuung* durch Kinder im Alter von unter 3 Jahren mit und ohne Migrationshintergrund in den Bundesländern am 01.03.2020 (Anteil in %)

	Quote der Inanspruchnahme von Kindern		
	Insgesamt	mit Migrationshintergrund	ohne Migrationshintergrund
Bundesland	In %	In %	
Baden-Württemberg	30	21	36
Bayern	30	21	34
Berlin	45	/	/
Brandenburg	58	/	/
Bremen	29	/	/
Hamburg	47	/	/
Hessen	32	24	38
Mecklenburg-Vorpommern	58	/	/
Niedersachsen	33	17	42
Nordrhein-Westfalen**	29	17	37
Rheinland-Pfalz	31	21	37
Saarland	30	/	/
Sachsen	53	/	/
Sachsen-Anhalt	58	/	/
Schleswig-Holstein	35	19	42
Thüringen	55	/	/
Ostdeutschland (mit Berlin)	53	29	60
Westdeutschland (ohne Berlin)	31	/	/
Deutschland	35	21	43

Quelle

Statistisches Bundesamt: Sonderauswertung. Wiesbaden, 2021 (am 19.07.2021 abgerufen von: https://www.destatis.de/DE/Themen/Gesellschaft-Umwelt/Soziales/Kindertagesbetreuung/Tabellen/betreuungsquote-migration-unter6jahren-aktuell.html;jsessionid=B69E404DE3A0274CD28D189E01B0FB7B.internet722); zusammengestellt vom LG Empirische Bildungsforschung der FernUniversität in Hagen, 2021.

Anmerkung

* Anteil der Kinder in Kindertageseinrichtungen zuzüglich der Kinder in öffentlich geförderter Kindertagespflege, die nicht zusätzlich eine Kindertageseinrichtung oder eine Ganztagsschule besuchen, an allen Kindern in derselben Alters- und Bevölkerungsgruppe.

** Aufgrund der zeitweiligen Schließung bzw. des eingeschränkten Betriebs der Kindertageseinrichtungen in Nordrhein-Westfalen durch die Corona-Pandemie konnten einige Einrichtungen ihre Daten nicht rechtzeitig übermitteln. Bei den vorliegenden Daten muss von einer Untererfassung von ca. 50 KiTas mit ca. 2.000 betreuten Kindern und dem jeweiligen Personal ausgegangen werden.

Methodische Hinweise

Die Anzahl der Kinder mit und ohne Migrationshintergrund in der Bevölkerung wurde durch die Auswertung von Daten des Mikrozensus und der Bevölkerungsstatistik ermittelt. Der Mikrozensus erhebt detailliert Angaben, aus denen der Migrationshintergrund einer Person abgeleitet werden kann. Für die Auswertung des Mikrozensus wurde eine Variable gebildet, die der Definition von Migrationshintergrund in den Statistiken der Kindertagesbetreuung („mindestens ein Elternteil ist ausländischer Herkunft") entspricht.

Aufgrund zu schwacher Besetzungszahlen in mindestens einer der beiden interessierenden Altersgruppen im Saarland, Hamburg, Bremen sowie Berlin und den fünf neuen Ländern werden migrationsspezifische Betreuungsquoten dort nicht nachgewiesen. Die hochgerechneten Werte liegen dort unter 10 000 und sind damit in ihrer Aussagekraft eingeschränkt. Grund hierfür ist, dass die Stichprobenbasis beim Mikrozensus Zufallsfehler bedingt und damit einen einfachen relativen Standardfehler, der umso größer wird, je schwächer ein Merkmal besetzt ist.

Die Darstellung der Ergebnisse erfolgt daher auf Ebene des Bundes, für Ostdeutschland insgesamt (einschließlich Berlin) sowie für die Bundesländer des früheren Bundesgebietes (ohne Saarland, Hamburg und Bremen).

Tab. 39a | Quote der Inanspruchnahme von Angeboten der Kindertagesbetreuung* durch Kinder im Alter von 3 bis unter 6 Jahren mit und ohne Migrationshintergrund in den Bundesländern am 01.03.2020 (Anteil in %)

	Quote der Inanspruchnahme von Kindern		
	Insgesamt	mit Migrationshintergrund	ohne Migrationshintergrund
Bundesland	In %	In %	
Baden-Württemberg	95	95	94
Bayern	92	85	96
Berlin	92	/	/
Brandenburg	96	/	/
Bremen	85	/	/
Hamburg	95	/	/
Hessen	92	87	96
Mecklenburg-Vorpommern	96	/	/
Niedersachsen	92	75	101***
Nordrhein-Westfalen**	91	73	104***
Rheinland-Pfalz	94	84	101***
Saarland	92	/	/
Sachsen	95	/	/
Sachsen-Anhalt	94	/	/
Schleswig-Holstein	90	76	96
Thüringen	96	/	/
Ostdeutschland (mit Berlin)	94	74	100
Westdeutschland (ohne Berlin)	93	/	/
Deutschland	93	81	99

Quelle

Statistisches Bundesamt: Sonderauswertung. Wiesbaden, 2021 (am 19.07.2021 abgerufen von: https://www.destatis.de/DE/Themen/Gesellschaft-Umwelt/Soziales/Kindertagesbetreuung/Tabellen/betreuungsquote-migration-unter6jahren-aktuell.html;jsessionid=B69E404DE3A0274CD28D189E01B0FB7B.internet722); zusammengestellt vom LG Empirische Bildungsforschung der FernUniversität in Hagen, 2021.

Anmerkung

* Anteil der Kinder in Kindertageseinrichtungen zuzüglich der Kinder in öffentlich geförderter Kindertagespflege, die nicht zusätzlich eine Kindertageseinrichtung oder eine Ganztagsschule besuchen, an allen Kindern in derselben Alters- und Bevölkerungsgruppe.

** Aufgrund der zeitweiligen Schließung bzw. des eingeschränkten Betriebs der Kindertageseinrichtungen in Nordrhein-Westfalen durch die Corona-Pandemie konnten einige Einrichtungen ihre Daten nicht rechtzeitig übermitteln. Bei den vorliegenden Daten muss von einer Untererfassung von ca. 50 KiTas mit ca. 2.000 betreuten Kindern und dem jeweiligen Personal ausgegangen werden.

*** Da in der Statistik zur Kindertagesbetreuung die Anzahl der betreuten Kinder im jeweiligen Kreis ermittelt wird und keine Zuordnung der Kinder zu ihrem Wohnort erfolgt, kann die Betreuungsquote in einzelnen Kreisen oder evtl. auch in einem Bundesland in Ausnahmefällen über 100 % liegen.

Methodische Hinweise

Die Anzahl der Kinder mit und ohne Migrationshintergrund in der Bevölkerung wurde durch die Auswertung von Daten des Mikrozensus und der Bevölkerungsstatistik ermittelt. Der Mikrozensus erhebt detailliert Angaben, aus denen der Migrationshintergrund einer Person abgeleitet werden kann. Für die Auswertung des Mikrozensus wurde eine Variable gebildet, die der Definition von Migrationshintergrund in den Statistiken der Kindertagesbetreuung („mindestens ein Elternteil ist ausländischer Herkunft") entspricht.

Aufgrund zu schwacher Besetzungszahlen in mindestens einer der beiden interessierenden Altersgruppen im Saarland, Hamburg, Bremen sowie Berlin und den fünf neuen Ländern werden migrationsspezifische Betreuungsquoten dort nicht nachgewiesen. Die hochgerechneten Werte liegen dort unter 10 000 und sind damit in ihrer Aussagekraft eingeschränkt. Grund hierfür ist, dass die Stichprobenbasis beim Mikrozensus Zufallsfehler bedingt und damit einen einfachen relativen Standardfehler, der umso größer wird, je schwächer ein Merkmal besetzt ist.

Die Darstellung der Ergebnisse erfolgt daher auf Ebene des Bundes, für Ostdeutschland insgesamt (einschließlich Berlin) sowie für die Bundesländer des früheren Bundesgebietes (ohne Saarland, Hamburg und Bremen).

Tab. 41a | **Schulkinder in Ganztagsgrundschulen im Schuljahr 2019/2020 und Schulkinder unter 11 Jahren in Kindertageseinrichtungen und Kindertagespflege am 01.03.2020 in den Bundesländern (Anzahl und Anteil in % an der Bevölkerung im Alter von 6,5 bis 10,5 Jahren)***

	Kinder in der Bevölkerung von 6,5 bis 10,5 Jahren 31.12.19	Schulkinder unter 11 Jahren in KiTas 01.03.20		Schulkinder unter 11 Jahren in Kindertagespflege** 01.03.20		Schulkinder in Ganztagsgrundschulen*** Schuljahr 2019/20	
Bundesland	Anzahl	Anzahl	Bildungsbeteiligung in %	Anzahl	Bildungsbeteiligung in %	Anzahl	Bildungsbeteiligung in %
BW	398.604	23.967	6,0	2.415	0,6	153.202	38,4
BY	460.673	88.299	19,2	811	0,2	86.820	18,8
BE	133.437	-	-	7	0,0	97.393	73,0
BB	91.485	74.457	81,4	10	0,0	39.313	43,0
HB	23.225	3.008	13,0	62	0,3	10.448	45,0
HH	66.099	1.378	2,1	182	0,3	59.497	90,0
HE	227.243	23.675	10,4	262	0,1	92.556	40,7
MV	56.193	40.190	71,5	22	0,0	24.112	42,9
NI	282.995	32.788	11,6	1.815	0,6	111.121	39,3
NW****	640.496	2.726	0,4	909	0,1	306.892	47,9
RP	142.103	7.839	5,5	393	0,3	69.220	48,7
SL	31.301	2.457	7,8	63	0,2	17.338	55,4
SN	146.922	130.107	88,6	0	0,0	127.567	86,8
ST	72.928	54.248	74,4	1	0,0	46.440	63,7
SH	101.916	9.323	9,1	154	0,2	22.847	22,4
TH	74.086	405	0,5	0	0,0	60.733	82,0
O (m. BE)	575.049	299.407	52,1	40	0,0	395.558	68,8
W (o. BE)	2.374.654	195.460	8,2	7.066	0,3	929.941	39,2
DE	2.949.702	494.867	16,8	7.106	0,2	1.325.499	44,9

Quelle
FDZ der Statistischen Ämter des Bundes und der Länder, Kinder und tätige Personen in Tageseinrichtungen und in öffentlich geförderter Kindertagespflege, 2020; Sekretariat der Ständigen Konferenz der Kultusminister der Länder: Allgemein bildende Schulen in Ganztagsform in den Ländern in der Bundesrepublik Deutschland, Berlin, Statistik 2015 bis 2019; zusammengestellt und berechnet vom LG Empirische Bildungsforschung der FernUniversität in Hagen, 2021.

Anmerkung
* Die Statistiken weisen unterschiedliche Stichtage auf: Die 6,5- bis 10,5-jährigen Kinder in der Bevölkerung wurden zum 31.12.2019 erfasst, die Kinder in Horten am 01.03.2020 und die Kinder in Ganztagsgrundschulen am Schuljahresbeginn im Herbst des Jahres 2019.
** Ohne Kinder, die zusätzlich eine Kindertageseinrichtung oder Ganztagsschule besuchen.
*** Grundschulen ohne Waldorf- und Förderschulen. Für die Länder HE, NI und ST liegen keine Angaben über private Ganztagsangebote vor. Weitere Anmerkung aus der KMK-Statistik: „Ab 2016 findet eine erweiterte Definition für die offenen Ganztagsangebote Anwendung. Dadurch kommt es in diesem Bereich in einigen Ländern zu einem deutlichen Anstieg."
**** Aufgrund der zeitweiligen Schließung bzw. des eingeschränkten Betriebs der Kindertageseinrichtungen in Nordrhein-Westfalen durch die Corona-Pandemie konnten einige Einrichtungen ihre Daten nicht rechtzeitig übermitteln. Bei den vorliegenden Daten muss von einer Untererfassung von ca. 50 KiTas mit ca. 2.000 betreuten Kindern und dem jeweiligen Personal ausgegangen werden.

Tab. 42oh | Pädagogisch tätige Personen* in Kindertageseinrichtungen (ohne Horte und Hortgruppen) nach Altersgruppen in den Bundesländern am 01.03.2020 (Anzahl; Anteil in %)

	Insgesamt	Pädagogisch Tätige in KiTas (ohne Horte und Hortgruppen) im Alter von							
		unter 25 Jahren	25 bis unter 40 Jahren	40 bis unter 55 Jahren	55 Jahren und älter	unter 25 Jahren	25 bis unter 40 Jahren	40 bis unter 55 Jahren	55 Jahren und älter
Bundesland	Anzahl	Anzahl				In %			
BW	96.387	15.949	33.699	31.366	15.373	16,5	35,0	32,5	15,9
BY	96.966	17.416	35.295	31.293	12.962	18,0	36,4	32,3	13,4
BE	34.098	3.338	14.066	10.760	5.934	9,8	41,3	31,6	17,4
BB	18.370	1.402	7.250	5.931	3.787	7,6	39,5	32,3	20,6
HB	5.695	561	2.352	1.828	954	9,9	41,3	32,1	16,8
HH	17.629	2.126	7.924	5.041	2.538	12,1	44,9	28,6	14,4
HE	51.099	6.805	18.461	16.668	9.165	13,3	36,1	32,6	17,9
MV	11.047	1.001	4.016	3.484	2.546	9,1	36,4	31,5	23,0
NI	58.189	7.491	21.024	19.635	10.039	12,9	36,1	33,7	17,3
NW**	124.257	16.411	44.899	41.103	21.844	13,2	36,1	33,1	17,6
RP	32.899	3.826	11.619	11.588	5.866	11,6	35,3	35,2	17,8
SL	6.697	912	2.453	2.244	1.088	13,6	36,6	33,5	16,2
SN	29.914	2.371	11.885	9.778	5.880	7,9	39,7	32,7	19,7
ST	15.958	1.485	5.567	4.911	3.995	9,3	34,9	30,8	25,0
SH	20.962	2.185	7.451	7.662	3.664	10,4	35,5	36,6	17,5
TH	15.602	1.252	6.139	4.577	3.634	8,0	39,3	29,3	23,3
O (m. BE)	124.989	10.849	48.923	39.441	25.776	8,7	39,1	31,6	20,6
W (o. BE)	510.780	73.682	185.177	168.428	83.493	14,4	36,3	33,0	16,3
DE	635.769	84.531	234.100	207.869	109.269	13,3	36,8	32,7	17,2

Quelle
FDZ der Statistischen Ämter des Bundes und der Länder, Kinder und tätige Personen in Tageseinrichtungen und in öffentlich geförderter Kindertagespflege, 2020; berechnet vom LG Empirische Bildungsforschung der FernUniversität in Hagen, 2021.

Anmerkung
* Berücksichtigt werden auch diejenigen, die als ersten Arbeitsbereich Leitungstätigkeiten angegeben haben. Unberücksichtigt bleiben hingegen Tätige, die überwiegend Verwaltungsaufgaben wahrnehmen, Tätige im hauswirtschaftlich-technischen Bereich und pädagogisch Tätige in Horten und Hortgruppen. Dadurch wird nicht das gesamte pädagogische Personal, das in Kindertageseinrichtungen mit Schulkindern arbeitet, ausgeschlossen. So wird das pädagogische Personal berücksichtigt, das gruppenübergreifend in Kindertageseinrichtungen tätig ist, in denen neben Schulkindergruppen noch andere Gruppen sind. Ebenso wird das pädagogische Personal berücksichtigt, das nicht überwiegend in seiner Arbeitszeit in Schulkindergruppen tätig ist, sowie das pädagogische Personal, das in altersgemischten Gruppen tätig ist, in denen neben Schulkindern auch Kinder ohne Schulbesuch betreut werden.

** Aufgrund der zeitweiligen Schließung bzw. des eingeschränkten Betriebs der Kindertageseinrichtungen in Nordrhein-Westfalen durch die Corona-Pandemie konnten einige Einrichtungen ihre Daten nicht rechtzeitig übermitteln. Bei den vorliegenden Daten muss von einer Untererfassung von ca. 50 KiTas mit ca. 2.000 betreuten Kindern und dem jeweiligen Personal ausgegangen werden.

Tab. 42h | Pädagogisch tätige Personen* in Horten und Hortgruppen nach Altersgruppen in den Bundesländern am 01.03.2020 (Anzahl; Anteil in %)**

	Insgesamt	Pädagogisch Tätige in Horten und Hortgruppen** im Alter von							
		unter 25 Jahren	25 bis unter 40 Jahren	40 bis unter 55 Jahren	55 Jahren und älter	unter 25 Jahren	25 bis unter 40 Jahren	40 bis unter 55 Jahren	55 Jahren und älter
Bundesland	Anzahl	Anzahl				In %			
BW	3.233	439	1.002	1.001	791	13,6	31,0	31,0	24,5
BY	9.533	1.544	3.642	2.723	1.624	16,2	38,2	28,6	17,0
BE	-	-	-	-	-	-	-	-	-
BB	4.715	251	1.742	1.606	1.116	5,3	36,9	34,1	23,7
HB	254	18	95	79	62	7,1	37,4	31,1	24,4
HH	99	8	37	36	18	8,1	37,4	36,4	18,2
HE	2.481	314	883	775	509	12,7	35,6	31,2	20,5
MV	2.090	167	700	650	573	8,0	33,5	31,1	27,4
NI	3.959	470	1.301	1.277	911	11,9	32,9	32,3	23,0
NW***	305	39	82	98	86	12,8	26,9	32,1	28,2
RP	904	116	342	281	165	12,8	37,8	31,1	18,3
SL	222	18	75	73	56	8,1	33,8	32,9	25,2
SN	8.095	440	3.131	2.713	1.811	5,4	38,7	33,5	22,4
ST	3.150	309	1.108	958	775	9,8	35,2	30,4	24,6
SH	818	89	272	277	180	10,9	33,3	33,9	22,0
TH	18	0	6	4	8	0,0	33,3	22,2	44,4
O (m. BE)	18.068	1.167	6.687	5.931	4.283	6,5	37,0	32,8	23,7
W (o. BE)	21.808	3.055	7.731	6.620	4.402	14,0	35,5	30,4	20,2
DE	39.876	4.222	14.418	12.551	8.685	10,6	36,2	31,5	21,8

Quelle
FDZ der Statistischen Ämter des Bundes und der Länder, Kinder und tätige Personen in Tageseinrichtungen und in öffentlich geförderter Kindertagespflege, 2020; berechnet vom LG Empirische Bildungsforschung der FernUniversität in Hagen, 2021.

Anmerkung
* Berücksichtigt werden auch diejenigen, die als ersten Arbeitsbereich Leitungstätigkeiten angegeben haben. Unberücksichtigt bleiben hingegen Tätige, die überwiegend Verwaltungsaufgaben wahrnehmen und Tätige im hauswirtschaftlich-technischen Bereich.
** Berücksichtigt werden pädagogisch Tätige in Horten und in reinen Hortgruppen (Schulkindergruppen). Dadurch wird nicht das gesamte pädagogische Personal, das in Kindertageseinrichtungen mit Schulkindern arbeitet, ausgewiesen. So bleibt das pädagogische Personal unberücksichtigt, das gruppenübergreifend in Kindertageseinrichtungen tätig ist, in denen neben Schulkindergruppen noch andere Gruppen sind. Ebenso unberücksichtigt bleibt dadurch das pädagogische Personal, das nicht überwiegend in seiner Arbeitszeit in Schulkindergruppen tätig ist, sowie das pädagogische Personal, das in altersgemischten Gruppen tätig ist, in denen neben Schulkindern auch Kinder ohne Schulbesuch betreut werden.
*** Aufgrund der zeitweiligen Schließung bzw. des eingeschränkten Betriebs der Kindertageseinrichtungen in Nordrhein-Westfalen durch die Corona-Pandemie konnten einige Einrichtungen ihre Daten nicht rechtzeitig übermitteln. Bei den vorliegenden Daten muss von einer Untererfassung von ca. 50 KiTas mit ca. 2.000 betreuten Kindern und dem jeweiligen Personal ausgegangen werden.

Tab. 43a2 | Personalschlüssel (ohne Leitungsstunden)* nach Gruppentypen in den Bundesländern am 01.03.2020 (Anzahl der Gruppen; Median; Mittelwert; Standardabweichung der Ganztagsinanspruchnahmeäquivalente pro Vollzeitbeschäftigungsäquivalent in den Gruppen)

	Krippengruppe**				Kindergartengruppe**			
	Gruppen	Personalschlüssel*			Gruppen	Personalschlüssel*		
Bundesland	Anzahl	Median	Mittelwert	Standard-abweichung	Anzahl	Median	Mittelwert	Standard-abweichung
BW	5.274	3,0	3,2	1,4	6.545	6,7	7,1	3,1
BY	3.163	3,7	3,9	1,5	8.752	8,2	8,6	3,2
BE	833	5,2	5,6	2,2	1.211	8,3	8,7	3,3
BB	1.414	5,3	5,6	1,7	2.415	9,9	10,4	3,3
HB	172	3,1	3,3	1,3	482	7,9	8,1	3,2
HH	1.110	4,3	4,6	2,1	1.102	7,9	8,6	5,8
HE	2.490	3,8	4,0	1,4	3.674	9,5	10,0	3,8
MV	1.355	5,9	6,1	2,1	1.870	12,9	13,1	3,8
NI	1.322	3,7	3,8	1,4	7.217	8,0	8,2	5,0
NW***	1.599	3,7	3,9	1,4	7.440	8,5	8,9	3,2
RP	854	3,7	3,8	1,4	1.869	8,4	8,7	3,0
SL	424	3,7	3,8	1,1	498	9,8	10,2	3,4
SN	2.593	5,5	5,9	2,3	4.228	11,7	12,2	4,3
ST	1.339	5,6	5,9	3,7	1.953	10,7	11,0	3,2
SH	1.000	3,6	3,8	1,3	2.149	7,8	8,2	3,1
TH	1.400	5,4	5,7	1,9	2.048	11,1	11,6	3,7
O (m. BE)	8.934	5,5	5,8	2,4	13.725	11,0	11,4	3,9
W (o. BE)	17.408	3,5	3,7	1,5	39.728	8,1	8,5	3,8
DE	26.342	4,1	4,4	2,1	53.453	8,7	9,2	4,0

	Kindergartengruppe, für 2-Jährige geöffnet**				Gruppe mit Kindern unter 4 Jahren**			
	Gruppen	Personalschlüssel*			Gruppen	Personalschlüssel*		
Bundesland	Anzahl	Median	Mittelwert	Standard-abweichung	Anzahl	Median	Mittelwert	Standard-abweichung
BW	3.130	6,7	7,2	2,8	765	3,3	3,6	1,5
BY	2.354	8,1	8,6	3,1	4.276	3,8	4,1	1,4
BE	261	8,3	8,6	3,2	731	5,8	6,1	2,3
BB	255	9,3	9,7	2,7	758	6,4	6,8	2,2
HB	18	7,6	8,7	3,5	327	3,3	3,4	1,5
HH	361	8,0	8,5	3,2	393	4,5	5,1	2,7
HE	1.788	8,9	9,5	3,6	964	4,0	4,3	1,6
MV	189	11,6	12,2	3,4	354	7,0	7,6	2,7
NI	1.189	7,7	8,2	2,8	2.906	3,9	4,0	1,7
NW***	7.460	7,5	8,0	2,7	3.284	3,9	4,2	1,7
RP	1.918	7,9	8,2	2,4	789	4,7	4,9	1,7
SL	178	10,0	10,3	3,3	53	4,2	4,4	1,9
SN	572	10,8	11,7	3,8	1.108	6,9	7,6	3,2
ST	282	9,9	10,1	2,6	518	6,8	7,2	2,5
SH	392	7,7	8,2	2,9	769	3,7	4,0	1,6
TH	375	10,3	10,8	3,1	756	7,0	7,4	2,3
O (m. BE)	1.934	10,1	10,6	3,4	4.225	6,6	7,1	2,7
W (o. BE)	18.788	7,7	8,1	2,9	14.526	3,9	4,1	1,6
DE	20.722	7,8	8,4	3,1	18.751	4,2	4,8	2,3

	Altersübergreifende Gruppe**				Hortgruppe**			
	Gruppen	Personalschlüssel*			Gruppen	Personalschlüssel*		
Bundesland	Anzahl	Median	Mittelwert	Standard-abweichung	Anzahl	Median	Mittelwert	Standard-abweichung
BW	1.709	5,1	5,6	2,8	680	6,9	7,8	4,4
BY	939	6,5	6,9	2,9	2.206	5,9	6,3	3,0
BE	817	7,2	7,7	3,0	-	-	-	-
BB	447	8,3	8,9	3,4	1.924	10,9	11,1	4,6
HB	118	6,1	6,7	3,3	61	7,3	7,6	3,4
HH	290	6,6	6,9	2,8	25	5,3	6,3	5,4
HE	1.013	7,3	7,8	3,7	692	9,2	10,4	6,6
MV	307	10,8	11,0	3,5	1.123	14,7	15,3	6,4
NI	853	6,0	6,6	3,2	1.533	5,6	6,2	4,8
NW***	2.358	6,1	6,7	3,1	82	6,9	8,0	5,7
RP	1.170	6,6	7,1	2,8	293	7,3	7,7	3,7
SL	136	6,4	6,8	2,2	57	8,8	10,1	5,3
SN	620	9,7	10,2	3,6	3.896	14,9	15,1	5,5
ST	307	8,3	8,7	2,5	1.109	15,8	16,3	7,0
SH	836	5,7	6,4	3,7	343	6,9	8,1	4,9
TH	385	9,1	9,4	2,9	21	11,2	10,0	4,5
O (m. BE)	2.883	8,6	9,1	3,4	8.073	14,1	14,3	6,0
W (o. BE)	9.422	6,1	6,7	3,2	5.972	6,4	7,2	4,6
DE	12.305	6,6	7,2	3,4	14.045	10,6	11,3	6,5

Quelle

FDZ der Statistischen Ämter des Bundes und der Länder, Kinder und tätige Personen in Tageseinrichtungen und in öffentlich geförderter Kindertagespflege, 2020; Berechnungen des LG Empirische Bildungsforschung der FernUniversität in Hagen, 2021, auf Grundlage der von der Arbeitsstelle Kinder- und Jugendhilfestatistik (AKJ[Stat]) entwickelten Methodik zur Berechnung des Personalschlüssels.

Anmerkungen

* Relation von Ganztagsinanspruchnahmeäquivalenten zu einem Vollzeitbeschäftigungsäquivalent. Der ausgewiesene Personalschlüssel drückt damit aus, wie viele Ganztagsinanspruchahmeäquivalente in den Gruppen auf ein Vollzeitbeschäftigungsäquivalent kommen. Ausgewiesen wird der gruppenbezogene Median, d.h. der Zentralwert aller jeweils errechneten Personalschlüssel. Die Anzahl der Gruppen gibt an, wie viele Gruppen in die Berechnung eingegangen sind und damit nicht, wie viele Gruppen des jeweiligen Typs es jeweils insgesamt gibt. Im hier ausgewiesenen Personalschlüssel werden jedoch nicht die im Rahmen der Statistik erfassten Zeitressourcen für Leitungsaufgaben berücksichtigt.

** Die Gruppentypen wurden anhand der im Folgenden erläuterten Merkmale gebildet:

Krippengruppe:
Dies sind alle Gruppen, in denen ausschließlich Kinder unter 3 Jahren sind.

Kindergartengruppe:
Dies sind alle Gruppen, in denen ausschließlich Kinder von 3 Jahren bis zum Schuleintritt sind.

Für 2-Jährige geöffnete Kindergartengruppe:
Dies sind Gruppen mit 15 und mehr Kindern, in denen neben Kindern ab einem Alter von 3 Jahren bis zum Schulbesuch auch bis zu fünf 2-jährige Kinder betreut werden.

Gruppe mit Kindern unter 4 Jahren:
Dies sind alle Gruppen, die nicht den Krippengruppen zugeordnet wurden und in denen ausschließlich Kinder unter 4 Jahren sind.

Altersübergreifende Gruppe:
Hierunter fallen diejenigen Gruppen, die nicht den vorangegangenen Gruppentypen zugeordnet wurden. Diese Gruppe setzt sich aus altersgruppenübergreifenden Gruppen mit Kindern von 0 Jahren bis zum Schuleintritt und altersgruppenübergreifenden Gruppen mit Schulkindern zusammen. Sprachlich exakt müsste diese Gruppenform „altersgruppenübergreifende Gruppen" heißen. Unberücksichtigt bleiben Gruppen, in denen nur Schulkinder sind.

Hortgruppe:
Hierunter fallen diejenigen Gruppen, in denen sich ausschließlich Schulkinder befinden.

*** Aufgrund der zeitweiligen Schließung bzw. des eingeschränkten Betriebs der Kindertageseinrichtungen in Nordrhein-Westfalen durch die Corona-Pandemie konnten einige Einrichtungen ihre Daten nicht rechtzeitig übermitteln. Bei den vorliegenden Daten muss von einer Untererfassung von ca. 50 KiTas mit ca. 2.000 betreuten Kindern und dem jeweiligen Personal ausgegangen werden.

Tab. 45 | Ausgaben (Auszahlungen) der öffentlichen Haushalte (ohne Ausgaben der Obersten Bundesbehörde)* für Investitionen in Kindertageseinrichtungen (inkl. Horte bzw. Kindertageseinrichtungen für Schulkinder) in den Bundesländern 2006 bis 2019 (in Mio. Euro)

	2006	2007	2008	2009	2010	2011	2012	2013	2014	2015	2016	2017	2018	2019
Bundesland	Euro in Mio													
BW	46,7	64,0	87,8	173,5	201,5	177,0	218,9	452,2	295,9	222,1	205,2	230,8	282,9	353,0
BY	52,7	91,6	128,0	224,2	332,1	405,6	486,3	707,8	525,8	343,0	283,8	393,8	494,6	595,7
BE	/	/	/	/	/	/	/	/	/	/	/	/	/	/
BB	14,0	19,3	29,0	41,3	50,0	51,9	60,3	55,8	40,2	30,7	36,9	55,4	69,7	91,5
HB	/	/	/	/	/	/	/	/	/	/	/	/	/	/
HH	/	/	/	/	/	/	/	/	/	/	/	/	/	/
HE	26,1	34,1	42,7	68,6	101,6	110,4	111,8	198,1	165,0	113,2	103,3	109,9	116,2	152,1
MV	2,1	3,1	3,2	10,4	10,1	10,7	4,3	9,3	12,2	8,9	10,7	15,5	19,0	23,6
NI	20,8	25,9	46,3	75,7	90,1	97,8	88,7	131,3	96,9	85,6	97,0	129,8	152,5	222,2
NW	20,3	22,0	26,8	72,8	151,0	170,0	127,1	208,2	142,6	99,9	110,2	121,1	169,6	166,9
RP	16,0	17,2	22,3	47,3	102,2	106,6	91,1	112,6	102,7	69,7	57,4	96,8	108,5	118,0
SL	7,2	7,2	11,7	17,9	32,7	34,5	42,5	46,9	39,3	20,6	20,1	21,7	28,1	28,6
SN	66,9	78,7	89,5	132,6	136,7	91,5	93,8	136,3	124,7	75,7	74,2	69,4	99,6	106,9
ST	14,9	8,0	8,3	20,0	33,7	25,9	15,4	21,3	34,3	13,1	23,3	25,8	60,9	41,3
SH	3,8	4,4	10,0	20,5	35,0	33,9	35,0	54,2	39,9	29,9	33,3	47,3	53,1	79,0
TH	15,7	21,2	19,6	42,4	57,4	41,6	33,7	54,8	29,9	25,3	25,4	28,6	31,3	33,6
O (o. BE)	113,6	130,3	149,5	246,6	287,9	221,6	207,5	277,5	241,3	153,8	170,4	194,7	280,5	296,9
W (o. BE, HB, HH)	193,6	266,5	375,7	700,6	1.046,2	1.135,9	1.201,3	1.911,3	1.408,1	983,9	910,3	1.151,1	1.405,6	1.715,4
DE (o. BE, HB, HH)	307,3	396,7	525,2	947,3	1.334,1	1.357,5	1.408,8	2.188,8	1.649,4	1.137,7	1.080,7	1.345,8	1.686,1	2.012,3

Quelle

Daten ab 2018: Statistisches Bundesamt: Statistiken der Kinder- und Jugendhilfe – Ausgaben und Einnahmen, Standardtabelle Nr. 3 nach Ländern: Spalten: investive Ausgaben und investive Zuschüsse; verschiedene Jahre; zusammengestellt und berechnet vom LG Empirische Bildungsforschung der FernUniversität in Hagen, 2021, auf Grundlage der von der Arbeitsstelle Kinder- und Jugendhilfestatistik (AKJ[Stat]) entwickelten Methodik zur Berechnung der investiven Ausgaben und investiven Zuschüsse. Daten bis 2017: Statistisches Bundesamt: Statistiken der Kinder- und Jugendhilfe – Ausgaben und Einnahmen, Standardtabelle Nr. 3 nach Ländern: Spalten: investive Ausgaben und investive Zuschüsse; verschiedene Jahrgänge; Berechnungen der Dortmunder Arbeitsstelle Kinder- und Jugendhilfestatistik 2019.

Methodische Hinweise

Insbesondere ist zu beachten, dass in der Statistik und damit in diesem Indikator die Ausgaben (Auszahlungen) an den Letztempfänger ausgewiesen werden. Dies bedeutet, dass beispielsweise Zuweisungen, Umlagen, Erstattungen und Darlehen der öffentlichen Haushalte untereinander ebenso wie durchlaufende Gelder durch die Statistik nicht sichtbar werden.

Ein Beispiel dafür ist das von der Bundesregierung eingesetzte Sondervermögen beginnend mit dem Kinderförderungsgesetzes (KiföG):
I. Investitionsprogramm 2008–2013: 2,15 Mrd. Euro.
II. Investitionsprogramm 2013–2014: 580,5 Mio. Euro.
III. Investitionsprogramm 2015–2018: 550 Mio. Euro.
IV. Investitionsprogramm 2017-2020: 1,126 Mrd. Euro.

Dieses Sondervermögen stellt den zwischen Bund, Ländern und Kommunen vereinbarten finanziellen Anteil des Bundes dar, der für investive Ausgaben für den Ausbau der Angebote für Kinder unter 3 Jahren notwendig ist, um ab August 2013 ein bedarfsgerechtes Angebot an Kinderbetreuungsplätzen bereithalten zu können. Gelder, die aus diesem Sondervermögen abgerufen wurden, werden als Investitionsausgaben in denjenigen Bundesländern ausgewiesen, in denen sie für den Ausbau der Angebote verausgabt wurden. Es besteht also die Möglichkeit, dass ein Anstieg der Investitionsausgaben, wie er in der Tabelle für die Jahre 2009 bis 2014 für einzelne Bundesländer deutlich wird, sich zu einem überwiegenden Anteil aus Bundesmitteln speist und beispielsweise noch keine Ausgaben (Auszahlungen) enthält, die sich aus Eigenmitteln von Ländern und Kommunen des jeweiligen Landes speisen. Das BMFSFJ führt eine Statistik über den Abruf der Mittel aus dem Sondervermögen. Darüber hinaus sind die wichtigen Hinweise zu den einzelnen Länderergebnissen in den Anmerkungen zu beachten.

Anmerkungen

* Bei der Interpretation der Daten sind die Allgemeinen Erläuterungen zur zu Grunde liegenden Statistik der Kinder- und Jugendhilfe insbesondere im Hinblick auf die Umstellung vom kameralen zum doppischen Rechnungswesen zu berücksichtigen (s.: https://www.destatis.de/DE/Themen/Gesellschaft-Umwelt/Soziales/Kinderhilfe-Jugendhilfe/Publikationen/Downloads-Kinder-und-Jugendhilfe/ausgaben-einnahmen-jugendhilfe-5225501177004.pdf?__blob=publicationFile&v=5 – letzter Download vom 04.01.2021).

Bayern
Seit Inkrafttreten des Bayerischen Kinderbildungs- und -betreuungsgesetzes am 01.09.2006 sind die investiven Zuschüsse für Kindergärten freier Träger im Ergebnis enthalten.

Berlin
Die im Land Berlin einmalig getätigten Investitionsausgaben sind in verschiedenen Kapiteln und Titeln des Landes- und der Bezirkshaushalte verbucht und werden nicht gesondert erfasst. Daher wird in Abstimmung mit dem Amt für Statistik Berlin-Brandenburg auf eine Darstellung der im Land Berlin getätigten einmaligen Investitionen verzichtet.

Bremen
Bei einem Vergleich der Höhe der in der Statistik nachgewiesenen Investitionsausgaben zeigten sich schwerwiegende Abweichungen zu eigenen Aufstellungen der Senatorin. Aus diesem Grund wird auf die Ausweisung der Daten für Bremen verzichtet.

Hamburg
Für Hamburg sind die in der Statistik nachweisbaren Investitionsausgaben nicht zu vergleichen mit den für andere Bundesländer ausgewiesenen Investitionsausgaben, weshalb auf die Ausweisung verzichtet wird. Zum Hintergrund: Anders als in den übrigen Bundesländern werden in Hamburg im kindbezogenen Kita-Gutscheinsystem sowohl die Betriebskosten als auch alle mit Investitionen zusammenhängenden Kosten mit den für die Betreuung der Kinder gezahlten Leistungsentgelten vollständig abgegolten.

Dabei werden die gebäudebezogenen Kosten für die Kindertageseinrichtungen durch einen bestimmten pauschalierten Teil der Leistungsentgelte – das so genannte ‚Teilentgelt Gebäude' (TEG) – refinanziert. Mit dem TEG werden alle notwendigen Aufwendungen für Miete und Abschreibung, Kapitalkosten sowie Instandhaltung abgedeckt. Die Hamburger Träger von Kindertageseinrichtungen können eigenständig Anmietungen und die notwendigen Investitionen in Gebäude und Grundstücke vornehmen. Einmalige Investitionszuschüsse zum Zeitpunkt des Kaufs bzw. der Errichtung des Gebäudes der Kindertageseinrichtung werden in Hamburg hingegen im Rahmen des Kita-Gutscheinsystems systembedingt grundsätzlich nicht gewährt. Um die Investitionsvorhaben im Krippenausbauprogramm zu unterstützen, wurden in Hamburg die rechtlichen Voraussetzungen geschaffen, dass auch die Hamburger Kita-Träger einmalige Zuwendungen für ihre Ausbauvorhaben erhalten konnten. Um eine unzulässige öffentliche Doppelfinanzierung zu vermeiden, ist in diesem Zusammenhang geregelt, dass bei Inanspruchnahme der Einmalfinanzierung des Krippenausbauvorhabens die fortlaufend gezahlten Leistungsentgelte der geförderten Träger entsprechend abgesenkt werden.

Tab. 50a | Pädagogisch tätige Personen* in Horten und Hortgruppen nach Qualifikationsniveaus*** in den Bundesländern am 01.03.2020 (Anzahl; Anteil in %)**

Bundesland	Insgesamt	(Einschlägiger) Hochschulabschluss	(Einschlägiger) Fachschulabschluss	(Einschlägiger) Berufsfachschulabschluss	Sonstige Ausbildungen	In Ausbildung	Ohne Abschluss
	Anzahl	Anzahl					
BW	3.233	293	1.685	68	849	212	126
BY	9.533	615	5.203	2.441	507	684	83
BE	-	-	-	-	-	-	-
BB	4.715	151	4.176	13	167	173	35
HB	254	20	174	9	25	9	17
HH	99	14	41	x	27	10	x
HE	2.481	435	1.368	32	261	260	125
MV	2.090	96	1.842	49	56	27	20
NI	3.959	319	2.276	551	595	53	165
NW*****	305	59	148	12	47	19	20
RP	904	79	628	42	40	87	28
SL	222	24	169	x	11	7	x
SN	8.095	929	6.612	46	208	210	90
ST	3.150	175	2.670	85	94	78	48
SH	818	66	430	156	125	8	33
TH	18	x	x	x	x	x	x
O (m. BE)****	18.050	1.351	15.300	193	525	488	193
W (o. BE)****	21.790	1.924	12.122	3.311	2.487	1.349	597
DE	39.876	3.275	27.422	3.517	3.012	1.837	795

Bundesland	(Einschlägiger) Hochschulabschluss	(Einschlägiger) Fachschulabschluss	(Einschlägiger) Berufsfachschulabschluss	Sonstige Ausbildungen	In Ausbildung	Ohne Abschluss
	In %					
BW	9,1	52,1	2,1	26,3	6,6	3,9
BY	6,5	54,6	25,6	5,3	7,2	0,9
BE	-	-	-	-	-	-
BB	3,2	88,6	0,3	3,5	3,7	0,7
HB	7,9	68,5	3,5	9,8	3,5	6,7
HH	14,1	41,4	x	27,3	10,1	x
HE	17,5	55,1	1,3	10,5	10,5	5,0
MV	4,6	88,1	2,3	2,7	1,3	1,0
NI	8,1	57,5	13,9	15,0	1,3	4,2
NW*****	19,3	48,5	3,9	15,4	6,2	6,6
RP	8,7	69,5	4,6	4,4	9,6	3,1
SL	10,8	76,1	x	5,0	3,2	x
SN	11,5	81,7	0,6	2,6	2,6	1,1
ST	5,6	84,8	2,7	3,0	2,5	1,5
SH	8,1	52,6	19,1	15,3	1,0	4,0
TH	x	x	x	x	x	x
O (m. BE)****	7,5	84,8	1,1	2,9	2,7	1,1
W (o. BE)****	8,8	55,6	15,2	11,4	6,2	2,7
DE	8,2	68,8	8,8	7,6	4,6	2,0

Quelle

FDZ der Statistischen Ämter des Bundes und der Länder, Kinder und tätige Personen in Tageseinrichtungen und in öffentlich geförderter Kindertagespflege, 2020; berechnet vom LG Empirische Bildungsforschung der FernUniversität in Hagen, 2021.

Anmerkungen

* Berücksichtigt werden auch diejenigen, die als ersten Arbeitsbereich Leitungstätigkeiten angegeben haben. Unberücksichtigt bleiben hingegen Tätige, die überwiegend Verwaltungsaufgaben wahrnehmen sowie Tätige im hauswirtschaftlich-technischen Bereich.

** Berücksichtigt werden pädagogisch Tätige in Horten und in reinen Hortgruppen (Schulkindergruppen). Dadurch wird nicht das gesamte pädagogische Personal, das in Kindertageseinrichtungen mit Schulkindern arbeitet, ausgewiesen. So bleibt das pädagogische Personal unberücksichtigt, das gruppenübergreifend in Kindertageseinrichtungen tätig ist, in denen neben Schulkindergruppen noch andere Gruppen sind. Ebenso unberücksichtigt bleibt dadurch das pädagogische Personal, das nicht überwiegend in seiner Arbeitszeit in Schulkindergruppen tätig ist, sowie das pädagogische Personal, das in altersgemischten Gruppen tätig ist, in denen neben Schulkindern auch Kinder ohne Schulbesuch betreut werden.

*** Den Qualifikationsniveaus wurden folgende Berufsausbildungsabschlüsse zugeordnet:

- *(Einschlägiger) Hochschulabschluss*: Dipl.-Sozialpädagog:in, Dipl.-Sozialarbeiter:in (FH oder vergleichbarer Abschluss), Dipl.-Pädagog:in, Dipl.-Sozialpädagog:in, Dipl.-Erziehungswissenschaftler:in (Universität oder vergleichbarer Abschluss), Dipl.-Heilpädagog:in (FH oder vergleichbarer Abschluss), staatlich anerkannte Kindheitspädagog:innen Bachelor- und Masterabschlüsse
- *Staatl. anerkannte Kindheitspädagog:innen*: Bachelor- und Masterabschlüsse
- *(Einschlägiger) Fachschulabschluss*: Erzieher:in, Heilpädagog:in (Fachschule), Heilerzieher:in, Heilerziehungspfleger:in
- *(Einschlägiger) Berufsfachschulabschluss*: Kinderpfleger:in, Familienpfleger:in, Assistent:in im Sozialwesen, soziale und medizinische Helfer:innenberufe
- *Sonstige Ausbildungen*: sonstige soziale/sozialpädagogische Kurzausbildung, Kinder- und Jugendlichenpsychotherapeut:in, Psychologische:r Psychotherapeut:in, Psycholog:in mit Hochschulabschluss, Beschäftigungs- und Arbeitstherapeut:in (Ergotherapeut:in), Bewegungspädagog:in, Bewegungstherapeut:in (Motopäd:in), Arzt:Ärztin, (Fach-) Kinderkrankenpfleger:in, Krankenpfleger:in, Altenpfleger:in, Krankengymnast:in, Masseur:in, med Bademeister:in/ Masseur:in, Logopäd:in, Sonderschullehrer:in, und sonstige Berufsausbildungsabschlüsse
- *In Ausbildung:* Praktikant:in im Anerkennungsjahr, anderweitig noch in Ausbildung
- *Ohne Abschluss:* Ohne abgeschlossene Ausbildung

**** Exklusive der Werte, die nach Angabe des Statistischen Bundesamtes der Geheimhaltung unterliegen.

***** Aufgrund der zeitweiligen Schließung bzw. des eingeschränkten Betriebs der Kindertageseinrichtungen in Nordrhein-Westfalen durch die Corona-Pandemie konnten einige Einrichtungen ihre Daten nicht rechtzeitig übermitteln. Bei den vorliegenden Daten muss von einer Untererfassung von ca. 50 KiTas mit ca. 2.000 betreuten Kindern und dem jeweiligen Personal ausgegangen werden.

Tab. 59a | Kindertageseinrichtungen (mit Horten) mit mindestens einem Kind, welches in der Einrichtung eine Eingliederungshilfe wegen körperlicher, geistiger, drohender oder seelischer Behinderung erhält (ohne Sondereinrichtungen), in den Bundesländern am 01.03.2020 (Anzahl; Anteil in %)

	KiTas (mit Horte)		
	Insgesamt	Darunter: Einrichtungen, in denen mindestens ein Kind eine Eingliederungshilfe erhält	
Bundesland	Anzahl	Anzahl	In %
Baden-Württemberg	9.288	3.271	35,2
Bayern	9.645	3.176	32,9
Berlin	2.663	1.675	62,9
Brandenburg	1.944	430	22,1
Bremen	461	212	46,0
Hamburg	1.133	358	31,6
Hessen	4.326	2.231	51,6
Mecklenburg-Vorpommern	1.111	278	25,0
Niedersachsen	5.594	1.523	27,2
Nordrhein-Westfalen*	10.398	5.487	52,8
Rheinland-Pfalz	2.572	598	23,3
Saarland	488	240	49,2
Sachsen	3.025	1.168	38,6
Sachsen-Anhalt	1.800	397	22,1
Schleswig-Holstein	1.816	803	44,2
Thüringen	1.330	381	28,6
Ostdeutschland (mit Berlin)	11.873	4.329	36,5
Westdeutschland (ohne Berlin)	45.721	17.899	39,1
Deutschland	57.594	22.228	38,6

Quelle
FDZ der Statistischen Ämter des Bundes und der Länder, Kinder und tätige Personen in Tageseinrichtungen und in öffentlich geförderter Kindertagespflege, 2020; berechnet vom LG Empirische Bildungsforschung der FernUniversität in Hagen, 2021.

Anmerkung
* Aufgrund der zeitweiligen Schließung bzw. des eingeschränkten Betriebs der Kindertageseinrichtungen in Nordrhein-Westfalen durch die Corona-Pandemie konnten einige Einrichtungen ihre Daten nicht rechtzeitig übermitteln. Bei den vorliegenden Daten muss von einer Untererfassung von ca. 50 KiTas mit ca. 2.000 betreuten Kindern und dem jeweiligen Personal ausgegangen werden.

Tab. 59aoh | Kindertageseinrichtungen (ohne Horte) mit mindestens einem Kind, welches in der Einrichtung eine Eingliederungshilfe wegen körperlicher, geistiger, drohender oder seelischer Behinderung erhält (ohne Sondereinrichtungen), in den Bundesländern am 01.03.2020 (Anzahl; Anteil in %)

	KiTas (ohne Horte)		
	Insgesamt	Darunter: Einrichtungen, in denen mindestens ein Kind eine Eingliederungshilfe erhält	
Bundesland	Anzahl	Anzahl	In %
Baden-Württemberg	8.878	3.225	36,3
Bayern	8.766	2.982	34,0
Berlin	2.663	1.675	62,9
Brandenburg	1.565	335	21,4
Bremen	437	x	x
Hamburg	1.126	x	x
Hessen	4.157	2.186	52,6
Mecklenburg-Vorpommern	952	270	28,4
Niedersachsen	5.045	1.498	29,7
Nordrhein-Westfalen**	10.347	5.484	53,0
Rheinland-Pfalz	2.470	589	23,8
Saarland	470	233	49,6
Sachsen	2.348	1.042	44,4
Sachsen-Anhalt	1.414	331	23,4
Schleswig-Holstein	1.774	793	44,7
Thüringen	1.330	381	28,6
Ostdeutschland (mit Berlin)	10.272	4.034	39,3
Westdeutschland (ohne Berlin)*	41.907	16.990	40,5
Deutschland	53.742	21.581	40,2

Quelle
FDZ der Statistischen Ämter des Bundes und der Länder, Kinder und tätige Personen in Tageseinrichtungen und in öffentlich geförderter Kindertagespflege, 2020; berechnet vom LG Empirische Bildungsforschung der FernUniversität in Hagen, 2021.

Anmerkung
* Exklusive der Werte, die nach Angabe des Statistischen Bundesamtes der Geheimhaltung unterliegen.
** Aufgrund der zeitweiligen Schließung bzw. des eingeschränkten Betriebs der Kindertageseinrichtungen in Nordrhein-Westfalen durch die Corona-Pandemie konnten einige Einrichtungen ihre Daten nicht rechtzeitig übermitteln. Bei den vorliegenden Daten muss von einer Untererfassung von ca. 50 KiTas mit ca. 2.000 betreuten Kindern und dem jeweiligen Personal ausgegangen werden.

Tab. 59ah | **Horte mit mindestens einem Kind, welches in der Einrichtung eine Eingliederungshilfe wegen körperlicher, geistiger, drohender oder seelischer Behinderung erhält (ohne Sondereinrichtungen), in den Bundesländern am 01.03.2020 (Anzahl; Anteil in %)**

	Horte		
	Insgesamt	Darunter: Einrichtungen, in denen mindestens ein Kind eine Eingliederungshilfe erhält	
Bundesland	Anzahl	Anzahl	In %
Baden-Württemberg	410	46	11,2
Bayern	879	194	22,1
Berlin	-	-	-
Brandenburg	379	95	25,1
Bremen	24	x	x
Hamburg	7	x	x
Hessen	169	45	26,6
Mecklenburg-Vorpommern	159	8	5,0
Niedersachsen	549	25	4,6
Nordrhein-Westfalen**	51	3	5,9
Rheinland-Pfalz	102	9	8,8
Saarland	18	7	38,9
Sachsen	677	126	18,6
Sachsen-Anhalt	386	66	17,1
Schleswig-Holstein	42	10	23,8
Thüringen	-	-	-
Ostdeutschland (mit Berlin)	1.601	295	18,4
Westdeutschland (ohne Berlin)*	2.220	339	15,3
Deutschland	3.852	647	16,8

Quelle
FDZ der Statistischen Ämter des Bundes und der Länder, Kinder und tätige Personen in Tageseinrichtungen und in öffentlich geförderter Kindertagespflege, 2020; berechnet vom LG Empirische Bildungsforschung der FernUniversität in Hagen, 2021.

Anmerkung
* Exklusive der Werte, die nach Angabe des Statistischen Bundesamtes der Geheimhaltung unterliegen.
** Aufgrund der zeitweiligen Schließung bzw. des eingeschränkten Betriebs der Kindertageseinrichtungen in Nordrhein-Westfalen durch die Corona-Pandemie konnten einige Einrichtungen ihre Daten nicht rechtzeitig übermitteln. Bei den vorliegenden Daten muss von einer Untererfassung von ca. 50 KiTas mit ca. 2.000 betreuten Kindern und dem jeweiligen Personal ausgegangen werden.

Tab. 65 | Kindertageseinrichtungen (mit Horten) mit Fachkräften, die über zeitliche Leitungsressourcen verfügen, nach Leitungsprofil in den Bundesländern am 01.03.2020 (Anzahl; Anteil in %)

	Insgesamt	Eine Person verfügt über ... zeitliche Leitungsressourcen			Leitungsteam*
		überwiegende	nachrangige	vollständige	
Bundesland	Anzahl	Anzahl			Anzahl
Baden-Württemberg	8.545	1.391	4.465	1.986	703
Bayern	9.172	1.812	4.872	1.568	920
Berlin	2.083	315	386	982	400
Brandenburg	1.820	232	719	684	185
Bremen	344	50	25	130	139
Hamburg	1.012	65	82	477	388
Hessen	3.750	626	709	1.742	673
Mecklenburg-Vorpommern	1.072	261	376	222	213
Niedersachsen	4.810	670	1.359	1.701	1.080
Nordrhein-Westfalen**	9.634	1.647	1.615	5.435	937
Rheinland-Pfalz	2.386	382	797	1.056	151
Saarland	453	36	74	300	43
Sachsen	2.866	528	356	1.263	719
Sachsen-Anhalt	1.723	367	751	401	204
Schleswig-Holstein	1.646	209	295	797	345
Thüringen	1.324	429	379	271	245
Ostdeutschland (mit Berlin)	10.888	2.132	2.967	3.823	1.966
Westdeutschland (ohne Berlin)	41.752	6.888	14.293	15.192	5.379
Deutschland	52.640	9.020	17.260	19.015	7.345

Bundesland	In %			
Baden-Württemberg	16,3	52,3	23,2	8,2
Bayern	19,8	53,1	17,1	10,0
Berlin	15,1	18,5	47,1	19,2
Brandenburg	12,7	39,5	37,6	10,2
Bremen	14,5	7,3	37,8	40,4
Hamburg	6,4	8,1	47,1	38,3
Hessen	16,7	18,9	46,5	17,9
Mecklenburg-Vorpommern	24,3	35,1	20,7	19,9
Niedersachsen	13,9	28,3	35,4	22,5
Nordrhein-Westfalen**	17,1	16,8	56,4	9,7
Rheinland-Pfalz	16,0	33,4	44,3	6,3
Saarland	7,9	16,3	66,2	9,5
Sachsen	18,4	12,4	44,1	25,1
Sachsen-Anhalt	21,3	43,6	23,3	11,8
Schleswig-Holstein	12,7	17,9	48,4	21,0
Thüringen	32,4	28,6	20,5	18,5
Ostdeutschland (mit Berlin)	19,6	27,3	35,1	18,1
Westdeutschland (ohne Berlin)	16,5	34,2	36,4	12,9
Deutschland	17,1	32,8	36,1	14,0

Quelle

Quelle: FDZ der Statistischen Ämter des Bundes und der Länder, Kinder und tätige Personen in Tageseinrichtungen und in öffentlich geförderter Kindertagespflege, 2020; berechnet vom LG Empirische Bildungsforschung der FernUniversität in Hagen, 2021.

Anmerkung

* In diesen Kindertageseinrichtungen arbeiten mindestens zwei Personen, die über anteilige und/oder vollständige zeitliche Leitungsressourcen verfügen.

** Aufgrund der zeitweiligen Schließung bzw. des eingeschränkten Betriebs der Kindertageseinrichtungen in Nordrhein-Westfalen durch die Corona-Pandemie konnten einige Einrichtungen ihre Daten nicht rechtzeitig übermitteln. Bei den vorliegenden Daten muss von einer Untererfassung von ca. 50 KiTas mit ca. 2.000 betreuten Kindern und dem jeweiligen Personal ausgegangen werden.

Tab. 66b | **Wöchentliche Leitungs- und Verwaltungszeit pro ganztags betreutem Kind* in Kindertageseinrichtungen (ohne Horte) mit zeitlichen Leitungsressourcen in den Bundesländern am 01.03.2020 (Anzahl; Leitungs- und Verwaltungszeit pro ganztags betreutem Kind* als Median; arithmetisches Mittel; Standardabweichung)**

	KiTas (ohne Horte) mit zeitlichen Leitungsressourcen	Leitungszeit pro ganztags betreutem Kind* in Minuten pro Woche		
Bundesland	Anzahl	Median	Mittelwert	Standardabweichung
Baden-Württemberg	8.176	21,8	32,6	49,8
Bayern	8.389	18,6	24,5	25,5
Berlin	2.204	27,0	38,5	34,5
Brandenburg	1.502	18,4	25,1	31,4
Bremen	333	36,2	46,5	40,4
Hamburg	1.052	43,6	54,4	41,2
Hessen	3.712	29,0	38,6	39,2
Mecklenburg-Vorpommern	933	15,4	17,5	8,4
Niedersachsen	4.588	27,8	39,6	42,8
Nordrhein-Westfalen**	9.686	29,6	37,4	48,6
Rheinland-Pfalz	2.337	21,6	29,6	32,7
Saarland	438	24,7	32,5	30,3
Sachsen	2.271	25,1	28,1	16,4
Sachsen-Anhalt	1.377	17,1	20,0	12,1
Schleswig-Holstein	1.649	35,5	47,3	55,5
Thüringen	1.325	21,4	22,3	8,2
Ostdeutschland (mit Berlin)	9.612	22,0	27,0	24,0
Westdeutschland (ohne Berlin)	40.360	26,3	34,5	43,1
Deutschland	49.972	25,2	33,1	40,3

Quelle
FDZ der Statistischen Ämter des Bundes und der Länder, Kinder und tätige Personen in Tageseinrichtungen und in öffentlich geförderter Kindertagespflege, 2020; berechnet vom LG Empirische Bildungsforschung der FernUniversität in Hagen, 2021.

Anmerkung
* Von jedem Kind werden die vertraglich vereinbarten Betreuungswochenstunden aufsummiert und durch 40 Wochenstunden dividiert.
** Aufgrund der zeitweiligen Schließung bzw. des eingeschränkten Betriebs der Kindertageseinrichtungen in Nordrhein-Westfalen durch die Corona-Pandemie konnten einige Einrichtungen ihre Daten nicht rechtzeitig übermitteln. Bei den vorliegenden Daten muss von einer Untererfassung von ca. 50 KiTas mit ca. 2.000 betreuten Kindern und dem jeweiligen Personal ausgegangen werden.

Tab. 71 | Schulkinder im Alter von unter 11 Jahren in Kindertageseinrichtungen nach vertraglich vereinbarter durchschnittlicher täglicher Betreuungszeit in den Bundesländern am 01.03.2020 (Anzahl; arithmetisches Mittel)

	Schulkinder unter 11 Jahren in KiTas und Horten insgesamt	Vertraglich vereinbarte Betreuungsstunden pro Tag
Bundesland	Anzahl	arithmetisches Mittel
Baden-Württemberg	23.967	5,8
Bayern	88.299	4,3
Berlin	-	-
Brandenburg	74.457	4,3
Bremen	3.008	4,2
Hamburg	1.378	3,2
Hessen	23.675	6,7
Mecklenburg-Vorpommern	40.190	5,1
Niedersachsen	32.788	4,1
Nordrhein-Westfalen*	2.726	5,9
Rheinland-Pfalz	7.839	6,7
Saarland	2.457	4,8
Sachsen	130.107	5,4
Sachsen-Anhalt	54.248	5,1
Schleswig-Holstein	9.323	5,1
Thüringen	405	4,6
Ostdeutschland (mit Berlin)	299.407	5,1
Westdeutschland (ohne Berlin)	195.460	4,9
Deutschland	494.867	5,0

Quelle
FDZ der Statistischen Ämter des Bundes und der Länder, Kinder und tätige Personen in Tageseinrichtungen und in öffentlich geförderter Kindertagespflege, 2020; berechnet vom LG Empirische Bildungsforschung der FernUniversität in Hagen, 2021.

Anmerkung
In dieser Tabelle werden auch drei- und vierjährige Kinder berücksichtigt, die laut amtlicher Statistik bereits die Schule besuchen. Dies kann zu geringfügigen Differenzen in der Anzahl der ausgewiesenen Schulkinder in anderen Tabellen führen.

* Aufgrund der zeitweiligen Schließung bzw. des eingeschränkten Betriebs der Kindertageseinrichtungen in Nordrhein-Westfalen durch die Corona-Pandemie konnten einige Einrichtungen ihre Daten nicht rechtzeitig übermitteln. Bei den vorliegenden Daten muss von einer Untererfassung von ca. 50 KiTas mit ca. 2.000 betreuten Kindern und dem jeweiligen Personal ausgegangen werden.

Tab. 77 | Befristet beschäftigte pädagogisch Tätige* in Kindertageseinrichtungen (mit Horten und Hortgruppen) nach Altersgruppen in den Bundesländern am 01.03.2020 (Anzahl; Anteil in %)

	Pädagogisch Tätige* im Alter von											
	Insgesamt			Unter 30 Jahre			30 bis unter 40 Jahre			40 bis unter 50 Jahre		
	Insg.	Darunter: befristet		Insg.	Darunter: befristet		Insg.	Darunter: befristet		Insg.	Darunter: befristet	
Bundesland	Anzahl		In %	Anzahl		In %	Anzahl		In %	Anzahl		In %
BW	92.763	12.578	13,6	24.658	5.366	21,8	20.491	2.693	13,1	21.329	2.484	11,6
BY	96.429	14.799	15,3	25.795	6.546	25,4	23.777	3.562	15,0	23.327	2.684	11,5
BE	32.923	6.041	18,3	6.764	2.432	36,0	9.739	2.083	21,4	6.734	986	14,6
BB	22.359	2.307	10,3	3.626	849	23,4	6.510	770	11,8	4.466	385	8,6
HB	5.537	535	9,7	1.160	186	16,0	1.513	143	9,5	1.225	113	9,2
HH	16.743	2.077	12,4	4.236	873	20,6	5.013	642	12,8	3.502	348	9,9
HE	48.731	7.309	15,0	10.555	3.342	31,7	11.738	1.712	14,6	11.415	1.209	10,6
MV	12.620	740	5,9	2.143	272	12,7	3.347	230	6,9	2.372	112	4,7
NI	59.954	6.631	11,1	14.574	2.819	19,3	13.805	1.659	12,0	13.636	1.194	8,8
NW**	115.472	18.587	16,1	26.553	8.487	32,0	26.692	4.486	16,8	27.921	3.162	11,3
RP	30.441	4.808	15,8	5.857	1.937	33,1	7.347	1.221	16,6	7.869	968	12,3
SL	6.325	768	12,1	1.630	439	26,9	1.405	144	10,2	1.539	95	6,2
SN	36.857	3.440	9,3	6.228	1.204	19,3	10.673	1.251	11,7	7.569	571	7,5
ST	18.474	1.551	8,4	3.499	704	20,1	4.420	503	11,4	3.090	168	5,4
SH	20.850	2.122	10,2	4.427	910	20,6	4.819	526	10,9	5.192	359	6,9
TH	15.161	1.281	8,4	2.717	591	21,8	4.252	369	8,7	2.501	151	6,0
O (m. BE)	138.394	15.360	11,1	24.977	6.052	24,2	38.941	5.206	13,4	26.732	2.373	8,9
W (o. BE)	493.245	70.214	14,2	119.445	30.905	25,9	116.600	16.788	14,4	116.955	12.616	10,8
DE	631.639	85.574	13,5	144.422	36.957	25,6	155.541	21.994	14,1	143.687	14.989	10,4

	Pädagogisch Tätige* im Alter von					
	50 bis unter 60 Jahre			60 Jahre und älter		
	Insg.	Darunter: befristet		Insg.	Darunter: befristet	
Bundesland	Anzahl		In %	Anzahl		In %
BW	19.496	1.583	8,1	6.789	452	6,7
BY	17.213	1.474	8,6	6.317	533	8,4
BE	7.436	409	5,5	2.250	131	5,8
BB	5.736	213	3,7	2.021	90	4,5
HB	1.181	60	5,1	458	33	7,2
HH	2.931	153	5,2	1.061	61	5,7
HE	10.935	743	6,8	4.088	303	7,4
MV	3.397	74	2,2	1.361	52	3,8
NI	13.434	753	5,6	4.505	206	4,6
NW**	25.025	1.872	7,5	9.281	580	6,2
RP	6.929	516	7,4	2.439	166	6,8
SL	1.254	66	5,3	497	24	4,8
SN	9.024	305	3,4	3.363	109	3,2
ST	5.401	125	2,3	2.064	51	2,5
SH	4.907	248	5,1	1.505	79	5,2
TH	4.215	119	2,8	1.476	51	3,5
O (m. BE)	35.209	1.245	3,5	12.535	484	3,9
W (o. BE)	103.305	7.468	7,2	36.940	2.437	6,6
DE	138.514	8.713	6,3	49.475	2.921	5,9

Quelle
FDZ der Statistischen Ämter des Bundes und der Länder, Kinder und tätige Personen in Tageseinrichtungen und in öffentlich geförderter Kindertagespflege, 2020; berechnet vom LG Empirische Bildungsforschung der FernUniversität in Hagen, 2021.

Anmerkung
* Berücksichtigt werden die tätigen Personen, die im ersten Arbeitsbereich pädagogisch tätig sind (ohne Verwaltungstätige sowie Tätige im hauswirtschaftlichen und technischen Bereich) und als Angestellte, Arbeiter:innen oder Beamt:innen beschäftigt sind. Unberücksichtigt bleiben Personen, die sich in Ausbildung, Praktikum, Freiwilligem Sozialen Jahr oder einer sonstigen Stellung wie beispielsweise Ordensangehörigkeit befinden. Dadurch ergeben sich Abweichungen zu anderen Auswertungen, die alle pädagogisch Tätigen berücksichtigen.
** Aufgrund der zeitweiligen Schließung bzw. des eingeschränkten Betriebs der Kindertageseinrichtungen in Nordrhein-Westfalen durch die Corona-Pandemie konnten einige Einrichtungen ihre Daten nicht rechtzeitig übermitteln. Bei den vorliegenden Daten muss von einer Untererfassung von ca. 50 KiTas mit ca. 2.000 betreuten Kindern und dem jeweiligen Personal ausgegangen werden.

Tab. 78oh | Kindertageseinrichtungen (ohne Horte) nach Art des Trägers* in den Bundesländern am 01.03.2020 (Anzahl; Anteil in %)

Bundesland	Insgesamt	Öffentliche Träger	Freie Träger/Privat-gemeinnützig						Freie Träger/Privat-nicht-gemeinnützig	Eltern-initiative
			AWO	DPWV	Deutsches Rotes Kreuz	Diakonie / EKD	Caritas / katholisch	Sonstige		
	Anzahl									
BW	8.878	3.755	89	184	14	1.565	1.843	741	179	508
BY	8.766	2.333	354	309	200	1.366	2.619	609	441	535
BE	2.663	293	50	487	4	247	65	963	3	551
BB	1.565	774	80	139	53	154	16	211	66	72
HB	437	97	27	44	12	85	18	39	4	111
HH	1.126	11	25	221	42	158	28	342	223	76
HE	4.157	1.702	97	204	39	710	459	632	78	236
MV	952	124	92	253	85	116	16	156	62	48
NI	5.045	1.623	207	336	407	1.051	550	369	81	421
NW	10.347	2.428	825	577	419	1.606	2.526	619	192	1.155
RP	2.470	1.197	6	64	8	412	653	60	25	45
SL	470	133	23	26	0	55	201	18	4	10
SN	2.348	891	180	396	117	276	39	329	48	72
ST	1.414	790	58	178	26	144	31	167	1	19
SH	1.774	394	94	184	91	584	25	227	30	145
TH	1.330	502	156	233	93	187	72	58	15	14
O (m. BE)	10.272	3.374	616	1.686	378	1.124	239	1.884	195	776
W (o. BE)	43.470	13.673	1.747	2.149	1.232	7.592	8.922	3.656	1.257	3.242
DE	53.742	17.047	2.363	3.835	1.610	8.716	9.161	5.540	1.452	4.018

Bundesland	Öffentliche Träger	AWO	DPWV	Deutsches Rotes Kreuz	Diakonie / EKD	Caritas / katholisch	Sonstige	Freie Träger/Privat-nicht-gemeinnützig	Eltern-initiative
	In %								
BW	42,3	1,0	2,1	0,2	17,6	20,8	8,3	2,0	5,7
BY	26,6	4,0	3,5	2,3	15,6	29,9	6,9	5,0	6,1
BE	11,0	1,9	18,3	0,2	9,3	2,4	36,2	0,1	20,7
BB	49,5	5,1	8,9	3,4	9,8	1,0	13,5	4,2	4,6
HB	22,2	6,2	10,1	2,7	19,5	4,1	8,9	0,9	25,4
HH	1,0	2,2	19,6	3,7	14,0	2,5	30,4	19,8	6,7
HE	40,9	2,3	4,9	0,9	17,1	11,0	15,2	1,9	5,7
MV	13,0	9,7	26,6	8,9	12,2	1,7	16,4	6,5	5,0
NI	32,2	4,1	6,7	8,1	20,8	10,9	7,3	1,6	8,3
NW	23,5	8,0	5,6	4,0	15,5	24,4	6,0	1,9	11,2
RP	48,5	0,2	2,6	0,3	16,7	26,4	2,4	1,0	1,8
SL	28,3	4,9	5,5	0,0	11,7	42,8	3,8	0,9	2,1
SN	37,9	7,7	16,9	5,0	11,8	1,7	14,0	2,0	3,1
ST	55,9	4,1	12,6	1,8	10,2	2,2	11,8	0,1	1,3
SH	22,2	5,3	10,4	5,1	32,9	1,4	12,8	1,7	8,2
TH	37,7	11,7	17,5	7,0	14,1	5,4	4,4	1,1	1,1
O (m. BE)	32,8	6,0	16,4	3,7	10,9	2,3	18,3	1,9	7,6
W (o. BE)	31,5	4,0	4,9	2,8	17,5	20,5	8,4	2,9	7,5
DE	31,7	4,4	7,1	3,0	16,2	17,0	10,3	2,7	7,5

Quelle
FDZ der Statistischen Ämter des Bundes und der Länder, Kinder und tätige Personen in Tageseinrichtungen und in öffentlich geförderter Kindertagespflege, 2020; berechnet vom LG Empirische Bildungsforschung der FernUniversität in Hagen, 2021.

Anmerkung
* Die Art des Trägers setzt sich wie folgt zusammen:

- *Öffentlicher Träger:* Jugendamt (örtlicher Träger), Landesjugendamt (überörtlicher Träger), Oberste Landesjugendbehörde (Ministerium), Gemeinde oder Gemeindeverband ohne eigenes Jugendamt, ohne Elterninitiativen
- *Arbeiterwohlfahrt:* Oder deren Mitgliedsorganisationen, ohne Elterninitiativen
- *Deutscher Paritätischer Wohlfahrtsverband:* Oder dessen Mitgliedsorganisationen, ohne Elterninitiativen
- *Deutsches Rotes Kreuz:* Oder dessen Mitgliedsorganisationen, ohne Elterninitiativen
- *Diakonie Deutschland / sonstige der EKD angeschlossene Träger:* Ohne Elterninitiativen
- *Deutscher Caritasverband / sonstige katholische Träger:* Ohne Elterninitiativen
- *Sonstige freigemeinnützige Träger:* Zentralwohlfahrtsstelle der Juden in Deutschland oder jüdische Kultusgemeinden, sonstige Religionsgemeinschaften des öffentlichen Rechts, Jugendgruppen, Jugendverband, Jugendring, sonstige juristische Personen, andere Vereinigungen, ohne Elterninitiativen
- *Privat-nichtgemeinnützig:* Unternehmens-/Betriebsteil, selbstständig privat-gewerblich, natürliche oder andere juristische Personen, ohne Elterninitiativen
- *Elterninitiative:* Unter Elterninitiativen sind Einrichtungen ausgewiesen, die von Eltern oder anderen Personensorgeberechtigten gemäß § 5 SGB VIII selbst organisiert sind, auch wenn sie sich einem anderen Träger angeschlossen haben

Tab. 78h | Horte nach Art des Trägers* in den Bundesländern am 01.03.2020 (Anzahl; Anteil in %)

Bundesland	Insgesamt	Öffentliche Träger	Freie Träger / Privat-gemeinnützig						Freie Träger / Privat-nicht-gemeinnützig	Eltern-initiative
			AWO	DPWV	Deutsches Rotes Kreuz	Diakonie / EKD	Caritas / katholisch	Sonstige		
	Anzahl									
BW	410	227	12	25	3	19	37	63	3	21
BY	879	368	95	33	16	131	144	52	9	31
BE	-	-	-	-	-	-	-	-	-	-
BB	379	221	16	37	5	31	4	55	0	10
HB	24	8	0	3	1	1	0	6	0	5
HH	7	0	0	4	0	0	0	3	0	0
HE	169	68	1	11	0	9	6	57	3	14
MV	159	41	8	37	11	23	2	33	1	3
NI	549	205	33	68	24	57	8	92	9	53
NW	51	12	1	9	0	1	8	10	2	8
RP	102	54	0	6	1	10	14	11	4	2
SL	18	12	1	2	0	0	3	0	0	0
SN	677	404	32	72	17	27	1	100	9	15
ST	386	211	16	37	11	39	5	61	0	6
SH	42	6	4	5	1	2	0	22	0	2
TH	-	-	-	-	-	-	-	-	-	-
O (m. BE)	1.601	877	72	183	44	120	12	249	10	34
W (o. BE)	2.251	960	147	166	46	230	220	316	30	136
DE	3.852	1.837	219	349	90	350	232	565	40	170

Bundesland	Öffentliche Träger	AWO	DPWV	Deutsches Rotes Kreuz	Diakonie / EKD	Caritas / katholisch	Sonstige	Freie Träger / Privat-nicht-gemeinnützig	Eltern-initiative
	In %								
BW	55,4	2,9	6,1	0,7	4,6	9,0	15,4	0,7	5,1
BY	41,9	10,8	3,8	1,8	14,9	16,4	5,9	1,0	3,5
BE	-	-	-	-	-	-	-	-	-
BB	58,3	4,2	9,8	1,3	8,2	1,1	14,5	0,0	2,6
HB	33,3	0,0	12,5	4,2	4,2	0,0	25,0	0,0	20,8
HH	0,0	0,0	57,1	0,0	0,0	0,0	42,9	0,0	0,0
HE	40,2	0,6	6,5	0,0	5,3	3,6	33,7	1,8	8,3
MV	25,8	5,0	23,3	6,9	14,5	1,3	20,8	0,6	1,9
NI	37,3	6,0	12,4	4,4	10,4	1,5	16,8	1,6	9,7
NW	23,5	2,0	17,6	0,0	2,0	15,7	19,6	3,9	15,7
RP	52,9	0,0	5,9	1,0	9,8	13,7	10,8	3,9	2,0
SL	66,7	5,6	11,1	0,0	0,0	16,7	0,0	0,0	0,0
SN	59,7	4,7	10,6	2,5	4,0	0,1	14,8	1,3	2,2
ST	54,7	4,1	9,6	2,8	10,1	1,3	15,8	0,0	1,6
SH	14,3	9,5	11,9	2,4	4,8	0,0	52,4	0,0	4,8
TH	-	-	-	-	-	-	-	-	-
O (m. BE)	54,8	4,5	11,4	2,7	7,5	0,7	15,6	0,6	2,1
W (o. BE)	42,6	6,5	7,4	2,0	10,2	9,8	14,0	1,3	6,0
DE	47,7	5,7	9,1	2,3	9,1	6,0	14,7	1,0	4,4

Quelle
FDZ der Statistischen Ämter des Bundes und der Länder, Kinder und tätige Personen in Tageseinrichtungen und in öffentlich geförderter Kindertagespflege, 2020; berechnet vom LG Empirische Bildungs-forschung der FernUniversität in Hagen, 2021.

Anmerkung
* Die Art des Trägers setzt sich wie folgt zusammen:

- *Öffentlicher Träger:* Jugendamt (örtlicher Träger), Landesjugendamt (überörtlicher Träger), Oberste Landesjugendbehörde (Ministerium), Gemeinde oder Gemeindeverband ohne eigenes Jugendamt, ohne Elterninitiativen
- *Arbeiterwohlfahrt:* Oder deren Mitgliedsorganisationen, ohne Elterninitiativen
- *Deutscher Paritätischer Wohlfahrtsverband:* Oder dessen Mitgliedsorganisationen, ohne Elterninitiativen
- *Deutsches Rotes Kreuz:* Oder dessen Mitgliedsorganisationen, ohne Elterninitiativen
- *Diakonie Deutschland/sonstige der EKD angeschlossene Träger:* Ohne Elterninitiativen
- *Deutscher Caritasverband/sonstige katholische Träger:* Ohne Elterninitiativen
- *Sonstige freigemeinnützige Träger:* Zentralwohlfahrtsstelle der Juden in Deutschland oder jüdische Kultusgemeinden, sonstige Religionsgemeinschaften des öffentlichen Rechts, Jugendgruppen, Jugendverband, Jugendring, sonstige juristische Personen, andere Vereinigungen, ohne Elterninitiativen
- *Privat-nichtgemeinnützig:* Unternehmens-/Betriebsteil, selbstständig privat-gewerblich, natürliche oder andere juristische Personen, ohne Elterninitiativen
- *Elterninitiative:* Unter Elterninitiativen sind Einrichtungen ausgewiesen, die von Eltern oder anderen Personensorgeberechtigten gemäß § 5 SGB VIII selbst organisiert sind, auch wenn sie sich einem anderen Träger angeschlossen haben

Tab. 79 | Kinder unter 3 Jahren in Kindertageseinrichtungen nach Art des Trägers* in den Bundesländern am 01.03.2020 (Anzahl; Anteil in %)

Bundesland	Insgesamt	Öffentliche Träger	Freie Träger / Privat-gemeinnützig: AWO	DPWV	Deutsches Rotes Kreuz	Diakonie / EKD	Caritas / katholisch	Sonstige	Freie Träger / Privat-nicht-gemeinnützig	Eltern-initiative
	Anzahl									
BW	83.100	33.891	1.319	1.922	227	11.617	16.109	10.495	3.464	4.056
BY	104.949	25.953	5.344	4.870	2.649	17.375	28.259	8.249	9.244	3.006
BE	48.329	10.009	1.324	13.050	81	4.560	953	14.922	95	3.335
BB	32.855	16.177	2.169	3.414	1.378	2.839	224	4.873	878	903
HB	5.102	1.215	407	686	179	848	227	534	59	947
HH	26.273	193	598	4.650	960	3.173	582	10.552	4.787	778
HE	48.934	18.537	1.649	2.897	585	7.262	4.166	9.985	1.498	2.355
MV	19.480	2.290	1.984	5.958	2.170	2.468	265	2.985	926	434
NI	57.616	18.073	2.367	3.244	5.218	12.117	7.871	4.710	1.324	2.692
NW**	100.653	22.716	9.032	6.404	5.500	15.018	21.746	8.475	2.716	9.046
RP	32.829	16.799	74	632	82	4.833	8.724	1.016	277	392
SL	6.584	2.121	406	341	0	642	2.618	257	72	127
SN	50.036	18.501	4.167	9.545	2.943	4.691	675	7.945	670	899
ST	29.950	15.654	1.454	4.331	671	3.137	567	3.844	19	273
SH	20.569	5.139	1.267	2.339	1.279	6.707	361	2.439	273	765
TH	27.789	9.823	4.223	5.207	1.742	3.822	1.321	1.261	268	122
O (m. BE)	208.439	72.454	15.321	41.505	8.985	21.517	4.005	35.830	2.856	5.966
W (o. BE)	486.609	144.637	22.463	27.985	16.679	79.592	90.663	56.712	23.714	24.164
DE	695.048	217.091	37.784	69.490	25.664	101.109	94.668	92.542	26.570	30.130

Bundesland	Öffentliche Träger	AWO	DPWV	Deutsches Rotes Kreuz	Diakonie / EKD	Caritas / katholisch	Sonstige	Freie Träger / Privat-nicht-gemeinnützig	Eltern-initiative
	In %								
BW	40,8	1,6	2,3	0,3	14,0	19,4	12,6	4,2	4,9
BY	24,7	5,1	4,6	2,5	16,6	26,9	7,9	8,8	2,9
BE	20,7	2,7	27,0	0,2	9,4	2,0	30,9	0,2	6,9
BB	49,2	6,6	10,4	4,2	8,6	0,7	14,8	2,7	2,7
HB	23,8	8,0	13,4	3,5	16,6	4,4	10,5	1,2	18,6
HH	0,7	2,3	17,7	3,7	12,1	2,2	40,2	18,2	3,0
HE	37,9	3,4	5,9	1,2	14,8	8,5	20,4	3,1	4,8
MV	11,8	10,2	30,6	11,1	12,7	1,4	15,3	4,8	2,2
NI	31,4	4,1	5,6	9,1	21,0	13,7	8,2	2,3	4,7
NW**	22,6	9,0	6,4	5,5	14,9	21,6	8,4	2,7	9,0
RP	51,2	0,2	1,9	0,2	14,7	26,6	3,1	0,8	1,2
SL	32,2	6,2	5,2	0,0	9,8	39,8	3,9	1,1	1,9
SN	37,0	8,3	19,1	5,9	9,4	1,3	15,9	1,3	1,8
ST	52,3	4,9	14,5	2,2	10,5	1,9	12,8	0,1	0,9
SH	25,0	6,2	11,4	6,2	32,6	1,8	11,9	1,3	3,7
TH	35,3	15,2	18,7	6,3	13,8	4,8	4,5	1,0	0,4
O (m. BE)	34,8	7,4	19,9	4,3	10,3	1,9	17,2	1,4	2,9
W (o. BE)	29,7	4,6	5,8	3,4	16,4	18,6	11,7	4,9	5,0
DE	31,2	5,4	10,0	3,7	14,5	13,6	13,3	3,8	4,3

Quelle
FDZ der Statistischen Ämter des Bundes und der Länder, Kinder und tätige Personen in Tageseinrichtungen und in öffentlich geförderter Kindertagespflege, 2020; berechnet vom LG Empirische Bildungs-forschung der FernUniversität in Hagen, 2021.

Anmerkung
* Die Art des Trägers setzt sich wie folgt zusammen:

- *Öffentlicher Träger:* Jugendamt (örtlicher Träger), Landesjugendamt (überörtlicher Träger), Oberste Landesjugendbehörde (Ministerium), Gemeinde oder Gemeindeverband ohne eigenes Jugendamt, ohne Elterninitiativen
- *Arbeiterwohlfahrt:* Oder deren Mitgliedsorganisationen, ohne Elterninitiativen
- *Deutscher Paritätischer Wohlfahrtsverband:* Oder dessen Mitgliedsorganisationen, ohne Elterninitiativen
- *Deutsches Rotes Kreuz:* Oder dessen Mitgliedsorganisationen, ohne Elterninitiativen
- *Diakonie Deutschland/sonstige der EKD angeschlossene Träger:* Ohne Elterninitiativen
- *Deutscher Caritasverband/sonstige katholische Träger:* Ohne Elterninitiativen
- *Sonstige freigemeinnützige Träger:* Zentralwohlfahrtsstelle der Juden in Deutschland oder jüdische Kultusgemeinden, sonstige Religionsgemeinschaften des öffentlichen Rechts, Jugendgruppen, Jugendverband, Jugendring, sonstige juristische Personen, andere Vereinigungen, ohne Elterninitiativen
- *Privat-nichtgemeinnützig:* Unternehmens-/Betriebsteil, selbstständig privat-gewerblich, natürliche oder andere juristische Personen, ohne Elterninitiativen
- *Elterninitiative:* Unter Elterninitiativen sind Einrichtungen ausgewiesen, die von Eltern oder anderen Personensorgeberechtigten gemäß § 5 SGB VIII selbst organisiert sind, auch wenn sie sich einem anderen Träger angeschlossen haben

** Aufgrund der zeitweiligen Schließung bzw. des eingeschränkten Betriebs der Kindertageseinrichtungen in Nordrhein-Westfalen durch die Corona-Pandemie konnten einige Einrichtungen ihre Daten nicht rechtzeitig übermitteln. Bei den vorliegenden Daten muss von einer Untererfassung von ca. 50 KiTas mit ca. 2.000 betreuten Kindern und dem jeweiligen Personal ausgegangen werden.

Tab. 80 | Kinder ab 3 Jahren bis zum Schuleintritt in Kindertageseinrichtungen nach Art des Trägers* in den Bundesländern am 01.03.2020 (Anzahl; Anteil in %)**

Bundesland	Insgesamt	Öffentliche Träger	Freie Träger / Privat-gemeinnützig						Freie Träger / Privat-nicht-gemeinnützig	Eltern-initiative
			AWO	DPWV	Deutsches Rotes Kreuz	Diakonie / EKD	Caritas / katholisch	Sonstige		
	Anzahl									
BW	345.502	155.018	2.720	4.970	502	63.943	91.113	15.528	2.594	9.114
BY	403.930	124.206	14.710	9.440	7.026	59.568	149.555	18.081	10.098	11.246
BE	118.775	25.708	3.207	30.790	211	12.176	2.847	34.372	109	9.355
BB	77.628	38.353	5.345	7.860	3.090	7.194	632	11.056	1.686	2.412
HB	19.960	8.208	1.270	1.503	598	4.540	1.007	966	60	1.808
HH	56.229	508	1.382	10.964	2.252	8.234	1.610	22.231	7.021	2.027
HE	199.693	99.072	4.233	7.206	1.691	38.051	27.340	16.629	1.431	4.040
MV	49.402	5.967	4.864	14.816	5.322	6.249	847	7.920	2.196	1.221
NI	240.469	80.058	9.885	12.291	21.158	59.961	36.865	10.079	1.887	8.285
NW***	528.134	151.272	41.803	25.312	22.034	84.474	134.266	27.306	5.194	36.473
RP	126.050	60.903	244	2.711	301	21.102	37.006	2.401	499	883
SL	27.224	8.475	1.157	838	0	2.991	12.805	591	85	282
SN	135.214	49.904	10.865	24.957	7.624	14.297	2.317	20.767	1.545	2.938
ST	64.535	32.677	3.204	9.652	1.333	7.219	1.482	8.171	27	770
SH	85.599	21.811	5.574	7.374	5.225	30.847	1.295	8.401	846	4.226
TH	66.243	22.186	10.037	12.467	4.014	9.870	3.691	3.101	544	333
O (m. BE)	511.797	174.795	37.522	100.542	21.594	57.005	11.816	85.387	6.107	17.029
W (o. BE)	2.032.790	709.531	82.978	82.609	60.787	373.711	492.862	122.213	29.715	78.384
DE	2.544.587	884.326	120.500	183.151	82.381	430.716	504.678	207.600	35.822	95.413

Bundesland	In %								
BW	44,9	0,8	1,4	0,1	18,5	26,4	4,5	0,8	2,6
BY	30,7	3,6	2,3	1,7	14,7	37,0	4,5	2,5	2,8
BE	21,6	2,7	25,9	0,2	10,3	2,4	28,9	0,1	7,9
BB	49,4	6,9	10,1	4,0	9,3	0,8	14,2	2,2	3,1
HB	41,1	6,4	7,5	3,0	22,7	5,0	4,8	0,3	9,1
HH	0,9	2,5	19,5	4,0	14,6	2,9	39,5	12,5	3,6
HE	49,6	2,1	3,6	0,8	19,1	13,7	8,3	0,7	2,0
MV	12,1	9,8	30,0	10,8	12,6	1,7	16,0	4,4	2,5
NI	33,3	4,1	5,1	8,8	24,9	15,3	4,2	0,8	3,4
NW***	28,6	7,9	4,8	4,2	16,0	25,4	5,2	1,0	6,9
RP	48,3	0,2	2,2	0,2	16,7	29,4	1,9	0,4	0,7
SL	31,1	4,2	3,1	0,0	11,0	47,0	2,2	0,3	1,0
SN	36,9	8,0	18,5	5,6	10,6	1,7	15,4	1,1	2,2
ST	50,6	5,0	15,0	2,1	11,2	2,3	12,7	0,0	1,2
SH	25,5	6,5	8,6	6,1	36,0	1,5	9,8	1,0	4,9
TH	33,5	15,2	18,8	6,1	14,9	5,6	4,7	0,8	0,5
O (m. BE)	34,2	7,3	19,6	4,2	11,1	2,3	16,7	1,2	3,3
W (o. BE)	34,9	4,1	4,1	3,0	18,4	24,2	6,0	1,5	3,9
DE	34,8	4,7	7,2	3,2	16,9	19,8	8,2	1,4	3,7

Quelle
FDZ der Statistischen Ämter des Bundes und der Länder, Kinder und tätige Personen in Tageseinrichtungen und in öffentlich geförderter Kindertagespflege, 2020; berechnet vom LG Empirische Bildungsforschung der FernUniversität in Hagen, 2021.

Anmerkung
* Die Art des Trägers setzt sich wie folgt zusammen:

- *Öffentlicher Träger:* Jugendamt (örtlicher Träger), Landesjugendamt (überörtlicher Träger), Oberste Landesjugendbehörde (Ministerium), Gemeinde oder Gemeindeverband ohne eigenes Jugendamt, ohne Elterninitiativen
- *Arbeiterwohlfahrt:* Oder deren Mitgliedsorganisationen, ohne Elterninitiativen
- *Deutscher Paritätischer Wohlfahrtsverband:* Oder dessen Mitgliedsorganisationen, ohne Elterninitiativen
- *Deutsches Rotes Kreuz:* Oder dessen Mitgliedsorganisationen, ohne Elterninitiativen
- *Diakonie Deutschland/sonstige der EKD angeschlossene Träger:* Ohne Elterninitiativen
- *Deutscher Caritasverband/sonstige katholische Träger:* Ohne Elterninitiativen
- *Sonstige freigemeinnützige Träger:* Zentralwohlfahrtsstelle der Juden in Deutschland oder jüdische Kultusgemeinden, sonstige Religionsgemeinschaften des öffentlichen Rechts, Jugendgruppen, Jugendverband, Jugendring, sonstige juristische Personen, andere Vereinigungen, ohne Elterninitiativen
- *Privat-nichtgemeinnützig:* Unternehmens-/Betriebsteil, selbstständig privat-gewerblich, natürliche oder andere juristische Personen, ohne Elterninitiativen
- *Elterninitiative:* Unter Elterninitiativen sind Einrichtungen ausgewiesen, die von Eltern oder anderen Personensorgeberechtigten gemäß § 5 SGB VIII selbst organisiert sind, auch wenn sie sich einem anderen Träger angeschlossen haben

** In dieser Tabelle bleiben alle Kinder ab 3 Jahren unberücksichtigt, die laut amtlicher Statistik die Schule oder eine vorschulische Einrichtung besuchen. In der Statistik des Statistischen Bundesamtes werden Kinder unter fünf Jahren, die eine vorschulische Einrichtung besuchen, mitberücksichtigt. Dies kann zu geringfügigen Differenzen in der Anzahl der ausgewiesenen Kinder in anderen Tabellen führen.

*** Aufgrund der zeitweiligen Schließung bzw. des eingeschränkten Betriebs der Kindertageseinrichtungen in Nordrhein-Westfalen durch die Corona-Pandemie konnten einige Einrichtungen ihre Daten nicht rechtzeitig übermitteln. Bei den vorliegenden Daten muss von einer Untererfassung von ca. 50 KiTas mit ca. 2.000 betreuten Kindern und dem jeweiligen Personal ausgegangen werden.

Tab. 81 | Pädagogisch tätige Personen* in Kindertageseinrichtungen (mit Horten und Hortgruppen) nach Art des Trägers** und Wochenarbeitszeit in den Bundesländern am 01.03.2020 (Anzahl; Anteil in %)

Bundesland / Träger	Insgesamt	Pädagogisch Tätige mit einer Wochenarbeitszeit von ... Stunden					
		< 21	21 bis < 32	32 und mehr	< 21	21 bis < 32	32 und mehr
	Anzahl	Anzahl			In %		
Baden-Württemberg							
Öffentliche Träger	43.933	9.177	9.066	25.690	20,9	20,6	58,5
Freie Träger / privat-gemeinnützig: AWO	1.344	209	234	901	15,6	17,4	67,0
DPWV	2.077	424	377	1.276	20,4	18,2	61,4
DRK	222	45	44	133	20,3	19,8	59,9
Diakonie / EKD	15.571	3.891	2.924	8.756	25,0	18,8	56,2
Caritas / katholisch	22.456	5.765	4.974	11.717	25,7	22,1	52,2
Sonstige	8.227	1.583	1.258	5.386	19,2	15,3	65,5
Freie Träger / privat-nichtgemeinnützig	2.089	300	282	1.507	14,4	13,5	72,1
Elterninitiative	3.701	948	837	1.916	25,6	22,6	51,8
Insgesamt	99.620	22.342	19.996	57.282	22,4	20,1	57,5
Bayern							
Öffentliche Träger	31.785	5.281	8.386	18.118	16,6	26,4	57,0
Freie Träger / privat-gemeinnützig: AWO	5.204	796	1.144	3.264	15,3	22,0	62,7
DPWV	3.607	672	723	2.212	18,6	20,0	61,3
DRK	2.128	347	546	1.235	16,3	25,7	58,0
Diakonie / EKD	16.085	3.147	4.148	8.790	19,6	25,8	54,6
Caritas / katholisch	32.745	6.679	8.906	17.160	20,4	27,2	52,4
Sonstige	6.768	1.392	1.410	3.966	20,6	20,8	58,6
Freie Träger / privat-nichtgemeinnützig	4.726	590	649	3.487	12,5	13,7	73,8
Elterninitiative	3.451	757	854	1.840	21,9	24,7	53,3
Insgesamt	106.499	19.661	26.766	60.072	18,5	25,1	56,4
Berlin							
Öffentliche Träger	6.749	463	1.709	4.577	6,9	25,3	67,8
Freie Träger / privat-gemeinnützig: AWO	884	53	326	505	6,0	36,9	57,1
DPWV	8.931	787	2.583	5.561	8,8	28,9	62,3
DRK	67	x	x	x	x	x	x
Diakonie / EKD	3.185	351	1.009	1.825	11,0	31,7	57,3
Caritas / katholisch	681	69	207	405	10,1	30,4	59,5
Sonstige	10.490	910	3.141	6.439	8,7	29,9	61,4
Freie Träger / privat-nichtgemeinnützig	41	x	x	x	x	x	x
Elterninitiative	3.070	482	1.012	1.576	15,7	33,0	51,3
Insgesamt	34.098	3.120	10.023	20.955	9,2	29,4	61,5
Brandenburg							
Öffentliche Träger	12.100	792	3.286	8.022	6,5	27,2	66,3
Freie Träger / privat-gemeinnützig: AWO	1.420	82	272	1.066	5,8	19,2	75,1
DPWV	2.170	182	503	1.485	8,4	23,2	68,4
DRK	790	67	131	592	8,5	16,6	74,9
Diakonie / EKD	1.992	251	592	1.149	12,6	29,7	57,7
Caritas / katholisch	164	16	65	83	9,8	39,6	50,6
Sonstige	3.345	315	790	2.240	9,4	23,6	67,0
Freie Träger / privat-nichtgemeinnützig	471	41	133	297	8,7	28,2	63,1
Elterninitiative	633	90	174	369	14,2	27,5	58,3
Insgesamt	23.085	1.836	5.946	15.303	8,0	25,8	66,3
Bremen							
Öffentliche Träger	2.070	185	449	1.436	8,9	21,7	69,4
Freie Träger / privat-gemeinnützig: AWO	396	29	95	272	7,3	24,0	68,7
DPWV	613	57	165	391	9,3	26,9	63,8
DRK	179	x	x	x	x	x	x
Diakonie / EKD	1.167	143	345	679	12,3	29,6	58,2
Caritas / katholisch	265	26	99	140	9,8	37,4	52,8
Sonstige	432	95	101	236	22,0	23,4	54,6
Freie Träger / privat-nichtgemeinnützig	33	x	x	x	x	x	x
Elterninitiative	794	108	149	537	13,6	18,8	67,6
Insgesamt	5.949	662	1.451	3.836	11,1	24,4	64,5
Hamburg							
Öffentliche Träger	166	20	59	87	12,0	35,5	52,4
Freie Träger / privat-gemeinnützig: AWO	336	46	131	159	13,7	39,0	47,3
DPWV	3.031	471	921	1.639	15,5	30,4	54,1
DRK	661	116	181	364	17,5	27,4	55,1
Diakonie / EKD	2.411	317	808	1.286	13,1	33,5	53,3
Caritas / katholisch	520	100	149	271	19,2	28,7	52,1
Sonstige	7.289	855	1.890	4.544	11,7	25,9	62,3
Freie Träger / privat-nichtgemeinnützig	2.683	456	700	1.527	17,0	26,1	56,9
Elterninitiative	631	137	206	288	21,7	32,6	45,6
Insgesamt	17.728	2.518	5.045	10.165	14,2	28,5	57,3

> Fortsetzung nächste Seite

Tab. 81 | Fortsetzung | Pädagogisch tätige Personen* in Kindertageseinrichtungen (mit Horten und Hortgruppen) nach Art des Trägers und Wochenarbeitszeit in den Bundesländern am 01.03.2020 (Anzahl; Anteil in %)**

Bundesland / Träger		Insgesamt	Pädagogisch Tätige mit einer Wochenarbeitszeit von ... Stunden < 21	21 bis < 32	32 und mehr	< 21	21 bis < 32	32 und mehr
		Anzahl	Anzahl			In %		
Hessen								
Öffentliche Träger		23.404	3.688	7.279	12.437	15,8	31,1	53,1
Freie Träger / privat-gemeinnützig	AWO	1.357	242	314	801	17,8	23,1	59,0
	DPWV	2.810	594	710	1.506	21,1	25,3	53,6
	DRK	489	76	127	286	15,5	26,0	58,5
	Diakonie / EKD	9.056	1.916	2.733	4.407	21,2	30,2	48,7
	Caritas / katholisch	6.025	1.296	1.690	3.039	21,5	28,0	50,4
	Sonstige	7.772	1.653	1.685	4.434	21,3	21,7	57,1
Freie Träger / privat-nichtgemeinnützig		822	151	185	486	18,4	22,5	59,1
Elterninitiative		1.845	447	539	859	24,2	29,2	46,6
Insgesamt		53.580	10.063	15.262	28.255	18,8	28,5	52,7
Mecklenburg-Vorpommern								
Öffentliche Träger		1.749	90	802	857	5,1	45,9	49,0
Freie Träger / privat-gemeinnützig	AWO	1.294	96	284	914	7,4	21,9	70,6
	DPWV	3.762	245	751	2.766	6,5	20,0	73,5
	DRK	1.392	66	357	969	4,7	25,6	69,6
	Diakonie / EKD	1.650	130	424	1.096	7,9	25,7	66,4
	Caritas / katholisch	220	8	97	115	3,6	44,1	52,3
	Sonstige	2.239	236	457	1.546	10,5	20,4	69,0
Freie Träger / privat-nichtgemeinnützig		526	48	88	390	9,1	16,7	74,1
Elterninitiative		305	28	87	190	9,2	28,5	62,3
Insgesamt		13.137	947	3.347	8.843	7,2	25,5	67,3
Niedersachsen								
Öffentliche Träger		19.290	1.884	6.097	11.309	9,8	31,6	58,6
Freie Träger / privat-gemeinnützig	AWO	2.811	347	759	1.705	12,3	27,0	60,7
	DPWV	4.678	831	1.195	2.652	17,8	25,5	56,7
	DRK	5.180	618	1.610	2.952	11,9	31,1	57,0
	Diakonie / EKD	14.192	1.582	4.529	8.081	11,1	31,9	56,9
	Caritas / katholisch	8.543	1.131	2.696	4.716	13,2	31,6	55,2
	Sonstige	3.883	693	1.041	2.149	17,8	26,8	55,3
Freie Träger / privat-nichtgemeinnützig		825	113	184	528	13,7	22,3	64,0
Elterninitiative		2.746	492	831	1.423	17,9	30,3	51,8
Insgesamt		62.148	7.691	18.942	35.515	12,4	30,5	57,1
Nordrhein-Westfalen******								
Öffentliche Träger		33.514	5.012	7.123	21.379	15,0	21,3	63,8
Freie Träger / privat-gemeinnützig	AWO	10.198	1.514	2.093	6.591	14,8	20,5	64,6
	DPWV	7.334	1.242	1.329	4.763	16,9	18,1	64,9
	DRK	5.720	844	1.176	3.700	14,8	20,6	64,7
	Diakonie / EKD	18.386	2.655	4.352	11.379	14,4	23,7	61,9
	Caritas / katholisch	29.798	5.744	6.391	17.663	19,3	21,4	59,3
	Sonstige	7.616	1.240	1.413	4.963	16,3	18,6	65,2
Freie Träger / privat-nichtgemeinnützig		1.877	338	323	1.216	18,0	17,2	64,8
Elterninitiative		10.119	1.671	2.240	6.208	16,5	22,1	61,3
Insgesamt		124.562	20.260	26.440	77.862	16,3	21,2	62,5
Rheinland-Pfalz								
Öffentliche Träger		16.445	3.242	4.710	8.493	19,7	28,6	51,6
Freie Träger / privat-gemeinnützig	AWO	81	8	14	59	9,9	17,3	72,8
	DPWV	1.129	266	230	633	23,6	20,4	56,1
	DRK	109	28	20	61	25,7	18,3	56,0
	Diakonie / EKD	5.381	1.151	1.449	2.781	21,4	26,9	51,7
	Caritas / katholisch	9.128	1.886	2.657	4.585	20,7	29,1	50,2
	Sonstige	970	193	248	529	19,9	25,6	54,5
Freie Träger / privat-nichtgemeinnützig		231	55	51	125	23,8	22,1	54,1
Elterninitiative		329	82	96	151	24,9	29,2	45,9
Insgesamt		33.803	6.911	9.475	17.417	20,4	28,0	51,5
Saarland								
Öffentliche Träger		2.209	227	652	1.330	10,3	29,5	60,2
Freie Träger / privat-gemeinnützig	AWO	384	25	91	268	6,5	23,7	69,8
	DPWV	380	65	83	232	17,1	21,8	61,1
	DRK	0	0	0	0	0,0	0,0	0,0
	Diakonie / EKD	679	77	155	447	11,3	22,8	65,8
	Caritas / katholisch	2.878	379	823	1.676	13,2	28,6	58,2
	Sonstige	240	32	53	155	13,3	22,1	64,6
Freie Träger / privat-nichtgemeinnützig		45	4	13	28	8,9	28,9	62,2
Elterninitiative		104	10	31	63	9,6	29,8	60,6
Insgesamt		6.919	819	1.901	4.199	11,8	27,5	60,7

> Fortsetzung nächste Seite

Tab. 81 | Fortsetzung | Pädagogisch tätige Personen* in Kindertageseinrichtungen (mit Horten und Hortgruppen) nach Art des Trägers** und Wochenarbeitszeit in den Bundesländern am 01.03.2020 (Anzahl; Anteil in %)

Bundesland / Träger		Insgesamt	Pädagogisch Tätige mit einer Wochenarbeitszeit von ... Stunden					
			< 21	21 bis < 32	32 und mehr	< 21	21 bis < 32	32 und mehr
		Anzahl	Anzahl			In %		
Sachsen								
Öffentliche Träger		15.915	679	3.836	11.400	4,3	24,1	71,6
Freie Träger / privat-gemeinnützig	AWO	2.762	143	655	1.964	5,2	23,7	71,1
	DPWV	6.480	351	1.240	4.889	5,4	19,1	75,4
	DRK	1.895	89	435	1.371	4,7	23,0	72,3
	Diakonie / EKD	3.465	260	1.105	2.100	7,5	31,9	60,6
	Caritas / katholisch	528	37	143	348	7,0	27,1	65,9
	Sonstige	5.674	357	1.376	3.941	6,3	24,3	69,5
Freie Träger / privat-nichtgemeinnützig		462	30	129	303	6,5	27,9	65,6
Elterninitiative		828	65	243	520	7,9	29,3	62,8
Insgesamt		38.009	2.011	9.162	26.836	5,3	24,1	70,6
Sachsen-Anhalt								
Öffentliche Träger		9.632	664	3.008	5.960	6,9	31,2	61,9
Freie Träger / privat-gemeinnützig	AWO	915	59	329	527	6,4	36,0	57,6
	DPWV	2.862	233	689	1.940	8,1	24,1	67,8
	DRK	433	21	172	240	4,8	39,7	55,4
	Diakonie / EKD	2.037	116	586	1.335	5,7	28,8	65,5
	Caritas / katholisch	361	17	113	231	4,7	31,3	64,0
	Sonstige	2.636	173	853	1.610	6,6	32,4	61,1
Freie Träger / privat-nichtgemeinnützig		x	x	x	x	x	x	x
Elterninitiative		x	x	x	x	x	x	x
Insgesamt		19.108	1.302	5.823	11.983	6,8	30,5	62,7
Schleswig-Holstein								
Öffentliche Träger		5.479	528	1.774	3.177	9,6	32,4	58,0
Freie Träger / privat-gemeinnützig	AWO	1.382	139	408	835	10,1	29,5	60,4
	DPWV	2.251	301	532	1.418	13,4	23,6	63,0
	DRK	1.224	126	331	767	10,3	27,0	62,7
	Diakonie / EKD	7.323	771	2.412	4.140	10,5	32,9	56,5
	Caritas / katholisch	371	23	79	269	6,2	21,3	72,5
	Sonstige	2.537	382	697	1.458	15,1	27,5	57,5
Freie Träger / privat-nichtgemeinnützig		233	31	56	146	13,3	24,0	62,7
Elterninitiative		980	159	281	540	16,2	28,7	55,1
Insgesamt		21.780	2.460	6.570	12.750	11,3	30,2	58,5
Thüringen								
Öffentliche Träger		5.372	152	896	4.324	2,8	16,7	80,5
Freie Träger / privat-gemeinnützig	AWO	2.326	63	225	2.038	2,7	9,7	87,6
	DPWV	3.001	97	378	2.526	3,2	12,6	84,2
	DRK	921	33	131	757	3,6	14,2	82,2
	Diakonie / EKD	2.274	72	380	1.822	3,2	16,7	80,1
	Caritas / katholisch	787	44	227	516	5,6	28,8	65,6
	Sonstige	721	29	101	591	4,0	14,0	82,0
Freie Träger / privat-nichtgemeinnützig		x	x	x	x	x	x	x
Elterninitiative		x	x	x	x	x	x	x
Insgesamt		15.620	502	2.355	12.763	3,2	15,1	81,7

> Fortsetzung nächste Seite

Tab. 81 | Fortsetzung | Pädagogisch tätige Personen* in Kindertageseinrichtungen (mit Horten und Hortgruppen) nach Art des Trägers und Wochenarbeitszeit in den Bundesländern am 01.03.2020 (Anzahl; Anteil in %)**

Bundesland / Träger		Insgesamt	Pädagogisch Tätige mit einer Wochenarbeitszeit von ... Stunden					
			< 21	21 bis < 32	32 und mehr	< 21	21 bis < 32	32 und mehr
		Anzahl	Anzahl			In %		
Ostdeutschland (mit BE)***								
Öffentliche Träger		51.517	2.840	13.537	35.140	5,5	26,3	68,2
Freie Träger / privat-gemeinnützig	AWO	9.601	496	2.091	7.014	5,2	21,8	73,1
	DPWV	27.206	1.895	6.144	19.167	7,0	22,6	70,5
	DRK	5.431	276	1.226	3.929	5,1	22,6	72,3
	Diakonie / EKD	14.603	1.180	4.096	9.327	8,1	28,0	63,9
	Caritas / katholisch	2.741	191	852	1.698	7,0	31,1	61,9
	Sonstige	25.105	2.020	6.718	16.367	8,0	26,8	65,2
Freie Träger / privat-nichtgemeinnützig		1.459	119	350	990	8,2	24,0	67,9
Elterninitiative		4.836	665	1.516	2.655	13,8	31,3	54,9
Insgesamt		143.057	9.718	36.656	96.683	6,8	25,6	67,6
Westdeutschland (ohne BE)***								
Öffentliche Träger		178.295	29.244	45.595	103.456	16,4	25,6	58,0
Freie Träger / privat-gemeinnützig	AWO	23.493	3.355	5.283	14.855	14,3	22,5	63,2
	DPWV	27.910	4.923	6.265	16.722	17,6	22,4	59,9
	DRK	15.733	2.200	4.035	9.498	14,0	25,6	60,4
	Diakonie / EKD	90.251	15.650	23.855	50.746	17,3	26,4	56,2
	Caritas / katholisch	112.729	23.029	28.464	61.236	20,4	25,2	54,3
	Sonstige	45.734	8.118	9.796	27.820	17,8	21,4	60,8
Freie Träger / privat-nichtgemeinnützig		13.531	2.038	2.443	9.050	15,1	18,1	66,9
Elterninitiative		24.700	4.811	6.064	13.825	19,5	24,6	56,0
Insgesamt		532.588	93.387	131.848	307.353	17,5	24,8	57,7
Deutschland								
Öffentliche Träger		229.812	32.084	59.132	138.596	14,0	25,7	60,3
Freie Träger / privat-gemeinnützig	AWO	33.094	3.851	7.374	21.869	11,6	22,3	66,1
	DPWV	55.116	6.818	12.409	35.889	12,4	22,5	65,1
	DRK	21.410	2.490	5.329	13.591	11,6	24,9	63,5
	Diakonie / EKD	104.854	16.830	27.951	60.073	16,1	26,7	57,3
	Caritas / katholisch	115.470	23.220	29.316	62.934	20,1	25,4	54,5
	Sonstige	70.839	10.138	16.514	44.187	14,3	23,3	62,4
Freie Träger / privat-nichtgemeinnützig		15.207	2.172	2.816	10.219	14,3	18,5	67,2
Elterninitiative		29.843	5.502	7.663	16.678	18,4	25,7	55,9
Insgesamt		675.645	103.105	168.504	404.036	15,3	24,9	59,8

Quelle
FDZ der Statistischen Ämter des Bundes und der Länder, Kinder und tätige Personen in Tageseinrichtungen und in öffentlich geförderter Kindertagespflege, 2020; berechnet vom LG Empirische Bildungsforschung der FernUniversität in Hagen, 2021.

Anmerkungen
* Berücksichtigt werden auch diejenigen, die als ersten Arbeitsbereich Leitungstätigkeiten angegeben haben. Unberücksichtigt bleiben hingegen Tätige, die überwiegend Verwaltungsaufgaben wahrnehmen und Tätige im hauswirtschaftlich-technischen Bereich.

** Die Art des Trägers setzt sich wie folgt zusammen:

Öffentlicher Träger: Jugendamt (örtlicher Träger), Landesjugendamt (überörtlicher Träger), Oberste Landesjugendbehörde (Ministerium), Gemeinde oder Gemeindeverband ohne eigenes Jugendamt, ohne Elterninitiativen

Arbeiterwohlfahrt (AWO): Oder deren Mitgliedsorganisationen, ohne Elterninitiativen

Deutscher Paritätischer Wohlfahrtsverband (DPWV): Oder dessen Mitgliedsorganisationen, ohne Elterninitiativen

Deutsches Rotes Kreuz (DRK): Oder dessen Mitgliedsorganisationen, ohne Elterninitiativen

Diakonie Deutschland / sonstige der EKD angeschlossene Träger: Ohne Elterninitiativen

Deutscher Caritasverband / sonstige katholische Träger: Ohne Elterninitiativen

Sonstige freigemeinnützige Träger: Zentralwohlfahrtsstelle der Juden in Deutschland oder jüdische Kultusgemeinden, sonstige Religionsgemeinschaften des öffentlichen Rechts, Jugendgruppen, Jugendverband, Jugendring, sonstige juristische Personen, andere Vereinigungen, ohne Elterninitiativen

Privat-nichtgemeinnützig: Unternehmens-/Betriebsteil, selbstständig privat-gewerblich, natürliche oder andere juristische Personen, ohne Elterninitiativen

Elterninitiative: Einrichtungen, die von Eltern oder anderen Personensorgeberechtigten gemäß § 5 SGB VIII selbst organisiert sind, auch wenn sie sich einem anderen Träger angeschlossen haben

*** Exklusive der Werte, die nach Angabe des Statistischen Bundesamtes der Geheimhaltung unterliegen

**** Aufgrund der zeitweiligen Schließung bzw. des eingeschränkten Betriebs der Kindertageseinrichtungen in Nordrhein-Westfalen durch die Corona-Pandemie konnten einige Einrichtungen ihre Daten nicht rechtzeitig übermitteln. Bei den vorliegenden Daten muss von einer Untererfassung von ca. 50 KiTas mit ca. 2.000 betreuten Kindern und dem jeweiligen Personal ausgegangen werden.

Tab. 82 | Szenarien der Bertelsmann Stiftung: Fachkraft-Kind-Relationen (2020)

	Krippengruppe*				Kindergartengruppe*				Kindergartengruppe, für 2-Jährige geöffnet*			
	Personalschlüssel (Median)	Fachkraft-Kind-Relation mit angenommenem Anteil unmittelbarer päd. Arbeitszeit** von			Personalschlüssel (Median)	Fachkraft-Kind-Relation mit angenommenem Anteil unmittelbarer päd. Arbeitszeit** von			Personalschlüssel (Median)	Fachkraft-Kind-Relation mit angenommenem Anteil unmittelbarer päd. Arbeitszeit** von		
		75 %	67 %	60 %		75 %	67 %	60 %		75 %	67 %	60 %
Bundesland	1 : x				1 : x				1 : x			
BW	3,0	4,0	4,5	5,0	6,7	8,9	10,0	11,2	6,7	9,0	10,0	11,2
BY	3,7	4,9	5,5	6,1	8,2	11,0	12,3	13,7	8,1	10,8	12,1	13,5
BE	5,2	7,0	7,8	8,7	8,3	11,0	12,3	13,8	8,3	11,0	12,3	13,8
BB	5,3	7,1	8,0	8,9	9,9	13,3	14,8	16,6	9,3	12,4	13,9	15,5
HB	3,1	4,2	4,6	5,2	7,9	10,5	11,7	13,1	7,6	10,1	11,3	12,6
HH	4,3	5,7	6,4	7,1	7,9	10,5	11,8	13,2	8,0	10,6	11,9	13,3
HE	3,8	5,1	5,7	6,4	9,5	12,6	14,2	15,8	8,9	11,9	13,3	14,9
MV	5,9	7,9	8,8	9,8	12,9	17,2	19,2	21,5	11,6	15,4	17,3	19,3
NI	3,7	4,9	5,5	6,2	8,0	10,6	11,9	13,3	7,7	10,3	11,5	12,8
NW***	3,7	4,9	5,5	6,1	8,5	11,3	12,7	14,2	7,5	10,0	11,2	12,5
RP	3,7	4,9	5,5	6,1	8,4	11,2	12,5	13,9	7,9	10,5	11,8	13,2
SL	3,7	5,0	5,6	6,2	9,8	13,0	14,6	16,3	10,0	13,3	14,9	16,6
SN	5,5	7,4	8,2	9,2	11,7	15,6	17,5	19,5	10,8	14,5	16,2	18,1
ST	5,6	7,5	8,4	9,3	10,7	14,2	15,9	17,8	9,9	13,2	14,8	16,5
SH	3,6	4,9	5,4	6,1	7,8	10,4	11,7	13,0	7,7	10,3	11,5	12,8
TH	5,4	7,2	8,1	9,0	11,1	14,8	16,6	18,5	10,3	13,7	15,3	17,1
O (m. BE)	5,5	7,4	8,2	9,2	11,0	14,7	16,5	18,4	10,1	13,4	15,0	16,8
W (o. BE)	3,5	4,7	5,3	5,9	8,1	10,8	12,1	13,5	7,7	10,2	11,4	12,8
DE	4,1	5,4	6,1	6,8	8,7	11,6	13,0	14,5	7,8	10,4	11,7	13,1

Quelle

FDZ der Statistischen Ämter des Bundes und der Länder, Kinder und tätige Personen in Tageseinrichtungen und in öffentlich geförderter Kindertagespflege, 2020; berechnet vom LG Empirische Bildungsforschung der FernUniversität in Hagen, 2021, auf Grundlage der von der Arbeitsstelle Kinder- und Jugendhilfestatistik (AKJ^{Stat}) entwickelten Methodik zur Berechnung des Personalschlüssels.

Anmerkungen

* Die Gruppentypen wurden anhand der im Folgenden erläuterten Merkmale gebildet: Krippengruppen sind alle Gruppen, in denen ausschließlich Kinder unter 3 Jahren sind. Kindergartengruppen sind alle Gruppen, in denen ausschließlich Kinder von 3 Jahren bis zum Schuleintritt sind. „Für 2-Jährige geöffnete Kindergartengruppen" sind Gruppen mit 15 und mehr Kindern, in denen neben Kindern ab einem Alter von 3 Jahren bis zum Schulbesuch auch bis zu fünf 2-jährige Kinder betreut werden. Unter „Gruppen mit Kindern unter 4 Jahren" werden alle Gruppen gefasst, die nicht den Krippengruppen zugeordnet wurden und in denen ausschließlich Kinder unter 4 Jahren sind. Unter „altersübergreifende Gruppen" fallen diejenigen Gruppen, die nicht den vorangegangenen Gruppentypen zugeordnet wurden. Diese Gruppe setzt sich aus altersgruppenübergreifenden Gruppen mit Kindern von 0 Jahren bis zum Schuleintritt und altersgruppenübergreifenden Gruppen mit Schulkindern zusammen. Sprachlich exakt müsste diese Gruppenform „altersgruppenübergreifende Gruppen" heißen. „Hortgruppen" sind diejenigen Gruppen, in denen sich ausschließlich Schulkinder befinden.

** Der Personalschlüssel stellt den rechnerisch zur Verfügung stehenden Personalressourceneinsatz in den unterschiedlichen KiTa-Gruppen dar. Dieser Wert wird auf Basis der laut amtlicher Kinder- und Jugendhilfestatistik vertraglich vereinbarten Wochenarbeitszeit seitens des Personals sowie der vertraglich vereinbarten Betreuungszeiten in Stunden pro Woche seitens der Kinder gebildet. Bei dem Personalschlüssel wird also sowohl die unmittelbare als auch die mittelbare Arbeitszeit des Personals berücksichtigt. Die mittelbare Arbeitszeit kann z.B. Arbeitszeiten für Teamsitzungen, Elterngespräche oder Vorbereitungszeiten enthalten, dadurch verringern sich die Personalressourcen für die unmittelbare Arbeit mit dem zu betreuenden Kind. Darüber hinaus gibt es auf Seiten des Personals Ausfallzeiten durch Urlaub, Fort- und Weiterbildung sowie Krankheit. Dadurch wird die unmittelbare Arbeitszeit zusätzlich reduziert, wenn keine Personalkapazitäten zur Verfügung stehen. Bei der Fachkraft-Kind-Relation werden ausschließlich die Anteile für die unmittelbare Arbeitszeit berücksichtigt. Bei der vorliegenden Berechnung werden drei unterschiedliche Anteile von unmittelbarer pädagogischer Arbeitszeit angenommen (75%, 67% und 60%) und diese auf die anhand der amtlichen Kinder- und Jugendhilfestatistik 2020 berechneten Personalschlüssel übertragen. Diese Szenarien bieten eine Orientierung für die Ermittlung der Fachkraft-Kind-Relationen in den Einrichtungen, wenn bekannt ist, wie hoch die Anteile für die mittelbare Arbeitszeit konkret sind.

*** Aufgrund der zeitweiligen Schließung bzw. des eingeschränkten Betriebs der Kindertageseinrichtungen in Nordrhein-Westfalen durch die Corona-Pandemie konnten einige Einrichtungen ihre Daten nicht rechtzeitig übermitteln. Bei den vorliegenden Daten muss von einer Untererfassung von ca. 50 KiTas mit ca. 2.000 betreuten Kindern und dem jeweiligen Personal ausgegangen werden.

> Fortsetzung nächste Seite

	Gruppe mit Kindern unter 4 Jahren*				Altersübergreifende Gruppe*				Hortgruppe*			
	Personal-schlüssel (Median)	Fachkraft-Kind-Relation mit angenommenem Anteil unmittelbarer päd. Arbeitszeit** von			Personal-schlüssel (Median)	Fachkraft-Kind-Relation mit angenommenem Anteil unmittelbarer päd. Arbeitszeit** von			Personal-schlüssel (Median)	Fachkraft-Kind-Relation mit angenommenemAnteil unmittelbarer päd. Arbeitszeit** von		
		75 %	67 %	60 %		75 %	67 %	60 %		75 %	67 %	60 %
Bundesland	1 : x				1 : x				1 : x			
BW	3,3	4,5	5,0	5,6	5,1	6,7	7,5	8,4	6,9	9,2	10,3	11,5
BY	3,8	5,1	5,7	6,4	6,5	8,7	9,7	10,9	5,9	7,9	8,8	9,8
BE	5,8	7,8	8,7	9,7	7,2	9,6	10,8	12,0	-	-	-	-
BB	6,4	8,5	9,6	10,7	8,3	11,1	12,4	13,8	10,9	14,5	16,2	18,1
HB	3,3	4,4	4,9	5,5	6,1	8,1	9,1	10,2	7,3	9,7	10,8	12,1
HH	4,5	6,0	6,7	7,5	6,6	8,8	9,8	11,0	5,3	7,0	7,9	8,8
HE	4,0	5,3	6,0	6,6	7,3	9,7	10,8	12,1	9,2	12,3	13,7	15,4
MV	7,0	9,3	10,4	11,7	10,8	14,4	16,1	18,0	14,7	19,6	22,0	24,5
NI	3,9	5,1	5,7	6,4	6,0	8,1	9,0	10,1	5,6	7,5	8,4	9,4
NW***	3,9	5,2	5,8	6,5	6,1	8,1	9,0	10,1	6,9	9,3	10,4	11,6
RP	4,7	6,3	7,1	7,9	6,6	8,8	9,8	10,9	7,3	9,7	10,9	12,2
SL	4,2	5,6	6,3	7,0	6,4	8,5	9,5	10,6	8,8	11,8	13,2	14,7
SN	6,9	9,2	10,2	11,4	9,7	13,0	14,5	16,2	14,9	19,8	22,2	24,8
ST	6,8	9,0	10,1	11,3	8,3	11,0	12,4	13,8	15,8	21,1	23,6	26,4
SH	3,7	5,0	5,6	6,2	5,7	7,6	8,6	9,6	6,9	9,2	10,3	11,5
TH	7,0	9,4	10,5	11,7	9,1	12,1	13,6	15,1	11,2	14,9	16,7	18,6
O (m. BE)	6,6	8,9	9,9	11,1	8,6	11,4	12,8	14,3	14,1	18,8	21,0	23,4
W (o. BE)	3,9	5,2	5,8	6,4	6,1	8,1	9,1	10,1	6,4	8,5	9,5	10,6
DE	4,2	5,6	6,3	7,0	6,6	8,8	9,8	11,0	10,6	14,2	15,8	17,7

Quelle
FDZ der Statistischen Ämter des Bundes und der Länder, Kinder und tätige Personen in Tageseinrichtungen und in öffentlich geförderter Kindertagespflege, 2020; berechnet vom LG Empirische Bildungsforschung der FernUniversität in Hagen, 2021, auf Grundlage der von der Arbeitsstelle Kinder- und Jugendhilfestatistik (AKJ[Stat]) entwickelten Methodik zur Berechnung des Personalschlüssels.

Anmerkungen

* Die Gruppentypen wurden anhand der im Folgenden erläuterten Merkmale gebildet: Krippengruppen sind alle Gruppen, in denen ausschließlich Kinder unter 3 Jahren sind. Kindergartengruppen sind alle Gruppen, in denen ausschließlich Kinder von 3 Jahren bis zum Schuleintritt sind. „Für 2-Jährige geöffnete Kindergartengruppen" sind Gruppen mit 15 und mehr Kindern, in denen neben Kindern ab einem Alter von 3 Jahren bis zum Schulbesuch auch bis zu fünf 2-jährige Kinder betreut werden. Unter „Gruppen mit Kindern unter 4 Jahren" werden alle Gruppen gefasst, die nicht den Krippengruppen zugeordnet wurden und in denen ausschließlich Kinder unter 4 Jahren sind. Unter „altersübergreifende Gruppen" fallen diejenigen Gruppen, die nicht den vorangegangenen Gruppentypen zugeordnet wurden. Diese Gruppe setzt sich aus altersgruppenübergreifenden Gruppen mit Kindern von 0 Jahren bis zum Schuleintritt und altersgruppenübergreifenden Gruppen mit Schulkindern zusammen. Sprachlich exakt müsste diese Gruppenform „altersgruppenübergreifende Gruppen" heißen. „Hortgruppen" sind diejenigen Gruppen, in denen sich ausschließlich Schulkinder befinden.

** Der Personalschlüssel stellt den rechnerisch zur Verfügung stehenden Personalressourceneinsatz in den unterschiedlichen KiTa-Gruppen dar. Dieser Wert wird auf Basis der laut amtlicher Kinder- und Jugendhilfestatistik vertraglich vereinbarten Wochenarbeitszeit seitens des Personals sowie der vertraglich vereinbarten Betreuungszeiten in Stunden pro Woche seitens der Kinder gebildet. Bei dem Personalschlüssel wird also sowohl die unmittelbare als auch die mittelbare Arbeitszeit des Personals berücksichtigt. Die mittelbare Arbeitszeit kann z.B. Arbeitszeiten für Teamsitzungen, Elterngespräche oder Vorbereitungszeiten enthalten, dadurch verringern sich die Personalressourcen für die unmittelbare Arbeit mit dem zu betreuenden Kind. Darüber hinaus gibt es auf Seiten des Personals Ausfallzeiten durch Urlaub, Fort- und Weiterbildung sowie Krankheit. Dadurch wird die unmittelbare Arbeitszeit zusätzlich reduziert, wenn keine Personalkapazitäten zur Verfügung stehen. Bei der Fachkraft-Kind-Relation werden ausschließlich die Anteile für die unmittelbare Arbeitszeit berücksichtigt. Bei der vorliegenden Berechnung werden drei unterschiedliche Anteile von unmittelbarer pädagogischer Arbeitszeit angenommen (75%, 67% und 60%) und diese auf die anhand der amtlichen Kinder- und Jugendhilfestatistik 2020 berechneten Personalschlüssel übertragen. Diese Szenarien bieten eine Orientierung für die Ermittlung der Fachkraft-Kind-Relationen in den Einrichtungen, wenn bekannt ist, wie hoch die Anteile für die mittelbare Arbeitszeit konkret sind.

*** Aufgrund der zeitweiligen Schließung bzw. des eingeschränkten Betriebs der Kindertageseinrichtungen in Nordrhein-Westfalen durch die Corona-Pandemie konnten einige Einrichtungen ihre Daten nicht rechtzeitig übermitteln. Bei den vorliegenden Daten muss von einer Untererfassung von ca. 50 KiTas mit ca. 2.000 betreuten Kindern und dem jeweiligen Personal ausgegangen werden.

Tab. 83oh | Kindertageseinrichtungen (ohne Horte) nach Öffnungszeiten in den Bundesländern am 01.03.2020 (Anzahl; Anteil in %)

	Insgesamt	Davon							Davon						
		Beginn der Öffnungszeit			Ende der Öffnungszeit			Beginn später als 7:30 und Ende vor 16:30 Uhr	Beginn der Öffnungszeit			Ende der Öffnungszeit			Beginn später als 7:30 und Ende vor 16:30 Uhr
		vor 7:00 Uhr	7:00 bis 7:30 Uhr	später als 7:30 Uhr	vor 16:30 Uhr	16:30 bis 18:00 Uhr	später als 18:00 Uhr		vor 7:00 Uhr	7:00 bis 7:30 Uhr	später als 7:30 Uhr	vor 16:30 Uhr	16:30 bis 18:00 Uhr	später als 18:00 Uhr	
Bundesland	Anzahl	Anzahl							In %						
BW	8.878	369	7.754	755	4.782	4.050	46	621	4,2	87,3	8,5	53,9	45,6	0,5	7,0
BY	8.766	590	7.673	503	3.375	5.313	78	301	6,7	87,5	5,7	38,5	60,6	0,9	3,4
BE	2.663	912	1.132	619	265	2.357	41	164	34,2	42,5	23,2	10,0	88,5	1,5	6,2
BB	1.565	1.388	156	21	56	1.462	47	15	88,7	10,0	1,3	3,6	93,4	3,0	1,0
HB	437	26	246	165	275	161	1	157	5,9	56,3	37,8	62,9	36,8	0,2	35,9
HH	1.126	375	533	218	240	822	64	160	33,3	47,3	19,4	21,3	73,0	5,7	14,2
HE	4.157	91	3.825	241	1.058	3.057	42	147	2,2	92,0	5,8	25,5	73,5	1,0	3,5
MV	952	902	41	9	12	901	39	9	94,7	4,3	0,9	1,3	94,6	4,1	0,9
NI	5.045	163	4.141	741	2.964	2.047	34	666	3,2	82,1	14,7	58,8	40,6	0,7	13,2
NW	10.347	264	9.653	430	3.696	6.589	62	326	2,6	93,3	4,2	35,7	63,7	0,6	3,2
RP	2.470	69	2.350	51	867	1.594	9	34	2,8	95,1	2,1	35,1	64,5	0,4	1,4
SL	470	25	442	3	34	425	11	1	5,3	94,0	0,6	7,2	90,4	2,3	0,2
SN	2.348	2.149	197	2	92	2.223	33	2	91,5	8,4	0,1	3,9	94,7	1,4	0,1
ST	1.414	1.376	34	4	27	1.366	21	4	97,3	2,4	0,3	1,9	96,6	1,5	0,3
SH	1.774	148	1.454	172	1.053	701	20	144	8,3	82,0	9,7	59,4	39,5	1,1	8,1
TH	1.330	1.257	68	5	50	1.277	3	3	94,5	5,1	0,4	3,8	96,0	0,2	0,2
O (m. BE)	10.272	7.984	1.628	660	502	9.586	184	197	77,7	15,8	6,4	4,9	93,3	1,8	1,9
W (o. BE)	43.470	2.120	38.071	3.279	18.344	24.759	367	2.557	4,9	87,6	7,5	42,2	57,0	0,8	5,9
DE	53.742	10.104	39.699	3.939	18.846	34.345	551	2.754	18,8	73,9	7,3	35,1	63,9	1,0	5,1

Quelle
FDZ der Statistischen Ämter des Bundes und der Länder, Kinder und tätige Personen in Tageseinrichtungen und in öffentlich geförderter Kindertagespflege, 2020; berechnet vom LG Empirische Bildungsforschung der FernUniversität in Hagen, 2021.

Tab. 83h | Horte nach Öffnungszeiten in den Bundesländern am 01.03.2020 (Anzahl; Anteil in %)

	Insgesamt	Davon							Davon							
		Beginn der Öffnungszeit			Ende der Öffnungszeit			Beginn später als 7:30 und Ende vor 16:30 Uhr	Beginn der Öffnungszeit			Ende der Öffnungszeit			Beginn später als 7:30 und Ende vor 16:30 Uhr
		vor 7:00 Uhr	7:00 bis 7:30 Uhr	später als 7:30 Uhr	vor 16:30 Uhr	16:30 bis 18:00 Uhr	später als 18:00 Uhr		vor 7:00 Uhr	7:00 bis 7:30 Uhr	später als 7:30 Uhr	vor 16:30 Uhr	16:30 bis 18:00 Uhr	später als 18:00 Uhr	
Bundesland	Anzahl	Anzahl							In %						
BW	410	31	146	233	5	402	3	4	7,6	35,6	56,8	1,2	98,0	0,7	1,0
BY	879	96	115	668	23	849	7	20	10,9	13,1	76,0	2,6	96,6	0,8	2,3
BE	-	-	-	-	-	-	-	-	-	-	-	-	-	-	-
BB	379	286	35	58	30	340	9	21	75,5	9,2	15,3	7,9	89,7	2,4	5,5
HB	24	0	2	22	9	15	0	9	0,0	8,3	91,7	37,5	62,5	0,0	37,5
HH	7	0	1	6	1	6	0	1	0,0	14,3	85,7	14,3	85,7	0,0	14,3
HE	169	0	67	102	2	167	0	0	0,0	39,6	60,4	1,2	98,8	0,0	0,0
MV	159	108	13	38	2	156	1	1	67,9	8,2	23,9	1,3	98,1	0,6	0,6
NI	549	4	63	482	151	397	1	138	0,7	11,5	87,8	27,5	72,3	0,2	25,1
NW	51	1	7	43	19	31	1	16	2,0	13,7	84,3	37,3	60,8	2,0	31,4
RP	102	3	25	74	3	99	0	2	2,9	24,5	72,5	2,9	97,1	0,0	2,0
SL	18	1	2	15	1	16	1	1	5,6	11,1	83,3	5,6	88,9	5,6	5,6
SN	677	595	39	43	47	630	0	14	87,9	5,8	6,4	6,9	93,1	0,0	2,1
ST	386	360	8	18	2	383	1	1	93,3	2,1	4,7	0,5	99,2	0,3	0,3
SH	42	11	10	21	6	35	1	2	26,2	23,8	50,0	14,3	83,3	2,4	4,8
TH	-	-	-	-	-	-	-	-	-	-	-	-	-	-	-
O (m. BE)	1.601	1.349	95	157	81	1.509	11	37	84,3	5,9	9,8	5,1	94,3	0,7	2,3
W (o. BE)	2.251	147	438	1.666	220	2.017	14	193	6,5	19,5	74,0	9,8	89,6	0,6	8,6
DE	3.852	1.496	533	1.823	301	3.526	25	230	38,8	13,8	47,3	7,8	91,5	0,6	6,0

Quelle
FDZ der Statistischen Ämter des Bundes und der Länder, Kinder und tätige Personen in Tageseinrichtungen und in öffentlich geförderter Kindertagespflege, 2020; berechnet vom LG Empirische Bildungsforschung der FernUniversität in Hagen, 2021.

Tab. 85 | Kindertageseinrichtungen (mit Horten) nach ihrem Leitungsprofil und Größe der Einrichtung* in den Bundesländern am 01.03.2020 (Anzahl; Anteil in %)

Einrichtungsgröße nach Anzahl der Kinder*	KiTas (mit Horten) insgesamt	Leitungsressourcen			
		Ohne	Mit	Ohne	Mit
		Anzahl		In %	
Baden-Württemberg					
klein	483	4.192	4.675	10,3	89,7
mittel	208	2.806	3.014	6,9	93,1
groß	52	1.547	1.599	3,3	96,7
gesamt	743	8.545	9.288	8,0	92,0
Bayern					
klein	346	3.211	3.557	9,7	90,3
mittel	80	3.004	3.084	2,6	97,4
groß	47	2.957	3.004	1,6	98,4
gesamt	473	9.172	9.645	4,9	95,1
Berlin					
klein	496	836	1.332	37,2	62,8
mittel	46	467	513	9,0	91,0
groß	38	780	818	4,6	95,4
gesamt	580	2.083	2.663	21,8	78,2
Brandenburg					
klein	59	466	525	11,2	88,8
mittel	22	420	442	5,0	95,0
groß	43	934	977	4,4	95,6
gesamt	124	1.820	1.944	6,4	93,6
Bremen					
klein	x	x	207	x	x
mittel	x	x	100	x	x
groß	x	x	154	x	x
gesamt	117	344	461	25,4	74,6
Hamburg					
klein	77	306	383	20,1	79,9
mittel	28	273	301	9,3	90,7
groß	16	433	449	3,6	96,4
gesamt	121	1.012	1.133	10,7	89,3
Hessen					
klein	374	1.133	1.507	24,8	75,2
mittel	110	1.130	1.240	8,9	91,1
groß	92	1.487	1.579	5,8	94,2
gesamt	576	3.750	4.326	13,3	86,7
Mecklenburg-Vorpommern					
klein	17	268	285	6,0	94,0
mittel	9	272	281	3,2	96,8
groß	13	532	545	2,4	97,6
gesamt	39	1.072	1.111	3,5	96,5
Niedersachsen					
klein	630	1.804	2.434	25,9	74,1
mittel	79	1.225	1.304	6,1	93,9
groß	75	1.781	1.856	4,0	96,0
gesamt	784	4.810	5.594	14,0	86,0
Nordrhein-Westfalen* **					
klein	431	2.551	2.982	14,5	85,5
mittel	234	4.301	4.535	5,2	94,8
groß	99	2.782	2.881	3,4	96,6
gesamt	764	9.634	10.398	7,3	92,7
Rheinland-Pfalz					
klein	108	649	757	14,3	85,7
mittel	43	905	948	4,5	95,5
groß	35	832	867	4,0	96,0
gesamt	186	2.386	2.572	7,2	92,8
Saarland					
klein	11	90	101	10,9	89,1
mittel	14	160	174	8,0	92,0
groß	10	203	213	4,7	95,3
gesamt	35	453	488	7,2	92,8
Sachsen					
klein	68	433	501	13,6	86,4
mittel	33	696	729	4,5	95,5
groß	58	1.737	1.795	3,2	96,8
gesamt	159	2.866	3.025	5,3	94,7
Sachsen-Anhalt					
klein	33	399	432	7,6	92,4
mittel	21	521	542	3,9	96,1
groß	23	803	826	2,8	97,2
gesamt	77	1.723	1.800	4,3	95,7
Schleswig-Holstein					
klein	131	536	667	19,6	80,4
mittel	24	513	537	4,5	95,5
groß	15	597	612	2,5	97,5
gesamt	170	1.646	1.816	9,4	90,6
Thüringen					
klein	x	x	438	x	x
mittel	x	x	430	x	x
groß	x	x	462	x	x
gesamt	6	1.324	1.330	0,5	99,5
Ostdeutschland (mit Berlin)**					
klein	673	2.402	3.075	21,9	78,1
mittel	131	2.376	2.507	5,2	94,8
groß	175	4.786	4.961	3,5	96,5
gesamt	985	10.888	11.873	8,3	91,7
Westdeutschland (ohne Berlin)**					
klein	2.591	14.472	17.063	15,2	84,8
mittel	820	14.317	15.137	5,4	94,6
groß	441	12.619	13.060	3,4	96,6
gesamt	3.969	41.752	45.721	8,7	91,3
Deutschland					
klein	3.372	17.411	20.783	16,2	83,8
mittel	962	17.212	18.174	5,3	94,7
groß	620	18.017	18.637	3,3	96,7
gesamt	4.954	52.640	57.594	8,6	91,4

Quelle

FDZ der Statistischen Ämter des Bundes und der Länder, Kinder und tätige Personen in Tageseinrichtungen und in öffentlich geförderter Kindertagespflege, 2020; berechnet vom LG Empirische Bildungsforschung der FernUniversität in Hagen, 2021.

Anmerkungen

* Für die Kategorisierung wurden alle KiTas mit Leitungsressourcen anhand der Anzahl der betreuten Kinder in der Einrichtung in möglichst drei gleich große Gruppen verteilt. In kleinen KiTas werden weniger als 45 Kinder betreut, in mittleren KiTas 45 bis 75 Kinder und in großen KiTas 76 und mehr Kinder.

** Exklusive der Werte, die nach Angabe des Statistischen Bundesamtes der Geheimhaltung unterliegen.

*** Aufgrund der zeitweiligen Schließung bzw. des eingeschränkten Betriebs der Kindertageseinrichtungen in Nordrhein-Westfalen durch die Corona-Pandemie konnten einige Einrichtungen ihre Daten nicht rechtzeitig übermitteln. Bei den vorliegenden Daten muss von einer Untererfassung von ca. 50 KiTas mit ca. 2.000 betreuten Kindern und dem jeweiligen Personal ausgegangen werden.

Tab. 87 | Kinder im Alter von unter 3 Jahren in Kindertageseinrichtungen nach ihrem Aufnahmezeitpunkt sowie monatsgenaue Aufnahmequote in den Bundesländern am 01.03.2020 (Anzahl; Anteil in %)

	Kinder unter 3 Jahren in KiTas	Davon im Monat ... in der aktuellen KiTa aufgenommen											
		Januar	Februar	März	April	Mai	Juni	Juli	August	September	Oktober	November	Dezember
Bundesland	Anzahl												
BW	83.100	10.224	8.872	10.419	3.486	4.166	3.734	3.465	2.036	14.731	10.052	8.275	3.640
BY	104.949	12.891	7.114	7.414	3.146	2.982	2.540	1.846	850	43.612	11.857	7.945	2.752
BE	48.329	3.028	2.362	2.055	1.253	1.409	1.171	1.334	18.180	7.432	5.107	3.424	1.574
BB	32.855	2.538	2.204	2.845	1.318	1.575	1.604	1.554	6.501	6.175	2.474	2.226	1.841
HB	5.102	195	134	137	51	44	47	17	3.926	182	154	147	68
HH	26.273	3.004	2.504	1.965	1.524	1.566	1.483	1.526	3.511	3.194	2.732	2.324	940
HE	48.934	5.159	4.382	6.038	1.740	1.978	1.791	1.030	9.289	6.291	5.022	4.264	1.950
MV	19.480	1.985	1.531	1.597	1.096	1.092	1.035	1.037	2.833	2.966	1.803	1.487	1.018
NI	57.616	5.136	3.444	3.269	1.401	1.437	825	383	24.286	6.915	5.038	3.768	1.714
NW	100.653	3.209	1.795	1.766	723	671	579	416	81.156	4.293	2.381	2.265	1.399
RP	32.829	3.972	3.068	2.828	1.568	1.826	1.498	671	4.232	4.641	3.714	3.338	1.473
SL	6.584	736	665	738	358	385	391	194	826	767	619	563	342
SN	50.036	5.116	4.104	4.201	2.461	2.300	2.104	2.597	8.084	7.466	5.141	4.321	2.141
ST	29.950	3.041	2.608	2.885	1.647	1.679	1.566	1.434	5.648	3.255	2.529	2.232	1.426
SH	20.569	1.922	1.419	1.382	681	754	543	432	7.370	2.388	1.601	1.352	725
TH	27.789	2.820	2.278	2.705	1.288	1.388	1.248	1.437	3.750	4.805	2.692	2.079	1.299
O (m. BE)	208.439	18.528	15.087	16.288	9.063	9.443	8.728	9.393	44.996	32.099	19.746	15.769	9.299
W (o. BE)	486.609	46.448	33.397	35.956	14.678	15.809	13.431	9.980	137.482	87.014	43.170	34.241	15.003
DE	695.048	64.976	48.484	52.244	23.741	25.252	22.159	19.373	182.478	119.113	62.916	50.010	24.302

Bundesland	In %											
BW	12,3	10,7	12,5	4,2	5,0	4,5	4,2	2,5	17,7	12,1	10,0	4,4
BY	12,3	6,8	7,1	3,0	2,8	2,4	1,8	0,8	41,6	11,3	7,6	2,6
BE	6,3	4,9	4,3	2,6	2,9	2,4	2,8	37,6	15,4	10,6	7,1	3,3
BB	7,7	6,7	8,7	4,0	4,8	4,9	4,7	19,8	18,8	7,5	6,8	5,6
HB	3,8	2,6	2,7	1,0	0,9	0,9	0,3	77,0	3,6	3,0	2,9	1,3
HH	11,4	9,5	7,5	5,8	6,0	5,6	5,8	13,4	12,2	10,4	8,8	3,6
HE	10,5	9,0	12,3	3,6	4,0	3,7	2,1	19,0	12,9	10,3	8,7	4,0
MV	10,2	7,9	8,2	5,6	5,6	5,3	5,3	14,5	15,2	9,3	7,6	5,2
NI	8,9	6,0	5,7	2,4	2,5	1,4	0,7	42,2	12,0	8,7	6,5	3,0
NW	3,2	1,8	1,8	0,7	0,7	0,6	0,4	80,6	4,3	2,4	2,3	1,4
RP	12,1	9,3	8,6	4,8	5,6	4,6	2,0	12,9	14,1	11,3	10,2	4,5
SL	11,2	10,1	11,2	5,4	5,8	5,9	2,9	12,5	11,6	9,4	8,6	5,2
SN	10,2	8,2	8,4	4,9	4,6	4,2	5,2	16,2	14,9	10,3	8,6	4,3
ST	10,2	8,7	9,6	5,5	5,6	5,2	4,8	18,9	10,9	8,4	7,5	4,8
SH	9,3	6,9	6,7	3,3	3,7	2,6	2,1	35,8	11,6	7,8	6,6	3,5
TH	10,1	8,2	9,7	4,6	5,0	4,5	5,2	13,5	17,3	9,7	7,5	4,7
O (m. BE)	8,9	7,2	7,8	4,3	4,5	4,2	4,5	21,6	15,4	9,5	7,6	4,5
W (o. BE)	9,5	6,9	7,4	3,0	3,2	2,8	2,1	28,3	17,9	8,9	7,0	3,1
DE	9,3	7,0	7,5	3,4	3,6	3,2	2,8	26,3	17,1	9,1	7,2	3,5

Quelle

FDZ der Statistischen Ämter des Bundes und der Länder, Kinder und tätige Personen in Tageseinrichtungen und in öffentlich geförderter Kindertagespflege, 2020; berechnet vom LG Empirische Bildungsforschung der FernUniversität in Hagen, 2021.

Anmerkungen

* Aufgrund der zeitweiligen Schließung bzw. des eingeschränkten Betriebs der Kindertageseinrichtungen in Nordrhein-Westfalen durch die Corona-Pandemie konnten einige Einrichtungen ihre Daten nicht rechtzeitig übermitteln. Bei den vorliegenden Daten muss von einer Untererfassung von ca. 50 KiTas mit ca. 2.000 betreuten Kindern und dem jeweiligen Personal ausgegangen werden.

Tab. 87a | Kinder im Alter unter 3 Jahren in Kindertagespflege* nach ihrem Aufnahmezeitpunkt sowie monatsgenaue Aufnahmequote in den Bundesländern 2020 (Anzahl; Anteil in %)

Bundesland	Kinder unter 3 Jahren in Kindertagespflege*	Davon im Monat ... in der aktuellen KiTa aufgenommen											
		Januar	Februar	März	April	Mai	Juni	Juli	August	September	Oktober	November	Dezember
	Anzahl												
BW	15.655	1.960	1.862	1.217	721	816	736	845	777	2.565	1.996	1.380	780
BY	9.309	1.018	727	608	305	294	252	326	422	3.076	1.120	786	375
BE	4.111	344	296	231	105	188	143	168	1.242	523	401	283	187
BB	3.451	388	217	190	126	142	136	189	612	696	339	257	159
HB	914	58	63	51	24	24	6	20	494	63	39	37	35
HH	2.192	251	204	131	90	114	114	164	343	275	206	191	109
HE	9.526	1.172	937	787	388	481	410	474	1.421	1.073	1.016	908	459
MV	3.194	356	294	281	159	162	178	150	356	521	292	264	181
NI	16.387	1.948	1.398	959	622	672	552	799	4.240	1.807	1.425	1.180	785
NW*	51.180	4.159	3.436	2.620	1.286	1.366	1.249	1.852	18.247	7.227	4.043	3.419	2.276
RP	3.125	447	352	183	115	132	128	159	367	422	346	299	175
SL	742	106	71	61	29	58	44	43	88	75	66	62	39
SN	6.983	812	550	525	297	262	282	330	1.000	1.180	736	640	369
ST	654	78	70	63	17	28	21	29	133	58	59	53	45
SH	6.509	734	606	454	268	263	215	239	1.452	866	562	539	311
TH	1.002	123	86	103	30	46	32	32	120	168	120	85	57
O (m. BE)	19.395	2.101	1.513	1.393	734	828	792	898	3.463	3.146	1.947	1.582	998
W (o. BE)	115.539	11.853	9.656	7.071	3.848	4.220	3.706	4.921	27.851	17.449	10.819	8.801	5.344
DE	134.934	13.954	11.169	8.464	4.582	5.048	4.498	5.819	31.314	20.595	12.766	10.383	6.342

Bundesland	In %											
BW	12,5	11,9	7,8	4,6	5,2	4,7	5,4	5,0	16,4	12,7	8,8	5,0
BY	10,9	7,8	6,5	3,3	3,2	2,7	3,5	4,5	33,0	12,0	8,4	4,0
BE	8,4	7,2	5,6	2,6	4,6	3,5	4,1	30,2	12,7	9,8	6,9	4,5
BB	11,2	6,3	5,5	3,7	4,1	3,9	5,5	17,7	20,2	9,8	7,4	4,6
HB	6,3	6,9	5,6	2,6	2,6	0,7	2,2	54,0	6,9	4,3	4,0	3,8
HH	11,5	9,3	6,0	4,1	5,2	5,2	7,5	15,6	12,5	9,4	8,7	5,0
HE	12,3	9,8	8,3	4,1	5,0	4,3	5,0	14,9	11,3	10,7	9,5	4,8
MV	11,1	9,2	8,8	5,0	5,1	5,6	4,7	11,1	16,3	9,1	8,3	5,7
NI	11,9	8,5	5,9	3,8	4,1	3,4	4,9	25,9	11,0	8,7	7,2	4,8
NW*	8,1	6,7	5,1	2,5	2,7	2,4	3,6	35,7	14,1	7,9	6,7	4,4
RP	14,3	11,3	5,9	3,7	4,2	4,1	5,1	11,7	13,5	11,1	9,6	5,6
SL	14,3	9,6	8,2	3,9	7,8	5,9	5,8	11,9	10,1	8,9	8,4	5,3
SN	11,6	7,9	7,5	4,3	3,8	4,0	4,7	14,3	16,9	10,5	9,2	5,3
ST	11,9	10,7	9,6	2,6	4,3	3,2	4,4	20,3	8,9	9,0	8,1	6,9
SH	11,3	9,3	7,0	4,1	4,0	3,3	3,7	22,3	13,3	8,6	8,3	4,8
TH	12,3	8,6	10,3	3,0	4,6	3,2	3,2	12,0	16,8	12,0	8,5	5,7
O (m. BE)	10,8	7,8	7,2	3,8	4,3	4,1	4,6	17,9	16,2	10,0	8,2	5,1
W (o. BE)	10,3	8,4	6,1	3,3	3,7	3,2	4,3	24,1	15,1	9,4	7,6	4,6
DE	10,3	8,3	6,3	3,4	3,7	3,3	4,3	23,2	15,3	9,5	7,7	4,7

Quelle
FDZ der Statistischen Ämter des Bundes und der Länder, Kinder und tätige Personen in Tageseinrichtungen und in öffentlich geförderter Kindertagespflege, 2020; berechnet vom LG Empirische Bildungsforschung der FernUniversität in Hagen, 2021.

Anmerkungen
* Inklusive Kinder, die zusätzliche eine Kindertageseinrichtung besuchen.

Tab. 88a | Kinder im Alter von unter 3 Jahren in Kindertagesbetreuung* sowie Quote der Inanspruchnahme und Betreuungswunsch der Eltern in den Bundesländern in 2012, 2014, 2016 und 2020 (Anzahl; Quote in %; Differenz in Prozentpunkten)

	Kinder unter 3 Jahren in Tageseinrichtungen und Kindertagespflege am 01.03.12		Betreuungswunsch 2012**	Differenz zwischen Betreuung am 01.03.2012 und Betreuungswunsch in 2012	Kinder unter 3 Jahren in Tageseinrichtungen und Kindertagespflege am 01.03.2014		Betreuungswunsch 2014**	Differenz zwischen Betreuung am 01.03.2014 und Betreuungswunsch in 2014
Bundesland	Anzahl	In %	In %	In Prozentpunkten	Anzahl	In %	In %	In Prozentpunkten
BW	62.732	23,1	36,8	13,7	76.295	27,8	39,2	11,4
BY	73.003	23,0	31,6	8,6	88.700	27,1	35,4	8,3
BE	41.820	42,6	55,9	13,3	46.984	46,0	53,5	7,5
BB	30.708	53,4	57,5	4,1	33.164	57,8	61,9	4,1
HB	3.432	21,2	40,7	19,5	4.447	26,9	37,9	11,0
HH	17.738	35,8	45,2	9,4	21.939	43,0	50,4	7,4
HE	36.729	23,7	37,9	14,2	45.078	28,8	39,4	10,6
MV	21.025	53,6	60,4	6,8	21.562	56,1	61,3	5,2
NI	41.772	22,1	35,3	13,2	52.830	27,9	38,3	10,4
NW	79.118	18,1	33,9	15,8	104.781	23,8	33,4	9,6
RP	25.589	27,0	40,1	13,1	29.617	30,6	43,1	12,5
SL	4.670	22,1	35,0	12,9	5.646	27,0	37,1	10,1
SN	48.244	46,4	52,5	6,1	52.297	49,9	54,7	4,8
ST	29.559	57,5	60,8	3,3	29.677	58,3	62,8	4,5
SH	16.295	24,2	34,8	10,6	20.290	30,3	43,8	13,5
TH	25.774	49,8	53,6	3,8	27.443	52,4	57,2	4,8

	Kinder unter 3 Jahren in Tageseinrichtungen und Kindertagespflege am 01.03.16		Betreuungswunsch 2016**	Differenz zwischen Betreuung am 01.03.2016 und Betreuungswunsch in 2016	Kinder unter 3 Jahren in Tageseinrichtungen und Kindertagespflege am 01.03.2020		Betreuungswunsch 2020**	Differenz zwischen Betreuung am 01.03.2020 und Betreuungswunsch in 2020
Bundesland	Anzahl	In %	In %	In Prozentpunkten	Anzahl	In %	In %	In Prozentpunkten
BW	82.534	27,7	41,5	13,8	98.546	30,0	45,6	15,6
BY	95.243	27,2	42,1	14,9	114.186	29,6	41,3	11,7
BE	50.589	45,9	57,8	11,9	52.407	44,9	59,0	14,1
BB	34.549	57,2	63,3	6,2	36.303	57,7	64,3	6,6
HB	5.033	27,0	47,2	20,2	6.007	29,0	46,3	17,3
HH	23.977	42,9	50,2	7,4	28.429	46,7	53,9	7,2
HE	50.034	29,7	43,4	13,7	58.423	31,9	48,4	16,5
MV	22.367	56,0	59,1	3,1	22.674	57,6	63,3	5,7
NI	58.176	28,4	43,6	15,2	73.853	32,9	47,2	14,3
NW	122.774	25,7	41,9	16,2	151.736	29,2	46,0	16,8
RP	31.268	29,9	45,9	16,0	35.831	31,2	48,4	17,2
SL	6.389	28,6	40,4	11,8	7.321	29,8	46,7	16,9
SN	55.657	50,6	56,2	5,7	57.015	52,8	58,4	5,6
ST	30.368	57,0	62,7	5,7	30.603	58,3	64,1	5,8
SH	21.887	30,9	45,5	14,6	27.038	35,2	51,1	15,9
TH	28.713	52,2	59,1	6,9	28.791	54,8	61,3	6,5

Quellen

Quelle 2012, 2014 und 2016:
FDZ der Statistischen Ämter des Bundes und der Länder sowie Statistisches Bundesamt, Kinder und tätige Personen in Tageseinrichtungen und in öffentlich geförderter Kindertagespflege, verschiedene Jahre; berechnet vom Forschungsverbund DJI/TU Dortmund; verschiedene Jahre.

Quelle 2020:
FDZ der Statistischen Ämter des Bundes und der Länder sowie Statistisches Bundesamt, Kinder und tätige Personen in Tageseinrichtungen und in öffentlich geförderter Kindertagespflege 2020; berechnet vom LG Empirische Bildungsforschung der FernUniversität in Hagen, 2021.

Anmerkungen

* Kinder, die sowohl Tageseinrichtungen als auch Kindertagespflege nutzen, werden nicht doppelt gezählt.

** BMFSFJ (Hrsg.): Vierter Zwischenbericht zur Evaluation des Kinderförderungsgesetzes. Bericht der Bundesregierung 2013 nach § 24a Abs. 5 SGB VIII über den Stand des Ausbaus für ein bedarfsgerechtes Angebot an Kindertagesbetreuung für Kinder unter drei Jahren für das Berichtsjahr 2012, Berlin, 2014.

BMFSFJ (Hrsg.): Fünfter Bericht zur Evaluation des Kinderförderungsgesetzes. Bericht der Bundesregierung 2015 über den Stand des Ausbaus der Kindertagesbetreuung für Kinder unter drei Jahren für das Berichtsjahr 2014 und Bilanzierung des Ausbaus durch das Kinderförderungsgesetz, Berlin, 2015.

Deutsches Jugendinstitut: Ergebnisse der DJI-Kinderbetreuungsstudie U15, 2016; am 10.02.2017 abgerufen von: www.fruehe-chancen.de

Deutsches Jugendinstitut: Ergebnisse der DJI-Kinderbetreuungsstudie U12, 2020; am 30.09.2021 abgerufen von: https://www.bmfsfj.de/bmfsfj/service/publikationen/kindertagesbetreuung-kompakt-186072

Tab. 92 | Kinder im Alter von unter 4 Jahren in Kindertageseinrichtungen mit und ohne Migrationshintergrund* nach ihrem Alter zu Beginn der Betreuung in der aktuellen Einrichtung in den Bundesländern am 01.03.2020 (Anzahl; Anteil in %)

Kinder unter 4 Jahren in KiTas mit Migrationshintergrund

	Insgesamt	Alter des Kindes zu Beginn der Betreuung							
		Unter 1 Jahr	1 Jahr	2 Jahre	3 Jahre	Unter 1 Jahr	1 Jahr	2 Jahre	3 Jahre
Bundesland	Anzahl	Anzahl				In %			
BW	64.240	5.328	19.756	22.785	16.371	8,3	30,8	35,5	25,5
BY	58.248	6.838	19.760	17.173	14.477	11,7	33,9	29,5	24,9
BE	26.533	3.772	13.869	6.979	1.913	14,2	52,3	26,3	7,2
BB	5.272	820	2.641	1.384	427	15,6	50,1	26,3	8,1
HB	4.742	377	2.135	1.464	766	8,0	45,0	30,9	16,2
HH	18.334	3.327	9.604	4.036	1.367	18,1	52,4	22,0	7,5
HE	39.309	4.217	13.293	12.253	9.546	10,7	33,8	31,2	24,3
MV	2.699	440	1.340	669	250	16,3	49,6	24,8	9,3
NI	27.194	2.167	10.087	8.502	6.438	8,0	37,1	31,3	23,7
NW	68.164	4.474	20.503	31.644	11.543	6,6	30,1	46,4	16,9
RP	20.162	1.058	6.196	10.481	2.427	5,2	30,7	52,0	12,0
SL	3.372	546	1.169	1.013	644	16,2	34,7	30,0	19,1
SN	7.898	884	3.811	2.163	1.040	11,2	48,3	27,4	13,2
ST	4.401	859	2.054	1.089	399	19,5	46,7	24,7	9,1
SH	8.091	802	3.219	2.443	1.627	9,9	39,8	30,2	20,1
TH	4.427	462	2.138	1.489	338	10,4	48,3	33,6	7,6
O (m. BE)	51.230	7.237	25.853	13.773	4.367	14,1	50,5	26,9	8,5
W (o. BE)	311.856	29.134	105.722	111.794	65.206	9,3	33,9	35,8	20,9
DE	363.086	36.371	131.575	125.567	69.573	10,0	36,2	34,6	19,2

Kinder unter 4 Jahren in KiTas ohne Migrationshintergrund

	Insgesamt	Alter des Kindes zu Beginn der Betreuung							
		Unter 1 Jahr	1 Jahr	2 Jahre	3 Jahre	Unter 1 Jahr	1 Jahr	2 Jahre	3 Jahre
Bundesland	Anzahl	Anzahl				In %			
BW	117.657	14.786	45.537	39.178	18.156	12,6	38,7	33,3	15,4
BY	156.246	22.671	63.887	42.471	27.217	14,5	40,9	27,2	17,4
BE	55.750	15.827	30.981	6.959	1.983	28,4	55,6	12,5	3,6
BB	49.084	17.203	25.052	5.095	1.734	35,0	51,0	10,4	3,5
HB	5.407	927	2.542	1.230	708	17,1	47,0	22,7	13,1
HH	26.008	8.000	13.855	3.072	1.081	30,8	53,3	11,8	4,2
HE	62.606	8.615	26.422	18.550	9.019	13,8	42,2	29,6	14,4
MV	29.692	10.069	14.755	3.702	1.166	33,9	49,7	12,5	3,9
NI	93.995	12.427	42.033	24.394	15.141	13,2	44,7	26,0	16,1
NW	176.939	16.914	65.033	76.631	18.361	9,6	36,8	43,3	10,4
RP	48.163	3.657	21.112	20.842	2.552	7,6	43,8	43,3	5,3
SL	10.305	2.182	4.473	2.509	1.141	21,2	43,4	24,3	11,1
SN	77.644	18.671	45.948	8.851	4.174	24,0	59,2	11,4	5,4
ST	42.826	21.248	16.653	3.484	1.441	49,6	38,9	8,1	3,4
SH	33.919	5.669	16.213	7.690	4.347	16,7	47,8	22,7	12,8
TH	41.284	9.283	25.725	5.419	857	22,5	62,3	13,1	2,1
O (m. BE)	296.280	92.301	159.114	33.510	11.355	31,2	53,7	11,3	3,8
W (o. BE)	731.245	95.848	301.107	236.567	97.723	13,1	41,2	32,4	13,4
DE	1.027.525	188.149	460.221	270.077	109.078	18,3	44,8	26,3	10,6

Quelle
FDZ der Statistischen Ämter des Bundes und der Länder sowie Statistisches Bundesamt, Kinder und tätige Personen in Tageseinrichtungen und in öffentlich geförderter Kindertagespflege, 2020; berechnet vom LG Empirische Bildungsforschung der FernUniversität in Hagen, 2021.

Anmerkungen
* Unter Kindern mit Migrationshintergrund werden hier Kinder verstanden, die mindestens einen Elternteil ausländischer Herkunft haben.

** Aufgrund der zeitweiligen Schließung bzw. des eingeschränkten Betriebs der Kindertageseinrichtungen in Nordrhein-Westfalen durch die Corona-Pandemie konnten einige Einrichtungen ihre Daten nicht rechtzeitig übermitteln. Bei den vorliegenden Daten muss von einer Untererfassung von ca. 50 KiTas mit ca. 2.000 betreuten Kindern und dem jeweiligen Personal ausgegangen werden.

Tab. 93 | Kinder im Alter unter 4 Jahren in Kindertagespflege* mit und ohne Migrationshintergrund nach ihrem Alter zu Beginn der Betreuung in der aktuellen Einrichtung in den Bundesländern am 01.03.2020 (Anzahl; Anteil in %)**

Kinder unter 4 Jahren in Kindertagespflege mit Migrationshintergrund

	Insgesamt	Alter des Kindes zu Beginn der Betreuung							
		Unter 1 Jahr	1 Jahr	2 Jahre	3 Jahre	Unter 1 Jahr	1 Jahr	2 Jahre	3 Jahre
Bundesland	Anzahl	Anzahl				In %			
BW	3.179	914	1.796	428	41	28,8	56,5	13,5	1,3
BY	2.892	722	1.518	556	96	25,0	52,5	19,2	3,3
BE	1.076	293	641	117	25	27,2	59,6	10,9	2,3
BB	203	76	109	18	0	37,4	53,7	8,9	0,0
HB	107	36	58	13	0	33,6	54,2	12,1	0,0
HH	274	68	134	58	14	24,8	48,9	21,2	5,1
HE	2.416	743	1.338	303	32	30,8	55,4	12,5	1,3
MV	261	70	154	33	4	26,8	59,0	12,6	1,5
NI	2.240	596	1.184	396	64	26,6	52,9	17,7	2,9
NW	13.543	3.221	7.605	2.435	282	23,8	56,2	18,0	2,1
RP	647	181	327	122	17	28,0	50,5	18,9	2,6
SL	196	51	82	42	21	26,0	41,8	21,4	10,7
SN	559	135	348	73	3	24,2	62,3	13,1	0,5
ST	79	26	39	13	1	32,9	49,4	16,5	1,3
SH	1.078	232	601	217	28	21,5	55,8	20,1	2,6
TH	82	18	57	7	0	22,0	69,5	8,5	0,0
O (m. BE)	2.260	618	1.348	261	33	27,3	59,6	11,5	1,5
W (o. BE)	26.572	6.764	14.643	4.570	595	25,5	55,1	17,2	2,2
DE	28.832	7.382	15.991	4.831	628	25,6	55,5	16,8	2,2

Kinder unter 4 Jahren in Kindertagespflege ohne Migrationshintergrund

	Insgesamt	Alter des Kindes zu Beginn der Betreuung							
		Unter 1 Jahr	1 Jahr	2 Jahre	3 Jahre	Unter 1 Jahr	1 Jahr	2 Jahre	3 Jahre
Bundesland	Anzahl	Anzahl				In %			
BW	13.134	4.082	7.916	1.075	61	31,1	60,3	8,2	0,5
BY	7.906	2.346	4.508	951	101	29,7	57,0	12,0	1,3
BE	3.759	1.279	2.098	324	58	34,0	55,8	8,6	1,5
BB	3.613	1.424	2.001	171	17	39,4	55,4	4,7	0,5
HB	935	327	513	88	7	35,0	54,9	9,4	0,7
HH	2.253	718	1.284	213	38	31,9	57,0	9,5	1,7
HE	7.611	2.642	4.493	460	16	34,7	59,0	6,0	0,2
MV	3.224	1.384	1.669	149	22	42,9	51,8	4,6	0,7
NI	16.208	5.150	9.219	1.671	168	31,8	56,9	10,3	1,0
NW	42.858	13.817	25.164	3.673	204	32,2	58,7	8,6	0,5
RP	2.538	921	1.443	159	15	36,3	56,9	6,3	0,6
SL	630	239	332	53	6	37,9	52,7	8,4	1,0
SN	6.706	2.264	4.150	289	3	33,8	61,9	4,3	0,0
ST	671	331	284	48	8	49,3	42,3	7,2	1,2
SH	6.361	1.985	3.756	566	54	31,2	59,0	8,9	0,8
TH	929	302	597	27	3	32,5	64,3	2,9	0,3
O (m. BE)	18.902	6.984	10.799	1.008	111	36,9	57,1	5,3	0,6
W (o. BE)	100.434	32.227	58.628	8.909	670	32,1	58,4	8,9	0,7
DE	119.336	39.211	69.427	9.917	781	32,9	58,2	8,3	0,7

Quelle
FDZ der Statistischen Ämter des Bundes und der Länder sowie Statistisches Bundesamt, Kinder und tätige Personen in Tageseinrichtungen und in öffentlich geförderter Kindertagespflege, 2020; berechnet vom LG Empirische Bildungsforschung der FernUniversität in Hagen, 2021.

Anmerkungen
* Kinder, die zusätzlich eine Kindertageseinrichtung besuchen, werden nicht berücksichtigt.

** Unter Kindern mit Migrationshintergrund werden hier Kinder verstanden, die mindestens einen Elternteil ausländischer Herkunft haben.

Tab. 94 | Verteilung der Personalschlüssel (ohne Leitungsstunden)* in Krippengruppen in den Bundesländern am 01.03.2020 (Anzahl; Anteil in %)**

Bundesland	Gruppen insgesamt	Personalschlüssel von unter 1 : 2,5	1 : 2,5 bis unter 1 : 3,5	1 : 3,5 und mehr	unter 1 : 2,5	1 : 2,5 bis unter 1 : 3,5	1 : 3,5 und mehr
	Anzahl	Anzahl			In %		
Baden-Württemberg	5.274	1.477	2.152	1.645	28,0	40,8	31,2
Bayern	3.163	343	1.038	1.782	10,8	32,8	56,3
Berlin	833	14	69	750	1,7	8,3	90,0
Brandenburg	1.414	24	65	1.325	1,7	4,6	93,7
Bremen	172	47	65	60	27,3	37,8	34,9
Hamburg	1.110	84	219	807	7,6	19,7	72,7
Hessen	2.490	174	704	1.612	7,0	28,3	64,7
Mecklenburg-Vorpommern	1.355	10	52	1.293	0,7	3,8	95,4
Niedersachsen	1.322	139	420	763	10,5	31,8	57,7
Nordrhein-Westfalen***	1.599	105	558	936	6,6	34,9	58,5
Rheinland-Pfalz	854	123	256	475	14,4	30,0	55,6
Saarland	424	37	128	259	8,7	30,2	61,1
Sachsen	2.593	23	101	2.469	0,9	3,9	95,2
Sachsen-Anhalt	1.339	6	57	1.276	0,4	4,3	95,3
Schleswig-Holstein	1.000	100	335	565	10,0	33,5	56,5
Thüringen	1.400	15	89	1.296	1,1	6,4	92,6
Ostdeutschland (mit Berlin)	8.934	92	433	8.409	1,0	4,8	94,1
Westdeutschland (ohne Berlin)	17.408	2.629	5.875	8.904	15,1	33,7	51,1
Deutschland	26.342	2.721	6.308	17.313	10,3	23,9	65,7

Quelle
FDZ der Statistischen Ämter des Bundes und der Länder sowie Statistisches Bundesamt, Kinder und tätige Personen in Tageseinrichtungen und in öffentlich geförderter Kindertagespflege, 2020; berechnet vom LG Empirische Bildungsforschung der FernUniversität in Hagen, 2021, auf Grundlage der von der Arbeitsstelle Kinder- und Jugendhilfestatistik (AKJ[Stat]) entwickelten Methodik zur Berechnung des Personalschlüssels.

Anmerkungen

* Im hier ausgewiesenen Personalschlüssel werden nicht die im Rahmen der Statistik erfassten Zeitressourcen für Leitungsaufgaben berücksichtigt.

** Ausgewiesen werden die Personalschlüssel für Krippengruppen, die sich wie folgt zusammensetzen:

Krippengruppe:
Dies sind alle Gruppen, in denen ausschließlich Kinder unter drei Jahren betreut werden.

Die Zuordnung von Gruppen in Kindertageseinrichtungen zu einem bestimmten Gruppentyp wird nicht von den Einrichtungen selbst vorgenommen, sondern erfolgt im Rahmen der Auswertung der Daten der amtlichen Kinder- und Jugendhilfestatistik. Dabei erfolgt die Zuordnung primär anhand der Alterszusammensetzung der Kinder in der Gruppe.

Gruppen, in denen Kinder mit einer (drohenden) Behinderung betreut werden, werden in der Berechnung nicht berücksichtigt.

*** Aufgrund der zeitweiligen Schließung bzw. des eingeschränkten Betriebs der Kindertageseinrichtungen in Nordrhein-Westfalen durch die Corona-Pandemie konnten einige Einrichtungen ihre Daten nicht rechtzeitig übermitteln. Bei den vorliegenden Daten muss von einer Untererfassung von ca. 50 KiTas mit ca. 2.000 betreuten Kindern und dem jeweiligen Personal ausgegangen werden.

Tab. 94a | Verteilung der Personalschlüssel (ohne Leitungsstunden)* in Kindergartengruppen in den Bundesländern am 01.03.2020 (Anzahl; Anteil in %)**

	Gruppen insgesamt	Personalschlüssel von					
		unter 1 : 7	1 : 7 bis unter 1 : 8	1 : 8 und mehr	unter 1 : 7	1 : 7 bis unter 1 : 8	1 : 8 und mehr
Bundesland	Anzahl	Anzahl			In %		
Baden-Württemberg	6.545	3.562	1.006	1.977	54,4	15,4	30,2
Bayern	8.752	2.531	1.493	4.728	28,9	17,1	54,0
Berlin	1.211	378	182	651	31,2	15,0	53,8
Brandenburg	2.415	297	233	1.885	12,3	9,6	78,1
Bremen	482	183	70	229	38,0	14,5	47,5
Hamburg	1.102	419	147	536	38,0	13,3	48,6
Hessen	3.674	583	456	2.635	15,9	12,4	71,7
Mecklenburg-Vorpommern	1.870	59	66	1.745	3,2	3,5	93,3
Niedersachsen	7.217	2.410	1.241	3.566	33,4	17,2	49,4
Nordrhein-Westfalen***	7.440	1.754	1.270	4.416	23,6	17,1	59,4
Rheinland-Pfalz	1.869	509	316	1.044	27,2	16,9	55,9
Saarland	498	64	54	380	12,9	10,8	76,3
Sachsen	4.228	196	206	3.826	4,6	4,9	90,5
Sachsen-Anhalt	1.953	148	149	1.656	7,6	7,6	84,8
Schleswig-Holstein	2.149	751	376	1.022	34,9	17,5	47,6
Thüringen	2.048	111	145	1.792	5,4	7,1	87,5
Ostdeutschland (mit Berlin)	13.725	1.189	981	11.555	8,7	7,1	84,2
Westdeutschland (ohne Berlin)	39.728	12.766	6.429	20.533	32,1	16,2	51,7
Deutschland	53.453	13.955	7.410	32.088	26,1	13,9	60,0

Quelle
FDZ der Statistischen Ämter des Bundes und der Länder sowie Statistisches Bundesamt, Kinder und tätige Personen in Tageseinrichtungen und in öffentlich geförderter Kindertagespflege, 2020; berechnet vom LG Empirische Bildungsforschung der FernUniversität in Hagen, 2021, auf Grundlage der von der Arbeitsstelle Kinder- und Jugendhilfestatistik (AKJ[Stat]) entwickelten Methodik zur Berechnung des Personalschlüssels.

Anmerkungen

* Im hier ausgewiesenen Personalschlüssel werden nicht die im Rahmen der Statistik erfassten Zeitressourcen für Leitungsaufgaben berücksichtigt.

** Ausgewiesen werden die Personalschlüssel für Kindergartengruppen, die sich wie folgt zusammensetzen:

Kindergarten, Kinder ab drei Jahren bis Schuleintritt:
Dies sind alle Gruppen, in denen ausschließlich Kinder von drei Jahren bis zum Schuleintritt sind, also die klassischen Kindergartengruppen.

Die Zuordnung von Gruppen in Kindertageseinrichtungen zu einem bestimmten Gruppentyp wird nicht von den Einrichtungen selbst vorgenommen, sondern erfolgt im Rahmen der Auswertung der Daten der amtlichen Kinder- und Jugendhilfestatistik. Dabei erfolgt die Zuordnung primär anhand der Alterszusammensetzung der Kinder in der Gruppe.

Gruppen, in denen Kinder mit einer (drohenden) Behinderung betreut werden, werden in der Berechnung nicht berücksichtigt.

*** Aufgrund der zeitweiligen Schließung bzw. des eingeschränkten Betriebs der Kindertageseinrichtungen in Nordrhein-Westfalen durch die Corona-Pandemie konnten einige Einrichtungen ihre Daten nicht rechtzeitig übermitteln. Bei den vorliegenden Daten muss von einer Untererfassung von ca. 50 KiTas mit ca. 2.000 betreuten Kindern und dem jeweiligen Personal ausgegangen werden.

Tab. 94b | Verteilung der Personalschlüssel (ohne Leitungsstunden)* in Kindergartengruppen, für 2-Jährige geöffnet in den Bundesländern am 01.03.2020 (Anzahl; Anteil in %)**

Bundesland	Gruppen insgesamt	Personalschlüssel von: unter 1:4,4	1:4,4 bis unter 1:5,4	1:5,4 und mehr	unter 1:4,4	1:4,4 bis unter 1:5,4	1:5,4 und mehr
	Anzahl	Anzahl			In %		
Baden-Württemberg	3.130	242	464	2.424	7,7	14,8	77,4
Bayern	2.354	38	122	2.194	1,6	5,2	93,2
Berlin	261	6	10	245	2,3	3,8	93,9
Brandenburg***	255	3		252	1,2		98,8
Bremen	18	x	x	x	x	x	x
Hamburg	361	11	24	326	3,0	6,6	90,3
Hessen	1.788	17	48	1.723	1,0	2,7	96,4
Mecklenburg-Vorpommern	189	x	x	x	x	x	x
Niedersachsen	1.189	35	97	1.057	2,9	8,2	88,9
Nordrhein-Westfalen*****	7.460	111	514	6.835	1,5	6,9	91,6
Rheinland-Pfalz	1.918	30	111	1.777	1,6	5,8	92,6
Saarland***	178	5		173	2,8		97,2
Sachsen	572	x	x	x	x	x	x
Sachsen-Anhalt***	282	6		276	2,1		97,9
Schleswig-Holstein	392	15	29	348	3,8	7,4	88,8
Thüringen	375	x	x	x	x	x	x
Ostdeutschland (mit Berlin)***/****	798	6	19	773	0,8	2,4	96,9
Westdeutschland (ohne Berlin)***/****	18.770	499	1.414	16.857	2,7	7,5	89,8
Deutschland	20.722	509	1.434	18.779	2,5	6,9	90,6

Quelle
FDZ der Statistischen Ämter des Bundes und der Länder sowie Statistisches Bundesamt, Kinder und tätige Personen in Tageseinrichtungen und in öffentlich geförderter Kindertagespflege, 2020; berechnet vom LG Empirische Bildungsforschung der FernUniversität in Hagen, 2021, auf Grundlage der von der Arbeitsstelle Kinder- und Jugendhilfestatistik (AKJ^Stat) entwickelten Methodik zur Berechnung des Personalschlüssels.

Anmerkungen

* Im hier ausgewiesenen Personalschlüssel werden nicht die im Rahmen der Statistik erfassten Zeitressourcen für Leitungsaufgaben berücksichtigt.

** Ausgewiesen werden die Personalschlüssel für Kindergartengruppen, für 2-Jährige geöffnet, die sich wie folgt zusammensetzen:

Für 2-Jährige geöffnete Kindergartengruppe:
Dies sind Gruppen mit 15 und mehr Kindern, in denen neben Kindern ab einem Alter von 3 Jahren bis zum Schulbesuch auch bis zu fünf 2-jährige Kinder betreut werden.

Die Zuordnung von Gruppen in Kindertageseinrichtungen zu einem bestimmten Gruppentyp wird nicht von den Einrichtungen selbst vorgenommen, sondern erfolgt im Rahmen der Auswertung der Daten der amtlichen Kinder- und Jugendhilfestatistik. Dabei erfolgt die Zuordnung primär anhand der Alterszusammensetzung der Kinder in der Gruppe.

Gruppen, in denen Kinder mit einer (drohenden) Behinderung betreut werden, werden in der Berechnung nicht berücksichtigt.

*** Die Kategorie „unter 1:4,4" unterliegt in Brandenburg, Saarland und Sachsen-Anhalt der Geheimhaltung und wird zur Kategorie „1:4,4 bis unter 1:5,4" des jeweiligen Bundeslandes hinzugefügt.

**** Exklusive der Werte, die nach Angabe des Statistischen Bundesamtes der Geheimhaltung unterliegen.

***** Aufgrund der zeitweiligen Schließung bzw. des eingeschränkten Betriebs der Kindertageseinrichtungen in Nordrhein-Westfalen durch die Corona-Pandemie konnten einige Einrichtungen ihre Daten nicht rechtzeitig übermitteln. Bei den vorliegenden Daten muss von einer Untererfassung von ca. 50 KiTas mit ca. 2.000 betreuten Kindern und dem jeweiligen Personal ausgegangen werden.

Tab. 94c | Verteilung der Personalschlüssel (ohne Leitungsstunden)* in Gruppen mit Kindern unter 4 Jahren in den Bundesländern am 01.03.2020 (Anzahl; Anteil in %)**

	Gruppen insgesamt	Personalschlüssel von					
		unter 1 : 2,5	1 : 2,5 bis unter 1 : 3,5	1 : 3,5 und mehr	unter 1 : 2,5	1 : 2,5 bis unter 1 : 3,5	1 : 3,5 und mehr
Bundesland	Anzahl	Anzahl			In %		
Baden-Württemberg	765	161	256	348	21,0	33,5	45,5
Bayern	4.276	299	1.286	2.691	7,0	30,1	62,9
Berlin	731	5	46	680	0,7	6,3	93,0
Brandenburg***	758		17	741		2,2	97,8
Bremen	327	80	128	119	24,5	39,1	36,4
Hamburg	393	21	71	301	5,3	18,1	76,6
Hessen	964	53	234	677	5,5	24,3	70,2
Mecklenburg-Vorpommern***	354		7	347		2,0	98,0
Niedersachsen	2.906	157	797	1.952	5,4	27,4	67,2
Nordrhein-Westfalen****	3.284	118	938	2.228	3,6	28,6	67,8
Rheinland-Pfalz	789	27	115	647	3,4	14,6	82,0
Saarland	53	4	10	39	7,5	18,9	73,6
Sachsen	1.108	3	14	1.091	0,3	1,3	98,5
Sachsen-Anhalt***	518		8	510		1,5	98,5
Schleswig-Holstein	769	60	239	470	7,8	31,1	61,1
Thüringen***	756		13	743		1,7	98,3
Ostdeutschland (mit Berlin)***	4.225	8	105	4.112	0,2	2,5	97,3
Westdeutschland (ohne Berlin)	14.526	980	4.074	9.472	6,7	28,0	65,2
Deutschland	18.751	992	4.175	13.584	5,3	22,3	72,4

Quelle
FDZ der Statistischen Ämter des Bundes und der Länder sowie Statistisches Bundesamt, Kinder und tätige Personen in Tageseinrichtungen und in öffentlich geförderter Kindertagespflege, 2020; berechnet vom LG Empirische Bildungsforschung der FernUniversität in Hagen, 2021, auf Grundlage der von der Arbeitsstelle Kinder- und Jugendhilfestatistik (AKJ^{Stat}) entwickelten Methodik zur Berechnung des Personalschlüssels.

Anmerkungen

* Im hier ausgewiesenen Personalschlüssel werden nicht die im Rahmen der Statistik erfassten Zeitressourcen für Leitungsaufgaben berücksichtigt.

** Ausgewiesen werden die Personalschlüssel für Gruppen mit Kindern unter 4 Jahren, die sich wie folgt zusammensetzen:

Gruppe mit Kindern unter 4 Jahren:
Dies sind alle Gruppen, die nicht den Krippengruppen zugeordnet wurden und in denen ausschließlich Kinder unter 4 Jahren sind.

Die Zuordnung von Gruppen in Kindertageseinrichtungen zu einem bestimmten Gruppentyp wird nicht von den Einrichtungen selbst vorgenommen, sondern erfolgt im Rahmen der Auswertung der Daten der amtlichen Kinder- und Jugendhilfestatistik. Dabei erfolgt die Zuordnung primär anhand der Alterszusammensetzung der Kinder in der Gruppe.

Gruppen, in denen Kinder mit einer (drohenden) Behinderung betreut werden, werden in der Berechnung nicht berücksichtigt.

*** Die Kategorie „unter 1:2,5" unterliegt in Brandenburg, Mecklenburg-Vorpommern, Sachsen-Anhalt und Thüringen der Geheimhaltung und wird zur Kategorie „1:2,5 bis unter 1:3,5" des jeweiligen Bundeslandes hinzugefügt.

**** Aufgrund der zeitweiligen Schließung bzw. des eingeschränkten Betriebs der Kindertageseinrichtungen in Nordrhein-Westfalen durch die Corona-Pandemie konnten einige Einrichtungen ihre Daten nicht rechtzeitig übermitteln. Bei den vorliegenden Daten muss von einer Untererfassung von ca. 50 KiTas mit ca. 2.000 betreuten Kindern und dem jeweiligen Personal ausgegangen werden.

Tab. 94d | Verteilung der Personalschlüssel (ohne Leitungsstunden)* in altersübergreifenden Gruppen in den Bundesländern am 01.03.2020 (Anzahl; Anteil in %)**

Bundesland	Gruppen insgesamt	Personalschlüssel von					
		unter 1:3,25	1:3,25 bis unter 1:4,25	1:4,25 und mehr	unter 1:3,25	1:3,25 bis unter 1:4,25	1:4,25 und mehr
	Anzahl	Anzahl			In %		
Baden-Württemberg	1.709	165	343	1.201	9,7	20,1	70,3
Bayern	939	53	97	789	5,6	10,3	84,0
Berlin	817	10	39	768	1,2	4,8	94,0
Brandenburg***	447	11		436	2,5		97,5
Bremen	118	8	14	96	6,8	11,9	81,4
Hamburg	290	13	31	246	4,5	10,7	84,8
Hessen	1.013	29	58	926	2,9	5,7	91,4
Mecklenburg-Vorpommern	307	x	x	x	x	x	x
Niedersachsen	853	66	98	689	7,7	11,5	80,8
Nordrhein-Westfalen*****	2.358	49	215	2.094	2,1	9,1	88,8
Rheinland-Pfalz	1.170	30	78	1.062	2,6	6,7	90,8
Saarland	136	3	7	126	2,2	5,1	92,6
Sachsen***	620	13		607	2,1		97,9
Sachsen-Anhalt	307	x	x	x	x	x	x
Schleswig-Holstein	836	70	92	674	8,4	11,0	80,6
Thüringen***	385	8		377	2,1		97,9
Ostdeutschland (mit Berlin)***/****	2.280	21	71	2.188	0,9	3,1	96,0
Westdeutschland (ohne Berlin)	9.422	486	1.033	7.903	5,2	11,0	83,9
Deutschland	12.305	502	1.105	10.698	4,1	9,0	86,9

Quelle
FDZ der Statistischen Ämter des Bundes und der Länder sowie Statistisches Bundesamt, Kinder und tätige Personen in Tageseinrichtungen und in öffentlich geförderter Kindertagespflege, 2020; berechnet vom LG Empirische Bildungsforschung der FernUniversität in Hagen, 2021, auf Grundlage der von der Arbeitsstelle Kinder- und Jugendhilfestatistik (AKJ[Stat]) entwickelten Methodik zur Berechnung des Personalschlüssels.

Anmerkungen

* Im hier ausgewiesenen Personalschlüssel werden nicht die im Rahmen der Statistik erfassten Zeitressourcen für Leitungsaufgaben berücksichtigt.

** Ausgewiesen werden die Personalschlüssel für altersübergreifende Gruppen, die sich wie folgt zusammensetzen:

Altersübergreifende Gruppe:
Hierunter fallen diejenigen Gruppen, die nicht den vorangegangenen Gruppentypen zugeordnet wurden. Diese Gruppe setzt sich aus altersgruppenübergreifenden Gruppen mit Kindern von 0 Jahren bis zum Schuleintritt und altersgruppenübergreifenden Gruppen mit Schulkindern zusammen. Sprachlich exakt müsste diese Gruppenform „altersgruppenübergreifende Gruppen" heißen. Unberücksichtigt bleiben Gruppen, in denen nur Schulkinder sind.

Die Zuordnung von Gruppen in Kindertageseinrichtungen zu einem bestimmten Gruppentyp wird nicht von den Einrichtungen selbst vorgenommen, sondern erfolgt im Rahmen der Auswertung der Daten der amtlichen Kinder- und Jugendhilfestatistik. Dabei erfolgt die Zuordnung primär anhand der Alterszusammensetzung der Kinder in der Gruppe.

Gruppen, in denen Kinder mit einer (drohenden) Behinderung betreut werden, werden in der Berechnung nicht berücksichtigt.

*** Die Kategorie „unter 1:3,25" unterliegt in Brandenburg, Sachsen und Thüringen der Geheimhaltung und wird zur Kategorie „1:3,25 bis unter 1:4,25" des jeweiligen Bundeslandes hinzugefügt.

**** Exklusive der Werte, die nach Angabe des Statistischen Bundesamtes der Geheimhaltung unterliegen.

***** Aufgrund der zeitweiligen Schließung bzw. des eingeschränkten Betriebs der Kindertageseinrichtungen in Nordrhein-Westfalen durch die Corona-Pandemie konnten einige Einrichtungen ihre Daten nicht rechtzeitig übermitteln. Bei den vorliegenden Daten muss von einer Untererfassung von ca. 50 KiTas mit ca. 2.000 betreuten Kindern und dem jeweiligen Personal ausgegangen werden.

Tab. 94e | Verteilung der Personalschlüssel (ohne Leitungsstunden)* in Hortgruppen in den Bundesländern am 01.03.2020 (Anzahl; Anteil in %)**

	Gruppen insgesamt	Personalschlüssel von					
		unter 1:9,5	1:9,5 bis unter 1:10,5	1:10,5 und mehr	unter 1:9,5	1:9,5 bis unter 1:10,5	1:10,5 und mehr
Bundesland	Anzahl	Anzahl			In %		
Baden-Württemberg	680	497	47	136	73,1	6,9	20,0
Bayern	2.206	1.985	78	143	90,0	3,5	6,5
Berlin	-	-	-	-	-	-	-
Brandenburg	1.924	690	201	1.033	35,9	10,4	53,7
Bremen***	61	48		13	78,7		21,3
Hamburg	25	x	x	x	x	x	x
Hessen	692	364	60	268	52,6	8,7	38,7
Mecklenburg-Vorpommern	1.123	137	58	928	12,2	5,2	82,6
Niedersachsen	1.533	1.382	45	106	90,2	2,9	6,9
Nordrhein-Westfalen*****	82	55	6	21	67,1	7,3	25,6
Rheinland-Pfalz	293	229	14	50	78,2	4,8	17,1
Saarland***	57	32		25	56,1		43,9
Sachsen	3.896	355	163	3.378	9,1	4,2	86,7
Sachsen-Anhalt	1.109	133	48	928	12,0	4,3	83,7
Schleswig-Holstein	343	245	24	74	71,4	7,0	21,6
Thüringen	21	x	x	x	x	x	x
Ostdeutschland (mit Berlin)***	8.052	1.315	470	6.267	16,3	5,8	77,8
Westdeutschland (ohne Berlin)***/****	5.947	4.757	354	836	80,0	6,0	14,1
Deutschland	14.045	6.179	750	7.116	44,0	5,3	50,7

Quelle
FDZ der Statistischen Ämter des Bundes und der Länder sowie Statistisches Bundesamt, Kinder und tätige Personen in Tageseinrichtungen und in öffentlich geförderter Kindertagespflege, 2020; berechnet vom LG Empirische Bildungsforschung der FernUniversität in Hagen, 2021, auf Grundlage der von der Arbeitsstelle Kinder- und Jugendhilfestatistik (AKJ^Stat) entwickelten Methodik zur Berechnung des Personalschlüssels.

Anmerkungen
* Im hier ausgewiesenen Personalschlüssel werden nicht die im Rahmen der Statistik erfassten Zeitressourcen für Leitungsaufgaben berücksichtigt.

** Ausgewiesen werden die Personalschlüssel für Hortgruppen, die sich wie folgt zusammensetzen:

Hortgruppe:
Hierunter fallen diejenigen Gruppen, in denen sich ausschließlich Schulkinder befinden.

Die Zuordnung von Gruppen in Kindertageseinrichtungen zu einem bestimmten Gruppentyp wird nicht von den Einrichtungen selbst vorgenommen, sondern erfolgt im Rahmen der Auswertung der Daten der amtlichen Kinder- und Jugendhilfestatistik. Dabei erfolgt die Zuordnung primär anhand der Alterszusammensetzung der Kinder in der Gruppe.

Gruppen, in denen Kinder mit einer (drohenden) Behinderung betreut werden, werden in der Berechnung nicht berücksichtigt.

*** Die Kategorie „unter 1:9,5" unterliegt in Bremen und im Saarland der Geheimhaltung und wird zur Kategorie „1:9,5 bis unter 1:10,5" des jeweiligen Bundeslandes hinzugefügt.

**** Exklusive der Werte, die nach Angabe des Statistischen Bundesamtes der Geheimhaltung unterliegen.

***** Aufgrund der zeitweiligen Schließung bzw. des eingeschränkten Betriebs der Kindertageseinrichtungen in Nordrhein-Westfalen durch die Corona-Pandemie konnten einige Einrichtungen ihre Daten nicht rechtzeitig übermitteln. Bei den vorliegenden Daten muss von einer Untererfassung von ca. 50 KiTas mit ca. 2.000 betreuten Kindern und dem jeweiligen Personal ausgegangen werden.

Tab. 96 | Kindertageseinrichtungen (mit Horten) nach ihrem Anteil an Kindern mit nicht deutscher Familiensprache in den Bundesländern am 01.03.2020 (Anzahl; Anteil in %)

	KiTas (mit Horten) insgesamt	KiTas (mit Horten) mit einem Anteil an Kindern mit nicht deutscher Familiensprache von							
		unter 25 %	25 % bis unter 50 %	50 % bis unter 75 %	75 % und mehr	unter 25 %	25 % bis unter 50 %	50 % bis unter 75 %	75 % und mehr
Bundesland	Anzahl	Anzahl				In %			
Baden-Württemberg	9.288	5.666	2.380	930	312	61,0	25,6	10,0	3,4
Bayern	9.645	7.070	1.671	697	207	73,3	17,3	7,2	2,1
Berlin	2.663	1.298	655	506	204	48,7	24,6	19,0	7,7
Brandenburg	1.944	1.860	70	11	3	95,7	3,6	0,6	0,2
Bremen	461	242	96	87	36	52,5	20,8	18,9	7,8
Hamburg	1.133	658	250	151	74	58,1	22,1	13,3	6,5
Hessen	4.326	1.993	1.393	646	294	46,1	32,2	14,9	6,8
Mecklenburg-Vorpommern	1.111	1.082	23	6	0	97,4	2,1	0,5	0,0
Niedersachsen	5.594	4.293	966	260	75	76,7	17,3	4,6	1,3
Nordrhein-Westfalen*	10.398	6.132	2.618	1.230	418	59,0	25,2	11,8	4,0
Rheinland-Pfalz	2.572	1.761	584	190	37	68,5	22,7	7,4	1,4
Saarland	488	352	105	26	5	72,1	21,5	5,3	1,0
Sachsen	3.025	2.859	139	18	9	94,5	4,6	0,6	0,3
Sachsen-Anhalt	1.800	1.726	66	8	0	95,9	3,7	0,4	0,0
Schleswig-Holstein	1.816	1.467	261	73	15	80,8	14,4	4,0	0,8
Thüringen	1.330	1.266	60	4	0	95,2	4,5	0,3	0,0
Ostdeutschland (mit Berlin)	11.873	10.091	1.013	553	216	85,0	8,5	4,7	1,8
Westdeutschland (ohne Berlin)	45.721	29.634	10.324	4.290	1.473	64,8	22,6	9,4	3,2
Deutschland	57.594	39.725	11.337	4.843	1.689	69,0	19,7	8,4	2,9

Quelle

FDZ der Statistischen Ämter des Bundes und der Länder sowie Statistisches Bundesamt, Kinder und tätige Personen in Tageseinrichtungen und in öffentlich geförderter Kindertagespflege, 2020; berechnet vom LG Empirische Bildungsforschung der FernUniversität in Hagen, 2021.

Anmerkungen

* Aufgrund der zeitweiligen Schließung bzw. des eingeschränkten Betriebs der Kindertageseinrichtungen in Nordrhein-Westfalen durch die Corona-Pandemie konnten einige Einrichtungen ihre Daten nicht rechtzeitig übermitteln. Bei den vorliegenden Daten muss von einer Untererfassung von ca. 50 KiTas mit ca. 2.000 betreuten Kindern und dem jeweiligen Personal ausgegangen werden.

Tab. 108b | Kindertageseinrichtungen (ohne Horte) nach ihrer wöchentlichen Zeit für Leitung und Verwaltung pro ganztags betreutem Kind* in den Bundesländern am 01.03.2020 (Anzahl; Anteile in %)

	KiTas insgesamt	Zeit pro ganztags betreutem Kind* in Minuten pro Woche											
		0	>0 bis ≤ 10	>10 bis ≤ 20	>20 bis ≤ 30	>30 bis ≤ 40	>40	0	>0 bis ≤ 10	>10 bis ≤ 20	>20 bis ≤ 30	>30 bis ≤ 40	>40
Bundesland	Anzahl	Anzahl						In %					
BW	8.878	702	806	2.739	2.146	962	1.523	7,9	9,1	30,9	24,2	10,8	17,2
BY	8.766	377	1.724	2.823	1.829	877	1.136	4,3	19,7	32,2	20,9	10,0	13,0
BE	2.663	459	67	436	753	309	639	17,2	2,5	16,4	28,3	11,6	24,0
BB	1.565	63	206	633	320	130	213	4,0	13,2	40,4	20,4	8,3	13,6
HB	437	104	3	17	66	112	135	23,8	0,7	3,9	15,1	25,6	30,9
HH	1.126	74	14	46	131	250	611	6,6	1,2	4,1	11,6	22,2	54,3
HE	4.157	445	175	669	1.122	768	978	10,7	4,2	16,1	27,0	18,5	23,5
MV	952	19	61	657	151	41	23	2,0	6,4	69,0	15,9	4,3	2,4
NI	5.045	457	37	768	1.875	888	1.020	9,1	0,7	15,2	37,2	17,6	20,2
NW**	10.347	661	280	997	3.701	2.262	2.446	6,4	2,7	9,6	35,8	21,9	23,6
RP	2.470	133	171	895	562	281	428	5,4	6,9	36,2	22,8	11,4	17,3
SL	470	32	3	131	164	54	86	6,8	0,6	27,9	34,9	11,5	18,3
SN	2.348	77	57	446	1.146	367	255	3,3	2,4	19,0	48,8	15,6	10,9
ST	1.414	37	172	670	362	93	80	2,6	12,2	47,4	25,6	6,6	5,7
SH	1.774	125	27	106	421	460	635	7,0	1,5	6,0	23,7	25,9	35,8
TH	1.330	5	33	423	762	75	32	0,4	2,5	31,8	57,3	5,6	2,4
O (m. BE)	10.272	660	596	3.265	3.494	1.015	1.242	6,4	5,8	31,8	34,0	9,9	12,1
W (o. BE)	43.470	3.110	3.240	9.191	12.017	6.914	8.998	7,2	7,5	21,1	27,6	15,9	20,7
DE	53.742	3.770	3.836	12.456	15.511	7.929	10.240	7,0	7,1	23,2	28,9	14,8	19,1

Quelle
FDZ der Statistischen Ämter des Bundes und der Länder sowie statistisches Bundesamt, Kinder und tätige Personen in Tageseinrichtungen und in öffentlich geförderter Kindertagespflege 2020; berechnet vom LG Empirische Bildungsforschung der FernUniversität in Hagen, 2021.

Anmerkung
* Von jedem Kind werden die vertraglich vereinbarten Betreuungswochenstunden aufsummiert und durch 40 Wochenstunden dividiert.

** Aufgrund der zeitweiligen Schließung bzw. des eingeschränkten Betriebs der Kindertageseinrichtungen in Nordrhein-Westfalen durch die Corona-Pandemie konnten einige Einrichtungen ihre Daten nicht rechtzeitig übermitteln. Bei den vorliegenden Daten muss von einer Untererfassung von ca. 50 KiTas mit ca. 2.000 betreuten Kindern und dem jeweiligen Personal ausgegangen werden.

Tab. 111 | Kindertageseinrichtungen mit weniger als 20 Wochenstunden für Leitung und Verwaltung in den Bundesländern am 01.03.2020 (absolut; in %; ohne Horte)

	KiTas insgesamt	KiTas mit weniger als 20 Wochenstunden für Leitung und Verwaltung (ohne Horte)			
		trifft zu	trifft nicht zu	trifft zu	trifft nicht zu
Bundesland	Anzahl	Anzahl		In %	
Baden-Württemberg	8.878	6.024	2.854	67,9	32,1
Bayern	8.766	5.605	3.161	63,9	36,1
Berlin	2.663	996	1.667	37,4	62,6
Brandenburg	1.565	721	844	46,1	53,9
Bremen	437	156	281	35,7	64,3
Hamburg	1.126	188	938	16,7	83,3
Hessen	4.157	1.379	2.778	33,2	66,8
Mecklenburg-Vorpommern	952	427	525	44,9	55,1
Niedersachsen	5.045	2.161	2.884	42,8	57,2
Nordrhein-Westfalen*	10.347	2.752	7.595	26,6	73,4
Rheinland-Pfalz	2.470	1.101	1.369	44,6	55,4
Saarland	470	119	351	25,3	74,7
Sachsen	2.348	395	1.953	16,8	83,2
Sachsen-Anhalt	1.414	678	736	47,9	52,1
Schleswig-Holstein	1.774	523	1.251	29,5	70,5
Thüringen	1.330	448	882	33,7	66,3
Ostdeutschland (mit Berlin)	10.272	3.665	6.607	35,7	64,3
Westdeutschland (ohne Berlin)	43.470	20.008	23.462	46,0	54,0
Deutschland	53.742	23.673	30.069	44,0	56,0

Quelle
FDZ der Statistischen Ämter des Bundes und der Länder, Kinder und tätige Personen in Tageseinrichtungen und in öffentlich geförderter Kindertagespflege, 2020; berechnet vom LG Empirische Bildungsforschung der FernUniversität in Hagen, 2021.

Anmerkung
* Aufgrund der zeitweiligen Schließung bzw. des eingeschränkten Betriebs der Kindertageseinrichtungen in Nordrhein-Westfalen durch die Corona-Pandemie konnten einige Einrichtungen ihre Daten nicht rechtzeitig übermitteln. Bei den vorliegenden Daten muss von einer Untererfassung von ca. 50 KiTas mit ca. 2.000 betreuten Kindern und dem jeweiligen Personal ausgegangen werden.

Tab. 112 | Kindertageseinrichtungen mit weniger als der von der Bertelsmann Stiftung empfohlenen Leitungszeit* nach Bundesländern am 01.03.2020 (absolut; in %; ohne Horte)

	KiTas insgesamt	KiTas mit weniger als der von der Bertelsmann Stiftung empfohlenen Leitungszeit* (ohne Horte)			
		trifft zu	trifft nicht zu	trifft zu	trifft nicht zu
Bundesland	Anzahl	Anzahl		In %	
Baden-Württemberg	8.878	7.892	986	88,9	11,1
Bayern	8.766	8.023	743	91,5	8,5
Berlin	2.663	2.059	604	77,3	22,7
Brandenburg	1.565	1.351	214	86,3	13,7
Bremen	437	304	133	69,6	30,4
Hamburg	1.126	484	642	43,0	57,0
Hessen	4.157	3.215	942	77,3	22,7
Mecklenburg-Vorpommern	952	919	33	96,5	3,5
Niedersachsen	5.045	4.129	916	81,8	18,2
Nordrhein-Westfalen**	10.347	7.701	2.646	74,4	25,6
Rheinland-Pfalz	2.470	2.061	409	83,4	16,6
Saarland	470	373	97	79,4	20,6
Sachsen	2.348	1.932	416	82,3	17,7
Sachsen-Anhalt	1.414	1.334	80	94,3	5,7
Schleswig-Holstein	1.774	1.160	614	65,4	34,6
Thüringen	1.330	1.287	43	96,8	3,2
Ostdeutschland (mit Berlin)	10.272	8.882	1.390	86,5	13,5
Westdeutschland (ohne Berlin)	43.470	35.342	8.128	81,3	18,7
Deutschland	53.742	44.224	9.518	82,3	17,7

Quelle
FDZ der Statistischen Ämter des Bundes und der Länder, Kinder und tätige Personen in Tageseinrichtungen und in öffentlich geförderter Kindertagespflege, 2020; berechnet vom LG Empirische Bildungsforschung der FernUniversität in Hagen, 2021.

Anmerkung
* Mit Toleranzgrenze von 2,5 Wochenstunden Abweichung

** Aufgrund der zeitweiligen Schließung bzw. des eingeschränkten Betriebs der Kindertageseinrichtungen in Nordrhein-Westfalen durch die Corona-Pandemie konnten einige Einrichtungen ihre Daten nicht rechtzeitig übermitteln. Bei den vorliegenden Daten muss von einer Untererfassung von ca. 50 KiTas mit ca. 2.000 betreuten Kindern und dem jeweiligen Personal ausgegangen werden.

Tab. 116a | Krippengruppen* nach Anzahl der Kinder pro Gruppe (Gruppengröße) in den Bundesländern am 01.03.2020 (Anzahl; Anteil in %)

	Gruppen insgesamt	Gruppengröße von					
		unter 6 Kindern	6 bis 12 Kindern	mehr als 12 Kindern	unter 6 Kindern	6 bis 12 Kindern	mehr als 12 Kindern
Bundesland	Anzahl	Anzahl			In %		
Baden-Württemberg	5.274	336	4.908	30	6,4	93,1	0,6
Bayern	3.163	44	2.301	818	1,4	72,7	25,9
Berlin	833	20	522	291	2,4	62,7	34,9
Brandenburg	1.414	135	839	440	9,5	59,3	31,1
Bremen**	172	172		0	100,0		0,0
Hamburg	1.110	37	406	667	3,3	36,6	60,1
Hessen	2.490	44	2.313	133	1,8	92,9	5,3
Mecklenburg-Vorpommern	1.355	148	897	310	10,9	66,2	22,9
Niedersachsen	1.322	27	515	780	2,0	39,0	59,0
Nordrhein-Westfalen***	1.599	36	1.457	106	2,3	91,1	6,6
Rheinland-Pfalz	854	28	710	116	3,3	83,1	13,6
Saarland	424	5	411	8	1,2	96,9	1,9
Sachsen	2.593	131	1.442	1.020	5,1	55,6	39,3
Sachsen-Anhalt	1.339	68	619	652	5,1	46,2	48,7
Schleswig-Holstein	1.000	51	935	14	5,1	93,5	1,4
Thüringen**	1.400	1.019		381	72,8		27,2
Ostdeutschland (mit Berlin)**	8.934	502	5.338	3.094	5,6	59,7	34,6
Westdeutschland (ohne Berlin)**	17.408	608	14.128	2.672	3,5	81,2	15,3
Deutschland	26.342	1.179	19.397	5.766	4,5	73,6	21,9

Quelle
FDZ der Statistischen Ämter des Bundes und der Länder sowie Statistisches Bundesamt, Kinder und tätige Personen in Tageseinrichtungen und in öffentlich geförderter Kindertagespflege, 2020; berechnet vom LG Empirische Bildungsforschung der FernUniversität in Hagen, 2021.

Anmerkung

* Ausgewiesen wird die Gruppengröße in Krippengruppen, die sich wie folgt zusammensetzen:

Krippengruppe:
Dies sind alle Gruppen, in denen ausschließlich Kinder unter drei Jahren betreut werden.

Die Zuordnung von Gruppen in Kindertageseinrichtungen zu einem bestimmten Gruppentyp wird nicht von den Einrichtungen selbst vorgenommen, sondern erfolgt im Rahmen der Auswertung der Daten der amtlichen Kinder- und Jugendhilfestatistik. Dabei erfolgt die Zuordnung primär anhand der Alterszusammensetzung der Kinder in der Gruppe.

Gruppen, in denen Kinder mit einer (drohenden) Behinderung betreut werden, werden in der Berechnung nicht berücksichtigt.

** Die Gruppengröße der Kategorie „unter 6 Kindern" unterliegt in Bremen und Thüringen der Geheimhaltung und wird zur Kategorie „6 bis 12 Kindern" des jeweiligen Bundeslandes hinzugefügt.

*** Aufgrund der zeitweiligen Schließung bzw. des eingeschränkten Betriebs der Kindertageseinrichtungen in Nordrhein-Westfalen durch die Corona-Pandemie konnten einige Einrichtungen ihre Daten nicht rechtzeitig übermitteln. Bei den vorliegenden Daten muss von einer Untererfassung von ca. 50 KiTas mit ca. 2.000 betreuten Kindern und dem jeweiligen Personal ausgegangen werden.

Tab. 116b | Kindergartengruppen* nach Anzahl der Kinder pro Gruppe (Gruppengröße) in den Bundesländern am 01.03.2020 (Anzahl; Anteil in %)

	Gruppen insgesamt	Gruppengröße von					
		unter 14 Kindern	14 bis 18 Kindern	mehr als 18 Kindern	unter 14 Kindern	14 bis 18 Kindern	mehr als 18 Kindern
Bundesland	Anzahl	Anzahl			In %		
Baden-Württemberg	6.545	648	1.151	4.746	9,9	17,6	72,5
Bayern	8.752	247	777	7.728	2,8	8,9	88,3
Berlin	1.211	429	605	177	35,4	50,0	14,6
Brandenburg	2.415	945	916	554	39,1	37,9	22,9
Bremen	482	17	92	373	3,5	19,1	77,4
Hamburg	1.102	172	198	732	15,6	18,0	66,4
Hessen	3.674	116	405	3.153	3,2	11,0	85,8
Mecklenburg-Vorpommern	1.870	315	1.368	187	16,8	73,2	10,0
Niedersachsen	7.217	625	599	5.993	8,7	8,3	83,0
Nordrhein-Westfalen**	7.440	258	468	6.714	3,5	6,3	90,2
Rheinland-Pfalz	1.869	109	312	1.448	5,8	16,7	77,5
Saarland	498	13	33	452	2,6	6,6	90,8
Sachsen	4.228	1.032	2.368	828	24,4	56,0	19,6
Sachsen-Anhalt	1.953	529	728	696	27,1	37,3	35,6
Schleswig-Holstein	2.149	127	502	1.520	5,9	23,4	70,7
Thüringen	2.048	374	1.113	561	18,3	54,3	27,4
Ostdeutschland (mit Berlin)	13.725	3.624	7.098	3.003	26,4	51,7	21,9
Westdeutschland (ohne Berlin)	39.728	2.332	4.537	32.859	5,9	11,4	82,7
Deutschland	53.453	5.956	11.635	35.862	11,1	21,8	67,1

Quelle
FDZ der Statistischen Ämter des Bundes und der Länder sowie Statistisches Bundesamt, Kinder und tätige Personen in Tageseinrichtungen und in öffentlich geförderter Kindertagespflege, 2020; berechnet vom LG Empirische Bildungsforschung der FernUniversität in Hagen, 2021.

Anmerkung

* Ausgewiesen wird die Gruppengröße in Kindergartengruppen, die sich wie folgt zusammensetzen:

Kindergarten, Kinder ab drei Jahren bis Schuleintritt:
Dies sind alle Gruppen, in denen ausschließlich Kinder von drei Jahren bis zum Schuleintritt sind, also die klassischen Kindergartengruppen.

Die Zuordnung von Gruppen in Kindertageseinrichtungen zu einem bestimmten Gruppentyp wird nicht von den Einrichtungen selbst vorgenommen, sondern erfolgt im Rahmen der Auswertung der Daten der amtlichen Kinder- und Jugendhilfestatistik. Dabei erfolgt die Zuordnung primär anhand der Alterszusammensetzung der Kinder in der Gruppe.

Gruppen, in denen Kinder mit einer (drohenden) Behinderung betreut werden, werden in der Berechnung nicht berücksichtigt.

** Aufgrund der zeitweiligen Schließung bzw. des eingeschränkten Betriebs der Kindertageseinrichtungen in Nordrhein-Westfalen durch die Corona-Pandemie konnten einige Einrichtungen ihre Daten nicht rechtzeitig übermitteln. Bei den vorliegenden Daten muss von einer Untererfassung von ca. 50 KiTas mit ca. 2.000 betreuten Kindern und dem jeweiligen Personal ausgegangen werden.

Tab. 116c | Kindergartengruppen, für 2-Jährige geöffnet* nach Anzahl der Kinder pro Gruppe (Gruppengröße) in den Bundesländern am 01.03.2020 (Anzahl; Anteil in %)

	Gruppen insgesamt	Gruppengröße von					
		unter 14 Kindern	14 bis 18 Kindern	mehr als 18 Kindern	unter 14 Kindern	14 bis 18 Kindern	mehr als 18 Kindern
Bundesland	Anzahl	Anzahl			In %		
Baden-Württemberg	3.130	0	867	2.263	0,0	27,7	72,3
Bayern	2.354	0	240	2.114	0,0	10,2	89,8
Berlin	261	0	129	132	0,0	49,4	50,6
Brandenburg	255	0	101	154	0,0	39,6	60,4
Bremen	18	0	7	11	0,0	38,9	61,1
Hamburg	361	0	53	308	0,0	14,7	85,3
Hessen	1.788	0	235	1.553	0,0	13,1	86,9
Mecklenburg-Vorpommern	189	0	117	72	0,0	61,9	38,1
Niedersachsen	1.189	0	156	1.033	0,0	13,1	86,9
Nordrhein-Westfalen**	7.460	0	479	6.981	0,0	6,4	93,6
Rheinland-Pfalz	1.918	0	211	1.707	0,0	11,0	89,0
Saarland	178	0	17	161	0,0	9,6	90,4
Sachsen	572	0	330	242	0,0	57,7	42,3
Sachsen-Anhalt	282	0	88	194	0,0	31,2	68,8
Schleswig-Holstein	392	0	169	223	0,0	43,1	56,9
Thüringen	375	0	203	172	0,0	54,1	45,9
Ostdeutschland (mit Berlin)	1.934	0	968	966	0,0	50,1	49,9
Westdeutschland (ohne Berlin)	18.788	0	2.434	16.354	0,0	13,0	87,0
Deutschland	20.722	0	3.402	17.320	0,0	16,4	83,6

Quelle
FDZ der Statistischen Ämter des Bundes und der Länder sowie Statistisches Bundesamt, Kinder und tätige Personen in Tageseinrichtungen und in öffentlich geförderter Kindertagespflege, 2020; berechnet vom LG Empirische Bildungsforschung der FernUniversität in Hagen, 2021.

Anmerkung

* Ausgewiesen wird die Gruppengröße in Kindergartengruppen, für 2-Jährige geöffnet, die sich wie folgt zusammensetzen:

Für 2-Jährige geöffnete Kindergartengruppe:
Dies sind Gruppen mit 15 und mehr Kindern, in denen neben Kindern ab einem Alter von 3 Jahren bis zum Schulbesuch auch bis zu fünf 2-jährige Kinder betreut werden.

Die Zuordnung von Gruppen in Kindertageseinrichtungen zu einem bestimmten Gruppentyp wird nicht von den Einrichtungen selbst vorgenommen, sondern erfolgt im Rahmen der Auswertung der Daten der amtlichen Kinder- und Jugendhilfestatistik. Dabei erfolgt die Zuordnung primär anhand der Alterszusammensetzung der Kinder in der Gruppe.

Gruppen, in denen Kinder mit einer (drohenden) Behinderung betreut werden, werden in der Berechnung nicht berücksichtigt.

** Aufgrund der zeitweiligen Schließung bzw. des eingeschränkten Betriebs der Kindertageseinrichtungen in Nordrhein-Westfalen durch die Corona-Pandemie konnten einige Einrichtungen ihre Daten nicht rechtzeitig übermitteln. Bei den vorliegenden Daten muss von einer Untererfassung von ca. 50 KiTas mit ca. 2.000 betreuten Kindern und dem jeweiligen Personal ausgegangen werden.

Tab. 116d | Gruppen mit Kindern unter 4 Jahren* nach Anzahl der Kinder pro Gruppe (Gruppengröße) in den Bundesländern am 01.03.2020 (Anzahl; Anteil in %)

	Gruppen insgesamt	Gruppengröße von					
		unter 6 Kindern	6 bis 12 Kindern	mehr als 12 Kindern	unter 6 Kindern	6 bis 12 Kindern	mehr als 12 Kindern
Bundesland	Anzahl	Anzahl			In %		
Baden-Württemberg	765	35	697	33	4,6	91,1	4,3
Bayern	4.276	10	2.840	1.426	0,2	66,4	33,3
Berlin	731	11	389	331	1,5	53,2	45,3
Brandenburg	758	15	394	349	2,0	52,0	46,0
Bremen**	327	323		4	98,8		1,2
Hamburg	393	8	118	267	2,0	30,0	67,9
Hessen	964	8	829	127	0,8	86,0	13,2
Mecklenburg-Vorpommern	354	9	193	152	2,5	54,5	42,9
Niedersachsen	2.906	16	570	2.320	0,6	19,6	79,8
Nordrhein-Westfalen***	3.284	23	2.638	623	0,7	80,3	19,0
Rheinland-Pfalz	789	7	347	435	0,9	44,0	55,1
Saarland	53	0	42	11	0,0	79,2	20,8
Sachsen	1.108	12	466	630	1,1	42,1	56,9
Sachsen-Anhalt	518	4	187	327	0,8	36,1	63,1
Schleswig-Holstein	769	17	697	55	2,2	90,6	7,2
Thüringen**	756	366		390	48,4		51,6
Ostdeutschland (mit Berlin)**	4.225	51	1.995	2.179	1,2	47,2	51,6
Westdeutschland (ohne Berlin)**	14.526	124	9.101	5.301	0,9	62,7	36,5
Deutschland	18.751	178	11.093	7.480	0,9	59,2	39,9

Quelle
FDZ der Statistischen Ämter des Bundes und der Länder sowie Statistisches Bundesamt, Kinder und tätige Personen in Tageseinrichtungen und in öffentlich geförderter Kindertagespflege, 2020; berechnet vom LG Empirische Bildungsforschung der FernUniversität in Hagen, 2021.

Anmerkung
* Ausgewiesen wird die Gruppengröße für Gruppen mit Kindern unter 4 Jahren, die sich wie folgt zusammensetzen:

Gruppe mit Kindern unter 4 Jahren:
Dies sind alle Gruppen, die nicht den Krippengruppen zugeordnet wurden und in denen ausschließlich Kinder unter 4 Jahren sind.

Die Zuordnung von Gruppen in Kindertageseinrichtungen zu einem bestimmten Gruppentyp wird nicht von den Einrichtungen selbst vorgenommen, sondern erfolgt im Rahmen der Auswertung der Daten der amtlichen Kinder- und Jugendhilfestatistik. Dabei erfolgt die Zuordnung primär anhand der Alterszusammensetzung der Kinder in der Gruppe.

Gruppen, in denen Kinder mit einer (drohenden) Behinderung betreut werden, werden in der Berechnung nicht berücksichtigt.

** Die Gruppengröße der Kategorie „unter 6 Kindern" unterliegt in Bremen und Thüringen der Geheimhaltung und wird zur Kategorie „6 bis 12 Kindern" des jeweiligen Bundeslandes hinzugefügt.

*** Aufgrund der zeitweiligen Schließung bzw. des eingeschränkten Betriebs der Kindertageseinrichtungen in Nordrhein-Westfalen durch die Corona-Pandemie konnten einige Einrichtungen ihre Daten nicht rechtzeitig übermitteln. Bei den vorliegenden Daten muss von einer Untererfassung von ca. 50 KiTas mit ca. 2.000 betreuten Kindern und dem jeweiligen Personal ausgegangen werden.

Tab. 116e | Altersübergreifende Gruppen* nach Anzahl der Kinder pro Gruppe (Gruppengröße) in den Bundesländern am 01.03.2020 (Anzahl; Anteil in %)

	Gruppen insgesamt	Gruppengröße von					
		unter 10 Kindern	10 bis 18 Kindern	mehr als 18 Kindern	unter 10 Kindern	10 bis 18 Kindern	mehr als 18 Kindern
Bundesland	Anzahl	Anzahl			In %		
Baden-Württemberg	1.709	111	1.231	367	6,5	72,0	21,5
Bayern	939	39	476	424	4,2	50,7	45,2
Berlin	817	55	550	212	6,7	67,3	25,9
Brandenburg	447	42	257	148	9,4	57,5	33,1
Bremen**	118	66		52	55,9		44,1
Hamburg	290	19	137	134	6,6	47,2	46,2
Hessen	1.013	22	492	499	2,2	48,6	49,3
Mecklenburg-Vorpommern	307	19	241	47	6,2	78,5	15,3
Niedersachsen	853	41	383	429	4,8	44,9	50,3
Nordrhein-Westfalen***	2.358	44	1.428	886	1,9	60,6	37,6
Rheinland-Pfalz	1.170	16	612	542	1,4	52,3	46,3
Saarland**	136	112		24	82,4		17,6
Sachsen	620	38	450	132	6,1	72,6	21,3
Sachsen-Anhalt	307	16	162	129	5,2	52,8	42,0
Schleswig-Holstein	836	44	641	151	5,3	76,7	18,1
Thüringen	385	25	264	96	6,5	68,6	24,9
Ostdeutschland (mit Berlin)	2.883	195	1.924	764	6,8	66,7	26,5
Westdeutschland (ohne Berlin)**	9.422	336	5.578	3.508	3,6	59,2	37,2
Deutschland	12.305	534	7.499	4.272	4,3	60,9	34,7

Quelle
FDZ der Statistischen Ämter des Bundes und der Länder sowie Statistisches Bundesamt, Kinder und tätige Personen in Tageseinrichtungen und in öffentlich geförderter Kindertagespflege, 2020; berechnet vom LG Empirische Bildungsforschung der FernUniversität in Hagen, 2021.

Anmerkung
* Ausgewiesen wird die Gruppengröße in altersübergreifenden Gruppen, die sich wie folgt zusammensetzen:

Altersübergreifende Gruppe:
Hierunter fallen diejenigen Gruppen, die nicht den vorangegangenen Gruppentypen zugeordnet wurden. Diese Gruppe setzt sich aus altersgruppenübergreifenden Gruppen mit Kindern von 0 Jahren bis zum Schuleintritt und altersgruppenübergreifenden Gruppen mit Schulkindern zusammen. Sprachlich exakt müsste diese Gruppenform „altersgruppenübergreifende Gruppen" heißen. Unberücksichtigt bleiben Gruppen, in denen nur Schulkinder sind.

Die Zuordnung von Gruppen in Kindertageseinrichtungen zu einem bestimmten Gruppentyp wird nicht von den Einrichtungen selbst vorgenommen, sondern erfolgt im Rahmen der Auswertung der Daten der amtlichen Kinder- und Jugendhilfestatistik. Dabei erfolgt die Zuordnung primär anhand der Alterszusammensetzung der Kinder in der Gruppe.

Gruppen, in denen Kinder mit einer (drohenden) Behinderung betreut werden, werden in der Berechnung nicht berücksichtigt.

** Die Gruppengröße der Kategorie „unter 10 Kindern" unterliegt in Bremen und dem Saarland der Geheimhaltung und wird zur Kategorie „10 bis 18 Kindern" des jeweiligen Bundeslandes hinzugefügt.

*** Aufgrund der zeitweiligen Schließung bzw. des eingeschränkten Betriebs der Kindertageseinrichtungen in Nordrhein-Westfalen durch die Corona-Pandemie konnten einige Einrichtungen ihre Daten nicht rechtzeitig übermitteln. Bei den vorliegenden Daten muss von einer Untererfassung von ca. 50 KiTas mit ca. 2.000 betreuten Kindern und dem jeweiligen Personal ausgegangen werden.

Tab. 116h | Hortgruppen* nach Anzahl der Kinder pro Gruppe (Gruppengröße) in den Bundesländern am 01.03.2020 (Anzahl; Anteil in %)

	Gruppen insgesamt	Gruppengröße von					
		unter 15 Kindern	15 bis 20 Kindern	mehr als 20 Kindern	unter 15 Kindern	15 bis 20 Kindern	mehr als 20 Kindern
Bundesland	Anzahl	Anzahl			In %		
Baden-Württemberg	680	146	339	195	21,5	49,9	28,7
Bayern	2.206	351	463	1.392	15,9	21,0	63,1
Berlin	-	-	-	-	-	-	-
Brandenburg	1.924	292	688	944	15,2	35,8	49,1
Bremen	61	8	40	13	13,1	65,6	21,3
Hamburg**	25	9		16	36,0		64,0
Hessen	692	79	307	306	11,4	44,4	44,2
Mecklenburg-Vorpommern	1.123	114	290	719	10,2	25,8	64,0
Niedersachsen	1.533	394	969	170	25,7	63,2	11,1
Nordrhein-Westfalen***	82	24	27	31	29,3	32,9	37,8
Rheinland-Pfalz	293	69	193	31	23,5	65,9	10,6
Saarland	57	15	32	10	26,3	56,1	17,5
Sachsen	3.896	344	1.366	2.186	8,8	35,1	56,1
Sachsen-Anhalt	1.109	113	342	654	10,2	30,8	59,0
Schleswig-Holstein	343	99	186	58	28,9	54,2	16,9
Thüringen**	21	12		9	57,1		42,9
Ostdeutschland (mit Berlin)**	8.073	863	2.698	4.512	10,7	33,4	55,9
Westdeutschland (ohne Berlin)**	5.972	1.185	2.565	2.222	19,8	43,0	37,2
Deutschland	14.045	2.061	5.250	6.734	14,7	37,4	47,9

Quelle
FDZ der Statistischen Ämter des Bundes und der Länder sowie Statistisches Bundesamt, Kinder und tätige Personen in Tageseinrichtungen und in öffentlich geförderter Kindertagespflege, 2020; berechnet vom LG Empirische Bildungsforschung der FernUniversität in Hagen, 2021.

Anmerkung
* Ausgewiesen wird die Gruppengröße in Hortgruppen, die sich wie folgt zusammensetzen:

Hortgruppe:
Hierunter fallen diejenigen Gruppen, in denen sich ausschließlich Schulkinder befinden.

Die Zuordnung von Gruppen in Kindertageseinrichtungen zu einem bestimmten Gruppentyp wird nicht von den Einrichtungen selbst vorgenommen, sondern erfolgt im Rahmen der Auswertung der Daten der amtlichen Kinder- und Jugendhilfestatistik. Dabei erfolgt die Zuordnung primär anhand der Alterszusammensetzung der Kinder in der Gruppe.

Gruppen, in denen Kinder mit einer (drohenden) Behinderung betreut werden, werden in der Berechnung nicht berücksichtigt.

** Die Gruppengröße der Kategorie „unter 15 Kindern" unterliegt in Hamburg und Thüringen der Geheimhaltung und wird zur Kategorie „15 bis 20 Kindern" des jeweiligen Bundeslandes hinzugefügt.

*** Aufgrund der zeitweiligen Schließung bzw. des eingeschränkten Betriebs der Kindertageseinrichtungen in Nordrhein-Westfalen durch die Corona-Pandemie konnten einige Einrichtungen ihre Daten nicht rechtzeitig übermitteln. Bei den vorliegenden Daten muss von einer Untererfassung von ca. 50 KiTas mit ca. 2.000 betreuten Kindern und dem jeweiligen Personal ausgegangen werden.

Tab. 117oh | Kindertageseinrichtungen (ohne Horte) nach Öffnungsdauer in den Bundesländern am 01.03.2020 (Anzahl der Kindertageseinrichtungen; Median; Mittelwert; Standardabweichung)

	Insgesamt				KiTa schließt über Mittag				KiTa schließt nicht über Mittag			
	KiTas	Öffnungsdauer in Stunden			KiTas	Öffnungsdauer in Stunden			KiTas	Öffnungsdauer in Stunden		
Bundesland	Anzahl	Median	Mittelwert	Standard-abweichung	Anzahl	Median	Mittelwert	Standard-abweichung	Anzahl	Median	Mittelwert	Standard-abweichung
BW	8.878	09:00	08:17	01:43	539	08:30	08:10	01:19	8.339	09:00	08:18	01:44
BY	8.766	09:30	09:04	01:13	3	10:15	10:10	00:08	8.763	09:30	09:04	01:13
BE	2.663	10:00	10:02	01:18	0	-	-	-	2.663	10:00	10:02	01:18
BB	1.565	11:00	10:56	00:58	1	15:00	15:00	-	1.564	11:00	10:56	00:58
HB	437	08:30	08:30	01:23	0	-	-	-	437	08:30	08:30	01:23
HH	1.126	10:00	10:13	01:45	2	07:30	07:30	03:32	1.124	10:07	10:13	01:44
HE	4.157	09:30	09:12	01:07	10	09:00	09:00	00:39	4.147	09:30	09:12	01:07
MV	952	11:00	11:12	01:06	0	-	-	-	952	11:00	11:12	01:06
NI	5.045	09:00	08:19	01:45	23	09:30	08:46	02:12	5.022	08:45	08:19	01:45
NW	10.347	09:00	09:05	01:06	121	09:00	07:40	02:41	10.226	09:00	09:06	01:03
RP	2.470	09:15	09:13	00:50	48	09:00	09:06	00:48	2.422	09:15	09:13	00:50
SL	470	10:00	09:55	01:01	4	09:15	09:15	00:51	466	10:00	09:55	01:01
SN	2.348	11:00	10:46	00:40	3	11:00	10:50	00:17	2.345	11:00	10:46	00:40
ST	1.414	11:00	11:01	00:49	0	-	-	-	1.414	11:00	11:01	00:49
SH	1.774	09:00	08:37	01:46	13	09:00	08:01	02:53	1.761	09:00	08:37	01:45
TH	1.330	11:00	10:46	00:35	0	-	-	-	1.330	11:00	10:46	00:35
O (m. BE)	10.272	11:00	10:41	01:03	4	11:00	11:52	02:05	10.268	11:00	10:41	01:03
W (o. BE)	43.470	09:00	08:52	01:28	763	08:45	08:11	01:41	42.707	09:00	08:52	01:27
DE	53.742	09:30	09:12	01:34	767	08:45	08:12	01:42	52.975	09:30	09:13	01:33

Quelle
FDZ der Statistischen Ämter des Bundes und der Länder, Kinder und tätige Personen in Tageseinrichtungen und in öffentlich geförderter Kindertagespflege, 2020; berechnet vom LG Empirische Bildungsforschung der FernUniversität in Hagen, 2021.

Tab. 117h | Horte nach Öffnungsdauer in den Bundesländern am 01.03.2020 (Anzahl der Horte; Median; Mittelwert; Standardabweichung)

	Insgesamt				Horte schließt über Mittag				Horte schließt nicht über Mittag			
	Horte	Öffnungsdauer in Stunden			Horte	Öffnungsdauer in Stunden			Horte	Öffnungsdauer in Stunden		
Bundesland	Anzahl	Median	Mittelwert	Standard-abweichung	Anzahl	Median	Mittelwert	Standard-abweichung	Anzahl	Median	Mittelwert	Standard-abweichung
BW	410	06:22	07:23	02:21	0	-	-	-	410	06:22	07:23	02:21
BY	879	06:30	07:28	01:55	1	09:30	09:30	-	878	06:30	07:28	01:55
BE	-	-	-	-	-	-	-	-	-	-	-	-
BB	379	11:00	10:13	02:12	8	11:00	10:03	02:43	371	11:00	10:13	02:11
HB	24	04:00	04:22	02:00	10	03:30	04:36	02:37	14	04:00	04:12	01:31
HH	7	05:00	05:47	03:15	1	05:00	05:00	-	6	05:00	05:55	03:33
HE	169	06:30	07:24	02:08	2	10:15	10:15	00:21	167	06:00	07:22	02:07
MV	159	11:00	09:47	02:28	0	-	-	-	159	11:00	09:47	02:28
NI	549	04:00	04:19	02:20	27	03:00	04:54	03:49	522	04:00	04:17	02:14
NW	51	07:00	06:36	02:20	0	-	-	-	51	07:00	06:36	02:20
RP	102	07:45	07:16	02:17	2	09:00	09:00	00:00	100	07:15	07:14	02:17
SL	18	04:27	05:26	03:09	0	-	-	-	18	04:27	05:26	03:09
SN	677	11:00	10:27	01:23	13	10:30	10:36	00:32	664	11:00	10:26	01:24
ST	386	11:00	10:54	01:29	0	-	-	-	386	11:00	10:54	01:29
SH	42	08:45	08:13	02:18	2	10:00	10:00	01:24	40	08:00	08:08	02:18
TH	-	-	-	-	-	-	-	-	-	-	-	-
O (m. BE)	1.601	11:00	10:26	01:47	21	11:00	10:24	01:41	1.580	11:00	10:26	01:47
W (o. BE)	2.251	06:00	06:37	02:33	45	04:00	05:35	03:39	2.206	06:00	06:38	02:32
DE	3.852	09:30	08:12	02:57	66	09:30	07:07	03:52	3.786	09:30	08:13	02:56

Quelle
FDZ der Statistischen Ämter des Bundes und der Länder, Kinder und tätige Personen in Tageseinrichtungen und in öffentlich geförderter Kindertagespflege, 2020; berechnet vom LG Empirische Bildungsforschung der FernUniversität in Hagen, 2021.

Tab. 118oh | Pädagogisch tätige Personen* in Kindertageseinrichtungen (ohne Horte und Hortgruppen) in den Bundesländern 2011 bis 2020 (Anzahl; Vollzeitäquivalente)

	Pädagogisch Tätige in KiTas (ohne Horte)													
	01.03.11	01.03.12	01.03.13	01.03.14	01.03.15	01.03.16	01.03.17		01.03.18		01.03.19		01.03.20	
Bundesland	Anzahl						Anzahl	Vollzeit-äquivalente	Anzahl	Vollzeit-äquivalente	Anzahl	Vollzeit-äquivalente	Anzahl	Vollzeit-äquivalente
BW	55.587	59.821	65.895	73.279	78.178	81.879	84.718	65.851	89.397	70.679	92.287	73.162	96.387	76.346
BY	56.239	59.861	65.028	70.717	75.605	79.343	83.038	65.156	87.390	68.494	91.573	71.837	96.966	76.139
BE	20.445	22.106	23.568	25.031	26.285	27.190	28.816	24.828	30.545	26.054	32.558	27.593	34.098	28.718
BB	12.100	12.812	13.330	14.129	14.263	14.904	15.648	13.322	16.601	14.064	17.360	14.733	18.370	15.579
HB	3.747	3.784	3.985	4.091	4.215	4.498	4.566	3.820	4.733	3.955	5.290	4.434	5.695	4.770
HH	10.011	10.533	11.407	12.060	12.543	13.129	13.884	11.293	15.216	12.341	16.590	13.448	17.629	14.279
HE	34.930	36.863	38.847	41.278	42.911	44.436	45.954	35.877	47.388	37.118	49.284	38.649	51.099	40.069
MV	7.990	8.467	8.774	9.138	9.430	9.693	10.095	8.869	10.424	9.173	10.696	9.381	11.047	9.711
NI	36.202	37.584	39.548	42.009	44.068	46.238	48.878	39.156	52.106	41.893	54.727	44.294	58.189	47.230
NW***	84.765	89.430	92.996	97.728	x	106.483	110.095	91.780	114.219	94.889	119.256	98.995	124.257	103.119
RP	22.707	23.897	25.258	26.728	27.904	28.853	29.920	23.904	30.617	24.455	31.703	25.220	32.899	26.029
SL	4.580	4.828	5.285	5.728	5.912	6.005	6.212	5.100	6.385	5.253	6.536	5.398	6.697	5.567
SN	20.642	21.746	22.544	23.564	24.054	24.981	25.988	22.591	27.186	23.643	28.530	24.860	29.914	25.964
ST	11.928	12.278	12.674	13.503	13.947	14.679	15.120	13.016	15.492	13.299	15.817	13.585	15.958	13.801
SH	13.225	14.083	14.966	15.835	16.709	17.179	18.220	14.719	19.238	15.640	20.220	16.481	20.962	17.109
TH	x	x	x	x	x	14.511	14.839	13.467	15.188	13.746	15.403	13.968	15.602	14.188
O (m. BE)**	73.105	77.409	80.890	85.365	87.979	105.958	110.506	96.093	115.436	99.979	120.364	104.120	124.989	107.961
W (o. BE)**	321.993	340.684	363.215	389.453	308.045	428.043	445.485	356.655	466.689	374.717	487.466	391.918	510.780	410.656
DE**	395.098	418.093	444.105	474.818	396.024	534.001	555.991	452.749	582.125	474.696	607.830	496.038	635.769	518.617

Quelle

Quelle: FDZ der Statistischen Ämter des Bundes und der Länder, Kinder und tätige Personen in Tageseinrichtungen und in öffentlich geförderter Kindertagespflege, verschiedene Jahre; Daten bis 2016: Berechnungen des Forschungsverbundes DJI/TU Dortmund; Daten ab 2017: berechnet vom LG Empirische Bildungsforschung der FernUniversität in Hagen, zuletzt aktualisiert: 2021.

Anmerkung

* Berücksichtigt werden auch diejenigen, die als ersten Arbeitsbereich Leitungstätigkeiten angegeben haben. Unberücksichtigt bleiben hingegen Tätige, die überwiegend Verwaltungsaufgaben wahrnehmen, Tätige im hauswirtschaftlich-technischen Bereich und pädagogisch Tätige in Horten und Hortgruppen. Dadurch wird nicht das gesamte pädagogische Personal, das in Kindertageseinrichtungen mit Schulkindern arbeitet, ausgeschlossen. So wird das pädagogische Personal berücksichtigt, das gruppenübergreifend in Kindertageseinrichtungen tätig ist, in denen neben Schulkindergruppen noch andere Gruppen sind. Ebenso wird das pädagogische Personal berücksichtigt, das nicht überwiegend in seiner Arbeitszeit in Schulkindergruppen tätig ist, sowie das pädagogische Personal, das in altersgemischten Gruppen tätig ist, in denen neben Schulkindern auch Kinder ohne Schulbesuch betreut werden.

** Exklusive der Werte, die nach Angabe des Statistischen Bundesamtes der Geheimhaltung unterliegen.

*** Aufgrund der zeitweiligen Schließung bzw. des eingeschränkten Betriebs der Kindertageseinrichtungen in Nordrhein-Westfalen durch die Corona-Pandemie konnten einige Einrichtungen ihre Daten nicht rechtzeitig übermitteln. Bei den vorliegenden Daten muss von einer Untererfassung von ca. 50 KiTas mit ca. 2.000 betreuten Kindern und dem jeweiligen Personal ausgegangen werden.

Tab. 118h | Pädagogisch tätige Personen* in Horten und Hortgruppen in den Bundesländern 2011 bis 2020 (Anzahl)**

	Pädagogisch Tätige* in Horten und Hortgruppen**									
	01.03.11	01.03.12	01.03.13	01.03.14	01.03.15	01.03.16	01.03.17	01.03.18	01.03.19	01.03.20
Bundesland	Anzahl									
BW	2.685	2.612	2.991	2.902	3.233	3.133	3.286	3.035	3.106	3.233
BY	6.639	7.155	7.410	7.802	8.344	8.783	9.252	9.471	9.631	9.533
BE	-	-	-	-	-	-	-	-	-	-
BB	3.603	3.585	3.706	3.625	3.971	4.065	4.274	4.404	4.564	4.715
HB	341	314	341	283	292	248	176	226	246	254
HH	1.013	1.171	1.090	303	311	316	139	110	119	99
HE	2.635	2.837	2.837	2.579	2.758	2.705	2.751	2.634	2.524	2.481
MV	1.652	1.720	1.750	1.777	1.854	1.891	1.961	2.069	2.028	2.090
NI	2.666	2.753	2.848	3.107	3.482	3.535	3.631	3.819	3.956	3.959
NW****	553	528	450	420	x	362	345	342	327	305
RP	923	897	900	918	927	919	829	912	890	904
SL	167	173	199	191	206	234	261	220	189	222
SN	5.885	6.080	6.267	6.428	6.669	6.916	7.125	7.420	7.596	8.095
ST	2.293	2.398	2.422	2.509	2.650	2.736	2.848	3.031	3.098	3.150
SH	696	673	712	747	769	779	788	810	817	818
TH	x	x	x	x	x	40	26	25	24	18
O (m. BE)***	13.433	13.783	14.145	14.339	15.144	15.648	16.234	16.949	17.310	18.068
W (o. BE)***	18.318	19.113	19.778	19.252	20.322	21.014	21.458	21.579	21.805	21.808
DE***	31.751	32.896	33.923	33.591	35.466	36.662	37.692	38.528	39.115	39.876

Quelle
FDZ der Statistischen Ämter des Bundes und der Länder, Kinder und tätige Personen in Tageseinrichtungen und in öffentlich geförderter Kindertagespflege, verschiedene Jahre; Daten bis 2016: Berechnungen des Forschungsverbundes DJI/TU Dortmund; Daten ab 2017: berechnet vom LG Empirische Bildungsforschung der FernUniversität in Hagen, zuletzt aktualisiert: 2021.

Anmerkung

* Berücksichtigt werden auch diejenigen, die als ersten Arbeitsbereich Leitungstätigkeiten angegeben haben. Unberücksichtigt bleiben hingegen Tätige, die überwiegend Verwaltungsaufgaben wahrnehmen und Tätige im hauswirtschaftlich-technischen Bereich.

** Berücksichtigt werden pädagogisch Tätige in Horten und in reinen Hortgruppen (Schulkindergruppen). Dadurch wird nicht das gesamte pädagogische Personal, das in Kindertageseinrichtungen mit Schulkindern arbeitet, ausgewiesen. So bleibt das pädagogische Personal unberücksichtigt, das gruppenübergreifend in Kindertageseinrichtungen tätig ist, in denen neben Schulkindergruppen noch andere Gruppen sind. Ebenso unberücksichtigt bleibt dadurch das pädagogische Personal, das nicht überwiegend in seiner Arbeitszeit in Schulkindergruppen tätig ist, sowie das pädagogische Personal, das in altersgemischten Gruppen tätig ist, in denen neben Schulkindern auch Kinder ohne Schulbesuch betreut werden.

*** Exklusive der Werte, die nach Angabe des Statistischen Bundesamtes der Geheimhaltung unterliegen.

**** Aufgrund der zeitweiligen Schließung bzw. des eingeschränkten Betriebs der Kindertageseinrichtungen in Nordrhein-Westfalen durch die Corona-Pandemie konnten einige Einrichtungen ihre Daten nicht rechtzeitig übermitteln. Bei den vorliegenden Daten muss von einer Untererfassung von ca. 50 KiTas mit ca. 2.000 betreuten Kindern und dem jeweiligen Personal ausgegangen werden.

Tab. 119 | Verteilung der Bundesmittel aus dem KiQuTG auf die Handlungsfelder in den Bundesländern 2019 bis 2022 (in Mio. Euro)

	Bedarfsgerechtes Angebot	Guter Betreuungsschlüssel	Qualifizierte Fachkräfte	Starke KiTa-Leitung	Kindgerechte Räume	Gesundes Aufwachsen	Sprachliche Bildung	Starke Kindertagespflege	Netzwerke für mehr Qualität	Vielfältige pädagogische Arbeit	Weniger Gebühren	verplante Bundesmittel aus den Finanzierungskonzepten der Länder
Bundesland	In Mio. Euro											
BW			73,5	460,4			6,0	10,5		97,8		648,2
BY				174,6				35,9	1,5	1,7	333,8	547,4
BE	14,9		77,3	60,0	21,5			64,7	1,0			239,3
BB		110,0	16,0			0,4				0,9	20,0	147,4
HB		17,5	11,5				0,7		1,0		26,3	57,1
HH		121,1										121,1
HE		290,1		123,4								413,5
MV											94,6	94,6
NI			301,0					149,2	0,9		17,9	469,0
NW	140,0		170,2	106,6			78,0	81,3		54,8	517,3	1.148,2
RP		*	*	*	*		*		*	*	30,0	269,2
SL		5,7	1,0	8,9			0,1				46,8	62,5
SN		188,0	50,9					16,0		14,1		269,0
ST		26,4	25,9								71,5	123,8
SH		102,0									89,0	191,0
TH		61,8	1,9							17,0	61,0	141,6

Quelle
Bund-Länder-Verträge zur Umsetzung des KiQuTG; zusammengestellt von der Bertelsmann Stiftung

Anmerkungen
* Für RP ist keine differnzierte Verteilung der Bundesmittel auf die Handlungsfelder möglich. 239,2 Mio. Euro fließen in die Handlungsfelder „Guter Betreuungsschlüssel", „Qualifizierte Fachkräfte", „Starke KiTa-Leitung", „Kindgerechte Räume", „Sprachliche Bildung", „Netzwerk für mehr Qualität" und „Vielfältige pädagogische Arbeit".

Tab. 126| Kindertagespflegepersonen in den Bundesländern 2011 bis 2020 (Anzahl)

	Kindertagespflegepersonen									
	01.03.11	01.03.12	01.03.13	01.03.14	01.03.15	01.03.16	01.03.17	01.03.18	01.03.19	01.03.20
Bundesland	Anzahl									
BW	6.716	6.727	6.717	6.934	6.762	6.620	6.683	6.574	6.562	6.512
BY	3.372	3.371	3.390	3.258	3.179	3.093	3.298	3.385	3.409	3.425
BE	1.425	1.602	1.685	1.703	1.658	1.589	1.599	1.621	1.655	1.601
BB	1.283	1.265	1.206	1.201	1.158	1.141	1.101	1.056	1.014	991
HB	349	338	337	318	316	303	302	295	278	264
HH	1.628	1.528	1.287	1.117	1.051	1.004	954	920	875	847
HE	3.094	3.092	3.106	3.161	2.970	2.930	2.966	2.817	2.874	2.870
MV	1.505	1.467	1.439	1.375	1.327	1.249	1.168	1.073	990	906
NI	5.793	5.812	6.097	6.353	6.460	6.260	6.027	6.050	6.021	6.038
NW	11.486	12.192	12.569	13.235	13.148	13.524	14.271	14.697	15.237	15.586
RP	1.866	1.896	1.802	1.793	1.800	1.556	1.519	1.524	1.535	1.505
SL	305	318	296	290	293	249	236	239	247	270
SN	1.461	1.472	1.619	1.761	1.718	1.699	1.657	1.716	1.697	1.660
ST	126	133	147	158	180	185	186	189	183	190
SH	1.982	1.884	1.895	1.838	1.735	1.721	1.653	1.719	1.840	1.837
TH	323	338	361	365	352	347	335	306	305	280
O (m. BE)	6.123	6.277	6.457	6.563	6.393	6.210	6.046	5.961	5.844	5.628
W (o. BE)	36.591	37.158	37.496	38.297	37.714	37.260	37.909	38.220	38.878	39.154
DE	42.714	43.435	43.953	44.860	44.107	43.470	43.955	44.181	44.722	44.782

Quelle
Statistisches Bundesamt, Kinder und tätige Personen in Tageseinrichtungen und in öffentlich geförderter Kindertagespflege, verschiedene Jahre; zusammengestellt von der Bertelsmann Stiftung, 2020.

Tab. 128 | Kindertagespflegepersonen nach Altersgruppen in den Bundesländern am 01.03.2020 (Anzahl; Anteil in %)

	Gruppen insgesamt	Kindertagespflegepersonen im Alter von							
		unter 25 Jahren	25 bis unter 40 Jahren	40 bis unter 55 Jahren	55 Jahren und älter	unter 25 Jahren	25 bis unter 40 Jahren	40 bis unter 55 Jahren	55 Jahren und älter
Bundesland	Anzahl	Anzahl				In %			
BW	6.512	71	1.752	2.594	2.095	1,1	26,9	39,8	32,2
BY	3.425	66	1.013	1.455	891	1,9	29,6	42,5	26,0
BE	1.601	57	338	572	634	3,6	21,1	35,7	39,6
BB	991	7	194	494	296	0,7	19,6	49,8	29,9
HB	264	2	60	121	81	0,8	22,7	45,8	30,7
HH	847	18	212	331	286	2,1	25,0	39,1	33,8
HE	2.870	12	726	1.322	810	0,4	25,3	46,1	28,2
MV	906	4	166	423	313	0,4	18,3	46,7	34,5
NI	6.038	86	1.697	2.545	1.710	1,4	28,1	42,1	28,3
NW	15.586	305	5.080	6.632	3.569	2,0	32,6	42,6	22,9
RP	1.505	20	391	610	484	1,3	26,0	40,5	32,2
SL	270	3	54	113	100	1,1	20,0	41,9	37,0
SN	1.660	9	430	843	378	0,5	25,9	50,8	22,8
ST	190	1	56	83	50	0,5	29,5	43,7	26,3
SH	1.837	10	613	785	429	0,5	33,4	42,7	23,4
TH	280	1	42	135	102	0,4	15,0	48,2	36,4
O (m. BE)	5.628	79	1.226	2.550	1.773	1,4	21,8	45,3	31,5
W (o. BE)	39.154	593	11.598	16.508	10.455	1,5	29,6	42,2	26,7
DE	44.782	672	12.824	19.058	12.228	1,5	28,6	42,6	27,3

Quelle
FDZ der Statistischen Ämter des Bundes und der Länder, Kinder und tätige Personen in Tageseinrichtungen und in öffentlich geförderter Kindertagespflege, 2020; berechnet vom LG Empirische Bildungsforschung der FernUniversität in Hagen, 2021.

Tab. 133 | Kindertagespflegepersonen nach Qualifikationsniveaus* in den Bundesländern am 01.03.2020 (Anzahl; Anteil in %)

Bundesland	Insgesamt	Kindertagespflegepersonen nach Qualifikationsniveaus						
		(einschlägiger) Hochschulabschluss	(einschlägiger) Fachschulabschluss	(einschlägiger) Berufsfachschulabschluss	Sonstige soziale/sozialpäd. Kurzausbildung	noch in Berufsausbildung	ohne abgeschlossene Berufsausbildung	anderer nichtfachpäd. Fachabschluss
	Anzahl	Anzahl						
BW	6.512	235	1.002	469	39	33	546	4.188
BY	3.425	114	629	459	94	12	201	1.916
BE	1.601	56	502	115	43	54	128	703
BB	991	16	237	38	79	1	15	605
HB	264	9	34	36	6	0	38	141
HH	847	27	138	149	15	20	119	379
HE	2.870	100	333	187	32	7	315	1.896
MV	906	10	178	77	48	0	13	580
NI	6.038	247	854	671	147	16	471	3.632
NW	15.586	447	2.374	1.847	242	47	1.631	8.998
RP	1.505	59	203	129	24	6	154	930
SL	270	2	28	19	2	0	38	181
SN	1.660	38	227	89	26	3	31	1.246
ST	190	9	51	15	10	0	2	103
SH	1.837	34	246	188	36	4	126	1.203
TH	280	9	61	9	2	0	4	195
O (m. BE)	5.628	138	1.256	343	208	58	193	3.432
W (o. BE)	39.154	1.274	5.841	4.154	637	145	3.639	23.464
DE	44.782	1.412	7.097	4.497	845	203	3.832	26.896

Bundesland	In %						
BW	3,6	15,4	7,2	0,6	0,5	8,4	64,3
BY	3,3	18,4	13,4	2,7	0,4	5,9	55,9
BE	3,5	31,4	7,2	2,7	3,4	8,0	43,9
BB	1,6	23,9	3,8	8,0	0,1	1,5	61,0
HB	3,4	12,9	13,6	2,3	0,0	14,4	53,4
HH	3,2	16,3	17,6	1,8	2,4	14,0	44,7
HE	3,5	11,6	6,5	1,1	0,2	11,0	66,1
MV	1,1	19,6	8,5	5,3	0,0	1,4	64,0
NI	4,1	14,1	11,1	2,4	0,3	7,8	60,2
NW	2,9	15,2	11,9	1,6	0,3	10,5	57,7
RP	3,9	13,5	8,6	1,6	0,4	10,2	61,8
SL	0,7	10,4	7,0	0,7	0,0	14,1	67,0
SN	2,3	13,7	5,4	1,6	0,2	1,9	75,1
ST	4,7	26,8	7,9	5,3	0,0	1,1	54,2
SH	1,9	13,4	10,2	2,0	0,2	6,9	65,5
TH	3,2	21,8	3,2	0,7	0,0	1,4	69,6
O (m. BE)	2,5	22,3	6,1	3,7	1,0	3,4	61,0
W (o. BE)	3,3	14,9	10,6	1,6	0,4	9,3	59,9
DE	3,2	15,8	10,0	1,9	0,5	8,6	60,1

Quelle
FDZ der Statistischen Ämter des Bundes und der Länder, Kinder und tätige Personen in Tageseinrichtungen und in öffentlich geförderter Kindertagespflege, 2020; berechnet vom LG Empirische Bildungsforschung der FernUniversität in Hagen, 2021.

Anmerkung
* Den Qualifikationsniveaus wurden folgende Berufsausbildungsabschlüsse zugeordnet:

(Einschlägiger) Hochschulabschluss: Dipl.-Sozialpädagog:in, Dipl.-Sozialarbeiter:in (FH oder vergleichbarer Abschluss), Dipl.-Pädagog:in, Dipl.-Sozialpädagog:in, Dipl.-Erziehungswissenschaftler:in (Universität oder vergleichbarer Abschluss), Dipl.-Heilpädagog:in (FH oder vergleichbarer Abschluss), staatlich anerkannte Kindheitspädagog:innen (Bachelor- und Masterabschlüsse)

(Einschlägiger) Fachschulabschluss: Erzieher:in, Heilpädagog:in (Fachschule), Heilerzieher:in, Heilerziehungspfleger:in

(Einschlägiger) Berufsfachschulabschluss: Kinderpfleger:in, Familienpfleger:in, Assistent:in im Sozialwesen, soziale und medizinische Helfer:innenberufe

Sonstige soziale/sozialpäd. Kurzausbildung

noch in Berufsausbildung

ohne abgeschlossene Berufsausbildung

anderer nichtfachpädagogischer Fachabschluss

Tab. 138 | **Schulkinder im Alter von unter 11 Jahren in Kindertagespflege nach vertraglich vereinbarter wöchentlicher Betreuungszeit in den Bundesländern am 01.03.2020 (Anzahl; Anteil in %)**

	Schulkinder unter 11 Jahren in Kindertages-pflege insgesamt	Vertraglich vereinbarte Betreuungszeit in Stunden pro Woche							
		Bis zu 25 Stunden	Mehr als 25 bis zu 35 Stunden	Mehr als 35 bis unter 45 Stunden	45 und mehr Stunden	Bis zu 25 Stunden	Mehr als 25 bis zu 35 Stunden	Mehr als 35 bis unter 45 Stunden	45 und mehr Stunden
Bundesland	Anzahl	Anzahl				In %			
BW	2.665	2.447	170	32	16	91,8	6,4	1,2	0,6
BY	1.004	868	100	28	8	86,5	10,0	2,8	0,8
BE	193	163	20	6	4	84,5	10,4	3,1	2,1
BB	21	19	2	0	0	90,5	9,5	0,0	0,0
HB	65	60	5	0	0	92,3	7,7	0,0	0,0
HH	236	186	32	18	0	78,8	13,6	7,6	0,0
HE	395	294	57	16	28	74,4	14,4	4,1	7,1
MV	22	5	17	0	0	22,7	77,3	0,0	0,0
NI	2.401	2.260	105	23	13	94,1	4,4	1,0	0,5
NW	2.029	1.784	178	38	29	87,9	8,8	1,9	1,4
RP	705	667	25	10	3	94,6	3,5	1,4	0,4
SL	104	77	17	7	3	74,0	16,3	6,7	2,9
SN	4	3	1	0	0	75,0	25,0	0,0	0,0
ST	5	5	0	0	0	100,0	0,0	0,0	0,0
SH	191	168	14	6	3	88,0	7,3	3,1	1,6
TH	5	5	0	0	0	100,0	0,0	0,0	0,0
O (m. BE)	250	200	40	6	4	80,0	16,0	2,4	1,6
W (o. BE)	9.795	8.811	703	178	103	90,0	7,2	1,8	1,1
DE	10.045	9.011	743	184	107	89,7	7,4	1,8	1,1

Quelle
FDZ der Statistischen Ämter des Bundes und der Länder, Kinder und tätige Personen in Tageseinrichtungen und in öffentlich geförderter Kindertagespflege, 2020; berechnet vom LG Empirische Bildungsforschung der FernUniversität in Hagen, 2021.

Anhang | Quellenangaben und allgemeine Anmerkungen

Allgemeine Basisdaten

Fläche
Quelle: Statistisches Bundesamt: Feststellung des Gebietsstandes, 2019. Wiesbaden, 2021.

Einwohner:innen
Quelle: Statistisches Bundesamt: Fortschreibung des Bevölkerungsstandes, 2019. Wiesbaden, 2021.

Geborene Kinder
Quelle: Statistisches Bundesamt: Statistik der Geburten, 2019. Wiesbaden, 2021.

Geburten pro Frau
Quelle: Statistisches Bundesamt: Zusammengefasste Geburtenziffer von Frauen im Alter von 15 bis unter 50 Jahren, 2019. Wiesbaden, 2021.

Anzahl der Kinder unter 10 Jahren
Quelle: Statistisches Bundesamt: Fortschreibung des Bevölkerungsstandes, 2019. Wiesbaden, 2021.

Anteil der Kinder mit Migrationshintergrund (in der Bevölkerung)
Quelle: Statistisches Bundesamt: Mikrozensus, Bevölkerung und Migrationsstatus, 2019. Sonderauswertung. Wiesbaden, 2021.

Erwerbstätigenquote von Müttern
Quelle: Statistisches Bundesamt: Mikrozensus, Bevölkerung und Erwerbstätigkeit, 2019. Sonderauswertung. Wiesbaden, 2021.
Anmerkung: Ergebnisse des Mikrozensus, 2019 (Jahresdurchschnitt), Bevölkerung in Familien/Lebensformen am Hauptwohnsitz.

Leistungsempfänger:innen nach SGB II
Quelle: Statistik der Bundesagentur für Arbeit: Statistik der Grundsicherung für Arbeitsuchende nach dem SGB II, Zeitreihe zum Bestand an Personen in Bedarfsgemeinschaften und an nicht erwerbsfähigen Leistungsberechtigten (NEF) insgesamt und im Alter von unter 6 Jahren, 2020. Sonderauswertung Jahresdurchschnittswerte. Nürnberg, 2021.

FBBE auf einen Blick

Anteil der Kinder in FBBE nach Altersgruppen
Quelle: Statistisches Bundesamt und FDZ der Statistischen Ämter des Bundes und der Länder: Kinder und tätige Personen in Tageseinrichtungen und in öffentlich geförderter Kindertagespflege, 2020; Statistische Ämter des Bundes und der Länder, Berichtsjahr ab 2011: Ergebnisse auf Grundlage des Zensus; Bildung und Kultur: Allgemeinbildende Schulen 2019/2020; Behörde für Arbeit, Soziales, Familie und Integration der Freien und Hansestadt Hamburg.

Tageseinrichtungen (KiTas) insgesamt
Quelle: Statistisches Bundesamt: Kinder und tätige Personen in Tageseinrichtungen und in öffentlich geförderter Kindertagespflege, 2020.

KiTas nach Anzahl betreuter Kinder
Quelle: FDZ der Statistischen Ämter des Bundes und der Länder: Kinder und tätige Personen in Tageseinrichtungen und in öffentlich geförderter Kindertagespflege, 2020.

Pädagogisches Personal und Leitungspersonal in KiTas
Quelle: Statistisches Bundesamt und FDZ der Statistischen Ämter des Bundes und der Länder: Kinder und tätige Personen in Tageseinrichtungen und in öffentlich geförderter Kindertagespflege, 2020.

Kinder in KiTas insgesamt und nach Altersgruppen
Quelle: Statistisches Bundesamt und FDZ der Statistischen Ämter des Bundes und der Länder: Kinder und tätige Personen in Tageseinrichtungen und in öffentlich geförderter Kindertagespflege, 2020.

Kindertagespflegepersonen
Quelle: Statistisches Bundesamt: Kinder und tätige Personen in Tageseinrichtungen und öffentlich geförderter Kindertagespflege, 2020.

Kinder in Kindertagespflege insgesamt und nach Altersgruppen
Quelle: Statistisches Bundesamt: Kinder und tätige Personen in Tageseinrichtungen öffentlich geförderter Kindertagespflege, 2020.

Daten zusammengestellt und berechnet von dem LG Empirische Bildungsforschung der FernUniversität in Hagen, 2021

Indikatoren

Länderspezifische Anmerkungen sind am Ende des jeweiligen Länderprofils aufgeführt.

Bildungsbeteiligung an Kindertagesbetreuung

Quelle:
FDZ der Statistischen Ämter des Bundes und der Länder sowie Statistisches Bundesamt, Kinder und tätige Personen in Tageseinrichtungen und in öffentlich geförderter Kindertagespflege 2020; Statistische Ämter des Bundes und der Länder, Berichtsjahr ab 2011: Ergebnisse auf Grundlage des Zensus; zusammengestellt und berechnet vom LG Empirische Bildungsforschung der FernUniversität in Hagen, 2021.

Anmerkungen:
Kinder, die sowohl Kindertageseinrichtungen als auch Kindertagespflege nutzen, werden nur unter Kindertageseinrichtungen ausgewiesen und nicht doppelt gezählt.

Betreuungsquote und Betreuungswunsch

Quelle ab 2018:
FDZ der Statistischen Ämter des Bundes und der Länder sowie Statistisches Bundesamt, Kinder und tätige Personen in Tageseinrichtungen und in öffentlich geförderter Kindertagespflege, verschiedene Jahre; Deutsches Jugendinstitut: Ergebnisse der DJI-Kinderbetreuungsstudie, verschiedene Jahre; zusammengestellt und berechnet vom LG Empirische Bildungsforschung der FernUniversität in Hagen.

Quelle bis 2018:
FDZ der Statistischen Ämter des Bundes und der Länder sowie Statistisches Bundesamt, Kinder und tätige Personen in Tageseinrichtungen und in öffentlich geförderter Kindertagespflege, verschiedene Jahre; Deutsches Jugendinstitut: Ergebnisse der DJI-Kinderbetreuungsstudie, verschiedene Jahre; zusammengestellt und berechnet vom Forschungsverbund DJI/TU Dortmund und der Bertelsmann Stiftung.

BMFSFJ (Hrsg.): Fünfter Bericht zur Evaluation des Kinderförderungsgesetzes. Bericht der Bundesregierung 2015 über den Stand des Ausbaus der Kindertagesbetreuung für Kinder unter drei Jahren für das Berichtsjahr 2014 und Bilanzierung des Ausbaus durch das Kinderförderungsgesetz, Berlin, 2015.

BMFSFJ (Hrsg.): Vierter Zwischenbericht zur Evaluation des Kinderförderungsgesetzes. Bericht der Bundesregierung 2013 nach § 24a Abs. 5 SGB VIII über den Stand des Ausbaus für ein bedarfsgerechtes Angebot an Kindertagesbetreuung für Kinder unter drei Jahren für das Berichtsjahr 2012, Berlin, 2014.

Deutsches Jugendinstitut: Ergebnisse der DJI-Kinderbetreuungsstudie U15, 2016; am 10.02.2017 abgerufen von: www.fruehe-chancen.de

Bildungsbeteiligung von Schulkindern

Quelle:
FDZ der Statistischen Ämter des Bundes und der Länder, Kinder und tätige Personen in Tageseinrichtungen und in öffentlich geförderter Kindertagespflege, 2020; Sekretariat der Ständigen Konferenz der Kultusminister der Länder: Allgemein bildende Schulen in Ganztagsform in den Ländern in der Bundesrepublik Deutschland, Berlin, Statistik 2015 bis 2019; zusammengestellt und berechnet vom LG Empirische Bildungsforschung der FernUniversität in Hagen, 2021.

Anmerkungen:
Der Indikator gibt zum einen an, wie viele unter elfjährige Schulkinder laut amtlicher Kinder- und Jugendhilfestatistik in KiTas, also in Horten, betreut werden, bezogen auf die Anzahl der 6,5- bis 10,5-jährigen Kinder in der Bevölkerung laut amtlicher Bevölkerungsstatistik. Die zu Grunde liegenden Statistiken weisen unterschiedliche Stichtage auf: Die 6,5- bis 10,5-jährigen Kinder in der Bevölkerung wurden zum 31.12.2019 erfasst, die Kinder in Horten zum 01.03.2020. Zum anderen bildet der Indikator ab, wie viele Schulkinder in Ganztagsschulen laut KMK-Statistik betreut werden, bezogen auf die Anzahl der 6,5- bis 10,5-jährigen Kinder in der Bevölkerung laut amtlicher Bevölkerungsstatistik. Auch diese beiden Statistiken weisen unterschiedliche Stichtage auf:

Die 6,5- bis 10,5-jährigen Kinder in der Bevölkerung wurden zum 31.12.2019 erfasst, die Kinder in Ganztagsgrundschulen am Schuljahresbeginn im Herbst des Jahres 2019. Die Ganztagsgrundschulen sind ohne Waldorf- und Förderschulen.

Bei den Angaben zu den Kindern in Ganztagsgrundschulen zum Schuljahr 2019/2020 ist zu berücksichtigen, dass ab 2016 eine erweiterte Definition für die offenen Ganztagsangebote Anwendung findet (vgl. Sekretariat der Ständigen Konferenz der Kultusminister der Länder in der Bundesrepublik Deutschland 2018: 6; Download von: https://www.kmk.org/fileadmin/Dateien/pdf/Statistik/Dokumentationen/GTS_2016_Bericht.pdf; 21.03.2018). Dies führt in diesem Bereich in einigen Ländern zu einem deutlichen Anstieg.

Aufnahmezeitpunkt von unter Dreijährigen in KiTas und Kindertagespflege

Quelle:
FDZ der Statistischen Ämter des Bundes und der Länder, Kinder und tätige Personen in Tageseinrichtungen und in öffentlich geförderter Kindertagespflege, 2020; berechnet vom LG Empirische Bildungsforschung der FernUniversität in Hagen, 2021.

KiTas und Horte, die Kinder mit Eingliederungshilfe betreuen

Quelle:
FDZ der Statistischen Ämter des Bundes und der Länder, Kinder und tätige Personen in Tageseinrichtungen und in öffentlich geförderter Kindertagespflege, 2020; berechnet vom LG Empirische Bildungsforschung der FernUniversität in Hagen, 2021.

Vertraglich vereinbarte wöchentliche Betreuungszeiten in Kindertagesbetreuung

Quelle:
FDZ der Statistischen Ämter des Bundes und der Länder sowie Statistisches Bundesamt, Kinder und tätige Personen in Tageseinrichtungen und in öffentlich geförderter Kindertagespflege 2020; berechnet vom LG Empirische Bildungsforschung der FernUniversität in Hagen, 2021.

Kinder mit und ohne Migrationshintergrund

Bildungsbeteiligung an KiTas und Kindertagespflege

Quelle:
Statistisches Bundesamt: Sonderauswertung. Wiesbaden, 2021 (am 19.07.2021 abgerufen von: https://www.destatis.de/DE/Themen/Gesellschaft-Umwelt/Soziales/Kindertagesbetreuung/Tabellen/betreuungsquote-migration-unter6jahren-aktuell.html;jsessionid=B69E404DE3A027 4CD28D189E01B0FB7B.internet722); zusammengestellt vom LG Empirische Bildungsforschung der FernUniversität in Hagen, 2021.

Anmerkung:
Anteil der Kinder in Kindertageseinrichtungen zuzüglich der Kinder in öffentlich geförderter Kindertagespflege, die nicht zusätzlich eine Kindertageseinrichtung oder eine Ganztagsschule besuchen, an allen Kindern in derselben Alters- und Bevölkerungsgruppe.

Methodischer Hinweis:
Die Anzahl der Kinder mit und ohne Migrationshintergrund in der Bevölkerung wurde durch die Auswertung von Daten des Mikrozensus und der Bevölkerungsstatistik ermittelt. Der Mikrozensus erhebt detailliert Angaben, aus denen der Migrationshintergrund einer Person abgeleitet werden kann. Für die Auswertung des Mikrozensus wurde eine Variable gebildet, die der Definition von Migrationshintergrund in den Statistiken der Kindertagesbetreuung („mindestens ein Elternteil ist ausländischer Herkunft") entspricht.

Aufgrund zu schwacher Besetzungszahlen in mindestens einer der beiden interessierenden Altersgruppen im Saarland, Hamburg, Bremen sowie Berlin und den fünf neuen Ländern werden migrationsspezifische Betreuungsquoten dort nicht nachgewiesen. Die hochgerechneten Werte liegen dort unter 10 000 und sind damit in ihrer Aussagekraft eingeschränkt. Grund hierfür ist, dass die Stichprobenbasis beim Mikrozensus Zufallsfehler bedingt und damit einen einfachen relativen Standardfehler, der umso größer wird, je schwächer ein Merkmal besetzt ist.

Die Darstellung der Ergebnisse erfolgt daher auf Ebene des Bundes, für Ostdeutschland insgesamt (einschließlich Berlin) sowie für die Bundesländer des früheren Bundesgebietes (ohne Saarland, Hamburg und Bremen).

Da in der Statistik zur Kindertagesbetreuung die Anzahl der betreuten Kinder im jeweiligen Kreis ermittelt wird und keine Zuordnung der Kinder zu ihrem Wohnort erfolgt, kann die Betreuungsquote in einzelnen Kreisen oder evtl. auch in einem Bundesland in Ausnahmefällen über 100 % liegen.

KiTas (mit Horten) nach ihrem Anteil an Kindern mit nicht deutscher Familiensprache

Quelle:
FDZ der Statistischen Ämter des Bundes und der Länder sowie Statistisches Bundesamt, Kinder und tätige Personen in Tageseinrichtungen und in öffentlich geförderter Kindertagespflege, 2020; berechnet vom LG Empirische Bildungsforschung der FernUniversität in Hagen, 2021.

Alter des Kindes zu Beginn der Betreuung in der aktuellen KiTa und Kindertagespflege

Quelle:
FDZ der Statistischen Ämter des Bundes und der Länder sowie Statistisches Bundesamt, Kinder und tätige Personen in Tageseinrichtungen und in öffentlich geförderter Kindertagespflege, 2020; berechnet vom LG Empirische Bildungsforschung der FernUniversität in Hagen, 2021.

Anmerkungen:
Unter Kindern mit Migrationshintergrund werden hier Kinder verstanden, die mindestens einen Elternteil ausländischer Herkunft haben.

Familiäre Sprachpraxis der Kinder in KiTas (mit Horten) und Kindertagespflege

Quelle:
FDZ der Statistischen Ämter des Bundes und der Länder sowie Statistisches Bundesamt, Kinder und tätige Personen in Tageseinrichtungen und in öffentlich geförderter Kindertagespflege 2020; berechnet vom LG Empirische Bildungsforschung der FernUniversität in Hagen, 2021.

Pädagogische Personalausstattung

Personalschlüssel

Quelle:
FDZ der Statistischen Ämter des Bundes und der Länder, Kinder und tätige Personen in Tageseinrichtungen und in öffentlich geförderter Kindertagespflege, 2020; Berechnungen des LG Empirische Bildungsforschung der FernUniversität in Hagen, 2021, auf Grundlage der von der Arbeitsstelle Kinder- und Jugendhilfestatistik (AKJ^{Stat}) entwickelten Methodik zur Berechnung des Personalschlüssels.

Anmerkungen:
Der Personalschlüssel (genauer: Personalressourceneinsatzschlüssel) stellt die Relation von Ganztagsinanspruchnahmeäquivalenten auf Seiten der Kinder zu einem Vollzeitbeschäftigungsäquivalent auf Seiten des pädagogisch tätigen Personals in den einzelnen Gruppentypen dar. Der ausgewiesene Wert drückt damit aus, wie viele Ganztagsinanspruchnahmeäquivalente in den KiTa-Gruppen auf ein Vollzeitbeschäftigungsäquivalent kommen. Es wird also der Personalressourceneinsatz in den KiTas abgebildet. Der ausgewiesene Personalschlüssel ist in zweifacher Hinsicht nicht mit den Werten der Jahre vor 2012 vergleichbar:

Ausgewiesen wird der gruppenbezogene Median, d. h. der Zentralwert aller jeweils errechneten Personalschlüssel. In den Vorjahren wurde das arithmetische Mittel ausgewiesen, also der durchschnittliche Wert aller jeweils berücksichtigten Personalschlüssel.

Ab 2012 wird der genaue vertraglich vereinbarte Betreuungsumfang der Kinder erfasst und nicht wie in den Vorjahren nur Zeitgruppen; dadurch konnte die Berechnung des Personalschlüssels verbessert werden. Der Vergleich zu den Vorjahren ist jedoch nur noch sehr eingeschränkt möglich, s. dazu: Fuchs-Rechlin, Kirsten: Genauer hingeschaut – Personalausstattung in KiTas schlechter als gedacht, in: KomDat Jugendhilfe, H. 1/2013, S. 12–15.

Die Zuordnung von Gruppen in Kindertageseinrichtungen zu einem bestimmten Gruppentyp wird nicht von den Einrichtungen selbst vorgenommen, sondern erfolgt im Rahmen der Auswertung der Daten der amtlichen Kinder- und Jugendhilfestatistik. Dabei erfolgt die Zuordnung primär anhand der Alterszusammensetzung der Kinder in der Gruppe.

Die Bildung der Gruppentypen wurde anhand der gleichen Merkmale wie beim Indikator „Verteilung der Kinder auf Gruppentypen" vorgenommen.

Gruppen, in denen Kinder mit einer (drohenden) Behinderung betreut werden, werden in der Berechnung nicht berücksichtigt.
Zudem werden im hier ausgewiesenen Personalschlüssel nicht die im Rahmen der Statistik erfassten Zeitressourcen für Leitungsaufgaben berücksichtigt.

Die Personalschlüssel-Empfehlungen für Kindergartengruppen mit Kindern ab 2 Jahren sowie für altersübergreifende Gruppen mit Kindern ab 0 Jahren bis zum Schuleintritt beziehen sich auf Haug-Schnabel, Gabriele; Bensel, Joachim (2016): Kinder unter 3 – Bildung, Erziehung und Betreuung von Kleinstkindern. Kindergarten heute – wissen kompakt. 12., überarb. Aufl. Freiburg.

Verteilung der Kinder auf Gruppentypen

Quelle:
FDZ der Statistischen Ämter des Bundes und der Länder, Kinder und tätige Personen in Tageseinrichtungen und in öffentlich geförderter Kindertagespflege, 2020; berechnet vom LG Empirische Bildungsforschung der FernUniversität in Hagen, 2021.

Anmerkungen:
Bei den Daten zu den Kindern von drei Jahren bis Schuleintritt bleiben Kinder unberücksichtigt, die acht Jahre und älter sind, aber laut amtlicher Statistik noch nicht die Schule besuchen. Dies kann zu geringfügigen Differenzen in der Anzahl der ausgewiesenen Kinder in anderen Tabellen führen.

Die Zuordnung von Gruppen in Kindertageseinrichtungen zu einem bestimmten Gruppentyp wird nicht von den Einrichtungen selbst vorgenommen, sondern erfolgt im Rahmen der Auswertung der Daten der amtlichen Kinder- und Jugendhilfestatistik. Dabei erfolgt die Zuordnung primär anhand der Alterszusammensetzung der Kinder in der Gruppe.

Die Gruppentypen wurden anhand der im Folgenden erläuterten Merkmale gebildet:

Krippengruppe:
Dies sind alle Gruppen, in denen ausschließlich Kinder unter 3 Jahren sind.

Für 2-Jährige geöffnete Kindergartengruppe:
Dies sind Gruppen mit 15 und mehr Kindern, in denen neben Kindern ab einem Alter von 3 Jahren bis zum Schulbesuch auch bis zu fünf 2-jährige Kinder betreut werden.

Gruppe mit Kindern unter 4 Jahren:
Dies sind alle Gruppen, die nicht den Krippengruppen zugeordnet wurden und in denen ausschließlich Kinder unter 4 Jahren sind.

Kindergartengruppe:
Dies sind alle Gruppen, in denen ausschließlich Kinder ab 3 Jahren bis zum Schuleintritt sind.

Ohne feste Gruppenstruktur:
Dies sind Einrichtungen, die im Rahmen der amtlichen Statistik angegeben haben, dass sie ohne eine feste Gruppenstruktur arbeiten.

Altersübergreifende Gruppe:
Hierunter fallen diejenigen Gruppen, die nicht den vorangegangenen Gruppentypen zugeordnet wurden. Diese Gruppe setzt sich aus altersgruppenübergreifenden Gruppen mit Kindern von 0 Jahren bis zum Schuleintritt und altersgruppenübergreifenden Gruppen mit Schulkindern zusammen. Sprachlich exakt müsste diese Gruppenform „altersgruppenübergreifende Gruppen" heißen. Unberücksichtigt bleiben Gruppen, in denen nur Schulkinder sind.

Personalschlüssel im Vergleich

Quelle:
FDZ der Statistischen Ämter des Bundes und der Länder sowie Statistisches Bundesamt, Kinder und tätige Personen in Tageseinrichtungen und in öffentlich geförderter Kindertagespflege, 2020; berechnet vom LG Empirische Bildungsforschung der FernUniversität in Hagen, 2021, auf Grundlage der von der Arbeitsstelle Kinder- und Jugendhilfestatistik (AKJ[Stat]) entwickelten Methodik zur Berechnung des Personalschlüssels.

Anmerkungen:
Zudem werden im hier ausgewiesenen Personalschlüssel nicht die im Rahmen der Statistik erfassten Zeitressourcen für Leitungsaufgaben berücksichtigt.

Fachkraft-Kind-Relation – Szenarien der Bertelsmann Stiftung

Quelle:
FDZ der Statistischen Ämter des Bundes und der Länder, Kinder und tätige Personen in Tageseinrichtungen und in öffentlich geförderter Kindertagespflege, 2020; berechnet vom LG Empirische Bildungsforschung der FernUniversität in Hagen, 2021, auf Grundlage der von der Arbeitsstelle Kinder- und Jugendhilfestatistik (AKJ[Stat]) entwickelten Methodik zur Berechnung des Personalschlüssels.

Anmerkungen:
Der Personalschlüssel stellt den rechnerisch zur Verfügung stehenden Personalressourceneinsatz in den unterschiedlichen KiTa-Gruppen dar. Dieser Wert wird auf Basis der laut amtlicher Kinder- und Jugendhilfestatistik vertraglich vereinbarten Wochenarbeitszeit seitens des Personals sowie der vertraglich vereinbarten Betreuungszeiten in Stunden pro Woche seitens der Kinder gebildet. Bei dem Personalschlüssel wird also sowohl die unmittelbare als auch die mittelbare Arbeitszeit des Personals berücksichtigt. Die mittelbare Arbeitszeit kann z.B. Arbeitszeiten für Teamsitzungen, Elterngespräche oder Vorbereitungszeiten enthalten, dadurch verringern sich die Personalressourcen für die unmittelbare Arbeit mit dem zu betreuenden Kind. Darüber hinaus gibt es auf Seiten des Personals Ausfallzeiten durch Urlaub, Fort- und Weiterbildung sowie Krankheit. Dadurch wird die unmittelbare Arbeitszeit zusätzlich reduziert, wenn keine Personalkapazitäten zur Verfügung stehen. Bei der Fachkraft-Kind-Relation werden ausschließlich die Anteile für die unmittelbare Arbeitszeit berücksichtigt. Bei der vorliegenden Berechnung werden drei unterschiedliche Anteile von unmittelbarer pädagogischer Arbeitszeit angenommen (75%, 67% und 60%) und diese auf die anhand der amtlichen Kinder- und Jugendhilfestatistik 2020 berechneten Personalschlüssel übertragen. Diese Szenarien bieten eine Orientierung für die Ermittlung der Fachkraft-Kind-Relationen in den Einrichtungen, wenn bekannt ist, wie hoch die Anteile für die mittelbare Arbeitszeit konkret sind.

KiTa- und Hort-Strukturen

Gruppengrößen im Vergleich

Quelle:
FDZ der Statistischen Ämter des Bundes und der Länder, Kinder und tätige Personen in Tageseinrichtungen und in öffentlich geförderter Kindertagespflege, 2020; berechnet vom LG Empirische Bildungsforschung der FernUniversität in Hagen, 2021.

Anmerkungen:
Zur Zusammensetzung der Gruppen siehe Indikator „Verteilung der Kinder auf Gruppentypen".

Öffnungszeiten von KiTas und Horten

Quelle:
FDZ der Statistischen Ämter des Bundes und der Länder, Kinder und tätige Personen in Tageseinrichtungen und in öffentlich geförderter Kindertagespflege, 2020; berechnet vom LG Empirische Bildungsforschung der FernUniversität in Hagen, 2021.

Leitungsausstattung

KiTas (mit Horten) ohne Zeit für Leitung

Quelle:
FDZ der Statistischen Ämter des Bundes und der Länder, Kinder und tätige Personen in Tageseinrichtungen und in öffentlich geförderter Kindertagespflege, 2020; berechnet vom LG Empirische Bildungsforschung der FernUniversität in Hagen, 2021.

KiTas (mit Horten) ohne Zeit für Leitung nach Größe der KiTa

Quelle:
FDZ der Statistischen Ämter des Bundes und der Länder, Kinder und tätige Personen in Tageseinrichtungen und in öffentlich geförderter Kindertagespflege, 2020; berechnet vom LG Empirische Bildungsforschung der FernUniversität in Hagen, 2021.

Anmerkungen:
Für die Kategorisierung wurden alle KiTas mit Leitungsressourcen anhand der Anzahl der betreuten Kinder in der Einrichtung in möglichst drei gleich große Gruppen verteilt. In kleinen KiTas werden weniger als 45 Kinder betreut, in mittleren KiTas 45 bis 75 Kinder und in großen KiTas 76 und mehr Kinder.

KiTas (mit Horten) mit Zeit für Leitung nach Leitungsprofil

Quelle:
FDZ der Statistischen Ämter des Bundes und der Länder, Kinder und tätige Personen in Tageseinrichtungen und in öffentlich geförderter Kindertagespflege, 2020; berechnet vom LG Empirische Bildungsforschung der FernUniversität in Hagen, 2021.

Anmerkung:
In KiTas mit Leitungsteams sind mindestens zwei Personen anteilig oder vollständig für Leitungsaufgaben freigestellt.

KiTas (ohne Horte) nach Leitungszeit pro Kind

Quelle:
FDZ der Statistischen Ämter des Bundes und der Länder, Kinder und tätige Personen in Tageseinrichtungen und in öffentlich geförderter Kindertagespflege, 2020; berechnet vom LG Empirische Bildungsforschung der FernUniversität in Hagen, 2021.

Anmerkungen:
Für die Berechnung von Ganztagsbetreuungsäquivalenten werden von jedem Kind die vertraglich vereinbarten Betreuungswochenstunden aufsummiert und durch 40 Wochenstunden dividiert.

Bei der Darstellung der Leitungszeit pro Kind wird im Länderprofil unterschieden zwischen der Darstellung als Durchschnittswert des jeweiligen Bundeslandes (Median) und der Verteilung der Leitungszeit in den KiTas anhand von Kategorien. Die Darstellung als Median bezieht sich nur auf die KiTas mit Leitungszeit. Die Darstellung als Verteilung berücksichtigt alle KiTas.

KiTas (ohne Horte) mit weniger als 20 Wochenstunden Leitungszeit

Quelle:
FDZ der Statistischen Ämter des Bundes und der Länder, Kinder und tätige Personen in Tageseinrichtungen und in öffentlich geförderter Kindertagespflege, 2020; berechnet vom LG Empirische Bildungsforschung der FernUniversität in Hagen, 2021.

KiTas (ohne Horte) mit der von der Bertelsmann Stiftung empfohlenen Leitungszeit

Quelle:
FDZ der Statistischen Ämter des Bundes und der Länder, Kinder und tätige Personen in Tageseinrichtungen und in öffentlich geförderter Kindertagespflege, 2020; berechnet vom LG Empirische Bildungsforschung der FernUniversität in Hagen, 2021.

Anmerkungen:
Die von der Bertelsmann Stiftung empfohlene Leitungszeit umfasst eine Toleranzgrenze von 2,5 Wochenstunden.

Weitere methodische Erläuterungen zur Umsetzung der von der Bertelsmann Stiftung empfohlenen Leitungszeit sind zu finden in der Broschüre: Bertelsmann Stiftung (Hrsg.) (2017): Qualitätsausbau in KiTas 2017. 7 Fragen zur Personalausstattung für Führung und Leitung in deutschen KiTas. 7 Antworten der Bertelsmann Stiftung. Gütersloh (Download von: https://www.bertelsmann-stiftung.de/fileadmin/files/BSt/Publikationen/GrauePublikationen/Qualitaetsausbau_in_KiTas_2017.pdf).

Pädagogisches Personal

Entwicklung des pädagogischen Personals

Quelle:
Statistiken der Kinder- und Jugendhilfe, Kinder und tätige Personen in Tageseinrichtungen und in öffentlich geförderter Kindertagespflege, verschiedene Jahre, Wiesbaden, Statistisches Bundesamt; zusammengestellt und aufbereitet vom LG Empirische Bildungsforschung der FernUniversität in Hagen, 2021 und der Bertelsmann Stiftung, 2020.

Anmerkungen:
Berücksichtigt werden beim Hortpersonal pädagogisch Tätige in Horten und in reinen Hortgruppen (Schulkindergruppen). Dadurch wird nicht das gesamte pädagogische Personal, das in Kindertageseinrichtungen mit Schulkindern arbeitet, ausgewiesen. So bleibt das pädagogische Personal unberücksichtigt, das gruppenübergreifend in Kindertageseinrichtungen tätig ist, in denen neben Schulkindergruppen noch andere Gruppen sind. Ebenso unberücksichtigt bleibt dadurch das pädagogische Personal, das nicht überwiegend in seiner Arbeitszeit in Schulkindergruppen tätig ist, sowie das pädagogische Personal, das in altersgemischten Gruppen tätig ist, in denen neben Schulkindern auch Kinder ohne Schulbesuch betreut werden.

Qualifikationsniveaus

Quelle:
FDZ der Statistischen Ämter des Bundes und der Länder, Kinder und tätige Personen in Tageseinrichtungen und in öffentlich geförderter Kindertagespflege, 2020; berechnet vom LG Empirische Bildungsforschung der FernUniversität in Hagen, 2021.

Anmerkungen:
Berücksichtigt werden auch diejenigen, die als ersten Arbeitsbereich Leitungstätigkeiten angegeben haben. Unberücksichtigt bleiben hingegen Tätige in der Verwaltung sowie mit hauswirtschaftlichem und technischem Arbeitsbereich.

Ab dem Berichtsjahr 2017 werden für die Berechnung des Qualifikationsniveaus der pädagogisch Tätigen in KiTas die pädagogisch Tätigen in Horten und Hortgruppen nicht berücksichtigt. Aus diesem Grund ist die Tabelle für die pädagogisch Tätigen in KiTas nicht direkt mit Tabellen früherer Jahre vergleichbar. Das Qualifikationsniveau der pädagogisch Tätigen in Horten und Hortgruppen wird gesondert ausgewiesen.

Den Qualifikationsniveaus wurden folgende Berufsausbildungsabschlüsse zugeordnet:

(Einschlägiger) Hochschulabschluss:
Dipl.-Sozialpädagog:in, Dipl.-Sozialarbeiter:in (FH oder vergleichbarer Abschluss), Dipl.-Pädagog:in, Dipl.-Sozialpädagog:in, Dipl.-Erziehungswissenschaftler:in (Universität oder vergleichbarer Abschluss), Dipl.-Heilpädagog:in (FH oder vergleichbarer Abschluss), staatlich anerkannte Kindheitspädagog:innen Bachelor- und Masterabschlüsse

Staatl. anerkannte Kindheitspädagog:innen:
Bachelor- und Masterabschlüsse

(Einschlägiger) Fachschulabschluss:
Erzieher:in, Heilpädagog:in (Fachschule), Heilerzieher:in, Heilerziehungspfleger:in

(Einschlägiger) Berufsfachschulabschluss:
Kinderpfleger:in, Familienpfleger:in, Assistent:in im Sozialwesen, soziale und medizinische Helfer:innenberufe

Sonstige Ausbildungen:
sonstige soziale/sozialpädagogische Kurzausbildung, Kinder- und Jugendlichenpsychotherapeut:in, Psychologische:r Psychotherapeut:in, Psycholog:in mit Hochschulabschluss, Beschäftigungs- und Arbeitstherapeut:in (Ergotherapeut:in), Bewegungspädagog:in, Bewegungstherapeut:in (Motopäd:in), Arzt:Ärztin, (Fach-)Kinderkrankenpfleger:in, Krankenpfleger:in, Altenpfleger:in, Krankengymnast:in, Masseur:in, med. Bademeister:in/Masseur:in, Logopäd:in, Sonderschullehrer:in und sonstige Berufsausbildungsabschlüsse

In Ausbildung:
Praktikant:in im Anerkennungsjahr, anderweitig noch in Ausbildung

Ohne Abschluss:
Ohne abgeschlossene Ausbildung

Beschäftigungsumfang in KiTas, Horten und Hortgruppen

Quelle:
FDZ der Statistischen Ämter des Bundes und der Länder, Kinder und tätige Personen in Tageseinrichtungen und in öffentlich geförderter Kindertagespflege, 2020; berechnet vom LG Empirische Bildungsforschung der FernUniversität in Hagen, 2021.

Anmerkungen:
Berücksichtigt werden auch diejenigen, die als ersten Arbeitsbereich Leitungstätigkeiten angegeben haben. Unberücksichtigt bleiben hingegen Tätige in der Verwaltung sowie im hauswirtschaftlichen und technischen Bereich.

Altersstruktur in KiTas, Kindertagespflege, Horten und Hortgruppen

Quelle:
FDZ der Statistischen Ämter des Bundes und der Länder, Kinder und tätige Personen in Tageseinrichtungen und in öffentlich geförderter Kindertagespflege, 2020; berechnet vom LG Empirische Bildungsforschung der FernUniversität in Hagen, 2021.

Anmerkungen:
Berücksichtigt werden auch die Leitungstätigen. Unberücksichtigt bleiben hingegen Tätige in der Verwaltung sowie mit hauswirtschaftlichem und technischem Arbeitsbereich.

Befristete Arbeitsverhältnisse in KiTas (mit Horten und Hortgruppen)

Quelle:
FDZ der Statistischen Ämter des Bundes und der Länder, Kinder und tätige Personen in Tageseinrichtungen und in öffentlich geförderter Kindertagespflege, 2020; berechnet vom LG Empirische Bildungsforschung der FernUniversität in Hagen, 2021.

Anmerkungen:
Berücksichtigt werden die tätigen Personen, die im ersten Arbeitsbereich pädagogisch tätig sind (ohne Verwaltungstätige sowie Tätige im hauswirtschaftlichen und technischen Bereich) und als Angestellte, Arbeiter:innen oder Beamt:innen beschäftigt sind. Unberücksichtigt bleiben Personen, die sich in Ausbildung, Praktikum, Freiwilligem Sozialen Jahr oder einer sonstigen Stellung wie beispielsweise Ordensangehörigkeit befinden. Dadurch ergeben sich Abweichungen zu anderen Auswertungen, die alle pädagogisch Tätigen berücksichtigen.

Träger

KiTas und Horte nach Träger

Quelle:
FDZ der Statistischen Ämter des Bundes und der Länder, Kinder und tätige Personen in Tageseinrichtungen und in öffentlich geförderter Kindertagespflege, 2020; berechnet vom LG Empirische Bildungsforschung der FernUniversität in Hagen, 2021.

Anmerkungen:
Die im Rahmen der amtlichen Kinder- und Jugendhilfestatistik erfassten Träger von KiTas wurden zu den folgenden Kategorien zusammengefasst:

Öffentlicher Träger:
Jugendamt (örtlicher Träger), Landesjugendamt (überörtlicher Träger), Oberste Landesjugendbehörde (Ministerium), Gemeinde oder Gemeindeverband ohne eigenes Jugendamt, ohne Elterninitiativen

Arbeiterwohlfahrt, Deutscher Paritätischer Wohlfahrtsverband, Deutsches Rotes Kreuz:
Eingeschlossen sind immer auch Mitgliedsorganisationen, ohne Elterninitiativen

Sonstige freigemeinnützige Träger:
Zentralwohlfahrtsstelle der Juden in Deutschland oder jüdische Kultusgemeinden, sonstige Religionsgemeinschaften des öffentlichen Rechts, Jugendgruppen, Jugendverband, Jugendring, sonstige juristische Personen, andere Vereinigungen

Privat-nichtgemeinnützige Träger:
Unternehmens-/Betriebsteil, selbständig privat-gewerblich, natürliche oder andere juristische Personen

Elterninitiative:
Unter Elterninitiativen sind Einrichtungen ausgewiesen, die von Eltern oder anderen Personensorgeberechtigten gemäß § 5 SGB VIII selbst organisiert sind, auch wenn sie sich einem anderen Träger angeschlossen haben.

Kinder nach Alter und KiTa-Träger

Quelle:
FDZ der Statistischen Ämter des Bundes und der Länder, Kinder und tätige Personen in Tageseinrichtungen und in öffentlich geförderter Kindertagespflege, 2020; berechnet vom LG Empirische Bildungsforschung der FernUniversität in Hagen, 2021.

Anmerkung:
Zur Zusammenfassung der Träger siehe Indikator „KiTas nach Träger".

Es bleiben alle Kinder ab 3 Jahren unberücksichtigt, die laut amtlicher Statistik die Schule oder eine vorschulische Einrichtung besuchen. In der Statistik des Statistischen Bundesamtes werden Kinder unter fünf Jahren, die eine vorschulische Einrichtung besuchen, mitberücksichtigt. Dies kann zu geringfügigen Differenzen in der Anzahl der ausgewiesenen Kinder in anderen Tabellen führen.

Pädagogisch Tätige nach KiTa-Träger (mit Horten) und Beschäftigungsumfang

Quelle:
FDZ der Statistischen Ämter des Bundes und der Länder, Kinder und tätige Personen in Tageseinrichtungen und in öffentlich geförderter Kindertagespflege, 2020; berechnet vom LG Empirische Bildungsforschung der FernUniversität in Hagen, 2021.

Anmerkungen:
Zur Zusammenfassung der Träger siehe Indikator „KiTas nach Träger".

Berücksichtigt werden auch Leitungstätige. Unberücksichtigt bleiben hingegen Tätige, die im ersten Arbeitsbereich Verwaltungstätigkeiten ausüben, sowie Tätige im hauswirtschaftlichen und technischen Bereich.

Aus Gründen der Geheimhaltung müssen nach Angabe des Statistischen Bundesamtes die Kategorien „weniger als 21 Stunden" und „21 bis unter 32 Stunden" der pädagogisch Tätigen in KiTas ohne Horten und Hortgruppen sowie in Horten und Hortgruppen zu einer Kategorie zusammengeführt werden. Deshalb ist die Vergleichbarkeit zu den vorherigen Datenjahren nur teilweise gegeben.

Investitionen pro unter sechsjährigem Kind

Quelle:

Daten ab 2016:
Statistisches Bundesamt: Bildungsfinanzbericht verschiedene Jahre, Wiesbaden verschiedene Jahre; Statistisches Bundesamt: Bevölkerungsfortschreibung verschiedene Jahre, Wiesbaden verschiedene Jahre; Statistisches Bundesamt: Kinder und tätige Personen in Tageseinrichtungen und öffentlich geförderter Kindertagespflege, verschiedene Jahre, Wiesbaden verschiedene Jahre; Angaben Behörde für Arbeit, Soziales, Familie und Integration der Freien und Hansestadt Hamburg; Senatsverwaltung für Finanzen, Berlin; zusammengestellt und berechnet vom LG Empirische Bildungsforschung der FernUniversität in Hagen.

Daten bis 2014:
Statistisches Bundesamt: Bildungsfinanzbericht 2016, Wiesbaden 2016; Statistisches Bundesamt: Bevölkerungsfortschreibung, 2014, Wiesbaden 2017; Statistisches Bundesamt: Kinder und tätige Personen in Tageseinrichtungen und öffentlich geförderter Kindertagespflege 2014, Wiesbaden 2015; Angaben Behörde für Arbeit, Soziales, Familie und Integration der Freien und Hansestadt Hamburg; Senatsverwaltung für Finanzen, Berlin, zusammengestellt und berechnet vom Forschungsverbund DJI/TU Dortmund, 2017.

Anmerkungen:
Sofern nicht anders vermerkt, wurde als Datengrundlage der Bildungsfinanzbericht 2020 des Statistischen Bundesamtes verwendet. Dadurch sind die Daten nur eingeschränkt mit den Daten der Vorjahre zu vergleichen: In den Jahren bis 2010 wurden die Daten direkt den Funktionen zur Kindertagesbetreuung der Jahresrechnungsstatistik entnommen (s. Anmerkungen zu den Daten der Vorjahre). Die Daten aus dem Bildungsfinanzbericht basieren auf der gleichen Datenquelle. Da es sich aber um eine spezielle

Zusammenstellung für den Bildungsfinanzbericht handelt, kann es insbesondere, was die Zahlungsströme zwischen den Ebenen (Land und Kommune) anbelangt, zu Abweichungen zu den Daten aus der Jahresrechnungsstatistik kommen. Weiterhin ist zu beachten, dass in den Jahren bis 2012 die Bevölkerungszahlen der Bevölkerungsfortschreibung der Volkszählung 1987 entnommen wurden. Ab dem Jahr 2013 stammen die Bevölkerungsdaten aus der Bevölkerungsfortschreibung auf Basis des Zensus 2011. Dadurch sind die Daten ab 2013 nur eingeschränkt mit denen der Vorjahre zu vergleichen. Ausführliche methodische Erläuterungen sind auf www.laendermonitor.de unter „Methodik" zu finden bzw. in der Erläuterung der Indikatoren im Länderreport. Diese Erläuterungen sind bei der Interpretation der Daten zu beachten.

Die im Bildungsfinanzbericht 2020 als vorläufig gekennzeichneten Zahlen, werden in dieser Tabelle nicht für vergangene Jahre aktualisiert. Ausführliche methodische Erläuterungen sind auf www.laendermonitor.de unter „Methodik" zu finden bzw. in der Erläuterung der Indikatoren im Länderreport.

Finanzierungsgemeinschaft für FBBE

Quelle:
Statistisches Bundesamt: Bildungsfinanzbericht 2020, Wiesbaden 2020; Statistisches Bundesamt: Finanzen und Steuern. Rechnungsergebnisse der kommunalen Kern- und Extrahaushalte. Sonderauswertung der Dreisteller der Produktgruppen 361 und 365 durch das Statistische Bundesamt nach dem Schema der Tabelle 4 der Fachserie 14, Reihe 3.3; Angaben Behörde für Arbeit, Soziales, Familie und Integration der Freien und Hansestadt Hamburg; Senatsverwaltung für Finanzen, Berlin; zusammengestellt und berechnet vom LG Empirische Bildungsforschung FernUniversität in Hagen, 2021.

Anmerkungen:
Grundsätzlich ist zu beachten, dass bei der Finanzierungsgemeinschaft für FBBE aus methodischen Gründen nicht alle an der Finanzierung beteiligten Akteure ausgewiesen werden können. Dadurch werden die Anteile von Kommune, Land und Eltern tendenziell überhöht. Insbesondere fehlen der Eigenanteil der freien Träger und der Anteil des Bundes, wie er vor allem im Rahmen des Investitionsprogramms „Kinderbetreuungsfinanzierung" geleistet wird. Der Anteil der Eltern kann, was die Elternbeiträge bei freien Trägern angeht, nur abgeschätzt werden.

Ausführliche methodische Erläuterungen sind auf www.laendermonitor.de unter „Methodik" zu finden bzw. in der Erläuterung der Indikatoren im Länderreport. Diese Erläuterungen sind bei der Interpretation der Daten zu beachten.

Einmalige Investitionsausgaben für FBBE

Quelle:

Daten ab 2018:
Statistisches Bundesamt: Statistiken der Kinder- und Jugendhilfe – Ausgaben und Einnahmen, Standardtabelle Nr. 3 nach Ländern: Spalten: investive Ausgaben und investive Zuschüsse; verschiedene Jahre; zusammengestellt und berechnet vom LG Empirische Bildungsforschung der FernUniversität in Hagen, 2021, auf Grundlage der von der Arbeitsstelle Kinder- und Jugendhilfestatistik (AKJ^{Stat}) entwickelten Methodik zur Berechnung der investiven Ausgaben und investiven Zuschüsse.

Daten bis 2017:
Statistisches Bundesamt: Statistiken der Kinder- und Jugendhilfe – Ausgaben und Einnahmen, Standardtabelle Nr. 3 nach Ländern: Spalten: investive Ausgaben und investive Zuschüsse; verschiedene Jahrgänge; Berechnungen der Dortmunder Arbeitsstelle Kinder- und Jugendhilfestatistik 2019.

Anmerkungen:
Bei der Interpretation der Daten sind die allgemeinen Erläuterungen der zu Grunde liegenden Statistik der Kinder- und Jugendhilfe insbesondere im Hinblick auf die Umstellung vom kameralen zum doppischen Rechnungswesen zu berücksichtigen (s.: https://www.destatis.de/DE/Themen/Gesellschaft-Umwelt/Soziales/Kinderhilfe-Jugendhilfe/Publikationen/Downloads-Kinder-und-Jugendhilfe/ausgaben-einnahmen-jugendhilfe-5225501177004.pdf?__blob=publicationFile&v=5 – letzter Download vom 06.05.2019).

Insbesondere ist zu beachten, dass in der Statistik und damit in diesem Indikator die Ausgaben (Auszahlungen) an den Letztempfänger ausgewiesen werden. Dies bedeutet, dass beispielsweise Zuweisungen, Umlagen, Erstattungen und Darlehen der öffentlichen Haushalte untereinander ebenso wie durchlaufende Gelder durch die Statistik nicht sichtbar werden.

Ein Beispiel dafür ist das von der Bundesregierung eingesetzte Sondervermögen im Rahmen des Kinderförderungsgesetzes (KiföG):

I. Investitionsprogramm 2008–2013: 2,15 Mrd. Euro.
II. Investitionsprogramm 2013–2014: 580,5 Mio. Euro.
III. Investitionsprogramm 2015–2018: 550 Mio. Euro.
IV. Investitionsprogramm 2017-2020: 1,126 Mrd. Euro.

Dieses Sondervermögen stellt den zwischen Bund, Ländern und Kommunen vereinbarten finanziellen Anteil des Bundes dar, der für investive Ausgaben für den Ausbau der Angebote für Kinder unter 3 Jahren notwendig ist, um ab August 2013 ein bedarfsgerechtes Angebot an Kinderbetreuungsplätzen bereithalten zu können. Gelder, die aus diesem Sondervermögen abgerufen wurden, werden als Investitionsausgaben in denjenigen Bundesländern ausgewiesen, in denen sie für den Ausbau der Angebote verausgabt wurden. Es besteht also die Möglichkeit, dass ein Anstieg der Investitionsausgaben, wie er in der Tabelle für die Jahre 2009 bis 2014 für einzelne Bundesländer deutlich wird, sich zu einem überwiegenden Anteil aus Bundesmitteln speist und beispielsweise noch keine Ausgaben (Auszahlungen) enthält, die sich aus Eigenmitteln von Ländern und Kommunen des jeweiligen Landes speisen. Das BMFSFJ führt eine Statistik über den Abruf der Mittel aus dem Sondervermögen. Darüber hinaus sind die wichtigen Hinweise zu den einzelnen Ländererergebnissen in den landesspezifischen Anmerkungen der jeweiligen Länderprofile zu beachten.

Verteilung der Bundesmittel aus dem KiQuTG auf die Handlungsfelder

Quelle:
Bund-Länder-Verträge zur Umsetzung des KiTa-Qualitäts- und -Teilhabeverbesserungsgesetzes; zusammengestellt von der Bertelsmann Stiftung

Baden-Württemberg
https://www.bmfsfj.de/resource/blob/141606/a210d-9233664922a3b7febd128cdd7ef/gute-kita-vertrag-bund-baden-wuerttemberg-data.pdf (Stand: 04.08.2021)

Bayern
https://www.bmfsfj.de/resource/blob/141624/e63ca491089a69499c7510c2abd5e8b5/gute-kita-vertrag-bund-bayern-data.pdf (Stand: 04.08.2021)

Berlin
https://www.bmfsfj.de/resource/blob/141626/474b013d0fe597c629d011a1dbb61203/gute-kita-vertrag-bund-berlin-data.pdf (Stand: 04.08.2021)

Brandenburg
https://www.bmfsfj.de/resource/blob/141206/9b759b0a0263e6eef9a0397504e9c8bc/gute-kita-vertrag-bund-brandenburg-data.pdf (Stand: 04.08.2021)

Bremen
https://www.bmfsfj.de/resource/blob/141628/eaddc-b47042ebebcd769c67ec04908ee/gute-kita-vertrag-bund-bremen-data.pdf (Stand: 04.08.2021)

Hamburg
https://www.bmfsfj.de/resource/blob/141630/f4bb6dbf-38b121e101abaa13761a3cd9/gute-kita-vertrag-bund-hamburg-data.pdf (Stand: 04.08.2021)

Hessen
https://www.bmfsfj.de/resource/blob/141632/a9a3cb-133d88a68d24a4893a9c385937/gute-kita-vertrag-bund-hessen-data.pdf (Stand: 04.08.2021)

Mecklenburg-Vorpommern
https://www.bmfsfj.de/resource/blob/141634/bd459f-be00e3adeb095a7ca43a3456da/gute-kita-vertrag-bund-mecklenburg-vorpommern-data.pdf (Stand: 04.08.2021)

Niedersachsen
https://www.bmfsfj.de/resource/blob/141608/b82bc-24ca2bcf26b8626ae4b8a49262a/gute-kita-vertrag-bund-niedersachsen-data.pdf (Stand: 04.08.2021)

Nordrhein-Westfalen
https://www.bmfsfj.de/resource/blob/141610/8506f94cd5e45b1be2e3bb562f2f62dc/gute-kita-vertrag-bund-nrw-data.pdf (Stand: 04.08.2021)

Rheinland-Pfalz
https://www.bmfsfj.de/resource/blob/141612/04aee2a704daec414455e3abb513f3cd/gute-kita-vertrag-bund-rheinland-pfalz-data.pdf (Stand: 04.08.2021)

Saarland
https://www.bmfsfj.de/resource/blob/141614/932b325561e70c3943cf7af3c1ee2d41/gute-kita-vertrag-bund-saarland-data.pdf (Stand: 04.08.2021)

Sachsen
https://www.bmfsfj.de/resource/blob/141616/18d0215c2faa3d2b073ae3661439e6cd/gute-kita-vertrag-bund-sachsen-data.pdf (Stand: 04.08.2021)

Sachsen-Anhalt
https://www.bmfsfj.de/resource/blob/141620/3eb36b3bc46ec2ae4f8b1b2776cc0bfe/gute-kita-vertrag-bund-sachsen-anhalt-data.pdf (Stand: 04.08.2021)

Schleswig-Holstein
https://www.bmfsfj.de/resource/blob/141622/097dc2c14fe9496a020b874fb0774ac0/gute-kita-vertrag-bund-schleswig-holstein-data.pdf (Stand: 04.08.2021)

Thüringen
https://www.bmfsfj.de/resource/blob/141618/0393e4c8bdc2d583b2703ec8d404981c/gute-kita-vertrag-bund-thueringen-data.pdf (Stand: 04.08.2021)

Abkürzungen

Gebietseinheiten

O (m. BE)	Ostdeutschland (mit Berlin)
W (o. BE)	Westdeutschland (ohne Berlin)
DE	Deutschland

Bundesländer

BW	Baden-Württemberg
BY	Bayern
BE	Berlin
BB	Brandenburg
HB	Bremen
HH	Hamburg
HE	Hessen
MV	Mecklenburg-Vorpommern
NI	Niedersachsen
NW	Nordrhein-Westfalen
RP	Rheinland-Pfalz
SL	Saarland
SN	Sachsen
ST	Sachsen-Anhalt
SH	Schleswig-Holstein
TH	Thüringen

Kurzbezeichnungen

AKJ^{Stat}	Dortmunder Arbeitsstelle Kinder- und Jugendhilfestatistik
ALG II	Arbeitslosengeld II
AWO	Arbeiterwohlfahrt
BayKiBiG	Bayerisches Gesetz zur Bildung, Erziehung und Betreuung von Kindern in Kindergärten, anderen Kindertageseinrichtungen und in Tagespflege (Bayerisches Kinderbildungs- und -betreuungsgesetz)
BremKTG	Bremisches Gesetz zur Förderung von Kindern in Tageseinrichtungen und in Tagespflege (Bremisches Tageseinrichtungs- und Kindertagespflegegesetz)
BSt	Bertelsmann Stiftung
DJI KiBS	Deutsches Jugendinstitut, Kinderbetreuungsstudie U12
DPWV	Deutscher Paritätischer Wohlfahrtsverband
DRK	Deutsches Rotes Kreuz
EKD	Evangelische Kirche in Deutschland
FBBE	Frühkindliche Bildung, Betreuung und Erziehung
FDZ	Forschungsdatenzentrum
FH	Fachhochschule
HKJGB	Hessisches Kinder- und Jugendhilfegesetzbuch
KibeG	Hamburger Kinderbetreuungsgesetz
KiBiz	Gesetz zur frühen Bildung und Förderung von Kindern (Kinderbildungsgesetz des Landes Nordrhein-Westfalen)
KiFöG	Gesetz zur Förderung und Betreuung von Kindern in Tageseinrichtungen und in Tagespflege des Landes Sachsen-Anhalt (Kinderförderungsgesetz)
KiföG M-V	Kindertagesförderungsgesetz Mecklenburg-Vorpommern
KiTa	Kindertageseinrichtung
KitaFöG	Gesetz zur Förderung von Kindern in Tageseinrichtungen und Kindertagespflege (Kindertagesförderungsgesetz in Berlin)
KiTaG	Gesetz über die Betreuung und Förderung von Kindern in Kindergärten, anderen Tageseinrichtungen und der Kindertagespflege (Kindertagesbetreuungsgesetz des Landes Baden-Württemberg)
KiTaG (NI)	Gesetz über Tageseinrichtungen für Kinder in Niedersachsen
KiTaG (SH)	Gesetz zur Förderung von Kindern in Kindertageseinrichtungen und in Kindertagespflege (Kindertagesförderungsgesetz des Landes Schleswig-Holstein)
KiTaG (RP)	rheinland-pfälzisches Landesgesetz über die Erziehung, Bildung und Betreuung von Kindern in Tageseinrichtungen und in Kindertagespflege
KJH-Statistik	Kinder- und Jugendhilfe Statistik
KiQuTG	Gesetz zur Weiterentwicklung der Qualität und zur Verbesserung der Teilhabe in Tageseinrichtungen und in der Kindertagespflege (KiTa-Qualitäts- und -Teilhabeverbesserungsgesetz)
KMK	Kultusministerkonferenz
MH	Migrationshintergrund
SächsKitaG	Sächsisches Gesetz zur Förderung von Kindern in Tageseinrichtungen
Schulk.	Schulkinder
SGB	Sozialgesetzbuch
SKBBG	Saarländisches Kinderbetreuungs- und -bildungsgesetz
ThürKigaG	Thüringer Gesetz über die Bildung, Erziehung und Betreuung von Kindern in Kindergärten, anderen Kindertageseinrichtungen und in Kindertagespflege (Thüringer Kindergartengesetz)
VZÄ	Vollzeitäquivalente

Zeichen in den Tabellen

/	keine Angabe
–	trifft nicht zu
x	Wert unterliegt nach Angaben des Statistischen Bundesamtes der Geheimhaltung